Baedeker
Allianz Reiseführer
Tschechien
Slowakei

Verlagsprogramm

Städte in aller Welt

Amsterdam	Florenz	Lissabon	Rom
Athen	Frankfurt	London	San Francisco
Bangkok	am Main	Madrid	Singapur
Barcelona	Hamburg	Moskau	St. Petersburg
Berlin	Hongkong	München	Stuttgart
Brüssel	Istanbul	New York	Tokio
Budapest	Jerusalem	Paris	Venedig
Dresden	Köln	Potsdam	Weimar
Düsseldorf	Kopenhagen	Prag	Wien

Reiseländer · Großräume

Ägypten	Griechenland	Motorradtouren	Spanien
Asien	Großbritannien	in Italien	Südafrika
Australien	Irland	Nepal	Thailand
Baltikum	Israel	Neuseeland	Tschechien ·
Belgien	Italien	Niederlande	Slowakei
Brasilien	Japan	Norwegen	Tunesien
China	Kanada	Österreich	Türkei
Dänemark	Karibik	Polen	Ungarn
Deutschland	Luxemburg	Portugal	USA ·
Deutschland · Ost	Marokko	Schweiz	Vereinigte Staaten
Frankreich	Mexiko	Skandinavien	von Amerika

Regionen · Inseln · Flüsse

Andalusien	Gran Canaria	Mallorca	Schwäbische
Bali	Griechische	Malta	Alb
Bodensee	Inseln	Mecklenburg-	Schwarzwald
Burgund	Harz	Vorpommern	Seychellen
Capri	Hawaii	Oberbayern	Sizilien
Costa Brava	Ibiza	Provence ·	Südtirol
Deutsche	Ischia	Côte d'Azur	Teneriffa
Weinstraße	Italienische	Rhein	Tessin
Elba	Riviera	Ruhrgebiet	Toskana
Elbe-Kreuzfahrt	Kalifornien	Sachsen	Türkische
Elsaß /	Korsika	Salzburger Land	Küsten
Vogesen	Kreta	Sardinien	Umbrien
Florida	Loire	Schottland	Zypern

Städte in Deutschland und der Schweiz

Augsburg	Bremen	Heidelberg	Mannheim
Bamberg	Celle	Konstanz	Nürnberg
Basel	Darmstadt	Leipzig	Regensburg
Berlin (gr. + kl.)	Freiburg	Lübeck	Trier
Bonn	Hannover	Mainz	Wiesbaden

Tschechien Slowakei

VERLAG KARL BAEDEKER

Anmerkungen der Redaktion

Dem Umstand, daß die einstige Tschechische und Slowakische Föderative Republik am 1. Januar 1993 in die beiden souveränen Einzelstaaten **Tschechische Republik** *(Tschechien)* und **Slowakische Republik** *(Slowakei)* aufgelöst wurde, ist in diesem Reiseführer bereits insofern Rechnung getragen, als die Beschreibungen der Reiseziele von A bis Z aufgegliedert sind nach solchen in den tschechischen Ländern Böhmen, Mähren und Mährisch Schlesien einerseits sowie solchen in der Slowakei andererseits. In den einleitenden Kapiteln wurde auf eine strikte Unterteilung nach den neuen Staatsgebieten verzichtet, da die Ausführungen den herkömmlich bekannten tschechoslowakischen Großraum insgesamt behandeln und nicht selten über die heutigen Landesgrenzen hinausgreifen. Bei den Praktischen Informationen im letzten Hauptteil des Reiseführers sind die Angaben im Hinblick auf ihre leichte Benutzbarkeit gesamthaft unter Stichwörtern von A bis Z aufgeführt, innerhalb der Einzelkapitel jedoch nach Zugehörigkeit zu den beiden Republiken untergliedert.

Im Zuge der politischen Neuorientierung in der ehemaligen Tschechoslowakei kommt es allenthalben in den neuen Ländern, wo bis vor kurzem offiziell die Wertvorstellungen des Sozialismus jahrzehntelang vorgeherrscht hatten, zu einschneidenden Veränderungen, nicht zuletzt auch bei Namen von Verwaltungseinheiten, Straßen, Plätzen, Anlagen u. ä. sowie bei Bezeichnungen von öffentlichen Gebäuden und Einrichtungen. Wenngleich sich die Baedeker-Redaktion bemüht hat, allen nur irgend erfahrbaren Umbenennungen Rechnung zu tragen, ist nicht auszuschließen, daß vor Ort bereits weitere Namensänderungen vorgenommen worden sind. Es muß zudem damit gerechnet werden, daß sich dieser Prozeß der Umwandlung noch eine gewisse lang Zeit fortsetzt.

Impressum

Ausstattung:
274 Abbildungen (Bildnachweis s. S. 726)
61 Stadtpläne, 44 Grundrisse, 14 Sonderpläne, 13 graphische Darstellungen, 10 Übersichtskarten, 6 Sonderkarten, 1 große Reisekarte (Kartenverzeichnis am Ende des Buches)

Textbeiträge
(jeweils anteilig; z. T. auf der Basis von Baedekers Autoreiseführer "Tschechoslowakei"):
Prof. Dr. Erich Bachmann (Kunstgeschichte), Vera Beck (Praktische Informationen von A bis Z, Ortsnamenkonkordanzen), Prof. Dr. Wolfgang Hassenpflug (Klima), Dr. Otakar Mohyla (Reiseziele von A bis Z, Praktische Informationen von A bis Z), Dr. Peter Jordan (Wirtschaft), Prof. Dr. Ferdinand Seibt (Geschichte), Prof. Dr. Josef Werdecker (Landeskunde), Dr. Florin Zigrai (Ökologie)

Bearbeitung: Baedeker-Redaktion

Kartographie: Gert Oberländer, München; Archiv für Flaggenkunde · Ralf Stelter (Hattingen); Mairs Geographischer Verlag, Ostfildern (Reisekarte)

Gesamtleitung: Dr. Peter H. Baumgarten, Baedeker Stuttgart

2. Auflage 1993

Urheberschaft:
Karl Baedeker GmbH, Ostfildern (Kemnat) bei Stuttgart
Nutzungsrecht:
Mairs Geographischer Verlag GmbH & Co., Ostfildern (Kemnat) bei Stuttgart

Satz (Typotext): Gerda Kaul, Wendlingen; Baedeker-Redaktion
Textfilme: Gerda Kaul, Wendlingen
Reproduktionen: Gölz Repro-Service GmbH & Co. KG, Ludwigsburg; Eder Repro GmbH, Ostfildern (Scharnhausen)
Druck: Mairs Graphische Betriebe GmbH & Co., Ostfildern (Kemnat)
Buchbinderische Verarbeitung: Gassenmayer Bindetechnik GmbH & Co. KG, Nürnberg

Printed in Germany
ISBN 3-87504-539-4

Gedruckt auf 100% chlorfreiem Papier

Inhalt

Vorwort   7

Zahlen und Fakten   9
Allgemeines · Landeskunde · Klima · Ökologie · Bevölkerung · Staat und Verwaltung · Wirtschaft

Geschichte   59
Historische Landschaften · Geschichtliche Entwicklung

Berühmte Persönlichkeiten   73

Kunst und Kultur   97
Kunstdenkmäler in Böhmen, Mähren und Mährisch Schlesien · Kunstgeschichtliches aus der Slowakei · Musik · Folklore

Das Land in Zitaten   111

Routenvorschläge   117
Tschechische Länder · Slowakei

Reiseziele in der Tschechischen Republik von A bis Z   133
Bechyně · Brandýs nad Labem · Brno · Broumov · Česká Lípa · České Budějovice · Český Krumlov · Český ráj · Český Šternberk · Cheb · Chomutov · Děčín · Domažlice · Duchcov · Františkovy Lázně · Frýdek-Místek · Frýdlant · Havlíčkův Brod · Hluboká nad Vltavou · Horšovský Týn · Hradec Králové · Jáchymov · Jeseníky · Jičín · Jihlava · Jindřichův Hradec · Jizerské hory · Kadaň · Karlovy Vary · Karlštejn · Kladno · Klatovy · Kolín · Konopiště · Křivoklát · Krkonoše · Kroměříž · Kuks · Kutná Hora · Labe · Labské pískovce · Lednice · Liberec · Lipník nad Bečvou · Litoměřice · Litomyšl · Loket · Louny · Luhačovice · Lužické hory · Mariánské Lázně · Mělník · Mikulov · Mladá Boleslav · Mnichovo Hradiště · Morava · Moravská Třebová · Moravskoslezské Beskydy · Moravský kras · Most · Náchod · Nové Město nad Metují · Nový Jičín · Olomouc · Opava · Orlické hory · Orlík · Ostrava · Pardubice · Pelhřimov · Pernštejn · Písek · Plzeň · Poděbrady · Prachatice · Praha · Příbor · Rychnov nad Kněžnou · Slaný · Slavkov u Brna · Slavonice · Soběslav · Strakonice · Strážnice · Stříbro · Sušice · Tábor · Telč · Teplice · Teplicko-adršpašské skály · Terezín · Třebíc · Třeboň · Trutnov · Turnov · Uherské Hradiště · Ústí nad Labem · Valašské Meziříčí · Velké Losiny · Vimperk · Vltava · Volary · Vrchlabí · Vyšší Brod · Žatec · Žďár nad Sázavou · Železná Ruda · Zlín · Znojmo

Reiseziele in der Slowakischen Republik von A bis Z   459
Banská Bystrica · Banská Štiavnica · Bardejov · Belianské Tatry · Bojnice · Bratislava · Humenné · Kežmarok · Komárno · Košice · Kremnica · Levoča · Liptovský Mikuláš · Lučenec · Malá Fatra · Malé Karpaty · Martin · Michalovce · Nitra · Nízke Tatry · Orava · Pieniny · Piešťany · Poprad · Prešov · Rožňava · Ružomberok · Slovenské rudohorie · Slovenský kras · Slovenský raj · Spiš · Starý Smokovec · Štrbské pleso · Tatranská Lomnica · Třebišov · Trenčín · Trnava · Váh · Vysoké Tatry · Žilina · Zvolen

Praktische Informationen von A bis Z   581
Anreise · Antiquitäten · Apotheken · Ärztliche Hilfe · Auskunft · Autobus · Autohilfe · Behindertenhilfe · Bier · Burgen und Schlösser · Camping und Caravaning · Diplomatische und konsularische Vertretungen · Einkäufe und Souvenirs · Eisenbahn · Elektrizität · Entfernungen · Essen und Trinken · Feiertage · Ferienwohnungen · Flugverkehr · Freilichtmuseen · Geld · Geschäftszeiten · Höhlen · Hotels · Jugendunterkünfte · Karten · Kur und Erholung · Mietwagen · Museen · Nationalparks und Naturschutzgebiete · Notdienste · Post, Telegraf, Telefon · Reisedokumente · Reisezeit · Restaurants · Rundfunk und Fernsehen · Schiffsverkehr · Sicherheit · Spielkasinos · Sport · Sprache · Straßenverkehr · Taxi · Trinkgeld · Umgangsregeln · Veranstaltungen und Feste · Wein · Wintersport · Zeit · Zeitungen und Zeitschriften · Zollbestimmungen

Ortsnamenkonkordanz slawisch – deutsch   685

Ortsnamenkonkordanz deutsch – slawisch   698

Register   712

Bildnachweis   726

Verzeichnis der Karten, Pläne und graphischen Darstellungen   727

Hinweise zur Benutzung dieses Reiseführers

Sternchen (Asterisken) als typographisches Mittel zur Hervorhebung bedeutender Bau- und Kunstwerke, Naturschönheiten und Aussichten, aber auch guter Unterkunfts- und Gaststätten hat Karl Baedeker im Jahre 1844 eingeführt; sie werden auch in diesem Reiseführer verwendet: Besonders Beachtenswertes ist durch * einen vorangestellten 'Baedeker-Stern', einzigartige Sehenswürdigkeiten sind durch ** zwei Sternchen gekennzeichnet.

Zur raschen Lokalisierung der Reiseziele von A bis Z auf der beigegebenen Reisekarte sind die entsprechenden Koordinaten der Kartennetzmaschen jeweils neben der Überschrift in Rotdruck hervorgehoben: Bratislava · Preßburg **G 4** .

Wenn aus der Fülle von Unterkunfts-, Gast- und Einkaufsstätten nur eine wohlüberlegte Auswahl getroffen ist, so sei damit gegen andere Häuser kein Vorurteil erweckt.

Da die Angaben eines solchen Reiseführers in der heute so schnellebigen Zeit fast ständig Veränderungen unterworfen sind, kann der Verlag weder Gewähr für die absolute Richtigkeit leisten noch die Haftung oder Verantwortung für eventuelle inhaltliche Fehler übernehmen. Auch lehrt die Erfahrung, daß sich Irrtümer kaum gänzlich vermeiden lassen.

Liebe Leserin, lieber Leser,

Baedeker ist ständig bemüht, die Qualität seiner Reiseführer noch zu steigern und ihren Inhalt weiter zu vervollkommnen. Hierbei können ganz besonders die Erfahrungen und Urteile aus dem Benutzerkreis als wertvolle Hilfe gar nicht hoch genug eingeschätzt werden. Vor allem **Ihre Kritik, Berichtigungen und Verbesserungsvorschläge sind uns stets willkommen.** Sie helfen damit, die nächste Auflage noch aktueller zu gestalten.
Bitte schreiben Sie in jedem Falle an die

> Baedeker-Redaktion
> Karl Baedeker GmbH
> Marco-Polo-Zentrum
> Postfach 31 62
> D-73751 Ostfildern.

Der Verlag dankt Ihnen im voraus bestens für Ihre Mitteilungen.
Jede Einsenderin und jeder Einsender nimmt an einer jeweils zum Jahresende unter Ausschluß des Rechtsweges stattfindenden Verlosung von drei JRO-LEUCHTGLOBEN teil. Falls Sie gewonnen haben, werden Sie benachrichtigt. Ihre Zuschrift sollte also neben der Angabe des Buchtitels und der Auflage, auf welche Sie sich beziehen, auch Ihren Namen und Ihre Anschrift enthalten. Die Informationen werden selbstredend vertraulich behandelt und die persönlichen Daten nicht gespeichert.

Vorwort

Dieser Reiseführer gehört zur neuen Baedeker-Generation.

In Zusammenarbeit mit der Allianz Versicherungs-AG erscheinen bei Baedeker durchgehend farbig illustrierte Reiseführer in handlichem Format. Die Gestaltung entspricht den Gewohnheiten modernen Reisens: Nützliche Hinweise werden in der Randspalte neben den Beschreibungen herausgestellt. Diese Anordnung gestattet eine einfache und rasche Handhabung.

Der vorliegende Band hat sowohl die Tschechische Republik als auch die Slowakische Republik – also das gesamte Gebiet der einstigen Tschechoslowakei – zum Thema.
Mit der Wahl des schwerfälligen Buchtitels wird den neuen Gegebenheiten Rechnung getragen. Die amtlichen Bezeichnungen 'Tschechische Republik' und 'Slowakische Republik' wurden bewußt gewählt, zumal insbesondere in der Tschechischen Republik die Diskussion um einen allseits akzeptierten Landesnamen – sowohl im Tschechischen als auch in anderen Sprachen – noch nicht beendet ist. Wenn die im deutschen Sprachgebrauch herkömmliche Bezeichnung 'Slowakei' (slowakisch 'Slovensko') kaum Probleme aufzuwerfen scheint, so erinnert ihr Pendant 'Tschechei' (tschechisch 'Česko') allzu sehr an die unseligen Zeiten des deutschen Nationalsozialismus. Zudem fühlen sich die regionsbewußten Tschechen aus Mähren (Morava) und Mährisch Schlesien (Moravské Slovácko) bei Verwendung dieses Namens unterschlagen. Offizielle tschechische Gremien haben daher die Formulierung 'Tschechische Länder' (tschechisch 'České země') angeregt; in jüngster Zeit findet das in Österreich aufgekommene Kunstwort 'Tschechien' auch in den tonabgebenden Medien Deutschlands Eingang.

Der Reiseführer gliedert sich in drei Hauptteile: Im ersten Teil wird über die Länder im allgemeinen, Landeskunde, Klima, Ökologie, Bevölkerung, Staat und Gesellschaft, Wirtschaft, Geschichte, berühmte Persönlichkeiten sowie Kunst und Kultur berichtet. Eine kleine Sammlung von Literaturzitaten und eine Reihe von Routenvorschlägen leiten über zum zweiten Teil, in dem die touristisch interessanten Reiseziele – Städte, Landschaften, Gebirge und Flüsse zuerst in der Tschechischen Republik und dann in der Slowakischen Republik – mit ihren mannigfaltigen Sehenswürdigkeiten beschrieben werden. Daran schließt ein dritter Teil mit reichhaltigen praktischen Informationen. Sowohl die Reiseziele als auch die Informationen sind in sich alphabetisch geordnet.

Baedeker Allianz Reiseführer zeichnen sich durch Konzentration auf das Wesentliche sowie Benutzerfreundlichkeit aus. Sie enthalten eine Vielzahl eigens entwickelter Karten und Pläne sowie zahlreiche farbige Abbildungen. Zu diesem Reiseführer gehört als integrierender Bestandteil eine ausführliche Reisekarte, auf der die im Text behandelten Reiseziele anhand der jeweils angegebenen Kartenkoordinaten zu lokalisieren sind.

Wir wünschen Ihnen mit dem Baedeker Allianz Reiseführer viel Freude und einen lohnenden Aufenthalt in den tschechischen Ländern und in der Slowakei!

Baedeker
Verlag Karl Baedeker

Zahlen und Fakten

Vorbemerkung

"Für die Bewohner der Bundesrepublik [Deutschland] ist die Tschecho-slowakei immer noch ein unbekanntes Land. Prag haben viele Reiselustige gesehen, und die Kur in Karlsbad wird – nach den Wagen vor dem Hotel Pupp zu schließen – viel gebraucht. Doch außerhalb dieser Zentren geht man nicht gern auf Entdeckungen aus; man zieht die Gruppenfahrt vor. Das hat einen plausiblen Grund: Mehr als in Gebieten, die in ihren land-schaftlichen und künstlerischen Sehenswürdigkeiten schon Generationen vertraut sind, braucht der Reisende in Böhmen, Mähren und der Slowakei gründliche eigene Vorbereitung. Prospekte und Reisehandbücher nehmen ihm diese Mühe längst nicht in dem gleichen Maße ab, als läge sein Ziel an der Loire oder im Golf von Neapel ..."

Unter der Überschrift »Schneekoppe und Hohe Tatra« begann mit diesen Sätzen in der Frankfurter Allgemeinen Zeitung die wohlwollende Rezen-sion von Baedekers Autoreiseführer "Tschechoslowakei", der im Herbst des Jahres 1968 neu erschienen war.

Es war ein unglücklicher Zeitpunkt; denn am 20. August 1968 fielen Trup-pen von Mitgliedern des (1991 aufgelösten) Warschauer Vertrages in das Land ein und machten dem zaghaft aufblühenden Prager (politischen) Frühling ein jähes Ende. Tourismus und Reiseführer gerieten dann für lange Zeit ins Abseits.

Doch ein Vierteljahrhundert später – auch nach den umwälzenden Ereig-nissen in den einstigen Ostblockstaaten und der Auflösung der tschecho-slowakischen Föderation in zwei eigenständige Staaten – scheinen jene Zeilen ihre Gültigkeit kaum verloren zu haben.

Baedeker hat sich zum Ziel gesetzt, dem Informationsmangel abzuhelfen und dem Besucher der Tschechischen Republik (Tschechien) und der Slowakischen Republik (Slowakei) einen Reiseratgeber an die Hand zu geben, mit dem er die weithin unbekannten, jedoch mannigfaltigen Se-henswürdigkeiten dieser bemerkenswert gastfreundlichen Länder im Her-zen Europas kennenlernen kann.

Allgemeines

Geographische Lage

Die ehemalige Tschechoslowakei – nun aufgelöst in die beiden selbständigen Staaten **Tschechische Republik** und **Slowakische Republik** – war ein ver-gleichsweise großer, breit in West-Ost-Richtung gestreckter Binnenstaat im östlichen Mitteleuropa, umgeben von Deutschland (im Westen), von Polen (im gesamten Norden), von der Ukraine (im äußersten Osten) sowie von Ungarn (im östlichen Süden) und Österreich (im mittleren Süden).

Tschechische Republik
Slowakische Republik
© *Baedeker*

Nachbarländer der Tschechischen Republik

Die Tschechische Republik grenzt im Westen an die deutschen Freistaaten Bayern und Sachsen, im Norden an die polnischen Wojewodschaften Jelenia Góra, Wałbrzych, Opole, Katowice und Bielsko-Biała, im Osten an die Slowakische Republik (Mittel- und Westslowakei) sowie im Süden an die österreichischen Bundesländer Niederösterreich und Oberösterreich.

◄ *Jizerské hory – Bachidylle im Isergebirge (s. S. 16)*

Allgemeines (Fortsetzung) Nachbarländer der Slowakischen Republik	Die Slowakische Republik grenzt im Westen an die Tschechische Republik (Nord- und Südmähren), im Norden an die polnischen Wojewodschaften Bielsko-Biała, Nowy Sącz und Krosno, im Osten ein relativ kleines Stück an die Ukraine und im Süden an die ungarischen Komitate Borsod-Abaúj-Zemplén, Nógrád, Pest, Komárom und Győr-Sopron sowie die österreichischen Bundesländer Burgenland und Niederösterreich.
Flächen	Die Fläche der Tschechischen Republik (= die alten k.u.k. Kronländer Böhmen und Mähren sowie kleine Teile von Schlesien) mißt 78 864 km^2 (= 61,66 % der bisherigen Tschechoslowakei), jene der Slowakischen Republik (= Slowakei) 49 036 km^2 (= 38,34 %). Die Gesamtfläche der ehemaligen Tschechischen und Slowakischen Föderativen Republik (ČSFR) bedeckte 127 900 km^2.
Ausdehnung der ehemaligen ČSFR	Die maximalen Ausmaße des gesamten Gebietes belief sich in Ost-West-Richtung auf ca. 765 km, in Nord-Süd-Richtung auf ca. 275 km in Böhmen bzw. auf ca. 80 km in der östlichen Slowakei.
Grenzlängen der ehemaligen ČSFR	Von den bisher insgesamt 3 553 km langen Staatsgrenzen entfielen auf die gemeinsame Grenze mit Polen 1391 km (39,1 %), auf die mit Deutschland 815 km (23 %), auf die mit Ungarn 679 km (19,1 %), auf die mit Österreich 570 km (16,0 %) und auf jene mit der Ukraine 98 km (2,8 %).

Landeskunde

Großraum der ehemaligen Tschechoslowakei

Böhmen, Mähren, Mährisch Schlesien und die Slowakei

Übersicht der Regionen

Binnenstaaten	Die Tschechische Republik und die Slowakische Republik sind ausgesprochene Binnenstaaten im östlichen Mitteleuropa. Der Westteil der Tschechischen Republik (Böhmen) ist durch das Flußsystem der Elbe (Labe) noch mit der Nordsee verknüpft. Die Mitte (Mähren mit Mährisch Schlesien) steht zum kleinen Teil durch die Oder (Odra) mit der Ostsee in Verbindung, ist aber vor allem – wie das gesamte Slowakei – durch die Donaunebenflüsse nach Südosten ausgerichtet. Der Überseehandel sowohl der Tschechischen Republik als auch der Slowakischen Republik muß über die Territorien anderer Staaten geleitet werden.
Gestalt	Die Gestalt des gesamten tschechoslowakischen Raumes ist durch die große West-Ost-Erstreckung gekennzeichnet. Die deutlich größere Breite und die allseitige Gebirgsumrahmung haben Innerböhmen zu einem Kern-

raum – mit dem Mittelpunkt Prag (Praha) – werden lassen. Bei Mähren läßt sich in der Längs- und Querrichtung von einem Durchgangsland sprechen.

In der Slowakei konnte sich infolge des Gebirgsbaues keine zentrale Großlandschaft ausbilden; die Hauptstadt Bratislava (Preßburg) ist an den äußersten Südwestrand gerückt.

Der natürliche Aufbau des tschechoslowakischen Großraumes ist durch das vorwiegende Auftreten von alten Schollen in der Westhälfte und durch ein junges Faltengebirge im Ostteil charakterisiert. Die kräftige Verbreitung von Schiefergesteinen, Gneisen und Graniten sowie die kräftige Umwallung der innerböhmischen Beckenlandschaften lassen das Böhmische Massiv als Einheit stark hervortreten.

Der mährische Raum ist vor allem von der südöstlichen Abdachung des Böhmischen Massivs erfüllt, weist aber auch einzelne Ketten der Westkarpaten – Kleine Karpaten (Malé Karpaty), Weiße Karpaten (Bílé Karpaty), Javornikgebirge (Javorníky) – im Grenzgebiet zur Slowakei auf; diese wird durchwegs von den Falten und Stöcken des tertiären Gebirges eingenommen.

Der Raum des alten Massivs ist auf weite Erstreckungen mehrmals von Meeren überflutet worden. So finden sich in Nord- und Ostböhmen mächtige Kalk- und Sandsteinablagerungen aus der Kreidezeit: Böhmische Schweiz (České Švýcarsko), Wekelsdorfer und Adersbacher Felsen (Teplické a Adršpašské skály) und als bekannteste Gegend das Böhmische Paradies (Český ráj).

Das Miozänmeer drang vom Wiener Becken weit nach Mähren vor und hinterließ tonige Absätze, die dann die Ausbildung einer weich geformten Hügelwelt veranlaßt haben. Von wirtschaftlicher Bedeutung sind die Kohlenbildungen im Oberkarbon und Mitteltertiär. Differenzierte Heraushebungen von Teilschollen des Massivs haben zur Zeit der Alpenfaltung die großen Züge des Aussehens der heutigen Formenwelt geschaffen. Es kam damals an kräftigen Bruchlinien auch zur Förderung von vulkanischen Massen, wie es beim Böhmischen Mittelgebirge (České středohoří) und beim Duppauer Gebirge (Doupovské hory) der Fall ist.

In dieser revolutionären geologischen Epoche wurde in Fortsetzung der Alpen der die Slowakei und das südöstliche Mähren durchziehende Gebirgsbogen der Westkarpaten gebildet. Die Kernzone weist in der Hohen Tatra (Vysoké Tatry) an der Grenze gegen Polen Hochgebirgscharakter auf. Auf der Innenseite ist es im Abbruchsgebiet zum ungarischen Becken ebenfalls zur Ausbildung einer jungvulkanischen Zone gekommen.

Die Höhenunterschiede in der Slowakei sind sehr beträchtlich. Die Gerlsdorfer Spitze (Gerlachovský štít) in der Hohen Tatra (Vysoké Tatry) ragt bis 2655 m ü.d.M. auf; der tiefste Punkt liegt mit 94 m ü.d.M. am Grenzfluß Bodrog.

Im Böhmischen Massiv sind die Flächenbildungen stärker ausgeprägt. Doch steigt das Riesengebirge (Krkonoše) in den Sudeten (Sudety) mit der scharf geformten Schneekoppe (Sněžka) bis 1602 m Meereshöhe empor. Die tiefstgelegene Stelle (116 m ü.d.M.) befindet sich am Austritt der Elbe (Labe) aus Böhmen.

Die europäische Hauptwasserscheide zieht im Westen über die Kämme des Oberpfälzer Waldes (in Böhmen Český les) und des Böhmerwaldes (Šumava), führt dann über die Böhmisch-Mährische Höhe (Českomoravská vrchovina) zum Grulicher Schneeberg (Králický Sněžník), wo dort über die Ostsudeten zu den Westkarpaten, über deren nördliche Kämme sie sich weiter nach Osten erstreckt.

Der böhmische Raum wird fast ganz zentripetal durch das Flußsystem der Elbe (Labe) zur Nordsee entwässert. Mährisch Schlesien und das nördliche Mähren ist zum Teil der Oder (Odra) und damit der Ostsee tributär. Aus dem übrigen Mähren geht die Entwässerung im Flußfächer der March (Morava) zur Donau (Dunaj) und damit zum Schwarzen Meer.

Großraum
der ehemaligen
Tschechoslowakei,
Flüsse
(Fortsetzung)

Ebenfalls zur Donau ziehen aus der Slowakei Waag (Váh), Gran (Hron) und Eipel (Ipeľ) sowie auf dem Wege über die Theiß (Tisa), der Hernád (Hornád) und die Ondava. Nur der aus der Hohen Tatra kommende Popper (Poprad) durchbricht die nördliche Randkette und erreicht den Dunajec (Weichsel, Ostsee). Am Donaustrom selbst hat die Slowakei mit 172 km Anteil (Staatsgrenze zu Ungarn und Österreich).

Seen

Natürliche Seen sind nur in kleiner Zahl und geringem Ausmaß vorhanden. Sie sind fast alle glaziale Entstehung (Böhmerwald; Hohe Tatra) und haben eine beträchtliche Tiefe.
Bedeutend größer ist die Fläche mehrerer künstlicher Stauseen (Moldau; Arva, Waag).

Teiche

In den südböhmischen Becken gibt es zahlreiche ausgedehnte Fischteiche, die nur wenige Meter tief sind: u. v. a. Bezdrev, Hejtman, Rosenberger Teich (Rožmberský rybník), Stankauer Teich (Staňkovský rybník) und Welt-Teich (rybník Svět).

Heilquellen

Schon seit dem 11. Jahrhundert sind die Heilquellen der heutigen Kurorte Karlovy Vary (Karlsbad), Teplice (Teplitz) und Janské Lázně (Johannisbad) in Böhmen sowie Piešťany (Pistyan) und Sliač in der Slowakei bekannt. Von den bedeutenden slowakischen Thermalquellen seien zudem Dudince, Margita-Ilona, Trenčianské Teplice (Trentschinteplitz) und Vyšné Ružbachy (Oberrauschenbach) genannt.

Einzellandschaften

Böhmen

Randgebirge
und Becken-
landschaften

In Böhmen (Čechy) sind gemäß der natürlichen Großgliederung die Landschaften des Böhmischen Massivs von denen der Karpaten zu unterscheiden. Im böhmischen Raum heben sich die Randgebirge deutlich von den zentralen Becken- und Hügellandschaften ab. Sie waren einst die bevorzugte Wohngegend der sudetendeutschen Bevölkerung.

Böhmerwald

Oberpfälzer Wald
und Hoher
Böhmerwald

Im Südwesten erstreckt sich der Böhmerwald als böhmisch-bayerisches Grenzgebirge auf einer Länge von 220 km. Durch die Senke von Domažlice (Taus) – Furth im Wald (500 m ü.d.M.) wird er in den niedrigeren Oberpfälzer Wald (Český les) mit der Schwarzkoppe (Čerchov; 1039 m ü.d.M.) und den Hohen Böhmerwald (Šumava) mit Böhmischem Plöckenstein (Plechý; 1378 m ü.d.M.), Kubany (Boubín; 1362 m ü.d.M.) und Seewand (Jezerní stěna; 1343 m ü.d.M.) zerlegt. Eine Reihe langgezogener, meist abgeflachter Parallelkämme verschaffen dem Gebirge die kennzeichnenden ruhigen Linien. Das breite Längstal der oberen Moldau (Vltava) weist nur ein geringes Gefälle auf. Hier ist der Lippener Stausee (Lipenská přehradní nádrž) als einer der größten des Landes entstanden (48 km²). Dagegen brechen viele enge Quertäler zum Vorland durch. Die in der Eiszeit bei ca. 1000 m ü.d.M. gebildeten, von dunklen Seen eingenommenen Karnischen sind ein besonderer Schmuck des Waldlandes. Auf den Verebnungen der Rücken breiten sich Hochmoore (Filze) aus. Die Landschaft wird noch immer vom Wald beherrscht, wenngleich er in beträchtlichem Ausmaß geschädigt ist. Es überwiegt das Nadelholz, wobei die Fichte in oft hallenartigen Beständen auftritt.

N.B.:
Es ist geplant,
den tschechischen
Nationalpark
Šumava (Böhmer-
wald) und den
deutschen Natio-
nalpark Bayeri-
scher Wald zu
einem grenzüber-
schreitenden
Naturschutzgebiet
zu vereinen.

Die Besiedlung erfolgte vom 12. bis 14. Jahrhundert von Bayern her. Die damals entstandenen Waldbauerndörfer, Glashütten und Einschichten der Holzhauer gaben dem stillen Land die waldartigen Note. Nur wenige Städtchen hatten sich im Inneren an den Bergbächen entwickelt. Mehr an den günstigen Rand gerückt, waren einige Orte, wie Český Krumlov (Krumau), Prachatice (Prachatitz), Vimperk (Winterberg), Sušice (Schüttenhofen), Klatovy (Klattau) und ganz im Norden Tachov (Tachau) etwas größer geworden.

Šumava – Wildbach im Böhmerwald

Klínovec – Winterlandschaft am Keilberg im Erzgebirge

Landeskunde

Erzgebirge

Keilberg
(Abb. s. S. 13)

Das Erzgebirge (Krušné hory) dehnt sich an Böhmens Nordwestgrenze als 130 km lange Mauer vom Elstergebirge bis zum Elbsandsteingebirge aus. Als Pultscholle fällt es steil zum Eger-Biela-Graben ab und senkt sich allmählich nach Nordwesten. Die leicht geschwungene Kammlinie verläuft meist zwischen 800 und 1000 m Meereshöhe. Als flache Kuppe wölbt sich der 1244 m ü. d. M. hohe Keilberg (Klínovec) darüber empor. Im Südabbruch ist bei etwa 600 m ü. d. M. eine verschieden breite Platte eingeschaltet. Sie wird durch die Zuflüsse der Eger (Ohře) kräftig zerschnitten. Der verwickelte Gesteinsaufbau (Glimmerschiefer, Phyllit, Granit, Gneis und Basaltberge als junge Durchschläge) bedingte den Erzreichtum des Gebirges, der wiederum die Besiedlung maßgebend beeinflußt hat. Der früher so starke Bergbau ist freilich fast erloschen. Infolge der niedrigen Temperaturen und hohen Niederschläge (Ausbildung von Hochmooren) ist der Feldbau in den höheren Lagen sehr benachteiligt. Große, heute weithin durch Industrieabgase geschädigte Wälder dehnen sich daher dort aus. Die Besiedlung erfolgte seit dem 12. Jahrhundert vorwiegend von der sächsischen Seite. Waldhufendörfer und Bergbausiedlungen rückten bis 1000 m Meereshöhe vor; Boží Dar (Gottesgab; 1028 m ü. d. M.) ist die höchstgelegene Stadt des Landes. Der Rückgang des Bergsegens zwang die Bevölkerung zu anderen Erwerbsquellen (Erzeugung von Holzwaren und Textilien aller Art).
Die kleinstädtische Siedlungsweise war in zahlreichen Orten ausgeprägt. Viele sind durch die Nachkriegsereignisse stark zurückgegangen. Nur Jáchymov (St. Joachimsthal) hat seinen früheren Ruf beibehalten können (Silberfundstätte, Radiumthermalbad; Förderung von Uranerz von den 50er bis in die 80er Jahre des 20. Jh.s).

Egerland

Franzensbad

Die Beckenlandschaft des Egerlandes (Chebsko) wird bei einer Lage auf 420–500 m ü. d. M. von den ausklingenden Höhen des Oberpfälzer Waldes, des Fichtelgebirges und des Elstergebirges sowie vom Kaiserwald eingeschlossen. Klima- und bodenbegünstigt hatte sich die aus Nordbayern stammende Bevölkerung ein geprägtes Bauernland geschaffen (fränkische Fachwerkhöfe). Auf jungvulkanische Tätigkeit gehen zahlreiche Mineralquellen zurück. Die Grundlagen des Kurbetriebes von Františkovy Lázně (Franzensbad) sind durch sie geschaffen worden. Eine gute Verkehrslage hat die einstige Reichsstadt Cheb (Eger) inmitten des Beckens entstehen lassen und trug zu ihrer historischen Bedeutung beigetragen. Im nördlichen Flügel konnte sich die Textilwirtschaft gut entwickeln, und die Eger (Ohře) abwärts war es auf Grund der Braunkohlen-, Ton- und Kaolinlager in und bei Sokolov (Falkenau; tschechisch früher Falknov) zu einer bemerkenswerten Tonwarenerzeugung und regen chemischen Industrie gekommen.

Kaiserwald

Duppauer Gebirge

Karlsbad

Südlich vom Egergraben tauchen die kristallinen Gesteine der erzgebirgischen Aufwölbung in einer welligen Hochplatte wieder auf. Sie ist im Kaiserwald (Císařský les) aus Schiefern und Granit aufgebaut, steigt im Westen bis 987 m ü. d. M. empor und fällt im Osten unter die vulkanischen Massen des Duppauer Gebirges (Doupovské hory) ein. In schluchtartigen Einrissen ziehen viele Bäche zur Eger (Ohře). Der größte ist die Tepl (Teplá), an deren Oberlauf im Jahre 1197 das Prämonstratenserstift Teplá (Tepl) gegründet wurde. Knapp vor der Mündung ist das berühmte Karlovy Vary (Karlsbad) an einer tektonischen Leitlinie in das Tal eingebettet, so daß der Kurort mehrere Thermen aufzuweisen hat.

Tepler Hochland
Marienbad

Am bewaldeten Westrand vom Tepler Hochland (Tepelská plošina) liegt auf 630 m ü. d. M. Mariánské Lázně (Marienbad), das wegen seiner alkalischen Säuerlinge bekannt ist. Mächtige Lagen von Lava und Tuff haben beim Duppauer Gebirge ein bis 932 m ü. d. M. hohes Bergland geschaffen. Der Egerlauf wurde durch die Auswürflinge hart an das Erzgebirge gedrängt, so daß an dieser Strecke ein prachtvolles Durchbruchstal zur Ausbildung kam. Mineralwässer dringen hier an Spalten aus der Tiefe (Kyselka · Gießhübel).

Karlovy Vary – Blick auf Karlsbad

Pilsener Becken

Zwischen dem Tepler Hochland (Tepelská plošina), dem Niederen Böhmerwald (Český les) und dem Mittelböhmischen Waldgebirge (Brdy) ist in Westböhmen eine weiträumige Schüssel eingetieft, in deren Mitte sich auf knapp über 300 m ü. d. M. die Großstadt Plzeň (Pilsen) ausbreitet. Vier Quellflüsse vereinigen sich hier zu der Sammelader der Beraun (Berounka). In dem uralten Pilsener Becken (Plzeňská pánev) ist es zur Steinkohlenbildung gekommen. Ein ergiebiger Ackerbau kann in dem klimatisch begünstigten Gelände getrieben werden. Es ist deshalb sehr früh zum großen Teil von den Tschechen erfaßt worden. Die deutsche Besiedlung war dann vom Egerland her fast bis Pilsen vorgestoßen. Auf dem Kohlevorkommen und der günstigen Verkehrslage beruhte die starke Industrieentwicklung der 1272 nach deutschem Recht gegründeten Stadt (Škoda-Werke für Schwermaschinen und Anlagenbau; Bierbrauereien, chemische Industrie, Keramikfabriken).

Saazer Becken

Jungtertiäre Tonböden, Kreidemergel und Löß bedingen den landwirtschaftlichen Charakter der fruchtbaren Saazer Niederungslandschaft (Žatecká pánev) an der unteren Eger (Ohře). Sie war vor allem durch die Hopfenkulturen bekannt geworden. Žatec (Saaz), Postoloprty (Postelberg) und das schon länger tschechische Louny (Laun) sind die städtischen Mittelpunkte des Bauernlandes.

Komotau-Teplitzer Becken

Das langgestreckte Komotau-Teplitzer Becken (Chomutovsko-teplická pánev) am Abbruch des Erzgebirges wird im Südosten vom westlichen Böhmischen Mittelgebirge begrenzt. Jetzt von der Biela (Bílina) durchflossen, war es vor dem jüngeren Diluvium von der Eger (Ohře) durchzogen worden. Von tertiären Seeablagerungen erfüllt, wurde es wegen der fruchtbaren Tonböden früh besiedelt und bäuerlich genutzt. Das reiche Vorkommen an Braunkohle im Untergrund hat aber im 19. Jahrhundert eine vielseitige Industrie entstehen lassen. Die Entwicklung mehrerer Mittelstädte geht darauf zurück, wie Chomutov (Komotau), Most (Brüx; Altstadt

Landeskunde

abgetragen), das Zentrum des Braunkohlentagebaus Duchcov (Dux), der Ort der Hydrierwerke Litvínov (Oberleutensdorf) und schließlich Teplice (Teplitz), das sich auch durch radioaktive Thermen als Heilbad einen Namen gemacht hat.

**Böhmisches
Mittelgebirge**

Unter der Bezeichnung Böhmisches Mittelgebirge (České středohoří) wird die vulkanische Denudationslandschaft zu beiden Seiten der Elbe (Labe) im nördlichen Böhmen verstanden. Die verschiedenartige Gesteinsbeschaffenheit hat eine Fülle von Formen hervorgerufen: Kegelberge (Donnersberg oder Milleschauer · Milešovka, 837 m ü. d. M.), Felsklötze, breite Kuppen und zerrissene Grate, Verebnungen und in weichen Tuffen und Mergeln eingeschnittene Tälchen. Im Durchbruchstal der Elbe (Labe) erfährt die Vielfalt der Erscheinungen noch eine Steigerung.

Elbdurchbruch

Die lange Besiedlung hat bei mildem Klima auf guten Verwitterungsböden einen intensiven Landbau bewirkt. Gartenkulturen überkleiden vielfach die sonnigen Hänge. An den großen Flüssen haben sich verkehrsbegünstigte Städte wie Litoměřice (Leitmeritz), Ústí nad Labem (Aussig) und Děčín (Tetschen) entwickelt, die alle ein reges Wirtschaftsleben aufzuweisen haben.

**Elbsandstein-
gebirge**

Elbsandsteingebirge und Polzenland sind durch das Auftreten des Quadersandsteins aus der Kreidezeit gekennzeichnet. Die Gneise des Erzgebirges tauchen beim Nollendorfer Paß (Nakléřovský průsmyk; 700 m ü. d. M.) unter die Sedimente, über die östlich der Elbe (Labe) die Granite des Lausitzer Berglandes (Lužické hory) aufgeschoben sind. Gründe und Klammen zerreißen die Plateauflächen. Durch Verwitterung und Abtragung sind oft merkwürdige Felsgebilde entstanden. Im Hohen Schneeberg (Děčínský Sněžník) steigen die mit Kiefernwald und Heide bedeckten Sandsteinplatten bis 723 m ü. d. M. an. Das Felsenland hatte sich zu einem bevorzugten Fremdenverkehrsgebiet entwickelt.

Polzenland

Südöstlich vom Elbsandsteingebirge dehnt sich in der weiteren Umgebung des Polzen (Ploučnice) eine von Bruchlinien in sudetischer Richtung durchsetzte Sandsteinlandschaft aus. An sie sind mehrere Vulkane gebunden, wie Roll (Ralsko; 694 m ü. d. M.) und Bösig (Bezděz; 605 m ü. d. M.). In der Niederung bei Doksy (Hirschberg) wurden große Teiche abgedämmt. Die ausgedehnte Platte ist stark zerschnitten und manchmal wild zerklüftet (Daubaer Schweiz · Dubá). Dieser bis 1946 deutsche Siedlungsraum war wegen seiner Naturschönheiten als Erholungsgebiet sehr geschätzt. Česká Lípa (Böhmisch-Leipa) ist der natürliche Mittelpunkt. Bor (Haida) und Kamenický Šenov (Steinschönau) waren Zentren der Glasindustrie.

Lausitzer Gebirge

An das Elbsandsteingebirge schließt im Osten die Granitplatte des Lausitzer Berglandes an. In breiten Tälern geht die Entwässerung zur Spree und Görlitzer Neiße. Auch in bezug auf die Besiedlung ist dieser böhmische Außenposten mit dem benachbarten sächsischen Gebiet verbunden. Aus dem Hausgewerbe hatte sich eine bedeutsame Industrie gestaltet. In locker gebauten Städten blühten die Textilerzeugung (Varnsdorf · Warnsdorf; Rumburk · Rumburg) und die Eisenverarbeitung (Mikulášovice · Nixdorf). Südöstlich dieser Hochflächen folgt das langgestreckte Lausitzer Gebirge (Lužické hory), bei dem sich zuerst eine Reihe tertiärer Vulkankegel, wie die Lausche (Luž; 793 m ü. d. M.) über ein bis 600 m ü. d. M. hohes Plateau aus Kreidesandstein erheben. Dann streicht in gleicher Richtung der aus alten Schiefern aufgebaute Jeschkenzug weiter. Der quarzitische Gipfel des Jeschken (Ještěd) erhebt sich zu einer Höhe von 1012 m ü. d. M. markant über dem kammartigen Waldrücken. Er ist wegen seiner Rundsicht bekannt und gehört zu den meistbesuchten Punkten im Lande.

Jeschken

Isergebirge

Das Isergebirge (Jizerské hory) ist in der 240 km langen Kette der Sudeten (Sudety), die in Westsudeten und Ostsudeten eingeteilt werden, der nordwestliche Pfeiler. Die durchschnittlich 850 m ü. d. M. hohe Granitscholle fällt unvermittelt nach Norden zum Friedländer Ländchen (Frýdlant) ab.

Auch über dem Reichenberger Becken (Liberecká pánev) im Südwesten hebt sie sich mächtig heraus. Langgezogene Rücken sind der heute stark geschädigten Waldfläche im Inneren aufgesetzt. So weist der Hohe Iserkamm in der Tafelfichte (Smrk) 1122 m ü. d. M. auf. Aus flachen, vermoorten Talmulden ziehen viele Rinnsale der jungen Iser (Jizera) zu.

In der südwestlichen, von der Lausitzer Neiße (Nisa) durchflossenen und im Westen vom Jeschken (Ještěd) kräftig überragten Einmuldung hat sich frühzeitig das Textilgewerbe entwickelt. Hier wurde Liberec (Reichenberg) einer der führenden Tuchmacherorte von Österreich und später trotz der ungünstigen Verkehrslage eine der bedeutendsten Städte des Sudetenraumes. Die Fülle an Holz und Quarz hatte in den Waldtälern des Isergebirges Glashütten entstehen lassen, welche die Voraussetzung boten für das Emporkommen von Jablonec nad Nisou (Gablonz) zur weltbekannten Stadt des Glasschmucks und der Gürtlerwaren. In den Nachbarorten Tanvald (Tannwald) und Polubný (Polaun) wurde einschlägige Heimarbeit betrieben. Die Ausweisung der deutschen Bevölkerung hatte einen starken Rückschlag zur Folge.

Das Riesengebirge (Krkonoše) ragt als höchster Teil der Sudeten mit der Schneekoppe (Sněžka) bis 1602 m ü. d. M. auf. Es erstreckt sich über 37 km vom Proxensattel (Novosvětské sedlo; 889 m ü. d. M.) bis zum Liebauer Sattel (Libavské sedlo; 529 m ü. d. M.). Dem Hauptrücken an der Landesgrenze sind die böhmischen Kämme vorgelagert, die bei dem Kurort Špindlerův Mlýn (Spindlermühle oder Spindelmühle) von der jungen Elbe (Labe) durchschnitten werden. Granitmassen sind von gehärteten Kontaktglimmerschiefern (z. B. Schneekoppe) ummantelt. Im Diluvium waren die Höhen über 1100 m ü. d. M. vereist, und Gletscher stießen bis 750 m ü. d. M. in die Täler vor, wie Moränen bei Pec (Petzer) im Tal der Aupa (Úpa) zeigen. Am südlichen Randbruch liegen die Thermen und Mineralquellen von Janské Lázně (Johannisbad). Das echte Gebirgsklima (Jahresmittel der Temperatur auf der Schneekoppe bei 0 °C) läßt die Wald-

Sněžka – Schneekoppe im Riesengebirge

Typische Holzhäuser im Riesengebirgsvorland

Schneekoppe (Fortsetzung)

grenze schon bei 1300 m ü. d. M. (Fichte) auftreten. Die starken Winde setzen dem Pflanzenwuchs in den Hochlagen sehr zu. Legföhren (Knieholz), Borstengrasmatten und Hochmoore dehnen sich auf den flacheren Kämmen aus. Erst spät ist die deutsche Besiedlung von Schlesien her in Form von Waldhufendörfern in die südlichen Täler eingedrungen. Bei Ausnutzung des hochgelegenen Grasbestandes im Weidebetrieb kam es dann zu einer halbalpinen Baudenwirtschaft, die in jüngerer Zeit auf den Fremdenverkehr (auch Wintersport) umgestellt worden ist.

Südliches Riesengebirgsvorland

Im südlichen Vorland des Riesengebirges war auf den Böden des Rotliegenden die Landwirtschaft gut ausgebildet. Die städtischen Siedlungen Trutnov (Trautenau), Vrchlabí (Hohenelbe) und Hostinné (Arnau) zeichneten sich durch Textilfabrikation und Papiererzeugung aus. Die Umrahmung des Glatzer Kessels (Kladská kotlina; ein jüngeres Einbruchsbecken) wird von alten Gebirgsschollen gebildet, über die größtenteils die tschechisch-polnische Staatsgrenze verläuft.

Zum Riesengebirge hin schiebt sich die Mittelsudetische Senke dazwischen, die von Schichten aus dem Karbon, dem Rotliegenden und der Kreide erfüllt ist. Bei Žaclěř (Schatzlar) ist ein gestörtes Steinkohlenlager vorhanden.

Wekelsdorfer und Adersbacher Felsen

Die aus Kreidegesteinen gebildete und von der Metuje (Mettau) zerlappte Schichtstufenlandschaft ist bei Adršpach (Adersbach) und Teplice (Wekelsdorf) durch kiefernbestandene Felslabyrinthe ausgezeichnet. Das Städtchen Broumov (Braunau) mit Benediktinerstift hatte sich durch Textilwirtschaft hervorgetan.

Adlergebirge

Vom Reinerzer Sattel (670 m ü. d. M.) bis zum Paß Grulich (534 m ü. d. M.) streicht das schmale, bis 1115 m ü. d. M. hohe, aus Gneis und Glimmerschiefer aufgebaute Adlergebirge (Orlické hory), das noch zur Elbe (Labe) entwässert wird. Das anschließende bis 1422 m ü. d. M. hohe stockförmige Schneegebirge (Králický Sněžník) ist als erstes Glied der Ostsudeten

Schneegebirge

schon der March (Morava) tributär (hydrographischer Knoten). Hier verläuft auch die Grenze zwischen Ostböhmen und Nordmähren.

Der bis 1128 m ü.d.M. hohe Waldkamm des Reichensteiner Gebirges (Rychlebské hory) zieht wieder in Südostrichtung bis zum Ramsauer Sattel (Ramzovské sedlo; 759 m ü.d.M.). Ihm ist im Norden ein eiszeitlich geformtes Einebnungsland mit guten Lehmböden vorgelagert. Granitbrüche und Kalksteinwerke liegen in dem vorwiegend bäuerlich gestalteten Gelände.

Vom Ramsauer Sattel erstreckt sich der aus Gneis und Schiefern aufgebaute Ostsudetenhauptkamm (Jeseníky) nach Südosten bis zum 1492 m ü.d.M. hohen Altvater (Praděd), schwenkt dort senkrecht um in einen langen Rücken, der in der Hohen Heide (Vysoká hole; 1464 m ü.d.M.) nochmals über die Waldgrenze emporsteigt und dann, immer niedriger werdend, an der Marchsenke bei Šumperk (Schönberg) auskeilt.

Nordöstlich schließt an den Altvaterstock (Hrubý Jeseník) ein einsames Waldbergland mit dem 1205 m ü.d.M. hohen Urlich (Orlik) bis zur Landesgrenze an. Die Abwalmung nach Südosten zum Plateau des Niederen Gesenkes (Nízký Jeseník) beträgt gegen 700 m. Im Tal der Biele (Bílá) auf der Nordseite ist das Städtchen Jeseník (Freiwaldau; tschechisch früher Frývaldov) durch Leinenindustrie und den Prießnitz-Kurort Lázně Jeseník (Gräfenberg) ausgezeichnet. Zahlreiche Sägewerke und auch Zellulose- bzw. Papierfabriken werten den Holzreichtum der großen umliegenden Wälder aus.

Das vorwiegend aus kulmischen Schiefern aufgebaute Niedere Gesenke (Nízký Jeseník) bricht am Westrand um 400 m steil zum oberen Marchbecken ab. Nach Nordosten senkt sich die wellige Rumpffläche allmählich zur Oderebene. Die von Oppa (Opava), Mohra (Moravice) und dem Quellbach der Oder (Odra) zertalte, bis 798 m ü.d.M. hohe Rumpffläche ist frühzeitig von der deutschen Kolonisation erfaßt worden. Der Wald wurde größtenteils gerodet, aber nur das niedrige Hügelland im Südosten an der unteren Oppa (Opava) ist für einen besonders ergiebigen Weizen- und Zuckerrübenanbau geeignet. Über das Hochland sind viele kleine Städte verstreut. Am Ostrand hatte Krnov (Jägerndorf) eine beachtliche Stellung gewinnen können (Tuchindustrie, Orgelbau). An der wichtigen Eisenbahnlinie in das Ostrauer Schwerindustriegebiet liegt die schon um 1200 gegründete Stadt Opava (Troppau). Sie war als Marktort und später als Verwaltungssitz von Österreichisch-Schlesien aufgeblüht.

Nach Aufbau und Oberflächengestalt lassen sich in Innerböhmen die Ebenheiten der Kreidelandschaft von der weitwelligen kristallinen Rumpffläche unterscheiden.

Die innerböhmische Kreidetafel an der Elbe (Labe), Iser (Jizera) und unteren Moldau (Vltava) kann wieder in die Sandsteinzone und das Gebiet der Plänermergel gegliedert werden. Diese treten mehr im Süden auf und bilden wegen der guten Böden einen bevorzugten Raum der Landwirtschaft. Westlich der Moldau-Elbe-Linie kommt das Kreideland vielfach nur noch in Reststücken zur Geltung. Die darunter befindlichen Ablagerungen der Permzeit und der Karbonzeit können gut genutzt werden. Auf Grund der produktiven Steinkohle hat sich in Kladno und Slaný (Schlan) die Schwerindustrie bedeutsam entwickelt.

Nördlich von dem durch Keramik ausgezeichneten Rakovník (Rakonitz) fällt die Schichtstufe des Krugwaldes (Džbán) auf, und bei Roudnice nad Labem (Raudnitz an der Elbe) erhebt sich die Basaltkuppe des sagenumwobenen Georgsberges (Řip) über das weite Agrarland. Die von vielen Tälern durchfurchte Kreideplatte innerhalb des Elbbogens zeigt im nördlichen Teil vielfach die typischen Sandsteinbildungen.

Böhmisches Paradies – Felsenstadt bei Hrubá Skála

Böhmisches Paradies	Das Gebiet zwischen Turnov (Turnau; Halbedelsteinschleifereien) und Jičín (Jitschin; Residenz Wallensteins) hat wegen der pittoresken Verwitterungsformen die Bezeichnung 'Böhmisches Paradies' (Český ráj) erhalten. Mladá Boleslav (Jungbunzlau) an der Iser (Jizera) weist als größte Stadt dieses Raumes eine beachtliche Industrie (Škoda/VW-Kraftfahrzeuge, Textilien) auf.
Elbniederung	Die vorzüglichen Böden im Plänergebiet zwischen Hradec Králové (Königgrätz) und der Einmündung der Moldau (Vltava) in die Elbe (Labe) bei Mělník (Melnik) haben das weit gedehnte Land dem Ackerbau zugeführt. In der Elbniederung (Polabí) dominiert die Landwirtschaft mit Weizen, Gerste und Zuckerrüben als Hauptfrüchten. Eine Reihe von Mittelstädten basieren darauf. Sie sind auch durch die Lage an wichtigen Verkehrslinien begünstigt. Hradec Králové (Königgrätz), Pardubice (Pardubitz), Chrudim, Čáslav (Tschaslau), Kolín (Kolin), Nymburk (Nimburg) und das an eine Bruchlinie gebundene Herzheilbad Poděbrady (Podiebrad) sind in diesem alttschechischen Siedlungsraum hervorzuheben.
Innerböhmische Rumpffläche	Die innerböhmische Rumpffläche ist durch die weit gespannten Bodenwellen des alten Abtragungsgebietes der Böhmischen Masse in mittleren und südlichen Böhmen gekennzeichnet. Bei späteren Heraushebungen sind einzelne Schollenstücke zurückgeblieben und stellen sich nun als Beckenlandschaften dar. Ungefähr auf der Breite von Prag tauchen die Abtragungsflächen unter die Kreidesedimente.
Moldau	Die meridionale Achse bildet die Moldau (Vltava). Sie und ihre Nebenflüsse haben sich während der Hebungsvorgänge tief eingesägt, so daß ein starker Gegensatz zwischen den ausgedehnten Hochflächen und den eingetieften Engtälern zu erkennen ist. In diesen meist bewaldeten Einschnitten haben nur wenige kleine Siedlungen Platz gefunden. An der Moldau (Vltava) sind hier inzwischen mehrere Staudämme gebaut worden, die

langgestreckte Talseen zur Folge hatten (Orlík 27 km^2, Slapy 14 km^2, als die größten). Wegen der minder guten Böden können gewöhnlich nur anspruchslose Feldfrüchte auf den gleichförmig gestalteten Hochplateaus angebaut werden. Es haben sich daher auch nur wenige städtische Siedlungen auszubilden vermocht.

Moldau (Fortsetzung)

Der Ostflügel der innerböhmischen Rumpffläche steigt in der Böhmisch-Mährischen Höhe (Českomoravská vrchovina) bei Žďár nad Sázavou im Quellgebiet der Sazau (Sázava) bis 837 m ü.d.M. an. Von dort infolge einer Störung schärfer profilierte Eisengebirge (Železné hory) in sudetischer Richtung bis zur Elbe (Labe). An größeren Orten sind Kutná Hora (Kuttenberg) am Rande der Elbniederung (einst Silberbergbau), Tábor und der Luschnitz (Lužnice) und im Westflügel Písek an der Wotava (Otava) zu erwähnen.

Böhmisch-Mährische Höhe

Eisengebirge

Ein besonderes Aussehen haben die südböhmischen Beckenlandschaften, die sich nördlich von České Budějovice (Budweis) und im Umkreis von Třeboň (Wittingau) ausdehnen. Tonige Seenablagerungen aus dem mittleren Tertiär bilden den Untergrund. Moore und zahlreiche Großteiche kennzeichnen das weithin ebene Gelände. Infolge des guten Durchzugsverkehrs nach Österreich und bei Entwicklung einer regen Industrie ist die schon 1265 am Zusammenfluß von Moldau (Vltava) und Maltsch (Malše) gegründete Stadt České Budějovice (Budweis) die bedeutendste Siedlung von Südböhmen geworden.

Südböhmische Teichlandschaft

Im Nordwestabschnitt der innerböhmischen Rumpffläche muß die Böhmische Silurmulde (Český silur) als eigene Einheit hervorgehoben werden. Bei dieser geologischen Mulde im Erzgebirge-Streichen sind die Schichtglieder von Algonkium bis Devon erhalten geblieben und bilden wegen der verschiedenen Widerstandsfähigkeit der Gesteine schärfere Formen aus. Entlang von Längsbrüchen haben die kambrischen Konglomerate und silurischen Quarzite die langen Rücken und Kämme des Brdy-Waldes geprägt (Tok; 865 m ü.d.M.). Unterdevonische Kalke streichen im zentralen Muldenteil zur Beraun (Berounka), von der sie in einem felsigen Tal zerschnitten worden sind. Die historische Burg Karlstein (Karlštejn) ist dort auf einem Felsvorsprung errichtet. Wichtig waren die Eisenerzvorkommen an der Linie Zdice–Nučice. Die Hüttenwerke im Industrieort Králův Dvůr (Königshof) im Litavkatal bei Beroun (Beraun) gründeten sich darauf. Příbram östlich vom Brdy war einmal für seinen Silberbergbau berühmt.

Böhmische Silurmulde

Brdy-Wald

Am Nordostende der Silurmulde und an der Grenze zur Kreidetafel schmiegt sich die Landeshauptstadt Praha (Prag) in eine Talweitung der Moldau (Vltava). Der nach Westen offene Flußbogen hat zur Ausbildung von Prall- und Gleithängen geführt. So baut sich die mächtige Burganlage des Hradschin mit dem Veitsdom über einem Steilhang auf, und gegenüber steigt das Gelände vom Altstadt und Neustadt allmählich an. Die Großstadt hat sich nun nach allen Seiten weithin auf die umliegenden Hochflächen ausgebreitet. Hier leben über 1,2 Mio. Menschen auf einer Fläche von knapp 500 km^2. Über Allgemeines, Charakteristika, Etappen der Stadtgeschichte und vor allem die touristischen Sehenswürdigkeiten der Goldenen Stadt wird im Hauptkapitel 'Sehenswürdigkeiten von A bis Z in der Tschechischen Republik' (→ Praha) dieses Reiseführers berichtet.

Prag

Mähren und Mährisch Schlesien

Die kristallinen Hochflächen im westlichen Mähren (Morava) werden im Osten von der schmalen Boskowitzer Furche im Rotliegenden abgelöst, darauf folgt die Brünner Syenitmasse und nördlich davon der Mährische Karst mit dem Hanna-Hochland vor dem Olmützer Becken. Für die Formung der Randzone des Massivs war das Vordringen des Miozänmeeres

Mährisches Rumpfschollenland

Landeskunde

Mährisches
Rumpfschollen-
land
(Fortsetzung)

bedeutsam. Es sind dadurch korrespondierende Brandungsterrassen entstanden. Die Rumpffläche dacht sich von maximal 837 m ü. d. M. (Javořice)
allmählich nach Südosten ab, bis sich bei etwa 500 m ü. d. M. eine bis 40
km breite Abrasionsplatte einschaltet. Während die Oberläufe der Abda-
chungsflüsse breite Wiesentäler haben, sind in die unteren randlichen Teile
des Massivs steile Waldtäler eingetieft. Da die nährstoffarmen Böden keine
hohen Erträge zulassen, ist das ganze Gebiet nur dünn besiedelt.

Am Übergang nach Böhmen wurde die Bergstadt Jihlava (Iglau) 1227 nach
deutschem Recht gegründet. Sie war später das wirtschaftliche Zentrum

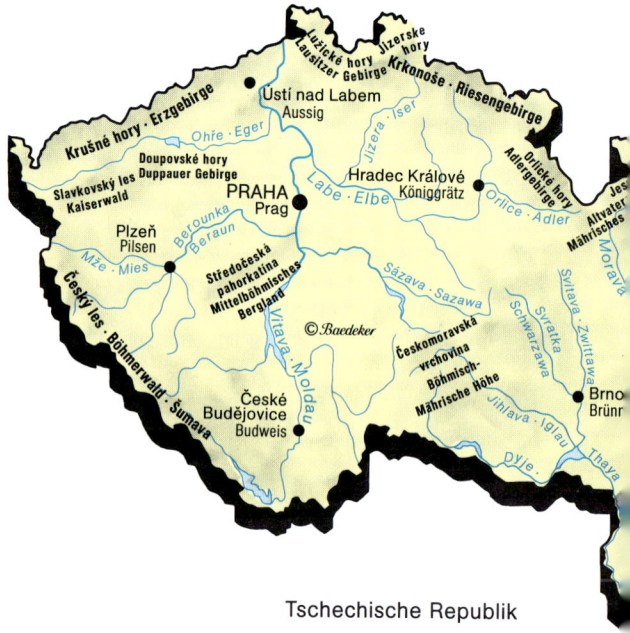

Tschechische Republik

weit über den Umkreis der 387 km² großen deutschen Sprachinsel hinaus.
Als Randstadt am Massiv in der Nähe der tschechisch-österreichischen
Grenze ist das alte Znojmo (Znaim) zu betrachten (Gemüsekulturen; Keramik). Oberhalb wurde bei Vranov nad Dyjí (Frain) die tief in die Abrasionsplatte eingesenkte Thaya (Dyje) zu einem großen See (7,2 km²) aufgestaut.

**Boskowitzer
Furche**

Als Boskowitzer Furche wird eine etwa 5 km breite Senke bezeichnet, die
von Material des Rotliegenden erfüllt ist. Sie beginnt westlich von Brno
(Brünn) und setzt sich in einem leichten Bogen bis in das Kreideland in
Ostböhmen fort. Der ergiebige Anbau beruht auf den fruchtbaren tonigen
Böden. Im Übergangsgebiet zu Böhmen war seinerzeit eine nach dem
bewaldeten Kreidesandsteinrücken (Schichtstufe) des Schönhengst (660
m ü. d. M.) benannte Sprachinsel (1138 km²) mit über 100 000 Einwohnern
in 125 Gemeinden entstanden (fränkische Waldhufendörfer).

Schönhengst

Die Brünner Syenitmasse baut sich nördlich und westlich der Hauptstadt von Mähren auf. Die Waldhochfläche zwischen 400 und 500 m ü. d. M. wird von Zwittawa (Svitava) und Schwarzawa (Svratka) in engen Tälern zerschnitten. Am Zusammenfluß ist in einer Bucht am Rande der Waldberge Brünn 1243 als deutsche Stadt gegründet worden. Durch Tuchmacherei und Handel bald bekannt, nahm sie später als Landesmittelpunkt eine hervorragende Stellung ein. Die jetzt etwa 390 000 Einwohner zählende Großstadt gehört zu den führenden Industrieorten des Landes (Maschinen, Textilien, Chemikalien, Nahrungsmittel). Wahrzeichen sind der ehemals befestigte Spielberg (Špilberk) und der Petersberg (Petrov) mit der Domkirche.

Brünner Syenitmasse

Die wichtigsten Gebirge und Gewässer

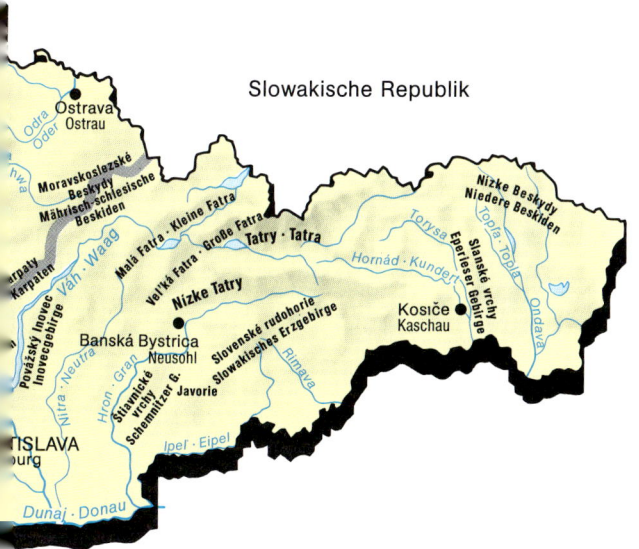

Nordöstlich der Brünner Syenitmasse dehnt sich ein Streifen mitteldevonischer Kalke aus, in dem das Karstphänomen großartig in Erscheinung tritt. Die Tropfsteinhöhlen im Mährischen Karst (Moravský kras) kommen in drei Stockwerken vor. Sie sind durch das Tieferlegen des Grundwasserspiegels bei ruckartiger Heraushebung der Kalkplatte entstanden. Infolge eines Deckeneinsturzes reicht der 138 m tiefe Trichter der Macocha bis zum unterirdischen Lauf der Punkwa (Punkva).

Mährischer Karst

An den Mährischen Karst und die Boskowitzer Furche schließt sich im Osten das aus Kulmschiefern aufgebaute stark bewaldete Plateau von Drahan (Drahanská vrchovina) an, das auch als das Hochland der Hanna (Haná) bekannt ist.

Als Olmützer Becken wird die große Niederungslandschaft an der oberen March (Morava) bezeichnet. Sie reicht von der Einmündung der Teß

Olmützer Becken

Landeskunde

(Desná) bei Šumperk (Schönberg) bis zur Talenge bei Napajedla vor den Beskiden.

Hanna

Südlich von Olomouc (Olmütz) dehnt sich ein bis 30 km breites ebenes Land, die Hanna (Haná), aus. Das alte Senkungsfeld ist von Ablagerungen des Miozänmeeres ausgefüllt und später von Löß und jungen Flußanschwemmungen überdeckt worden. Die vorzüglichen Böden und das günstige Klima bedingen die intensive Landwirtschaft auf Weizen, Zuckerrüben, Braugerste und Gemüse. Mitten in der Fruchtebene liegt die an zwei Felshügel angelehnte ehemalige Landeshauptstadt (bis 1640) von Mähren, die auf eine im 13. Jahrhundert gegründete deutsche Siedlung zurückgeht: Olomouc (Olmütz) hat jetzt über 100 000 Einwohner und zeichnet sich durch rege landwirtschaftliche Industrie aus. In der westlichen Hanna ist Prostějov (Proßnitz) und in der östlichen der Knotenpunkt Přerov (Prerau) bedeutsam.

Südmährisches Hügelland

Das südmährische Tertiärhügelland breitet sich südöstlich vom Abbruch des Rumpfschollenlandes (Znojmo – Brno) bis zur Marchniederung aus. Wegen des sonnigen Klimas und der meist fruchtbaren Böden war es frühzeitig ein auf weite Strecken durch Ackerbau und Gartenkultur intensiv genutztes Gebiet geworden. Das Brünner Becken, der Raum der breiten Talungen von Thaya (Dyje), Iglawa (Jihlava) und Schwarzawa (Svratka), setzt sich nach Nordosten in der gut durchgängigen Wischauer Senke zur Hanna hin fort (Vyškov · Wischau, Slavkov u Brna · Austerlitz). Parallel dazu verlaufen niedrige Höhenrücken, die als Verbindungsglieder zwischen den Voralpen bei Wien und den Ausläufern der Beskiden südlich von Přerov (Prerau) anzusehen sind.

Pollauer Berge

So erhebt sich an der mährisch-niederösterreichischen Grenze die Jurakalkinsel der Pollauer Berge (Pavlovské vrchy oder Pálava) bis 550 m Meereshöhe. Weinkulturen dehnen sich auf den trockenen Mergelhängen aus. Am Südfuße liegt das alte Städtchen Mikulov (Nikolsburg). Auf der Nordseite wird das Durchbruchstal der Thaya (Dyje) von Auenwald eingenommen, wo sich der vorgeschichtlich so bedeutsame Mammutjägerplatz von Dolní Věstonice (Unter-Wisternitz) befindet. Darauf folgt das früher deutsch besiedelte Weinhügelgebiet von Hustopeče (Auspitz). Schiefer und Mergel des Alttertiärs bauen den daran anschließenden Steinitzer Steinitzer Wald Wald (Ždánický les) auf. Bis zur March (Morava) bei Napajedla reicht dann Marsgebirge der kräftig bewaldete Sandsteinzug des Marsgebirges (Chřiby; mit Brdo, 587 m ü. d. M.). In Trichterform dehnt sich von der Einmündung der Thaya (Dyje) bis zu dieser Stelle das junge Aufschüttungsland an der March (Morava) aus. Es ist in starkem Maße von schwer begehbaren Auenwäldern und von Flugsanden mit Heide und Kiefernforsten bedeckt. An der wichtigen Eisenbahnlinie nach Wien liegen Hodonín (Göding) und der Knotenpunkt Břeclav (Lundenburg). Westlich davon sind bei Lednice (Eisgrub) große Fischteiche (bis 280 ha) und Parkanlagen vom Fürstenhause Liechtenstein geschaffen worden.

Beskidenvorland

Das Beskidenvorland ist dem am weitesten nach außen gerückten Gebirgszug der Westkarpaten im östlichen Mähren vorgelagert. Man kann die Senkenregion an der Oder (Odra) – Betschwa (Bečva) von dem südlich Mährische Pforte gelegenen Hügelgebiet unterscheiden. Die als Mährische Pforte (Moravská brána) bekannte Senke ist von mächtigen Ablagerungen des Miozänmeeres erfüllt. Sie überlagern im Raum von Ostrava (Ostrau) die Steinkohlenschichten und sind selbst oft von Lößlehmen überdeckt, die eine vorzügliche Grundlage für den Ackerbau auf einst deutschem Siedlungsboden abgeben. Der dafür geprägte Name 'Kuhländchen' (Kravařsko) geht Kuhländchen auf die starke Rinderzucht und selbst oft von den guten Wiesen in den feuchten Niederungen zurück. Zum Mittelpunkt hatte sich Nový Jičín (Neutitschein) entwickelt (Wollindustrie, Huterzeugung). Nach Nordosten verbreitert sich die Odertalung und geht schließlich bei der Grenzstadt Bohumín (Oderberg) in die oberschlesische Ebene über.

Beskiden – Blick zur Lysá Hora

Im Einmündungsgebiet des südlichen Zuflusses Ostrawitza (Ostravice) hat das reiche Steinkohlenvorkommen eine ausgesprochene Industrielandschaft entstehen lassen, die nun nach Osten bis zum polnischen Grenzfluß Olsa (Olše) reicht. Die geschlossene Siedlungseinheit von Ostrava (Ostrau) zählt jetzt etwa 330 000 Einwohner. Südöstlich davon ist der Arbeiterwohnort Havířov aufgebaut worden. Orlová (Orlau) und Karviná (Karwin) sind als Reviergemeinden hervorzuheben. Die den Beskiden vorgelagerte Hügelzone ist noch weitgehend vom Ackerbau erfaßt. Der Waldreichtum des Hinterlandes hat Möbelindustrie hervorgerufen, so in Valašské Meziříčí (Walachisch-Meseritsch). In einigen Orten ist die Metallindustrie zu Hause, wie in Kopřivnice (Nesselsdorf), Frýdek-Místek (Friedek-Mistek) und in Třinec an der oberen Olsa (Olše).

Unterhalb dieses großen Eisenwerkes liegt die zweigeteilte Stadt Těšín (Teschen), die früher als Verwaltungszentrum des östlichen österreichischen Schlesien stärkere Bedeutung gehabt hat.

In nordöstlicher Fortsetzung erstrecken sich die stärker gegliederten und höher aufsteigenden Züge der Mährisch-schlesischen Beskiden bis zu dem wichtigen Übergang des Jablunka-Passes (Jablunkovský průsmyk; 555 m ü. d. M.) südöstlich von Ostrava (Ostrau). Von ihnen steigt der nördlichste Waldrücken weit über 1000 m ü. d. M. empor (Radhošt 1129 m, Smrk 1276 m, Lysá hora 1323 m ü. d. M.). Durch das obere Bečva- und Kysuca-Tal abgetrennt, zieht sich der bis 1071 m ü. d. M. hohe mährisch-slowakische Grenzrücken Javorníky südlich davon bis zum Querdurchbruch der Kysuca.

Weiße Karpaten (Bílé Karpaty) wird der mährisch-slowakische Grenzrükken an der Wasserscheide zwischen March (Morava) und Waag (Váh) genannt, weil helle Jurakalke in die Flyschsandsteine eingepreßt erscheinen. Er gipfelt nördlich vom Paßgebiet von Myjava (Lyský průsmyk) bei 970 m ü. d. M. in der Velká Javorina.

Beskidenvorland (Fortsetzung)
Ostrauer Industrielandschaft

Mährisch-schlesische Beskiden
Jablunka-Paß

Javorníky

Weiße Karpaten

25

Weiße Karpaten
(Fortsetzung)

Im nordwestlichen Vorgelände hat sich im Tal der Dřevnice die Schuhstadt Zlín (1949–1990 Gottwaldov) zu einem leistungsstarken Industrieort entwickeln können (Großfirma Baťa). Südlich davon liegt das gut besuchte Bad Luhačovice (Luhatschowitz).

Slowakei

Westkarpaten

Die Slowakei (Slovensko) wird in starkem Maße von den Gebirgszügen der Westkarpaten ausgefüllt. Obwohl sie eine Fortsetzung der Alpen darstellen, weicht ihre zonale Gliederung beträchtlich ab. Vielfache Bruchbewegungen haben nicht nur den Südrand recht wechselhaft gestaltet. Auch im Inneren wurde der Zusammenhang erheblich gestört. Es bildeten sich auf diese Weise zahlreiche kleinere Einzelgebirge heraus.

Beskiden

Die periphere Sandsteinzone ist zum Unterschied von den Alpen sehr mächtig ausgebildet. In einem großen Bogen wird das Grenzgebiet zwischen der Slowakei und Mähren bzw. Polen von ihr eingenommen. Kulissenartig sind die langgestreckten Rücken hintereinander gestaffelt, geschieden durch in weicheren Schiefern ausgeräumte Längstäler. Diese meist mit dem Sammelnamen Beskiden bezeichneten gleichförmigen Bergzüge haben noch eine starke Waldbedeckung aufzuweisen. Seit dem 16. Jahrhundert ist auf den breiten Kammflächen im westlichen Teil von walachischen Hirten aus den Südkarpaten (Rumänien), in der Mitte von den polnischen Goralen und weiter im Osten von Ruthenen Weidewirtschaft betrieben worden.

Slowakische
Beskiden

Die Slowakischen Beskiden (Slovenské Beskydy) schwingen sich an der slowakisch-polnischen Grenze in der Babia hora bis 1725 m ü.d.M. auf. Im Becken von Nowy Targ (Neumarkt) und bei der Hohen Tatra stößt Polen weit nach Süden in die Karpaten vor.

Niedere Beskiden

Dukla-Paß

Jenseits des Durchbruches des Popper (Poprad) tritt die Sandsteinzone in der Ostslowakei als Niedere Beskiden (Nízke Beskydy) in breiter Front nochmals in Erscheinung. Der slowakisch-polnische Grenzübergang des Dukla-Passes (Dukliansky priesmyk) ist nur 502 m ü.d.M. hoch. Von dort steigen die Waldberge an der Wasserscheide zwischen Donau und Weichsel in der Ostrichtung wieder an und erreichen im Kremenec am Dreiländereck 1220 m Meereshöhe.

Slowakisches
Bergland

Der innere Abschluß des mächtigen Sandsteingürtels wird von der tiefer gelegenen Klippenzone gebildet, die sich durch geringere Waldbedeckung und dichtere Besiedlung auszeichnet. Jurassische Kalke und Dolomite, die den Kalkalpen entsprechen, treten dort mit auffälligen Formen in vereinzelten Stöcken auf. Sie sind aus der Ummantelung weicher Sedimente der Oberkreide und des Alttertiärs durch Erosion herausgeschält worden. Vom Paßgebiet von Myjava auf der Südseite der Weißen Karpaten folgt diese schmale Zone dem Waagtal bis zur Einmündung der Arva (Orava), begleitet dieses Nebental bis zur slowakisch-polnischen Grenze, kehrt in einem Bogen am Dunajec-Knie auf slowakischen Boden zurück und erstreckt sich dann noch am Popper (Poprad) und an der Torysa bis in das Gebiet von Prešov (Preschau) in der Ostslowakei.

Waagtal und
Arvatal

Sowohl die Waag (Váh) als auch die Arva (Orava) schneiden bald in die harten Klippenkalke und bald in die weichen Hüllsedimente ein, so daß ein vielfacher Wechsel der Talformung zustandekommt. Der Hauptort des Waagtales ist Trenčín (Trentschin) am Fuße der alten Burg auf einer Kalkklippe. In einem kleinen Nebental liegt das gut besuchte Thermalbad Trenčianske Teplice. Púchov, Považská Bystrica und Žilina (Sillein) sind Mittelpunkte des dicht besiedelten, nunmehr auch durch industrielle Entwicklung ausgezeichneten Haupttales. Im mittleren Tal der Arva (Orava) wächst die Burg Arva (Oravský hrad) reizvoll auf einem Kalkfelsen empor. Etwas

Orava – Holzkirche im Arvatal

weiter oberhalb ist unmittelbar an der slowakisch-polnischen Grenze der große Arva-Stausee (Oravská priehrada; 35 km²) geschaffen worden. Die stärkste Ausprägung erfährt die Klippenzone nordöstlich der Hohen Tatra in den Pieninen (Pieniny) am Dunajec und Poprad, wo die beiden Flüsse in großartigen Engtälern die Kalkfelsenlandschaft durchreißen.

Waagtal und Arvatal (Fortsetzung)

Die kristallinische Kernzone des slowakischen Berglandes ist durch den Gegensatz zwischen den verschieden hoch herausgehobenen Gebirgsteilen und den eingesetzten Becken gekennzeichnet. Die Flüsse verbinden in engen Durchbruchtälern die dichter besiedelten Einmuldungen und verschaffen so dem gesamten Bergland die gewünschte Durchgängigkeit.

Kernzone

Räumlich zwar getrennt, aber dem Gesteinsaufbau nach mit dem Kerngebiet im Zusammenhang, erstreckt sich der schmale Horst der Kleinen Karpaten (Malé Karpaty) von Devín (Theben; heute zu Bratislava gehörig) an der Donau (Marchmündung) bis zum Sattel von Myjava. Er steigt unmittelbar über dem Senkungsfeld der Waagbucht bis 768 m ü.d.M. empor (Záruby). Granite, Schiefer und Jurakalke bauen ihn auf. Die unteren Hänge sind von Obst- und Weingärten eingenommen, sonst ist er von Laubwald überkleidet.

Kleine Karpaten

Am Südfuß der Kleinen Karpaten hat sich als Brückenort an der Donau (Dunaj) die Großstadt Bratislava (Preßburg) durch den Handel und die Fruchtbarkeit der Umgebung gut entwickeln können. Als Verwaltungsmittelpunkt und geistiges Zentrum (Universität) des Landes sowie durch vielfältige Industrie wurde die Bedeutung noch gefestigt. Hier leben rund 450 000 Menschen auf einer Fläche von knapp 368 km². Über Allgemeines, Charakteristika, Wissenswertes aus der Stadtgeschichte und vor allem die touristischen Sehenswürdigkeiten der slowakischen Landeshauptstadt wird im Hauptkapitel 'Sehenswürdigkeiten von A bis Z in der Slowakischen Republik' dieses Reiseführers berichtet.

Bratislava

Die Kleinen Karpaten haben ihre Fortsetzung im Inovec-Gebirge östlich der Waag (Váh). Es steigt bis zu 1042 m ü.d.M. an. An der den Fluß kreuzenden Bruchlinie ist das Thermal- und Schwefelbad Piešťany (Pistyan) entstanden.

Inovec-Gebirge

In dem nördlich anschließenden Strážover Bergland (Strážovské vrchy) werden die Schiefer von Kalkstöcken der Hüllsedimente überragt (Strážov 1214 m ü.d.M.). In ihm wurzeln die Quellbäche der Nitra (Neutra). Seinerzeit war es in dem Becken am Oberlauf zur Ausbildung der deutschen Sprachinsel um Prievidza (Priwitz) gekommen. Im weiten unteren Neutrabecken ist Topoľčany der Hauptort der fruchtbaren Agrarlandschaft.

Strážover Bergland

Östlich von der länglichen Beckenlandschaft von Žilina (Sillein) – Rajec erstreckt sich das scharf profilierte Kerngebirge der Kleinen Fatra (Malá Fatra) zu beiden Seiten des tief eingeschnittenen Waagtales. Im Südflügel ist die granitische Veľká lúka 1476 m ü.d.M. hoch, der Nordflügel dagegen weist im dolomitischen Randgebiet beim Gipfel des Velký Kriváň 1709 m ü.d.M. auf. Oberhalb des Waag-Durchbruches (Vrútky) mündet von Süden der Fluß Turiec ein, an dem sich ein Landwirtschaftsbecken mit dem Hauptort Martin (Maschinenindustrie, Panzerschmiede) ausdehnt. Es wird von der Eisenbahnlinie Wrocław (Breslau) – Budapest durchzogen.

Kleine Fatra

Von der Einmündung der Arva (Orava) hat die von Osten kommende Waag (Váh) nochmals eine Engtalstrecke aufzuweisen. Als Quellbach aber durchfließt sie das weite, offene Liptauer Becken mit dem eher industriellen Ružomberok (Rosenberg) und dem ländlichen Liptovský Mikuláš.

Liptauer Becken

Über eine 900 m ü.d.M. hoch gelegene Talwasserscheide – Eisenbahnstrecke Ostrava (Ostrau) – Košice (Kaschau) – gelangt man dann in das Becken der Zips (Spiš), das durch den Popper (Poprad) zur Ostsee und den Hernád (Hornád) zum Schwarzen Meer entwässert wird. Durch die bäuerliche Kultur und das rege städtische Leben hatte sie sich eine beachtliche Stellung in dem Gebirgsland geschaffen. Kežmarok (Käsmark), Spišská Nová Ves (Zipser Neudorf), Levoča (Leutschau) und Poprad (Deutschendorf) sind lokale Zentren geblieben.

Zips

Der zwischen Waag (Váh) und Arva (Orava) gelagerte, stark dolomitische Bergzug des Choč (bis 1611 m ü.d.M.) schwingt sich in der Ostrichtung rasch zu den Liptauer Alpen (Westliche Tatra · Západné Tatry) bis 2248 m ü.d.M. im Bystrá-Gipfel empor.

Liptauer Alpen

Die Hohe Tatra (Vysoké Tatry) erhebt sich dann als ein prachtvolles Hochgebirge mit einer Reihe eiszeitlich zugeschärfter Gipfel über 2600 m Meereshöhe. Ihr und damit der Westkarpaten höchster Punkt ist die Gerlsdorfer Spitze (Gerlachovský štít) mit 2655 m Meereshöhe. Die Trogform der Täler ist oft musterhaft ausgebildet. In vielen Karen sind kleine, aber tiefe Gebirgsseen aufgestaut worden, welche die Bezeichnung 'plieso' (= See) tragen. Da die granitische Felsregion meist direkt an den Nadelwald auf 1500 m ü.d.M. bzw. das Krummholz auf 1700 m ü.d.M. anschließt, tritt der Almengürtel zurück, der in der Westlichen Tatra gut ausgeprägt ist. Auf der Südostseite haben sich in günstiger Hanglage mehrere Kurorte entwickelt, wie Starý Smokovec (Altschmecks), Tatranská Lomnica (Tatra-Lomnitz) und Štrbské Pleso (Tschirmer See).

Hohe Tatra

Gerlsdorfer Spitze

Im Nordosten ist die bis 2152 m ü.d.M. hohe Belaer Tatra (Belianské Tatry) vorgelagert, die ein stärker bewaldetes Kalkgebirge darstellt.

Belaer Tatra

Die südliche oder innere Kerngebirgsreihe beginnt mit dem Zug des Tríbeč (829 m ü.d.M.) bei der mittelgroßen Stadt Nitra (Neutra) am gleichnamigen Flusse.

Tríbeč

◀ *Vysoké Tatry – Hohe Tatra*

Úhorná im Slowakischen Erzgebirge

Große Fatra   Bald verschwindet aber die kristalline Masse unter jungvulkanischen Ergußsteinen und kommt erst wieder in der Großen Fatra (Veľká Fatra) östlich vom Turiec-Becken zum Vorschein. In der kalkig-dolomitischen Granithülle ist der Ostredok (1592 m ü. d. M.) als höchster Gipfel schroff ausgebildet.

Niedere Tatra   Nach Osten anschließend breitet sich die rostförmig gegliederte Masse der Niederen Tatra (Nízke Tatry) zwischen Waag (Váh) und Gran (Hron) aus. Das Granitgewölbe des mattenreichen Kammes steigt im D'umbier bis 2043 m ü. d. M. auf. Am Nordrand befindet sich ein höhlenreiches Kalkgebiet.

Slowakisches Erzgebirge   Im Süden begleitet das Tal der Gran (Hron) das weithin bewaldete Gebirgsmassiv und trennt es von dem gleichfalls waldreichen Slowakischen Erzgebirge (Slovenské rudohorie). Das Innere stellt eine gleichförmige Rumpflandschaft mit im Durchschnitt 1200 m ü. d. M. hohen Kämmen und Flächen dar, die im Quellgebiet des Sajo (Slaná) auf über 1400 m ü. d. M. ansteigen (Stolica 1476 m ü. d. M.). Die erzführenden alten Schiefer werden gegen das Zipser Becken hin von einem Kalk- und Dolomitstreifen abgelöst, der die recht bekannte Dobschauer Eishöhle (Dobšinská ľadová jaskyňa) birgt.

Slowakischer Karst   Die Kalkzone auf der Südseite ist noch stärker entwickelt. Von Slaná und Bodva wird diese Platte des Slowakischen Karstes (Slovenský kras) in schluchtartigen Tälern zerschnitten. Zum Becken von Rožňava (Rosenau) bricht sie steil ab. Der im 14. Jahrhundert von mitteldeutschen Bergleuten aufgezogene Erzbergbau ist inzwischen stark zurückgegangen; nur das Eisenerz spielt noch eine gewisse Rolle.

Kremnitzer Bergland   Die jungvulkanische Zone des slowakischen Berglandes ist mit der inneren Kernzone vielfach eng verbunden. Das Kremnitzer Bergland (Kremnické vrchy) und südlich des engen Grantales das Schemnitzer Andesitgebirge (Štiavnické vrchy) schließen sich als zerschnittene und stark bewegte Hochplateaus an die Große Fatra (Veľká Fatra) unmittelbar im Süden an. Die Lavadeckenruine des Sitno steigt bis 1010 m ü. d. M. auf. Östlich davon ist der waldbedeckte Vulkanstumpf der Poľana (1458 m ü. d. M.) an das westliche Slowakische Erzgebirge angewachsen. Zwischen Neutra (Nitra) und Gran (Hron) gehört noch der Vtáčnik-Zug zu diesen jungtertiären Gebilden. Der Reichtum an Edelmetallen hat frühzeitig einen ergiebigen Bergbau hervorgerufen, der wiederum die Gründung mehrerer Bergstädte veranlaßte. Das hochgelegene Banská Štiavnica (Schemnitz) geht auf das 13. Jahrhundert zurück. Wenig später wurde das durch seine Münze berühmte Kremnica (Kremnitz) nach deutschem Recht in einem Seitental der Gran (Hron) angelegt. Am Hauptfluß selbst liegen Zvolen (Altsohl) und Banská Bystrica (Neusohl), die nun als Markt- und Industrieorte von Bedeutung sind. In ähnlicher Weise hat sich im Becken zwischen Vtáčnik und Kremnitzer Bergland das einst deutsche Handlová (Krickerhäu) entwickelt.

Schemnitzer Bergland

Poľana

Vtáčnik

Andesitische und ryolithische Tuffe sind für die wellige Hochfläche von Krupina (Krupinská vrchovina) kennzeichnend, die allmählich in das große Becken der Eipel (Ipeľ) an der slowakisch-ungarischen Grenze übergeht. Am Oberlauf dieses Flusses ist in weichen Tertiärgesteinen ebenfalls ein weites fruchtbares Becken ausgeräumt worden, dessen zentraler Ort Lučenec ist.

Krupina-Hochfläche

Östlich der meridional streichenden Bruchlinie am Hernád (Hornád) erstreckt sich der aus andesitischen Laven und Tuffen aufgebaute Waldhöhenzug des Eperieser Gebirges (Slanské vrchy). Bei dem 1092 m ü. d. M. hohen Gipfel Šimonka werden Edelopale gefunden. Am Austritt des Hernád (Hornád) aus dem Bergland in die südliche Ebene hat sich wegen der guten Verkehrslage die bedeutende Handels- und Industriestadt Košice (Kaschau; 235000 Einw.) aus einer deutschen Anlage des 12. Jahrhunderts entwickelt.

Eperieser Gebirge

Das letzte Glied des jungvulkanischen Gebirges am Innensaum der slowakischen Karpaten ist der Vihorlat-Zug (Vihorlatské vrchy; bis 1076 m ü. d. M.) an der slowakisch-ukrainischen Grenze. In die Caldera eines Stratovulkans ist dort ein 14 ha großer See (Morské oko) eingebettet.

Vihorlat

In der Westslowakei stößt das pannonische Tiefland in einzelnen Buchten weit in das Gebirge hinein. Die Donauzuflüsse haben es beim Einschneiden in eine weitgespannte Hügelwelt verwandelt, die sich infolge der Lößbedeckung durch ihre hohe Fruchtbarkeit auszeichnet. Trnava (Tyrnau), Nové Zámky (Neuhäusel) und Levice sind städtische Mittelpunkte der reichen Agrarlandschaft.
Ebenso ist es bei dem jungen Anschwemmungsgebiet an der Donau (Dunaj) unterhalb von Bratislava (Preßburg) bestellt. Zwischen dem Nordarm und dem Hauptarm an der slowakisch-ungarischen Staatsgrenze breitet sich die Große Schütt (Žitný ostrov) aus, die ausgiebig landwirtschaftliche Produkte liefert. Umstritten ist in diesem Gebiet die Anlage eines großen Wasserkraftwerkes bei Gabčíkovo, zu dessen Betrieb das Donauwasser in einen Parallelkanal abgeleitet wird. Am Zusammenfluß der beiden Donauarme ist der Brückenort und Hafenplatz Komárno (Komorn) zu Bedeutung gekommen.
Entlang des Bodrog und seiner Zuflüsse dringt das Große Ungarische Tiefland (Alföld) im äußersten Südosten der Ostslowakei am weitesten nach Norden vor und verschafft dort den ebenen Flächen und guten Böden dem Ackerbau auf Weizen, Mais, Zuckerrüben und Tabak reiche Erfolge. Als größte Siedlung verfügt die Stadt Michalovce (Großmichel) daher auch über Nahrungs- und Genußmittelindustrie. Dort, am Südwestfuß des Vihorlat-Gebirges, ist bis 1965 der große Stausee Zemplínska šírava (34 km^2) mit mehreren Erholungszentren angelegt worden.

Slowakisches Tiefland

Große Schütt

Klima

Allgemeines

Klimatische
Übergangszone

Die bisherige Tschechoslowakei liegt in der Übergangszone vom mittel-
europäisch-ozeanischen zum osteuropäisch-kontinentalen Klima; dementsprechend ändern sich die Wetterlagen von Westen nach Osten.

Regionale
Unterschiede

Regionale Unterschiede im Klima ergeben sich insbesondere aus den
beiden Faktoren Lage und Relief.

Faktor Lage

Böhmen hat aufgrund seiner Lage im westlichen Landesteil noch ein sub-
ozeanisches Klima, das jenem Süddeutschlands ähnelt; seine Kennzeichen sind:
- milde bis mäßig kalte Winter mit mittleren Temperaturen des kältesten
  Monats (Januar) von ca. −1°C bis −2°C,
- mäßig warme bis warme Sommer mit mittleren Temperaturen des wärmsten Monats (Juli) von ca. 18–19°C und eine
- Vegetationsdauer von über 200 Tagen.

Die Slowakei hat aufgrund ihrer Lage im östlichen Landesteil schon ein
subkontinentales Klima; seine Kennzeichen sind:
- kalte Winter mit mittleren Temperaturen des kältesten Monats (Januar)
  von unter −3°C,
- mäßig warme Sommer mit mittleren Temperaturen des wärmsten
  Monats (Juli) von unter 20°C (mit Ausnahme des tiefer gelegenen, wärmeren Südens) und eine
- Vegetationsdauer von 180–210 Tagen.

Faktor Relief

Der kleinräumige Wechsel in den Höhenverhältnissen hat kleinräumig
wechselnde klimatische Verhältnisse zur Folge.
- Die Beckenlandschaften, in welchen die besiedelten Flächen liegen,
  weisen eher kontinentale Klimazüge auf, während die Höhen eher ozea-
  nische Klimazüge besitzen.
- In Abhängigkeit von der Höhenlage lassen sich warme und mäßig warme
  Gebiete (meist in Beckenlage) sowie kalte Gebiete (in Gebirgslagen)
  voneinander unterscheiden, die bedingt durch den kleinräumigen Wechsel in den Höhenverhältnissen insbesondere in Mähren und der Slowakei
  vielfach eng miteinander verzahnt sind.

Eine übersichtsweise Klimadarstellung kann nur die Grundzüge darstellen.
Da sich die folgenden Aussagen auf langjährige Mittelwerte stützen, können in einzelnen Jahren deutliche Abweichungen davon auftreten, seien es
nun Dürren bedingt durch besonders anhaltende trockene Ostwetterlagen
oder auch kühl-nasse Nordwestwetterlagen, welche die Ernten in den
Gebirgslagen gefährden oder besonders ergiebige Starkregen mit Hoch-
wasser und Hangrutschungen im Gefolge.

Klimagrundzüge

In Kenntnis der allgemeinen Klimaregeln und der klimatischen Grundzüge
des Landes lassen sich jedoch auch lokale klimatische Gegebenheiten zu
einer bestimmten Jahreszeit besser abschätzen. Solche Regeln sind:
- Westwetterlagen mit westlichen Winden, Bewölkung, niederschlagbringenden Tiefdruckgebieten und relativ milden Temperaturen im Winter
  bzw. kühler Witterung im Sommer sind im Westen häufiger.
  Dagegen sind Ostwetterlagen mit östlichen Winden sowie Hochdruckeinfluß mit Wolken- und Niederschlagsarmut sowie Kälte im Winter im
  Osten häufiger.
- Die jährlichen und täglichen Temperaturschwankungen nehmen von
  Westen nach Osten zu; in gleicher Richtung steigt die Zahl der Sommertage (mit Temperaturmaxima über 25°C) sowie der Frost- und Eistage
  (mit Temperaturminima bzw. -maxima unter 0°C).

- Die den niederschlagbringenden Winden (meist aus Südwest bis Nordwest) zugewandte Luvseite eines Gebirges ist niederschlagsreicher (sog. Steigungsregen) als die windabgewandte Leeseite. Beckenlandschaften sind auf diese Weise allseitig abgeschirmt und entsprechend niederschlagsarm.
- Die durchschnittliche Temperaturabnahme mit zunehmender Höhenlage beträgt im Winter 0,35 °C/100 m, im Sommer 0,63 °C/100 m.
Mit der Höhe nimmt die Bewölkung zu, die Sonnenscheindauer ab. Bei Inversionswetterlagen im Winterhalbjahr ragen die Höhen dagegen über die Nebel- und Kaltluftschichten der Becken und Talungen heraus in die klare Höhenluft mit intensiver Sonnenstrahlung.

Klimadiagramme (Darstellung s. S. 36/37)

Die regionalen Besonderheiten des Klimas in der bisherigen Tschechoslowakei werden anhand von Klimadiagrammen erläutert, aus denen der Jahresgang der Temperaturen und der Niederschläge ersichtlich ist; die Buchstaben bezeichnen die einzelnen Monate (von links nach rechts: J = Januar bis D = Dezember).
Die Temperaturen sind als orangerotes Band dargestellt. Die obere Grenze entspricht der durchschnittlichen höchsten Tagestemperatur, die untere der durchschnittlichen niedrigsten Nachttemperatur. Die jeweiligen Temperaturwerte sind an den roten randlichen Skalen abzulesen. Die Breite des Bandes ist ein Maß der täglichen Temperaturschwankungen, seine Wölbung weist die jährlichen Temperaturschwankungen aus.
Die blauen Säulen zeigen die durchschnittlichen Niederschlagsmengen (in mm) pro Monat entsprechend der blauen Randskala.

In das Klimadiagramm von Prag sind zusätzlich die Temperatur- und Niederschlagskurven für Kassel gestrichelt eingefügt. Im Vergleich mit den aus der Mitte Deutschlands gewohnten Klimaverhältnissen werden so die Besonderheiten der einzelnen Regionen deutlicher.

Böhmen

Gebirgsrahmen

Die Gebirgsumrahmung Böhmens ist ab etwa 500 m Meereshöhe durch ein eigenes kälteres und feuchteres Höhenklima gekennzeichnet. Die vorherrschenden westlichen Winde bringen feuchte atlantische Luftmassen heran, welche durch die Gebirge zum Aufsteigen gezwungen werden, wobei sie sich abkühlen; dadurch kommt es zu Wolkenbildung und Niederschlägen. Zur Tschechoslowakei gehören die inneren, den Westwinden abgewandten Flanken der Gebirge, wo die Luftmassen wieder absinken. Dabei kommt es zu Erwärmung und Wolkenauflösung. Dementsprechend verringern sich die Niederschlagsmengen mit abnehmender Höhe.

Allgemein gehen die Temperaturen im Sommer um 0,63 °C/100 m Höhenzunahme und im Winter um 0,35 °C/100 m zurück und liegen folglich je nach Höhenlage mehr oder weniger unter den von Tal- und Beckenlagen. Die geringere Temperaturabnahme im Winter erklärt sich aus dem Umstand, daß in dieser Jahreszeit vielfach sog. Inversionswetterlagen vorkommen, bei denen sich unter Hochdruckeinfluß und Windstille die kalte Luft in Senken und Becken anreichert und nach oben durch eine Wolken- oder Hochnebeldecke abgeschlossen ist, während darüber wärmere, trockene und klare Luft liegt, in der eine intensive Sonneneinstrahlung möglich ist.
Strahlungsgunst und anhaltende Schneedecke bilden die klimatische Grundlage für zahlreiche Wintersportorte in den Böhmen umrahmenden Gebirgsregionen.

Klima

Luft-
verschmutzung

Die Böhmen umrahmenden Gebirge, ihrer Natur nach Waldgebirge (Wald-grenze auf der Südseite der Sudeten auf 1300 m ü.d.M.), sind seit dem Zweiten Weltkrieg in besonderem Maße von den Auswirkungen aus-tauscharmer Wetterlagen mit östlichen Winden betroffen: Infolge des intensiven Industrieausbaus zwischen Prag und dem Erzgebirge bzw. dem Riesengebirge ist die Schadstoffbelastung der Luft über Böhmen stark angestiegen. Besonders im südöstlichen Vorland des Erzgebirges wird in großem Umfang Braunkohle abgebaut und in nahegelegenen Heizkraft-werken verstromt. Bei austauscharmen Wetterlagen, inbesondere bei den im Winter häufigen Inversionswetterlagen, reichern sich die Schadstoffe in Bodennähe an, zumal wenn es mangels Niederschlag nicht zu ihrer Aus-waschung kommt. Bei östlichen und südlichen Winden wird die schad-stoffgeschwängerte Luft gegen die Randgebirge geführt und hat hier bereits ein großflächiges Absterben des Waldes bewirkt. Belege dafür liefern zahlreiche Satellitenaufnahmen, auf denen die gegen das Gebirge 'brandenden' Nebel und Wolken zu erkennen sind.

**Klimastation
Benecko ·
Benetzko**

Im Riesengebirge (Krkonoše) fallen in Benecko (Benetzko; 886 m ü.d.M.) jahresdurchschnittlich 984 mm Niederschläge. Das Maximum wird in den Sommermonaten Juli und August mit je über 100 mm erreicht, das Mini-mum liegt im Februar und März mit je 60 mm; in den übrigen Monaten mißt man Niederschlagsmengen von jeweils 80 mm. Mit steigender Höhe nimmt jener Anteil der Niederschläge zu, der als Schnee fällt, und es wächst die Anzahl der Tage mit geschlossener Schneedecke.

Schneekoppe
(Sněžka)

Die Schneekoppe (Sněžka), mit 1602 m ü.d.M. die höchste Erhebung des Riesengebirges, verzeichnet eine durchschnittliche Jahresniederschlags-menge von 1227 mm, und an 130 Tagen im Jahr fällt dort Schnee. Das rauhe Gipfelklima mit lange Zeit liegenbleibender Schneedecke ist durch ein Jahresmittel der Temperatur von $0{,}1\,°C$ (Januar $-7{,}1\,°C$, Juli $8{,}3\,°C$) gekennzeichnet.

Beckenlandschaften

Allgemeines

Die von den Randgebirgen umrahmten Beckenlandschaften Böhmens las-sen sich klimabezogen nach Höhenlage, Temperatur und Niederschlag in einen tiefer gelegenen, trockeneren und wärmeren Norden (Klimastation Praha/Prag) und höher situierte, feuchtere und kühlere Landschaften im Süden (Klimastation České Budějovice / Budweis) sowie zu den Randge-birgen hin untergliedern.

**Klimastation
Praha · Prag**

Der am tiefsten gelegene Kernraum um Prag (Praha; 263 m ü.d.M.) zählt mit über 50 Sommertagen (bei einem Temperaturmaximum von über $25\,°C$) zu den warmen Gebieten der Tschechoslowakei. Schon die tages-durchschnittlichen Temperaturmaxima erreichen im Juli und August fast die 25-Grad-Marke, während es sich nachts auf knapp $15\,°C$ abkühlt. Im Winter sind die täglichen Temperaturschwankungen mit $5-6\,°C$ deutlich niedriger. Von Dezember bis Februar liegen die mittleren Tagestiefstwerte bei $-2\,°C$ bis $-6\,°C$, die täglichen Maxima bleiben ein bis drei Grad über dem Gefrierpunkt.
Entsprechend der tiefen Lage sind hier die Niederschläge die geringsten des ganzen Landes. In Prag fallen an 88 Tagen im Jahr 487 mm Nieder-schlag. Juni, Juli und August sind die Monate mit den höchsten Nieder-schlägen (ca. 60 mm an neun Tagen je Monat). Dennoch ist die Sonnen-scheindauer mit etwa 250 Stunden pro Monat von Mai bis August recht lang. Die relative Luftfeuchtigkeit sinkt dabei trotz des Niederschlags-maximums wegen der höheren Temperatur vielfach unter 50 Prozent.
Das Winterhalbjahr ist trockener, und die Zahl der Tage mit Niederschlag sinkt auf fünf bis sieben pro Monat. An sieben bis zehn Tagen eines Monats liegt dabei von Dezember bis Februar eine Schneedecke. Die Sonnen-scheindauer hat im Dezember mit 42 Stunden ihren geringsten Wert.

Die etwas höher gelegenen Landschaften Böhmens – hier dargestellt am Beispiel der Klimastation České Budějovice (Budweis; 383 m ü.d.M.) – unterscheiden sich vom Prager Raum schon deutlich.

Klimastation
České Budějo-
vice · Budweis

Die jährliche Niederschlagsmenge liegt höher (620 mm, davon 102 mm allein im Juli; pro Jahr 96 Niederschlagstage) und die Sonnenscheindauer gut 200 Stunden unter jener von Prag (1902 Stunden im Jahr). Schon geringe Erhebungen reichen in den niedrigen Beckenlandschaften aus, um die Niederschlagsmenge ansteigen zu lassen.

In bezug auf die Temperaturverhältnisse zählt der südliche Teil Böhmens zu den nur mäßig warmen Gebieten des Landes; die Anzahl der Sommertage bleibt unter 50. Die winterlichen Temperaturminima liegen ca. 2°C unter jenen von Prag, die sommerlichen Maxima fast 1°C darüber; die täglichen und die jährlichen Temperaturschwankungen sind größer. Die Zahl der Tage mit Schneefall (34) liegt um zwei höher als in Prag.

Mähren und Mährisch Schlesien

Der Landesteil Mähren bildet im Hinblick auf die klimatischen Verhältnisse die Übergangszone zwischen dem subozeanischen Böhmen und der subkontinentalen Slowakei (s. nachstehend).

Übergangszone

Nordmähren

Das nördliche Mähren ist im Gegensatz zu Innerböhmen nicht durch den Bergriegel der Sudeten abgeschirmt; somit fallen dort, insbesondere im Stau der Westbeskiden (Lysá hora; 1324 m ü.d.M.), mehr Niederschläge: etwa in Ostrava (Ostrau; 212 m ü.d.M.) an 113 Tagen im Jahr 769 mm. Die jährliche Schwankung der monatlichen Durchschnittstemperatur ist hier um 1°C größer als in Prag.

Klimastation
Ostrava · Ostrau

Südmähren

Das südliche Mähren hat im Vergleich zu anderen Orten gleicher Breitenlage ein deutlich wärmeres Klima, so daß beispielsweise Weinbau gut möglich ist. Die Winter weisen in Beckenlage relativ niedrige Temperaturen auf. Der Herbst ist länger und wärmer als der Frühling.
Die Klimastation Brno (Brünn) liegt auf 223 m Meereshöhe.

Klimastation
Brno · Brünn

Slowakei

Das Klima der Slowakei ist subkontinental. Dies bedeutet vor allem größere Temperaturschwankungen zwischen Sommer und Winter sowie zwischen Tag und Nacht. Die Übergangsjahreszeiten sind etwas kürzer als weiter westlich mit entsprechend rascher Temperaturänderung. In den Klimadiagrammen ist der kontinentale Charakter an dem breiteren und stärker gewölbten Temperaturband zu erkennen. Infolge des bewegten Reliefs sind die lokalen Unterschiede auf kleinem Raum hier allerdings besonders groß. So beginnt der Frühling im Donautiefland ca. 40 Tage früher als in den Höhenlagen der Karpaten.

Merkmale

Donautiefland

Der flache Donauraum unterscheidet sich im Klima von Böhmen insbesondere durch die relativ hohen Sommertemperaturen, welche durch Wolkenarmut und intensive Sonneneinstrahlung bedingt sind. In keinem anderen Klimadiagramm ist das Temperaturband so aufgewölbt wie bei dem von Bratislava (Preßburg; 133 m ü.d.M.), der nach Westen durch den Höhen-

Klimastation
Bratislava ·
Preßburg

Klima

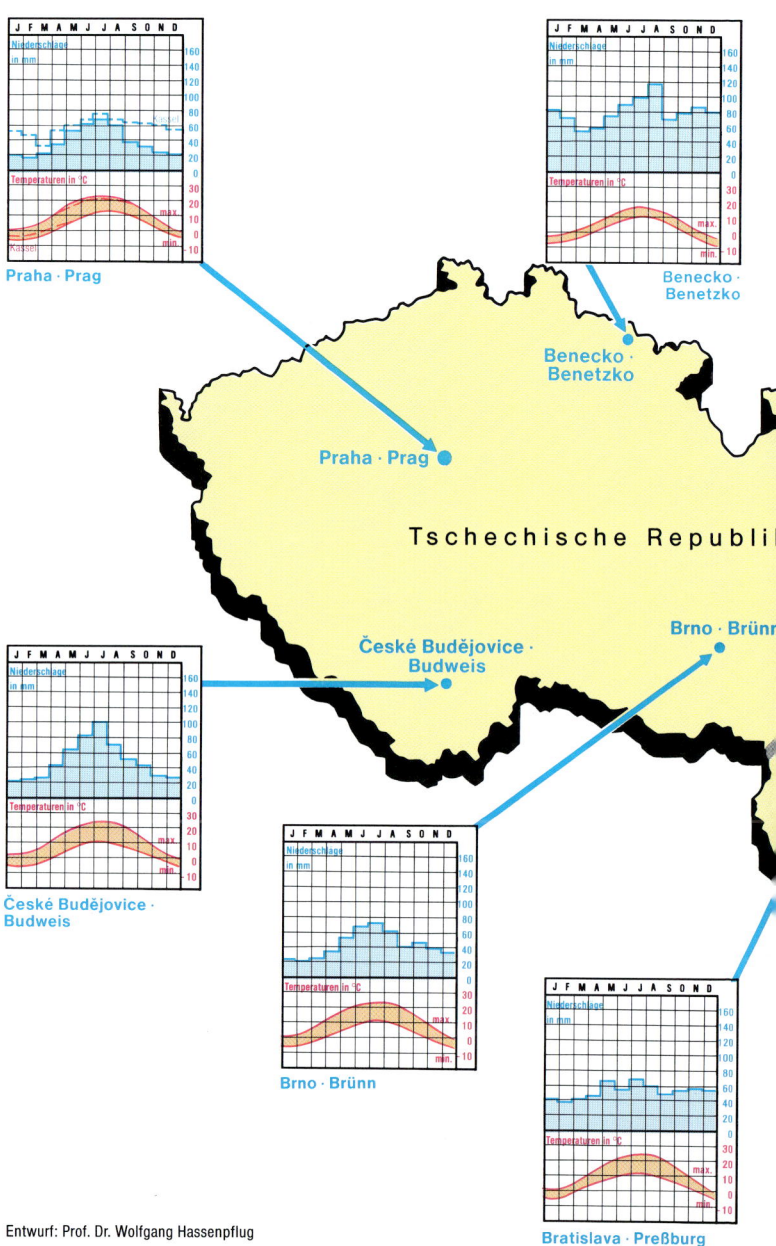

Praha · Prag

Benecko · Benetzko

Benecko · Benetzko

Praha · Prag

Tschechische Republik

České Budějovice · Budweis

Brno · Brünn

České Budějovice · Budweis

Brno · Brünn

Bratislava · Preßburg

Entwurf: Prof. Dr. Wolfgang Hassenpflug

Neun
regionaltypische
Klimastationen

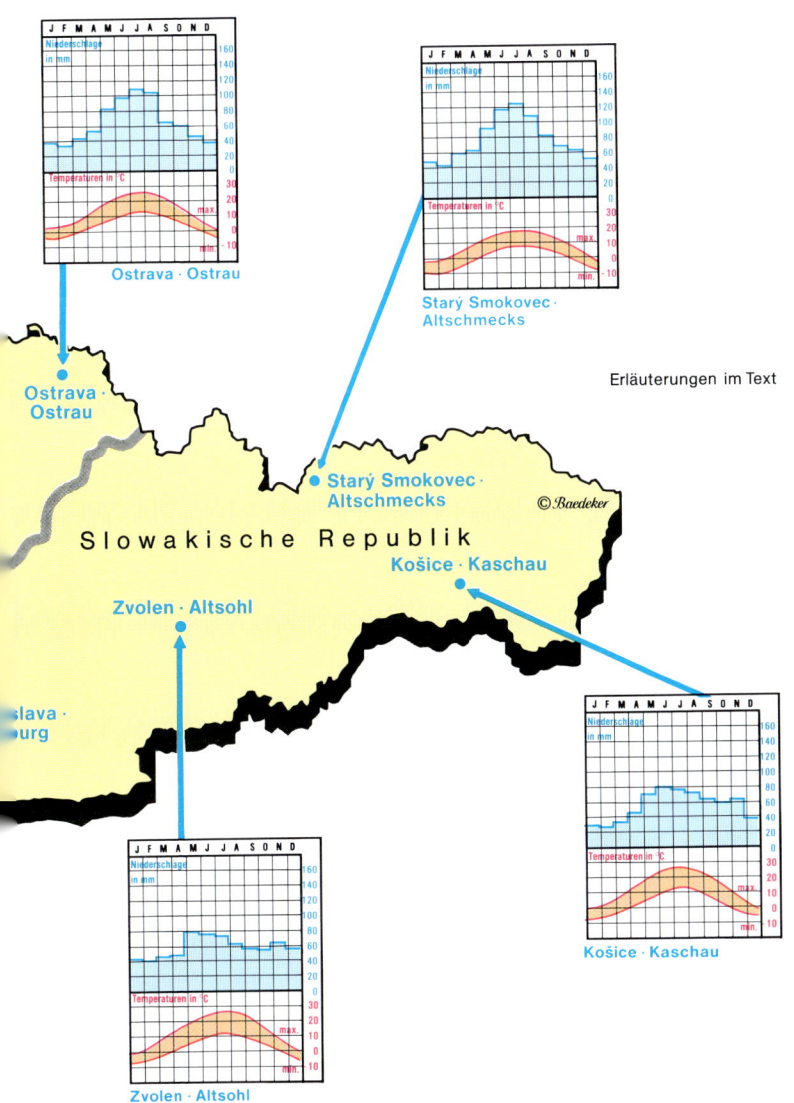

Ostrava · Ostrau

Starý Smokovec · Altschmecks

Erläuterungen im Text

Ostrava · Ostrau

Starý Smokovec · Altschmecks

© Baedeker

Slowakische Republik

Košice · Kaschau

Zvolen · Altsohl

slava · urg

Zvolen · Altsohl

Košice · Kaschau

Klima

zug der Kleinen Karpaten (Malé Karpaty) abgeschirmten Hauptstadt der Slowakei. Der Herbst ist hier länger und wärmer als der Frühling.
Der Jahresniederschlag von 670 mm ist höher als in Innerböhmen und fällt gleichmäßig über das Jahr verteilt an rund 100 Tagen. Nach einem besonders niederschlagsarmen Winter kann es im darauffolgenden Sommer schon einmal zu Wasserknappheit kommen.
Die jährliche Sonnenscheindauer ist mit 2194 Stunden sehr hoch. Im Juli scheint die Sonne trotz neun Tagen mit Niederschlag 317 Stunden lang (in Prag 265 Std.).

Ostslowakei

**Klimastation
Košice · Kaschau**

In der östlichen Slowakei sind die Winter deutlich kälter als in Böhmen. Košice (Kaschau), auf 206 m ü.d.M. nur wenig niedriger als Prag gelegen, hat im Januar ein mittleres tägliches Temperaturminimum bzw. -maximum von −7,4°C bzw. −0,7°C. Die Sommer sind wärmer als in Böhmen. Die mittleren Tageshöchstwerte bewegen sich von Ende April bis Ende Oktober gut 1°C über jenen von Prag, andererseits auch die mittleren nächtlichen Tiefstwerte knapp 1°C unter denen von Prag. Extreme Tiefstwerte können sogar deutlich unter 10°C liegen; d.h. es kann empfindlich kühl werden.
Die Niederschläge sind, bedingt durch die Nachbarschaft zum Gebirge, mit 663 mm an 100 Tagen im Jahr nicht so niedrig wie in Prag. Dennoch ist die Sonnenscheindauer mit 2032 Stunden im Jahr 130 Stunden länger als in Prag; allein im Oktober scheint die Sonne hier fast 30 Stunden länger (146 gegenüber 117 Std. in Prag).

Gebirgsregion

**Klimastation
Zvolen · Altsohl**

In den Beckenlandschaften – hierfür steht beispielhaft die Klimastation Zvolen (Altsohl; 299 m ü.d.M.) – ist der Temperaturgang noch etwas extremer als in der Ostslowakei. Im Vergleich zu den Tallagen Böhmens sind die Sommernächte relativ kühl. Im Winter kommt es des öfteren zu Inversionswetterlagen, bei denen sich die kalte Luft in den Tal- und Beckenlagen ansammelt und nach oben durch eine Wolkendecke abgegrenzt ist. Die Höhen darüber sind klar und werden von intensiver Sonneneinstrahlung erwärmt. In den Becken können dann durchaus Temperaturminima von unter −30°C eintreten. In den Durchschnittswerten des Klimadiagramms zeigt sich dies daran, daß das Temperaturband von Zvolen (Altsohl) im Januar um fast 2°C tiefer verläuft als jenes von Košice (Kaschau).

**Klimastation
Starý Smokovec ·
Altschmecks**

Am Klimadiagramm von Starý Smokovec (Altschmecks; 1018 m ü.d.M.) am Nordfuß der Hohen Tatra (Vysoké Tatry) ist zu erkennen, wie sich der Klimacharakter mit zunehmender Höhenlage verändert. Das gesamte Temperaturband ist abgesenkt, d.h. es ist insgesamt kälter. Die nächtlichen Tiefstwerte erreichen im Winter −10°C, die sommerlichen Höchstwerte bleiben unter 20°C. Bis auf den Juli ist in allen Monaten Nachtfrost möglich. Allgemein sind die täglichen Temperaturschwankungen aber geringer als in tieferen Lagen, ein ozeanisches Klimamerkmal.
Die Niederschläge sind deutlich höher als in tieferen Lagen: 944 mm an 128 Tagen im Jahr. Die Sonnenscheindauer ist während der Sommermonate kürzer (im August 207 gegenüber 255 Stunden in Košice/Kaschau), dagegen von Dezember bis Februar deutlich länger (75, 96, 107 gegenüber 55, 66, 89 Std.), was sich aus den Inversionswetterlagen erklärt.

**Lomnitzer Spitze
(Lomnický štít)**

Auf der Lomnitzer Spitze (Lomnický štít; 2655 m ü.d.M.), einem der höchsten Gipfel der Hohen Tatra (Vysoké Tatry), scheint die Sonne in den Wintermonaten zwei- bis dreimal so lange wie in Prag (November bis Februar 131, 129, 137 und 155 gegenüber 53, 42, 55 und 86 Std.).

Ökologie

Vegetation

Wie im Kapitel ⟶ Klima ausgeführt, stellt der Raum der bisherigen Tschechoslowakei auch im Hinblick auf die natürliche Pflanzendecke eine Übergangszone dar.

Übergangszone

In Böhmen und Nordmähren sowie in den Gebirgslagen der Slowakei ist
der Wald weit verbreitet, im Bereich von Industrieansiedlungen jedoch
sehr stark geschädigt (Waldsterben s. nachstehend). In den höheren
Lagen bildet die Fichte weithin geschlossene Bestände. Zwischen 1350
und 1400 m ü. d. M. hält sie die Waldgrenze, steigt jedoch in der Slowakei
noch um etwa 100 m höher hinauf und wird dann bis etwa 1650 m ü. d. M.
von der Legföhre (Knieholz) abgelöst. Darüber breiten sich Matten mit alpiner Flora aus. Unterhalb der 1000-m-Grenze ist überwiegend der Buchen-
mischwald ausgeprägt.

Wald

In den tschechischen Ländern sind auf den oft flachen Gebirgskämmen
Hochmoore vorhanden, in denen Föhren und Birken wachsen. Auf Wald-
lichtungen gibt es artenreiche Bergwiesen, die Pflanzen alpiner und nor-
discher Herkunft als Reliktgewächse aus der Eiszeit aufweisen.

Bergflora

Den ozeanisch beeinflußten Gebieten stehen die warm-trockenen Räume
im nördlichen Innerböhmen, in Südmähren und der Südslowakei gegenüber. Dort ist die pannonisch-pontische Flora weit verbreitet; lichter Kie-
fern- und Eichenniederwald, Heidegesellschaften, Dornbuschwerk, Step-
pengräser und Trockenrasen sind dafür kennzeichnend. Auenwälder be-
gleiten in den Niederungen die größeren Flüsse mit Erlen, Pappeln, Eschen
und Weiden.

*Pannonisch-
pontische Flora*

Insgesamt sind die natürlichen Pflanzenformationen jedoch durch den
Menschen weitgehend umgestaltet und durch die Auswirkungen der
modernen Industriegesellschaft nachhaltig beeinträchtigt worden.

Zustand

Fauna

Zumindest in den abgeschiedeneren Gebirgsregionen hat sich ein vergleichsweise großer Wildtierbestand gehalten bzw. in jüngerer Zeit erfreu-
licherweise regeneriert. Besonders in der Slowakei ist dies der Fall, wo
heute wieder vereinzelt Wölfe, Bären, Luchse und Wildkatzen anzutreffen
sind, die in der ersten Hälfte des 20. Jahrhunderts fast ganz ausgerottet
worden waren. In den Karpaten leben neben Hirschen, Rehen, Wild-
schweinen und anderem Wild auch Fischotter und Marder, in höheren
Lagen Gemsen und Murmeltiere; Mufflons kommen in den Kleinen Karpaten vor. In allen Landesteilen sind Feldhasen und Füchse verbreitet.

Wild

Die Vogelwelt ist in Böhmen, mehr aber noch in Mähren und in der weniger
dicht besiedelten Slowakei mit vielen Arten und relativ großen Beständen
vertreten. Besonders hervorgehoben seien die zahlreichen Wasservögel,
welche die Flußniederungen der südlichen Slowakei bevölkern, die Weiß-
störche, die schweren Großtrappen in der Donauniederung und die seltenen, das Hochgebirge bevorzugenden Steinadler in der Hohen Tatra.

Vögel

Es überrascht nicht, daß das an Flüssen, Seen und Teichen reiche Land
einen beachtlichen Fischbestand aufweist. Die Teichwirtschaft und die
damit verbundene Fischzucht hat vor allem in Südböhmen Tradition. Karpfen, Forellen (verschiedener Arten), Huchen (Donaulachse), Hechte und die
schwergewichtigen Welse sind die häufigsten Fischarten, die man infolge-
dessen zur Saisonzeit vielfach auch auf den Speisekarten der Gaststätten

Fische

Störche

Karpfen

Fische
(Fortsetzung)

wiederfindet; auch Flußaale kommen häufiger vor (v. a. in den slowakischen Flüssen Hornád und Poprad).

Umweltprobleme

Bedrohliche
Situation

Der gegenwärtig bedenkliche Zustand der ökologischen Verhältnisse ist nicht zuletzt das Ergebnis der gesellschaftpolitischen Entwicklung der vergangenen Jahrzehnte unter dem sozialistischen Regime. In erster Linie war es die von Partei und Staat aufgezwungene Ausrichtung der Wirtschaft auf die Schwerindustrie im Rahmen des einst gepriesenen Rates für Gegenseitige Wirtschaftshilfe (RGW/Comecon). Dies geschah mit hohem Einsatz niedrigwertiger Primärenergieträger, vorwiegend in kalorischen Kraftwerken mit geringem Wirkungsgrad, und hat die Umweltbereiche Luft, Boden, Wasser, Pflanzen- und Tierwelt stark beeinträchtigt. Hinzu kam, daß es an Filter- und Kläranlagen, Müllverbrennungs- oder Sondermüllaufbereitungsanlagen mangelte, sofern solche überhaupt eingerichtet waren. Im Bereich der Landwirtschaft wurden übertriebene Konzentrationsmaßnahmen durchgesetzt, am Wald sträflicher Raubbau getrieben; der Industrie und dem Verkehr stand eine nur unzureichende und überalterte Infrastruktur zu Gebote, landschaftlich reizvolle Fremdenverkehrsgebiete sind durch den organisierten Sozialtourismus abgewirtschaftet worden. Böse Folgen der Vernachlässigung des Umweltschutzes waren für die Bevölkerung vor allem die Belastung der Luft mit Schadstoffen, die Verunreinigung des Trinkwassers und die Anreicherung der Nahrungsmittelkette mit gesundheitsgefährdenden Substanzen.

Luft

Die bisherige Tschechoslowakei gehört zu den Ländern mit den größten Schadstoffemissionen in ganz Europa. Schuld daran sind der Einsatz minderwertiger Energieträger wie Braunkohle und Lignit (mit hohem Schwefelgehalt und großem Aschenanteil) in den Wärmekraftwerken und der

Schwerindustrie, mangelnde oder wenig wirksame Filteranlagen und ver-
altete Meß- und Überwachungseinrichtungen sowie das Fehlen von ge-
setzlichen Vorschriften und Maßnahmen zur Einhaltung von Mindestgrenz-
werten.

Durch die große Ballung von Kraftwerken, Industrieanlagen und Wohn-
gebieten, gepaart mit den häufigen Inversionswetterlagen in den Becken-
landschaften sind in den tschechischen Ländern folgende Räume zu
besonders belasteten Luftschadensgebieten geworden: das Erzgebirge
(Krušné hory) mit den Industriezentren Chomutov (Komotau), Teplice
(Teplitz) und Děčín (Tetschen); Zentralböhmen mit dem Großraum Prag,
Kladno, Kralupy und Mělník (Melnik); das Industrierevier von Ostrava–
Karviná (Ostrau–Karwin); ferner die städtischen Agglomerationen von
Plzeň (Pilsen), Pardubice (Pardubitz) und Brno (Brünn).
Im Vergleich zu Böhmen, Mährisch Schlesien und Mähren ist die Slowakei
von der Luftverschmutzung weniger betroffen. Hier handelt es sich im
wesentlichen um die Industrieansiedlungen in den Inversionsbecken und
Flußtälern mit hoher Bevölkerungsdichte; das sind vor allem die Räume
Bratislava (Preßburg), Prievidza–Nitra (Priwitz–Neutra), Žiar nad Hronom
(Heiligenkreuz), Košice (Kaschau), Vajany–Humenné (Vajany–Homenau).

Somit leben ungefähr die Hälfte der Bevölkerung Böhmens und Mährens
und ein Drittel jener der Slowakei in Luftschadensgebieten. Ein vermehrtes
Auftreten von Erkrankungen der Atemwege, latente Staubalbergien, eine
erhöhte Kleinkindersterblichkeit und eine geringere Lebenserwartung sind
schwerwiegende Anzeichen dieser Situation.

Aufgrund seiner besonderen physisch-geographischen Verhältnisse ist die
gesamte bisherige Tschechoslowakei fast gänzlich auf die eigenen, nicht
sonderlich reichen Oberflächen- und Grundwasserreserven angewiesen. In
einigen Gegenden ist sogar die Versorgung mit Trinkwasser gefährdet, so
in der Tschechischen Republik in und um Příbram (Pribram), Tábor (Tabor),
Benešov (Beneschau), Havlíčkův Brod (Deutsch Brod), Brno (Brünn) und
Ostrava (Ostrau); in der Slowakischen Republik in und um Košice
(Kaschau), Rožňava (Rosenau), Nitra (Neutra), Zvolen (Altsohl), Považská
Bystrica (Waagbistritz), Bardejov (Bartfeld) und Svidník.
Unglücklicherweise gesellen sich gerade in diesen Räumen zu der drohen-
den Wasserknappheit eine hohe Bevölkerungsdichte, Luftverschmutzung
sowie Wasser- und Winderosion. Diese Kumulierung hat in den betroffe-
nen Gebieten nicht nur negative Auswirkungen auf die Gesundheit der
Bevölkerung, sondern zwingt auch zur Beschränkung der wirtschaftlichen
Entwicklungsmöglichkeiten.
Hinzu kommt eine starke Verschmutzung sowohl der oberirdischen
Gewässer als auch des Grundwassers durch die kommunalen, industriellen und gewerblichen Abwässer sowie durch Überdüngung der Äcker und
intensive Tierhaltung, wobei die zulässigen Grenzwerte für Nitrate, Phos-
phate, polychlorierte Kohlenwasserstoffe, toxische Schwermetalle und
biologische Kontamination vielfach erheblich überschritten werden. Fast
die Hälfte des zur Verfügung stehenden Wassers entspricht nicht den
gebotenen Gesundheitsvorschriften.

Besonders stark verunreinigt sind in den tschechischen Ländern die
Flüsse Elbe (Labe), Moldau (Vltava), Beraun (Berounka), Biela (Bílina),
Cidlina und Thaya (Dyje), in der Slowakei die Flüsse Donau (Dunaj), Waag
(Váh) und Gran (Hron).

Durch Verstädterung, Industrialisierung und Kollektivierung der Landwirtschaft ist es in den letzten Jahrzehnten zu starken Veränderungen von
Grund und Boden gekommen. Die landwirtschaftliche Nutzfläche hat dra-
stisch abgenommen; alljährlich gingen ca. 10 000 ha Acker- oder Brachland verloren. Der Flächenverlust wurde durch eine verstärkte Intensivie-
rung der Agrarproduktion ausgeglichen, die mit unangemessener Ver-

Bevölkerung

Ökologie, Boden
(Fortsetzung)

größerung der Ackerflächen, biologischer Ausräumung der Agrarlandschaft, Überdüngung, erhöhtem Einsatz von Schädlingsbekämpfungsmit-
teln und unsachgemäßer Bodenrekultivierung einherging.

Unter diesen Maßnahmen hat naturgemäß die Qualität der Böden nachhaltig gelitten, so etwa im gesamten Böhmischen Becken, in der Elbniederung und im mährischen Flachland, aber auch in der slowakischen Donauniederung (samt Schüttinsel) und dem Tiefland der Ostslowakei. Nähr-
stoffauswaschung, Verdichtung und Versauerung der Böden, Veränderungen im Bodenmechanismus, Zerstörung des Gleichgewichts im Wasser-
haushalt und die Gefahr von Wind- und Wassererosion sind gravierende
Negativfolgen dieser Entwicklung.

Pflanzenwelt

Durch die dramatischen Veränderungen im Umweltgefüge sind nicht nur
viele Pflanzenarten bereits verschwunden oder vom Aussterben bedroht,
sondern ganze Pflanzengesellschaften in Gefahr und viele Feuchtgebiet
stark in Mitleidenschaft gezogen. Nur etwa 35% der Pflanzenwelt gelten
als von menschlicher Einflußnahme noch unberührt.

Waldsterben

Der noch etwa ein Drittel der Landfläche bedeckende Wald – wichtig zugleich für den Menschen und die Wirtschaft – ist in beängstigendem Ausmaß geschädigt. Luftverschmutzung, saurer Regen, unsachgemäße Re-
kultivierungsmaßnahmen, Ausweitung von Nadelwaldmonokulturen, un-
genügende Berücksichtigung von Klima und Höhenlage bei Forstpflan-
zungen, vernachlässigte Waldpflege, überhöhter Wildbestand, aber auch
die Auswirkungen des Massentourismus haben zu großflächigen Wald-
schäden geführt: Nadelverlust, Blattvergilbung, Astabwurf und Kronenver-
lichtung sind die untrüglichen Zeichen für das in weiten Bereichen grassie-
rende Waldsterben. Über 70% aller noch lebenden Waldbäume weisen
Schäden auf.

Die am schlimmsten geschädigten Waldgebiete – Erzgebirge (Krušné
hory), Isergebirge (Jizerské hory) und Beskiden (Beskydy) – erstrecken
sich natürlich im Umfeld der größten Luftverschmutzungsquellen, nämlich
von Industriezentren und Siedlungsagglomerationen.

Notmaßnahmen

Die dringend notwendige Verbesserung der Umweltsituation ist eine
gewaltige Herausforderung nicht nur für das Inland sondern auch für die
Nachbarländer. Ohne tatkräftige finanzielle, technische und organisato-
rische Unterstützung von außen wird eine wirkungsvolle Sanierung der
Umwelt nicht zu erreichen sein.

Ein erster Schritt wäre die Umstrukturierung und Modernisierung der Ener-
gie- und Schwerindustrie. Die Schaffung einer umsichtigen Gesetzge-
bung, aber auch das Wecken eines Umweltbewußtseins in der Bevölkerung sind ganz vordringliche Aufgaben.

Bevölkerung

Traditioneller
Nationalitätenstaat

Die bisherige Tschechoslowakei war seit der Schaffung des ersten tschechoslowakischen Staates (1918) trotz seiner Definition als 'Staat der
(gleichberechtigten) Tschechen und Slowaken' ein Vielvölkerstaat, in dem
neben anderen kleinen Minderheiten auch viele Deutsche, Ungarn, Ukrainer, Russen und Polen lebten.

Bevölkerungszahl

Im Jahre 1930 betrug die Gesamtbevölkerungszahl rund 14 Mio. (davon
53% Tschechen und 16,4% Slowaken; 23,6% Deutsche, 4,3% Ungarn,
0,8% Ukrainer und Russen, 0,7% Polen, ca. 0,6% Nationaljuden), die durch
Verluste im Zweiten Weltkrieg (darunter ca. 350 000 Juden), vor allem aber
durch die Ausweisung der Sudetendeutschen und eines Teiles der ungarischen Bevölkerung, nach Kriegsende auf etwa 12 Mio. (1947) zurückging. Anfang der neunziger Jahre lebten auf dem Territorium der Tschechoslowakei rund 15,7 Mio. Menschen (63,9% Tschechen und 30,4%

Slowaken; Minderhieten s. nachstehend), davon gut zwei Drittel in den tschechischen Gebieten und ein Drittel in der Slowakei.

Bevölkerungszahl
(Fortsetzung)

Hieraus resultierte eine durchschnittliche Gesamtbevölkerungsdichte von 123 Einwohnern pro Quadratkilometer Fläche, die in den tschechischen Landesteilen (mit Schwerpunkten im Großraum Prag, im Ostrauer Industrierevier und in Nordböhmen) mit 132 Einw./km² deutlich höher war als in den slowakischen (107 Einw./km²).

Bevölkerungs-
dichte

Bevölkerung

Tschechen

Slowaken

Gebiete mit ungarischem Bevölkerungsanteil

Gebiete mit polnischem Bevölkerungsanteil

Bis 1945 von Deutschen besiedelte Gebiete

PRAHA / Prag · Böhmen · Mährisch Schlesien · Mähren · Brno / Brünn · Slowakei · © Baedeker · BRATISLAVA / Preßburg

Das durchschnittliche Bevölkerungswachstum lag in der Dekade von 1980 bis 1990 bei 0,2 % (in der Slowakei höher als in den tschechischen Ländern), die Lebenserwartung bei knapp 70 Jahren, die Analphabetenrate unter 1 %. Von den rund 10 Mio. Erwerbsfähigen entfielen etwa die Hälfte auf den industriellen Sektor und nur ca. 10 % auf die Landwirtschaft. Im Dienstleistungsbereich ist eine deutliche Anteilssteigerung zu verzeichnen. Gut drei Viertel der Bevölkerung lebt in städtischen Räumen; es besteht die Tendenz zur Landflucht.

Sozialstruktur

Seit dem Ende des Zweiten Weltkrieges ist der Minderheitenanteil stets unter 7 % der Gesamtbevölkerung geblieben. Bereits unter dem kommunistischen Regime wurden den nationalen Minderheiten (seit 1968 auch wieder den Deutschen) gewisse Volksgruppenrechte, insbesondere auf kulturellem Gebiet (Vereinsbildung, Herausgabe eigener Zeitungen u. a.), zugestanden. Die zahlenstärkste Minderheit sind die Bürger ungarischer Nationalität (ca. 600 000 Magyaren, v. a. in der südlichen Slowakei), gefolgt von schätzungsweise bis zu 150 000 Deutschen, etwa 70 000 Polen (v. a. in Mährisch Schlesien) und ca. 50 000 Ukrainern (ganz überwiegend in der Ostslowakei).
Die schon von jeher überall im Lande nomadisierenden Roma (Zigeuner) wurden früher in den Statistiken nicht erfaßt und genossen auch keinen Minderheitenschutz. Ihre Zahl wird auf mindestens 500 000 (nach anderen Quellen bis über 800 000) geschätzt; mit einer eigenen Bürgerinitiative sind sie neuerdings am politischen Leben beteiligt.

Minderheiten

Offizielle Amtssprachen sind das Tschechische und das Slowakische, zwei nahe miteinander verwandte westslawische Sprachen. Daneben haben das Ungarische, das Polnische und das Ukrainische in den Siedlungsgebieten der betreffenden Minderheiten Bedeutung; sie haben das Recht auf Unterricht in der Muttersprache, Aufschriften sind hier vielfach zweisprachig. Die Kenntnis der deutschen Sprache ist besonders bei den Älteren noch weit verbreitet, bei den Jüngeren eher die des Englischen.

Sprache

Bevölkerung
(Fortsetzung)
Religion

Da seit 1950 keine offiziellen Statistiken über die Religionszugehörigkeit der Bevölkerung geführt wurden, sind kaum verläßliche Zahlen verfügbar. Zur römisch-katholischen Kirche (drei Kirchenprovinzen) bekennen sich die meisten Gläubigen (1991 schätzungsweise ca. 5 Mio.). Mit weitem Abstand folgen die Anhänger der Tschechoslowakischen Hussitischen Kirche (katholische Nationalkirche) und der verschiedenen evangelischen Kirchen (Lutheraner, Presbyterianer, Reformierte), die Hussiten sowie die Mitglieder der Orthodoxen Kirche, ferner Baptisten, Böhmische Brüder, Herrnhuter und Methodisten. Die Zahl der Bürger israelitischen Glaubens schätzt man derzeit auf etwa 15000.

Staat und Verwaltung

Einheitsstaat

Nachdem am Ende des Ersten Weltkrieges aus Teilen der 'Erbmasse' der Österreichisch-Ungarischen Monarchie der erste tschechoslowakische Staat gebildet worden war, bestand dieser als einheitlicher Zweivölker-staat der Tschechen und Slowaken – mit der unseligen Unterbrechung des vom nationalsozialistischen Deutschen Reich provozierten Zweiten Welt-krieges – zunächst auch in der Nachkriegszeit fort, und zwar von 1945 bis 1948 als pluralistische Republik (ČSR), nach der kommunistischen Macht-übernahme bis 1960 als sog. Volksdemokratie. Durch die Verfassung des Jahres 1960, die nominell immer noch auch nichtkommunistische Parteien zuließ, wurde die Tschechoslowakei nach sowjetischem Vorbild zu einer sog. sozialistischen Republik (ČSSR).

Bundesstaat

Erst in der Folge des letztlich gewaltsam niedergeschlagenen Prager (poli-tischen) Frühlings (1968) trat an die Stelle des bis dahin zentralistischen Einheitsstaates eine nach wie vor sozialistisch bestimmte Föderation (Bundesstaat) aus der Tschechischen Sozialistischen Republik (ČSR) und der Slowakischen Sozialistischen Republik (SSR) mit eigenen Landes-parlamenten und Landesregierungen in Prag und Bratislava sowie einem Gesamtparlament am Sitz der Gesamtregierung in Prag. Die 'samtene' oder 'sanfte' Revolution des Wendejahres 1989 brachte schließlich die langersehnte Demokratisierung: Die weiterhin föderative Tschechoslowa-kei hieß nun offiziell Tschechische und Slowakische Föderative Republik (ČSFR), bestehend aus der Tschechischen Föderativen Republik (ČFR) und der Slowakischen Föderativen Republik (SFR).

Auflösung in
zwei Staaten

Nach den Parlamentswahlen des Jahres 1992 zeichnete sich eine Tendenz zur Auflösung dieser Föderation ab, die dann vom tschechischen und vom slowakischen Ministerpräsidenten für den 1. Januar 1993 vereinbart wurde. Das seit vierundsiebzig Jahren bestehende tschechoslowakische Staatsgebilde wird also aufgelöst in die beiden eigenständigen Staaten **Tschechische Republik** und **Slowakische Republik**.

Verwaltungsgliederung
der in Auflösung befindlichen Tschechoslowakei

Tschechische Republik (Gebietsneugliederung geplant)

REGIONEN	FLÄCHE	VERWALTUNGSSITZ
Hauptstadt Prag	496 km^2	Praha (Prag)
Mittelböhmen	11 004 km^2	Praha (Prag)
Westböhmen	10 876 km^2	Plzeň (Pilsen)
Nordböhmen	7 808 km^2	Ústí nad Labem (Aussig)
Ostböhmen	11 241 km^2	Hradec Králové (Königgrätz)
Südböhmen	11 343 km^2	České Budějovice (Budweis)
Südmähren	15 028 km^2	Brno (Brünn)
Nordmähren (mit Mährisch Schlesien)	11 067 km^2	Ostrava (Ostrau)

Slowakische Republik (Gebietsneugliederung geplant)

REGIONEN	FLÄCHE	VERWALTUNGSSITZ
Hauptstadt Bratislava	368 km^2	Bratislava (Preßburg)
Westslowakei	14513 km^2	Bratislava (Preßburg)
Mittelslowakei	17976 km^2	Banská Bystrica (Neusohl)
Ostslowakei	16179 km^2	Košice (Kaschau)

Die zuvor dargestellte Verwaltungsgliederung fußt noch auf der zu sozialistischen Zeiten erfolgten Aufteilung des Landes in Bezirke (kraj), die zwar 1990 theoretisch aufgelöst wurden, jedoch bis zur Einführung einer neuen Administrationsstruktur als oberste regionale Gliederungsebene bestehen geblieben sind. Innerhalb dieser Regionen gab es insgesamt 112 Kreise (okres), die sich wiederum aus über 9000 Gemeinden (obec) zusammensetzten. An die Stelle der früher auf allen Ebenen fungierenden Nationalausschüsse (národní výbor) sind wieder Kreis-, Stadt- und Gemeindeämter (úřad), in den Großstädten Magistrate getreten. *Verwaltungsstruktur im Umbruch*

Im Zuge neuer Verfassungen für die Tschechische Republik und die Slowakische Republik ist mit einer administrativen Neuordnung der Einzelstaaten zu rechnen. In diesem Zusammenhang wird insbesondere in der Tschechischen Republik darüber diskutiert, ob und in welcher Form bzw. Zusammensetzung die historischen Länder Böhmen, Mähren und Mährisch Schlesien – tschechisch neuerdings als 'české zemé' (= 'tschechische Länder') bezeichnet – wiederaufleben sollen.

Im Jahre 1989 waren es die nach Verwirklichung der Demokratie strebende tschechische Vereinigung 'Bürgerforum' (Občanské fórum · OF; unter Václav Havel) und ihre slowakische Schwesterorganisation 'Öffentlichkeit gegen Gewalt' (Verejnosť proti násilou · VPN), welche die 'samtene' oder 'sanfte' Revolution getragen haben. Verstanden sich diese Vereinigungen als Bürgerbewegungen, so kam es alsbald aber auch zur Gründung einer großen Zahl politischer Parteien, von denen jedoch nach den ersten freien Wahlen des Jahres 1990 nur relativ wenige Einzug ins tschechoslowakische Gesamtparlament hielten: An der Spitze stand das Bündnis OF/VPN (46,6%), gefolgt von der Kommunistischen Partei (KPČ; 13,6%), der Christlich-Demokratischen Union (KDU; 12%), der Mährisch-Schlesischen Bewegung (6%), der Slowakischen Nationalpartei (3,6%) und der Partei der nationalen Minderheiten 'Koexistenz' (ungarisch 'Együttélés'; 2,7%), die unter den in der Slowakei lebenden Magyaren am stärksten vertreten ist. *Parteien*

In der Folgezeit wurde die Parteienlandschaft zunehmend bunter und damit – besonders für Außenstehende – unübersichtlicher. Die Bürgerbewegungen spalteten sich in verschiedene Gruppierungen auf, bei den Parteien kam es zu neuen Trennungen oder auch Bündnissen unter oft langen und komplizierten Namen, worin sich die Vielfalt der Absichten und Vorstellungen widerspiegelt. Aus den Parlamentswahlen des Jahres 1992 gingen in der Tschechischen Republik die Demokratische Bürgerpartei (Občanská demokratická strana · ODS) und in der Slowakischen Republik die Bewegung für eine demokratische Slowakei (Hnutie za demokratické Slovensko · HZDS) als Sieger hervor; ihre Parteiführer, der tschechische Ministerpräsident Václav Klaus und sein slowakischer Amtskollege Vladimír Mečiar, vereinbarten Ende August 1992 die Auflösung der tschechoslowakischen Föderation zum 1. Januar 1993 in zwei eigenständige Staaten, die Tschechische Republik und die Slowakische Republik.

Kartographische Darstellung der ehemaligen Tschechoslowakei und ihrer Nachfolgestaaten siehe auf der folgenden Doppelseite 46/47

Staat und Verwaltung

Verwaltungs-
gliederung
der ehemaligen
Tschechoslowakei

Böhmen
Čechy

Nordböhmen

Ústí nad Labem
Aussig

Hradec Králové
Königgrätz

PRAHA
Prag

Westböhmen

Ostböhmen

T s c h e c h i s c h e   R e p u b l i k

Nor

Mittelböhmen

Plzeň
Pilsen

Č e s k á   R e p u b l i k a

Südböhmen

Brno
Brünn

Südmähren

České Budějovice
Budweis

Staatswappen der
bisherigen ČSFR

Mähren
Morava

Staatswappen der
Tschechischen Republik

Seit 1. Januar 1993
zwei souveräne Staaten:

Tschechische Republik
Česká Republika

Tschechische Länder
České země

Kfz-Landes-
kennzeichen **CZ**

Nordböhmen

Ústí nad Labem
Aussig

Hradec Králové
Königgrätz

PRAHA
Prag

© Baedeker

Westböhmen

Ostböhmen

Mährisch

T s c h e c h i s c h e   R e p u b l i k

Nord-

Schlesien

Mittelböhmen

Ostrava
Ostrau

Plzeň
Pilsen

mähren

Č e s k á   R e p u b l i k a

National-
flagge der
Tschechischen
Republik

Südböhmen

Brno
Brünn

Südmähren

České Budějovice
Budweis

Gebietsneuglieder
vorgese

Einstiger Bundesstaat Tschechoslowakei
Československo

Staatsflagge

Verwaltungs-
gliederung
der ehemaligen
Tschechoslowakei

Tschechische und Slowakische Föderative Republik
Česká a Slovenská Federativní Republika · ČSFR
Česká a Slovenská Federativná Republika · ČSFR

ɾrisch

Schlesien

Ostrava
Ostrau

ähren

Bisheriges internationales Kfz-Kennzeichen (CS)

Mittelslowakei

Ostslowakei

S l o w a k i s c h e   R e p u b l i k
S l o v e n s k á   R e p u b l i k a

● Banská Bystrica
Neusohl

● Košice
Kaschau

stslowakei

RATISLAVA
eßburg

© Baedeker

Slowakei
Slovensko

Staatswappen der
Slowakischen Republik

Slowakische Republik
Slovenská Republika

Slowakei
Slovensko

(SQ) Kfz-Landes-
kennzeichen

Mittelslowakei

Ostslowakei

S l o w a k i s c h e   R e p u b l i k
S l o v e n s k á   R e p u b l i k a

● Košice
Kaschau

Westslowakei

● Banská Bystrica
Neusohl

BRATISLAVA
Preßburg

© Baedeker

Nationalflagge der
Slowakischen Republik

ɔietsneugliederung
gesehen

47

Wirtschaft

Vorbemerkung

Die politische Wende des Jahres 1989 hat bekanntlich auch in der bisherigen Tschechoslowakei zu tiefgreifenden Veränderungen des gesamten Wirtschaftsgefüges geführt, deren Ausmaß zwar eingeschätzt werden können, deren Auswirkungen man jedoch derzeit nicht im entferntesten abzusehen vermag. In einer solchen Zeit des allgemeinen Umbruchs fehlt es an verbindlichen Fakten, Zahlen und Aussagen. Zuverlässige Prognosen lassen sich schlechterdings nicht anstellen, zumal die tschechoslowakische Föderation zum 1. Januar 1993 in zwei eigenständige Staaten – die Tschechische Republik und die Slowakische Republik – aufgelöst wird.

Ganz allgemein kann man sagen, daß die nunmehr demokratisch bestimmten Gremien die Einführung der freien Marktwirtschaft, die Privatisierung der Wirtschaftsträger (Sonderministerium, Voucher-Programm zur Vergabe von Anteilscheinen, Investmentfonds, Kapitaleinsatz und Beteiligung ausländischer Firmen) und eine Neustrukturierung der einzelnen Branchen anstreben. Die nachstehenden Ausführungen sind also im wesentlichen nur als ein Rückblick auf die Entwicklung der Wirtschaft bis zum jüngsten Umbruch zu verstehen.

Wirtschaftsstruktur

Altes Industrieland

Die bisherige Tschechoslowakei ist ein altes und entwickeltes Industrieland. Unter den Staaten des nunmehr aufgelösten Rates für Gegenseitige Wirtschaftshilfe (RGW/Comecon) hatte sie mit 47,5 % (1987) den höchsten Anteil ökonomisch Aktiver in Industrie und Bauwirtschaft, gefolgt von Bulgarien (46,3 %), Rumänien (44,5 %) und der einstigen Deutschen Demokratischen Republik (44,1 %). Im Jahre 1988 betrug der Anteil des industriellen Sektors am Bruttonationalprodukt 70,3 %. Landwirtschaft und Dienstleistungssektor spielten daneben mit 12,0 % bzw. 40,5 % Anteil an den ökonomisch Aktiven und mit 6,4 % bzw. 23,3 % Anteil am Bruttonationalprodukt eine vergleichsweise geringe Rolle, obwohl auch sie im Verhältnis zu den anderen Staaten des früheren östlichen Wirtschaftsbündnisses gut entwickelt waren.

Einst Verflechtung mit dem RGW

Die Außenhandelsverflechtung mit dem RGW war bis zur politischen und ökonomischen Wende des Jahres 1989 sehr intensiv und wurde nur von der Bulgariens übertroffen. Mehr als zwei Drittel des Außenhandels wurden mit den RGW-Staaten abgewickelt. Die Tschechoslowakei bezog von den übrigen RGW-Staaten hauptsächlich Energierohstoffe (Hauptlieferant Sowjetunion) und exportierte in diese Länder v. a. Industrieprodukte. Im Rahmen der RGW-internen Arbeitsteilung war ihr die Rolle eines Produzenten von Maschinen zugedacht. Sie exportierte aber Industriewaren aller Art. Sie galten im RGW durchwegs als besonders hochwertig.

Westliche Handelspartner

Die wichtigsten westlichen Handelspartner der Tschechoslowakei waren bis zur Wende die Bundesrepublik Deutschland, gefolgt von Österreich und Italien. Auf diesen westlichen Märkten konnten sich von den tschechoslowakischen Industrieerzeugnissen nur die Kraftfahrzeuge wirklich behaupten, ansonsten ähnelte die dorthin exportierte Warenpalette sehr jener eines Entwicklungslandes (Rohstoffe, Halbfertigwaren).

Umorientierung auf freie Marktwirtschaft

Die nach dem politischen Umschwung des Jahres 1989 eingeleitete Umorientierung auf Markt- und Privatwirtschaft, die Auflösung des RGW und die Umstellung des Handels zwischen den ehemaligen RGW-Staaten auf harte Devisen haben die einstigen Wirtschaftsbeziehungen wesentlich verändert. In erster Linie ist es zu einer Reduktion des Außenhandels gekommen. Die Umorientierung ist von markanten Preiserhöhungen, Betriebsstillegungen und Arbeitslosigkeit begleitet, wird aber durch den im

Vergleich zu anderen ehemals sozialistischen Staaten hohen Standard der Industrie und die relativ niedrige Auslandsverschuldung erleichtert.

Bestand vor dem Ersten Weltkrieg und in der Zwischenkriegszeit ein starkes Entwicklungsgefälle von den tschechischen Ländern (Böhmen, Mähren, Schlesien) zum Gebiet der heutigen Slowakei, so konnten diese Unterschiede in Wirtschaft und Lebensstandard v. a. durch die forcierte Industrialisierung der Slowakei nach dem Zweiten Weltkrieg weitgehend ausgeglichen werden. Mit Anteilen des industriellen Sektors am Sozialprodukt von 81,2 % bzw. 80,4 % und mit einem Volkseinkommen von 30,6 bzw. 27,9 Mio. Kčs pro Kopf der Bevölkerung (jeweils 1988) unterschieden sich die tschechische und die slowakische Teilrepublik in bezug auf Wirtschaftsstruktur und Lebensstandard nur noch geringfügig.

Bergbau und Energiewirtschaft

Die bisherige Tschechoslowakei hat viele und reiche Bodenschätze.
Unter den Energierohstoffen herrschen allerdings bei weitem feste Brennstoffe (Kohle) vor, eigenes Erdöl und Erdgas fehlen fast ganz. Kann sich das Land mit Kohle selbst versorgen, so erreicht der Selbstversorgungsgrad bei Mineralöl nur 0,9 %, bei Erdgas 6,3 %.
Hochwertige Steinkohle wird v. a. im Bereich von Ostrava (Ostrau) und Karviná abgebaut, dem auf tschechisches Gebiet ragenden Fünftel des Oberschlesischen Kohlenreviers (Polen). Der Abbau erfolgt größtenteils im Tagebau oder in geringen Tiefen. Die bedeutendsten Abbaustätten sind Ostrava (Ostrau), Karviná, Havířov und Orlová. Kleinere Lager- und Abbaustätten von Steinkohle befinden sich außerdem noch im Riesengebirge (Trutnov · Trautenau) und in Mittelböhmen (v. a. Kladno).
Wie die Steinkohlenlagerstätten um Ostrava (Ostrau), so haben auch die Braunkohlenvorkommen im nordböhmischen Revier von Duchcov (Dux), Most (Brüx) und Chomutov (Komotau) zur Entstehung einer Industrieagglomeration beigetragen. Mit diesen und den Braunkohlenabbaustätten von Sokolov (Falkenau) in Westböhmen sowie Handlová in der Slowakei zählt das Land zu den größten Braunkohlenproduzenten der Erde. Die Lignitvorkommen sind dagegen unbedeutend.
Neben diesen klassischen Energierohstoffen gibt es im Kristallin der Böhmischen Masse aber auch große Uranvorkommen. Während das Uran im alten Bergbauort Jáchymov (St. Joachimsthal) in Westböhmen nicht mehr gefördert wird, stellen heute die Lager von Příbram in Mittelböhmen und von Hamr im Lausitzer Gebirge den Hauptteil der Förderung. Das eigene Uran bildete eine wesentliche Grundlage der bedeutenden Kernenergieerzeugung.

Unter den Industrierohstoffen ragen Magnesit, Kaolin, Graphit, Blei und Zink hervor. Der Magnesitabbau konzentriert sich auf das Slowakische Erzgebirge (Jelšava, Košice-Bankov), der Kaolinabbau auf Westböhmen (Horní Bříza, Kaznějov, Karlovy Vary · Karlsbad). Eine Reihe von Graphitabbaustätten finden sich im Böhmerwald und in anderen Teilen Südböhmens. Blei und Zink werden sowohl in Mittelböhmen (v. a. Příbram) als auch im Slowakischen Erzgebirge gefördert. Die Kupfer- und Eisenerzlagerstätten sind im Vergleich dazu klein und verteilen sich auf mehrere Vorkommen im Slowakischen Erzgebirge und in Mittelböhmen. Erwähnenswerter Abbau findet derzeit nur im Slowakischen Erzgebirge statt.

Die Primärenergieproduktion stützt sich zu mehr als 80 % auf eigene Kohle, Nuklearenergie hat mit ca. 10 % einen bedeutenden Anteil, dagegen trägt Wasserkraft weniger als 2 % bei.
Die Bruttostromproduktion verteilt sich im Verhältnis 68 % : 26 % : 6 % auf Wärmekraftwerke, Kernkraftwerke und Wasserkraftwerke. Die größten Wärmekraftwerke haben sich in der Nähe der großen Braunkohlenbergbaue in Nordböhmen angesiedelt. Die beiden ersten Kernkraftwerke im

Umorientierung
(Fortsetzung)

Internes
Entwicklungs-
gefälle

Bodenschätze
Energierohstoffe

Industrierohstoffe

Erzeugung von
Primärenergie

Erzeugung von
Primärenergie
(Fortsetzung)

westslowakischen Jaslovské Bohunice (seit 1972) und im südmährischen Dukovany sind mit veralteten sowjetischen Reaktoren ausgerüstet. Geplant waren die Kraftwerke Temelín in Südböhmen und Mochovce in der Südslowakei. Zur Gewinnung von Wasserkraft wurden bisher v. a. die Flüsse Moldau (Vltava) und Waag (Váh) genützt; umstritten ist das riesige Kanalkraftwerk bei Gabčíkovo auf der slowakischen Donauinsel Große Schütt (Žitný ostrov).

Hoher
Energiebedarf

Der gesamte, durch wenig effiziente Energienutzung besonders im industriellen Bereich sehr hohe Energiebedarf (Verbrauch pro Kopf der Bevölkerung 40–50 % höher als im europäischen Durchschnitt) kann allerdings nur zu etwa zwei Dritteln aus eigenen Quellen gedeckt werden. Es müssen daher große Mengen an Erdöl und Erdgas sowie kleinere Quantitäten elektrischer Energie importiert werden. Sie kamen bisher ausschließlich aus der früheren Sowjetunion. Für den Transport des ukrainischen Erdöls wurde 1962 die Pipeline "Družba" in Betrieb genommen, die zunächst bis zur Raffinerie von Bratislava (Preßburg) führte und später nach Nordböhmen verlängert wurde. Im Jahre 1979 wurde die Gaspipeline "Sojuz" von Orenburg über Kiew durch die Tschechoslowakei mit Verzweigungen nach Ungarn, Österreich, Italien und Deutschland fertiggestellt. Die Rohölimporte aus der ehemaligen Sowjetunion erreichten zuletzt 17 Mio. t pro Jahr, die Erdgasimporte etwa 9,5 Mrd. m^3, was dem Wert nach die Hälfte aller Einfuhren aus der Sowjetunion ausmachte.
Die veränderten Handelsbeziehungen mit den Nachfolgestaaten der ehemaligen Sowjetunion lassen diese Versorgung ungesichert erscheinen.

Industrie

Altes
Gewerbegebiet

Teile der bisherigen Tschechoslowakei zählen zu den ältesten Industrie- und Gewerbegebieten Europas. Bereits im 17. Jahrhundert entstanden in Böhmen Manufakturen. Mäßige Voraussetzungen für die Landwirtschaft, das Vorhandensein von Wald und gefällereichen Flüssen waren die Gründe, warum gerade entlang der böhmischen Randgebirge, besonders in den Sudeten und im Erzgebirge, die industrielle und gewerbliche Betätigung einen frühen Aufschwung nahm. Im 18. Jahrhundert gab es dort bereits eine blühende Textilindustrie, die einheimisches Flachs und Hanf verarbeitete, Glashütten und auch kunstgewerbliche Produktionszweige wie die Herstellung von Glasschmuck im Gebiet von Jablonec nad Nisou (Gablonz) und von Spielwaren im Erzgebirge. Viele dieser Produkte wurden in Heimarbeit oder im Nebenerwerb erzeugt. Als Investoren und Unternehmer betätigten sich häufig Westeuropäer.
Das Innere Böhmens und ganz Mähren, beide mit günstigeren agrarischen Bedingungen, blieben vorerst noch stärker der Landwirtschaft verhaftet. Allerdings wurde die mährische Hauptstadt Brno (Brünn) auch schon vor 1800 Standort einer bedeutenden Wollindustrie, welche das österreichische Heer ausrüstete, und Eisenhüttenwerke fanden im mährischen Blansko ihren Platz.

Industriebasis
Kohle

Die Einführung der Dampfmaschine schuf neue Standortbedingungen für die Industrie. Lagerstätten von Kohle als dem nunmehr wichtigsten Brennstoff zogen Industrien an. So wurden im Jahre 1826 die Stahlwerke von Vítkovice bei Ostrava (Ostrau) gegründet, die später in den Besitz der Familie Rothschild übergingen und zur Keimzelle einer der wichtigsten Industrieregionen der späteren Tschechoslowakei wurden. Die Stahlwerke von Vítkovice beeinflußten auch wesentlich die Entscheidung, die erste Dampfeisenbahn des Kaisertums Österreich von Wien nach Norden zu bauen (Kaiser-Ferdinand-Nordbahn, 1847 bis Ostrau fertiggestellt). Diese Eisenbahn mit ihrem bald folgenden Anschluß nach Böhmen und Sachsen (ab 1851 durchgehender Verkehr Wien–Prag–Dresden) wurde ihrerseits zur Achse einer weiteren Industrialisierung. Ähnlich wie im schlesisch-mährischen Kohlenrevier um Ostrava (Ostrau) kam es bald auch im

Kohlenrevier von Plzeň (Pilsen) und Kladno in Mittelböhmen zu einer Ballung von Industriebetrieben.

Die frühe Entwicklung eines sehr dichten Eisenbahnnetzes schon in der zweiten Hälfte des 19. Jahrhunderts und die Existenz vieler Klein- und Mittelstädte, die als Kristallisationskerne der Industrieansiedlung fungieren konnten, bewirkten aber trotz dieser Agglomerationstendenzen in den Kohlenrevieren eine im Vergleich mit anderen Gebieten Europas gleichmäßige Industrialisierung der Länder Böhmen, Mähren und Schlesien bereits vor dem Ersten Weltkrieg. Außerhalb der Kohlenreviere und in den größeren Städten siedelten sich v.a. konsumorientierte Industriezweige wie Brauereien (Plzeň · Pilsen, České Budějovice · Budweis) und Verarbeitungen landwirtschaftlicher Produkte (Zuckerfabriken, Dampfmühlen) an.

Die alteingesessene Textilindustrie am Nordrande Böhmens zeigte vorerst noch beachtliches Beharrungsvermögen, obwohl ihre einstigen Standortvorteile durch die Umstellung auf importierte Baumwolle als Rohstoff und auf Kohle als Energieträger weitgehend verlorengegangen waren. So wiesen vor dem Ersten Weltkrieg die Bezirke in den nördlichen Randgebirgen Böhmens den höchsten Industrialisierungsgrad der gesamten Österreichisch-Ungarischen Monarchie auf. Bis zu 48 % der anwesenden Bevölkerung waren in Industrie und Gewerbe tätig. Weitere, doch schon weniger intensive Industrie- und Gewerberegionen befanden sich in Schlesien und Nordmähren, um Brno (Brünn) und in Mittelböhmen (Plzeň · Pilsen, Kladno, Prag). Ihr Industrialisierungsgrad entsprach etwa jenem von Wien und des südlichen Wiener Beckens sowie des Textillandes Vorarlberg als den einzigen ebenbürtigen Industrieregionen in der übrigen Monarchie. Auf die damals zur ungarischen Reichshälfte zählende Slowakei (damals Oberungarn) hatte die Industrialisierung der böhmischen Länder nicht übergegriffen. Das Erzgebirge hatte eine gemischte Industriestruktur (mit bedeutenden chemischen Werken in Ústí nad Labem · Aussig). Der Nordoststrand Böhmens, Schlesien und Teile Nordmährens waren von Textil- und Bekleidungsindustrie geprägt. In den erwähnten Kohlenrevieren dominierte die metallurgische Industrie.

Als die Tschechoslowakei 1918 ein souveräner Staat wurde, 'erbte' sie rund 65 % der industriellen Kapazität der Österreichisch-Ungarischen Monarchie (demgegenüber nur 20,7 % der Fläche und 27,4 % der Einwohner). Die schon seit längerem ungünstig situierte Textilindustrie an den gebirgigen Nordrändern Böhmens, Mährens und Schlesiens geriet nun in eine ernste Krise. Dagegen konnte sich die Metall- und Maschinenindustrie in den Industrieagglomerationen und Städten der böhmischen Länder weiterentwickeln. Die industrielle Entwicklung der Slowakei kam auch im neuen Staat nicht wesentlich voran; immer noch blieben etwa 90 % der industriellen Kapazität auf die böhmischen Länder beschränkt.

In der Zeit der nationalsozialistischen deutschen Okkupation der böhmischen Länder und während des Zweiten Weltkrieges setzte die deutsche Rüstungsindustrie einige neue Akzente in der Standortverteilung, die von den tschechoslowakischen Regierungen der Nachkriegszeit aufgegriffen und weitergeführt wurden.

Die seit 1948 wirksame kommunistische Industriepolitik leitete eine zweite große Industrialisierungswelle ein, welche sowohl Branchenstruktur als auch Standortverteilung wesentlich veränderten.

Was die Branchenstruktur betrifft, wurden zunächst Schwer- und Investitionsgüterindustrie auf Kosten der Konsumgüterindustrie gefördert. Es entstanden Stahlwerke in allen Teilen des Landes, insbesondere in der Slowakei (Košice · Kaschau), welche mit ukrainischem Eisenerz beliefert wurden. Besonderes Gewicht legte man auch auf den Ausbau der Maschinenindustrie. Mit Beginn des Prager (politischen) Frühlings (seit 1966)

Bekannte Exportgüter: Škoda-Automobile …   … und Spitzenbiere

Schwer- und Investitionsgüterindustrie (Fortsetzung)

drosselte man allerdings den Ausbau der Schwerindustrie wieder. Das Hauptaugenmerk wurde nun der Entwicklung der chemischen Industrie, des Leichtmaschinenbaus, des Apparatebaus, der Konsumgüter- und Nahrungsmittelproduktion zugewandt.

Entwicklung in der Slowakei

In bezug auf die Standortverteilung ist neben einer Streuung der Standorte durch die Anlage kleinerer Industriebetriebe in fast jeder Gemeinde das Aufholen der Slowakei bemerkenswert. Binnen 40 Jahren wurde die Slowakei aus einem armen Agrarland zu einem den traditionsreichen Industriegebieten Böhmens, Mährens und Schlesiens durchaus ebenbürtigem Industrieland. Die Hauptindustrieregionen der Slowakei sind heute Bratislava (Preßburg) mit seinem östlichen Umland, das Gebiet an der mittleren Waag (Trenčín · Trentschin, Dubnica, Púchov, Považská Bystrica, Žilina · Sillein, Martin), die Täler im Slowakischen Erzgebirge (Partizánske, Podbrezová) und Košice (Kaschau) in der Ostslowakei.

Industrieerzeugnisse

Nach der Zahl der Beschäftigten war bis zur jüngsten politischen Wende der Maschinenbau mit einem Anteil von 39 % an allen Industriebeschäftigten die mit Abstand wichtigste Sparte. Weit dahinter folgten die Nahrungsmittelindustrie und die weiterhin schrumpfende Textilindustrie mit je 7 %, dann Eisenmetallurgie und chemische Industrie mit je 6 %.
Zu den wichtigsten Industrieprodukten gehörten Werkzeuge, Lokomotiven, Waffen, Kraftfahrzeuge, Kunststoffe, Zellulose, Rohstahl, Walzwaren, Traktoren, Güterwaggons, Kameras, Waschmaschinen, Kühlschränke, Obstkonserven und Bier. Ihre Qualität wird allerdings angehoben werden müssen, um sie auch auf westlichen Märkten wettbewerbsfähig zu machen.

Umstellung auf Marktwirtschaft

Große Probleme kommen im Zuge der marktwirtschaftlichen Umorientierung von Binnenwirtschaft und Außenhandel auf die vielen 'politischen' Fabriken zu, deren Existenz und Standort oft mehr von ideologischen Faktoren bestimmt waren als von wirtschaftlichen Überlegungen. Das gilt für große Grundstoffindustrien ebenso wie für Kleinfertigungen in früher ländlichen Gemeinden. Die größeren Aktivposten im gegenwärtigen Umstellungsprozeß der Industrie sind ein hohes Bildungsniveau der Beschäftigten und die hochstehende technische und naturwissenschaftliche Forschung.

Umstellung auf Marktwirtschaft (Fortsetzung)

Landwirtschaft

Steht die Landwirtschaft auch im Schatten der Industrie, so ist sie doch für die Versorgung der Bevölkerung mit Grundnahrungsmitteln, als Zulieferer der Industrie und zur Landschaftspflege von Bedeutung. Ein starker Einfluß der Industrie auf die Landwirtschaft war in den böhmischen Ländern bereits im 19. Jahrhundert gegeben, als Fabrikanten landwirtschaftlichen Grundbesitz erwarben, pflanzliche Rohstoffe (Zuckerrüben, Hopfen) für die Industrie produziert wurden und die ländliche Bevölkerung bereits merklich in den Wanderungssog der industriellen Zentren geriet. Immerhin vermochte die rationale und gut organisierte Landwirtschaft der böhmischen Länder einen Großteil der österreichisch-ungarischen Produktion von Zuckerrüben, Roggen, Gerste, Hafer, Kartoffeln und Hopfen zu erzeugen.

Bedeutung

Dagegen blieb die Landwirtschaft der heutigen Slowakei infolge starker Besitzzersplitterung durch fortgesetzte Realteilung unter einer zumeist großen Nachkommenschaft rückständig. Positive Auswirkungen hatte allerdings die Einführung der sog. Urbariate; dies waren Zusammenschlüsse von Bauern zum genossenschaftlichen Erwerb von Dörfern und Feldern, wobei eine Anteilsmehrheit einzelner Anleger ausgeschlossen war (seit 1899 gesetzlich festgelegt).

Die Bodenreform der Zwischenkriegszeit verfolgte vor allem das Ziel, die Minderheitengebiete des neuen Staates (Sudetenland, Südslowakei) ethnisch zu durchmischen, änderte aber wenig an den agrarsozialen Verhältnissen.

Bodenreform der Zwischenkriegszeit

Die Kollektivierung der Landwirtschaft nach der kommunistischen Machtübernahme des Jahres 1948 erfolgte in drei Wellen: Die erste, ab dem Jahr 1949, konzentrierte sich auf die von den Sudetendeutschen und Ungarn verlassenen Besitztümer in den Randgebieten der böhmischen Länder bzw. in der südlichen Slowakei. Nach der zweiten Welle, um das Jahr 1960, waren bereits mehr als 90 % der landwirtschaftlichen Nutzfläche kollektiviert; Anfang der siebziger Jahre folgte nur noch ein kleiner Teil. Privat bewirtschaftet wurden knapp vor der politischen Wende des Jahres 1989 nur noch Nebenerwerbsbetriebe (hauptsächlich in den slowakischen Bergen), das 'Hofland' der Mitglieder von landwirtschaftlichen Produktionsgenossenschaften und sog. persönliche Hilfswirtschaften. Der größte Teil der landwirtschaftlichen Nutzfläche (im Landesdurchschnitt 63 %) gehörte dem genossenschaftlichen Sektor an, etwa 32 % waren im Besitz von Staatsgütern und Betrieben öffentlicher Organisationen. Die zuletzt genannte Besitzform herrschte im ehemaligen Sudetenland allerdings vor. Die Tschechoslowakei wurde damit unter den ehemals sozialistischen Ländern in bezug auf die Vollständigkeit der Kollektivierung nur noch von Albanien übertroffen. Mit der Zusammenfassung des einstigen Kleinbesitzes zu großen Bewirtschaftungseinheiten veränderte die Kollektivierung das Flurbild grundlegend, zumal die Betriebsgrößen besonders der Staatsgüter größer als in den Nachbarstaaten waren (am größten in den einst deutsch besiedelten Gebieten von Südböhmen, Südmähren und Nordböhmen: 8000–15000 ha/Betrieb).

Kommunistische Kollektivierung

Nach den politischen Umwälzungen des Jahres 1989 kommt die Privatisierung der Landwirtschaft nur zögernd in Gang. Zu gering ist nach jahrzehntelanger Industrialisierung und Urbanisierung das Interesse der dem

Privatisierung der Landwirtschaft

Wirtschaft

Landwirtschaft
(Fortsetzung)

ländlichen Leben entwöhnten Bevölkerung, einen bäuerlichen Betrieb zu führen.

**Haupt-
produktions-
zonen**

Die land- und forstwirtschaftliche Nutzfläche der bisherigen Tschechoslowakei gliedert sich nach Klima, Bodenverhältnissen und Höhenlage in vier Hauptproduktionszonen.

Maiszone

Die ertragreichste ist die Maiszone in Gebieten mit warmem (9°C Jahresmitteltemperatur), trockenem (500–600 mm Jahresniederschlag) Klima, Schwarz- und Braunerdeböden und Höhenlagen unter 200 m Meereshöhe. Sie umfaßt das Marchbecken und die flachen Teile der südlichen und östlichen Slowakei. Neben Mais werden dort Tabak, Sonnenblumen, Weizen, Wein, Obst und Gemüse angebaut. Die Hektarerträge liegen bei Weizen infolge eines starken Düngemitteleinsatzes höher als in den benachbarten Gebieten Österreichs und Ungarns, bei Mais jedoch darunter.

Zuckerrübenzone

Der Höhe nach (200–350 m ü.d.M.) schließt die Zuckerrübenzone mit etwas kühlerem und feuchterem Klima an. Als Böden dominieren degradierte Schwarzerden, Braunerden und podsolierte Böden. Dieser Zone gehören das mittel- und ostböhmische Elbbecken, das mittlere und untere Egertal, die Hügelländer Mährens und Schlesiens sowie die Randzone im Süden der Karpaten an. Die Charakterpflanze dieser Zone ist die Zuckerrübe, doch werden ebenso Weizen, Gerste, Futterpflanzen, Sonnenblumen, Obst und Gemüse angebaut. Die Hektarerträge der Zuckerrübe erreichen nicht jene vergleichbarer Gebiete Österreichs oder Bayerns.

Kartoffelzone

Den größten Anteil an der landwirtschaftlichen Nutzfläche und am Ackerland hat die Kartoffelzone. Sie liegt in Höhen zwischen 350 und 600 m ü.d.M., hat podsolige Böden und kühleres, feuchteres Klima. Neben großen Teilen West- und Südböhmens sowie der Böhmisch-Mährischen Höhe umfaßt sie die Tallagen in den Karpaten. Bereits 60–70% der landwirtschaftlichen Produktion (in der Maiszone 40–50%) entfallen hier auf die Viehwirtschaft (Rinder, Schweine). Der Anbau von Futterpflanzen, Kartoffeln und wenig anspruchsvollen Getreidearten (Gerste, Roggen) unterstützt diese nur noch.

Gebirgs-
landwirtschaft

In Höhen über 600 m ü.d.M. schließlich überwiegt auf Podsolen, bei kühlen Temperaturen (Jahresmittel unter 6,5°C) und Niederschlagsmengen von mehr als 800 mm die Gebirgslandwirtschaft, welche durch große Waldanteile, Viehhaltung und pflanzliche Produktion (Kartoffel, Roggen, Hafer, Flachs) nur noch zur Deckung des Eigenbedarfes gekennzeichnet ist. Gebirgslandwirtschaft wird in den höheren Lagen der böhmischen Randgebirge und der Karpaten betrieben.

Sonderkulturen

Zwei für Böhmen typische Sonderkulturen sind der Hopfenanbau und die Teichwirtschaft.

Hopfen

Der Anbau der mehrjährigen Hopfenrebe hat in Böhmen große Tradition und wird schon aus dem 12. Jahrhundert berichtet. Zu den wichtigsten Anbaugebieten zählen auch heute noch die Trockeninsel (weniger als 450 mm Jahresniederschlag) an der mittleren Eger (Ohře) um Žatec (Saaz) und das Elbtal zwischen Mělník (Melnik) und Litoměřice (Leitmeritz).

Teichwirtschaft

Auch die Teichwirtschaft mit Fischzucht (Karpfen) ist schon sehr alt. Sie konzentriert sich auf die teichreichen Beckenlandschaften Südböhmens.

Weinbau

Nicht unbedeutend ist ferner der Weinbau, der immerhin ein Viertel des heimischen Weinkonsums deckt. Die Hauptweingegenden sind Südmähren als Fortsetzung des niederösterreichischen Weinviertels und die Südslowakei, insbesondere der Südostrand der Kleinen Karpaten nordöstlich von Bratislava (Preßburg).
Isoliert und weit nach Norden vorgeschoben werden auch an der mittleren Elbe auf den Lößterrassen von Mělník (Melnik) und in der Nähe von Litoměřice (Leitmeritz) noch auf kleineren Flächen Weinreben angebaut.

Dienstleistungen

Böhmen hat durch seine geographische Position potentiell eine zentrale Stellung im Verkehrsgeschehen Mitteleuropas. Die geringe Höhe seiner Randgebirge behindert den Verkehr nicht wesentlich. Mähren und Schlesien sind durch die Mährische Pforte seit jeher ein Bindeglied zwischen den nördlichen Tiefländern und dem Donau- und Mittelmeerraum. Bereits die Bernsteinstraße von der Ostsee zum Adriatischen Meer wählte diese Route.

Entsprechend ihrer gewerblichen und industriellen Struktur wurden die böhmischen Länder (Böhmen, Mähren, Schlesien) schon im 19. Jahrhundert mit einem dichten Eisenbahnnetz überzogen. Beginnend mit der im Jahre 1839 bis Brno (Brünn) und 1841 bis Olomouc (Ölmütz) fertiggestellten Kaiser-Ferdinand-Nordbahn wurde noch vor dem Ersten Weltkrieg die höchste Eisenbahndichte auf dem europäischen Kontinent nach Deutschland erreicht. Mit guten Verbindungen sowohl nach Wien (Fahrzeit Prag – Wien: 7 Std.), als auch nach Dresden und Berlin sowie nach Galizien (Kraków · Krakau, Lwiw · Lemberg) und Preußisch-Schlesien (Wrocław · Breslau) spielten die böhmischen Länder die Rolle einer Drehscheibe im mitteleuropäischen Eisenbahnverkehr. Schlechter und später erschlossen wurde das Gebiet der heutigen Slowakei. Sein Eisenbahnnetz war vornehmlich meridional nach Budapest hin orientiert, sieht man ab von der 1872 eröffneten Transversale der Košice (Kaschau) – Starý Bohumín (Oderberg) – Bahn.
In der Zwischenkriegszeit stand das Eisenbahnwesen der neu gebildeten Tschechoslowakei vor dem Problem, die böhmischen Länder mit der Slowakei erst verbinden und in der Slowakei zusätzliche Strecken für den West-Ost-Verkehr errichten zu müssen.

Nach dem Zweiten Weltkrieg wuchs durch die rasante weitere Industrialisierung in allen Teilen des Landes, besonders durch den Ausbau der Schwerindustrie, der Gütertransportbedarf stark an. Die Modernisierung des Eisenbahnnetzes schritt demgegenüber relativ langsam fort. Erst 1957 war mit der Strecke Prag – Košice (Kaschau; 770 km) die erste wichtige Hauptstrecke elektrifiziert. Lediglich die Slowakei hatte ein jüngeres und daher auch den modernen Erfordernissen besser entsprechendes Streckennetz.

Um die Eisenbahn für den Güterverkehr freizustellen, ging die staatliche Verkehrspolitik dazu über, den Personenverkehr mit Autobussen zu bewältigen. Der Anteil der Eisenbahn am Personenverkehr ging von 1937 bis 1974 von 49,3 % auf 11,3 % zurück, während der des Autobusverkehrs von 14,1 % auf 43 % stieg. Die Tschechoslowakei hatte schließlich neben dem dichten Eisenbahnnetz auch eines der dichtesten Autobusliniennetze Europas. Die Verkehrsleistung der tschechoslowakischen Autobusse je Einwohner erreichte z. B. das Sechsfache jener Österreichs.

Die private Motorisierung hielt sich wie in allen ehemals sozialistischen Staaten weit unter dem Niveau des westlichen Europa, doch gehörte die Tschechoslowakei auch in dieser Hinsicht zu den führenden Ländern im einstigen Ostblock.

Der im Vergleich zum westlichen Europa geringen privaten Motorisierung entsprach der lange Zeit schlechte Zustand des Straßennetzes, das in der Slowakei deutlich weniger engmaschig ist als in Böhmen und Mähren. Doch konnten in jüngerer Zeit deutliche Verbesserungen erzielt werden. Jedenfalls besteht inzwischen mit der Strecke Prag – Brno (Brünn) – Bratislava (Preßburg) bereits eine Autobahnmagistrale mit einigen Verzweigungen. Diese Autobahnstrecke sollte ein Teilstück des im Jahre 1977 beschlossenen Autobahnringes der RGW-Länder mit Fortsetzungen nach Berlin und Budapest werden.

Wirtschaft

Binnenschiffahrt

Die bisherige Tschechoslowakei verfügt über rund 475 km Binnenwasserstraßen für den Güterverkehr. Neben der Donau (Dunaj; 172 km) werden Abschnitte der Elbe (Labe; ab Chvaletice, ca. 1995 ab Pardubice) und der Moldau (Vltava; zwischen Slapy und Mělník · Melnik) von Frachtkähnen befahren. Ein Hauptfrachtgut der tschechischen Elbschiffahrt bildet die Braunkohle, welche auf dem Flußwege vom nordböhmischen Braunkohlenrevier zum Wärmekraftwerk Mělník und zu weiteren in Ostböhmen gelangt. Im Zusammenhang mit der Eröffnung des Main-Donau-Kanals als letztem Glied des die Nordsee mit dem Schwarzen Meer verbindenden Rhein-Main-Donau-Großschiffahrtsweges wird auch das alte Projekt eines Donau-Oder-Kanals mit einer Verbindung zur Elbe wieder häufiger diskutiert.

Der Binnenstaat der bisherigen Tschechoslowakei bediente sich für seinen Seehafentransit sowohl der Häfen an der nördlichen Adria (v. a. Rijeka, Koper und Triest) als auch der deutschen und polnischen Ostseehäfen (v. a. Szczecin · Stettin; Freihafenrechte). Der schon immer für die Binnenschiffahrt wichtige Hafen Hamburg an der unteren Elbe (mit dem dortigen, exterritorialen Moldauhafen) dürfte in Zukunft wieder einen größeren Anteil am Seehafenumschlag erhalten.

Binnenhandel

Von den fünfziger Jahren bis 1989 gab es in der Tschechoslowakei nur Geschäfte und Gaststätten des gesellschaftlichen Sektors. Die Qualität des Einzelhandels und der gastronomischen Betriebe glich damit jener der benachbarten ehemals sozialistischen Staaten, obwohl die Versorgungsdichte (Relation Geschäfte : Bevölkerungszahl) zumindest in den größeren Städten, insbesondere in Böhmen und Teilen Nordmährens, höher war als z. B. in Polen oder Ungarn. Südmähren und die Slowakei, v. a. deren Südrand, waren allerdings ebenso ungenügend ausgestattet wie diese. Mit Beginn des Jahres 1991 wurde der gesellschaftliche Besitz an Geschäften und Betrieben Privaten zum Kauf angeboten. Kapitalarmut erschwert allerdings einen raschen und gründlichen Umschwung im Einzelhandel.

Messewesen

Das Messewesen war in der bisherigen Tschechoslowakei wie in anderen ehemals sozialistischen Staaten auf wenige Standorte konzentriert. Die größte Tradition hat die Brünner Messe. Mit seinen Investitionsgüter- und Konsumgüterschauen sowie zahlreichen Fachausstellungen (v. a. Ernährungswirtschaft, Gaststättengewerbe, Transport, Umwelt) zählt Brno (Brünn) zu den bedeutenderen Messeplätzen Mitteleuropas. Daneben haben nur noch die Chemiemesse in Bratislava (Preßburg) und kleinere Fachausstellungen in Prag und Ostrava (Ostrau) eine gewisse Bedeutung.

Höheres Bildungswesen

Das höhere Bildungswesen als eine weitere wichtige zentrale Dienstleistung ist einer der Aktivposten, welche die kommunistische Ära hinterlassen hat. Wohl bestand in Prag schon seit 1348 die Karlsuniversität, doch waren bis zur kommunistischen Machtübernahme im Jahre 1948 nur in Brno (Brünn), Bratislava (Preßburg), Ostrava (Ostrau) und Olomouc (Olmütz) weitere Universitäten und Hochschulen gegründet geworden. Den sozialistischen Bildungsidealen entsprechend verdichtete sich besonders in den fünfziger Jahren das Netz hochrangiger Bildungseinrichtungen ganz wesentlich (18 neue Hochschulen und Universitäten). Vor allem wurde nun auch die Slowakei stärker miteinbezogen, die vor 1948 nur in Bratislava (Preßburg) eine Universität und eine Technische Hochschule hatte, heute aber über zehn Hochschuleinrichtungen an fünf verschiedenen Standorten verfügt. Immer noch ist aber Prag mit ca. 60000 Studenten an allen Hochschuleinrichtungen vor Bratislava (Preßburg; 40000) und Brno (Brünn; 25000) das Zentrum höherer Bildung. Eine ähnliche Zentrenbildung ist im Kulturbereich (Theater, Opernhäuser, Konzertsäle) und in der gesundheitlichen Versorgung festzustellen.

Fremdenverkehr
Traditioneller
Bädertourismus

Der Fremdenverkehr war in der bisherigen Tschechoslowakei früh und hoch entwickelt. Bereits vor dem Ersten Weltkrieg waren Karlovy Vary (Karlsbad), Mariánské Lázně (Marienbad) und Františkovy Lázně (Franzensbad) im nordwestlichen Böhmen Weltkurorte. Karlsbad war der größte Kurort der Österreichisch-Ungarischen Monarchie. Daneben spielten auch noch andere Orte im Erzgebirge (z. B. Teplice · Teplitz) und im Riesengebirge (z. B. Špindlerův Mlýn · Spindlermühle) eine Rolle. Die Gäste des 'böhmischen Bäderdreiecks' kamen überwiegend aus Deutschland und Wien. Aber auch in der heutigen Slowakei gab es damals schon Touristenorte, wenn auch kleineren Maßstabs. So bildeten die Kurorte des Waagtales, besonders Piešťany (Bad Pistyan), und die Sommerfrischen am Fuße der Hohen Tatra beliebte Ziele der ungarischen Oberschicht und eines gehobenen Wiener Publikums.

Sowohl das böhmische als auch das slowakische Zielgebiet konnten während der Zwischenkriegszeit ihre Anziehungskraft bewahren, allerdings kamen wegen der neu gezogenen politischen Grenzen statt der Ungarn jetzt hauptsächlich Tschechen in die Slowakei zur Kur und Sommerfrische. Über die deutsche und österreichische Grenze hinweg entwickelte sich in der Zwischenkriegszeit ein reger wechselseitiger Tagesausflugsverkehr.

Fremdenverkehr, Traditioneller Bädertourismus (Fortsetzung)

Nach der kommunistischen Machtübernahme im Jahre 1948 wurden die meisten Hotels wie in allen anderen damals sozialistischen Staaten in Erholungsheime von Betrieben und öffentlichen Organisationen umgewandelt. Der Ausländerzustrom kam vorübergehend zugunsten eines Sozial- und Billigtourismus für die Bürger des eigenen Landes zum Erliegen. Erst im Zuge der Entstalinisierung und Liberalisierung in den frühen sechziger Jahren besuchten auch wieder Ausländer die berühmten Kurorte, vorerst jedoch fast nur aus anderen seinerzeit sozialistischen Staaten. Immerhin wurde die Tschechoslowakei auf diese Weise in den siebziger und achtziger Jahren zum Hauptzielgebiet von Touristen aus dem früheren Ostblock, besonders aus der damaligen Deutschen Demokratischen Republik, aus Polen und aus Ungarn. Neben den traditionellen Erholungs- und Wintersportgebieten im Norden Böhmens und in der Hohen Tatra waren mittlerweile weitere Urlaubsregionen entstanden, so im Umkreis der zahlreichen neuen Stauseen.

Der Zustrom von Westtouristen wuchs durch Einschränkung der Grenzbürokratie und gewisser Werbebemühungen um die begehrten Devisenbringer zwar seit Beginn der achtziger Jahre leicht an, blieb der Zahl der Gäste nach aber im Verhältnis zum großen, doch wirtschaftlich unergiebigen Touristenstrom aus den ehemals sozialistischen Ländern, unbedeutend.

Hotellerie

Mit der politischen Wende des Jahres 1989 könnte die Tschechoslowakei zu ihrer früheren Rolle als einem der Hauptzielgebiete des mitteleuropäischen Tourismus zurückfinden. Ihre Aktiva sind neben der landschaftlichen Vielfalt das reiche und relativ gut erhalten gebliebene kulturelle Erbe (Städte, Schlösser, Burgen), ihre Nachteile die noch mangelhafte touristische Infrastruktur und die ökologischen Schäden.

Im Jahre 1991 haben immerhin insgesamt 66,2 Mio. ausländische Touristen die Tschechoslowakei besucht; davon waren 31,5 Mio. Besucher allein aus Deutschland.

Aufschwung nach der politischen Wende

Privatisierung und Restitution
siehe Seite 457

Geschichte

Historische Landschaften

Zum Verständnis der Vergangenheit der bisherigen Tschechoslowakei ziehe man am besten eine Landkarte zu Rate, aus der die großräumliche Gliederung hervorgeht.

Übersichtskarte s. S. 10

Von Westen nach Osten sind drei natürliche räumliche Einheiten auszumachen, welche als historische Landschaften auch dem modernen Staatsgebilde den Namen gegeben haben: im Westen die tschechischen Länder (České země) Böhmen (Čechy) mit dem anschließenden Mähren (Morava; samt dem mährischen Schlesien) und schließlich, durch den Karpatenbogen schärfer von den beiden anderen Landschaften abgehoben, die Slowakei (Slovensko).

Tschechische Länder
Böhmen, Mähren und Mährisch Schlesien

Slowakei

Jeder dieser Landschaftsräume hat seine besondere Form, jeder seine spezifische Vergangenheit; jeder verfügt über Gebiete uralter landwirtschaftlicher Nutzbarkeit und über Bodenschätze, die sie im Mittelalter zu den reichsten Europas machten (Eisen, Kupfer, Silber, Gold). Textilindustrie aufgrund alter Handweberei sowie Kohle und Eisen verhalfen den beiden tschechischen Ländern Böhmen und Mähren im 19. und 20. Jahrhundert zu einer erstaunlich hochentwickelten Industrialisierung, die man in der Slowakei verstärkt in der sozialistischen Ära der Zeit nach dem Zweiten Weltkrieg nachzuvollziehen versucht hat.

Geschichtliche Entwicklung

Da im Laufe der historischen Entwicklung des Raumes der bisherigen Tschechoslowakei die traditionsreiche Stadt Prag stets eine herausragende Rolle gespielt hat, finden sich wichtige Ergänzungen und Detailangaben zur Geschichte des gesamten Landes im Hauptkapitel 'Reiseziele in der Tschechischen Republik von A bis Z' (→ Prag, Etappen der Stadtgeschichte), im Hinblick auf die jüngere und jüngste Geschichte der Slowakei zusätzliche historische Daten und Fakten im Hauptkapitel 'Reiseziele in der Slowakischen Republik von A bis Z' (→ Bratislava, Wissenswertes aus der Stadtgeschichte) dieses Reiseführers.

Verweis auf die Stadtgeschichten von Prag und Bratislava (Preßburg)

Vor- und Frühzeit

Eine Viertelmillion Jahre etwa sollen die ältesten menschlichen Gebeinfunde alt sein, die man bisher im tschechoslowakischen Raum entdeckt hat. Im Wechsel der Eiszeiten und subtropischen Klimaphasen im vorgeschichtlichen Europa gab es aber noch keine kontinuierliche Besiedlung.

250000 v.Chr.

Erst in der jüngeren Altsteinzeit entwickelt sich Mähren sozusagen zu einem klassischen Land der Mammutjägerkultur mit einer Reihe origineller Funde plastischer oder gezeichneter Kultgegenstände (Frauenfiguren und Jagdtiere in Věstonice · Westonitz, Mikulov · Nikolsburg, Předmostí bei Přerov · Prerau u. a.).

30000 v.Chr.

Seit der mittleren Steinzeit mit den ersten, einfachen Formen des Feldbaues läßt sich eine Siedlungskontinuität in drei waldfreien Beckenland-

5000 v.Chr.

◀ *25000 Jahre alt: Venus von Westonitz (vgl. S. 97)*

schaften mit besten Bodenverhältnissen beobachten: an der mittleren Elbe (Labe) im nördlichen Mittelböhmen, in Südmähren an March (Morava) und Thaya (Dyje), an Neutra (Nitra) und Waag (Váh) in der südlichen Slowakei. Jeder der drei historischen Großräume nimmt fortan von hier den Ausgang für die weitere Entwicklung.

2. Jahrtausend
v.Chr.

Flußaufwärts werden die Siedlungsräume allmählich ausgedehnt; sie füllen weitere Bereiche bis hin nach West- und Südböhmen an Beraun (Berounka) und Moldau (Vltava), Mittelmähren an der March (Morava) und ihren Nebenflüssen, die mittlere Slowakei an den Tälern der Waag (Váh), der Neutra (Nitra) und der Gran (Hron).

1700 – 400 v.Chr.

Eingebettet in großräumige Zusammenhänge der mitteleuropäischen Entwicklungen der Bronzezeit und der frühen Eisenzeit zeigen diese drei nun solcherart erweiterten Landschaften an Begräbnisstätten und Siedlungsresten eine recht intensive Kultur.

Altertum und Zeit der Völkerwanderung

400 – 100 v.Chr.

Später kann man ihre Träger als Kelten bestimmen, als Angehörige jener großen Sprachengruppe also, die in den letzten vorchristlichen Jahrhunderten in West- und Mitteleuropa eine bemerkenswerte Höhe wirtschaftlicher und politischer Gesellschaftsorganisation erreicht und die von ihnen besiedelten Gebiete in Irland, England, Frankreich, Süddeutschland, Österreich und in der Tschechoslowakei fast an das Niveau der Hochkulturen in den Mittelmeerländern herangeführt hat. Noch heute verweisen uns keltische Flußnamen auf die alte Gemeinsamkeit: etwa Isère in Frankreich, Isar in Bayern, Iser (Jizera) in Nordböhmen. Von den keltischen Bojern stammt auch der deutsche Name 'Böhmen'. Die keltische Siedlungskultur mit Burgen und Stadtanlagen entlang der Moldau (Vltava), der Beraun (Berounka) und anderswo bildet ein besonderes Arbeitsfeld der tschechischen Vorgeschichtsforschung.

9 v.Chr. bis
19 n.Chr.

Kurz vor der Zeitenwende erliegen die Kelten, bedrängt vom römischen Vorstoß aus dem Süden, dem Druck der Germanen aus dem Norden. In Böhmen und Mähren bildet sich ein germanisches Großreich, getragen von einem Bund germanischer Herren mit ihrem Gefolge unter dem Namen der Markomannen, regiert von Marbod, der ähnlich wie Arminius, bei den Römern erzogen war.

1.–5. Jh. n.Chr.

Auch nach Marbods Sturz bleiben die Markomannen ein mächtiger Stamm, teils in römischer Abhängigkeit. Ihre Siedlungsgebiete decken sich in Böhmen und Mähren mit den alten Kulturgebieten. Sie leben neben anderen germanischen Stämmen, vielleicht nur als politische Oberschicht, sicher in allmählicher Vermischung und Verbindung mit den Kelten. Auch ihr 'Abzug' aus diesen Gebieten ist bis heute ungeklärt, nachdem sich die ältere Vorstellung von der Einwanderung nach Bayern (Leute aus dem Bojerland = Bajuwaren = Bayern) noch nicht zuverlässig belegen ließ.

6. Jahrhundert

Seit 527 greifen slawische Stämme die römische Donaugrenze an; im 6. Jahrhundert erfolgt offenbar auch von Norden ihre Einwanderung in den Raum der heutigen Tschechoslowakei. Sie zeigt sich deutlich in der archäologischen Überlieferung als ein völliger Neubeginn im Hausbau, Grabritus und keramischen Formen ('Prager Typus'). Auch vom Südosten dringen Slawen in die Slowakei und nach Mähren vor. Sie stehen offenbar in Abhängigkeit von den Awaren, die damals ein Großreich in Südosteuropa aufbauten.
Am Ende des 6. Jahrhunderts dürften jedenfalls nur noch geringe Reste bäuerlich lebender germanischer Völkerschaften im Lande verblieben sein, die kaum kulturelle Einflüsse auf die einwandernden Slawen üben und nur ausnahmsweise Orts- oder Flurnamen vermitteln.

Ein fränkischer Karawanenherr namens Samo erringt, wohl begünstigt durch eine awarische Niederlage gegen die Byzantiner (Oströmisches Reich), die Herrschaft über die slawischen Stämme in Böhmen und Teilen von Mähren (623/624–660). Doch weiß man bis heute noch nicht, wo seine Hauptstadt 'Wogastisburg' zu suchen ist, ob in Mähren, oder, wahrscheinlicher, in Böhmen, oder gar in Nordbayern bei den Slawen am oberen Main und an der Pegnitz.

7. Jahrhundert

Frühes Mittelalter

Den endgültigen Eintritt in die politische Welt des Mittelalters bringt dann erst die fränkische Eroberungspolitik Karls des Großen.

8./9. Jahrhundert
791–803

Karl der Große drängt die Awaren zurück und zwingt die zahlreichen Kleinherren in Böhmen zum Tribut. Damit bereitet er gleichzeitig ihren politischen Zusammenschluß und ihre Christianisierung vor. Jede Mission geschieht damals 'von oben', über die politischen Machthaber und ihr Gefolge. Ein wichtiger Schritt hierzu ist wohl die Taufe von vierzehn böhmischen Kleinfürsten in Regensburg (845).

805

Aber noch bevor die böhmischen Kleinstämme zu einem mächtigeren Ganzen von einem ihrer Kleinfürsten (Mojmir I.) zusammengezwungen werden, haben die Mährer diese Entwicklung bereits durchlaufen und ein Großreich gebildet. Dem mährischen Zusammenschluß der Kleinstämme folgt die Angliederung der Slowakei, danach Böhmens, des oberen Weichsellandes und vielleicht auch der Lausitz. In steter Rivalität mit dem Frankenreich weiß sich 'Großmähren', wie es später ein byzantinischer Geschichtsschreiber nennt, schließlich als selbständige politische Kraft zu behaupten.
Der mährische Fürst Rastislav demonstriert seine politische Wirkung durch die Berufung (863) der byzantinischen Gelehrten Kyrill und Method als Organisatoren einer selbständigen mährischen Kirche, die zugleich die Slawen in Oberungarn und die Südslawen in Slowenien und Kroatien umfassen soll. Aber dieser erste Versuch auch päpstlicher Ostpolitik schlägt fehl. Übrig bleibt davon die slawische Sprache im Gottesdienst, die dann allerdings nicht im tschechoslowakischen Raum, sondern bei den Bulgaren und schließlich bei den Russen im Rahmen der byzantinischen Kirche von einzigartiger kulturgeschichtlicher Bedeutung wurde.

Großmährisches Reich (833–906)

Das Mährerreich, dessen aufsehenerregender Reichtum an Steinkirchen und großen, befestigten Siedlungen in den alten Kulturzentren Südmährens und der Südslowakei in jüngerer Zeit durch umfangreiche Grabungen erforscht wurde, erliegt schließlich dem Ansturm der Magyaren (907). Unbekannt ist, wieviel von seiner politischen und kulturellen Eigenart sich unter ungarischer Oberherrschaft in spätere Jahrhunderte rettet. Die Slowakei bleibt fortan bis 1918 im ungarischen Staatsverband, der sich seit dem 10. Jahrhundert entwickelte.

10. Jahrhundert

Böhmen geht schon im Niedergang des Mährerreiches in Anlehnung an seine westlichen Nachbarn eigene Wege. In unbekannter Entwicklung gelingt es dem Kleinstamm der Tschechen allmählich, das ganze Land unter seiner Dynastie, den Přemysliden, zu einigen und ihm seinen Namen zu geben (Böhmen = tschechisch Čechy).
Prag wird seit dem 10. Jahrhundert zum Fürstensitz; seine Burg, der Hradschin, darf als eine der ältesten Residenzen des nördlichen Europa gelten. Unter Boleslav II. wird 972/973 die Prager Burg zugleich Bischofssitz; doch bleibt die Kirche, anders als im Westen, noch lange in herzoglicher Abhängigkeit.
Nach wechselnden Expansionsversuchen zwischen Böhmen und Polen wird Mähren schließlich endgültig dem přemyslidischen Herrschaftsbereich einverleibt, allerdings bald mit einem deutlichen Eigenleben unter

Přemysliden
in Böhmen
und Mähren

<table>
<tr>
<td>Frühes Mittelalter,
Přemysliden
in Böhmen
und Mähren
(Fortsetzung)</td>
<td>einem Bischof in Olomouc (Olmütz) und přemyslidischen Nebenlinien in Brno (Brünn), Olomouc (Olmütz) und Znojmo (Znaim).
Die politischen Beziehungen zum deutschen Reich, das gerade damals aus der Hinterlassenschaft der fränkischen Karolinger entsteht, wechseln immer wieder nach den Machtverhältnissen und sind nur aus den völker-rechtlichen Vorstellungen jener Zeit recht zu verstehen. Politisches Unab-hängigkeitsstreben steht im Hintergrund eines Familienzwistes, dem im Jahre 921 die Herzoginmutter Ludmilla (Ludmila) zum Opfer fällt, bald verehrt als die erste christliche Märtyrerin des Landes. Ihr Enkel Wenzel (Václav) I. schließt sich danach eng an das deutsche Königtum, erliegt aber ebenfalls den antideutschen Strömungen und wird 929 von seinem eige-nen Bruder erschlagen. In der christlichen Erinnerung zum Landespatron erhoben, gibt er später der böhmischen Königskrone den Namen 'Wen-zelskrone', die noch heute im Prager Veitsdom aufbewahrt wird.</td>
</tr>
</table>

Slowakei wird ungarisch

Wie die Přemysliden in Böhmen, so schaffen die Arpaden in Ungarn im zehnten Jahrhundert eine Zentralherrschaft und gliedern dabei die Slowa-kei ihrem Herrschaftsbereich ein. Früher in der Südslowakei, später im ber-gigen Norden des Landes vollzieht sich allmählich eine engere Verbindung mit dem Reich der Magyaren, das sich mit eigener Königswürde und eige-nem Erzbistum weit unabhängiger vom deutschen Reiche hält als die böh-mischen Länder. Im Kampf gegen die turk-tatarischen Petschenegen und Weißkumanen dient die Slowakei als Grenzfestung, auch als Ansiedlungs-gebiet für Gefangene. Nach Grenzkämpfen bildet sich die Westgrenze der Slowakei gegen Mähren erst im 12. Jahrhundert aus.

11. Jahrhundert

Seit dem 11. Jahrhundert (1029 vereinigt Herzog Břetislav Mähren mit Böhmen) steigen die Přemysliden allmählich von Tributärfürsten auf zum angesehensten Platz unter den Fürsten des Reiches, wobei ihre Herrschaft im Inneren aber vom deutschen König nicht beeinflußt wird. Ihre politische Abhängigkeit vom deutschen Herrscher in den Formen des Lehensrechtes seit dem 11. Jahrhundert (1085 krönt Kaiser Heinrich IV. in Mainz Vrati-slav II. zum ersten König von Böhmen) sichert ihrer Dynastie in Böhmen sogar die ungeteilte Herrschaftsfolge und bewahrt damit das Land vor dem Schicksal Polens im Hochmittelalter. Seit dem 13. Jahrhundert war Böhmen ein Kurfürstentum des 'heiligen römischen' (deutschen) Kaiser-tums (bis 1806).

Kloster-gründungen

In den weiteren Zusammenhang dieser Entwicklung gehören auch die Klostergründungen. Die ersten Benediktinerklöster entstanden um die erste Jahrtausendwende, manchmal von italienischen, meist von deut-schen Klöstern her beschickt (Sázava · Sazau, Břevnov, Ostrov, Rajhrad · Raigern, Kláštérni Hradisko · Hradisch, Kladruby · Kladrau). Im 12. und 13. Jahrhundert folgen die 'Rodeorden' der Zisterzienser und Prämonstra-tenser (Strahov, Sedlec · Sedletz, Plasy · Plaß, Teplá · Tepl, Zlatá Koruna · Goldenkron, Vyšši Brod · Hohenfurth u. a.).

Hohes Mittelalter

12.–14. Jahrhundert

Von entscheidender Bedeutung für die Landesentwicklung wird eine gewaltige Steigerung der Wirtschaftskraft, die ganz West-, Mittel- und Nordeuropa erfaßt und deshalb auch mit der industriellen Revolution unse-rer Zeit verglichen worden ist: sozusagen eine 'landwirtschaftliche Revolu-tion'. Dabei erweitert man die alten Siedlungskammern nun nach den Oberläufen der Flüsse hin und nimmt schließlich gar Waldrodung in Angriff. Die Aufgabe übersteigt bald die Möglichkeiten der einheimischen Bevölke-rungsreserve und führt zur Anwerbung von erfahrenen Land- und Arbeits-suchenden aus der nahen und fernen ober- oder niederdeutschen Nach-barschaft. Dabei fördert die neue Wirtschaftsintensität zugleich Geldwe-sen und Arbeitsteilung, während die Grundrente in Geld den Landesaus-bau für den Landesherrn, für die adeligen und die geistlichen Grundherren besonders reizvoll macht. In mancher Form erweist sich dabei die Dynamik dieser frühen Geldwirtschaft: Die neuen Siedler erhalten besondere Vorrechte (die deutschen 1173 von Soběslav II.), die sich später allmählich dem ganzen Land mitteilen; sie dürfen Handwerker- und Kaufmannssiedlungen als eigene Rechtsgemeinschaften gründen, und damit werden Böhmen und Mähren zu Städtelandschaften.

Hohes Mittelalter, 12.–14. Jahrhundert (Fortsetzung)

Der gestiegenen Bevölkerungsdichte folgt ein höheres Kulturniveau: Um 1350 sind Böhmen und Mähren ihrer unmittelbaren Nachbarschaft mindestens ebenbürtig; ein altes West-Ost-Gefälle von den Zentren der abendländischen Kultur zu ihrer Peripherie ist damit ausgeglichen. Böhmen und Mähren sind dabei zweisprachig (tschechisch und deutsch) geworden; die Kultivierung der meist wenig ertragreichen waldigen Randgebirge und die Organisation des Städtewesens ist überwiegend das Werk deutscher Siedler (1198–1230 Stadtgründungen unter Ottokar I.; ab 1241 Kolonisten in der slowakischen Zips).

Wiederholt hatten die deutschen Kaiser Přemyslidenherrschern bereits die Königswürde zuerkannt; 1212 wird sie ihnen endgültig gesichert.
Die Silberminen besonders von Jihlava (Iglau) und später von Kutná Hora (Kuttenberg) bringen den böhmischen Königen reiche Einkünfte. Auf dieser Machtgrundlage dehnt Přemysl Ottokar (Otakar) II. (1251–1278) die přemyslidische Herrschaft nach Süden aus, regiert 25 Jahre über Österreich, teils auch über die Steiermark, Kärnten und Krain bis zur Adria; 1278 fällt er bei Dürrnkrut in Niederösterreich im Kampf gegen die innere Adelsopposition, die Ungarn und den deutschen König Rudolf von Habsburg. Přemysl Ottokars Sohn, Wenzel (Václav) II., herrscht fünf Jahre auch über Polen, sein Enkel, Wenzel (Václav) III., sucht die polnische Krone zu erwerben, als er einem Attentat zum Opfer fällt und mit ihm unvermutet die Dynastie erlischt (1306).

Ende der Přemyslidendynastie (1306)

Die Großreichspläne übernehmen bald die Luxemburger (1310–1437), ein westdeutsches Grafengeschlecht, das mit den Königen Johann, Karl, Wenzel und Sigmund in Böhmen über ein Jahrhundert regiert, seit 1346 dazu die deutsche Königswürde innehat und ab 1387 auch das Königreich Ungarn beherrscht.

Luxemburger

Die Luxemburger fügen den böhmischen Ländern Schlesien hinzu und lassen seit der Jahrhundertmitte (Karl IV.) Prag zu einer Hauptstadt von europäischem Format aufsteigen. Die Goldene Stadt erhält nun ein Erzbistum (1344) sowie die erste mitteleuropäische Universität (1348) und wird mit reichen Zeugnissen der gotischen Architektur (Veitsdom, Karlsbrücke mit Türmen; Burg Karlstein in der Umgebung), Malerei (Tafelmalerei, Fresken auf der Burg Karlstein u. a.) und Plastik (Triforiumsbüsten im Veitsdom, St.-Georg-Brunnen) zu einer der schönsten Städte seiner Zeit.

Auch in der Slowakei hat die weitere Kolonisation des Landes große Bedeutung für die Entwicklung. Sie beginnt schon im zehnten Jahrhundert mit dem Rückzug vor den Magyaren in die Bergtäler und wird seit dem zwölften Jahrhundert u. a. von deutschen Zuwanderern betrieben.

Entwicklung in der Slowakei

Der große Tatareneinbruch 1241/1242 trifft die Slowakei besonders hart. Danach erst setzt der Landesausbau in vollem Umfang ein und zwar mit denselben Organisationsformen wie im übrigen östlichen Mitteleuropa. Er läßt auch hier ein bemerkenswertes Städtenetz an den alten Handelsketten nach Südosten entstehen. Die deutschen Bergstädte mit besonderen Rechten liefern den größten Teil der ungarischen Goldförderung, die allen anderen europäischen Goldbergbau weit übertraf. Ungarn durchlebt unter den Anjou-Königen gleichzeitig mit dem luxemburgischen Böhmen einen wirtschaftlichen und kulturellen Aufschwung; die Städte der Slowakei, bald auch Anziehungspunkte für aufstrebende slowakische Siedler, werden dabei zu Trägern einer eigenartigen spätgotischen Kunstentfaltung.

Spätes Mittelalter

15./16. Jahrhundert
Hussitenkriege (1419–1435)

Aus europäischen Zusammenhängen einer Reformbewegung gegen die reiche Kirche und für eine bürgerliche Mitbeteiligung am adelig bestimmten politischen Leben formiert sich in Böhmen die hussitische Revolution. Beeinflußt von Auffassungen des englischen Reformtheologen John Wiclif hat der Prager Universitätsmagister und Volksprediger Jan Hus (Johannes Huß), von einem Konzilsgericht in Konstanz verurteilt, für seinen Reformeifer und seine Meinung vom höheren Recht der wahren Nachfolge Christi standhaft den Feuertod auf sich genommen (1415). Vier Jahre später geht von Prag und vom dicht bevölkerten Südböhmen die Bereitschaft zur gewaltsamen Weltverbesserung durch das Land. Sie führt nach einem erbitterten fünfzehnjährigen Kampf um die Freiheit des Gewissens, um das Widerstandsrecht in Glaubensdingen, um politische Mitsprache der unteren Stände oder gar um brüderliche Gleichheit aller, aber auch um die Einheit der tschechischen Nation in einer gegensätzlich geladenen Revolutionsbewegung zum erstenmal den Konfessionalismus innerhalb der römisch-katholischen Kirche herauf. Trotz aller Leiden und Verwüstungen gilt sie wegen ihrer Ziele als Heroenzeit im tschechischen Geschichtsbild. Die neuere tschechische Forschung betont besonders den chiliastisch-idealkommunistischen Aufbruch meist kleinbäuerlicher Anhänger von Bruderschaften und militärischer 'Feldgemeinden', die sich unter der Führung von Jan Žižka in einer neuerbauten Stadt 'Tábor' (nach dem biblischen Vorbild Tabor) zu einer bedeutenden Streitmacht entwickeln. In weiten Kreisen der tschechischen Gesellschaft hat ähnliche Anschauungen besonders der Schriftsteller Alois Jirásek (1851–1930) in seinen populären Romanen und Chroniken beeinflußt.

Im europäischen Vergleich gewinnt die hussitische Bewegung eine besondere Bedeutung: als die erste Revolution innerhalb der abendländischen Ständegesellschaft, als Beginn einer Revolutionskette, die, mit allen Varianten der historischen Entwicklung, sich danach in Deutschland (1519), den Niederlanden (1578), in England (1649) und in Frankreich (1789) ähnlich beobachten läßt.

Den Deutschen im Lande bringt der Hussitismus Einbußen; doch gelten vorwiegend religiöse, nicht nationale Gesichtspunkte, und es gibt auch sehr rege deutsche Hussiten inner- und außerhalb Böhmens. Auf Mähren greift die Bewegung nur stellenweise über; die Slowakei erreicht sie erst später mit Versprengten der Hussitenkriege.

Nach einer päpstlich nicht ratifizierten Einigung mit der Kirche auf dem Konzil zu Basel (1436 'Basler Kompaktaten') sucht der Adlige Georg von Podiebrad (Jiří z Poděbrad), Führer der hussitischen Utraquisten, erst als Gubernator und Regent (1439–1458) für den minderjährigen erbberechtigten Habsburger Prinzen Ladislaus ('Postumus', nämlich nach dem Tode seines Vaters geboren), später als König (1458–1471), die monarchische Macht nochmals zu restaurieren.

Reich der Habsburger

Nach Georg von Podiebrad fällt die Krone durch Wahl an die polnische Dynastie der Jagiellonen, die auch Ungarn erwirbt, dann an die Habsburger. Dabei werden Österreich, Böhmen und Mähren sowie Ungarn für die nächsten 400 Jahre zu einem Großreich vereinigt.

Säkularisierung

Die hussitische Revolution, welche das deutsche Egerland (Poohří) mit der verpfändeten Reichsstadt Eger (Cheb), das tschechische Pilsner Gebiet (Plzeňsko) und andere Grenzgebiete nur wenig berührt, hat zum erstenmal in Europa durch Landtagsbeschluß Kirchenbesitz enteignet, hat den Aufstieg von Niederadel, Bürgertum und Bauern nach sich gezogen, hat Sozialutopien entwickelt und unvermeidliches Reformstreben in politischer Auswegslosigkeit zu unerhörter revolutionärer Anspannung getrieben. Während sich danach die 'neue Klasse' etabliert, bleibt am Ende doch der böhmische und mährische Hochadel gesellschaftspolitisch der Sieger. Er hat, gleich ob hussitisch oder katholisch, aus den Säkularisierungen Vorteile gezogen und sein Vorrecht bei jeder Königswahl bestärkt. Das habsburgische Königtum stellt ihm seit 1526 (Ferdinand I.) nun aber seine Weltmacht gegenüber.

Die böhmische Kunstgeschichte des 15. Jahrhunderts zeigt zunächst, durch Krieg und Wirtschaftsverfall bedingt, einen Niedergang, teils aber auch eine Interessenverlagerung auf literarische Leistungen, wie sie der Revolution dienen (Bilderfolgen, lateinische und tschechische Publizistik, Volkslied). Die Konsolidierung der zweiten Jahrhunderthälfte findet wieder Ausdruck im königlichen, adeligen und bürgerlichen Mäzenatentum mit Aufträgen für Matthias Rejsek sowie die Süddeutschen Benedikt Ried und Hans Spiess (u.a. Vollendung der Barbarakirche in Kuttenberg, in Prag Pulverturm und Vladislav-Saal auf dem Hradschin).

Spätes Mittelalter
(Fortsetzung)
Kunst und Kultur

Die Slowakei gerät erst um die Wende zum 16. Jahrhundert in den Sog gesellschaftlicher Unruhen im ungarischen Königreich, die man in gewisser Hinsicht mit der hussitischen Revolution vergleichen kann. Aus einem Kreuzzugaufgebot gegen die Türken wurde ein Bauernkrieg (1514) gegen Hochadel und Prälaten, und ein Jahrzehnt später erheben sich in den slowakischen Bergbaustädten die Knappen im Zusammenhang mit dem Luthertum und dem Bauernkrieg in Deutschland. Mitten in diese Auseinandersetzung, verstärkt durch den unentschiedenen Machtkampf zwischen Niederadel, Hochadel und Königtum, bricht 1526 der freilich schon lange erwartete türkische Vorstoß, dem der junge König und der größte Teil seines ungarischen Reiches zum Opfer fällt. Die Slowakei bildet den Zufluchtsort für einen Teil des ungarischen Adels und ist fortan das Hauptland Ungarns, ehe den Habsburgern Ende des 17. Jahrhunderts die Rückeroberung gelang.

Entwicklung
in der Slowakei

Abseits der Öffentlichkeit hat sich in Böhmen aus der hussitischen Reformbewegung um den Laieneremiten Petr Chelčický eine Gemeinschaft gebildet, die im urchristlichen Kommunismus und in unbedingter Nächstenliebe leben will. Sie organisiert sich und wächst zur 'Gemeinde der Böhmisch-Mährischen Brüder' (1447/1458), in Ostböhmen und Mähren hauptsächlich von adeligen Grundherren geduldet, ja angesiedelt wegen ihrer wirtschaftlichen Zuverlässigkeit. Die Brüdergemeinde und der seit den Basler Kompaktaten festgelegte hussitische Utraquismus (Kelchkommunion; tschechische Meßtexte; Priester ohne Besitz) finden schon früh Verbindung zu Luther. Neu aufblühende Bergwerkssiedlungen im Erzgebirge, voran das in wenigen Jahren sprunghaft aufgebaute St. Joachimsthal (Jáchymov), dessen Silbermünzen zum Weltbegriff werden ('Thaler', 'Dollar'), tragen mit sächsischem Bevölkerungszustrom auch das Luthertum ins Land. Danach sympathisieren die böhmischen Städte mit den deutschen Protestanten im Schmalkaldischen Krieg (1547), werden dafür bestraft und verlieren an Einfluß sowie Wirtschaftskraft.

Aufkeimender
Protestantismus

Beginnende Neuzeit

Noch einmal verlegt ein Kaiser – Rudolf II. (1576–1612) – für gut dreißig Jahre seine Residenz nach Prag (1583). Diese rudolfinische Epoche, wohl höchst bedeutend für die Kunstentwicklung ('böhmische Renaissance'; Adelssitze, kaiserliche Sammlungen, Rathaus in der Judenstadt u.v.a.), weckt durch ihre politische Apathie eine neue böhmische Revolution: den Aufstand von 1618, eingeleitet durch den berühmten 'Prager Fenstersturz' kaiserlicher Beamter. Die protestantische Glaubensfreiheit ist Anlaß des adeligen Widerstandes; doch fehlt dem Adel dabei kräftigere Unterstützung der Städte, die er selbst eifersüchtig als Rivalen behandelt hat, und die Hilfe der breiten Bevölkerung. Vergeblich bleibt der Versuch, mit der Wahl des pfälzischen Kurfürsten Friedrich ('Winterkönig' 1619) Anschluß an die deutschen Protestantismus und nach England zu gewinnen. Die Revolution wird 1620 am Weißen Berg bei Prag von den Habsburgern und dem Heer der deutschen katholischen Fürsten niedergeschlagen.

**Rudolfinische
Epoche**

Prager
Fenstersturz
(1618)

In Deutschland entwickelt sich hieraus der Dreißigjährige Krieg, in Böhmen die gewaltsame katholische Gegenreformation zugleich mit dem Sieg des

**Dreißigjähriger
Krieg**
(1618–1648)

zeitgenössisch zentralistischen Königtums der Habsburger. Adels-
entmachtung und Enteignung von zwei Dritteln des böhmischen, der
Hälfte des mährischen Grundbesitzes zugunsten oft landfremder Habs-
burgtreuer, Auswanderung von 30 000 protestantischen Familien treffen
die gesellschaftlichen Verhältnisse schwer. Seitdem wird Böhmen vom
Königreich zur Provinz. Um so mehr tritt jener Mann im tschechischen
Geschichtsbild hervor, der als Bischof der Brüdergemeinde in Polen, in
Deutschland und in den Niederlanden im Exil tatsächlich zu den großen
Pädagogen und Staatsphilosophen der Zeit gezählt werden darf: Jan
Amos Comenius (Komenský, 1592–1670). Zur selben Zeit wird sein
Landsmann Albrecht von Waldstein (Wallenstein, 1583–1634) als habs-
burgischer Feldherr zur weltgeschichtlichen Figur (in Eger als Hochverräter
ermordet).

Zeit des Absolutismus

17. Jahrhundert

Die tschechische Geschichtsschreibung bezeichnet das Barockzeitalter
unter nationalen, habsburg- und kirchenfeindlichen Gesichtspunkten als
eine Epoche der Dunkelheit ('temno'; vgl. die Romane von Alois Jirásek).
Dieses Urteil ist aber recht einseitig. Die böhmischen Länder durchlaufen
hier, wie die meisten Staatsgebilde des westlichen und mittleren Europa,
eine Phase des monarchischen Absolutismus, ohne den man sich die
Reife der modernen Gesellschaft und der rationalen Staatsorganisation
nicht denken kann.

**Gegen-
reformation**

Die Rekatholisierung der Gegenreformation ist begleitet von einer nach-
haltigen adeligen und kirchlichen Kunstdemonstration, die als 'böhmisches Barock' das Gesicht der Städte, ja mit Schlössern und Wallfahrts-
kirchen eine ganze Kunstlandschaft bis heute für jeden Reisenden eindrucksvoll gestaltet. Die tschechische Volksmission zeigt mit Liedern und
religiöser Literatur keineswegs einen sprachlichen Niedergang.
Nach einem Bevölkerungsverlust von mehr als einem Drittel durch Krieg
und Seuchen belebt sich in der zweiten Jahrhunderthälfte auch die Wirtschaft wieder, teils durch Handwerkerzuzug aus der deutschen Nachbarschaft und durch landwirtschaftlichen Neuausbau. Allein über die bäuerlichen Grunduntertanen bricht, freilich mit regionalen Unterschieden, eine
dunkle Zeit herein. Hier führt der zum Teil fremde neue Landesadel rigoros
fort, was schon im 16. Jahrhundert eingesetzt hat: Ausbau der großflächigen Gutswirtschaft mit wachsenden Robotverpflichtungen der Bauern.
Auch eine Welle von Aufständen (um 1670) mit der Bitte um kaiserlichen
Schutz gegen die Grundherren kann die Entwicklung nicht ändern.

**18./19.
Jahrhundert**

Erst das 18. Jahrhundert erleichtert allmählich das Los der Bauern, teils
durch kaiserliches Interesse an Bevölkerungspolitik, teils durch ökono-
misches Kalkül. 'Manufakturen' (Großwerkstätten noch ohne Dampfkraft)
für Textilien, Glas, Porzellan u. a. legen besonders in den waldreichen,
übervölkerten Grenzgebieten den Grund zu einer typischen 'Industriedorf-
landschaft'. Die Aufhebung der Leibeigenschaft (1780) bringt dann für die
ländliche Bevölkerung die Erlaubnis zu freiem Wohnsitzwechsel, damit sie
in den neuen Großbetrieben Arbeit suchen kann.
Unter Kaiserin Maria Theresia, die 1743 in Prag zur Königin von Böhmen
gekrönt wird, läßt der Verlust fast ganz Schlesiens an Preußen (1745) nach
400jähriger Verbindung die Bedeutung Böhmens und Mährens für die
österreichische Industrialisierung stärker wachsen. Rund 60 % der Stahl-
erzeugung kommen um 1900 aus Böhmen und Mähren, etwa 80 % der
mechanischen Webstühle arbeiten hier, der größte Teil der österreichischen Glasproduktion, ein sehr großer Teil der Maschinenindustrie ist in
Böhmen und Mähren zu finden, und die meiste Braun- und Steinkohle wird
dort gefördert. Im Jahre 1910 gibt es in Böhmen und Mähren nur noch
36 % landwirtschaftlich arbeitende Bevölkerung – ein Prozentsatz, wie ihn
damals nur hochindustrialisierte Länder ausweisen – während zu jener Zeit

in der Slowakei gerade umgekehrt nur etwa 35 % anderswo als in der Landwirtschaft beschäftigt sind.

Die sog. Dreikaiserschlacht bei Austerlitz (Slavkov u Brna; 2. Dezember 1805) in Südmähren endet mit dem Sieg der Franzosen unter Napoleon I. über die verbündeten Heere des österreichischen Kaisers Franz I. und des russichen Zaren Alexander I.; die anschließenden Waffenstillstandsverhandlungen führen zum Friedensschluß von Preßburg (Bratislava; 26. Dezember 1805).

Allgemein leidet die Slowakei unter dem ungarischen Entwicklungsrückstand, der teils der habsburgischen Wirtschaftspolitik eines 'Binnenkolonialismus' entspricht, teils durch den wirtschaftlich unbeweglicheren ungarischen Großgrundbesitz bedingt ist. Nur die Bergwerksbetriebe der Slowakei bilden auf engem Raum ein progressives Wirtschaftselement. Noch in der ersten Hälfte des 19. Jahrhunderts treibt die Verzweiflung die Bauern zu Aufständen (1831). Aus diesem Grund nimmt auch die politische Formierung im modernen Demokratisierungsprozeß in der Slowakei einen anderen Verlauf als in den böhmischen Ländern.

Allgemein steht auch das Erwachen des nationalen Selbstbewußtseins der Tschechen und der Slowaken im Zusammenhang einer europäischen Entwicklung. Doch wirft es ganz andere Probleme auf als im westlichen Europa: Die Sprachnation wird nicht vom Staat geprägt wie etwa in Frankreich, sondern sie muß sich gegen ihn entfalten. Überdies zerbricht dabei eine jahrhundertealte Lebensgemeinschaft mit den Deutschen oder den Ungarn, die man nun als Repräsentanten des fremdnationalen Staates empfindet, dessen Politik der Germanisierung oder der Magyarisierung (1876 Aufhebung der Selbstverwaltung der deutschsprachigen Städte in der ostslowakischen Zips) dabei gebrandmarkt wird. Im Unterschied zu Polen und Ungarn entfaltet sich die Nationalbewegung der Tschechen und der Slowaken ohne Hilfe einer adeligen Oberschicht; sie wird vom gebildeten Bürgertum getragen. Deshalb faßt sie auch in der kleinbäuerlich bestimmten Slowakei viel später Fuß.
Aus der übernationalen, noch deutsch bestimmten Sphäre des Bildungsprogramms der Aufklärung (K. H. Seibt, A. G. Meißner, F. Kindermann) über eine 'patriotische' Geschichtsschreibung (G. Dobner, A. Voigt) bis zur philologischen Restauration der tschechischen Sprache (J. Dobrovský) und zur dichterischen Leistung (K. H. Mácha) führt der Weg der nationalen Bewußtseinsbildung in Böhmen und Mähren und sucht, inzwischen bereits mächtig angeregt durch das Werk des großen tschechischen Historikers František Palacký, in der Revolution von 1848 zum erstenmal politischen Ausdruck.
Die österreichische Verfassung des Jahres 1848 garantiert allen Völkern im Staate die 'Unverletzlichkeit ihrer Nationalität und Sprache'.

In den folgenden 50 Jahren entwickelt sich daraus, in immer stärker geistiger Auseinandersetzung, eine erstaunliche Entflechtung der wirtschaftlichen und kulturellen Beziehungen zwischen Deutschen und Tschechen, deutlich in Böhmen, aber auch merklich in dem viel stärker gemischt besiedelten Mähren. Ein politischer Ausgleichsvertrag zur Wahlrechtsreform kann dort zwar nicht mehr recht wirksam werden, dient aber später als Modell für die Minderheitenprobleme anderer Staaten. Die böhmische Innenpolitik versagt hingegen völlig vor dem nationalen Gruppenegoismus. Andererseits leisten unter nationalem Vorzeichen beide Völker eine gewaltige politische Bildungsarbeit und entfachen in Presse, Literatur, Theaterleben und Wirtschaftsorganisation zum erstenmal wirklich eine breite Beteiligung am 'Politischen'.
Auch die slowakische Nationalbewegung tritt mit der Revolution von 1848 zum erstenmal als politische Kraft hervor. Damals entscheidet man sich für den mittelslowakischen Dialekt als künftige Hochsprache (Ľudovít Štúr), nachdem die Slowaken zuvor mit Ján Hollý und Ján Kollár bereits in der

slawischen Literatur zu Worte gekommen sind. Protestantisches Bürgertum und katholischer Klerus bilden die nationalbewußte Intelligenzoberschicht und behalten ihre Rolle bis in die neuere Zeit.
Trotz erster Streiks und Organisationsversuchen in den Vorjahren bleibt die Revolution von 1848 noch frei von der sozialen Problematik des Industrieproletariats. Sie bringt auf Antrag des deutsch-mährischen Abgeordneten Hans Kudlich die bäuerliche Grundentlastung, bleibt aber im übrigen auf das Programm des bürgerlichen Liberalismus ausgerichtet. Eine Arbeiterbewegung entsteht jedoch schon in den sechziger Jahren im nord- und westböhmischen Industriegebiet unter deutschen Textilarbeitern; wenig später folgen ihre Ansätze zur künftigen christlichsozialen Bewegung. Beide wirken weiter auf die gesamte Arbeiterbewegung in der 1867 gebildeten (Habsburger) Österreich-Ungarischen Doppelmonarchie. Auch die sozialdemokratische Partei, die sich aus diesen Anfängen nach der Einführung des Allgemeinen Wahlrechtes (1907) zur stärksten Partei entwickelt, vermag aber das Nationalitätenproblem nicht zu überbrücken. In beiden Nationen behält der 'bürgerliche' Nationalismus die Oberhand (Panslawische Bewegung, Alldeutscher Verband u. a.).

Schlacht
bei Königgrätz
(1866)

Im preußisch-österreichischen Krieg werden die Österreicher von den preußischen Truppen in der Entscheidungsschlacht bei Königgrätz (Hradec Králové; 3. Juli 1866) besiegt und scheiden aus dem Deutschen Bund aus.

Spaltung der Prager
Universität (1882)

Die Prager Karlsuniversität wird in einen tschechischen und einen deutschen Hochschulteil aufgespalten.

Die Tschechoslowakei im 20. Jahrhundert

Erster Weltkrieg
(1914–1918)

Im Ersten Weltkrieg verhält sich die tschechische Bevölkerung im allgemeinen doch opportunistisch, trotz vereinzelter Widerstandsakte und der Bildung einer Freiwilligenlegion auf russischer, französischer und italienischer Seite.
Die staatliche Selbständigkeit der historischen böhmischen Länder, vereint nach ethnischer Verwandtschaft mit der Slowakei (1916 Gründung eines tschechoslowakischen Nationalrates) und einem kleinen Gebiet der westlichen Ukraine ('Karpathorußland'), wird erst in der letzten Phase der Kriegsentwicklung von Tomáš Garrigue Masaryk (1850–1937) und Edvard Beneš (1884–1948) im westlichen Exil erreicht: Im Vertrag von Pittsburgh (30. Mai 1918) sichert man den Slowaken Autonomie innerhalb des neu zu gründenden tschechoslowakischen Staates zu, gewährt sie dann aber nicht. Der Tschechoslowakische Nationalrat bildet in Paris eine Regierung mit T. G. Masaryk als Präsidenten und E. Beneš als Außenminister (14. Oktober 1918).

Erste
**Tschechoslowakische
Republik**

Tomáš Garrigue Masaryk wird Präsident der am 28. Oktober 1918 in Prag ausgerufenen (ersten) Tschechoslowakischen Republik (ČSR). Den deutschen Protest für das Selbstbestimmungsrecht, von der deutschen sozialdemokratischen Partei angeregt, unterdrückt man gewaltsam (54 Tote am 4. März 1919). Dennoch erweist sich die neue Republik zunächst durchaus anziehungskräftig, überwindet trotz mancher nationalpolitischer Einseitigkeit (Bodenreform 1919, Sprachengesetz 1926 u. a.) durch ihre wirtschaftlichen Erfolge auch das generelle Mißtrauen der deutschen Parteien und erreicht die Beteiligung der Christlich-Sozialen, des Bundes der Landwirte und später der Sozialdemokraten an der Regierung. Diesem 'Aktivismus' gegenüber bleiben die Vertreter eines einseitigen Nationalprogramms bei den Deutschen in der Minderheit. Auch die katholische Slowakische Volkspartei tritt schließlich in die Regierung ein, so daß eine Zeitlang unter Ministerpräsident Antonín Švehla Aussichten auf eine Entspannung des Nationalitätenproblems bestehen. Doch diese kraftvolle und von umsichtigem Staatsdenken erfüllte Persönlichkeit muß nach Anfangserfolgen seiner

Regierung 1929 wegen einer schweren Krankheit aus dem politischen Leben zurücktreten. Danach stürzt die Weltwirtschaftskrise das Staatswesen in eine unlösbare Verstrickung nationaler und sozialer Schwierigkeiten.

Erste Tschecho-slowakische Republik (Fortsetzung)

Diese Probleme führen aber in dem vorwiegend kleinbürgerlichen Land eher zu nationalen Gegensätzen als zum Klassenkampf. Die Kommunistische Partei der Tschechoslowakei (KPČ), die einzige übernationale im Staate, erringt, seit 1929 von Klement Gottwald geführt, 1929 und 1935 nur 10 % der Wählerstimmen. Statt dessen macht sich eine rechtsgerichtete Unzufriedenheit mit dem Staat bemerkbar, wenig wirksam in einem tschechischen Faschismus, stärker in der slowakischen und in der deutschen Abwendung vom Staat. Zwar wird die staatsgefährdende großdeutsche Politik der 'Deutschen Nationalsozialistischen Arbeiterpartei' bereits vor Hitlers Machtergreifung unterdrückt (1932), aber die Staatsverdrossenheit unter den Deutschen, bei denen, teils wegen ihrer Industriestruktur, rund 18 % der Gesamtbevölkerung ihre Arbeitsplätze verlieren gegenüber etwa 3 % tschechischer Arbeitsloser, zeigt sich am Zustrom für die neue Sudetendeutsche Heimatfront Konrad Henleins (seit 1935 Sudetendeutsche Partei). Sie wird 1935 mit rund $^2/_3$ aller deutschen Stimmen knapp die größte Partei im Staate überhaupt. Trotz finanzieller Hilfen aus dem nationalsozialistischen Deutschland unterstellt sie sich aber wohl erst gegen Ende 1937 Hitlers Direktiven.

Im Jahre 1937 versäumt die tschechische Politik, mit dem Slowaken Milan Hodža als Ministerpräsidenten und dem Tschechen Edvard Beneš als Präsidenten, eine letzte Gelegenheit, die junge politische Generation in der Führung der drei staatsbejahenden deutschen Parteien (G. Hacker, W. Jaksch, H. Schütz) durch politische Erfolge zu legitimieren. Am Nationalitätenproblem scheitert schließlich auch die tschechische Außenpolitik, weil Hitler hier eine Handhabe zur politischen Expansion erblickt, ohne daß ihn die Beschwichtigungspolitik der Westmächte daran hindert.

Nach dem Münchener Abkommen, das die Angliederung der deutsch besiedelten Randgebiete an das nationalsozialistische Deutsche Reich als Beschluß der Großmächte verfügt (29. September 1938), zwingt Hitler auch die restlichen Gebiete Böhmens und Mährens unter ein deutsches 'Protektorat'; Polen und Ungarn 'korrigieren' ihre Grenzen.

Münchener Abkommen (1938)

Etwa 2000 deutsche Emigranten, die in der Tschechoslowakei Zuflucht und trotz des noch unentwickelten Asylrechts auch Hilfe gefunden haben (deutsche SPD-Führung; Otto Strasser; Thomas Mann; Theodor Lessing, 1933 in Marienbad ermordet; jüdische Flüchtlinge; oft illegal auch deutsche Kommunisten) können meist rechtzeitig das westliche Ausland erreichen, rund 5000 Sudetendeutsche, meist Sozialdemokraten, gehen ebenfalls ins Exil. Sie vermögen dort aber nicht den 1938 bereits in die USA emigrierten Präsidenten Edvard Beneš zu einer konstruktiven Zusammenarbeit zu bewegen.

Die Slowakei – seit dem 6. Oktober 1938 autonomer Teilstaat der 'Tsche-cho-Slowakei' – löst sich aus dem Staatsverband und erlangt als 'Schutzstaat' von Hitlers Gnaden unter Führung des katholischen Prälaten Jozef Tiso eine begrenzte Selbständigkeit (14. März 1939).

In dem am 15. März 1939 zwangsweise gebildeten 'Reichsprotektorat Böhmen und Mähren' ist inzwischen nach planmäßiger Zurückdrängung der tschechischen Intelligenz mit dem Endziel einer Assimilierung der Tschechen im Sinne der nationalsozialistischen Rassenpolitik oder Deportation und Vernichtung der 'Minderwertigen' der Widerstand gewachsen, besonders durch die brutalen Maßnahmen des stellvertretenden 'Reichsprotektors' Reinhard Heydrich, der dann einem von tschechischen Emigranten ausgeführten Attentat (26. Mai 1942) zum Opfer fällt, was wiederum zum Massaker von Lidice (10. Juni 1942) führt.

Zweiter Weltkrieg (1939–1945)

Geschichte

Zweiter Weltkrieg
(Fortsetzung)

Partisanenaktionen haben freilich nur in der Slowakei (Herbst 1944) merklichen Einfluß auf die deutsche Position. Insgesamt fallen wahrscheinlich mehr als 30000 Tschechen und Slowaken der politischen Verfolgung zum Opfer oder verlieren gar ihr Leben im Widerstand, etwa 200000 tschechische, slowakische und deutsche Juden, zuvor im Zwangsgetto Theresienstadt zusammengetrieben, werden in den nationalsozialistischen Vernichtungslagern bestialisch hingemordet.

Edvard Beneš erreicht während des Zweiten Weltkrieges in London (Bildung eines tschechoslowakischen Nationalkomitees im Herbst 1939) das Abrücken des britischen Parlamentes vom Münchener Abkommen (1942), danach die Anerkennung seiner Exilregierung; schließlich sichert er sich nach einem Abkommen mit Stalin den sowjetischen Beistand bei der Wiedererrichtung des Staates in den alten Grenzen (1943). Bei Kriegsende hat er unter dem Eindruck der totalen Kriegführung auf beiden Seiten die Gewißheit, daß keine der Großmächte einer Massenvertreibung der Deutschen entgegenwirken würde.

Nachkriegszeit
1945–1948

Über das ostslowakische Košice (Kaschau) nimmt Edvard Beneš mit einem Kabinett unter starkem Einfluß der tschechischen und der slowakischen Kommunisten mit der vorrückenden sowjetischen Roten Armee die Regierungsgewalt des erneuerten tschechoslowakischen Staates wieder in die Hand (Verkündigung des 'Kaschauer Programms' am 5. April 1945). In den nächsten Monaten werden schätzungsweise 2,5 bis 3 Mio. Deutsche nach Deutschland ausgewiesen, oft unter Ausschreitungen, die vielen Tausend Menschen das Leben kosten.

Nach umsichtiger Vorbereitung gelingt es der Kommunistischen Partei, vor allgemeinen Wahlen durch Drohung mit einem Bürgerkrieg eine Kabinettsmehrheit zu bilden (25. Februar 1948). Wenige Tage danach kommt der Außenminister Jan Masaryk, der populäre Sohn des ersten Präsidenten der Republik Tomáš Garrigue Masaryk, unter ungeklärten Umständen durch einen Sturz aus dem Fenster seines Amtsraumes ums Leben. Präsident Edvard Beneš tritt seitdem in den Hintergrund, legt sein Amt nieder und verstirbt nach wenigen Monaten.

Volksrepublik
(1948–1960)

Gemäß der Verfassung vom 9. Mai 1948 wird aus der Tschechoslowakei (ČSR) eine 'einheitsstaatliche volksdemokratische Republik'. Tausende Unzuverlässiger im Sinne des neuen Kurses werden aus dem Staatsdienst entfernt (eine Viertelmillion soll zeitweilig in Umerziehungslager verbracht worden sein), die Industrie wird in Staatsbesitz übergeführt, in den folgenden Jahren auch fast die gesamte Landwirtschaft kollektiviert (Staatsgüter, landwirtschaftliche Produktionsgenossenschaften).
Nominell bleiben in den Verfassungen von 1948 und 1960 nichtkommunistische Parteien erhalten, doch seit der Umformung des Parlamentarismus nach sowjetischem Vorbild liegt die Staatsmacht in der Hand der Kommunistischen Partei der Tschechoslowakei (KPČ). Eine Fluchtbewegung setzt aus verschiedenen Beweggründen ein und führt zur Emigration von Tschechen und Slowaken in Länder des freien Westens.

ČSSR
1960–1968

Die geänderte Verfassung von 1960 macht aus der bisherigen 'Volksrepublik' eine 'sozialistische', die den neuen Namen Tschechoslowakische Sozialistische Republik (ČSSR) erhält. Gemäß dieser Tendenz wendet man sich im Verhältnis zu den Kirchen schärfer gegen die Katholiken als gegen die kleineren evangelischen Gruppen (Hus-Tradition!), zwingt die Pfarrgeistlichkeit zu einem Loyalitätseid, während die höheren Würdenträger meist inhaftiert oder unter Hausarrest gestellt, die Klöster und Konvente aufgelöst, ihre Mitglieder interniert werden.

Zunächst arbeitet ein guter Teil der tschechischen und der slowakischen Intelligenz sowie der parteipolitisch Organisierten mit gutem Willen, sogar mit Enthusiasmus am Aufbau des Sozialismus. Trotz aller Unzulänglichkeiten des Austausches in der wirtschaftlichen Führungsschicht und der bekannten planwirtschaftlichen Mängel bleiben auch Aufbau- und Umbauerfolge nicht aus, sogar in den nur unzureichend besiedelten ehemals deutschen Gebieten. Am Ende aber zwingen der gesunkene Lebensstandard und die einseitige Ausrichtung nach sowjetischen Wirtschaftsbedürfnissen dieses an sich hochleistungsfähige Land, im Anschluß an den Entstalinisierungsprozeß nach einem neuen Weg zu suchen. In dieselbe Richtung drängt die Enttäuschung aller geistig Aufgeschlossenen, nachdem sich die Schaffung des 'neuen sozialistischen Menschen' als Utopie erweist.

ČSSR 1960–1968
(Fortsetzung)

Hat die sowjetische Entstalinisierung von 1956 nur rhetorischen Widerhall gefunden, so wird erst fünf Jahre später ein gewisses politisches 'Tauwetter' spürbar, das aber nicht als Ablehnung des Marxismus gedeutet werden darf, sondern als seine Reform. Kritik an der alten Funktionärsgeneration und eine grundsätzliche Auflehnung gegen jeden Doktrinarismus leiten eine Entwicklung ein, die unter Führung des slowakischen Parteifunktionärs Alexander Dubček nach zwei Jahrzehnten sog. Klassenkampfes nun Gleichberechtigung und Rechtssicherheit für alle Bürger anstrebt (Motto: "Sozialismus mit menschlichen Zügen"). Auch soll eine Lockerung der ideologischen, wirtschafts- und machtpolitischen Abhängigkeiten von der Sowjetunion erreicht werden. Binnen kurzem erholen sich weite Bevölkerungskreise von jahrelanger politischer Apathie, angeregt von Schriftstellern, Künstlern, Historikern und Journalisten.

Anzeichen eines politischen Tauwetters ab 1961

Die Invasion (20./21. August 1968) von Truppen aus Staaten des Warschauer Vertrages zerschlägt diese Ansätze. Die darauf folgende Kapitulation (26./27. August 1968) des tschechoslowakischen Präsidenten Ludvík Svoboda in Moskau, die Ersetzung Alexander Dubčeks durch Gustav Husák und die Reorganisation der Parteidisziplin führen jedoch nicht so bald zu der gewünschten 'Normalisierung'. Das geistige Leben in der Tschechoslowakei bleibt weitgehend gelähmt, die aufrührerischen Intellektuellen, ihrer Arbeitsmöglichkeiten beraubt, werden nicht durch eine neue Generation ersetzt.

Niederschlagung des Prager Frühlings **1968**

An dem verfassungspolitischen Ergebnis des Prager (politischen) Frühlings wird aus innenpolitischen Gründen auch nach der Entfernung der Reformer festgehalten. Es verwandelt die zentralistische Republik in eine Föderation (27. Oktober 1969) aus einem tschechischen Bundesstaat (ČSR = Böhmen und Mähren) und einem slowakischen Bundesstaat (SSR) mit eigenen Landesparlamenten und Landesregierungen in Prag und in Bratislava (Preßburg) sowie einem Gesamtparlament am Sitz der Gesamtregierung in Prag. Eine neuerliche Verfassungsreform (20. Dezember 1970) betont unterdessen wieder zentralistische Tendenzen.
Im Jahre 1968 ist der Übergang zu einem 'Staat des ganzen Volkes' proklamiert worden. Damit soll die Benachteiligung der 'bürgerlichen' Bevölkerung beseitigt und das Machtmonopol der Kommunistischen Partei aufgehoben werden. Dann wird in der theoretischen Auseinandersetzung aber wieder die Notwendigkeit von der 'Diktatur des Proletariats' hervorgehoben.

Bundesstaat ab 1969

Am 11. Dezember 1973 wird in Prag der Vertrag über die gegenseitigen Beziehungen zwischen der ČSSR und der damaligen Bundesrepublik Deutschland geschlossen, der u. a. das Münchener Abkommen von 1938 für nichtig erklärt, einen beiderseitigen Gewaltverzicht und die Aufnahme diplomatischer Beziehungen vereinbart.

1973

Eine Bürgerrechtsgruppe (unter Führung u.a. des Schriftstellers Václav Havel) fordert mit ihrer "Charta 77" v. a. die in der geltenden Verfassung garantierten Rechte auf Meinungsfreiheit ein (1. Januar 1977); ihre Unterzeichner sind in der Folgezeit der unnachsichtigen Verfolgung durch den alles beherrschenden Staatsapparat ausgesetzt.

Charta 77

Jüngste Zeit der politischen Wende in Schlagzeilen
(Details s. Stadtgeschichten von Prag und Bratislava)

1988	Erste regimekritische Demonstrationen.

1989

Nach brutalem Vorgehen der Staatssicherheit gegen Demonstranten erfolgt die Gründung der nach Demokratie strebenden Vereinigung 'Bürgerforum' (19. November 1989) unter der Wortführung des für die Menschenrechte engagierten Dramatikers Václav Havel.

Samtene
Revolution

Die 'samtene' oder 'sanfte' Revolution führt zur Bildung einer 'Regierung der nationalen Verständigung' (9. Dezember 1989), in der die Kommunisten erstmals in der Minderheit sind.
Nach dem Rücktritt von Gustav Husák wird Václav Havel zum Präsidenten der Republik gewählt (29. Dezember 1989).

ČSFR
(1990)

Die ČSSR wird umbenannt in ČSFR (Tschechoslowakische Föderative Republik; 29. März 1990), wenig später auf Drängen der Slowaken abgewandelt in 'Tschechische und Slowakische Föderative Republik'.
Aus den freien Parlamentswahlen (8. Juni 1990) gehen sowohl in der Tschechischen als auch in der Slowakischen Republik die Bürgerrechtsbewegungen als Sieger hervor; sie bilden den Kern der neuen 'Regierung des nationalen Opfers' (27. Juni 1990).
Die Föderative Versammlung der ČSFR wählt Václav Havel erneut zum Staatsoberhaupt (5. Juli 1990).

1992

Bei den neuerlichen Parlamentswahlen (7. Juni) vereinigen in der Tschechischen Republik die Demokratische Bürgerpartei (ODS) und in der Slowakischen Republik die Bewegung für eine demokratische Slowakei (HZDS) jeweils die meisten Stimmen auf sich. Bei der Präsidentenwahl (3. Juli) kann sich Václav Havel nicht wieder durchsetzen und tritt schließlich zurück (20. Juli).
Am 27. August 1992 vereinbaren der tschechische Ministerpräsident und sein slowakischer Amtskollege die Auflösung der tschechoslowakischen Föderation in zwei selbständige Staaten zum 1. Januar 1993. Über die anzuwendenden Modalitäten dieser Trennung wird sowohl im Bundesparlament als auch in den Landesparlamenten kontrovers diskutiert.
Am 7. November 1992 erliegt Alexander Dubček (geb. 1921), Leitfigur und Hoffnungsträger im 1968 gewaltsam niedergeschlagenen Prager politischen Frühling, seinen schweren Verletzungen, die er bei einem Verkehrsunfall erlitten hat.
In einem dritten Anlauf verabschiedet das Bundesparlament in Prag am 25. November 1992 ('historische Zeitangabe' im Protokoll: 13.20 Uhr) das umstrittene Trennungsgesetz, mit dem eine Volksabstimmung über die geplante Teilung des Landes umgangen wird. Es besiegelt die Auflösung des vor 74 Jahren gegründeten tschechoslowakischen Staates mit dem Satz: "Die Tschechische und Slowakische Föderative Republik hört nach dem 31. Dezember 1992 auf zu existieren."

1993
Auflösung der
Tschecho-
slowakei in
**Tschechische
Republik** und
**Slowakische
Republik**

Mit Wirkung vom 1. Januar 1993 treten an die Stelle der ČSFR die beiden Nachfolgestaaten Tschechische Republik (Tschechien) und Slowakische Republik (Slowakei).
Am 26. Januar 1993 wird in Prag der Tscheche Václav Havel zum ersten Präsidenten der Tschechischen Republik, am 15. Februar 1993 in Bratislava (Preßburg) der letzte Parlamentspräsident der ČSFR, der Slowake Michal Kováč, zum ersten Präsidenten der Slowakischen Republik gewählt.

Berühmte Persönlichkeiten

Die nachstehende, namensalphabetisch geordnete Liste vereinigt historische Persönlichkeiten, die durch Geburt, Aufenthalt, Wirken oder Tod mit Böhmen, Mähren, Mährisch Schlesien oder der Slowakei verbunden sind und überregionale, wenn nicht weltweite Bedeutung erlangt haben.

Hinweis

Die Baťas sind eine seit 1580 in Zlín ansässige Schuhmacherfamilie, die dort als Handwerksmeister eine kleine Werkstatt betrieben. Tomáš Baťa (sprich 'Báttja') wurde als Sohn des Schuhmachers Antonín Baťa (1844 bis 1905) geboren. Nach dem Besuch der Volksschule in Zlín trat er als Lehrling in die väterliche Werkstatt ein und erlernte dort das Schuhmacherhandwerk von der Pike auf. Nach Übernahme des väterlichen Betriebes begann er mit zähem Fleiß die kleine Werkstatt zu erweitern und systematisch auszubauen. Ein kurzer Arbeitsaufenthalt in den Vereinigten Saaten von Amerika machte ihn mit den dortigen Arbeitsmethoden und dem Einsatz von Maschinen bekannt. Nach seiner Heimkehr begann er, durch den Einsatz von rationellen Produktionsmethoden und – als erster in Europa – durch Gewinnbeteiligung die Arbeitnehmer zu kostengünstiger Produktion zu motivieren. Hierdurch wuchs der Betrieb in Zlín im Laufe die Jahrzehnte zum größten seiner Branche in Europa heran und gab schließlich 20 000 Arbeitnehmern Lohn und Brot. Die Stadt erfuhr einen rasanten Aufstieg durch die modernen Produktionsstätten und den Bau neuer Wohnviertel und anderer Einrichtungen. In der Zeit vor dem Ersten Weltkrieg und in den ersten Nachkriegsjahren errichtete Baťa Fabriken und Verkaufsstellen in vielen Ländern der Erde, in Europa mit Schwerpunkt in der Schweiz.
Als nach dem Zweiten Weltkrieg durch die kommunistische Machtübernahme in der Tschechoslowakei die dort befindlichen Werke und Betriebe verstaatlicht wurden, konnte der Sohn Tomáš J. Baťa die Leitung und den weiteren Ausbau der Auslandsbetriebe von Kanada aus weiterführen; heute steht der Enkel Thomas G. Baťa der Konzernleitung vor.

Tomáš Baťa
Industrieller
(3. 4. 1876 bis
12. 6. 1932)

Der bekannte Operettenkomponist Ralph (eigentlich Rudolph) Benatzky wurde in Moravské Budějovice (Mährisch Budwitz) als Sohn eines Dirigenten geboren. Benatzky studierte in München u. a. bei Felix Mottl. Später lebte und arbeitete er in Berlin und Wien, emigrierte 1938 in die Schweiz und übersiedelte 1940 in die USA nach Hollywood, von wo er 1948 in die Schweiz zurückkehrte.
Ralph Benatzky schrieb insbesondere Schlagerlieder und Chansons, die meisterhaft melodisch und rhythmisch formuliert waren. Mit seinen beliebten Bühnenwerken hat er den Zeitgeschmack mitbestimmt. Benatzky gelangte von der traditionellen Operette zur singspielhaften Ausstattungsoperette im Revuestil und zum musikalischen Lustspiel (insgesamt über hundert Bühnenwerke; auch Filmmusiken).
Ralph Benatzky verstarb am 16. Oktober 1957 in Zürich.

Ralph Benatzky
Komponist
(5. 6. 1884 bis
16. 10. 1957)

Der in Kožľany geborene Edvard Beneš war eine der entscheidenden und zugleich der tragischsten Persönlichkeiten der Tschechoslowakischen Republik, dessen politisches Wirken großen Einfluß auf die Entwicklung über die Grenzen seines Landes hinaus hatte.
Beneš wurde 1909 Professor der Nationalökonomie an der Universität Prag, wo er mit Tomáš Garrigue → Masaryk, dessen engster Mitarbeiter er wurde, für die Errichtung eines tschechoslowakischen Staates eintrat. Beneš war 1917/1918 Generalsekretär des tschechoslowakischen Nationalrates in Paris, der am 28. September 1918 von der Entente als provisorische Regierung der ČSR anerkannt wurde. Nach Gründung des neuen Staates übernahm Beneš (bis 1935) das Außenministerium. Bei den Pariser Friedensverhandlungen trat er als Chefdelegierter seines Landes auf. Als Außenminister (1921/1922 noch Ministerpräsident) versuchte er, durch

Edvard Beneš
Politiker
(28. 5. 1884 bis
3. 9. 1948)

Berühmte Persönlichkeiten

Edvard Beneš
(Fortsetzung)

enge Anlehnung an Frankreich über die 'Kleine Entente' (Bündnis ČSR, Jugoslawien, Rumänien; 1921/1922) und ein Bündnis mit der Sowjetunion (1935) durch die Pariser Vorortverträge geschaffene Ordnung in Mittel- und Südosteuropa zu verteidigen. Beneš gehörte der linksbürgerlichen Tschechoslowakischen Nationalsozialistischen Partei (Československá národní socialistická strana / ČNSS) an, die in der Zeit von 1918 bis 1938 an allen Regierungen beteiligt war. Nach dem Tode des Präsidenten Tomáš Garrigue Masaryk übernahm Beneš 1935 dessen Amt. Gemäß dem unter massivem Druck der aggressiven und revisionistischen Außenpolitik Hitler-Deutschlands zustande gekommenen 'Münchener Abkommen' mußte die Tschechoslowakei die deutschsprachigen Gebiete an das nationalsozialistische Großdeutsche Reich abtreten. Edvard Beneš trat am 5. Oktober 1938 zurück und ging kurz darauf ins Exil. Nach Ausbruch des Zweiten Weltkrieges bildete Beneš in London das Tschechoslowakische Nationalkomitee, das am 23. Juli 1940 von den Alliierten als provisorische Regierung anerkannt wurde. Am 11. Dezember 1940 konstituierte sich in London ein von Edvard Beneš ernannter Staatsrat als Exilparlament. Gleichzeitig erfolgte die Bildung einer Exilregierung, die eigene Streitkräfte für den Kampf an der Seite der Alliierten aufstellte.

Nach dem Sieg über Deutschland übernahm Edvard Beneš 1945 wieder das Amt des Präsidenten der ČSR. Er scheiterte jedoch, als er versuchte, die Übernahme der Macht durch die Kommunistische Partei der Tschechoslowakei (KPČ) zu verhindern, mußte 1948 zurücktreten und verlor jeglichen Einfluß auf das weitere politische Geschehen in seinem Lande. Edvard Beneš verstarb am 3. September 1948 in Sezimovo Ústí.

Tycho Brahe
Astronom
(14. 12. 1546 bis
24. 10. 1601)

Der bekannte dänische Astronom Tycho (Tyge) Brahe wurde in Kastrup in der damals dänischen Provinz Schonen (Südschweden) geboren. König Frederik II. von Dänemark ermöglichte ihm (1567) auf der Insel Ven im Sund den Bau zweier Sternwarten, wo er 20 Jahre hindurch die Planeten und Fixsterne beobachtete und erforschte; 1572 entdeckte er in der "Cassiopeia" einen neuen Stern (eine 'Nova'). Im Jahre 1599 berief Kaiser Rudolf II. Brahe als Hofastronomen nach Prag, wo er durch Verbesserung der Beobachtungsverfahren die Meßgenauigkeit steigern konnte. Brahe gilt als der bedeutendste beobachtende Astronom der Zeit vor der Erfindung des Fernrohrs. Durch seine Observationen der Planetenstandorte und besonders seine Mars-Beobachtungen schuf er die Voraussetzungen für die Arbeiten von Johannes ⟶ Kepler, der auf seine Anregung hin 1600 nach Prag übersiedelte und dem er seine Aufzeichnungen hinterließ, die Gesetze der Planetenbahnen zu bestimmen.

Tycho Brahe verstarb am 24. Oktober 1601 in Prag; sein Grab befindet sich in der dortigen Teynkirche.

Max Brod
Schriftsteller
(27. 5. 1884 bis
20. 12. 1968)

Max Brod, der vielseitige Schriftsteller, Erzähler, Essayist und Kulturphilosoph, wurde am 27. Mai 1884 in Prag geboren. In seiner Heimatstadt studierte er Jura und promovierte in diesem Fachbereich. Bereits 1913 schloß er sich dem Zionismus an. Nach seinem Studium arbeitete er zunächst im österreichischen Verwaltungsdienst, und nach Errichtung der Tschechoslowakischen Republik war er für einige Zeit im Prager Ministerpräsidium tätig. Dann wurde er Musik- und Theaterkritiker beim "Prager Tagblatt". Er schloß Freundschaft mit ⟶ Werfel und ⟶ Kafka, dessen Werk er rettete und dessen Gesamtwerk er als Kafkas Nachlaßverwalter herausgab. Max Brod emigrierte 1939 nach Tel Aviv, wo er Dramaturg am Habimah-Theater wurde.

Gebrüder Čapek:
Josef Čapek
Maler und
Schriftsteller
(23. 3. 1887 bis
April 1945)

Die Brüder Josef Čapek (geb. in Hronov) und Karel Čapek (geb. in Malé Svatoňovice) arbeiteten ursprünglich gemeinsam als Schriftsteller, später illustrierte Josef Bücher, vornehmlich für seinen Bruder Karel, wobei seine bedeutenden Illustrationen zum Vorbild für die moderne Buchkunst wurden. Josef Čapek schrieb u. a. den von starkem Pessimismus durchdrungenen Roman "Schatten der Farne" (deutsch 1930), gemeinsam mit seinem Bruder "Aus dem Leben der Insekten" (deutsch 1921), außerdem

Essays und Feuilletons. Als Maler stand er zunächst unter dem Einfluß des Expressionismus und Kubismus und malte später stark sozial engagierte Genrebilder aus der Welt der Großstadt. Als überzeugter Pazifist und Gegner des deutschen Besatzungsregimes zeichnete er politische Karikaturen und Bilder und nach seiner Verschleppung in das deutsche Konzentrationslager Bergen-Belsen auch Bilder aus dem dortigen Lager, wo er im April 1945 zu Tode kam.

Gebrüder Čapek: (Fortsetzung) Karel Čapek Schriftsteller (9. 1. 1890 bis 25. 12. 1938)

Karel Čapek entwickelte sich nach ersten gemeinsamen Arbeiten mit seinem Bruder Josef zu einem erfolgreichen zeit- und zivilisationskritischen Schriftsteller, der in Essays und Romanen mit feiner Ironie und grotesken Einfällen die Welt des 'kleinen Mannes' beschrieb. Sein gesamtes schriftstellerisches Werk ist von humanistischem Geist durchdrungen und warnt vor dem heraufkommenden Faschismus. Karel Čapek schrieb auch Dramen, Reiseberichte, Tier- und Kinderbücher sowie Feuilletons; besonders bekannt wurde seine weithin beachtete Masaryk-Biographie.

Karel Čapek verstarb am 25. Dezember 1938 in Prag.

Der italienische Abenteurer und Schriftsteller Giacomo Girolamo Casanova, der sich selber zum 'Chevalier de Seingalt' adelte, wurde am 2. April 1725 in Venedig geboren. In wechselnden Diensten bereiste er ganz Europa und hielt sich u. a. an den Höfen Friedrichs des Großen, Josefs II. und Katharinas II. auf. Sein unstetes Wanderleben brachte ihn mit vielen großen Persönlichkeiten seiner Zeit zusammen, u.a. mit Voltaire und Albrecht von Haller. Da er aber ständig Händel suchte und in Streitigkeiten verwickelt war, wurde er vielfach ausgewiesen und mußte seinen Aufenthaltsort wechseln; 1755 wurde in Venedig wegen 'Atheismus' angeklagt und eingekerkert. Hier gelang ihm 1756 seine spektakuläre Flucht aus dem Staatsgefängnis, den sog. Bleikammern.

Giacomo Girolamo Casanova Abenteurer und Schriftsteller (2. 4. 1725 bis 4. 6. 1798)

Im Jahre 1785 nahm Casanova eine Stellung als Bibliothekar des Grafen Waldstein auf dessen Schloß Duchcov (Dux) in Böhmen an, wo er seine berühmten Memoiren "Histoire de ma vie" ("Geschichte meines Lebens") in französischer Sprache schrieb, in denen er von seinen zahlreichen galanten Abenteuern berichtete und die zu den bedeutendsten kulturgeschichtlichen Quellenwerken seines Jahrhunderts zählen. Die neuere Forschung konnte die Wirklichkeitstreue vieler seiner Angaben bestätigen. Darüber hinaus schrieb Casanova einen utopischen Roman ("Eduard und Elisabeth oder Die Reise in das Innere des Erdballs", 1787) sowie historische und mathematische Abhandlungen; ferner hinterließ er eine umfangreiche Korrespondenz.

Giacomo Girolamo Casanova verstarb am 4. Juni 1798 auf Schloß Duchcov (Dux).

Der hussitische Laientheologe und Sozialtheoretiker Petr Chelčický (Peter von Cheltschitz) wurde um 1380 in Chelčice (bei Vodňany) als Sohn eines Landedelmannes geboren. In seinen Schriften vertrat er eine gemäßigte Richtung des Hussitentums. So übte er in seinem Traktat "Das Netz des Glaubens" scharfe Kritik an den damaligen Zuständen in der Kirche und an der spätmittelalterlichen Gesellschaftsordnung. Er trat für einen christlichen Anarchismus ein, indem er Mönchtum, weltliche Kirchenmacht, jegliche politische staatliche Ordnung, Kriegsdienst, die verkrustete Ständeordnung ablehnte und stattdessen eine völlige Neuorientierung aller Lebensbereiche aus christlichem Geiste anstrebte. Im Gegensatz zur katholischen Glaubenslehre und auch zur Auffassung des militanten Teils der Hussiten lehrte er den christlichen Glauben als eine Friedensbotschaft. Petr Chelčický gilt als Vorkämpfer und geistiger Vater der 'Böhmischen (Mährischen) Brüder', die sich in der zweiten Hälfte des 15. Jahrhunderts aus dem Kreis seiner Anhänger unter der Bezeichnung 'Unitas Fratrum' ('Brüder-Unität') zusammenschlossen und brüderliche Gesinnung, Sanftmut und ein einfaches Leben unter Ablehnung von Eid und Kriegsdienst pflegten; 1528 wurden die 'Böhmischen Brüder' zur selbständigen Kirche. Nach ihrer Vertreibung aus Böhmen im Gefolge der Gegenreformation gingen sie in der 'Herrnhuter Brüdergemeine' auf.

Petr Chelčický Laientheologe und Schriftsteller (um 1380 bis nach 1452)

Berühmte Persönlichkeiten

Johann Amos Comenius
Theologe und Pädagoge
(23. 3. 1592 bis 15. 11. 1670)

Der vielleicht überragendste Vertreter des Tschechentums, der Theologe und Pädagoge Jan Amos Komenský (Johann Amos Comenius), schuf den größten Teil seines umfangreichen Lebenswerkes im Ausland. Comenius, im südmährischen Nivnice geboren, wurde nach dem Studium der evangelischen Theologie zunächst Lehrer, 1616 Prediger und wirkte 1618 bis 1621 u. a. in Fulnek bei Opava (Troppau). Der Dreißigjährige Krieg zwang ihn, Mähren zu verlassen und vertrieb ihn nach Polen, wo er 1632 Bischof und Leiter des Schulwesens der 'Böhmischen Brüdergemeine' in Lissa wurde. Er unternahm größere Reisen, die ihn nach England, Schweden, Ungarn und Holland führten, wo er sich 1656 endgültig in Amsterdam niederließ. Seine Bücher und Schriften fanden überall in Europa ein positives Echo, und man erhoffte sich auf den Stationen seiner Reisen eine Einigung der Christenheit durch die von ihm vertretene Zusammenfassung allen Wissens von Gott und der Welt, der 'Pansophie'. Diese Lehre sollte ein weltweites Gelehrten- und Friedensreich vermitteln.

Comenius forderte die allgemeine Schulpflicht für Jungen und Mädchen. Mit seinen modern anmutenden Ideen wies er bereits weit in die Zukunft, und seine pädagogischen Gedanken haben Lehrbücher, Lehrpläne und Schulordnungen seines Jahrhunderts beeinflußt.

Jan Amos Komenský verstarb am 15. November 1670 in Amsterdam (sein Grab in Naarden).

Dientzenhofer

Die Dientzenhofer waren eine aus der Gegend von (heute Bad) Aibling bei Rosenheim in Bayern stammende Baumeisterfamilie des 17./18. Jahrhunderts, die in Franken und Böhmen während der letzten Phase des barocken Kirchenbaues wirkte. Christoph Dientzenhofer und sein Sohn Kilian Ignaz Dientzenhofer zählen zu den bedeutendsten spätbarocken Architekten in Böhmen.

Christoph Dientzenhofer
(7. 7. 1655 bis 20. 6. 1722)

Der in St. Margarethen bei Rosenheim geborene Christoph Dientzenhofer war einer der ersten deutschen Baumeister, der von der spätbarocken Bauweise Guarino Guarinis und Francesco Borrominis ausging. Seit 1685 wird er in Prag urkundlich erwähnt, wo er als Festungs- und Kirchenbaumeister der sogenannten radikalen Barock tätig war. Er übernahm von Guarini die Gewölbedurchschneidung mit sphärisch gekrümmten Gurten. Christoph Dientzenhofer verstarb am 20. Juni 1722 in Prag.

Kilian Ignaz Dientzenhofer
(1. 9. 1689 bis 18. 12. 1751)

Kilian Ignaz Dientzenhofer, der Sohn und Schüler von Christoph Dientzenhofer, wurde in Prag geboren. Er erhielt seine Ausbildung bei Johann Lucas von Hildebrandt und Johann Bernhard Fischer von Erlach in Wien, unternahm danach längere Studienreisen nach Italien und Paris und ließ sich ab 1720 in Prag nieder. Er gilt als der hervorragendste und vielseitig gebildete Meister des böhmischen Spätbarocks. Er baute zahlreiche Villen und Kirchen in Böhmen, Mähren und Schlesien; in seinen Kirchenbauten suchte er in der Durchdringung von Lang- und Zentralbau nach neuen Formen. Sein Anteil an den ihm zugeschriebenen Bauwerken ist jedoch nicht immer klar nachweisbar.

Antonín Dvořák
Komponist
(8. 9. 1841 bis 1. 5. 1904)

Der in Nelahozeves bei Prag geborene Antonín (Leopold) Dvořák studierte zunächst an der Orgelschule in Prag und spielte danach in verschiedenen Orchestern, u. a. von 1862 bis 1881 im Orchester des Interimstheaters unter Bedřich → Smetana als Bratschist. Durch Vermittlung seines Förderers und späteren Freundes Johannes Brahms sowie von E. Hanslick bekam er 1874 ein Staatsstipendium. Nach 1884 reiste er mehrmals nach England, um dort eigene Kompositionen aufzuführen. Im Jahre 1890 wurde Dvořák Professor für Komposition am Prager Konservatorium. Von 1892 bis 1895 folgte ein Amerika-Aufenthalt, wo er als Leiter des National Conservatory in New York wurde und starken Einfluß auf die jüngere Musikergeneration gewann. In seiner Neunten und letzten Sinfonie in e-Moll "Aus der Neuen Welt" (1893), in der er Melodien der Indianer und der Schwarzen sowie böhmische Lieder und Tanzmelodien verarbeitete, hat er seine Eindrücke von Amerika geschildert. Nach seiner Rückkehr nach

G. G. Casanova

J. A. Comenius

Antonín Dvořák

Europa wurde Dvořák 1901 Leiter des Konservatoriums in Prag. Sein frühes Werk war zunächst von der Wiener Klassik, dann von Robert Schumann, Franz Liszt und Richard Wagner beeinflußt, in späteren Jahren macht sich auch der Einfluß von Brahms und Smetana bemerkbar. Dvořáks gesamtes Schaffen ging von böhmischer und mährischer Volksmusik aus, zeigt temperamentvolle volkstümliche Elemente und trägt betont nationale tschechische Züge. Mit Smetana wurde er zum Hauptvertreter der tschechischen Kunstmusik. Dvořák schrieb u.a. zehn Opern (z.B. "Rusalka", 1900), weltliche und geistliche Chorwerke mit Orchester ("Stabat mater", 1877; "Requiem", 1890; "Tedeum", 1892), neun Sinfonien, fünf sinfonische Dichtungen sowie Instrumentalkonzerte, Kammermusik, Lieder und Tänze.
Am 1. Mai 1904 verstarb Antonín Dvořák in Prag und wurde dort auf dem Ehrenfriedhof des Vyšehrad beigesetzt.

Antonín Dvořák (Fortsetzung)

Der in Horní Staré Město bei Trutnov (Oberaltstadt bei Trautenau) geborene Pionier des Flugzeugbaus Ignaz ('Igo') Etrich konstruierte in den Jahren 1903–1910 gemeinsam mit F. Wels das erste österreichische Motorflugzeug, die 'Etrich-Taube', einen verspannten Eindecker, dessen erster Flug am 20. Juli 1909 in Wiener Neustadt stattfand. Die Flugmaschine wurde ab 1910 von E. Rumpler (1872–1940) weiterentwickelt und als 'Etrich-Rumpler-Taube' das leistungsfähigste Flugzeug seiner Zeit, das zu Beginn des Ersten Weltkrieges von den Mittelmächten als Militärmaschine eingesetzt wurde.
Ignaz Etrich verstarb am 4. Februar 1967 in Salzburg.

Ignaz Etrich Flugzeugkonstrukteur (25. 12. 1879 bis 4. 2. 1967)

Einer der größten und berühmtesten Söhne des Landes ist sicher der in Příbor (Freiberg) als Sohn eines jüdischen Kaufmanns geborene Arzt, Psychiater und Neurologe Sigmund Freud (urspr. Sigismund Schlomo Freud; 1877 änderte er seinen Vornamen in Sigmund um). Da der Vater 1860 sein Geschäft aufgab, siedelte die Familie nach Wien um, wo Sigmund ab 1865 das Gymnasium besuchte, auf dem er 1873 das Abitur 'summa cum laude' bestand. Im gleichen Jahr begann er das Medizinstudium, promovierte 1881 und arbeitete ab 1886 als Nervenarzt und Hypnotherapeut in Wien, wo er gleichzeitig als Dozent für Neuropathologie tätig war. Von 1902 bis zu seiner wegen der jüdischen Abstammung erzwungenen Emigration nach London im Jahre 1938 war Freud Professor in Wien.; er gilt als der Begründer der theoretischen und praktischen Psychoanalyse.
Freud dehnte seine psychologische Theorie auf alle geistigen, kulturellen, religiösen und sozialen Bereiche des Lebens aus. Seine vielfach abgelehnte, bekämpfte und mißdeutete Lehre hatte weltweiten Einfluß auf die gesamte Wissenschaft, nicht nur der Medizin und Psychologie, sondern

Sigmund Freud Arzt und Psychologe (6. 5. 1856 bis 23. 9. 1939)

Berühmte Persönlichkeiten

Sigmund Freud
(Fortsetzung)

auch der Philosophie, der Kunst und der Literatur; sie beeinflußte das allgemeine Bewußtsein unseres Jahrhunderts. Freuds Werke wurden in Deutschland 1933 von den nationalsozialistischen Machthabern verfemt und in Berlin öffentlich verbrannt.
Der bereits seit 1929 an Lippenkrebs leidende Sigmund Freud verstarb am 23. September 1939 in London.

Jaroslav Hašek
Schriftsteller
(30. 4. 1883 bis
3. 1. 1923)

Der bekannte, in Prag geborene Schriftsteller Jaroslav Hašek machte durch zahlreiche Satiren und humoristische Erzählungen auf sich aufmerksam, mit denen er in gekonnter Weise die österreichisch-ungarische Monarchie in ihrer Endphase persiflierte, die auch in deutschen Übersetzungen herauskamen ("Von Scheidungen und anderen tröstlichen Dingen", 1927; "Die Schule des Humors", 1957; "Die Beichte des Hochverräters", 1967). Weltruhm erlangte Hašek mit seinem satirischen Roman "Die Abenteuer des braven Soldaten Schwejk im Weltkrieg" (1921–1923), der 1926 auch in deutscher Sprache erschien. Der Soldat Schwejk, der typische Antiheld, wurde zu einer Symbolfigur der Weltliteratur, der mit gespielter Begriffsstutzigkeit, mit Phlegma, Schlitzohrigkeit und einer Portion Zynismus des 'kleinen Mannes' auf seine Art den Sieg über den angeblich allmächtigen Militarismus davonträgt.
Jaroslav Hašek verstarb am 3. Januar 1923 im ostböhmischen Lipnice nad Sázavou und konnte seinen Schwejk-Roman nicht mehr vollenden, so daß dieser von Karel Vaněk postum herausgegeben wurde.

Jan Hus
Reformator
(um 1370 bis
6. 7. 1415)

Eine der überragenden Persönlichkeiten der Weltgeschichte ist zweifellos der um 1370 im südböhmischen Husinec als Sohn eines Bauern – andere Quellen sagen eines Fuhrmannes – geborene Reformator Jan Hus (Johannes Huß).
Nach dem Besuch der Lateinschule in Prachatice (Prachatitz) begann er 1380 mit dem Studium der 'sieben freien Künste' ('Artes liberales') an der Universität Prag, wo er 1393 das Bakkalaureat bestand und 1396 den Grad eines Magisters erwarb. Im Jahre 1398 wurde Hus mit den religiös-revolutionären und sozialkritischen Lehren des Oxforder Theologen John Wyclif bekannt, zu denen er sich bekannte und nun seinerseits begann, in etwas weniger radikaler Form, gegen viele Mißstände in der Kirche zu kämpfen. Von Wyclifs Ideen übernahm Hus auch die Lehre von der 'Prädestination' (= Vorherbestimmung). 1400 wurde Hus zum Priester geweiht und begann mit dem Studium der Theologie, dazu hielt er Vorlesungen als Dozent für Philosophie in Prag und wurde 1401 zum Dekan der philosophischen Fakultät ernannt. 1402 wurde Hus Professor an der Prager Universität, deren Rektor er 1409/1410 war, gleichzeitig predigte er in tschechischer Sprache in der Bethlehemskapelle. Er setzte sich für die Wyclifschen Reformideen ein, bekämpfte die Verweltlichungstendenzen in Kirche und Klöstern, lehnte verschiedene kirchliche Dogmen ab und förderte die tschechische Sprache, wodurch er zum eigentlichen Begründer der Idee einer tschechischen Nationalkirche wurde. Hus' historische Leistung war jedoch die Tschechisierung der Universität Prag sowie die durch die Schaffung einer einheitlichen tschechischen Schriftsprache, Vereinheitlichung der Rechtschreibung und Begründung einer tschechischen Literatur geförderte kirchlich-nationale Verselbständigung der Tschechen. Aus Protest gegen die Aufhebung ihrer bisherigen Vorherrschaft verließen 1409 die deutschen Professoren und Studenten Prag und zogen nach Leipzig, um dort eine neue Universität zu gründen. Hus verfaßte außerdem noch zahlreiche religiöse und in tschechischer Sprache geschriebene Streit- und Erbauungsschriften.
Ab 1410 kam es durch eine Bulle des (Gegen-)Papstes Alexander V. in Prag zu verschiedenen Maßnahmen gegen die 'Wyclifiten': Bücherverbrennung, am 18. 7. 1410 Kirchenbann gegen Hus; schließlich erließ der Prager Erzbischof 1411 ein 'Interdict' (= Redeverbot), nachdem Hus mehrere Vorträge zur Verteidigung der Lehren Wyclifs angekündigt hatte. Nach dem Tod des (Gegen-)Papstes Alexander V. (1410) wurde mit Johannes XXIII. ein weiterer, von der katholischen Kirche heute nicht anerkann-

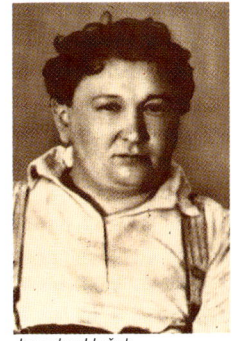

Sigmund Freud   *Jaroslav Hašek*   *Jan Hus*

ter, (Gegen-)Papst gewählt. Hus blieb jedoch vorläufig bis 1412 in der Gunst König Wenzels IV. von Böhmen (1378–1419), so daß er seinen Kampf gegen die von Johannes XXIII. verkündeten Aufrufe zu einem Kreuzzug gegen Ladislaus von Neapel und den zu dessen Finanzierung veranlaßten Ablaßhandel fortsetzen konnte, bis sich 1412 die Prager Theologische Fakultät gegen ihn stellte und der Papst ihn exkommunizierte. Im gleichen Jahre brachen in Prag gegen den Verkauf der Ablaßbriefe Unruhen aus und König Wenzel IV. ließ drei Handwerksburschen hinrichten, für die Hus Märtyrermessen las, außerdem verfaßte Hus eine "Appellation an Christus", die er in der Nähe des Erzbischöflichen Palais anschlagen ließ. Im Jahre 1413 mußte Hus aus Prag nach Südböhmen fliehen, wo er sein Hauptwerk "De ecclesia" schrieb, in dem er die Herrschaftsstrukturen der römisch-katholischen Kirche unter Berufung auf die Bibel scharf angriff. Von dem auf Initiative des deutschen Königs Sigismund (ab 1433 Kaiser) durch den (Gegen-)Papst Johannes XXIII. nach Konstanz einberufenen Konzil (5. 11. 1414 bis 22. 4. 1418) wird Jan Hus zum Widerruf seiner Lehren aufgefordert und zu seiner Rechtfertigung, mit einer schriftlichen Zusicherung des freien Geleits durch König Sigismund versehen, vor das Konzil geladen. Dort wurde Hus, unter Bruch dieser Geleitzusicherung, verhaftet und, da er sich weigerte seine Thesen zu widerrufen, zum Feuertod verurteilt und am 6. Juli 1415 in Konstanz auf dem Scheiterhaufen verbrannt. Durch seine aufrechte Haltung und sein mannhaftes Auftreten vor dem Konzil, aber auch durch den Wortbruch des deutschen Königs, den seine Anhänger und viele Tschechen als eine bewußte Provokation empfanden, wurde Hus zum Märtyrer und Nationalhelden des tschechischen Volkes und der tschechischen Nation. Sein Feuertod in Konstanz löste in den kommenden Jahrzehnten die 'Hussitenkriege' aus.

Jan Hus
(Fortsetzung)

Der Philosoph Edmund Husserl, geboren in Prostějov (Proßnitz) bei Brno (Brünn), beschäftigte sich zunächst mit Mathematik, bevor er sich der Philosophie zuwandte. 1887 war er als Privatdozent in Halle/Saale, 1901 als außerordentlicher Professor, 1906–1916 als ordentlicher Professor an der Universität Göttingen tätig, ab 1916 Professor an der Universität Freiburg im Breisgau, wo er 1928 emeritierte.
Als Schüler Franz Brentanos verhalf er der 'Phänomenologie' (d.h. der Lehre von den Erscheinungen, welche die Trennung der Wahrheit vom Schein ermöglichen und damit alles empirische Wissen begründen), indem er die 'deskriptive Psychologie' Brentanos mit Bernhard Bolzanos Lehre von den 'Wahrheiten an sich' verband, mit den "Logischen Untersuchungen" (1900/1901) zum Durchbruch. Durch seine 'phänomenologische Methode' suchte er Empirismus und Psychologismus zu überwinden und die Philosophie als eine 'apriorische Wissenschaft' neu zu begründen. Edmund Husserl verstarb am 26. April 1938 in Freiburg im Breisgau.

Edmund Husserl
Philosoph
(8. 4. 1859 bis
26. 4. 1938)

Berühmte Persönlichkeiten

Hviezdoslav
(Pavol Országh)
Dichter
(2. 2. 1849 bis
8. 11. 1921)

Der in Vyšný Kubín geborene Pavol Országh, genannt Hviezdoslav, ursprünglich Jurist, Richter und Rechtsanwalt, gilt als der bedeutendste slowakische Lyriker. Zunächst übersetzte er große Werke der Weltliteratur, u. a. Goethe, Schiller, Shakespeare und Puschkin, ins Slowakische. Durch neue Wortprägungen und zahlreiche formale Neuerungen und Neologismen bereicherte er die Sprache und schuf damit eine an neuen Nuancen reichere slowakische Literatursprache. In seiner volkstümlichen Lyrik und in seinen Versepen aus dem slowakischen Volksleben preist er die Kraft und Moral des Volkes. Seine meist thematisch gebundenen Gedichtzyklen, in denen sich Országh als Meister der Natur- und Gedankenlyrik erweist, bilden einen Höhepunkt der slowakischen Dichtung des 19. Jahrhunderts.
Pavol Országh verstarb am 8. November 1921 in Dolný Kubín.

Leoš Janáček
Komponist
(3. 6. 1854 bis
12. 8. 1928)

Einer der international bekanntesten und bedeutendsten tschechischen Komponisten war der im mährischen Hukvaldy (Hochwald) als Sohn eines musikbegabten Lehrers geborene Leoš Janáček. Nach dem Studium an der Prager Orgelschule und an den Konservatorien in Leipzig und Wien war er ab 1881 in Brno (Brünn) als Organist und später bis 1886 als Dirigent der dortigen Philharmonischen Gesellschaft tätig. Nach 1919 war Janáček Professor für Kompositionslehre an der Meisterschule im Prager Konservatoriums. In seinem Schaffen war er stark von mährischer Volksmusik sowie tschechischer Sprachdeklamation beeinflußt und entwickelte einen eigenen musikalischen Stil. In seinen neun Opern suchte er aus Melodie und Rhythmus der tschechischen Sprache die musikalische Struktur zu entwickeln. Seine eigenartige Ausdruckskraft konnte sich aber nur allmählich durchsetzen. Erst mit der Wiederaufführung seiner 1904 in Brno (Brünn) erstmals aufgeführten Erfolgsoper "Jenufa" (1916 in Wien) drang sein Ruf über die Grenzen seiner Heimat hinaus und mit "Katja Kabanova" (1921), der komischen Oper "Das schlaue Füchslein" (1924) sowie der Dostojewski nachempfundenen Oper "Aus einem Totenhaus" (postum 1930) gelangte er zu Weltruhm. Außer den Opern schrieb Janáček Orchesterwerke, zahlreiche Kammermusik-, Klavier- und Chorwerke, auch bearbeitete er mehrere Sammlungen mährischer Volkslieder und verfaßte einige musiktheoretische Schriften.
Leoš Janáček verstarb am 12. August 1928 in Ostrava (Ostrau).
In Brno (Brünn) wurde 1947 das 'Janáček-Quartett' gegründet, das sich insbesondere Werken tschechischer Komponisten widmet. Als Besonderheit spielt dieses Streichquartett grundsätzlich nur auswendig.

Alois Jirásek
Schriftsteller
(23. 8. 1851 bis
12. 3. 1930)

Der im südböhmischen Hronov geborene Schriftsteller Alois Jirásek wurde vor allem durch seine meisterhaft erzählten historischen und kulturgeschichtlichen Romane und Erzählungen besonders aus der Hussitenzeit, 1904 unter dem Titel "Chodische Freiheitskämpfer" erschienen, zu einem der meistgelesenen tschechischen Romanciers. Seine Werke sowie die Dramen "Jan Žižka" (1903) und "Jan Hus" (1911) wurden auch ins Deutsche übersetzt. Als Parlamentsabgeordneter war Jirásek ein begeisterter Verfechter republikanischer Ideen.
Alois Jirásek verstarb am 12. März 1930 in Prag.

Johannes von
Nepomuk
Heiliger,
Landespatron
von Böhmen
(um 1350 bis
20. 3. 1393)

Johannes von Nepomuk, der Landespatron von Böhmen, wurde um 1350 im westböhmischen Nepomuk geboren. 1380 zum Priester geweiht, studierte er Juristerei an den Universitäten Prag und Padua und wurde 1389 zum Generalvikar des Erzbistums Prag ernannt. Der Legende nach versuchte König Wenzel IV. vergeblich, Johannes zu zwingen, das Beichtgeheimnis zu verletzen. Jedenfalls wurde Johannes auf Betreiben des Königs verhaftet, gefoltert und am 20. März 1393 in der Moldau ertränkt.
Johannes erfreute sich im Volk großer Beliebtheit, was Andachtsgraphik, geistliche Lieder und Volksschauspiele, vor allem aber die spätere Legendenbildung beweisen. Nachdem 1683 auf der Prager Karlsbrücke ein Standbild Johannes' von Nepomuk aufgestellt worden war, wurde er – verkürzt 'Nepomuk' genannt – zum Brückenheiligen (Namenstag: 16. Mai).

Leoš Janáček   *Franz Kafka*   *Karl IV.*

Der aus einer alteingesessenen und angesehenen jüdischen Kaufmannsfamilie stammende, in Prag geborene Schriftsteller Franz Kafka studierte
von 1901 bis 1906 zunächst Germanistik, dann Jura an der deutschen Universität in Prag; 1906 promovierte er zum Dr. jur. und war, nach kurzer
Gerichtstätigkeit, von 1908 bis 1923 Angestellter einer Prager Versicherungsgesellschaft. Ab 1911 widmete er sich einem intensiven Studium des
Judentums und der hebräischen Sprache. Bereits 1917 erkrankte er
schwer an Tuberkulose. Mehrere Sommerreisen nach Italien, Frankreich
und in die Schweiz sowie Kuraufenthalte in Zürau, Meran, Spindlermühle
und Müritz brachten jedoch keine Heilung. Im Jahre 1923 verließ er die Versicherungsgesellschaft und lebte als freier Schriftsteller in Berlin, wurde
aber 1924 von Max ⟶ Brod nach Prag zurückgeholt und mußte schließlich
das Sanatorium Kierling bei Wien aufsuchen, wo er am 3. Juni 1924 an
Kehlkopftuberkulose verstarb.

Zeit seines Lebens war Kafka ein einsamer und unverstandener Einzelgän-
ger, schloß schon in jungen Jahren Freundschaft mit Max ⟶ Brod, Franz
⟶ Werfel, Martin Buber und Johannes ⟶ Urzidil. Er gehörte eigentlich
keiner bestimmten literarischen Richtung an, stand jedoch dem Expressionismus nahe. Seine ersten Prosaerzählungen wurden 1909 in der Münch-
ner Zeitschrift "Hyperion" veröffentlicht, es folgten 1913 die Erzählungen
"Das Urteil", 1915 "Die Verwaltung", 1919 "In der Strafkolonie". Die hinter-
lassenen Romanfragmente "Der Prozeß" (1925), "Das Schloß" (1926),
"Amerika" (1927) wurden nach seinem Tod, entgegen seiner testamentari-
schen Verfügung, von seinem Freund Max Brod überarbeitet und postum
herausgegeben.

Kafkas Grundthema ist das vergebliche und aussichtslose Ringen des
Individuums gegen verborgene, doch stets gegenwärtige anonyme Kräfte,
die sich ihm entgegenstellen. Diese passive und von Resignation erfüllte
Lebensstimmung ist das Grundelement seines – oft als surrealistisch
bezeichneten – Erzählwerks, das grotesk-unheimliche Stoffe bevorzugt
und – in einer sachlichen und präzisen Sprache geschrieben – visionäre
Vorgänge in einen realen Handlungsablauf stellt.

Franz Kafka wurde auf dem jüdischen Friedhof in Prag-Žižkov beigesetzt.

Der aus dem Hause Luxemburg stammende Karl IV. (eigentlich Wenzel), in
Prag als Sohn König Johanns von Böhmen (1310–1346) und der Přemysli-
denfürstin Elisabeth, einer Tochter König Wenzels II. von Böhmen (1278 bis
1305) geboren, war eine der bedeutendsten Herrschergestalten des späten Mittelalters.

Ab 1323 hielt er sich am Hofe des französischen Königs Karl IV. auf und
vermählte sich mit dessen Nichte Blanka († 1348). Im Jahre 1333 kehrte
Karl als Markgraf von Mähren und Statthalter seines Vaters nach Prag
zurück. Nach dem Tode seines Vaters (1346) wurde er römisch-deutscher

Franz Kafka
Schriftsteller
(3. 7. 1883 bis
3. 6. 1924)

Karl IV.
König und Kaiser
(14. 5. 1316 bis
29. 11. 1378)

Berühmte Persönlichkeiten

Karl IV.
(Fortsetzung)

König und besiegte 1349 den zu seinem Gegenkönig gewählten Günther von Schwarzburg. Im Januar 1355 wurde Karl König von Italien und im April des gleichen Jahres in Rom zum deutschen Kaiser gekrönt, 1365 König von Burgund. Durch seine berechnende Heirats- und Vertragspolitik konnte Karl seine Hausmacht durch den Erwerb erheblicher Gebiete, u.a. Teile von Schlesien, der Lausitz, Brandenburg sowie der Oberpfalz, stärken; seine Söhne vermählte er mit bayerischen und ungarischen Prinzessinnen. Karl, in vierter Ehe mit Elisabeth von Pommern (1347–1393) verheiratet, konnte durch diese Heirat Verbindungen zur Hanse herstellen. Im Jahre 1364 schloß er einen Erbvertrag mit dem Hause Habsburg.

Karl konnte durch seine Politik den Schwerpunkt des Reiches nach Osten verlagern, so daß Böhmen durch ihn zum Reichsmittelpunkt wurde, indem er das Land politisch, wirtschaftlich und kulturell förderte. Seine Residenz Prag machte er zum geistigen Zentrum durch den Bau der Prager Neustadt, des Veitsdomes, der Burg Karlstein, der Karlsbrücke, die Erneuerung des Hradschins und vieles andere. Im Jahre 1344 machte er Prag zum Erzbistum und gründete 1348 die Universität Prag ('Karlsuniversität') als erste in Mitteleuropa; außerdem führte er für Böhmen ein neues Gesetzbuch ("Majestas Carolina") ein. Darüber hinaus zog Karl bedeutende Künstler, Baumeister, Bildhauer und Maler wie Peter Parler, Theoderich von Prag und Gelehrte wie Johannes von Neumarkt, der durch seine Kanzlei frühhumanistische Bildung vermittelte, an seinen Hof und pflegte Beziehungen zu maßgebenden Persönlichkeiten der italienischen Frührenaissance wie Petrarca und Carlo di Rienzo. Im Jahre 1356 erließ Karl die erste Reichsverfassung (Goldene Bulle); 1378 gelang es ihm, die Wahl seines Sohnes Wenzel (1378–1400) zum deutschen König durchzusetzen. Aber all diese Erweiterungen seiner Macht machte er durch Teilungen (1377) unter seinen Söhnen Wenzel, Sigismund und Johann praktisch wieder zunichte; und da es ihm nicht gelang, die Gegensätze zwischen den Ständen zu überbrücken, blieben alle seine Werke ohne wesentliche Wirkung auf die Nachwelt.

Karl, der deutsch, tschechisch, französisch und lateinisch sprach, war auch schriftstellerisch tätig, er schrieb u.a. die Autobiographie "Vita Caroli Quarti" (= das Leben Karls IV.). Am 29. November 1378 ist Karl IV. in seiner Residenzstadt Prag verstorben.

Johannes Kepler
Astronom
(27. 12. 1571 bis
15. 11. 1630)

Der in Weil der Stadt geborene Johannes Kepler besuchte die Klosterschulen in Adelberg im Schurwald und Maulbronn, studierte zunächst in Tübingen protestantische Theologie, wurde 1591 Magister, wandte sich jedoch bald der Mathematik und Astronomie zu, wobei ihn die Lehren des Nikolaus Kopernikus besonders interessierten. Im Jahre 1594 zog er nach Graz, wo er am Gymnasium Mathematik unterrichtete und 1596 sein "Mysterium cosmographicum" ("Weltgeheimnis") veröffentlichte. Durch dieses Werk erregte er die Aufmerksamkeit des Astronomen Tycho → Brahe, der ihn 1600 nach Prag holte, als er wegen der Gegenreformation Graz verlassen mußte. Nach Brahes Tod wurde Kepler dessen Nachfolger als Mathematiker und Hofastronom Kaiser Rudolfs II. In Prag ordnete er das gesamte Beobachtungsmaterial Brahes und vermochte in zehnjähriger mühevoller Forschungsarbeit die Bahn des Planeten Mars zu bestimmen und aus diesen Forschungen heraus die berühmten 'Keplerschen Gesetze' der Planetenbewegungen abzuleiten, die auch heute noch die Grundlagen der Astronomie bilden.

Nach dem Tode Kaiser Rudolfs II. (1612) siedelte Kepler nach Linz über, wo er 14 Jahre lang am Gymnasium unterrichtete. Hier veröffentlichte er 1619 die "Harmonice mundi" (eine 'Weltharmonik' in 5 Büchern), 1618–1621 "Epitome Astronomiae Copernicanae" (Abriß der kopernikanischen Astronomie) und 1627 die "Tabulae Rudolphinae" (Rudolfinische Tafeln), die bis in das 18. Jahrhundert hinein die Grundlagen aller astronomischen Berechnungen der Planetenbahn waren. Trotz seiner hervorragenden wissenschaftlichen Leistungen hatte Kepler Zeit seines Lebens materielle Not gelitten. Kurz vor seinem Tode mußte er in seine Heimat zurückkehren, um seine Mutter vor dem Hexentribunal zu verteidigen. Schließlich reiste er

Egon Erwin Kisch

Tomáš G. Masaryk

Gregor Mendel

nach Regensburg, um dort vor dem Reichstag seine ihm verweigerten Ansprüche gegen Kaiser und Reich einzuklagen. Diese Anstrengungen hatten ihn körperlich und geistig gänzlich ruiniert, und so starb er kurz nach seiner Ankunft in Regensburg am 15. November 1630 an völliger Entkräftung.

Johannes Kepler (Fortsetzung)

Egon Erwin Kisch, der in Prag geborene Journalist und Schriftsteller jüdisch-deutscher Abstammung, hat durch seine 1925 erschienene Reportage "Der rasende Reporter" einen Begriff geprägt. Ab 1905 war Kisch in Prag als Journalist tätig, 1913/1914 war er Mitarbeiter am "Berliner Tageblatt" und Dramaturg in Berlin, wo er – mit Unterbrechungen – bis 1933 lebte und arbeitete. Nach dem Reichstagsbrand wurde er aus Deutschland ausgewiesen und lebte danach wieder in Prag. 1937/1938 kämpfte er auf republikanischer Seite im Spanischen Bürgerkrieg und mußte nach der deutschen Besetzung der Tschechoslowakei 1939 zunächst nach New York und ab 1940 nach Mexiko emigrieren. 1946 kehrte er nach Prag zurück, wo er als Stadtrat für die KPČ tätig war.
Der in deutscher Sprache schreibende Kisch, der im Laufe seines Lebens weite und abenteuerliche Reisen in allen fünf Erdteilen unternahm, war ein Meister der lebensnahen und sachlichen Reportage, die er, brillant geschrieben, als Literaturform des sozialistischen und gesellschaftskritischen Kampfes verstand.
Egon Erwin Kisch verstarb am 31. März 1948 in seiner Heimatstadt Prag.

Egon Erwin Kisch Journalist und Schriftsteller (29. 4. 1885 bis 31. 3. 1948)

Einer der bedeutendsten Satiriker deutscher Sprache war der im ostböhmischen Jičín (Jitschin) als Sohn eines Papierfabrikanten geborene Schriftsteller, Essayist und Dramatiker, Sprach-, Kultur- und Gesellschaftskritiker Karl Kraus. Von Kindheit an lebte Kraus in Wien. Hier studierte er einige Semester Jura und Philosophie. Er konvertierte vom jüdischen Glauben zum Katholizismus, von dem er sich aber 1918 wieder abwandte. Nach dem Studium versuchte er sich als Schauspieler, war dann Literaturkritiker und freier Mitarbeiter der "Neuen Freien Presse", bis er 1899 seine eigene Zeitschrift – "Die Fackel" – gründete, die er bis 1936 herausgab.
Kraus war ein außerordentlich begabter Journalist und Schriftsteller von ungewöhnlichem sprachlichen Feingefühl, ein schonungsloser und oft aggressiver Kulturkritiker. In seinen kritischen Aphorismen, Glossen und Essays verurteilte er mit aller Schärfe Dummheit und Bosheit in Literatur, Journalismus und Politik, als Meister des Wortspiels wandte er sich mit ätzendem Witz gegen eine schlagworthafte Sprache in der Publizistik. Kraus entwickelte ein Verfahren der Sprachkritik, wobei er den Text zum Zeugen gegen den Urheber machte ("Die Sprache", 1937 postum herausgegeben). In seinem satirischen Hauptwerk "Die letzten Tage der Mensch-

Karl Kraus Schriftsteller und Kritiker (28. 4. 1874 bis 12. 6. 1936)

Berühmte Persönlichkeiten

Karl Kraus
(Fortsetzung)

heit" verurteilte er Presse und Redakteure der Zeit vor dem Ersten Weltkrieg als dessen geistige Urheber. In einem 1933 geschriebenen "Fackel"-
Artikel wandte sich Kraus gegen den aufkommenden Faschismus, zog
aber diesen Artikel noch vor der Drucklegung wieder zurück, so daß dieser
erst 1952 unter dem Titel "Die dritte Walpurgisnacht" (postum) erscheinen
konnte.
Karl Kraus verstarb am 12. Juni 1936 in Wien.

Ludmilla
Heilige,
Landespatronin
von Böhmen
(um 860 bis
15.9.921)

Die um 860 geborene spätere Landespatronin Böhmens Ludmilla (Ludmi-
lia), vom ersten Erzbischof von Mähren und Pannonien Methodios getauft,
wurde als Gemahlin des christlichen Herzogs Bořivoj die erste christliche
Fürstin Böhmens. Sie war Erzieherin ihres Enkels, des nachmaligen Herzogs und Heiligen Václav (Wenzel). Die später heiliggesprochene Ludmilla
wurde vermutlich am 15. September 921 von ihren heidnischen Gegnern in
Tetin bei Beroun (Beraun) ermordet (Namenstag: 15. September).

Ernst Mach
Physiker und
Philosoph
(18. 2. 1838 bis
19. 2. 1916)

Der durch seine Untersuchungen von akustischen und optischen Phäno-
menen und durch die Erforschung von Erscheinungen bei Überschallgeschwindigkeit bekannte Physiker Ernst Mach wurde im mittelslowakischen Turany geboren. Mach war ab 1864 Professor der Physik in Graz, ab
1867 in Prag und ab 1895 Professor der Philosophie in Wien.
Im Jahre 1860 wies Mach bei der experimentellen Erzeugung des 'Dopp-
lereffekts' die Abhängigkeit der Schallwellenfrequenz von der Bewegung
der Schallquelle nach. Nach ihm benannt ist die 'Machsche Zahl' (kurz
'Mach'), das Verhältnis der Geschwindigkeit eines Körpers im umgebenden Medium zur Schallgeschwindigkeit des Mediums. Mach erforschte die
Bewegung von Festkörpern mit Überschallgeschwindigkeit und entdeckte
den 'Machschen Kegel', die von der Spitze eines mit Überschallgeschwindigkeit bewegten Körpers ausgehende kegelförmige Kopfwelle. 1887
fotografierte er erstmals Luftverdünnungen und -verdichtungen an fliegen-
den Projektilen und entdeckte dabei die 'Machschen Wellen', d. s. Druck-
wellen, die von einem in der Luft bewegten Körper ausgehen.
Als Philosoph entdeckte Mach vor Einstein die Relativität der Drehbewe-
gung. Er ersetzte den Begriff der Kausalität durch den der Funktion. Er
begründete auch die Philosophie des 'Empiriokritizismus', die sich unter
Ablehnung der Metaphysik allein auf die kritische Erfahrung beruft. Für die
Naturgesetze forderte er eine 'Denkökonomie', indem er Erfahrungen auf
funktionale Verknüpfung von Empfindungen durch das Denken nach dem
Prinzip des geringsten Aufwandes gründete.
Ernst Mach verstarb am 19. Februar 1916 in Haar bei München.

Gustav Mahler
Komponist und
Dirigent
(7. 7. 1860 bis
18. 5. 1911)

Einer der großen und eigenwilligen Musiker war zweifellos der im mährischen Kalištĕ (Kalischt) geborene Komponist und Dirigent Gustav Mahler. Er studierte zunächst bei R. Fuchs am Konservatorium in Wien, wo er
auch von Anton Bruckner privat unterrichtet wurde und kam nach Stationen in Hall (Oberösterreich), Lubljana (Laibach), Olomouc (Olmütz), Wien
und Kassel 1885 als Zweiter Kapellmeister an das deutsche Landestheater
in Prag, 1886 an die Leipziger Oper, 1888 als Operndirektor nach Budapest, 1891 als Erster Kapellmeister an das Hamburger Stadttheater, war
als Gastdirigent u. a. in Polen und Rußland; 1897–1907 Kapellmeister (später Direktor) an der Wiener Hofoper, 1898–1901 Leiter der Wiener Philhar-
moniker, 1907 Gastdirigent der New Yorker Metropolitan Opera und 1909
Leiter der dortigen Philharmonic Society.
Mahler war wegen seiner unbedingten Orchesterdisziplin ein gefeierter
Dirigent seiner Zeit und galt als hervorragender und schulebildender Inter-
pret der Werke Beethovens, Wagners, Webers und Mozarts, wobei er sich
nicht scheute, Kompositionen u. a. Beethovens und Webers auf seine
recht eigenwillige Art zu retuschieren, was ihm mitunter herbe Kritik einbrachte.
Mahlers kompositorisches Werk, im großen und ganzen der Romantik
verpflichtet, konzentrierte sich auf die Gattungen Sinfonie und Lied und ist
eine Synthese aus der klassischen Wiener Sinfonie, dem romantischen

Lied und dem Volkslied. Die traditionellen Momente erhalten durch die unkonventionelle Art der Verwendung eine neue Wirkung und Bedeutung und nehmen viele moderne Kompositionstechniken vorweg.
Gustav Mahler verstarb am 18. Mai 1911 in Wien.

Der große Staatsmann, Vorkämpfer und Mitbegründer der (ersten) Tschechoslowakischen Republik Tomáš Garrigue Masaryk, als 'Präsident-Befreier' in die Geschichte eingegangen, geboren in Hodonin (Göding) bei Brno (Brünn) war von 1882 bis 1914 Professor für Philosophie und Soziologie an der tschechischen Universität in Prag und hatte als Gelehrter einen hervorragenden Ruf. Als 'kritischer Realist' setzte er sich mit der politischen Romantik auseinander, u. a. bewies er die Unechtheit der "Königinhofer Handschrift", und vertrat einen politischen Pragmatismus, auch lehnte er den auf einer Mystifizierung der Geschichte basierenden tschechischen Nationalgedanken ab, den er zunächst im Rahmen der Habsburger Monarchie zusammen mit den Deutschen verwirklicht sehen wollte. Als Gelehrter, Politiker und Schriftsteller wandte Masaryk sich gegen panslawistische Strömungen der tschechischen Nationalbewegung, gegen Klerikalismus, Adel und das Haus Habsburg sowie gegen die immer stärker hervortretenden Vorherrschaftsbestrebungen der Deutschen und der Magyaren.
Als Vertreter der 'Jungtschechen', die für ihr Volk eine Autonomie forderten, wurde Masaryk 1891–1893 in den österreichischen Reichsrat gewählt und war 1907–1914 als Abgeordneter der von ihm gegründeten liberalen tschechischen Fortschrittspartei, deren Vorsitzender er war, im Reichsrat in Wien, wo er eine gemäßigte Haltung zwischen den nationalen Demokraten und den Marxisten einnahm. Im Jahre 1914 emigrierte Masaryk nach London, wo er 1915 mit Edvard → Beneš die Auflösung der Habsburger Monarchie, die Eigenstaatlichkeit der Tschechen forderte und zur Durchsetzung dieser Ziele einen tschechischen Nationalrat gründete; 1917 organisierte er in Rußland die Aufstellung der Tschechischen Legion, einem aus tschechischen Emigranten und Kriegsgefangenen bestehenden militärischen Verband, der auf Seiten der Entente gegen die Mittelmächte kämpfte. Nach dem Eintritt der USA in den Ersten Weltkrieg (1917) einigte sich Masaryk mit den in Amerika lebenden tschechischen und slowakischen Emigranten und konnte mit ihnen den 'Pittsburgher Vertrag' schließen, der nach Auflösung der österreichisch-ungarischen Monarchie eine staatliche Vereinigung der beiden slawischen Völker mit gewissen Autonomierechten innerhalb des Staates zu einer tschechoslowakischen Republik zum Ziel hatte. Die Entente-Mächte erkannten diese Pittsburgher Vereinbarung an und erklärten sich mit deren Zielen einverstanden.
Nach Gründung der Tschechoslowakischen Republik am 28. Oktober 1918 wurde Tomáš Garrigue Masaryk ihr erster Präsident. In seiner Amtsführung war er außenpolitisch nach Westen orientiert und versuchte in der Innenpolitik einen Ausgleich mit dem deutschen Bevölkerungsteil zu erreichen. Seine überragende Persönlichkeit und seine umsichtige und stets den Ausgleich suchende Politik verschafften ihm Achtung und Anerkennung in allen Bevölkerungskreisen und brachten ihm den Ehrentitel 'Präsident-Befreier' ein. Masaryk wurde 1920, 1927 und 1934 in seinem Präsidentenamt bestätigt; 1935 trat er aus Altersgründen zurück und zog sich auf Schloß Lány bei Prag, die Sommerresidenz der Präsidenten der Republik, zurück, wo er am 14. September 1937 verstarb und auf dem Friedhof beigesetzt wurde.

Tomáš Garrigue Masaryks in Prag geborener Sohn Jan Masaryk trat in den diplomatischen Dienst und vertrat von 1925 bis 1939 die Tschechoslowakei als Gesandter in London. Während des Zweiten Weltkrieges war er Außenminister der Exilregierung in London und wurde 1945 nach Neugründung der ČSR wieder Außenminister in Prag. Nach dem kommunistischen Umsturz kam er am 10. März 1948 durch einen Fenstersturz unter ungeklärten Umständen ums Leben; auch er wurde, wie sein Vater, auf dem Friedhof von Lány beigesetzt.

Gustav Mahler
(Fortsetzung)

Tomáš Garrigue
Masaryk
Staatsmann und
Philosoph
(7. 3. 1850 bis
14. 9. 1937)

Jan Masaryk
Politiker
(14. 9. 1886 bis
10. 3. 1948)

Berühmte Persönlichkeiten

Gregor Mendel
Botaniker
(22. 7. 1822 bis
6. 1. 1884)

Der durch seine Forschungsarbeiten auf dem Gebiet der Vererbungslehre bekannt gewordene Gregor (eigentl. Johann) Mendel, geboren im nordmährischen Hynčice (Heinzendorf) bei Odry (Odrau), trat 1843 in das Augustinerkloster in Brno (Brünn) ein, wo er den Ordensnamen Gregor annahm, und wurde 1854 Lehrer für Naturgeschichte und Physik an der dortigen Oberrealschule.

Seit 1856 beschäftigte er sich mit botanischen Arbeiten und machte im Klostergarten Kreuzungsversuche an Erbsen und Bohnen, indem er Varietäten derselben Pflanzenart kreuzte. Durch künstliche Befruchtung entstanden rund 13 000 Bastardpflanzen. Aus den Ergebnissen seiner Kreuzungsversuche leitete er die 'Mendelschen Gesetze' für die Vererbung einfacher Merkmale ab, die aber zunächst von der Wissenschaft kaum beachtet und erst um 1900 wiederentdeckt wurden. Außerdem befaßte sich Mendel noch mit Bienenzucht und Meteorologie.

Gregor Mendel wurde 1868 Prior des Brünner Augustinerklosters und ist dort am 6. Januar 1884 verstorben.

Ottokar (Otakar) I.
Přemysl
König
von Böhmen
(um 1155 bis
15. 12. 1230)

Přemysl Ottokar (Otakar) I., der Sohn Vladislavs II., wurde 1197 vom deutschen Kaiser Heinrich VI. mit dem Herzogtum Böhmen belehnt. Durch wiederholten Parteiwechsel in den Thronstreitigkeiten der Staufer und Welfen konnte er die Anerkennung seines Erbkönigtums in Böhmen 1198 durch den deutschen König Philipp den Schönen von Schwaben, 1203 durch Papst Innozenz III. und 1212 durch Kaiser Friedrich II. erreichen und förderte die Siedlungs- und Kulturarbeit in seinem Lande. Seit 1228 regierte er gemeinsam mit seinem Sohn ⟶ Wenzel (Václav) I., den er im Rahmen seiner ausgeklügelten Ehepolitik mit der Stauferin Kunigunde verheiratet hatte.

Ottokar I. Přemysl verstarb am 15. Dezember 1230.

Ottokar (Otakar) II.
Přemysl
König
von Böhmen
(um 1233 bis
26. 8. 1278)

Ottokar (Otakar) II. Přemysl, der Enkel von König ⟶ Ottokar (Otakar) I. und der Sohn König ⟶ Wenzels (Václav) I. und der Kunigunde, einer Tochter des deutschen Königs Philipp von Schwaben, war ab 1253 König von Böhmen. Da sich sein Vater, König Wenzel (Václav) I. weigerte, ihn 1247 als Mitregenten anzuerkennen, schuf er sich während der Zeit des 'Interregnums' im Deutschen Reich eine von der Adria bis zum Erzgebirge reichende Machtposition. Durch seine Heirat mit der Schwester des letzten Babenbergers, Margarete (✝ 1267), nahm er das Herzogtum Österreich in Besitz, eignete sich 1260 die Steiermark, 1266 das Egerland an und erbte 1269 Kärnten, Krain sowie die Windische Mark. Auf zwei Kreuzzügen kam er dem von den Pruzzen bedrängten Deutschen Ritterorden zu Hilfe und nahm 1255 an der Gründung der Stadt Königsberg teil, die nach ihm benannt wurde. Im Jahre 1261 heiratete Ottokar II. Kunigunde von Ungarn.

Ottokars II. Versuch, die deutsche Königskrone zu erwerben, scheiterte, ebenso sein Griff nach der ungarischen Krone. Er widersetzte sich der Wahl seines Gegenkandidaten Rudolf von Habsburg zum deutschen König und verweigerte ihm die Huldigung. Dieser machte ihm daraufhin seine Gebiets- und Machterweiterungen streitig und zwang ihn 1276 zur Herausgabe Österreichs, der Steiermark und Kärntens. Beim Versuch, diese Gebiete zurückzuerobern, wurde Ottokars Heer in der Schlacht auf dem Marchfeld im heutigen Niederösterreich besiegt und er selber am 26. August 1278 auf der Flucht bei Dürnkrut von persönlichen Feinden erschlagen. Sein Sohn ⟶ Wenzel (Václav) II. behielt nur die Stammlande Böhmen und Mähren.

In diesen Stammlanden konnte Ottokar II. die Macht des Königtums festigen, indem er das Land wirtschaftlich durch planmäßige Ansiedlung von deutschen Bauern und Bergleuten erschloß und eine zentralistisch geführte Verwaltung nach sizilianischem Vorbild einführte. Gleichzeitig konnte er die Unterstützung durch die Städte gewinnen, da er diese gegen den Adel unterstützte.

Ottokars Lebensgeschichte wurde auch in der Literatur dargestellt als Aufstieg und Fall eines Usurpators: u. a. 1815 von A. v. Kotzebue und 1825 in Grillparzers "König Ottokars Glück und Ende".

Der im mährischen Hodslavice (Hotzendorf) bei Český Těšin (Teschen) geborene tschechische Historiker František Palacký wurde 1839 in Prag böhmischer Landeshistoriograph und Archivar. Als bewußt national eingestellter Tscheche lehnte er 1848 eine Teilnahme an der Frankfurter Nationalversammlung ab und leitete im gleichen Jahr den Slawenkongreß in Prag. Im Reichstag zu Kroměříž (Kremsier), wo das im Verlauf der Gegenrevolution von Wien her verlegte österreichische Parlament 1848/1849 tagte und der Monarchie eine neue Verfassung gab, vertrat Palacký die Interessen der Slawenpartei. Ab 1861 wandte er sich als Führer der 'Alttschechen' im österreichischen Herrenhaus in Wien und im böhmischen Landtag in Prag ganz der Tagespolitik zu. Ursprünglich befürwortete Palacký eine gleichberechtigte Stellung der Slawen im Rahmen der Habsburger Monarchie, den 'Austroslawismus', wandte sich dann aber aus Enttäuschung über die österreichische Nationalitätenpolitik mehr und mehr den panslawistischen Gedanken zu.

Unter dem Einfluß des deutschen Philosophen J. G. v. Herder (1744–1803) und des Historikers H. Luden (1778–1847) schrieb Palacký seine 1836 bis 1867 erschienene sechsbändige "Geschichte von Böhmen" und legte damit den Grundstein für eine nationale tschechische Geschichtsschreibung. In den 1872–1874 erschienenen "Urkundlichen Beiträgen zur Geschichte des Hussitenkrieges" erklärte er die Hussitenzeit zur zentralen Epoche der tschechischen Geschichte.

František Palacký verstarb am 26. Mai 1876 in Prag.

František Palacký
Historiker
und Politiker
(14. 6. 1798 bis
26. 5. 1876)

Ferdinand Porsche, der legendäre 'Vater des Volkswagens', wurde im nordböhmischen Vratislavice nad Nisou (Maffersdorf an der Neiße) als Sohn eines Klempnermeisters geboren, erlernte dort zunächst den Beruf seines Vaters, betätigte sich nebenher als Bastler und Techniker, wobei ihn besonders die Elektrotechnik faszinierte und bildete sich in Abendkursen weiter. In der Tatra-Automobilwerken (Personen- und Lastkraftwagen) von Kopřivnice (Nesselsdorf) konstruierte er erstmals ein von einem luftgekühlten Motor angetriebenes Auto ('Tatraplan'), dessen Motortyp er später für den 'Volkswagen' übernahm. Zu Beginn des 20. Jahrhunderts kam Porsche nach Wien und arbeitete in einer Automobilfirma, wo er für die Pariser Weltausstellung von 1900 ein aufsehenerregendes Elektromobil mit Radnabenmotor entwickelte; 1916 wurde er Generaldirektor der Austro-Daimler-Werke in Wiener Neustadt. In den Jahren 1923–1929 konstruierte Porsche für die Daimler-Motoren-AG in Stuttgart-Untertürkheim einen Kompressormotor, welcher der deutschen Autoindustrie den großen Erfolg nach dem Ersten Weltkrieg einbrachte. 1929/1930 war er nochmals für kurze Zeit in Österreich als Direktor bei den Steyr-Werken in Linz und ließ sich dann ab 1931 endgültig in Stuttgart nieder, wo er ein eigenes Konstruktionsbüro gründete. Im Jahre 1933 baute er für die Auto-Union einen 5-l-Rennwagen, der für lange Jahre zum erfolgreichsten Wagen der internationalen Rennen wurde.

Ab 1934 entwickelte Porsche den deutschen 'Volkswagen', der 1939 in Produktion gehen sollte, im Zweiten Weltkrieg aber für militärische Zwecke umkonstruiert wurde. Ab 1948/1949 konstruierte er gemeinsam mit seinem Sohn Ferdinand ('Ferry') Porsche (geb. 1909) den Porsche-Sportwagen, der seit 1950 gebaut wurde; auch für diesen verwendete er seinen luftgekühlten Heckmotor in Boxeranordnung.

Ferdinand Porsche, der als Konstrukteur von Kraftfahrzeugen und Kfz-Teilen Inhaber von insgesamt 1230 internationalen Patenten war, verstarb am 30. Januar 1951 in Stuttgart.

Ferdinand Porsche
Ingenieur und
Kfz-Konstrukteur
(3. 9. 1875 bis
30. 1. 1951)

Um 1815 begann der in Lázně Jeseník (Gräfenberg) am Fuße des Altvatergebirges (Hrubý Jeseník) geborene Landwirt Vinzenz Prießnitz, Kranke mit kalten Waschungen, Umschlägen, Wassertrinkkuren und Diät zu behandeln; 1826 gründete er dort seine Heilanstalt, in der er seine Naturheilmethode anwandte, die – im Gegensatz zu seinem Zeitgenossen und Landsmann Johann → Schroth – aus einer Kombination von äußeren und inneren Kaltwasseranwendungen, schweißtreibenden Maßnahmen,

Vinzenz Prießnitz
Naturheilkundler
(4. 10. 1799 bis
28. 11. 1851)

Berühmte Persönlichkeiten

Vinzenz Prießnitz
(Fortsetzung)

Trinkkuren und körperlicher Bewegung in Licht und Luft, verbunden mit einer einfachen gemischten Ernährung bestand. Er entwickelte den nach ihm benannten 'Prießnitz-Wickel', einen kalten Ganz- oder Teilumschlag zur Anregung des Stoffwechsels, der Ausscheidung und zum Schwitzen. Vinzenz Prießnitz, einer der Wegbereiter einer modernen physikalisch-diätetischen Therapie, der keinerlei Aufzeichnungen über seine Heilverfahren hinterließ, verstarb am 28. November 1851 in seinem Geburtsort.

Pavol Jozef
Šafárik
Literaturhistoriker
und Slawist
(13. 5. 1795 bis
26. 5. 1861)

Der durch seine grundlegenden philosophischen Arbeiten zur slawischen Altertums- und Volkskunde bekannt gewordene slowakische Literaturhistoriker Pavol Jozef Šafárik, im slowakischen Kobeliarovo geboren, seit 1848 Professor in Prag, wurde zum Begründer der slawischen Altertumsforschung auf wissenschaftlicher Basis. Er veröffentlichte 1826 seine "Geschichte der slawischen Sprache und Literatur nach allen Mundarten", 1843/1844 (deutsch) das Werk "Slawische Altertümer" sowie Schriften zur slawischen Ethnographie. Außerdem war er ein bedeutender Sammler slawischer Volkslieder.
Pavol Jozef Šafárik verstarb am 26. Mai 1861 in Prag.

Johann Schroth
Naturheilkundler
(2. 2. 1800 bis
26. 3. 1856)

Der in Česká Ves (Böhmischdorf) am Fuße des Altvatergebirges (Hrubý Jeseník) geborene Landwirt Johann Schroth führte in seiner 1829 in Lipová-lázně (Bad Lindewiese) gegründeten Naturheilanstalt bei seinen Heilverfahren – im Gegensatz zu seinem Zeitgenossen und Landsmann Vinzenz ⟶ Prießnitz – Warmwasserbehandlungen durch. Durch Beobachtungen und Erfahrungen auf seinem väterlichen Bauernhof kam er auf die Idee, bei Fettsucht und Übergewicht eine kalorienarme Kohlenhydratnahrung, bestehend aus trockenem Brot, Getreidebrei, Haferschleim bei äußerst geringer Flüssigkeitsaufnahme, zu verabreichen, also eine Trockendiät durchzuführen, die eine intensiv umstimmende Wirkung erzielte. Dieses Heilverfahren ist als 'Schroth-Kur' bekannt geworden.
Johann Schroth verstarb am 26. März 1856 in Lipová-lázně (Bad Lindewiese).

Jaroslav Seifert
Schriftsteller
(23. 9. 1901 bis
10. 1. 1986)

Der aus Prag gebürtige tschechische Schriftsteller Jaroslav Seifert war zunächst Redakteur linksgerichteter Zeitungen und begann mit 'proletarischer' Lyrik, wich dann aber bald von den Dogmen des 'Sozialistischen Realismus' ab und wandte sich dem 'Poetismus', einer Dichtung ohne Logik und Thematik, einem Spiel mit Worten und Eindrücken zu. Später schrieb er melancholische Stimmungslyrik und auch Kinderbücher sowie Feuilletons, daneben lieferte er Übersetzungen von Werken Alexander Bloks und Guillaume Apollinaires. Seifert veröffentlichte die Gedichtbände "Im Spiegel hat er das Dunkel" (1982), "Der Halleysche Komet" (1986) und die Erzählungen "Ein Himmel voller Raben" (1985). Im Jahre 1968 war er einer der Unterzeichner des 'Manifestes der 2000 Worte', wofür er später Berufsverbot erhielt, und seit 1969 Vorsitzender des tschechoslowakischen Schriftstellerverbandes.
Jaroslav Seifert, dem 1984 der Nobelpreis für Literatur verliehen wurde, verstarb am 10. Januar 1986 in seiner Heimatstadt Prag.

Emil Ritter
von Škoda
Industrieller
(19. 11. 1839 bis
8. 8. 1900)

Der in Cheb (Eger) geborene tschechische Großindustrielle, ein Neffe des bekannten Mediziners Joseph Škoda (1805–1881), wurde 1866 Leiter und 1868 Eigentümer der 1859 gegründeten 'Graf Waldsteinischen Maschinenfabrik' in Plzeň (Pilsen), die er zum größten und bedeutendsten Werk der österreichischen Rüstungsindustrie ausbaute. Der Firmengründer verstarb am 8. August 1900 in Plzeň (Pilsen).
Die Škoda-Werke bauten ab 1906 auch Automobile und wurden in den zwanziger und dreißiger Jahren zu einem der führenden Industriebetriebe Europas. Während der deutschen Besatzungszeit (1939–1945) wurde das Unternehmen deutschen Rüstungswerken angegliedert und nach der Wiedererrichtung der ČSR und der kommunistischen Machtergreifung (1948) verstaatlicht. Heute produzieren die Škoda-Werke in Plzeň (Pilsen) Lokomotiven, Walzwerke und Werkzeugmaschinen sowie in Mladá Boleslav

Ferdinand Porsche *Vinzenz Prießnitz* *Johann Schroth*

(Jungbunzlau) Personenkraftwagen (neuerdings gemeinsam mit dem deutschen Volkswagen-Konzern).

Emil v. Škoda
(Fortsetzung)

Der große Heldentenor Leo Slezak wurde in Šumperk (Mährisch-Schönberg) am Südwestfuß des Altvatergebirges (Hrubý Jeseník) geboren. Er besuchte zunächst die Unterreal- und Werkmeisterschule und wurde zum Maschinenschlosser ausgebildet. Danach studierte er Gesang bei Professor A. Robinson in Brno (Brünn) und debütierte in Berlin und Breslau (Wrocław). Von 1901 bis 1934 war Leo Slezak Mitglied der Wiener Hof- bzw. Staatsoper, zwischendurch gab er Gastspiele an der New Yorker Metropolitan Opera, der königlichen Oper in Berlin, an der Mailänder Scala sowie an fast allen großen Bühnen Europas. Slezak wurde besonders als Wagnersänger bekannt, war aber auch bedeutend als Konzert- und Liederinterpret. In den dreißiger Jahren arbeitete er als erfolgreicher und beliebter Filmdarsteller, wobei er oft komische Rollen übernahm. Sogar als Schriftsteller machte sich Slezak mit seinen humorvollen Autobiographien "Meine sämtlichen Werke" (1922), "Der Wortbruch" (1928), "Der Rückfall" (1940) und mit dem 1948 postum erschienenen "Mein Lebensmärchen" einen Namen.
Nach seiner Pensionierung 1934 lebte Leo Slezak in Wien und in Rottach-Egern am Tegernsee, wo er am 1. Juni 1946 verstarb.

Leo Slezak
Sänger
(18. 8. 1873 bis
1. 6. 1946)

Bedřich (Friedrich) Smetana, der große tschechische Komponist, wurde als Sohn eines Bierbrauers in Litomyšl (Leitomischl) in der alten Brauerei geboren, wo man sein Geburtszimmer besichtigen kann. Bereits mit sechs Jahren trat er als Pianist öffentlich auf. Nach dem Musikstudium in Prag gründete er dort 1848 eine Musikschule, die er bis 1856 leitete, ging dann für fünf Jahre als Direktor der Abonnementskonzerte der "Harmoniska Sällskapet" ins schwedische Göteborg und kehrte 1861 nach Prag zurück, wo er zunächst als Chorleiter und Musikkritiker und ab 1866 als Kapellmeister am tschechischen Nationaltheater wirkte, dessen künstlerischer Direktor er dann ab 1872 war. Aber schon 1874 mußte er seine Tätigkeit wegen seiner immer stärker hervortretenden Taubheit aufgeben, und es zeigten sich bereits 1822 erste Spuren einer Geisteskrankheit, an der er am 12. Mai 1884 in Prag verstarb (sein Grab auf dem Vyšehrader Ehrenfriedhof).
Smetana gilt als der Begründer eines eigenen nationalen tschechischen Musikstils sowohl in der Oper als auch in der sinfonischen Dichtung. Seine von leidenschaftlicher Wärme und künstlerischer Ausgewogenheit geprägte Musik verbindet tschechische Volksmusik mit der sinfonischen Ausdruckskraft eines Liszt und der Dramatik Wagners. Mit seiner 1866 uraufgeführten komischen Oper "Die verkaufte Braut" errang er seinen ersten Welterfolg, mit "Dalibor" (1868) und "Libuše" ("Libussa", 1881)

Bedřich Smetana
Komponist
(2. 3. 1824 bis
12. 5. 1884)

Berühmte Persönlichkeiten

Bedřich Smetana
(Fortsetzung)

wandte er sich der großen heroischen und patriotischen Oper zu und die nach Eintritt der völligen Taubheit komponierten heiteren Spielopern "Der Kuß" (1876) und "Das Geheimnis" (1878) fanden begeisterte Aufnahme. Eine großartige Huldigung an seine Heimat ist der sechsteilige sinfonische Zyklus "Mein Vaterland" (1874–1879; darin auch "Die Moldau"). Weitere Kompositionen sind eine Sinfonie (1854), Ouvertüren, Kammermusik, u. a. das Streichquartett in e-Moll, dessen überlange "e" im Finale den Beginn der Gehörkrankheit andeutet, Chöre und Lieder.

Adalbert Stifter
Schriftsteller
und Maler
(23. 10. 1805 bis
28. 1. 1868)

Adalbert Stifter, der wohl größte Erzähler unter den österreichischen Schriftstellern, wurde als Sohn eines Webers im südböhmischen Horní Planá (Oberplan) geboren. Der in kleinbürgerlichen Verhältnissen in der Welt des Biedermeier aufgewachsene Stifter besuchte das Gymnasium der Benediktinerabtei Kremsmünster in Oberösterreich, studierte danach in Wien zuerst Jura, dann Mathematik, Naturwissenschaften und Geschichte, machte aber aus Examensfurcht keinen Abschluß. Malerisch und schriftstellerisch begabt, war er zunächst als Hauslehrer in Wiener Adelsfamilien, u. a. beim Fürsten Metternich, tätig, lebte aber zum Teil vom Verkauf seiner Bilder. Eine unglückliche Liebe und eine ebenso unglückliche Ehe beeinflußten sein Leben. In Wien verkehrte er u. a. mit Grillparzer und Lenau. Im Jahre 1848 übersiedelte Stifter nach Linz, wo er von 1850 bis 1865 Landschulrat war. Stifters Erzählkunst basiert auf der Gefühlswelt der Romantik und ist vom klassischen Bildungsideal geprägt, wobei in seinen Landschaftsbeschreibungen Einflüsse u. a. von Jean Paul zu erkennen sind. Schauplatz seiner Erzählungen ist seine böhmische Heimat, deren Eigentümlichkeiten er in stimmungsvoller Weise beschreiben kann. Sein ästhetisch-sittliches Ideal sieht den Menschen und die Natur unter dem "sanften Gesetz" der Welt stehen, verbindet tiefes Naturgefühl mit einer ernsten Auffassung seines Dichterberufes, religiöser Weltfrömmigkeit und strenger künstlerischer Selbstzucht. Als Landschaftsmaler ging Stifter ebenfalls von der Romantik aus und wurde ein Vorläufer des deutschen Impressionismus.

Im Jahre 1863 erkrankte er schwer und ging 1865 in den Ruhestand; allerdings bestimmte sein sehr schmerzhaftes Leiden seine letzten Jahre, so daß er einen Selbstmordversuch unternahm, an dessen Folgen er am 28. Januar 1868 in Linz verstarb.

Von seinen Hauptwerken sind neben vielen anderen zu nennen: "Studien" (1844–1850), "Bunte Steine" (1853), der Bildungsroman "Nachsommer" (1857) und der historische Roman "Wittiko" (1865–1867); ferner zahlreiche Novellen, darunter in den "Studien" die Novellen "Abdias", "Brigitta", "Zwei Schwestern" und vor allem "Hochwald", die in der südwestlich von Frymburk (Friedberg) gelegenen Burg Wittinghausen (Vítkův Hrádek) spielt.

Ľudovít Velislav
Štúr
Philologe, Schrift-
steller und Politiker
(29. 10. 1815 bis
12. 1. 1856)

Eine Persönlichkeit, die seinerzeit die slowakische Jugend für die Ideale des Volkstums begeistern konnte, war der in Uhrovec bei Trenčín (Trentschin) in der Westslowakei geborene Philologe Ľudovít Velislav Štúr, der von 1840 bis 1843 Professor am evangelischen Lyzeum in Bratislava (Preßburg) war. Als angesehener Philologe bemühte er sich um die Erhebung des mittelslowakischen Dialektes zur Schriftsprache und begründete mit der Einführung einer neuen phonetischen Orthographie die slowakische Literatursprache, wofür er 1851 auch die Zustimmung der maßgeblichen Vertreter der Nation einschließlich der Katholiken erhielt. Damit war auch die konfessionelle Schranke überwunden und das Slowakentum sprachlich, kulturell und national geeint. Im Jahre 1847 wurde Štúr in den slowakischen Landtag gewählt, wo er sich besonders für die politischen Rechte der Slowaken gegenüber den Ungarn engagierte. Ein Jahr später war er ein Organisator und einer der Führer des slowakischen Freiheitskampfes. Von der deutschen Romantik und dem Panslawismus beeinflußt schrieb Štúr 1867 "Das Slawentum und die Welt der Zukunft" sowie patriotische Gedichte, auch war er ein Sammler und Herausgeber slawischer Volkslieder und Märchen.

Emil v. Škoda *Bedřich Smetana* *Adalbert Stifter*

Ľudovít Velislav Štúr lebte in Modra (Modern) bei Bratislava (Preßburg), wo er am 12. Januar 1856 verstarb und auf dem Ortsfriedhof beigesetzt wurde.

Einer der Führer und Hoffnungsträger des 'Prager (politischen) Frühlings' von 1968 war der im mährischen Hroznatín geborene General und Politiker Ludvík Svoboda, der 1944 Kommandeur eines tschechoslowakischen Armeekorps in der Sowjetunion war, das bei der 'Befreiung' des Landes 1945 im Rahmen der sowjetischen Roten Armee mitwirkte. Als Verteidigungsminister und Oberbefehlshaber des Heeres förderte er 1948 die Machtübernahme durch die KPČ, die ihn 1951 in ihr Präsidium berief, aber bereits im gleichen Jahr wieder aller Funktionen enthob. Im Jahre 1955 wurde er rehabilitiert, ab 1956 Kommandeur der Militärakademie und im März 1968 von den Reformern um Alexander Dubček zum Präsidenten der ČSSR gewählt. Als Staatsoberhaupt vertrat er anfangs den Reformkurs des 'Prager Frühlings', paßte sich aber nach dem Einmarsch von Truppen aus Staaten des Warschauer Vertrages im August 1968 den neuen Gegebenheiten an und versuchte dennoch ausgleichend zu wirken.
Im Mai 1975 mußte Luvík Svoboda zurücktreten und lebte dann zurückgezogen und ohne jeden Einfluß in Prag, wo er am 20. September 1979 verstarb.

Der in Kutná Hora (Kuttenberg) geborene vielseitige tschechische Schauspieler und Dramatiker Josef Kajetán Tyl war Verfasser von beliebten Ritterspielen, romantischen, historischen und bürgerlichen Dramen, auch Lustspielen im Stil Ifflands und Kotzebues, sowie bedeutenden Märchenspielen um Gestalten und Motiven aus der tschechischen Sagenwelt (u. a. "Der Dudelsackpfeifer von Strakonitz", 1847), patriotischen Romanen (u. a. "Rosina Ruthard", 1838). Aus seinem heiteren Volksstück "Fidlovačka" ("Das Fidelfest", 1834) wurde nach Gründung der (ersten) Tschechoslowakischen Republik 1918 das Lied "Kde domov můj?" ("Wo ist mein Heim?") zur ersten (tschechischen) Strophe der tschechoslowakischen Nationalhymne (→ Das Land in Zitaten) gewählt.
Josef Kajetán Tyl lebte in Plzeň (Pilsen), wo er am 11. Juli 1856 verstarb und auf dem Nikolaifriedhof begraben ist.

Der als Sohn eines Eisenbahnbeamten in Prag geborene Schriftsteller Johannes Urzidil studierte nach dem Besuch des Prager Gymnasiums ebenfalls in Prag Germanistik, Slawistik und Kunstgeschichte. Nach dem Ersten Weltkrieg war er Mitarbeiter an expressionistischen Zeitschriften. Von 1921 bis 1931 war Urzidil Pressebeirat an der deutschen Gesandtschaft in Prag. Hier schloß er Freundschaft mit → Werfel und → Kafka, auf den er 1934 die Totenrede hielt. Urzidil lebte und arbeitete in Prag und

Ľudovít Velislav
Štúr
(Fortsetzung)

Ludvík Svoboda
Offizier und
Politiker
(25. 11. 1895 bis
20. 9. 1979)

Josef Kajetán Tyl
Schauspieler und
Dramatiker
(4. 2. 1808 bis
11. 7. 1856)

Johannes Urzidil
Schriftsteller
(3. 2. 1896 bis
2. 11. 1970)

Berühmte Persönlichkeiten

Johannes Urzidil
(Fortsetzung)

mußte nach der deutschen Besetzung der Tschechoslowakei (1939) nach Großbritannien emigrieren, wo er u.a. für Londoner tschechische Blätter schrieb. Im Jahre 1941 erfolgte die Auswanderung in die Vereinigten Staaten von Amerika; dort arbeitete er bei dem Rundfunksender "Voice of America" ("Stimme Amerikas") mit, erhielt 1946 die US-amerikanische Staatsbürgerschaft und nahm seinen Wohnsitz in New York. Im Jahre 1961 ernannte ihn der österreichische Bundespräsident Schärf zum Professor; 1964 erhielt er den Großen Österreichischen Staatspreis für Literatur. Nach früher expressionistischer Lyrik (u.a. "Sturz der Verdammten", 1920) kam er später zu einer traditionsbewußten Erzählweise und schrieb stark autobiographische Romane und Erzählungen, in denen seine enge Bindung an seine böhmische Heimat zum Ausdruck kommt ("Prager Tryptychon", 1960), Biographisches ("Goethe in Böhmen", 1932/1960), die Autobiographie "Väterliches aus Prag und Handwerkliches aus New York" (1969), sowie Essays ("Amerika und die Antike", 1964; "Da geht Kafka", 1966); ferner lieferte er zahlreiche Übersetzungen aus dem Englischen. Johannes Urzidil verstarb am 2. November 1970 in Rom.

Vladislav Vančura
Schriftsteller
(23. 6. 1891 bis
1. 6. 1942)

Der tschechische Arzt und Schriftsteller Vladislav Vančura, in Háj bei Opava (Freiheitsau bei Troppau) geboren, gehört zu den bedeutendsten Prosaschriftstellern zwischen den beiden Weltkriegen, dessen experimentierfreudiger, metaphernreicher Stil mit vielen Archaismen und Hyperbeln zum Vorbild für die moderne tschechische Prosa wurde. In seinen Romanen behandelt er oft das Leben von Außenseitern ("Der Bäcker Jan Marhoul", 1924), aber auch nationale und historische Themen ("Marketa und Miklas", 1931, deutsch "Räuberballade", 1970). Vladislav Vančura war seit der deutschen Besetzung des Landes (1939) aktiv im Widerstand tätig und wurde nach dem Attentat auf Reinhard Heydrich am 1. Juni 1942 in Prag von den Deutschen hingerichtet.

Wallenstein:
Albrecht Eusebius
Wenzel
von Waldstein
Feldherr
(24. 9. 1583 bis
25. 2. 1634)

Der kaiserliche Feldherr des Dreißigjährigen Krieges Albrecht Eusebius Wenzel (Václav) von Waldstein (Wallenstein), aus dem böhmischen Adelsgeschlecht Valdštejn stammend, wurde im ostböhmischen Heřmanice (Hermanitz) geboren. Der evangelisch erzogene Wallenstein stand seit 1604 in militärischen Diensten der Habsburger und trat 1606 zum Katholizismus über. Im Jahre 1617 unterstützte er den Erzherzog Ferdinand mit eigenen Truppen im Kampf gegen die Republik Venedig und wurde dafür nach Beendigung der Kampfhandlungen zum kaiserlichen Oberst ernannt und in den Grafenstand erhoben. Durch seine Heirat (1609) mit Lucrezia von Witschkow kam Wallenstein zu reichem Grundbesitz in Mähren; 1623 heiratete er Isabella Katharina von Harrach, die Tochter eines engen Vertrauten Kaiser Ferdinands II.; am Aufstand der böhmischen Stände zu Beginn des Dreißigjährigen Krieges nahm Wallenstein nicht teil, es gelang ihm aber nach der Niederschlagung des Aufstandes, sich über 50 konfiszierte Güter vertriebener Aufständischer anzueignen. Diesen riesigen Besitz erhob Kaiser Ferdinand II. 1624 zum Herzogtum Friedland, und Wallenstein wurde damit zum Reichsfürsten.
Als der Kaiser 1625 durch den Niedersächsischen Bund in Bedrängnis geriet, stellte ihm Wallenstein sein eigenes Söldnerheer von 40000 Mann zur Verfügung, das er durch Kontributionen aus den eroberten Ländern bezahlte und verpflegte, wofür er zum Oberbefehlshaber über alle kaiserlichen Truppen ernannt wurde; 1626 besiegte er Ernst II. von Mansfeld bei Dessau und vertrieb mit dem General von Tilly den Dänenkönig Christian IV. aus Norddeutschland; 1622 erhielt Wallenstein vom Kaiser das Herzogtum Sagan, 1628 das Herzogtum Mecklenburg und den Titel "General des oceanischen und baltischen Meeres".
Die Pläne Wallensteins für eine Reichsreform sowie die weitere Kriegsführung lehnte der Kaiser ab. Aber 1630 mußte er ihn auf Druck seiner politischen Gegner auf dem Regensburger Kurfürstentag entlassen, doch erhielt er 1632 wieder den Oberbefehl und wurde sogar noch mit Sondervollmachten ausgestattet. Nun vertrieb Wallenstein die Schweden aus Süddeutschland und zog sich nach dem Sieg bei Lützen über den Schwe-

Wallenstein

Franz Werfel

Jan Žižka

denkönig Gustav II. Adolf (16. November 1632) auf seine böhmischen Besitztümer zurück. Von diesem Zeitpunkt an erregte er durch undurchsichtige und eigenmächtige Verhandlungen mit Schweden, Brandenburg und Sachsen zunehmendes Mißtrauen des Kaisers und stieß durch sein selbstherrliches Verhalten und durch die Art seiner Kriegführung auf Widerspruch; 1634 verpflichtete Wallenstein durch das 'Pilsener Revers' die Offiziere seines Heeres zu bedingungsloser Treue gegenüber seiner Person. Daraufhin beschuldigte ihn ein kaiserliches Patent vom 22. Februar 1634 des Hochverrats und befahl, ihn tot oder lebend zu fangen. Als er nun in Cheb (Eger) eine Vereinigung mit den Schweden unter Bernhard von Weimar herbeiführen wollte, wurde er mit seinen Offizieren Terzka, Ilow und Kinsky am 25. April 1634 im Rathaussaal der Stadt von dem im kaiserlichen Dienst stehenden irischen Hauptmann Devereux ermordet. Wallensteins Leichnam wurde auf seinem Besitz Mnichovo Hradiště (Münchengrätz) in der Annenkapelle der Schloßkirche beigesetzt. Das Urteil der Geschichte über Wallenstein ist zwiespältig. Man sieht in ihm einerseits einen Idealisten, der dem Land den Frieden bringen wollte und erkennt sein militärisches Genie und seine politische Weitsicht an, verurteilt andererseits sein maßloses Machtstreben, seinen hemmungslosen Ehrgeiz und seine Sucht, sich persönlich zu bereichern. Wallensteins Schicksal ist in der Literatur häufig behandelt worden, etwa in Schillers Wallenstein-Trilogie (1798/1799) und in Alfred Döblins 1920 erschienenem Roman "Wallenstein".

Wallenstein (Fortsetzung)

Wenzel (tschechisch Václav, latinisiert Wenceslaus), ein Enkel der Herzogin ⟶ Ludmilla, der Landespatronin Böhmens, wurde um das Jahr 921 Herzog, stand aber bis 922 unter der Vormundschaft seiner Mutter Drahomira. Er bemühte sich um einen Anschluß seines Herzogtums Böhmen an das Deutsche Reich sowie um die Christianisierung seines Landes, gegen die sich unter Führung seines Bruders Boleslav I. Widerstand formierte, der ihn am 28. September 929 in Brandýs nad Labem (Brandeis an der Elbe) ermorden ließ. Wenzel, der erste Herzog aus dem Herrscherhaus der Přemysliden, wird als heiliggesprochener Märtyrer verehrt und gilt als Landespatron Böhmens (Namenstag: 28. September).

Wenzel (Václav) Heiliger, Landespatron von Böhmen (um 903 bis 28. 9. 929)

Wenzel (Václav) I., ein Sohn des Königs ⟶ Ottokar (Otakar) I., war seit 1230 König von Böhmen. Obwohl er Schwiegersohn des deutschen Königs Philipp von Schwaben wurde, war er häufig ein Gegner der Staufer. Mit seinem Sohn ⟶ Ottokar (Otakar) II. führte er 1239 und 1250 erfolgreich Kriege um das Erbe der Babenberger in Österreich. Er begünstigte die deutschen Kolonisten im Lande und war ein Förderer des Minnesangs sowie von Kunst und Wissenschaft.
Wenzel I. verstarb am 23. September 1253 bei Beroun (Beraun).

Wenzel (Václav) I. König von Böhmen (1205 bis 23. 9. 1253)

93

Berühmte Persönlichkeiten

Wenzel (Václav) II.
König
von Böhmen
und Polen
(17. 9. 1272 bis
21. 6. 1305)

Wenzel (Václav) II., ein Sohn des Königs → Ottokar (Otakar) II., seit 1278 König von Böhmen, konnte sich am Beginn seiner Regierungszeit nur schwer gegen den Widerstand des Adels durchsetzen. Er heiratete Guta, eine Tochter Rudolfs I. von Habsburg, der ihm Böhmen und Mähren als Reichslehen übertrug und ihn 1289 die Kurwürde erlangen ließ. Im Jahre 1300 ließ sich Wenzel II. in Gnesen (Gniezno) zum König von Polen krönen. In seinen Stammlanden konnte er die Königsmacht stärken, und 1300 führte er eine Münzreform durch. Nach dem Aussterben der Arpaden in Ungarn beanspruchte er für seinen Sohn, den späteren Wenzel (Václav) III., die ungarische Königskrone und ließ diesen 1302 zum König von Ungarn krönen. Hierdurch kam er mit dem deutschen König Albrecht I. in Konflikt, starb aber in Prag am 21. Juni 1305 vor einer endgültigen Entscheidung.

Wenzel (Václav) III.
König
von Böhmen
und Ungarn
(6. 10. 1289 bis
4. 8. 1306)

Wenzel (Václav) III., der Sohn des Königs → Wenzel (Václav) II., war seit 1302 König von Ungarn und nach dem Tode seines Vaters (1305) König von Böhmen; er verzichtete jedoch 1305 auf die ungarische Krone. Beim Versuch, seine Rechte auf die polnische Königskrone durchzusetzen, wurde er auf dem Wege nach Polen am 4. August 1306 in Olomouc (Olmütz) ermordet. Mit ihm starb das böhmische Herrscherhaus der Přemysliden im Mannesstamm aus.

Franz Werfel
Schriftsteller
(10. 9. 1890 bis
26. 8. 1945)

Der aus einer wohlhabenden jüdischen Kaufmannsfamilie stammende, in Prag geborene Schriftsteller Franz Werfel war einer der erfolgreichsten Erzähler, Essayisten, Dramatiker und Lyriker dieses Jahrhunderts. In seiner Heimatstadt besuchte er das Gymnasium und begann dort sein Studium, wobei er mit Franz → Kafka und Max → Brod Freundschaft schloß. In Leipzig und Hamburg setzte er sein Studium fort und volontierte 1910 in einem Hamburger Speditionshaus. Von 1911 bis 1914 war Werfel als Lektor des Kurt-Wolff-Verlags in Leipzig und München tätig, wo er mit Walter Hasenclever und Kurt Pinthus die Sammlung "Der jüngste Tag" gründete. Den Ersten Weltkrieg erlebte er teilweise als österreichischer Soldat in Ostgalizien. Ab 1917 ließ er sich nach einem kurzen Zwischenaufenthalt in Berlin als freier Schriftsteller in Wien nieder. Von hier unternahm er längere Auslandsreisen, die ihn u.a. nach Italien, Ägypten und Palästina führten. 1929 heiratete er Alma Mahler (1879–1964), die Witwe von Gustav → Mahler. Nach der deutschen Besetzung Österreichs ('Anschluß') mußte Werfel 1938 zunächst nach Paris emigrieren und nach der deutschen Invasion Frankreichs floh er auf abenteuerliche Weise, z.T. zu Fuß, über die Pyrenäen nach Spanien. Dabei gelangte er auch nach Lourdes, wo er an der Grotte der Bernadette Soubirous das Gelübde ablegte, ein Buch über sie zu schreiben. Seine Flucht ging weiter über Spanien und Portugal in die Vereinigten Staaten von Amerika, wo er sich endgültig im kalifornischen Beverly Hills niederließ. Hier ist Franz Werfel am 26. August 1945 verstorben.
Werfel begann mit expressionistischer Lyrik, schrieb mystische Erlösungsdramen und wandte sich dann dem historisch-politischen Realismus zu. Von seiner pazifistischen Grundeinstellung zeugen der satirischutopische Roman "Stern der Ungeborenen", der postum 1946 veröffentlicht wurde, sowie die Komödie "Jakubowsky und der Oberst" (1944), in denen Werfel gegen die Brutalität und Dummheit der nationalsozialistischen Willkürherrschaft Stellung bezieht. Zu internationalen Erfolgen gelangte er mit Erzählungen wie "Nicht der Mörder, der Ermordete ist schuldig" (1920), "Der Abituriententag" (1928) und besonders mit historischen und religiösen Stoffen wie "Verdi · Roman der Oper" (1924) oder "Der veruntreute Himmel" (1939). Der 1929 entstandene Roman "Barbara oder die Frömmigkeit" und besonders der nach seinem Lourdes-Erlebnis 1941 geschriebene Roman "Das Lied von Bernadette" lassen die Hinwendung Werfels zum Katholizismus erkennen.

Jan Žižka
z Trocnova

Die bedeutendste militärische Führerpersönlichkeit der Taboriten, des radikalen sozialrevolutionären Flügels der Hussitenbewegung, Jan Žižka, wurde um das Jahr 1370 in Trocnov (Tratzenau) bei České Budějovice

(Budweis) geboren. Als geschickter Organisator gelang es ihm auch, die beiden gemäßigteren Richtungen der Hussiten, die 'Utraquisten' und die 'Kalixtiner' unter seinem Kommando zu vereinigen. Obwohl er bereits auf einem Auge erblindet war, errang er am 14. Juli 1420 am Veitsberg (Vítkov; heute dort die gewaltige Nationale Gedenkstätte im Prager Stadtteil Žižkov) einen glänzenden Sieg über das Heer des Kaisers Sigismund. Beim Sturm auf die auf einem 520 m hohen Felsberg südwestlich von Horažďovice bei Sušice (Schüttenhofen) gelegene gewaltige Burg Raby (Rabí), die bis dahin als uneinnehmbar galt, verlor Žižka sein zweites Auge. Nunmehr völlig erblindet, errang er am 8. Januar 1422 bei Havlíčkův Brod (Deutsch-Brod) einen weiteren überwältigenden Sieg.

Jan Žižka gehörte 1421 als Volksvertreter der in der Peter-und-Paul-Kirche von Čáslav (Tschaslau) tagenden Ständeversammlung an, die dem Kaiser Sigismund die böhmische Königswürde absprach. In dieser Kirche wurde der am 11. Oktober 1424 bei Přibyslav verstorbene Žižka beigesetzt, bis man seine Gebeine 1623 auf Befehl Kaiser Ferdinands II. entfernte und das Grab zerstörte.

Jan Žižka
z Trocnova
(Fortsetzung)
Hussitenführer
(um 1370 bis
11. 10. 1424)

Kunst und Kultur

Kunstdenkmäler in Böhmen, Mähren und Mährisch Schlesien

Das rautenförmige Becken Innerböhmens, das von den Resten eines Urgebirges aus der ältesten Zeit der Erdgeschichte formiert wird, ist seit dem dritten vorchristlichen Jahrtausend kontinuierlich besiedelt.

Als einer der ersten Kunstgegenstände auf dem Gebiet der bisherigen Tschechoslowakei gilt die sog. Venus von Westonitz (Věstonická venuše), eine kleine, archaische Figurine aus gebranntem Ton mit stark ausgeprägten weiblichen Formen, die bei Dolní Vestonice (nördlich von Breclav · Lundenburg) in Mähren gefunden wurde (heute im Brünner Mährischen Landesmuseum) und deren Alter man auf etwa 25000 Jahre schätzt.

In der Jungsteinzeit gehörten die böhmischen Länder zum donauländischen Kulturkreis (Linear- und Strichbandkeramik, in Mähren bemalte Keramik), in der Steinkupferzeit (2000–1700 v. Chr.) beherbergten sie, wie später immer wieder, eine ganze Anzahl wahrscheinlich auch ethnisch verschiedener Kulturen nebeneinander (Schnurkeramiker, Glockenbecherleute usw.) und ebenso in der frühen, mittleren und ausgehenden Bronzezeit (1700–900 v. Chr.: Aunjetitzer Kultur, Lausitzer Kultur usw.).

An der Wende von der Bronze- zur Eisenzeit wird Böhmen von der ostalpenländischen Hallstattkultur (900–450 v. Chr.) übergriffen, deren Träger wahrscheinlich Illyrer waren. Es folgen zu Beginn der frühgeschichtlichen Latènezeit (450 bis zur Zeitenwende) die vermutlich keltischen Bojer, nach denen Böhmen benannt ist (stadtähnliche Siedlungen, Handel, Goldmünzen). Die Germanen drangen noch im letzten vorchristlichen Jahrhundert ein – in Böhmen die Markomannen, in Mähren die Quaden – und gründeten unter König Marbod um die Zeitenwende ein großes Reich. Von 166 bis 180 n. Chr. fanden die Markomannenkriege mit den Römern statt. Noch vor der Wende vom 6. zum 7. Jahrhundert geschah die friedliche Einwanderung der Slawen, die zeitweilig von den Awaren überlagert wurden. Unter dem wohl fränkischen Kaufmann Samo (623–658) kam es zur Bildung eines slawischen Großreiches; diesem folgte das Großmährische Reich an der Ostgrenze des karolingischen Imperiums mit vorübergehender Anlehnung an Byzanz (Berufung der Slawenapostel Kyrill und Method, 863–885). Die Christianisierung der böhmischen Länder ging jedoch vor der byzantinischen Mission von Bayern (Regensburg, Passau) aus.

Die frühesten christlichen Kirchen aus Stein um die Mitte und aus der zweiten Hälfte des 9. Jahrhunderts wurden in Südmähren in Mikulčice (Mikultschitz), in Pohansko bei Břeclav (Lundenburg) und Staré Město u Uherského Hradiště (Altstadt) sowie bei Prag (Levý Hradec, Hradschin) ausgegraben. Seit dem 10. Jahrhundert ist das Prager Fürstentum der Přemysliden nachweisbar. Die Herzöge und (seit dem 12. und 13. Jh.) Könige von Böhmen waren Reichsfürsten (Kurfürsten) und trugen als solche mehrere Male die Kaiserkrone. Böhmen gehörte ein rundes Jahrtausend zum Staatsverband des Heiligen Römischen Reiches Deutscher Nation. Die bedeutendsten vorromanischen und romanischen Sakralbauten waren die Veitsrotunde (Rundbau mit vier Apsiden; 926–930) und die um 1060 erbaute Veitsbasilika (doppelchörige Anlage mit Westquerhaus und zwei Krypten ähnlich St. Emmeram in Regensburg), die beide in den Fundamenten unter dem gegenwärtigen Veitsdom auf der Prager Burg erhalten sind. Charakteristisch für den Sakralbau der böhmischen Länder sind einschiffige Rundbauten, 'böhmische Rotunden' (St. Martin auf dem Prager Vyšehrad). Im übrigen unterschied sich die Sakralarchitektur Böhmens weder in den Raum- noch in den Grundrißtypen von der Mitteleuropas.

Vor- und
Frühgeschichte

Venus
von Westonitz
(Abb. s. S. 58)

Vorromanische
und romanische
Zeit

◀ *Spätgotischer Pulverturm am Rande der Prager Altstadt (s. S. 352)*

Vorromanische
und romanische
Zeit
(Fortsetzung)

Die wichtigsten erhaltenen Denkmäler der romanischen Zeit sind St. Georg
auf dem Hradschin in Prag, die Benediktinerkirche von Třebíč (Trebitsch) in
Südmähren, die Prämonstratenserkirchen von Milevsko (Mühlhausen) und
vor allem jene von Teplá (Tepl; geweiht 1232), die erste Hallenkirche auf
böhmischem Boden.
Von der Monumentalplastik ist St. Jakob bei Kutná Hora (Kuttenberg;
1165) zu nennen, von der Wandmalerei Stará Boleslav (Altbunzlau) und die
Rotunde in Znojmo (Znaim; 1134), von der Buchmalerei vor allem der
Codex Vyšehradiensis von 1086 (Prag, Staatsbibliothek).

Gotik

Die Gotik wird im zweiten Viertel des 13. Jahrhunderts zunächst von den
Zisterziensern und den Bettelorden verbreitet, deren teilweise großartige
Klosterkirchen in den Hussitenkriegen allerdings zumeist zerstört wurden,
wie die ehemaligen Hallenchöre von Mnichovo Hradiště (Münchengrätz),
Zbraslav (Königssaal) und der Kathedralchor von Sedlec (Sedletz). Erhal-
ten blieben u. a. die Zisterzienserkirchen in Vyšší Brod (Hohenfurth), Tišnov
(Tischnowitz) und einige Bettelordenskirchen in Prag, České Budějovice
(Budweis) und Jihlava (Iglau). Unter den letzten Přemysliden, die 1306 aus-
starben, liegt das Schwergewicht, ähnlich wie bei den letzten Staufern,
mehr auf der Profanarchitektur. Bedeutende Leistungen im Städte- und
Burgenbau sind die Doppelkapelle der Reichsburg Eger (Cheb), die
böhmischen Königsburgen von Zvíkov (Klingenberg), Písek (Pisek) und
Bezděz (Bösig) sowie die Bischofsburg von Horšovský Týn (Bischofteinitz). Unter Přemysl Ottokar II. (Otakar; gefallen 1278 in der Schlacht auf
dem Marchfeld), der Böhmen zur führenden Macht in Mitteleuropa
gemacht hatte und mehr daran war, die Kaiserwürde zu erlangen, wurden
zahlreiche Städte zumeist nach Nürnberger oder Magdeburger Recht von
deutschen Siedlern gegründet. Bedeutende Stadtkirchen des Übergangs-
stils stehen in Kolín (Kolin: St. Bartholomäus), Kouřim, und Písek (Pisek); in
diese Reihe gehört auch die Altneusynagoge in der Prager Josefstadt.

Spätgotik

Unter dem Luxemburger Kaiser Karl IV. (1347–1378), der deutsch, französisch, tschechisch und lateinisch sprach, vollzogen sich der Aufstieg der
böhmischen Länder zur führenden Kunstlandschaft in Mitteleuropa und
die Wendung zur Spätgotik. Prag, das als Reichshauptstadt und Sitz eines
Metropoliten (Erzbistum seit 1344) wesentlich vergrößert wurde, erhielt die
erste Universität im Reich. Durch den Neubau des Veitsdoms auf dem Prager Hradschin als gotische Kathedrale, begonnen 1344 von Matthias von
Arras († 1352), weitergeführt von Peter Parler aus Schwäbisch Gmünd und
seinen Söhnen, steigt Prag zum Vorort der Architektur und Plastik in Mitteleuropa auf, mit Fernwirkungen bis nach Italien (Mailänder Dom) und Spanien. Weitere Kathedralchöre der Parler entstanden in Kolín (Kolin) und in
Kutná Hora (Kuttenberg).
In der karolinischen Kunst sind Ergebnisse der Renaissance vorausentworfen: die ersten Netzgewölbe und Bildnisse Mitteleuropas, das erste
freiplastische Reiterstandbild seit der Antike (Hl. Georg auf der Prager
Burg von den Brüdern Martin und Georg von Klausenburg).
In der Malerei bildet sich aus einer Synthese von französischen und italienischen Elementen ein selbständiger Schulcharakter in allen Gattungen
aus. Charakteristisch sind die 'böhmischen Gnadenbilder' (Madonnen-
darstellungen in halber Figur mit Christuskind). Als führende Künstler gelten der Meister von Hohenfurth (Vyšší Brod), Meister Nikolaus Wurmser
aus Straßburg, Tomaso da Modena, Meister Theoderich und der Meister
von Wittingau (Třeboň). Altäre und Tafeln befinden sich in der Prager
Nationalgalerie; Wandmalereien im Emauskloster Prag und vor allem auf
der vom Kaiser als Aufbewahrungsort der Reichskleinodien und Reliquien
errichteten Burg Karlstein (Karlštejn).
Bedeutende Leistungen geschahen in der Buchmalerei (vgl. die Pracht-
handschriften König Wenzels in der Wiener Nationalbibliothek). Andere
Handschriften entstanden im Auftrag des bedeutenden Humanisten
Johannes von Neumarkt aus Schlesien, unter dem sich in der Prager
Reichskanzlei die deutsche Schriftsprache auszubilden begann. Nach

Kaiser Karl IV. und seine Gemahlin Anna

Spätgotik
(Fortsetzung)

dem Tode des Kaisers (1378) und Peter Parlers (1399) kam es zum Niedergang; König Wenzel (Václav) wurde 1400 als Kaiser abgesetzt, das Schwergewicht verlagerte sich nach Wien. Eines der Hauptwerke der raffiniert verfeinerten Kunst um 1400 ist die "Schöne Madonna" aus Český Krumlov (Krumau; im Wiener Kunsthistorischen Museum, Replik in der Prager Nationalgalerie).

Wachsende religiöse, soziale und nationale Spannungen, geschürt durch die Predigten des großen tschechischen Reformators Jan Hus, der seit 1391 in der u.a. von Hans Ritter von Mühlheim gestifteten Bethlehemskapelle in Prag predigte (im 18. Jh. abgebrochen, nach 1945 ganz neu wiederaufgebaut), führten schließlich 1409 zur Abwanderung der Professoren und Studenten der Prager Universität nach Leipzig. Der Ausbruch der Hussitenkriege im Jahre 1410 bedeutete das Ende dieser in der Geschichte Böhmens beispiellosen kulturellen Blütezeit.

Nach den Hussitenkriegen bleibt der Charakter der böhmischen (nunmehr fast rein tschechischen) Kunst bis zum Jahrhundertende konservativ und eklektisch. Der bedeutendste tschechische Architekt jener Zeit ist Mathias Rejsek: Pulverturm in Prag (1478); Chorwölbung der Barbarakirche von Kutná Hora (Kuttenberg; 1489–1499).

Unter König Wladislaw II. (1490–1516) berief man einige der bedeutendsten Architekten Mitteleuropas nach Böhmen, so Jakob Haylmann aus Schweinfurt, dem wir den Hallenchor der (jüngst versetzten) Stadtkirche von Most (Brüx) verdanken und vor allem Benedikt Ried (Beneš z Loun) aus Piesting (Vladislav-Saal im Prager Königspalast, einer der großartigsten Profanräume jener Zeit, 1493–1502; Langhaus der Barbarakirche in Kuttenberg mit dem vielleicht schönsten Netzgewölbe der spätesten Gotik überhaupt).

In Plastik und Malerei spiegeln sich fast alle wichtigen Schulen und Strömungen der Dürerzeit, vor allem die Kunst Leinbergers, Riemenschneiders, Lucas Cranachs und der Donauschule. Unter den einheimischen

Spätgotik
(Fortsetzung)

Malern ist bemerkenswert der Meister des Leitmeritzer Altars, der auch an der Ausmalung der Wenzelskapelle im Prager Veitsdom beteiligt war, einem der bedeutendsten Beispiele monumentaler Wandmalerei jener Zeit in Mitteleuropa.

Renaissance

Die Kunst der italienischen Renaissance setzte sich in Böhmen wahrscheinlich früher durch als irgendwo sonst in Mitteleuropa, mit Ausnahme Ungarns. Im Jahre 1534 entstand nach einem Entwurf von Paolo della Stella das Belvedere in Prag als Lustschloß Ferdinands I., eines der reinsten Beispiele absoluter Renaissancearchitektur diesseits der Alpen. Auch das originelle Schloß Stern (Hvězda) am Stadtrand von Prag wurde nach einer Idee des Erzherzogs Ferdinand von Italienern (über sternförmigem Grundriß) errichtet. Nach der Mitte des 16. Jahrhunderts war der führende Architekt Böhmens der kaiserliche Hofbaumeister Bonifaz Wohlmut aus Überlingen (Ballhaus auf dem Prager Hradschin 1568, Orgelempore im Veitsdom, Netzgewölbe im Landtagssaal der Burg und Netzrippenkuppel der Karlshofer Kirche 1575).

Ein anderes Ausstrahlungszentrum der Renaissance war das Herrschaftsgebiet der mächtigen Herren von Rosenberg (z Růže) im südlichen Böhmen und Mähren (Jindřichův Hradec · Neuhaus). Charakteristisch für dieses Gebiet sind Schlösser mit Arkadenhöfen (Bučovice · Butschowitz 1567–1582, Rosice · Rossitz u. a.).

Manierismus

Unter dem Habsburger Rudolf II. (1576–1612) war Prag zum zweitenmal Kaiserresidenz und einer der kulturellen Mittelpunkte Europas, diesmal der internationalen Kunst des Manierismus. Der Kaiser zog Künstler aller Nationen nach Prag: Adriaen de Vries, Bartholomäus Spranger, Johann Brueghel (Sammet-Brueghel), Arcimboldi, Savery, Sadeler, Hans von Aachen, Hufnagel, Gundelach, Heintz, Rottenhammer, Benedikt Wurzelbauer u. a. m., ohne daß sich jedoch neue und dauernde Traditionen in Böhmen gebildet hätten.

Internationales Ansehen außerhalb des Landes erlangten der tschechische Stecher Václav Hollar (1607–1677) und der Stillebenmaler Georg Flegel (1568–1638) aus Olomouc (Olmütz) in Mähren.

Bemerkenswert sind auch einige nachgotische Sakralbauten sowohl der Katholiken als auch der Protestanten in Prag (St. Salvator, St. Rochus).

Barock

Der Sieg der katholischen Partei in der Schlacht am Weißen Berge bei Prag (1620) leitete ein halbes Jahrhundert vorwiegend italienischer Architektur in Böhmen ein. Die genossenschaftlich organisierten italienischen, zumeist comaskischen Bauhandwerker beherrschten das Bauwesen fast ganz. Das Schwergewicht lag im 17. Jh. mehr auf dem Schloßbau. Die bedeutendsten Bauherren unter den böhmischen Magnaten waren Albrecht von Wallenstein (Palais Waldstein in Prag, 1623–1628), Humprecht Graf von Czernin (Palais Czernin in Prag, 1669–1692), die Fürsten W. E. von Lobkowitz (Schloß Roudnice · Raudnitz, um 1665) und K. E. von Liechtenstein (Schloß Plumlov · Plumenau in Mähren, 1680–1685).

Der Sakralbau steht in der Nachfolge der römischen Jesuitenkirche, deren fruchtbarste Adepten in Böhmen Carlo Lurago (Prag, St. Ignaz, 1665 bis 1678; Březnice, 1640 begonnen; Hradec Králové · Königgrätz) und Orsi de Orsini (Klatovy · Klattau) waren. Einige Kirchen jedoch setzen auch ältere einheimische Überlieferungen (Emporenhalle, Wandpfeilerkirche) fort, wie etwa in Prag, St. Salvator, oder in Kralovice (Kralowitz).

Anders als die Architektur wird die Plastik und Malerei weiterhin von einheimischen oder aus den Nachbargebieten zugewanderten Künstlern beherrscht. Die bedeutendsten Bildhauer nach der Mitte des 17. Jahrhunderts sind Jan Jiří Bendl (Werke in Prag: St. Salvator und Teynkirche) und Hieronymus Kohl. Von den Malern sind an erster Stelle der aus einer tschechischen Adelsfamilie stammende Karel Škréta (1610–1674) zu nennen, der aus Glaubensgründen ins Ausland ging, um als Konvertit wieder heimzukehren (Nationalgalerie Prag) und der für Böhmen (Sedlec) tätige Schlesier Michael Willmann (1630–1706).

Barocke Stuckkartuschen in der Prager Kirche Mariä Himmelfahrt (s. S. 364)

Der böhmisch-mährisch-schlesische Barock kulminiert in den ersten Jahr-   Spätbarock
zehnten des 18. Jahrhunderts. Es handelt sich um die künstlerisch fruchtbarste Epoche dieser Länder seit der karolinischen Zeit. Den Anschluß an
die europäische Entwicklung stellt zunächst der in Rom geschulte Fran-
zose Jean Baptiste Mathey (um 1630 bis 1695) her; in der Sakralarchitektur
durch den Zentralbau der Prager Kreuzherrenkirche (1679–1689), im Pro-
fanbau durch das Schloß Troja (1679–1685) in Prag. Die Hegemonie der
Italiener war damit gebrochen. Einheimische übernehmen nunmehr in der
Hauptsache die Führung. Der böhmische Spätbarock kann um so weniger
ohne den österreichischen und bayerischen verstanden werden, als fast
alle großen Architekten dieser Nachbargebiete Hauptwerke in den böhmischen Ländern hinterlassen haben, so Fischer von Erlach (Palais Clam-
Gallas in Prag, Schloß Vranov · Frain in Mähren), Lucas von Hildebrandt (St.
Laurenz in Jablonné v Podještědí · Deutsch-Gabel) und nicht zuletzt Christoph Dientzenhofer (1655–1722) aus der weitverzweigten bayerischen
Architektenfamilie, der überhaupt ganz in Böhmen blieb. Er gehört zusammen mit seinem Sohn Kilian Ignaz Dientzenhofer (1689–1751) und dem
eingedeutschten Italiener Giovanni Santini-Aichel unzweifelhaft zu den
drei bedeutendsten Architekten Böhmens im Spätbarock. Die Dientzenhofer vollzogen in Böhmen und Franken eine Synthese zwischen dem altbay-
erischen Wandpfeilersystem und dem Baldachinprinzip des genialen Guarino Guarini und schufen damit die Voraussetzung für die letzte und höchste Stufe des mitteleuropäischen Sakralbaues, vertreten durch die Schöpfungen des Egerers Balthasar Neumann (1687–1753) in Deutschland
(Neresheim, Vierzehnheiligen) und von Kilian Ignaz Dientzenhofer in Böhmen und Schlesien. Die Werke des älteren Christoph Dientzenhofer sind
allerdings urkundlich nur unzulänglich bezeugt (Smiřice 1699; Oboříště,
begonnen 1702; St. Klara in Cheb · Eger 1707–1711; Prag-Břevnov
1708–1745 sowie St. Niklas auf der Prager Kleinseite, einer der entwicklungsgeschichtlich und städtebaulich bedeutendsten Sakralbauten des
mitteleuropäischen Spätbarocks überhaupt). Von den zahlreichen Bauten

Spätbarock
(Fortsetzung)

seines Sohnes Kilian Ignaz Dientzenhofer, ohne die weder das Prager Stadtbild noch die übrige barocke Kulturlandschaft Böhmens zu denken ist, sind zu nennen: in Prag St. Niklas in der Altstadt und St. Johann am Felsen sowie die Kirchen in Opařany und Karlovy Vary (Karlsbad).

Giovanni Santini-Aichel (1677–1723), der einige der von den Hussiten zerstörten mittelalterlichen Klosterkirchen in gotisierenden Formen zu phantastischen Architekturvisionen ausbaute (Sedlec · Sedletz bei Kutná Hora · Kuttenberg, Kladruby · Kladrau, Zelená Hora · Grünberg bei Žďár nad Sázavou · Saar), schuf zusammen mit dem eingedeutschten Italiener Oktavian Broggio (1670–1742) in der Hauptsache den böhmischen Volksbarock, der sich am reinsten in den zahlreichen Wallfahrtsstätten darstellt (Loreto und Weißer Berg in Prag; heilige Berge: Svatá Hora bei Příbram, Svatý Kopeček bei Olomouc · Olmütz, Zelená Hora · Grünberg bei Žďár nad Sázavou · Saar). Weitere bemerkenswerte Barockarchitekten sind der Tscheche František Maximilian Kaňka (1674–1766), der übrigens fallweise auch in Deutschland gebaut hat (Donaueschingen), ferner der Iglauer Pavel Ignác Bayer (1656–1733) und die Italiener G. B. Alliprandi (1665 bis 1720; Jagdschloß Liblice, Piaristenkirche in Litomyšl · Leitomischl), M. Canevale (1652–1711) und G. B. Allio.

Um 1700 sind in Prag und der Provinz die Bildhauer Johann Georg und Paul Heermann aus Dresden (Freitreppe des Schlosses Troja in Prag) tätig, dann Matěj Václav Jäckel (1655–1738), der Italiener Ottavio Mosto (1659–1701) und der Prager Franz Preiß (1666–1712). Erst mit Ferdinand Maximilian Brokoff (1688–1731) und dem Tiroler Matthias Bernhard Braun von Braun (1684–1738), der die Bernineske nach Böhmen brachte, gipfelt die böhmische Barockplastik (Hauptwerke der meisten Bildhauer auf der Prager Karlsbrücke).

Der bedeutendste einheimische Freskomaler im Spätbarock war der Prager Václav Vavřinec Reiner (1689–1743), der in Prag (Loreto und Palais Czernin) und Zbraslav (Königssaal) Werke hinterließ. Doch sind auch fast alle großen Freskanten Österreichs (Rottmayr, Troger, Gran, Maulpertsch), Bayerns (Otto Hiebel, Cosmas Damian Asam, Johann Adam Schöpf, Anton Scheffler) und Schlesiens (Franz Xaver Palko) mit Hauptwerken vertreten. In der Tafelmalerei war der vitale Petr Brandl aus Prag (1668–1735) führend, in der Porträtmalerei der tschechische Exulant Jan Kupecký (1667–1740), der an psychologischer Charakterisierungskraft damals an den mitteleuropäischen Höfen unübertroffen war; Gemälde von ihm findet man in der Nationalgalerie in Prag.

Rokoko

Was das Rokoko betrifft, so gibt es zwar in den böhmischen Ländern eine ganze Anzahl Kunstwerke und Künstler dieses Stils, aber eine selbständige Spielart wie etwa Bayern, Franken oder Potsdam, hat Böhmen so wenig wie Österreich hervorgebracht. Den Ausbau der Prager Burg (1756–1774) leitete der Oberhofarchitekt Freiherr von Pacassi, den des Erzbischöflichen Palastes (1764/1765) in Prag Johannes Josef Wirch. Dem Kavalierarchitekten Graf Künigl ist das Prager Ständetheater zu verdanken (ausgeführt von Anton Haffenecker 1781–1783).

Die führenden Bildhauer gegen Ende des 18. Jahrhunderts in Prag waren Johann Anton Quittainer (1709–1765), Ignaz Platzer d. Ä. (1717–1787; St. Niklas in Prag, ferner Teplá · Tepl u. a.) und Richard Prachner (1705–1782); in Westböhmen Jakob Eberle (Dekanalkirche in Karlovy Vary · Karlsbad), in Ostböhmen František und Jiří Pacák. Weit über Böhmen hinaus bekannt wurden Ferdinand Dietz (Veitshöchheim) und der Feinmaler Norbert Grund (1717–1767).

Klassizismus

Anders als der Barock, an dem Böhmen wahrscheinlich länger festhielt als die meisten anderen Länder Mitteleuropas, war der Klassizismus, zumindest was die bildende Kunst betrifft, eher von untergeordneter Bedeutung. Das Schloß Kačina (Katschina) bei Kutná Hora (Kuttenberg), 1802–1822 erbaut von dem Dresdener Schuricht, und das Zollamt in Prag mit der Empirefassade von Georg Fischer (1800–1811) gehören nichtsdestoweniger zu den bemerkenswertesten Schöpfungen dieser Epoche.

Heiliger Berg bei Olmütz (s. S. 294)

Erst die Romantik zündete in Böhmen, nachdem die Ideen Herders zur   Romantik
Erweckung der tschechischen Nation geführt hatten. Der Aufstieg der
Tschechen zu kultureller Selbständigkeit führte allerdings auch umgekehrt
zum Untergang der übernationalen 'böhmischen' Kunst, die seit der zweiten Jahrhunderthälfte immer entschiedener in eine tschechische und deutsche Komponente auseinanderstrebte.

Von den romantischen und nachromantischen Malern sind an erster Stelle
die Nazarener Josef von Führich (1800–1876) und der Tscheche František
Tkadlík zu nennen, die Tschechen Josef Mánes (1820–1871) und Mikoláš
Aleš (1852–1913), ferner der Piloty-Schüler Gabriel Max sowie Václav
Brožík. Bedeutender als die neugotischen Architekten Josef Kranner und
Josef Mocker (Ausbau des Veitsdoms) war der tschechische Semper-
Schüler Josef Zítek (1832–1909): Tschechisches Nationaltheater (Entwurf
von 1866) und Rudolfinum in Prag; Mühlbrunnenkolonnade in Karlovy Vary
(Karlsbad); Museum in Weimar. Nicht nur nach München und Wien, son-
dern auch nach Paris zogen nunmehr die böhmischen Künstler. So ließen
sich die Landschafter Wilhelm Riedel, Franz Rumpler und der Tscheche
Antonín Chitussi von den Meistern von Barbizon inspirieren, Antonín Slav-
íček von den Impressionisten. Doch setzten sich die Tschechen auch mit
der Kunst Feuerbachs (Vojtěch Hynais) und dem Jugendstil auseinander
(Jan Preisler).

In der Plastik begründete der Tscheche Josef Václav Myslbek (1848 bis
1922) unter dem Eindruck der französischen Kunst eine Schule (Hl. Wenzel
auf dem Wenzelsplatz in Prag, Grabmal Schwarzenberg im Veitsdom), aus
der Bildhauer vom Range eines Jan Štursa (1880–1925), aber auch Bohumil Kafka (1878–1942) und Otto Gutfreund (1889–1927) hervorgegangen
sind.

Von den deutschen Plastikern (Metzner, Lederer, Hanak) und Architekten
(Josef Olbricht, Josef Hofmann) wirkten viele außerhalb Böhmens in
Deutschland oder Österreich. Die Wiener Werkstätten und die Sezession
sind ohne sie nicht zu denken.

Kunstgeschichtliches

Kunstdenkmäler in den tschechischen Ländern (Fortsetzung) Moderne

Zu den Vätern der modernen Architektur gehört Adolf Loos (1870–1933), der allerdings kaum in Prag, sondern in Wien baute. Bei den Tschechen vollzog die Wendung zur modernen Architektur nach dem Ersten Weltkrieg Josef Gočár (1880–1954). Als wichtigster Vertreter des tschechischen Funktionalismus gilt der Architekt Bohuslav Fuchs (1895–1972).

Doch behaupteten sich die konservativen Kunstströmungen daneben weiter, vertreten durch den bedeutenden tschechischen Maler und Illustrator Max Švabinský (1873–1962) und den Porträtisten Vratislav Nechleba sowie den Leibl-Schüler Heinrich Hönich.

Auch der Expressionismus und der Kubismus hatten herausragende Vertreter, der erste mehr unter den Deutschen (Oskar Kokoschka, Alfred Kubin, Josef Hegenbarth), der zweite mehr unter den Tschechen (Emil Filla und Václav Špála). Adolf Hölzel aus Olomouc (Olmütz) schließlich gehört zu den Begründern der gegenstandslosen Malerei.

Hinweis

Da sich die künstlerischen Strömungen und Aktivitäten allzeit in Prag konzentrierten bzw. von dort ausgingen, empfiehlt sich in Ergänzung zu dem vorstehenden Abriß der Kunstdenkmäler in Böhmen, Mähren und Mährisch Schlesien die Lektüre des kunstgeschichtlichen Überblickes über die Goldene Stadt im Hauptkapitel 'Reiseziele von A bis Z in der Tschechischen Republik' (→ Prag) dieses Reiseführers.

Kunstgeschichtliches aus der Slowakei

Allgemeines

Die Slowakei, am Südhang der Karpaten gelegen, öffnet sich mit den Flußtälern in das pannonische Tiefland. Politisch gehörte das Land zwar neun Jahrhunderte (bis 1918) zum Königreich Ungarn, kunstgeschichtlich indessen war es mehr dem österreichischen Alpen- und Donauraum zugeordnet, wenngleich wesentliche Impulse, abgesehen von Ungarn, auch aus Böhmen, Schlesien und Polen (vor allem aus Krakau) kamen.

Vor- und Frühgeschichte

Spuren menschlicher Besiedlung seit der Steinzeit gibt es sowohl in der West- wie in der Ostslowakei (Šarovce, Barca). Die großen Fluchtburgen der Kelten, von denen manche einen doppelten Bering von bis zu 4 m hohen Mauern aufwiesen, wurden noch ein Jahrtausend später, im Mongolensturm des 13. Jahrhunderts benutzt. Im ersten nachchristlichen Jahrhundert folgten den Kelten die germanischen Quaden und Bastarner, gegen die sich die Römer mit einer Kette befestigter Brückenköpfe am Nordufer der Donau (Dunaj) schützten: Stupava (Stampfen), Devín (Theben), Bratislava (Preßburg), Komárno (Komorn). Römische Feldzüge führten das Waagtal aufwärts bis Trenčín (Trentschin; römische Gedenktafel 179 n.Chr.). Nach dem Abzug der Germanen seit dem 6. Jahrhundert begann die Einwanderung der Slawen.

Vorromanische und romanische Zeit

Die Christianisierung erfolgte noch vor der ostchristlichen Mission von Salzburg aus. Im Jahre 833 weihte der Salzburger Erzbischof Adalram dem Regensburger Heiligen Emmeram eine Kirche in Nitra (Neutra), dem politischen Zentrum der Westslowakei. Im 9. Jh. gehörte die Westslowakei zum Großmährischen Reich, danach vorübergehend zu den Königreichen Böhmen und Polen sowie ab dem 11. Jh. endgültig zu Ungarn. Von den urkundlich bezeugten vorromanischen Baudenkmälern ist keines erhalten, von den romanischen stammen die ältesten aus dem 12. Jahrhundert. Es handelt sich um die in Mitteleuropa üblichen Bautypen: Basiliken mit Dreiapsidengrundriß und (zumeist) doppeltürmigen Westfassaden (Diakovce, Hronský Beňadik, Janošovce, Bíňa, Ilja, Krupina, Dobrá Niva). Herrschaftskapellen mit Westempore, mittelmeerische Apsissäle (Dražovce, Pominovce) und nordwesteuropäische Chorquadratkirchen, aber auch Zentralbauten: alpenländische Karner, böhmische Rotunden (Skalica, Dechtice) und Tetrakonchen (Chrasť nad Hornádom). Die donauländische Bauschule hinterließ in Ilija und Malá Bíňa spätromanische Portale.

104

Levoča – Kirche St. Jakob in Leutschau …   *… und Hauptaltar des hl. Jakob (s. S. 515)*

Nach dem Mongoleneinfall im 13. Jahrhundert gründeten deutsche Siedler zahlreiche Städte in der mittleren und östlichen Slowakei entweder nach dem ostdeutschen Schema mit rechteckigem Marktplatz und rasterförmigem Straßennetz oder nach dem süddeutschen mit gewundenem Straßenmarkt. Damals entstanden nach deutschem Recht die mittelslowakischen Bergstädte und vor allem das geschlossene Siedlungsgebiet der Zips (Spiš) am Fuße der Hohen Tatra mit dem Hauptort Levoča (Leutschau). Zu Anfang des 14. Jahrhunderts erneuerten die ungarischen Könige aus dem Hause Anjou in deutsch geschriebenen Urkunden die Privilegien der Siedler.   Gotik

Als neue Bautypen bringt die Gotik, vermittelt von Österreich, die dreischiffige Hallenkirche: Levoča (Leutschau), Gelnice (Göllnitz), Spišská Kapitula (Zipser Kapitel), Košice (Kaschau), Bratislava (Preßburg), Hronský Beňadik, Kežmarok (Käsmark), Okoličné, Spišské Vlachy (Wallendorf), Spišská Nová Ves (Zipser Neudorf), Prešov-Solivar (Preschau-Solivar), Banská Štiavnica (Schemnitz) und anderswo. Besonders häufig sind zweischiffige Hallenkirchen und Einstützenkirchen in der Zips: Lubica (Leibitz), Vrbov (Menhardsdorf), Veľká Lomnica (Groß-Lomnitz), Javorina-Ruskinovce (Javorina-Rießdorf), Lendak (Landeck), Spišská Sobota (Georgenberg), Žehra (Schigra) oder Danišovce (Diensdorf).

Die Parlersche Spätgotik wurde mehr von der Wiener als von der Prager Dombauhütte vermittelt. Der bedeutendste Sakralbau der Slowakei, die Elisabethkirche in Košice (Kaschau), hat jedoch keinen kathedralen Grundriß, sondern radiant gedrehte, doppelte Nebenkapellen nach dem Muster von Braisne, Trier, Xanten oder Ahrweiler. Über Wien kommt schließlich aus Frankreich mit erheblicher Verspätung die doppelgeschossige Palastkapelle, so in Bratislava (Preßburg), Spišská Kapitula (Zipser Kapitel) und Spišský Štvrtok (Donnersmark). Größte Bedeutung hatte für dieses ostmitteleuropäische Randgebiet, dessen Grenzen in der Gotik weit nach Osten vorgeschoben wurden, der Burgenbau: Bratislava (Preß-   Spätgotik

Spätgotik
(Fortsetzung)

burg), Zvolen (Altsohl), Lietava, Trenčín (Trentschin), Strečno, Krásna Hôrka und, in großartiger landschaftlicher Lage, die Zipser Burg (Spišský hrad).

Die gotische Plastik empfing Impulse aus Schwäbisch Gmünd (Košice · Kaschau) und von den Prager Parlern (Rathaus in Bratislava · Preßburg); die Malerei zuerst von Italien: Spišská Kapitula (Zipser Kapitel: "Krönung Roberts von Anjou", 1317); dann von der karolinischen Malerei Böhmens und von Österreich. In den Hussitenstürmen wurden zahlreiche Siedlungen zerstört.

Jakob Kassai (Kaschauer), einer der führenden Bildhauer Mitteleuropas im zweiten Drittel des 15. Jahrhunderts, wanderte nach Wien und Freising aus. Um 1500 kommt es unter dem Eindruck der altdeutschen Kunst – in der Malerei vor allem durch Dürer, Cranach und Altdorfer, in der Plastik durch Veit Stoß – zu einem Höhepunkt der künstlerischen Entwicklung. Der Meister Paul von Leutschau (Majster Pavol z Levoče; in Urkunden 'Paul Schnitzer' genannt) gehört zu den bedeutendsten Künstlern der Dürerzeit. Nur eines seiner zahlreichen Werke ist urkundlich bezeugt: der Hauptaltar von St. Jakob in Levoča (Leutschau). Früher waren die Kirchen der Bergstädte und der Zips angefüllt mit Altären, Skulpturen, Gemälden und Kirchenmöbeln; viele befinden sich heute in den Museen von Košice (Kaschau), Bratislava (Preßburg), Prag und Budapest.

Renaissance

Die Renaissance kam – verbreitet durch die italienischen Künstler am ungarischen Königshofe – früher in die Slowakei als nach Böhmen oder Österreich (Rathäuser in Banská Bystrica · Neusohl, Bardejov · Bartfeld, Levoča · Leutschau u.a.). Nach dem Einfall der Türken (Schlacht bei Mohács 1526) errichtete man zahlreiche Wehrbauten und kastellartige Schlösser, so in Banská Štiavnica (Schemnitz; Altes und Neues Schloß), Bytča, Bratislava (Preßburg), Fričovce (Fritsch), Strážky (Nehre) und anderen Orten.

Charakteristisch für die sog. Slowakische Renaissance sind Glockentürme, die wie die italienischen Campanili und die hölzernen Glockentürme des Mittelalters isoliert stehen: Beispiele findet man in Poprad (Deutschendorf), Spišská Sobota (Georgenberg), Vrbov (Menhardsdorf), Kežmarok (Käsmark) und anderswo. Typisch sind ferner die eigenartigen (vermutlich von Schlesien vermittelten) Zinnen und Kranzgesimsdekorationen mit Blendarkaden (z.B. am Schloß Fričovce · Fritsch).

Plastik und Malerei stehen auf weite Strecken in der Nachfolge der niederländisch-deutschen Reformationskunst (Epitaphe in den Kirchen von Bratislava · Preßburg, Levoča · Leutschau und Košice · Kaschau). Für Bratislava (Preßburg) schuf Andreas Luttringer 1572 einen Rolandsbrunnen. Die Zentren der bemerkenswert hoch stehenden Goldschmiedekunst waren Kremnica (Kremnitz: Christian Füssl, Wolfgang Roll, Achaz Thundl, Joachim Elsholtz u.a.) und Košice (Kaschau: Jakob Pinder). Eine Spezialität sind die sog. Herrengrunder Bergmannsbecher aus Banská Bystrica (Neusohl; heute im Ostslowakischen Museum von Košice · Kaschau).

Barock

Der Barock, der zugleich mit der Gegenreformation einzog, durchdrang den Westen ungleich stärker als die protestantischen Städte der mittleren und östlichen Slowakei. Eine erstaunliche Zahl von Künstlern wanderte aus: Johann Spillenberger nach Augsburg, Jakub Bogdan nach England, Samuel Gottlieb Hanrits (Hanrich) nach Berlin, Adám Mányoki nach Dresden, Johannes Brokoff nach Böhmen, Adam Friedrich Oeser, der Lehrer Winckelmanns und Goethes, nach Leipzig.

Dafür wirkten viele österreichische Künstler in der Slowakei. Bratislava (Preßburg) wird zu einem wichtigen Platz des Wiener Kaiserbarock (vgl. die Palais Esterházy, Jesenák, Apponyi, Mirbach, Grassalkovich). Auch der böhmische und fränkische Barock (Pläne Balthasar Neumanns für Munkacs!) wirkten sich aus. Größere Landschlösser gibt es in Dolná Mičiná, Markušovce (Marksdorf), Bernolákovo (früher Čeklís · Lan[d]schütz), Bijacovce, Holíč, Kráľova.

Trenčín – Synagoge in Trentschin

Als bedeutende Kirchenbauten sind zu nennen in Bratislava (Preßburg: Eli-sabethinerinnen- und Dreifaltigkeitskirche von Anton Pilgram), in Trnava (Tyrnau: Invalidendom von P. Spazzo) und in Trenčín (Trentschin: Piaristen-kirche) sowie nicht zuletzt das ostslowakische Prämonstratenserkloster Jasov von Anton Pilgram. Die protestantischen Kirchen wiederholen kei-neswegs nur die obligaten, zumeist über Schlesien vermittelten Typen, sondern setzen sich mitunter auch mit dem katholischen Sakralbau aus-einander (Wandpfeilersystem in Levoča · Leutschau, ovale Kuppelkirche in Banská Štiavnica · Schemnitz). Die protestantische Kirche in Bratislava (Preßburg) schuf Mathias Walch, die hölzerne in Kežmarok (Käsmark) der Baumeister Müttermann.

Als Siegeszeichen der Gegenreformation wurden in vielen Städten Marien- und Dreifaltigkeitssäulen aufgerichtet, so in Bratislava (Preßburg), Nitra (Neutra), Prešov (Preschau), Žilina (Sillein), Trnava (Tyrnau), Trenčín (Trent-schin), Vrbov (Menhardsdorf), Kremnica (Kremnitz) und Banská Štiavnica (Schemnitz).

Von den großen österreichischen Barockkünstlern wirkten der Bildhauer Raphael Donner mehr als ein Jahrzehnt in Bratislava (Preßburg: Martins-altar im Dom), der Freskomaler Franz Anton Maulbertsch in Trenčín-Bohuslavice, Paul Troger und Anton Palko in Bratislava (Preßburg: Elisa-bethinerinnen- und Jesuitenkirche) und Johann Lukas Kracker in Jasov. Die Goldschmiedekunst empfing nicht nur aus Augsburg und Nürnberg, sondern auch aus Siebenbürgen Impulse. Zu nennen sind hier Peter Kecskemeti und Paul Nonnert sowie die Brüder Szilassi, die eine Schule begründeten.

Anders als der Barock hat der Klassizismus seinen Schwerpunkt eher in der Ostslowakei. In Košice (Kaschau) gibt es eine Anzahl bemerkenswerter Palais und Bürgerhäuser (Lužensky, Dessewffy, Csáky u. a.) aus dieser Zeit. Von den Architekten ist Josef Ballagh (1781–1869) zu erwähnen, der Ideen Schinkels und Klenzes paraphrasiert. Seine Schüler wenden sich

Barock
(Fortsetzung)

Klassizismus

107

Kunstgeschicht-
liches aus der
Slowakei,
Klassizismus
(Fortsetzung)

der Romantik und dem Historismus zu. Von Josef Fischer stammt ein neugotisches Palais in Košice (Kaschau), Emmerich Henszlmann begründete
die ungarische und slowakische Denkmalpflege.
Der bedeutendste Bildhauer des Klassizismus in Ungarn und der Slowakei
war Štefan Ferenczy (1792–1856), ein Schüler von Thorvaldsen und
Canova. Von den Malern ist neben Josef Czauczik und Karol Tibély vor
allem Karol Marko (1791–1860) zu erwähnen, ein Landschaftsmaler von
internationalem Ruf, der die entscheidenden Jahre seines Lebens in Italien
verbrachte.

Romantik

Wie in Böhmen und Ungarn führte die Romantik auch in der Slowakei zum
Erwachen des Nationalbewußtseins. Slowakische und tschechische
Künstler schlossen sich in München zur Künstlervereinigung 'Škréta'
zusammen, deren Ziel die Schaffung einer slawischen Nationalkunst auf
der Grundlage der Volkskunst war. Als führende Persönlichkeit dieser
Generation galt der Architekt Dušan Jurkovič.
Die Slowakei verfügt noch immer über einen reichen Schatz an Volkskunst.
Zwar hat die rapide Industrialisierung den Bestand in der jüngeren Vergangenheit empfindlich dezimiert, doch gibt es noch immer eine erstaunlich
große Zahl bemerkenswerter gotischer (!) und barocker Holzkirchen, so
beispielsweise jene von Tvrdošín (Ende 15. Jh.), Trnové (um 1500), Tročany
(16. Jh.), Hervartov (1593), Bodružal (1658), Paludza (17. Jh.), Hronsek
(1725), Miroľa (1770) oder Zboj (1776).

Musik

Tschechische
Länder

Die Tschechen werden gern als 'Volk von Musikern' apostrophiert, und so
überrascht es nicht, daß sich die Musik und besonders das Musizieren in
den tschechischen Ländern großer Beliebtheit erfreut. Schon früh hat sich
in Böhmen und Mähren eine eigene volksmusikalische Tradition heraus-
gebildet. Böhmische Musiker waren bereits seit dem 16. Jahrhundert in
vielen europäischen Ländern bekannt.
Wurden die tschechischen Komponisten zunächst noch v. a. von der deutschen Musik beeinflußt (J. V. A. Stamic, 1717–1757), so begründete im
19. Jahrhundert Bedřich Smetana (1824–1884; → Berühmte Persönlichkeiten) die nationalromantische tschechische Musiktradition, welche von
Antonín Dvořák (1841–1904; → Berühmte Persönlichkeiten) und Zdeněk
Fibich (1850–1900) fortgeführt wurde. Opern, Sinfonien und Ballettmusi-
ken wurden besonders gepflegt.

Zu den bedeutenden tschechischen Komponisten des 20. Jahrhunderts
gehören Josef Suk (1874–1935) und Jan Kubelík (1880–1940) sowie der
Opernkomponist Leoš Janáček (1854–1928; → Berühmte Persönlichkeiten), dessen Spätwerk bereits der Neuen Musik zuzurechnen ist, als
deren herausragendste Vertreter der Neoklassizist Bohuslav Martinů (1890
bis 1957) sowie der ein eigenwilliges System von Kleinstintervallen anwen-
dende Alois Hába (1893–1973) zu nennen sind. Zur modernen Komponi-
stengeneration zählen u. a. Václav Dobiáš (1909–1978), Zbyněk Vostřák
(1920–1985), Rudolf Komorous (geb. 1931), Marek Kopelent (geb. 1932),
Luboš Fišer (geb. 1935) und Petr Kotík (geb. 1942), der mit außergewöhn-
lichen Klangmitteln experimentiert.
Als bekanntestes Orchester des Landes gilt die 1894 gegründete und
internationales Ansehen genießende Tschechische Philharmonie, welche
seit 1968 der bekannte Dirigent Václav Neumann leitet.

Neben der auch jenseits der Landesgrenzen beliebten böhmischen Volksmusik hat sich in jüngerer Zeit auch eine bedeutende tschechische Jazz-
und U-Musik-Szene entwickelt, die allerdings in der sozialistischen Vergangenheit – wie praktisch alle Bereiche des kulturellen Lebens – üblen
Verfolgungen ausgesetzt war.

Ähnlich wie in Böhmen und Mähren bildet auch in der Slowakei die Volksmusik die Basis der Musiktradition. Von einer eigenständigen Musik kann man auch dort erst ab dem 19. Jahrhundert sprechen, als Ján Levoslav Bella (1843–1936) sich einen Namen als Komponist machte.

Als die wichtigsten slowakischen Komponisten des 20. Jahrhunderts gelten Mikuláš Moyzes (1872–1944) und sein Sohn Alexander Moyzes (1906–1984) sowie Eugen Suchoň (geb. 1908), dessen Opern auch außerhalb der Slowakei bekannt sind.

Musik
(Fortsetzung)
Slowakei

Folklore

Nachdem sich das Gebiet der bisherigen Tschechoslowakei schon zu österreichischen Zeiten zu einem Gewerbe- und Industrieland mit vielen städtischen Zentren entwickelt hat, ist bodenständige Folklore – alte Sitten und Bräuche, Trachten, Volksmusik, ländliche Architektur – eigentlich nur in von größeren Städten abgelegenen Gegenden zu finden.

Brauchtum

In Böhmen, wo das alte Kulturzentrum Prag von jeher stark ausstrahlte und ausgleichend wirkte, haben sich eigene Traditionen lediglich im südböhmischen Land der bereits im Mittelalter in der Gegend um Domažlice (Taus) als Grenzwächter angesiedelten Choden bewahrt.

Böhmen

Vielfältige Folklore findet man dagegen in Mähren, insbesondere in der Hanna-Ebene (Haná) um die alte mährische Hauptstadt Olomouc (Olmütz), in der Mährischen Slowakei (Moravské Slovácko), wo sich schon früh Slowaken niedergelassen haben, und in der an Volkskunst reichen mährischen Walachei (Moravské Valašsko) mit den lokalen Zentrum Valašské Meziříčí (Walachisch-Meseritsch) und Rožnov pod Radhoštěm (Walachisches Freilichtmuseum).

Mähren

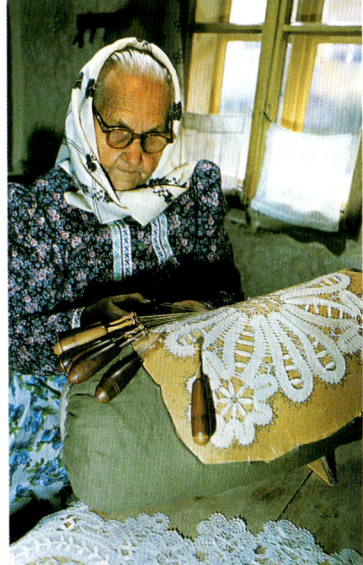

Spitzenklöpplerin　　　　　　　*Frauentracht*

Kunst und Kultur

Folklore
(Fortsetzung)
Mährisch
Schlesien

Besonders nach der politischen Wende des Jahres 1989 bemüht man sich in Mährisch Schlesien um eine Wiederbelebung der Traditionen dieser spezifischen Region, die einst zum österreichischen Kronland Schlesien gehörte.

Slowakei

Stark ausgeprägt sind altes Brauchtum und lebendige Folklore in den Gebirgsgegenden der Slowakei mit der Hohen Tatra (Vysoké Tatry) als Schwerpunkt. Hier pflegen heute besonders die um das Tatradorf Ždiar ansässigen Goralen ('Bergbewohner' mit polnischem Einschlag) die überkommenen Sitten (Trachten, Holzhäuser, Wehrhöfe). Zahlreiche Holzkirchlein finden sich in der äußersten Ostslowakei, wo der karpato-ukrainische Einfluß unübersehbar ist. Die einst von deutschen Siedlern gegründeten Städte und Ortschaften in der Zips (Spiš) am Südostfuß der Hohen Tatra sowie im Schemnitzer Gebirge (Štiavnické pohorie) und im Kremnitzer Gebirge (Kremnické pohorie) zeugen in Anlage und Gebäuden noch sehr deutlich von den Gewohnheiten ihrer ursprünglichen Bewohner. Ebenso unverkennbar ist der magyarische Einfluß der bis heute starken ungarischen Minderheit in der gesamten Slowakei, die bis zum Ende des Ersten Weltkrieges als 'Oberungarn' ein Teil der österreich-ungarischen k.u.k. Doppelmonarchie war.

Das Land in Zitaten

"Das sind für mich böhmische Dörfer."
Mit dieser Redensart meint man unverständliche Dinge. Sie dürfte sich von den für deutsche Zungen oft schier unaussprechlichen tschechischen Ortsnamen herleiten; z.B. Hřiměždice (sprich etwa 'Hrschie-mjesch-ditze') oder Kroměříz (sprich etwa 'Kró-mjer-schiesch'; deutsch Kremsier).

Deutsche
Redensart

Schließlich kamen wir nach elfjähriger Abwesenheit nach Böhmen. Unsere Mutter Elisabeth fanden wir nicht mehr am Leben; sie war einige Jahre zuvor verstorben. So fanden wir bei unserer Ankunft in Böhmen weder Vater noch Mutter, weder Bruder noch Schwester, noch sonst einen Bekannten.
Auch hatten wir die böhmische [tschechische] Sprache ganz verlernt. Doch wir haben uns später ihrer wieder bemächtigt.
Dieses Königreich war vollkommen heruntergekommen. Keine einzige Burg war frei; sie waren sämtlich mit allen Krongütern verpfändet, so daß wir keine Bleibe hatten, es sei denn wie jeder andere Bürger in einem Stadthaus. Die Prager Burg war seit den Zeiten Ottokars so verödet, verfallen und zerstört, daß sie gänzlich dem Boden gleichgemacht war. Dort ordneten wir mit großen Kosten aufs neue den Bau des weiträumigen, stattlichen Palastes an.
Alle ehrlichen Böhmen liebten uns, da sie wußten, daß wir ein Sproß aus dem alten böhmischen Königsgeschlechte waren, und liehen uns ihre Hilfe zur Wiedergewinnung der Burgen und des Königsgutes.
Aus der Selbstbiographie des böhmischen Königs und römischen Kaisers Karl IV. "Vita Caroli."

Karl IV.
(1316–1378)

Bedenkt, weise Männer, wie ruhmvoll Euer Prag blühte, solange es treu im Gehorsam des (römischen) Pontifikats stand, wie seine Bürger und Einwohner durch Reichtum, Macht und Bildung hervorragten. In anderen Nationen war keine Stadt, die sich hätte mit Prag vergleichen können, auf keine Weise kamen ihm Nürnberg oder Wien, Breslau oder das berühmte Köln gleich; wir wüßten nicht einmal, daß Rom, Venedig oder Florenz oder sonst eine Stadt unter der Sonne Prag gleichgekommen wären. Zum Unglück aber: Nachdem Prag falsche Propheten [gemeint sind die Hussiten] in seinen Schoß aufgenommen hatte, schwanden sein Ruhm und sein Reichtum, es schwanden Bevölkerung und schöne Bauten, und die Stadt geriet in Not und in Schmach bei allen Nationen.
Aus einem Brief des päpstlichen Legaten und Breslauer Bischofs Rudolf an die Böhmen (1471).

Rudolf, Bischof
von Breslau
(15. Jh.)

Das sind halt böhmische Musikanten!
Begeisterter Ausruf Mozarts beim Dirigieren des Orchesters in Prag am 19. Januar 1787.

Wolfgang
Amadeus Mozart
(1756–1791)

Seit dem Gebrauche des Karlsbads und des Egerbrunnens habe ich mich um vieles gebessert.
Äußerung Friedrich Schillers im Jahre 1791.

Friedrich Schiller
(1759–1805)

Dieses Land, als wahrhaft Mittelländisch, von Bergen umgeben, in sich abgeschlossen, führt durchaus den Charakter der Unmitteilung in sich selbst und nach außen.
Obgleich manche Reize und Lockungen mich nach dem Rhein ziehn, so wünsche ich doch das gute alte Böhmen wieder zu sehn, das mir durch Ihre Darstellung sowie durch die Sagen wieder aufs neue interessant geworden ist. Vor der Einbildungskraft und der Erinnerung steigt Böhmen wirklich als der Gegensatz von den Rheingegenden hervor.
Das Böhmen ist ein eigenes Land. Ich bin dort immer gern gewesen.

Johann Wolfgang
von Goethe
(1749–1832)

Das Land in Zitaten

Karlsbad
Hier im waldbewachs'nen Tale
Das so mancher Fremde segnet,
Weil mit heilsam heißer Schale
Die Genesung ihm begegnet
Und ihm frisches Leben schafft,
Muß in tiefen Felsenschlünden
Feuer sich mit Wasser binden,
Klüften siedend sich entwinden;
Neue Kräfte wirkt die Kraft.

Dem Genes'nen, dem Gesunden,
Bieten sich so manche Schätze,
Daß der Freund den Freund gefunden,
Zeugen die erwählten Plätze,
Wie Erinn'rung köstlich sei.
Und so wurden Wald und Wiese
Zum bewohnten Paradiese,
Daß ein jeglicher genieße,
Sich empfinde froh und frei.

Ich wüßte mir keinen angenehmeren und bequemeren Aufenthalt. . . Man kann hier in großer Gesellschaft und ganz allein sein, wie man will. Und alles, was mich interessiert und mir Freude macht, kann ich hier finden und treiben.
Goethe am 16. Juli 1807 über Karlsbad, wo er insgesamt dreizehnmal weilte.

Die über kriegerische Frauen in Böhmen mir öfters zugegangenen allgemeinen fabelhaften Nachrichten umständlicher zu erforschen und den Gedichts- und Geschichtsfreunden näher zu bringen, habe ich mir folgendes vergegenwärtigt: Libussa mit ihren zwei Schwestern, sie, die jüngste als Königin, die anderen beiden als bedeutend im Staate, scheinen den Grund zu einem Weiberregiment gelegt zu haben, indem sie sich des günstigen Vorurteils für die geistigen Vorzüge ihres Geschlechts bedienten und durch Klugheit die Männer zu beschwichtigen wußten.
Dieses Übergewicht war zu groß, so daß rohere, derbere Männer zuletzt ungeduldig, die Königin sich zu verheiraten nötigten, wodurch aber jene Gynäkokratie keineswegs aufgehoben ward, sondern sich vielmehr, zur Opposition genötigt, befestigte.
Hier mögen nun die von Frauen besetzten festen Plätze den Nachbarn sehr unbequem gewesen sein . . .
Aus Goethes Aufsatz "Amazonen in Böhmen" (Frühjahr 1829; erst postum veröffentlicht).

Wehe dem armen Norddeutschen, der keinen böhmischen Magen mitbringt.
Aus den "Skizzen böhmischer Kulturbilder" (1844).

In dem *Landhaus*, einem einfachen Gebäude in der Michaelsstrasse, werden die Reichtags-Versammlungen gehalten. Die Mitglieder erscheinen in der malerischen ungarischen Tracht mit Säbeln. Vor diese Versammlung trat 1741 die grosse Kaiserin Maria Theresia von ihren Feinden bedrängt und von ihren Verbündeten verlassen, in tiefe Trauer gekleidet, in voller ungarischer Tracht, die Krone des h. Stephan auf dem Haupte und mit dessen Schwert umgürtet, auf dem Arme den kleinen Prinzen, den nachmaligen Kaiser Joseph II. tragend, und schilderte in lateinischer Rede die traurige Lage des Reiches und die Gefahren, welche dem Throne drohten, und forderte die Versammlung zu kräftigem Beistand auf. Die ganze Erscheinung der hohen Frau machte einen so tiefen Eindruck auf die Gemüther der edlen Magyaren, dass sie, wie durch plötzliche Eingebung, die Säbel aus den Scheiden zogen und einstimmig riefen: „*Moriamur pro rege nostro Maria Theresia!*" und nun das ganze Land zu Schutz und Trutz aufboten.

Aus der Beschreibung der damals ungarischen Stadt Preßburg in der dritten umgearbeiteten Auflage von Baedekers "Handbuch für Reisende in Deutschland und dem Oesterreichischen Kaiserstaate" (Coblenz, 1846).

Baedekers "Deutschland und der Oesterreichische Kaiserstaat" (Fortsetzung)

Tief drin im Böhmerwald, da ist mein Heimatort,
es ist gar lang schon her, daß ich von dort bin fort.
Doch die Erinnerung, die bleibt mir stets gewiß,
daß ich den Böhmerwald ja nie vergiß.
Es war im Böhmerwald, wo meine Wiege stand,
im schönen, grünen Böhmerwald,
es war im Böhmerwald, wo meine Wiege stand,
im schönen grünen Wald!

Volkslied

O sel'ge Kinderzeit, noch einmal kehr zurück,
wo spielend ich genoß das allerhöchste Glück!
Wo ich am Vaterhaus auf grüner Wiese stand
und weithin schaute auf mein Vaterland.
Es war im Böhmerwald, wo meine Wiege stand,
im schönen grünen Böhmerwald!
Es war im Böhmerwald, wo meine Wiege stand,
im schönen grünen Wald!

Nur einmal noch, o Herr, laß mich die Heimat sehn,
den schönen Böhmerwald, die Täler und die Höh'n!
Dann scheid' ich gern von hier und rufe freudig aus:
Behüt' dich Böhmerwald, ich bleib' zuhaus!
Es war im Böhmerwald, wo meine Wiege stand,
im schönen, grünen Böhmerwald!
Es war im Böhmerwald, wo meine Wiege stand,
im schönen grünen Wald!

Der Text dieses bekannten Volksliedes stammt von Andreas Hartauer, die Weise wird einem gewissen Bicherl zugeschrieben.

An der Eger, dem Dorfe Aich gegenüber, ragen seltsame Felsen empor, die das Volk Hans-Heiling-Felsen nennt und davon heißt es: Vor alten Zeiten habe ein gewisser Mann, namens Hans Heiling, im Lande gelebt, der genug Geld und Gut besessen, aber sich jeden Freitag in sein Haus verschlossen und diesen Tag über unsichtbar geblieben sei. Dieser Heiling stand mit dem Bösen im Bunde und floh, wo er ein Kreuz sah. Einst soll er sich in ein schönes Mädchen verliebt haben, die ihm auch anfangs zugesagt, aber wieder verweigert worden war. Als diese mit ihrem Bräutigam und vielen Gästen Hochzeit hielt, erschien mitternachts zwölf Uhr Heiling plötzlich unter ihnen und schrie laut: "Teufel, ich lösche dir deine Dienstzeit, wenn du mir diese vernichtest!" Der Teufel antwortete: "So bist du mein!", und verwandelte alle Hochzeitsgäste in Felsensteine. Braut und Bräutigam standen da, wie sie sich umarmen; die übrigen mit gefalteten Händen. Hans Heiling stürzte vom Felsen in die Eger hinab, die ihn zischend verschlang, und kein Auge hat ihn wiedergesehen. Noch jetzt zeigt man die Steinbilder, die Liebenden, den Brautvater und die Gäste; auch die Stelle, wo Heiling hinabstürzte.

Brüder Jakob Grimm (1785–1863) und Wilhelm Grimm (1786–1859)

Die Tschechen sind das genialste Glied der slawischen Völkerfamilie.
Einschätzung des deutschen Historiker und Publizisten Heinrich von Treitschke.

Heinrich von Treitschke (1834–1896)

Ich war überrascht von der Schönheit der Gegenden, und als ich an einem wunderschönen Morgen bei Sebusein über die Elbe fuhr und die Umgebung mich an italienische Gegenden erinnerte, tauchte zum erstenmal der Gedanke in mir auf: Warum willst du denn immer in der Ferne suchen,

Ludwig Richter (1803–1884)

113

Das Land in Zitaten

Tschechische Nationalhymne

Lied aus der 1834 im Prager Ständetheater uraufgeführten Oper "Fidlovačka" ("Das Fiedelfest"), komponiert von František Škroup (1801–1862) auf ein Libretto von Josef Kajetán Tyl (1808–1856)

Tschechischer Originaltext

Kde domov můj? Kde domov můj?
Voda hučí po lučinách,
Bory šumí po skalinách,
V sadě stkví se jara květ,
Zemský ráj to na pohled!
A to je ta krásná země,
Země česká domov můj!

Deutsche Nachdichtung

Wo ist mein Heim, mein Vaterland?
Wo durch Wiesen Bäche brausen,
Wo auf Felsen Wälder sausen,
Wo ein Eden uns entzückt,
Wenn der Lenz die Fluren schmückt.
Dieses Land, so schön vor allen,
Böhmen ist mein Heimatland.

N.B.: Seit der Staatsgründung der ersten Tschechoslowakischen Republik im Jahre 1919 bestand die tschechoslowakische Nationalhymne aus einem tschechischen Teil (s. oben) und einem slowakischen Teil (s. unten).   Quelle: "Nationalhymnen" © Reclam, Stuttgart

---

Slowakische Nationalhymne

Melodie eines Volksliedes Text von Janko Matúška (1821–1877)

Slowakischer Originaltext

Nad Tatrou sa blýska, hromy divo bijú!
Zastavme sa bratia, veď sa ony ztratia
Slováci ožijú.

Deutsche Nachdichtung

Ob der Tatra blitzt es, dröhnt des Donners Krachen!
Doch der Stürme Wehen wird gar bald vergehen.
Brüder, wir erwachen.

was du in der Nähe haben kannst. Bald griff ich zur Mappe und zum Skizzenbuch und ein Motiv nach dem anderen stellte sich mir vor ... eine Fülle der schönsten und großartigsten Landschaftsbilder. Nach Aussig zurückgekehrt, zeichnete ich mehreres am Schreckenstein.
Eindrücke des Dresdener Malers Ludwig Richter über die Landschaft an der Elbe bei Aussig (Ústí nad Labem).

Ludwig Richter
(Fortsetzung)

Ich sah die unzähligen, aneinandergeschichteten Steintafeln und die uralten Holunder, welche ihre knorrigen Äste drum schlingen und darüber breiten. Ich wandelte in den engen Gängen und sah die Krüge von Levi, die Hände Aarons und die Trauben Israels. Zum Zeichen meiner Achtung legte ich wie die andern ein Steinchen auf das Grab des hohen Rabbi Jehuda Löw bar Bezalel. Dann saß ich nieder auf einem schwarzen Steine aus dem vierzehnten Jahrhundert, und der Schauer des Ortes kam im vollsten Maße über mich. Seit tausend Jahren hatten sie hier die Toten des Volkes Gottes zusammengedrängt, wie sie die Lebenden eingeschlossen hatten in die engen Mauern des Ghetto.
Über den Alten Jüdischen Friedhof in Prag, aus Wilhelm Raabes Erzählung "Holunderblüte" (1863).

Wilhelm Raabe
(1831–1910)

In Prag bin ich entschieden mal geboren,
Vielleicht vor tausend Jahren, wer kann's wissen.
So ist mein Herz der alten Stadt verschworen;
Dort möcht' ich immer meine Fahne hissen.

Detlev
von Liliencron
(1844–1909)

... es brodelt und kafkat und werfelt und kischt.
Wortschöpfung des satirischen Kritikers Karl Kraus zum einstigen Prager Kulturleben.

Karl Kraus
(1874–1936)

Mit dem Wort 'böhmisch' aber stand es so, daß die Deutschen gern von Böhmen sprachen, um die deutsche Drittelminorität des Landes von den jetzt im neuen Staatswesen allein regierenden Tschechen zu unterscheiden. Es gab eben in Böhmen seit alters her Tschechen und Deutsche. In der tschechischen Sprache aber hieß Böhmen 'Tschechy', der Böhme und der Tscheche waren hier daher identisch, und für den Satz "Die Bewohner von Böhmen heißen Böhmen, aber nicht alle Böhmen sind Tschechen", für diesen zweifellos richtigen Satz gab es in der tschechischen Sprache keine adäquat richtige Übersetzung. Die Tschechen hielten dies für einen Vorzug, die Deutschen natürlich für einen Mangel der tschechischen Sprache, die überdies, um die Verwirrung vollzumachen, gelegentlich auch noch, in alten Schriften, als 'böhmische' Sprache figurierte. Daß in den Sprachsinn des Wortes 'Bohème' auch noch Zigeuner und Künstler einbezogen wurden, bleibe hier als Assoziation zweiten Grades außer acht. Die Tschechen hielten jedenfalls den deutschen Sprachgebrauch für einen Ausdruck deutschen Eroberungswillens; die Deutschen sahen im tschechischen Vokabular eine Besitzergreifung des ganzen Landes. Beide Deutungen waren abstrus, erhielten aber, weil ja heute nur das Abstruse geschieht, durch die späteren Ereignisse sogar eine Art Rechtfertigung.
Aus Max Brods Roman "Rebellische Herzen" (1957).

Max Brod
(1884–1968)

Routenvorschläge

Vorbemerkung

Die nachstehenden Routenvorschläge mögen dem Autotouristen Anregungen zur Bereisung des Landes geben, ohne ihm die Freiheit der eigenen Planung und Streckenwahl zu nehmen.
Die Routenführung ist so gewählt, daß die Hauptsehenswürdigkeiten berührt werden. Dennoch lassen sich nicht alle in diesem Reiseführer beschriebenen besuchenswerten Orte ohne Umwege oder Abstecher erreichen. Ihre notwendige Ergänzung finden diese Routen in zahlreichen Hinweisen auf lohnende Umgebungsziele bei den Einzelbeschreibungen der Hauptkapitel 'Reiseziele von A bis Z in der Tschechischen Republik' und 'Reiseziele von A bis Z in der Slowakischen Republik'. Die vorgeschlagenen Streckenführungen lassen sich auf der zum Buch gehörenden Reisekarte verfolgen, welche die ins Detail gehende Reiseplanung erleichtert.

Hinweise

Orte und Landschaften, die in den Hauptkapiteln 'Reiseziele von A bis Z' unter einem Hauptstichwort beschrieben sind, erscheinen innerhalb der folgenden Routenvorschläge **in halbfetter Schrift**.
Sämtliche erwähnten Städte, Orte, Landschaften, Gebirge, Flüsse u. v. a. sowie einzeln stehende Sehenswürdigkeiten, gleichgültig ob Hauptstichworte oder Umgebungsziele, sind im Namenregister am Ende des Reiseführers mit allen sprachlichen Entsprechungen zusammengefaßt, so daß ein rasches und problemloses Auffinden des Gesuchten gewährleistet ist.
Bei den in den Routenüberschriften genannten Entfernungsangaben handelt es sich um gerundete Kilometerzahlen, die sich lediglich auf den direkten Routenverlauf beziehen; sofern bei den empfohlenen Abstechern, Umwegen oder Varianten längere Strecken anfallen, sind die zu bedenkenden Entfernungen jeweils angemerkt.

Tschechische Länder

1. Von Berlin über Dresden nach Prag (Praha)   (330 km)

Streckenverlauf

Von Berlin, der alten und neuen Hauptstadt Deutschlands, gelangt man auf der Autobahn (A 13) südwärts durch das deutsche Bundesland Brandenburg unweit des Biosphärenreservates Spreewald vorüber und durch die westliche Oberlausitz nach Dresden, der Hauptstadt des Bundeslandes Freistaat Sachsen, dem zu beiden Seiten der Elbe gelegenen 'Elbflorenz'.
Von Dresden führt die Route zunächst bergig, jedoch ohne übermäßige Steigungen über das östliche Erzgebirge hinweg in die Tschechische Republik nach Böhmen (Čechy). Jenseits **Teplice** (Teplitz) fährt man durch das reizvolle Böhmische Mittelgebirge (České středohoří) wiederum zur **Elbe (Labe)** bei Lovosice (Lobositz), folgt ein kurzes Stück dem Lauf der Eger (Ohře), durchquert anschließend das mittelböhmische Hügelland und gelangt, zuletzt abseits der Moldau (Vltava), nach **Prag (Praha)**, der vieltürmigen prächtigen Hauptstadt der Tschechischen Republik.

Abstecher und Wanderungen

Von Cínovec (Hinterzinnwald) empfiehlt sich die kurze Fahrt (8 km) entlang dem Kamm des Erzgebirges (Krušné hory) zu dem aussichtsreichen Mückentürmchen (Komáří hůrka).
Lohnend ist eine Wanderung (1–1½ Std.) von Bílka (Pilkau) oder Velemín (Wellemin) auf den Donnersberg oder Milleschauer (Milešovka; 835 m ü.d.M.), den höchsten Berg des Böhmischen Mittelgebirges, mit prächtiger Aussicht. Ebenso empfehlenswert ist die leichte Besteigung (1 Std.) des Lobosch (Lovoš), die man von Bílinka oder Lovosice (Lobositz) vor-

◀ *Panská skála – Herrenhausfelsen in der Böhmischen Schweiz (České Švýcarsko)*

Route 1
(Fortsetzung)

nehmen kann. Kurz vor **Terezín** (Theresienstadt; KZ-Gedenkstätte) zweigt eine Straße (2,5 km) nach **Litoměřice** (Leitmeritz) ab, dessen Besuch man nicht versäumen sollte.

Von Straškov gelangt man unschwer (Zufahrt 6,5 km) auf den markanten Georgsberg (Říp; 459 m ü. d. M.), um den sich die Sage des tschechischen Urvaters Čech rankt.

Wer musikgeschichtlich besonders interessiert ist, kann von einer Abzweigung vor Veltrusy (Weltrus) einen Abstecher (2 km) nach Nelahozeves (Mühlhausen) machen, um dort das Geburtshaus des Komponisten Antonín Dvořák zu besichtigen.

2 a. Von Nürnberg über Cheb (Eger) und Karlovy Vary (Karlsbad) nach Prag (Praha)   (340 km)

Streckenverlauf

Von der alten Reichsstadt Nürnberg fährt man zunächst auf der Autobahn (A 9) in großzügigen Windungen über die hügelige Hochfläche der Fränkischen Schweiz und durchquert anschließend im nördlichsten Teil von Ostbayern das größtenteils von Nadelwald bedeckte Fichtelgebirge.

An der Grenze zur Tschechischen Republik erreicht man das vom Erzgebirge (Krušné hory) und Kaiserwald (Slavkovský les) begrenzte Egerland (Chebsko) mit seiner altertümlichen Hauptstadt **Cheb** (Eger).

Die Route führt weiter über die weltbekannte westböhmische Kurstadt **Karlovy Vary** (Karlsbad), dann am Duppauer Gebirge (Doupovské hory) vorüber sowie durch das landschaftlich einförmige Mittelböhmen und das Steinkohlenrevier von Kladno nach **Prag (Praha)**, der an der Moldau (Vltava) gelegenen altberühmten Hauptstadt der bisherigen Tschechoslowakei.

Abstecher
und Varianten

Von Cheb (Eger) empfiehlt sich die kurze Fahrt (5 km) zu dem bekannten Kurort **Františkovy Lázně** (Franzensbad); nach Mariánské Lázně (Marienbad) s. Route 3 a.

Von Sokolov (Falkenau) kann man einen Abstecher (25 km) in das westliche Erzgebirge (Krušné hory) nach Kraslice (Graslitz) machen, ebenso (18 km) von Karlovy Vary (Karlsbad) nach Nejdek (Neudek); nach Jáchymov (St. Joachimsthal), Boží Dar (Gottesgab) und auf den Keilberg (Klínovec) s. Route 3 b.

Von einer Straßenkreuzung etwa auf halbem Wege zwischen Karlovy Vary (Karlsbad) und Prag (Praha) kann man entweder nordwärts über die Hopfenstadt Žatec (Saaz) in das Braunkohlegebiet von Most (Brüx) oder südwärts nach Plzeň (Pilsen) gelangen und von dort nach Prag weiterfahren.

2 b. Von Prag (Praha) über Plzeň (Pilsen) nach Nürnberg   (290 km)

Streckenverlauf

Man fährt von der prächtigen, an den Ufern der Moldau (Vltava) gelegenen Landeshauptstadt **Prag (Praha)** zunächst durch Mittelböhmen und quert in Beroun (Beraun) das wegen seiner Kalksteinformationen interessante Tal der Beraun (Berounka).

Dann führt die Route weiter zu dem westböhmischen Wirtschafts- und Verwaltungszentrum **Plzeň** (Pilsen).

Dahinter folgt die Straße mittelbar dem Lauf der Mies (Mže) und steigt später zum westlichen Böhmerwald (Český les) an, wo man die Tschechische Republik verläßt.

Weiterhin durchquert man in der waldreichen bayerischen Oberpfalz zunächst die Hochfläche des Oberpfälzer Waldes, dann die zur Fränkischen Alb gehörende felsige Hersbrucker Alb und gelangt zuletzt hinab in das reizvolle Tal der Pegnitz zu der alten Reichsstadt Nürnberg, der zweitgrößten Stadt im deutschen Freistaat Bayern.

Von Beroun (Beraun) empfehlen sich lohnende Fahrten im Tal der Beraun (Berounka) zur Burg **Karlštejn** (Karlstein; 14 km) und zur Burg **Křivoklát** (Pürglitz; 27 km), ferner zu dem nahen Höhlengebiet von Koněprusy (7 km) im Gebiet des Böhmischen Karstes (Český kras).   *Abstecher und Varianten*
Von Plzeň (Pilsen) nach České Budějovice (Budweis) und in den Böhmerwald s. Routen 6 a und 6 b.
Von **Stříbro** (Mies) sollte man den kurzen Abstecher (4 km) zu dem ehemaligen Kloster Kladruby (Kladrau) nicht versäumen.

Westböhmische Bäder · Západočeské lázně
Böhmisches Erzgebirge · Krušné hory

3 a. Von Cheb (Eger) über Mariánské Lázně (Marienbad) nach Karlovy Vary (Karlsbad)   (75 km)

Von der alten Reichsstadt **Cheb** (Eger) fährt man zunächst zwischen den bewaldeten Höhen des westlichen Böhmerwaldes (Český les) und des Kaiserwaldes (Slavkovský les) hindurch zu dem schon zu Goethes Zeiten berühmten Kurort **Mariánské Lázně** (Marienbad).   *Streckenverlauf*
Die Route führt von dort über die westlichen Ausläufer des Tepler Hochlandes (Tepelská plošina) und durch das reizvolle, z.T. enge und vorwiegend bewaldete Tal der Tepl (Teplá) nach **Karlovy Vary** (Karlsbad), der weltbekannten Kurstadt.

Hinter Dolní Žandov (Untersandau) kann man von der direkten Straße abzweigen und über Schloß und Bad Kynžvart (Königswart) nach Mariánské Lázně (Marienbad) gelangen.   *Variante und Abstecher*
Sehr empfehlenswert ist kurz hinter Mariánské Lázně (Marienbad) der Abstecher zu dem ehemaligen Prämonstratenserstift Teplá (Tepl) mit seiner markanten Klosterkirche und wertvollen Bibliothek.

3 b. Von Karlovy Vary (Karlsbad) nach Teplice (Teplitz)   (105 km)

Von der weltbekannten westböhmischen Kurstadt **Karlovy Vary** (Karlsbad) führt die Route zunächst über eine z.T. moorige Hochfläche zwischen dem Erzgebirge (Krušné hory) und dem Duppauer Gebirge (Doupovské hory), dann in dem malerischen Tal der Eger (Ohře) nach Nordböhmen.   *Streckenverlauf*
Danach fährt man stets unmittelbar unter dem Südabfall des Erzgebirges und am Nordrand des ausgedehnten Braunkohlengebietes entlang über die Industriezentren **Chomutov** (Komotau) und Litvínov nach **Teplice** (Teplitz), dem bekannten Heilbad in der Talsenkung zwischen dem Erzgebirge und dem Böhmischen Mittelgebirge (České středohoří).

Von einer Straßenteilung hinter Ostrov (Schlackenwerth) empfiehlt sich der Abstecher (13 km) über das Radiumbad **Jáchymov** (St. Joachimsthal) nach Boží Dar (Gottesgab) auf der Kammhöhe des Erzgebirges (Krušné hory), von wo man unschwer auf den Pleßberg (Plešivec) und auf den Keilberg (Klínovec) gelangen kann.   *Abstecher*
Von Verněřov (Wernsdorf) sind es nur 3 km bis zu dem altertümlichen Städtchen **Kadaň** (Kaaden), das wegen seiner historischen Bauten, die sich um den Marktplatz gruppieren, einen Besuch lohnt.
Auch sollte man nicht versäumen, die kurze Fahrt (5 km) von Osek (Ossegg; ehem. Zisterzienserstift) nach **Duchcov** (Dux) zu unternehmen, um das dortige Schloß mit den Andenken an Giacomo Girolamo Casanova zu besichtigen.

3 c. Von Teplice (Teplitz) über Děčín (Tetschen) nach Liberec (Reichenberg) (110 km)

Streckenverlauf

Von der Badestadt **Teplice** (Teplitz) in der Talsenke zwischen Erzgebirge (Krušné hory) und Böhmischem Mittelgebirge (České středohoří), fährt man zunächst am Südhang des Erzgebirges, später unter dem **Elbsandsteingebirge (Labské pískovce)** entlang zu der anmutig im Tal der **Elbe (Labe)** gelegenen Stadt **Děčín** (Tetschen).
Weiter auf abwechslungsreicher Strecke durch das südliche **Lausitzer Gebirge (Lužické hory)**.
Am nordwestlichen Fuß des Jeschkengebirges (Ještědské pohoří) erreicht man das Tal der Lausitzer Neiße (Lužická Nisa) und folgt diesem zu dem bedeutenden nordböhmischen Industrieplatz **Liberec** (Reichenberg).

Abstecher

Als Ergänzung zu dem Besuch der Gedenkstätten für die Schlacht bei Chlumec (Kulm) kann man von der Straßenteilung bei Varvažov (Arbesau) die kurze Fahrt (6 km) zu der geschichtlich bedeutsamen Nollendorfer Höhe machen.
Von Libouchec (Königswald) lohnt ein Abstecher (3 km) zu der eigenartigen 'Felsenstadt' der Tiské stěny (Tyssaer Wände).
Von Jílové (Eulau) gelangt man bequem (4 km Zufahrt und noch $1/2$ Std. zu Fuß) auf den Hohen Schneeberg (Děčínský Sněžník), die höchste Erhebung des Elbsandsteingebirges.
Außerordentlich lohnend ist die Fahrt von Děčín (Tetschen) durch das Tal der **Elbe (Labe)** nach Dresden (62 km), wobei man nicht versäumen sollte, von Hřensko (Herrnskretschen; 12 km von Děčín) die von der Kamnitz (Kamenice) zerklüftete Edmundsklamm (Dolní soutěska) und Wilde Klamm (Divoká soutěska) sowie das großartige Prebischtor (Pravčická brána) zu besuchen.
Von Česká Kamenice (Böhmisch-Kamnitz) empfiehlt sich der Abstecher (11 km) nach Jetřichovice (Dittersbach), einem günstigen Ausgangspunkt für Touren in die Böhmische Schweiz (České Švýcarsko).
Wer genügend Zeit zur Verfügung hat, kann von einer Abzweigung hinter Česká Kamenice (Böhmisch-Kamnitz) oder von Svor (Röhrsdorf) durch das westliche **Lausitzer Gebirge (Lužické hory)** in das Lausitzer Bergland (Lužická pahorkatina) nach Rumburk (Rumburg) fahren.

3 d. Von Děčín (Tetschen) über Ústí nad Labem (Aussig) nach Litoměřice (Leitmeritz) (50 km)

Streckenverlauf

Die reizvolle Route folgt durchweg unmittelbar dem Tal der **Elbe (Labe)** flußaufwärts, die von Lovosice (Lobositz) bis **Děčín** (Tetschen) in malerischen Windungen zwischen dunklen Basaltbergen das Böhmische Mittelgebirge (České středohoří) durchbricht, dessen kuppige Höhen bewaldet sind, während die unteren Hänge, besonders im Süden, Obst und auch Wein tragen.
Von Děčín (Tetschen) folgt man am besten dem linken Elbufer nach **Ústí nad Labem** (Aussig), dem nordböhmischen Wirtschafts- und Verwaltungszentrum mit einem wichtigen Binnenhafen.
Dann am rechten Flußufer weiter unter dem aus der Zeit der Romantik bekannten Burgfelsen Schreckenstein (Střekov) vorüber und auf schöner Uferstraße (im letzten Abschnitt z.T. abseits vom Fluß) zu der alten Bischofsstadt **Litoměřice** (Leitmeritz) am Rande der weiten Elbniederung gegenüber der Einmündung der Eger (Ohře).

Ausflüge

Von Neštědice (Nestersitz) kann man in $3/4$ Std. den aussichtsreichen Ziegenberg (Kozí vrch) besteigen.
Von Ústí nad Labem (Aussig) empfehlen sich die Ausflüge zur Ruine Schreckenstein (Střekov) und auf die Hohe Wostrey (Vysoký Ostrý).

4. Von Prag (Praha) über České Budějovice (Budweis) nach Linz
(250 km)

Von der prachtvollen, an der Moldau (Vlatava) gelegenen tschechischen Hauptstadt **Prag (Praha)** fährt man zunächst durch Mittelböhmen und überquert das Mittelböhmische Bergland (Středočeská vrchovina). Dann zieht die Route weiter nach Südböhmen zu der alten Hussitenfestung **Tábor**, wo man das Tal der Lainsitz (Lužnice) erreicht, dem die Fortsetzung der Straße danach flußaufwärts folgt.
Hinter Veselí nad Lužnicí, wo eine Zweigstrecke über **Třeboň** (Wittingau) in die österreichische Hauptstadt Wien (s. Route 7 a) abzweigt, führt die Hauptstrecke weiter auf dem alten Handelsweg zwischen Böhmen und Oberösterreich nach **České Budějovice** (Budweis), der Hauptstadt Südböhmens, dann durch das Tal der Maltsch (Malše) nach Oberösterreich in das Mühlviertel, zuletzt hinab ins Donautal zu der oberösterreichischen Landeshauptstadt Linz.

Streckenverlauf

Von Benešov u Prahy (Beneschau) empfehlen sich die Abstecher zu den vielbesuchten Schlössern **Konopiště** (Konopischt; 2 km) und Jemniště (10 km).
Von Tábor gehen zwei lohnende Querverbindungen aus: Westwärts kann man über die Worliker Moldau-Talsperre (Orlická přehradní nádrž), an der die Schlösser **Orlík** (Worlik) und Zvíkov (Klingenberg) liegen, und den reizvollen Brdy-Wald nach **Plzeň** (Pilsen) sowie von dort nach Nürnberg fahren oder nach Prag (Praha) zurückkehren (s. Route 2 b); von Tábor ostwärts zieht eine Straße über die südwestliche Böhmisch-Mährische Höhe (Českomoravská vrchovina) und das alte Städtchen **Pelhřimov** (Pilgram) nach **Jihlava** (Iglau), von wo man nach Wien weiterfahren oder nach Prag (Praha) zurückkehren kann (s. Route 7 b).
Von Soběslav (Sobieslau) lohnt eine Fahrt (ca. 20 km) rund um die sich südwestlich des Städtchens erstreckenden Moore (Blata).
Gut 10 km hinter České Budějovice (Budweis) zweigt eine Straße nach **Český Krumlov** (Krumau) und kurz vor der tschechisch-österreichischen Grenze bei Dolní Dvořiště (Unterhaid) eine andere nach **Vyšší Brod** (Hohenfurth) und zum Lippener Moldau-Stausee (Lipenská přehradní nádrž) ab.

Abstecher und
Querverbindungen

5. Von Regensburg durch den Böhmerwald nach Plzeň (Pilsen)
(155 km)

Von der an der Donau gelegenen alten Reichsstadt Regensburg zieht die Strecke durch Ostbayern zum Tal des Regens und durch die 'Further Senke', über die schon im Mittelalter ein wichtiger Handelsweg nach Böhmen führte, in die Tschechische Republik, wobei man zwischen den Hauptkämmen des Oberpfälzer Waldes (Český les) und des Bayerischen Waldes sowie des eigentlichen Böhmerwaldes (Šumava) hindurchfährt und in das Chodenland (Chodsko) gelangt.
Dann fährt man durch das hügelige Vorland des Böhmerwaldes und später im Tal der Radbusa (Radbuza) in das industriereiche Pilsener Becken (Plzeňská pánev) nach **Plzeň** (Pilsen), dem bierberühmten Wirtschafts- und Verwaltungszentrum Westböhmens.

Streckenverlauf

Von Česká Kubice (Böhmisch-Kubitzen) kann man in 3 Std. die Schwarzkoppe (Čerchov), den höchsten Berg des böhmischen Teiles des Oberpfälzer Waldes (Český les), besteigen.

Bergwanderung

Von Draženov (Trasenau) führt ein Abstecher (7$^1/_2$ km) über den traditionsbewußten Chodenort Klenčí pod Čerchovem (Klentsch) zu dem Aussichtspunkt Výhledy.

Abstecher

6 a. Von Plzeň (Pilsen) über Písek
nach České Budějovice (Budweis)   (140 km)

Streckenverlauf

Von **Plzeň** (Pilsen), der industriereichen und bierberühmten Hauptstadt Westböhmens, fährt man zwischen dem Brdy-Wald und dem Vorland des Böhmerwaldes (Šumavské podhůří) hindurch über Nepomuk, den Geburtsort des böhmischen Brückenheiligen Johannes, in das südliche Böhmen nach Blatná (Blatna) mit seinem schönen Wasserschloß.
Die Route berührt dann die alte Goldwäscherstadt **Písek** (Pisek) an der Wottava (Otava) und zieht später durch das an Fischteichen reiche Budweiser Becken (Budějovická pánev) zu der an der Mündung der Maltsch (Malše) in die Moldau (Vltava) gelegenen südböhmischen Hauptstadt **České Budějovice** (Budweis).

Abstecher
und Varianten

Von einer Abzweigung hinter Losiná empfiehlt sich der kurze Abstecher (7 km) zu dem ehemaligen Jagdschloß Kozel.
Von Písek kann man nach **Tábor** und von dort weiter nach České Budějovice (Budweis) oder zurück nach Plzeň (Pilsen) fahren. Hierbei lohnt von Opařany der Abstecher (11 km) zu dem malerisch an der Lainsitz (Lužnice) gelegenen Kurort **Bechyně** (Bechin).
Vor České Budějovice (Budweis) sollte man den Besuch der Schlösser Kratochvíle, **Hluboká nad Vltavou** (Frauenberg) und Ohrada nicht versäumen.

6 b. Von Plzeň (Pilsen) durch den Böhmerwald (Šumava)
nach České Budějovice (Budweis)   (270 km)

Streckenverlauf

Von dem westböhmischen Wirtschafts- und Verwaltungszentrum **Plzeň** (Pilsen) folgt man zunächst dem Tal der Angel (Úhlava) und fährt hinter **Klatovy** (Klattau) in den Böhmerwald (Šumava), dessen waldreiche Höhen die Route anschließend durchzieht.
Später erreicht man in Südböhmen das Quellgebiet der **Moldau (Vltava)** und verfolgt deren Oberlauf über den Lippener Stausee (Lipenská přehradní nádrž) und die malerische Stadt **Český Krumlov** (Krumau) bis nach **České Budějovice** (Budweis), der Hauptstadt Südböhmens.

Varianten
und Abstecher

Von Klatovy (Klattau) kann man entweder nach **Domažlice** (Taus) und von dort nach Plzeň (Pilsen) zurückfahren oder über **Strakonice** (Strakonitz) und Vodňany direkt nach České Budějovice (Budweis) gelangen, wobei sich von Horažďovice der Abstecher (10 km) zur Burg Raby (Rabí) empfiehlt.
Von der Abzweigung südlich von Klatovy (Klattau) bei Běšiny erreicht man nach 9 km die sehenswerte Burgruine von Velhartice (Welhartitz).
Von **Železná Ruda** (Markt Eisenstein) besteht eine Querverbindung nach Domažlice (Taus), an welcher die Sommerfrische Špičák (Spitzberg) liegt; von hier sehr lohnende Wanderung ($1/2$–1 Std.) durch Urwaldlandschaft zum Teufelssee (Čertovo jezero) oder zum Schwarzen See (Černé jezero).
Von der Straßenteilung hinter der Wottawa-Brücke jenseits Dolejší Krušec (Unterkörnsalz) kann man einen kurzen Abstecher (7 km) nach **Sušice** (Schüttenhofen) machen.
Einen Besuch verdient auch die alte Stadt **Vimperk** (Winterberg), die man entweder vom Wottawa-Tal über Kašperské Hory (Bergreichenstein) oder als Abstecher (12 km) von Horní Vltavice (Obermoldau) erreicht.
Zur Moldauquelle gelangt man in $11/2$ Std. von Kvilda (Außergefild).
Volary (Wallern) ist ein günstiger Ausgangspunkt für Touren in das Gebiet um den Böhmischen Plöckenstein (Plechý), den höchsten Berg des Böhmerwaldes. Von Volary (Wallern) hat man die Möglichkeit, über das besuchenswerte Städtchen Prachatice (Prachatitz) nach Vodňany und von dort direkt nach České Budějovice (Budweis) zu fahren.

Wer nicht an der ganzen Länge des Lippener Moldau-Stausees (Lipenská přehradní nádrž) entlangfahren möchte, kann von Černá v Pošumaví (Schwarzbach) über den ehemaligen Passionsspielort Hořice na Šumavě (Höritz) auch direkt nach Český Krumlov (Krumau) gelangen. Von einer Abzweigung hinter Český Krumlov (Krumau) führt eine Fahrstraße (8 km) zur Sesselbahn auf den Schöninger (Kleť), die höchste Erhebung im Plansker Wald (Blanský les).
Von Rájov ist der kurze Abstecher (1 km) zu dem ehemaligen Zisterzienserkloster Goldenkron (Zlatá Koruna) empfehlenswert.

Route 6 b
(Fortsetzung)

7 a. Von Prag (Praha) über Tábor und Třeboň (Wittingau) nach Wien   (315 km)

Von **Prag (Praha)** fährt man zunächst wie in Route 4 beschrieben bis hinter Veselí nach Lužnicí und weiter durch Südböhmen mit seiner einzigartigen Teichlandschaft sowie deren Schwerpunkt **Třeboň** (Wittingau) im Wittingauer Becken (Třeboňská pánev), durchquert in Niederösterreich das Waldviertel sowie das Weinviertel und gelangt ins Donautal nach Wien, der Bundeshauptstadt der Republik Österreich.

Streckenverlauf

siehe bei Route 4.

Abstecher

7 b. Von Wien über Jihlava (Iglau) nach Prag (Praha)   (300 km)

Von Wien, der Hauptstadt der Republik Österreich, folgt man kurz dem Donautal und fährt im nordöstlichen Niederösterreich durch das reizvolle Weinviertel.
In der Tschechischen Republik quert die Route zuerst das Tal der Thaya (Dyje) und tritt in Südmähren über das ausgedehnte Hochland der Böhmisch-Mährischen Höhe (Českomoravská vrchovina) ein, das sich auch im südwestlichen Teil der Region Ostböhmen fortsetzt, wobei die Täler der Igel (Jihlava) und der Sazau (Sázava) geschnitten werden.
In Mittelböhmen erreicht man die breite Niederung der **Elbe (Labe)** und gelangt zuletzt nach **Prag (Praha)**, der prächtigen, an der Moldau (Vltava) gelegenen Hauptstadt der Tschechischen Republik.

Streckenverlauf

Von einer Abzweigung hinter **Znojmo** (Znaim) sollte man den sehr lohnenden Abstecher (16 km) in das mit der einförmigen übrigen südmährischen Landschaft reizvoll kontrastierende, wilde Tal der Thaya (Dyje) machen, um das Schloß Frain (Vranov) sowie den schön gelegenen Frainer Thaya-Stausee (Vranovská přehradní nádrž) sowie die Burg Vöttau (Bítov) zu besuchen.
Von Moravské Budějovice (Mährisch-Budwitz) empfehlen sich Fahrten nach Jaroměřice nad Rokytnou (Jarmeritz; 8 km) oder zu dem altertümlichen Städtchen Dačice (Datschitz; 33 km) und **Slavonice** (Zlabings; 37 km).
Auf der die Route querenden Straße Nr. 23 kann man leicht die besuchenswerten Städte **Třebíč** (Trebitsch; 21 km) und **Telč** (Teltsch; 14 km) erreichen. Von dem Straßenknotenpunkt **Jihlava** (Iglau) bietet sich eine günstige Querverbindung zu der mährischen Hauptstadt **Brno** (Brünn), wobei Abstecher zu den Städtchen Náměšť nad Oslavou (Namiest an der Oslawa) und Kralice (Kralitz) möglich sind; ferner über **Jindřichův Hradec** (Neuhaus) und **Třeboň** (Wittingau) nach České Budějovice (Budweis).
Wer von **Havlíčkův Brod** (Deutsch-Brod) nach Nordmähren weiterfahren will, dem ist ein kurzer Aufenthalt in der Stadt **Žďár nad Sázavou** (Saar) zu empfehlen. Von Havlíčkův Brod (Deutsch-Brod) sei ferner der Ausflug (12 km) nach Lipnice nad Sázavou (Lipnitz) erwähnt, dem ehemaligen Wohnort des bekannten Schriftstellers Jaroslav Hašek.

Abstecher
und Varianten

Route 7 b
(Fortsetzung)

In der Umgebung von Čáslav (Tschaslau) kann man die Schlösser von Žleby und Žehušice besichtigen.
Vor Malín (Malin) hat man die Möglichkeit, zu dem Empireschloß Kačina abzuzweigen (4 km).
Unter keinen Umständen aber darf man sich von Malín (Malin) den kurzen Abstecher (4 km) zu der höchst sehenswerten Stadt **Kutná Hora** (Kuttenberg) entgehen lassen.
Auch die Kathedrale von **Kolín** (Kolin) und das noch von einem alten Mauerring umgebene Kouřim verdienen einen Besuch (5 km).

8. Von Prag (Praha) über Hradec Králové (Königgrätz) und Brno (Brünn) nach Wien   (375 km)

Streckenverlauf

Von **Prag (Praha)**, der an der Moldau (Vltava) gelegenen, prächtigen Hauptstadt der Tschechischen Republik, fährt man zunächst in der Region Mittelböhmen durch das weite Talbecken der **Elbe (Labe)**, später in der Region Ostböhmen zu deren auch geschichtlich bedeutsamer Hauptstadt **Hradec Králové** (Königgrätz).
Dann überquert man die Böhmisch-Mährische Höhe (Českomoravská vrchovina) in ihrem nordöstlichen Teil und gelangt über die alte böhmischmährische Grenze in den Schönhengstgau (Hřebečsko).
Darauf geht es weiter in der Region Südmähren, deren Wirtschafts- und Verwaltungszentrum in **Brno** (Brünn) erreicht wird.
Jenseits von Brno (Brünn) fährt man durch das südmährische Weinbaugebiet mit den Pollauer Bergen (Pavlovské vrchy), das sich in Niederösterreich als Weinviertel fortsetzt, und an dem historischen Marchfeld entlang in das Tal der Donau zu der österreichischen Bundeshauptstadt Wien.

Abstecher
und Variante

Von Lipůvka empfiehlt sich unbedingt der Abstecher (11 km) nach Blansko, einem günstigen Ausgangspunkt für den Besuch der großartigen Felsenhöhlen im **Mährischen Karst (Moravský kras)**. Ebenfalls von Lipůvka kann man das bei Tišnov (Tischnowitz; 10 km) gelegene Kloster Porta Coeli besuchen und weiter im Schwarzawatal aufwärts zu der großen Burg **Pernštejn** (Pernstein; 26 km) gelangen.
Von Brno (Brünn) bietet sich die Möglichkeit, auf einer sehr lohnenden Straße über **Uherské Hradiště** (Ungarisch-Hradisch) und durch die Mährische Slowakei (Moravské Slovácko) in die Slowakische Republik nach Trenčín (Trentschin) und von dort im Waagtal nach Bratislava (Preßburg) zu fahren. Hierbei bietet sich der Besuch des Schlosses und des Schlachtfeldes von **Austerlitz (Slavkov u Brna)** an; ferner verdienen die Burg Buchlov (Buchlau), das ehemalige Kloster Velehrad und das archäologische Grabungsfeld von Sady (Dörfl) einen jeweils nur kurzen Abstecher (2 1/2, 5 bzw. 2 km). Auch das Heilbad **Luhačovice** (Luhatschowitz) ist von dieser Nebenroute leicht zu erreichen (11 km).
Von **Mikulov** (Nikolsburg) besteht eine Straßenverbindung ostwärts über den Weinort Valtice (Felsberg) nach **Břeclav** (Lundenburg). Hier sei der archäologisch besonders interessierte Reisende auf die bedeutenden Fundstätten bei Pohansko und Mikulčice (Mikultschitz) hingewiesen. Ferner bietet sich die Gelegenheit, östlich von Mikulov (Nikolsburg) die ausgedehnten Teich-, Park- und Schloßanlagen von **Lednice** (Eisgrub) zu besuchen.

9 a. Von Prag (Praha) über Mladá Boleslav (Jungbunzlau) und Turnov (Turnau) nach Wrocław (Breslau)   (280 km)

Streckenverlauf

Von der Goldenen Stadt **Prag (Praha)** an der Moldau (Vltava) führt die Route zunächst in Mittelböhmen durch die weite Niederung der **Elbe (Labe)** und folgt später dem Tal der Iser (Jizera) flußaufwärts an den westli-

chen Ausläufern des Jitschiner Berglandes (Jičínská pahorkatina) vorüber. Route 9 a
In der Region Nordböhmen durchquert man das Riesengebirgsvorland (Fortsetzung)
(Krkonošské podhůří) und fährt dann zwischen dem **Isergebirge**
(Jizerské hory) und dem **Riesengebirge (Krkonoše)** über den Jakobsta-
ler Paß (889 m ü. d. M.) ins polnische Schlesien (Śląsk).
Weiter auf reizvoller Strecke im Tal des Zacken (Szklarska) abwärts und
durch das Bober-Katzbach-Gebirge in die mittelschlesische Tiefebene zu
der alten schlesischen Hauptstadt Wrocław (Breslau) in der gleichnamigen
Wojewodschaft.

Von **Mladá Boleslav** (Jungbunzlau) kann man einen Abstecher (18 km) Abstecher
nach Jabkenice machen, dem zeitweiligen Aufenthaltsort von Bedřich und Varianten
(Friedrich) Smetana.
Einen Besuch verdienen von **Mnichovo Hradiště** (Münchengrätz) die
Sandsteinburg Valečov und die Felsformationen am Abhang des aus-
sichtsreichen Berges Musky (Mužský).
Vor **Turnov** (Turnau) zweigt eine Querverbindung nach **Liberec** (Reichen-
berg) ab, von der man unschwer (1 1/2 km) das sehenswerte Schloß Sych-
rov (Sichrow) erreicht.
Von Turnov (Turnau) bietet sich die Möglichkeit, über die Wallenstein-Stadt
Jičín (Jitschin) nach **Hradec Králové** (Königgrätz) und von dort wie in
Route 9 b beschrieben nach Wrocław (Breslau) weiterzufahren, wobei man
zunächst das wegen seiner mannigfaltigen Felsbildungen und malerischen
Burgruinen landschaftlich besonders reizvolle sog. **Böhmische Paradies**
(Český ráj) durchquert und später an dem heeresgeschichtlich interes-
santen einstigen Schlachtfeld von Königgrätz vorüberkommt.
Von Polubný (Polaun) führt eine sehr lohnende Straße durch das bewaldete
(heute allerdings starke Schäden) und einsame Isergebirge (Jizerské hory)
nach **Frýdlant** (Friedland).
In Schlesien lohnen von Sobieszów (Hermsdorf) Ausflüge auf die Ruine
Kynast (Chojnik; 1 Std.) oder nach Jagniątków (Agnetendorf; 3 km), wo der
Dichter Gerhart Hauptmann lebte und starb.

---

9 b. Von Prag (Praha) über Hradec Králové (Königgrätz) und Náchod nach Wrocław (Breslau)   (275 km)

Von **Prag (Praha)** fährt man zunächst wie in Route 8 beschrieben nach Streckenverlauf
Hradec Králové (Königgrätz).
Weiter in Ostböhmen entlang der **Elbe (Labe)** zum Tal der Aupa (Úpa).
Vor der tschechisch-polnischen Grenze quert man die Mettau (Metuje).
Dann in der polnischen Wojewodschaft Wałbrzych durch das Glatzer Berg-
land und in das Tal der Glatzer Neiße (Nysa Kłodzka), zuletzt nach Wrocław
(Breslau), der in einer weiten Ackerebene gelegenen Wojewodschafts-
hauptstadt.

Von Jaroměř empfiehlt sich der kurze Abstecher (7 km) nach **Kuks** (Kukus), Abstecher
wo man die ausdrucksvollen Barockstatuen des Bildhauers Mathias Bern- und Varianten
hard Braun bewundern kann.
Von **Česká Skalice** (Böhmisch-Skalitz) sind es nur 3 km im Tal der Aupa
(Úpa) zum Schloß Ratibořice mit zahlreichen Andenken an die tschechische Dichterin Božena Němcová.
Vor **Náchod** zweigt von der Hauptstrecke eine Straße nach Svitavy (Zwittau) ab, die etliche interessante Orte berührt und auch lohnende Abstecher
ermöglicht: von **Nové Město nad Metují** (Neustadt an der Mettau) zu der
Holzkirche in Slavoňov (4 km); von Dobruška nach Opočno (5 km) mit
schönem Schloß und Park; von **Rychnov nad Kněžnou** (Reichenau) zu
dem im **Adlergebirge (Orlické hory)** gelegenen Ferienort Rokytnice
(Rokitnitz; 18 km); von Vamperk (Wamberg) zu den Schlössern in Doudleby
nad Orlicí (Daudleb; 2 km), Kostelec nad Orlicí (Adlerkosteletz; 6 km) und
Častolovice (8 km); von Ústí nad Orlicí (Wildenschwert) jeweils 12 km zu

Route 9b
(Fortsetzung)

der Sommerfrische Letohrad (Geiersberg) oder nach Brandýs nad Orlicí (Brandeis an der Adler), dem einstigen Hauptsitz der 'Böhmischen Brüder'. Von Náchod führt eine Wanderung (³/₄ Std.) auf den aussichtsreichen Berg Dobruschow (Dobrošov; 622 m ü. d. M.).

Von einer Straßenteilung kurz vor der tschechisch-polnischen Grenze kann man auf einer reizvollen Straße in das Braunauer Bergland (Broumovská vrchovina) gelangen, wobei man von **Broumov** (Braunau) die Gelegenheit hat, die Weckersdorfer Felsenstadt im Falkengebirge (Broumovské stěny) zu durchwandern.

Adersbacher und Wekelsdorfer Felsen (Teplicko-adršpašské skalý) siehe bei Route 10.

In der Umgebung von dem polnischen Heilquellenkurort Kudowa Zdrój (Bad Kudowa) befindet sich in dem Dorf Czermna (Grenzeck) eine interessante 'Schädelkapelle'.

10. Von Liberec (Reichenberg) über Tanvald (Tannwald) und Trutnov (Trautenau) nach Náchod (130 km)

Streckenverlauf

Von der Industriestadt **Liberec** (Reichenberg) mit seinen zahlreichen sehenswerten Bauten fährt man zunächst in der Region Nordböhmen am Südrand vom **Isergebirge (Jizerské hory)** durch das Tal der Neiße (Nisa) bis zur Wasserscheide zwischen Oder (Odra) und Elbe (Labe), dann in das Tal der Kamnitz (Kamenice).

Später folgt die Strecke in der Region Ostböhmen dem gewundenen und teils engen Tal der Iser (Jizera) und zieht am **Riesengebirge (Krkonoše)** entlang durch dessen südliche Ausläufer, wobei man das Tal der **Elbe (Labe)** quert.

Weiter durch das südliche Riesengebirgsvorland (Krkonošské podhůří) und im Tal der Aupa (Úpa) flußabwärts.

Die Route endet bei der in der Talsenke der Metuje (Mettau) gelegenen Grenzstadt **Náchod**.

Abstecher
ins Gebirge

Von Jablonec nad Nisou (Gablonz) empfiehlt sich der Ausflug (6 km) zu der aussichtsreichen Schwarzbrunnwarte (Černá Studnice). Für Wanderungen im Isergebirge (Jizerské hory) ist das 6 km nördlich von Jablonec nad Nisou (Gablonz) gelegene Dorf Janov (Johannesberg) ein guter Ausgangspunkt.

Aus dem Tal der Iser (Jizera) zweigt eine Straße zu dem unweit abseits gelegenen Ferienort Rokytnice nad Jizerou (Rochlitz; 3 km) ab.

Von Hrabačov führt eine Bergstraße (23 km) ins Riesengebirge (Krkonoše) zur Goldhöhe (Zlaté návrší), von wo man zum Elbfall (Vodopád Labe) und zum Elbbrunnen (Labská studánka) sowie auf die Kesselkoppe (Kotel) wandern kann.

Vrchlabí (Hohenelbe) ist der Ausgangspunkt der Elbtalstraße nach Špindlerův Mlýn (Spindlermühle; 15 km), dem vielbesuchten Fremdenverkehrszentrum im Böhmischen Riesengebirge (Krkonoše), von wo zahlreiche Wanderwege das Gebirge erschließen. Fahrstraße (8 km von Špindlerův Mlýn) zum Spindlerpaß (Špindlerovka) an der tschechisch-polnischen Grenze nach Schlesien (Śląsk).

Von Čistá (Lauterwasser) zweigt eine Landstraße (9 km) zu dem Kurort Janské Lázně (Johannisbad) ab.

Sehr zu empfehlen ist die am Anfang von Mladé Buky (Jungbuch) ins Riesengebirge (Krkonoše) abzweigende Straße (15 km) nach Pec pod Sněžkou (Petzer), von wo man die Schneekoppe (Sněžka), die höchste Erhebung des Riesengebirges (Krkonoše), besteigen kann (vom Gipfel prächtige Rundsicht).

Keinesfalls versäumen sollte man von **Trutnov** (Trautenau) den Abstecher zu den interessanten **Adersbacher und Wekelsdorfer Felsen (Teplicko-adršpašské skály**; 18–24 km), die durch die Wolfsschlucht (Vlčí rokle) voneinander getrennt werden.

11. Von Prag (Praha) über Pardubice (Pardubitz) und Olomouc (Olmütz) nach Ostrava (Ostrau) (365 km)

Von der tschechischen Hauptstadt **Prag (Praha)** fährt man zunächst durch Mittelböhmen und später in der Region Ostböhmen an die **Elbe (Labe)**, die man in **Pardubice** (Pardubitz) überquert.
Die Strecke zieht dann über Svitavy (Zwittau) durch den Schönhengstgau (Hřebečsko) und das Hohenstadter Bergland (Zábřežská vrchovina) in Nordmähren zum Tal der March (Morava).
Dann in der fruchtbaren Ebene der Hanna (Haná) nach **Olomouc** (Olmütz), der einstigen Hauptstadt Mährens.
Dahinter kurz in das Tal der Betschwa (Bečva) und durch die Mährische Pforte (Moravská brána) in die breite Talsenke der Oder (Odra) zwischen dem Odergebirge (Oderské vrchy) und den **Mährisch-Schlesischen Beskiden (Moravskoslezské Beskydy)**. Die Route endet in dem Kohlen- und Schwerindustrierevier von **Ostrava** (Ostrau) an der tschechisch-polnischen Grenze.

Streckenverlauf

Von Chrudim führt ein kurzer Abstecher (4 km) zum Pferdemuseum im Schloß von Slatiňany (Slatinan). – Von Mohelnice (Müglitz) kann man einen Ausflug (8 km) nach Mährisch-Aussee (Úsov) machen, um in dem dortigen Schloß das Jagd- und Forstmuseum zu besuchen. Für eine Fahrt (74 km) nach Jeseník (Freiwaldau) ist zwar etwas mehr Zeit erforderlich, sie lohnt aber besonders wegen der Möglichkeiten, das abgeschiedene **Altvatergebirge (Hrubý Jeseník)** kennenzulernen. – Von Loštice (Loschitz) empfiehlt sich der Abstecher (6 km) zu der mächtigen Burg Bouzov (Busau). – Zu den Tropfsteinhöhlen von Javoříčko (10 km) zweigt man vor Nasobůrky ab. – Von Olomouc (Olmütz) führt eine reizvolle Straße in die Mährische Slowakei (Moravské Slovácko) nach Staré Město u Uherského Hradiště (Altstadt bei Ungarisch-Hradisch); an dieser sollte man von Hulín (Hullein) den Abstecher zu der sehenswerten Stadt **Kroměříž** (Kremsier; 6 km) nicht versäumen; auch ist von Otrokovice-Kvítkovice (Otrokowitz-Kwitkowitz) die Fahrt über die 'Schuhstadt' **Zlín** (10 km) nach Vizovice (Wisowitz; 16 km) empfehlenswert, wo sich ein schönes Schloß befindet. Wer von Olomouc (Olmütz) nicht auf direktem Wege nach Ostrava (Ostrau) oder Český Těšín (Teschen) fahren will, kann mit einem geringen Umweg (9 km) durch das **Mährische Gesenke (Nízký Jeseník)** und das industriereiche Hultschiner Ländchen dorthin gelangen, wobei die Gelegenheit gegeben ist, von Šternberk (Sternberg) die Eulenburg (Sovinec; 15 km) zu besuchen, von **Opava** (Troppau) über Krnov (Jägerndorf; 25 km) ins Altvatergebirge (s. zuvor) weiterzufahren oder über Hradec nad Moravicí (Grätz; 8 km) nach Fulnek zur Hauptroute zurückzukehren. – Von Lipník nad Bečvou (Leipnik) ist es nur ein kurzer Abstecher (4 km) zur Ruine Helfštýn (Helfenstein). – Unweit von Hranice (Mährisch-Weißkirchen) liegt der kleine Kurort Teplice nad Bečvou mit einer interessanten Aragonithöhle. Von Hranice (Mährisch-Weißkirchen) lohnt die Fahrt (85 km) zunächst im Tal der Betschwa (Bečva) durch die Mährische Walachei (Valašsko) und später über das waldreiche Javornikgebirge (Javorníky) in die Slowakische Republik nach Bytča (Bittse) im Tal der Váh (Waag), wobei man von einer Abzweigung hinter Rožnov pod Radhoštěm auf einer Bergstraße (8 km) zu der Feriensiedlung Pustevny in den Westbeskiden oder Mährisch-Schlesischen Beskiden (Moravskoslezské Beskydy) fahren und von dort eine Kammwanderung (1 Std.) auf den sagenumwobenen Berg Radhošť machen kann. – Einen Abstecher (8 km) verdient hinter **Nový Jičín** (Neutitschein) das malerische Städtchen Štramberk (Stramberg) und die nahe Šipka-Höhle (noch 1/4 Std. zu Fuß). – Die für ihren Automobilbau und als Geburtsort des Leichtathleten Emil Zátopek bekannte Stadt Kopřivnice (Nesselsdorf) ist von **Příbor** (Freiberg) unschwer zu erreichen (5 km) und zeigt im Stadtmuseum Zátopeks Sporttrophäen sowie Erzeugnisse der 'Tatra'-Automobilwerke. – Von Rychaltice (Richaltitz) zweigt eine Landstraße (3 km) zu der großen Burgruine Hukvaldy (Hochwald) ab.

Abstecher und Varianten

Routenvorschläge

Slowakei

Schnellverbindung Prag (Praha) – Bratislava (Preßburg)
313 km durchgehend Autobahn
D 1 (Praha – Brno 196 km) + D 2 (Brno – Bratislava 117 km)

1. Von Wien nach Bratislava (Preßburg)   (65 km)

Streckenverlauf

Von Wien, der Bundeshauptstadt der Republik Österreich, fährt man im österreichischen Bundesland Niederösterreich etwas abseits von der sumpfigen, mit Auwald bedeckten Niederung der Donau durch einförmiges Landwirtschaftsgebiet, das in den Siedlungsformen bereits den Übergang zur ungarischen Pußtalandschaft zeigt.

Die Grenze zur Slowakischen Republik wird erst kurz vor ihrer Hauptstadt **Bratislava** (Preßburg) überschritten, deren mächtiges, viertürmiges Burgschloß schon von weitem zu sehen ist.

Ratschlag

Die Hauptsehenswürdigkeit an der kurzen Route bilden die bedeutenden Reste der einstigen Römerstadt Carnuntum (Archäologischer Park im Bereich von Petronell und Bad Deutsch-Altenburg), deren Besuch keine Umwege erfordert und daher nicht versäumt werden sollte.

2. Von Bratislava (Preßburg) über Piešťany (Pistyan) und Žilina (Sillein) nach Poprad (Deutschendorf)   (345 km)

Streckenverlauf

Von der an der Donau (Dunaj) gelegenen slowakischen Hauptstadt **Bratislava** (Preßburg) fährt man zunächst an den weinreichen **Kleinen Karpaten (Malé Karpaty)** entlang zum Tal der **Waag (Váh)** und folgt diesem flußaufwärts über den bekannten Thermalkurort **Piešťany** (Pistyan) zwischen den Weißen Karpaten (Bílé Karpaty) und dem Inovec-Gebirge (Považský Inovec) hindurch.
Weiter im Waagtal zwischen dem Javornik-Gebirge (Javorníky) und dem Bergland Strážovská hornatina hin.
Vor **Žilina** (Sillein) wendet sich die Route nach Osten und durchquert dann im Engpaß von Strečno die **Kleine Fatra (Malá Fatra)**.
Bei **Ružomberok** (Rosenberg) erreicht man die Liptau (Liptov) genannte Talschaft der oberen Waag (Váh), die im Norden vom Choč-Gebirge (Chočské pohorie) und der Westlichen Tatra (Západné Tatry), im Süden von der **Niederen Tatra (Nízke Tatry)** eingerahmt wird.
Darauf gelangt man über die Wasserscheide zwischen Waag (Váh) und Popper (Poprad) nach **Poprad** (Deutschendorf) in der **Zips (Spiš)**, wo unvermittelt die **Hohe Tatra (Vysoké Tatry)** aufragt.

Abstecher
und Varianten

Von Bernolákovo (Landschütz) führt ein kurzer Abstecher (3 km) zu dem für seine Volkskunstarbeiten bekannten Dorf Chorvátsky Grob.
Von **Trnava** (Tyrnau) kann man einen Ausflug (12 km) nach Dolná Krupá machen, wo Ludwig van Beethoven häufig weilte.
Lohnend ist hinter Trnava (Tyrnau) der Abstecher (8 km) an das linke Ufer der Waag (Váh) nach Hlohovec (Freistadtl).
Von Nové Mesto nad Váhom (Waagneustadtl) sind es 7 km zu der sagenumwobenen Burgruine von Čachtice.
Der bekannte Kurort Trenčianske Teplice (Trentschinteplitz) liegt unweit abseits von der Waag-Tal-Straße in schöner Waldgebirgsgegend (6 km von Trenčianská Teplá; auch Straßenbahn).
Hinter Beluša kann man von der Hauptstraße abbiegen und auf lohnendem Umweg (10 km mehr) an einer Waag-Talsperre entlang nach Považská Bystrica (Waagbistritz) fahren.
Von Považská Teplá sollte man die wilde Manin-Klamm (Manínska úžina) besuchen (3 km).
Jenseits Predmier lohnt der Abstecher (6 km) zu der merkwürdigen Felsenstadt der Súľovské skaly.

Von dem Verkehrsknotenpunkt Žilina (Sillein) gehen mehrere Nebenstrek-   Route 2
ken aus. Eine lohnende Bergstraße (39 km) führt in das Gebiet der   (Fortsetzung)
Strážovská hornatina sowie der südwestlichen Kleinen Fatra (Lúčanská
Fatra) und endet bei dem Dorf Čičmany, in dem sich noch viel altes
Brauchtum erhalten hat. Ganz besonders zu empfehlen ist die Fahrt (33
km) in das anmutige Vrátnatal (Vrátna dolina), den touristischen Schwerpunkt der nordöstlichen Kleinen Fatra (Krivánska Fatra; Sesselbahn auf
das Kammjoch Snilovské sedlo, 1520 m ü. d. M.). Über den bereits auf dem
Gebiet der Tschechischen Republik gelegenen Jablunka-Paß (Jablunkovský průsmyk; 553 m ü. d. M.) gelangt man in das polnisch beeinflußte
Teschener Land (Těšínské Slezsko) an der Olsa (Olše).
Nur 4 km südlich von Priekopa liegt an der Straße ins Tal der Gran (Hron)
die für die Entwicklung des kulturellen und politischen Lebens der Slowakei wichtige Stadt **Martin** (Sankt Martin) mit dem Slowakischen Nationalmuseum und der reichhaltigen Slowakischen Nationalbibliothek.
Kraľovany ist der Ausgangspunkt für eine empfehlenswerten Abstecher
(58 km) durch das reizvolle Tal der Arva (Orava) zum Arva-Stausee
(Oravská priehradná nádrž).
Den aussichtsreichen Berg Veľký Choč (1611 m ü. d. M.) besteigt man am
besten von dem kleinen Badeort Lúčky, zu dem von einer Abzweigung hinter Ružomberok (Rosenberg) eine Fahrstraße (10 km) führt – 10 km weiter
östlich befindet sich am Nordufer des neuen Stausees Liptovská March
ein großes Erholungsgebiet.
Von **Liptovský Mikuláš** (Liptau-Sankt-Nikolaus) versäume man nicht den
Abstecher durch das Demänovatal (Demänovská dolina) mit einer Eishöhle
und einer Tropfsteinhöhle, in das freundliche Jasnátal (Jasná dolina) unterhalb des Kammes der **Niederen Tatra (Nízke Tatry**; Sesselbahn auf den
Chopok, 2024 m ü. d. M.; weiter ins Bystrátal s. Route 5).

3. Von Poprad (Deutschendorf)
     in die Hohe Tatra (Vysoké Tatry)   (Rundfahrt ca. 100 km)

Von **Poprad** (Deutschendorf), dem 'Tor zur Tatra', folgt die Route in der   Streckenverlauf
Zips (Spiš) zunächst dem Tal des Popper (Poprad) flußabwärts in nordöst-
liche Richtung nach **Kežmarok** (Käsmark), dem alten Mittelpunkt der
Oberzips.
Später wendet man sich nach Westen und fährt auf die kalkhelle **Belaer
Tatra (Belianské Tatry)** zu. An ihrem Fuß beginnt eine zwar meist weniger
aussichtsreiche, dafür aber geradezu ideal die Zugänge in die **Hohe Tatra
(Vysoké Tatry)** erschließende Panoramastraße (auch elektrische Bahn)
entlang dem Südostrand des Hochgebirges, an der die wichtigsten Frem-
denverkehrsorte der slowakischen Gebirgsseite sowie zahlreiche Luftkur-
orte gleichsam aufgereiht sind. Vom Endpunkt am Tschirmer See (Štrbské
Pleso) führt südlich eine windungsreiche Verbindungsstraße hinab zur
Fernstraße, auf der man nach Poprad (Deutschendorf) zurückgelangt.

Bevor man am Südostfuß der Belaer Tatra (Belianské Tatry) in die Panora-   Abstecher
mastraße einbiegt, sollte man die empfehlenswerten Abstecher zu der   und Bergtouren
Belaer Tropfsteinhöhle (Belianská jaskyňa; 1 km und 20 Min. zu Fuß) sowie
zu dem interessanten Goralendorf Ždiar (9 km) nicht versäumen.
Tatranské Matliare (Matlarenau) ist Ausgangspunkt für eine Bergwanderung (ca. 2¹/₄ Std.) zu dem von Steilwänden umgebenen Grünen See
(Zelené pleso).
Von **Tatranská Lomnica** (Tatra-Lomnitz) führt eine fast 6 km lange Luftseilbahn auf die Lomnitzer Spitze (Lomnický štít; 2632 m ü. d. M.).
Von **Starý Smokovec** (Altschmecks) empfehlen sich Bergtouren (bis
3 Std.) in das langgestreckte Große Kohlbachtal (Veľká studená dolina)
oder durch das Kleine Kohlbachtal (Malá studená dolina) zu den Fünf
Zipser Seen (Päť Spišškých plies), wobei man bis zu dem Moränenwall

Route 3
(Fortsetzung)

'Kämmchen' (Hrebienok; 1280 m ü.d.M.) auch mit einer Standseilbahn gelangen kann.

Von Tatranská Polianka (Tatra-Weszterheim) besteht die Möglichkeit, durch das Felker Tal (Velická dolina) in ca. 7 Std. die Gerlsdorfer Spitze (Gerlachovský štít; 2655 m ü.d.M.), den höchsten Gipfel der Hohen Tatra (Vysoké Tatry), zu besteigen.

Von **Štrbské pleso** (Tschirmer See) führt ein lohnender Fußweg (1½ Std.) durch das reizvolle Mengsdorfer Tal (Mengusovská dolina) zu dem prächtig gelegenen Poppersee (Popradské pleso), von wo man in ca. 1½ Std. die Ostrva (1984 m ü.d.M.) oder in ca. 3 Std. die Meeraugspitze (Rysy; 2499 m ü.d.M.) ersteigen kann. Auf den Kriváň in 5–6 Std. von Štrbské pleso (Tschirmer See).

4. Von Poprad (Deutschendorf) über Prešov (Preschau) nach Košice (Kaschau) (120 km)

Streckenverlauf

Von **Poprad** (Deutschendorf), dem am Popper (Poprad) gelegenen 'Tor zur Tatra', fährt man in der **Zips (Spiš)** zunächst nach **Levoča** (Leutschau), dem alten Hauptort dieser historischen Landschaft, der zwischen dem Leutschauer Gebirge (Levočské pohorie) und dem Tal des oberen Kundert (Hornád) liegt.

Später kommt man an dem malerischen Zipser Kapitel (Spišská Kapitula) und der mächtigen Ruine der Zipser Burg (Spišský hrad) vorüber, die diesem Landstrich seinen Namen gab.

Darauf überquert man den waldreichen Bergrücken Branisko und gelangt in das Scharosch (Šariš) genannte Gebiet sowie durch das Hügelland Šarišská vrchovina zu dessen Hauptstadt Prešov (Preschau), wo der karpato-ukrainische Einschlag der Bevölkerung spürbar ist.

In der weiten Talsenke der Torysa, die im Osten vom Eperieser Gebirge oder Sóvárer Gebirge (Slanské pohorie) begrenzt wird, führt die Route nach **Košice** (Kaschau), der am Kundert (Hornád) gelegenen Hauptstadt der Ostslowakei.

Abstecher
und Varianten

Von Levoča (Leutschau) führt eine Landstraße (10 km) nach Spišská Nová Ves (Zipser Neudorf), von wo man das von Karstschluchten durchzogene sog. **Slowakische Paradies (Slovenský raj)** besuchen kann. Ferner lohnt von Spišská Nová Ves (Zipser Neudorf) der Abstecher (6 km) nach Markušovce (Marksdorf), wo sich in dem dortigen Schloß eine Sammlung von Tasteninstrumenten befindet.

Hinter Spišské Podhradie (Kirchdrauf) zweigt eine Nebenstraße (4 km) zu dem Ort Žehra ab, in dessen gotischer Kirche Wandmalereien des 13. bis 15. Jahrhunderts entdeckt wurden.

Wer der Route nicht bis Košice (Kaschau) folgen und von Prešov (Preschau) direkt nach Rožňava (Rosenau) fahren möchte, dem sei die reizvolle Strecke (90 km) durch das **Slowakische Erzgebirge (Slovenské rudohorie)** empfohlen, wobei man die Bergorte der Unteren Zips, einer ehemals deutschen Sprachinsel im Tal der Göllnitz (Hnilec) und der Schmöllnitz (Smolník) kennenlernt.

5. Von Košice (Kaschau) über Banská Bystrica (Neusohl) nach Bratislava (Preßburg) (425 km)

Streckenverlauf

Man fährt von der am Kundert (Hornád) gelegenen ostslowakischen Hauptstadt **Košice** (Kaschau) zunächst durch die Ostslowakei in das **Slowakischer Karst (Slovenský kras)** genannte Bergland zu der alten Stadt **Rožňava** (Rosenau).

Die Strecke durchquert dann zuerst im Tal der Slaná, später der wildromantischen oberen Göllnitz (Hnilec) das **Slowakische Erzgebirge**

(Slovenské rudohorie). Der Hauptteil der Route führt durch das Tal der Gran (Hron), dessen oberer, am Südfuß der **Niederen Tatra (Nízke Tatry)** verlaufender Abschnitt besonders reizvoll ist.

Route 5
(Fortsetzung)

Von **Zvolen** (Altsohl) folgt man weiterhin der Gran (Hron) zwischen dem Kremnitzer Gebirge (Kremnické pohorie) und dem Schemnitzer Gebirge (Štiavnické pohorie) hindurch.

Erst im Hronský Beňadik verläßt die Route das Grantal. In der Westslowakei geht es nun über weite Ackerflächen in die lebhafte Stadt **Nitra** (Neutra), dem einst bedeutenden großmährischen Missionszentrum am gleichnamigen Fluß.

Dahinter quert man das weite Tal der **Waag (Váh)** und erreicht, zuletzt wie in Route 2 beschrieben, die am Fuße der **Kleinen Karpaten (Malé Karpaty)** sowie an der Donau (Dunaj) gelegene Hauptstadt der Slowakischen Republik **Bratislava** (Preßburg).

Von Dvorníky führt eine kurze Bergstraße (1 km) zum Eingang des Karstcañons Zádielská dolina.

Abstecher
und Varianten

Von Rožňava (Rosenau) bietet sich die Möglichkeit, durch den Slowakischen Karst (Slovenský kras) in seinem südwestlichen Hauptteil und über **Lučenec** (Losontz) nach Zvolen (Altsohl) weiterzufahren. Hierbei empfehlen sich Abstecher zu einer Tropfsteinhöhle bei Gombasek (Gomabasecká jaskyňa; 1 1/2 km), zu einer Eisschlucht bei Silica (Silická ľadnica; 7 km und 1/2 Std. zu Fuß) sowie zur Domica-Höhle (Domica jaskyňa; 10 km; im Sommer auch unterirdische Bootsfahrt zur Aggteleker Höhle auf ungarischem Gebiet). Von Lučenec (Losontz) kann man das Schloß Halič (7 km) und die altertümliche Stadt Fiľakovo (Fülek; 15 km) besuchen. Lohnend ist auch ein Abstecher (3 km) von einer Abzweigung hinter Kriváň zu der folkloristisch interessanten Berggemeinde Detva am Rande des vulkanischen Gebirgslandes Poľana.

Im Tal der oberen Göllnitz (Hnilec) sollte man den Besuch (1/2 Std. schöner Waldweg) der Dobschauer Eishöhle (Dobšinská ľadová jaskyňa) nicht versäumen.

Von Brezno (Bries) führen zwei Zufahrten (jeweils 13 km) zum Eingang in das hübsche Bystrátal (Bystrá dolina), in dem eine Fahrstraße (11 km) über die Feriensiedlung Tále bis unter den Hauptkamm der **Niederen Tatra (Nízke Tatry)** führt (Sesselbahn auf den Berg Chopok, 2024 m ü. d. M; weiter ins Jasnátal s. Route 2). Ebenfalls von Brezno (Bries) führt ein Abstecher (9 km) in das **Slowakische Erzgebirge (Slovenské rudohorie)** zu der Bergsiedlung Čierny Balog, wo noch Trachten getragen werden.

Der bekannte Kurort Sliač-kúpele (Bad Sliač) ist von der Hauptstraße leicht (2 km) zu erreichen.

Äußerst lohnend ist der Besuch (20 km) der im Mittelalter sehr bedeutenden Bergstadt **Banská Štiavnica** (Schemnitz), von wo man auch unschwer (2 Std.) den Berg Sitno (1009 m ü. d. M.), die höchste Erhebung im Schemnitzer Gebirge (Štiavnické pohorie), besteigen kann.

Von einer Kreuzung bei der Ruine Šášov (Sachsenstein) gehen zwei wichtige Straßenverbindungen aus: Nordwärts führt eine Bergstraße über die besuchenswerte Münzstadt **Kremnica** (Kremnitz; 11 km) in das breite Turiec-Becken (Turčianska kotlina), das sich zum Tal der Waag (Váh) hin erstreckt; westwärts über Handlová (Krickerhäu) und Prievidza (Priwitz) ebenfalls ins Waagtal nach **Trenčín** (Trentschin; 103 km).

Unweit (5 km) von Zlaté Moravce, das seinerseits etwas abseits der Route liegt, das schöne Schloß Topoľčianky inmitten eines großen Wildgeheges, in dem neben vielen Wildarten auch Bisons gehalten werden.

Von Nitra (Neutra) bietet sich ein lohnender Ausflug (1 1/2 Std.) auf den Aussichtsberg Zobor (588 m ü. d. M.). In Nitra (Neutra) hat man ferner die Gelegenheit, nach Süden weiterzufahren und über Nové Zámky (Neuhäusel) zu der Donauhafenstadt **Komárno** (Komorn; Straßenbrücke nach Komárom am ungarischen Stromufer) zu gelangen; ca. 55 km nordwestlich befindet sich auf der ausgedehnten Donauinsel Große Schütt (Žitný ostrov) das umstrittene Flußgroßkraftwerk bei Gabčíkovo, dem das Donauwasser in einem neuen, ca. 30 km langen Betonkanal zugeführt wird.

Reiseziele von A bis Z in der Tschechischen Republik

Um der spezifischen Sprachsituation in den tschechischen Ländern Rechnung zu tragen, werden in den Kapitelüberschriften im Regelfall zwei Namensformen angegeben:

An erster Stelle steht stets die vor Ort offizielle Bezeichnung in tschechischer Sprache, dahinter gegebenenfalls die deutsche Entsprechung. Abweichend vom tschechischen Alphabet mit den ohne Kenntnisse dieser Sprache kaum verständlichen Sonderbuchstaben (s. Kapitel 'Praktische Informationen von A bis Z: Sprache') sind die Eigennamen der Einzelbeschreibungen ohne Berücksichtigung der diakritischen Buchstabenzeichen alphabetisiert.

Zur besseren Orientierung dienen die häufig angebrachten Querverweise – etwa Austerlitz ⟶ Slavkov u Brna, Moldau ⟶ Vltava oder Reichenberg ⟶ Liberec – sowie die vielfältigen Angaben von Namen in zwei oder mehr Sprachen in den beschreibenden Texten.

Eine weitere Hilfe bieten die Sonderverzeichnisse (Konkordanzen) von mehrsprachigen Ortsnamen in der ehemaligen Tschechoslowakei, und zwar zum einen nach tschechischen bzw. slowakischen Namensformen alphabetisiert mit den deutschen Entsprechungen (s. SS. 685–697) und zum anderen in umgekehrter Richtung, also nach den deutschen Namensformen alphabetisch geordnet mit den slawischen Entsprechungen (s. SS. 698–711).

Im übrigen ermöglicht das ausführliche Gesamtregister aller in diesem Reiseführer vorkommenden Namen in den verschiedenen Sprachen (s. SS. 712–726) ein problemloses Auffinden des Gesuchten.

Hinweise zu Eigennamen, Alphabetisierung, Verweisen, Konkordanzverzeichnissen und Register

Achtung! In der Tschechischen Republik steht eine Gebietsneugliederung bevor.

Privatisierung und Restitution s. S. 457

Adersbacher Felsen

⟶ Teplicko-adršpašské skály

Adlergebirge

⟶ Orlické hory

Altbunzlau

⟶ Brandýs nad Labem – Stará Boleslav

Altvatergebirge

⟶ Jeseníky

◀ *Český Krumlov – Blick auf die Stadtsilhouette von Krumau in Südböhmen (s. S. 151)*

Aussig

→ Ústí nad Labem

Austerlitz

→ Slavkov u Brna

Bechyně · Bechin   **D 3**

Region: Südböhmen
Kreis: Tábor
Höhe: 406 m ü. d. M.
Einwohnerzahl: 6000

*Lage und
Bedeutung

Das südböhmische Städtchen Bechyně – deutsch Bechin – ist malerisch
über der Lainsitz (oder Luschnitz; Lužnice) gelegen. Wegen seiner kohlensäurehaltigen Quellen (Moorbäder) wird es als Heilbad besucht. Am Ort
gibt es keramische Industrie (bekannte Fachschule).

Sehenswertes in Bechyně

Schloß

Das aus einer ursprünglich gotischen Burg entstandene stattliche Renaissanceschloß (heute größtenteils Erholungsheim) wurde im 16. und 18.
Jahrhundert erweitert.

Kirchen

An der Lainsitz liegt das ehem. Minoritenkloster (15. Jh.); in der Klosterkirche ein beachtenswertes gotisches Diamantgewölbe. Am Hauptplatz
steht die 1615 errichtete Dekanatskirche; sie wurde 1740 barock umgestaltet.

Stadtbefestigung

Lainsitz-Brücke

Feuerwehrmuseum

Ferner bemerkenswert die Stadtbefestigungsanlagen (mit vier Bollwerken)
sowie die bereits 1928 in Eisenbetonbauweise 50 m über der Lainsitz
erbaute Eisenbahn- und Straßenbrücke. Zwischen Bechin und Tabor
wurde 1904 die erste elektrifizierte Eisenbahnlinie in Österreich-Ungarn
eröffnet (24 km). – Ortsmuseum; Feuerwehrmuseum (Hasičské muzeum).

Umgebung von Bechyně

Židova strouha

2 km südlich verläuft das romantische Felsental Židova strouha.

Příběnice

3 km nordöstlich von Bechyně befinden sich in einer Flußschlinge der Lainsitz die malerischen Ruinen der frühgotischen Burg Příběnice (gegr. im 13.
Jh.; 1437 zerstört).

Dobronice

5 km nördlich von Bechyně steht die Ruine der Burg Dobronice (urspr. 14.
Jh.) mit schöner Aussicht.

Bernartice

10 km nordwestlich von Bechyně liegt Bernartice (Bernarditz; 463 m
ü. d. M.) mit ursprünglich gotischer Kirche (bis auf den Chor verändert). Der
Ort war einst bekannt für die Heimfertigung von Pfeifen und Zigarettenspit-
zen. In den nahen Wäldern ein vorgeschichtliches Gräberfeld. Während
des Zweiten Weltkrieges waren im Gebiet von Bernartice schwere Verluste
zu beklagen.

Beskiden, Mährisch-schlesische

⟶ Moravskoslezské Beskydy

Bischofteinitz

⟶ Horšovský Týn

Böhmisches Paradies

⟶ Český ráj

Böhmisch-Leipa

⟶ Česká Lípa

Böhmisch-Sternberg

⟶ Český Šternberk

Brandýs nad Labem – Stará Boleslav · Brandeis an der Elbe – Altbunzlau   D 2

Region: Mittelböhmen
Kreis: Praha-východ
Höhe: 169 m ü.d.M.
Einwohnerzahl: 16000

Die Städte Brandýs nad Labem – deutsch Brandeis an der Elbe (am linken Ufer) – und Stará Boleslav – deutsch Altbunzlau (am rechten Elbufer) – liegen etwa 20 km nordöstlich von Prag (⟶ Praha) und sind seit 1960 zu einer Doppelstadt zusammengeschlossen. **Lage und Allgemeines**

Bemerkenswertes in Brandýs nad Labem – Stará Boleslav

Die Stadt Brandýs nad Labem (Brandeis an der Elbe) wurde im 14. Jahrhundert gegründet. Bemerkenswert ist hier das am Nordostrand der Stadt erhöht gelegene Renaissanceschloß (16. Jh.), einst Sommersitz des Kaisers Rudolf II. **Brandýs nad Labem**

Die historisch bedeutsame Ortschaft Stará Boleslav (Altbunzlau) war schon im frühen Mittelalter böhmischer Fürstensitz. An der Stelle, wo der Legende nach im Jahre 929 der später heiliggesprochene Fürst Wenzel (Václav) I. von seinem Bruder ermordet wurde, steht heute die reich ausgestattete Wenzelskapelle (urspr. 11. Jh.; im 15. Jh. gotisch, 1740 barock umgebaut) mit romanischer Krypta. Nahebei die kleine Klemenskirche (urspr. 12. Jh.; im 17. und 19. Jh. renoviert). Ferner beachtenswert die frühbarocke Marienkirche (ehem. Wallfahrtskirche) von 1617–1627 (im 18. Jh. erneuert). Reste der Stadtbefestigung (14. Jh.), im Barockstil umgebautes Stadttor mit Museum. **Stará Boleslav**

Umgebung von Brandýs nad Labem – Stará Boleslav

Přerov

12 km östlich liegt am linken Elbufer die Ortschaft Přerov nad Labem (178 m ü.d.M.; 1000 Einw.) mit einem Freilichtmuseum volkstümlicher Architektur.

Lysá
nad Labem

16 km östlich von Brandýs nad Labem – Stará Boleslav befindet sich die Stadt Lysá nad Labem (Lissa an der Elbe; 175 m ü.d.M., 10 000 Einw.) mit großem Schloß (im 17. Jh. barock ausgebaut) und schönem Park.

Benátky
nad Jizerou

17 km nordöstlich von Brandýs nad Labem – Stará Boleslav liegt an der Iser (Jizera) das Städtchen Benátky nad Jizerou (Benatek; 225 m ü.d.M., 7000 Einw.; Schleifmittelerzeugung). Das Renaissanceschloß aus dem 16. Jh. wurde im 17. Jh. erweitert; 1599–1601 lebten hier die Astronomen Tycho Brahe, der hier auch starb, und Johannes Kepler, im 18. Jh. die Musikerfamilie Benda und später der junge Bedřich (Friedrich) Smetana (→ Berühmte Persönlichkeiten).

Braunau

→ Broumov

Brno · Brünn   F 3

Hauptstadt von Mähren
Region: Südmähren
Kreis: Brno
Höhe: 216 m ü.d.M.
Einwohnerzahl: 390 000

Lage und
Bedeutung

Brno – deutsch Brünn –, die Hauptstadt von Mähren, Sitz eines Bischofs, einer Universität, einer Technischen sowie einer Landwirtschaftlichen Hochschule und zweitgrößte Stadt der Tschechischen Republik (Flughafen; Autobahn von/nach Prag bzw. Bratislava) mit mehreren Theatern und Museen, liegt am Fuße vom Spielberg (Špilberk) im Talbecken der sich hier vereinigenden Flüsse Schwarzawa (Svratka) und Zwittawa (Svitava). Die Altstadt ist mit Anlagen und Ringstraßen anstelle der 1861 niedergelegten Festungswerke umgeben, um die ausgedehnte Vorstädte entstanden sind.
Brünn ist auch eine der wichtigsten Industrie- und Handelsstädte des Landes (bes. Tuche, Maschinen, Lederwaren, Papier- und chemische Erzeugnisse, Elektrotechnik). Die meisten Fabriken liegen in den südlichen und östlichen Vorstädten. Die internationale Brünner Messe ist die bedeutendste Industriemesse des Landes.
Nach der politischen Wende des Jahres 1989 ist in der mährischen Hauptstadt eine verstärkte Bautätigkeit zu beobachten. So befindet sich beispielsweise das ca. 30 000 m² große Boby-Zentrum mit Warenhaus, Hotel, gastronomischen Betrieben und Freizeiteinrichtungen im Bau; ein internationaler Architektenwettbewerb ist ausgeschrieben für die Errichtung eines modernen Bürokomplexes in Universitätsnähe.

Geschichte

Die Gegend von Brünn, dessen Name als 'Brynn' auf die hier siedelnden Kelten zurückgeht, ist auch die Fundstelle der altsteinzeitlichen Brünnrasse (Homo fossilis; etwa 30 000 v.Chr.). Im Jahre 1091 n.Chr. wird erstmals eine slawische Burg im Gebiet der mährischen Markgrafen auf dem Petersberg erwähnt; 1243 erhielt Brünn von König Wenzel I. süddeutsches Stadtrecht. Im 14. und 15. Jh. war die Burg auf dem Spielberg Sitz der

Palais Dietrichstein

mährischen Markgrafen. Karl IV. gewährte 1348 der Stadt als Handelszentrum wichtige Privilegien. In den Jahren 1428 und 1430 belagerten die Hussiten, 1464 König Georg von Podiebrad Brünn vergeblich (bedeutende Kirchenbauten); 1641 wurde es Hauptstadt Mährens. Nach den Wirren des Dreißigjährigen Krieges (1643 und 1645 Belagerung durch die Schweden) sowie Tataren- und Türkeneinfällen (1663 und 1683) wurde Brünn von mächtigen Festungswällen umgeben (1861 geschleift; jetzt Grünanlagen). Im 18. Jh. und besonders im 19. Jh. entwickelte sich, gestützt auf günstige Voraussetzungen (Schafzucht und Steinkohlengruben in der Umgebung), eine bedeutende Textil- und Maschinenindustrie.

Geschichte (Fortsetzung)

Sehenswertes in Brno

Den Verkehrsmittelpunkt bildet der von Geschäfts- und Bürohäusern umgebene dreieckige Freiheitsplatz (Náměstí Svobody), einst Unterer Markt genannt, der untere Hauptplatz der Altstadt, von dem drei wichtige Altstadtstraßen ausgehen: nach Norden die Straße des 9. Mai (třída 9. května), nach Süden die Siegesstraße (třída Vítězství), nach Osten die Kobližná-Straße.

Freiheitsplatz

In der Mitte des Freiheitsplatzes eine Mariensäule von 1680. Nr. 15 ein Wohnhaus im Stil der Neorenaissance (der Klein-Palast, 1847/1848) und an der Südwestecke des Platzes das Haus der Herren von Lipá, ein Renaissancebau vom Ende des 16. Jh.s mit hübschem Portal von G. Gialdi (1589). An der Ostseite, Ecke Kobližná- und Mozart-Straße, in dem ehemaligen Adligen Damenstift (1679) das Volkskundemuseum (Národopisné muzeum) mit reichen kunstgewerblichen Sammlungen (mähr. Bauernstuben, Keramik, Glas u. v. a.).

Volkskundemuseum

Unweit südlich vom Freiheitsplatz liegt der Zelný trh (Krautmarkt), der obere Hauptplatz der Altstadt. Auf dem Platz ein Brunnen (1693–1695),

Krautmarkt

137

Plan der
inneren Stadt

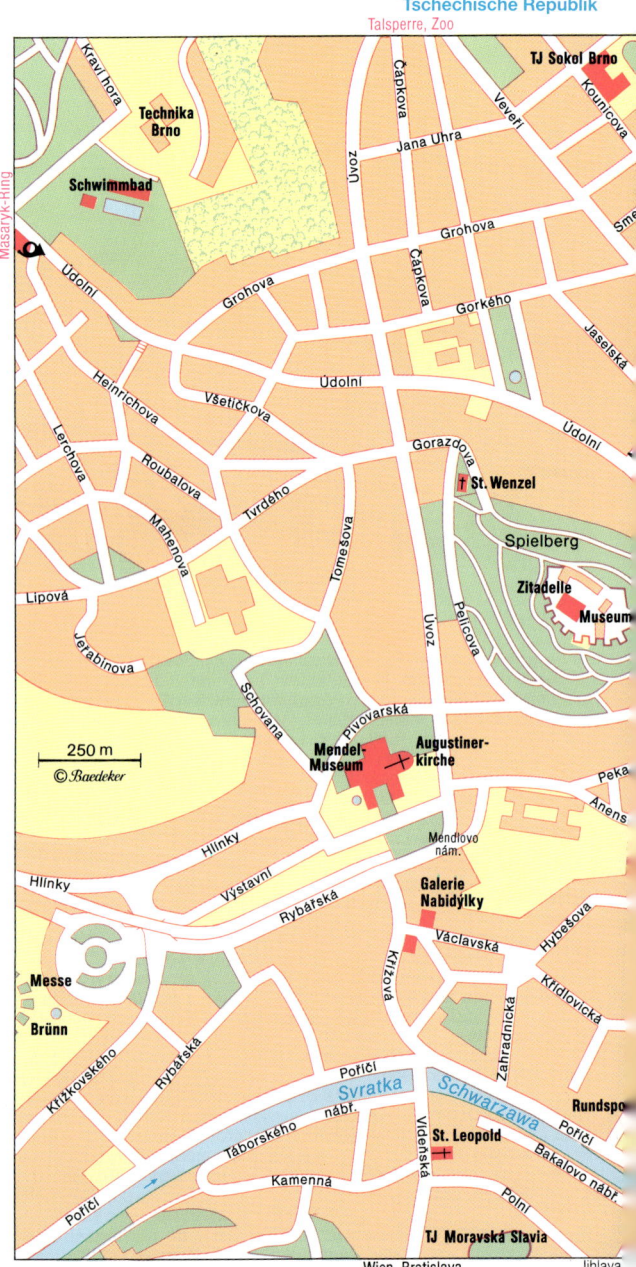

250 m

© Baedeker

Villa Tugendhat

Brno
Brünn

Smetanova
Antonínská
Lidická
Tř. kpt. Jaroše
Horákově
Francouzská

**Theater
Bratří
Mřstíků**

Mášova

Milady

Příkop
Příční

rounicova

Lidická

Kolista

Bratislavská

Moravské
nám.
Jošova
Roosveltova

**Radost-
Theater**

Cejl

St. Thomas

**Janáček-
Theater**

omenius-
rche

Joštova

**Křesťanská
gal.**

Galerie Ambrosiana

Cejl

St. Jakob

Solnční
9. května

Pondavka
Kolista

**Konzert-
haus**

**Jesulten-
kirche**
**Volkskunde-
museum**

**Mahen-
Theater**

**Künstler-
haus**

Husova

**Marien-
säule**

nám.
Svobody

Kobližná

Kabinett Múz

Vlhká

**Neues
Rathaus**

**Altes
Rathaus**

Janská

**Mährische
Galerie**

Dominikánské
nám.

Panská

Galerie

Orlí

Benšova

Museum

Autobushof

Plan der
inneren Stadt

cova

**Kunst-
haus**

Zelný trh.

St. Josef

Kolista

Vlhká

Špitálka

Šilingrovo
nám.

Galerie HaF

Redoute

Nádražní

Křenová

Mährisches Landesmuseum

**Kapuziner-
kirche**

Mlýnská

Obelisk

Dom

Hauptbahnhof

Husova

**Bischöfl.
Palais**

Nádražní

Kopečná

Přízova

Šujanovo
nám.

Hybešova

Dornych

Olomouc, Slavkov
Flughafen

Nové sady

Úzká

Trnitá

Dornych

Uhelná

Opuštěná

Autobushof

Plotní

Zvonařka

Křídlovická

Trnitá

Kovařská

oříčí

Svitava (Zwittawa)

Krautmarkt (Fortsetzung)	der sog. Parnaß (von J.B. Fischer v. Erlach) und eine Dreifaltigkeitssäule (von A. Schweigl; 1729–1733). An der Südseite des Platzes links die
Redoute	Redoute (Reduta, 18. Jh.), das älteste Theater der Stadt, heute Operetten- und Musicaltheater, rechts das ehem. Palais Dietrichstein (17. Jh.). In diesem sowie in dem anstoßenden Alten Bischofspalais (15.–16. Jh.), mit
*Mährisches Landesmuseum	gotischer Kapelle und schönem Arkadenhof (darin ein Barockbrunnen von 1693), das reichhaltige Mährische Landesmuseum (Moravské zemské muzeum; 1818) mit umfangreichen naturwissenschaftlichen (Tierwelt Mährens, Insekten aus aller Welt, Mineralogie u.a.) und archäologischen Sammlungen. Von hervorragender Bedeutung ist hier die 'Venus von Westonitz' (Věstonice), die älteste (ca. 25000 Jahre) bekannte künstlerisch bearbeitete Statuette (Abb. s. S. 58). Die Häuser Nr. 12 und 13 mit mittelalterlichen Kernen bilden hier den architektonisch einheitlichen Kleinen Stöckl (Malý Špaliček).
Kapuzinerplatz Kapuzinerkloster Kapuzinerkirche	An dem südöstlich an den Krautmarkt anschließenden Kapuzinerplatz (Kapucínské náměstí) die zu einem ehem. Kapuzinerkloster (1656) gehörende Kapuzinerkirche (Kapucínský kostel; im Inneren eine gotische Madonna aus dem 15. Jh.); in der Gruft ruht in einem Glassarg Oberst von der Trenck († 1749, s. nachstehend), ferner dort 50 luftgetrocknete Mumien von Kapuzinermönchen und angesehenen Bürgern der Stadt.
Petersberg *Dom	Südwestlich hinter dem Mährischen Museum erhebt sich auf dem Petersberg (Petrov; schöner Ausblick über die Stadt) an der Stelle einer alten slawischen Burg und einer romanischen Basilika des 11. Jh.s der Dom St. Peter und Paul (dóm na Petrově). Der im 15. Jh. im gotischen Stil errichtete Bau wurde 1645 bei der Belagerung der Stadt durch die Schweden zerstört, dann im Barockstil erneuert, zuletzt 1904–1911 außen in gotischem Stil wiederhergestellt und mit zwei Türmen versehen. Im Inneren der Kirche eine steinerne Madonna (um 1300) sowie ein modern eingefaßter Kreuzweg. Der Hauptaltar ist neugotisch.
Bischöfliches Palais	Dem Dom westlich gegenüber das Bischöfliche Palais (1751–1754), anschließend Domherrenhäuser. Weiter südwestlich in den Denis-Anlagen (Denisovy sady) ein 1818 zum Andenken an die Beendigung der napoleonischen Kriege errichteter 20 m hoher Marmorobelisk. Auch Reste mittelalterlicher und barocker Mauern mit Basteien sind hier erhalten geblieben.
Altes Rathaus	Nördlich vom Krautmarkt steht das 1311 erbaute, später mehrfach erneuerte Alte Rathaus (Stará radnice) mit reichem spätgotischem Portal (wahrscheinlich von Meister Pilgram; 1511) und einer Renaissanceloggia im Hof rechts (Anfang 16. Jh.); im hinteren Durchgang hängt der sog. Lindwurm, eine ausgestopfte Krokodilshaut (1608; das Geschenk eines orientalischen Fürsten).
Dominikanerplatz Michaelskirche	Weiter nördlich am Dominikanerplatz (Dominikánské náměstí) die 1655 begonnene Kirche St. Michael (chrám sv. Michala) mit reicher Barockausstattung. Auf der Terrasse eine Galerie von Steinskulpturen, die vor der Mitte des 18. Jh.s entstanden sind. Das nördlich anstoßende ehem. Domi-
Dominikaner- kloster	nikanerkloster, mit romanisch-gotischem Kreuzgang (13.–15. Jh.) und gotischem Refektorium, das nach seinem Umbau im Barockstil als Landhaus diente, bildet heute mit den aus dem 19. Jh. stammenden Anbauten das Neue Rathaus (Nová radnice). An seiner Fassade eine prächtige Freitreppe, im Inneren schöne freskengeschmückte Säle, darunter der Rittersaal (heute Trauungssaal), der Landtagssaal und der Saal der Landtafeln. Unweit nördlich vom Neuen Rathaus das mächtige Hotel International (Haupteingang in der unten genannten Hus-Straße). Vom Dominikanerplatz südwestlich durch die Dominikanergasse (Dominikánská ulice) mit dem Haus der Herren von Kunštát (Ausstellungssäle, im Hof Konzerte und Theatervorstellungen), zum Schillingerplatz (Šilingrovo náměstí), zum Augustinerkloster (Mendelmuseum) und zum Messegelände s. nachstehend.

Dom auf dem Petersberg

Blick zum Spielberg

*Villa Tugendhat

Nordöstlich außerhalb der Altstadt, Černopolní Nr. 45, liegt die Villa Tugendhat, ein 1928–1930 von Ludwig Mies van der Rohe entworfenes Wohnhaus, das als letztes bedeutendes Werk seiner europäischen Schaffensperiode gilt. Hier wurde im August 1992 die Auflösung der tschechoslowakischen Föderation beschlossen.

Spielberg
Zitadelle

Vom Schillingerplatz nördlich in die am Ostfuß des Spielbergs entlangziehende breite Hus-Straße (Husova třída). Von hier führen Parkwege westlich hinan zum Spielberg (Špilberk), einem 56 m hohen Bergkegel (288 m ü.d.M.). Oben die ursprünglich aus dem 13. Jh. stammende, im 17. und 18. Jh. veränderte und als Festung ausgebaute gleichnamige Zitadelle (Hrad), 1349–1411 Sitz der Markgrafen von Mähren, von 1621 bis 1858 österreichisches Staatsgefängnis für gemeine Verbrecher und vor allem Feinde der habsburgischen Monarchie (viele Italiener und Polen), darunter der Pandurenführer Freiherr von der Trenck (1746–1749) und der italienische Dichter und Carbonari-Führer Graf Silvio Pellico (1822–1830); letzterer beschrieb seine Haft in "Le mie prigioni".

Inneres
der Zitadelle

In der heute als Museum zugänglichen Zitadelle besuche man die Kasematten, mit Bildnissen interessanter Gefangener, Kerker und Marterzellen, sowie eine den Widerstandskämpfern gegen Hitler gewidmete Abteilung (u.a. in der ehem. Burgkapelle). Neuerdings enthält die Zitadelle auch Sammlungen des Brünner Stadtmuseums (Muzeum města Brna; vorübergehend geschlossen); ferner bemerkenswert ein 114 m tiefer Brunnen.

Rundgang

Lohnend ist ein Rundgang etwas unterhalb der Zitadelle, der reizvolle Aussichten bietet.

Mendelplatz

Vom Schillingerplatz führt die Bäckerstraße (Pekařská třída) westlich am Südfuß des Spielbergs entlang und am großen Universitätskrankenhaus (links) vorbei zum Mendelplatz (Mendlovo náměstí).

Kirche Mariä
Himmelfahrt

Hier steht die beachtenswerte gotische Kirche Mariä Himmelfahrt (14. Jh.; 1740 neu erbaut).

Ausstellungsgebäude auf dem Messegelände

Brno · Brünn
Messegelände
(Výstaviště)

Dabei das ehem. Augustinerkloster (jetzt Mendelmuseum), in dem der Augustinermönch und Prälat Gregor Mendel (1822–1884; → Berühmte Persönlichkeiten) zwischen 1858 und 1868 seine Kreuzungsversuche, v. a. an Erbsen und Bohnen, ausführte und dabei grundlegende Vererbungsgesetze entdeckte ('Mendelsche Regeln'). Südlich gegenüber der Augustinerkirche steht ein Mendeldenkmal (1910; von Charlemont).

Augustinerkloster (Mendelmuseum)

Etwa 1 km westlich vom Mendelplatz erstreckt sich der weitläufige Pisárky-Park, dessen größten, östlichen Teil das ausgedehnte Gelände (76 ha) der Internationalen Brünner Messe (Mezinárodní veletrh Brno) einnimmt. In den überwiegend zwischen 1926 und 1928 sowie 1958 und 1973 von tschechischen Architekten errichteten Ausstellungshallen (insgesamt 100 000 m²) und einem gläsernen Aussichtsturm wird alljährlich die größte Außenhandels- und Maschinenbaumesse des Landes abgehalten.
In der angrenzenden Křížkovský-Straße das Lustschlößchen der Familie Mitrovský vom Ende des 18. Jh.s und der Komplex des Hotels Voroněž.
Beim Messegelände befindet sich eine ovale Radrennhalle (Velodrom).
Weiter westlich, von der Terrasse der Gaststätte 'Myslivna' (Forsthaus) umfassende Aussicht auf die ganze Stadt.
Am nördlichen Ende des Parkes seit 1965 das Anthropos-Museum (pavilon Anthropos), das ähnlich wie das Pariser Musée de l'Homme in anschaulicher Weise die Entwicklung des Menschen von seinen frühesten Anfängen zeigt, unter besonderer Berücksichtigung der reichen vorgeschichtlichen Ausgrabungsfunde in der Brünner Umgebung (→ Mährischer Karst). Beachtenswert sind auch naturgetreue Nachbildungen der vorgeschichtlichen Höhlenmalereien der Höhle von Altamira in Nordspanien sowie der Grotte von Lascaux in Südwestfrankreich.

Messegelände
(MVB)

Mitrovský-Schlößchen

Velodrom

Aussicht

✻Anthropos-Museum

Vom Freiheitsplatz führt die Česká ulice (Böhmische Straße), die bedeutendste Straße innerhalb der Fußgängerzone, in nordwestlicher Richtung.

Böhmische Straße

143

| Böhmische Straße (Fortsetzung) | Sie wird gesäumt von bemerkenswerten historischen Häusern (Nr. 5, 6, 8). Nr. 20 das Hotel 'Avion' im Stil des Konstruktivismus. |

✻Kirche St. Jakob — Nördlich vom Freiheitsplatz erhebt sich an der Straße des 9. Mai die Kirche St. Jakob (chrám sv. Jakuba), eine aus dem 13. Jh. stammende, im 16. Jh. neu erbaute, 1874–1879 von Ferstel erneuerte spätgotische Hallenkirche. mit 92 m hohem Turm. In dem harmonischen Inneren (schönes Netzgewölbe) hinter dem Hochaltar das 1722 von Kerker gegossene Grabmal des Feldmarschalls Raduit de Souches (†1683), der 1645 Brünn gegen die Schweden verteidigt hat. Die steinerne Kanzel stammt aus dem Jahr 1525. in den neuzeitlichen Kreuzgang sind zwei spätgotische Reliefs einbezogen. An der Außenwand ein Holzkreuz aus dem 14. Jahrhundert.

Thomaskirche — Nördlich der Jakobskirche steht die Thomaskirche (14. Jh., im 17. Jh. wiederhergestellt), deren barocker Hochaltar ein Gemälde von Maulpertsch enthält. Von der Innenausstattung ist eine steinerne Pietà aus dem 14. Jh. erhalten geblieben.

Mährischer Platz — Weiter nördlich in dem Anlagengürtel am Rande der Innenstadt öffnet sich der große Mährische Platz (Moravské náměstí) mit einem Befreiungsdenk-

Augarten — mal (památník osvobození) an seiner Ostseite. Noch weiter nördlich der Augarten (Lužánky), ein vielbesuchter Park mit alten Bäumen.

✻Jesuitenkirche — Von der zuvor genannten Jakobskirche östlich über den Jakobsplatz (Jakubské náměstí) in die Jesuitengasse (Jezuitská ulice). Hier rechts die 1598–1602 an der Stelle einer gotischen Kirche erbaute Jesuitenkirche (Mariä Himmelfahrt), die schönste Brünner Barockkirche, mit überaus reich ausgestattetem Inneren (prachtvolle Deckenmalereien).

Janáček-Theater — Nordöstlich steht an der Roosevelt-Straße (Rooseveltova třída) das 1965 eröffnete Janáček-Theater (Janáčkovo divadlo; für Opern und Ballett). Südlich davon das in der zweiten Hälfte des 19. Jh.s von den Wiener Architekten Fellner und Helmer errichtete Mahen-Theater (Mahenovo divadlo),

Mahen-Theater — das erste elektrisch beleuchtete Theater Europas. Östlich gegenüber das 1911 vollendete Künstlerhaus (Dům umění).

Künstlerhaus / **Hauptbahnhof** — Von hier geht es südlich durch die Beneš-Straße (Benešova) zum Hauptbahnhof (Hlavní nádraží). Unweit westlich, Ecke Minoritengasse (Mino-

Technisches Museum — ritská ulice) und Adlergasse (Orlí ulice) befindet sich das Technische Museum (Technické muzeum).

Menuin-Tor — Östlich vom Technischen Museum steht an der Nordseite der Adlergasse das Menuin-Tor (Měnínská brána), das einzige erhaltene Brünner Stadttor.

Minoritenkirche — Nördlich vom Museum steht an der Minoritengasse rechts die 1729–1733 erbaute Minoritenkirche (St. Johannes). Noch weiter nördlich in der Post-

Hauptpost — gasse (Poštovská ulice) rechts die Hauptpost (Poštovní úřad Brno 1). Von hier gelangt man durch die links abzweigende Gagarin-Straße wieder zum Freiheitsplatz.

Umgebung von Brno

Zoo — 7 km nordwestlich der Stadtmitte liegt im Vorort Bystrc der besuchenswerte Brünner Zoologische Garten (Zoologická zahrada).

Brünner Talsperre — 8 km nordwestlich von Brno befindet sich die 120 m lange und 34 m hohe Sperrmauer (Kraftwerk) für die sich von dort etwa 9 km nach Nordwesten in schöner Waldumrahmung erstreckende Brünner Talsperre (Brněnská přehrada). Sie wurde 1936–1940 zur Regulierung der Schwarzawa (Svratka) sowie zur Energiegewinnung angelegt und ist heute ein beliebtes Ausflugsziel (Badegelegenheit, Wassersport, Boote; Gaststätten, Campingplatz).

Von dem kleinen Hafen nahe der Staumauer verkehren im Sommer Aus-   Burg Eichhorn
sichtsboote über den Stausee zur Burg Veveří (Eichhorn; urspr. 13. Jh., im
16. und 17. Jh. erweitert; unzugänglich), die man auch auf einer am südwestlichen Seeufer entlang verlaufenden Landstraße (8 km) erreichen
kann.

In den achtziger Jahren für die Bedürfnisse des modernen Motorrenn-   ∗**Masaryk-Ring**
sportes hergerichtet ist der altbekannte, zu Ehren des ersten Präsidenten
der Tschechoslowakischen Republik, Tomáš Garrigue Masaryk (1850 bis
1937; → Berühmte Persönlichkeiten) benannte 'Masaryk-Ring' ('Masarykův okruh'), ca. 15 km westlich von Brno bei Kývalka.

Auf dem einst schwierigen, ursprünglich annähernd 30 km langen Ge-
ländeundkurs wurden schon in den dreißiger Jahren bedeutende Grand-
Prix-Automobilrennen ausgetragen. Das neue Motodrom ist auf gut 5 km
reduziert und verfügt über alle technischen Einrichtungen, die zur Veranstaltung von Auto- und Motorradrennen erforderlich sind.

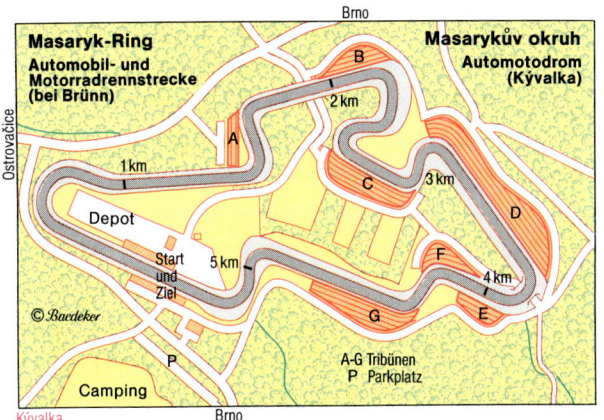

Streckenplan

21 km südwestlich von Brno liegt die Industriestadt Ivančice (210 m   Ivančice
ü. d. M., 7500 Einw.). Sie besitzt schöne Renaissancehäuser, Reste von
gotischen Stadtmauern, eine barockisierte gotische Kirche sowie einen
großen jüdischen Friedhof mit alten Grabsteinen (die ältesten stammen
aus dem 15. Jahrhundert). Ivančice ist Geburtsort des Malers Alfons
Mucha (1860–1939).

23 km südwestlich von Brno liegt die Bergbaustadt Oslavany (230 m   Oslavany
ü. d. M., 5000 Einw.). Das ehem. Nonnenkloster aus dem 13. Jh. wurde
nach 1583 in ein Renaissanceschloß mit Arkaden umgebaut.

12 km südlich von Brno, in Rajhrad (Raigern; 193 m ü. d. M., 3000 Einw.) ein   Rajhrad
im 11. Jh. gegründetes ehem. Benediktinerkloster; die Kirche wurde im 18.
Jh. als bedeutender Hochbarockbau erneuert.

18 km südlich von Brno der Ort Židlochovice (Großseelowitz; 190 m   Židlochovice
ü. d. M., 3000 Einw.) an der Schwarzawa (Svratka), mit altem Schloß (im
18. und 19. Jh. umgebaut) und großem Jagdgelände (besonders Fasanen).
Zwischen den beiden Weltkriegen war Židlochovice Sommerresidenz der
Präsidenten der (ersten) Tschechoslowakischen Republik.

→ Slavkov u Brna   **Austerlitz**

                                                                        145

Broumov · Braunau

F 2

Region: Ostböhmen
Kreis: Náchod
Höhe: 405 m ü.d.M.
Einwohnerzahl: 8200

Lage und
Bedeutung

Das ostböhmische Städtchen Broumov – deutsch Braunau – ging in die Geschichte ein, als im Jahre 1618 der Befehl des Abtes, die protestantische Kirche zu schließen, zu heftigen Unruhen und schließlich zu einem Aufstand in Prag führte, der den Dreißigjährigen Krieg einleitete. Broumov besitzt Textilindustrie.

Sehenswertes in Broumov

Benediktinerabtei

Beachtenswert ist die Kirche der im 14. Jahrhundert gestifteten ehem. Benediktinerabtei (einst im Besitz des Prager Klosters Břevnov), die 1683 bis 1694 von Martin und Johann Allio neu erbaut wurde. Die Klostergebäude von 1735 schuf Kilian Ignaz Dientzenhofer.

Friedhof

Auf dem Friedhof des Städtchens steht eine Holzkirche von 1450, die älteste ihrer Art in Böhmen.

Umgebung von Broumov

Falkengebirge

Südwestlich von Broumov zieht sich als Teil des Braunauer Berglandes (Broumovská vrchovina) das Falkengebirge (Broumovské stěny; bis etwa 800 m ü.d.M.) in einer Länge von etwa 10 km von Nordwesten nach Südosten hin und findet jenseits der tschechisch-polnischen Grenze im polnisch-schlesischen Heuscheuergebirge seine Fortsetzung. Das Falkengebirge mit seinen bizarren Felsformationen ist Naturschutz- und lohnendes Wandergebiet.

Křinice

3 km südwestlich von Broumov liegt am Rande des Falkengebirges das Dorf Křinice (Weckersdorf; 395 m ü.d.M.) mit schönen alten Bauernhäusern (das älteste, Nr. 152, von 1792).
Křinice ist Ausgangspunkt für eine Wanderung (2 Std.) in das nahe Falkengebirge zur Kapelle Hvězda (Maria Stern; s. nachstehend) und weiter zum Eingang der Weckersdorfer Felsenstadt bzw. Schmiedegrund (Kovářova rokle; Durchwanderung 2 Std.).

Hvězda

3 km westlich von Křinice thront auf dem Kamm des Falkengebirges der ehem. Wallfahrtsort Hvězda (Maria Stern; 674 m ü.d.M.). Man genießt von hier eine prächtige Aussicht. Barockkapelle (1733) und Gaststätte (1854), im Schweizer Stil als Pilgerheim errichtet, sind das Werk von Kilian Ignaz Dientzenhofer.

Police
nad Metují

14 km südwestlich von Broumov liegt malerisch das Städtchen Police nad Metují (Politz an der Mettau; 441 m ü.d.M., 4200 Einw.), mit Textil- und Maschinenindustrie. Police ist ein günstiger Ausgangspunkt für Touren in das nordöstlich aufragende Falkengebirge sowie zu dem 3 km nordwestlich gelegenen Tafelberg Ostaš (700 m ü.d.M.).
In Police selbst sehenswert sind das ehem. Benediktinerkloster aus dem 13. Jh., das u.a. von Kilian Ignaz Dientzenhofer barock umgestaltet wurde, das Barockrathaus (1718) sowie verschiedene Bürgerhäuser der Barockzeit (einstöckiges Holzhaus, Alte Schule, 1785). Die ursprünglich gotische Friedhofskirche aus dem 13. Jh., wurde am Anfang des 18. Jh.s barock umgestaltet.

Brüx

→ Most

Budweis

→ České Budějovice

Česká Lípa · Böhmisch-Leipa   D 2

Region: Nordböhmen
Kreis: Česká Lípa
Höhe: 250 m ü.d.M.
Einwohnerzahl: 40000

Die nordböhmische Kreisstadt Česká Lípa – deutsch Böhmisch-Leipa – liegt in anmutiger Umgebung am Polzen (Ploučnice); sie besitzt Textil- und Maschinenfabriken, ein Akkumulatorenwerk (neuerdings mit Beteiligung des deutschen Batterieherstellers Varta) sowie Betriebe des Waggon- und Musikinstrumentenbaues.
Sehenswert sind das 'Rotes Haus' (Červený dům) genannte kleine Renaissanceschloß von 1583 (Ende des 19. Jh.s erneuert; heute Museum), die Maria-Magdalenen-Kirche (urspr. aus dem 13. Jh.; im 16. und 18. Jh. umgebaut), die Heiligkreuzkirche (16. Jh.; Ende des 19. Jh.s regotisiert), die barocke Marienkirche von 1714 und die Allerheiligenkirche mit einem 1627 von Wallenstein gegründeten ehem. Augustinerkloster.

Lage und Sehenswertes

Umgebung von Česká Lípa

7 km östlich liegt Zákupy (Reichstadt; 271 m ü.d.M., 2500 Einw.) mit großem, ursprünglich im Renaissancestil erbautem, ehemals kaiserlichen Schloß (um 1680 verändert) und spätgotischer Dekanatskirche. 1818 wurden dem Sohn Napoleons I. der Titel eines Herzogs von Reichstadt verliehen (er war jedoch nie hier).

Zákupy
(Reichstadt)

11 km westlich von Česká Lípa steht in Horní Police (Oberpolitz; 252 m ü.d.M., 750 Einw.) eine schöne Barockkirche von 1723 (1968 renoviert, reiche Innenausstattung), die von einem gedeckten Umgang eingefriedet ist.

Horní Police

15 km nordöstlich von Česká Lípa ragt die markante Basaltkuppe des Ralsko (Roll; 696 m ü.d.M.) mit den Resten einer Burg des 12. Jh.s auf.

Ralsko

Der rund 25 km südöstlich von Česká Lípa gelegene, ursprünglich 'Großer Teich' genannte Mácha-See (Máchovo jezero; 266 m ü.d.M.) wurde 1366 von Kaiser Karl IV. angelegt und im 19. Jh. nach dem tschechischen romantischen Dichter Karel Hynek Mácha (1810–1836) benannt. Heute mißt der einst 350 ha große See nur noch 278 ha und dient als Erholungsgebiet mit zwei kleinen Inseln, Strandbädern und Gelegenheit zur Ausübung von Wassersport. Am Südufer liegt die Sommerfrische Doksy (Hirschberg, 275 m ü.d.M., 5000 Einw.), am Nordwestufer Staré Splavy (290 m ü.d.M.).

Mácha-See

Eine gotische Burgruine und eine Barockkirche (1780) sind in Jestřebí (260 m ü.d.M., 1500 Einw.), einer 8 km nordwestlich vom Mácha-See gelegenen Ortschaft, beachtenswert.

Jestřebí

Česká Lípa (Fortsetzung) **Bezděz**	9 km südöstlich vom Mácha-See ragt der Berg Bezděz (604 m ü.d.M.) auf. Dort befindet sich die Ruine einer frühgotischen Burg (604 m ü.d.M.), 1264–1278 von Přemysl Ottokar (Otakar) II. erbaut. Die Burgkapelle ist ein Kleinod der landestypischen Architektur; beachtenswert sind ferner der 20 m hohe Teufelsturm und der über 30 m hohe Große Turm.
Bělá pod Bezdězem	13 km südöstlich vom Mácha-See liegt die Stadt Bělá pod Bezdězem (Weißwasser; 301 m ü.d.M., 4600 Einw.) mit einem Renaissanceschloß sowie Resten der Stadtmauer und einem erhaltenen Stadttor (Česká brána).

České Budějovice · Budweis   D 3/4

Region: Südböhmen
Kreis: České Budějovice
Höhe: 385 m ü.d.M.
Einwohnerzahl: 95000

Lage und Bedeutung	Die Kreisstadt České Budějovice – deutsch Budweis –, das administrative, industrielle und kulturelle Zentrum Südböhmens, liegt ca. 130 km südlich von Prag an der Mündung der Maltsch (Malše) in die von hier nach Norden mehrfach aufgestaute Moldau (→ Vltava). Die sich nach dem Zweiten Weltkrieg nach allen Richtungen stark ausdehnenden neueren Stadtteile sind Standort einer bedeutenden Industrie: Maschinenbau, Email-, Holz- und Papierwaren (Koh-i-noor-Bleistifte – Hardtmuth, seit 1874) und Lebensmittelindustrie. Bekannt sind auch die hier gebrauten Biersorten 'Budvar' und 'Samson' (seit 1894). Budweis ist Sitz eines katholischen Bischofs, einer Landwirtschaftlichen und einer Pädagogischen Hochschule und besitzt mehrere Museen und Theater.
Geschichte	Budweis wurde 1265 von Ottokar (Otakar) II. gegründet und gleichzeitig befestigt (deutsches Stadtrecht). Im 16. Jh. erfreute sich die Stadt einer Blütezeit (Fischzucht, Bierbrauerei, Salzlager; Münzstätte). Die Stadt bewahrt in ihrer teilweise von schönen Parkanlagen umgebenen, noch bis ins 19. Jh. überwiegend deutschen Altstadt eine große Zahl schöner Bauten, meist aus der Renaissance- und Barockzeit. Seit 1828 verband die erste europäische Pferdeeisenbahn Budweis mit Linz an der Donau.

Sehenswertes in České Budějovice

*Přemysl- Ottokar-II.- Platz	Im Mittelpunkt der besonders an der Ost- und Nordseite von Anlagen gesäumten Altstadt liegt der von Lauben umgebene Náměstí Přemysla Otakara II. (Přemysl-Ottokar-II.-Platz; früher Ringplatz), mit 133 m Seitenlänge einer der größten Stadtplätze Böhmens.
*Samsonbrunnen	In der Platzmitte steht der schöne barocke Samsonbrunnen (von Josef Dietrich; 1727).
Rathaus Bischofspalais	In der Südwestecke des Platzes das an Stelle eines Renaissancebaus 1727–1730 von dem Italiener Martinelli im Barockstil errichtete dreitürmige Rathaus (Radnice); rechts daneben das Bischöfliche Palais (18. Jh.).
*Dom **St. Nikolaus**	Unweit nordöstlich vom Přemysl-Ottokar-II.-Platz steht der an der Stelle einer gotischen Kirche 1649 im Barockstil neu erbaute Dom St. Nikolaus (Chrám sv. Mikuláše) mit freistehendem, 72 m hohen Glockenturm ('Schwarzer Turm' / 'Černá věž'; 1577); von der toskanischen Säulengalerie (dorthin 360 Stufen) lohnende Aussicht, an klaren Tagen bis zum Böhmerwald und zu den Alpen. Östlich hinter dem Dom eine einzeln stehende Kapelle (1731). Vom Dom gelangt man ostwärts durch die

České Budějovice – Samsonbrunnen in Budweis ▶

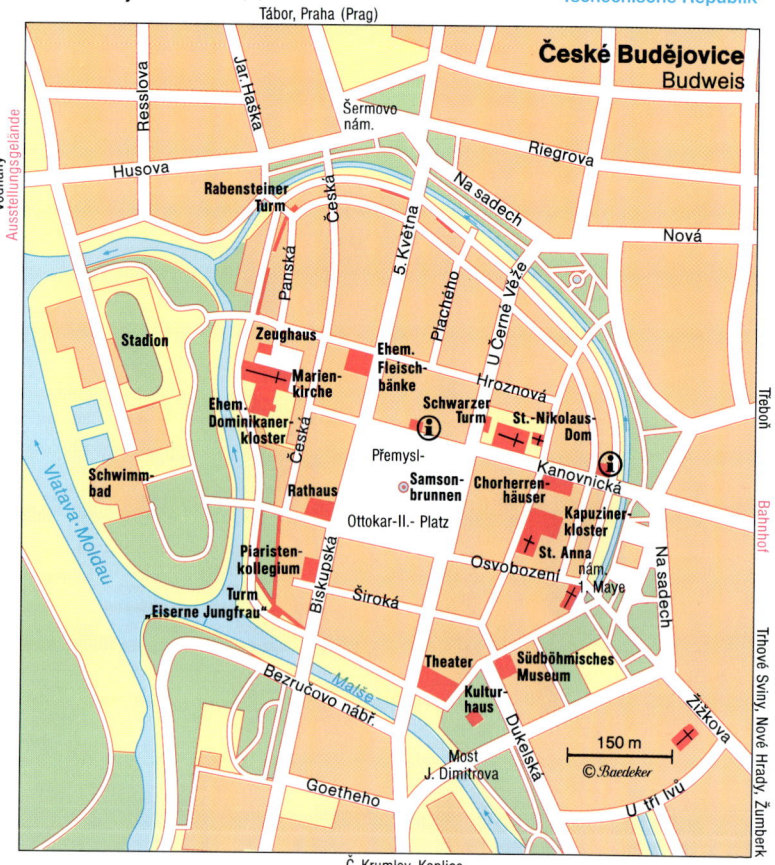

České Budějovice
Budweis

Dom (Fortsetzung)	Kanonikergasse (Kanovnická), dann über den Mühlkanal (Mlýñská stoka) zum Hauptbahnhof.
Bürgerhäuser	Um den Přemysl-Ottokar-II.-Platz stehen in den teilweise von Lauben eingefaßten altertümlichen Gassen reizvolle Barock- und Renaissancehäuser, wie das sgraffitogeschmückte Kneisl-Haus (Kneislův dům; 16. Jh.). An der an der Ostseite des Domes vorbeiführenden malerischen Pfarrgasse (Kněžská ulice; Lauben) das ehem. Kapuzinerkloster (heute pädagogisches Institut) mit der einstigen Klosterkirche St. Anna (1615–1621, heute auch Konzertsaal).
Marienkirche	Nordwestlich vom Přemysl-Ottokar-II.-Platz steht die gotische Marienkirche (oder Piaristenkirche; 1265) des ehemaligen, von Ottokar (Otakar) II. bei der Stadtgründung gestifteten Dominikanerklosters (heute Schule) mit einem teilweise wiederhergestellten Kreuzgang.
Salzhaus	Nördlich gegenüber der Marienkirche das einstige Salzhaus (Solnice), das urspr. als städtisches Zeughaus diente, mit Treppengiebel von 1531.

Unweit östlich vom ehem. Salzhaus, an der Hroznová ulice, die aus dem Jahr 1560 stammenden ehem. Fleischbänke (Masné krámy), seit 1953 eine viel besuchte Gaststätte und Bierstube.

České Budějovice (Fortsetzung) Fleischbänke

Etwa 200 m nördlich vom ehem. Salzhaus steht der Rabensteiner Turm (Rabenštejnská věž; 14./15. Jh.).

Rabensteiner Turm

Südwestlich vom Hauptplatz der 'Eiserne Jungfrau' ('Železná panna') genannte Burgtum mit einem Wehrgang.

Eiserne Jungfrau

Südöstlich vom Hauptplatz, an der Dukelská třída (Nr. 1) das Südböhmische Museum (Jihočeské muzeum), das außer altböhmischen Gemälden und Bildwerken u. a. natur- und kulturgeschichtliche Sammlungen sowie Waffen enthält.

Südböhmisches Museum

Auf dem nordwestlich vom Stadtkern gelegenen Budweiser Ausstellungsgelände (32 ha) findet alljährlich im August die landwirtschaftliche Ausstellung "Ernährerin Erde" statt.

Ausstellungsgelände

Umgebung von České Budějovice

20 km südöstlich gibt es in Trhové Sviny (458 m ü. d. M., 5000 Einw.) eine schöne spätgotische Marienkirche sowie eine hervorragende barocke Wallfahrtskirche (von K. I. Dientzenhofer; 1708 bis 1710).

Trhové Sviny

27 km südöstlich von České Budějovice liegt das mittelalterliche Dorf Žumberk (541 m ü. d. M.), dessen Festungsanlage zu einem Museum umgestaltet wurde (bemalte Möbel). Nahebei der Teich Žárský rybník.

Žumberk

34 km südöstlich von České Budějovice erreicht man das Städtchen Nové Hrady (541 m ü. d. M., 2300 Einw.) mit einer gotischen Burg (urspr. von 1279, im 15. und 16. Jh. umgebaut; Ausstellung südböhmischer Gläser). Unweit südwestlich von Nové Hrady erstreckt sich der Naturschutzpark Terčino údolí (Theresiental; gegr. 1756).

Nové Hrady

Český Krumlov · Krumau **D 4**

Region: Südböhmen
Kreis: Český Krumlov
Höhe: 492 m ü. d. M.
Einwohnerzahl: 14 000

Die südböhmische Kreisstadt Český Krumlov – deutsch Krumau – erstreckt sich in prächtiger Lage zu beiden Seiten der hier vielfach gewundenen oberen Moldau (→ Vltava) am Südfuß des Planker Waldes (Blanský les), eines Vorgebirges des Böhmerwaldes. Český Krumlov bietet wie Kuttenberg (→ Kutná Hora) in seiner Altstadt, mit winkligen Gassen und zahlreichen alten Bauten, noch ein mittelalterliches Stadtbild von seltener Geschlossenheit. Der im 14. Jh. blühende Silberbergbau ist erloschen. Heute bildet Leichtindustrie die Lebensgrundlage der Stadt.

*Lage und
**Stadtbild
(Abb. s. S. 132)

Krumau war mit seinem hochgelegenen prächtigen Schloß seit der Gründung im 13. Jh. bis 1302 im Besitz des Geschlechtes der Wittigonen (Vítkovci), dann bis zum Kauf durch Kaiser Rudolf II. im Herrschaftsbereich der Rosenberger, die das Schloß zu einer glänzenden Renaissanceresidenz ausbauten. Seit 1622 regierte das deutsche Adelsgeschlecht Eggenberg, bis die Stadt nach deren Aussterben im Jahre 1719 an die Fürsten von Schwarzenberg fiel.

Geschichte

Sehenswertes in Český Krumlov

*Altstadt
Ringplatz

Im Mittelpunkt der in einer Moldauschleife gelegenen Altstadt liegt der von schönen Renaissancehäusern umgebene Ringplatz mit einer hohen Mariensäule (Pestsäule; von Matthias Jaeckel, 1716).

Rathaus

An der Nordseite des Ringes steht das Rathaus (Radnice) mit gotischen Lauben, einem reichen Renaissancefries sowie großen Wappen von Böhmen, der Stadt und der Adelsgeschlechter Eggenberg und Schwarzenberg.

Kaplanei
Prälatur
Jesuitenkolleg

Vom Ring östlich in die Obere Gasse (Horní ulice). Hier rechts die erkergeschmückte Kaplanei (1514–1520). Links daneben die Prälatur; im Hof eine Rokokotreppe mit Arkaden. Weiterhin das ehem. Jesuitenkolleg, 1586–1588 von Baltasar Maio da Vomio errichtet, ab 1773 Kaserne, seit 1878 Hotel.

Theater
Heimatmuseum

Hinter dem ehem. Jesuitenkolleg liegt das Theater, 1613 als Jesuitentheater erbaut. Nördlich gegenüber das ehem. Jesuitenseminar (1650–1662), heute Sitz des Kreisarchivs und des sehenswerten Heimatmuseums (u. a. eine wertvolle Sammlung gotischer Kunst).

Dekanatskirche
Lateinschule

Südlich gegenüber der Kaplanei erhebt sich über der Moldau die 1309 gegründete, 1407–1439 völlig umgebaute spätgotische Erzdekanatskirche St. Veit; im Inneren ein Hochaltar aus dem 16. Jh., Fresken von 1420 (im nördlichen Seitenschiff) sowie eine spätgotische Krypta. Der Kirche südlich gegenüber die ehem. Lateinschule (1554), jetzt Volkskunstschule.

Renaissance-
häuser

Westlich vom Ringplatz verläuft in etwa parallel zur Moldau die Breite Gasse (Široká ulice) mit einigen besonders schönen, teilweise freskengeschmückten Renaissancehäusern.

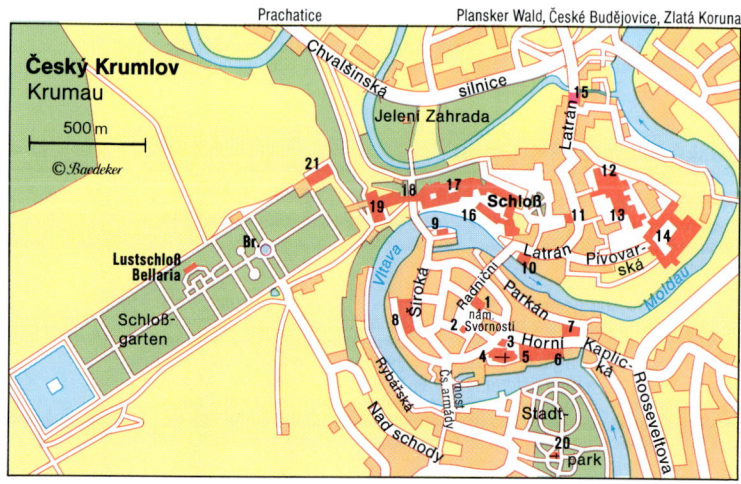

1 Rathaus	8 Städt. Bräuhaus	15 Budweiser Tor
2 Mariensäule	9 Zeughaus	16 Münze
3 Kaplanei	10 Ehem. St.-Jost-Kirche	17 Obere Burg
4 St. Veit	11 Rotes Tor	18 Mantelbrücke
5 Prälatur	12 Klarissinenkloster	19 Barocktheater
6 Ehem. Jesuitenkolleg	13 Minoritenkloster	20 St. Martin
7 Ehem. Jesuitenseminar	14 Herrschaftl. Bräuhaus	21 Reitschule

Vom Ringplatz gelangt man nordwärts durch die Rathausgasse (Radniční ulice) zur Moldaubrücke.

Moldaubrücke

Am anderen Moldau-Ufer erstreckt sich der anstelle der ehem. Unterburg angelegte älteste Stadtteil Latron (Latrán). Hier gleich rechts die im 16. Jh. erneuerte, Ende des 18. Jh.s geschlossene Kirche St. Jost. Dahinter rechts durch die 'Neustadt' ('Nové Město') genannte Gasse zu dem aus dem 16. Jh. stammenden großen Bräuhaus, dem ehem. Rosenberger Zeughaus. Unweit nördlich von St. Jost das sgraffitogeschmückte ehem. Latroner Rathaus.

Latrán
St.-Jost-Kirche
Bräuhaus

Östlich vom alten Latroner Rathaus liegen das 1350 gegründete ehem. Minoritenkloster sowie das ehem. Klarissenkloster mit spätgotischem Kreuzgang (1491) und der zu beiden Klöstern gehörenden Fronleichnamskirche (1357; im 17. Jh. barock umgebaut), deren Inneres eine Pietà aus dem 14. Jh. enthält.
Östlich hinter der Kirche der Rundturm der Bastei.

Minoritenkloster
Klarissenkloster

Nördlich vom alten Latroner Rathaus steht das 1598 erbaute Budweiser Tor (Budějovická brána).

Budweiser Tor

Von der ehem. Kirche St. Jost gelangt man nördlich auf der Schloßstiege (Zámecké schody) hinan zu dem hoch über der Moldau gelegenen, die Stadt beherrschenden Schloß (Zámek; nach der Prager Burg der größten in Böhmen), dessen Bauten ursprünglich aus dem 13. und 14. Jh. stammen, aber im 16. Jh. unter Wilhelm von Rosenberg größtenteils im Renaissancestil verändert worden sind. Beim Latraner Tor, dem unteren Schloßtor, ein Graben mit lebenden Bären. Im unteren Schloßhof, mit Kanonen, die Zugänge zu dem mächtigen Schloßturm (1580, von B. Maio da Vomio; von oben weite Aussicht), der reichhaltigen Schloßbibliothek und dem staatlichen Archiv.
In dem üppig mit Möbeln, Gobelins, Gemälden und Porzellan ausgestatteten Schloß, mit insgesamt vier Höfen und etwa 300 Räumen, sind besonders beachtenswert die Gemäldegalerie, der prächtig ausgemalte Maskensaal (1748) mit illusionistischen Malereien, der Vitrinensaal, die Große und die Kleine Schloßkapelle (15. bzw. 18. Jh.) sowie jenseits der hohen Schloßbrücke (1764; Aussicht), mit drei Bogengängen übereinander, das 1765/1766 erbaute und reich ausgemalte Schloßtheater im Rokokostil, das noch die ursprünglichen Bühneneinrichtungen enthält (in Restaurierung).

*Schloß

Vom obersten Gang der Schloßbrücke gelangt man in den prachtvollen Schloßgarten. Gleich rechts die Winterreitschule (1745). In der Mitte des Gartens das 1706–1708 erbaute Lustschlößchen Bellaria; ferner das Freilichttheater (1958) mit einem drehbaren Zuschauerraum für etwa 500 Personen. Am Südwestende des Schloßgartens ein 1686 angelegter Fischteich.

*Schloßgarten

Umgebung von Český Krumlov

Unweit nördlich erstreckt sich der Plansker Wald (Blanský les) mit seiner höchsten Erhebung, dem Kleť (Schöninger, 1083 m ü. d. M; Sessellift von Krasetín); auf dem Gipfel eine Berghütte mit Aussichtsturm, Sendemast und Observatorium.

Plansker Wald

7 km nordöstlich von Český Krumlov liegt das befestigte ehem. Zisterzienserkloster Zlatá Koruna (Goldenkron, 473 m ü. d. M.). Im Jahre 1263 von König Ottokar (Otakar) II. gegründet und 1300–1370 erbaut, wurde das Kloster im 17. Jh. aufgelöst. Erhalten sind die große gotische Klosterkirche mit wertvoller Inneneinrichtung und einem Kenotaphen Přemysl

*Zlatá Koruna

Český Krumlov Zlatá Koruna (Fortsetzung)	Ottokars II. im Chor sowie der wohlerhaltene Kapitelsaal vom Ende des 13. Jahrhunderts (im 17./18. Jh. barock umgestaltet; Museum).
Dívčí Kámen	10 km nordöstlich von Český Krumlov der Maidlstein (Dívčí Kámen) mit der mächtigen Ruine einer mittelalterlichen Burg aus der Mitte des 14. Jahrhunderts.
Kájov	6 km westlich von Český Krumlov, in Kájov (Gojan; 540 m ü.d.M., 1000 Einw.), eine bemerkenswerte gotische Wallfahrtskirche aus dem 14. Jh. (1471–1483 umgebaut) mit einer spätgotischen Madonnenfigur (um 1500).
Větřní	6 km südlich von Český Krumlov steht in Větřní (592 m ü.d.M.; 3500 Einw.) eine der größten Papierfabriken des Landes (gegr. 1870).

Český ráj · Böhmisches Paradies   D/E 2

Regionen: Nordböhmen und Ostböhmen
Ausdehnung: ca. 125 km^2
Höhe: 400–500 m ü.d.M.

Lage und Allgemeines	Das Böhmische Paradies (Český ráj), das älteste Naturschutzgebiet der tschechischen Länder (seit 1955), erstreckt sich im Bereich des waldreichen Jitschiner Berglandes (Jičínská pahorkatina) an der Grenze von Nord- und Ostböhmen zwischen den Städten ⟶ Turnov (Turnau), ⟶ Mnichovo Hradiště (Münchengrätz) und ⟶ Jičín (Jitschin).
*Felsformationen *Burgen	Wegen seiner zahllosen bizarren Felsformationen, Felsenstädte oder Felslabyrinthe wie auch wegen seiner vielen Burgen ist das Böhmische Paradies ein beliebtes Ausflugsziel auch für Kletterfreunde. Ein Wahrzeichen der Landschaft bildet die markante Silhouette der Burgruine Trosky (s. nachstehend). Zentrum des Böhmischen Paradieses und günstiger Ausgangspunkt für zahlreiche schöne Touren ist die am Nordrand gelegene Stadt Turnov (Turnau).

Sehenswertes im **Böhmischen Paradies

Burgruine Valdštejn	3 km südöstlich von Turnov steht ganz im Norden des Böhmischen Paradieses in waldreicher Umgebung die Ruine der teils auf, teils in den Felsen gebauten frühgotischen Burg Valdštejn (Waldstein; 389 m ü.d.M.), der Stammsitz Wallensteins. Teile der Anlage wurden im neugotischen Stil umgebaut.
Sedmihorky	4 km südöstlich von Turnov liegt die Sommerfrische Sedmihorky (270 m ü.d.M.). Der einstige Kurort ist Ausgangspunkt für Touren in die Felsenstädte, zum Schloß Hrubá Skála und zur Burgruine Valdštejn.
Hrubá Skála	5 km südöstlich von Turnov befindet sich der Ort Hrubá Skála (Groß-Skal; 287 m ü.d.M.) mit dem aus einer mittelalterlichen Burg entstandenen, ehemals Aehrenthalschen Schloß (367 m ü.d.M.), das sein heutiges Aussehen im 19. Jh. erhielt. Westlich des Ortes erstreckt sich die 'Felsenstadt' von Hrubá Skála (Hruboskalské skalní město), der mit 220 Sandsteintürmen ('Drachenwände', 'Drachenzahn', 'Kapellmeister', 'Taktstock' u.v.a.) umfangreichste Felsenkomplex im Böhmischen Paradies.
Rovensko pod Troskami	8 km südöstlich von Turnov liegt die Sommerfrische Rovensko pod Troskami (306 m ü.d.M., 1300 Einw.). Die gotische Kirche besitzt einen hölzernen Glockenturm (von 1630) mit umgekehrt hängenden Glocken (sog. Rebellenglocken); beachtenswert ist auch die Empirebrücke aus dem Jahre 1847.

Český ráj – idyllische Partie im Böhmischen Paradies

10 km südlich von Turnov steht am Südrand des Böhmischen Paradieses die gotische Burg Kost (Hrad Kost; 274 m ü. d. M.). Die Kernburg, mit imposantem Turm und gotischem Palas, stammt aus dem 14. Jh.; spätgotischen Ursprungs ist der Schellenberg-Bau; der Biberstein-Flügel (im Zweiten Weltkrieg zerstört) wurde im 16. Jh. hinzugefügt. Zur Burganlage gehören ferner die gotische St.-Anna-Kapelle sowie eine ehem. Alchimistenküche. Ausstellung spätgotischer Kunst.

*Burg Kost

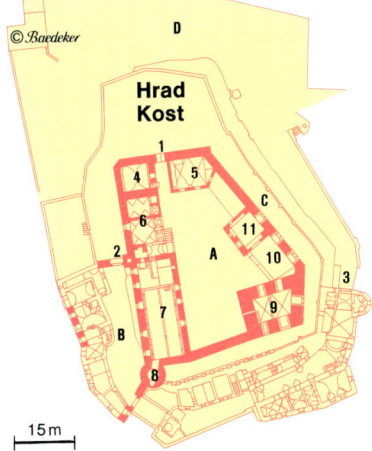

Burg Kost
(urspr. 14. Jh.;
im 20. Jh.
restauriert)

A Innere Burg
B Biberstein-Flügel (16. Jh.)
C Burggraben
D Untere Vorburg

1 Erstes Burgtor
2 Zweites Burgtor
3 Drittes Burgtor
4 Torturm
5 Burgkapelle (gotisch)
6 Neuer Palas
   (Schellenberg-Bau,
   spätgotisch)
7 Alter Palas (gotisch)
8 Runder Turm (gotisch)
9 Weißer Turm (gotisch)
10 Sala terrena (frühbarock;
    unvollendet)
11 Gebäude vom Beginn
    des 16. Jahrhunderts

155

Český ráj · Böhmisches Paradies

Tschechische Republik

*Burgruine Trosky

10 km südöstlich von Turnov erhebt sich auf zwei schroffen Basaltfelsen ('Panna' = Jungfrau, 57 m, und 'Baba' = Großmutter, 47 m) die weithin die Landschaft beherrschende romantische Ruine der Burg Trosky (= 'Trümmer'; 488 m ü.d.M.) aus dem Jahre 1380; von oben weite Aussicht.

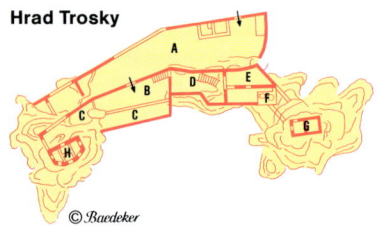

Hrad Trosky

Burgruine Trosky

A Vorburg (Burggraben)
B Zweite Vorburg
C Wirtschaftsgebäude
D Innere Burg
E Gotischer Palas
F Treppenhaus (Anfang 19. Jh.)
G Turm 'Panna' (Jungfrau)
H Turm 'Baba' (Großmutter)

© Baedeker

Libuň

14 km südöstlich von Turnov liegt das Dorf Libuň (320 m ü.d.M.) mit gotischer Kirche (1771 barockisiert) und barockem Pfarrhaus.

Vyskeř

6 km südlich von Turnov Dorf und Aussichtspunkt Vyskeř (372 m ü.d.M.).

Sobotka

13 km südlich von Turnov liegt am südlichen Rande des Böhmischen Paradieses das Städtchen Sobotka (305 m ü.d.M., 2500 Einw.). Es ist ein günstiger Ausgangspunkt für Wanderungen durch das romantische Plakánek-Tal (Sandsteinfelsen) und weiter zur Burg Kost. Sobotka besitzt mehrere schöne Bauten der Volksarchitektur. Nördlich der Stadt das barocke Jagdschlößchen Humprecht (1666–1672), auf ovalem Grundriß erbaut. Es beherbergt heute Ausstellungen alter Kunst. Schöne Aussicht.

Přihrazy

8 km südwestlich von Turnov liegt das Dorf Přihrazy (288 m ü.d.M.) als günstiger Ausgangspunkt in das Felsengebiet.

Drábské světničky

9 km südwestlich von Turnov die Drábské světničky (380 m ü.d.M.), sieben Sandstein-Felsblöcke mit sechs ausgemeißelten Gängen und 18 Räumen. Zu Beginn des 15. Jh.s hatten hier die Hussiten einen Stützpunkt.

Valečov

11 km südwestlich von Turnov die Ruine der gotischen Felsenburg Valečov (236 m ü.d.M.) aus dem 14. Jahrhundert.

Mužský

Im Westen des Böhmischen Paradieses erhebt sich die Basaltkuppe Mužský (Musky; 463 m ü.d.M.) mit weitreichender Aussicht.

**Prachower Felsen

Felsenstadt

Die Prachower Felsen (Prachovské skály, 430–450 m ü.d.M.) bilden ein selbständiges Landschaftsschutzgebiet (ca. 3 km²) im Südosten des Böhmischen Paradieses, ebenfalls mit bizarren Felsformationen, der sog. Felsenstadt (ca. 80 Türme, 200 Aufstiege; prähistorische Siedlungen).
Drei markierte Wanderwege (vielfach durch Geländer und Leitern gesichert) führen durch die bizarren Sandsteingebilde (Türme, Säulen, Nadeln, Gänge, Grotten u.a.) zu den schönsten Aussichtspunkten und in tiefe, schmale Schluchten. Die malerischste ist die Kaiserschlucht (Císařská chodba), benannt nach dem österreichischen Kaiser Franz II., der die Felsenstadt 1813 besuchte. Im Zentrum der Prachower Felsen befindet sich ein kleines Rasthaus (Turistická chata).

Jinolice

Am Nordostrand der Prachower Felsen erstreckt sich bei dem Dorf Jinolice (325 m ü.d.M.) ein besuchtes Teichgelände mit drei Teichen, von denen der größte Oborský rybník (11 ha) heißt.

Prachov

Das namengebende Dorf Prachov (265 m ü.d.M.) liegt am Südostrand der Felsenstadt.

156

Prachovské skály – Prachower Felsen

Am Nordwestrand der Prachower Felsen befinden sich die Reste einer kleinen mittelalterlichen Burg, Pařez ('Stock'; 360 m ü. d. M.), die teilweise in den Sandstein gehauen ist.

Český ráj
(Fortsetzung)
Burgruine Pařez

Český Šternberk · Böhmisch-Sternberg   **D 3**

Region: Mittelböhmen
Kreis: Benešov
Höhe: 310 m ü. d. M.
Einwohnerzahl: 300

Die kleine Ortschaft Český Šternberk – deutsch Böhmisch-Sternberg – liegt etwa 45 km südöstlich von Prag (→ Praha) im Tal der Sazau (Sázava). Der Ort wird beherrscht von der mächtigen Burg Sternberg, die zu den am besten erhaltenen Festungsanlagen in den tschechischen Ländern gehört.

Lage

✳Burg Sternberg (Abb. s. S. 158)

Durch die günstige Lage am Rande ausgedehnter Waldungen auf einem schmalen Felsvorsprung über dem linken Flußufer blieb die Burg lange uneinnehmbar. Als privater Herrschaftssitz wurde sie während der Regierungszeit von König Wenzel (Václav) I. um 1240 von Zdeslav von Divišov erbaut und verblieb mit Ausnahme eines kurzen Intervalls im 18. und 19. Jh. bis zur Mitte des 20. Jh.s im Besitz der Adelsfamilie Šternberk (Sternberg). Ihr entstammte u. a. der Naturwissenschaftler Kašpar Maria Šternberk, der 1818 das Nationalmuseum in Prag mitbegründete.

Unter der Regierung von König Georg wurde die Anlage erobert und stark beschädigt, 1479 dann im spätgotischen Stil erneuert und durch wuchtige Bastionen ergänzt. Nach dem Dreißigjährigen Krieg erfolgte der Um- und Ausbau im Sinne des Frühbarocks. Aus dieser Zeit stammen die Ausstattung des Großen Saales, die reich verzierten Barockkamine und die dekorativen Stuckreliefs.

Geschichte

Die Burg beherbergt umfangreiche Sammlungen von Waffen, Graphik des 17. Jh.s und zeitgenössischem Mobiliar.

Burgmuseum

157

Český Šternberk – Burg Sternberg

Umgebung von Český Šternberk

Rataje
nad Sázavou

4 km nordöstlich liegt im romantischen Tal der Sazau die Sommerfrische Rataje nad Sázavou (383 m ü. d. M., 800 Einw.) mit Resten der gotischen Burg Pirkštejn und barockisiertem Renaissanceschloß.

Sázava

8 km nördlich von Český Šternberk liegt im Tal der Sazau das als Sommerfrische besuchte Städtchen Sázava (Sazau; 312 m ü. d. M., 3500 Einw.) mit einer Glashütte (Labor- und optische Gläser). Die Ansiedlung entstand um das 1032 von Fürst Oldřich gegründete Benediktinerkloster (seit Ende des 18. Jh.s Schloß). In den Gebäuden sind heute die Sammlung 'Das Slawische Sazau' und ein Museum technischer Gläser untergebracht. Nördlich der Kirche die Grundmauern eines romanischen Bauwerks.

Vlašim

13 km südlich von Český Šternberk erreicht man die Industriestadt Vlašim (365 m ü. d. M., 13 000 Einw.; Strumpf- und Schuherzeugung) mit einem Barockschloß mit großem englischem Park.

Blaník

20 km südlich von Český Šternberk erhebt sich aus der typisch gewellten mittelböhmischen Landschaft der sagenumwobene Berg Blaník (638 m ü. d. M.); die Umgebung ist heute Landschaftsschutzgebiet.

Cheb · Eger

B 2

Region: Westböhmen
Kreis: Cheb
Höhe: 460 m ü. d. M.
Einwohnerzahl: 31 000

Die westböhmische Kreisstadt Cheb – deutsch Eger – ist ein wichtiger | Lage und
Verkehrsknotenpunkt und Industrieplatz (Textil- und Nahrungsmittelfabri- | Bedeutung
ken; Maschinen- und Fahrradbau) im Egerland (Chebsko) und liegt auf
einer Terrasse am rechten Ufer der Eger (Ohře) unweit der tschechisch-
deutschen Grenze. Die Stadt, von der im Zweiten Weltkrieg im wesentlichen nur das Bahnhofsviertel im Südosten gelitten hat, verdient vor allem
wegen ihres gut erhaltenen und besonders im Bereich des Marktplatzes
restaurierten mittelalterlichen Stadtkerns einen Besuch.

Eger entstand um eine Burg der Markgrafen von Vohburg und wird urkund- | Geschichte
lich erstmals 1061 genannt. Mit König Konrad III. kam es durch Heirat an
die Hohenstaufen, wurde freie Reichsstadt und gelangte 1167 in den
Besitz Kaiser Friedrichs I. (Barbarossa), der sich 1149 in Eger mit Gräfin
Adelheid von Vohburg vermählt hatte.
König Ottokar (Otakar) II. von Böhmen nahm 1265 das Egerland (Chebsko)
in Besitz. Es fiel 1277 an das Deutsche Reich zurück, wurde jedoch 1315
von Ludwig dem Bayern an Böhmen verpfändet, dessen Geschichte es bis
heute teilt. König Rudolf von Habsburg verlieh der Stadt 1279 ein besonderes Stadtrecht, Kaiser Karl IV. 1355 das Münzrecht. Im Jahre 1634
wurde Wallenstein (→ Berühmte Persönlichkeiten) in Eger ermordet; 1687
ist hier der berühmte Barockbaumeister Balthasar Neumann geboren
(† 1753 in Würzburg). Die 1675–1700 angelegten Festungswerke sind
Anfang des 19. Jh.s geschleift worden.

Das Egerland (Chebsko) war in der Stauferzeit ein zusammengehöriges | Euregio Egrensis
Reichsland mit den erzgebirgischen Gegenden um Eger (Cheb), Asch (Aš)
und Schönbach, dem 'Stiftland' (Raum Tirschenreuth), dem 'Sechsämter-
land' (Raum Selb – Wunsiedel) und dem 'Elsterland' (südlicher Teil des
Landkreises Oelsnitz und Klingenthal). Mit der Schaffung einer 'Euregio
Egrensis' sollen diese Identität wiederbelebt und die Nachteile der bisherigen Grenzgebiete auf böhmischer, bayerischer und sächsischer Seite
abgebaut werden. Diese länderübergreifende Initiative sieht ein Zusam-
menwirken im Sinne einer Stärkung des Umweltschutzes, der Verbesserung der Infrastrukturen sowie der Förderung von Wirtschaft und Tourismus sowie von Bildung und Kultur vor. Hierzu sind 'Eurobüros' genannte
Koordinierungsstellen in Cheb (Eger), Marktredwitz und Bad Elster eingerichtet worden.

Sehenswertes in Cheb (Stadtplan s. S. 160)

Im Mittelpunkt von Cheb liegt der langgestreckte brunnengeschmückte | ∗**Marktplatz**
Marktplatz (König-Georg-von-Podiebrad-Platz · Náměstí krále Jiřího z
Poděbrad), der rings von schönen alten Häusern umgeben ist.
An der Ostseite das 1722–1728 von Giovanni Battista Alliprandi im | Altes Rathaus
Barockstil erbaute Alte Rathaus (Radnice), jetzt Sitz der Städtischen
Kunstgalerie (Galerie der böhmischen Kunst des 20. Jh.s). Rechts davon
das Schillerhaus, in dem der Dichter Friedrich Schiller 1791 wohnte, als er | Schillerhaus
an seinem Drama "Wallenstein" arbeitete.
Bei der Nordostecke des Marktes das aus dem 15. Jh. stammende ehem. | Schirndinger Haus
Schirndinger Haus mit hohem gotischem Giebel und schönem Arkaden-
hof. Links daneben das Gablerhaus (hübsche Rokokofassade; 1821 Be- | Gablerhaus
such Goethes, Gedenktafel).
Am unteren Ende des Marktes steht das Stöckl (Špalíček), eine ursprüng- | ∗Stöckl
lich aus dem 13. Jh. stammende Gruppe von elf Häusern, die früher von | (Abb. s. S. 161)
jüdischen Krämern bewohnt waren; davor der Herkulesbrunnen (16. Jh.).

Nördlich hinter dem Stöckl das ehemalige Stadthaus, das Anfang des 17. | **Stadthaus**
Jh.s erbaute ehem. Wohnhaus des Bürgermeisters Pachelbel, worin am
25. Februar 1634 Wallenstein im Auftrag des Kaisers Ferdinand von dem
Iren Deveroux ermordet wurde. Im schönen Hof alte deutsche Grabsteine und eine reizvolle Holzgalerie.

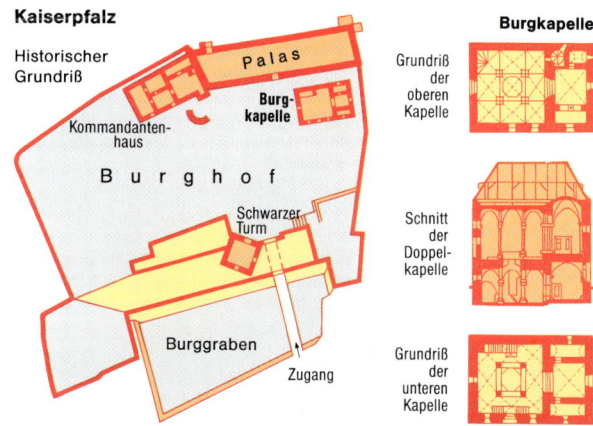

Tschechische Republik
Františkovy Lázně

© Baedeker

Ohře

Eger

Karlovy Vary, Mariánské Lázně

Cheb
Eger

Ehem.
Kreuzherren-
Kloster

**St.
Bartholomäus**

Sand-
tor

Mlýnská

Kaiser-
pfalz

Mlýnská

Křižovnická

Kamenná

B. Smetany

Komenského

Jánské
nám.

Kasární
nám.

Komen-
ského
sady

Kamenná

St. Wenzel

Jakubská

Růžová

Růžový
kopeček

St. Nikolaus

6   5

3   4

2

Školní

Židovská

Dlouhá

nám. krále

Grüner-
haus

Jiřího z
Podě-
brad

**Altes
Rathaus**

M. Gorkého

Altes
Zeughaus

Franziskaner-
kloster

Jatečni

1

Schillerhaus

Sládkova

Komenského

Svat.
Čecha

I. čs.

**Mariä
Himmelfahrt**

St. Klara

Šlikova

obrněné brigády

Theater

**Evang.
Kirche**

Bahnhof

Schirnding
Pomezi n. O.

100m

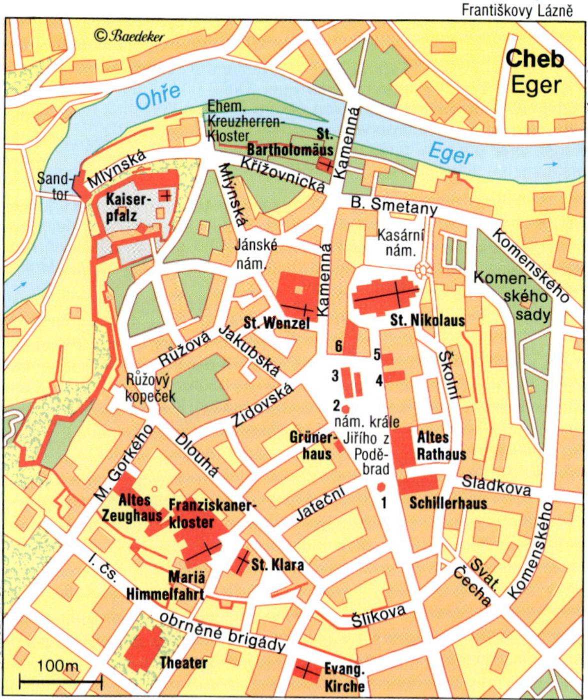

1 Rolandbrunnen
   ('Wastl')
2 Herkulesbrunnen
   ('Wilder Mann')

3 Häusergruppe 'Stöckl'
   (Špalíček)
4 Schirndinger Haus
5 Gablerhaus

6 Stadtmuseum im ehemaligen
   Stadthaus oder Pachelbelhaus
   (hier Ermordung Wallensteins
   am 25.2.1634)

Kaiserpfalz

Burgkapelle

Historischer
Grundriß

Palas

Grundriß
der
oberen
Kapelle

**Burg-
kapelle**

Kommandanten-
haus

B u r g h o f

Schnitt
der
Doppel-
kapelle

Schwarzer
Turm

Burggraben

Zugang

Grundriß
der
unteren
Kapelle

Stöckl am Marktplatz

Kaiserpfalz

Rolandbrunnen

Städtisches Museum	Im Inneren des Stadthauses ist das Städtische Museum (Chebské muzeum) eingerichtet, das einen guten Überblick über Geschichte, Landes- und Volkskunde von Eger und dem Egerland bietet. Es enthält u.a. ein historisches Modell der Stadt Eger sowie in mehreren Räumen Pläne für die Restaurierung der Stadt nach 1945, außerdem Egerländer Bürger- und Bauernstuben, Hausrat, Stickereien, Waffen und kirchliche Kunst, darunter einen Altarvorsatz mit Glasperlenstickerei aus dem 13. Jh., ferner archäologische und naturwissenschaftliche Sammlungen; im ersten Stock das Sterbezimmer Wallensteins (hier auch eine Zinn- und Elfenbeinminiaturensammlung).
Hauptkirche St. Nikolaus	Nordöstlich vom Stadthaus steht die gotische Hauptkirche St. Nikolaus (1230–1270; im 15. Jh. erneuert), von der die ältesten Teile noch aus romanischer Zeit stammen (Westportal und die unteren Teile der 1945 beschädigten Osttürme; der frühgotische Chor nach 1270).
Dominikanerkirche	Unweit westlich von St. Nikolaus ragt die ehem. Dominikanerkirche (1674 bis 1688) auf, deren dazugehöriges Kloster heute als Kulturzentrum genutzt wird.
Kaiserpfalz (Grundriß s. S. 160)	Nordwestlich von der Dominikanerkirche thront auf einem zur Eger abfallenden Felsen die an der Stelle einer alten slawischen Befestigung und einer Burg der Vohburger Anfang des 12. Jh.s errichtete, von Kaiser Friedrich I. Barbarossa zwischen 1167 und 1175 ausgebaute Kaiserburg, seit Wallensteins Ermordung (1634) unbewohnt und 1743 von den Franzosen zerstört. Links vom Eingang der von den Kasematten umschlossene 21 m hohe Schwarze Turm, ein noch zur Burg der Vohburger gehörender, aus Lavablöcken erbauter Bergfried, mit einem Ziegelaufbau des 15. Jh.s (von oben Aussicht).
*Doppelkapelle	Halbrechts vom Eingangstor die aus dem 12./13. Jh. stammende, außen schmucklose Doppelkapelle (St. Erhard); in der unteren Kapelle ein von einer achteckigen Öffnung durchbrochenes rundbogiges Gewölbe, in der oberen (1215–1222) ein auf vier schlanken Marmorsäulen ruhendes spitzbogiges Gewölbe; im Chorraum eine weiße Marmorsäule mit Zickzackornament.
Palas	Hinter der Kapelle der Ende des 12. Jh.s von Friedrich I. erbaute Palas, wo im Bankettsaal (ohne Dach) wenige Stunden vor Wallensteins Ermordung dessen vier Generäle niedergestochen wurden. An der Längswand des Saales drei romanische, durch vier Säulen geteilte Fensterbogen. Sehenswertes Lapidarium.
Aussichtsterrasse	Von der 25 m über der Eger gelegenen Terrasse hübsche Aussicht.
Kreuzherrenkloster	Nordöstlich von der Kaiserburg steht ebenfalls über der Eger das ehem. Kreuzherrenkloster, mit der 1414 vollendeten Kirche St. Bartholomäus, die jetzt die Sammlung gotischer Plastik der Städtischen Kunstgalerie enthält.
Franziskanerkirche	Südwestlich vom Marktplatz am Franziskanerplatz die 1285 vollendete ehem. Franziskanerkirche. In dem dazugehörigen Kloster, mit schönem Kreuzgang (zugänglich) logiert die Museumsverwaltung.
Klarakirche	Östlich gegenüber die wahrscheinlich von Christoph Dientzenhofer 1707 bis 1711 entworfene schöne Barockkirche St. Klara (heute Konzertsaal). Im ehem. Klarissenkloster ist das Kreisarchiv untergebracht.
Fahrradmuseum	Am Franziskanerplatz befindet sich ferner das Fahrradmuseum.

Umgebung von Cheb

Stauseen	Westlich der Stadt der 8 km lange Steiner Egerstausee (přehradní nádrž Skalka), 7 km östlich der Gaßnitzer Stausee (Jesenická přehradní nádrž),

Chomutov – Marktplatz mit Laubengängen in Komotau

in dem die Wondreb (Odrava) auf etwa 8 km Länge aufgestaut ist. Beide Seen bieten Erholungsmöglichkeiten mit Gelegenheiten zum Baden und Bootfahren.

Cheb
Stauseen
(Fortsetzung)

Chomutov · Komotau   C 2

Region: Nordböhmen
Kreis: Chomutov
Höhe: 340 m ü.d.M.
Einwohnerzahl: 50000

Chomutov – deutsch Komotau – liegt 14 km nordöstlich von ⟶ Kadaň (Kaaden) und ist eine alte industriereiche Kreisstadt (Braunkohlebergbau, Hüttenwerke, Maschinenfabriken) in Nordböhmen, am Fuße des Erzgebirges (Krušné hory), an der alten Straße nach Sachsen.

Lage und
Bedeutung

Bemerkenswertes in Chomutov

An dem von Laubenhäusern umgebenen Marktplatz das an die gotische Katharinenkirche (13. Jh.) angebaute ehem. Schloß von 1520 (heute Stadtverwaltung und Museum) und die ebenfalls aus dem 16. Jh. stammende Pfarrkirche (im 17. und 18. Jh. erneuert).
Unweit nordwestlich der Stadtpark.

Marktplatz
Schloß
Pfarrkirche

Stadtpark

Am Nordrand der Stadt liegt der Alaunsee (Kamencové jezero), der sich über eine Fläche von etwa 16000 m² erstreckt (Strandbad und Campingplatz). Der See enthält ein Prozent Aluminiumsulfat und ist deshalb von jeglichen Lebewesen frei.

Alaunsee

Děčín – Schloß in Tetschen

Děčín · Tetschen   D 2

Region: Nordböhmen
Kreis: Děčín
Höhe: 135 m ü. d. M.
Einwohnerzahl: 56 000

Lage und
Bedeutung

Die bis 1945 Děčín-Podmokly – deutsch Tetschen-Bodenbach – genannte nordböhmische Kreisstadt liegt 12 km südlich der tschechisch-deutschen Grenze beiderseits der von teilweise felsigen Höhen eingefaßten Elbe (→ Labe) bei der Einmündung des Polzen (Ploučnice), zwischen dem Elbsandsteingebirge (→ Labské pískovce) im Norden und dem Böhmischen Mittelgebirge (České středohoří) im Süden. Děčín besitzt einen wichtigen Elbhafen.

Sehenswertes in Děčín

Altstadt

Marktplatz

Im Mittelpunkt der auf dem rechten Elbufer gelegenen Tetschener Altstadt, in der noch mehrere Renaissance- und Barockhäuser erhalten sind, der Marktplatz mit einem hübschen Brunnen von 1906. Unweit nördlich die Wenzelskirche.

Kreuzkirche

Südlich vom Markt steht die 1691 im Barockstil erbaute Kreuzkirche (Kostel sv. Kříže), deren schönes Inneres Wandmalereien von 1792 enthält.

Schloß

Von dem südöstlich von der Kreuzkirche gelegenen Schloßplatz (Zámecké náměstí) führt eine durch Felsen gebrochene Straße ('Lange Fahrt') steil hinan zu dem auf einem 50 m hohen Sandsteinfelsen über der Elbe thronenden, 1786–1799 an Stelle einer gotischen Burg erbauten, früher den Grafen von Thun gehörenden Schloß (unzugänglich). An der Ostseite des

Schlosses erstreckt sich der hübsche Rosengarten (Růžová zahrada) mit malerischen barocken Treppenanlagen (Aussicht).

Schloß (Fortsetzung)

Etwa ½ km südlich vom Schloß an der nach Litoměřice führenden Straße gleich rechts (unter einer modernen Straßenkreuzung verborgen) die 1564 bis 1569 erbaute gotische Steinbrücke (Kamenný most) über den Polzen (Ploučnice).

✳Gotische Brücke

Vom Marktplatz gelangt man südlich durch die Rathausstraße (Radniční třída), dann rechts durch die Tyrš-Straße (Tyršova třída) zu der im Jahr 1933 an Stelle der alten Kettenbrücke neu erbauten Tyrš-Brücke (Tyršův most), benannt nach dem in Děčín geborenen Begründer des tschechischen Turnverbandes 'Sokol', Miroslav Tyrš (1832–1884).

Tyrš-Brücke

Auf dem linken Elbufer der Stadtteil Podmokly (Bodenbach). Vom westlichen Brückenende gelangt man südlich auf dem unterhalb der Schäferwand (s. Umgebung) entlangziehenden Elbkai (Labské nábřeží) bzw. einer Parallelstraße zum Tetschener Hauptbahnhof (Hlavní nádraží).

Podmokly

Von hier westlich zu dem nahen Hus-Platz (Husovo náměstí), dem Hauptplatz von Podmokly, und noch 0,5 km weiter zu der aus den zwanziger Jahren des 17. Jh.s stammenden kleinen Schafsbrücke (Ovčí müstek) über den Eulaubach (Jílovský potok).

Hus-Platz

Schafsbrücke

Umgebung von Děčín

Vom Tetschener Marktplatz lohnender Aufstieg nordöstlich in ½ bis ¾ Stunde auf den Quaderberg oder Stuhlberg (Stoličná hora; 289 m ü. d. M.) mit prächtigem Blick auf die Stadt und das Elbtal.

✳**Quaderberg**

Stadtplan

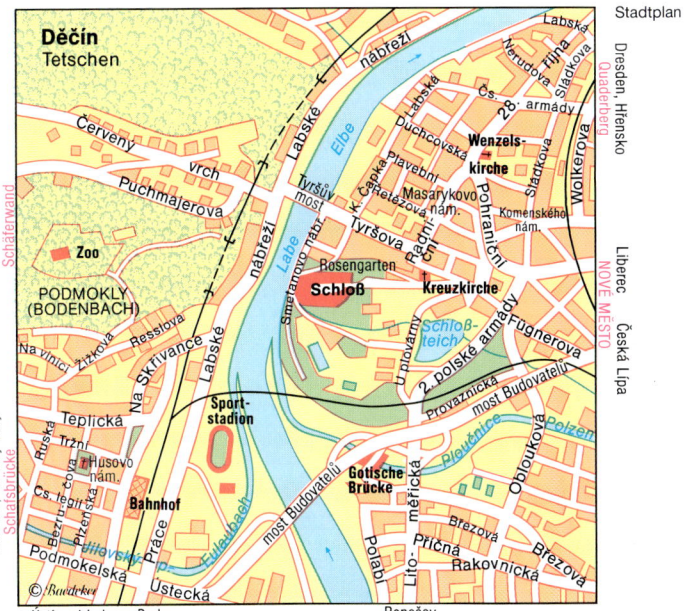

165

Děčín (Forts.)
Leopoldshöhe
Elbwarte

Etwa ¼ Stunde weiter nordöstlich die Leopoldhöhe (Děčínská výšina; 292 m ü.d.M.) und der Aussichtspunkt 'Elbwarte' ('Labská vyhlídka') mit schönem Blick elbabwärts.

＊Schäferwand

Vom Hus-Platz in Podmokly gelangt man in etwa ½ Stunde zu der nördlich steil aufsteigenden bewaldeten Höhe Schäferwand (Pastýřská stěna; 288 m ü.d.M.; auch Aufzug, Aussichtsgaststätte), ebenfalls mit schöner Aussicht.

Benešov

8 km südöstlich von Děčín liegt die Stadt Benešov nad Ploučnicí (Bensen; 210 m ü.d.M., 8000 Einw.) mit reger Textilindustrie. Beachtenswert das aus einer mittelalterlichen Befestigung entstandene Obere Schloß (Horní zámek, 1522–1524) sowie das Untere Schloß (Dolní zámek, 1540–1544 erbaut, 1973 erneuert), beide im Renaissancestil. An der gotischen Pfarrkirche befindet sich die Salhausen-Kapelle (um 1550) mit Renaissance-Grabmalplatten. Aus derselben Zeit zwei Häuser (Nr. 51 und 52) an der Schloßgasse (Zámecká ulice). Auf dem geneigten Marktplatz eine große Mariensäule (1742). Beachtenswert ferner Reste der Stadtbefestigung.

Deutsch-Brod

⟶ Havlíčkův Brod

Domažlice · Taus   B 3

Region: Westböhmen
Kreis: Domažlice
Höhe: 428 m ü.d.M.
Einwohnerzahl: 12000

Lage und
Bedeutung

Die etwa 50 km südwestlich von Pilsen (⟶ Plzeň), nahe der tschechisch-deutschen Grenze gelegene westböhmische Kreisstadt Domažlice – deutsch Taus – ist der Hauptort des durch seine Volkskunst (Holzschnitzerei, Keramik, Volkslieder), seine schönen Trachten und seine alten Volksbräuche (u.a. Dudelsackblasen) bekannten Chodenlandes (Chodsko).

Geschichte

Die Stadt wurde um 1260 von König Přemysl Ottokar (Otakar) II. zur königlichen Stadt erhoben. Im Jahre 1431 kam es in der Nähe der Stadt zu einer

Stadtplan

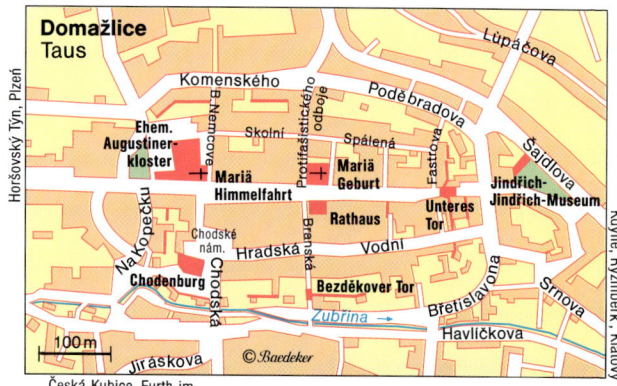

Domažlice – Arkaden am Marktplatz von Taus

wichtigen Schlacht, in der die hussitischen Heerscharen die Kreuzritter besiegten. Eben zu jener Zeit wurde den freien Choden die Überwachung der Staatsgrenze in der Länge von ungefähr 30 km anvertraut. In ihren Wappen war ein Hundekopf. Erst nach dem Dreißigjährigen Krieg verloren die Choden ihre Privilegien, und der Anführer des Widerstandes gegen die Obrigkeit, Jan Sladký-Kozine, wurde 1695 hingerichtet.

Geschichte
(Fortsetzung)

Sehenswertes in Domažlice

Im Mittelpunkt von Domažlice steht an der Nordseite des langgestreckten Marktplatzes die aus dem 13. Jh. stammende, 1747 nach einem verheerenden Stadtbrand nach Plänen von Kilian Ignaz Dientzenhofer im Barockstil erneuerte Kirche Mariä Geburt (Kostel narození Panny Marie; als Dekanatskirche auch 'Dom' genannt) mit einem die Stadt beherrschenden, früher als Wachtturm dienenden, schiefen Glockenturm (13. Jh.; von oben weite Aussicht) und einem von einem statuengeschmückten barocken Vorbau überdachten gotischen Südportal. In dem reich ausgestatteten Inneren beachtenswerte Fresken.

*Marktplatz

Kirche
Mariä Geburt

Der die malerische Altstadt fast in ihrer ganzen Ausdehnung in eine nördliche und eine südliche Hälfte teilende Marktplatz wird von reizvollen Laubenhäusern aus der Renaissance-, Barock- und Empirezeit gesäumt.

Laubenhäuser

Südlich gegenüber der Kirche Mariä Geburt steht das im Neorenaissancestil erbaute Rathaus (1891).

Rathaus

An der Nordwestecke des Marktplatzes liegt das ehem. Augustinerkloster mit einer ursprünglich gotischen, nach dem zuvor genannten Stadtbrand umgebauten Kirche, deren Inneres eine gotische Madonnenstatue enthält.

Augustinerkloster

Unweit südlich vom Augustinerkloster die aus dem 13. Jh. stammende, später im Renaissancestil erneuerte Chodenburg (Chodský hrad) mit mächtigem Turm. Das Innere birgt das besuchenswerte Heimatmuseum

*Chodenburg

Heimatmuseum

Domažlice Heimatmuseum (Fortsetzung)	mit reichhaltigen Sammlungen über die Geschichte (u. a. die 'Choden-Pri-vilegien'), Volkskunde und Kunst des Chodenlandes; ferner eine im Drei-ßigjährigen Krieg versteckte, 1963 wiedergefundene wertvolle Sammlung von 2700 Silbermünzen aus dem 14.– 17. Jahrhundert.
Unteres Tor Jindřich-Museum	Am Ostende des Marktplatzes steht das Untere Tor (Dolní brána; um 1270), neben dem Südtor das einzige erhaltene Stadttor von Domažlice. Unweit des Tores liegt links der Straße das Jindřich-Jindřich-Museum, eine ebenfalls sehenswerte Sammlung der Volkskunst des Chodenlandes, die der 1876 in Domažlice geborene Komponist und eifrige Sammler Jindřich Jindřich zusammengetragen hat. Noch weiter östlich die kleine gotische Allerheiligenkirche (Kostel U Svatých; 14./15. Jh.), mit einer Kanzel von 1562. Alljährlich im August finden hier die volkskundlichen chodischen Festlichkeiten statt.

Umgebung von Domažlice

Trhanov	6 km südwestlich liegt das Dorf Trhanov (Chodenschloß; 450 m ü. d. M.) mit einem Barockschloß (Galerie des Chodenlandmalers Josef Špillar).
Babylon	7 km südwestlich von Domažlice, inmitten schöner Wälder, die Sommer-frische Babylon (460 m ü. d. M.) mit Badeteich (13 ha) und Autocamp.
Klenčí pod Čerchovem	8 km westlich von Domažlice gelangt man nach Klenčí pod Čerchovem (Klentsch; 493 m ü. d. M.), einem Städtchen mit barocker Martinskirche und Alter Post (von 1546). Im Geburtshaus des chodischen Schriftstellers Jindřich Šimon Baar (1869–1925) ein Museum; unweit der Aussichtspunkt Výhledy (705 m ü. d. M.) mit einem Baar-Denkmal.
Kdyně Nový Herštejn Koráb	10 km südöstlich von Domažlice das Städtchen Kdyně (Neugedein; 450 m ü. d. M., 3500 Einw.) mit ursprünglich gotischer Kirche (1763 barockisiert). Nordöstlich die Ruine der Burg Nový Herštejn (682 m ü. d. M.) und östlich der Berg Koráb (773 m ü. d. M.) mit Aussichtsturm.
Česká Kubice Schwarzkoppe	11 km südwestlich von Domažlice liegt Česká Kubice (Böhmisch-Kubit-zen; 550 m ü. d. M.) am Fuße der Schwarzkoppe (Čerchov; 1039 m ü. d. M.; Besteigung in 3 Std.), der höchsten Erhebung des Böhmerwaldes (Český les), des böhmischen Teils vom Oberpfälzer Wald.

Duchcov · Dux   C 2

	Region: Nordböhmen Kreis: Teplice Höhe: 201 m ü. d. M. Einwohnerzahl: 10000
Lage und Bedeutung	Die alte Stadt Duchcov – deutsch Dux – ist Hauptort des bedeutenden nordböhmischen Braunkohlengebietes ('Dux–Brüx–Komotau'; Förderung seit der ersten Hälfte des 18. Jh.s) mit Bergwerken, Maschinen-, Glas- und Porzellanfabriken. Nach der Überlieferung soll der Minnesänger Walther von der Vogelweide aus Dux gestammt haben.

Sehenswertes in Duchcov

Schloß	In dem ehemals gräflich Waldsteinschen Schloß (Zámek, 18. Jh.; April bis Oktober zugänglich) lebte der italienische Abenteurer Giovanni Girolamo

Duchcov – Schloß Dux

Casanova de Seingalt (1725–1798; → Berühmte Persönlichkeiten) als
Bibliothekar von 1785 bis zu seinem Tode und verfaßte hier seine berühmten Memoiren "Histoire de ma vie" (Andenken in seinen einstigen Wohn-
räumen).
Im Duxer Schloß befinden sich zudem wertvolle Plastiken von Matthias
Bernhard Braun, eine Möbelsammlung und die Waldstein-Gemäldegale-
rie; ein Fresko von V. V. Reiner wurde in einen modernen Gartenpavillon
übertragen.

Schloß
(Fortsetzung)

Im östlichen Teil der Stadt erstreckt sich der von Grünanlagen gesäumte
Barbarateich (Rybník Barbora; Boote).

Barbarateich

Umgebung von Duchcov

→ Most

Brüx

→ Chomutov

Komotau

6 km südlich von Duchcov liegt an der Biela (Bílina) die Stadt Bílina (Bilin;
214 m ü. d. M., 17000 Einw.) mit ehemals fürstlich Lobkowitzschem
Barockschloß (1675–1682; unzugänglich). Bei im Schloßpark vorgenom-
menen Ausgrabungen entdeckte man Reste einer slawischen Burgstätte
des 10. Jahrhunderts.
Im Stadtteil Kyselka ein Sauerbrunnen (Kurbetrieb).

Bílina

9 km westlich von Duchcov lohnt in der Industriestadt Litvínov (Leutensdorf; 338 m ü. d. M., 29000 Einw.; Braunkohlenförderung, chemische Industrie) eine Besichtigung des ehemals gräflich Waldsteinschen Barockschlosses (von 1732).

Litvínov

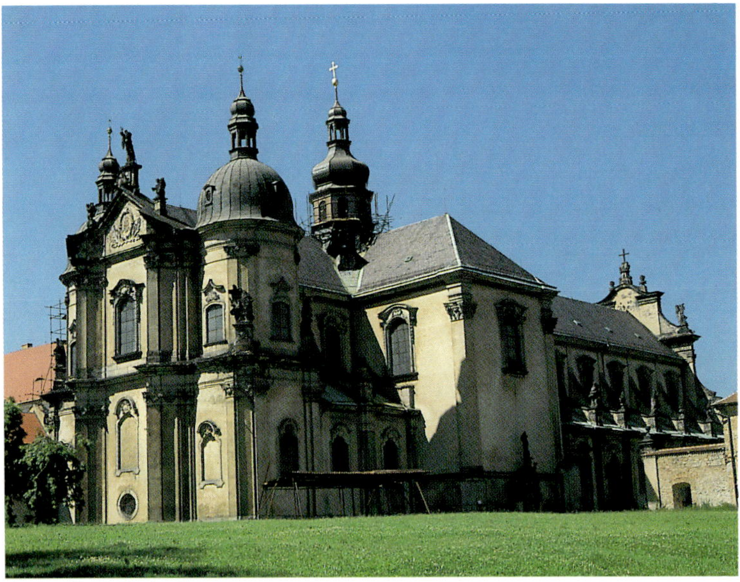

Osek – Klosterkirche Ossegg

Osek
*Kloster Ossegg

5 km nordwestlich von Duchcov liegt das Bergbaustädtchen Osek (Ossegg; 307 m ü. d. M., 5000 Einw.) mit einem berühmten, im 12. Jh. gegründeten ehem. Zisterzienserstift. Klostergebäude und Kirche, ursprünglich aus dem 13. Jh., wurden im 18. Jh. barockisiert. Der Kapitelsaal stammt aus der Zeit um 1240, der Chorumgang aus der ersten Hälfte des 14. Jh.s. Im Inneren reiche Ausstattung. Das Kloster ist von einem in Terrassen angelegten Garten umgeben.

Zisterzienserkloster
Ossegg · Osek

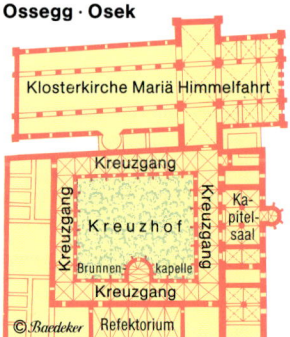

Klosterkirche Mariä Himmelfahrt
Kreuzgang
Kreuzgang
Kreuzhof
Kreuzgang
Kapitelsaal
Brunnen-
kapelle
Kreuzgang
©Baedeker
Refektorium

Riesenburg

Nördlich von Osek die Trümmer der im 13. Jh. gegründeten Riesenburg (Rýzmburk; 561 m ü. d. M.; unzugänglich).

Eger

→ Cheb

Eisgrub

→ Lednice

Elbe

→ Labe

Elbogen

→ Loket

Elbsandsteingebirge

→ Labské pískovce

Františkovy Lázně · Franzensbad

B 2

Region: Westböhmen
Kreis: Cheb
Höhe: 442 m ü. d. M.
Einwohnerzahl: 5000

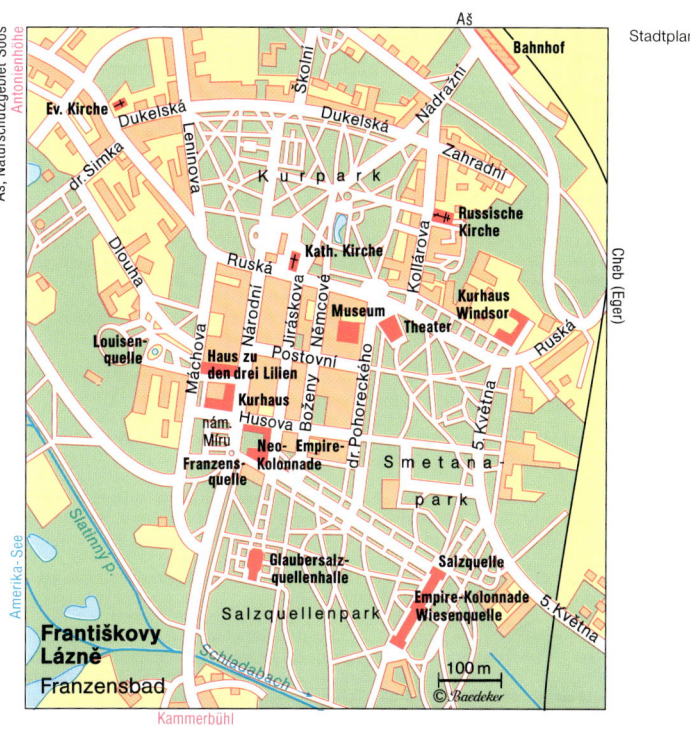

Stadtplan

Františkovy Lázně – Haus der Glaubersalzquelle in Franzensbad

Lage und Bedeutung	Der 5 km nordwestlich von Eger (⟶ Cheb) auf der Hochebene zwischen den Ausläufern des Böhmerwaldes, des Fichtelgebirges und des Erzgebirges gelegene und von schönen Parkanlagen umgebene Kurort Františkovy Lázně – deutsch Franzensbad – wurde 1793 unter Kaiser Franz I. gegründet. Ein erstes Kurhaus wurde hier 1828 erbaut. Die 24 zum Trinken und Baden verwendeten Mineralquellen (alkalische Glaubersalzsäuerlinge, Eisensäuerlinge, Schwefel- und Stahlquellen; 10,1–12,5°C), Eisenmineralmoorbäder, Kohlensäurebäder und radioaktiven Gasbäder sind besonders gegen Frauen- und Herzleiden, Rheuma und Blutarmut wirksam. Die Heilquellen von Franzensbad waren bereits im 12. Jh. bekannt ('Egerer Wasser'). Im 18. Jh. wurde das Wasser überall in die österreichisch-ungarische Monarchie versandt. Auch heute noch ist der Tafelwasserversand bedeutend.

*Heilquellen

Sehenswertes in Františkovy Lázně

Kurhaus	Den Mittelpunkt des Kurlebens bildet der Friedensplatz (Náměstí míru; früher Kurplatz) mit dem Kurhaus (Společenský dům).
Franzensquelle	An der Südseite des Platzes die Franzensquelle, die in einem Rundbau von 1832 befindliche Haupttrinkquelle. In der Nähe steht die populäre Statue des kleinen Franz, das Symbol des Kurortes.
Glaubersalzquelle Sprudelquelle	Hinter der Franzensquelle die 1920 in Benutzung genommenen Glaubersalzquellen und die Sprudelquelle.
Badehaus I Louisenquelle	Westlich vom Kurhaus befindet sich das Badehaus I (Lázně I), das 1827 errichtet worden ist, nördlich gegenüber birgt ein säulenumgebener großer Rundbau die Louisenquelle. Sie wurde zu Beginn des 19. Jahrhunderts entdeckt.

Naturschutzgebiet Soos (s. S. 174)

¹/₂ km südöstlich vom Kurhaus die Salz- und die Wiesenquelle, mit dem Badehaus II (nordöstlich) und dem Badehaus III (südlich).

Salzquelle
Wiesenquelle

Von der Franzensquelle führt die breite Nationalstraße (Národní třída; früher Goethestraße), die Hauptstraße von Franzensbad, nördlich durch den regelmäßig angelegten Stadtkern. An der Národní třída befindet sich die älteste erhaltene Pension der Stadt, das Haus 'Zu den drei Lilien'.
An der Ostseite des Stadtkerns erstrecken sich die Bedřich-Smetana-Anlagen (Sady Bedřicha Smetany) mit einem Goethebrunnen im östlichen Parkteil. In der Nordwestecke der Anlagen das 1906 erbaute Stadttheater und das Städtische Museum.

Stadtkern

Umgebung von Františkovy Lázně

2 km südwestlich erhebt sich rechts oberhalb der Straße der Kammerbühl (Komorní hůrka; 503 m ü. d. M.), ein 30 m hoher Lavakegel. Der Impuls zur Erforschung seines Kraters ging von Goethe aus.

Kammerbühl

2 km westlich von Františkovy Lázně liegt der Amerika-See (Jezero Amerika; Wassersport, Campingplatz).

Amerika-See

16 km nordwestlich von Františkovy Lázně gelangt man zu der Stadt Aš (Asch; 12 000 Einw.; Textil- und Porzellanindustrie) im Zentrum des industriereichen 'Ascher Ländchens'. Im ehem. Schlößchen von Zedwitz ein Museum.

Aš

¹/₂ Stunde nördlich von Aš der aus Glimmerschiefer bestehende Hainberg (Háj; 758 m ü. d. M.) mit schönem Rundblick vom Aussichtsturm: im Westen der Frankenwald, im Südwesten das Fichtelgebirge, im Südosten das Egerland, im Osten das Erzgebirge und im Norden das Vogtland.

✳Fernblick
vom Hainberg

173

Františkovy Lázně
(Forts.); **Skalná**   6 km nördlich von Františkovy Lázně die alte Ortschaft Skalná (Wildstein; 465 m ü.d.M.) mit spätromanischer Burg (um 1200; gut erhaltener Turm).

**Naturschutz-
gebiet *Soos**   6 km nordöstlich von Františkovy Lázně erstreckt sich bei Hájek das Natur-schutzgebiet von Soos, ein fast 2 km langes und über 1 km breites Sumpf- und Torfmoorgebiet, das mit seinen zahlreichen kohlensäurehaltigen Mineralquellen, den aus freier Kohlensäure gebildeten Geysiren, Schlammvulkanen und seinen einzigartigen Beständen an salzliebenden Torfmoorpflanzen von besonderem Reiz ist (Moorlehrpfad).

Frauenberg

→ Hluboká nad Vltavou

Freiberg

→ Příbor

Friedek-Mistek

→ Frýdek-Místek

Friedland

→ Frýdlant

Frýdek-Místek · Friedek-Mistek   H 3

Region: Nordmähren
Kreis: Frýdek-Místek
Höhe: 300 m ü.d.M.
Einwohnerzahl: 64000

Lage und
Bedeutung   Die von der Ostrawitza (Ostravice) getrennte mährisch-schlesische Dop-pelstadt Frýdek-Mistek – deutsch Friedek-Mistek – ist das aufstrebende Verwaltungszentrum des gleichnamigen Kreises und besitzt Textil-, Holz- und Schwerindustrie (Blechwalzwerke).

Bemerkenswertes in Frýdek-Místek

Frýdek   Frýdek (Friedek), am östlichen Ostrawitza-Ufer gelegen, wird überragt von dem markanten Turm des aus einer mittelalterlichen Burg entstandenen Barockschlosses (17.–18. Jh.; Lachisches Volkskunstmuseum). Bemer-kenswert ferner die doppeltürmige barocke Pfarrkirche (18. Jh., Funda-mente aus dem 14. Jh.), die kleine Jobstkirche (16. Jh.; hölzerner Turm) sowie das Alte Rathaus vom Beginn des 17. Jahrhunderts.

Místek   In Místek (Mistek), am westlichen Ostrawitza-Ufer, ist der von Renais-sance- und Barockhäusern mit Laubengängen umstandene Marktplatz beachtenswert. Die im spätbarocken Stil errichtete Kirche stammt aus den Jahren 1763–1767. Místek besitzt noch einige Holzbauten des 18. Jh.s.

Umgebung von Frýdek-Místek

2 km südwestlich der Doppelstadt liegt die kleine Olešná-Talsperre.   Olešná-Talsperre

4 km nordöstlich von Frýdek-Místek, in Sedliště (330 m ü. d. M.), eine Holz-   Sedliště
kirche von 1447 (1624 umgebaut).

7 km nordöstlich von Frýdek-Místek erstreckt sich das Erholungsgebiet   Žermanice
um die Žermanice-Talsperre (250 ha; Wassersport).

10 km südlich von Frýdek-Místek liegt die Industriestadt Frýdlant nad   **Frýdlant**
Ostravicí (Friedland an der Ostrawitza; 357 m ü. d. M., 14 000 Einw.) mit   nad Ostravici
Eisenhüttentradition seit der Mitte des 17. Jahrhunderts. Die Stadt ist ein
günstiger Ausgangspunkt für Touren in die Mährisch-schlesischen Beskiden (—→ Moravskoslezské Beskydy).

14 km südlich von Frýdek-Místek erreicht man Ostravice (415 m ü. d. M.,   **Ostravice**
2500 Einw.), den größten Erholungsort des Ostrauer Industrierevriers. Südlich der Ortschaft die Talsperre Šance (Schanze; Trinkwasserreservoir).

16 km südlich von Frýdek-Místek steht in der Sommerfrische Kunčice pod   **Kunčice**
Ondřejníkem (395 m ü. d. M., 2000 Einw.) eine kleine Holzkirche, die 1931   pod Ondřejníkem
aus dem ehem. Karpatorußland (1920–1938 der östlichste Teil der ČSR)
hierher versetzt wurde.

15 km südöstlich der Erholungsort Morávka (520 m ü. d. M., 5000 Einw.)   **Morávka**
mit Resten von Volksarchitektur und einer Talsperre (Trinkwasserreservoir).

35 km südöstlich von Frýdek-Místek liegt an der Einmündung der Lomná   **Jablunkov**
in die Olsa (Olše) die Stadt Jablunkov (Jablunkau, poln. Jabłonków; 386 m
ü. d. M., 10 000 Einw.) mit Leichtindustrie und Holzverarbeitung. Jablunkov
ist ein günstiger Ausgangspunkt für den Besuch der auch ethnographisch
interessanten Berglandschaft des Jablunkagebirges. Alljährlich im August
findet hier ein Folklorefest der Goralen (Bergbauern der Beskiden) statt.   Goralenfest
6 km südlich von Jablunkov bildet der Jablunkov-Paß (Jablunkovský prů-   Jablunka-Paß
smyk; 553 m ü. d. M.) den wichtigen Übergang über die Westbeskiden
zwischen den Mährisch-Schlesischen Beskiden im Westen und den sich
zum überwiegenden Teil auf polnischem Gebiet erstreckenden Schlesischen Beskiden (Beskid Śląski) im Osten. Der Jablunka-Paß wird heute
von einem 670 m langen Eisenbahntunnel unterquert.
Südwestlich vom Jablunka-Paß die Jablunka-Schanzen (Jablunkovské   Jablunka-
šance), Reste einer Renaissancefestung gegen die Türken von 1578; ihr   Schanzen
heutiges Aussehen erhielten sie am Anfang des 18. Jahrhunderts.
Unweit der Jablunka-Schanzen führte der aus dem mittelslowakischen   Kupferweg
Bergbaugebiet nach Schlesien verlaufende historische 'Kupferweg' ('Mě-
děná cesta') vorüber.
8 km südwestlich von Jablunkov Mionší (883 m ü. d. M.) bestehen noch   Karpaten-Urwald
Reste eines Karpaten-Urwaldes (170 ha Naturschutzgebiet; Zutritt nur mit
offiziellem Begleiter erlaubt).

24 km östlich von Frýdek-Místek liegt Třinec (Trzynietz, poln. Trzyniec;   **Třinec**
300 m ü. d. M., 46 000 Einw.) mit 1838 gegründeter Eisenhütte.
6 km südwestlich von Třinec befindet sich in dem Dorf Guty eines der älte-   Guty
sten Holzkirchlein der tschechischen Länder (von 1656).

20 km nordöstlich von Frýdek-Místek liegt an der tschechisch-polnischen   **Český Těšín**
Grenze der zur Tschechischen Republik gehörende industriereiche Teil
Český Těšín (Teschen; 270 m ü. d. M., 29 000 Einw., polygraphische und
Textilindustrie) der am rechten Ufer der Olsa (Olše) aufsteigenden, eigent-
lich polnischen Stadt Cieszyn (270 m ü. d. M., 25 000 Einw.). Teschen war
einst Hauptstadt des gleichnamigen Herzogtums.

Frýdlant – Burgschloß Friedland

Frýdlant · Friedland   E 2

Region: Nordböhmen
Kreis: Liberec
Höhe: 308 m ü.d.M.
Einwohnerzahl: 6200

Lage und Allgemeines

Das altertümliche Städtchen Frýdlant – deutsch Friedland – ist im hügeligen, nordböhmischen Isergebirgsvorland an der Wittig (Smědá) gelegen. Am Ort, dessen ursprünglicher Grundriß sowie einige Stadtmauerreste erhalten sind, gibt es Textil- und Papierindustrie.

Sehenswertes in Frýdlant

Marktplatz
Rathaus

An dem von hübschen Giebelhäusern umgebenen Marktplatz steht das Rathaus von 1897 (Heimatmuseum).

Dekanatskirche

Die gotische Dekanatskirche (urspr. 13. Jh.; im 15.–16. Jh. umgebaut) enthält in der Rädernschen Gruftkapelle (links vom Chor) die schönen Grabdenkmäler Friedrichs von Rädern (†1564) sowie Melchiors von Rädern (†1600) und seiner Familie mit den Bronzegestalten der Verstorbenen (von dem Niederländer Chr. G. Heinrich; 1610); hinter dem Hauptaltar das gotische Grabmal der Familie Biberstein.

٭Burgschloß

Auf einer Basaltkuppe (352 m ü.d.M.), unweit südlich vom Markt (windungsreiche Auffahrt), erhebt sich das Burgschloß mit einem 60 m hohen, 'Indica' genannten zylindrischen Turm. Der stattliche, von schönen Parkanlagen umgebene Bau des 13.–16. Jh.s war 1278–1551 im Besitz der Bibersteiner, dann der Freiherren von Rädern und 1622–1634 Eigentum

des berühmten Heerführers Albrecht von Waldstein (Wallenstein, 1583 bis
1634; ⟶ Berühmte Persönlichkeiten), der den Titel eines Herzogs von
Friedland erhielt (daher der 'Friedländer'); es gehörte dann den Grafen
Gallas und seit 1759 deren Erben, den Grafen Clam-Gallas.

Frýdlant,
Burgschloß
(Fortsetzung)

Im Inneren des Burgschlosses Stilmöbel, Keramik- und Glassammlungen,
Waffen, Porträts (u. a. eine Darstellung Wallensteins von 1626) sowie eine
Gemäldegalerie mit Werken der Barockmaler P. Brandl, V. V. Reiner und
K. Škréta.

Vom Bergfried bietet sich eine schöne Aussicht auf das Isergebirge
(⟶ Jizerské hory).

Umgebung von Frýdlant

Rund 10 km südöstlich gelangt man zu dem reizvoll im Waldtal der Wittig
(Smědá) gelegenen Städtchen Hejnice (Haindorf; 370 m ü.d.M., 2500
Einw., Textilindustrie). Die als Wallfahrtskirche besuchte große Kloster-
kirche wurde nach Plänen von J.B. Fischer v. Erlach 1722–1729 im
Barockstil erbaut und nach einem Brand (1761) erneuert. Auf dem Hoch-
altar das aus Holz geschnitzte Gnadenbild; in der Kapelle des linken Quer-
schiffes ein Flügelaltar aus dem 15. Jh. und die Grabstätte des Grafen
Clam-Gallas. Die Gebäude des ehem. Franziskanerklosters stammen vom
Ende des 17. Jahrhunderts.

Hejnice

7 km südöstlich von Frýdlant liegt Lázně Libverda (Bad Liebwerda; 400 m
ü.d.M.), ein Kurort mit alkalisch-erdigen und arsen-eisenhaltigen Quellen,
die zu Kuren bei Frauen-, Herz-, Stoffwechselkrankheiten u.a. Anwendung
finden. – Ausflugsgaststätte 'Obří sud' in einem Riesenfaß.

Lázně Libverda

Gesenke, Mährisches

⟶ Jeseníky

Groß-Ullersdorf

⟶ Velké Losiny

Havlíčkův Brod · Deutsch-Brod   E 3

Region: Ostböhmen
Kreis: Havlíčkův Brod
Höhe: 422 m ü.d.M.
Einwohnerzahl: 25000

Die alte ostböhmische Bergbaustadt Havlíčkův Brod – deutsch Deutsch-
Brod, tschechisch früher Německý Brod – , Kreisstadt und Eisenbahnknotenpunkt in schöner, waldreicher Lage (Böhmisch-Mährische Höhe) an
der Sazau (Sázava), verdankt ihre Gründung im 13. Jh. deutschen Bergleuten, die sich hier zur Förderung der einst reichen Silbererzvorkommen
niederließen. Heute besitzt Havlíčkův Brod Textil-, Maschinenbau-, Le-
bensmittel- und chemische Industrie.

Lage und
Bedeutung

Die Stadt ist bekannt durch den Sieg des Hussitenführers Jan Žižka von
Trocnov (⟶ Berühmte Persönlichkeiten) über Kaiser Sigismund 1422 und
trägt ihren jetzigen tschechischen Namen zu Ehren des Journalisten Karel
Havlíček Borovský (1821–1856).

Havlíčkův Brod – Marktplatz in Deutsch-Brod

Bemerkenswertes in Havlíčkův Brod

Marktplatz

Altes Rathaus

Beachtenswert ist der geschlossene, von der Hauptstraße diagonal durchzogene Marktplatz mit interessanten Giebelhäusern und dem Alten Rathaus (urspr. 15. Jh.; im 16. Jh. im Renaissancestil umgebaut).

Dekanatskirche

Havlíček-Haus

Malina-Haus

Erwähnung verdienen die im 15. Jh. vom Deutschritterorden erbaute Dekanatskirche (im 17. Jh. umgestaltet; im Turm eine alte Glocke) und das Havlíček-Haus (Havlíčkův dům; mit Runderker), in dem der Publizist und Dichter Karel Havlíček Borovský 1851 aus politischen Gründen verhaftet wurde (Museum).
In dem Bürgerhaus Nr. 50 (Malina-Haus) befindet sich eine Galerie der bildenden Künste (Graphik und Buchillustrationen).

Umgebung von Havlíčkův Brod

Lipnice
nad Sázavou

12 km westlich liegt die Ortschaft Lipnice nad Sázavou (Lipnitz an der Sazau; 590 m ü.d.M., 1000 Einw.) mit der Ruine einer gotischen Burg, die bis heute die Züge der Wehrbauten des 14. Jh.s bewahrt hat. Ihre Kapelle besitzt Wandmalereien aus derselben Zeit. Der Alte Palas stammt aus dem 14. Jh., der Neue Palas aus dem 16. Jahrhundert.
In dem Städtchen lebte und verstarb Jaroslav Hašek (1883–1923; → Berühmte Persönlichkeiten), der Autor des 'braven Soldaten Schwejk'. Alljährlich wird hier in Erinnerung an den Schriftsteller ein Festival der Satire und des Humors veranstaltet. In Hašeks Haus ist eine Gedenkstätte eingerichtet; sein Grab befindet sich auf dem Ortsfriedhof.

Světlá
nad Sázavou

14 km nordwestlich von Havlíčkův Brod erreicht man die Industriestadt Světlá nad Sázavou (400 m ü.d.M., 5000 Einw.) mit Steinmetzgewerbe

und Kristallglasschleiferei (Marke 'Bohemia'). Der Ort besitzt ein Schloß, das zu Beginn des 19. Jh.s errichtet wurde, mit Park sowie eine spätgotische Kirche.

Havlíčkův Brod
Světlá (Forts.)

24 km nordwestlich von Havlíčkův Brod liegt im Sazautal die Stadt Ledeč nad Sázavou (353 m ü.d.M., 5500 Einw.) mit Maschinen- und Schuhindustrie. Den Marktplatz schmückt eine barocke Mariensäule (1715). Über dem rechten Ufer des Flusses erhebt sich eine mittelalterliche Burg, die 1556 erweitert und später umgestaltet wurde; über dem linken Flußufer eine dreischiffige gotische Kirche.

Ledeč
nad Sázavou

15 km nordöstlich von Havlíčkův Brod befindet sich die alte Bergbaustadt Chotěboř (515 m ü.d.M., 8500 Einw., Maschinenindustrie) mit Barockschloß (1701/1702) und reizvollem Park.

Chotěboř

12 km östlich von Havlíčkův Brod liegt die Stadt Přibyslav (475 m ü.d.M., 5000 Einw., Nahrungsmittelindustrie). Ihre Gründung in der Mitte des 13. Jh.s verdankt sie den Silbervorkommen der Umgebung. Das Schloß (von 1560, heute Museum des Brandwesens) nimmt die Stelle einer gotischen Burg ein.
Während der Belagerung der Stadt starb 1424 bei dem nahegelegenen Dorf Schönfeld (heute Žižkovo Pole) der berühmte Hussitenheerführer Jan Žižka von Trocnov (→ Berühmte Persönlichkeiten).

Přibyslav

19 km südwestlich von Havlíčkův Brod gelangt man zu der Stadt Humpolec (527 m ü.d.M., 11000 Einw.) mit traditionsreichem Tuchmachergewerbe und Flachsanbau. Die gotische Dekanatskirche wurde barock und abermals in jüngerer Zeit umgestaltet. Beim Friedhof steht eine klassizistische Kirche. Humpolec ist der Geburtsort des tschechischen Anthropologen Aleš Hrdlička (1869–1943); im Ortsmuseum eine Ausstellung zur modernen Anthropologie.

Humpolec

Hluboká nad Vltavou · **Frauenberg**   **D 3**

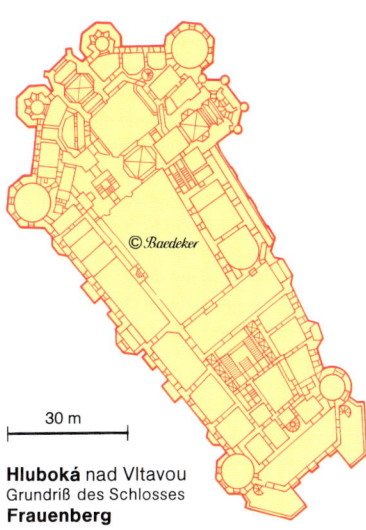

Region: Südböhmen
Kreis: České Budějovice
Höhe: 394 m ü.d.M.
Einwohnerzahl: 3400

Der südböhmische Ort Hluboká nad Vltavou – deutsch Frauenberg – liegt 10 km nördlich von Budweis (→ České Budějovice). Er wird hauptsächlich wegen seines großen Schlosses besucht; am Ort gibt es Fischzuchtanlagen sowie Betriebe zur Holzbearbeitung.

Lage und
Allgemeines

© Baedeker

30 m

Hluboká nad Vltavou
Grundriß des Schlosses
Frauenberg

✳Schloß Frauenberg

Auf einer felsigen Anhöhe, 83 m über einer Schleife der Moldau (→ Vltava), erhebt sich das mächtige, aus einer

Geschichte

179

Hluboká nad Vltavou – Schloß Frauenberg

Schloß Frauen-
berg, Geschichte
(Fortsetzung)

ursprünglich gotischen Burg des 13. Jh.s und späteren Umbauten entstandene, 1840–1871 nach dem Vorbild des englischen Schlosses Wind-
sor neu erbaute ehemals fürstlich Schwarzenbergsche Schloß mit elf Türmen und mehreren Bastionen.

⚜Kunst-
sammlungen

Das heute zu musealen Zwecken genutzte Prunkgebäude enthält in seinen
über 140 Räumen reichhaltige Sammlungen von Gemälden, Porzellan,
Glas, Gobelins, Möbeln, Jagdtrophäen, Waffen und vielem anderen.
In der einstigen Schloßreitschule aus der Mitte des 19. Jh.s befindet sich
die umfangreiche Aleš-Galerie von 1952–1955 (benannt nach dem tschechischen Maler Mikoláš Aleš, 1852–1913) mit Gemälden und Plastiken
südböhmischer Künstler vom Mittelalter (besonders Gotik) bis zur Gegenwart.
Rings um das Schloß dehnt sich ein schöner Park aus (Wildgehege).

Umgebung von Hluboká nad Vltavou

Ohrada

1 km südwestlich steht am Südufer des Teiches Munický rybník das
barocke ehem. Jagdschloß Ohrada (Zwinger; 1707–1718), in dem heute
ein Fischerei-, Jagd- und Forstmuseum untergebracht ist; dabei ein kleiner
Tiergarten.

Teich Bezdrev

5 km westlich von Hluboká nad Vltavou liegt der Teich Bezdrev, mit 520 ha
Fläche der zweitgrößte natürliche See der tschechischen Länder (Badegelegenheit).

Plástovice

In dem im Marschland (Blata) gelegenen Dorf Plástovice, 9 km westlich
von Hluboká nad Vltavou, gibt es noch interessante volkstümliche Häuser
des 19. Jh.s in sog. Bauernbarock zu sehen.

Hohenelbe

⟶ Vrchlabí

Hohenfurth

⟶ Vyšší Brod

Horšovský Týn · Bischofteinitz   **B 3**

Region: Westböhmen
Kreis: Domažlice
Höhe: 377 m ü. d. M.
Einwohnerzahl: 4100

Das westböhmische Städtchen Horšovský Týn (früher auch Horšův Týn) –   Lage und
deutsch Bischofteinitz – liegt reizvoll an der Radbusa (Radbuza) im Cho-   Allgemeines
denland, 16 km nördlich von der Kreisstadt ⟶ Domažlice (Taus).

Sehenswertes in Horšovský Týn

Das vierflügelige ehemals fürstlich Trauttmannsdorffsche Renaissance-   ٭**Schloß**
schloß wurde im 16. Jh. an der Stelle einer früheren Burg der Prager
Bischöfe (13. Jh.) errichtet und im 19. Jh. erneuert.
Das Schloß besitzt eine interessante Innenausstattung, verschiedene   Kunst-
Sammlungen (u. a. Gemälde des 17. Jh.s, ostasiatisches Porzellan) sowie   sammlungen
einen großen Schloßpark.

Auf dem von alten Giebelhäusern gesäumten Hauptplatz steht die Kirche   Hauptplatz
St. Peter und Paul (urspr. 13. Jh.), die zu Beginn des 18. Jh.s barockisiert
worden ist.

Ortsplan

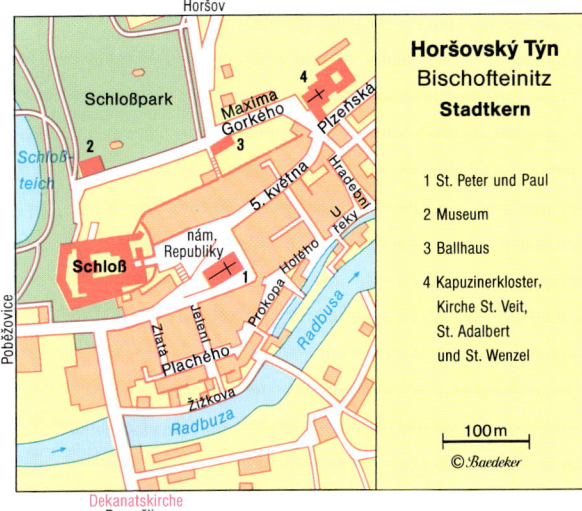

Horšovský Týn
Bischofteinitz
Stadtkern

1 St. Peter und Paul

2 Museum

3 Ballhaus

4 Kapuzinerkloster,
   Kirche St. Veit,
   St. Adalbert
   und St. Wenzel

100 m

© Baedeker

181

Horšovský Týn Dekanatskirche	Am rechten Radbusa-Ufer die Dekanatskirche (1260–1270).
Stadtmauer	Im nördlichen Teil der Stadt gibt es noch Reste der Stadtmauer aus dem 16. Jahrhundert.

Umgebung von Horšovský Týn

Horšov	3 km nordwestlich erreicht man das altertümliche Dorf Horšov (387 m ü. d. M.) mit einer Tribünenkirche vom Ende des 12. Jh.s (im 18. Jh. z. T. barockisiert) und einem Jagdschlößchen (18. Jh.).
Poběžovice	10 km westlich von Horšovský Týn liegt Poběžovice (431 m ü. d. M., 1500 Einw.) mit einer zum Barockschloß umgebauten ursprünglich gotischen Burg und Schloßpark.

Hradec Králové · Königgrätz   E 2

Region: Ostböhmen
Kreis: Hradec Králové
Höhe: 224 m ü. d. M.
Einwohnerzahl: 100 000

Lage und Bedeutung	Die in der Elbniederung am Zusammenfluß von Elbe (→ Labe) und Adler (Orlice) gelegene Stadt Hradec Králové – deutsch Königgrätz – ist das wirtschaftliche und kulturelle Zentrum Ostböhmens, ein wichtiger Verkehrsknotenpunkt und ein bedeutender Industriestandort: Herstellung von Dieselmotoren, Spiritusbrennerei, Zuckerraffinerie und Musikinstrumentenbau (Klaviere der Marke 'Petrof'). Hradec Králové ist Sitz eines Theaters sowie einer Pädagogischen, einer Medizinischen und einer Pharmazeutischen Hochschule.
Geschichte	Der Stadtname leitet sich von der Burg (Grätz = Hradec) der böhmischen Königinnen ab, die im 14. Jh. hier residierten (Lehensstadt). Im 15. Jh. war die Stadt Stützpunkt der Hussitenbewegung. Die etwas erhöht gelegene Altstadt wurde 1766–1789 von mächtigen Festungswerken umgeben, so daß die weitere städtebauliche Entwicklung gehemmt war. Erst nach der 1893 erfolgten Schleifung der Festung (ansehnliche Reste noch vorhanden) konnte sich die Stadt nach allen Seiten hin ausdehnen, wobei besonders westlich der Elbe bis zum Bahnhof die z. T. großzügig angelegte Neustadt entstand. An dem Aufbau beteiligten sich die führenden tschechischen Architekten Jan Kotěra und Josef Gočár. In dem Hügelland nordwestlich der Stadt wurde am 3. Juli 1866 die Entscheidungsschlacht des preußisch-österreichischen Krieges um die Vorherrschaft in Deutschland geschlagen (Beschreibung u. Plan s. S. 185 ff.).

Sehenswertes in Hradec Králové

☀ **Marktplatz**	Den Mittelpunkt der Altstadt bildet der dreieckige Marktplatz (Žižka-Platz/Žižkovo náměstí) mit einer 19 m hohen Mariensäule (Pestsäule; 1717). Die Westseite des Platzes beherrschen fünf Türme: links die zweitürmige Kathedrale, in der Mitte der Weiße Turm, rechts das Alte Rathaus (bester Blick auf die Türme von den Lauben an der Nordseite des Marktes).
Kathedrale	Die am Anfang des 14. Jh.s erbaute frühgotische Backsteinkathedrale Hl. Geist (Katedrála sv. Ducha), mit einem dem Markt zugekehrten hohen

Hradec Králové – Marienkirche und Pestsäule am Marktplatz von Königgrätz ▶

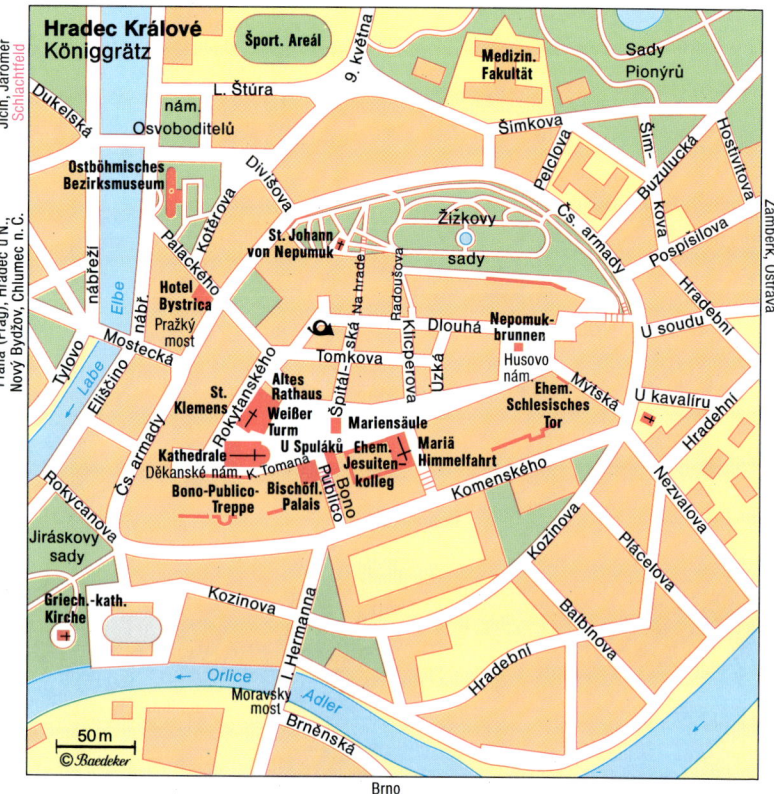

Hradec Králové
Königgrätz

Brno

Kathedrale (Fortsetzung)	Chor, birgt im Inneren u. a. ein schönes Tabernakel von 1492, ein zinnernes Taufbecken (1407) sowie einen Flügelaltar aus dem 15. Jh., ferner ein Bild des hl. Antonius von Peter Brandl.
Kapelle St. Klemens Weißer Turm	Nördlich gegenüber der Kathedrale befindet sich die 1716 an der Stelle eines gotischen Baus errichtete barocke Kapelle St. Klemens; angrenzend der 68 m hohe sog. Weiße Turm (Bílá věž; 1574–1589), oben die 1509 gegossene, 10 t schwere Glocke 'Augustin'.
Altes Rathaus	Nördlich neben dem Weißen Sandsteinturm das Alte Rathaus (Stará radnice), ein Renaissancebau (16. Jh.) mit zwei Türmen (um 1850 erneuert).
Marienkirche Jesuitenkolleg	An der Südseite des Marktplatzes steht die barocke Marienkirche (Kostel Panny Marie), die 1654–1666 von Carlo Lurago erbaute Kirche der Jesuiten, mit reich ausgestattetem Inneren (u. a. Bilder von Peter Brandl). Anstoßend an die Kirche das ehem. Jesuitenkolleg (um 1720), seit 1773 Kaserne.
Bono Publiko **Bischöfliches Palais**	Westlich, an der Ecke der Treppenstraße Bono Publiko, das barocke Spulak-Haus (U Špuláků). Noch weiter westlich das Bischöfliche Palais (Biskupská residence), um 1780 im Barockstil erneuert; im Inneren eine sehenswerte Gemäldegalerie der böhmischen Malerei des 20. Jh.s (E. Filla, B. Kubišta, J. Preisler).

Westlich hinter der Kathedrale liegt der Kleine Platz (Malé náměstí) mit schönen Laubenhäusern und anschließenden altertümlichen Gassen. Bei der Kathedrale ferner einige alte Domherrenhäuser. · Kleiner Platz

Unweit nördlich vom Marktplatz an dem malerischen 'Platz an der Burg' (Náměstí na hradě) das ehem. Bischöfliche Seminar und die anstoßende Kirche St. Nepomuk, beide zwischen 1710 und 1720 an der Stelle der Burg der böhmischen Königinnen und dem späteren Haus der Burggrafen (Sgraffitoreste; 16. Jh.) im Barockstil errichtet. · Platz an der Burg, Bischöfliches Seminar, Kirche St. Nepomuk

An der Westseite der Altstadt liegt an der Elbe das 1909–1912 von Jan Kotěra im Jugendstil aufgeführte **Museum** mit einer geschichtlichen und einer Gewerbe-Abteilung, einem Lapidarium und einer Bibliothek. · **Museum**

Südlich vom Museum steht in dem beim Zusammenfluß von Adler und Elbe gelegenen Jirásek-Park (Jiráskovy sady) die Griechisch-katholische Kirche, eine aus der ostslowakischen Gemeinde Malá Poľana hierher versetzte kleine Holzkirche von 1759. · Jirásek-Park, Holzkirche

Umgebung von Hradec Králové

12 km westlich liegt Hrádek u Nechanic, ein neugotisches Schloß im englischen Tudorstil (1839–1854); im Inneren wertvolles Mobiliar (Glas, Bildergalerie, Bibliothek). Das Schloß ist umgeben von einem englischen Park mit Wildgehege. · **Hrádek** u Nechanic

22 km westlich von Hradec Králové die Stadt Nový Bydžov (232 m ü. d. M., 7000 Einw.), am Fluß Cidlina gelegen, mit gotischer Kirche aus der ersten Hälfte des 14. Jh.s (z. T. barock umgebaut), neugotischem Rathaus (1862 bis 1865) und altem jüdischem Friedhof (von 1520). · **Nový Bydžov**

28 km westlich die Stadt Chlumec nad Cidlinou (223 m ü. d. M., 5000 Einw.) mit dem auf einem Hügel gelegenen, kuppelgezierten Barockschloß Karlskrone (Karlova Koruna; von G. Santini, 1721–1723); sehenswert ist die ständige Ausstellung 'Barockkunst in Böhmen'. Das Schloß ist umgeben von einem prächtigen Park mit altem geschützten Baumbestand. · **Chlumec** nad Cidlinou *Schloß Karlskrone

10 km nördlich von Hradec Králové liegt an der Elbe die Ortschaft Smiřice (240 m ü. d. M., 3200 Einw.). Sehenswert sind das Barockschloß mit Arkaden und Park (17. Jh.) sowie eine große Barockkapelle (1699–1706) mit wertvollen Bildern (P. Brandl) und Deckengemälden. · **Smiřice**

13 km östlich von Hradec Králové steht im Museum von Třebechovice pod Orebem (243 m ü. d. M., 5500 Einw.) die sog. Weihnachtskrippe von Třebechovice, eine kostbare volkstümliche Holzschnitzarbeit mit 400 Figuren (Ende des 19. oder Anfang des 20. Jh.s). · **Třebechovice** pod Orebem

Schlachtfeld bei Königgrätz (Plan s. S. 186)

Zum Schlachtfeld bei Königgrätz (Bojiště u Hradec Králové) verläßt man die Stadt nordwestlich in Richtung Jičín und fährt ca. 10 km bis zu der Abzweigung (rechts; Wegweiser 'Chlum 1 km') eines Fahrweges, dem man von dort folgt. Bald darauf rechts im Feld ein niederer Gedenkobelisk (oben ein Adler) für die Gefallenen des 1. k.u.k. Armeekorps. Nach 1 km erreicht man das Dorf Chlum, hinter der Kirche links ab (Wegweiser 'Ossarium') und gelangt am preußischen Militärfriedhof (links abseits im Feld) und am Ossarium (ebenfalls links) vorüber nach 3/4 km zum Museum (Válečné muzeum 1866) bei dem Aussichtsgerüst (Besteigung möglich) auf der Höhe 330. · Zufahrt

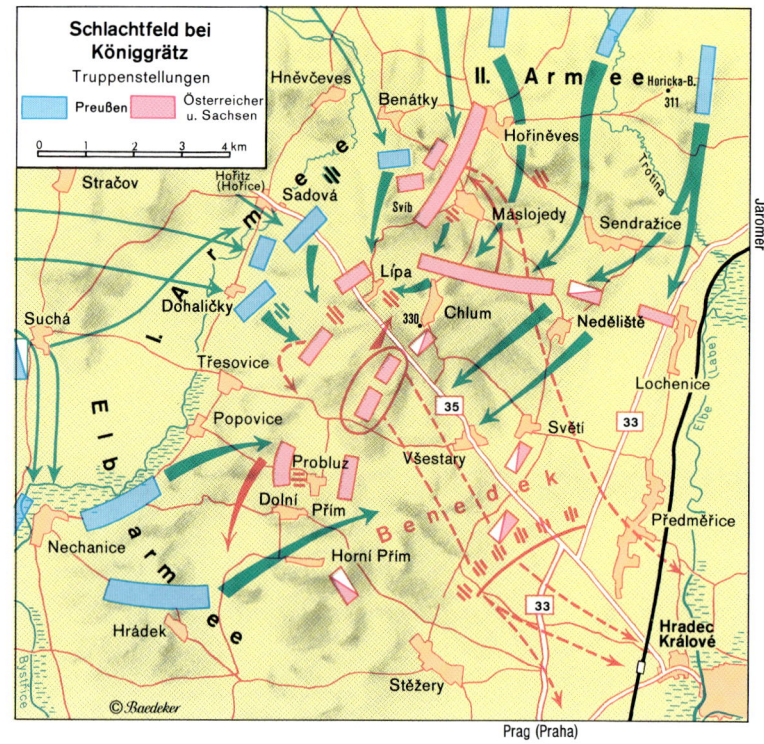

Prag (Praha)

Museum
Aussichtsgerüst

Man besuche zunächst das kleine heeresgeschichtliche Museum (historische Dokumente und Darstellungen, Uniformen, Waffen u.a.) und besteige anschließend das Aussichtsgerüst, von dessen Plattform sich der beste Überblick über das Schlachtfeld bietet.

Der Besuch der umliegenden Denkmäler erfordert auf markierten Wegen etwa 2–3 Std. (Auskünfte erhält man im Museum). Eine Besichtigung des gesamten Schlachtfeldes (z.T. nur schlechte Fahrwege – für Fahrzeuge nur öffentliche Straßen!) würde einen ganzen Tag in Anspruch nehmen und ist wenig lohnend.

Schlacht bei Königgrätz
(3. Juli 1866)

In dem hügeligen Gelände nordwestlich von Königgrätz zwischen der Bistritz (Bystřice) und der Elbe (Labe) wurde am 3. Juli 1866 die Schlacht bei Königgrätz (Bitva u Hradce Králové), eine der größten des 19. Jh.s sowie die entscheidende im preußisch-österreichischen Krieg, geschlagen, nachdem das österreichische Heer gegen Ende des Monats Juni in einer Serie rasch aufeinanderfolgender verlorener Schlachten von der böhmischen Nordgrenze bis hierher zurückgeworfen worden war. Die österreichische Armee (Gesamtstärke 178 000 Österreicher und 20 800 Sachsen; 770 Geschütze) unter Feldzeugmeister Ludwig August Ritter von Benedek hatte auf dem von der Bistritz allmählich ansteigenden Hügelland eine sehr starke Verteidigungsaufstellung genommen, die sich im Halbkreis von nördlich Račice, Hořiněves und Benatek (Benátky) über Sadova (Sadová) südlich bis Probluz und Přím (sächsisches Korps) erstreckte. Der rechte Flügel der Preußen, die Elbarmee unter Herwarth von Bittenfeld,

stand bei Smidary; die Erste Armee, unter Prinz Friedrich Karl, bei Hořice;
die Zweite Armee, unter dem Kronprinzen Friedrich Wilhelm, bei Königinhof (Dvůr Králové nad Labem) und Gradlitz (Choustníkovo Hradiště), 22 km
entfernt (Gesamtstärke der Preußen 221 000 Mann). Um 8 Uhr morgens
begann die Schlacht. Die Preußen drangen gegen Sadowa und Benatek
vor, hielten unter bedeutenden Verlusten das gewonnene Gelände, waren
aber gegenüber der feindlichen Artillerie zu weiterem Vordringen nicht
imstande, so daß mittags die Schlacht zum Stehen kam. Gegen 14 Uhr
griff die Zweite Armee in die Schlacht ein. Zielpunkt des Vormarsches
waren die weithin sichtbaren Linden auf dem 'Tummelplatz' bei Hořiněves.
Chlum, der Schlüssel der österreichischen Stellung, wurde um 15 Uhr von
der 1. Garde-Division erstürmt und hiermit die Schlacht entschieden. Der
Verlust der Österreicher betrug einschließlich der Gefangenen 1313 Offiziere und 41 499 Mann, jener der Sachsen 55 Offiziere und 1446 Mann; die
Preußen verloren 360 Offiziere und 8812 Mann.

Hradec Králové
Schlacht bei
Königgrätz
(Fortsetzung)

Jáchymov · St. Joachimsthal   B 2

Region: Westböhmen
Kreis: Karlovy Vary
Höhe: 635–780 m ü. d. M.
Einwohnerzahl: 5000

Die westböhmische Bergstadt Jáchymov – deutsch St. Joachimsthal –
liegt langgestreckt in einem engen, vom Weseritzbach durchflossenen Tal
am Fuß des erzgebirgischen Keilberg (Klínovec). Sie besitzt hoch radioaktive Thermalquellen (durchschnittlich 28°C), die im ehemaligen Uran-
pecherzbergwerk entspringen und bei der Behandlung von Nerven- und
Rheumaerkrankungen Anwendung finden.

Lage und
Allgemeines

Jáchymov – Blick auf St. Joachimsthal

Jáchymov
(Fortsetzung)
Geschichte

St. Joachimsthal verdankt seine Gründung im Jahre 1516 den ergiebigen Silbererzvorkommen, die bis zum Ende des 19. Jahrhunderts ausgebeutet wurden. Graf Schlick ließ hier seit etwa 1520 Guldengroschen prägen, die nach dem Bergwerk 'Joachimstaler' genannt wurden, woraus später die Währungsbezeichnungen 'Taler' und 'Dollar' hervorgingen. 1898 entdeckte das Ehepaar Curie in dem St. Joachimsthaler Uranpecherz das Element Radium. Schon früher hatte man Uranpechblende bei der Glas- und Porzellanherstellung benutzt.

Sehenswertes in Jáchymov

Kurgebiet

Im südlichen Teil der Stadt liegt das Kurgebiet mit dem Radium-Palast (1911) und anderen Kurhäusern, insbesondere mit dem neuen Kurinstitut des Dr. Běhounek (1975).

Altstadt

Der nördliche, höher gelegene Teil ist das eigentliche alte Bergstädtchen. An dem nach Süden abfallenden Markt das spätgotische Rathaus (16. Jh.), die Stadtkirche von 1876 (urspr. 16. Jh.) und das Museum (Münzgeschichte, radioaktive Mineralien, Balneologie u. a.); nahebei die alte Münze (1534–1536), wo die 'Joachimstaler' geprägt wurden.

Schloß
Freudenstein

1/2 Stunde westlich oberhalb der Stadt Reste des 1517 von dem Grafen Schlick erbauten Schlosses Freudenstein (814 m ü.d.M.; Rundblick).

Umgebung von Jáchymov

Boží Dar

5 km nördlich von Jáchymov liegt nahe der tschechisch-deutschen Grenze Boží Dar (Gottesgab; 1028 m ü.d.M.), das höchstgelegene Städtchen des Landes. Der einstige Bergbauort (seit dem ausgehenden Mittelalter) wird heute besonders als Wintersportplatz gern besucht. Gegen Westen erstreckt sich ein Torfmoor mit typischer Vegetation.

Keilberg

5 km nordöstlich von Jáchymov der Keilberg (Sonnenwirbel / Klínovec; 1244 m ü.d.M.), der höchste Punkt des Erzgebirges. Oben ein Gasthaus, ein Aussichtsturm (schöne Rundsicht, besonders nach Böhmen) und eine Wetterwarte. Am Westhang ein Sessellift (gute Skiabfahrtspiste).

Ostrov

7 km südlich von Jáchymov, am Fuße des hier unvermittelt aufsteigenden Erzgebirges, liegt die alte Bergbaustadt Ostrov (Schlackenwerth, 400 m ü.d.M., 21000 Einw.) mit Maschinenbau, Textilindustrie und Holzverarbeitung (in der Nachkriegszeit auch Uranförderung). Sehenswert ist die 1226 entstandene Kirche des hl. Jakob mit romanischem Portal und gotischem Gewölbe. Zu dem 1690 erbauten Barockschloß gehört ein prächtiger Park mit Barockpavillon (Kunstgalerie).

Plešivec

6 km westlich von Jáchymov erhebt sich der basaltische Pleßberg (Plešivec; 1027 m ü.d.M.) mit prächtiger Rundsicht vom Aussichtsturm.

Abertamy

8 km westlich liegt in einem interessanten Hochmoorgebiet der Ort Abertamy (Abertham; 850 m ü.d.M.) mit Spitzen- und Handschuhherstellung.

Jeseníky · Altvatergebirge (Hrubý Jeseník) und Mährisches Gesenke (Nízký Jeseník) F/G 2/3

Region: Nordmähren
Kreise: Šumperk und Bruntál

Lage und
Allgemeines

Das Naturschutzgebiet Jeseníky umfaßt mit einer Fläche von 740 km² nahezu das ganze Massiv des Altvatergebirges – tschechisch Hrubý

Hrubý Jeseník – Blick auf das Altvatergebirge

Jeseník – sowie Teile des Mährischen Gesenkes – tschechisch Nízký Jeseník – im Nordwestteil Mährens.

Lage und Allgemeines (Forts.)

Das Altvatergebirge ist das zweithöchste Gebirge des Sudeten-Gebirgssystems. Der zum Teil kahle Kamm des zentralen Bergzuges erreicht Höhen von 1000 bis 1492 m ü. d. M. im Altvater (Praděd), der zugleich die höchste Erhebung der Ostsudeten ist. Der Gebirgszug ist etwa 40 km lang und stark gegliedert. Zwischen seinen oft felsigen Gipfeln verlaufen romantische Täler mit zahlreichen Wasserfällen.

Altvatergebirge

Südöstlich vom Altvatergebirge erstreckt sich das Mährische Gesenke oder Niedere Gesenke – tschechisch Nízký Jeseník – ein Hochland (um 800 m ü. d. M.), aus dem zahlreiche basaltische Kuppen herausragen.

Mährisches Gesenke

Naturschutzgebiet Jeseníky

Das Bergland ist ganz von Fichtenwäldern bedeckt. Nur vereinzelt begegnet man Mischwald. Die obere Baumgrenze liegt bei 1200–1300 m ü. d. M. Auf Hochebenen findet man einige bemerkenswerte Torfmoore. Am bekanntesten ist das Naturschutzgebiet Rejvíz (757 m ü. d. M., 7 km östlich von Jeseník) mit dem Kleinen und dem Großen Moossee (5,5 km langer Naturlehrpfad).

Landschaftsform

Die Kammwanderung im Altvatergebirge beginnt man vom Sattel Ramzovské sedlo (759 m ü. d. M.) oder – kürzer – von dem Berg Šerák (1351 m ü. d. M.; Sessellift). Der Abschnitt Šerák – Keprník (1423 m ü. d. M.) führt mäßig aufwärts und dann über Červená hora mit der Berghütte Vřesová studánka bis zum Rotenbergpaß (Červenohorské sedlo, 1013 m ü. d. M.) abwärts (Wanderzeit ca. 3$\frac{1}{2}$ Std.). Der Kammweg steigt nunmehr zur Berghütte Švýcárna hinan und weiter zum Gipfel des Altvaters mit seinem

Kammwanderung

189

Jeseníky

hohen Fernmeldeturm (2¹/₂ Std.). Der unbewaldete Aussichtskammweg
führt jenseits des Altvaters über die Felsen Petrovy kameny (1446 m
ü. d. M.) und den Berg Vysoká Hole (1464 m ü. d. M.) zum Sattel Skřítek mit
einem Torfmoor (877 m ü. d. M.; Wanderzeit 4 Std.).

Naturschutzgebiet
Jeseníky,
Kammwanderung
(Fortsetzung)

Nordwestlich vom Altvater erhebt sich das wenig besuchte Massiv des
Großen oder Glaatzer Schneebergs (Králický Sněžník; 1423 m ü. d. M.).

Im Winter bietet das Jeseníky-Gebiet gute Wintersportmöglichkeiten:
Langlaufloipe bei Ovčárna; Abfahrtspisten bei Ramzová, Ovčárna und
Karlov pod Pradědem.

Wintersport

Ziele im Bereich des Naturschutzgebietes Jeseníky

Am Nordostfuß des Altvatergebirges liegt in einem Talkessel der Kurort
Jeseník (Freiwaldau; 440 m ü. d. M., 14000 Einw.), früher Frývaldov
genannt. Hinter der katholischen Pfarrkirche (15. Jh.) das spätgotische
Schloß (heute Heimatmuseum). Im Stadtpark ein Denkmal für den Land-
wirt Vinzenz Prießnitz (1799–1851; → Berühmte Persönlichkeiten), den
Begründer der Kaltwasserkuren; 1826 eröffnete er im später aufgebauten
Luftkurort Gräfenberg (Lázně Jeseník; 632 m ü. d. M., 2 km nordwestlich)
seine Heilanstalt.

Jeseník

5 km westlich von Jeseník liegt Lipová Lázně (530 m ü. d. M., 2500 Einw.),
ein bei Störungen des Stoffwechsels und Hautkrankheiten besuchter
Kurort.
Ca. 2 km nördlich die besuchenswerte Karstgrotte Na Pomezí.

Lipová Lázně

18 km nördlich von Jeseník liegt die Stadt Vidnava (240 m ü. d. M., 2500
Einw.) mit Überresten der gotischen Stadtmauern. Beachtenswert die
gotische Kirche sowie eine Reihe einheitlich gestalteter Bürgerhäuser aus
der Zeit der Renaissance (ehem. Vogtei).

Vidnava

24 km nordwestlich von Jeseník liegt Javorník (Johannisberg; 250–350 m
ü. d. M., 4500 Einwohner) mit dem großen Barockschloß 'Jánský vrch' an
der Stelle einer einstigen gotischen Burg; im Inneren reiche Ausstattung
(Galerie; Pfeifensammlung), ausgedehnter Schloßpark. Hier lebte in den
Jahren 1769–1794 der deutsche Komponist Karl Ditters von Dittersdorf
(1739–1799). Sehenswert ist ferner die romanisch-gotische Friedhofskirche.

Javorník

Im Süden des Naturschutzgebietes Jeseníky (15 km nordwestlich von
Bruntál) liegt an der Weißen Oppa (Bílá Opava) inmitten prächtiger Wälder
an der Ostabdachung des Gebirges der gepflegte Kurort Karlova Studánka (Karlsbrunn; 775 m ü. d. M.), der wegen seiner Eisenquellen (Trinkkuren bei Blutarmut, Kohlensäure- und Moorbäder) u. a. auch bei Erkrankungen der Atemwege besucht wird.

Karlova Studánka

Lohnender Ausflug (2 Std.) durch das Tal der Weißen Oppa aufwärts an
Wasserfällen vorüber und über die Ovčárna (Schäferei, 1260 m ü. d. M.;
Berggasthaus; bis hierher Autobus) auf den Altvater (Praděd; 1492 m
ü. d. M.).

10 km nördlich von Rýmařov (Römerstadt) liegt am Fluß Moravice das
Erholungszentrum Malá Morávka (660 m ü. d. M., 1000 Einw.). Neben mehreren Hotelbauten besitzt es noch einige Beispiele volkstümlicher Architektur. Malá Morávka ist Ausgangspunkt für Wanderungen in das Naturschutzgebiet Velká kotlina (Gletscherkar), das eine seltene eiszeitliche
Gebirgsflora erhalten hat.

Malá Morávka

◀ *Praděd – Fernmeldeturm auf dem Altvater*

Jičín · Jitschin   E 2

Region: Ostböhmen
Kreisstadt: Jičín
Höhe: 290 m ü. d. M.
Einwohnerzahl: 17 000

Lage und Bedeutung

Die altertümliche ostböhmische Kreisstadt Jičín – deutsch Jitschin – liegt an der Cidlina, einem rechten Nebenfluß der Elbe (Labe) und ist ein beliebter Ausgangspunkt für den Besuch des Böhmischen Paradieses (→ Český ráj). Am Ort gibt es Lebensmittel- und Landmaschinenindustrie.

Geschichte

Die im Jahre 1300 gegündete Stadt erlebte eine nur kurze Blütezeit unter dem Heerführer und Politiker Albrecht von Waldstein (Wallenstein, 1583 bis 1634; → Berühmte Persönlichkeiten), der Jičín als Herzog von Friedland (seit 1627) zum politischen, wirtschaftlichen und kulturellen Zentrum seines neuen Herzogtums machte und hier sogar u. a. eine Universität und eine eigene Münzstätte errichten ließ. Nach Wallensteins Ermordung 1634 in Eger (→ Cheb) behielten jedoch nur die meist von italienischen Künstlern geschaffenen Bauwerke einen bleibenden Wert.
Nordwestlich von Jičín besiegten am 29. Juni 1866 zwei Divisionen der Ersten Preußischen Armee die Österreicher und Sachsen (mehr als 7500 Soldaten fanden hier den Tod), was die Vereinigung mit der Zweiten Preußischen Armee und den Sieg bei Königgrätz (→ Hradec Králové) ermöglichte. Jitschin ist der Geburtsort des Schriftstellers und Kulturkritikers Karl Kraus (1874–1936; → Berühmte Persönlichkeiten).

Sehenswertes in Jičín

Schloß

Das ehemals Wallensteinsche Schloß ist ein im Renaissancestil errichteter, 1624–1633 frühbarock umgestalteter Bau, der sein heutiges Aussehen 1830–1860 erhielt und die Südseite des weiten, ringsum von wohlerhaltenen Barock- und Empirelaubenhäusern gesäumten, rechteckigen Marktplatzes beherrscht. Zum Schloß gehört ein schöner Park.

Städtische Bildergalerie

Im Inneren des Schlosses befindet sich heute die Städtische Bildergalerie; im ersten Stock der Konferenzsaal, wo 1813 die 'Heilige Allianz' zwischen Preußen (Friedrich Wilhelm III.), Österreich (Franz I.) und Rußland (Alexander I.) gegen Napoleon I. geschlossen wurde.

Stadtplan

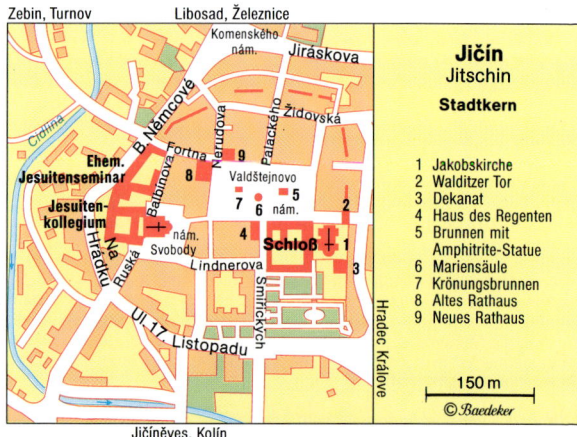

Jičín – Arkadenhäuser am Marktplatz von Jitschin

Östlich neben dem Schloß steht die frühbarocke, turmlose Jakobskirche von 1627 (reiche Innenausstattung; Altarbilder und illusionistisches Kuppelgemälde von J. Kramolín). Dabei das 52 m hohe Walditzer Tor (Valdická brána), ein Rest der einstigen Stadtbefestigung, von 1568 bis 1578 (1768 und 1840 ergänzt). Von seinem Umgang hat man einen weiten Ausblick.   **Jakobskirche**

Nahe der Südwestecke des Marktplatzes die ursprünglich aus dem 14. Jh. stammende Jesuitenkirche St. Ignatius (später mehrfach umgebaut). Auf dem Hauptplatz ein Amphitrite-Brunnen von 1835, eine barocke Pestsäule von 1702 und der sog. Krönungsbrunnen (Korunovační kašna), in der ungewohnten Form eines antiken Tempels (von 1836).   **Jesuitenkirche**

Umgebung von Jičín

Von Jičín führt eine vierreihige Allee alter Linden zu dem 2,5 km nordöstlich gelegenen ehemals Wallensteinschen Lustgarten Libosad (Sommerschlößchen mit Loggia von 1632–1634).   **Libosad**

Unweit nordwestlich von hier auf einem Basaltkegel die weithin sichtbare Kapelle von Zebín (um 1700).   Zebín

5 km nördlich von Jičín der kleine Badeort Železnice (Eisenstadt; 321 m ü. d. M., 1000 Einw.). Der Ortskern ist im Empirestil erbaut. Beachtenswert sind die Holzhäuschen an der Gasse Na zámkách.   **Železnice**

9 km nordöstlich von Jičín die gotischen Burgruinen Bradlec (557 m ü. d. M.) und Kumburk (642 m ü. d. M.), beide im 14. Jh. erbaut und im 17. Jh. verwüstet.   Bradlec
Kumburk

8 km südlich von Jičín befindet sich in dem Dorf Jičíněves (254 m ü. d. M.) ein Barockschloß mit Park im englischen Stil.   Jičíněves

193

Jičín · Jitschin
Staré Hrady

11 km südwestlich von Jičín erreicht man das Renaissanceschloß von Staré Hrady. Das 1573 errichtete Gebäude beherbergt heute ein literarisches Archiv.

Böhmisches
Paradies

→ Český raj

Jihlava · Iglau   E 3

Region: Südmähren
Kreis: Jihlava
Höhe: 520 m ü. d. M.
Einwohnerzahl: 54000

Lage und
Bedeutung

Die südmährische Kreisstadt Jihlava (Iglau) liegt nahe der böhmischen Grenze im Kernbereich der Böhmisch-Mährischen Höhe (Českomoravská vrchovina) und trägt ihren Namen nach dem Fluß Jihlava (Iglawa oder Igel). Die Herstellung von Kraftfahrzeugteilen, der Maschinenbau sowie die Textil-, Leder-, Glas- und Holzindustrie sind heute die wichtigsten Wirtschaftszweige dieser ehemals königlichen Bergstadt, die ihr altes Stadtbild gut erhalten hat und in jüngerer Zeit durch neue Wohnsiedlungen über ihren historischen Kern hinausgewachsen ist.

Geschichte

Die erste bekannte urkundliche Erwähnung des von deutschen Bergleuten gegründeten Marktdorfes Iglau stammt aus dem Jahre 1233. Bevor die Silbervorkommen von Kuttenberg (→ Kutná Hora) erschlossen wurden, war Iglau nach Freiberg in Sachsen die bedeutendste Silberbergbaustadt Mitteleuropas. Das um 1300 vom böhmischen König Wenzel (Václav) II. gewährte Iglauer Bergrecht galt lange Zeit für alle deutschen Bergstädte zwischen Sudeten und Karpaten; es wurde darüber hinaus Muster für viele andere europäische Länder und gelangte im 16. Jh. über Spanien bis nach Lateinamerika. Im 13. Jh. wurden in Iglau auch Münzen geprägt; zu Beginn

Stadtplan

Jihlava – Friedensplatz in Iglau

des 14. Jh.s konzentrierte Wenzel II. jedoch die gesamte Münzprägung in Kuttenberg, und in Iglau ging der Bergbau zurück.
Im Jahre 1436 beschwor Kaiser Siegmund im 'Iglauer Vergleich' die Prager Kompaktaten (von 1433, am Ende der ersten Hussitenkriege); dadurch wurde der tschechischen Bevölkerung gestattet, das heilige Abendmahl in beiderlei Gestalt (Brot und Wein) zu empfangen.
Gegen Ende des Mittelalters war die Stadt ein bedeutendes Zentrum der Tuchmacherei; an diese Zeit erinnern die 'gedeckten Höfe', turmartige, eingewölbte Räume in den Häusern der wohlhabenden Tuchmacher-meister. Durch den Dreißigjährigen Krieg (1618–1648) kam die Entwick-lung zum Erliegen. Neue Impulse brachte erst das 18. Jh.; bis ins 19. Jh. konkurrierte die handwerkliche Tuchmacherei der Stadt erfolgreich mit der industriellen Produktion in den Textilfabriken von Brünn und Nordböhmen.
In Iglau verlebte der im nahen Kaliště geborene und später berühmte Dirigent und Komponist Gustav Mahler (1860–1911; ⟶ Berühmte Persön-lichkeiten) seine Kindheit.
Bis zum Zweiten Weltkrieg war Iglau auch Hauptort einer großen deut-schen Sprachinsel, von deren fast achtzig Gemeinden etwa die Hälfte eine deutschsprachige Mehrheit besaß.

Geschichte
(Fortsetzung)

Sehenswertes in Jihlava

Inmitten der malerischen Altstadt öffnet sich der langgestreckte, brunnen-gezierte Hauptplatz (Masarykplatz), der zu den größten seiner Art im Lande gehört.

✳**Masarykplatz**

An der Ostseite des sich nach Süden neigenden Platzes steht das ur-sprünglich gotische, im 16. und 18. Jh. erneuerte und vergrößerte Rathaus (Radnice) mit einer 1786 errichteten Barockfassade (samt Türmchen). Das Innere bewahrt im Archiv neben anderen wertvollen Urkunden ein im Jahre

Rathaus

Rathaus (Fortsetzung)	1389 durch Johann von Gelnhausen aufgezeichnetes Rechtsbuch (mit Miniaturen).
Katakomben	Im Rathaus befindet sich der Zugang zu einem Labyrinth von kilometer- langen unterirdischen Gängen ('Katakomben'), die im 14.–16. Jh. als Vor- ratsräume angelegt worden waren und im Dreißigjährigen Krieg den Ver- teidigern gegen die Schweden Schutz boten (derzeit unzugänglich).
Pestsäule	Im nördlichen Teil des Masarykplatzes steht eine Pestsäule (Mariensäule) aus dem Jahre 1690.
Jesuitenkirche	Östlich gegenüber die 1680–1689 von dem Italiener Jacopo Brasca er- baute, 1760 im Barockstil erneuerte Jesuitenkirche St. Ignatius (Kostel sv. Ignáce). In dem reich ausgestatteten Inneren gibt es prachtvolle Decken- gemälde und mehrere gotische Skulpturen (u.a. eine Pietà und das sog. Přemyslidenkreuz, beide 14. Jh.). Links neben der Kirche das ehemalige Jesuitenkolleg (von 1699; jetzt Bücherei).
Museen	In der Nordwestecke des Hauptplatzes sind in zwei schönen Renaissance- häusern aus dem 16. Jh. das Regionalmuseum sowie in zwei weiteren Renaissancegebäuden an der Komenského ulice (Nr. 10) die Gemälde- galerie der Böhmisch-Mährischen Höhe eingerichtet.
Dominikanerkirche	An der von der Nordostecke des Masarykplatzes ausgehenden Kreuz- straße (Křížová ulice), der nördlichen Hauptstraße der Altstadt, steht rechter Hand die ehem. Dominikanerkirche oder Kirche zum Hl. Kreuz (Kostel povýšení Sv. Kříže; 14. Jh.), die jetzt den Protestanten als Gottes- haus dient.
Münzgasse	An der südlich des Rathauses vom Hauptplatz ausgehenden Münzgasse (U Mincovny = Bei der Münze) befand sich vermutlich das Gebäude der alten Münze (Mincovna; vgl. Stadtgeschichte).
Pfarrkirche St. Jakob	Die südlich nächste Gasse ist die Pfarrgasse (Farní ulice); sie führt ost- wärts zu der doppeltürmigen gotischen Pfarrkirche St. Jakob (Kostel sv. Jakuba; 13./14. Jh.) mit schönem Hauptportal von 1260. In dem mit Barok- kaltären ausgestatteten Inneren befinden sich wertvolle gotische Skulptu- ren und ein Renaissancetaufbecken von 1599; beachtenswert ist ferner eine im 18. Jh. angebaute Barockkapelle mit prachtvollem Gitter.
Minoritenkirche	Von der Westseite des Masarykplatzes gelangt man durch die Muttergot- tesgasse (ulice Matky Boží) zu der aus dem 13. Jh. stammenden ehem. Minoritenkirche (Minoritský kostel) mit Barockfassade (18. Jh.), spätgoti- schem Chor (1499–1508) und alten Wandmalereien. In dem anstoßenden einstigen Minoritenkloster verdient der Kreuzgang Erwähnung.
Muttergottestor	Jenseits der Minoritenkirche steht das Muttergottestor (Brána Matky Boží; 14. und 16. Jh.), das einzige erhaltene der einst fünf Stadttore und heute eines der Wahrzeichen von Jihlava.
Stadtmauer	Vom Muttergottestor (Frauentor) bis zu der vom Hauptplatz nach Süden führenden Znaimer Straße (Znojemská ulice) sowie weiter nach Osten und Norden sind in den Anlagen noch Reste der mittelalterlichen Stadtmauer (14./15. Jh.) erhalten.

Umgebung von Jihlava

Brtnice	Etwa 12 km südöstlich von Jihlava liegt Brtnice (Pirnitz) mit einer ursprüng- lich gotischen Burg, die gegen Ende des 16. Jh.s zu einem Renaissance- schloß ausgebaut wurde. Bemerkenswert sind außerdem das Renais- sancerathaus sowie Bürgerhäuser aus der Zeit der Renaissance und des Barock sowie zwei barocke, figurengezierte Brücken.

Pirnitz ist der Geburtsort des Architekten und bedeutenden Vertreters des Wiener Jugendstils (Sezession) Josef Hoffmann (1870–1956).

Jihlava
Brtnice (Forts.)

Die kleine Stadt Polná (490 m ü.d.M.; 4000 Einw.), 14 km nordöstlich von Jihlava gelegen, besitzt eine frühgotische Burg, die im 16. Jahrhundert zu einem Renaissanceschloß umgebaut worden ist; darin befindet sich heute eine Zweigstelle des Museums der Böhmisch-Mährischen Höhe. Erwähnung verdienen am Marktplatz mehrere Bürgerhäuser aus der Zeit der Renaissance und des Barock sowie die Reste des einstigen jüdischen Gettos.

Polná

Die Ruine der gotischen Burg Rokštejn (Rockstein; 13. Jh.) steht 10 km südöstlich von Jihlava.

Rokštejn

Der Ort Stonařov (Stannern), 13 km südlich von Jihlava, verfügt über eine gotische Kirche von 1598 (später umgestaltet) mit Renaissanceturm; daneben ein romanisches Beinhaus aus dem 13. Jahrhundert.

Stonařov

In dem 14 km südwestlich von Jihlava gelegenen Ort Třešť (Triesch; 5300 Einw.) gibt es ein Renaissanceschloß aus der zweiten Hälfte des 16. Jh.s, das 1660 barock umgestaltet wurde; ferner zwei gotische Kirchen und eine Synagoge. Triesch ist der Geburtsort des Volkswirtschaftlers Joseph Alois Schumpeter (1883–1950).

Třešť

Jindřichův Hradec · Neuhaus   **D/E 3**

Region: Südböhmen
Kreis: Jindřichův Hradec
Höhe: 478 m ü.d.M.
Einwohnerzahl: 22000

Die südböhmische Stadt Jindřichův Hradec – deutsch Neuhaus – liegt 15 km nördlich der tschechisch-österreichischen Grenze an der Nežárka und an dem etwa 1 km langen Vajgar-See. Wirtschaftsbereiche sind die Holz-, Textil- und Nahrungsmittelindustrie; eine Spezialität ist hier die Herstellung von Wandteppichen.

Lage und
Bedeutung

Stadtplan

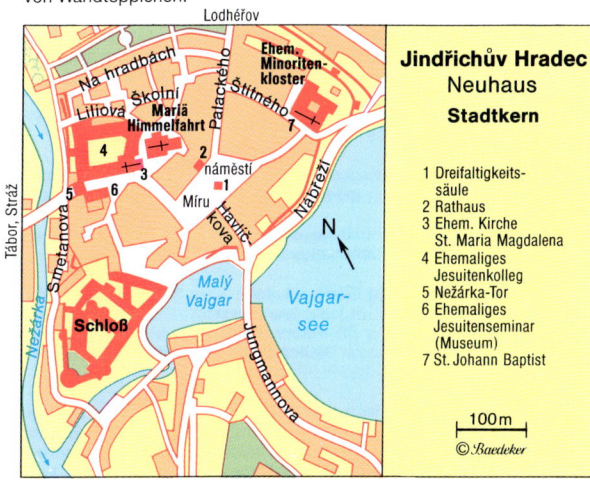

Jindřichův Hradec
Neuhaus
Stadtkern

1 Dreifaltigkeits-
   säule
2 Rathaus
3 Ehem. Kirche
   St. Maria Magdalena
4 Ehemaliges
   Jesuitenkolleg
5 Nežárka-Tor
6 Ehemaliges
   Jesuitenseminar
   (Museum)
7 St. Johann Baptist

100 m

© Baedeker

Jindřichův Hradec – Schloß in Neuhaus (links der Gartenpavillon)

Geschichte

Die Stadt entstand bei der um 1200 errichteten Burg (Hradec) des Jindřich z Vítkoviců (daher der tschechische Name). Der deutsche Name Neuhaus ist die Übersetzung der in mittelalterlichen Urkunden üblichen lateinischen Bezeichnung Nova Domus.

Sehenswertes in Jindřichův Hradec

Marktplatz

Im Mittelpunkt der vom Vajgar-See leicht ansteigenden Altstadt liegt der dreieckige Marktplatz, an dem einige Bürgerhäuser aus der Renaissance- und Barockzeit und im klassizistischen Stil stehen. Auf dem Platz eine 1764 von M. Strhovský errichtete, figurenreiche große Dreifaltigkeitssäule.

Rathaus

An der Nordseite des Marktes das ursprünglich aus gotischer Zeit stammende, 1801–1807 erneuerte Rathaus (Radnice).

Kirche St. Johann Baptist

Unweit nördlich steht die gotische Hauptkirche St. Johann Baptist (Kostel sv. Jana Křtitele; 14./15. Jh.), deren Inneres schöne Wandmalereien aus dem 14./15. Jh. besitzt.

Minoritenkloster

Bei der Kirche das ehem. Minoritenkloster (13. und 15. Jh.; jetzt Spital); im Kreuzgang Fresken des 14. Jahrhunderts.

Jesuitenkolleg (Museum)

In dem ehem. Jesuitenkolleg (Stará jesuitská kolej; 16./17. Jh.), mit der Kirche Maria Magdalena (17. Jh.) und brunnengeschmücktem Säulenhof, das Heimatmuseum, das in 25 Räumen sehenswerte volkskundliche Sammlungen enthält, u.a. auch Weihnachtskrippen. Neben dem ehem. Jesuitenkolleg das Nežárka-Tor.

☀ Schloß (in Restaurierung)

Am Westrand der Altstadt erhebt sich bei einem Fischteich das zuletzt den Grafen Czernin gehörende mächtige Schloß (Zámek), dessen nach Abriß des Jindřich-Baus vom 13. bis 15. Jh. errichteter älterer Teil der Herren von Hradec im 16. Jh. von italienischen Architekten teilweise umgebaut bzw.

durch Hinzufügung eines großen Renaissancebaus erweitert wurde (1773 z.T. ausgebrannt). Beachtenswert die drei Höfe, von denen der größte einen schönen schmiedeeisernen Brunnen und dreistöckige Renaissance-Arkaden besitzt.

Das Innere des Schlosses enthält im gotischen Teil eine Kapelle mit der Darstellung der Georgslegende (um 1340) sowie ein wertvolles Archiv (bedeutende Autographensammlung). In dem mit kostbaren Wandgemäl-den ausgeschmückten Renaissancebau u.a. eine Gemäldegalerie mit Bil-dern der Barockmaler Škréta und Brandl und der auf Holz gemalten "Madonna von Hradec" sowie ein Museum (u.a. Möbel und Fayencen).

Bemerkenswert ist ferner der Gartenpavillon aus dem 16. Jh. mit reichen plastischen Verzierungen.

Schloß
(Fortsetzung)

Umgebung von Jindřichův Hradec

Eine Reihe von Ausflugszielen, die zu Badezwecken und zur Ausübung von Wassersport gut geeignet sind: 8 km östlich der Ratmírovský rybník; 14 km östlich der Teich Komorník bei Strmilov (545 m ü.d.M.); 16 km südöstlich der Teich Osika bei den Ortschaften Albeř (629 m ü.d.M.) und Kláštěr (655 m ü.d.M.) mit einer wertvollen Barockkirche; 6 km südwest-lich der Teich Dřevo bei Horní Pěna (473 m ü.d.M.).

Ausflugsziele

12 km nördlich von Jindřichův Hradec erhebt sich über der Ortschaft Lod-héřov (Riegerschlag) der 659 m ü.d.M. hohe Čertův kámen (Teufelsstein) mit prächtiger Aussicht über die umliegende Teichlandschaft.

⁎Aussicht
vom Teufelsstein

Von Lodhéřov gelangt man zuerst nordwestlich über Deštná (Deschna, 7 km), dann noch 4 km südwestlich zu dem malerisch in einem von schö-nem Wald umgebenen Teich gelegenen kleinen Wasserschloß Červená

⁎**Wasserschloß
Červená Lhota**

Wasserschloß Červená Lhota

199

Jindřichův Hradec,
Wasserschloß
(Fortsetzung)

Lhota (490 m ü.d.M., alte Steinbrücke vom Ufer), das nach 1530 anstelle einer mittelalterlichen Burg im Renaissancestil erbaut und 1658 bis 1678 barock umgestaltet wurde (innen im 19. Jh. sowie ein weiteres Mal vor kurzem renoviert, u.a. Möbelsammlungen). Hier lebte zeitweilig der Musiker und Singspielkomponist Karl Ditters von Dittersdorf (1739 bis 1799). Das Schlößchen ist von einem reizvollen Park umgeben.

Stráž
nad Nežárkou

Stráž nad Nežárkou (Platz; 450 m ü.d.M., 1700 Einw.), 10 km südwestlich von Jindřichův Hradec, Stadt mit einem Barockschloß, das aus einer gotischen Burg entstand (unzugänglich). Im Schloß lebte 1915–1930 die tschechische Sängerin Ema Destinnová (1878–1930).

Jitschin

→ Jičín

Jizerské hory · Isergebirge   E 2

Region: Nordböhmen
Kreise: Liberec und Jablonec nad Nisou
Höhe: 700–1124 m ü.d.M.

Lage und
✳Landschaftsbild

Das Isergebirge (Jizerské hory) ist ein von Touristen viel besuchter Gebirgszug in Nordböhmen. Es besitzt ausgedehnte Hochflächen (700 bis 900 m ü.d.M.), tiefe, stark geschädigte Fichtenwälder und Torfmoore (Naturlehrpfade). Der Gebirgskamm erstreckt sich über eine Länge von mehr als 40 km und eine Breite von etwa 20 km. Aus dem Kamm ragen die Gipfel der Berge Jizera (Siechhügel, 1122 m ü.d.M.; Felsen und Urwaldreste) und Smrk (Tafelfichte, 1124 m ü.d.M.) heraus. Aussichtstürme und Gebirgsbauden sind reichlich vorhanden. Nach Norden fällt das Isergebirge steil zum Flachland ab (Höhenunterschied bis zu 500 m), und von seinen Hängen stürzen Wasserfälle hinab. Im südlichen Teil des Gebirges wurden zwölf Talsperren errichtet (bei Josefův Důl, Josefstal; Souš, Darre-Talsperre; oder Bedřichov, Friedrichswald). Sie dienen insbesondere der Trinkwasserversorgung.
Das Gebiet des Isergebirges und seine weitere Umgebung kann sich einer alten Glasmachertradition rühmen (Jablonec nad Nisou, Desná, Železný Brod, Nový Bor u.a.). Auch Textilindustrie entfaltete sich hier schon im 19. Jh., so in → Liberec und Jablonec nad Nisou oder Tanvald.

Ziele im Isergebirge

Bedřichov

Das Gebirgsdorf Bedřichov (Friedrichswald, 680 m ü.d.M., nördlich von Liberec ist als Sommerfrische beliebt, genießt aber auch einen guten Ruf als Wintersportzentrum im Isergebirge (mehrere Skilifte und Langlaufloipen).

Bukovec

Der Bukovec (1005 m ü.d.M.) am östlichen Rand des Isergebirges ist einer der höchsten Basaltkegel Mitteleuropas. Er erhebt sich über der Ortschaft Jizerka und hat eine seltene Flora ('Gärtchen des Isergebirges').

Černá Studnice

Die Černá Studnice (Schwarzbrunnwarte; 869 m ü.d.M.) ist der höchste Gipfel des südlichen Gebirgskammes und besitzt eine Hütte mit Aussichtsturm.

Jizerka

Jizerka (860 m ü.d.M.) ist der höchstgelegene Ort im Isergebirge mit dem malerischen Lauf des Flüßchens, das dem Ort seinen Namen gab. Seit dem 15. Jh. war Jizerka Sitz tschechischer Kohlenbrenner, im 16. Jh. wurde es von Goldgräbern und Edelsteinsuchern besucht; im 19. Jh. Glasmacher- und Holzfällerortschaft, heute im wesentlichen ein Touristenort.

Jizerské hory,
Jizerka
(Fortsetzung)

Östlich von Bedřichov liegt Kristiánov (815 m ü.d.M.), ein einstiger Gebirgseinzelhof. Einen Besuch lohnt das kleine Glasmachermuseum.

Kristiánov

Nördlich von Bedřichov liegt das Torfmoor Nová Louka (770 m ü.d.M.). Auf einer ausgedehnten Wiese steht ein hölzernes Jagdschlößchen, gebaut von den Grafen Clam-Gallas um die Mitte des 19. Jahrhunderts.

Nová Louka

Etwa 4 km südwestlich des Berges Jizera liegt der Bergsattel Smědava (Wittighaus, 847 m ü.d.M.) mit einem Gasthaus.

Smědava

Tanvaldský Špičák (Spitzberg bei Tannwald, 808 m ü.d.M.; Aussichtsturm) am südöstlichen Rand des Isergebirges ist ein beliebtes Skisportzentrum.

Tanvaldský Špičák

Joachimsthal, St.

⟶ Jáchymov

Jungbunzlau

⟶ Mladá Boleslav

Kadaň · Kaaden   C 2

Region: Westböhmen
Kreis: Chomutov
Höhe: 300 m ü.d.M.
Einwohnerzahl: 18000

Die altertümliche königliche Stadt Kadaň – deutsch Kaaden –, um 1260 gegründet, liegt im Vorland vom Erzgebirge (Krušné hory), am linken Ufer der Eger (Ohře), zwischen ⟶ Karlovy Vary (Karlsbad) und ⟶ Chomutov

Lage und
Bedeutung

Stadtplan

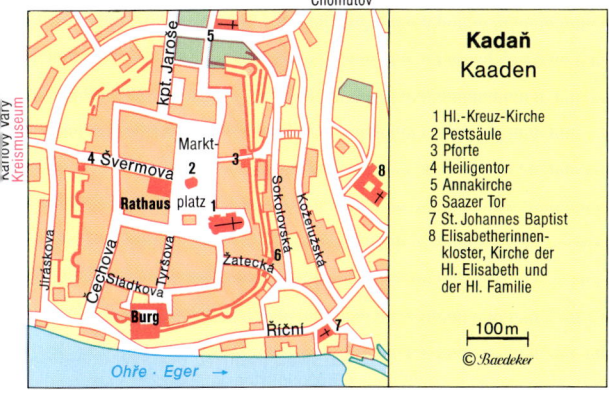

Chomutov

Kadaň
Kaaden

1 Hl.-Kreuz-Kirche
2 Pestsäule
3 Pforte
4 Heiligentor
5 Annakirche
6 Saazer Tor
7 St. Johannes Baptist
8 Elisabetherinnen-
  kloster, Kirche der
  Hl. Elisabeth und
  der Hl. Familie

100 m

© Baedeker

201

Kadaň – Marktplatz von Kaaden

Bedeutung   (Komotau). Am Ort gibt es keramische Industrie, in der Nähe weite Braun-
(Fortsetzung)   kohlentagebaue und große Heizkraftwerke.

Sehenswertes in Kadaň

Marktplatz   Bemerkenswert an dem trapezförmigen Marktplatz ist das ursprünglich
                 gotische Rathaus aus der zweiten Hälfte des 14. Jahrhunderts (1811
                 umgebaut) mit einem mächtigen Turm, der die Dominante der Stadt bildet.
                 Ferner eine figurenreiche Pestsäule aus dem 18. Jh. sowie daneben ein
                 Stadttor (Heiligentor – Svatá oder Mikulovická brána), ein Teil der Stadt-
                 mauern, zu denen auch das Saazer Tor (Žatecká brána) von 1458 gehört;
                 historische Häuser im gotischen, Renaissance- und Barockstil. Von der
                 Ostseite des Stadtplatzes geht das sog. Henkersgäßchen (Katovská
                 ulička) mit der gotischen Pforte aus.

Ehemaliges   Westlich der Stadt ein ehem. Franziskanerkloster (jetzt Kreismuseum und
Franziskaner-   Lapidarium) mit spätgotischer Kirche aus dem 15. Jahrhundert. Im Kloster
kloster (Museum) das bemerkenswerte älteste Zellengewölbe in Böhmen.
                 Unweit der Hügel Strážiště (401 m ü. d. M.), von dem sich ein Rundblick
                 über das Egertal bietet.

Umgebung von Kadaň

Hasištejn   8 km nördlich Hasištejn, die Ruine einer gotischen Burg, am Ende des 19.
                 Jahrhunderts restauriert; der Aussichtsturm ist zugänglich.

Klášterec   8 km westlich von Kadaň liegt die Stadt Klášterec nad Ohří (Klösterle;
nad Ohří   16 000 Einw.), mit Porzellan- und Korkindustrie, in hübscher Lage an der

Eger (Ohře), benannt nach einem einst hier befindlichen Kloster des 12. Jahrhunderts. In der ehemals gräflich Thunschen Manufaktur wird seit dem Jahre 1794 Porzellan hergestellt. Das Schloß (urspr. 17. Jh.) wurde im 19. Jh. erneuert und enthält ein Porzellanmuseum; im Park seltene Gehölze. In Klösterle entspringen alkalische, kohlensäurehaltige Quellen.

Kadaň, Klášterec nad Ohří (Fortsetzung)

Karlovy Vary · Karlsbad   **B 2**

Region: Westböhmen
Kreis: Karlovy Vary
Höhe: 374 m ü.d.M.
Einwohnerzahl: 58000

Die nordwestböhmische Kurstadt Karlovy Vary – deutsch Karlsbad – liegt langgestreckt in dem reizvollen Engtal der Tepl (Teplá) an deren Mündung in die Eger (Ohře) und ist der bedeutendste tschechische Badeort (Kurgebiet für Fahrzeuge gesperrt).

*Lage und
**Bedeutung

Karlsbad wurde wahrscheinlich 1348 von Kaiser Karl IV. gegründet, der bei einer Hirschjagd die warmen Quellen entdeckt haben soll; doch waren sie nachweislich schon früher bekannt. Bis Anfang des 16. Jh.s wurden die Thermen nur zum Baden, dann auch zur Trinkkur verwendet. Das erste größere Badehaus wurde 1762 erbaut. Karlsbad zählte unter seinen Gästen bedeutende Persönlichkeiten aus aller Welt, viele weilten mehrmals hier (so Goethe in den Jahren 1765–1823 dreizehnmal).

Geschichte

Seinen weit über die Grenzen des Landes hinausreichenden Ruf verdankt Karlsbad den Heilquellen. Insgesamt sind es etwa 60 Quellen, ausgenutzt werden jedoch nur zwölf alkalische Glaubersalzthermen (zusammen eine

*Heilquellen

Karlovy Vary – Kurviertel von Karlsbad

Heilquellen
(Fortsetzung)

tägliche Schüttung von über 6 Mio. l), die sich untereinander nur durch den Wärmegrad (42–73 °C) und den davon abhängenden größeren oder geringeren Gehalt an freier Kohlensäure unterscheiden. Die hohe Heilwirkung beruht auf der starken Konzentration von 32–35 verschiedenen gelösten Mineralien (7 g pro Liter). Die Quellen werden in der Verbindung mit Diät- und Bewegungskuren getrunken sowie zum Baden verwendet und sind hauptsächlich wirksam bei Leber- und Gallenleiden sowie Magen- und Darmkrankheiten.

Die Thermen kommen im Tepltal aus dem granitenen Urgestein, die Sprudelquelle überdies aus einer Sinterdecke (Sprudelschale oder Sprudel-

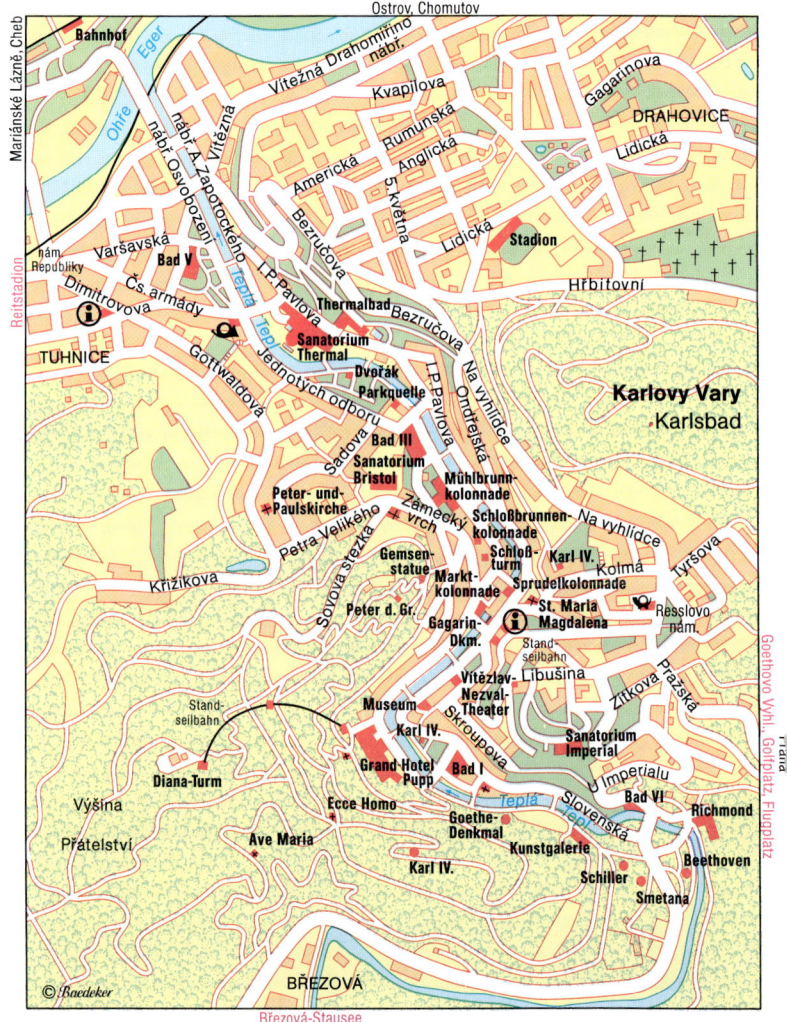

stein), in die mehrere Bohrlöcher, die alljährlich wegen der inkrustierenden Eigenschaft des Wassers nachgebohrt werden müssen, auf wenige Meter Tiefe hinabreichen.

Heilquellen
(Fortsetzung)

Zur Unterhaltung der Kurgäste gibt es ein Theater; bekannt ist das Karlsbader Kurorchester, das sich während des alljährlich stattfindenden Musikfestivals 'Karlsbader Herbst' besonders den Werken Antonín Dvořáks verpflichtet fühlt. Jedes zweite Jahr findet ein internationales Filmfestival statt, alljährlich das internationale Festival touristischer Filme ('Tourfilm').

Veranstaltungen

Sehenswertes in Karlovy Vary

Mittelpunkt des Kurlebens ist die auf dem linken Tepl-Ufer gelegene Mühlbrunn-Kolonnade (Mlýnská kolonáda), eine lange Säulenhalle in korinthischem Stil 1872–1881 von Josef Zítek erbaut, mit der Rosenquelle (Rusalčin pramen), der Fürst-Wenzel-Quelle (Pramen knížete Václava), der Libussa-Quelle (Libušin pramen) und dem Mühlbrunnen (Mlýnský pramen); die Temperatur dieser Quellen liegt zwischen 42 und 60 °C. In der Nachkriegszeit wurde hier durch Überdeckung der Tepl ein großer Platz geschaffen.

**Mühlbrunn-
Kolonnade**

Beim Nordende der Kolonnade liegt jenseits der Felsenquelle (Skalní pramen) das Badehaus III, das 1867 erbaute frühere Kurhaus.

Badehaus III

Von der Mühlbrunn-Kolonnade gelangt man südlich durch die Mühlbrunnenstraße auf den Markt (Tržiště), wo unter der hölzernen, vom Schloßturm (Zámecká věž, 1608) überragten Markt-Kolonnade (Tržní kolonáde, 1883, ein mit Schnitzereien verzierter Holzbau), die Kaiser-Karl-IV.-Quelle (Pramen Karla IV.) und der Marktbrunnen (Tržní pramen) entspringen. Am Südende des Marktes eine barocke Dreifaltigkeitssäule (1776). Oberhalb die beiden Schloßbrunnen; auf der unteren Terrasse in einer Grotte der Untere Schloßbrunnen (Dolní zámecký pramen, 62,3 °C; mit Jugendstilplastik Beschützer der Quellen und einer Statue der Hygieia); auf der oberen Terrasse in einem 1913 errichteten Rundbau der Obere Schloßbrunnen (Horní zámecký pramen, 49,8 °C, Aufzug).

Markt

Unweit nordwestlich öffnet sich der Schloßplatz (Zámecké náměstí).

Schloßplatz

Noch weiter nordwestlich steht an der Schloßbergstraße (Zámecký vrch) rechts das Stadtmuseum (Městské muzeum) mit sehenswerten Sammlungen zur Stadtgeschichte. Dahinter der Museumspark (Muzejní sady).

Stadtmuseum

Vom unteren Ende des Marktes führt die Sprudelbrücke über die Tepl zur Sprudelkolonnade (Vřídelní kolonáda), wo der Sprudel (Vřídlo), die älteste und mit 73 °C die wärmste der Karlsbader Quellen entspringt; dessen armdicker Wasserstrahl in 40–60 schwächeren und stärkeren Stößen in der Minute (dabei 2000 l, am Tag 3 Mio. l) bis zu 12 m hoch emporgeschleudert wird. Aus dem Wasser der Sprudelquelle wird auch das natürliche Karlsbader Sprudelsalz gewonnen.

**Sprudel-
kolonnade**
✳Sprudel

Östlich oberhalb der Kolonnade auf dem Freiheitsplatz (Náměstí Svobody) die katholische Maria-Magdalenenkirche (Kostel sv. Maří Magdaleny), eine 1733–1736 von Kilian Ignaz Dientzenhofer erbaute zweitürmige Kuppelkirche mit malerischem Inneren.

**Maria-
Magdalenen-
kirche**

Grundriß

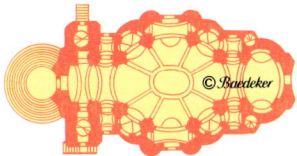
©Baedeker

Oberhalb (Aufgang durch die Schulgasse bzw. Školní ulice, dann links) der Stadtgarten mit einem Standbild Kaiser Karls IV. von Josef Max 1858.

Stadtgarten

Alte Wiese   Südlich vom Markt beginnt die an der Tepl entlangziehende baumbe-
                        pflanzte Alte Wiese, die besonders abends belebte Promenadenstraße,
                        mit zahlreichen Geschäften.

                        Die Straße mündet südlich auf den Goethe-Platz mit dem Grand Hôtel
                        Pupp. Von hier aus führt eine Standseilbahn zur Freundschaftshöhe. Vom
                        Hotel südöstlich auf dem Puschkin-Weg (Puškinova stezka, früher Goe-
                        theweg) an dem ehem. Kaiserbad, Badehaus I (Lázně I) und der protestan-
                        tischen Kirche (beide Gebäude auf dem rechten Teplufer), später an einer
                        Goethebüste (1883; von A. Donndorf) vorüber zu der etwa $1/2$ km entfern-
                        ten Kunstgalerie (Galerie umění), mit Bildern moderner tschechischer und
                        slowakischer Maler und Bildhauer. Dann zum Posthof (1791), einem alten
                        Zentrum des Musiklebens der Stadt.

Badehaus VI   Gegenüber, auf dem rechten Teplufer, das neue Badehaus VI (Lázně VI).

Parkanlagen   Östlich von der Kunstgalerie liegen im Teplbogen schöne Parkanlagen mit
                        Denkmälern von berühmten Gästen Karlsbads, u. a. von Beethoven und
                        Smetana.

**Sanatorium   Nordöstlich gegenüber steht auf dem rechten Teplufer das Sanatorium
Richmond**   Richmond (früher Hotel), eine Dependance des nachstehend genannten
                        Sanatoriums Imperial für ausländische Kurgäste.

Neue Wiese   Gegenüber der Alten Wiese (s. oben) erstreckt sich auf dem rechten Tepl-
                        Ufer die Neue Wiese, an der sich östlich der halbkreisförmige anlagen-
                        geschmückte Theaterplatz öffnet. An der Südseite des Platzes das 1886
                        von Fellner und Helmer erbaute Stadttheater (Divadlo Vítězslava Nezvala).

Imperial-Höhe   Von der Nordostseite des Platzes führt eine Standseilbahn (Lanovka) im
                        Tunnel zur Imperial-Höhe (Výšina Imperiál) mit dem die Stadt beherrschen-
                        den mächtigen Sanatorium Imperial; von der Höhe ferner Standseilbahn
                        südlich zu der an der Tepl entlangziehenden Slowakischen Straße (Slo-
                        venská třída), gegenüber der Kunstgalerie.

Park-Quelle   Nordwestlich von der Mühlbrunnenkolonnade und dem Badehaus III ent-
                        springt in einer Kolonnade die Park-Quelle (Sadový pramen).

**Peter-und-   Nahebei führt die baumbestandene Parkstraße (Sadová třída) südwestlich
Paul-Kirche**   hinan zur russischen Peter-und-Paul-Kirche, von Wiedemann (1897). Der
                        russische Adel bildete damals einen bedeutenden Teil der Kurgäste, die
                        Kirche wurde nach dem Vorbild der Kirche in Ostankino erbaut. Unten hin-
                        ter einem verschlossenen Gittertor eine Gedenktafel für Peter den Großen.
                        Der Kircheneingang 5 Minuten oberhalb in der König-Georg-Straße (Třída
                        krále Jiřího).

Dvořák-Park   Nordwestlich von der oben genannten Park-Quelle erstreckt sich zwi-
                        schen der Gartenzeile und der Tepl der hübsche Dvořák-Park (Dvořákovy
                        sady). Noch weiter nordwestlich liegt jenseits der Hauptpost (Pošta 1) der
                        Smetana-Park (Smetanovy sady) mit dem Badehaus V (Lázně V). Zwi-
                        schen beiden Parkanlagen stehen auf dem rechten Tepl-Ufer das Hotel
                        Thermal (16 Stockwerke, Thermalbecken) aus dem Jahr 1976 und das
                        Filmfestival-Kino.

                        Etwa 1 km nordwestlich vom Dvořák-Park liegt jenseits der Einmündung
                        der Tepl in die Eger im industriereichen Stadtteil Fischern (Rybáře) der
                        Hauptbahnhof (Horní nádraží), für die Linien nach Prag (Praha) und Cheb
                        (Eger).

Fischern   In dem nördlich der Eger (Ohře) gelegenen Stadtteil Fischern (Rybáře) ent-
                        wickelte sich eine bedeutende Industrie: Herstellung von Glas- (Moser),
                        Porzellanwaren (seit dem 18. Jh.) und Keramik (beruhend auf den Kaolin-

Hotelprachtbau vergangener Zeiten

Sprudel

Hotel Astoria im Jugendstil

Fischern
(Fortsetzung)

gruben der Umgebung), ferner von Handschuhen und Oblaten; Erzeugung von Sprudelsalz; Kräuterlikör 'Becherovka' (seit 1805).

Spezialmuseen

Lohnend ist ein Besuch des Museums der Glasmacherkunst (Karlsbader Moser-Glas) in Dvory am Westrand der Stadt. Im südlichen Stadtviertel Březová befindet sich ein Porzellanmuseum.

Umgebung von Karlovy Vary

*Peterhöhe

Westlich über dem Markt erhebt sich die Peterhöhe (Petrova Výšina; auch Výšina Petra Velikého), benannt nach einem Aufenthalt Peters des Großen in Karlsbad. Den Aufstieg unternimmt man entweder vom Nordende der Alten Wiese auf dem steilen nördlichen Weg über den sog. Hirschensprung oder bequemer auf einem Weg am südlichen Ende in 20 bzw. 30 Minuten (Standseilbahn siehe nachstehend). Oben das Restaurant Hirschensprung (Jelení skok) mit weiter Aussicht nach Norden bis zum Erzgebirge. Unweit südlich vom Restaurant der höchste Punkt der felsigen Höhe mit prachtvoller Aussicht auf das Kurviertel; bei der kleinen Aussichtsplatte eine Büste Peters des Großen. Unterhalb der Aussichtsplatte ein Pavillon, ebenfalls mit grandioser Aussicht.

Hirschensprung

Etwa 5 Minuten östlich unterhalb der sog. Hirschensprung (Jelení skok), ein von einer Gemse (Kamzík) gekrönter Felsen, von dem bei einer Jagd Karls IV. ein Hirsch in die heißen Quellen gesprungen sein soll, die so entdeckt wurden. Beim Felsen begrenzte, aber malerische Aussicht, besonders auf das Sanatorium Imperial.

Vom Friedensplatz führt eine Standseilbahn (Talstation Alte Wiese bzw. Stará Louka, 381 m ü. d. M.) in 6 Minuten über die Zwischenstation Jelení skok (Hirschensprung; Fußweg in 8 Min. zum zuvor genannten Hirschensprung) zur Freundschaftshöhe (Výšina Přátelství, 585 m ü. d. M.; Bergstation 555 m ü. d. M.) mit Aussichtsturm und dem Restaurant Diana.

25 Minuten südöstlich (auch Aufstieg in $1/2$ Stunde vom Friedensplatz) die Aussichtshöhe Karls IV. (Vyhlídka Karla IV.; 507 m ü. d. M.), ebenfalls mit einem Aussichtsturm.

*Goethewarte

Von der Friedhofstraße (Hřbitovní) auf dem rechten Teplufer lohnt sich der Aufstieg auf dem Gogolweg (Gogolova pěšina) über den Dreikreuzberg (U Tří Křížů; 551 m ü. d. M.), mit drei großen Kreuzen und einem Aussichtsgerüst, in etwa $1^{1}/4$ Stunden zur Goethewarte (Goethova Rozhledna; früher Stifterwarte; 636 m ü. d. M.), mit 30 m hohem Aussichtsturm (180 Stufen; prächtige Rundsicht). Alternativ dazu ist die Auffahrt (4 km) auf der nach Prag führenden Straße (Nr. 6) über Berghäuser (Hůrky), dann auf einem ordentlichen, aber schmalen Fahrweg links bergan, möglich.

Andělská Hora

6 km südöstlich von Karlovy Vary liegt der Engelsberg (Andělská Hora; 665 m ü. d. M.) mit der Ruine einer ursprünglich gotischen Burg (später hussitische Festung, seit 1718 in Trümmern).

*Hans-Heiling-
Felsen

8 km südwestlich von Karlovy Vary befinden sich über dem Egertal die Hans-Heiling-Felsen (Svatošské skály; 432 m ü. d. M.): Eine Gruppe bizarrer Granitwände soll einen versteinerten Hochzeitszug darstellen. Das Thema benutzten neben Goethe die Gebrüder Grimm sowie Karl Theodor Körner; Heinrich August Marschner (1795–1861) verwendete es in seiner Oper "Hans Heiling" (1833).

Kyselka

10 km nordöstlich von Karlovy Vary liegt der Kurort Kyselka (358 m ü. d. M.) mit Mineralquellen (Mattonis Tafelwasser); Kurhäuser aus der zweiten Hälfte des 19. Jahrhunderts.

Karlštejn · Karlstein   **D 3**

Region: Mittelböhmen
Kreis: Beroun
Burghöhe: 319 m ü.d.M.

28 km südwestlich von Prag (→ Praha), oberhalb der kleinen Weinbau-
gemeinde Karlštejn (245 m ü.d.M., 900 Einw.) steht die Burg Karlstein
(Hrad Karlštejn, früher Karlův Týn), die berühmteste der böhmischen Burg-
anlagen.

Lage und
Bedeutung

Vom Parkplatz vor der Ortschaft gelangt man zu Fuß ca. 2 km bergan zu
der nördlich auf einem Kalksteinfelsen am Hang eines Seitentales der
Beraun befindlichen Burgfestung.

Zugang

Die als Nationales Kulturdenkmal ausgewiesene Burg wurde in der relativ
kurzen Zeit von 1348 bis 1357 unter der Regierung Kaiser Karls IV. als
Schatzhaus für die Kleinodien des Heiligen Römischen Reiches Deutscher
Nation, die böhmischen Kroninsignien und zahlreichen Reliquien erbaut.
Die Entwürfe lieferte wahrscheinlich der französische Architekt Matthias
von Arras. Im 15. und 16. Jh. teilweise umgebaut, wurde die Festung von
1887 bis 1899 von Friedrich Schmidt und Josef Mocker mit mancherlei
Änderungen wiederhergestellt.

Geschichte

✳✳Burg Karlstein

Durch zwei etwa 100 m voneinander getrennt liegende Torgebäude
gelangt man in den Burggrafenhof (Purkrabský dvůr), der als Freilichttheater eingerichtet ist. Hier wird von Mai bis August/September der

Burganlage

Burgplan

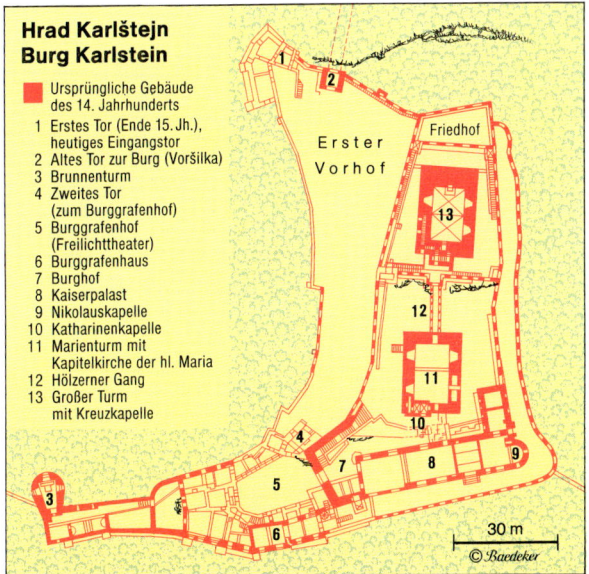

**Hrad Karlštejn
Burg Karlstein**

■ Ursprüngliche Gebäude
  des 14. Jahrhunderts
1 Erstes Tor (Ende 15. Jh.),
  heutiges Eingangstor
2 Altes Tor zur Burg (Voršilka)
3 Brunnenturm
4 Zweites Tor
  (zum Burggrafenhof)
5 Burggrafenhof
  (Freilichttheater)
6 Burggrafenhaus
7 Burghof
8 Kaiserpalast
9 Nikolauskapelle
10 Katharinenkapelle
11 Marienturm mit
   Kapitelkirche der hl. Maria
12 Hölzerner Gang
13 Großer Turm
   mit Kreuzkapelle

Erster
Vorhof

Friedhof

30 m

© Baedeker

Karlštejn · Karlstein

Tschechische Republik

Karlštejn – Burg Karlstein

Burganlage
(Fortsetzung)

Schwank "Noc na Karlštejně" · "Eine Nacht auf Karlstein" von Jaroslav Vrchlický aufgeführt (Sa. und So. 19.00–23.00 Uhr). Im Burggrafenhof beginnen auch die Führungen.

An der Südseite des Hofes das vierstöckige Burggrafenhaus (Purkrabství; in den unteren Teilen aus dem 15. Jh.). Am äußersten Westende der Burganlage befinden sich die ehemaligen Wirtschaftsgebäude und der Wasserturm, mit einem 90 m tiefen Brunnen und großem Schöpfrad.

Vom Burggrafenhof gelangt man östlich durch ein großes Tor in den schmalen, eigentlichen Burghof (Hradní nádvoří).

Kaiserpalast

Rechts der Kaiserpalast (Císařský palác), zu dessen erstem Stock ganz rechts eine Treppe hinanführt. In zwei Räumen u. a. Dokumente, Gemälde und Modelle zur Burggeschichte; an der Ostseite die St.-Nikolaus-Kapelle (nicht zugänglich).
Im zweiten Stockwerk ist von den einstigen kaiserlichen Gemächern nur das Arbeitszimmer mit wertvoller Holztäfelung erhalten. Das oberste ursprünglich den Frauen vorbehaltene Fachwerkgeschoß wurde bei der Restaurierung durch einen hölzernen Wehrgang ersetzt.

Marienturm
und Kapitelkirche
der hl. Maria

Dem Kaiserpalast nördlich gegenüber steht der Marienturm (Mariánská věž). Im zweiten Stock (Zugang über eine Treppe in der Mauer) die Kapitelkirche der hl. Maria, mit bemalter Balkendecke und z. T. erhaltenen Wandmalereien des 14. Jh.s (u. a. Themen aus der Apokalypse und Darstellungen Karls IV.). In der Südwestecke des Marienturmes die überwölbte Katharinenkapelle, deren ursprüngliche Bemalung Karl IV. später durch in die Wände eingelassene große Halbedelsteinplatten ersetzen ließ.

Großer Turm

Auf der obersten Felsstufe des Burgareals erhebt sich der mächtige 37 m hohe Große Turm (Velká věž), der mit dem Marienturm durch einen hölzer-

nen Gang verbunden ist. Im zweiten Stock die um 1360 geweihte Kreuzkapelle (Kaple sv. Kříže), die durch ein vergoldetes Eisengitter in zwei Teile
geschieden (Altarraum nicht zugänglich) und deren tief herabgezogenes
Gewölbe ganz vergoldet und mit Glassternen besetzt ist. An den Wänden
sind über dem Kerzengeländer (für 1330 Kerzen) über 2200 in vergoldeten
Gips eingelegte Halbedelsteine und 127 hölzerne Bildtafeln (dahinter
befanden sich früher Reliquien) von Meister Theoderich angebracht
(1348–1367; in einer Nische hinter dem Altar wurden die deutschen
Reichskleinodien (jetzt in der Schatzkammer der Wiener Hofburg) und später die böhmischen Kroninsignien (jetzt in den Kronkammern des Prager
Veitsdoms) aufbewahrt.

Karlštejn,
Großer Turm
(Fortsetzung)

Umgebung von Karlštejn

7 km westlich liegt Tetín, eine der ältesten Ansiedlungen in Böhmen, Burgstätte aus dem 9.–10. Jh. (zwei urspr. romanische Kirchen).

Tetín

Etwa 10 km nordwestlich von Karlštejn erreicht man Beroun (Beraun;
225 m ü.d.M., 18000 Einw.), eine an der Mündung der Litavka in die
Beraun (Berounka) gelegene Kreisstadt, die mit dem Industrieort Králův
Dvůr (Königshof), mit Eisenwerken und Zementfabriken, immer mehr
zusammenwächst. In der im 13. Jh. von schweizerischen oder italienischen Siedlern (Beroun von Bern oder Verona) gegründeten Altstadt sind
zwei Stadttore (Plzeňská brána und Pražská brána), Reste der Stadtmauer
vom Beginn des 14. Jh.s und einige Renaissance- und Barockhäuser
sowie zwei ursprünglich gotische, im 18. Jh. barockisierte Kirchen erhalten.

Beroun

6 km südlich von Beroun befinden sich die Tropfsteinhöhlen von Koněprusy, die erst 1950 entdeckt wurden; sie gehören zu den Kalksteinformationen des Böhmischen Karstes (→ Český kras) und sind die größten in
Böhmen. Bei Ausgrabungen fand man Knochenreste von Menschen und
Tieren aus der Altsteinzeit. Einen Besuch lohnt auch die rekonstruierte mittelalterliche Falschmünzerwerkstatt aus dem 15. Jahrhundert.

***Tropfstein-**
höhlen von
Koněprusy*

22 km südwestlich von Beroun erheben sich die weithin sichtbare Burgruine Točník mit erhaltenem gotischen Palas aus dem 15. Jh. (restauriert)
und die Burgruine Žebrák aus dem 13. Jh., der einstige Sommersitz König
Wenzels (Václav) IV.

Burgruinen
Točník und
Žebrák

24 km südwestlich von Beroun liegt das Städtchen Hořovice (375 m
ü.d.M., 7000 Einw.; Maschinen- und Instrumentenbau) mit ehemals fürstlich von Hanauschem Barockschloß (18. Jh., Porzellansammlung) und
schönem Schloßgarten.

Hořovice

Kladno   **D 2**

Region: Mittelböhmen
Kreis: Kladno
Höhe: 380 m ü.d.M.
Einwohnerzahl: 73000

Das Städtchen Kladno, rund 25 km westnordwestlich von Prag (→ Praha),
nahm seinen wirtschaftlichen Aufschwung um die Mitte des 19. Jh.s, als
man hier reiche Steinkohlevorkommen entdeckte. Über die Entwicklung
von Bergbau und Hüttenwesen kann man sich im Museum des Barockschlosses informieren, wo seit 1985 außerdem eine Kunstgalerie wechselnde Ausstellungen zeigt.

Lage und
Bemerkenswertes

Lidice – Holzkreuz an der Stelle des Massakers

Umgebung von Kladno

Smečno
: 7 km nordwestlich liegt Smečno (372 m ü.d.M., 1800 Einw.), eine Ortschaft mit ursprünglich gotischer Burg, die um 1586 zum Renaissanceschloß umgebaut wurde.

Okoř
: 10 km östlich von Kladno liegt Okoř (275 m ü.d.M.), die Ruine einer gotischen Burg.

Budeč
: Das 14 km nordöstlich gelegene Budeč ist eine slawische Burgstätte aus dem 9. Jh. mit romanischer Rotunde aus dem 10. Jahrhundert.

Lidice
: 6 km östlich von Kladno liegt die Ortschaft Lidice (343 m ü.d.M., 500 Einw.), bis zum Zweiten Weltkrieg ein Bergarbeiterdorf, das am 10. Juni 1942 zu einem Symbol des Kampfes gegen den Faschismus wurde. Damals wurde die Gemeinde von der deutschen SS als Vergeltung für ein Attentat auf den 'Stellvertretenden Reichsprotektor von Böhmen und Mähren' Reinhard Heydrich dem Erdboden gleichgemacht. Alle 173 anwesenden männlichen Bewohner über 15 Jahre wurden erschossen (die Hinrichtungsstelle kennzeichnet ein schlichtes Holzkreuz), die Frauen (196) und Kinder (105) voneinander getrennt und in Konzentrationslager verschleppt. Alle Gebäude wurden in Brand gesteckt und der Dorfbezirk restlos eingeebnet. Unmittelbar nach Ende des Zweiten Weltkrieges begann man mit dem Wiederaufbau eines neuen Lidice, das sich heute unweit des alten in einheitlicher Siedlungsbauweise ausdehnt.

Nationale Gedenkstätte
: Im Museum der Nationalen Gedenkstätte ist ein Saal den Opfern des Nationalsozialismus gewidmet, im Garten der Freundschaft und des Friedens sind Rosensträucher aus aller Welt angepflanzt. Die Skulptur 'Gloria' des Bildhauers B. Stefan markiert die Stelle des Massengrabes. Wo sich einst das Pfarrhaus befand, steht heute ein Denkmal von K. Lidický.

Klatovy – Stadtsilhouette von Klattau

Klatovy · Klattau   **C 3**

Region: Westböhmen
Kreis: Klatovy
Höhe: 405 m ü. d. M.
Einwohnerzahl: 23 000

Die am Nordfuß des Böhmerwaldes unweit östlich der Angel (Úhlava) schön gelegene westböhmische Kreisstadt Klatovy – deutsch Klattau – wurde im 13. Jh. gegründet und ist heute ein wichtiges Zentrum der Leichtindustrie und der Blumenzucht (v. a. Nelken). | Lage und Bedeutung

Sehenswertes in Klatovy

Das bedeutendste Bauwerk der Stadt ist die gotische Dekanatskirche (13.–16. Jh.) mit dem freistehenden sog. Weißen Turm von 1581 (1758 umgebaut). | **Dekanatskirche**

Am Marktplatz steht die zweitürmige Jesuitenkirche (17. Jh., 1717 von K. I. Dientzenhofer umgebaut) mit schönem Portal; in der Krypta mumifizierte Leichname. Unter der Kirche die Katakomben (Zugang von der Nordseite der Kirche), in denen die Angehörigen des Jesuitenordens begraben wurden. | **Jesuitenkirche**

Neben der Kirche das Alte Rathaus (16. Jh.) mit dem sog. Schwarzen Turm (76 m, oben Aussichtswarte). | **Altes Rathaus** ✳Schwarzer Turm

Am Marktplatz befindet sich außer einem besuchenswerten Museum die Barockapotheke ‘Zum weißen Einhorn’ mit ursprünglicher Einrichtung aus | Museum Apotheke

213

Marktplatz
(Fortsetzung)

der ersten Hälfte des 18. Jahrhunderts. Am Platz und an den angrenzenden Gassen stehen gotische, Renaissance- und Barockhäuser.

Stadtmauerreste

Den historischen Kern der Stadt umgeben Reste der alten Stadtmauern.

Umgebung von Klatovy

Švihov

9 km nördlich liegt Švihov (Schwihau, 374 m ü.d.M., 1500 Einw.), ein
freundlicher Ort an der Angel (Úhlava) mit einer in einer Wiesenniederung
des Flüßchens gelegenen, spätgotischen ehem. Wasserburg (urspr.
1480–1510), später im 18. Jh. Getreidelager, nach 1952 erneuert. Zwei
Burgpaläste schließen einen Hof ein und sind von einer Parkmauer
geschützt. In der Burgkapelle eine wertvolle Wandmalerei von 1515.

Chudenice

12 km nordwestlich befindet sich Chudenice (488 m ü.d.M.), eine Ortschaft mit gotischer Kirche (Wandmalereien), dem Empireschloß Lázeň,
einem englischen Park und einem Arboretum (Amerikanischer Garten;
gegr. 1842). Auf einem nahen Hügel (584 m) der Aussichtsturm Bolfánek.

Bezděkov

5 km westlich von Klatovy liegt die Ortschaft Bezděkov (412 m ü.d.M.) mit
einem Schloß im Renaissancestil (nach 1855) mit Park. Auf dem Berg
Římek eine Barockkapelle; auf dem Friedhof ein Denkmal für den romantischen Schriftsteller Christian H. Spiess (1755–1799).

Janovice
nad Úhlavou

6 km südwestlich von Klatovy liegt Janovice nad Úhlavou (410 m ü.d.M.),
wo man die frühgotische Kirche (Ende des 13. Jh.s; 1764 barockisiert)
besuchen sollte (gotische Malereien, nach 1320).

Klenová

8 km südwestlich von Klatovy liegt die Ortschaft Klenová (485 m ü.d.M.)
mit der Ruine einer gotischen Burg aus dem 13. Jh. In der Vorburg ein
Renaissanceschloß mit einer Galerie der bildenden Künste (böhmische
Malerei und Bildhauerei des 19. und 20. Jh.s).

*Burg
Velhartice

17 km südöstlich von Klatovy lohnt die gotische Burg Welhartitz (Hrad
Velhartice), eine stattliche Anlage aus dem 13.–14. Jh., einen Besuch.
Besonders beachtenswert ist hier eine vierbogige Steinpfeilerbrücke
(14. Jh.) zwischen zwei Wehrtürmen. Der an die Burgmauer anschließende
Bau stammt aus dem 17. Jh. (in Renovierung).

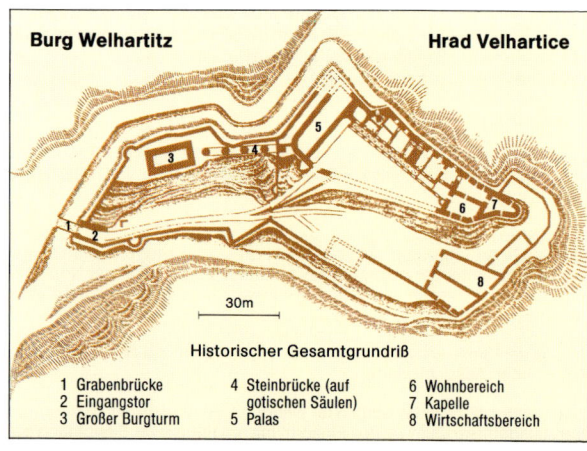

Burg Welhartitz   **Hrad Velhartice**

30m

Historischer Gesamtgrundriß

1 Grabenbrücke   4 Steinbrücke (auf   6 Wohnbereich
2 Eingangstor   gotischen Säulen)   7 Kapelle
3 Großer Burgturm   5 Palas   8 Wirtschaftsbereich

Kolín · Kolin   E 2

Region: Mittelböhmen
Kreis: Kolín
Höhe: 225 m ü. d. M.
Einwohnerzahl: 31 000

Die alte mittelböhmische Kreisstadt Kolín – deutsch Kolin – liegt zu beiden Seiten der Elbe (⟶ Labe) am Südrand ihrer fruchtbaren Flußniederung, ist ein wichtiger Eisenbahnknotenpunkt und Industriestandort (Lebensmittel, Chemie, Maschinenbau, graphische Betriebe).
Schlacht bei Kolin s. Umgebung.

Lage und Bedeutung

Sehenswertes in Kolín

Die am rechten Elbufer gelegene Altstadt (1257 gegründet) wird von der St.-Bartholomäus-Kirche (Chrám sv. Bartoloměje) beherrscht, einer Hallenkirche im Übergangsstil (zweite Hälfte des 13. Jh.s) mit zwei Westtürmen und einem im reichsten gotischen Stil von Peter Parler 1360–1378 erbauten Chor. Neben der Kirche erhebt sich der freistehende Glockenturm (1504).

Altstadt

*Kirche
St. Bartholomäus

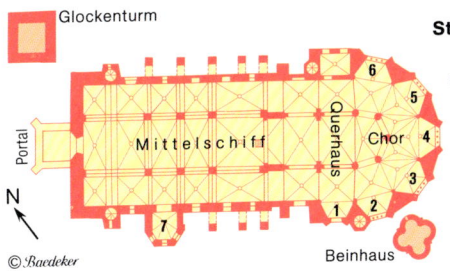

**Kirche
St. Bartholomäus**

**Chrám
sv. Bartoloměje**

Glockenturm
Portal
Mittelschiff
Querhaus
Chor
N
© Baedeker
Beinhaus

1 Wenzelskapelle
2 Johanneskapelle
3 Šperlinkov-
  Kapelle
4 Metzgerkapelle
5 Brauerkapelle
6 Bäckerkapelle
7 Kokov-Kapelle

Grundriß

An der Nordseite des Ringplatzes die beiden Gebäudeteile des Alten Rathauses (Sgraffitoschmuck).

Altes Rathaus
(Abb. s. S. 216)

In dem Koliner Ortsteil Zálabí sind der gotische Turm Práchovna und die Kirche St. Veit aus dem 14. Jh. (Umbau im 18. Jh.) sowie der alte jüdische Friedhof aus dem 15. Jh. beachtenswert.
Alljährlich im Juni findet in Zálabí ein Festival der Blasmusik statt, genannt 'Kmochův Kolín' nach dem Koliner Blasmusikkomponisten und Kapellmeister Kmoch (1848–1912).

Zálabí

Umgebung von Kolín

6 km westlich, nahe der E 15 nach Prag, liegt die Ortschaft Křečhoř. Unweit davon die Anhöhe 'Friedrichsberg' mit trigonometrischem Vermessungsgerüst (278 m ü. d. M.), der Standpunkt Friedrichs des Großen während der Schlacht bei Kolin. Hier steht eine 1842 errichtete Spitzsäule zum Andenken an den österreichischen Sieg unter Daun über das preußische Heer am 18. Juni 1757.

Křečhoř

16 km westlich von Kolín die altertümliche Stadt Kouřim (Kauřim; 268 m ü. d. M., 2000 Einw.) mit ringsum wohlerhaltenen Befestigungsmauern mit

Kouřim

Kolín – Altes Rathaus in Kolin

Kouřim
(Fortsetzung)

dem Prager Tor (13.–15. Jh.) und einer frühgotischen Kirche (Krypta des 13. Jh.s).
Südöstlich der Stadt befinden sich umfangreiche archäologische Grabungsstätten einer altslawischen Siedlung (Stará Kouřim).
Am Bach Ždánický potok ein Museum der mittelböhmischen Dorfarchitektur.

Lipany

20 km westlich von Kolín steht an einer Anhöhe bei dem Dorf Lipany (Lipan) ein Denkmal zur Erinnerung an die Hussitenbruderschlacht von 1434.

Český Brod

26 km westlich von Kolín gelangt man nach Český Brod (Böhmisch-Brod; 219 m ü. d. M., 7000 Einw.), eine Industriestadt mit landwirtschaftlichen Fachschulen. Eine ursprünglich gotische Kirche aus dem 14. Jh. wurde im 18. Jh. barockisiert. Beachtenswert sind weiter der Renaissanceglockenturm (Ende 16. Jh.) sowie Reste der Stadtbefestigung (Tor Kouřimská brána).

Tismice

3 km südwestlich von Český Brod das Dorf Tismice (Tismitz) mit kleiner romanischer Basilika (13. Jh.; z. T. barockisiert).

Komotau

→ Chomutov

Königgrätz

→ Hradec Králové

Konopiště · Konopischt   **D 3**

Region: Mittelböhmen
Kreis: Benešov
Höhe: 375 m ü. d. M.

Rund 40 km südöstlich von Prag (⟶ Praha) liegt nahe der Kreisstadt   Lage
Benešov (s. Umgebung) das vielbesuchte Schloß Konopischt (Zámek
Konopiště).

✳Schloß Konopiště (Abb. s. S. 218)

Vom Parkplatz unterhalb des Schlosses erreicht man in 10 Minuten den   Zugang
Eingang am Ostturm. Hier betritt man den Schloßhof durch ein Barocktor
von F. M. Kaňka mit Skulpturen von M. B. Braun aus dem Jahre 1725.

Die ursprünglich nach französischem Muster (Kastelle mit vier Türmen)   Geschichte
errichtete gotische Burg (13./14. Jh.) wurde zu Beginn des 16. Jh.s im
spätgotischen Stil rekonstruiert und Anfang des 17. Jh.s durch einen
Renaissancepalast erweitert; im 18. Jh. traten barocke Elemente hinzu.
Im Jahre 1887 kam Konopischt in den Besitz des späteren österreichischen
Thronfolgers Erzherzog Franz Ferdinand d'Este, der 1914 in Sarajevo
einem Attentat zum Opfer fiel, was den Ersten Weltkrieg auslöste. Er ließ
das Schloß nach Plänen von Josef Mocker 1889–1894 in einen Prunk-
palast umgestalten.

Zámek Konopiště   **Schloß Konopischt**

Wenzelsturm ('Václavka')

© Baedeker

ERSTES OBERGESCHOSS
1 Säulensalon
2 Lobkowitz-Saal
  (Großer Speisesaal)
3 Tirpitz-Salon
4 Vrtba-Salon

ZWEITES OBERGESCHOSS
5 Rauchsalon   Grundriß
6 Bibliothek
7 Schloßkapelle

DRITTES OBERGESCHOSS
8 Rüst- und Waffenkammer

Aus der Zeit Erzherzog Franz Ferdinands stammt die kostbare Innen-   ✳✳Sammlungen
einrichtung einschließlich der Kunstgegenstände des kuriosen St.-Georg-
Museums mit Bildern, Figuren und sonstigen Darstellungen des hl. Georg.
Die umfangreiche Waffensammlung (Hauptbestand aus dem Nachlaß der
Familie d'Este in Modena) mit nahezu 5000 Exponaten (u. a. Turnierrüstun-
gen aus dem 15. und 16. Jh., wertvolle Schwerter und Gewehre) gehört zu
den interessantesten in ganz Europa. Außergewöhnlich groß ist auch die
Kollektion von Jagdtrophäen und anderer Erinnerungsstücke (Gemälde,
Porzellan, Gobelins u. a.) von den Weltreisen des Erzherzogs.

Nahe dem Schloß liegt ein englischer Park und darin ein Rosengarten mit   Schloßpark
aus Italien hierher gebrachten Plastiken.

Umgebung von Konopiště

Nur 2 km östlich liegt die Kreisstadt Benešov (Beneschau, 360 m ü. d. M.,   **Benešov**
15000 Einw.) mit Lebensmittelindustrie. Nordöstlich vom Hauptplatz

Konopiště – Schloß Konopischt (s. S. 217)

Benešov (Fortsetzung)	befindet sich die Ruine einer gotischen Minoritenkirche aus dem 14. Jahrhundert.
Chvojen	2 km südwestlich von Konopiště gelangt man nach Chvojen (407 m ü. d. M.) mit einem Kirchlein aus der zweiten Hälfte des 13. Jh.s in dominanter Lage (Umbau zu Beginn des 20. Jh.s; Wandmalereien). Auf dem Friedhof sind Teilnehmer des Bauernaufstandes von 1775 beerdigt.
Poříčí nad Sázavou	6 km nördlich von Konopiště liegt die Ortschaft Poříčí nad Sázavou (284 m ü. d. M., 1000 Einw.) mit zwei romanischen Kirchen. Die ältere ist die Friedhofskirche St. Peter vom Ende des 11. Jh.s mit einer Tribüne und Resten der gotischen Gemälde; die jüngere Kirche St. Gallus ist ein Bau vom Anfang des 13. Jh.s, der im 17. und 19. Jh. umgestaltet wurde (beachtenswerte Krypta).
Týnec nad Sázavou	8 km nordwestlich von Konopiště liegt das Industriestädtchen Týnec nad Sázavou (281m ü. d. M., 6300 Einw.). Bemerkenswert sind hier die romanische Rotunde vom Ende des 11. Jh.s mit prismatischem Burgturm sowie ein Steingutmuseum.
Jemniště	9 km südöstlich von Konopiště die Ortschaft Jemniště (440 m ü. d. M.) mit einem Barockschloß (1717–1725); darin die bemerkenswerten kartographischen Kunstsammlungen 'Theatrum Mundi' ('Welttheater'; v. a. niederländische Landkarten, Stadtpläne, Veduten Amsterdamer Kartographen des 17. Jh.s).

Kremsier

⟶ Kroměříž

Křivoklát · Pürglitz   **C 2**

Region: Mittelböhmen
Kreis: Rakovník
Höhe: 250 m ü. d. M.

Oberhalb des am Rakonitzbach (Rakovnický potok), einem Zufluß der   Lage und
Beraun (Berounka), gelegenen Ortes Křivoklát (Pürglitz), rund 45 km west-   Bedeutung
lich von Prag (⟶ Praha), thront auf einem markanten Felsvorsprung inmitten dichten Waldes die Burg Pürglitz (Křivoklát), eine der ältesten erhaltenen Festungsanlagen in Böhmen.

*Burg Pürglitz (Abb. s. S. 220)

**Křivoklát
Pürglitz**

30m

Historischer Grundriß der Burganlage von Pürglitz an der Beraun

Die Königsburg Pürglitz (Křivoklát)   Geschichte
ist Anfang des 12. Jh.s erstmals
urkundlich erwähnt; man erweiterte und befestigte sie gegen
Ende des 14. Jh.s und baute sie
ein Jahrhundert später im gotischen Stil um. Unter Ottokar (Otakar) II. (1252–1278) wurde sie
königlicher Landsitz der Přemysliden. Auch Karl IV. und Wenzel
(Václav) IV. weilten hier gerne zur
Jagd. Unter der Regierung der
Habsburger verlor Křivoklát an
Bedeutung und wechselte später
mehrfach den adeligen Besitzer.
Um 1920 erfolgte eine umfangreiche Restaurierung der Anlage.
Überreste der spätromanischen Pfalz und des eingeschossigen Palastes
aus der Epoche Ottokars II. sind erhalten geblieben.

Besondere Erwähnung verdient die im hochgotischen Stil gehaltene Burg-   Burgkapelle
kapelle mit einem kostbaren Flügelaltar und geschnitzten Apostel- und
Heiligenfiguren.

Alljährlich im Sommer werden in den Schloßanlagen Konzerte klassischer   Veranstaltungen
Musik sowie Theatervorstellungen veranstaltet.

Umgebung von Křivoklát

Die ausgedehnten Wälder (63 000 ha) zwischen Beroun, Zbiroh und   **Naturschutz-**
Rakovník sind in das internationale MAB-Programm ('Man and the Bio-   **gebiet**
sphere') der UNESCO aufgenommen worden. Es handelt sich hierbei um   **Křivoklátsko**
geschützte, für die Biosphäre repräsentative Ökosysteme, in denen
Forschungsprojekte (u. a. über Umweltschutzmaßnahmen) durchgeführt
werden.

12 km nördlich von Křivoklát liegt Lány (421 m ü. d. M.), eine Ortschaft mit   **Lány**
Schloß (Sommersitz der Präsidenten der Republik) und Wildgehege am
Nordrand des Naturschutzgebietes. Auf dem Friedhof liegt der erste Präsident der ČSR (1918–1937), Tomáš Garrigue Masaryk (1850–1937; ⟶ Berühmte Persönlichkeiten) begraben.

12 km nordwestlich von Křivoklát gelangt man nach Rakovník (Rakonitz,   **Rakovník**
322 m ü. d. M., 17 000 Einw.), einer im 13. Jh. gegründeten, von Wäldern

Křivoklát – Burg Pürglitz (s. S. 219)

Rakovník
(Fortsetzung)

und Hopfenfeldern umgebenen Kreisstadt am Rakonitzbach mit traditionsreicher Brauerei (seit 1460) sowie Maschinen-, Keramik- und chemischen Fabriken (Seifen, Fette). Von der ehemaligen Stadtbefestigung sind zwei spätgotische Tortürme vom Anfang des 16. Jh.s erhalten (Pražská brána und Vysoká brána). Das barocke Rathaus stammt aus den Jahren 1734–1738, die gotische Bartholomäuskirche aus dem 14. Jahrhundert.

Krakovec

16 km westlich von Křivoklát liegt die Ortschaft Krakovec (395 m ü. d. M.) mit der Ruine einer gotischen Burg (in Rekonstruktion), auf welcher der tschechische Reformator Jan Hus (→ Berühmte Persönlichkeiten) 1414 lebte. Von hier reiste er im selben Jahr nach Konstanz, um sich dort dem Konzil zu stellen.

Týřov

9 km südwestlich von Křivoklát steht die Burgruine Týřov (320 m ü. d. M.), der Rest einer der ältesten tschechischen Burgen oberhalb des Berauntales; von oben schöne Aussicht.

Zbiroh

20 km südwestlich von Křivoklát liegt Zbiroh (425 m ü. d. M., 3500 Einw.), Industriestädtchen und Luftkurort am Rande des Naturschutzgebietes Křivoklátsko. Oberhalb der Stadt ein mehrfach verändertes Schloß (unzugänglich), auf dem zeitweilig der bedeutende tschechische Maler des Jugendstils, Alfons Mucha (1860–1939), lebte und wirkte.

In den umliegenden Dörfern interessante Volksarchitektur: u.a. Jablečno, (3 km nördlich); Ostrovec (12 km nordwestlich; Mühle); Lhota pod Račem (4 km südwestlich).

Die nebenstehende Karte zeigt das bedeutendste Urlaubsgebiet im böhmischen Riesengebirge (Krkonoše).

Krkonoše · Riesengebirge   **E 2**

Region: Ostböhmen
Kreise: Semily und Trutnov
Höhe: 800–1600 m ü. d. M.

Das Riesengebirge (Krkonoše) ist das reizvollste Gebirge Böhmens und
des ganzen Sudetengebirgssystems, dessen Massiv – Höhenlagen von
800 bis 1600 m – ein einst waldreiches Gebiet von 40×20 km einnimmt,
zum Großteil jedoch abgeholzt und kahl ist. Es hat zwei Hauptkämme entlang der tschechisch-polnischen Grenze; der Grenzkamm ist der höhere,
weniger gegliederte. Der höchste Berg ist die Schneekoppe (Sněžka;
1602 m ü. d. M.).

*Lage,
Gliederung und
Landschaftsbild

Das Riesengebirge weist in den böhmischen Ländern die stärksten Spuren
der Tätigkeit eines skandinavischen Gletschers auf, der einst bis hierher
reichte. Die mächtigsten Gletschermassen befanden sich im Elbgrund
(Labský důl) und im Riesengrund (Obří důl), durch die heute die beiden
Hauptflüsse des Gebirges, die Elbe (→ Labe) und die Aupa (Úpa), fließen.

Das Gebirge steht als Nationalpark unter strengem Naturschutz und ist die
am meisten besuchte Bergregion in Böhmen. Es gibt hier relativ gute
Unterkünfte und Verpflegungsmöglichkeiten, gute Zufahrtsstraßen und

*Nationalpark

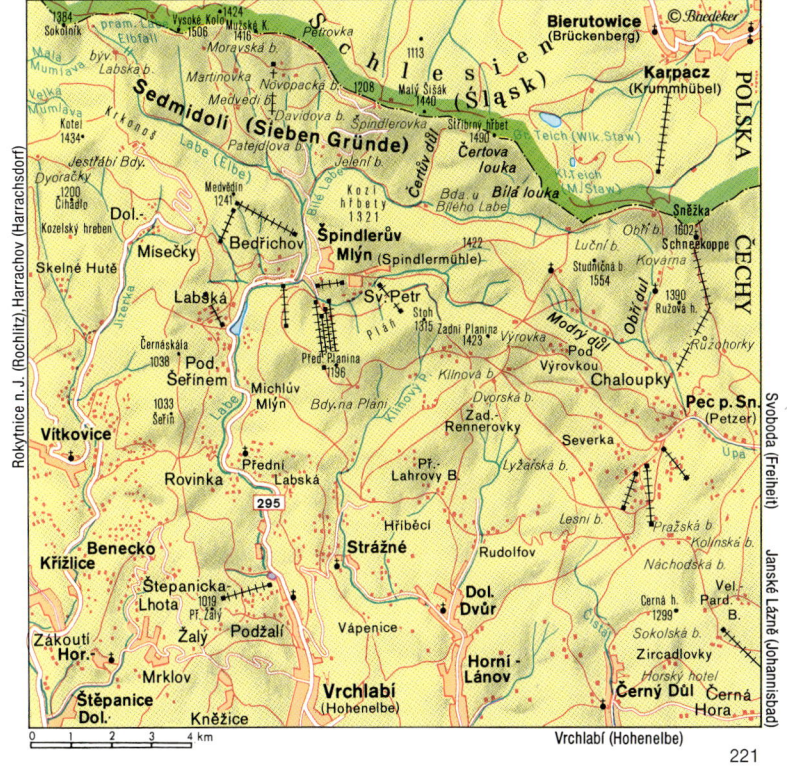

mehrere Sessellifte, so daß auch weniger bergerfahrene Touristen die höchstgelegenen Stellen mit schönen Aussichten bequem erreichen können. Alle Wege sind gut markiert.　　　　　　　　　　　*Nationalpark (Fortsetzung)*

Charakteristisch sind die mächtigen Granitfelsen, am Grenzkamm z. B. die 'Mädchensteine' (Dívčí kameny) und 'Männersteine' (Mužské kameny) genannten Felsformationen.

Im Riesengebirge gibt es an einigen Stellen Hochtorfmoore, in den Gletscherkaren wertvolle Bergflora. Die überwiegenden Fichtenbestände sind jedoch durch Industrieemissionen stark geschädigt.

Ziele und Touren im *Riesengebirge

Špindlerův Mlýn (Spindlermühle, 714–850 m ü. d. M., 1400 Einw.), 17 km nördlich von ⟶ Vrchlabí (Hohenelbe), ist das größte Erholungs- und Sportzentrum des Riesengebirges. Gegründet wurde Spindlermühle in der zweiten Hälfte des 18. Jh.s als Bergmannssiedlung; beachtenswert ist die Kapelle des hl. Peters (Anfang 16. Jh.).　　　　　　　**Špindlerův Mlýn**

Von Špindlerův Mlýn gelangt man zur Elbquelle oder in entgegengesetzter Richtung zur Schneekoppe. Diese und viele weitere Kammwanderungen sind entweder zu Fuß möglich oder mit Hilfe von zwei Sesselliften: auf die Berge Medvědín und Pláň. Von Medvědín in 1 Std. auf den Berg Krkonoš (Korkonosch, Halsträger, früher Goldhöhe, Zlaté návrší, 1412 m ü. d. M.). Von der Goldhöhe dann zu Fuß nordwestlich in 40 Min. zur Elbbaude und zum Elbfall (vodopád Labe; 1248 m ü. d. M.), dem 40 m hohen Wasserfall der jungen Elbe (Labe). Weiter nordwestlich noch 20 Min. bis zum Elbbrunnen (Labská studánka, 1384 m ü. d. M.), der gefaßten Quelle der Elbe (Wappen von Elbstädten), inmitten einer sumpfigen Kammwiese. Eine halbe Stunde westlich von der Goldhöhe die Sesselkoppe (Kotel, Kokrháč, 1434 m ü. d. M.), die höchste Erhebung im westlichen Teil des Böhmischen Riesengebirges, mit prächtiger Rundsicht.　　　**Wanderwege**

Von Spindlermühle führt eine Fahrstraße (nur Autobusverkehr) 8 km nordöstlich zuerst am linken Elbufer bis zum Mädelsteg (U Dívčí lávky), überschreitet das Weißwasser (Bílé Labe) und steigt in vielen Windungen an dem bewaldeten Hang der Sieben Gründe (Sedmidolí) aufwärts zum Spindlerpaß (Špindlerovka, 1208 m ü. d. M.) an der tschechisch-polnischen Grenze.　　　　　　　　　　　　　　　*Fahrt zum Spindlerpaß*

Svatý Petr (St. Peter), der älteste, auf Grund des seit 1630 wieder stillgelegten Silber- und Kupferbergbaues entstandene, prächtig gelegene Ort, bietet den Besuchern die zweite Sesselbahn auf den Planur (1196 m ü. d. M.), wo sich auch die besten Skipisten und Sprungschanzen befinden. Hier beginnt die Wanderung (insgesamt 3–4 Std.) zur Keilbaude, Geiergucke, Wiesenbaude und auf die Schneekoppe.　　　　　　　**Svatý Petr**

Pec pod Sněžkou (Petzer; 769 m ü. d. M., 600 Einw.) im östlichen Teil des Riesengebirges, ist Sommerfrische und zum Wintersport besuchter Ferienort in dem engen, waldumkränzten Talgrund der Großen Aupa (Velká Úpa), in den hier von Südwesten ein hübsches Seitental mündet.　　　**Pec** *pod Sněžkou*

Nördlich über Petzer erhebt sich die Schneekoppe (Sněžka, 1602 m ü. d. M.), die höchste Erhebung des Riesengebirges, ein kahler, mit Geröll überschütteter Bergkegel. Auf der Gipfelfläche, über welche die Landesgrenze zu Polen verläuft, stehen eine 1681 geweihte Rundkapelle, ein Bergrestaurant (alles auf der polnischen Seite) sowie die Gaststätte 'Tschechische Baude' ('Česká bouda').　　　　　　　***Schneekoppe** *(Abb. s. S. 17)*

Das 1976–1978 von dem tschechischen Architektenkollektiv SIAL entworfene Projekt zum Bau einer Seilbahn auf die Schneekoppe (samt Berg-

◀ *Krkonoše – Hochmoor im Riesengebirge*

Rübezahl
Im Original
399 × 644 mm
großes Leinwand-
gemälde (1851
bis 1859) von
Moritz v. Schwind
(1804 – 1871)
in der Münchener
Schack-Galerie

Rübezahl – Herr des Riesengebirges

Sagengestalt

In den Sagen erscheint der Berggeist und Herr des Riesengebirges als Bergmännlein oder Mönch; er kann jedoch auch riesenhafte Züge annehmen oder sich in verschiedene tierische Gestalten verwandeln (Uhu, Kröte, Pferd u. a.). Es wird ihm angedichtet, daß er die Bergwanderer neckt, sie in die Irre führt und – wenn man ihn ärgert – schweres Wetter aufkommen läßt. Andererseits soll er als Hüter der Bergschätze die Armen beschenken. Nicht ganz geklärt ist die Herkunft des Namens 'Rübezahl'; der zweite Teil '-zahl' könnte sich vom mittelhochdeutschen 'Zagel' (= Schwanz) herleiten.
Die ersten Rübezahlsagen hat der Leipziger Magister Johann Prätorius (1630 – 1680) in seiner "Daemonologia Rubinzalii Silesii" (1662) gesammelt; sie gaben Anlaß zu späterer Gestaltung des Rübezahlstoffes in Kunst und Dichtung.

station mit multifunktionalem Kuppelbau) ist nicht zur Ausführung gelangt.
Die Aussicht von der Schneekoppe (am besten gegen Abend) ist altbe-
rühmt wegen der Weite des Blickfeldes und der Vielseitigkeit des Land-
schaftsbildes:

❋❋Fernsicht
von der
Schneekoppe

Im Westen hinter den Kuppen des Riesengebirges erheben sich der Jeschken (Ještěd), der Milleschauer (Milešovka) und andere Kegel des Böhmischen Mittelgebirges. Im Nordwesten die Landeskrone, im Norden und
Nordosten hinter den Höhen des Bober-Katzbach-Gebirges bietet sich ein
Blick über die weite schlesische Ebene in Polen. Besonders wechselvoll ist
das Bild im Osten, wo sich die breite Landshuter Pforte öffnet, links
begrenzt von den Kegeln des Weldenburger Berglandes und dem Rücken
des Eulengebirges, rechts von der markanten Sandsteintafel der Heu-
scheuer und dem Adlergebirge (→ Orlické hory), dahinter fern der Glatzer
Schneeberg (Kralický Sněžník) und der Altvater (Praděd). Südlich senkt
sich das Riesengebirge mit breiten Waldrücken nach Böhmen, wo der
Blick bei klarem Wetter Königgrätz (→ Hradec Králové) und den Weißen
Berg (Bilá hora) in Prag (→ Praha) erreicht.

6 km östlich von der Schneekoppe liegen die Grenzbauden (Pomezní
boudy, 1050 m ü. d. M.) an der Grenze zu Polen, in einer Einsattelung am
Ostende des Riesengebirgskammes.

Pomezní boudy

Rokytnice nad Jizerou (Rochlitz, 500−800 m ü. d. M., 4000 Einw.) ist ein
Ferienort mit Textilindustrie, der sich mit seinen weit verstreut liegenden
Häusern von der Isertalstraße in einer Wiesenbachmulde 6 km bis zum
Südwestfuß der Kesselkoppe sowie den Hängen des Berges Lysá hora
(1344 m ü. d. M.; Skigebiet) hinzieht und als Sommerfrische und Winter-
sportplatz immer mehr besucht wird.

Rokytnice
nad Jizerou

Das Städtchen Harrachov (Harrachsdorf, 660−720 m ü. d. M., 1500 Einw.),
liegt − nur 3 km südlich des Straßengrenzüberganges nach Polen − in dem

Harrachov

Harrachov − Winter in Harrachsdorf

Krkonoše, Harrachov (Fortsetzung)	reizvollen Mummeltal (údolí Mumlavy) inmitten schöner Waldungen am Westfuß des Riesengebirges und wird als Sommerfrische und Wintersportplatz gern besucht (Sessellift; fünf Sprungschanzen). Es ist bekannt für seine Glaserzeugungstradition (erste Glashütte 1713), die in einem kleinen Museum mit angeschlossener Verkaufstelle von Glaserzeugnissen dargestellt wird. Harrachov dient auch als Ausgangspunkt zu Touren in den Ostteil des Isergebirges (⟶ Jizerské hory).
Benecko	Benecko (Benetzko; 850 m ü.d.M., 3000 Einw.), ist eine nördlich von ⟶ Vrchlabí (Hohenelbe) gelegene, seit dem 17. Jh. bekannte Ortschaft. Sie erfreut sich in der ganzen Region des meisten Sonnenscheins (günstig für Familien mit Kindern).
Horní Mísečky	Horní Mísečky (1100 m ü.d.M.) ist ein wichtiges Wintersportzentrum (v.a. Langlaufloipen) im westlichen Teil des Riesengebirges. Die im Jahre 1642 gegründete Ortschaft ist auch auf einer Fahrstraße von der Stadt Jilemnice her erreichbar. Im Sommer verkehren Autobusse bis zur Gebirgsbaude (Vrbatova chata; 1396 m ü.d.M.) an der Goldhöhe (Špindlerův Mlýn).

Kroměříž · Kremsier   G 3

Region: Südmähren
Kreis: Kroměříž
Höhe: 201 m ü.d.M.
Einwohnerzahl: 29000

Lage und Bedeutung	Die etwa 40 km südlich von Olmütz (⟶ Olomouc) auf dem rechten Ufer der March (⟶ Morava) im südöstlichen Teil der fruchtbaren Hanna-Ebene (Haná) gelegene südmährische Stadt Kroměříž – deutsch Kremsier – besitzt Betriebe des Motorenbaus und der Nahrungsmittelindustrie sowie ein Forschungsinstitut für Getreidebau.
Geschichte	Kremsier war seit seiner Gründung im Besitz der Bischöfe (ab 1107) und Erzbischöfe (ab 1778) von Olmütz, die sie nach der Niederbrennung durch
Stadtplan	

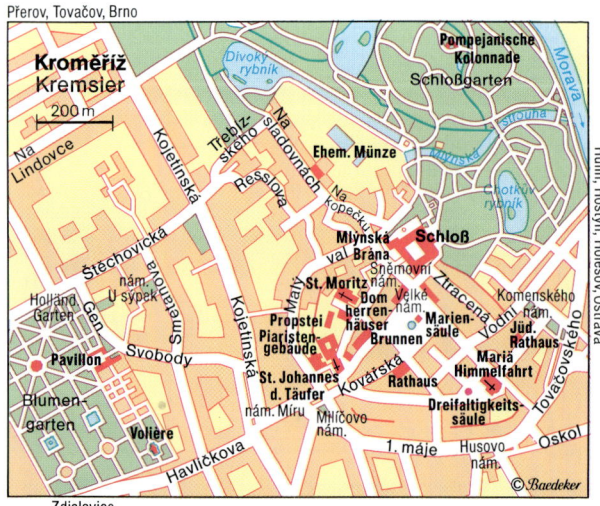

Kroměříž – Hauptplatz von Kremsier

die Schweden (1643) zu ihrer glanzvollen Sommerresidenz machten. Im
erzbischöflichen Schloß tagte 1848–1849 das österreichische Parlament
(mit Beteiligung tschechischer Politiker), das der habsburgischen Monarchie hier eine neue Verfassung gab.

Geschichte
(Fortsetzung)

Sehenswertes in Kroměříž

Den Mittelpunkt des städtischen Lebens bildet der von reizvollen Laubenhäusern umgebene Hauptplatz (Velké náměstí) mit einer barocken Mariensäule, dem hübschen Triton-Brunnen und dem Rathaus (16./17. Jh.) an der
Ostseite.

Hauptplatz

Bei der Nordwestecke des Hauptplatzes erhebt sich das 1664–1695 unter
Bischof Liechtenstein-Castelkorn an der Stelle einer alten Burg im Barockstil erbaute Schloß, die ehem. Residenz der Olmützer Erzbischöfe, die
nach einem Brand (1752) wiederhergestellt worden ist.

☀**Schloß**

Das reich ausgestattete und mit Fresken geschmückte Innere enthält
außer einer wertvollen Bibliothek (etwa 40 000 Bände, u. a. frühe mittelalterliche Handschriften), einem Archiv (auch Musikarchiv) mit einigen fast
tausend Jahre alten Dokumenten und einer Münzsammlung (bes. zwischen 1608 und 1760 in Kremsier geprägte Münzen; Medaillen) vor allem
eine hervorragende Gemäldegalerie, die nach der Prager Nationalgalerie
die bedeutendste des Landes ist. Hier sind die Gemälde von Tizian ("Die
Schindung des Marsyas durch Apollo"), Anton van Dyck ("Karl I. von England und seine Gemahlin Henriette"), Lucas Cranach d. Ä. ("Enthauptung
Johannes des Täufers" und "Marterung der hl. Katharina"), Jan und Pieter
Brueghel, Veronese, Bassano u. a., ferner eine Graphiksammlung mit
Werken von Max Švabinský (1873–1962) besonders beachtenswert. Im
Lehenssaal Deckenfresken von F. A. Maulpertsch und J. Stern (1758 bis
1760).

☀☀Sammlungen

Schloßgarten	Nördlich und westlich vom Schloß erstreckt sich der prächtige, im 16. Jh. im englischen Stil angelegte Schloßgarten (Podzámecká zahrada) mit Empirepavillons, Teichen und der 'Pompejanischen Kolonnade' (antike Statuen aus Pompeji, 1795); ferner Reste der Stadtmauern mit dem Mühltor (Mlýnská brána) von 1585.
Münze	Weiter nördlich liegt die barocke ehemals bischöfliche Münze (1665).
Pfarrkirche St. Maria	Unweit östlich vom Hauptplatz steht die 1724–1736 erbaute barocke Pfarrkirche St. Maria.
Kirche St. Moritz	Südlich vom Schloß befindet sich die 1260 vollendete, später mehrfach veränderte gotische Kirche St. Moritz (Kostel sv. Mořice), die Hauptkirche der Stadt; in einer angebauten Barockkapelle die Grabmäler von Olmützer Bischöfen.
Piaristengymnasium und Piaristenkirche	Weiter südlich das ehem. Piaristengymnasium (18. Jh.) sowie die schöne barocke Piaristenkirche (St. Johann Baptist bzw. Chrám Jana Křtitele; 1737–1768) mit mächtiger freskengeschmückter Kuppel.
*Blumengarten	Etwa $1/2$ km südlich von der Piaristenkirche erstreckt sich jenseits des Schmiedetors (Kovářská brána) rechts der im Versailler Stil angelegte, 485×300 m große Blumengarten (Květná zahrada; auch Lustgarten bzw. Libosad; Sommerfestspiele) mit Grotten, Labyrinthen und künstlichen Hügeln, auf die Spiralwege führen. In der Mitte des Gartens ein achteckiger Pavillon aus dem 17. Jahrhundert.
Kolonnade	Die ganze Westseite nimmt eine 1675 unter Bischof Liechtenstein-Castelkorn errichtete 233 m lange Kolonnade (Galerie) ein.

Umgebung von Kroměříž

Přerov	16 km nördlich liegt an der Betschwa (Bečva), einem linken Zufluß der March (→ Morava), die Kreisstadt Přerov (Prerau, 212 m ü.d.M., 48000 Einw.), ein wichtiger Eisenbahn- und Straßenknotenpunkt (auch Flugplatz) mit bedeutender Industrie (optische Geräte, Chemikalien, Maschinen, Lebensmittel u.a.). Beachtenswert sind die Pfarrkirche (urspr. gotisch; im 18. Jh. barock umgestaltet) und das aus einer mittelalterlichen Burg entstandene Renaissanceschloß am Oberen Platz (Comenius-Museum; archäologische und Insektensammlung), ferner Reste der Stadtbefestigung mit Bastionen (14./15. Jh.) sowie einige Renaissancehäuser.
Předmostí	Im Ortsteil Předmostí befindet sich eine archäologische Fundstätte aus der Zeit der Mammutjäger (vor ca. 20000 Jahren).
Hostýn	22 km nordöstlich von Kroměříž erhebt sich der Berg Hostýn (Hostein, 735 m ü.d.M.) mit dem ehemaligen Kloster und der bekannten Wallfahrtskirche (1721–1748), nach dem die waldreichen Höhen der Umgebung Hosteiner Berge (Hostýnské vrchy; Kelčský Javorník, 865 m ü.d.M.) genannt werden.
Tovačov	17 km nordwestlich von Kroměříž liegt an der March (Morava) die Stadt Tovačov (197 m ü.d.M., 3000 Einw.) mit einem mehrmals umgebauten Schloß. Das Portal des 96 m hohen Schloßturmes (1492) gehört zu den ersten Werken der Renaissance in Mähren. Im Schloß wurde ein Museum (Hanna-Folklore) eingerichtet. In der Umgebung findet man Teiche mit Badegelegenheiten.
Hulín	6 km östlich von Kroměříž gelangt man nach Hulín (Hullein; 196 m ü.d.M., 6000 Einw.), ein Industriestädtchen an einem Eisenbahnkreuzungspunkt mit Zucker- und Maschinenfabriken sowie einer Ziegelei. Sehenswert ist hier eine ursprünglich spätromanische Kirche (13. Jh.; 1750–1755 barokkisiert) mit schönem Portal und Turm von 1583.

8 km östlich von Kroměříž erreicht man am Westfuß der Hosteiner Berge (Hostýnské vrchy) die Stadt Holešov (Holleschau; 232 m ü.d.M., 14 000 Einw.), mit Holz- und Lebensmittelindustrie und frühbarockem Schloß (Museum mit der Ausstellung über die Geschichte der Bugholzmöbel des Betriebes TON). Bemerkenswert ist ferner eine Kirche des 17. Jh.s, ein ehem. Kloster (Mitte 18. Jh.), eine Synagoge von 1560 (Dauerausstellung 'Juden in Mähren'). Bei Holešov befindet sich der regionale Flugplatz für → Zlín.

Kroměříž
(Fortsetzung)
Holešov

12 km südwestlich von Kroměříž liegt zwischen dem Marsgebirge (Chřiby; südöstlich) und dem Hügelland Litenčické vrchy (nordwestlich) die Ortschaft Zdislavice (318 m ü.d.M.), der Geburtsort der Schriftstellerin Marie von Ebner-Eschenbach (1830–1916).

Zdislavice

Krumau

→ Český Krumlov

Kuks · Kukus   E 2

Region: Ostböhmen
Kreis: Trutnov
Höhe: 298 m ü.d.M.
Einwohnerzahl: 500

Kuks – deutsch Kukus – ist eine Ortschaft im Tal der Elbe (→ Labe), wo der eigenwillige Reichsgraf Franz Anton von Sporck in den Jahren 1694 bis 1724 am linken Flußufer neben Badeanlagen (Mineralquellen) sein Schloß (nur wenige Überreste) sowie über dem rechten Ufer ein Spital mit Kirche (von G.B. Alliprandi) errichten und von dem Innsbrucker Bildhauer Matthias Bernhard Braun mit einer Vielzahl von ausdrucksvollen Barockstatuen (1715–1718) schmücken ließ.
Unter der Kirche befindet sich die Familiengruft der Grafen Sporck.

Lage und
Bedeutung

Sehenswertes in Kuks

Auf der Spitalterrasse stehen als die eigentliche Sehenswürdigkeit von Kuks die allegorischen Statuen der Tugenden, der Seligkeiten und der Laster.
Im Spital ist eine barocke Apotheke von 1730–1740 bemerkenswert.
Unter der Kirche befindet sich die Familiengruft der Grafen Sporck.

***Barockstatuen**
(s. S. 230)

Apotheke
Gruft

Umgebung von Kuks

3 km westlich, bei dem Dorf Stanovice, hat Matthias Bernhard Braun (vgl. zuvor) in die dort anstehenden Sandsteinfelsen eine Reihe biblischer Szenen gemeißelt (heute z.T. verwittert), u.a. eine Krippe, wonach die Stätte Betlém (Bethlehem) genannt wird.

Bethlehem

6 km nordwestlich von Kuks liegt die Stadt Dvůr Králové nad Labem (Königinhof an der Elbe; 283 m ü.d.M., 18 000 Einw.; Textilindustrie), die einstige Leibgedingestadt der böhmischen Königinnen. Hier ist das sgraffitogeschmückte Renaissancerathaus (16. Jh.) beachtenswert. In dem neuen ca. 100 ha großen städtischen Zoo wird v.a. afrikanisches Großwild (u.a. Nashornzucht) gehalten (Safaripark).

Dvůr Králové
nad Labem

EINSTIGE
KURANLAGEN

A Kurhaus
B Kurgästehäuser
C Gästehäuser
D Treppe zum
  ehem. Schloß
E Holzhäuser (für
  die Bediensteten)

SPITALBEREICH

F Kirche der
  Allerheiligsten
  Dreifaltigkeit
G Friedhofskapelle

P Parkplatz

BAROCKSTATUEN **Kuks**
(von M. B. Braun) Kukus
AUF DER
SPITALTERRASSE

Tugenden
 1 Glaube
 2 Hoffnung
 3 Liebe
 4 Geduld
 5 Weisheit
 6 Standhaftigkeit
 7 Keuschheit
 8 Fleiß
 9 Freigebigkeit
10 Aufrichtigkeit
11 Gerechtigkeit
12 Engel des seligen Todes
13 Religion
14 Engel des kläglichen Todes

Seligkeiten
15 Selig die Leidtragenden
16 Selig die Barmherzigen
17 Selig die Friedfertigen
18 Selig die Armen im Geiste
19 Selig die nach Gerechtigkeit
   Dürstenden
20 Selig die Verfolgung leiden
   um der Gerechtigkeit willen
21 Selig die Sanftmütigen
22 Selig die reinen Herzens sind

Laster
23 Hochmut
24 Geiz
25 Unzucht
26 Neid
27 Völlerei
28 Zorn
29 Faulheit
30 Verzweiflung
31 Leichtsinn
32 Verleumdung
33 Arglist
34 Betrug

Teufelsburgen

3 km südwestlich von Dvůr Králové stehen bei Lipnice (Lipnitz) mächtige Sandsteinformationen ('Teufelsburgen').

Zvičina

15 km nordwestlich von Kuks erhebt sich der Zvičina, mit 671 m ü. d. M. der höchste Berg des Riesengebirgsvorlandes; auf dem Gipfel eine Barockkirche, eine Touristenbaude und ein Aussichtsturm.

Pecka

22 km nordwestlich von Kuks liegt das als Sommerferienort beliebte Städtchen Pecka (497 m ü. d. M., 1000 Einw.) mit Barockkirche und Blockhäusern (Dresler-Haus); am Marktplatz ein schöner Barockbrunnen von 1634. Oberhalb der Stadt befinden sich die Ruinen einer ursprünglich gotischen Burg (14./15. Jh.; im 16.–17. Jh. erweitert); zugänglich ist nur der Harant-Palast mit Heimatmuseum und einer Ausstellung mit Skulpturen von Bohumil Kafka (1878–1942).

Nová Paka

28 km nordwestlich von Kuks gelangt man zu der Industriestadt Nová Paka (422 m ü. d. M., 9000 Einw.). Das Haus des Gemeinderates am Marktplatz (mit Pestsäule von 1716 und Brunnen von 1814) birgt eine

Schatzkammer mit Halbedelsteinen. Erwähnung verdient die Barockkirche (Holztreppe von 1737) mit einer gotischen Madonna von Peter Brandl (um 1500).

Kuks, Nová Paka (Fortsetzung)

11 km südlich von Kuks liegt an der Elbe (→ Labe) das Städtchen Smiřice (240 m ü.d.M., 3200 Einw.); im Schloß eine Barockkapelle (1696–1699) mit wertvollen Bildern und schönen Deckengemälden.

Smiřice

6 km südöstlich von Kuks erreicht man Jaroměř (254 m ü.d.M., 12000 Einw.), eine alte Stadt an der Mündung von Mettau (Metuje) und Aupa (Úpa) in die Elbe (→ Labe), mit bedeutender Leder- und Textilindustrie. Bemerkenswert sind hier die gotische Stadtkirche St. Nikolaus (14. Jh.; barockes Inneres), die spätgotische Kirche St. Jakob sowie einige Renaissancehäuser. Den südöstlichen Teil der Stadt bildet die alte Festung Josefov (Josefstadt) mit großenteils erhaltenen, nie benutzten Befestigungsanlagen (1780–1787 von Joseph II. erbaut), unterirdischen Gängen und einer Empirekirche von 1810.

Jaroměř

17 km westlich von Kuks liegt die kleine Stadt Hořice (Hořitz, 311 m, 7500 Einw.) mit Textil-, Lebensmittel- und Maschinenindustrie sowie einer alten Steinmetz- und Bildhauerschule (zwei Galerien mit tschechischen und internationalen Skulpturen). Das aus einer mittelalterlichen Burg hervorgegangene Barockschloß stammt aus dem 18. Jahrhundert. Ferner beachtenswert sind die Barockkirche von K.I. Dientzenhofer (1741–1744) mit hervorragenden Steinmetzarbeiten sowie das pseudogotische Rathaus von 1872.

Hořice

22 km westlich von Kuks liegt Lázně Bělohrad (291 m ü.d.M., 3500 Einw.), ein kleiner Kurort für Kranke mit rheumatischen Leiden; am südöstlichen Ortsrand ein schöner englischer Park (60 ha).

Lázně Bělohrad

Kutná Hora · Kuttenberg　　　　　　　　　　　　E 3

Region: Mittelböhmen
Kreis: Kutná Hora
Höhe: 273 m ü.d.M.
Einwohnerzahl: 21000

Die 65 km östlich von Prag (→ Praha) reizvoll über dem Tal des Flüßchens Vrchlice gelegene alte mittelböhmische Bergstadt Kutná Hora – deutsch Kuttenberg – war im Mittelalter die zweitgrößte Stadt Böhmens und zeitweise die Residenz der böhmischen Könige, die damals zu den reichsten europäischen Herrschern gehörten. Ihre Bedeutung beruhte auf dem vom 13. bis zum 18. Jh. hier betriebenen Silberbergbau, der die Grundlage für die in der Kuttenberger Münze geprägten berühmten böhmischen Silbergroschen (auch Prager Groschen) bildete. Das die Verfassung der Prager Karlsuniversität zugunsten der Tschechen verändernde 'Kuttenberger Dekret' (1409) veranlaßte die deutschen Professoren und Studenten zur Übersiedlung v.a. nach Leipzig. Wegen veralteter Fördermethoden und der Konkurrenz neuerer Silbergruben im 16. Jh., besonders aber nach dem Dreißigjährigen Krieg ging die Bedeutung der Stadt zurück. Die Groschen wurden hier zum letztenmal 1547 geprägt; 1726 schloß man die Münze. 1735 verstarb in Kutná Hora der berühmte Barockmaler Peter Brandl, 1808 wurde hier der Begründer des modernen tschechischen Theaters und Schöpfer der tschechischen Nationalhymne Josef Kajetán Tyl geboren († 1856).

Lage, Geschichte und Bedeutung

Heute besitzt die weit über ihre alten Grenzen hinausgewachsene Stadt u.a. Schokoladen- und Tabakfabriken sowie bedeutende Maschinenbaubetriebe.

Stadtbild
Allen neuzeitlichen Entwicklungen zum Trotz hat Kuttenberg bis heute im Kern sein ganz geschlossenes mittelalterliches Stadtbild bewahrt, so daß es zu den lohnendsten Reisezielen des Landes gehört.

Sehenswertes in Kutná Hora

Palacký-Platz
In der Mitte von Kuttenberg liegt der von reizvollen Renaissancehäusern gesäumte Hauptplatz (Palacký-Platz · Palackého náměstí); an der Süd-westseite der Rest des Alten Rathauses.

Šultys-Platz
Unweit westlich davon öffnet sich der Šultys-Platz (Šultysovo náměstí) mit einer 1713–1715 von F. Baugut zur Erinnerung an die Pestepidemie des Jahres 1713 geschaffenen großen Mariensäule. Von hier gelangt man nordwärts durch die Šultysova třída zum Wenzelsplatz.

Steinernes Haus
(Stadtmuseum)
An dem schmalen Westteil des Wenzelsplatzes steht rechts das sog. Steinerne Haus (Kamenný dům; 1485–1495) mit Erkern und reichem Skulpturenschmuck; im Inneren ist das Städtische Museum (Městské muzeum) untergebracht.

Ursulinenkloster
Nordöstlich des Platzes, an der Georg-von-Podiebrad-Straße (Třída Jiřího z Poděbrad), das 1733–1743 nach Plänen von Kilian Ignaz Dientzenhofer im Barockstil errichtete ehem. Ursulinenkloster (Klášter uršulinek).

Hus-Straße
An der Westseite des Šultys-Platzes beginnt die Hus-Straße (Husova třída); gleich rechts eine Barockkirche (17. Jh.).

Kutná Hora – Stadtansicht von Kuttenberg

Südlich gegenüber mündet die kurze Münzgasse (Mincířská ulice), mit   Münzgasse
Schwibbögen. An der Hus-Straße weiterhin rechts die schöne Barock-
kirche St. Johann von Nepomuk (Kostel sv. Jana Nepomuckého; von F. M.
Kaňka, 1734–1750) mit Deckengemälden von 1752.

Die leicht ansteigende Hus-Straße mündet westlich auf den Rejsek-Platz   ❋**Sandstein-**
(Rejskovo náměstí). In der Mitte der zwölfeckige spätgotische Sandstein-   **brunnen**
brunnen (Kamenná kašna; 1493–1495).
In der Südwestecke des Platzes das Marmorhaus (U Marmorů) mit prächti-   Marmorhaus
gem Renaissanceportal.

Vom Rejsek-Platz gelangt man in östlicher Richtung über den langge-   ❋**Kirche St. Jakob**
streckten Comenius-Platz (Komenského náměstí) leicht abwärts gehend
zum Platz am Welschen Hof (U Vlašského dvora). Hier steht gleich rechts
die zwischen 1330 und 1420 erbaute gotische Kirche St. Jakob (Chrám sv.
Jakuba) mit 82 m hohem Turm; in dem reich ausgestatteten Inneren ein
prächtiger Hochaltar von 1678 und beachtenswerte Gemälde (u. a. von P.
Brandl und K. Škréta).
Der Jakobskirche südlich gegenüber steht die Erzdechantei, einst der Sitz   Erzdechantei
des Obermünzmeisters.

Östlich an die Erzdechantei anschließend liegt der kurz vor 1300 erbaute   ❋**Welscher Hof**
Welsche Hof (Vlašský dvůr), die nach den aus Florenz kommenden ersten   (Museum)
Münzprägern genannte ehem. Münze und längere Zeit die Residenz der
böhmischen Könige. In dem von der Ostseite zugänglichen malerischen
Hof beachte man rechts den Erker der gotischen Wenzelskapelle, deren
Inneres einen farbenprächtigen Schnitzaltar (Tod Mariä) birgt. Das im
Gebäude untergebrachte Museum enthält u. a. alte Münzwerkstätten, fer-
ner Bilder des Kuttenberger Malers Felix Jennewein (1857–1905).
Von der Terrasse an der Südseite des Welschen Hofes bietet sich eine reiz-
volle Aussicht, besonders auf die Barbarakirche.

Kastell
(Museum)

Südwestlich von der zuvor genannten Jakobskirche steht an der Barbara-
gasse (Barborská ulice) das Kastell (Hrádek), ein anstelle einer Holzfestung
des 14. Jh.s im 15. Jh. als Königsburg errichteter Bau, der kurz nach seiner
Fertigstellung als zweite Münze diente und heute eine Ausstellung über die
Geschichte der Erzförderung und des Münzwesens enthält. Im gotischen
Rittersaal schöne Wandmalereien des 15. Jh.s; zwei Kapellenerker.

Jesuitenkolleg

An der Barbaragasse weiterhin rechts das mächtige, 1626–1667 von Do-
menico Orsi errichtete ehem. Jesuitenkolleg (Jesuitská kolej), das lange
Zeit als Kaserne diente. Auf der Balustrade gegenüber stehen 13 in den
Jahren 1703–1716 von F. Baugut geschaffene Barockstatuen.

*****Barbarakirche**

Am Südende der Barbaragasse erhebt sich die der Schutzpatronin der
Bergleute geweihte spätgotische Barbarakirche (Chrám sv. Barbory), 1388
von Peter Parler begonnen, später von Benedikt Rieth und Matthias Rejsek
fortgeführt und 1565 vollendet (1884–1905 gute Restaurierung und Fertigstellung der Fassade). Der fünfschiffige Bau mit Chorumgang, Kapellenkranz und reichen Strebepfeilern besitzt drei sich zeltförmig über dem
Langhaus zuspitzende Türme.

*Netzgewölbe

Das sehr eindrucksvolle weiträumige Innere enthält an dem schon
Renaissanceeinflüsse zeigenden
Netzgewölbe viele Wappen, im
nördlichen Seitenschiff schöne
gotische Chorstühle, in den Chorkapellen freigelegte Fresken, ferner eine Renaissancekanzel von
1566, einen 1903 geschnitzten
Hochaltar sowie Bilder von Karel
Škréta und Peter Brandl.

© Baedeker

Grundriß

*Stadtblick

Von der Kirche bietet sich eine
schöne Aussicht auf Kuttenberg und das tief eingeschnittene Tal der
Vrchlice; auf dem Vorplatz werden Souvenirs (u. a. nachgeprägte Kuttenberger Münzen) feilgeboten.

**Muttergottes-
kirche**

Östlich vom Hauptplatz steht am Ostrand der Altstadt die aus dem 14. Jh.
stammende Muttergotteskirche (Matka Boží bzw. Kostel Panny Marie Na
náměti) mit schönem gotischen Gewölbe und einer Kanzel von 1520. In der
Kirche befindet sich das Grab Peter Brandls († 1735).

Umgebung von Kutná Hora

Sedlec

Etwa 3 km nordwestlich vom Kuttenberger Hauptplatz liegt der Stadtteil
Sedlec (Sedletz). Hier, an der nach Malín führenden Straße rechts die zu
einem ehem. Zisterzienserkloster (seit 1812 Tabakwarenfabrik) gehörende

Marienkirche

Marienkirche (Chrám Panny Marie), ein 1290–1330 errichteter fünfschif-
figer gotischer Bau, der 1699–1707 von J. Santini teilweise barockisiert
wurde, so daß besonders an den von J. Steiner ausgemalten Gewölben
eigenartige gotisch-barocke Mischformen entstanden sind; andere Malereien stammen von Peter Brandl.

*Beinhauskapelle

Etwa 400 m nördlich von der Sedletzer Marienkirche befindet sich auf dem
Friedhof die aus dem 12. Jh. stammende gotische Beinhauskapelle, eine
Doppelkapelle, deren unterer Teil mit aus zahllosen Menschenknochen
von etwa 10 000 Toten verfertigten Gegenständen (Altar, Leuchter, Wap-
pen u. v. a.) ausgestaltet ist; am Friedhof eine Statue des hl. Johannes von
Nepomuk (1704).

Kačina

5 km nordöstlich von Kutná Hora steht das stilreinste Empireschloß
Böhmens, Kačina (1802–1822), mit Bibliothek, Schloßtheater, Landwirt-
schaftsmuseum und englischem Park.

Netzgewölbe in der Kuttenberger ...   *... Barbarakirche*

10 km östlich von Kutná Hora gelangt man zu dem frühbarocken Schloß Žehušice, das später im Empirestil umgebaut wurde. Sehenswert ist hier ein Gehege mit etwa 40 weißen Hirschen.

Kutná Hora (Fortsetzung) **Žehušice**

9 km südöstlich von Kutná Hora liegt die im 13. Jh. gegründete Stadt Čáslav (Tschaslau; 231 m ü.d.M., 11000 Einw.) inmitten einer fruchtbaren Landschaft (Lebensmittelindustrie, Maschinenbau). In der Peter-und-Paul-Kirche (urspr. 12. Jh.; im 14. und 15. Jh. verändert) versammelten sich 1421 die Stände und sprachen Kaiser Sigismund die böhmische Königswürde ab; Jan Žižka von Trocnov († 1424; ⟶ Berühmte Persönlichkeiten), damals einer der Volksvertreter, wurde in der Kirche begraben, bis man seine Gebeine 1623 auf Befehl Kaiser Ferdinands II. entfernte und das Grab zerstörte. Ferner bemerkenswert sind das barocke Rathaus (18. Jh.) sowie die Reste der Stadtbefestigung (Žižka-Tor; Otakarova bašta).

Čáslav

16 km südöstlich von Kutná Hora steht die gotische Burg Žleby, die im 19. Jh. neugotisch umgebaut wurde (interessante Innenausstattung des 16. und 17. Jh.s).

Žleby

Labe · Elbe   C–E 1/2

Mitteleuropäischer Strom und internationale Wasserstraße
Namen: tschechisch Labe, deutsch Elbe (wohl germanischen Ursprungs), lateinisch Albis (vielleicht von 'albus' = 'weißlich schäumend').
Verlauf in der Tschechischen Republik:
durch die Regionen Ostböhmen, Mittelböhmen und Nordböhmen.
Quellgebiet: im Riesengebirge (Krkonoše; ca. 1400 m ü.d.M.).
Mündung: in die Nordsee bei Cuxhaven.
Generelle Fließrichtung: von Südosten nach Nordwesten.

Allgemeines

Länge: insgesamt 1100 km, davon ca. 370 km in Böhmen.

Einzugsgebiet: insgesamt 148300 km^2, davon ca. 50000 km^2 in Böhmen.
Breite: in Hradec Králové (Königgrätz) 40 m, Mělník (Melnik) 100 m,
Dresden 120 m, Magdeburg 240 m, Hamburg 500 m; vor Cuxhaven 15 km.
Gefälle: Vrchlabí (Hohenelbe) – Kolín (Kolin) 232 m; Kolín (Kolin) – Mělník
(Melnik) 71 m; Mělník (Melnik) – Ústí nad Labem (Aussig) 23 m; Ústí nad
Labem (Aussig) – Děčín (Tetschen) 9 m; Děčín (Tetschen) – Dresden 20 m;
Dresden – Meißen 7,25 m; Meißen – Mühlberg 14,30 m; Mühlberg –
Torgau 6,50 m; Havelmündung – Wittenberge 4,60 m; Lauenburg –
Hamburg 3,50 m; Hamburg – Glückstadt 1,20 m.
Schiffbarkeit (durch häufiges Niedrigwasser beeinträchtigt): derzeit ab
Chvaletice (Chwaletitz); gegen Ende des 20. Jh.s voraussichtlich ab Par-
dubice (Pardubitz).

Entstehung und Verlauf in der Tschechischen Republik

Der Lauf der Elbe (Labe), eines der Hauptströme Mitteleuropas, beginnt

auf der böhmischen Seite des Riesengebirges (Krkonoše; Nationalpark)
unweit der tschechisch-polnischen Grenze. Er entsteht aus einer Anzahl
kleiner Wasseradern (Seifen), die aus etlichen 'Brunnen' der teils sumpfigen Kammwiesen kommen.
Als wichtigste Quellflüsse der Elbe gelten das Weißwasser (Weiße Elbe ·
Bílá Labe) von der Weißen Wiese (Bílá louka) auf 1400 m ü.d.M. unweit der
Schneekoppe (Sněžka) und der Elbebach oder Elbeseifen, der auf der Elbwiese (Labská louka) entsteht – gefaßter 'Elbbrunnen', die starke sog.
Elbquelle (pramen Labe) auf 1346 m ü.d.M. – und im Elbfall (Labský vodopád) ca. 40 m tief in den wild eingeschnittenen Elbgrund (Labský důl),
einen der Sieben Gründe (Sedmidolí), hinabstürzt. Die beiden Quellbäche
vereinigen sich auf 780 m ü.d.M. zu einem reißenden Gebirgsfluß, der nun
den Namen Elbe (Labe) führt und in einem meist recht engen Tal den
südlichen Kamm des Riesengebirges durchbricht.
Die Elbe fließt durch den vielbesuchten Luftkurort und Wintersportplatz
Špindlerův Mlýn (Spindlermühle), wird unweit unterhalb in einem kleinen
Talsperre (Labská přehrada) aufgestaut, durchströmt dann südwärts die
sog. Elbklemme (Labská soutěska) und erreicht das alte Bergstädtchen
Vrchlabí (Hohenelbe). Dann wendet sich der Flußlauf in südöstliche Rich-
tung, nimmt von links die Kleine Elbe (Malé Labe) auf, berührt Hostinné
(Arnau), Dvůr Králové (Königinhof) sowie ⟶ Kuks (Kukus) und erreicht die
historische Königsstadt Jaroměř (Jaromer), wo von links erst die Aupa
(Úpa), dann die Mettau (Metuje) zufließen.

Jenseits des südöstlichen Jaromerer Ortsteils Josefov, der alten Festung

Josefstadt, zieht die Elbe nun ruhiger südsüdwestwärts durch eher flaches
Gelände nach ⟶ Hradec Králové (Königgrätz); hier mündet von Osten die
Adler (Orlice). Die Elbe fließt jetzt in südliche Richtung und tritt in das
Böhmische Becken ein; die fruchtbare Ebene der 'Goldenen Rute des
böhmischen Landes' begleitet den Fluß dann bis zur Moldaumündung bei
Mělník (s. nachstehend).
In einem weiten, nach Osten ausholenden Knie muß die Elbe den burg-
bekrönten basaltischen Kunetitzer Berg (Kunětická hora; 300 m ü.d.M.)
umgehen, um nach Aufnahme der Loučná (von Osten) zu der u.a. wegen
der dort traditionell ausgetragenen Parforcepferderennen bekannte Stadt
⟶ Pardubice (Pardubitz) zu gelangen, wo links der Nebenfluß Chrudimka
mündet.
In Pardubice (Pardubitz) wendet sich die Elbe entschieden nach Westen,

fließt in der Elbniederung (Polabí) vorüber an Přelouč (Przelaucz/Psche-
lautsch; südlich) und Kladruby nad Labem (Kladrub an der Elbe; nördlich)
nach Chvaletice (Chwaletitz). Ab hier ist die Elbe für Wasserfahrzeuge mit
einer maximalen Tragfähigkeit von 1000 t schiffbar, u.a. zur Versorgung

◀ *Die Elbe bei Melnik*

Böhmische Elbniederung (Fortsetzung)

des Chwaletitzer Wärmekraftwerkes mit nordböhmischer Braunkohle. Bald darauf erreicht der Fluß die südlichste Stelle des gesamten Stromverlaufes und kurz danach → Kolín (Kolin), eine der ältesten an einer Elbfurt angelegten Königsstädte in Mittelböhmen.

Weiterhin fließt die Elbe nordwestwärts, nimmt von links die Cidlina auf – unweit der Mündung die Reste der frühmittelalterlichen Sumpfburg Libice (Libitz) – und berührt dann die Kurstadt → Poděbrady (Podiebrad), den vermutlichen Geburtsort des böhmischen Königs Georg von Podiebrad (Jiří z Poděbrad, 1420–1471).

Bei Nymburk (Nimburg an der Elbe) verläuft der Strom wieder in westlicher Richtung, überwiegend windungsreich vorüber an Kostomlátky (Kostomlatek; nördlich), Lysá nad Labem (Lissa an der Elbe; nördlich), Přerov nad Labem und Čelákovice (beide südlich).

Mündung der Iser

Es folgen die Mündung der Iser (Jizera; von Norden) bei dem kleinen Kurort Toušeň (Tauschim; links) und bald danach die Doppelstadt → Brandýs nad Labem – Stará Boleslav (Brandeis an der Elbe – Altbunzlau).

Im weiteren Verlauf wendet sich der Strom erneut nordwestwärts durch die Elbniederung (Polabí) und nähert sich bei Kostelec nad Labem auf gut 20 km (Luftlinie) der Goldenen Stadt Prag (Praha), berührt Neratovice (Neratowitz; westlich) und Obříství (links), einst Endstation der k.u.k. Personenschiffahrt auf der Elbe bis Dresden.

Zufluß der Moldau

Nach Aufnahme der Moldau (Vltava) und der nahen Mündung des Moldau-Seitenkanals (beide von Südwesten) gewinnt die Elbe bei dem Weinort Mělník (Melnik; am hohen Nordufer) deutlich an Breite und zieht nun weiter nordwestwärts vorbei an Liběchov (Liboch, rechts; am Eingang der romantischen 'Libocher Gründe') und Štětí (Wegstädtl) sowie nach einer großen Biegung in südwestliche Richtung zu der nordböhmischen Industriestadt Roudnice nad Labem (Raudnitz). Unweit südöstlich liegt der mythenumwobene Georgsberg (Říp; 456 m ü.d.M.); hierher soll der Urvater Čech seinen Stamm geführt haben, um in der Umgegend zu siedeln.

Mündung der Eger

Die nächste größere Elbstadt ist das geschichtsträchtige → Litoměřice (Leitmeritz), nördlich gegenüber der Mündung der Eger (Ohře). Unweit egeraufwärts liegt die alte Festungsstadt → Terezín (Theresienstadt), die während der nationalsozialistischen deutschen Gewaltherrschaft zu grauenvoller Berühmtheit gelangt ist (KZ-Gedenkstätte).

Böhmisches Mittelgebirge

Bei der Industriestadt Lobosice (Lobositz) wendet sich die Elbe in einem scharfen Bogen nach Nordosten und durchbricht – in einem gewundenen Engtal fließend und an beiden Ufern vom Eisenbahnstrecken und Fahrstraßen begleitet – das bergkegel- und kuppenreiche Böhmische Mittelgebirge (České středohoří).

*Porta Bohemica

Mit dem Durchbruch unterhalb des markanten Basaltberges Lobosch (Lovoš; 572 m.d.M.) beginnt die reizvolle Tallandschaft der Böhmischen Pforte (lateinisch Porta Bohemica). Im Laufe von langwierigen Flußregulierungsarbeiten (1843–1951) hat man unterhalb der Burgstätte auf dem Dreikreuzberg bei Velké Žernoseky (Groß-Czernosek) den frühbronzezeitlichen 'Elbschatz' (Waffen, Werkzeuge, Schmuck u. v. a.) ausgebaggert.

Nach der Errichtung der großen Elbstauanlage (mit Schleusen und Kraftwerk ; 1928–1936) unterhalb der auf einem 85 m hohen Phonolithfelsen thronenden Burgruine Střekov ist von der in der Zeit der Romantik viel besungenen und gemalten Landschaftsidylle am Schreckenstein nicht mehr viel zu spüren. Heute beherrschen Wohnbauten von zweifelhafter Architektur sowie große Industrie- und Verkehrsbauten die Talschaften um → Ústí nad Labem (Aussig) am Ostrand des nordböhmischen Braunkohlenreviers, wo die Biela (Bílina) der Elbe von Südwesten zufließt. Die ausgedehnten Aussiger Hafenanlagen bilden den nach Hamburg größten Elbhafen.

Bei Ústí nad Labem (Aussig) beschreibt das Elbtal eine Wende nach Nordosten und wird nun etwas breiter, weiterhin in großen Windungen verlaufend sowie an beiden Ufern begleitet von Straßen und Eisenbahnstrecken.

Unterhalb von Boletice nad Labem (Politz an der Elbe; rechts) folgt die am östlichen Elbufer bei der Mündung des Polzen (Ploučnice) von einem imposanten Barockschloß beherrschte Stadt → Děčín (Tetschen) mit dem linkselbischen Stadtteil Podmokly (Bodenbach), über dessen Uferkai die Schäferwand (Pastýřská stěna; 282 m. d. M.) unvermittelt steil aufragt.

Porta Bohemica (Fortsetzung)

Bei Děčín (Tetschen) beginnt der landschaftlich wohl reizvollste Teil des gesamten böhmischen Elbtales: Der Strom schneidet sich in einem malerischen, sanft gewundenen und nur bis 200 m breiten Engtal durch das hier beginnende Elbsandsteingebirge (→ Labské pískovce). Am linken Ufer verläuft die Eisenbahnhauptstrecke nach Dresden, am rechten die Fahrstraße. Die steil aufsteigenden Hänge sind auf beiden Talseiten bewaldet; zunehmend zeigen sich die markanten Sandsteinformationen, welche der Landschaft ihren Namen gegeben haben.

*Elbsandstein-gebirge

Im Bereich des Grenzortes Hřensko (Herrnskretschen; 116 m ü. d. M.) an der Mündung des Kamnitzbaches (Kamenice; rechts) verläuft die tschechisch-deutsche Staatsgrenze auf etwa 4 km in der Mitte der Elbe. Man befindet sich hier in der Böhmischen Schweiz (České Švýcarsko), die auf deutscher Seite (Beginn der deutschen Elbkilometrierung) ihre Fortsetzung in der Sächsischen Schweiz findet.

*Böhmische Schweiz

Restlicher Verlauf der Elbe in Deutschland

Schmilka, ein Ortsteil der sächsischen Stadt Bad Schandau, ist der erste deutsche Elbuferort (rechts). Die Elbe durchströmt dann die formenreiche Sächsische Schweiz, erreicht bei Pirna die Dresdener Elbtalweitung und tritt bei Riesa in das Norddeutsche Tiefland ein. Streckenteilen alter Urstromtäler folgend, berührt sie einige der fruchtbarsten Regionen Deutschlands (Leipziger Tieflandsbucht, Magdeburger Börde), durchquert aber nach Norden auch zunehmend weite Grundmoränenplatten sowie Wald- und Heidegebiete (Altmark, Prignitz, Griese Gegend, Wendland, Lüneburger Heide).

Mittlere Elbe

Rechte Nebenflüsse der Elbe im deutschen Mittelabschnitt sind Kirnitzsch, Lachsbach, Wesnitz, Prießnitz, Schwarze Elster, Nuthe, Havel (mit der dieser in Berlin zufließenden Spree), Stepenitz, Löcknitz, Elde, Sude und Boize; linke Nebenflüsse sind Biela, Gottleuba, Müglitz, Weißeritz, Triebisch, Mulde, Saale, Sülze, Ohre, Aland (der A.), Seege, Jeetzel, Ilmenau und Seeve.

Als bekanntere deutsche Elbstädte seien hier Bad Schandau, Pirna, das 'Elbflorenz' Dresden, Meißen, Riesa, Strehla, Belgern, Torgau, Pretzsch, die Lutherstadt Wittenberg, Coswig, Roßlau, Dessau (an der Mulde, jedoch unweit ihrer Mündung in die Elbe), Aken, Barby, Schönebeck, Magdeburg, Tangermünde, Arneburg, Wittenberge, Schnackenburg, Lenzen, Dömitz, Hitzacker, Bleckede, Boizenburg, Lauenburg und Geesthacht genannt.

Im geteilten Deutschland galt der knapp 97 km lange Elbabschnitt zwischen Schnackenburg und Lauenburg als Grenze zwischen der alten Bundesrepublik Deutschland und der damaligen Deutschen Demokratischen Republik, wobei ihr genauer Verlauf – in der Strommitte oder am einstigen DDR-Ufer – immer umstritten war.

Auf Hamburger Gebiet – gut 25 km unterhalb der für die Wasserstandsregulierung wichtigen Elbstaustufe bei Geesthacht (Gezeitengrenze) – teilt sich der Strom an der Bunthäuser Spitze in Norderelbe und Süderelbe (mit Köhlbrand), welche die Elbinsel Wilhelmsburg umschließen; Bille und Alster münden verschleust in die Norderelbe.

Hamburg

Mit dem Hamburger Moldauhafen steht den tschechischen Elbfrachtschiffen traditionell ein eigener Bereich (Exklave) zur Verfügung.

Von großer verkehrstechnischer Bedeutung sind in Hamburg die Straßen- und Eisenbahnbrücken über Norder- und Süderelbe sowie die beiden Elbtunnel.

Labe (Fortsetzung) Unterelbe	Unterhalb vom Hamburger Hafen beginnt der rund 110 km lange Mündungstrichter der Unterelbe, der sich von etwa 500 m Breite in Hamburg – vorbei an Stade (an der Schwinge, unweit ihrer Mündung in die Elbe) – bis auf 15 km bei Cuxhaven weitet und dort in die Deutsche Bucht der Nordsee übergeht. Der Unterelbe fließen von rechts Pinnau, Krückau und Stör sowie von links Este, Lühe, Schwinge und Oste zu.
Kanalanbindungen	Über den Nord-Ostseekanal und den Elbe-Lübeck-Kanal hat die Elbe Verbindung mit der Ostsee, über den Elbe-Seitenkanal und den Mittellandkanal mit dem Rhein (Ruhrgebiet), über die Elde-Müritz-Wasserstraße mit dem mecklenburgischen Seengebiet sowie über die Havel, den Pareyer Verbindungskanal und den Elbe-Havel-Kanal mit dem Wasserstraßennetz im Raum Berlin und damit mit der Oder.

Abwasserlast der Elbe

Immissionen aus Großstädten und Industrierevieren	Noch in ihrem Ursprungsland Böhmen muß die Elbe (Labe) mit der Moldau (Vltava) die Abwässer der Großstadt Prag (Praha) aufnehmen und wird dann zunehmend belastet durch die weitgehend ungeklärten Immissionen aus den Industrierevieren in Nordwestböhmen (über die Eger · Ohře), zwischen Pirna, Dresden und Riesa, um Dessau (über die Mulde), Halle-Leipzig (über die Saale) und Magdeburg sowie aus den Großräumen Berlin (über die Havel) und Hamburg. Über 90% der gesamten Abwasserfracht, welche die Elbe befördern muß, stammt aus dem Gebiet der einstigen Deutschen Demokratischen Republik bzw. aus Böhmen. Was elbabwärts fließt, kommt zum ersten Mal im Hamburger Hafen zur Ruhe. Begünstigt durch die Tide wirken die Hafenbecken wie die Absetzbecken einer Kläranlage. Hier setzen sich die Schwebstoffe ab, und der schadstoffhaltige Schlick muß zur Sicherstellung einer ausreichenden Fahrwassertiefe regelmäßig ausgebaggert werden. Auf diese Weise werden in Hamburg große Mengen an Schadstoffen aus der Elbe entfernt. Im weiteren Verlauf der Unterelbe zwischen Hamburg und der Elbmündung bei Cuxhaven werden allerdings von diversen Chemie- und Metallwerken wieder Industrieabwässer in den Fluß geleitet. Hinzu kommt eine starke Wärmebelastung durch die Wiedereinleitung erhitzten Kühlwassers aus den Kernkraftwerken Krümmel (bei Geesthacht), Stade, Brokdorf und Brunsbüttel.
Internationale Kommission zum Schutz der Elbe	Die am 8. Oktober 1990 zwischen Deutschland, der bisherigen Tschechoslowakei und der Europäischen Gemeinschaft (EG) vertraglich vereinbarte 'Internationale Kommission zum Schutz der Elbe' (mit Sitz in Magdeburg) will sich für die systematische Sanierung des Stromes einsetzen.

Labské pískovce · Elbsandsteingebirge   D 1/2

Lage, Gestalt und *Landschaftsbild	Das Elbsandsteingebirge (Labské pískovce) ist ein Naturschutzgebiet, das sich westlich und östlich von → Děčín (Tetschen) ausdehnt. Es besteht aus mächtigen Felsenflächen (Sandsteinquadern), die das tief eingeschnittene Tal der Elbe (→ Labe) und ihres Nebenflusses Kamenice (Kamnitz) durchbrechen. Die größte und mächtigste Felsenstadt liegt westlich von Děčín und heißt Tiské stěny (Tyssaer Wände). Das auch als Böhmische oder Böhmisch-sächsische Schweiz bezeichnete Gebiet wird im Sommer zum Wandern und viel aufgesucht.
Zufahrt	Von Děčín führt eine gut ausgebaute Fahrstraße nordwärts am rechten Elbufer (am linken Ufer die Eisenbahn) in Richtung Dresden bis zum beliebtesten böhmischen Ausflugsausgangspunkt Hřensko (Herrnskretschen) und zur tschechisch-deutschen Grenze.

Labské pískovce – Prebischtor im Elbsandsteingebirge

Ziele im *Elbsandsteingebirge

6 km nordwestlich von Děčín befindet sich mit dem Hohen Schneeberg (Děčínský Sněžník; 726 m ü.d.M.) die höchste Erhebung des Elbsandsteingebirges. Vom Aussichtsturm auf der 2 km langen und 700 m breiten Bergplatte bietet sich eine umfassende Rundsicht.

Hoher Schneeberg

*Rundsicht

10 km nördlich von Děčín erreicht man den reizvoll gelegenen Ort Hřensko (Herrnskretschen, 130 m ü.d.M.), der sich von der Elbe (Labe) 1¹/₂ km im Tal der Kamnitz (Kamenice) aufwärtszieht.

Hřensko

Von Herrnskretschen führt ein sehr lohnender Ausflug in die Edmundsklamm (Dolní soutěska; hin und zurück einschließlich Bootsfahrt 2¹/₂ Std., mit Wilder Klamm 1 Std. mehr), wobei man von der Elbuferstraße rechts abbiegt und an dem gefaßten Flußbett der Kamnitz zwischen steil aufragenden Sandsteinwänden 1 km bergan bis zur Einmündung der Biele (Bělá) fahren kann. Hier beachte man rechterhand den Wegweiser in die Klammen, die von der Kamnitz zwischen zerklüfteten, von Bäumen und Farnen begrünten Felswänden in gewundenem Lauf durchströmt werden. Die östliche Fortsetzung der Edmundsklamm bildet die ebenso sehenswerte Wilde Klamm (Divoká soutěska).

*Klammen

3 km östlich von Hřensko steht das größte natürliche Felsentor in Mitteleuropa, das sog. Prebischtor (Pravčická brána; 447 m ü.d.M.), ein 15 m langer und 3 m starker Sandsteinbogen.

**Prebischtor

Rund 15 km östlich von Hřensko liegt in einem weiten Talkessel der Ferienort und Tourenausgangspunkt Jetřichovice (Dittersbach, 232 m ü.d.M.), an dessen Nordostseite steile Felsspitzen aufragen; 4 km nordwestlich von Jetřichovice erreicht man die Ruine der Felsenburg Šaunštejn (340 m ü.d.M.; 14. Jh.).

Jetřichovice

Labské pískovce (Fortsetzung)
Česká Kamenice

Česká Kamenice (Bömisch-Kamnitz, 317 m ü.d.M., 7000 Einw.) ist eine 18 km nordöstlich von Děčín an dem gleichnamigen Fluß gelegene Stadt mit Papier- und Textilindustrie. Das ursprünglich aus dem 16. Jh. stammende, ehemals fürstlich Kinskysche Renaissanceschloß wurde im 17. Jh. barockisiert. Beachtenswert sind ferner die Stadtkirche (15. und 16. Jh.) und eine barocke Marienkapelle von 1739.

Südöstlich von Česká Kamenice erhebt sich der basaltische Schloßberg (Zámecký vrch, 544 m ü.d.M.) mit Ruine und Aussichtsturm.

Laun

→ Louny

Lausitzer Gebirge

→ Lužické hory

Lednice · Eisgrub   F 4

Region: Südmähren
Kreis: Břeclav
Höhe: 172 m ü.d.M.
Einwohnerzahl: 2100

Lage

✵ Parklandschaft

Das südmährische Städtchen Lednice – deutsch Eisgrub – liegt an der Thaya (Dyje; Nebenfluß der March), dessen Auen zu Beginn des 19. Jh.s bis gegen Břeclav (Lundenburg; s. Umgebung) zu einer weiten Teich- und Parklandschaft (Lednické rybníky) ausgestaltet und in neuerer Zeit zu einem Vogelschutzgebiet erklärt worden sind.

Sehenswertes in Lednice

✵ **Schloß**

Am Nordrand von Lednice liegt das große fürstlich Liechtensteinsche Schloß, erbaut zwischen 1846 und 1856 an der Stelle früherer Burg- und Schloßbauten im Geiste der Romantik als neugotischer Bau mit Spitzbogen und Zinnen. Im Inneren gibt es reich geschnitzte Holzdecken und historisch wertvolles Mobiliar; sehenswert sind die Sammlungen von Waffen, Porzellan und Jagdtrophäen.

Grundriß

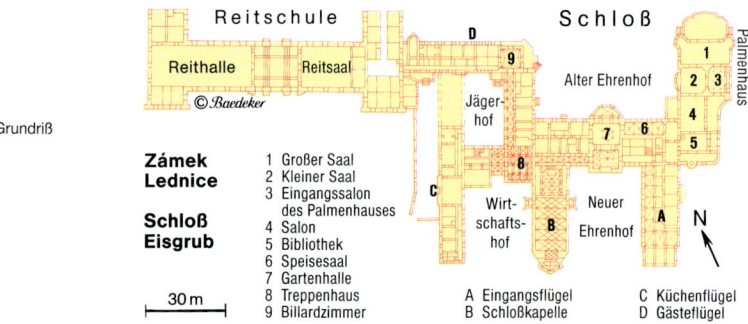

© Baedeker

Zámek Lednice

Schloß Eisgrub

30 m

1 Großer Saal
2 Kleiner Saal
3 Eingangssalon des Palmenhauses
4 Salon
5 Bibliothek
6 Speisesaal
7 Gartenhalle
8 Treppenhaus
9 Billardzimmer

A Eingangsflügel
B Schloßkapelle
C Küchenflügel
D Gästeflügel

Lednice – Schloß Eisgrub

Die einstigen Stallungen an der Westseite sind ein Frühwerk (1688–1690) von J. B. Fischer v. Erlach.
In den Wirtschaftsgebäuden befindet sich heute die Fakultät für Gartenbau der Brünner Landwirtschaftlichen Hochschule ('Mendeleum'; Gewächshaus aus dem Jahre 1845 mit tropischer Vegetation). Ein Teil des Schlosses ist als Landwirtschaftliches Museum mit vier ständigen Ausstellungen eingerichtet ('Gärten und Parks'; 'Obstbau'; 'Gemüsebau'; 'Jagdwesen'). | Schloß (Fortsetzung) Landwirtschaftsmuseum

Dem Schloß nördlich gegenüber steht am Teichufer der 63 m hohe sog. Orientalische Turm (Minarett, von 1797; von oben gute Aussicht).
In der näheren und weiteren Umgebung des Schlosses befinden sich zahlreiche andere romantische Bauten des 19. Jh.s. | Romantische Parkbauten

Eine reizvolle Parkallee (7 km) führt in südwestlicher Richtung nach Valtice (s. Umgebung). | Parkallee

Umgebung von Lednice

7 km südwestlich erreicht man das Städtchen Valtice (Feldsberg; 187 m ü.d.M., 3000 Einw.) mit großen Weinkellern, einer bemerkenswerten barocken Pfarrkirche (1631–1671) und einem mächtigen fürstlich Liechtensteinschen Schloß (1670–1725; Prunkräume; alljährlich im Sommer Musik- und Kulturfestspiele). | **Valtice**

8 km südöstlich von Lednice liegt an der Thaya (Dyje) die Kreisstadt Břeclav (Lundenburg; 159 m ü.d.M., 26000 Einw.), ein wichtiger Eisenbahnknotenpunkt mit Gummi-, Kunststoff- und Keramikindustrie sowie Malz- und Zuckerfabriken. Beachtenswert ist das im Westen der Stadt gelegene Renaissanceschloß (16. Jh.; im 19. Jh. erneuert) mit Schloßpark. | **Břeclav**

243

Etwa 3 km südlich von Břeclav sind bei dem ehem. Empirejagdschloß Pohansko seit 1959 archäologische Ausgrabungsarbeiten im Gange, wobei bereits bedeutungsvolle Funde aus der Zeit des Großmährischen Reiches (9. Jh.) gemacht wurden.

Lednice
(Fortsetzung)
Pohansko

Im südöstlichsten Ausläufer von Mähren, 6 km von Břeclav entfernt, liegt das volkskundlich interessante Dorf Lanžhot (Landshut, 164 m ü. d. M.).

Lanžhot

20 km östlich von Lednice erstreckt sich die südmährische Gemeinde Mikulčice (165 m ü. d. M., 2000 Einw.), in deren Nähe am rechten Flußufer der March (→ Morava) die bedeutendste slawische Burg und Fundstätte auf dem Gebiet der bisherigen Tschechoslowakei liegt; bei Ausgrabungen (seit 1954) wurde hier ein Fürstensitz freigelegt. Das Gebiet bildete einen Teil des ersten slawischen Stammbundes (Reich des Samo, Mitte 7. Jh.), aber hauptsächlich des Großmährischen Reiches im 9.–10. Jahrhundert. Zu sehen sind noch Grundmauern und Reste von elf Kirchen, Schmuckstücke, aber auch Gegenstände des täglichen Gebrauches (kleines archäologisches Museum).

Mikulčice

*Altslawische
Funde

Leipnik

→ Lipník nad Bečvou

Leitmeritz

→ Litoměřice

Leitomischl

→ Litomyšl

Liberec · Reichenberg   E 2

Region: Nordböhmen
Kreis: Liberec
Höhe: 340–413 m ü. d. M.
Einwohnerzahl: 104000

Die an der Lausitzer Neiße (Lužická Nisa) zwischen Isergebirge (→ Jizerské hory) und Jeschken (Ještěd; s. Umgebung) gelegene nordböhmische Kreisstadt Liberec – deutsch Reichenberg – ist Sitz einer Hochschule für Textilwesen und wichtiger Standort der böhmischen Textilindustrie; ferner Fahrzeugbau und chemische Fabriken.

Lage und
Bedeutung

Bis zum Ende des Zweiten Weltkrieges war Reichenberg die größte Stadt der sudetendeutschen Randgebiete Böhmens und ist auch heute noch das Zentrum der seit dem ausgehenden Mittelalter hier blühenden Textilindustrie (bedeutende Tuch- und Wollerzeugung).

Geschichte

Die Erzeugnisse des Gebietes zeigt die alle zwei Jahre in Liberec abgehaltene Wirtschaftsmesse (Liberecké výstavní trhy / LVT) für Webstoffe, Glas, Schmuckwaren, Porzellan und Wohnungseinrichtungen.

Messe

◀ *Liberec – Rathaus von Reichenberg*

245

Sehenswertes in Liberec

☀Rathaus
(Abb. s. S. 244)

Den Mittelpunkt des städtischen Lebens in Liberec bildet der Dr.-Beneš-Platz (Altstädter Platz; Fußgängerzone) mit einigen Bürgerhäusern des 18. Jh.s und dem imposanten, 1888–1893 von Franz v. Neumann im flämischen Renaissancestil erbauten Rathaus (Radnice), dessen 65 m hoher Mittelturm eine schöne Aussicht bietet.

Stadttheater

Nördlich hinter dem Rathaus steht das 1883 von Fellner und Helmer errichtete Stadttheater (Severočeské divadlo F. X. Šaldy), benannt nach dem in Liberec geborenen Kritiker und Schriftsteller František Xaver Šalda (1867 bis 1937).

Neustädter Platz

Westlich vom Dr.-Beneš-Platz liegt jenseits der aus dem 16. Jh. stammenden, 1879 in neugotischem Stil umgebauten Erzdekanatskirche der Neustädter Platz (Sokolov-Platz bzw. Sokolovské náměstí) mit mehreren Häusern im Empirestil.

Windgasse

An seiner Nordwestecke beginnt die kurze Windgasse (Větrná ulička) mit Fachwerkbauten aus dem 17. Jh. (sog. Wallensteinhäuser).

Kreuzkirche

Bei dem Westende der Windgasse trifft man auf die 1695 erbaute, 1756 erneuerte Kreuzkirche mit schöner Barockausstattung; am ersten Altar

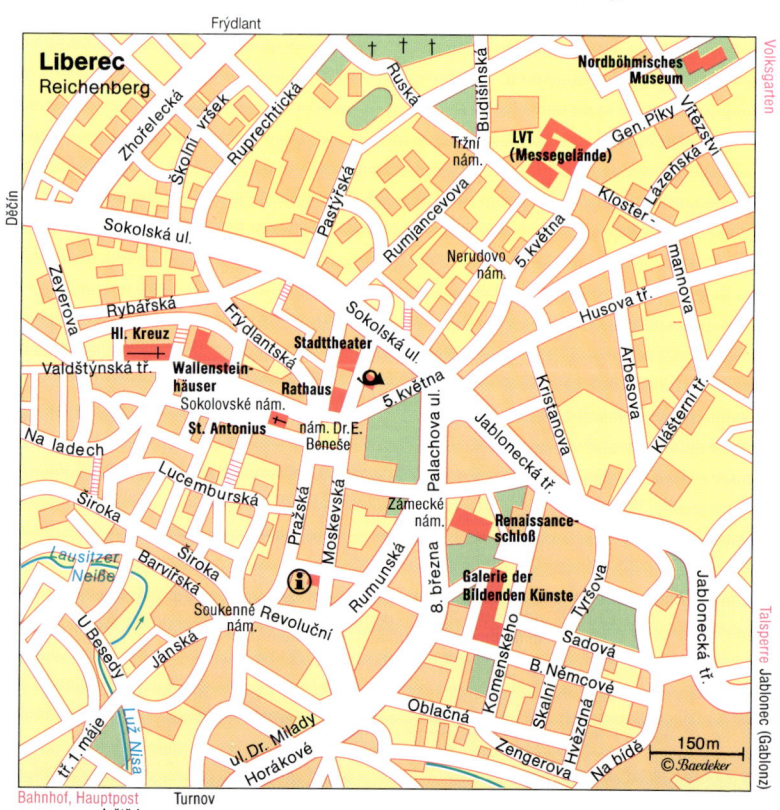

links ein Dürer zugeschriebenes Gemälde (Hl. Anna selbdritt; um 1650). Hinter der Kirche eine Pestsäule von 1719.

Unweit östlich vom Altstädter Platz öffnet sich der Šalda-Platz (Náměstí F.X. Šaldy), auf den sechs Straßen münden.

Südlich vom Šalda-Platz liegt das 1582–1586 errichtete, 1779 und 1850 vergrößerte Schloß ehemals der Grafen Clam-Gallas; in der 1604–1606 erbauten Schloßkapelle ein geschnitzter Hochaltar der Spätrenaissance und ein Oratorium (Betgehäuse) von 1606.

Südöstlich vom Schloß die Galerie der bildenden Künste (Galerie výtvarných umění) mit Bildern böhmischer, französischer und niederländischer Maler.

Etwa 1/2 km westlich von der Kunstgalerie liegt der Tuchplatz (Soukenné náměstí), das Geschäftszentrum von Liberec.

Vom Šalda-Platz gelangt man nordöstlich durch die Straße des 5. Mai (Třída 5. května) am Messe- und Ausstellungsgelände LVT (links) vorbei und noch weiter zum Nordböhmischen Museum (Severočeské muzeum; 1897/1898), das einen guten Überblick über Wirtschaft und Kultur von Nordböhmen bietet (u. a. die Entwicklung der Textil- und Glasindustrie; ferner alte flämische Bildteppiche).

Dann in nordöstlicher Richtung links der ausgedehnte Volksgarten (Lidové sady Petra Bezruče). Gleich am Anfang liegt der kleine Schwanensee (Labutí jezero), nördlich vom See der schöne Botanische Garten (Botanická zahrada), u.a. mit reichen Orchideen- und Kakteensammlungen. Östlich davon der Zoologische Garten (Zoologická zahrada) aus dem Jahr 1906, der älteste des Landes. Noch weiter östlich befindet sich ein Freilichttheater (Letní divadlo) für 3000 Zuschauer.

Volksgarten
Schwanensee
Botanischer
Garten
Zoologischer
Garten
Freilichttheater

In der ebenfalls vom Šalda-Platz (s. zuvor) ausgehenden Hus-Straße (Husova třída) besteht ein Museum mit Erinnerungen an die Zeit der deutschen Besetzung (1938–1945).

Unweit südlich von der Hus-Straße die 1904 vollendete, etwa 700 m lange Harzdorfer Talsperre (Harcovská přehrada) mit einem Freibad.

Umgebung von Liberec

Südwestlich über Liberec erhebt sich der Jeschken (Ještěd; 1012 m ü. d. M.), der Reichenberger 'Hausberg', auf den von Horní Hanychov (Oberhanichen, 7 km von der Stadtmitte, Straßenbahn) eine 1932/1933 erbaute, 1183 m lange Seilschwebebahn in 5 Min. Fahrzeit führt. Anstelle des durch Brand zerstörten ehem. Jeschkenhauses steht heute ein sich kegelförmig verjüngender Turm (mit insgesamt 92 m hoher Antennenspitze), in dem eine Fernmelde-, Funk- und Fernsehrelaisstation sowie im unteren Teil ein Hotel und Restaurant untergebracht sind. Vom Jeschkengipfel bietet sich eine prächtige Rundsicht auf das Riesengebirge und Isergebirge, das Zittauer Gebirge, das Böhmische Mittelgebirge und in das Böhmische Becken. Zudem ist der Jeschken ein beliebtes Wintersportgebiet mit Skipisten und einer Rodelbahn.

Vratislavice nad Nisou (Maffersdorf; 376 m ü. d. M., 6000 Einw.), 5 km südöstlich von Liberec, ist ein kleiner Industrieort (Eisensäuerling; Teppichweberei, Brauerei) an der Neiße. Hier wurde der Automobilkonstrukteur Ferdinand Porsche (1875–1951; → Berühmte Persönlichkeiten) geboren, der neben vielem anderen den deutschen Volkswagen (1934) konzipiert hat.

Jablonec nad Nisou – Panorama von Gablonz an der Neiße

Liberec
(Fortsetzung)
Jablonec
nad Nisou

Jablonec nad Nisou (Gablonz an der Neiße; 495 m ü. d. M., 45 000 Einw.), 15 km südöstlich von Liberec, ist eine am Südfuß vom Isergebirge gelegene Kreisstadt und gilt als Hauptsitz der nordböhmischen Glasschmuck-, Bijouterie- und Gürtlerwarenindustrie (künstliche Edelsteine, Ohrringe, Halsbänder, Perlen, Knöpfe u. ä.). Das stattliche Rathaus wurde 1931/1932 errichtet (von dem zugänglichen Turm weite Aussicht). Die hochgelegene konstruktivische Pfarrkirche stammt aus den Jahren 1929–1933 (Architekt: J. Zasche); davor stand ein Rüdiger-von-Starenberg-Denkmal (von F. Metzner; seit 1968 in Kaufbeuren-Neugablonz). Einen Besuch lohnt das Technische Nationalmuseum mit ständiger Glasausstellung (Similisteine u. ä.).

Seit der Vertreibung der Sudetendeutschen nach dem Zweiten Weltkrieg führen die deutschen Gablonzer die Schmuckwarenindustrie in Österreich, v. a. aber in dem aus einer Flüchtlingssiedlung entstandenen, der Heimatstadt nachgebildeten Kaufbeurener Stadtteil Neugablonz fort.

Lidice

⟶ Kladno, Umgebung

Lipník nad Bečvou · **Leipnik**   **G 3**

Region: Nordmähren
Kreis: Přerov
Höhe: 245 m ü. d. M.
Einwohnerzahl: 11 000

Lipník nad Bečvou – deutsch Leipnik – ist eine mittlere Industriestadt (Maschinenbau, Herstellung von Zündhölzern, Nahrungsmittelfabriken, Druckereien) an der Bečva (Betschwa) in der Mährischen Pforte (s. unten). **Lage und Bedeutung**

Sehenswertes in Lipník nad Bečvou

Im historischen Teil der Stadt steht das barocke Schloß (16. Jh.; im 19. Jh. umgestaltet). Schloß

Beachtenswert ist auch die ursprünglich gotische Pfarrkirche (15. Jh.; 1765/1766 barockisiert) mit wertvoller Innenausstattung und einem Renaissanceglockenturm von 1609. Pfarrkirche

Die spätgotische ehem. Synagoge gehört seit 1950 der Tschechoslowakischen Kirche. Ehemalige Synagoge
Außerdem verdienen Beachtung ein frühbarockes Klostergebäude, die Reste der Stadtbefestigung (Warttürme) des 15. und 16. Jh.s. sowie das Heimatmuseum der Gegend Záhoří. Heimatmuseum

Umgebung von Lipník nad Bečvou

4 km südöstlich steht bei dem Dorf Týn nad Bečvou die Ruine der größten mährischen Burg, Helfenstein (Helfštýn, 406 m ü.d.M.; 13.–15. Jh.), die 1656 niedergerissen worden ist und nun rekonstruiert werden soll. **Burgruine Helfenstein**

Die Mährische Pforte (Moravská brána) erstreckt sich in der von den Flußtälern der Betschwa (Bečva) und der Oder (Odra) gebildeten Senke zwischen den Gebirgszügen der Sudeten im Nordwesten und der Karpaten im Osten. Sie ist die Wasserscheide (310 m ü.d.M.) zwischen den einerseits der Ostsee und andererseits dem Schwarzen Meer zufließenden Flußsystemen der Oder bzw. der Donau. **Mährische Pforte**

12 km nördlich von Lipník nad Bečvou liegt das Städtchen Potštát (Bodenstadt; 502 m ü.d.M.) mit einem Empireschloß. Auf dem Marktplatz steht ein Uhrturm (Hodinová věž) aus dem 16. bzw. 18. Jh.; beachtenswert sind außerdem Häuser und Plastiken aus der Barockzeit. **Potštát**

Hranice (Mährisch-Weißkirchen; 255 m ü.d.M., 19 000 Einw.), ist eine rund 10 km nordöstlich von Lipník nad Bečvou an der Betschwa (Bečva) gelegene altertümliche Stadt mit Baustoffindustrie. Bemerkenswert sind hier das aus einer mittelalterlichen Festung hervorgegangene Renaissanceschloß (16.–17. Jh.; Arkadenhof), die barocke Stadtkirche (1754–1763) und das Alte Rathaus von 1544. Die ehem. Synagoge birgt heute ein Museum mit sehenswerter Keramiksammlung (in Hranice früher hergestelltes Fayencegeschirr). Erhalten sind Stadtmauerreste (14./15.Jh.). **Hranice**

12 km östlich von Lipniík nad Bečvou liegt am linken Ufer der Betschwa (Bečva) der waldumgebene kleine Kurort Teplice nad Bečvou (333 m ü.d.M.) mit erdigen Eisensäuerlingen, die bei Gefäß- und Herzkrankheiten angewendet werden. **Teplice** nad Bečvou
In der Nähe gibt es zahlreiche Karstbildungen, darunter eine besuchenswerte, durch Einwirkung von Mineralwasser entstandene Aragonithöhle (Zbrašovské aragonitové jeskyně). Am rechten Betschwa-Ufer erhebt sich der Karstrücken Hůrka (um 350 m ü.d.M.) mit interessanten Felsbildungen und Höhlen (Naturschutzgebiet). Einen schönen Blick ins Betschwatal hat man von den Felsen bei der großen Barocksäule des hl. Johannes von Nepomuk (Svatý Jan). In dieser Karstlandschaft liegt im übrigen der tiefste Abgrund des Landes, 'Hranická propast' (244 m tief, davon 175 m unter Wasser). ※Karstformationen

Litoměřice · Leitmeritz · D 2

Region: Nordböhmen
Kreis: Litoměřice
Höhe: 171 m ü. d. M.
Einwohnerzahl: 25 000

Lage und Bedeutung

Die am rechten Ufer der Elbe (→ Labe; Brücken, Hafen) gegenüber der Einmündung der Eger (Ohře) am Südrand des Böhmischen Mittelgebirges in obst- und weinreicher Umgebung gelegene Stadt Litoměřice – deutsch Leitmeritz – ist ein Zentrum der Nahrungs- und Genußmittelindustrie (auch Kühlanlagenbau).

Gartenschau

Alljährlich im September findet in Litoměřice die Obst-, Gemüse- und Blumenausstellung "Garten Böhmens" statt.

Geschichte

Bereits im 9. Jh. war Litoměřice die Burgstätte eines slawischen Stammes und von 1227 an königliche Stadt. Im Dreißigjährigen Krieg erlitt sie große Schäden. Als Bischofssitz (seit 1655) besitzt sie eine Anzahl prächtiger Kirchen, die großenteils von dem hier geborenen, bekannten Baumeister Ottavio Broggio erbaut oder umgestaltet wurden (Priesterseminar, Theologische Fakultät). Litoměřice ist auch die Heimat des Slawisten Josef Jungmann (1773–1847) und des tschechischen romantischen Dichters Karel Hynek Mácha (1810–1836) sowie des österreichischen Graphikers Alfred Kubin (1877–1959).

Sehenswertes in Litoměřice

٭Stadtplatz

Im Zentrum von Leitmeritz öffnet sich der große Stadtplatz mit einer Reihe von gotischen, Renaissance-, Barock- und Empirehäusern sowie einer Mariensäule (von 1681).

Nordböhmische Galerie

Westlich steht das Gebäude der Nordböhmischen Galerie (böhmische bildende Kunst vom 12. Jh. an; auch naive Kunst).

Altes Rathaus

An der Ostseite des Stadtplatzes steht das ursprünglich gotische, 1737–1739 im Renaissancestil umgebaute Alte Rathaus mit Laubengang und einer Rolandsäule (1539) an der linken Ecke.

Stadtplan

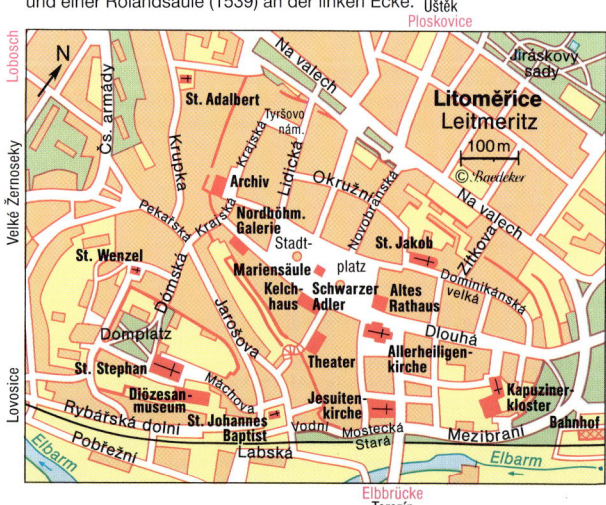

Litoměřice – Stadtplatz und Kelchhaus in Leitmeritz

Das Innere enthält jetzt das sehenswerte Kreismuseum (u. a. Gemälde, Skulpturen, Keramik); das bedeutendste Exponat ist das 'Leitmeritzer Kantionale', ein utraquistisches Gesangbuch (1520–1530) mit vortrefflichen Buchmalereien.

Kreismuseum

Rechts neben dem Alten Rathaus die 1235 errichtete, zuletzt 1704–1731 von Ottavio Broggio in reichem Barockstil umgestaltete Stadtkirche (Dekanatskirche Allerheiligen) mit schöner Barockfassade und reicher barocker Innenausstattung (u. a. ein Tafelbild des sog. Meisters von Leitmeritz). Der angebaute viereckige Glockenturm ist ein Rest der Stadtbefestigung des 13. Jahrhunderts.

Stadtkirche

An der Südseite des Stadtplatzes steht das sog. Kelchhaus (Mráz-Haus bzw. Mrázovský dům; auch 'Unter der Kuppel' / 'Pod báni'), ursprünglich von einem utraquistischen Bürger 1584 als Salzhaus erbaut, dessen kelchförmiger Turm an das Heilige Abendmahl erinnern soll und das Wahrzeichen der Stadt bildet.

❋**Kelchhaus**

Am Stadtplatz ist ferner beachtenswert das Renaissancehaus 'Schwarzer Adler' (Černý orel) mit schöner Sgraffitofassade.

Renaissancehaus
Schwarzer Adler

Südlich von der Stadtkirche erhebt sich nahe der 550 m langen Elbbrücke die barocke Jesuitenkirche (1701) mit prächtigem Portal und reich ausgestattetem Inneren (mächtiger Hochaltar). Anstoßend das ehem. Jesuitenkolleg.

Jesuitenkirche

Im westlichen Teil der Stadt steht unweit westlich vom Stadtbahnhof auf einem zur Elbe abfallenden Hügel der an Stelle einer älteren Kirche 1663–1681 von Giulio Broggio und anderen Baumeistern errichtete Dom St. Stephan mit freistehendem Glockenturm (Neorenaissance) und reicher Innenausstattung (u. a. Gemälde von K. Škréta, J. P. Molitor und aus der

❋**Dom
St. Stephan**

Dom St. Stephan (Fortsetzung)	Cranach-Schule; der berühmte Leitmeritzer Altar heute in der Prager Nationalgalerie).
Diözesanmuseum	Östlich hinter dem Dom liegt die Bischöfliche Residenz (17. Jh.) mit dem Diözesanmuseum.
Kirche St. Wenzel	Unweit nordwestlich vom Dom befindet sich die 1714–1716 von Ottavio Broggio errichtete kleine Barockkirche St. Wenzel mit besonders malerischem Inneren.
Kirche St. Jakob	Von den weiteren schönen Kirchen der Stadt ist besonders die 1730–1740 von Ottavio Broggio erbaute, zum ehem. Dominikanerkloster gehörende Barockkirche St. Jakob zu nennen.

Umgebung von Litoměřice

Laudahöhe	Nördlich über der Stadt erhebt sich die aussichtsreiche Laudahöhe (Mostka; 272 m ü. d. M.).
Ploskovice	Das Barockschloß Ploskovice (238 m ü. d. M.) liegt 5 km nordöstlich der Stadt und wurde 1850–1853 zu einem Sommersitz für den Exkaiser Ferdinand I. umgebaut.
Velké Žernoseky	5 km westlich von Litoměřice liegt das Dorf Velké Žernoseky (151 m ü. d. M., 1000 Einw.) mit den am nördlichsten gelegenen Weinbergen in Böhmen (große Weinkeller beim spätgotischen Schloß).
Lovosice	7 km südwestlich von Litoměřice erreicht man Lovosice (Lobositz; 153 m ü. d. M., 12000 Einw.), eine am linken Ufer der Elbe (→ Labe; Schleuse, Brücken, Hafen) gelegene Stadt mit großen Industrieanlagen (Chemiefasern, Düngemittel, Nahrungs- und Genußmittel) und intensivem Obstbau in der Umgegend. Das ursprünglich im Renaissancstil erbaute ehemals fürstlich Schwarzenbergische Schloß wurde im 19. Jh. barockisiert; die Wenzelskirche stammt von 1733–1748; Heimatmuseum. Westlich von Lobositz besiegte Friedrich d. Gr. im Siebenjährigen Krieg die zum Entsatz der bei Pirna eingeschlossenen sächsischen Truppen heranrückenden Österreicher (Schlacht bei Lobositz am 1. Oktober 1756).
Lobosch	Nordwestlich über Lovosice erhebt sich der aussichtsreiche Berg Lobosch (Lovoš; 570 m ü. d. M.), westlich der Boreč (446 m ü. d. M.) mit Exhalationen warmer (im Winter) und kalter (im Sommer) Luft ('Ventarolen'); südwestlich die Ruine der gotischen Burg Košťálov (481 m ü. d. M.: weite Aussicht).
Doksany	10 km südlich von Litoměřice erhebt sich in der Ortschaft Doksany (156 m ü. d. M., 500 Einw.) der Komplex eines 1144/1145 gegründeten Prämonstratenserklosters mit einer wertvollen Kirche (große Säulenkrypta).
Třebenice	12 km südwestlich von Litoměřice gelangt man zu dem Ort Třebenice (228 m ü. d. M., 2800 Einw.) mit dem 1872 gegründeten Museum der böhmischen Granaten (Halbedelsteine)
*Úštěk	16 km nordöstlich von Litoměřice gelangt man zu dem alten Städtchen Úštěk (240 m ü. d. M., 3000 Einw.), das sein mittelalterliches Gepräge gut bewahrt hat. Am Marktplatz steht eine Reihe gotischer und Renaissancehäuser mit Arkaden und schönen Giebeln. Beachtenswert ist die spätbarocke Kirche (1764–1772) mit wertvoller Inneneinrichtung. Reste der spätgotischen Befestigungen mit dem Pikarden-Basteiturm (1428) sind noch vorhanden. Interessant sind die sog. Vogelhäuser (Ptačí domky), an einer Felswand; sie wurden von italienischen Arbeitern gebaut, die hier im 19. Jh. beim Eisenbahnbau eingesetzt waren.
Theresienstadt	→ Terezín

Litomyšl · Leitomischl   **F 3**

Region: Ostböhmen
Kreis: Svitavy
Höhe: 330 m ü. d. M.
Einwohnerzahl: 10 000

Die altertümliche ostböhmische Stadt Litomyšl – deutsch Leitomischl –
liegt an der Loučná, wo schon im 10. Jh. eine Burgstätte erwähnt wird. Sie
spielte eine bedeutende Rolle in der tschechischen Wiedergeburtsbewegung des 19. Jahrhunderts. Heute gibt es hier chemische Industrie (u. a.
Kunstfasererzeugung).
    Lage und Bedeutung

Litomyšl ist Geburtsort des tschechischen Komponisten der Romantik
Bedřich (Friedrich) Smetana (1824–1883; → Berühmte Persönlichkeiten);
sein Geburtszimmer in der ehem. Brauerei. Alljährlich im Juli findet das
Opernfestival "Smetanas Litomyšl" und im September ein Musikfestival
der Jugend statt.
    Smetanas Litomyšl

Sehenswertes in Litomyšl

Beachtenswert ist das 1568–1573 von G. Avostalis erbaute Renaissanceschloß mit schönem Sgraffitoschmuck; im Inneren ein bemerkenswertes
Theater (1796/1797).
    Schloß

An dem langgezogenen Marktplatz verdienen die wohlerhaltenen historischen Giebelhäuser mit Lauben Aufmerksamkeit.
    Marktplatz

Die gotische Stadtkirche (urspr. 14. Jh.) wurde am Anfang des 17. Jh.s
erneuert (wertvolle Inneneinrichtung).
    Kirchen

    Stadtplan

Litomyšl
Leitomischl

Stadtkern

1 Smetana-Denkmal
2 Jirásek-Denkmal
3 Ehem. Piaristen-
gymnasium
4 Piaristenkirche
(Kirche der Auffindung
des heiligen Kreuzes)
5 Ehem. Piaristenkolleg
6 Ehem. Schloßbrauerei
(Geburtshaus von
Bedřich Smetana)
7 Schloßstallungen
8 Kirche der Aussendung
der heiligen Apostel
9 Haus 'Zu den Rittern'
(Nr. 110)
10 Kirche der Aufrichtung
des heiligen Kreuzes
11 Propstei
12 Pestsäule
13 Kirche St. Anna

200 m

© Baedeker

253

Litomyšl – Schloß von Leitomischl

Stadtmuseum   Die barocke Piaristenkirche (von G. B. Alliprandi) entstand 1714–1726. In
               dem anschließenden ehem. Piaristenkolleg (17. Jh.) ist das Stadtmuseum
               (u. a. ein seltenes Graduale von 1563) untergebracht.

Umgebung von Litomyšl

Ústí
nad Orlicí   12 km nördlich liegt die Kreisstadt Ústí nad Orlicí (Wildenschwert; 340 m
              ü. d. M., 16000 Einw.), wirtschaftlich bedeutend wegen seiner Maschinen-
              und Textilfabriken. Sehenswert ist die schöne Barockkirche (1770–1776)
              mit wertvoller Innenausstattung; bekannt sind die hiesigen Weihnachts-
              krippen.

Česká Třebová   9 km nordöstlich von Litomyšl gelangt man nach Česká Třebová (Böh-
                misch-Trübau; 375 m ü. d. M., 18000 Einw.), Eisenbahnknotenpunkt und
                Industriestadt mit Maschinen- und Textilfabriken. Auf dem aufgehobenen
                Friedhof eine romanische Rotunde (urspr. 13. Jh.; im 16. und 18. Jh. um-
                gebaut).

Nové Hrady   13 km westlich von Litomyšl steht das Rokokoschloß Nové Hrady,
              (1773–1778), auch als 'Klein Schönbrunn' apostrophiert, mit wertvollem
              Mobiliar im Inneren und umgeben von einem Park (1791–1807).

Brandýs
nad Orlicí   15 km nördlich von Litomyšl liegt Brandýs nad Orlicí (Brandeis an der
              Adler; 305 m ü. d. M., 1500 Einw.), ein von einer Burgruine überragtes
              Städtchen, einst Hauptsitz der 'Böhmischen Brüder'. J. A. Comenius
              (→ Berühmte Persönlichkeiten) arbeitete hier 1622–1625 an seinem Werk
              "Labyrinth der Welt und Paradies des Herzens". Das kleine, ursprünglich
              aus dem 17. Jh. stammende Barockschloß wurde mehrfach erneuert;
              sehenswert ist auch die 1778–1787 erbaute Barockkirche.

Litomyšl
(Fortsetzung)
Vysoké Mýto

15 km nordwestlich von Litomyšl gelangt man nach Vysoké Mýto (Hohen-mauth; 284 m ü.d.M., 11000 Einw.), Industriestadt (Autobuskarosserie-werk) an der Loučná mit wohlerhaltener gotischer Befestigung (drei Tore) und zweitürmiger gotischer Kirche (urspr. 14. Jh.; 1875–1904 erneuert); am Hauptplatz mehrere historische Bürgerhäuser.

Choceň

16 km nordwestlich von Litomyšl liegt Choceň (Chotzen; 290 m ü.d.M., 9500 Einw.), eine Stadt mit Textil- und Maschinenindustrie und ehemals fürstlich Kinskyschem Schloß (16. Jh.) und Park; schöne Barockkirche mit Rokoko-Interieur.

Svitavy

15 km südöstlich von Litomyšl erreicht man Svitavy (Zwittau; 435 m ü.d.M., 17000 Einw.), Kreisstadt am Oberlauf der Zwittawa (Svitava) mit Textil- und Maschinenbauindustrie. Die Renaissancehäuser am Marktplatz verdienen Beachtung.

Lanškroun

22 km nordöstlich von Litomyšl liegt Lanškroun (Landskron; 373 m ü.d.M., 11000 Einw.), eine von deutschen Kolonisten im Jahre 1241 gegründete Stadt mit Renaissancerathaus (1581/1582) und mehreren Holzbauten.

Loket · Elbogen   **B 2**

Region: Westböhmen
Kreis: Sokolov
Höhe: 427 m ü.d.M.
Einwohnerzahl: 3000

*Lage

Loket – deutsch Elbogen – ist ein malerisches, auf einem von der Eger (Ohře) in einer Schleife umflossenen Granitfelsen terrassenartig angeleg-tes Städtchen in Westböhmen.

Sehenswertes in Loket

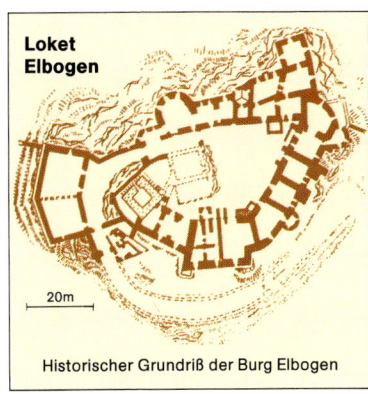

Historischer Grundriß der Burg Elbogen

*Burg

Sehenswert ist die große Burg, die im 13. Jh. zum Schutz der böhmischen Westgrenze errichtet und später mehrfach umge-baut wurde; vom Berg-fried bietet sich ein schö-ner Weitblick.

Markgrafenhaus

Das ehem. Markgrafen-haus birgt ein Museum mit Glas- und Porzellan-sammlungen vorwiegend böhmischer Herkunft so-wie Urkunden u.a. (we-gen Renovierung vor-übergehend geschlos-sen).

Wenzelskirche

In der ursprünglich spät-gotischen Wenzelskirche (im 18. Jh. umgestaltet) verdient eine Madonna aus dem 15. Jahrhundert Aufmerksamkeit.

Marktplatz

Am Marktplatz stehen neben einigen historischen Häusern das frübarocke Rathaus (1682–1687) und eine Pestsäule (1718).

Ortsplan

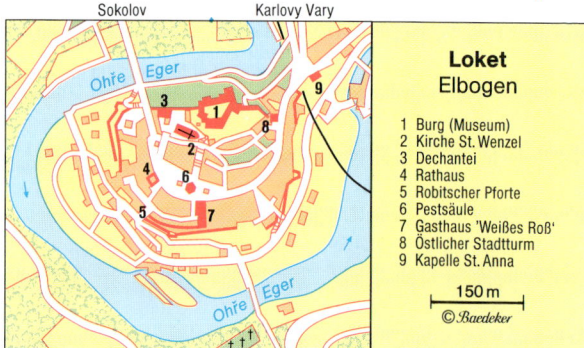

Sokolov
Karlovy Vary
Ohře
Eger
Ohře
Eger
Loket
Elbogen
1 Burg (Museum)
2 Kirche St. Wenzel
3 Dechantei
4 Rathaus
5 Robitscher Pforte
6 Pestsäule
7 Gasthaus 'Weißes Roß'
8 Östlicher Stadtturm
9 Kapelle St. Anna
150 m
© Baedeker

Egerbrücke — Über das Egertal führt eine moderne Brücke (1935).

Porzellanfabriken — Im Egertal bestehen bereits seit 1815 mehrere Porzellanmanufakturen (bekanntes Tafelgeschirr).

Umgebung von Loket

Sokolov — 7 km südwestlich liegt die Kreisstadt Sokolov (Falkenau, früher tschechisch Falknov; 400 m ü.d.M., 25000 Einw.), das industrielle Zentrum eines Braunkohlenbeckens. Sehenswert ist hier das ehemals gräflich Nostitzsche Schloß (17. Jh.).

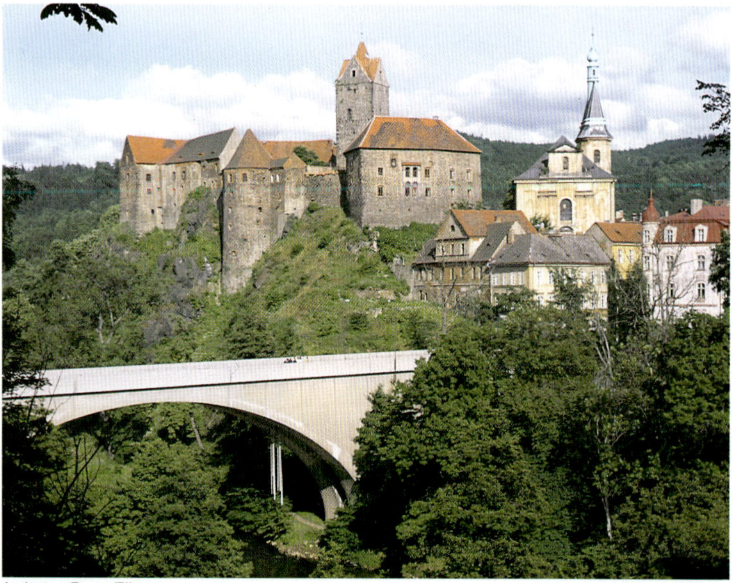

Loket – Burg Elbogen

25 km nordwestlich von Loket erreicht man Luby (Schönbach; 518 m
ü. d. M., 2500 Einw.), ein Städtchen in der Nähe der tschechisch-deutschen Grenze (Übergang nach/von Bad Brambach), dessen Einwohner
schon seit rund 400 Jahren für den Bau von Saiteninstrumenten bekannt
sind.

Loket
(Fortsetzung)
Luby

28 km nordwestlich von Loket gelangt man nach Kraslice (Graslitz; 514 m
ü. d. M., 7500 Einw.). Das Städtchen in der Nähe der tschechisch-deutschen Grenze (Übergang nach/von Klingenthal) hat eine lange Tradition im
Musikinstrumentenbau; bedeutend ist auch die Textilindustrie (vor allem
Spitzen).

Kraslice

Louny · Laun   **C 2**

Region: Nordböhmen
Kreis: Louny
Höhe: 185 m ü. d. M.
Einwohnerzahl: 23 000

Die nordböhmische Kreisstadt Louny – deutsch Laun – liegt in hopfen-
reicher Gegend auf einer Terrasse über der Eger (Ohře) und ist ein bedeutendes Regionalzentrum mit Eisenbahnwerkstätten, Maschinen- und Zuk-
kerfabriken sowie Brauerei.

Lage und
Bedeutung

Der ursprünglich von deutschen Tuchmachern gegründete Ort erhielt 1260
das Stadtrecht und wurde zugleich befestigt. In den Religionskriegen des
15. Jh.s stand Louny auf Seiten der Hussiten. Im Jahre 1517 zerstörte eine
verheerende Feuersbrunst die Stadt fast gänzlich. Den Wiederaufbau
betreute der berühmte Baumeister Benedikt Ried (Rieth; Beneš z Loun).

Geschichte

Louny – Nikolauskirche in Laun

Sehenswertes in Louny

Kirche St. Nikolaus

Beachtung verdient vor allem die vor 1540 in der sog. Vladislav-Gotik erneuerte St.-Nikolaus-Kirche mit dreiteiligem Zeltdach und spitzem zinnenbekrönten Turm (vom Wehrgang prächtiger Blick auf die Stadt); im Kircheninneren ein schönes Rippengewölbe, eine steinerne Kanzel (16. Jh.) und wertvolle Barockschnitzereien (u. a. am Hochaltar).

Weitere Kirchen

Ferner erwähnenswert sind die Muttergotteskirche und die Peterskirche (beide 16. Jh.) sowie die Friedhofskirche von 1713.

Bürgerhäuser

Am Hauptplatz steht ein Renaissancehaus mit Erker (Daliborka), von dem früher die Todesurteile verkündet wurden. Im Stadtgebiet findet man weitere spätgotische und Renaissancebürgerhäuser.

Saazer Tor Egerbrücke

Das Saazer Tor (Žatecká brána) stammt aus dem Jahre 1500, die Egerbrücke von 1462.

Umgebung von Louny

Cítoliby

3 km südlich lohnt das Städtchen Cítoliby (236 m ü. d. M., 1000 Einw.) einen Besuch; beachtenswert sind das Barockschloß und die Barockkirche mit mehreren Plastiken von M. B. Braun und Gemälden von V. V. Reiner. In der zweiten Hälfte des 18. Jh.s war Cítoliby eines der Zentren der tschechischen Barockmusik.

Peruc

10 km östlich von Louny liegt Peruc (335 m ü. d. M., 800 Einw.) mit einem Rokokoschloß an der Stelle einer mittelalterlichen Feste. Im Schloß u. a. eine Gedenkstätte für den tschechischen Maler Emil Filla (1882 – 1953). Unterhalb des Schlosses steht die uralte Oldřich-Eiche; der Überlieferung nach begegnete hier der böhmische Fürst Oldřich seiner späteren Frau Božena (Anfang 11. Jh.).

Ruine Hasenburg

17 km nordöstlich von Louny befindet sich in dominierender Lage auf einem Basaltfelsen die doppeltürmige Ruine der gotischen Hasenburg (Házmburk; 418 m ü. d. M.); von oben weite Aussicht.

Libochovice

18 km östlich von Louny liegt die Stadt Libochovice (166 m ü. d. M., 3700 Einw.) mit einem frühbarocken Schloß (1683 – 1690); 1787 wurde hier der tschechische Physiologe Jan Evangelista Purkyně geboren († 1869).

Luhačovice · Luhatschowitz   **G 3**

Region: Südmähren
Kreis: Zlín
Höhe: 250 – 300 m ü. d. M.
Einwohnerzahl: 6000

Lage und Bedeutung

Heilquellen

Das bereits im Jahre 1789 gegründete südmährische Heilbad Luhačovice – deutsch Luhatschowitz – liegt in der waldreichen Umgebung der Wisowitzer Berge (Vizovické vrchy) am Fluß Horní Olšava. Es ist bekannt wegen seiner jod- und bromhaltigen Kochsalz-Natronquellen, die besonders bei Erkrankungen der Atemwege und des Verdauungstraktes sowie zur Therapie der Zuckerkrankheit angewendet werden.

Bemerkenswertes in Luhačovice

Kurhäuser

Mehrere Kurhäuser (Janův dům, Slovenský dům) wurden nach Projekten des slowakischen Architekten Dušan Jurkovič (1868 –1947) erbaut, der an

Luhačovice – Zierbrunnen in Luhatschowitz

die walachische Volksarchitektur anknüpfte. Im alten Kurhaus 'Vila Lipová' befindet sich heute ein volkskundliches Museum.

Kurhäuser
(Fortsetzung)

Das barocke Schloß stammt aus dem Jahre 1738.

Schloß

Umgebung von Luhačovice

Im Südosten erheben sich entlang der mährisch-slowakischen Grenze die Weißen Karpaten (Bílé Karpaty), ein etwa 90 km langes und 20 km breites Waldgebirge zwischen den breiten Tälern der March (Morava) und der Waag (Váh), dessen höchste Erhebung (Velká Javorina) 970 m ü.d.M. erreicht.

Weiße Karpaten

17 km südöstlich von Luhačovice gelangt man zu dem Bergdorf Starý Hrozenkov (Alt-Hrosinkau, 378 m ü.d.M.), in dem alljährlich im Sommer ein Folklore-Festival abgehalten wird. Der Ort ist ein günstiger Ausgangspunkt für Touren in die Weißen Karpaten.

Starý Hrozenkov

11 km südwestlich von Luhačovice erreicht man Uherský Brod (Unga-risch-Brod; 238 m ü.d.M., 18000 Einw.), eine alte, an der Olšava gelegene Stadt (Lebensmittel-, Holz- und Maschinenindustrie; Jagdwaffenfabrik) mit teilweise wohlbehaltener Stadtbefestigung, zwei Barockkirchen (17. bzw. 18. Jh.) und altem Schloß (urspr. 16. Jh.).
Uherský Brod gilt neben dem 6 km weiter südlich gelegenen Städtchen Nivnice (247 m ü.d.M.) als mutmaßlicher Geburtsort des Predigers und Pädagogen Johann Amos Comenius (Jan Amos Komenský, 1592–1670; → Berühmte Persönlichkeiten). Andenken und seltene Drucke seiner Werke (z.B. "Orbis pictus") sind im Comenius-Museum, einem 'Baraník' genannten Komplex von ehem. Ställen, untergebracht.

Uherský Brod

Lužické hory · Lausitzer Gebirge — D/E 1/2

Region: Nordböhmen
Kreise: Děčín, Česká Lípa und Liberec
Höhe: bis 793 m ü. d. M.

Lage und Landschaftsbild

Das Lausitzer Gebirge (Lužické hory) an der böhmischen Nordgrenze zu Deutschland besteht aus mehreren Basalt- und Klingsteinkuppen (Luž, 793 m ü. d. M.; Jedlová, Klíč, Hvozd) und geschützten Sandsteinformationen. Das Gebiet ist dicht bewaldet. In der ganzen Region findet man Blockbauten der Volksarchitektur.

Ziele im Lausitzer Gebirge

Cvikov

Cvikov (Zwickau; 357 m ü. d. M., 5000 Einw.) ist eine Stadt mit gotischer Kirche (16. Jh.; 1726 barockisiert).
3 km nördlich die Reste der mittelalterlichen Burg Mühlstein (Milštejn; 535 m ü. d. M.); von oben gute Aussicht.

Hrádek nad Nisou

Die Industriestadt Hrádek nad Nisou (270 m ü. d. M., 4500 Einw.) liegt unweit des tschechisch-polnisch-deutschen Dreiländerecks. Beachtenswert ist die St.-Bartholomäus-Kirche von 1466 (später im Renaissancestil umgebaut); schöne Beispiele der Volksarchitektur.
2 km östlich die ursprünglich frühgotische, später im Renaissancestil umgebaute Burg Grabstein (Grabštejn; 330 m ü. d. M.) und ein Schloß im Empirestil (unzugänglich).

Jablonné v Podještědí

Jablonné v Podještědí (Deutsch-Gabel; 315 m ü. d. M., 4000 Einw.) ist eine Stadt 26 km westlich von → Liberec (Reichenberg). Beachtung verdient die mächtige Klosterkirche St. Laurentius (von 1729; Krypta zugänglich).
3 km südöstlich erhebt sich auf einer bewaldeten Anhöhe (352 m ü. d. M.) das Burgschloß Lemberk (Lämberg oder Löwenberg; urspr. aus dem 13. Jh., im 17. Jh. umgebaut) mit einem stattlichen Renaissanceturm. Die Schloßräume sind als Museum für Wohnkultur eingerichtet (Gotik bis Ende des 19. Jh.s); im sog. Fabelsaal eine bemalte Holzkassettendecke sowie Darstellungen von Szenen aus Äsopschen Fabeln (unzugänglich).

Nový Bor

Die Stadt Nový Bor (Haida; 365 m ü. d. M., 12 000 Einw.) ist einer der Hauptsitze der böhmischen Glasindustrie (Kunst- und Gebrauchsglaserzeugung; Glasmuseum) und besitzt mehrere Barock- und Empirehäuser sowie eine Spätbarockkirche (18. Jh.).
3 km südöstlich liegt das Dorf Sloup (Bürgstein, 292 m ü. d. M.) mit den romantischen Resten einer teilweise in einen monumentalen Sandsteinfelsblock gehauenen Burg (318 m ü. d. M.; Anfang 14. Jh.) und anderen eigenartig geformten Sandstein- und Basaltfelsen in der Nähe.
3 km nordöstlich der Ort Klíč (Kleis oder Gleis, 760 m ü. d. M.) mit umfassender Aussicht.

*Herrenhausfelsen (Abb. s. S. 116)

5 km westlich der bekannte Herrenhausfelsen (Panská skála), eine durch Basaltspaltung gebildete riesige Felsorgel.

Rumburk

Rumburk (Rumburg; 387 m ü. d. M., 10000 Einw.) ist eine Industriestadt nahe der tschechisch-deutschen Grenze mit einem Barockschloß aus der zweiten Hälfte des 18. Jh.s und einer gotischen Kirche vom Anfang des 16. Jh.s (später umgestaltet). Ferner beachtenswert ist das ehemalige Kapuzinerkloster (Ende 17. Jh.) mit Kirche und Loretokapelle (1704–1705); hölzerne Volksarchitektur an der Šmilovského ulice.

Ruine Dohlenstein

8 km südwestlich liegt Tolštejn (Dohlenstein, 670 m ü. d. M.), die ausgedehnte Ruine einer gotischen Burg (14. Jh.), die von den Schweden 1642 niedergebrannt wurde. Sie wurde von den Romantikern im 19. Jh. viel besucht und bewundert (prächtige Aussicht).

Máchovo jezero · Mácha-See

⟶ Jičín, Umgebung

Mährischer Karst

⟶ Moravský kras

Mährisches Gesenke

⟶ Jeseníky

Mährisch-schlesische Beskiden

⟶ Moravskoslezské Beskydy

Mährisch-Trübau

⟶ Moravská Třebová

March

⟶ Morava

Mariánské Lázně · Marienbad   **B 3**

Region: Westböhmen
Kreis: Cheb
Höhe: 600 m ü. d. M.
Einwohnerzahl: 15000

Die westböhmische Stadt Mariánské Lázně – deutsch Marienbad – liegt südöstlich von Eger (⟶ Cheb) in reizvoller Umgebung am Südfuße des Kaiserwaldes (Slavkovský les) und ist eines der berühmtesten europäischen Heilbäder mit 40 den Karlsbader ähnlichen Quellen (jedoch kalt; 9–12 °C), meist Glaubersalzsäuerlingen, die besonders gegen Fettleibigkeit sowie Erkrankungen des Magens und Darms, der Galle, Niere und Blase, der Haut, der Atemwege sowie der Nerven u. a. wirksam sind. Außerdem sind erdig-alkalische Eisenquellen sowie reichhaltige Eisensulfat-Moorlager vorhanden.

Lage und *Bedeutung

Der 1808 vom Stift Tepl, dem damals das teilweise noch versumpfte Gelände gehörte, unter dem Abt Karl Reitenberger († 1860) an der Stelle von schon früher bekannten und genutzten Quellen gegründete Kurort verdankt seinen Aufschwung dem jungen Stifts- und Kurarzt Dr. Josef Nehr († 1820), der durch den Gärtner und späteren Bürgermeister Václav Skalník die Sümpfe in prächtige Parkanlagen verwandeln ließ und die ersten Badehäuser errichtete. – In der Stadt gibt es eine große Zahl von Gedenktafeln und Denkmälern für berühmte Marienbad-Besucher.

Geschichte

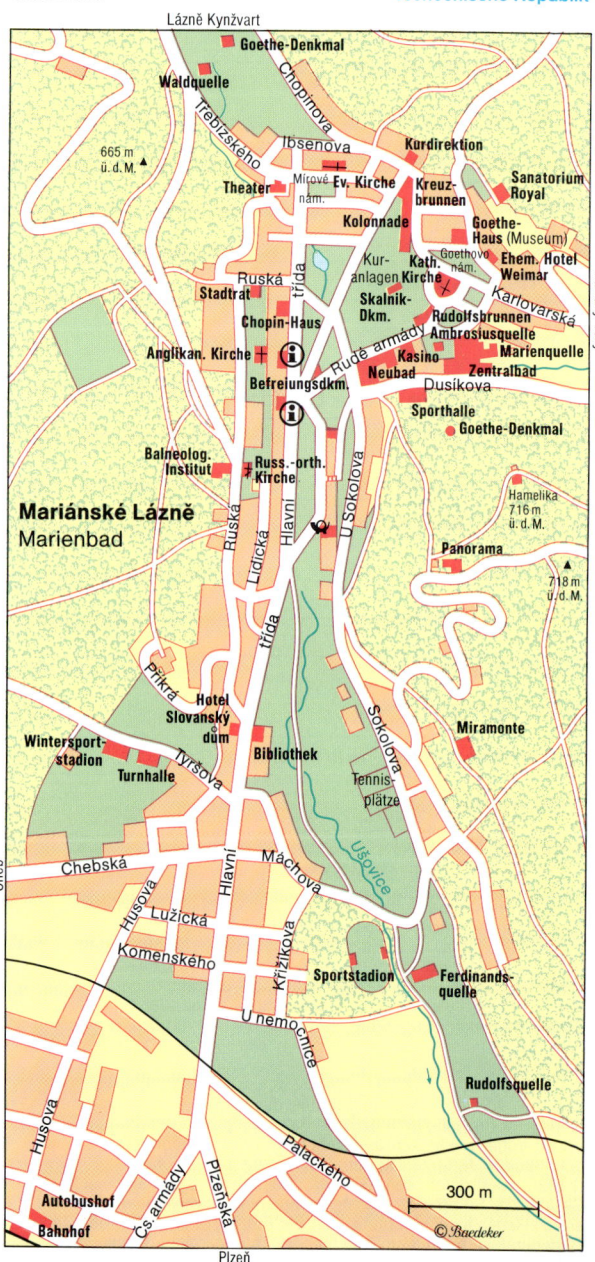

Mariánské Lázně
Marienbad

Übersichtsplan

Kuranlagen

Singende Fontäne

Sehenswertes in Mariánské Lázně

⁎Kurpark

Die Stadtachse von Marienbad bildet die den Kurort von Norden nach Süden durchziehende Hauptstraße (Hlavní třída), an deren Ostseite sich bis zum Goetheplatz der prächtige Kurpark – Skalník-Park (Skalníkovy sady) ausdehnt.

Rathaus

An der von der Hauptstraße westlich abzweigenden Russischen Straße (Ruská tříd'a) steht gleich links das Rathaus, weiterhin, an dem nach Süden führenden Zweig, die kleine Englische Kirche und die russische Wladimir-Kirche.

Friedensplatz

Die Hauptstraße mündet nördlich auf den nahe am Strandrand gelegenen Friedensplatz (früher Schillerplatz) mit einem Brunnen von Dietrich (1913), großen Hotels und der Evangelischen Kirche (Böhmische Brüder).

Stadttheater

Unweit westlich steht an der Třebízský-Straße (Třebízského ulice) das Stadttheater.

Waldquelle

Etwa ¼ km weiter nordwestlich befindet sich an einem in jüngerer Zeit angelegten schönen Park die Waldquelle (Lesní pramen; gegen Asthma).

Kreuzbrunnen

Unweit östlich vom Friedensplatz steht am Nordende des Kurparks der Kreuzbrunnen (Křížový pramen; gegen Verstopfung) unter einer 1818 erbauten säulengetragenen Rotunde. Vor dem Brunnen erinnert eine Bronzebüste an den verdienten Kurarzt Josef Nehr.

Kuranlagen

Südlich anschließend an den Friedensplatz steht ein langes Gebäude, das die Brunnenhalle, den Haupttreffpunkt der Kurgäste (Konzerte), und die Kolonnade (1889) mit zahlreichen Geschäften vereinigt.

⁎Singende Fontäne (Abb. s. S. 263)

In den Kuranlagen befindet sich die abends beleuchtete 'Singende Fontäne' (im Durchmesser 18 m; jede ungerade Stunde Wasserspiele aus Hunderten von Düsen); westlich vor der Kolonnade ein Bronzestandbild (1879) des Abtes Karl Reitenberger.

Rudolfsbrunnen Ferdinandsquelle

Gegenüber dem Südende der Kolonnade unter einem Säulengang der Rudolfsbrunnen (Rudolfův pramen; harntreibend) und die Ferdinandsquelle (Ferdinandův pramen; gegen Verstopfung), deren eigentliche Quellen 1½–2 km weiter südlich liegen.

Katholische Kirche

Nordöstlich oberhalb vom Rudolfsbrunnen steht die Katholische Kirche, eine 1844–1848 erbaute Rundkirche.

Goetheplatz

Hinter der Katholischen Kirche steigt der anlagengeschmückte Goetheplatz leicht an; hier stehen große Hotels sowie das Goethehaus (Goethův dům; ehem. 'Goldene Traube', jetzt Städtisches Museum), in dem Goethe 1824 wohnte und im Alter von 74 Jahren die "Marienbader Elegie" über seine späte Liebe zu der 19jährigen Ulrike von Levetzow schrieb.

Ambrosiusquelle

Südlich vom Goetheplatz, nahe beim Rudolfsbrunnen, die Ambrosiusquelle (Ambrožův pramen), ein eisenhaltiger Säuerling.

Kurhaus

Weiter westlich befindet sich das 1901 vollendete Kurhaus (Casino); anschließend das Neubad (Nové lázně; 1896).

Umgebung von Mariánské Lázně

Lázně Kynžvart

In dem kleinen Kurort Lázně Kynžvart (Bad Königswart; 673 m ü.d.M.), 5 km nordwestlich, gibt es sechs Quellen eisenhaltigen Mineralwassers und eine Kuranstalt für Kinder.

Teplá-Stift Tepl...   *... Inneres der Basilika*

Schloß Königswart (Kynžvart), entstanden 1833–1839 in einem großen, reizvoll angelegten englischen Park (100 ha), war einst Sitz des österreichischen Kanzlers Fürst von Metternich; die umfangreichen Sammlungen, (u. a. Manuskripte und Kuriositäten) sind unzugänglich.
Oberhalb die Ruine der gotischen Burg Königswart (Kynžvart).

Lázně Kynžvart
(Fortsetzung)

11 km südlich von Mariánské Lázně liegt Planá (Plan; 507 m ü. d. M., 4000 Einw.), eine alte Stadt mit mittelalterlichem Kern.

Planá

12 km nordöstlich von Mariánské Lázně gelangt man nach Mnichov (Einsiedl; 725 m ü. d. M.) mit einem alten Rathaus (um 1730; davor ein Pranger) und Barockkirche (1719–1725; wertvolle Inneneinrichtung).

Mnichov

12 km östlich von Mariánské Lázně erreicht man das Städtchen Teplá (Tepl; 657 m ü. d. M., 2000 Einw.). Südöstlich der Stadt liegt das Stift Tepl, 1193 von Prämonstratensern gegründet, mit einer zweitürmigen, befestigten romanischen Basilika, die später gotisch und barock umgebaut worden ist (Restaurierung geplant). Der Konventsbau stammt aus den Jahren 1685–1721; darin befinden sich eine alte und eine neue Bibliothek (80 000 Bände, darunter zahlreiche Inkunabeln und Handschriften).

Teplá

*Basilika

Tachov (Tachau; 504 m ü. d. M., 13 000 Einw.), die Kreisstadt 20 km südwestlich von Mariánské Lázně, hat noch gut erhaltene Stadtmauern des 14. Jh.s., eine gotische Kirche (neugotisch umgestaltet) sowie am Marktplatz mehrere Bürgerhäuser des 17. Jh.s. Das Barockschloß ist in jüngster Zeit rekonstruiert worden; im ehem. Kloster museale Sammlungen. Seit 1857 gibt es in Tachov eine große Reitschule.

Tachov

Das 25 km nordöstlich von Mariánské Lázně gelegene Bečov nad Teplou (Petschau; 492 m ü. d. M.) ist ein altes Städtchen in reizvoller Lage, überragt von einer Burg des 14. Jh.s (im 16. und 18. Jh. erweitert).

Bečov
nad Teplou

Mariánské Lázně
(Fortsetzung)
Úterý

25 km östlich von Mariánské Lázně gelangt man zu der mittelalterlichen Bergbaustadt Úterý (513 m ü. d. M.), in deren Umgebung vom 13. bis zum 15. Jh. Gold und Silber geschürft wurden. Am Marktplatz stehen Fachwerkhäuser vom Ende des 17. Jh.s, deren Kern oft noch aus der Zeit der Spätgotik stammt; am Rathaus ein Stadtwappen von 1561. Die Frühbarockkirche (1689) und die Friedhofskirche (1747) wurden von den Dientzenhofers gebaut (beide mit wertvollen Inneneinrichtungen).

Markt Eisenstein

→ Železná Ruda

Mělník · Melnik   **D 2**

Region: Mittelböhmen
Kreis: Mělník
Höhe: 222 m ü. d. M.
Einwohnerzahl: 20 000

✳Lage und
Bedeutung

Am rebenbestandenen rechten Ufer der Elbe (→ Labe) gegenüber der Einmündung der Moldau (→ Vltava) liegt, 38 km nördlich von Prag (→ Praha), die Kreisstadt Mělník – deutsch Melnik –, deren Anfänge bis ins 10. Jh. zurückgehen, weil schon damals hier die Burg eines slawischen Stammes stand; 1274 erhielt Mělník Stadtrecht. Karl IV. ließ die ersten Burgunderweinreben kommen und in den Hanggärten oberhalb von Elbe und Moldau anpflanzen. Er begründete damit den böhmischen Weinbau, zu dessen Zentrum Mělník geworden ist.

Weinbau

Alljährlich am letzten Wochenende im September wird ein großes Winzerfest gefeiert. Der bekannte Ludmila-Wein der Stadt erinnert an die erste Märtyrerin und Schutzpatronin des Landes.

Sehenswertes in Mělník

Propsteikirche

Die Silhouette der Stadt beherrschen die gotische Propsteikirche Peter und Paul (15. Jh.) mit ihrem hohen Turm sowie eine ausgedehnte Schloßanlage, die ursprünglich aus dem 14. Jh. stammt.

Lageplan

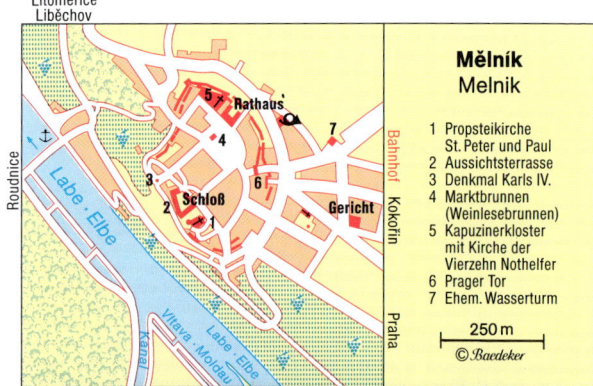

Mělník
Melnik

1 Propsteikirche
  St. Peter und Paul
2 Aussichtsterrasse
3 Denkmal Karls IV.
4 Marktbrunnen
  (Weinlesebrunnen)
5 Kapuzinerkloster
  mit Kirche der
  Vierzehn Nothelfer
6 Prager Tor
7 Ehem. Wasserturm

250 m

© Baedeker

Mělník – Schloß und Propsteikirche von Melnik über der Elbe

Von der Aussichtsterrasse vor der Propsteikirche bietet sich ein reizvoller Blick über die Weinhänge am Elbufer, die Elbbrücke (rechts unten) und die Mündungen (links) des Moldaukanals (im Vordergrund; unweit südlich eine alte Schleuse) sowie der Moldau selbst in die Elbe (Beginn der tschechischen Elbkilometrierung). ✳ Aussicht

In dem fürstlich Lobkowitzschen Renaissanceschloß (16. Jh.; in Renovierung) sind heute eine wertvolle Gemäldesammlung des Barock (P. Brandl, K. Škréta, V.V. Reiner), das Kreismuseum mit Ausstellungen zu Heimatkunde und Weinbau sowie eine Weinstube untergebracht.
In den Schloßweinkellern können über 6000 hl Wein gelagert werden. **Schloß**

Beachtenswert sind ferner das Alte Rathaus aus dem 14. Jh., das 1765 bis 1793 barockisiert wurde, und die Reste der Stadtbefestigung aus dem 13. Jh. mit dem Prager Tor (um 1500). Rathaus
Stadtmauerreste
Prager Tor

Umgebung von Mělník

Etwa 7 km nordwestlich liegt am rechten Elbufer der von Weinbergen umgebene Ort Liběchov (Liboch; 163 m ü. d. M., 1100 Einw.) am Eingang der romantischen 'Libocher Gründe'. Sein im Stil der Renaissance erbautes Schloß aus dem 16. Jh. birgt heute eine ständige Ausstellung über die Kulturen asiatischer Völker des Prager Náprstek-Museums. Im barocken Gartentrakt (18. Jh.) befindet sich eine aus dem anstehenden Fels gemeißelte Figurengruppe (19. Jh.). **Liběchov**

14 km nordwestlich von Mělník ragt der Berg Říp (Georgsberg; 456 m ü. d. M.) auf, eine einzeln stehende, z. T. bewaldete Basaltkuppe, welche die romanische Georgsrotunde, eine Rundkapelle (mit Turm des hl. Georg **Georgsberg**

Georgsberg
(Fortsetzung)

von 1126), krönt. Der Říp – neuerdings wieder als Wallfahrtsort besucht – spielt eine wichtige Rolle in der tschechischen Mythologie: Nach einer slawischen Sage soll der Urvater Čech seinen Stamm hierher nach Böhmen (Čechy) geführt haben, um in der Umgegend zu siedeln.

Veltrusy

14 km südwestlich von Mělník steht das ehemals gräflich Choteksche Rokokoschloß Veltrusy bei der gleichnamigen Ortschaft (Weltrus; 175 m ü.d.M., 1700 Einw.). Das Schloß besitzt eine reiche Inneneinrichtung (Möbel, Spiegel, Wandteppiche, Porzellan).
In dem ausgedehnten prächtigen englischen Park (Mitte 18. Jh.) verdienen mehrere romantische Bauwerke Beachtung; hier wurde 1754 'Der Große Markt der Erzeugnisse des Königreiches Böhmen' veranstaltet, eine erste Mustermesse.

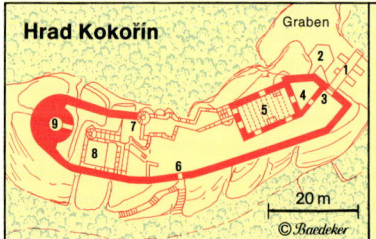

Burg Kokořín

17 km nordöstlich von Mělník erhebt sich über dem von der Pšovka zwischen zerklüfteten Kalkfelsen durchflossenen, reizvollen Kokořín-Tal (Kokořínský důl), die von dichtem Wald umgebene Burg Kokořín (Kokorschin), ein hervorragendes Beispiel romantisch neugotischer Strömungen vom Anfang des 20. Jahrhunderts. Ursprünglich im 14. Jh. erbaut, wurde das Schloß in den Hussitenkriegen stark beschädigt und erst 1911–1918 von Grund auf erneuert.

Naturschutzgebiet

In dem nahen Naturschutzgebiet Kokořínsko findet man interessante Felsformationen und Sandsteintäler.

Nelahozeves

18 km südwestlich von Mělník liegt der Ort Nelahozeves (Mühlhausen; 185 m ü.d.M., 1500 Einw.) mit einem Renaissanceschloß aus den Jahren 1553–1593; darin befinden sich Sammlungen der Mittelböhmischen Galerie (alte europäische Kunst). Ferner besuchenswert ist das Museum im Geburtshaus des Komponisten Antonín Dvořák (1841–1904; → Berühmte Persönlichkeiten).

Roudnice
nad Labem

20 km nordwestlich von Mělník gelangt man nach Roudnice nad Labem (Raudnitz, 195 m ü.d.M., 15000 Einw.), einer alten Stadt am linken Elbufer mit Maschinenfabriken und Lebensmittelindustrie. Das monumentale ehemals fürstlich Lobkowitzsche Schloß am Marktplatz stammt aus dem 17. Jh., beherbergt eine Militärmusikakademie und enthält darüber hinaus eine Gemäldegalerie mit Bildern moderner tschechischer Maler. Auf dem Schloßgelände befindet sich außerdem das ehem. Kapuzinerkloster (Kirche von 1615–1628). Westlich der Stadt sind das gotische ehem. Augustinerchorherrenstift mit Kirche aus dem 14. Jh. (1725–1734 von dem Leitmeritzer Ottavio Broggio barock umgestaltet) und die dem hl. Wilhelm geweihte Barockkapelle (von 1726) bemerkenswert.

Mies

→ Stříbro

Mikulov · Nikolsburg   F 4

Region: Südmähren
Kreis: Břeclav
Höhe: 248 m ü.d.M.
Einwohnerzahl: 7500

Die südmährische Stadt Mikulov – deutsch Nikolsburg – liegt reizvoll am Südfuß der Pollauer Berge (Pavlovské vrchy) und ist das Zentrum eines ertragreichen Gemüse-, Obst- und Weinbaugebietes (große Weinkeller; Riesenfaß mit 1000 hl Fassungsvermögen von 1643). Am hiesigen Gymnasium studierten in ihrer Jugend der tschechische Naturforscher Jan Evangelista Purkyně (1787–1869) sowie die österreichischen Bundespräsidenten Karl Renner (1870–1950) und Adolf Schärf (1890–1965).

*Lage und Bedeutung

Sehenswertes in Mikulov

Das Stadtbild beherrscht das mächtige ehemals fürstlich Dietrichsteinsche Barockschloß (urspr. eine mittelalterliche Burg von 1322; im 17. und 18. Jh. ausgebaut, nach Kriegszerstörungen von 1945 wiederhergestellt), in dem am 26. Juli 1866 der Vorfriede zwischen Preußen und Österreich geschlossen wurde.
Im Schloß lohnt das Museum mit einer Ausstellung über die Geschichte des Weinbaus einen Besuch.

*Schloß

Museum

Beachtenswert sind außerdem die spätgotische Stadtpfarrkirche St. Wenzel (im Inneren reiche Rokoko-Einrichtung des 18. Jh.s), die schwere Hochbarockfassade (1704–1710) der ehem. Annakirche, deren früherer Chor zu einer spätklassizistischen Gruftkirche (1844–1856) umgebaut wurde, sowie eine Dreifaltigkeitssäule von 1723 an dem von stattlichen alten Häusern gesäumten Hauptplatz. In der Unterstadt steht die barocke Piaristenkirche (17. Jh.).

Kirchen

Brno, Znojmo

Poštovní

Husova

Fučíkovo nám.

Schloß

Anna-kirche

Schloß-anlagen

Zámecká

Kapucínská

© Baedeker

Alfonse Muchy

Gen. Svobody

Vídeňská

Koněvova

Komenského nám.

Komenského

Purkyňova

St. Johannes der Täufer

Mikulov
Nikolsburg
Stadtkern

1 Stadtpfarrkirche
  St. Wenzel
2 Propstei
3 Synagoge
4 Rathaus
5 Brunnen
6 Pestsäule
7 Domherrenhäuser
8 St.-Anna-Kirche
  Dietrichstein-
  Grabstätte
9 Kloster mit Kirche
  St. Johannes der
  Täufer

|⊢——— 100 km ———⊣|

Wien, Břeclav

Mikulov – Schloß Nikolsburg

Ehemaliges Judenviertel

Westlich unterhalb des Schlosses erstreckt sich das einstige Judenviertel (Friedhof mit Gräbern des 17. bis 19. Jh.s).

Gaisberg

5 Minuten nördlich vom Hauptplatz erhebt sich der felsige Gaisberg (Kozí vrch) mit einem mittelalterlichen Turm (von oben gute Aussicht).

Heiliger Berg

Nordöstlich über der Stadt stehen auf dem oben kahlen sog. Heiligen Berg (Kopeček; 363 m ü. d. M., 3/4 Stunde; Aufgang gesäumt von Kreuzwegstationen des 18. Jh.s) die Sebastianskirche, ein barocker Kuppelbau des 17. Jh.s, und ein freistehender Glockenturm von 1636; weite Rundsicht.

Umgebung von Mikulov

Hustopeče

15 km nördlich liegt das kleine Städtchen Hustopeče (Auspitz; 193 m ü. d. M., 3000 Einw.), in dem seit der Mitte des 14. Jh.s Weinbau betrieben wird. In dem nördlichen Stadtteil Kurdějov (Gurdau) steht eine bemerkenswerte gotische Wehrkirche.

Velké Pavlovice

14 km nordöstlich erreicht man das Städtchen Velké Pavlovice (Großpawlowitz; 182 m ü. d. M., 3000 Einw.) inmitten einer der wichtigsten südmährischen Wein- und Obstbaugegenden; Geburtsort des bedeutenden Kulturphilosophen und Schriftstellers Rudolf Kassner (1873–1959).

Pollauer Berge

Die Pollauer Berge (Pavlovské vrchy) sind ein karstiges Schutzgebiet, das sich 30 km südlich von Brünn (⟶ Brno) und nördlich der mährisch-niederösterreichischen Grenze erhebt (bis 550 m ü. d. M., Děvín). Es besteht aus einer Reihe scharfer Kämme mit reicher Steppenflora und Muffelwild und wird gekrönt von den Burgruinen Dívčí hrady und Sirotčí hrádek. Am Südfuße liegt das alte Städtchen Nikolsburg (Mikulov), ein guter Ausgangs-

punkt zu Ausflügen in diese Region. Auf der Nordseite begrenzt die Pollauer Berge ein neues Staubeckensystem, Nové Mlýny, in dessen Nähe
sich der bedeutsame Mammutjägerplatz von Dolní Věstonice (Unter-
Westonitz) mit ca. 25000 Jahre alten Steinzeitfunden befindet (archäologisches Museum); die 'Venus von Westonitz' ('Věstonická Venuše'; Abb. s. S.
58) befindet sich im Brünner Mährischen Landesmuseum.

Mikulov
Pollauer Berge
(Fortsetzung)
Dolní Věstonice

Mladá Boleslav · Jungbunzlau   **D 2**

Region: Mittelböhmen
Kreis: Mladá Boleslav
Höhe: 235 m ü. d. M.
Einwohnerzahl: 44000

Die mittelböhmische Kreisstadt Mladá Boleslav – deutsch Jungbunzlau –
liegt 55 km nördlich von Prag (→ Praha; Autobahn Nr. 10) an der Iser
(Jizera) und besitzt ausgedehnte Industrieanlagen.
Im Jahre 1905 entstand hier die Kraftwagenfabrik Laurin und Klement, an
deren Tradition seit 1925 die Škoda-Automobilwerke anknüpfen (seit 1990
Zusammenarbeit mit dem deutschen Volkwagen-Konzern).

Lage und
Bedeutung

Bemerkenswertes in Mladá Boleslav

In der auf felsiger Anhöhe über der Iser (Jizera) gelegenen Altstadt stand
bereits im 10. Jh. eine Burg, die im 16. Jh. in ein Renaissanceschloß umgebaut wurde und seit dem 18. Jh. bis 1953 als Kaserne diente; heute ist hier
das Kreismuseum untergebracht. Am Altstädter Platz stehen das Alte
Rathaus von 1559 und die Stadtkirche (urspr. 15. Jh.; Anfang 18. Jh.
barock erneuert). In der ehemaligen protestantischen Kirche der Böhmischen Brüdergemeine ('Tempel'; Mitte 16. Jh.) ist eine Kunstgalerie eingerichtet.

Altstadt

Umgebung von Mladá Boleslav

4 km nördlich liegt der Industrieort Kosmonosy (Kosmanos), heute ein
Ortsteil von Mladá Boleslav. Sehenswert sind das Schloß mit ehem.
Kloster (beide 17. Jh.) sowie eine barocke Wallfahrtskapelle ('Loreto';
Anfang 18. Jh.).

Kosmonosy

12 km südöstlich gelangt man zu der Ortschaft Jabkenice (230 m ü. d. M.)
mit einem ehem. barocken Forsthaus, in dem der große tschechische Ton-
dichter Bedřich (Friedrich) Smetana (1824–1884; → Berühmte Persönlichkeiten) von 1876 bis 1884 lebte und komponierte. Das Haus dient heute
musealen Zwecken; davor ein Smetana-Denkmal. In der Nähe ein Wildgehege.

Jabkenice

Mnichovo Hradiště · Münchengrätz   **D 2**

Region: Mittelböhmen
Kreis: Mladá Boleslav
Höhe: 240 m ü. d. M.
Einwohnerzahl: 7000

Die kleine mittelböhmische Stadt Mnichovo Hradiště – deutsch Münchengrätz – liegt am linken Ufer der Iser (Jizera) und ist ein günstiger Ausgangs-

Lage und
Bedeutung

Mnichovo Hradiště – Wallensteins Grabkapelle beim Schloß Münchengrätz

Lage und Bedeutung (Fortsetzung)

punkt für den Besuch des Böhmischen Paradieses (→ Český ráj). Bedeutung hat die Stadt in der Automobilindustrie; hier werden Lastkraftwagen der Marke LIAZ produziert (in jüngster Zeit Zusammenarbeit mit dem deutschen Unternehmen Mercedes-Benz).

Sehenswertes in Mnichovo Hradiště

Schloß

Das ehemals Wallensteinsche Renaissanceschloß vom Anfang des 17. Jh.s wurde 1700 barock umgestaltet (reiche Inneneinrichtung). Besonders beachtenswert sind die Bibliothek, das Empiretheater und die Porzellan- und Waffensammlung.

✳Schloßpark

In dem im englischen Stil gehaltenen Schloßpark steht eine reizvolle Sala terrena aus dem Jahre 1711.

Lageplan

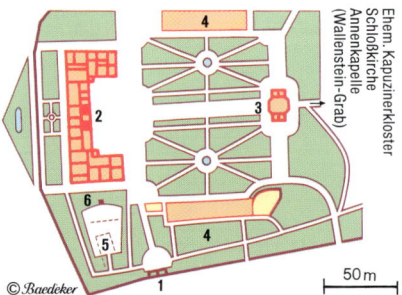

Mnichovo Hradiště

Zámecký park
Schloßpark

Münchengrätz

1 Haupttor
2 Ehem. Waldsteinsches Renaissanceschloß
3 Sala terrena
4 Wirtschaftsgebäude
5 Reste einer gotischen Kirche
6 Denkmal des Václav Budovec z Budova

Ehem. Kapuzinerkloster
Schloßkirche
Annenkapelle
(Wallenstein-Grab)

50 m

© Baedeker

In der barocken Annenkapelle der Schloßkirche befindet sich das Grab des Heerführers Albrecht von Waldstein (Wallenstein, 1583–1634; → Berühmte Persönlichkeiten).
An den Schloßpark schließt am rechten Iserufer das ehem. Kapuzinerkloster (17. Jh.).

Mnichovo Hradiště
(Fortsetzung)
Wallensteins Grab

Umgebung von Mnichovo Hradiště

4 km nördlich liegt die Ortschaft Mohelnice nad Jizerou (232 m ü. d. M.) mit romanischer Kirche (um 1260; 1876 erneuert).

Mohelnice
nad Jizerou

4 km südöstlich von Mnichovo Hradiště liegt die Ruine der z. T. aus dem felsigen Sandstein gehauenen Burg Valečov (355 m ü. d. M.; 14. Jh.).

Valečov

5 km nordöstlich von Mnichovo Hradiště erhebt sich der aussichtsreiche Basaltberg Mužský (Musky, 463 m ü. d. M.), der westlichste Vorposten des Jitschiner Berglandes (Jičínská pahorkatina), an dessen Abhängen sich interessante Felsenstädte befinden; archäologische Fundstätten.

Mužský

12 km nordöstlich von Mnichovo Hradiště gelangt man nach Příhrazy (288 m ü. d. M.), Erholungsort mit einem malerisch in einer Felsnische gelegenen Campingplatz, von wo man schöne Fußtouren in das Felsengebiet des Böhmischen Paradieses (→ Český ráj) unternehmen kann.

Příhrazy

Moldau

→ Vltava

Morava · March   F/G 2–4

Hauptfluß Mährens und Grenzfluß zur Slowakei
Regionen: Nordmähren, Südmähren und Westslowakei
Länge: 360 km
Einzugsgebiet: ca. 27 000 km²

Die March (Morava), ein linker Nebenfluß der Donau (Dunaj), entspringt auf 1275 m ü. d. M. am Großen oder Glatzer Schneeberg (Králický Sněžník), unweit der mährisch-schlesischen Stadt Staré Město (Altstadt) im tschechisch-polnischen Grenzgebiet.

Quelle
in Mährisch
Schlesien

Die March fließt zunächst südsüdostwärts über die alte mährische Hauptstadt → Olomouc (Olmütz), nimmt bei Tovačov (Tobitschau) die Betschwa (Bečva; von links) auf, berührt die Städte → Kroměříž (Kremsier) und → Uherské Hradiště (Ungarisch-Hradisch), fließt dann südsüdwestwärts durch das mährische Becken nach Hodonín (Göding) und verzweigt sich in mehrere Arme zwischen Auwäldern (Dolnomoravský úval), wobei der Hauptfluß nun bis zur Einmündung der Thaya (Dyje; von rechts) die Grenze zwischen der Tschechischen Republik und der Slowakischen Republik markiert.

Verlauf in Mähren

In ihrem letzten, südlichsten Abschnitt bildet die March für etwa 80 km die Staatsgrenze zwischen der Republik Österreich (Bundesland Niederösterreich) und der Slowakischen Republik (Region Westslowakei). Unterhalb der Burgruine Theben (Devín), heute zur Stadtregion der slowakischen Hauptstadt → Bratislava (Preßburg) gehörig, fließt sie in der Hainburger Pforte oder Ungarischen Pforte (Porta Hungarica) der Donau (Dunaj) zu.

Grenze zwischen
Österreich und
der Slowakei

Mündung
in die Donau

Morava (Forts.)
Marchfeld
Marchauen

Am Unterlauf der March finden sich teils lößbedeckte Schotterterrassen (Marchfeld u. a.).
Am rechten, niederösterreichischen Ufer erstreckt sich nördlich von Marchegg das 1970 eingerichtete Naturreservat Marchauen.

Moravská Třebová · Mährisch-Trübau   **F 3**

Region: Ostböhmen
Kreis: Svitavy
Höhe: 408 m ü. d. M.
Einwohnerzahl: 12 000

Lage und
Bedeutung

Die rund 55 km westnordwestlich von Olmütz (→ Olomouc) gelegene Stadt Moravská Třebová – deutsch Mährisch-Trübau – wurde im 13. Jh. nach einem schachbrettartigen Grundrißplan mit großem quadratischen Marktplatz angelegt, der sein mittelalterliches Aussehen weitgehend bewahrt hat (Stadtkern unter Denkmalschutz). Sie hat heute einige Bedeutung im Maschinenbau sowie in der Seidenweberei.

Sehenswertes in Moravská Třebová

Schloß

In einer Zeit wirtschaftlichen Aufschwungs wurde 1612–1618 an der Stelle einer früheren Burg in der Südostecke des Stadtkerns das dreiflügelige Schloß im Stil der Spätrenaissance erbaut. Sein Tor stammt jedoch schon von 1493 und ist das früheste Renaissancewerk in Mähren. Die gesamte Schloßanlage befindet sich in Restaurierung.

*Marktplatz

Das ursprünglich gotische Rathaus an der Südseite des quadratischen, von zahlreichen Bürgerhäusern aus den Zeiten der Spätgotik und der Renaissance gesäumten Marktplatzes wurde 1560–1565 im Renaissancestil umgebaut. Die Pestsäule in der Platzmitte stammt aus den Jahren 1717–1720.

Pfarrkirche

Die nach 1726 im Barockstil um- und ausgebaute Pfarrkirche Mariä Himmelfahrt, südlich vom Rathaus, besitzt reichen Freskoschmuck und beachtenswerte Barockmalereien.

Piaristenkolleg

Der am Nordostrand des Stadtkerns gelegene Bau des barocken ehem. Piaristenkollegs stammt aus dem 18. Jahrhundert.

Stadtmauerreste
Stadtpark

An mehreren Stellen sind noch Reste der alten Stadtbefestigung erhalten. Im Stadtpark beachte man die Büsten von Smetana und Schiller.

Stadtplan

Moravská Třebová
Mährisch-Trübau

Stadtkern

1 Schloß
2 Pfarrkirche
   Mariä Himmelfahrt
3 Rathaus
4 Pestsäule
5 Kloster und Kirche
   der Franziskaner
6 Piaristenkolleg

150 m
© Baedeker

Umgebung um Moravská Třebová

18 km nordöstlich liegt Zábřeh (Hohenstadt; 285 m ü.d.M., 15 000 Einw.), **Zábřeh**
eine Industriestadt in reizvoller Lage an der Nordseite des Hohenstadter
Berglandes (Zábřežská vrchovina). Erwähnenswert ist das Renaissancehaus von 1581, in dem der junge Comenius (→ Berühmte Persönlichkeiten) lebte; aus dem Hause stammte seine erste Frau.

18 km östlich von Moravská Třebová entfernt ist Mohelnice (Müglitz; 275 m **Mohelnice**
ü.d.M., 7000 Einw.), eine alte Stadt mit Resten gotischer Befestigungen
und einem Stadttor von 1540. Beachtung verdient die gotische Dekanatskirche vom Beginn des 15. Jh.s mit hohem, das Stadtbild dominierendem
Turm. – In der Umgebung von Mohelnice hat man zahlreiche Spuren neoli-
thischer Besiedlung gefunden (Museum am Kirchplatz).
8 km östlich von Mohelnice ist in der Ortschaft Úsov (Mährisch-Aussee, **Úsov**
285 m ü.d.M.) das ehem. fürstlich Liechtensteinische Schloß (frühbarock,
17. Jh.) bemerkenswert; darin ein altes Jagd- und Forstmuseum.

24 km östlich von Moravská Třebová liegt der Ort Mladeč (242 m ü.d.M.), **Mladeč**
bei dem in eiszeitlichen Berghöhlen bedeutende archäologische Funde
gemacht wurden.

16 km südöstlich von Moravská Třebová gelangt man zu der Ortschaft **Bouzov**
Bouzov (Busau; 366 m ü.d.M.) mit einer mächtigen, um 1900 rekonstruier-
ten Burg (urspr. 14. Jh.), die einst dem Deutschen Ritterorden gehörte; sie
enthält eine reiche Innenausstattung im Stil der romantischen Gotik (in der
Burgkapelle Grabsteine von Ordensmeistern).

18 km südöstlich von Moravská Třebová erreicht man das Dorf Javoříčko, **Javoříčko**
das am 5. Mai 1945 vernichtet, später aber wiederaufgebaut wurde; an
dieses Ereignis erinnert heute ein Mahnmal.
Unweit oberhalb der Ortschaft hat man im Karst vielgestaltige Tropfsteinhöhlen entdeckt.

20 km südöstlich von Moravská Třebová liegt die Ortschaft Bílá Lhota **Bílá Lhota**
(287 m ü.d.M.) mit einem Barockschloß und interessantem Park (Arboretum zu Studienzwecken).

Moravskoslezské Beskydy ·
Mährisch-schlesische Beskiden

H 3

Region: Nordmähren
Kreise: Frýdek-Místek und Vsetín

Die malerischen Mährisch-schlesischen Beskiden (Moravskoslezské Bes- Lage,
kydy) bestehen aus einem nördlichen Teil mit einigen kürzeren, 1100 bis Gliederung und
1325 m hohen Kämmen (Radhošť, 1192 m ü.d.M.; Bergmassive von ✳Landschaftbild
Smrk, 1276 m ü.d.M. und Lysá hora, 1323 m ü.d.M.), dem südlich davon
gelegenen Bergrücken Vsetínské vrchy sowie den den Grenze zur Slowakei
bildenden östlichen Teilen Zadní hory (Bílý kříž) und Javorníky (Velký
Javorník, 1071 m ü.d.M.).

Der wichtigste Fluß ist hier die Ostravice, ein rechter Nebenfluß der Oder; Gewässer
nach Süden fließt die Betschwa (Bečva; linker Nebenfluß der March, bis
Valašské Meziříčí Obere und Untere Betschwa). Zu Erholungszwecken
dienen die Stauseen Bystřička, Horní Bečva, Olešná, Žermanice. Mit Trinkwasser versorgen das Ostrauer Industrierevier die Stauseen Ostravice und
Morávka.

Moravskoslezské
Beskydy
(Fortsetzung)
Touristische Reize

Das Gebirge ist dicht bewaldet und hat auch einige Urwaldgebiete. Anziehend sind die vielen, nicht nur auf den höchsten Gipfeln, sondern auch auf den niedrigeren kahlen Bergrücken gelegenen Aussichtspunkte.
Die Region bietet gute Möglichkeiten zu lohnenden Kammwanderungen sowie zum Wintersport (v. a. Langlaufloipen, z. B. bei Pustevny).

Moravský kras · Mährischer Karst   F 3

Region: Südmähren
Kreise: Blansko und Brno-venkov
Höhe: bis 600 m ü. d. M.

Lage und
Morphologie

Gut 20 km nordnordöstlich von Brünn (→ Brno) erstreckt sich als östliche Ausbuchtung der Böhmisch-Mährischen Höhe zum March-Graben hin das Drahaner Bergland (Drahanská vrchovina) mit Höhen bis zu 735 m ü. d. M., deren Kernstück eine im Durchschnitt 400–600 m hohe, Mäh-

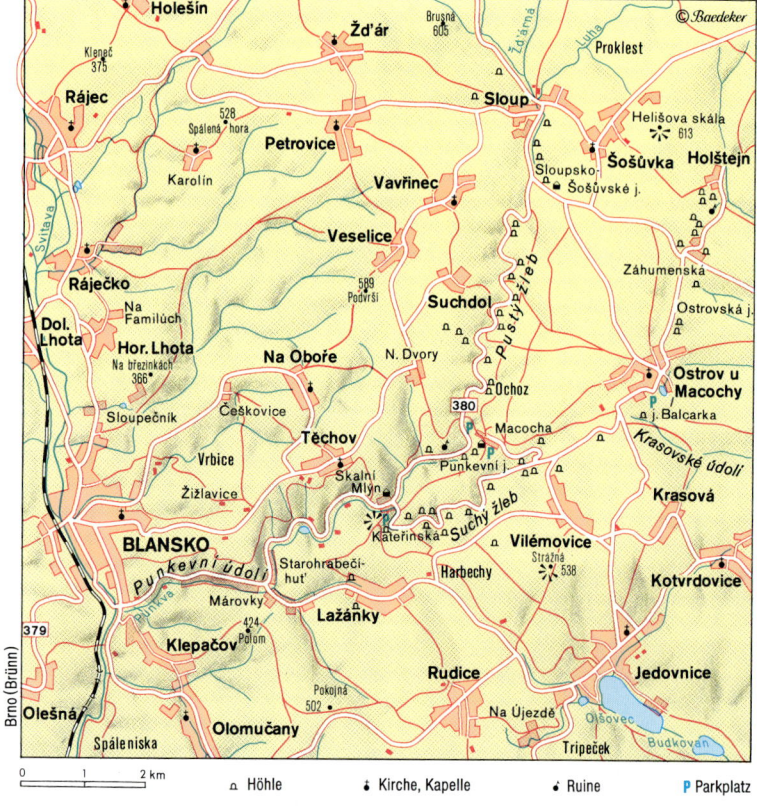

0   1   2 km   ⌂ Höhle   ⸷ Kirche, Kapelle   • Ruine   P Parkplatz

Mährischer Karst   **Moravský kras**

Punkevní jeskyně – Punkva-Tropfsteinhöhlen

rischer Karst (Moravský kras) genannte Devonkalkplatte bildet, die im Westen vom Flußlauf der Zwittawa (Svitava) begrenzt ist und von deren z.T. unterirdisch verlaufenden Zuflüssen zerschnitten wird.

Im nördlichen Teil des von oft wasserlosen Tälern durchfurchten und im Landschaftscharakter von Dolinen, Wasserschlünden und merkwürdigen Gesteinsbildungen bestimmten Karstgebietes (ca. 25 km lang und 6 km breit) befinden sich mehrere großartige Tropfsteinhöhlen, in denen bedeutende paläontologische Funde gemacht wurden, sowie der gewaltige Macocha-Abgrund.

Im südlichen Teil des Karstlandes sind die durch urzeitliche Funde bekannt gewordenen Höhlen im Zwittawatal bei Adamov (Adolfsthal) ('Stierfelsen' · 'Býčí skála') und im Říčkatal bei Ochoz u Brna ('Schwedentisch' · 'Švédův stůl' und 'Backstube' · 'Pekárna') erwähnenswert. Urzeitfunde im Brünner Anthropos-Museum.

Rundfahrt durch den ✳✳ Mährischen Karst
(ca. 35 km; Höhlenbesuche 6–7 Std.)

Ein günstiger Ausgangspunkt für den Besuch des Höhlengebietes ist die von der Fernverkehrsstraße Nr. 43 (Brno–Svitavy) unschwer erreichbare, an der Zwittawa (Svitava) gelegene Kreisstadt Blansko (276 m ü.d.M., 20000 Einw.; Eisenherstellung seit dem Mittelalter; im Renaissanceschloß u.a. Museum des Mährischen Karstes).
Vom Bahnhof fährt man auf der Straße Nr. 380 zunächst südlich über die Zwittawa, nach 1¹/₂ km, bei der Mündung der Punkva in die Zwittawa, öst- lich an der Blanskoer Eisenhütte vorüber durch das Punkva-Tal (Punkevní údolí) am rechten Ufer flußaufwärts und erreicht nach weiteren 5¹/₂ km den Gasthof Steinmühle (Skalní Mlýn), wo rechts das Dürre Tal (Suchý žleb)

Lage und Morphologie (Fortsetzung)

Gliederung

✳Tropfsteinhöhlen
✳Macocha-Abgrund

Urzeitfunde

Ausgangs- und Endpunkt Blansko

277

Rundfahrt
(Fortsetzung)

mündet; in diesem $1/2$ km südöstlich die Katharinenhöhle (s. nachstehend). Weiter im Tal der Punkva, die nach $11/2$ km rechts unterhalb nach unterirdischem Verlauf durch die Punkva-Höhlen aus einer 3 m hohen Felsöffnung quillt. Links auf der Höhe die Ruine der Burg Blansek (Blansegge; 13. Jh.; seit 1432 zerstört).

*Punkva-Höhlen
(Abb. s. S. 277)

Unweit hinter der Punkva-'Quelle' rechts am Fuße der Felswand der Eingang (370 m ü. d. M.) in die 1909 entdeckten, weitläufigen Punkva-Höhlen (Punkevní jeskyně), ein verzweigtes Labyrinth von zahlreichen Grotten mit mannigfaltigen Tropfsteinbildungen. Die lohnende Besichtigung der teilweise vom Wasser der hier unterirdisch fließenden Punkva erfüllten Höhlen, die auch mit der Katharinenhöhle (s. nachstehend) verbunden sind, erfolgt zum größeren Teil mit Booten, endet bei zwei kleinen Seen im Schluchtboden des Macocha-Abgrundes und erfordert einschließlich der Rückkehr zum Höhleneingang etwa zwei Stunden Zeit.

Vom Eingang der Punkva-Höhlen führt die Straße äußerst windungsreich nordöstlich durch das wasserlose Öde Tal (Pustý žleb) in Richtung Sloup. Nach 6 km sieht man die Abzweigung einer Landstraße nach Ostrov u Macochy, der man später bei der Rückfahrt folgt. Zunächst fährt man hier geradeaus in das fruchtbare Slouper Tal, das östlich von 40–50 m hohen weißgrauen, ohne bewaldeten Kalkfelsen abgeschlossen wird. Rechts die im Felsfuß klaffende Öffnung der tunnelförmigen Höhle 'Kůlna' ('Schuppen'; prähistorische Siedlungsstätte).
Weiterhin, ebenfalls rechts, der einzeln stehende Kammfelsen (auch 'Teufelsfelsen' · Hřebenáč), eine vom übrigen Kalkmassiv freigespülte Felsmasse von 76 m Umfang und etwa 20 m Höhe, in dessen Umgebung der Slouper Bach in Wasserschlünden versiegt.

Sloup- und
Šošůvka-Höhlen

Sloup

Dahinter ($1/2$ km von der zuvor genannten Abzweigung) liegt der Eingang zu den Höhlen von Sloup und Šošůvka (Sloupsko-šošůvské jeskyně), einem System parallel verlaufender, von Abgründen und Wasserschluchten unterbrochener Gänge und weiträumiger Hallen von über 4 km Länge (ca. 3 km zugänglich) mit vielen reizvollen Tropfsteingebilden. Die Besichtigung der zugänglichen Höhlenteile erfordert etwa $11/2$ Stunden Zeit.
1 km nördlich liegt der kleine Ort Sloup ('Säule', 471 m ü. d. M.; 700 Einw.) mit einer schönen barocken Wallfahrtskirche von 1750 (Freskogemälde).

Zur Fortsetzung der Rundfahrt kehrt man in Sloup um und fährt 1 km auf der zuvor beschriebenen Straße zurück bis zur Abzweigung (rechts) der Straße Nr. 380 in das Öde Tal. Hier links und über ein freies Dolinenfeld. Nach $31/2$ km gelangt man zu dem Dorf Ostrov u Macochy (485 m ü. d. M.; 1400 Einw.), wo links das an Wasserschlünden und Höhlen reiche Holsteiner Tal (3 km nördlich der Ortschaft Holštejn · Holstein) mündet.

Balcar-Höhle

1 km südwestlich von Ostrov u Macochy umzieht die Straße den Balcar-Felsen (links), einen spärlich mit Busch bestandenen Kalkklotz, an dessen Fuß sich der Eingang zu der 1923–1935 erschlossenen Balcar-Höhle (Jeskyně Balcarka) befindet. Eine Besonderheit dieses sich in zwei Ebenen ausdehnenden Grottenkomplexes bilden farbig durchscheinende Tropfsteine. Die Besichtigung dauert etwa eine Stunde Zeit.

Von der Balcar-Höhle folgt man der Straße südwestlich an eigenartigen Karstformationen (rechts) vorüber, zweigt nach $11/2$ km von der geradeaus in das Dürre Tal weiterführenden Strecke rechts ab und fährt in Windungen ziemlich steil, zuletzt durch Wald bergauf.

**Macocha-
Abgrund

Nach abermals $11/2$ km endet die Straße an einem großen Parkplatz unweit des Berggasthofes 'Chatna na Macoše'. Von dort sind es nur wenige Schritte zu der Oberen Gloriette (490 m ü. d. M.), einer kleinen Aussichtsplattform unmittelbar über einer 138 m senkrecht in den wilden Macocha-Abgrund stürzenden Steilwand. In der Tiefe des kurz 'Macocha' ('maco-

Höhlenplan

**Macocha-Abgrund
Propast Macocha**

FELSENDOME

A Vorderer Dom
　(Přední dóm)
B Hinterer Dom
　(Zadní dóm)

**TROPFSTEIN-
HÖHLEN**

C Balkenhöhle
　(Trámová jeskyně)
D Erichhöhle
　(Erichova jeskyně)
E Märchenhöhlen
　(Pohádkové jeskyně)

GRUNDSEEN

F Oberer See
　(Horné jezírko)
G Unterer See
　(Dolné jezírko)

N. B.:

**Das Punkva-Höhlen-
system gehört zu
den ausgedehntesten
im Mährischen Karst;
1969 – 1979 sind
hier mehr als 30 km
Höhlengänge ver-
messen worden.**

**Punkva-Höhlen
Punkevní jeskyně**

100 m

**Mährischer Karst
Moravský kras**

© Baedeker

cha' oder 'macecha' = Stiefmutter) genannten, 281 m langen und 126 m breiten Einsturzkessels einer einstigen Karsthöhle zwei kleine Seen sowie ein Zugang zu den Punkva-Höhlen (s. zuvor). Ein markierter Serpentinenweg führt von der Oberen Gloriette über die Untere Brücke (442 m ü. d. M.; gute Einsicht in die Schlucht) in einer halben Stunde hinab zum Schluchtboden.

Rundfahrt,
Macocha-Abgrund
(Fortsetzung)

Zur Weiterfahrt dreht man an dem zuvor genannten Parkplatz um und fährt zunächst ostwärts wie vorher beschrieben zurück, wendet sich nach 1¹/₂ km rechts und folgt der windungsreichen Straße durch das karstige und stellenweise sehr enge Dürre Tal (Suchý žleb).

Nach 2¹/₂ km rechts der spitzbogige Felseneingang der Katharinenhöhle (Kateřinská jeskyně), einer ausgedehnten Tropfsteingrotte mit drei großen Hallen, in der Skelettreste des urzeitlichen Höhlenbären gefunden wurden; besonders bemerkenswert das 'Stalagmitenwäldchen' mit einer großen Anzahl bis zu 4 m hoher, auffallend dünner Gebilde. Die Besichtigung der Höhle erfordert etwa ¹/₂ Stunde Zeit.

Katharinenhöhle

¹/₂ km weiter nordwestlich kommt man wieder zum Gasthof 'Steinmühle', wo man die Punkva überquert; an deren rechtem Ufer kehrt man wie zu Beginn der Rundfahrt beschrieben auf der Straße Nr. 380 nach Blansko zurück.

Abschließend empfiehlt sich die kurze Fahrt von Blansko zu dem 6,5 km nördlich ebenfalls an der Zwittawa (Svitava) gelegenen Ort Rájec (Raitz, 295 m ü. d. M., 3000 Einw.) mit einem ehemals fürstlich Salmschen Schloß, einem feinen Rokokobau von 1763–1769, der eine beachtenswerte Gemäldegalerie (bes. niederländische Meister des 17. Jh.s) beherbergt und von einem reizvollen englischen Park umgeben ist.

Rájec

Weitere Ziele in der Umgebung von Blansko
(Moravský kras – Fortsetzung)

Jedovnice

Jedovnice, eine 7 km östlich von Blansko gelegene Sommerfrische, ist ein beliebtes Erholungszentrum mit großem Teich ('Olšovec'; 42 ha).

Vranov

Vranov (465 m ü.d.M.) liegt 7 km südlich von Blansko. Sehenswert ist hier die barocke Wallfahrtskirche, das Barockkloster und die Gruft der Liechtensteiner im Empirestil (1819–1822).

Bořitov

Die Ortschaft Bořitov (305 m ü.d.M.) liegt 8 km nordwestlich von Blansko. Bemerkenswert ist hier eine ursprünglich romanische Kirche (vor 1500 umgebaut) mit romanischen und gotischen Fresken.

Křtiny

Křtiny (417 m ü.d.M.), eine Ortschaft 10 km südöstlich von Blansko, besitzt eine barocke Wallfahrtskirche mit Fresken und wertvoller Inneneinrichtung. Das Barockschloß stammt von 1660, wurde aber später umgebaut.

Lysice

Lysice (362 m ü.d.M.) ist ein 14 km nordwestlich von Blansko gelegenes Städtchen. Das Renaissanceschloß mit Umbauten im Barock- und Empirestil und die Empirekolonnade im Schloßgarten (wertvolle Interieure) lohnen den Besuch. Hier befindet sich auch die Bibliothek der Schriftstellerin Marie von Ebner-Eschenbach (1830–1916), die hier lange Jahre lebte und begraben ist.

Most · Brüx   **C 2**

Region: Nordböhmen
Kreis: Most
Höhe: 245 m ü.d.M.
Einwohnerzahl: 70 000

Most – Brüx vor dem Abriß der Altstadt (im Mittelgrund die Marienkirche)

Die nordböhmische Kreisstadt Most – deutsch Brüx – liegt an der Biela (Bílina) und hat durch den Braunkohlenbergbau in der Umgebung sowie chemische Fabriken industrielle Bedeutung erlangt.

Lage und Entwicklung

In den sechziger und siebziger Jahren dieses Jahrhunderts wurden der gesamte alte Stadtkern und etliche Wohngebiete, unter denen die dortigen Kohlelagerstätten zum Abbau bestimmt worden waren, abgerissen und durch mächtige, modernistische Neubauten am Rande des Fördergebietes ersetzt. So ist das heutige Most eine gesichtslose, geradezu trostlos wirkende Industriestadt; im Bereich der einstigen Altstadt, von der lediglich die Marienkirche erhalten wurde (siehe unten), klafft eine weite Tagebaumulde.

Bemerkenswertes in Most

Nachdem man 1964 beschlossen hatte, die historisch und kunstgeschichtlich wertvolle Marienkirche von der Beseitigung der Brüxer Altstadt auszunehmen, wurde diese 1517–1549 nach Plänen des Annaberger Baumeisters Jakob von Schweinfurt errichtete spätgotische Hallenkirche (im 18. Jh. erneuert; einst südlich vom Marktplatz) in einer aufsehenerregenden Aktion um 841 m an einen vor dem Kohleabbau sicheren Standort versetzt. Dies geschah im Oktober 1975 nach aufwendigen Sicherungsmaßnahmen des 57 m langen und 28 m breiten, dreischiffigen Haupthauses mittels einer darunter verlegten Gleisanlage, auf welcher 53 Transportschlitten das ca. 12 000 t schwere Gebäude mit einer Geschwindigkeit von 1–3 cm/Min. fortbewegten. Den vom Ende des 16. Jahrhunderts stammenden Kirchturm hat man abgetragen und Stein für Stein neu aufgebaut. Die gesamten Restaurierungsarbeiten dauerten 1992 noch an.

Heute steht die Marienkirche – isoliert bei alten Fabrikgebäuden am Rande der Kohlentagebausenke – auf einem zweistöckigen Unterbau, in dem Schauräume über archäologische Forschungen, die Baugeschichte und die Kunstgegenstände der Kirche sowie über die 1975 angewandte Verschiebungstechnik informieren.

Kohletagebau im Bereich der vernichteten Altstadt von Brüx

Most
(Fortsetzung)
Schloßberg

Von dem alten Aussichtsturm auf dem im Südwesten der Stadt aufragenden Schloßberg (411 m ü.d.M) hat man einen weiten Blick auf die durch
den Tagebau verwüstete Industrielandschaft.

Umgebung von Most

Automobil-
rennstrecke

Unweit südwestlich des neuen Most, in der Nähe der Kreuzung der Fern-
straßen Nr. 15 und 27, befindet sich eine 4,15 km lange Rundrennstrecke
(zehn Kurven) für Motorräder und Sportwagen, die in jüngster Zeit modernen Erfordernissen angepaßt worden ist.

Münchengrätz

→ Mnichovo Hradiště

Náchod · Nachod   **F 2**

Region: Ostböhmen
Kreis: Náchod
Höhe: 350 m ü.d.M.
Einwohnerzahl: 22000

Lage, Bedeutung
und Geschichte

Die ostböhmische Kreisstadt Náchod – deutsch Nachod – liegt an der
Mettau (Metuje) und besitzt wirtschaftliche Bedeutung durch Textilindustrie, chemische Werke und Motorenbau. Bei Nachod besiegten die Preußen am 27. Juni 1866 die Österreicher und öffneten dadurch der Zweiten
Preußischen Armee den Zugang nach Böhmen.

Sehenswertes in Náchod

*Schloß

Die Stadt wird überragt von dem einst den Fürsten von Schaumburg-Lippe
gehörenden Schloß (Zámek), das 1566–1614 aus einer ursprünglich

Grundriß

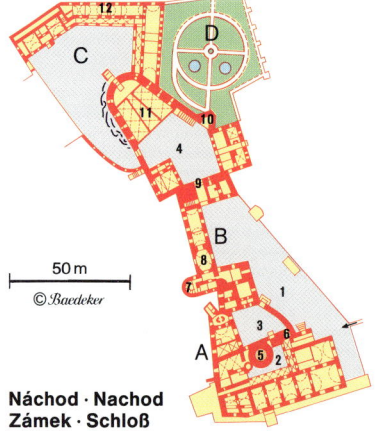

A Altes Schloß
   der Herren von Smiřice
B Piccolomini-Bau
C Anbau des 18. Jh.s
D Französischer Garten

1 Erster Schloßhof
2 Zweiter (oberer) Schloßhof
   (Arkaden an zwei Seiten)
3 Dritter (unterer) Schloßhof
4 Vierter Schloßhof
5 Großer Turm
   (Rest der mittelalterlichen,
   gotischen Burg)
6 Kleiner Turm
7 Rundbastion
8 Schloßkapelle
   (Marienkapelle mit
   frühbarocken Stukkaturen)
9 Piccolomini-Portal
10 Gartenpavillon
11 Bastei 'Turion'
   (darin urspr. Pferdeställe;
   oben später Theater)
12 Nordportal (um 1730)

**Náchod · Nachod
Zámek · Schloß**

50 m

© Baedeker

Náchod – Schloß über den Häusern von Nachod

mittelalterlichen Grenzsicherungsburg (13. Jh.; Rundturm erhalten) entstanden und 1650–1659 von C. Lurago erweitert wurde (reiche Sammlungen von Gemälden, niederländischen Gobelins u. a.). Von der Terrasse des Schlosses hat man einen weiten Ausblick. Besonders beachtenswert sind die Stukkaturen in der Schloßkapelle. — Schloß (Fortsetzung)

In der Mitte des Hauptplatzes steht die gotische Dekanatskirche St. Laurentius aus dem 14. Jh. (im 16. Jh. im Renaissancestil umgebaut) mit zwei Holzkuppeltürmen (im Volksmund 'Adam und Eva'). — Dekanatskirche St. Laurentius

Das 1902–1904 erbaute Neue Rathaus zieren Sgraffiti von Mikoláš Aleš. — Neues Rathaus

Umgebung von Náchod

3 km nordöstlich liegt am tschechisch-polnischen Grenzübergang das kleine Mineralbad Běloves (352 m ü. d. M.), wo Krankheiten der Verdauungsorgane, Neuralgien, Gicht und Ischias behandelt werden. Von dort stammt das bekannte Mineralwasser 'Ida'. — **Běloves**

3 km südöstlich von Náchod erhebt sich der Berg Dobrošov (624 m ü. d. M.) mit der Jirásek-Hütte und einem Aussichtsturm, von dem man das Adlergebirge und das Glatzer Bergland überblickt. Unweit stehen begehbare Reste der vor dem Zweiten Weltkrieg errichteten Befestigungswerke. — **Dobrošov**

7 km südwestlich von Náchod liegt der kleine 1972 angelegte Stausee Rozkoš (10 km²); Bade- und Wassersportmöglichkeiten am Nordufer. — **Rozkoš**

8 km südwestlich von Náchod gelangt man zu der Stadt Česká Skalice (284 m ü. d. M., 5000 Einw.), in der die tschechische Schriftstellerin Božena — **Česká Skalice**

Česká Skalice
(Fortsetzung)

Němcová (1820–1862) ihre Kindheit und Jugend verbrachte. Bemerkenswert sind das pseudogotische Rathaus und der Brunnen (beides 19. Jh.); Beachtung verdient auch die Barockkirche mit wertvollem Schnitzaltar.

Ratibořice

8 km westlich von Náchod steht das 1708 erbaute Schloß Ratibořice, in dem 1813 der preußische König Friedrich Wilhelm III., der russische Zar Alexander I. und der österreichische Kanzler Fürst Metternich als Gäste der Fürstin Zaháňská zusammentrafen, um über das gemeinsame Vorgehen gegen Napoleon I. zu beraten. Die für die neuere tschechische Literatur bedeutsame Erzählerin Božena Němcová (1820–1862) hat das Schloß und seine Umgebung in ihrem Roman "Babička" ("Großmutter") verewigt. Deshalb heißt dieser vielbesuchte, zum Naturschutzgebiet erklärte Teil des Aupa-Tales auch 'Tal der Großmutter' ('Babiččino údolí'). Die in der genannten Erzählung vorkommenden Gebäude sind hergerichtet und zugänglich (Staré Bělidlo = Alte Bleiche). In der Nähe des Schlosses (Kastanienallee) steht die ausdrucksvolle Figurengruppe "Großmutter mit den Kindern" (von O. Gutfreund, 1922).

Červený Kostelec

12 km nordwestlich von Náchod liegt die Industriestadt Červený Kostelec (Rothkosteletz; 414 m ü.d.M., 8500 Einw.) mit einer ursprünglich gotischen Kirche, die im Barockstil umgebaut wurde.

Rtyně
v Podkrkonoší

16 km nordwestlich von Náchod erreicht man die Bergmannssiedlung Rtyně v Podkrkonoší (405 m ü.d.M., 3000 Einw.), in der eine frühbarocke Kirche (1679) mit hölzernem Glockenturm (16. Jh.) und eine Gedenkstätte des Bauernaufstandes von 1775 bemerkenswert sind.

Malé
Svatoňovice

20 km nordwestlich von Náchod befindet sich die Sommerfrische Malé Svatoňovice (441 m ü.d.M., 1500 Einw.) mit dem Geburtshaus des Schriftstellers Karel Čapek (1890–1938), einem Museum der Brüder Karel und Josef Čapek (→ Berühmte Persönlichkeiten) sowie einer barocken Wallfahrtskirche.

Neuhaus

→ Jindřichův Hradec

Neustadt an der Mettau

→ Nové Město nad Metují

Neutitschein

→ Nový Jičín

Nikolsburg

→ Mikulov

Nízký Jeseník · Mährisches Gesenke

→ Jeseníky

Nové Město nad Metují · Neustadt an der Mettau   **F 2**

Region: Ostböhmen
Kreis: Náchod
Höhe: 332 m ü. d. M.
Einwohnerzahl: 10000

Das ostböhmische Nové Město nad Metují – deutsch Neustadt an der Mettau – ist eine erst 1501 gegründete Stadt am Nordwestfuß des Adlergebirges (→ Orlické hory), malerisch gelegen auf einem von der Mettau (Metuje) umflossenen Bergvorsprung.

✳Lage und Allgemeines

Sehenswertes in Nové Město nad Metují

Beachtenswert ist der geschlossene, von Laubenhäusern aus dem 16. Jh. gesäumte und von zwei Skulpturen gezierte rechteckige Marktplatz mit dem Rathaus an der Nordseite.

Marktplatz

Ebenfalls aus dem 16. Jh. stammt das Renaissanceschloß (im 17. Jh. frühbarock umgebaut; um 1910 erneuert) mit einem auffallenden zylindrischen Turm. Im Schloß befindet sich eine ständige Ausstellung über die Antarktis.

Schloß

In dem zu Beginn des 20. Jh.s neu gestalteten Schloßpark stehen bemerkenswerte Barockplastiken.

Schloßpark

Erwähnung verdient die spätgotische Pfarrkirche der Allerheiligsten Dreifaltigkeit (von 1523) nahe dem Südende des Marktplatzes.

Pfarrkirche

Die alten Stadtbefestigungen sind weitgehend erhalten.

Stadtmauer

Umgebung von Nové Město nad Metují

Schöne Ausflüge führen nordostwärts in das tief eingeschnittene, felsige Tal der Mettau (Metuje).

✳**Mettautal**

4 km östlich von Nové Město nad Metují lohnt das Dorf Slavoňov einen Abstecher wegen seiner wertvollen hölzernen Kirche von 1553 mit freistehendem Glockenturm.

Slavoňov

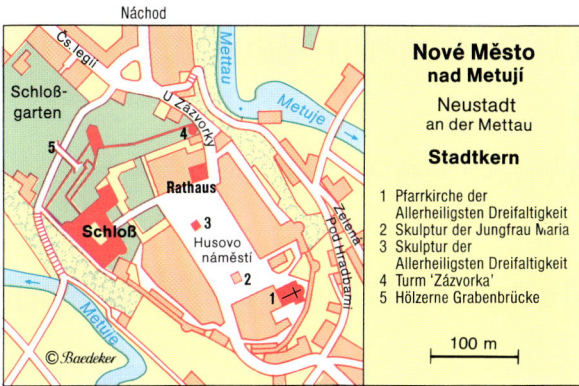

Stadtplan

Náchod

Nové Město nad Metují

Neustadt an der Mettau

Stadtkern

1 Pfarrkirche der Allerheiligsten Dreifaltigkeit
2 Skulptur der Jungfrau Maria
3 Skulptur der Allerheiligsten Dreifaltigkeit
4 Turm 'Zázvorka'
5 Hölzerne Grabenbrücke

Schloß-garten

Rathaus

Schloß

Husovo náměstí

© Baedeker

100 m

Dobruška

Nové Město nad Metují (Fortsetzung) Dobruška

Dobruška (287 m ü.d.M., 7000 Einw.), 7 km südöstlich von Nové Město nad Metují gelegen, ist ein Städtchen mit Maschinen- und Textilindustrie, das an der Wende vom 18. zum 19. Jahrhundert ein wichtiges Zentrum der tschechischen Wiedergeburtsbewegung war. Am Marktplatz ist das Renaissancerathaus aus der zweiten Hälfte des 16. Jahrhunderts bemerkenswert; sein hoher Turm dominiert den Ort.

Opočno

11 km südlich von Nové Město nad Metují liegt das Städtchen Opočno (292 m ü.d.M., 3000 Einw.) mit einem großen, ehemals gräflich Colloredoschem Schloß (ursprünglich eine mittelalterliche Burg; 1560–1567 im Renaissancestil erbaut), das wertvolle Sammlungen (Gemälde, Waffen u.a.) enthält; im Schloßpark steht eine Renaissancekirche, die 1716 umgestaltet wurde.

In Opočno traf sich 1813 die Koalition gegen Napoleon.

Nový Jičín · Neutitschein   **G/H 3**

Region: Nordmähren
Kreis: Nový Jičín
Höhe: 285 m ü.d.M.
Einwohnerzahl: 29 000

Lage und Bedeutung

Nový Jičín – deutsch Neutitschein – ist eine nordmährische Kreisstadt mit altbekannter Hutmacherei, ferner bedeutend für Textilindustrie, Zigarettenherstellung und Maschinenbau.

Hauptort des Kuhländchens

Neutitschein, das schon im Jahre 1313 Stadt- und Mautrechte erhalten hat, ist der Hauptort vom sog. Kuhländchen (Kravařsko), das sich am Oberlauf der Oder (Odra) bis nach Fulnek (s. Umgebung von → Ostrava) hinzieht, dessen Name auf die dort blühende Rinderzucht hinweist und das vom 11. Jh. bis zum Ende des Zweiten Weltkrieges eine deutsche Sprachinsel war.

Traditionelle Hutmacherei

Im Jahre 1799 wurde am Ort die Hückelsche Hutfabrik gegründet, die im 19. Jahrhundert zu einer der größten Hutfabriken der Erde avancierte und am Anfang der hier noch heute betriebenen Hutmacherei stand.

Stadtplan

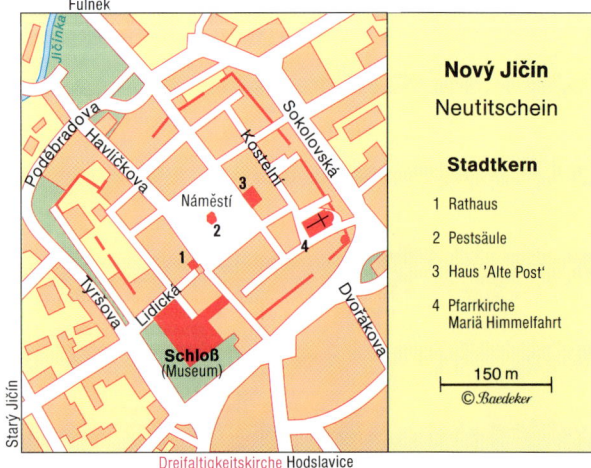

Nový Jičín

Neutitschein

Stadtkern

1 Rathaus
2 Pestsäule
3 Haus 'Alte Post'
4 Pfarrkirche Mariä Himmelfahrt

150 m

© Baedeker

Dreifaltigkeitskirche Hodslavice

Nový Jičín – Marktplatz in Neutitschein

Sehenswertes in Nový Jičín

Auf dem von reizvollen Laubenhäusern gesäumten Marktplatz steht eine Pestsäule (Mariensäule) von 1718 sowie ein lustiger Bauernbrunnen (von F. Barwig, 18. Jh.). Bei der Südecke des Platzes liegt das Rathaus, an der Nordostseite das Haus 'Alte Post' ('Stará pošta'; 1563).

*Marktplatz

In dem im südlichen Stadtkern gelegenen Neutitscheiner Schloß (Zámek), das aus dem 16.–17. Jh. stammt, gibt es interessante, ganz verschiedene Spezialsammlungen: Im traditionellen Hutmuseum wird die heimische Hutmacherei illustriert und erklärt; ein anderes Museum hat die Beleuchtungskörper an Kraftfahrzeugen sowie Autokühler zum Thema; ferner gibt es eine volkskundliche Abteilung.

Schloß

*Hutmuseum

Die Pfarrkirche Mariä Himmelfahrt, am Ostrand der Altstadt, stammt in ihrer heutigen barocken Gestalt aus den Jahren 1729–1736 (Turm aus der Renaissancezeit).

Pfarrkirche

Rings um den alten Stadtkern sind längere Partien der historischen Stadtbefestigung erhalten.

Stadtmauerreste

Umgebung von Nový Jičín

Aus dem 15.–17. Jh. stammt das 4 km südwestlich gelegene Städtchen Starý Jičín (Alttitschein; 374 m ü.d.M., 2000 Einw.) unterhalb einer gotischen Burgruine (485 m ü.d.M.; 13. Jh., im 17. Jh. verödet).

Starý Jičín

8 km nordöstlich von Nový Jičín liegt die Ortschaft Sedlnice (254 m ü.d.M.) mit einem Barockschloß (heute Kulturhaus), wo sich oft der bekannte

Sedlnice

Nový Jičín,
Sedlnice (Forts.)

Dichter und Prosaiker der deutschen Romantik, Joseph v. Eichendorff (1788–1857), aufgehalten hat.

Hodslavice

8 km südlich von Nový Jičín gelangt man zu der Ortschaft Hodslavice (Hotzendorf; 337 m ü.d.M., 2000 Einw.) mit einer Holzkirche aus dem Jahre 1551 und dem Geburtshaus des bedeutenden tschechischen Historikers František Palacký (1798–1876; ⟶ Berühmte Persönlichkeiten).

Olomouc · Olmütz   G 3

Region: Nordmähren
Kreis: Olomouc
Höhe: 221 m ü.d.M.
Einwohnerzahl: 106000

Lage und
Bedeutung

Die in der fruchtbaren Hanna-Ebene (Haná) zu beiden Seiten der March (⟶ Morava) bei der Einmündung der Feistritz (Bystřice) und der Mittleren March (Střední Morava) reizvoll gelegene nordmährische Großstadt Olomouc – deutsch Olmütz – ist Sitz einer Universität und eines katholischen Erzbischofs, unterhält drei Theater sowie ein bekanntes Sinfonieorchester. Im Wirtschaftsleben der Stadt sind Lebensmittelfabriken und Betriebe des Maschinenbaus bedeutend.

✳✳Reiseziel

Mit ihren zahlreichen prächtigen Kirchen, schönen Adelspalästen und brunnengeschmückten Plätzen ist Olomouc eine der besuchenswertesten Städte der Tschechischen Republik.

Geschichte

Die 1055 zuerst urkundlich erwähnte Stadt wurde 1063 Bischofssitz und im 13. Jh. Residenz der Přemysliden sowie Hauptstadt von Mähren. Mit der Einwanderung deutscher Bürger in jener Zeit begann eine Blütezeit (Bau zahlreicher Kirchen und Klöster). In den Hussitenkriegen war Olmütz auf der katholischen Seite. Die aus einer 1566 gegründeten Jesuitenschule hervorgegangene Universität (seit 1573) wurde 1778 nach Brno (Brünn) verlegt (Olmützer Juristische Fakultät jedoch erst 1855 aufgehoben), aber 1946 als Palacký-Universität in Olomouc neu eröffnet. Im Dreißigjährigen Krieg wurden während der Besetzung durch die Schweden (1642–1650) die meisten gotischen und Renaissancehäuser zerstört; 1642 erfolgte die Verlegung der mährischen Hauptstadt nach Brno (Brünn). Im 18. Jh. entstand unter Kaiserin Maria Theresia auf dem mittelalterlichen Grundriß eine prächtige Barockstadt. Die 1742–1754 ausgebauten Festungswerke, welche die weitere Ausdehnung der Stadt hemmten, wurden 1888 wieder

Die 'Olmützer Punktation' ist ein am 29. November 1850 in Olmütz zwischen Österreich und Preußen geschlossener Freundschaftsvertrag, wobei Preußen auf die kleindeutsche Unionspolitik verzichtete.

Historische Stadtansicht von Olmütz

geschleift und durch Parkanlagen ersetzt. 1778 kam gleichzeitig mit der
Verlegung der Universität nach Brno (Brünn) der südliche Teil der Diözese
Olmütz zu dem neu gegründeten Bistum Brünn, während Olmütz selbst
Sitz eines Erzbischofs wurde. 1848 floh die österreichische Kaiserfamilie
von Wien nach Olmütz, Kaiser Ferdinand verzichtete zugunsten von Franz
Joseph auf den Thron der Habsburger, worauf letzterer hier als Kaiser
Franz Joseph I. die Regierung antrat. Bis zum Ersten Weltkrieg war Olmütz
eine überwiegend deutsche Stadt.

Geschichte
(Fortsetzung)

Sehenswertes in Olomouc

Im Mittelpunkt der Stadt liegt der teilweise von reizvollen Patrizierhäusern
umgebene Oberring (Horní náměstí). Zu den schönsten Häusern gehören
das Palais Petráš und das Haus 'Zum goldenen Hirsch'.

*Oberring

Am Oberring erhebt sich an der Stelle eines gotischen Baues von 1261 das
in den Jahren 1378–1607 anfangs als Kaufhaus errichtete Rathaus, mit
einem 70 m hohen Turm (Aussicht). An der Nordseite des Rathauses eine
große Astronomische Uhr (1420–1422), am Ende des Zweiten Weltkrieges
zerstört, ab 1955 erneuert (künstlerische Gestaltung durch Karel Svo-
linský). An der Ostseite des Rathauses befindet sich über der Freitreppe
eine Loggia im Spätrenaissancestil (1564). Unter der Freitreppe beachte
man das prächtige Renaissanceportal von 1592.
Im Inneren des Rathauses führt ein schönes Renaissance-Treppenhaus
zum gotischen Rittersaal (15. Jh.).
Beachtung verdient auch die ehem. Hieronymus-Kapelle (um 1550), deren
kleiner spätgotischer Chor einen Erker an der Rathaussüdseite bildet.

*Rathaus

Bei der Nordwestecke des Oberrings steht eine mit 18 vergoldeten Kupfer-
statuen geschmückte, 32 m hohe Dreifaltigkeitssäule (1754 vollendet; von
Render, Zohner und Scherauf), die größte und prächtigste im Lande.
Weiter östlich steht der Herkulesbrunnen (1668–1687).
Bei der Südostecke des Rathauses der 1715–1725 gefertigte Caesar-
brunnen mit dem Reiterbild Caesars und Hund (Caesar soll nach einer
Sage der Gründer von Olomouc gewesen sein.)

**Dreifaltigkeits-
säule*
(Abb. s. S. 290)
Herkulesbrunnen
Caesarbrunnen

An der Westseite des Oberrings steht das 1830 von dem Wiener Architekten Kornhäusel erbaute Theater (Divadlo O. Stibora), wo der Dirigent
und Komponist Gustav Mahler (1860–1911; → Berühmte Persönlichkeiten) und der Schauspieler Max Pallenberg (1877–1934) ihre Laufbahn
begonnen haben.

Theater

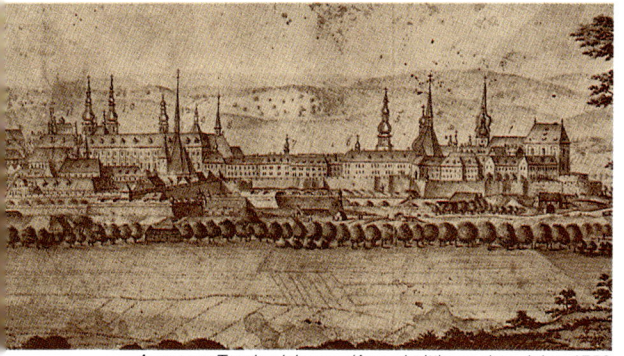

Anonyme Tuschzeichnung (Ausschnitt) aus dem Jahre 1756

Vom Oberring gelangt man südwärts zu dem etwas tiefer gelegenen drei-
eckigen Niederring (Dolní námĕstí) mit zwei schönen Brunnen: nördlich der
Neptunbrunnen (1695), südlich der Jupiterbrunnen (1707), dazwischen
eine Mariensäule (1716–1726).
Zu den schönsten Häusern am Niederring gehören das Haunschildhaus
(Ende 16. Jh.) mit reich verziertem Renaissanceportal und Erker sowie das
Haus Nr. 174.
An der Südseite des Platzes die schlichte Kapuzinerkirche und die ein-
stigen Klosterbauten.

Niederring
Neptunbrunnen
Mariensäule
Jupiterbrunnen

Haunschildhaus

Kapuzinerkirche

Unweit nördlich vom Niederring liegt das Palais Žerotín mit einer Abteilung
des Städtischen Museums (s. nachstehend).
Noch weiter nördlich, am Žerotín-Platz (Žerotínovo námĕstí), das ehem.
Salesianum, früher erzbischöfliches Priesterseminar, jetzt Pädagogisches
Institut der Universität.
Links daneben das ehem. Dominikanerkloster mit großer klassizistischer
Säulenvorhalle.

Palais Žerotín

Salesianum

Dominikaner-
kloster

In unmittelbarer Nähe des Dominikanerklosters steht die ursprünglich gotische, 1674–1700 im Barockstil veränderte Kirche St. Michael (Kostel sv.
Michala) mit drei in der Stadtsilhouette sehr auffallenden Kuppeln und
reich ausgestattetem Inneren.

*Kirche
St. Michael

Unweit nördlich vom Oberring erhebt sich am Mauritiusplatz die gotische
Kirche St. Mauritius (Kostel sv. Mořice; 15./16. Jh.), eine mächtige Hallenkirche mit unvollendeten Türmen (von oben weite Aussicht). Das weiträumige Innere enthält eine prächtige spätgotische Kanzel und eine große
Barockorgel aus der Werkstatt des Breslauer Meisters Engler.

*Kirche
St. Mauritius

Unweit westlich von der Mauritiuskirche befindet sich der reizvolle Merkurbrunnen (1730).

Merkurbrunnen

Von der Mauritiuskirche erreicht man östlich durch die Bäckergasse
(Pekařská ulice) und die Denisgasse (Denisova ulice), eine der Haupt-
straßen der Stadt, den dreieckigen Platz der Republik (Námĕstí Republiky)
mit dem schönen Tritonbrunnen (1707/1708).

**Platz der
Republik**

Am Anfang des Platzes steht gleich rechts die 1712–1719 an Stelle einer
älteren Kirche von den Jesuiten errichtete große Barockkirche Maria-
Schnee (Kostel Panny Marie Snĕžné) mit reichem Portal und farbenprächtigen Deckenmalereien.

*Kirche
Maria Schnee

An der Nordseite des Platzes der Republik ist in dem ehem. Klarissenkloster und dessen großer Kirche das Städtische Museum (Mĕstské
muzeum) untergebracht; es enthält reiche mineralogische, botanische,
zoologische (bes. Insekten), ägyptologische, numismatische und volkskundliche Sammlungen, u. v. a. ein großes Herbarium mit ca. 70 000 Pflanzen aus aller Welt und eine Graphiksammlung.
An der Südostecke des Platzes der Republik steht das Gebäude der
Hauptpost.

*Städtisches
Museum

Hauptpost

Vom Hauptpostgebäude erreicht man in südöstlicher Richtung durch
die von alten Domherrenhäusern eingefaßte Křižkovský-Gasse (ulice
Křížkovského) das Hauptgebäude der 1946 wiedergegründeten Universität (Palackého universita) und das Gebäude der Philosophischen Fakultät.
Dahinter nördlich durch die ebenfalls wegen ihrer Portale bemerkenswerte
Wurmova ulice am Staatsarchiv (Statní archív; rechts) vorbei zum alten
Bischofsplatz (Biskupské námĕstí) mit dem Erzbischöflichen Palais (1664
bis 1674) an der Ostseite, das auch eine Galerie alter europäischer Kunst
enthält.

**Universitäts-
gebäude**

Staatsarchiv

**Erzbischöfliches
Palais**

◀ *Dreifaltigkeitssäule am Olmützer Oberring*

Olomouc · Olmütz

Zeughaus | An der Südseite des Bischofsplatzes das 1771 unter Maria Theresia erbaute Zeughaus (Zbrojnice).

Zum Dom | Weiter durch die Wurmova ulice zu der zum Platz der Republik hinabführenden Straße des 1. Mai (Třída Prvního máje), dann durch die Domgasse (Domská ulice) zum Wenzelsplatz (Václavské náměstí; früher Domplatz), der mit der Domkirche und den umliegenden Gebäuden die Stelle der zur Mittleren March steil abfallenden alten Vorburg einnimmt.

⁕**Dom St. Wenzel** | An der Ostseite des Wenzelsplatzes erhebt sich der gotische Dom St. Wenzel (Chrám oder Dóm sv. Václava), 1107–1131 unter Bischof Heinrich Zdik als romanische Basilika erbaut, im 13., 14. und 16. Jh. gotisch, zuletzt 1883–1890 in neugotischer Manier erneuert, mit 100 m hohem Ostturm (weite Aussicht), zwei neogotischen Westtürmen und Resten aus romanischer Zeit.

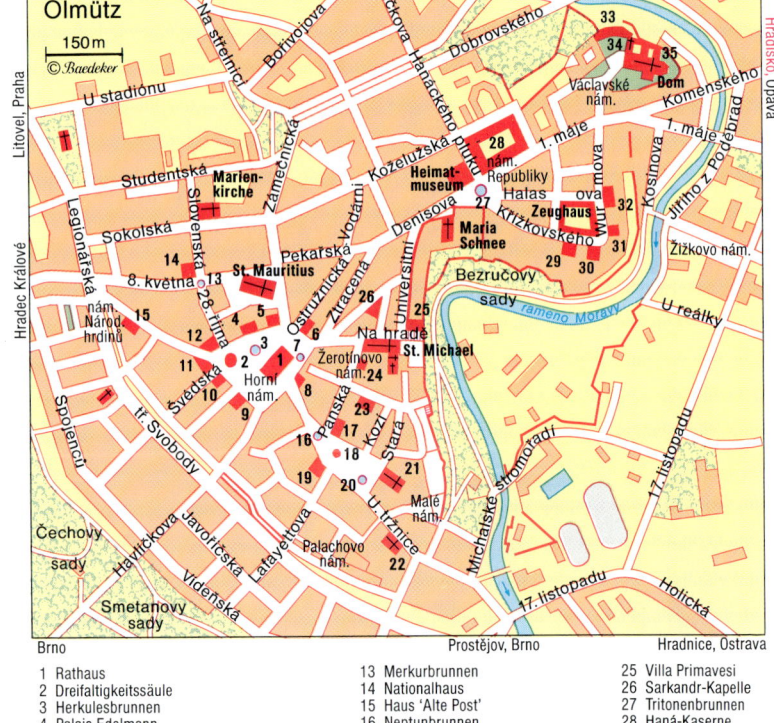

1 Rathaus
2 Dreifaltigkeitssäule
3 Herkulesbrunnen
4 Palais Edelmann
5 Palais Dietrichstejn
6 Krajinská-Apotheke
7 Caesarbrunnen
8 Haus 'Zum Goldenen Hirsch'
9 Oldřich-Stibor-Theater
10 Barockpalast
11 Palais Petráš
12 Palais Salm

13 Merkurbrunnen
14 Nationalhaus
15 Haus 'Alte Post'
16 Neptunbrunnen
17 Dům čp.174
18 Mariensäule
19 Palais Haunschild
20 Jupiterbrunnen
21 Kapuzinerkirche
22 Katharinenkirche
23 Palais Žerotin
24 Pädagog. Fakultät

25 Villa Primavesi
26 Sarkandr-Kapelle
27 Tritonenbrunnen
28 Haná-Kaserne
29 Rektorat
   der Universität
30 Philosoph. Fakultät
31 Staatsarchiv
32 Erzbischöfl. Palais
33 Ehem. Domdekanat
34 Annakapelle
35 Přemyslidenpalast

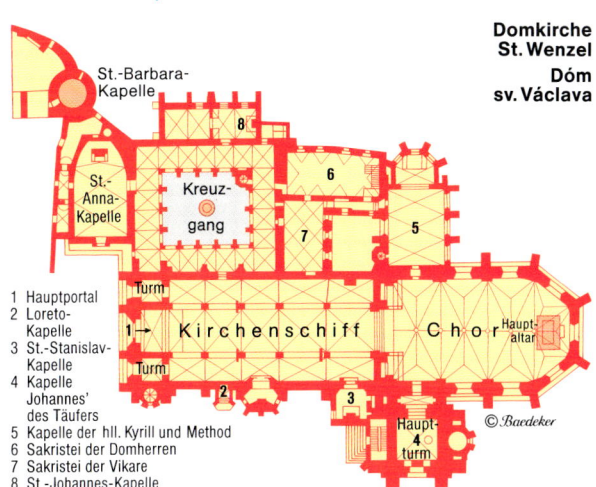

Domkirche St. Wenzel
Dóm sv. Václava

Grundriß

St.-Barbara-Kapelle

St.-Anna-Kapelle

Kreuzgang

Turm

Turm

1→ Kirchenschiff Chor Haupt-altar

Haupt-turm

© Baedeker

1 Hauptportal
2 Loreto-Kapelle
3 St.-Stanislav-Kapelle
4 Kapelle Johannes' des Täufers
5 Kapelle der hll. Kyrill und Method
6 Sakristei der Domherren
7 Sakristei der Vikare
8 St.-Johannes-Kapelle

In dem eindrucksvollen Inneren befinden sich ein neugotischer Altar, ein reichgeschnitztes Chorgestühl und Bischofsgräber; berühmt ist der kostbare Domschatz.

Dom St. Wenzel (Fortsetzung)

Links von der Westfassade des Domes die St.-Anna-Kapelle, die alte Wahlkapelle der Olmützer Bischöfe. An ihren Chor stößt ein Rundturm der Befestigung aus romanischer Zeit mit der St.-Barbara-Kapelle.

St.-Anna-Kapelle
St.-Barbara-Kapelle

Östlich an die St.-Anna-Kapelle anstoßend liegt der gotische Kreuzgang (Křížová chodba; 14. Jh.) mit beachtenswerten Deckenmalereien (um 1500); an der Nordseite die Kapelle St. Johann Baptist (Kaple sv. Jana Křtitele).

Kreuzgang

Die Ostseite des Kreuzgangs begrenzt die Sakristei, die in den romanischen Přemyslidenpalast eingebaut ist; oben beachte man das romanische Doppelfenster des alten Přemyslidenpalastes (um 1200).

Sakristei

✳Doppelfenster

An der Nordseite des Wenzelplatzes befindet sich die alte Domdechantei (jetzt ein Universitätsinstitut), in der Mozart sechs Wochen krank darniederlag.

Domdechantei

Etwa 1 km nördlich vom Olmützer Wenzelsdom liegt jenseits der March das im 17. und 18. Jh. im Barockstil erbaute ehem. Prämonstratenserstift Hradisch (Klášter Hradisko; anfangs ein Benediktinerkloster, später Krankenhaus); im Inneren schöne Deckenfresken und Bildwerke.

Kloster Hradisch

Unweit südlich vom Oberring (s. zuvor) steht an der breiten Straße der Freiheit (Třída Svobody) das Theresientor (Terezská brána; 18. Jh.), ein Überrest der 1886 geschleiften Stadtbefestigung.

Theresientor

Noch weiter südlich erstreckt sich an der Südseite der Altstadt der ausgedehnte Smetana-Park (Smetanovy sady), wo wie in anderen Olmützer Parkanlagen regelmäßig eine Gartenbauausstellung ("Flóra") mit internationaler Beteiligung abgehalten wird.
Im südlichen Parkteil stehen ein großes Palmenhaus und andere Gewächshäuser.

Smetana-Park

Umgebung von Olomouc

Heiligenberg
(Abb. s. S. 103)

7 km nordöstlich der Stadt erhebt sich der als Ausflugsziel beliebte Heiligenberg (Svatý Kopeček; 412 m ü.d.M.), der südlichste Ausläufer des
Mährischen Gesenkes (Nízký ⟶ Jeseník) mit einer großen, weithin sichtbaren Wallfahrtskirche des 17. Jh.s (im 18. Jh. innen erneuert).

Ústín

7 km westlich von Olomouc liegt Ústín (238 m ü.d.M.), eine Ortschaft mit
Hanna-Volksarchitektur. Sehenswert sind ein Bauernhof mit Arkadenzier
(heute Sitz des Gemeinderates), die barocke Gaststätte 'Zum Schwan' (U
labutě) und die steinerne Brücke aus dem 17. Jahrhundert.

Příkazy

10 km nordwestlich von Olomouc befindet sich im Dorf Příkazy (226 m
ü.d.M.) ein Freilichtmuseum der hannakischen Volksarchitektur im Aufbau.

⁎Šternberk

16 km nördlich liegt schön am Südwestrand des Mährischen Gesenkes die
Stadt Šternberk (Sternberg; 238 m ü.d.M., 17000 Einw.), überragt von
einem alten ehemals fürstlich Liechtensteinschen Burgschloß (urspr. 13.
Jh.; nur ein Rundturm aus dieser Zeit), im 16. und 19. Jh. umgebaut und
erneuert; beachtenswert ist die Skulpturen- und Fayencen-Sammlung
(tschechische gotische Kunst; niederländische und italienische Maler des
15. und 17. Jh.s; historische Öfen). In der Vorburg befindet sich ein Uhrenmuseum (am Ort werden die Uhren der Marke 'Prim' gebaut).
In der Nähe des Schlosses erhebt sich der Komplex des ehemaligen
Augustinerklosters und der Klosterkirche (im 18. Jh. umgebaut; bemerkenswerte Barockgestaltung).

Prostějov

16 km südwestlich von Olomouc erreicht man Prostějov (Proßnitz; 223 m
ü.d.M., 48000 Einw.), Kreisstadt (Textilindustrie, Landmaschinenbau) mit
schönem alten Rathaus von 1521 (jetzt u.a. historische Uhren), Schloß von
1526, Stadtkirche Zum Heiligen Kreuz (urspr. 14. Jh., später mehrfach
umgestaltet) und Barockkirche (18. Jh.). Reste der gotischen Stadtmauern
sind noch erhalten.
Prostějov ist der Geburtsort des Philosophen und Begründers der Phänomenologie Edmund Husserl (1859–1938; ⟶ Berühmte Persönlichkeiten)
sowie des tschechischen Dichters Jiří Wolker (1900–1924).
7 km westlich von Prostějov steht am Rande des Drahaner Berglandes
(Drahanská vrchovina) und unweit oberhalb einer kleinen, die Hloučela auf-

Schloß Plumlov

stauenden Talsperre das Schloß Plumlov (Plumenau; 17. Jh.).

Náměšť
na Hané

Am Ostfuß des die fruchtbare Hanna-Ebene (Haná) nach Westen begren-
zenden Drahaner Berglandes (Drahanská vrchovina) liegt 18 km westlich
von Olomouc der Ort Náměšť na Hané (Namiescht; 247 m ü.d.M.) mit dem
1760–1763 im Stil des Spätbarocks erbauten Oberen Schloß, schönem
Park und der Sammlung historischer Kutschen der Bischöfe und Erzbischöfe von Olmütz. Hier findet alljährlich im Herbst das bekannte Hannaki-
sche Erntefest (Hanácké dožínky) statt.

Litovel

19 km nordwestlich von Olomouc liegt das Städtchen Litovel (Littau; 250 m
ü.d.M., 10000 Einw.), eine alte Siedlung der Hannaker (= Bewohner der
Hanna), mit Resten der Stadtmauern (15. Jh.) und der ursprünglich gotischen Markuskirche (im 17. Jh. umgebaut), einer Pestsäule am Marktplatz
und einer Reihe von historischen Häusern. Im Stadtmuseum volkskundliche und archäologische Sammlungen (u.a. Funde aus den Höhlen von
Mladeč).

Uničov

20 km nordwestlich von Olomouc gelangt man nach Uničov (242 m
ü.d.M., 13000 Einw.), einer der ältesten Städte des Landes (1213 gegr.)
mit Teilen der gotischen Stadtmauern und den Toren Medlovská brána und
Vodní brána. Die ursprünglich gotische Kirche wurde später barockisiert.

Prostějov – Jugendstildekor in Proßnitz   *Schloß Plumlov*

Bemerkenswert sind ferner die wertvolle barocke Mariensäule (1743), der Barockbrunnen und das Heimatmuseum.

Olomouc, Uničov
(Fortsetzung)

Bei dem Dorf Sovinec (Eulenberg; 486 m ü.d.M.), 26 km nördlich von Olomouc, steht eine große Burg (urspr. 13. Jh.; später mehrfach umgebaut). Im Zweiten Weltkrieg waren hier französische Offiziere interniert; 1945 brannte die Burg aus, der Wiederaufbau nähert sich der Vollendung.

Sovinec

Opava · Troppau   **G 3**

Region: Nordmähren (Mährisch Schlesien)
Kreis: Opava
Höhe: 257 m ü.d.M.
Einwohnerzahl: 63 000

Die traditionsreiche schlesische Stadt Opava – deutsch Troppau – liegt an einem Straßenknoten in fruchtbarer Hügellandschaft unweit der tschechisch-polnischen Grenze an der zur Oder (Odra) fließenden Oppa (Opava). In der heute nordmährischen Kreisstadt hat die Industrie Bedeutung (Chemie, Arzneien, Nahrungsmittel, Maschinenbau). Opava ist ein wichtiges Kulturzentrum in Mährisch Schlesien (Schlesisches Theater); 1990 wurde hier die Schlesische Universität eingerichtet.

Lage und
Bedeutung

Die alte Residenzstadt des Herzogtums Troppau, 1849–1918 Hauptort des österreichichen Kronlandes Schlesien (Slezsko), wurde in ihrem Kern in den letzten Kriegstagen des Jahres 1945 großenteils zerstört.
Troppau ist Geburtsort des tschechischen Dichters Vladimír Vašek (alias Petr Bezruč; 1867–1959), der in seinen "Schlesischen Liedern" das Leben der Bergleute seiner Heimat beschrieben hat.

Geschichte

Geschichte
(Fortsetzung)

Am hiesigen Gymnasium studierten der Begründer der modernen Genetik Gregor Mendel (1822–1884; → Berühmte Persönlichkeiten) und der Architekt Joseph Maria Olbrich (1867–1908), Mitbegründer des Wiener Jugendstils (Sezession).

Sehenswertes in Opava

Oberring
Stadtturm
Altes Rathaus
Propsteikirche

Am Oberring (Horní náměstí) fällt der schöne, 72 m hohe 'Hláska' genannte Stadtturm (von 1618) des mehrfach erneuerten Alten Rathauses ('Schmetterhaus') auf. Ihm gegenüber steht das Bezruč-Theater. Südlich davon befindet sich der Backsteinbau der gotischen Propsteikirche (1360–1370) mit barockem Turmhelm.

Niederring
Jesuitenkolleg

Am Niederring (Dolní náměstí) befindet sich das Gebäude des ehem. Jesuitenkollegs, in dem einst der Schlesische Landtag zusammentrat.

Minoritenkloster

In dem seit dem 16. Jh. als Sitzungsort der Ständevertretung dienenden ehem. Minoritenkloster (urspr. 13. Jh.) tagte 1820 eine Fürstenkonferenz der Heiligen Allianz über die politische Gestaltung Italiens.

Weitere Kirchen

Bemerkenswert sind die Wenzelskirche (sie soll künftig als Konzertsaal dienen), die Heiliggeistkirche (beide 13. Jh.) und die ursprünglich aus dem 14. Jh. stammende Johanneskirche (im 18. Jh. umgebaut).

Palais und
Bürgerhäuser

Erwähnung verdienen die Palais Blücher und Sobek sowie etliche alte Bürgerhäuser an der Masarykstraße (Masarykova třída).

Beispiele
neuerer
Architektur

Die neuere Architektur ist in Opava durch die St.-Hedwig-Kirche (1935 bis 1938) am gleichnamigen Platz sowie das Kaufhaus 'Prior' (1927/1928) und das Hotel 'Koruna' am Platz der Republik vertreten.

Stadtplan

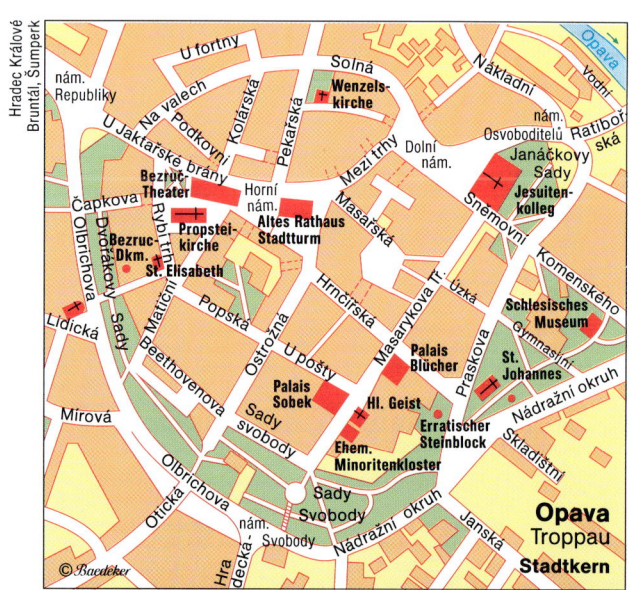

Propsteikirche   *Schlesisches Museum*

Das Schlesische Museum an der Comenius-Straße (Komenského ulice) enthält reichhaltige kunstgewerbliche, historische und naturkundliche Sammlungen; ferner besteht hier eine Gedenkstätte für den Dichter Petr Bezruč (vgl. Geschichte). In der nahen Parkanlage ist der größte erratische Steinblock des Landes zu sehen.
Schlesisches Museum

In der nordwestlichen Vorstadt Kateřinky (Kathrein) verdient die gotische Kapelle zum Heiligen Kreuz (Ende 14. Jh.; Wandmalereien) Erwähnung.
Heiligkreuzkapelle in Kateřinky

Umgebung von Opava

Nach 6 km in südöstlicher Richtung erreicht man Raduň (284 m ü.d.M., 1000 Einw.) mit einer Kirche aus dem 16. Jh., die später umgebaut wurde. Im Schloß ist vorübergehend ein Teil der Sammlungen von Schloß Hradec (s. nachstehend) untergebracht. Den englischen Schloßpark zieren mehrere Teiche.
Raduň

7 km östlich von Opava liegt die Ortschaft Kravaře (240 m ü.d.M.), in der das ehemals v. Eichendorffsche Barockschloß mit einer Ausstellung der großen 'Ostrauer Operation' am Ende des Zweiten Weltkrieges und ein ausgedehnter Park den Besuch lohnen.
Kravaře

8 km südlich von Opava gelangt man nach Hradec nad Moravicí (Grätz; 277 m ü.d.M., 6000 Einw.) mit ehemals fürstlich Lichnowskyscher Schloßanlage und Park. Das sog. Weiße Schloß ('Bílý zámek', heute Kulturhaus) geht auf eine mittelalterliche Burg zurück, wurde im Renaissancestil umgebaut und Ende des 18. Jh.s im Empirestil erneuert. Aus der alten Stallung entstand das neugotische sog. Rote Schloß ('Červený zámek'), das heute eine Gemäldesammlung und Andenken an große Besucher (Beet-
Hradec nad Moravicí

Opava, Hradec nad Moravicí (Fortsetzung)	hoven, Liszt, Paganini u. a.) des Fürstensitzes beherbergt (langfristig wegen Renovierung geschlossen; Teile vorübergehend auf Schloß Raduň, s. zuvor). Beim Schloß liegt ein großer Park (130 ha).
Nový Dvůr	10 km westlich von Opava liegt Nový Dvůr (325 m ü. d. M.), ein Ort mit einem kleinen Pseudorenaissance-Schloß; dabei ein Arboretum (27 ha) mit mehr als 2000 inländischen und exotischen Baumarten und 1200 tropischen Pflanzen.
Hlavnice	12 km westlich von Opava gelangt man zu der Ortschaft Hlavnice (338 m ü. d. M.) mit einem kleinen Empireschloß. Unweit östlich steht in Choltice eine wieder funktionstüchtige Windmühle.
Bruntál	33 km westlich von Opava kommt man nach Bruntál (Freudenthal; 547 m ü. d. M., 18 000 Einw.), einer hübsch am Schwarzbach (Černý potok) gelegenen alten Stadt (seit 1223) mit Textil-, Holz- und Nahrungsmittelindustrie. Beachtenswert sind das ehem. Deutschordensschloß (urspr. 15. Jh.; 1766–1769 barock umgebaut) und die spätgotische Pfarrkirche (15. Jh.). 2 km südwestlich steht auf dem basaltischen Köhlerberg (Uhlířský vrch; 672 m ü. d. M.) eine schöne Wallfahrtskirche. 5 km südöstlich von Bruntál erhebt sich der sog. Venusvulkan (Venušina sopka; 655 m ü. d. M.).
Krnov	25 km nordwestlich von Opava erreicht man Krnov (Jägerndorf; 317 m ü. d. M., 26 000 Einw.), eine vorwiegend am linken Ufer der Oppa (Opava), nahe der tschechisch-polnischen Grenze reizvoll gelegene Stadt mit Textilindustrie, Maschinenfabriken und bekanntem Orgelbau (seit 1873). Beachtenswert sind die zweitürmige spätgotische Pfarrkirche St. Martin von 1559 (Ende 18. Jh. erneuert), das ehemals fürstlich Liechtensteinische Schloß mit Laubengang (urspr. von 1552; 1799 barock erneuert) und das ehem. Minoritenkloster aus dem 14. Jh. (1720–1730 barock und jetzt zum Hotel 'Morava' umgestaltet).
	Südlich über der Stadt erhebt sich der von einer barocken Wallfahrtskirche (18. Jh.) gekrönte Burgberg (45 Min. Aufstieg) mit Aussicht auf das Altvatergebirge (⟶ Jeseníky). Weiter südöstlich befindet sich die Ruine der mittelalterlichen Schellenburg (Cvilín; 13. Jh.; seit dem Dreißigjährigen Krieg verödet).

Orlické hory · Adlergebirge　　　　　　　　　　　**F 2**

	Region: Ostböhmen Kreise: Náchod und Rychnov nad Kněžnou Höhe: bis 1115 m ü. d. M.
Lage und Allgemeines	Das weithin bewaldete Adlergebirge (Orlické hory) zieht sich in einer Gesamtlänge von etwa 40 km an der tschechischen Nordostgrenze (zu Polen) vom Nordwesten nach Südosten entlang und weist nur kleine Höhenunterschiede auf. Die höchste Erhebung des weithin unter Naturschutz gestellten Berglandes ist die Deschneyer Großkoppe (Velká Deštná; 1115 m ü. d. M.)

Ferienorte im Adlergebirge

Jablonné nad Orlicí	Der Urlaubsort Jablonné nad Orlicí (421 m ü. d. M., 3000 Einw.), 11 km südöstlich von Žamberk (Senftenberg), liegt im südlichsten Teil des Adlergebirges. Beachtenswert ist hier die städtische Blockbauarchitektur.

Orlík – Schloß Worlik am gleichnamigen Moldau-Stausee (s. S. 300) ▶

Orlické hory (Forts.) Suchý vrch Wilde Adler	Im Nordosten erhebt sich der Berg Suchý vrch (995 m ü.d.M.) mit Aussichtsturm und Berghütte. 7 km östlich von Žamberk (Senftenberg) kommt man bei Pastviny (469 m ü.d.M.) zu der gern besuchten Talsperre (110 ha) der Wilden Adler (Divoká Orlice), die 4 km nördlich den Kamm des Gebirges durchbricht und einen romantischen Abschnitt des Tales (Zemská brána) formt.
Rokytnice v Orlických horách Šerlich	Rokytnice v Orlických horách (Rokitnitz; 580 m ü.d.M., 1800 Einw.) wird zum Sommerurlaub und zum Wintersport besucht. Von der beliebten Touristenbaude Šerlich (1019 m ü.d.M.), 3 km nordöstlich von Deštné auf dem Gebirgskamm gelegen, genießt man einen weiten Ausblick.
Říčky	Die Ortschaft Říčky (635 m ü.d.M.) liegt 5 km nördlich von Rokytnice v Orlických horách (Rokitnitz). Reizvoll sind hier die holzgezimmerten Bauernhäusern, die heute gern an Familien vermietet werden. Ein gutes Skigelände ist der nahe Berg Zakletý (991 m ü.d.M.).
Zdobnice	Typische Volksarchitektur bietet die kleine Ortschaft Zdobnice (605 m ü.d.M.), 10 km nordwestlich von Rokytnice v Orlických horách.
Deštné	In Deštné (649 m ü.d.M.), 3 km westlich von Velká Deštná, ist die große Barockkirche (1723–1726) erwähnenswert.

Orlík · Worlik   D 3

	Region: Südböhmen Kreis: Písek Höhe: 385 m ü.d.M.
Lage und Bedeutung der *Moldautalsperre	Die große Worliker Talsperre (Orlická přehradní nádrž) staut die Moldau (⟶ Vltava) nördlich von ⟶ Písek zu einem langgestreckten, gewundenen See (ca. 26 km² Wasserfläche; 12 km nördlich vom Schloß Orlík die 1961 fertiggestellte, 92 m hohe und 550 m lange Staumauer; Bootsverkehr). Sie ist eine der Staustufen, mit denen die Wasserkraft der Moldau und ihrer Zuflüsse genutzt wird.
Hochbrücke	Die 1967 über zwei Betonpfeilern fertiggestellte, einbogige Straßenbrücke von Žďákov (50 m über der Moldau; 541 m lang, 360 m Spannweite) trägt ihren Namen nach einem heute versunkenen, ehemals hier zu beiden Seiten des Flusses gelegenen Dorf.

Schloß Orlík (Abbs. s. S. 299)

Baugeschichte	Das fürstlich Schwarzenbergsche Schloß Orlík – deutsch Worlik – ist aus einer königlichen Burgfeste der zweiten Hälfte des 13. Jh.s entstanden und mehrfach umgebaut sowie erweitert worden; sein neugotisches Aussehen erhielt es in den Jahren 1849–1860.
Veränderte Situation	Bis zur Aufstauung der Moldau thronte das Schloß am Rande des tief eingeschnittenen Flußtales; heute befindet es sich direkt an der Wasserfläche des gleichnamigen Stausees.
Zugang	Man betritt das Schloß über eine über den einstigen Burggraben führende Brücke. Links steht ein runder Turm aus dem 14. Jh., geradeaus der älteste Teil des Palastes, rechts die Kapelle.
*Sammlungen	In den reich ausgestatteten Räumen – Jagdsaal, Rittersaal, Museum, Bibliothek und Chinesischer Salon – sind schöne Schnitzdecken, beachtenswerte Stilmöbel, Waffen, Jagdtrophäen, Gemälde, Porzellan u.a. zu sehen.

In dem ausgedehnten, gepflegten Schloßpark (143 ha) steht ein Grabmal der Fürsten Schwarzenberg.

Schloßpark

Vom Schloß besteht eine regelmäßige Bootsverbindung zu dem bemerkenswerten Burgschloß Zvíkov (s. Umgebung).

Bootsverkehr

Umgebung von Orlík

2 km nordöstlich liegt das Dorf Paštik (465 m ü.d.M.) mit einer schönen Barockkirche (letztes Werk K.I. Dientzenhofers, 1747–1753).

Paštik

9 km westlich von Orlík trifft man auf das Städtchen Mirovice (433 m ü.d.M.) mit ursprünglich gotischer Kirche (14. Jh.; 1724 barock umgestaltet), Pestsäule von 1717 und ehem. Festung (urspr. gotisch; im 16. Jh. im Renaissancestil umgebaut).

Mirovice

13 km südwestlich von Orlík liegt das Städtchen Mirotice (412 m ü.d.M.) mit einer Kirche aus dem 12. Jh., die in den Jahren 1870–1872 umgebaut wurde. Im Ort befinden sich Gedenkstätten für den Maler Mikoláš Aleš (†1913) und den Marionettenspieler Matěj Kopecký (†1847).

Mirotice

Zwei wertvolle Baudenkmäler der romanischen Epoche findet man in der 15 km südöstlich von Orlík gelegenen Industriestadt Milevsko (Mühlhausen; 460 m ü.d.M., 9000 Einw.): eine Friedhofskirche, die barock umgestaltet wurde, und ein ehem. Prämonstratenserkloster.

Milevsko

15 km südlich von Orlík (Bootsverbindung) steht auf einem Felsvorsprung oberhalb des Zusammenflusses von Wottawa (Otava) und Moldau (⟶ Vltava) das Burgschloß Zvíkov (Klingenberg; 395 m ü.d.M.), ursprüng-

*Burg Zvíkov

Zvíkov – Burgschloß Klingenberg…   *… Innenhof*

Orlík, Burg Zvíkov (Fortsetzung)	lich eine frühgotische Burg des 13. Jh.s. Erstmals im Jahre 1234 erwähnt, zuletzt im 16. Jh. in ein prächtiges Schloß verwandelt, ist Zvíkov einer der berühmtesten und besterhaltenen böhmischen Königssitze. Vom 32 m hohen Turm hat man eine weite Rundsicht. Beachtenswert sind u.a. der Arkadenhof und Fresken des 15. und 16. Jh.s in der Burgkapelle, ein Kleinod der böhmischen Frühgotik.
Březnice	16 km nordwestlich von Orlík erreicht man im Tal der Skalice das Städtchen Březnice (485 m ü.d.M.; 3000 Einw.) mit barocker Jesuitenkirche (1642–1650; reiche Innenausstattung) sowie einem Renaissanceschloß (urspr. eine gotische Burg).
Blatná	22 km südwestlich von Orlík liegt in einer teichreichen Landschaft an der Lomnitz (Lomnice; linker Zufluß der Wottawa · Otava) die für Rosenzucht bekannte Stadt Blatná (Blatna, auch Platten; 440 m ü.d.M., 7500 Einw.).
*Wasserschloß	Sehenswert ist das große Wasserschloß (im 15., 16. und 19. Jh. umgebaut bzw. erweitert; wertvolle Einrichtung); von der ursprünglich aus dem 13. Jh. stammenden Burg ist nur der Rest einer gotischen Kapelle erhalten. Der mächtige Hauptturm (15. Jh.) enthält bemerkenswerte gotische Malereien. Ein schöner Schloßpark umgibt die Anlage. Ferner beachtenswert ist die am Marktplatz aufragende gotische Hauptkirche (15. Jh.) mit freistehendem Glockenturm.
Lnáře	30 km südwestlich von Orlík gelangt man nach Lnáře (Schlüsselburg, 445 m ü.d.M.), einen Ort mit frühbarockem Schloß und Dreifaltigkeitskirche von 1706 (wertvolle Inneneinrichtung).

Ostrava · Ostrau   H 3

Region: Nordmähren
Kreis: Ostrava
Höhe: 217 m ü.d.M.
Einwohnerzahl: 330000

Lage und Bedeutung	Die zwischen Sudeten und Beskiden am Nordausgang der Mährischen Pforte zu beiden Seiten der Ostrawitza (Ostravice) kurz vor deren Einmündung in die Oder (Odra) gelegene nordböhmische Industriestadt hieß bis 1945 Mährisch-Ostrau (Moravská Ostrava). Seither trägt das wichtigste industrielle und kulturelle Zentrum Nordmährens den Namen Ostrava – deutsch Ostrau –, ist Sitz einer Hochschule für Bergbau und unterhält ein traditionsreiches Theater, ein bekanntes philharmonisches Orchester sowie einen zoologischen Garten.
Geschichte	Die Stadt wurde 1267 von dem Olmützer Bischof Bruno als mährische Grenzfeste gegründet und hatte später als Tuchmacherstadt Bedeutung. Die eigentliche Entwicklung zur Industriestadt setzte aber erst 1763 mit der Entdeckung ausgedehnter, am Südwestrand des oberschlesischen Kohlenbeckens gelegener Steinkohlenfelder ein. Die Witkowitzer Eisenwerke im südwestlichen Teil des heutigen Stadtgebiets nahmen 1830 den ersten Hochofen in Betrieb und wurden bald die größte Eisenhütte der österreichisch-ungarischen Doppelmonarchie.
	Die zahlreichen auf der Steinkohlenförderung beruhenden Siedlungszentren wuchsen im 20. Jh. zu einem geschlossenen Stadtgebiet zusammen. Charakteristisch sind selbst für die Innenstadt die Fördertürme und riesigen Abraumhalden. Nach dem Zweiten Weltkrieg entstanden bedeutende Bergarbeitervorstädte, von denen Havířov (s. Umgebung) die größte ist. Neben großen Eisen- und Walzwerken gibt es bedeutende Kokereien, chemische und Maschinenfabriken.

Ostrava – Antonín-Dvořák-Theater in Ostrau

Sehenswertes in Ostrava (Stadtplan s. S. 304/305)

Mittelpunkt des alten Ostrau ist der von neueren Geschäfts- und Wohn-   **Masarykplatz**
häusern umgebene, anlagengezierte Masarykplatz (Masarykovo náměstí).

An der Südseite des Masarykplatzes erhebt sich das Alte Rathaus (Stará   **Altes Rathaus**
radnice; 1556) mit einem Barockturm von 1687.
Das Innere des Rathauses enthält jetzt das Stadtmuseum (Městské   Stadtmuseum
muzeum) mit Sammlungen zur Stadtgeschichte, unter besonderer Berücksichtigung der industriellen Entwicklung.
Südlich hinter dem Alten Rathaus erstreckt sich das Ausstellungsgelände.   Ausstellungs-
                                                                            gelände

Unweit östlich vom Alten Rathaus steht am Kirchplatz die aus dem 13. Jh.   **Wenzelskirche**
stammende Wenzelskirche (Kostel sv. Václava), das älteste erhaltene Bau-
werk der Stadt.

Etwa ¹/₂ km nördlich von der Wenzelskirche erhebt sich am Prokešplatz   **Neues Rathaus**
(Prokešovo náměstí) das mächtige Neue Rathaus (1930) mit baumbestan-
denem Vorplatz und 85 m hohem Uhrturm (Aussicht).

Östlich hinter dem Neuen Rathaus bei der Ostrawitza-Brücke ein Befrei-   Befreiungs-
ungsdenkmal.   denkmal

Nördlich vom Neuen Rathaus erstreckt sich längs der Ostrawitza der reiz-   **Comeniuspark**
volle Comeniuspark (Komenského sady).

Am rechten Flußufer Ruinen des Renaissanceschlosses (urspr. einer aus   Schloßruinen
dem 13. Jh. stammenden Burg) im einstigen Schlesisch-Ostrau.

Im südlichen Ostrauer Vorort Hrabová lohnt eine Holzkirche aus dem   Holzkirche
16. Jh. den Besuch.   in Hrabová

303

Ostrava · Ostrau

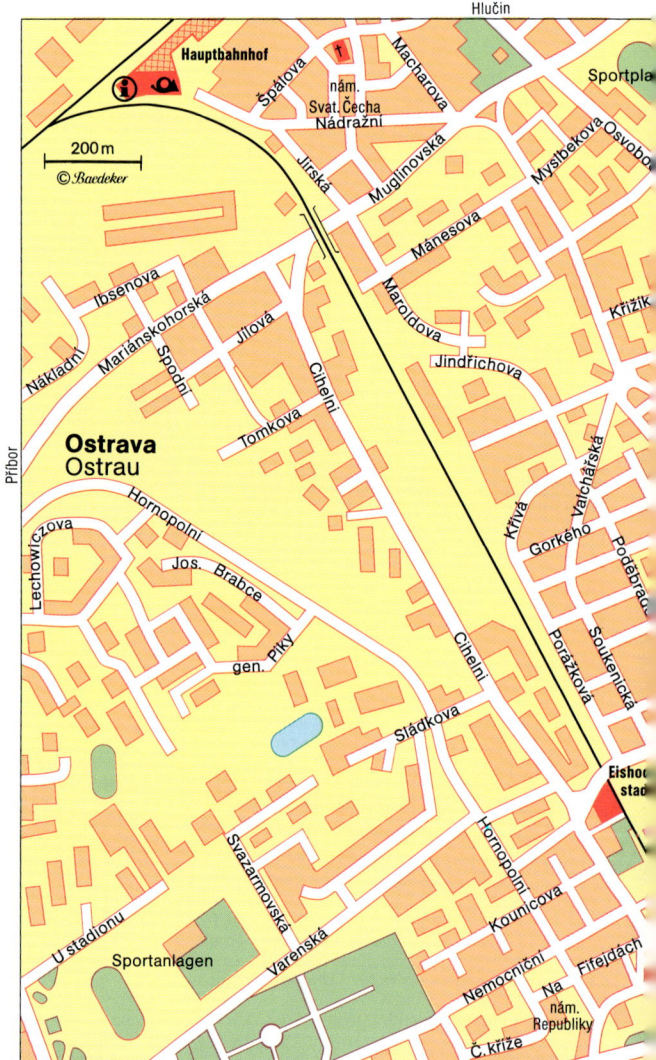

Stadtplan

Umgebung von Ostrava

Erholungsgebiete

Als Erholungsgebiete der Ostrauer Agglomeration dienen im Süden die
Mährisch-schlesischen Beskiden (→ Moravskoslezské Beskydy), im

304

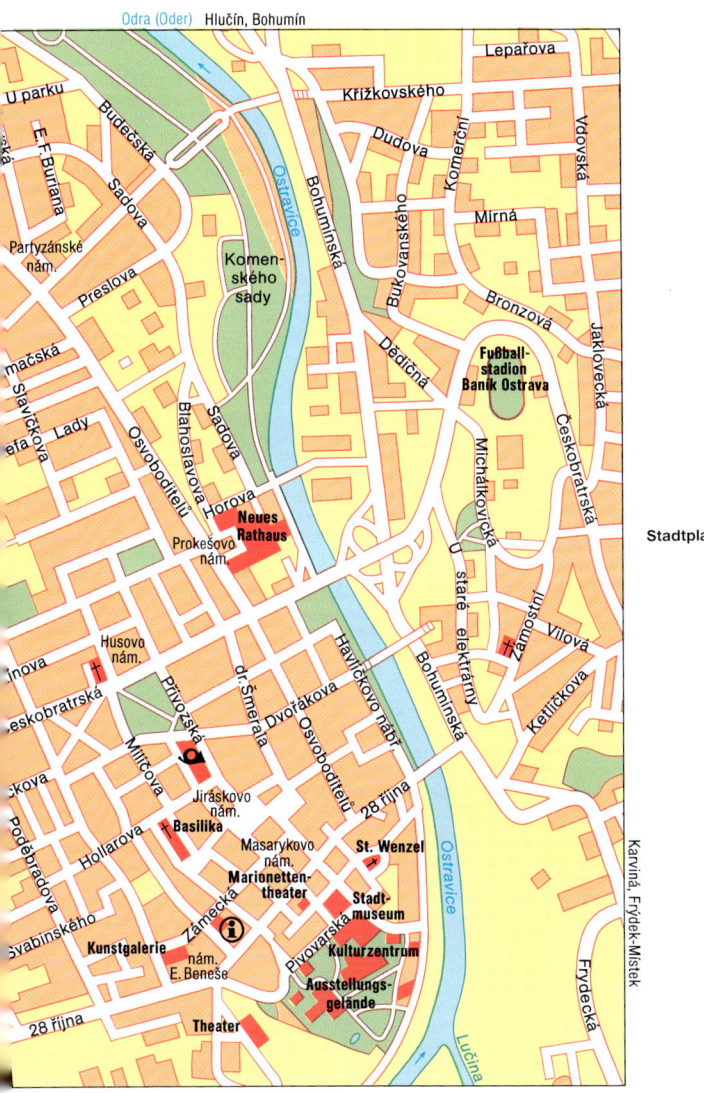

Odra (Oder) Hlučín, Bohumín

Lepařova

U parku

Křižkovského

Budečská

Dudova

Komerční

Vdovská

E. F. Buriana

Ostravice

Bohumínská

Mírná

Sadova

Bukovanského

Partyzánské nám.

Preslova

Komenského sady

Bronzová

Jaklovecká

mačská

Dědičná

Fußball-stadion Baník Ostrava

Slavíčkova

Blahoslavova

Sadova

Osvoboditelů

Horova

Michalkovická

Českobratrská

Lady

efa

Neues Rathaus

Prokešovo nám.

Stadtplan

Husovo nám.

U staré elektrárny

Žámostní

Vilová

Ketlíčkova

inova

Pivovarská

dr.Šmerala

Havlíčkovo náb.

Bohumínská

eskobratrská

Milíčova

Dvořákova

Osvoboditelů

28 října

ckova

Jiráskovo nám.

Basilika

poděbradova

Hollarova

Masarykovo nám.

St. Wenzel

Ostravice

svabinského

Marionetten-theater

Stadt-museum

Kunstgalerie

Zámecká

nám. E. Beneše

Pivovarská

Kulturzentrum

Frýdecka

Ausstellungs-gelände

Karviná, Frýdek-Místek

28 října

Theater

Lučina

Nordwesten das Altvatergebirge (→ Jeseníky) und im Südwesten das
schön bewaldete Odergebirge (Oderské vrchy; bis 680 m ü. d. M.).

Zusammen mit Ostrava bilden mehrere Städte in der Umgebung das landschaftlich weitgehend verunzierte Ostrauer Industriegebiet:

Erholungsgebiete
(Fortsetzung)

**Ostrauer
Industrierevier**

305

Industrierevier:
Bohumín

10 km nördlich liegt am tschechisch-polnischen Grenzübergang die Stadt Bohumín (Oderberg; 198 m ü.d.M., 25 000 Einw.), Eisenbahnknotenpunkt mit Eisenwerkbau und Drahtfabrik.

Orlová

14 km östlich von Ostrava gelangt man nach Orlová (deutsch Orlau, polnisch Orłowa; 220 m ü.d.M., 34 000 Einw.) und 8 km weiter in die Kreisstadt Karviná (deutsch Karwin, polnisch Karwina; 252 m ü.d.M.; 68 000 Einw.) mit Kohlengruben. – 2 km südlich von Karviná der kleine Kurort

Darkov

Darkov (Darkau) mit jod- und bromhaltigen Quellen.

Havířov

16 km südöstlich von Ostrava liegt Havířov (von 'havíř' = Bergmann), eine 1955 aus mehreren Ortschaften gebildete Wohnstadt (zusammen fast 100 000 Einw.) für die in den umliegenden Industriebetrieben tätige Bevölkerung mit großen Wohnblöcken.

Vratimov

7 km südlich von Ostrava befindet sich Vratimov (250 m ü.d.M., 9000 Einw.) in unmittelbarer Nähe der Ostrauer Neuen Hütte (ab 1949).

Studénka

Wirtschaftlich bedeutend ist wegen seiner Waggonfabrik der 15 km südwestlich gelegene Ort Studénka (239 m ü.d.M.; 11 000 Einw.).

Fulnek

Kuhländchen

Zu den historisch wertvollen Orten in der Region gehört das altertümliche Städtchen Fulnek (284 m ü.d.M., 8000 Einw.; Textilindustrie), 25 km südwestlich von Ostrava. Es liegt reizvoll am Nordwestrand der hier 'Kuhländchen' ('Kravařsko'; vom 11. Jh. bis 1945 eine deutsche Sprachinsel mit blühender Rinderzucht; vgl. → Nový Jičín) genannten Oderniederung und besitzt ein aus einer mittelalterlichen Burg entstandenes Schloß (17. Jh.). In der ursprünglich spätgotischen Pfarrkirche (um 1407; im 17. und 18. umgebaut) der 'Böhmischen Brüdergemeine' befindet sich eine Gedenkstätte für J.A. Comenius (1592–1670; → Berühmte Persönlichkeiten), der 1618–1621 hier predigte. Ferner beachtenswert sind die Dreifaltigkeitskirche (1760) und das gotische Pfarrhaus.

Ansicht von Fulnek im Kuhländchen

Pardubice · Pardubitz   E 2

Region: Ostböhmen
Kreis: Pardubice
Höhe: 218 m ü. d. M.
Einwohnerzahl: 94 000

Pardubice – deutsch Pardubitz – ist eine in der fruchtbaren Ebene der Elbe   Lage und
(→ Labe; voraussichtlich ab 1995 von hier stromabwärts schiffbar) bei der   Bedeutung
Einmündung der Chrudimka gelegene Kreisstadt im nordöstlichen Böh-
men, Sitz einer Hochschule für chemische Technologie, mit lebhafter Industrie (Chemieprodukte; Nahrungsmittel, z. B. bekannte Lebkuchen; Radio-
und Fernsehgeräte).

Die im 16. Jh. unter dem Adelsgeschlecht derer von Pernstein auf goti-   *Stadtbild
schen Fundamenten nach einheitlichem Plan umgebaute Altstadt bietet
auch nach dem 1645 von den Schweden gelegten Brand das anschauliche
Bild einer Stadt der Renaissancezeit. Unter Denkmalschutz steht das Viertel um den Pernsteinplatz.

Bekannt ist das seit 1874 alljährlich ausgetragene Parforcepferderennen   Veranstaltungen
('Große Pardubitzer Steeplechase'), das zu den schwersten Hindernis-
rennen in Europa zählt (die Rennbahn ist insgesamt 7 km lang und verfügt
über 39 Hindernisse, der Taxisgraben erfordert einen fast 10 m langen
Sprung!). Eine Besucherattraktion ist daneben das Motorradflachrennen
um den begehrten 'Goldenen Sturzhelm'.

Stadtplan

Pardubice – Stadttheater von Pardubitz

Sehenswertes in Pardubice

Platz der Befreiung
Den Verkehrsmittelpunkt der Stadt bildet der von Büro- und Geschäftshäusern umgebene große Platz der Befreiung (Náměstí Osvobození), auf den von Westen die Friedensstraße (s. nachstehend) mündet.

Kirche St. Bartholomäus
Am nördlichen Ende des Platzes der Befreiung steht die gotische Kirche St. Bartholomäus (Sv. Bartoloměje), die um 1514 in gotischem Stil errichtete, um 1520 von italienischen Meistern im Renaissancestil umgebaute Hauptkirche der Stadt, mit schönem gotischen Portal und einzeln stehendem Glockenturm.

Stadttheater
Den Platz der Befreiung begrenzt im Süden das im Jugendstil aufgeführte Stadttheater (Městské divadlo).

*Grünes Tor
An der Ostseite des Platzes der Befreiung erhebt sich gegenüber der Einmündung der Friedensstraße das 1507–1534 errichtete Grüne Tor (Zelená brána; früher Prager Tor · Pražská brána; 1886 restauriert), dessen Galerie einen guten Überblick über die Stadt und ihre Umgebung bietet.

Pernsteinplatz
Durch das Grüne Tor gelangt man östlich auf den von schönen Renaissancehäusern umgebenen Pernsteinplatz (Pernštejnské náměstí), den 1507 angelegten Hauptplatz der Altstadt, die nördlich vom Schloßgarten, südlich von der Jahnova třída und östlich von der Chrudimka begrenzt ist und zum großen Teil ihren altertümlichen Charakter bewahrt hat.

*Pestsäule
In der Mitte des volkstümlich 'Stadtsalon' genannten Platzes steht eine figurenreiche barocke Mariensäule (Pestsäule) von 1680.

Rathaus
Nördlich gegenüber das 1894 im deutschen Renaissancestil errichtete Rathaus (Radnice) mit Sgraffiti von Mikoláš Aleš.

Besonders bemerkenswert sind an der Westseite des Platzes die Häuser Nr. 77 und 78, an der Nordseite das Wernerhaus (Wernerův dům; Nr. 116) und das Wenzelhaus (Nr. 3; rechts vom Rathaus), an der Südseite das Haus Nr. 60 und an der Ostseite das gotische Jonashaus (U Jonáše; Nr. 50) sowie rechts daneben das Haus Nr. 51 (Apotheke).

Bürgerhäuser

Unweit südöstlich vom Pernsteinplatz steht an der Klostergasse (Klášterní ulice) die Kirche Mariä Verkündigung (Zvěstování Panny Marie; 16. Jh.).

Kirche Mariä Verkündigung

Von der Nordostecke des Pernsteinplatzes gelangt man nördlich in die von alten Bürgerhäusern eingefaßte Pernsteingasse (Pernštýnská ulice). Nach 100 m links in die beim zugeschütteten Burggraben angelegte altertümliche Kirchgasse (Kostelní ulice) mit der Erzdechantei (bis 1532 Minoritenkloster).

Erzdechantei

Weiter durch die die Pernsteingasse nördlich fortsetzende Schloßgasse (Zámecká ulice) auf einen kleinen Platz, dann durch einen Durchgang und auf einer kurzen Dammstraße zu dem in den Jahren 1519–1543 an Stelle einer gotischen Wasserburg im Renaissancestil errichteten vierflügeligen Schloß (Zámek) mit reichem Portal (von 1529) und schönem von zweigeschossigen Arkaden umgebenen Hof. In dem mit Malereien ausgeschmückten Inneren eine gotische Kapelle und das Heimatmuseum (u. a. reiche Vogelsammlung). Die Wasserbefestigungen stammen aus der Zeit der Renaissance.

Schloß

Westlich vom Schloß liegt der Schloßgarten (Tyršovy sady).

Schloßgarten

Noch weiter westlich befinden sich zwei Sportstadien.

Sportstadien

Durch die an der Westseite des Platzes der Befreiung beginnende Friedensstraße (Třída míru), die Hauptgeschäftsstraße der Stadt, gelangt man westwärts, an der Hauptpost (rechts) vorbei, zu der Kirche St. Johann Baptist (um 1515) und weiter zum Hauptbahnhof (Hlavní nádraží).

Friedenssstraße

Hauptbahnhof

Umgebung von Pardubice

6 km nordöstlich erhebt sich auf dem basaltischen Kunietitzer Berg (Kunětická hora; 294 m ü. d. M.) die ansehnliche Ruine der gleichnamigen Hussitenburg, 1421–1423 errichtet, von den Schweden 1645 zerstört, um 1930 z. T. wiederhergestellt.

Kunietitzer Berg

7 km südlich von Pardubice liegt an der Chrudimka und am Nordostfuß des Eisengebirges (Železné hory) die 1263 gegründete Stadt Chrudim (265 m ü. d. M.; 24 000 Einw.; Maschinenbau). Beachtenswert sind die gotische Hauptkirche Mariä Himmelfahrt (14. Jh.; im 19. Jh. erneuert) und das Rathaus (urspr. im Renaissancestil erbaut; 1721 barock umgestaltet; Empirefassade) sowie etliche alte Bürgerhäuser, davon hervorzuheben das dreistöckige Mydlář-Haus (1573–1577; darin ein interessantes Marionettenmuseum) mit Arkaden und einem minarettartigen Turm; alljährlich Marionettentheater-Festival.

Chrudim

Chrudim ist Geburtsort des Ingenieurs und Erfinders der Schiffsschraube (1827 patentiert), Josef Ressel (1793–1857).

8 km nordwestlich von Pardubice gelangt man zu dem kleinen Kurort Lázně Bohdaneč (Bad Bochdanetsch; 246 m ü. d. M., 2000 Einw.) mit einer alkalischen Thermalquelle (21 °C) und Moorbädern zur Therapie von Erkrankungen des Bewegungsapparates sowie bei Nervenleiden. Sehenswert sind die Barockkirche mit wertvoller Einrichtung und ein Park im englischen Stil.

Lázně Bohdaneč

Pardubice
(Fortsetzung)
Hrochův Týnec

10 km südöstlich von Pardubice liegt Hrochův Týnec (Hrochowteinitz; 241 m ü. d. M.) mit einfachem Barockschloß und einer Barockkirche. Hrochowteinitz ist der Geburtsort des Alpenforschers Friedrich Simony (1813–1896).

Slatiňany

11 km südlich von Pardubice erreicht man den Ort Slatiňany (Slatinan; 268 m ü. d. M., 4000 Einw.) mit einem Renaissanceschloß (im 18. und 19. Jh. verändert), in dem sich heute u. a. ein interessantes Pferdemuseum (Hippologické muzeum) befindet; es werden regelmäßig Pferderennen ausgetragen.

Kočí

13 km südöstlich von Pardubice sind in der Gemeinde Kočí eine kleine gotische Kirche (von 1397; volkstümliche Deckenmalerei) mit hölzernem Glockenturm (von 1666) und Holzbrücke (von 1721) als Zugang bemerkenswert.

Holice

Holice (244 m ü. d. M.; 7000 Einw.), 16 km östlich von Pardubice, ist eine kleine Stadt mit einem Museum, in dem die Sammlungen des tschechischen Afrikaforschers Emil Holub (1847–1902) zusammengetragen sind.

Seč

25 km südwestlich von Pardubice gelangt man zu dem 1934 angelegten Stausee von Seč (500 m ü. d. M.; 215 ha).

Die Ortschaft Seč wird von Sommerurlaubern gern besucht. Darüber erhebt sich die Ruine der Burg Oheb (14. Jh.) mit Resten des Palas und des Festungsturmes.

Pelhřimov · Pilgram   E 3

Region: Südböhmen
Kreis: Pelhřimov
Höhe: 494 m ü. d. M.
Einwohnerzahl: 17 000

Lage und
Bedeutung

Das südböhmische Pelhřimov – deutsch Pilgram – ist eine Kreisstadt im Westteil der Böhmisch-Mährischen Höhe (Českomoravská vrchovina) mit ausgedehnten Parkanlagen.

Für die örtliche Wirtschaft ist ein Landmaschinenwerk von Bedeutung; ferner gibt es am Ort Fabriken zur Herstellung u. a. von Strickereiwaren und Taschen.

Stadtplan

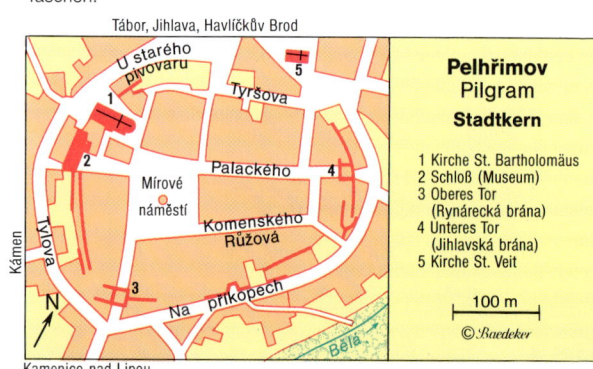

Pelhřimov
Pilgram
Stadtkern

1 Kirche St. Bartholomäus
2 Schloß (Museum)
3 Oberes Tor
  (Rynárecká brána)
4 Unteres Tor
  (Jihlavská brána)
5 Kirche St. Veit

100 m

© Baedeker

Pelhřimov – Marktplatz von Pilgram

Sehenswertes in Pelhřimov

Den im Westteil des ovalen Altstadtkerns gelegenen Marktplatz, heute offiziell Friedensplatz (Mírové náměstí), umstehen wohlerhaltene Giebelhäuser aus der Zeit von Renaissance und Barock.

Marktplatz

Am Westrand der Altstadt befindet sich das aus dem 16. Jh. stammende Schloß, das später als Rathaus diente und heute das Kreismusum beherbergt.

Schloß
(Museum)

Unweit nordöstlich vom Schloß steht die Dekanatskirche St. Bartholomäus (13. Jh.) mit einem 60 m hohen Turm.

Dekanatskirche

Erwähnung verdienen zwei erhaltene ursprünglich gotische, später barokkisierte Stadttore: im Süden das Obere Tor (Horní oder Rynárecká brana), im Osten das Untere Tor (Dolní oder Jihlavská brána), die zu der teilweise erhaltenen Stadtbefestigung gehörten.

Stadttore

Am nördlichen Altstadtrand steht die Kirche St. Veit (Kostel sv. Víta), südlich außerhalb eine barocke Marienkapelle aus dem 18. Jahrhundert.

Kirchen

Umgebung von Pelhřimov

10 km südöstlich erhebt sich der schön bewaldete Berg Křemešník (767 m ü.d.M.) mit einer spätgotischen Kapelle, im 18. Jh. ein bekannter Wallfahrtsort. Heute ist der Ort als Wintersportzentrum beliebt.

Křemešník

16 km südwestlich von Pelhřimov liegt der Urlaubsort Kamenice nad Lipou (Kamenitz an der Linde; 563 m ü.d.M., 4000 Einw.) mit einem Schloß, das

Kamenice
nad Lipou

Pelhřimov,
Kamenice
nad Lipou
(Fortsetzung)

mehrmals umgebaut worden ist, zuletzt 1806–1811 vom Großvater des Dichters Rainer Maria Rilke, der hier oft zu Gast war (heute Kindererholungsheim). Im Schloßpark steht eine uralte Linde (daher das Ortsnamensattribut 'an der Linde').

Kámen

16 km westlich von Pelhřimov gelangt man zu der Ortschaft Kámen (585 m ü.d.M.) mit gleichnamiger Burg (urspr. 12. Jh.; im 17. Jh. barock umgebaut); im Museum eine ständige Ausstellung historischer einspuriger Kraftfahrzeuge.

Pernštejn · Pernstein   F 3

Region: Südmähren
Kreis: Žďár nad Sázavou
Höhe: 365 m ü.d.M.

*Burg Pernštejn

Lage und
Geschichte

Die gut 40 km nordwestlich von Brünn (⟶ Brno) gelegene Burg Pernštejn – deutsch Pernstein – ist eine der größten und besterhaltenen Burgbauten der Tschechischen Republik. In den Jahren 1285–1596 gehörte sie dem mährischen Geschlecht derer von Pernštejn; der Bergfried stammt aus der zweiten Hälfte des 13. Jahrhunderts. Infolge der Zu- und Umbauten aus dem 15. und 16. Jh. nahm die als uneinnehmbar geltende Burg immer mehr die Gestalt einer Adelsresidenz im Stil der Renaissance mit Türmen, Toren und Erkern an.

Innenburg

In den Räumen der im 18. und 19. Jh. umgestalteten Innenburg sind zeitgenössische Einrichtungsgegenstände (Stilmöbel, Gemäldegalerien, Bibliothek) und eine Waffensammlung zu sehen.

Umgebung von Pernštejn

Doubravník

4 km südlich liegt an der Schwarzawa (Svratka) die Gemeinde Doubravník (313 m ü.d.M.) mit einer spätgotischen Marmorkirche (barocker Turm; wertvolle Inneneinrichtung).

Tišnov

14 km südöstlich von Pernštejn gelangt man zu der Industriestadt Tišnov (Tischnowitz; 253 m ü.d.M., 11000 Einw.; Maschinenbau, Elektrotechnik, Textilfabriken). Am rechten Ufer der Schwarzawa (Svratka) erstreckt sich der Ortsteil Předklášteří (Vorkloster) mit der 1233 gegründeten ehem.

*Porta Coeli

Zisterzienser-Nonnenabtei 'Himmelspforte' ('Porta Coeli' · 'Brána Nebes') im romanisch-gotischen Übergangsstil. Besonders beachtenswert sind das mit Skulpturen reich geschmückte Westportal der Klosterkirche, ferner der Kreuzgang sowie der Kapitelsaal. Alle Steinmetz- und Bildhauerarbeiten stammen aus der Mitte des 13. Jahrhunderts. Im Kloster befindet sich das Museum des Vorlandes der Böhmisch-Mährischen Höhe mit geschichtskundlichen Sammlungen.

Vítochov

15 km nördlich von Pernštejn liegt Vítochov, ein Ortsteil von Písečná (592 m ü.d.M.), mit einer romanischen Kirche (gotische Fresken).

Kunštát

16 km nordöstlich erreicht man die Ortschaft Kunštát (Kunstadt; 445 m ü.d.M., 2000 Einw.) mit Töpferei. Aufmerksamkeit verdienen das Renaissanceschloß (urspr. eine gotische Burg; im 17. und 19. Jh. umgebaut, heute Museum) und das Denkmal des Königs Georg von Podiebrad (Jiří z Poděbrad), dessen Geburtsort auch hier vermutet wird.

Pernštejn – Türme der Burg Pernstein

23 km nordöstlich von Pernštejn liegt die Stadt Boskovice (Boskowitz; 381 m ü.d.M., 13 000 Einw.) mit Holz- und Textilindustrie sowie Näh-maschinenbau. Sehenswert sind das große Schloß (19. Jh.; reiche Empire-Einrichtung), die Stadtkirche aus dem 14. Jh. (Renaissance-Grabmäler) und das Heimatmuseum; auf einem Hügel südlich der Stadt eine gotische Burgruine (14. Jh.).

Pernštejn
(Fortsetzung)
Boskovice

Pilgram

→ Pelhřimov

Pilsen

→ Plzeň

Písek · Pisek   **D 3**

Region: Südböhmen
Kreis: Písek
Höhe: 398 m ü.d.M.
Einwohnerzahl: 29 000

Die von schönen Wäldern umgebene südböhmische Kreisstadt Písek – deutsch Pisek – liegt zu beiden Seiten der Wottawa (Otava), eines linken Zuflusses der Moldau (→ Vltava). Der einstige Hussitenstützpunkt erhielt

Lage,
Geschichte
und Bedeutung

313

Písek – Blick auf Hirschbrücke und Altstadt von Pisek

Geschichte und
Bedeutung
(Fortsetzung)

seinen Namen nach dem früher hier gewaschenen goldhaltigen Sand
(tschechisch 'písek') der Wottawa und besitzt heute verschiedene Industriezweige: Metall- und Holzverarbeitung, Textil- (Jitex) und Lebensmittelfabriken.

Sehenswertes in Písek

*Hirschbrücke

Die sog. Hirschbrücke über die Wottawa (Otava) stammt aus dem 13. Jh.
und gilt als die älteste Steinbrücke in Böhmen (älter als die Prager Karlsbrücke); der Figurenschmuck stammt aus den Jahren 1754–1757.

Stadtkirche
Mariä Geburt

Sehenswert ist die gotische Stadtkirche Mariä Geburt (urspr. 13. Jh.; nach
einem Brand im Renaissancestil umgebaut; 1886 regotisiert) mit einem
74 m hohen, reliefgeschmückten Turm von 1489. Im Inneren befindet sich
das gotische Tafelbild "Madonna von Písek"; außerdem sind die fresken-
gezierten Pfeiler sowie ein zinnernes Taufbecken (1587) erwähnenswert.

Weitere Kirchen

Beachtung verdienen die barocke Wenzelskirche (1636–1699) und die
Friedhofskirche zur Heiligen Dreifaltigkeit (1549–1576) mit einem marmor-
nen Renaissanceportal und bemerkenswerter Kanzel.

Altes Rathaus

Stadtmuseum

Im Hof des zweitürmigen, 1740–1765 im Barockstil errichteten Alten Rathauses (Turmuhr, Stadtwappen, allegorische Plastiken) steht der gotische
Palas der ehemals königlichen Burg (urspr. 13.–15. Jh.; 1532 abgebrannt),
in dem das Stadtmuseum (Kreuzgewölbe) untergebracht ist.

Bürgerhäuser

Am Marktplatz lohnen verschiedene altertümliche Bürgerhäuser die
nähere Betrachtung.

Stadtmauerreste

Reste der Stadtbefestigung (15.–16. Jh.) sind erhalten, so z.B. das Tor
Putimská brána.

Umgebung von Písek

Putim, 5 km südlich, ist ein typisch südböhmisches Dorf mit Gütern im Stil des Bauernbarocks.

Putim

6 km südwestlich von Písek liegt Kestřany mit einem Komplex von zwei gotischen Burgfesten und einem Barockschloß (17. Jh.).

Kestřany

10 km nordöstlich von Písek überspannt eine 1939–1943 geschlagene Talbrücke (Podolský most; Länge 510 m, Spannweite 150 m) die hier aufgestaute Moldau (⟶ Vltava). Sie markiert den Beginn der Worliker Talsperre (⟶ Orlík).

✳**Moldautalbrücke**

Sudoměř (383 m ü. d. M.), 10 km südwestlich von Písek, besitzt ein Denkmal für Jan Žižka (⟶ Berühmte Persönlichkeiten) an der Stelle des Sieges der Hussiten (1420). Der Ort zeigt reizvolle Beispiele böhmischer Volksarchitektur.

Sudoměř

Albrechtice nad Vltavou (428 m ü. d. M.) ist eine Ortschaft 12 km südlich von Písek mit einer romanischen Kirche aus der Zeit vor 1200 (romanische Wandmalereien).

Albrechtice nad Vltavou

12 km südöstlich von Písek liegt an der Blanitz (Blanice) das Städtchen Protivín (383 m ü. d. M.) mit Schloß aus dem 18. Jh. (an der Stelle einer gotischen Burg des 14. Jh.s). Die Barockkirche stammt aus dem 17. Jh.; Stadtmauern sind noch teilweise sichtbar.

Protivín

Bei Temelín (443 m ü. d. M.), einer Gemeinde 25 km südöstlich von Písek, befindet sich das größte Kernkraftwerk des Landes im Bau.

Temelín

Týn nad Vltavou (Moldautein; 362 m ü. d. M., 6000 Einw.), 25 km südöstlich von Písek, ist eine der ältesten Siedlungen in Südböhmen. Beachtenswert sind das Ortsmuseum, ein Barockschloß, das Renaissancerathaus und eine frühgotische Kirche (1560–1567 verändert).

Týn nad Vltavou

Plzeň · Pilsen   **C 3**

Region: Westböhmen
Kreis: Plzeň
Höhe 322 m ü. d. M.
Einwohnerzahl: 175 000

Plzeň – deutsch Pilsen –, nächst Prag (⟶ Praha) die größte Stadt Böhmens und ein wichtiges Industrie- und Wirtschaftszentrum (Bierbrauerei seit 1842, Škoda-Werke seit 1869), liegt in dem flachen Pilsner Becken an der Vereinigung der Flüsse Mies (Mže), Radbusa (Radbuza), Úhlava und Úslava zur Beraun (Berounka), deren Tal den Weg nach Prag öffnet. Die kulturelle Bedeutung der Stadt manifestiert sich in mehreren Hochschulen und einem bekannten Theater.

Lage und Bedeutung

Die im Jahre 1295 von König Wenzel (Václav) II. zwischen den Flüssen Mies und Radbusa angelegte und befestigte Stadt wurde im Unterschied zu der älteren Siedlung 'Alt-Pilsen' (Starý Plzenec), die 10 km südöstlich in dem engen Tal der Úslava lag, 'Neu-Pilsen' genannt.
An der Vereinigung der Handelswege von Regensburg, Nürnberg und aus Sachsen nach Prag gelangte die Stadt bald zu großer Blüte. Nach den Hussitenkriegen, in denen die Stadt mehrmals belagert wurde, setzte eine besonders rege Entwicklung ein (1468 Druck des ersten tschechischen Buches, der sog. Trojanischen Chronik), jedoch brachten Feuersbrünste,

Geschichte

Fortsetzung auf Seite 318

315

Plan der
inneren Stadt

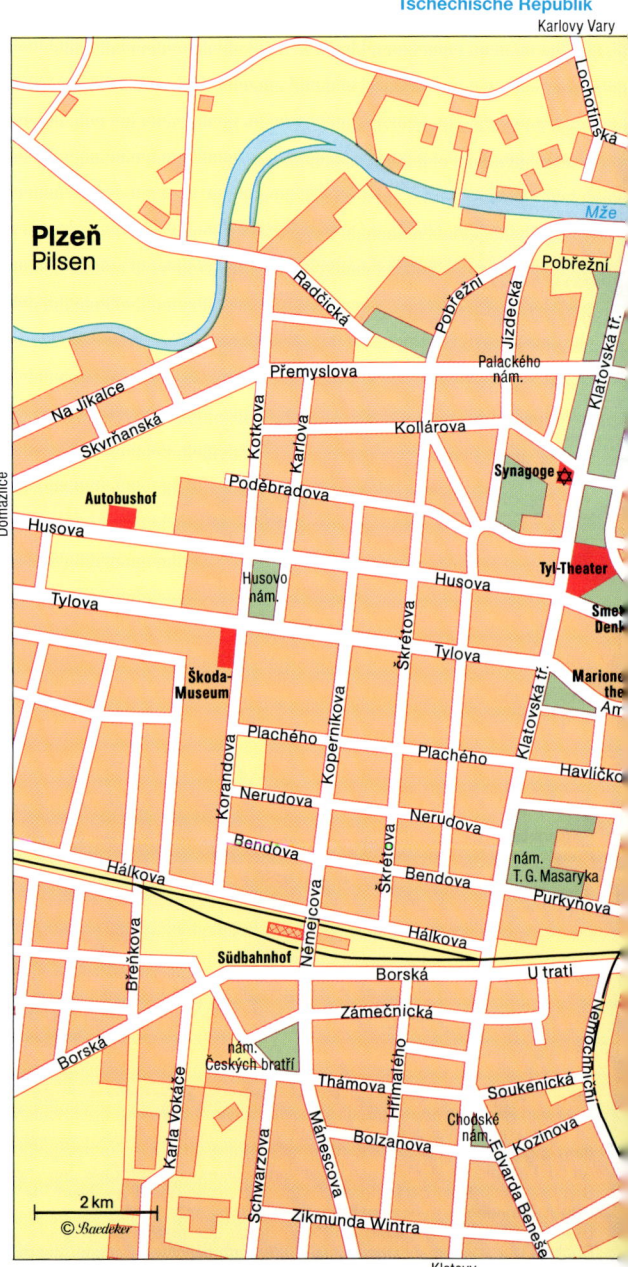

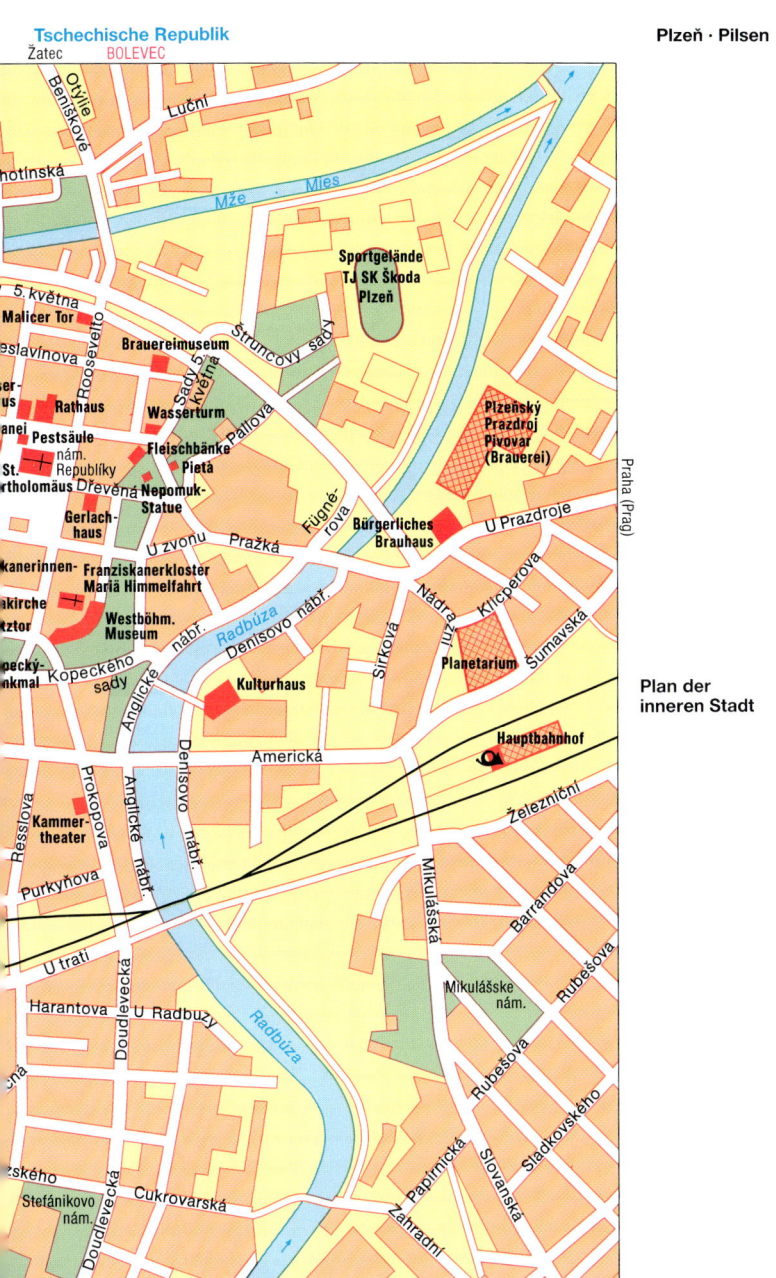

Otylie
Beníškové
Luční
hotínská
Mže   Mies
Sportgelände
TJ SK Škoda
Plzeň
5. května
Malicer Tor
Roosveltova
Struncovy sady
Plzeňský
Prazdroj
Pivovar
(Brauerei)
eslavínova
Brauereimuseum
Sady 5. května
ser-
us
Rathaus
Wasserturm
Pallova
Praha (Prag)
anei
Pestsäule
Fleischbänke
Pietà
St.
Republiky nám.
rtholomäus   Dřevěná Nepomuk-
Statue
Fügne-
rova
Bürgerliches
Brauhaus
U Prazdroje
Klicperova
Gerlach-
haus
U zvonu   Pražská
kanerinnen- Franziskanerkloster
Mariä Himmelfahrt
Nádražní
Šumavská
akirche
tztor
Westböhm.
Museum
Anglické nábř.   Denisovo nábř.   Radbuza
Sirková
pecký-
nkmal
Kopeckého
sady
Planetarium
Kulturhaus
**Plan der
inneren Stadt**
Anglické
Denisovo nábř.
Americká
Hauptbahnhof
Kammer-
theater
Prokopova
Resslova
Anglické nábř.
Železniční
Purkyňova
Mikulášská
Barrandova
U trati
Harantova   U Radbuzy
Radbuza
Doudlevecká
Mikulášské
nám.
Rubešova
Rubešova
na
ského
Štefánikovo
nám.
Cukrovarská
Doudlevecká
Papírnická
Zahradní
Slovanská
Sladkovského

Geschichte
(Fortsetzung
von Seite 315)
besonders zu Beginn des 16. Jh.s, schwere Rückschläge. Im Dreißigjährigen Krieg wurde Pilsen von dem Grafen Mansfeld gestürmt; an der Jah-
reswende 1633/1634 war es das Hauptquartier Wallensteins der seinen
Offizieren eine schriftliche Treueerklärung, die 'Pilsener Reverse', abver-
langte. Zu dieser Zeit sank die Einwohnerzahl etwa auf die Hälfte. Seit der
Mitte des 19. Jh.s entwickelte sich Pilsen zu einer bedeutenden Industriestadt; die Biererzeugung machte es weltbekannt. Nach dem Zweiten Weltkrieg dehnte sich die Stadt besonders nach Osten (Stadtteil Doubravka)
und Süden (Stadtteil Slovany) aus.

Sehenswertes in Plzeň

**Platz der
Republik**
Den Mittelpunkt der regelmäßig angelegten quadratischen Altstadt mit
etwa 1/2 km Seitenlänge bildet der Ring, heute offiziell Platz der Republik
(Náměstí Republiky), ein besonders an der Ost- und Südseite von schönen
Renaissance- und Barockhäusern eingefaßter Platz (Kaiserhaus, 1606;
Waldsteinhaus, Chotěšovský-Haus), mit 193 m Länge und 139 m Breite
der größte Stadtplatz Böhmens, auf den insgesamt zehn Straßen münden.

***Hauptkirche
St. Bartholomäus**

Grundriß

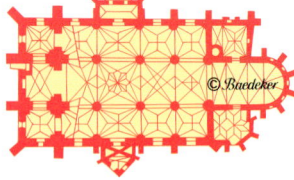

Im nördlichen Teil des Platzes
erhebt sich die große gotische Kirche St. Bartholomäus (Sv. Bartoloměje), die 1297 begonnene und
Ende des 15. Jh.s vollendete
Hauptkirche der Stadt, mit mächtigem, 103 m hohem Turm, dem
höchsten Kirchturm des Landes
(vom Turmumgang umfassende
Aussicht).

In dem eindrucksvollen Inneren (mit prächtigem Sterngewölbe) am Hochaltar die "Pilsener Madonna", ein um 1390 aus Tonschiefer gefertigtes vor-
zügliches Werk gotischer Bildhauerkunst. Beachtenswert sind ferner ein
Kalvarienberg (um 1460) sowie die Anfang des 16. Jh.s an die Südseite des
Chores angebaute Sternberg-Kapelle.

Erzdechantei
Der Bartholomäuskirche westlich gegenüber liegt der schöne Barockpalais der Erzdechantei (von J. Auguston, 1710).

*Rathaus
An der Nordseite des Platzes der Republik steht das 1554−1559 von dem
Italiener Giovanni de Statio errichtete Rathaus (Radnice), ein bemerkens-
werter Bau der böhmischen Renaissance mit reichem Sgraffitoschmuck.

Pestsäule
Zwischen Rathaus und Bartholomäuskirche eine Pestsäule von 1681.

**Franziskaner-
kirche**
In der von der Südostecke des Platzes der Republik nach Süden führenden Franziskanergasse (Františkánská ulice) etwas zurückliegend die gotische Franziskanerkirche (Františkánský kostel, um 1340; Barockfassade)
mit ehem. Kloster, schönem Kreuzgang und der Barbarakapelle (im Inneren beachtenswerte, um 1460 geschaffene Wandmalereien mit Szenen
aus dem Leben der hl. Barbara).

***West-
böhmisches
Museum**
Östlich hinter der Kirche befindet sich an der nachstehend beschriebenen
Ringstraße das reichhaltige Westböhmische Museum (Západočeské
muzeum) mit kunstgewerblichen und historischen Sammlungen sowie der
Westböhmischen Galerie, einer reichen Sammlung von Gemälden und
Bildwerken meist tschechischer Meister vom Mittelalter bis zur Gegen-
wart.

Im Gebäude der einstigen Fleischerläden (Masné krámy) ein Konzertsaal
und ein Teil der zuvor erwähnten Kunstgalerie.

Bartholomäuskirche   *Pestsäule und Rathaus*

In den Altstadtstraßen um den Ring stehen zahlreiche Renaissancehäuser, von denen oft nur das meist prächtige Portal erhalten ist, und die nach dem Zweiten Weltkrieg größtenteils restauriert wurden. Besonders schöne Beispiele finden sich in der von der Nordostecke des Ringes ausgehenden Prager Gasse (Pražská ulice).
Renaissance-
häuser

Am Ostende der Gasse der um 1550 errichtete Wasserturm des alten Wasserwerkes.
Wasserturm

Nahe der Nordostecke der Altstadt befindet sich an der Veleslavingasse (Veleslavínova ulice) in einem mittelalterlichen Malzhaus seit 1963 das dem zuvor genannten Westböhmischen Museum angegliederte sehenswerte Brauereimuseum (Pivovarské muzeum), das einen vorzüglichen Überblick über die Entwicklung des Pilsener Brauereiwesens bietet und zahlreiche mit der Bierherstellung zusammenhängende Vorrichtungen zeigt.
Brauereimuseum

Südlich vom Ring steht an der Friedrich-Smetana-Straße (Ulice Bedřicha Smetany) die von Jakob Auguston erbaute Barockkirche St. Anna (18. Jh.).
St.-Anna-Kirche

Die Altstadt umzieht die an Stelle der im 19. Jh. geschleiften alten Festungswerke angelegte, verschiedene Namen führende Ringstraße, mit zahlreichen öffentlichen Gebäuden und schönen Parkanlagen.
Ringstraße

An der Westseite der Altstadt verläuft die Straße des 1. Mai (Třída 1. máje) mit dem Nejedlý-Park (Nejedlého sady) und einer großen zweitürmigen Synagoge. An der Straße des 1. Mai sowie besonders an der weiter südlich abzweigenden Nerudastraße (Nerudova ulice) sind zahlreiche Hausfassaden mit Sgraffiti und Fresken des Malers Mikoláš Aleš (1852–1913) geschmückt.
Straße des 1. Mai

Am südlichen Ende des zuvor genannten Nejedlý-Parkes steht das Große Theater (Velké divadlo J. K. Tyla), benannt nach dem bedeutenden Schau-
Großes Theater

Großes Theater

Großes Theater (Fortsetzung)	spieler und Dramatiker Josef Kateján Tyl (1808–1856, → Berühmte Persönlichkeiten; sein Grab auf dem Nikolaifriedhof südwestlich vom Hauptbahnhof).
Parkanlagen	Östlich vom Großen Theater erstrecken sich an der Südseite der Altstadt die Smetana-Anlagen (Smetanovy sady) und die sich östlich anschließenden Kopecký-Anlagen (Kopeckeho sady).
Kleines Theater	An der Südseite der Kopecky-Anlagen befindet sich das Kleine Theater (Malé divadlo J.K. Tyla), das einstige Deutsche Theater.
Moskauer Straße	Südlich parallel zu den zuvor genannten Anlagen verläuft die bei der Straße des 1. Mai (s. zuvor) beginnende Moskauer Straße (Moskevská třída), wie jene eine der Hauptstraßen der Stadt.
Hauptbahnhof	Sie führt ostwärts über die Radbusa zum Hauptbahnhof.
Planetarium	Unweit nördlich befindet sich das Pilsener Planetarium.
Bürgerliches Brauhaus	Noch weiter nördlich das 1842 gegründete sog. Bürgerliche Brauhaus (Měšťanský pivovar; Zutritt gestattet, Kostproben), die älteste und größte der Pilsener Brauereien.
Pilsner-Urquell-Bierrestaurant	Im Erdgeschoß des Verwaltungsgebäudes befindet sich neben dem mächtigen Eingangstor das vielbesuchte Bierrestaurant 'Prazdroj' (d.i. 'Urquell'), in dem das weltberühmte zwölfgradige helle Bier ausgeschenkt wird (auch reger Souvenirverkauf). In den Sandsteinfelsen unter der Brauerei ein insgesamt 9 km langes Labyrinth von Gärkammern und Lagerkellern.
Gambrinus-Brauerei	In der anstoßenden Gambrinus-Brauerei wird u.a. das dunkle Bier 'Diplomat' hergestellt.

Brauerei-Tor

Etwa 2 km nördlich vom Ring liegt jenseits der Mies (Mže) der Vorort   **Zoologischer**
Lochotín mit einem großen Park (von hier ergeben sich schöne Blicke auf   **Garten** in Lochotín
Pilsen), dem hübschen Botanischen Garten (Botanická zahrada), dem
Zoologischen Garten (Zoo Plzeň) und einem Freilichttheater für 20 000
Zuschauer.

Im westlichen Teil der Stadt erstrecken sich die riesigen, 1866 von Emil   **Škoda-Werke**
Ritter von Škoda (1839–1900; → Berühmte Persönlichkeiten) gegründe-
ten Škoda-Werke (1952–1990 'V.-I.-Lenin-Werke'; Werksmuseum), die
u. a. Stahl, Maschinen, Kraftfahrzeuge, Lokomotiven und Waffen herstellen.

Im Norden des Škoda-Werksgeländes ein großer Autobushof.   Autobushof

Umgebung von Plzeň

8 km südöstlich erhebt sich Radyně (Radina, 569 m ü. d. M.), die Ruine   Radyně
einer Burg aus dem 14. Jh., von Karl IV. gegründet (früher 'Karlskrone'
genannt).

12 km südwestlich von Plzeň lohnt das klassizistische Jagdschloß Kozel   **Kozel**
(Ziegenbock; 362 m ü. d. M.) einen Besuch. Es stammt vom Ende des 18.
Jh.s und besitzt eine reiche Innenausstattung (Wandmalereien) sowie
schöne Gartenanlagen.

16 km östlich von Plzeň liegt Rokycany (362 m ü. d. M.; 16 000 Einw.),   **Rokycany**
Kreisstadt mit traditionellem Hüttenwesen sowie Maschinen- und Nahrungsmittelfabriken. Die ursprünglich gotische Hauptkirche wurde barok-
kisiert; am Markt stehen schöne Renaissance- und Barockbauten.

20 km südlich von Plzeň erreicht man Přeštice (350 m ü. d. M., 5000 Einw.), ein Städtchen an der Angel (Úhlava) mit einer weithin sichtbaren doppel-türmigen Kirche. Přeštice ist der Geburtsort des Komponisten Jakub Jan Ryba (1765–1815; Autor der Tschechischen Weihnachtsmesse) und des Architekten Josef Hlávka (1831–1908), der u. a. an mehreren Bauvorhaben in Wien (z. B. der Oper) beteiligt war.

Plzeň
(Fortsetzung)
Přeštice

22 km östlich von Plzeň liegt Dobřív (417 m ü. d. M.), ein Dorf mit einem Wasserhammerwerk aus dem 19. Jh. (kleines Museum).

Dobřív

24 km nördlich von Plzeň lohnt in Plasy (Plaß; 350 m ü. d. M., 2500 Einw.) ein großer Barock-Klosterkomplex aus den Jahren 1701–1740 (heute Museum und Galerie) den Besuch. In der Nähe liegt die Empire-Familien-gruft des Metternichschen Fürstengeschlechtes.

Plasy

32 km südöstlich von Plzeň gelangt man nach Nepomuk (450 m ü. d. M., 2500 Einw.), eine Stadt mit wertvoller Barockkirche (von K. I. Dientzen-hofer, 1733–1738), die nach der Überlieferung an der Stelle des Geburts-hauses des volkstümlichen Heiligen Böhmens, Johannes von Nepomuk (⟶ Berühmte Persönlichkeiten), steht.

Nepomuk

1 km nördlich das Colloredosche Barockschloß Zelená Hora (Grünberg, 533 m ü. d. M.), Dominante der weiten Umgebung.

34 km nordwestlich von Plzeň liegt das Städtchen Manětín (413 m ü. d. M.) mit einem Barockschloß und zahlreichen wertvollen Plastiken aus dem 18. Jahrhundert.

Manětín

Poděbrady · Podiebrad   **E 2**

Region: Mittelböhmen
Kreis: Poděbrady
Höhe: 187 m ü. d. M.
Einwohnerzahl: 14 000

Die in Mittelböhmen an der jungen Elbe (⟶ Labe) gelegene freundliche Kurstadt Poděbrady – deutsch Podiebrad – besitzt 13 alkalische und kohlensäurehaltige Thermalquellen, die seit 1907 zur Heilung von Herz- und Gefäßkrankheiten angewandt werden (Kurhäuser, ausgedehnte Park-anlagen). Zudem befindet sich hier die Glasfabrik 'Bohemia' (Bleikristall-glas).

Lage und
Bedeutung

Sehenswertes in Poděbrady

Beachtenswert am Hauptplatz ist das aus einer ursprünglichen Burg des 13. Jh.s entstandene Schloß (im 16., 18. und 19. Jh. verändert) mit einem zylindrischen Turm ('Hláska'). Die Schloßräume werden z. T. von der Prager Karlsuniversität genutzt.

Schloß

Vor dem Schloß steht ein Reiterstandbild des böhmischen Königs Georg von Podiebrad (Jiří z Poděbrad; 1420–1471), der vermutlich hier geboren wurde.

∗Reiterstandbild
des Königs Georg
von Podiebrad

Erwähnung verdienen die ursprünglich gotische Stadtkirche (16. Jh.; spä-ter umgestaltet) und das Bergmannskirchlein am linken Elbufer.

Kirchen

Einen Besuch lohnt das städtische Museum.

Stadtmuseum

◀ *Poděbrady – Reiterstandbild des Königs Georg von Podiebrad*

Umgebung von Poděbrady

Nymburk

10 km nordwestlich liegt an der Elbe (⟶ Labe) die Kreisstadt Nymburk (Nimburg; 193 m ü.d.M., 14000 Einw.), ein wichtiger Eisenbahnknotenpunkt (Bahnbetriebswerkstätten) mit bemerkenswerter gotischer Dekanatskirche des 14. Jh.s sowie erhaltenen Stadtmauern (sechs Basteien) und Stadtgräben aus dem 13.–14. Jh.; Wasserturm (sog. Türkischer Turm) von 1597.

Přerov
nad Labem

21 km westlich von Poděbrad gelangt man zu dem Ort Přerov nad Labem (178 m ü.d.M.; 1000 Einw.) mit einem Museum der Volksarchitektur der Elbniederung (Polabí); in der Ortsmitte ein mehrmals umgebautes Renaissanceschloß.

Prachatice · Prachatitz   **C/D 3**

Region: Südböhmen
Kreis: Prachatice
Höhe: 560 m ü.d.M.
Einwohnerzahl: 11000

Lage und
Geschichte

Prachatice – deutsch Prachatitz – ist ein reizvolles Städtchen im Vorland vom Böhmerwald (Šumava) und liegt in einem von bewaldeten Bergen umgebenen Talkessel. Es war einst als Salzstapelplatz für Böhmen Endpunkt von dem schon 1010 urkundlich erwähnten 'Goldenen Steg', eines von Passau ausgehenden, durch Burgen gesicherten Saumpfades, auf dem bis zum Ende des 17. Jh.s Salz aus Bayern nach Böhmen eingeführt und Malz ausgeführt wurde. Noch heute wird allabendlich um 22.00 Uhr die sog. Säumerglocke geläutet, mit der verirrten Kaufleuten früher der Weg in die Stadt gewiesen werden sollte.

*Stadtbild

Die nach einer verheerenden Feuersbrunst (1507) wiederaufgebaute und in den Besitz der Herren von Rosenberg gekommene Stadt hat ihr altertümliches Aussehen bis heute bewahrt und gilt als eines der besterhaltenen Beispiele aus der Zeit der Renaissance in Böhmen. Zudem sind in jüngster Zeit zahlreiche Gebäude des unter Denkmalschutz stehenden malerischen Stadtkerns renoviert worden.

Stadtplan

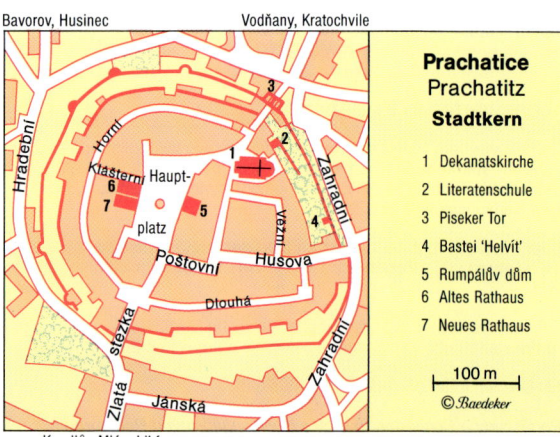

Sehenswertes in Prachatice

Beachtenswert ist die dreischiffige gotische Dekanatskirche (14.–15. Jh).,   **Dekanatskirche**
die mit ihrem ungewöhnlich hohen Dachstuhl und einem hochragenden
Turm (der zweite blieb unvollendet) die Dominante der Stadt bildet. Bei der
Gestaltung des spätgotischen Hochaltars (1563) sind Reliefs und Figuren
eines wesentlich älteren Altars verwendet worden.

Am Marktplatz stehen das Alte Rathaus von 1571 (Sgraffiti mit biblischen   **Rathäuser**
und antiken Szenen sowie Malereien nach Motiven von Hans Holbein) und
das zu Beginn des 20. Jh.s im Pseudorenaissancestil aufgeführte Neue
Rathaus.

Die alten Bürgerhäuser mit Sgraffitoschmuck (z.B. Rumpálův dům, das   Bürgerhäuser
ehem. Salzlager), vor allem aber die Literatenschule aus dem 16. Jh. mit   Literatenschule
figürlichen Motiven an der Attika verdienen Aufmerksamkeit.

Gut erhalten sind Reste der Stadtbefestigung (Parkanlage), u. a. das sgraf-   Stadtmauerreste
fitogezierte Piseker Tor von 1527 (im inneren Teil gotisch) und die Bastei   Piseker Tor
'Helvít'.   Bastei Helvít

Umgebung von Prachatice

Kandlův Mlýn, 2 km südöstlich, ist ein kleiner Ferienort mit Schwimmbad.   Kandlův Mlýn

Der Berg Libín (1096 m ü. d. M.) erhebt sich 5 km südlich der Stadt; auf dem   Libín
Gipfel steht ein 27 m hoher Aussichtsturm.

Einen Campingplatz sowie gute Badegelegenheit bietet der 7 km südwest-   Křišťanovický
lich von Prachatice gelegene Ort Křišťanovický rybník (750 m ü.d. M.).   rybník

Husinec (504 m ü.d. M., 1500 Einw.), 5 km nördlich von Prachatice, ist der   **Husinec**
Geburtsort von Jan Hus (um 1372 bis 1415; → Berühmte Persönlich-
keiten); an Hus erinnern ein Museum und ein Denkmal.

Kratochvíle, 13 km nordöstlich von Prachatice, besitzt ein Renaissance-   **Kratochvíle**
schloß mit wertvollen Stuckverzierungen und Wandmalereien (ständige
Ausstellung zum Thema Marionetten- und Zeichentrickfilm).

Bavorov (Barau; 446 m ü.d. M., 2500 Einw.) liegt 17 km nördlich von Pra-   **Bavorov**
chatice. Sehenswert ist hier eine schöne zweischiffige Kirche im Stil der
südböhmischen Gotik (urspr. 1370–1389; 1652–1654 umgestaltet, 1905
bis 1908 regotisiert).

Vodňany (398 m ü. d. M., 6300 Einw.), 24 km nordöstlich von Prachatice, ist   **Vodňany**
ein Städtchen mit Textilindustrie und Maschinenbau sowie einer Fachschule für Fischzucht. Beachtung verdienen hier die gotische Kirche
(urspr. 13. Jh.; 1894–1896 renoviert) mit Malereien nach Entwürfen von
Mikoláš Aleš sowie die alte Stadtmauer (Ende 14. Jh.).
3 km südlich von Vodňany liegt das Dorf Chelčice, der Geburtsort des   Chelčice
hussitischen Laientheologen und Begründers der Böhmischen Brüdergemeine, Petr Chelčický (1390 bis nach 1452; → Berühmte Persönlichkeiten; Denkmal). Die ursprünglich romanische Kirche des Ortes wurde im
17. Jh. barock umgestaltet.

Beschreibung der
Goldenen Stadt Prag
auf den Seiten 327 bis 391

Praha · Prag   D 2

Hauptstadt der Tschechischen Republik
Region: Mittelböhmen
Verwaltungseinheit: Stadtregion Prag
Höhe: 180–391 m ü.d.M.
Fläche: 497 km²
Einwohnerzahl: 1212000

Die im Rahmen dieses Reiseführers gegebene Darstellung der Goldenen   Hinweis
Stadt ist bewußt knapp gehalten, da in der Reihe 'Baedeker Allianz Reiseführer' ein ausführlicher Stadtband "Prag" vorliegt.

Allgemeines und Charakteristika

Bis zur Auflösung der tschechoslowakischen Föderation war Prag – tsche-   Bedeutung
chisch Praha –, die weitaus größte Stadt und in jeder Hinsicht die bestimmende Metropole der gesamten Tschechoslowakei, Hauptstadt sowohl
der Tschechischen und Slowakischen Föderativen Republik (ČSFR) als
auch der föderativen Tschechischen Republik (ČR).
Nach der Souveränitätserklärung der Tschechischen Republik bleibt Prag
deren Hauptstadt sowie der Verwaltungssitz der in Mittelböhmen zentral
gelegenen eigenständigen Stadtregion Prag.

Auf 50° 5′ nördlicher Breite (etwa wie Frankfurt am Main, Charkow in der   Lage der
Ukraine oder Winnipeg in Kanada) und 14° 25′ östlicher Länge am Nord-   Moldaustadt
ostende der böhmischen Silurmulde gelegen, schmiegt sich die Stadt
in eine Talweitung der Moldau (→ Vltava; ein linker Nebenfluß der Elbe
→ Labe), die das Stadtgebiet in einer Länge von 28 km durchströmt,
wobei sie – bis zu 300 m breit – von insgesamt 16 Brücken überspannt
wird. Der nach Westen offene Flußbogen hat zur Bildung von Prall- und
Gleithängen geführt. So ragt die breit hingelagerte Burgstadt Hradschin
über einem Steilhang am linken Moldau-Ufer auf, während das Gelände
von Altstadt und Neustadt vom rechten Flußufer nur allmählich ansteigt.

Die moderne Großstadt hat sich nach allen Seiten auf die umliegenden   Ausdehnung
Hochflächen ausgebreitet. Das zuletzt 1974 erheblich erweiterte Gemein-
degebiet dehnt sich über eine Gesamtfläche von 497 km² aus.

Der historische Kern des Goldenen Prag (Zlatá Praha) gruppiert sich um   ✻✻Stadtbild
eine Moldauschleife und bietet mit seinen zahllosen Türmen und Kuppeln,
dem von stattlichen Brücken überspannten Fluß und der eindrucksvollen
Silhouette von Hradschin (Burgstadt) und Veitsdom ein Stadtbild von
einzigartiger Schönheit.

Die Altstadt mit Teilen der Josefstadt und dem Vyšehrad, die über weite   Denkmalschutz
Bereiche noch mittelalterliche Kleinseite und der sich über dieser erhe-
bende Hradschin mit seinen Vorstädten sind zu einem insgesamt etwa
800 ha umfassenden Denkmalschutzgebiet erklärt worden. Bei der Fülle
charakteristischer Bauten des Mittelalters und der Barockzeit (über 2000
einzelne Kulturdenkmäler), die das Prager Stadtbild auszeichnen, sind die
Erhaltungs- und Wiederherstellungsarbeiten naturgemäß langwierig.   Anfang 1992 hat
Der Sorge um die ausgewogene städtebauliche Komposition der 'hundert-   die UNESCO den
türmigen' Hauptstadt Böhmens ist es auch zuzuschreiben, daß notwen-   historischen Kern
dige Neubauten entweder in Höhe und Stil der Umgebung behutsam an-   der Moldaumetro-
gepaßt (Gebäudekomplex der damaligen Föderativen Nationalversamm-   pole auf die Liste
lung, Hotel Inter·Continental, Neugestaltung des Hauptbahnhofes, meh-   der weltweit zu
rere Geschäfts- und Warenhäuser) oder aber außerhalb des historischen   schützenden Baudenkmäler gesetzt.

◀ *Altstädter Rathaus (s. S. 348)*

Der Hradschin überragt die Prager Kleinseite

Stadtbild
(Fortsetzung)

Stadtkerns errichtet wurden (Wohnhochhaus in Kačerov, Gebäude der Außenhandelsgesellschaft Motokov in Pankrác, Kulturpalast am südwestlichen Kopf der Brücke über das Nusle-Tal). Der über dem östlichen Stadtteil Žižkov hoch aufragende neue Fernsehturm hat in der altberühmten Stadtsilhouette allerdings einen modernistischen Akzent gesetzt, den man eher störend als interessant empfinden dürfte.

Wirtschaft

Die wirtschaftliche Rangstellung der Stadt ergibt sich aus der Bedeutung als Zentrale für Handel, Bank- und Versicherungswesen sowie einer beträchtlichen Industrie, die besonders die Branchen Maschinen- und Fahrzeugbau, Metallbearbeitung, Chemie und Pharmazeutika, Papier, Gummi, Textilkonfektion sowie Nahrungs- und Genußmittel (u. a. mehrere Brauereien) umfaßt.

Verkehr und
Tourismus

Als Verkehrsknotenpunkt wird Prag gekennzeichnet durch den internationalen Flughafen Ruzyně, sechs ausstrahlende Haupteisenbahnlinien, etliche wichtige Fernverkehrsstraßen, darunter die durchgehend befahrbare Autobahn über das mährische Brno (Brünn) zu der slowakischen Hauptstadt Bratislava (Preßburg) sowie Teilstrecken südwestlich in Richtung Plzeň (Pilsen) bis hinter Zdice und nordostwärts bis Poděbrady (Podie-

Im Vordergrund die Moldau

brad). Erwähnung verdienen ferner die Binnenschiffahrt auf der Moldau (Vltava) flußabwärts bis zur Mündung in die Elbe (Labe; bei Mělník/Melnik) und auf dieser stromabwärts bis nach Hamburg (dort traditionelle Hafenexklave für die tschechischen Elbfrachtschiffe) sowie der Ausflugsverkehr moldauaufwärts bis zum Slapy-Stausee.

Die Moldaumetropole ist eines der beliebtesten Ziele des europäischen Städtetourismus. Alljährlich besuchen schätzungsweise 12 Mio. ausländische Touristen die Goldene Stadt.

Verkehr und
Tourismus
(Fortsetzung)

Als Musik- und Theaterstadt kann Prag auf eine ruhmreiche Vergangenheit zurückblicken. Die Stadt beherbergt ein traditionsreiches Musikkonservatorium, drei hervorragende Symphonieorchester und zahlreiche bekannte Kammermusikensembles, von denen sich einige besonders der Wiedergabe mittelalterlicher Partituren widmen. Auch die moderne Musik und nicht zuletzt der Jazz wie auch die Unterhaltungsmusik finden gute Interpreten.

In den über 30 Theatern und auf den rund 20 Musikbühnen (darunter zwei Opernhäuser) werden alle dramatischen Genres von der Oper bis zum Schwank zur Aufführung gebracht, wobei sich die Kleinkunstbühnen (Pantomime, Kabarett, Puppenspiel) und die kombinierte Film- und Büh-

Musik- und
Theaterleben

Musik- und Theaterleben (Fortsetzung)	nenshow der 'Laterna Magika' durch besondere Originalität auszeichnen. Höhepunkte des Musik- und Theaterlebens sind die alljährlich von Mitte Mai bis Anfang Juni abgehaltenen Festwochen 'Prager Frühling' ('Pražské jaro'), bei denen Veranstaltungen in- und ausländischer Orchester und Solisten von Weltruf nicht nur in den Konzertsälen, sondern auch in Kirchen (Veitsdom, Georgsbasilika, St. Niklas auf der Kleinseite, Teynkirche, Jakobskirche u. a.), Museen, ehemaligen Adelspalais und barocken Gartenanlagen stattfinden.

Film

Die auch jenseits der Landesgrenzen bekannte tschechische Filmwirtschaft (Spiel-, Fernseh-, Kurz-, Puppen- und Zeichentrickfilme) hat ihren Hauptsitz in den Prager Studios auf dem Barrandov-Felsen.

Wissenschaft und Kulturleben

Auf den Gebieten von Wissenschaft und Kultur verfügt Prag neben der altehrwürdigen Karlsuniversität (der ersten Universität in Mitteleuropa) über eine bedeutende Kunstakademie, eine Vielzahl von Bildungs- und Forschungseinrichtungen verschiedenster Fachbereiche, umfassende Bibliotheken und Archive, Laboratorien sowie reichhaltige Museen (über 20) und Kunstsammlungen.
Nach der politischen Wende der jüngsten Zeit unterliegt das herkömmlich rege Prager Kulturleben der Literaten und Künstler keinerlei staatlicher Kontrolle mehr.

Verwaltung

Von 1960 bis 1990 war das Prager Stadtgebiet in zehn Verwaltungsbezirke gegliedert, wobei der Bezirk Praha 1 dem Kern des historischen Prag entsprach und die Altstadt (Staré Město), die Kleinseite (Malá Strana), den Hradschin (Hradčany), die Josefstadt (Josefov; die einstige Judenstadt) sowie einen Teil der Neustadt (Nové Město) umfaßte.

Nach den freien Kommunalwahlen des Jahres 1990 sind die alten Bezirksstrukturen aufgelöst und das sozialistische Verwaltungsgremium durch ein demokratisches Vertretungsorgan (76 Mitglieder) mit einem 'Primator' an der Spitze des Magistrates ersetzt worden.

Bevölkerung

Bereits im 14. Jahrhundert, also zur Zeit Karls IV., wurde Prag eine der größten Städte Mitteleuropas; damals zählte man rund 60000 Einwohner. Die im Dreißigjährigen Krieg stark in Mitleidenschaft gezogene Moldaumetropole erholte sich von ihrem Aderlaß (Ende des 17. Jh.s nur noch 40000 Einw.) erst im Laufe des 18. und 19. Jahrhunderts mit der Festigung ihrer Residenzfunktion. Weiteren Auftrieb brachte die industrielle Gründerzeit. Um die Wende vom 19. zum 20. Jahrhundert übersprang Prag die 200000-Einwohner-Marke. Danach setzte eine stürmische Entwicklung ein, die durch Eingemeindungen von Vororten noch intensiviert wurde; 1930 hatte Prag bereits 849000 Einwohner.
Nach dem Zweiten Weltkrieg setzte sich der Aufwärtstrend weiter fort; 1960 rückte Prag in den Kreis der Millionenstädte auf. Seit Mitte der siebziger Jahre verflachte sich die demographische Kurve zusehends; sie bewegt sich seit einigen Jahren nur noch sehr zögerlich auf die Zahl von 1,3 Mio. Einwohnern zu.
Die traditionell stärkste Bevölkerungsgruppe Prags bilden die Nachkommen westslawischer Stämme, insbesondere die Tschechen. Schon im Mittelalter ist eine bedeutende deutsche Minderheit nachweisbar, die jedoch schon im 19. Jahrhundert auf einen geringen Prozentanteil zurückging.
Besondere Bedeutung erlangte im Laufe der Stadtgeschichte die jüdische Bevölkerung, was dazu führte, daß Prag den bezeichnenden Beinamen 'Jerusalem Europas' erhielt.

Religion

Die Mehrheit der sich zu einer Religion bekennenden Prager Bevölkerung ist traditionell römisch-katholisch. Das Erzbistum Prag, das vorübergehend von einem Apostolischen Administrator verwaltet wurde, hat seit 1978 wieder einen Erzbischof.

An zweiter Stelle steht die Kirche der Hussiten, die im Jahre 1919 gegründet wurde; sie ist in Prag durch einen Patriarchen vertreten. Eine weitere wichtige protestantische Glaubensgemeinschaft ist die Evangelische Kirche der Böhmischen Brüder. Die einst bedeutende jüdische Kultusgemeinde zählt derzeit nur noch etwa 1000 Mitglieder.

Religion
(Fortsetzung)

Etappen der Stadtgeschichte

Der Ort des heutigen Prag liegt in einem sehr alten Siedlungsgebiet; bereits seit der älteren Steinzeit ist Böhmen bewohnt. Spätestens in der Warmzeit zwischen der zweiten und dritten Vereisung wurden die Höhen über der Moldau von altpaläolithischen Menschen aufgesucht.
Während der Bronzezeit nimmt die Siedlungsdichte zu und die Bedeutung des Gebietes als Warenumschlagplatz bildet sich heraus, da sich an der Moldaufurt nordsüdliche Handelswege (Salzstraße und Bernsteinstraße) mit ostwestlichen kreuzen.
Mit Beginn der jüngeren Eisenzeit (La-Tène-Kultur) wandern keltische Bojer ein, die sich die Urbevölkerung allmählich unterwerfen (großes keltisches Oppidum am Berge Závist am südlichen Stadtrand).
Während der Römerzeit werden die Bojer von den Markomannen (wahrscheinlich mit germanischer Oberschicht) beherrscht.
Im Zuge der Völkerwanderung besiedeln Westslawen das Gebiet der heutigen tschechischen Hauptstadt. Siedlungskerne (befestigte Höfe) entstehen auf dem heutigen Burgberg sowie auf der Kleinseite.

Vor- und Frühzeit

Nach der Legende wird Prag von der seherisch begabten Fürstin Libussa (Libuše) gegründet. Gemäß ihrer Vision von einer Stadt, deren Ruhm einst zu den Sternen reichen sollte, findet das Gefolge der Fürstin, wie sie es vorhergesehen hat, an der Moldau den Gründungsort von Prag, eben dort, wo ein Mann gerade die Schwelle (práh) seines Hauses zimmert. Als das Volk nach einigen Jahren der weiblichen Herrschaft überdrüssig wird, sendet Libussa ihre Gefährten an den Fluß Biela. Dort begegnen sie bei Staditz, wie die Fürstin es wiederum vorausgesagt hat, einem jungen Pflüger (Přemysl Oráč), ihrem zukünftigen Gemahl und ersten Fürsten der Přemysliden.

Libussa

Der erste geschichtlich belegte Přemyslidenherrscher ist Bořivoj (um 850 bis 894), der sich die tschechischen Stämme unterwirft, den Fürstensitz Ende des 9. Jh.s nach Prag verlegt und die Prager Burg (Hradschin) allmählich zum Herrschafts- und Verwaltungsmittelpunkt ganz Böhmens macht. Nachdem er das Christentum angenommen hat (Taufe vermutlich durch den Slawenapostel Method), gründet er vor 894 im Burgbereich die Marienkirche, einen kleinen Rundbau.
Bořivojs Witwe Ludmilla (Ludmila), ebenfalls dem Christentum zugetan, wird im Verlauf von Familienzwistigkeiten ermordet und bald als erste christliche Märtyrerin des Landes verehrt.

Přemysliden
Bořivoj

Ludmilla

Um 922 tritt Ludmillas Enkel Wenzel (Václav), der Heilige, die Regierung an. Dieser gebildete und aus innerer Überzeugung christliche Herrscher, der auf das wirtschaftliche und geistige Wohl seines Volkes bedacht ist, schließt sich eng an das deutsche Königtum an. Um 925 gründet er auf dem Hradschin eine dem hl. Veit geweihte Kirche, einen ottonischen Rundbau, an der Stelle des heutigen Wenzelskapelle. Herzog Wenzel wird 929 in Alt-Bunzlau von seinem Bruder Boleslav, dem Grausamen, erschlagen. Nach seiner Heiligsprechung als Schutzpatron Böhmens verehrt ('Wenzelskrone'), ist er zum bleibenden Symbol für die Einheit und Unabhängigkeit des oft unter fremder Willkür leidenden Landes geworden.

Hl. Wenzel
Schutzpatron
Böhmens

Unter Boleslav II. (967–999), dem Frommen, erhält Prag um 973 ein eigenes Bistum, und es erfolgen die ersten beiden Klostergründungen (973 Georgskloster auf dem Hradschin, 993 Břevnov).

Bistum

Erste Könige
von Böhmen

Nach wechselvoller Geschichte steigen die Přemysliden zum angesehensten Platz unter den Fürsten des deutschen Reiches auf. Im Jahre 1086
wird Vratislav II. (1061–1092), 1158 Herzog Vladislav II. (1140–1173), Waf-
fengefährte Friedrichs I. Barbarossa auf dessen oberitalienischem Feld-
zug, als Vladislav I. zum böhmischen König gekrönt. Er läßt die erste steinerne Moldaubrücke (Judithbrücke = Vorläuferin der Karlsbrücke) bauen.
Durch diesen bequemen und sicheren Flußübergang ist der Vorrangstel-
lung Prags als wichtigster Handelsplatz Böhmens für lange Zeit gesichert.
Schon seit dem 10. und 11. Jh. haben sich Kaufleute jüdischer, deutscher,
italienischer und französischer Herkunft hier angesiedelt.
Im Jahre 1178 sichert Vladislavs Nachfolger Soběslav II. (1173–1178) den
deutschen Kaufleuten Privilegien und Behandlung nach deutschem Recht.

Stadtrecht
für die Altstadt

Um 1230 – das romanische Prag besitzt damals schon 25 Kirchenbauten
und viele steinerne Gebäude – erhält die heutige Altstadt einen Mauerring
und Stadtrechte.

Přemysl Ottokar

Der streitbare König Přemysl Ottokar (Otakar) II. (1253–1278) gründet
1257 die Kleinseite, die er mit Magdeburger Recht ausstattet und hauptsächlich mit deutschen Kaufleuten besiedelt.
Um 1300 werden die ersten Prager Groschen geprägt.

Luxemburger

Mit der Ermordung von Přemysl Ottokars Enkel Wenzel (Václav) III. erlischt
1306 die Dynastie der Přemysliden.
Nach einer Periode der Wirren, in der die Habsburger durch die kurze
Herrschaft Rudolfs I. († 1307) einen ersten Anspruch auf den böhmischen
Thron erheben, gelingt es Heinrich VIII. im Jahre 1310, seinem Sohn
Johann, dem Grafen von Luxemburg, durch Heirat mit der Přemysliden-
prinzessin Elisabeth und dank französischer und kirchlicher Unterstützung
die Wenzelskrone zu sichern.

Karl IV.

Der hervorragendste Vertreter des Hauses Luxemburg ist Johanns Sohn,
Karl IV. (1346–1378), deutscher und böhmischer König, seit 1355 auch
Kaiser. Der in Frankreich erzogene, gelehrte, kunstsinnige und reliquien-
fromme Herrscher macht seine Residenz Prag für ein halbes Jahrhundert
zu einem der geistigen und kulturellen Zentren Europas. Er setzt 1344 die
Erhebung Prags zum Erzbistum durch und stiftet 1348 die nach ihm
benannte Universität, die erste in Mitteleuropa.
In rastloser Bautätigkeit, bei der ihm insbesondere der im Alter von 22 Jah-
ren aus Deutschland berufene Peter Parler als führender Baumeister zur
Seite steht, entstehen in rascher Folge jene gotischen Bauwerke, die den
Ruhm des mittelalterlichen Prag ausmachen. Schon als Kronprinz beginnt
Karl mit dem Bau des gotischen Königspalastes und der Allerheiligen-
kapelle nach französischen Vorbildern, 1344 legt er den Grundstein für den
Veitsdom, 1348 den für die Kirche Maria Schnee und die nahe Burg Karlstein; ab 1357 läßt er die Karlsbrücke und den Altstädter Brückenturm
erbauen.
Von größter Bedeutung für die Stadt erweist sich auch Karls IV. weit vor-
ausschauende Planung: 1348 gründet er die Neustadt und läßt sie mit den
noch nach heutigen Maßstäben gewaltigen Plätzen (Wenzelsplatz und
Karlsplatz), breiten Straßen, harmonischen Kirchen- und Klosteranlagen
sowie umfangreichen Befestigungen, die den gotischen Umbau des Vyšehrad einschließen, so großzügig anlegen, daß sie die stetig wachsende
Bevölkerung während mehrerer Jahrhunderte ohne größere Erweiterungen aufnehmen kann.

Rom des Nordens

So zeigt Prag sich etwa um 1400 mit ca. 50 000 Einwohnern als eine
der schönsten und prächtigsten Hauptstädte Europas, ein 'Rom des
Nordens', das Gelehrte und Künstler ('Prager Malerzeche') von weither
anzieht und in dem Handel und Gewerbe blühen. Diese Glanzzeit ist
jedoch nur von kurzer Dauer. Karls Nachfolger Wenzel IV. (1378–1419)
sieht sich einer Rebellion des Hochadels und Rivalitäten in der eigenen

Familie ohnmächtig gegenüber und geht wegen eines Konfliktes mit dem Papst der Kaiserkrone verlustig. Er beschränkt auf Betreiben des Reformators Jan Hus die Rechte der Deutschen an der Universität zugunsten der Tschechen, weshalb 1409 ('Kuttenberger Dekret' ⟶ Kutná Hora) etwa 2000 deutsche Studenten und viele Professoren auswandern und u. a. die Universität Leipzig gründen.

Rom des Nordens
(Fortsetzung)

Aus den zunächst maßvollen reformatorischen Bestrebungen des Magisters Jan Hus (Johannes Huß; 1369–1415) und seiner zahlreichen Gesinnungsgenossen, welche die christliche Lehre auf ihre Ursprünge zurückführen und Mißstände in der kirchlichen Hierarchie abschaffen wollen, entwickelt sich eine immer radikalere Forderungen stellende religiöse, soziale und nationale Erhebung, die durch Hus' standhaften Feuertod auf dem Scheiterhaufen in Konstanz noch stärker angefacht wurde. Eine Volksmenge stürmt am 30. Juli 1419 das Neustädter Rathaus, befreit die dort gefangenen Hussiten und stürzte die katholischen Ratsherren aus dem Fenster.

Jan Hus

Dieser Erste Prager Fenstersturz ist das Signal für die fünfzehnjährigen erbarmungslosen Hussitenkriege. Dem hussitischen Feldherrn Jan Žižka (1370–1424) aus Trocnov gelingt es am 14. Juli 1420, ein zahlenmäßig weit überlegenes Kreuzfahrerheer aus allen Teilen Mitteleuropas unter Kaiser Sigismund in der Schlacht am Veitsberg (Vítkov; heute dort die Nationale Gedenkstätte) vernichtend zu schlagen und damit die Einnahme Prags zu verhindern. Mit seinen gut organisierten, von religiöser Begeisterung beseelten Truppen trägt er den Krieg siegreich weit über die Grenzen Böhmens hinaus. Die bis dahin ungeschlagenen hussitischen Kräfte zersplittern sich nach seinem Tode, können aber einige ihrer Forderungen (Kelchkommunion, Enteignung des Kirchengutes) bis zur Aufhebung durch die Gegenreformation durchsetzen.

Erster Prager
Fenstersturz:
Hussitenkriege

Nach einer kurzen Zwischenherrschaft Albrechts von Habsburg und einer dreizehnjährigen Thronvakanz wird der hussitisch gesinnte böhmische Adlige Georg von Podiebrad (Jiří z Poděbrad, 1420–1471) mit Unterstützung der utraquistischen Prager zunächst Regent und dann böhmischer König. Unter seiner ausgleichenden Herrschaft kann die durch die Kriegswirren unterbrochene Bautätigkeit in Prag zwar wieder aufgenommen werden (Teynkirche), aber die Stellung Prags als Handelsmetropole ist zugunsten grenznaher Städte verlorengegangen; auch die Bedeutung der Universität geht zurück.

Georg von
Podiebrad

An der Wende vom 15. zum 16. Jh. läßt König Vladislav II. Jagiello (1471 bis 1516) den großen Vladislav-Saal (im Stil der sog. Vladislav-Gotik) auf dem Hradschin errichten und die Burgbefestigungen erneuern. Nach seiner Wahl zum König von Ungarn verlegt er seine Residenz allerdings nach Ofen (Budapest).

Vladislav II.
Jagiello

Nach dem Tode von Vladislavs II. Sohn Ludwig (1516–1526) in der Türkenschlacht bei Mohács kommt das Land durch die Wahl von dessen Schwager, des späteren Kaisers Ferdinand I. (1526–1564), zum König von Böhmen an die Habsburger. Dabei werden dem Lande und besonders der Stadt Prag (Wiederherstellung des Erzbistums, Wahl zur Residenzstadt) umfangreiche Rechte zugebilligt. Als diese eingeschränkt werden sollen, bricht 1547 unter Führung Prags ein Städte- und Ständeaufstand gegen den König aus, nach dessen Niederwerfung die Hauptstadt und viele andere böhmische Städte durch Verlust ihrer Privilegien, Befugnisse und Einkünfte empfindlich bestraft werden. Die von Ferdinand 1555 nach Prag gerufenen Jesuiten entfalten eine rege Bautätigkeit und bilden eine neue Generation von streng katholischen Adligen und Bürgern heran. Diese Maßnahmen und die wiederholten Versuche des Königshauses, die durch die sog. Kompaktaten von 1436 verbürgte Religionsfreiheit einzuschränken, legen den Grund zu fortgesetzten Zwistigkeiten zwischen den böh-

Habsburger

Habsburger
(Fortsetzung)

mischen Ständen und dem Hause Habsburg, die auch die Regierungszeit von Maximilian II. (1564–1576) überschatten.

Rudolf II.

Maximilians Sohn, Rudolf II. (1576–1611), lebt auf dem Hradschin nur für seine Kunstsammlungen und naturwissenschaftlich-astrologischen Studien, zu denen er die Gelehrten Tycho Brahe und Johannes Kepler beruft, und muß 1611 gegen einen Angriff seines Neffen, des Erzherzogs Leopold, die böhmischen Stände und seinen Bruder Matthias (1612–1619) zu Hilfe rufen, der daraufhin zum böhmischen König gekrönt wird. Unter seiner Herrschaft kommt es zu Streitigkeiten über die Auslegung des den Protestanten erneut freie Religionsausübung zusichernden 'Majestätsbriefes' (1609) und um die wiedererworbenen städtischen und ständischen Freiheiten, was schließlich am 23. Mai 1618 zum Zweiten Prager Fenstersturz führt und den Dreißigjährigen Krieg auslöst.

Zweiter Prager
Fenstersturz:
Dreißigjähriger
Krieg

Schlacht am
Weißen Berge

Die Schlacht am Weißen Berge (8. November 1620) entscheidet zunächst das Schicksal der vom Grafen Matthias von Thun geleiteten böhmisch-protestantischen Bewegung, die aufgrund einer neuen Verfassung des böhmischen Staates (Wahlkönigtum) Kurfürst Friedrich von der Pfalz (1619/1620; 'Winterkönig') zum König gewählt hat. In dem folgenden Strafgericht (Hinrichtung der Anführer am 21. Juni 1621 auf dem Altstädter Ring) werden der protestantische Adel und das wohlhabende Bürgertum durch Konfiskation der Güter völlig entmachtet oder des Landes verwiesen, die nichtkatholischen Geistlichen mit ihrem Anhang vertrieben und schließlich in einer neuen Verfassung ('Verneuerte Landesordnung' vom 10. Mai 1627) Böhmen zum Erbgut des Hauses Habsburg erklärt und nach Verlegung der Residenz nach Wien von dort zentralistisch durch vom Kaiser eingesetzte Beamte regiert (Deutsch neben Tschechisch als gleichberechtigte Amtssprache eingeführt). Diese harten Maßnahmen erzwingen die Auswanderung eines großen Teils der gebildeten böhmischen Oberschicht, nehmen Prag seine geistige und wirtschaftliche Bedeutung

Böhmen
habsburgisches
Erbgut

▼ *Prag um die Mitte des 17. Jahrhunderts*

und verursachen lange andauernde Ressentiments in der verbliebenen Bevölkerung.

Die protestantischen Heere stoßen nur zweimal bis nach Prag vor. Die 1631 eingedrungenen Schweden weist Albrecht v. Waldstein (Wallenstein) rasch zurück. Im Jahre 1648 besetzen die Schweden die Kleinseite und wollen gerade die Altstadt angreifen, als die Nachricht vom Abschluß des Westfälischen Friedens kommt. Dieser bringt jedoch nicht die erhoffte Wiederherstellung der Bedeutung Prags und Böhmens im habsburgischen Reich. Das verelendete Land hat fast die Hälfte seiner Einwohnerschaft verloren und wird in den folgenden Kriegen des Hauses Habsburg weiter mit drückenden Steuern belegt.

Böhmen habsburgisches Erbgut (Fortsetzung)

Prag wird zwar im Zuge der Gegenreformation mit prächtigen Barock-kirchen und reichen Palästen des neuen kaisertreuen Adels geschmückt, ist aber seiner wahren kulturellen und wirtschaftlichen Bedeutung end-gültig verlustig gegangen.

Gegenreformation

Im Österreichischen Erbfolgekrieg nehmen 1741 die Bayern, Sachsen und Franzosen, 1744 die Preußen Prag ein.

Österreichischer Erbfolgekrieg

Im Siebenjährigen Krieg wird die Stadt 1757 über zwei Wochen lang von den Preußen beschossen, dann aber durch den Sieg der Österreicher über Friedrich den Großen bei Kolin befreit.

Siebenjähriger Krieg

Unter dem reformfreudigen Kaiser Josef II. (1765–1790), der die Leib-eigenschaft aufhebt, wieder Glaubensfreiheit gewährt und in Böhmen die deutsche Volksschule einführt, werden 1784 die vier bis dahin selbstän-digen Prager Stadtgemeinden unter einem einzigen Magistrat vereint.

Josef II.

Die nationalschechische Revolution des Jahres 1848 mit Zentrum in Prag scheitert. František Palacký lehnt die Teilnahme an der Frankfurter

Revolution 1848

Merian-Stich aus dem Jahre 1650 ▼

335

Teilansicht des Langweilschen Stadtmodells von Prag (um 1830; in der Mitte die Karlsbrücke)

Revolution 1848 (Fortsetzung)	Nationalversammlung ab. Im gleichen Jahr tagt der Slawenkongreß. Die Spannungen zwischen Tschechen und Deutschen verschärfen sich.
Tschechische Bewegung der nationalen Wiedergeburt	Seit dem Ende des 18. Jh.s hat allmählich die tschechische Bewegung der nationalen Wiedergeburt ('neutschechische Bewegung') Raum gegriffen, die unter leidenschaftlicher Anteilnahme besonders der Intellektuellen und Künstler seit 1861 nach heftigen parlamentarischen Kämpfen zur Zurückdrängung der deutschen Sprache führt (der Anteil der Deutschen geht seit 1861 bei fast 150 000 Einwohnern von etwa 40 % bis zum Jahre 1939 auf weniger als 4 % und heute auf unter 1 % zurück).
Prager Frieden	Der Prager Frieden beendet 1866 den Krieg zwischen Preußen und Österreich um die Vorherrschaft in Deutschland.
Hauptstadt der ersten Tschechoslowakischen Republik	Nach dem Ersten Weltkrieg wird Prag Hauptstadt der ersten Tschechoslowakischen Republik (ČSR; Präsident: Tomáš Garrigue Masaryk), das Stadtgebiet 1922 durch Eingemeindungen beträchtlich erweitert (171 km²; 677 000 Einw.) und in 19 Bezirke eingeteilt.
Münchener Abkommen	Nach dem Münchener Abkommen von 1938, das die Angliederung der deutsch besiedelten Randgebiete der Tschechoslowakei (Sudetenland) an das nationalsozialistische Deutsche Reich als Beschluß der Großmächte verfügt, zwingt Hitler 1939 die restlichen Gebiete Böhmens und Mährens unter ein deutsches 'Protektorat' und entsendet einen 'Reichsprotektor' nach Prag.
Protektorat	
Zweiter Weltkrieg	Bei einer Demonstration gegen die deutschen Besetzer am 20. Jahrestag der Erlangung der Unabhängigkeit der Tschechoslowakei (28.10.1918) wird der Hochschulstudent Jan Opletal tödlich verletzt. Das Attentat auf den stellvertretenden 'Reichsprotektor' Reinhard Heydrich (2. Juni 1942) beantwortet die deutsche SS u.a. mit dem grauenvollen Massaker von Lidice.

Der Aufstand der Prager Bevölkerung (5. Mai 1945) gegen die deutschen
Besatzer dehnt sich über das ganze Land aus.

Am 9. Mai 1945 ziehen sowjetische Truppen in Prag ein. Edvard Beneš
kehrt aus dem Londoner Exil zurück (25. Mai) und wird Staatspräsident (bis
zu seinem Rücktritt am 7. Juni 1948) der wiedererstandenen Tschechoslowakei.
Die Stadt erlebt dann 1948 die Machtübernahme durch die Kommunisten
(KPČ) und damit die Wandlung des Staates zu einer sog. Volksrepublik.
Das Prager Stadtgebiet wird 1949 in 16 Distrikte neu eingeteilt.

Im Jahre 1960 erfolgt die Umwandlung des Staates zur Tschechoslowakischen Sozialistischen Republik (ČSSR) sowie die abermalige Neugliede-
rung der Hauptstadt in nunmehr zehn Distrikte.

Am 21. August 1968 zerschlägt die militärische Intervention sowjetischer,
polnischer und bulgarischer Truppen den sog. Prager Frühling, eine innen-
politische Strömung, die unter dem Motto 'Sozialismus mit menschlichen
Zügen' steht. Im gleichen Jahr wird das Prager Stadtgebiet um weitere
21 Randgemeinden vergrößert.
Aus Protest gegen den Einmarsch der Truppen des Warschauer Vertrages
übergießt sich am 16. Januar 1969 der 20jährige Philosophiestudent Jan
Palach auf dem Wenzelsplatz mit Benzin und verbrennt sich. Sechs
Wochen später nimmt sich der 18jährige Schüler Jan Zajíc aus denselben
Gründen auf dem Wenzelsplatz auf die gleiche Weise das Leben.

Eine neue Verfassung bestimmt 1969 die Föderation aus einem tschechischen Bundesstaat (ČSR) und einem slowakischen (SSR) mit eigenen
Landesparlamenten und -regierungen in Prag und Bratislava (Preßburg)
sowie allein Gesamtparlament am Sitz der Bundesregierung in Prag.
Anfang Dezember 1973 wird ein Vertrag über die gegenseitigen Beziehungen (u. a. Aufnahme diplomatischer Beziehungen) zwischen der Tschechoslowakischen Sozialistischen Republik und der damaligen Bundesrepublik Deutschland unterzeichnet.
Im Jahre 1974 erfährt Prag durch Eingemeindung überwiegend ländlicher
Bodenflächen an der Peripherie abermals eine erhebliche Gebietserwei-
terung. Die erste Prager U-Bahn-Linie (Metro) geht in Betrieb.

Am Neujahrstag des Jahres 1977 veröffentlicht eine Bürgerrechtsgruppe
unter Führung des ehem. Außenministers Jiří Hájek, des Dramatikers Václav Havel und des Philosophen Jan Patočka die "Charta 77", welche u. a.
die in der Verfassung gewährten Rechte auf Meinungs- und Bekenntnis-
freiheit einfordert.
Der Apostolische Administrator für das Erzbistum Prag, František Tomá-
šek (1899–1992), wird von Papst Paul VI. zum Kardinal kreiert (Juni 1977);
im Januar 1978 erfolgt seine Ernennung zum Erzbischof von Prag (bis
1991).

Im April 1987 kommt der sowjetische Parteichef Michail Gorbatschow zu
einem Freundschaftsbesuch in die Tschechoslowakei, im Januar 1988 der
deutsche Bundeskanzler Helmut Kohl zu einem Staatsbesuch.
Tausende von Demonstranten protestieren in Prag am 21. August 1988,
dem 20. Jahrestag des Einmarsches von Truppen des Warschauer Vertrages und der Niederwerfung der Reformbewegung von 1968 gegen die Besetzung, für Freiheit, Bürgerrechte und die Rehabilitation der politisch
diskriminierten Anhänger des Prager (politischen) Frühlings.
Regimekritische Demonstrationen am 28. Oktober 1988 auf dem Prager
Wenzelsplatz zum Gedenken an die Errichtung der ersten tschechoslowakischen Republik (1918) werden durch die Polizei brutal beendet.
Als die Botschaft der alten Bundesrepublik Deutschland in Prag nach Aufnahme von etwa 140 DDR-Bürgern geschlossen werden muß, klettern viele hundert weitere Fluchtwillige über den das Botschaftsgebäude umge-

Politische Wende (Fortsetzung)

benden Zaun (22. August 1989). Die Schließung der bundesdeutschen Botschaft muß wiederholt werden, als sie nunmehr mit 4500 DDR-Flüchtlingen hoffnungslos überlastet ist (2. Oktober 1989); die damalige DDR erteilt nun zwar die Ausreiseerlaubnis, verfügt aber gleichzeitig die Visumspflicht für Reisen von DDR-Bürgern in die Tschechoslowakei (Aufhebung bereits am 3. November 1989!).

Die wachsende Unzufriedenheit der Bevölkerung beantwortet die Staatsmacht mit noch härteren Repressalien; sie gipfeln in dem rücksichtslosen Vorgehen der Staatssicherheit gegen einen zum Gedenken an den Tod des Studenten Jan Opletal (1939) am 17. November 1989 veranstalteten Umzug von Hochschülern. Dies ist der letzte Anstoß zu jener 'samtenen' oder 'sanften' Revolution, die dann zum gewaltlosen Sturz der über vierzigjährigen Herrschaft der Kommunisten führt.

Samtene Revolution

Erste Meilensteine auf dem Wege zu einer neuen, demokratischen Staatsordnung der Tschechoslowakei sind die Ernennung einer 'Regierung der nationalen Verständigung' und die Wahl des für die Menschenrechte engagierten Schriftstellers Václav Havel zum Präsidenten der Republik (29. Dezember 1989).

Hauptstadt der ČSFR

Der am 29. März 1990 eingeführte neue Staatsname 'Tschechoslowakische Föderative Republik' (ČSFR) wird wenig später auf Drängen der slowakischen Seite in die Bezeichnung 'Tschechische und Slowakische Föderative Republik' abgewandelt (Kürzel unverändert ČSFR). Prag behält seine Doppelfunktion als Hauptstadt der ČSFR und der föderativen Tschechischen Republik.

Aus den freien Parlamentswahlen des Jahres 1990 (8. Juni) gehen die Bürgerbewegungen in der Tschechischen und in der Slowakischen Republik als Sieger hervor. Aus diesen Gruppierungen wird auch der Kern der 'Regierung des nationalen Opfers' gebildet (27. Juni 1990). Hauptziele des neuen Regierungsprogramms sind die Einführung der freien Marktwirtschaft, die Privatisierung der Wirtschaftsträger, die Neustrukturierung der Industrie und die dringend anstehende Lösung der ökologischen Probleme.

Am 27. Februar 1992 wird in Prag der Vertrag über gute Nachbarschaft und freundschaftliche Zusammenarbeit zwischen der Tschechoslowakei und Deutschland unterzeichnet.

Bei den Parlamentswahlen des Jahres 1992 (7. Juni) können in der Tschechischen Republik die Demokratische Bürgerpartei (ODS) und in der Slowakischen Republik die Bewegung für eine demokratische Slowakei (HZDS) jeweils die Mehrheit der abgegebenen Stimmen auf sich vereinigen.

Nach Auflösung der ČSFR: Prag Hauptstadt der selbständigen Tschechischen Republik

Nach der am 27. August 1992 von dem tschechischen Ministerpräsidenten Václav Klaus (ODS) und seinem slowakischen Amtskollegen Vladimír Mečiar (HZDS) in der mährischen Stadt Brno (Brünn) vereinbarten Auflösung der tschechoslowakischen Föderation in zwei eigenständige Staaten zum 1. Januar 1993 bleibt Prag lediglich die Hauptstadt der Tschechischen Republik.

Anläßlich des im Sommer 1992 erfolgten Staatsbesuches des seinerzeitigen Präsidenten der ČSFR, Václav Havel, im Großherzogtum Luxemburg wurde die Möglichkeit erörtert, Prag als Partnerstadt der luxemburgischen Landeshauptstadt an ihrer Bestimmung zur Europäischen Kulturhauptstadt des Jahres 1995 zu beteiligen.

Kunstgeschichtlicher Überblick

9. Jahrhundert

Der Přemyslidenfürst Bořivoj (um 850 bis 895), der am Großmährischen Hof getauft worden war, brachte das Christentum nach Böhmen und gründete in der ersten Hälfte des 9. Jahrhunderts die Kirche des hl.Klemens in dem nördlich des heutigen Prag am Moldau-Ufer gelegenen Levý Hradec. Nach der Verlegung des Fürstensitzes nach Prag folgte 894 der Bau der Marienkirche, eines kleinen Rundbaues (Grundmauern in der Burggalerie).

Unter der Herrschaft Vratislavs (um 905 bis 921) wurde 912 die Georgs-   Romanik
basilika auf dem Hradschin gegründet, die auch nach ihrem Umbau in den
Jahren 1142–1150 (Türme, Ost- und Westchor, Krypta) bis heute das best-
erhaltene Denkmal der Romanik in Prag darstellt.
Ein für die Entwicklung bedeutsamer Sakralbau war die unter Wenzel dem
Heiligen von 926 bis 930 erbaute Veitsrotunde, ein ottonischer Rundbau
von vier Apsiden an der Stelle der Wenzelskapelle des heutigen Veitsdomes, der später mehrere der für die böhmischen Länder charakteristischen einschiffigen Rundbauten ('böhmische Rotunden') folgten, so beispielsweise die Heiligkreuzkapelle in der Altstadt (um 1100), die Martins-
kapelle auf dem Vyšehrad (Mitte 11. Jh.; Vorgängerbau wahrscheinlich
10. Jh.) und die Longinuskapelle (12. Jh.) in der Neustadt. Um 1060 wurde
die Veitsrotunde durch die Veitsbasilika ersetzt, eine doppelchörige Anlage
mit Westquerhaus und zwei Krypten, ähnlich St. Emmeram in Regensburg.
Um die gleiche Zeit befand sich auf der Prager Burg bereits ein romanischer Fürstenpalast, dessen Reste (9.–12. Jh.) unter dem Vladislav-Saal
erhalten sind. Auch auf dem Vyšehrad stand in der zweiten Hälfte des
11. Jahrhunderts bereits eine romanische Steinburg mit mehreren Kirchenbauten (Reste der Laurentiusbasilika).
In den seit Ende des 10. Jahrhunderts gegründeten Klöstern (973 Georgskloster der Burg, 993 Břevnov, 1148 Strahov) blühte das Kunsthandwerk,
und in ihren Skriptorien wurden wertvolle illuminierte Handschriften
geschaffen, deren bekannteste, der Codex Vyšehradiensis von 1086,
wahrscheinlich aus dem Kloster Břevnov stammt (heute in der Staatsbibliothek im Clementinum).

Die Gotik wurde im zweiten Viertel des 13. Jahrhunderts zunächst von den   Gotik
Zisterziensern und den Bettelorden in Böhmen verbreitet. Die neue Bauweise übertrug man bald auch auf profane Bauwerke: Altneusynagoge in
der Josefstadt (1273 von Zisterziensern erbaut), gotischer Palast der Burg
(um 1250 bis 1400). Das aufstrebende Bürgertum benutzte den neuen Stil
für seine Repräsentationsbauten, z. B. das Altstädter Rathaus (ab 1338).

Unter dem kunstsinnigen, polyglotten und weltoffenen Herrscher Karl IV.   Spätgotik
(1346–1378) stiegen die böhmischen Länder zur Kunstlandschaft in Mitteleuropa auf, und es folgte die Wendung zur Spätgotik, die zunächst noch
unter französischem Einfluß stand. So geschah der Umbau des Prager
Königspalastes nach dem Vorbild des Palastes der französischen Könige
auf der Île de la Cité von Paris, wo Karl aufgewachsen war. Um den Veitsdom neu zu errichten (Grundsteinlegung am 21. November 1344), berief
Karl zunächst aus dem päpstlichen Avignon Matthias von Arras, der den
Dom nach dem charakteristischen Muster der französischen Kathedralen
(Chor mit Kapellenkranz) anlegte. Als jedoch nach Matthias' Tod (1352)
Peter Parler (1330–1399), der mit seinen Söhnen den Bau nach gänzlich
neuen, originellen Gesichtspunkten (Betonung der Südseite mit Wenzelskapelle, Querhausportal und Turm) weiterführte, durch seinen nie erlah-
menden Erfindungsgeist der Prager Baukunst eigene Impulse gab, stieg
diese als 'Parlergotik' zum Vorbild der Architektur und Plastik in ganz
Europa auf, deren Fernwirkung bis nach Italien und Spanien reichte.
Weitere Kathedralchöre schuf die Parlerhütte in Kolin und Kuttenberg. Der
erst Anfang des 15. Jahrhunderts vollendete Altstädter Brückenturm in
Prag wurde ebenfalls nach Peter Parlers Entwürfen erbaut.

Im Kunstschaffen der Epoche Karls IV., der sog. Hofkunst, wurden wich-   Hofkunst
tige Merkmale der Renaissance vorausentworfen: die ersten Netzgewölbe
und Bildnisse (Triforiumsbüsten im Veitsdom) sowie das erste freiplastische Reiterstandbild (St. Georg auf der Burg, von den Brüdern Martin
und Georg Klausenburg).

In der Malerei bildete sich aus einer Synthese von auswärtigen (besonders   Prager
italienischen) und spezifisch böhmischen Zügen ein selbständiger Schul-   Malerzeche
charakter für alle Gattungen aus. Die führenden Künstler dieser 'Prager

<table>
<tr><td>

Prager
Malerzeche
(Fortsetzung)

</td><td>

Malerzeche' waren der um 1350 in Prag tätige Meister von Hohenfurt, Meister Theoderich (1359–1380 erwähnt) und der Meister von Wittingau (1380–1390 erwähnt), die in der Hauptsache Altartafelbilder schufen (Hradschin, Sammlung alter Kunst Böhmens in der St.-Georgs-Basilika; Burg Karlstein).
Bezeichnend sind auch die noch byzantinische Einflüsse zeigenden 'böhmischen Gnadenbilder', Madonnendarstellungen anonymer Meister in halber Figur mit dem Christuskind. Die bedeutendsten Wandmalereien, deren Zuschreibung meist schwierig ist, finden sich im 1347 gegründeten Prager Emmauskloster und auf der Burg Karlstein (1348–1357), wo der Straßburger Meister Nikolaus Wurmser (1357–1360 erwähnt) und wahrscheinlich auch Tommaso da Modena (um 1325 bis 1379) wirkten. Es entstanden hervorragende illuminierte Handschriften, oft im Auftrag des schlesischen Humanisten Johannes von Neumarkt, unter dem sich in der Prager Reichskanzlei die deutsche Schriftsprache auszubreiten begann.
Schon während des nach dem Tod Karls IV. (1378) und Peter Parlers (1399) einsetzenden künstlerischen Niederganges bildete sich im Gegensatz zu der eher realistischen Auffassung der Prager Malerzeche der 'schöne' und 'weiche' Stil heraus, eine raffiniert verfeinerte Malweise, in der um 1400 vornehmlich Madonnenbilder entstanden.
Die Planer- und Stiftertätigkeit Karls IV. ist bis heute vielerorts in Prag sichtbar (Gründung der Neustadt; Karlsbrücke, Karlshof). Manche seiner ehrgeizigen Vorhaben konnte er jedoch zu Lebzeiten nicht mehr zu Ende führen, und da mit dem Ausbruch der hussitischen Revolution (1419, Erster Prager Fenstersturz) diese in der Geschichte Prags beispiellose Blütezeit jäh abbrach, blieben sie für immer (Maria-Schnee-Kirche) oder auf lange Zeit (Veitsdom, Teynkirche) unvollendet.

</td></tr>
<tr><td>

15. Jahrhundert

</td><td>

Nach den Hussitenkriegen war der Charakter der böhmischen – nunmehr fast rein tschechischen – Kunst bis zum Ende des 15. Jahrhunderts konservativ und eklektisch. Als damals bedeutendster tschechischer Architekt ist Matthias Rejsek (Pulverturm, 1475) zu nennen. Der wichtigste der unter König Vladislav II. (1471–1516) nach Prag berufenen Künstler war Benedikt Ried. Nach seinen Entwürfen entstand der Vladislav-Saal im Königspalast der Prager Burg, einer der großartigsten Profanräume jener Zeit (1493–1502), und das Langhaus der Barbarakirche in Kutná Hora (Kuttenberg; 1512–1547) mit dem vielleicht schönsten Netzgewölbe der Spätgotik überhaupt.

In der Plastik und der Malerei jener Epoche, die wie auch manche ihrer Bauschöpfungen weitgehend schon der Renaissance zuzurechnen sind, spiegeln sich fast alle wichtigen Schulen und Strömungen der Dürerzeit. Der bemerkenswerteste unter den einheimischen Künstlern ist der Meister des Leitmeritzer Altars (Hradschin, Sammlung alter Kunst Böhmens in der Georgsbasilika), der um 1509 an der Ausmalung der Wenzelskapelle im Veitsdom beteiligt war, einem hervorragenden Beispiel mittelalterlicher Wandmalerei.

</td></tr>
<tr><td>

Renaissance

</td><td>

Die Kunst der italienischen Renaissance setzte sich in Prag wahrscheinlich früher durch als sonst in Mitteleuropa, mit Ausnahme von Ungarn. Bereits in den Jahren 1538–1555 entstand nach Plänen von Paolo della Stella der Arkadenbau Belvedere am Königsgarten der Burg, welches Ferdinand I. (1526–1564) als Lustschloß für seine Gemahlin Anna bauen ließ, einem der reinsten Beispiele der Renaissancearchitektur nördlich der Alpen. Auch das originelle Schloß Stern wurde nach einer Idee Erzherzog Ferdinands 1555–1558 über sternförmigem Grundriß von Italienern errichtet. Nach der Mitte des 16. Jahrhunderts war der führende Architekt Böhmens der kaiserliche Hofbaumeister Bonifaz Wohlmut aus Überlingen am Bodensee (Orgelempore im Veitsdom, 1557–1561; Ballhaus im Königsgarten der Burg, 1568; Netzgewölbe im Landtagssaal der Burg, 1559–1563; Sterngewölbekuppel der Karlshofer Marienkirche, 1575). Der neue Stil nahm nun spezifische Prager Formen an.

</td></tr>
</table>

Hauszeichen – Schmuck vieler Prager Bürgerhäuser

Nach dem großen Brand von 1541, dem weite Teile der Burg und der Kleinseite zum Opfer fielen, entstanden Adelsresidenzen wie das Palais Martinitz (Ende 16. Jh.) im böhmischen Renaissancestil, der vielfach wie hier
Sgraffitoschmuck an den Fassaden verwendete. Solche Sgraffiti zieren
auch häufig bürgerliche Renaissancebauten, wie z. B. das Haus Zu den
drei Straußen (1585) an der Karlsbrücke oder das Haus Zur Minute (Ende
16. Jh.) neben dem Altstädter Rathaus.

Unter dem Habsburger Rudolf II. (1576–1611), einem eifrigen Kunst-
sammler, war Prag zum zweiten Mal Kaiserresidenz und Mittelpunkt der
Kunst des Manierismus. Der Kaiser zog Künstler verschiedenster Herkunft
an seinen Hof, so die Bildhauer und Erzgießer Benedikt Wurzelbauer und
Adriaen de Vries (Vorwegnahme vieler Barockelemente), die Maler Hans
von Aachen, Bartholomäus Spranger, Jan Breughel ('Sammet-Breughel'),
Giuseppe Arcimboldi, Roelandt Savery, Joseph Heintz, Hans Rottenhammer und Ägidius Sadeler. Der zuletzt Genannte hinterließ eine aus
neun Stichen bestehende Stadtansicht vom Prag des Jahres 1606, die
eine anschauliche Übersicht der Baulichkeiten jener Zeit vermittelt (Repro-
duktion in der Burggalerie).
Die nur den höfischen Interessen verpflichtete manieristische Kunst fand
jedoch in Böhmen keinen Widerhall. Ansehen außerhalb des Landes

Renaissance
(Fortsetzung)

Manierismus

341

Manierismus (Fortsetzung)	erlangten der Kupferstecher Václav Hollar (1607–1677) und der Stilleben-maler Gottfried Flegel (1563–1638), beide Vertreter einer eher boden-ständigen böhmischen Kunst jener Zeit. Ein Beispiel für die bis in die Spätrenaissance reichenden gotischen Einflüsse liefert die Rochuskapelle im Kloster Strahov.
Barock	Die durch den Sieg der katholischen Partei in der Schlacht am Weißen Berge (1621) endgültig triumphierende Gegenreformation brachte das in seinen Anfängen überwiegend italienische Barock nach Prag. Die genos-senschaftlich organisierten italienischen, zumeist aus der Gegend von Como stammenden Handwerker ('Comasken') beherrschten etwa ein halbes Jahrhundert lang fast das gesamte Bauwesen. Für ihre eigene Gemeinde bauten sie bereits 1590–1600 die Wälsche Kapelle, den ersten barocken Zentralbau in Prag.

Das Schwergewicht lag im 17. Jahrhundert zunächst auf dem Palast- und Schloßbau. Die bedeutendsten Bauherren unter den Prager Magnaten waren Albrecht von Waldstein (Wallenstein), für dessen gewaltiges Palais Waldstein (1623–1630) ein ganzes Stadtviertel abgerissen werden mußte, und Humprecht Graf von Czernin (Palais Czernin, 1669–1692). Der Sakral-bau stand zunächst in der Nachfolge der römischen Jesuitenkirche 'Il Gesù', nach deren Vorbild 1611–1616 die zuvor protestantische Kirche Maria de Victoria umgestaltet wurde. Die fruchtbarsten Adepten dieses Jesuitenstils waren Carlo Lurago (Ignatiuskirche, 1665–1678) und Dome-nico Orsi de Orsini (Profeßhaus der Kirche St. Niklas auf der Kleinseite, 1673). Einige Sakralbauten setzen jedoch noch ältere einheimische Überlieferungen (Emporenhalle, Wandpfeilerkirche) fort, wie etwa die Salvatorkirche am Kreuzherrenplatz.

Anders als die Architektur wurden Plastik und Malerei weiterhin von ein-heimischen oder aus Nachbarländern zugewanderten Künstlern be-herrscht. Die wichtigsten Bildhauer nach der Mitte des 17. Jahrhunderts waren Johann Georg Bendl (um 1630–1680; Fassadenplastik an der Salvatorkirche, Winzersäule am Kreuzherrenplatz, Hl. Wenzel an der Alten Propstei der Burg) und Hieronymus Kohl (1632–1709; Fassadenplastiken an der Thomaskirche auf der Kleinseite, Brunnen am Zweiten Burghof). Unter den Malern sind an erster Stelle der einer böhmischen Adelsfamilie entstammende Karel Škréta (1610–1674), Begründer der böhmischen Barockmalerei, der aus Glaubensgründen emigrierte und als Konvertit wieder zurückkehrte, sowie der Rembrandt-Schüler Michael Willmann (1630–1706) zu nennen (beider Werke in der Sammlung alter Kunst Böhmens im Kloster St. Georg).

Spätbarock	Das Spätbarock erreichte seinen Höhepunkt in Prag während der ersten Hälfte des 18. Jahrhunderts, der künstlerisch fruchtbarsten Epoche seit der Zeit Karls IV. Den Anschluß an die europäische Entwicklung stellte zunächst der in Rom geschulte Franzose Jean Baptiste Mathey (um 1630 bis 1695) her: in der Sakralarchitektur mit dem Zentralbau der Kreuz-herrenkirche (1679–1688), im Profanbau mit dem Schloß Troja (1679 bis 1685). Die Hegemonie der Italiener war damit gebrochen. Bald konnten Einheimische die Führung übernehmen, nachdem der prägende Einfluß der österreichischen und bayerischen Baukunst jener Zeit assimiliert war. Der Wiener Hofbaumeister Johann Bernhard Fischer v. Erlach baute ab 1707 das Palais Clam-Gallas und hinterließ mehrere Schüler in Prag.
Dientzenhofer-Barock	Christoph Dientzenhofer (1655–1722) aus der weitverzweigten bayeri-schen Architektenfamilie siedelte ganz nach Prag über. Zusammen mit seinem genialen Sohn Kilian Ignaz Dientzenhofer (1689–1751) schuf er das 'Dientzenhofer-Barock', eine Synthese aus dem altbayerischen Wand-pfeilersystem und dem Baldachinprinzip des Guarino Guarini und damit die Voraussetzung für die letzte und höchste Stufe des mitteleuropäischen Sakralbaus. Die oft noch eher konventionell begonnenen Werke des Vaters wurden häufig erst von seinem begabteren Sohn baulich und stilistisch zur Vollendung gebracht. So im Kloster Břevnov, in der Geburt-Christi-Kirche

von Loreto und ganz besonders im Falle der Kirche St. Niklas auf der Kleinseite, einem der entwicklungsgeschichtlich und städtebaulich bedeutendsten Kirchenbauten des Spätbarock in Mitteleuropa überhaupt. Christoph Dientzenhofer hatte hier den Kuppelraum noch im bayerischen Wandpfeilersystem geplant. Sein Sohn fügte das raumgewaltige Motiv der Konchen hinzu und setzte mit der asymmetrischen Kuppelturmgruppe des Außenbaus treffsicher den entscheidenden Akzent in der Silhouette Prags. Von Kilian Ignaz Dientzenhofers weiteren Bauten, ohne die weder das Prager Stadtbild noch die übrige barocke Kulturlandschaft Böhmens zu denken ist, sind zu nennen: die Villa Amerika, die Kirche St. Niklas in der Altstadt, die Kirchen St. Johann von Nepomuk am Felsen, St. Johann von Nepomuk auf dem Hradschin und St. Thomas (Umgestaltung) sowie das Ursulinerinnenkloster in Kuttenberg. Auch die Pläne für die Palais Goltz-Kinsky und Sylva-Taroucca, die beide bereits Rokokomerkmale tragen, stammen von ihm. Giovanni Santini-Aichel (1667–1723) entwarf die Palais Morzin und Thun; im Kirchenbau huldigte er, wie auch Octaviano Broggio (1668–1742), einer historisierenden Barockgotik (Marienkirche in Sedletz bei Kuttenberg). Andere Architekten jener Periode waren František Maximilian Kaňka (1674–1766), der u. a. die Vrtba-Terrassen und verschiedene Bauabschnitte des Clementinums entwarf, und Giovanni Battista Alliprandi (1665–1720).

Zu der Vielzahl der um 1700 in Prag tätigen Bildhauer gehört als einer der bedeutendsten Wenzel Matthäus Jäckel (1655–1738), der u. a. Statuen für die Karlsbrücke und die ehemalige Kreuzherrenkirche schuf. Von Ferdinand Maximilian Brokoff (1688–1731) stammen u. a. mehrere Figurengruppen für die Karlsbrücke. Matthias Bernhard Braun (1684–1738) brachte die Bernineske nach Böhmen und in seinen Werken gipfelte die böhmische Barockplastik. Ein Teil seiner Plastiken findet man ebenfalls auf der Karlsbrücke sowie im Vrtba-Garten und am Portal des Palais Thun-Hohenstein.

Auch das Rokoko ist in Prag durch eine Anzahl von Künstlern und ihren Werken vertreten, aber eine selbständige Spielart wie etwa in Bayern, Franken oder Potsdam hat Böhmen so wenig wie Österreich hervorgebracht. Den Ausbau der Prager Burg leitete von 1753 bis 1775 Maria Theresias Oberhofarchitekt Freiherr von Pacassi, den des Erzbischöflichen Palais 1764/1765 Johann Joseph Wirch. Dem Kavalierarchitekten Graf von Künigl verdankt Prag den Entwurf des Ständetheaters (ausgeführt 1781 bis 1783 von Anton Haffenecker), in dem 1787 Mozarts "Don Giovanni" uraufgeführt wurde.
Die führenden Bildhauer im dritten Viertel des 18. Jahrhunderts in Prag waren Johann Anton Quittainer (1709–1765), Ignaz Platzer d. Ä. (1717 bis 1787), der u. a. den plastischen Fassadenschmuck des Erzbischöflichen Palais entwarf, und Richard Prachner (1705–1782). Werke der beiden zuletzt genannten Künstler birgt auch die Kirche St. Niklas auf der Kleinseite. Weit über die Grenzen Böhmens hinaus bekannt wurde der Feinmaler Norbert Grund (1717–1767), dessen Arbeiten bereits zu seinen Lebzeiten gefälscht und vielfach durch Stiche reproduziert wurden (Hradschin, Sammlung alter Kunst Böhmens in der Georgsbasilika).

Anders als das Barock, an dem man in Böhmen länger und leidenschaftlicher festhielt als sonst in Mitteleuropa, war der Klassizismus, zumindest was die bildende Kunst betrifft, eher von untergeordneter Bedeutung. Das ehemalige Zollamt, heute Ausstellungsgebäude 'Zu den Hibernern', welches 1808–1811 von Georg Fischer seine Empirefassade erhielt, gehört zu den bemerkenswertesten Bauschöpfungen dieser Epoche.
Die Romantik zündete in Böhmen erst, nachdem die Ideen Herders zur Erweckung der tschechischen Nation beigetragen hatten. Der Aufstieg der Tschechen zu kultureller Selbständigkeit führte allerdings auch umgekehrt zum Untergang der übernationalen 'böhmischen' Kunst, die seit der zweiten Hälfte des 19. Jahrhunderts immer entschiedener in eine tsche-

Dientzenhofer-Barock (Fortsetzung)

Bildhauer um 1700

Rokoko

19. Jahrhundert

343

chische und eine deutsche Komponente auseinanderstrebte. Von den romantischen und postromantischen Malern sind an erster Stelle Joseph von Führich (1800–1876), Josef Mánes (1820–1871) und Mikoláš Aleš (1852–1913) zu nennen, ferner der Piloty-Schüler Gabriel Max sowie Václav Brožík.

Bedeutende Vertreter der Neugotik waren Joseph Kranner (Hochaltar im Veitsdom, 1868–1873) und Joseph Mocker (Ausbau des Veitsdoms, 1859–1929). Der tschechische Semper-Schüler Josef Zítek entwarf im repräsentativen Stil der tschechischen Neurenaissance den Prunkbau des Nationaltheaters (1868–1881), welches nach einem Großbrand durch den Architekten Josef Schulz (1840–1917) bis 1883 neu errichtet werden mußte. Unter der Leitung von Josef Schulz entstand auch das Künstlerhaus 'Rudolfinum', das wohl bedeutendste Baudenkmal dieser Epoche in Prag.

In der Plastik begründete Josef Václav Myslbek (1848–1922; Reiterbild des hl. Wenzel auf dem Wenzelsplatz, Bronzestatue des Kardinals Schwarzenberg im Veitsdom) unter dem Eindruck der französischen Kunst eine Schule, aus der Bildhauer vom Range eines Jan Štursa (1880–1925), aber auch Bohumil Kafka (1878–1942), zu dessen Werken u.a. das Mánes-Denkmal vor dem Haus der Künstler zählt, und Otto Gutfreund (1889 bis 1927) hervorgingen.

Zu den Vorläufern der modernen Architektur im 20. Jahrhundert gehören Josef Maria Olbrich (1867–1908), Josef Hoffmann (1870–1956) und Adolf Loos (1870–1933; Haus Müller, 1928–1930), die allerdings im wesentlichen nicht in Prag gebaut haben.

Die Wendung zur modernen Architektur in Prag vollzog Josef Gočár (1880–1954), der 1911–1912 das 'Haus zur schwarzen Mutter Gottes' an der Zeltnergasse und 1921 das Gebäude der Legion-Bank errichtete. Das beste Beipiel für den Prager Sezessionsstil liefert das prachtvolle Repräsentationshaus der Hauptstadt, welches 1906–1911 nach Plänen von Antonín Balšánek und Osvald Polívka erbaut wurde.

Konservative Kunstströmungen behaupteten sich jedoch daneben weiter, vertreten etwa durch den Maler und Illustrator Max Švabinský (1873 bis 1962), von dem u.a. schöne Glasmalereien im Veitsdom (1946–1948) stammen, und den Leibl-Schüler Heinrich Hönich.

Auch der Expressionismus und der Kubismus hatten bedeutende Vertreter, der erste mehr unter den deutschsprachigen (Oskar Kokoschka, Alfred Kubin, Josef Hegenbarth), der zweite mehr unter den Tschechen (Emil Filla und Václav Špála). Das 1915 eingeweihte, monumentale Hus-Denkmal auf dem Altstädter Ring ist ein Werk von Ladislav Šaloun, der auch mehrere allegorische Plastiken für verschiedene Gebäude der Stadt entwarf.

Als Hauptwerk des tschechischen Funktionalismus galt der 1924–1929 entstandene Prager Ausstellungspalast (durch Feuer zerstört). Als hervorragender Vertreter funktionalistischen Bauens sei Bohuslav Fuchs (1895 bis 1972) genannt.

Die Pläne zu Prags erstem 'Hochhaus' (13. Stockwerke) aus Stahlbeton, dem 1932–1934 im Internationalen Stil errichteten Verwaltungsgebäude der staatlichen Sozialversicherung (Allgemeine Pensionskasse), stammen von Josef Havlíček (1899–1961) und Karel Honzík (1900–1966), zwei renommierten Architekten, die mit ihren Vorstellungen einer sozialistisch orientierten Bauweise auch nach dem Zweiten Weltkrieg in der Tschechoslowakei fortwirkten.

Das neuere tschechische Bauen ist stark geprägt von den vielseitigen Entwürfen des Architektenkollektivs SIAL, das 1958 von Karel Hubáček begründet wurde und mit seinem Sitz in Liberec (Reichenberg) vornehmlich im östlichen Nordböhmen tätig war. Markante SIAL-Beispiele sind das Prager Warenhaus 'Máj' (1973–1975) sowie der schlanke Wasserturm (1976; Aluminium und Glas) in Želivka.

Stadtbesichtigung

Ratschläge für einen Kurzaufenthalt

Der Prager Informationsdienst (PIS) sowie mehrere Reisebüros und Agenturen veranstalten regelmäßig organisierte Stadtrundfahrten und Rundgänge zu den schönsten Plätzen der Stadt (Dauer im Regelfall 1–3 Stunden; Fremdenführung auch in deutscher Sprache).

Stippvisite

Bei einem Aufenthalt von nur wenigen Tagen sollte man sich auf das Allerwichtigste konzentrieren, um nicht bei der Fülle des Sehenswerten den Überblick zu verlieren und sich durch Ermüdung des wirklichen Erlebnisses zu berauben.

Besichtigung auf eigene Faust

Man folge den nachstehenden, nach Stadtgebieten geordneten Beschreibungen (Altstadt, Josefstadt, Neustadt, Kleinseite, Hradschin), wobei man für jedes dieser Gebiete etwa einen Tag vorsehen sollte.

Bei den im Vergleich zu anderen Großstädten eher kurzen Entfernungen läßt sich Prag, abgesehen von den touristisch weniger bedeutsamen äußeren Stadtteilen, am einfachsten zu Fuß besichtigen, zumal die für Besucher besonders interessanten Bereiche – etwa in der Altstadt und auf dem Hradschin – als Fußgängerzonen vom Kraftfahrzeugverkehr befreit sind.

Bei ganz beschränkter Zeit besuche man wenigstens in der Altstadt den Altstädter Ring mit dem Altstädter Rathaus und der Teynkirche, in der Josefstadt das einstige Judenviertel mit den Synagogen und dem Alten Jüdischen Friedhof sowie in der Neustadt den belebten Graben und den geschichtsträchtigen Wenzelsplatz.

Bedeutendste Sehenswürdigkeiten

Zum linken Moldau-Ufer wähle man den Weg über die beim Altstädter Brückenturm am Kreuzherrenplatz beginnende berühmte Karlsbrücke mit ihrem Figurenschmuck.

Auf der Kleinseite gehe man am Kleinseitner Ring in die prächtige Niklaskirche sowie in den Garten des Palais Waldstein mit der Sala terrena, durchstreife aber auch die von zahlreichen Palais gesäumten Gassen sowie vor allem die sich am Burgberg hinaufziehenden, teilweise öffentlich zugänglichen Gärten, die unvergleichliche Ausblicke auf die türmereiche Stadt und die Moldau bieten.

Den Höhepunkt bildet die Besichtigung des Hradschin mit dem Königspalast der Prager Burg, dem Veitsdom, der Georgsbasilika, dem Goldenen Gäßchen, dem Lustschloß Belvedere, dem ehemaligen Wallfahrtsbezirk Loreto und dem Klostermuseum Strahov.

Am Schluß gewährt der Aussichtsturm auf dem Laurenziberg einen vorzüglichen Überblick über das Gesehene. Umfassend ist auch die Rundsicht von der Höhe des neuen Fernsehturmes, der in der östlichen Vorstadt Žižkov aufragt.

Aussichtspunkte

Von den zahlreichen Museen verdienen in erster Linie die Nationalgalerie auf dem Hradschin mit der Gemäldegalerie (im Palais Sternberg) und der Sammlung alter Kunst Böhmens (im ehem. Georgskloster), das Staatliche Jüdische Museum in der Josefstadt sowie das Literaturmuseum in der Klosterbibliothek von Strahov einen Besuch.

Wichtigste Museen

Bei mehr Zeit besichtige man auch das Nationalmuseum, die Kunstsammlungen im ehemaligen Agneskloster, das ethnologische Náprstek-Museum, das Technische Nationalmuseum, die Glas-, Porzellan- und Keramiksammlung im Kunstgewerbemuseum sowie das Mozart-Museum in der Villa Bertramka.

Abgesehen von der Möglichkeit, die Stadtbesichtigung in einem Taxi vorzunehmen, kann man in Prag die öffentlichen Verkehrsmittel benutzen: Außer der Metro (s. S. 348) verkehren im Stadtgebiet Straßenbahnen und Omnibusse.

Nahverkehrsmittel Metro, Straßenbahn, Omnibusse

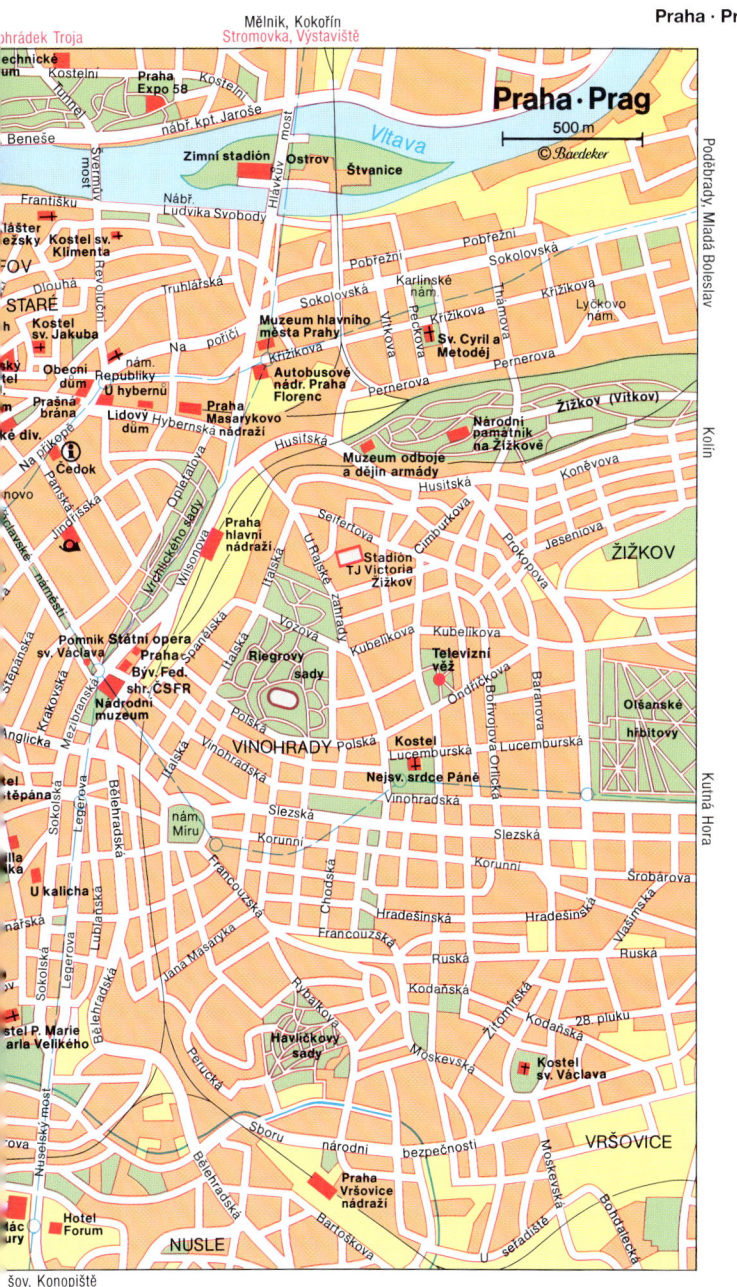

Mělník, Kokořín
Stromovka, Výstaviště

hrádek Troja

Praha · Prag

500 m

© Baedeker

echnické
um

Kostelní

Praha
Expo 58

Kostelní

Praha
Expo 58

Benešе

nábř. kpt. Jaroše

Vltava

Svermův
most

most

Zimní stadión

Ostrov

Štvanice

Františku

Nábř.
Ludvíka Svobody

Poděbrady, Mladá Boleslav

šášter
ežský

Kostel sv.
Klimenta

Pobřežní

Pobřežní

Sokolovská

OV

Dlouhá

Revoluční

Truhlářská

Sokolovská

Karlínské
nám.

Thámova

Křižíkova

Lyčkovo
nám.

STARÉ

Kostel
sv. Jakuba

Na

poříčí

Muzeum hlavního
města Prahy

Vltavská

Pernerova

Křižíkova

Sv. Cyril a
Metoděj

ský
tel

Obecní
dům

nám.
Republiky

U hybernů

Autobusové
nádr. Praha
Florenc

Pernerova

Žižkov (Vítkov)

Prašná
brána

Lidový
dům

Praha
Masarykovo
nádraží

Pernerova

ké div.

Hybernská

Husitská

Národní
památník
na Žižkově

Koněvova

Na příkopе

Čedok

Muzeum odboje
a dějin armády

Husitská

Kolín

novo

Opletalova

Panská

Jindřišská

Seifertova

Cimburkova

Prokopova

Jeseniova

ŽIŽKOV

Vrchlického sady

Wilsonova

Praha
hlavní
nádraží

Italská

U Rajské zahrady

Stadión
TJ Victoria
Žižkov

Kubelíkova

Spálená

Vozová

Jana
stán

Pomník
sv. Václava

Státní opera

Praha
Býv. Fed.
shr. ČSFR

Italská

Riegrovy
sady

Kubelíkova

Kubelíkova

Televizní
věž

Baranova

Olšanské
hřbitovy

Ondříčkova

Bořivojova

Stěpánská

Krakovská

Mezibranská

Národní
muzeum

Žitná

Polská

Polská

VINOHRADY

Vinohradská

Kostel
Lucemburská

Lucemburská

Lucemburská

Anglická

Bělehradská

Legerová

Lublaňská

Italská

Vinohradská

Chodská

Nejsv. srdce Páně

Vinohradská

Ječná

Orličká

tel
těpána

nám.
Miru

Slezská

Slezská

ila
ka

Korunní

Korunní

Šrobárova

U kalicha

Sokolská

Legerova

Bělehradská

Francouzská

Jana Masaryka

Hradešínská

Hradešínská

Vršímská

nářská

Francouzská

Ruská

Ruská

stel P. Marie
arla Velikého

Perucká

Rybalkova

Kodaňská

Moskevská

Žitomírská

Kodaňská

28. pluku

Havlíčkovy
sady

Kostel
sv. Václava

Nuselský most

Sboru

národní

bezpečnosti

Moskevská

Bohdalecká

VRŠOVICE

ova

Bělehradská

Praha
Vršovice
nádraží

seřadiště

Bohdalecká

Hotel
Forum

NUSLE

Bartoškova

šov, Konopiště

347

Streckenplan
der Prager
Untergrundbahn
Metro

Ausbauprogramm
▭▭ Inbetriebnahme voraussichtlich 1993
▭▭ Fertigstellung voraussichtlich 1995
▭ Planung für 2005

© Baedeker

Metro

Das Streckennetz der Prager 'Metro', einer überwiegend unterirdisch verlaufenden Stadtschnellbahn, hat sich seit der Inbetriebnahme (1974) der
ersten Teilstrecke der Linie C (ca. 7 km zwischen den Stationen 'Florenc'
und 'Kačerov') mit den Linien A und B spinnenähnlich ausgedehnt und soll
(nach Ergänzung einer Linie D) bis zum Jahre 2005 gänzlich ausgebaut
sein.

Altstadt · Staré Město (Detailplan s. S. 354/355)

****Altstädter
Ring**

Den Mittelpunkt der Prager Altstadt bildet der weite Platz Altstädter Ring
(Staroměstské náměstí) mit reizvollen alten Häusern an der Süd- und Ostseite (Nr. 22 eine Auskunftsstelle des Prager Informationsdienstes PIS).

*Hus-Denkmal

Den nördlichen Teil des meist von Markttreiben belebten Platzes erfüllt das
1915 von Ladislav Šaloun errichtete mächtige Denkmal für den böhmischen Reformator Jan Hus (Johannes Huß, geb. um 1370 in Husinec, 1415
in Konstanz auf dem Scheiterhaufen verbrannt).

****Altstädter
Rathaus**
(Abb. s. S. 326)

An der Südwestseite des Altstädter Ringes erhebt sich das Altstädter Rathaus (Staroměstská radnice), dessen ältesten Teil aus dem 11. Jh. stammende, seit 1338 umgebaute Bürgerhäuser bilden und dessen gotischer
Hauptbau im wesentlichen im 14. und 15. Jh. errichtet wurde; ein neugotischer Erweiterungsbau brannte 1945 beim Prager Aufstand aus.

***Astronomische
Uhr**

An der Südseite des 1364 erbauten, später veränderten Rathausturmes
(lohnende Aussicht; Aufzug) unten eine Astronomische Uhr (Orloj) von
1410 (1490 ergänzt) mit Anzeige der Mondphasen und der Planetenstel-
lung, über der sich nach jeder Stunde des astronomischen Tages (heller
Glockenton) Christus und die Apostelfiguren an zwei Fenstern vorbeibe-
wegen, worauf in einem dritten darüber ein Hahn kräht (Figurenumzug eine
Zutat des 19. Jh.s).

Erkerkapelle

An der Nordostseite des Rathauses die 1381 vollendete malerische Erkerkapelle (beim Brand von 1945 zerstört, danach erneuert). Darunter in der
Mauer eine Kassette mit Erde vom Dukla-Paß (Ostslowakei), wo im Herbst
1944 sowjetrussische und tschechische Einheiten gemeinsam die Deutschen zurückdrängten. Rechts daneben eine Tafel mit den Namen der am

21. Juni 1621 hier hingerichteten Anführer des protestantisch-böhmischen Aufstandes; zwei große weiße gekreuzte Schwerter mit Dornenkranz, das Datum der Exekution und 27 kleine Kreuze bezeichnen die Hinrichtungsstelle.

Altstädter Rathaus, Erkerkapelle (Fortsetzung)

Links von der Astronomischen Uhr befindet sich der schöne Haupteingang des Rathauses. In dem heute hauptsächlich Repräsentationszwecken dienenden Inneren u. a. der Sitzungssaal (1879) mit Portal von 1619, die alte Ratsstube (15. Jh.) mit schönen Holzschnitzereien, die Gemeindestube (17. Jh.) und die Kapelle. Im Kreuzgang und im zweiten Stock wechselnde Ausstellungen der Galerie der Hauptstadt Prag.

Rathausinneres

Südlich neben dem Altstädter Rathaus vorspringend steht das Haus 'Zur Minute' ('U minuty'), ein Renaissancebau (um 1600) mit figürlichen Sgraffitomalereien und Arkaden (Durchgang zum Kleinen Ring).

Haus 'Zur Minute'

An der Nordwestecke des Altstädter Rings steht die 1732–1737 von Kilian Ignaz Dientzenhofer erbaute Kirche St. Niklas in der Altstadt (auch St. Nikolaus; kostel svatého Mikuláše) mit stattlicher Fassade (Skulpturen aus der Werkstatt von Matthias Bernhard Braun) und reich ausgestattetem Inneren, das nur bei günstigem Licht zur Wirkung kommt (unter der Kuppel ein großer Kristalleuchter). Ursprünglich ein Zentrum der utraquistischen Bewegung, wurde die Kirche 1635 den Benediktinern von Emaus überlassen, diente 1870–1914 der russisch-orthodoxen Gemeinde und wird seit 1920 von der im selben Jahr in ihr gegründeten Tschechoslowakischen Hussitischen Kirche genutzt.

Kirche St. Niklas in der Altstadt

Links neben der Niklaskirche steht an der Straße 'U radnice' (Nr. 5) das Geburtshaus des Schriftstellers Franz Kafka (1883–1924; → Berühmte Persönlichkeiten; Reliefbüste an der Hausecke, sein Grab auf dem Neuen Jüdischen Friedhof in Prag-Žižkov, Želivského ulice).

Geburtshaus von Franz Kafka

Hus-Denkmal auf dem Altstädter Ring

Palais Goltz-Kinsky

*Fassade

Die Nordostseite des Altstädter Ringes beherrscht das 1755–1765 nach Plänen Kilian Ignaz Dientzenhofers von Anselmo Lurago für den Grafen Johann Arnold von Goltz errichtete große Palais Goltz-Kinsky (palác Goltz-Kinských; seit 1919 in Staatsbesitz) mit feiner Rokokofassade; im Inneren ständige und wechselnde Ausstellungen von alter und neuer Graphik der Nationalgalerie.

Kafka-Kulturzentrum geplant

In dem derzeit weitgehend ungenutzen Erdgeschoß befand sich einst die Kurzwarenhandlung von Hermann Kafka, dem Vater des Schriftstellers Franz Kafka (vgl. zuvor); bis zum Ersten Weltkrieg wurde das Palais (evtl. das Vorbild des Kafkaschen Romanschlosses) u. a. vom Deutschen Gymnasium genutzt, das neben Franz Kafka auch viele andere berühmte Prager Deutsche besuchten. Die jüngst gegründete Franz-Kafka-Gesellschaft plant hier nun die Einrichtung eines Kulturzentrums mit Kafka-Museum, Bibliothek, Verlag, Buchhandlung, Antiquariat, kleinem Theater und diversen gastronomischen Betrieben.

*Haus 'Zur steinernen Glocke'

Rechts neben dem Palais Goltz-Kinsky steht das alte Turmhaus 'Zur steinernen Glocke' ('U kamenného zvonu'; Glocke oben an der Hausecke), welches in den Jahren 1973 bis 1987 in seinem ursprünglichen gotischen Stil erneuert worden ist (Kunstausstellungen, Konzerte, Vorträge).

Teynschule

Weiterhin rechts befindet sich jenseits der Teyngasse (Týnská ulice) die ehemalige Teynschule (Týnská škola; 16. Jh.) mit schönen Renaissancegiebeln und gotischen Lauben.

*Teynkirche

Durch den dritten Bogen von links und einen Gang erreicht man die seit 1365 erbaute gotische Teynkirche oder Kirche der Jungfrau Maria vor dem Teyn/Zaun (Týnský chrám oder kostel Panny Marie před Týnem), die einstige Hauptkirche der Prager Utraquisten. Der Chor wurde 1380 vollendet, die Fassade mit dem hohen Giebeldach und den beiden 80 m hohen Türmen, deren Helme je vier zierliche Ecktürmchen umgeben, seit 1460 unter König Georg von Podiebrad ausgeführt. Der goldene Kelch, den der König nebst seinem Standbild zum Andenken an seine Krönung im Giebel aufstellen ließ, ist nach der Schlacht am Weißen Berge (1620; s. Stadtgeschichte) durch ein Marienbild ersetzt worden. Das beachtenswerte Original des Tympanums vom rundbogigen Nordportal befindet sich in der Sammlung alter Kunst Böhmens im ehemaligen Georgskloster auf dem Hradschin.

Grundriß

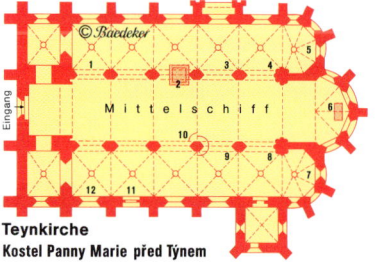

Teynkirche
Kostel Panny Marie před Týnem

1 St.-Adalbert-Altar
2 Spätgotischer Baldachin, St.-Lukas-Altar
3 St.-Josef-Altar
4 Verkündigungsaltar
5 Gotische Kalvarienberggruppe
6 Hochaltar
7 Gotische Konsolen, Zinntaufe
8 St.-Barbara-Altar
9 Grabstein des dänischen Astronomen Tycho Brahe
10 Renaissancealtar
11 Gotische Madonna mit Kind
12 St.-Wenzel-Altar

Kircheninneres

In dem mit seinem hohen gotischen Chor und den großen, düster wirkenden Barockaltären malerischen Inneren am vierten Pfeiler rechts vom Haupteingang der rotmarmorne Grabstein des dänischen Astronomen Tycho Brahe (1546–1601), meist mit dänischer Flagge. Zahlreiche andere Epitaphe ringsum unten an den Wänden.
Am Hochaltar "Himmelfahrt Mariä" und "Hl. Dreifaltigkeit" (Karel Škréta). In der Kapelle links vom Chor eine gotische Kreuzigungsgruppe; in der Marienkapelle, rechts vom Hochaltar, ein Taufkessel aus Zinn (1414).

Türme der Teynkirche

Hinter der Teynkirche liegt der alte Teynhof (Týn, auch Ungelt; in Erneue-   **Teynhof**
rung), einst Stapelplatz der ausländischen Kaufleute, die hier für ihre
Waren einen Zoll ('Ungelt' oder 'Ungeld') bezahlen mußten. Gleich links
das restaurierte Granovský-Haus, ein Renaissancegebäude mit Loggien
im ersten Stock (1560), in dem die durchreisenden Kaufleute wohnten.

Weiter östlich steht die 1232 als Kirche des einstigen Minoritenklosters (an   **⃰Kirche St. Jakob**
der Nordseite) gegründete, 1366 ausgebrannte und danach gotisch umge-
baute sowie 1689–1739 im Barockstil umgestaltete Kirche St. Jakob
(kostel svatého Jakuba) mit bedeutenden Fassadenreliefs (Hll. Jakobus,
Franziskus und Antonius von Ottavio Mosto, um 1700) und überaus malerischem Inneren.
Am Hauptaltar ein Bild von Wenzel Lorenz Reiner ("Martyrium des hl.
Jakob", 1739); im linken Seitenschiff das von Johann Bernhard Fischer
von Erlach entworfene, von Ferdinand Maximilian Brokoff 1714–1716 ausgeführte Marmorgrabmal für den Grafen Jan Václav Vratislav von Mitrovice
(† 1712).
Wegen der hervorragenden Akustik finden in St. Jakob häufig Kirchen-
konzerte statt.

*Zeltnergasse	In der Südostecke des Altstädter Rings beginnt die altertümliche, von schönen Barockhäusern gesäumte Zeltnergasse (Celetná ulice).

*Ständetheater

Auf dem nach 300 m von der Zeltnergasse rechts abzweigenden Obstmarkt (Ovocný trh) steht das 1783 von Anton Haffenecker in klassizistischem Stil errichtete Ständetheater (Stavovské divadlo; jüngst restauriert) – zunächst Nostitz-Theater, dann Ständetheater des böhmischen Adels, Deutsches Landestheater (von Mitte des 19. Jh.s bis 1920) und später Tyl-Theater (1948–1990) –, in dem am 29. Oktober 1787 die umjubelte Uraufführung von Mozarts Oper "Don Giovanni" stattfand.

Im Jahre 1834 gelangte hier die komische Oper "Fidlovačka" ("Das Fiedelfest") des tschechischen Komponisten František Škroup zu einem Libretto des tschechischen Dramatikers Josef Kajetán Tyl zur Erstaufführung; in diesem Stück ertönte u. a. das Lied "Kde domov můj? ..." (= "Wo ist mein Heim? ..."), das dann 1919 zum tschechischen Teil der tschechoslowakischen Nationalhymne wurde.

*Carolinum

Nördlich gegenüber vom Ständetheater befindet sich an der Eisengasse (Železná ulice) das Carolinum (Karolinum) mit barocker Fassade von 1718 und gotischem Erker auf der Obstmarktseite. Das seit 1383 als Sitz des 'Collegium Carolinum' (Karlsuniversität; älteste Universität Mitteleuropas) dienende Gebäude enthält heute das Rektorat, die Aula und die Promotionsräume; im großen Promotionssaal hielt einst Jan Hus seine Disputationen (im Hof sein Standbild von Karel Lidický, 1959).

Kirche St. Gallus

Südwestlich gegenüber vom Carolinum die ursprünglich gotische, im 18. Jahrhundert umgebaute zweitürmige Kirche St. Gallus (kostel svatého Havla) mit barockisiertem Inneren. Hier wirkte 1363–1369 der Reformprediger Konrad von Waldhausen, später auch Jan Hus.

*Pulverturm
(Abb. s. S. 96)

Die Zeltnergasse endet östlich am spätgotischen Pulverturm (Prašná brána), einem seit 1475 nach dem Vorbild des Altstädter Brückenturms erbauten, 1875–1883 neugotisch wiederhergestellten Torturm, der zur Stadtbefestigung gehörte und im 18. Jh. als Pulvermagazin gedient hat. Über eine beschwerliche Wendeltreppe erreicht man eine kleine Ausstellung zur Baugeschichte und dann den offenen Umgang mit lohnender Aussicht.

*Gemeindehaus

Nördlich neben dem Pulverturm (Bogenbrücke in Höhe des ersten Stockwerkes) steht das Repräsentationszwecken dienende Gemeindehaus (Obecní dům; von Antonín Balšánek und Osvald Polívka, 1906–1911), offiziell 'Repräsentationshaus', ein gutes Beispiel für die tschechischen Sezessionsbauten (Jugendstil), mit Fest- und Konzertsälen (u. a. der reich geschmückte Smetana-Saal, mit Orgel), Ausstellungsräumen, Restaurant, Künstlercafé ('Repre') und Weinstube.

Hiberner-Haus

Östlich gegenüber vom Gemeindehaus befindet sich das Ausstellungsgebäude 'Zu den Hibernern' ('U hibernů'), früher Klosterkirche der irischen Franziskaner, der sog. Hiberner (Hybernia = Irland), später Zollamt, mit 1810 hinzugefügter klassizistischer Fassade.

*Kleiner Ring

Dientzenhofer-
Haus

Unweit westlich vom Altstädter Rathaus liegt der teilweise arkadenumgebene Platz Kleiner Ring (Malé náměstí) mit hübschem Brunnen (Eisengitter von 1560) und dem ehemaligen Wohnhaus von Christoph Dientzenhofer (Nr. 12; von 1698) an der Südseite.

*Marienplatz
Neues Rathaus
Städtische
Bibliothek

Weiter nordwestlich liegt der Marienplatz (Mariánské náměstí). An seiner Ostseite das 1909–1912 erbaute Neue Rathaus (Nová radnice; Stadtverwaltung), an der Nordseite die 1928 eröffnete Städtische Bibliothek (Městská knihovna; über 750 000 Bände, umfangreiche Notensammlung), die auch die Sammlung moderner Kunst (sbírka moderního umění; hauptsächlich tschechische Malerei des 20. Jh.s) der Nationalgalerie enthält.

Repräsentationshaus ...   *... im Stil der k.u.k. Monarchie*

In der Südostecke des Marienplatzes – an der Mauer die Brunnenfigur "Moldau" (von Václav Prachner, 1812), bei den Pragern 'Terezka' (= 'Thereschen') genannt – steht an der nach Süden führenden Hußstraße (Husova třída; früher Dominikanergasse) das 1715 von Johann Bernhard Fischer von Erlach begonnene Palais Clam-Gallas (palác Clam-Gallasův) mit Portalen und Herkulesbrunnen (im ersten Hof) von Matthias Bernhard Braun und schönem freskengeschmücktem Treppenhaus.

*Palais
Clam-Gallas

Das ehemalige Clam-Gallas-Palais beherbergt heute das Stadtarchiv (Dokumente seit dem 14. Jh.).

Stadtarchiv

An der Westseite des Marienplatzes beginnt der ausgedehnte Gebäudekomplex des im Norden von der Plattnergasse (Platnéřská ulice), im Süden von der zur Karlsbrücke führenden Karlsgasse (Karlova ulice) begrenzten Clementinum (Klementinum), 1578 an der Stelle eines hier niedergerissenen Altstadtviertels begonnen, im wesentlichen zwischen 1653 und 1778 unter den Jesuiten im Barockstil errichtet, mit mehreren Kirchen und Kapellen, drei Toren und vier Türmen.

*Clementinum

Das Clementinum enthält u. a. die Staatsbibliothek (etwa 5,5 Mio. Bände; zahlreiche wertvolle Handschriften, darunter der Codex Vyšehradiensis von 1086 und mehrere tausend Wiegendrucke), die reichhaltige Universitätsbibliothek, die Slawische Bibliothek und die Staatliche Technische Bibliothek sowie eine Sternwarte mit Instrumentensammlung.

Staatsbibliothek,
Universitätsbibliothek, Slawische
Bibliothek, Staatliche Technische
Bibliothek

Sehenswerte Innenräume sind der sog. Barocksaal (1722–1727; mit Deckenfresko), die ehemalige Spiegelkapelle (Zrcadlová síň, 1724; heute Kammerkonzertsaal) und der Mozartsaal mit Rokokomalereien.

Im südwestlichen der vier geräumigen Innenhöfe steht das Denkmal eines Studenten im Jahre 1648 (von Josef Max, 1848).

Die Karlsgasse führt vorüber an der zum Clementinum gehörenden barocken Kirche St. Clemens (kostel svatého Klimenta, 1711–1713; heute Gotteshaus der griechisch-katholischen Gemeinde) mit acht Skulpturen (vier Kirchenväter und vier Evangelisten) von Matthias Bernhard Braun, die

*Kirche
St. Clemens

353

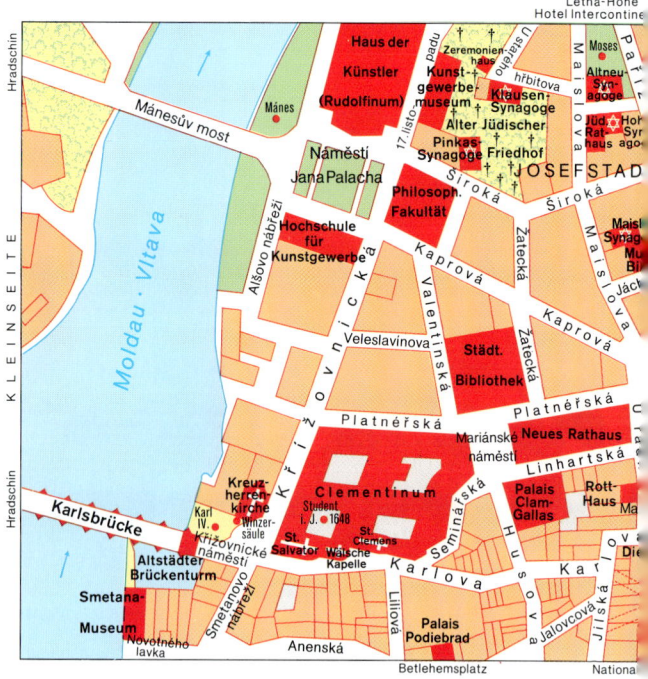

Karlsgasse (Fortsetzung) Wälsche Kapelle	Höhepunkte der Prager Barockplastik bilden, sowie an der runden, der Himmelfahrt Mariä geweihten Wälschen Kapelle (Vlašská kaple, 1590 bis 1600), der Kirche der italienischen Gemeinde, zu dem vor der Karlsbrücke gelegenen malerischen Kreuzherrenplatz.
✳Kreuzherrenplatz ✳Kirche St. Salvator	An der Ostseite vom Kreuzherrenplatz (Křižovnické náměstí) steht die 1578–1602 von den Jesuiten im Renaissancestil erbaute Kirche St. Salvator (kostel svatého Salvátora), deren Portalvorbau 1649–1653 von Carlo Lurago und Francesco Caratti hinzugefügt wurde; an der Fassade reicher Figurenschmuck von Johann Georg Bendl.
✳Kreuzherrenkirche	An der Nordseite des Kreuzherrenplatzes erhebt sich die zum einstigen Kreuzherrenstift gehörende, 1679–1688 nach einem Entwurf von Jean Baptiste Mathey erbaute und im Inneren reich ausgestattete Kreuzherrenkirche St. Franziskus Seraphikus (kostel svatého Františka Serafinského) mit interessanter Fassade im Stile der französischen Vorklassik und großer Kuppel (Innenfresko "Jüngstes Gericht" von W. L. Reiner, 1722).
✳Altstädter Brückenturm und ✳✳Karlsbrücke	Seitlich vor der Kreuzherrenkirche zunächst die Winzersäule (von J. G. Bendl, 1676) mit einer Statue des hl. Wenzel, etwas weiter in Richtung Karlsbrücke das 1848 anläßlich des 500jährigen Bestehens der Prager Universität errichtete Bronzestandbild Karls IV. (von Ernst Hähnel). Beschreibungen s. Seite 370.
✳Smetana-Kai	Südlich vom Kreuzherrenplatz gelangt man zu dem an der Moldau entlangziehenden Smetana-Kai (Smetanovo nábřeží), der eine prächtige Aussicht auf die Karlsbrücke und den Hradschin bietet und im Süden vom Nationaltheater abgeschlossen wird. Beim Anfang der Uferstraße rechts

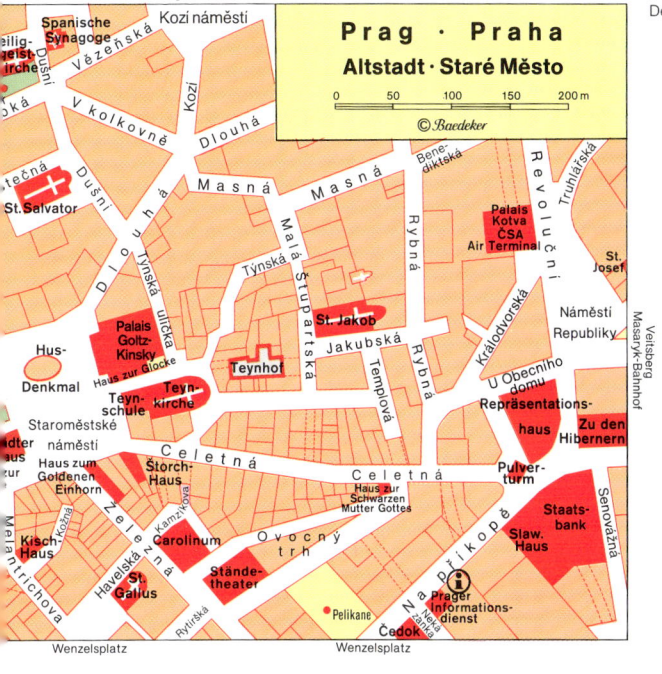

auf einer kleinen Halbinsel der Turm eines alten Wasserwerkes (15. Jh.; mehrfach erneuert).

Westlich davon, an der Moldau, in einem 1885 im Renaissancestil errichteten Gebäude das Smetana-Museum mit Erinnerungen an den Komponisten Bedřich (Friedrich) Smetana (1824–1884).

Etwa in der Mitte vom Smetana-Kai beginnt links bei einer mit einem neugotischen Denkmal geschmückten Anlage die Bethlehemsgasse (Betlémská ulice). Unweit südlich steht am Westende der Konviktgasse (Konviktská ulice) die Heiligkreuzkapelle (kaple svatého Kříže; altkatholisch), ein kleiner romanischer Rundbau (um 1100; 1865 wiederhergestellt), dessen Inneres Reste von gotischen Wandmalereien enthält.

Die Bethlehemsgasse mündet östlich auf den Bethlehemsplatz (Betlémské náměstí); gleich links das interessante Náprstek-Museum, eine völkerkundliche Sammlung der Kulturen Ostasiens, Afrikas und Ozeaniens sowie der Indianer Amerikas.

An der Nordseite des Bethlehemsplatzes steht die Bethlehemskapelle (Betlémská kaple), eine 1950–1954 ausgeführte Rekonstruktion der ursprünglich 1391 errichteten, 1786 von den Jesuiten abgerissenen, 3000 Personen fassenden Kapelle, in der Jan Hus von 1402 bis 1413 predigte (jetzt Gedenkstätte).

Rechts im Hof das ebenfalls rekonstruierte einstige Wohnhaus von Jan Hus (wechselnde Ausstellungen).

Unweit nordöstlich vom Bethlehemsplatz, an der zum Marienplatz führenden Hußstraße (Husova třída), die gotische Kirche St. Ägidius (kostel sva-

Marginal notes (right column):

Smetana-Kai (Fortsetzung)

Smetana-Museum

Heiligkreuzkapelle

Náprstek-Museum

Bethlehemskapelle

Wohnhaus von Jan Hus

Kirche St. Ägidius

355

Kirche St. Ägidius
(Fortsetzung)

tého Jiljí; 1339–1371), deren Inneres nach 1739 barockisiert wurde und Decken- sowie Altargemälde von Wenzel Lorenz Reiner enthält, der hier begraben liegt.

Mánes-Brücke

Vom Kreuzherrenplatz gelangt man nördlich durch die Kreuzherrengasse (Křižovnická ulice) zwischen dem ehem. Kreuzherrenstift (links) und dem Clementinum hindurch zum Jan-Palach-Platz (náměstí Jana Palacha), bei dem die Mánes-Brücke (most Josefa Mánesa oder kurz Mánesův most; 1911–1914 erbaut, 1991/1992 renoviert) über die Moldau zur Kleinseite führt. Beim östlichen Brückenkopf rechts im Park ein Denkmal für den tschechischen Maler Josef Mánes (von Bohumil Kafka, 1947).

Jan-Palach-
Platz
Hochschule für
Kunstgewerbe
Philosophische
Fakultät
**Haus der
Künstler**
(Rudolfinum)

Den anlagengezierten Jan-Palach-Platz umgeben südlich das Gebäude der Hochschule für Kunstgewerbe (Vysoká škola umělecko-průmyslová), östlich jenes 1927–1929 nach Plänen von Josef Sakař errichtete für die Philosophische Fakultät der Universität und nördlich das mächtige Haus der Künstler (Dům umělců), 1876–1884 von Josef Zítek und Josef Schulz als Rudolfinum im Renaissancestil erbaut (1990–1992 gründlich renoviert), 1919–1939 sowie 1945/1946 Sitz des Parlamentes der Tschechoslowakischen Republik und einer Gemäldegalerie (jetzt im Palais Sternberg), heute der Prager Philharmonie (Dvořák-Saal).

*Kunstgewerbe-
museum

Dem Künstlerhaus östlich gegenüber steht an der Westseite des Alten Jüdischen Friedhofes das 1897–1901 von Josef Schulz erbaute Kunstgewerbemuseum (Umělecko-průmyslové muzeum) mit einer ganz hervorragenden Glas-, Porzellan- und Keramiksammlung (von der Antike bis zur Neuzeit) sowie reichhaltigen kunstgewerblichen Abteilungen (u. a. Möbel des 16.–19. Jh.s, Pergamente des 15. Jh.s, Goldschmiedearbeiten des 15.–19. Jh.s, Kleinbronzen, Münzen, Uhren, Bucheinbände, Kostüme).

Josefstadt · Josefov

EHEMALIGE
JUDENSTADT

Östlich vom Haus der Künstler erstreckt sich die Josefstadt (Josefov), die seit dem Ende des 19. Jahrhunderts zum größten Teil von Neubauten eingenommene einstige Judenstadt. Die vermutlich schon seit dem 9. Jahrhundert hier ansässigen Juden bewohnten seit dem 13. Jahrhundert eine selbständige ummauerte Stadt, seit dem 16. Jahrhundert Getto genannt, die im 17. Jahrhundert wesentlich erweitert und 1850 als Josefstadt der Stadt Prag eingegliedert wurde. In den Jahren 1338 und 1754 brannte die Judenstadt fast zur Gänze ab. Nach der ab 1893 durchgeführten Sanierung dieses Bereiches blieben nur einige wertvollere historische Bauten erhalten.

*Staatliches
Jüdisches
Museum

Der alte Teil der ehemaligen Judenstadt ist mit dem Rathaus, den Synagogen und dem Friedhof als Staatliches Jüdisches Museum (Státní židovské muzeum) zugänglich. Die Sammlungen, welche 1938 nur etwa 1000 Gegenstände umfaßten, wurden während der Zeit der nationalsozialistischen Besetzung auf fast 200000 Stücke erweitert, wobei unzählige böhmische, mährische und andere europäische Synagogen unfreiwillig das Material für eine in der Welt einzigartige Dokumentation jüdischen Glaubens und Lebens lieferten.

**Jüdisches
Rathaus**

Östlich vom Kunstgewerbemuseum steht im Mittelpunkt der alten Judenstadt an der Maislgasse (Maislova ulice), Ecke Červená ulice, das im 16. Jahrhundert erbaute, 1765 von Josef Schlesinger im Barockstil erneuerte Jüdische Rathaus (Židovská radnice), dessen nördlicher Giebel eine Uhr mit hebräischen Ziffern und links laufenden Zeigern besitzt.

Das Gebäude, mit hölzernem Uhrturm, ist Sitz der Gemeindeverwaltung für die heute in Prag lebenden ca. 1000 Juden sowie des Rates der Jüdischen Gemeinden der gesamten ehemaligen Tschechoslowakei.

Klausensynagoge

Östlich an das Jüdische Rathaus stößt die Hohe Synagoge (Vysoká synagóga), ursprünglich ein Renaissancebau; in dem Ende des 17. Jahrhunderts erweiterten Saal eine Ausstellung von rituellen Textilien.

Hohe Synagoge

Nördlich gegenüber der Hohen Synagoge steht die Altneusynagoge (Staronová synagóga) oder Altneuschul, die älteste Synagoge Prags, ein 1273 von Zisterziensermönchen in frühgotischem Stil aufgeführter, nach dem Brande der Judenstadt (1338) mit einem Giebel versehener unscheinbarer Bau, Hauptschauplatz der Golemsage. In dem zweischiffigen Inneren hängt am Gewölbe eine große Fahne, ein Geschenk Kaiser Ferdinands III. für die Tapferkeit der Juden bei der Schwedenbelagerung des Jahres 1648.
Vor der Altneusynagoge steht eine Mosesstatue von František Bílek (1872 bis 1941).

*Altneusynagoge

Mosesstatue

Von der Altneusynagoge gelangt man westlich durch die kurze Gasse 'Am alten Friedhof' ('U starého hřbitova') zu der 1694 erbauten Klausensynagoge (Klausova synagóga) mit der Dauerausstellung "Das Leben des Juden von der Wiege bis zur Bahre".

Klausensynagoge

Bei der Klausensynagoge steht rechts vom Eingang zum Alten Jüdischen Friedhof das ehemalige Zeremonienhaus (Bývalá obřadní síň), ein Bau in neoromanischem Stil, mit einer Ausstellung von Kinderzeichnungen, Tagebüchern u. a. aus dem nationalsozialistischen Konzentrationslager Theresienstadt (→ Terezín).

Zeremonienhaus

Der sehr stimmungsvolle Alte Jüdische Friedhof (Starý židovský hřbitov; hebräisch 'Beth-Hachajim' = Haus des Lebens) erstreckt sich in fast 200 m Länge zwischen dem Kunstgewerbemuseum im Westen, der Breiten Gasse (Široká ulice) im Süden und der Ufergasse (Břehová ulice) im Norden.

**Alter Jüdischer Friedhof

357

Grabsteine auf dem Alten Jüdischen Friedhof

Dicht gedrängt, da die Toten wegen des beschränkten Raumes in neun Schichten übereinander beerdigt wurden, stehen hier unter Holunderbäumen etwa 20000 bemooste, mit hebräischen Inschriften bedeckte Grabsteine; der nachweisbar älteste ist der des Rabbiners Avigdor Karo († 1439), der jüngste von 1787. Manche tragen das Zeichen des Stammes: Zwei segnende Hände bedeuten z. B. das Geschlecht Aaron, eine Kanne den Stamm Levi, eine Traube den Stamm Israel. Ein Sarkophag mit eingemeißelten Löwen bezeichnet das Grab des gelehrten und wundertätigen Rabbi Jehuda Liva ben Bezalel, gen. Löw († 1609). Auch Familiennamen werden symbolisch dargestellt: Löw (Löwe), Hahn, Hirsch, Karpeles (Karpfen), Fischl (gekreuzte Fische). Die auf den Grabmälern aufgehäuften Steinchen sind von Verwandten oder Freunden der Verstorbenen als Zeichen der Achtung und Verehrung niedergelegt worden.

Pinkas-Synagoge

An der Südseite des Alten Jüdischen Friedhofes steht die aus dem 11. oder 12. Jahrhundert stammende, im 16. und im 17. Jahrhundert erneuerte Pinkas-Synagoge (Pinkasova synagóga; Eingang nur vom Friedhof), die zu einer Gedenkstätte für die 77297 in nationalsozialistischen Vernichtungslagern ermordeten Juden der Großgemeinde Prag, die ganz Böhmen sowie das westliche Mähren umfaßt, umgestaltet wurde. Auf Wandtafeln sind die Namen der Opfer verzeichnet.

Maisl-Synagoge

Östlich jenseits der Breiten Gasse (Široká ulice) und dann südlich steht an der Maislgasse links die Maisl-Synagoge (Maislova synagóga; 1560 gegründet; Neubau von 1893–1905) mit dem reichen Silberschatz der Juden (Sammlung "Silber aus böhmischen Synagogen": Thorakronen, Thoraschilde, Gewürzbüchsen, Pokale, Leuchter u. v. a.).
Rechts anstoßend (Jáchymova ulice Nr. 3) Verwaltung und Bibliothek des Staatlichen Jüdischen Museums.

Spanische Synagoge

Östlich von der Altneusynagoge befindet sich jenseits der breiten Pariser Straße (Pařížská třída; Blick links auf die Letná-Höhe) und hinter der kleinen gotischen Heiliggeistkirche (kostel svatého Ducha; 14. Jh., 1689 barockisiert; davor eine Statue des hl. Johannes von Nepomuk, von F. M. Brokoff, 1727) an der Geistgasse (Dušní ulice) die 1882–1893 in maurischem Stil erbaute Spanische Synagoge (Španělská synagóga).
Sie steht an der Stelle der ältesten Prager Synagoge, der sog. Alten Schule (12. Jh.); ihr heutiger Name geht auf jene Juden zurück, die vor der Inquisition aus Spanien fliehen mußten und nach Prag kamen. In den folgenden Jahrhunderten wurde diese Synagoge mehrmals niedergebrannt, jedoch immer wieder neu aufgebaut.
Nach Vollendung einer gründlichen Restaurierung wird sie eine einzigartige Sammlung ritueller Textilien aus zerstörten Synagogen vieler europäischer Länder aufnehmen.

Salvatorkirche

Unweit südlich von der Spanischen Synagoge steht die 1611–1614 im spätgotischen Stil errichtete protestantische Salvatorkirche (kostel svatého Salvátora) der Böhmischen Brüder.

Ehemaliges *Agneskloster

Rund 500 m nordöstlich von der Spanischen Synagoge, von der Moldau-Uferpromenade nur durch Anlagen getrennt, trifft man auf eines der ältesten und wertvollsten Denkmäler der böhmischen Christenheit, nämlich das aus dem 13. Jahrhundert stammende, nach der 1797 erfolgten Auflösung verfallene Agneskloster (bývalý Anežský klášter). Der gesamte Klosterkomplex (samt mehreren Kirchen und Kapellen) ist in den siebziger und achtziger Jahren des 20. Jahrhunderts von Grund auf rekonstruiert worden.

Das ehemalige Klarissinnenkloster beherbergt heute Sammlungen der Nationalgalerie (Tschechische Malerei des 19. Jh.s) und des Kunstgewerbemuseums (Böhmisches Kunstgewerbe des 19. Jh.s); ferner werden hier Vorträge und Konzerte veranstaltet.

ERSTER STOCK

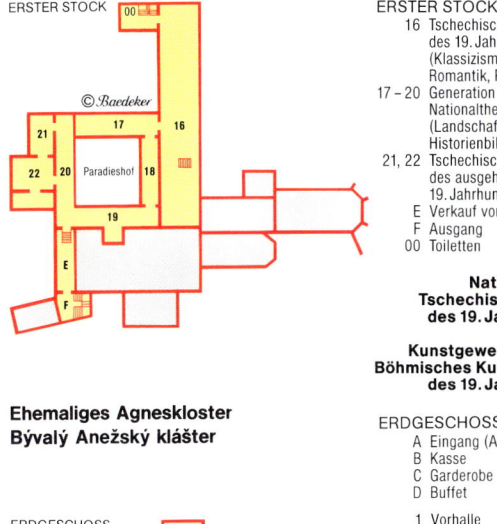

ERSTER STOCK
16 Tschechische Malerei
des 19. Jahrhunderts
(Klassizismus,
Romantik, Realismus)
17–20 Generation des
Nationaltheaters
(Landschaften,
Historienbilder)
21, 22 Tschechische Malerei
des ausgehenden
19. Jahrhunderts
E Verkauf von Publikationen
F Ausgang
00 Toiletten

**Nationalgalerie
Tschechische Malerei
des 19. Jahrhunderts**

**Kunstgewerbemuseum
Böhmisches Kunstgewerbe
des 19. Jahrhunderts**

**Ehemaliges Agneskloster
Bývalý Anežský klášter**

ERDGESCHOSS

ERDGESCHOSS
A Eingang (Anežská)
B Kasse
C Garderobe
D Buffet

1 Vorhalle
2 Kunstgewerbe des
19. Jahrhunderts
3–5 Wechselnde
Ausstellungen
6, 7 Kunstgewerbe des
19. Jahrhunderts
8–12 Tschechische Malerei
des 19. Jahrhunderts
9 Salvatorkirche
10 Kapitelsaal
11 Maria-Magdalena-Kapelle
12 Presbyterium
13 Josef-Mánes-Halle
(ehem. Schiff der
St.-Franziskus-Kirche;
jetzt Konzertsaal)
14 Konzertraum (ehem.
St.-Barbara-Kirche)
15 Ausgrabungsfunde
Přemyslidengräber
(Kreuzgang des ehem.
Minoritenkonvents)

Ehemaliges
Agneskloster
(Fortsetzung)
Geschoß-
grundrisse

Am Curie-Platz (náměstí Curieových), etwa 500 m westlich vom ehemaligen Agneskloster, wurde mit dem Hotel 'Inter-Continental Praha' ein neuer architektonischer Akzent gesetzt.

Hotel
Inter-Continental

Neustadt · Nové Město

Um die Prager Altstadt erstreckt sich nach Osten und Süden die Neustadt (Nové Město).

Lage

An der Südwestseite des Pulverturmes beginnt der belebteste Straßenzug Prags, der heutige Fußgängerbereich 'Am Graben' ('Na příkopě'), ehemals der Stadtgraben am Südostrand der Altstadt, mit zahlreichen Geschäftshäusern, Läden und Gaststätten sowie Ständen fliegender Händler.

Am Graben

Praha · Prag

Wenzelsplatz im Goldenen Kreuz der Goldenen Stadt

Staatsbank

Slawisches Haus

Prager
Informationsdienst
Reisebüro Čedok

Heiligkreuzkirche

Palais
Sylva-Taroucca

**❊Wenzels-
platz**

Wenzelsdenkmal

**❊National-
museum**

Am Anfang der Straße links die Tschechoslowakische Staatsbank (Státní banka československá), weiterhin (Nr. 22) das um 1700 erbaute Palais Příchovský, von 1875 bis 1945 als 'Deutsches Haus' Treffpunkt der Prager Deutschen, danach 'Slawisches Haus' (Slovanský dům; Restaurant). Dann folgen Ecke Nekázanka ulice der Prager Informationsdienst (Pražská informační služba · PIS; Nr. 20) sowie das Reisebüro Čedok (Nr. 18) und Ecke Herrengasse (Panská ulice) die 1816 in klassizistischem Stil für die Piaristen erbaute Heiligkreuzkirche (kostel svatého Kříže). Dahinter (Nr. 10) das im 18. Jahrhundert für den Grafen Oktavian Piccolomini errichtete, 1749 von Anselmo Lurago nach Plänen von Kilian Ignaz Dientzenhofer umgebaute Palais Sylva-Taroucca mit Säulendurchfahrt, schönem Treppenhaus und mehreren Höfen.

Am südwestlichen Ende des Grabens öffnet sich links der rund 750 m lange und 60 m breite, seitlich baumbestandene Wenzelsplatz (Václavské náměstí; bis 1848 'Roßmarkt'), der mit seinen zahlreichen großen Geschäftshäusern, Hotels, Restaurants, Cafés, Kinos und Passagen und Unterführungen den Kernbereich des Prager städtischen Lebens darstellt. Auf dem Prager Wenzelsplatz spielten sich viele Begebenheiten der jüngsten politischen Geschichte ab (1969 Selbstverbrennungen von Jan Palach und Jan Zajíc; 1988 und besonders 1989 regimekritische Demonstrationen; Gedenkstätten beim Wenzelsdenkmal).

Nahe dem oberen Ende des nach Südosten sanft ansteigenden Platzes auf hohem Sockel ein 1912/1913 von Josef Václav Myslbek geschaffenes Bronzereiterbild der hl. Wenzel, des böhmischen Landespatrons Václav.

Den oberen Abschluß des Wenzelsplatzes bildet das 1885–1890 nach Plänen von Josef Schulz erbaute Nationalmuseum (Národní muzeum). Im Pantheon, einer durch zwei Stockwerke gehenden Kuppelhalle in der Mitte des Gebäudes, stehen zahlreiche bronzene Statuen und Büsten verdienter

Wenzelsplatz

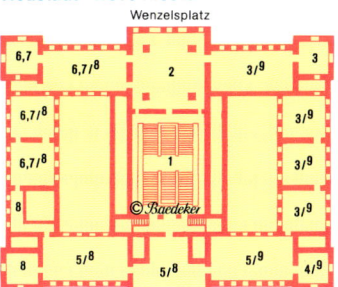

© Baedeker

■ Standbilder

■ Büsten auf Sockeln

● Büsten an den Wänden

Nationalmuseum Grundrisse
Národní muzeum

ERSTER STOCK

1 Statue des Königs Georg von Poděbrad
  (1420 – 1471) von Ludwig Schwanthaler
2 Büsten von Männern, die sich um die
  Wissenschaften oder das Museum verdient gemacht haben
3 Urgeschichte und Archäologie
4 Numismatik
5 Wechselausstellung
6, 7 Mineralogie und Petrographie

ZWEITER STOCK

8 Zoologie
9 Paläontologie

© Baedeker

Pantheon

Eingang

1 Beneš z Loun
  (Benedikt Ried, 1454 – 1534),
  Architekt
2 Ferdinand Maximilián Brokoff
  (1688 – 1731), Bildhauer
3 Miroslav Tyrš (1832 – 1884),
  Kunsthistoriker
4 Karel Škréta (1610 – 1674), Maler
5 Josef Mánes (1820 – 1871), Maler
6 Jaroslav Heyrovský (1890 – 1967),
  Begründer der Polarforschung
7 František Palacký (1798 – 1876),
  Historiker und Politiker
8 Tomáš Garrigue Masaryk (1850
  bis 1937), Präsident der ČSR
9 Karel Havlíček Borovský (1821
  bis 1856), Journalist
10 Ctibor Tovačovský z Cimburka
   (1438 – 1494), Politiker
11 František Josef Gerstner (1758
   bis 1832), Physiker und Techniker
12 Bohuslav Balbín (1621 – 1688)
13 Jan E. Purkyně (1787 – 1869)
14 Josef Ressel (1793 – 1857),
   Erfinder der Schiffsschraube
15 Josef Dobrovský (1753 – 1829)
16 Pavel Josef Šafařík (1795 – 1861)
17 František Martin Pelcl
   (1734 – 1801), Historiker
18 Josef Jungmann (1773 – 1847)
19 Karel ze Žerotína (1564 – 1636)
20 Viktorin Kornel ze Všehrd
   (1460 – 1520), Jurist
21 František Škroup (1801 – 1862),
   Komponist der Nationalhymne
22 Jan Hus (1371 – 1415),
   Reformator
23 Antonín Dvořák (1841 – 1904),
   Komponist

24 Bedřich Smetana (1824 – 1884),
   Komponist
25 Jan Ámos Komenský (1592 – 1670),
   Pädagoge und Reformator
26 Daniel Adam z Veleslavína
   (1546 – 1599), Historiker
27 Pavel Hviezdoslav
   (1849 – 1921), Dichter
28 Karel Jaromír Erben (1811
   bis 1870), Dichter und Historiker
29 Jaroslav Vrchlický
   (1853 – 1912), Dichter
30 Antonín Jaroslav Puchmajer
   (1769 – 1820), Dichter
31 Jan Kollár (1793 – 1852),
   Dichter
32 Svatopluk Čech (1846 – 1908),
   Dichter und Schriftsteller
33 Václav Matěj Kramerius (1753
   bis 1808), Schriftsteller
34 Alois Jirásek (1851 – 1930),
   Schriftsteller

35 František Ladislav Čelakovský
   (1799 – 1852), Dichter
36 Tomáš ze Štítného (1333 – 1405),
   Religionsphilosoph
37 Petr Bezruč (1867 – 1958), Dichter
38 Jan Neruda (1834 – 1891), Dichter
39 Kašpar Sternberk (1761 – 1838),
   Mitbegründer des
   Nationalmuseums
40 Václav Hollar (1607 – 1677)
41 Václav Vavřinec Reiner
   (1689 – 1743), Maler
42 Josef Václav Myslbek
   (1848 – 1922), Bildhauer
43 Petr Jan Brandl (1668 – 1735),
   Maler
44 Mikoláš Aleš (1852 – 1913),
   Maler
45 Eliška Krásnohorská (1847
   bis 1926), Dichterin
46 Božena Němcová (1820 – 1862),
   Schriftstellerin

Tschechen. In den Seitenflügeln sehenswerte vorgeschichtliche, archäologische und historische sowie umfangreiche naturwissenschaftliche
Sammlungen, darunter mineralogische, geologisch-paläontologische,
zoologische und botanische Abteilungen; ferner Münzen und Medaillen
sowie eine Theaterabteilung. Das Nationalmuseum umfaßt ferner eine reiche Bibliothek mit rund 1 Mio. Büchern und ca. 8000 Handschriften.

Nationalmuseum
(Fortsetzung)

Die südwestliche Fortsetzung des Grabens bildet die Straße des 28. Oktober (Ulice 28. října), an deren linker Seite nach dem Zweiten Weltkrieg
Lauben eingebaut worden sind; rechts der Eingang zur Altstädter Markt-
halle (1893/1894).

Straße des
28. Oktober

Die relativ kurze Straße mündet auf den Jungmannplatz (Jungmannovo
náměstí); auf diesem ein Bronzedenkmal (von Ludvík Šimek, 1878) des
tschechischen Sprachforschers Josef Jungmann (1773 – 1847).

Jungmann-
platz

Kirche
Maria Schnee

Hinter dem Jungmanndenkmal gelangt man geradeaus durch einen klassizistischen Vorhof (18. Jh.) zu der 1348–1397 erbauten, 1611 nach Einsturz wiederhergestellten gotischen Kirche Maria Schnee (kostel Panny Marie Sněžné), die den Veitsdom an Größe übertreffen sollte, von der aber nur der 33 m hohe Chor vollendet wurde; im Inneren ein barocker Hochaltar von 1625, der höchste in Prag (Maria über Schneebergen), links ein Gemälde von Wenzel Lorenz Reiner ("Mariä Verkündigung").

Franziskaner-
garten

Hinter dem Jungmanndenkmal rechts der Zugang zum Franziskanergarten, einem ehemaligen Klosterfriedhof mit zwei Wasserbecken; vom südlichen schöner Blick auf die mächtig aufragende Maria-Schnee-Kirche.

Passagen

Vom Jungmannplatz führen lange Geschäftspassagen nordöstlich zum Wenzelsplatz bzw. südöstlich zur Vodičkova ulice.

Nationalstraße

Palais Adria

An der Südseite des Jungmannplatzes und am Anfang der die Straße des 28. Oktober südwestlich fortsetzenden Nationalstraße (Národní třída) steht das Palais Adria, 1923–1925 für die italienische Versicherungsgesellschaft 'Riunione Adriatica di Sicurtà' errichtet, mit Bildwerken von Jan Štursa; im Untergeschoß (Eingang Nr. 40, Passage) das 'Theater hinter dem Tor' ('Divadlo za branou').

Kirche St. Ursula

Nahe dem Ende der Nationalstraße steht links die barocke Kirche St. Ursula (kostel svaté Voršily, 1704) mit reich gegliederter Fassade und beachtenswertem Inneren.
Rechts daneben das Ursulinerinnenkloster (klášter voršilek; 1674–1678), jetzt z.T. Weinrestaurant 'Klášterní vinárna' ('Klosterweinstube').

*Nationaltheater

Am Westende der Nationalstraße, beim Südende vom Smetana-Kai und an der Moldau steht das 1868–1881 von Josef Zítek im Neorenaissancestil erbaute tschechische Nationaltheater (Národní divadlo), das bereits 1881 (nach der ersten Vorstellung) ausbrannte und bis 1883 von Josef Schulz erneuert wurde. In den Jahren 1976 bis 1983 hat man sowohl den Außenbau als auch das reich geschmückte Innere in seinen historischen Formen gründlich restauriert und einen modernen Gebäudekomplex, die

Neue Szene

Neue Szene (Nová scéna), dazugesetzt, in welcher u.a. die kombinierte Film-, Schauspiel-, Tanz-, Pantomime- und Musikshow 'Laterna Magika' gezeigt wird.

Legionenbrücke

Schützeninsel
Moldaudenkmal

Vor dem Nationaltheater führt die Legionenbrücke (Most legií; 1889 bis 1901), mit hübscher Aussicht rechts auf den Hradschin, über die Schützeninsel (Střelecký ostrov) in der Moldau zur Kleinseite. Links auf der Staumauer das Moldaudenkmal (von J. Sander und J. Pekárek, 1916).

Slawische Insel

Gleich südlich vom Nationaltheater gelangt man über eine kurze Brücke auf die Slawische Insel (Slovanský ostrov; früher Sophieninsel) mit reizvoll gelegenem Restaurant und Freibad.

Šitek-Wasserturm

Mánes-Haus der
bildenden Kunst

Nahe dem südlichen Ende der Slawischen Insel steht der Šitek-Wasserturm (Šítkovská věž; urspr. von 1495, im 18. Jh. erneuert) und das über dem schmalen Flußarm errichtete moderne Mánes-Haus der bildenden Kunst (Ausstellungen).

Wilsonstraße

Nordöstlich vom Nationalmuseum erstrecken sich die Reste des nach Nordwesten abfallenden Vrchlický-Parkes (Vrchlického sady), des einstigen Stadtparkes. An der Ostseite führt die Wilsonstraße (Wilsonova třída) an der links auf hohen Stützpfeilern verlaufenden 'Nord-Süd-Magistrale' entlang.

Gebäude der ehe-
maligen Födera-
tiven National-
versammlung

An der Wilsonstraße rechts steht zunächst der 1967–1972 in kubischen Formen errichtete Gebäudekomplex der ehemaligen Föderativen Nationalversammlung der ČSFR (Nutzung noch unbestimmt).

Staatsoper Prag
(Smetana-Theater)

Dann folgt das 1887 von Ferdinand Fellner und Hermann Helmer erbaute Smetana-Theater (Smetanovo divadlo, für Opernaufführungen; bis 1945 'Neues Deutsches Theater'), seit 1992 Staatsoper Prag (Státní opera Praha).

Hauptbahnhof im Jugendstil

Weiterhin erstreckt sich der 1901–1908 im Jugendstil erbaute Prager Hauptbahnhof (Praha · hlavní nádraží), der im Zuge seiner gründlichen Renovierung in den Jahren 1970–1979 nach Plänen des Architekten Jan Šrámek und seiner Frau Alena Šrámková sowie Jan Bočan und Josef Fanda durch eine neue, sich westlich gegenüber, unter dem Niveau von Straße und Bahnhof ausdehnende Abfertigungshalle (darunter die Metrostation) erweitert worden ist.   ❋**Hauptbahnhof**

Am Ende der Wilsonstraße beginnt links die zum Pulverturm führende Hibernergasse (Hybernská ulice). Gleich rechts der Masaryk-Bahnhof (Masarykovo nádraží; früher 'Prag Mitte' / 'Praha střed', 1844/1845; Abbruch geplant). Weiterhin rechts das Palais Kinsky (17. Jh.; 1789 erneuert) sowie das klassizistische Palais Sweerts-Sporck (1780–1790).   **Hibernergasse**

Etwa 200 m südlich steht beim Nordende der Heinrichsgasse (Jindřišská ulice) die 1348–1351 erbaute gotische Kirche St. Heinrich (kostel svatého Jindřicha) mit im 18. Jahrhundert barockisiertem Inneren und einem abseits stehenden, früher der Verteidigung dienenden mächtigen Glockenturm (urspr. von 1475; 1879 neugotisch restauriert).   **Kirche St. Heinrich**

Die beim Ausstellungsgebäude 'Zu den Hibernern' endende Hibernergasse mündet beim Pulverturm in den sich nach Norden erstreckenden verkehrsreichen Platz der Republik (Náměstí Republiky).   **Platz der Republik**

Vom Platz der Republik führt die Straße 'Na poříčí' nordostwärts zum Jan-Šverma-Park (sady Jana Švermy); an seiner Südseite das 1898 nach Plänen von Antonín Balšánek erbaute Gebäude des Museums der Stadt Prag (Muzeum města Prahy) mit reichhaltigen kunstgewerblichen und ortsgeschichtlichen Sammlungen, darunter das bekannte, ca. 20 m² große Stadtmodell von Prag um 1830 des Lithographen Antonín Langweil (Detailabbildung s. S. 336).   **Museum der Stadt Prag**

   ❋Stadtmodell

Nationale Gedenkstätte auf dem Veitsberg

Im östlichen Stadtteil Žižkov – gut 1 km nordöstlich vom Hauptbahnhof – ragt die 1929–1932 errichtete Nationale Gedenkstätte auf dem Veitsberg (Národní památník na hoře Vítkově) auf. Man erreicht sie am besten durch die Straßen Wilsonova třída, Husitská třída und 'U Památníku' ('Am Denkmal') sowie zuletzt über Treppen.

*Aussicht
Jan-Žižka-Reiterdenkmal

Über der Terrasse, die eine weite Aussicht auf Prag und die Höhen im Westen bietet, steht ein monumentales Reiterdenkmal des hier 1420 sieg-reichen hussitischen Feldherrn Jan Žižka (von Bohumil Kafka, 1950).

Mausoleum

Dahinter erhebt sich ein mächtiger Mausoleumsbau (oben ein Trauersaal mit großer Orgel; unten das eigentliche Mausoleum mit einer Gedenkhalle für die Gefallenen des Ersten Weltkrieges). Unter dem Reiterdenkmal be-findet sich das Grab des Unbekannten Soldaten des Zweiten Weltkrieges (ein Kämpfer vom Dukla-Paß).

Museum des Widerstandes und für Heeres-geschichte

Am Fuße der Vítkov-Höhe liegt am Anfang der Straße 'Am Denkmal' rechts das Museum des Widerstandes und für Heeresgeschichte (Muzeum od-boje a dějin armády).

Fernsehturm

Etwa 800 m (Luftlinie) südlich vom Veitsberg ragt in der Mahler-Anlage (Mahlerovy sady) der 1987–1990 in bizarren Bauformen aufgeführte Fern-sehturm (Televizní věž) auf. Er besteht aus drei, seitlich mit 'Körben' bestückten Röhren, von denen sich eine als Antennenturm bis zu einer Gesamthöhe von 216 m fortsetzt. Dieses modernistische, überdimensio-nale Bauwerk bildet heute ein auffälliges, in gewisser Weise störendes Merkmal des alten Prager Stadtsilhouette, bietet allerdings vom Aus-sichtsrestaurant einen hervorragenden Rundblick über die gesamte

**Panorama

Moldaumetropole.

Ehemaliges Kloster Karlshof

Vom Nationalmuseum am Wenzelsplatz gelangt man südlich durch die Torgasse (Mezibranská ulice) und die sie fortsetzende Sokolstraße (Sokol-ská třída) zu dem etwa 1 1/2 km entfernten ehemaligen Kloster Karlshof (Karlov; Polizeimuseum) mit der gotischen Kirche Mariä Himmelfahrt und Karl der Große (kostel Nanebevzetí Panny Marie a svatého Karla Velikého).

Kirche Mariä Himmel-fahrt und Karl der Große

Der 1358 bis 1377 in Form eines Achtecks errichtete, seit 1720 im Inneren von Kilian Ignaz Dientzenhofer erneuerte Kirchenbau besitzt eine Kuppel (22,75 m Durchmesser), die mit ihrem 1575 von Bonifaz Wolmut ent-worfenen Rippen-Sterngewölbe als eine der glänzendsten Bauleistungen jener Zeit gilt.

*Kuppel

Vyšehrad

Vom Karlshof führt die Berggasse (Horská ulice) teilweise in Stufen hinan zu der an der Südspitze des alten Prag auf einem Felsen über der Moldau gelegenen einstigen Burganlage Vyšehrad. Auffahrten bestehen von Nor-

Lageplan

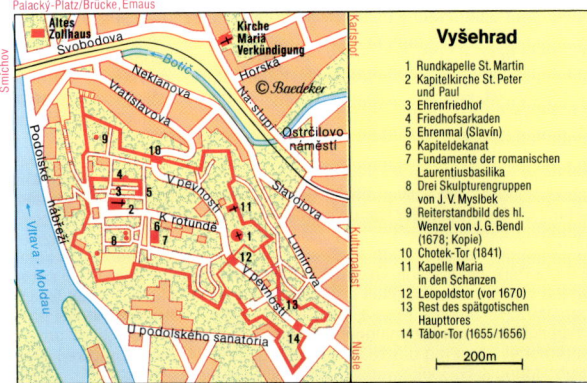

Vyšehrad

1 Rundkapelle St. Martin
2 Kapitelkirche St. Peter und Paul
3 Ehrenfriedhof
4 Friedhofsarkaden
5 Ehrenmal (Slavín)
6 Kapiteldekanat
7 Fundamente der romanischen Laurentiusbasilika
8 Drei Skulpturengruppen von J. V. Myslbek
9 Reiterstandbild des hl. Wenzel von J. G. Bendl (1678; Kopie)
10 Chotek-Tor (1841)
11 Kapelle Maria in den Schanzen
12 Leopoldstor (vor 1670)
13 Rest des spätgotischen Haupttores
14 Tábor-Tor (1655/1656)

200m

Vyšehrad: St. Peter und Paul und ...

... romanische Rundkapelle St. Martin

den durch die Vratislavova ulice sowie von Südosten durch die Straße 'V pevnosti' ('In der Festung').
Nach der Legende soll sich hier die Burg der Libussa (Libuše), die Wiege der böhmischen Geschichte, befunden haben. Historisch belegt ist eine Burg jedoch erst in der Zeit König Vratislavs I. (zweite Hälfte des 11. Jh.s); Bedeutung erlangte der Vyšehrad zur Zeit Karls IV. (Mitte des 14. Jh.s). In den Hussitenkriegen 1420 zerstört, wurde die Anlage im späten 17. Jahrhundert zur Barockfestung ausgebaut, 1866 jedoch wieder aufgelassen und 1911 geschleift.

Geblieben sind die Festungsmauern (reizvolle Aussicht von der nördlichen, westlichen und südlichen Bastei). Aus alter Zeit erhalten sind ferner die romanische Rundkapelle St. Martin (Rotunda svatého Martina, um 1275; nahe beim südöstlichen Leopoldstor) und die nordwestlich davon über dem Moldau-Ufer aufragende Kapitelkirche St. Peter und Paul (kostel svatého Petra a Pavla), ursprünglich eine romanische Anlage (um 1070), die im 15. Jahrhundert zu einer dreischiffigen spätgotischen Basilika umgebaut und 1885–1887 in neugotischem Stil erneuert wurde; im Inneren das Tafelbild "Regenmadonna" (zweite Hälfte des 14. Jh.s).

Nördlich an die Kirche angrenzend ein von Arkaden umgebener Ehrenfriedhof (mit einem Slavín genannten Ehrenmal von 1893), auf dem zahlreiche berühmte Tschechen begraben liegen, so die Komponisten Bedřich Smetana (†1884; Grabobelisk bei der östlichen Mauer) und Antonín Dvořák (†1904; in der westlichen Arkade; Büste), die Schriftstellerin Božena Němcová (†1862), der Maler Mikoláš Aleš (†1913), der Bildhauer Josef Václav Myslbek (†1922; in der Gemeinschaftsgruft des 'Slavín') sowie etliche andere.

Auf einem erhöhten Plateau etwa 1 km südöstlich vom Vyšehrad ist im Stadtteil Nusle bis 1981 der monumentale Prager Kulturpalast (Palác kultury) errichtet worden. Das mehrgeschossige Bauwerk mit einer Gesamtnutzfläche von 278 000 m² ist ein Beispiel neuzeitlicher tschechischer

Vyšehrad
(Fortsetzung)

Festungsmauern

Rundkapelle
St. Martin

**Kapitelkirche
St. Peter
und Paul**

Ehrenfriedhof
Slavín

✳**Kulturpalast**
(Abb. s. S. 366)

Kulturpalast – moderne Prager Architektur

Kulturpalast
(Fortsetzung)
Architektur und bietet Raum für Großveranstaltungen, Konzerte, Theater-aufführungen, Unterhaltungsprogramme (u. a. Inszenierungen der Film- und Bühnenshow 'Laterna Magika') sowie Ausstellungen.
Zentraler Gebäudeteil ist ein Großer Saal (mit Orgel), der nach Bedarf in ein Auditorium für bis zu 3000 Besucher umgewandelt werden kann. Daneben gibt es vier weniger große, jedoch mit vielen technischen Raffi-nessen ausgestattete Säle. Ein Ausstellungssaal und zahlreiche Kon-ferenzräume ergänzen das Angebot. In den Kulturpalast integriert sind zwei Aussichtsrestaurants und ein Nachtklub.

Hotel Forum
Eine Fußgängerbrücke stellt die Verbindung zu dem neuen Großhotel 'Forum' her.

Emaus-Kloster
Etwa 1 km nördlich vom Vyšehrad liegt an der Vyšehradská třída (Nr. 49) das Emaus-Kloster (klášter Emauzy oder Na Slovanech = 'bei den Slawen'), eine Benediktinerabtei (opatství Emauzy) aus der Zeit Karls IV., die 1945 nach einem US-amerikanischen Luftangriff ausbrannte und erst bis 1967 wiederhergestellt worden ist.

Marienkirche
von Emaus
Die 1348–1372 errichtete gotische Marienkirche von Emaus wurde 1880–1889 durch während des Kulturkampfes aus Deutschland aus-gewiesene Beuroner Benediktiner nach der im 17. Jahrhundert erfolgten barocken Umgestaltung in neugotischem Stil wiederhergestellt und neu ausgemalt; 1967 nach neuerlicher Restaurierung mit einer modernen Fassade und zwei spitzen, sich einander durchdringenden Betontürmen versehen, dient sie heute als Konzertraum.

*Fresken
im Kreuzgang
Der schöne gotische Kreuzgang enthält in den 26 Wandfeldern eine Folge von mehrfach restaurierten Fresken des 14. Jahrhunderts (alt- und neu-testamentliche Szenen in Parallele, nach Art der sog. Armenbibeln), das Hauptdenkmal der alten Prager Malerschule.

*Kirche
St. Johann
von Nepomuk
am Felsen
Dem Emaus-Kloster östlich gegenüber steht die 1730–1739 von Kilian Ignaz Dientzenhofer erbaute Kirche St. Johann von Nepomuk am Felsen

(kostel svatého Jana Na skalce), ein bemerkenswerter Zentralbau im Barockstil mit doppelarmiger Freitreppe und schönen Gewölbefresken von 1748.

Kirche St. Johann von Nepomuk am Felsen (Forts.)

Nordwestlich vom Emaus-Kloster befindet sich vor der Palacký-Brücke (Palackého most) auf dem gleichnamigen Platz ein stattliches Denkmal für den tschechischen Geschichtsforscher František Palacký (1798–1876) von Stanislav Sucharda (1912).

Palacký-Brücke

Unweit südöstlich vom Emaus-Kloster liegt der reizvolle Botanische Garten (Botanická zahrada), der sich seit 1898 an dieser Stelle befindet. Bereits zu Zeiten Karls IV. hatte ein florentinischer Apotheker in Prag einen ersten botanischen Garten angelegt; er lag an der Stelle des heutigen Hauptpostgebäudes in der Neustadt an der Heinrichsgasse (Jindřišská ulice Nr. 14).

Botanischer Garten

Die Vyšehradská třída führt vom Emaus-Kloster nordwärts auf den weiten Karlsplatz (Karlovo náměstí; bis 1848 'Viehmarkt'), den größten Platz (530 mal 150 m) der Stadt, der sich mit seinen Grünanlagen und Denkmälern tschechischer Wissenschaftler und Schriftsteller fast wie ein Park ausnimmt. Im Süden und Südosten ist er von Krankenhäusern gesäumt.

*Karlsplatz

An der Südseite vom Karlsplatz (Nr. 40) steht das sog. Fausthaus ('Faustův dům'; ehem. Palais Mladota), in dem Dr. Faust gewohnt haben soll; tatsächlich gehörte es im 16. Jahrhundert dem englischen Alchimisten Edward Kelley, der in den Diensten Rudolfs II. stand. Heute ist hier die Apotheke der Poliklinik untergebracht.

Fausthaus

An der Westseite des Karlsplatzes befindet sich die Technische Hochschule (České vysoké učení technické; 1867).

Technische Hochschule

Westlich anstoßend, an der breiten Resslova ulice, steht die 1740 von Kilian Ignaz Dientzenhofer vollendete ehemalige Kirche des hl. Karl Borromäus, die seit 1935 als Kirche der hll. Kyrill und Method (kostel svatého Cyrila a Metoděje) der orthodoxen Gemeinde dient.
In der Krypta hielten sich im Juni 1942 jene tschechischen Widerstandskämpfer (Fallschirmjäger) verborgen, die das Attentat auf Reinhard Heydrich verübt hatten und hier nach ihrer Entdeckung am 18. Juni im Kampf umkamen (Gedenktafel an der Resslova ulice; vgl. ⟶ Lidice).

Kirche der hll. Kyrill und Method

Schräg gegenüber von der Kyrill-und-Method-Kirche befindet sich das gotische Gotteshaus St. Wenzel am Zderaz (kostel svatého Václava na Zderaze; 14. Jh.) der Tschechoslowakischen Hussitischen Kirche.

Kirche St. Wenzel am Zderaz

An der Ostseite des Karlsplatzes die 1665–1670 von Carlo Lurago erbaute Jesuitenkirche St. Ignatius (kostel svatého Ignáce) mit einer Vorhalle von Paul Ignaz Bayer (1699) und malerischem Inneren (reiche Stukkatur; Altarbilder von Karel Škréta, Ignaz Raab u.a.).
Das einstige Jesuitenkolleg ist heute in den zuvor genannten Krankenhauskomplex integriert.

Kirche St. Ignatius

An der Nordostecke des Karlsplatzes der 1452–1456 errichtete Turm vom ehemaligen Neustädter Rathaus (Novoměstská radnice; urspr. 14. Jh., 1992 in Rekonstruktion), das 1419 der Schauplatz des Ersten Prager Fenstersturzes war und 1809 unter Verwendung alter Bauelemente in den Neubau des Strafgerichtsgebäudes einbezogen wurde (jetzt u.a. Standesamt).

Ehemaliges Neustädter Rathaus

Unweit östlich vom Karlsplatz steht an der Stephansgasse (Štěpánská ulice) die 1351–1367 erbaute, 1866–1878 wiederhergestellte gotische Kirche St. Stephan (kostel svatého Štěpána), deren barockes Inneres u.a. ein spätgotisches Taufbecken von 1462 enthält.

Kirche St. Stephan

Fortsetzung s. S. 370

Beschreibung
der Karlsbrücke
s. S. 370

**Figurenschmuck
der Prager
Karlsbrücke
(Karlův most)**

Kleinseitner Brückentürme

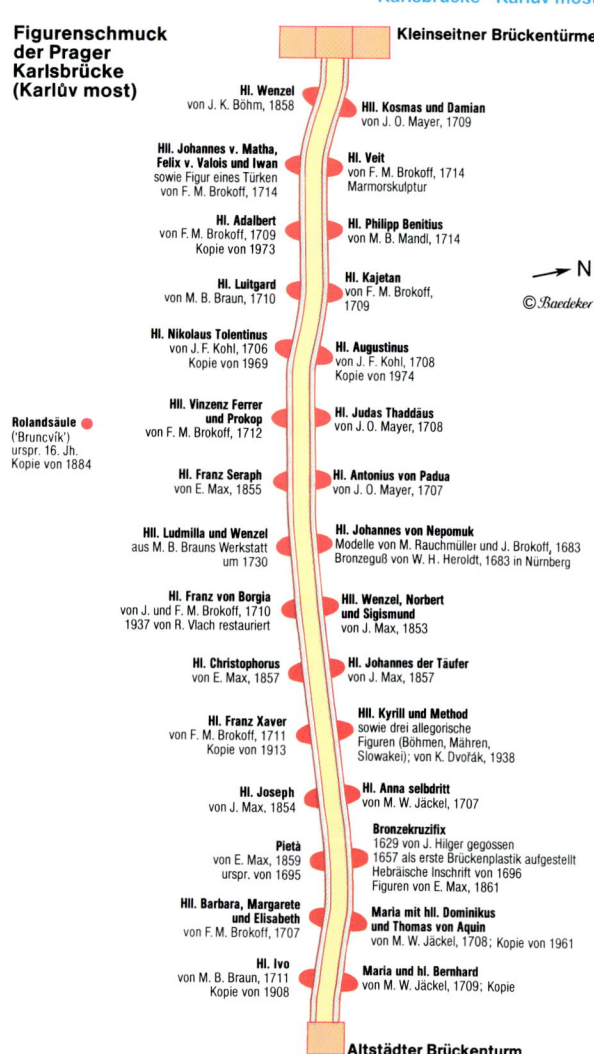

Hl. Wenzel
von J. K. Böhm, 1858

Hll. Kosmas und Damian
von J. O. Mayer, 1709

**Hll. Johannes v. Matha,
Felix v. Valois und Iwan**
sowie Figur eines Türken
von F. M. Brokoff, 1714

Hl. Veit
von F. M. Brokoff, 1714
Marmorskulptur

Hl. Adalbert
von F. M. Brokoff, 1709
Kopie von 1973

Hl. Philipp Benitius
von M. B. Mandl, 1714

Hl. Luitgard
von M. B. Braun, 1710

Hl. Kajetan
von F. M. Brokoff,
1709

Hl. Nikolaus Tolentinus
von J. F. Kohl, 1706
Kopie von 1969

Hl. Augustinus
von J. F. Kohl, 1708
Kopie von 1974

**Hll. Vinzenz Ferrer
und Prokop**
von F. M. Brokoff, 1712

Hl. Judas Thaddäus
von J. O. Mayer, 1708

Rolandsäule
('Bruncvík')
urspr. 16. Jh.
Kopie von 1884

Hl. Franz Seraph
von E. Max, 1855

Hl. Antonius von Padua
von J. O. Mayer, 1707

→ **N**

© Baedeker

Hll. Ludmilla und Wenzel
aus M. B. Brauns Werkstatt
um 1730

Hl. Johannes von Nepomuk
Modelle von M. Rauchmüller und J. Brokoff, 1683
Bronzeguß von W. H. Heroldt, 1683 in Nürnberg

Hl. Franz von Borgia
von J. und F. M. Brokoff, 1710
1937 von R. Vlach restauriert

**Hll. Wenzel, Norbert
und Sigismund**
von J. Max, 1853

Hl. Christophorus
von E. Max, 1857

Hl. Johannes der Täufer
von J. Max, 1857

Hl. Franz Xaver
von F. M. Brokoff, 1711
Kopie von 1913

Hll. Kyrill und Method
sowie drei allegorische
Figuren (Böhmen, Mähren,
Slowakei); von K. Dvořák, 1938

Hl. Joseph
von J. Max, 1854

Hl. Anna selbdritt
von M. W. Jäckel, 1707

Pietà
von E. Max, 1859
urspr. von 1695

Bronzekruzifix
1629 von J. Hilger gegossen
1657 als erste Brückenplastik aufgestellt
Hebräische Inschrift von 1696
Figuren von E. Max, 1861

**Hll. Barbara, Margarete
und Elisabeth**
von F. M. Brokoff, 1707

**Maria mit hll. Dominikus
und Thomas von Aquin**
von M. W. Jäckel, 1708; Kopie von 1961

Hl. Ivo
von M. B. Braun, 1711
Kopie von 1908

Maria und hl. Bernhard
von M. W. Jäckel, 1709; Kopie

Altstädter Brückenturm

Brücken-
geschichte

Die Prager Karlsbrücke (Karlův most) über die Moldau (Vltava) wurde im
Jahre 1357 von Peter Parler begonnen, aber erst zu Anfang des 15. Jahrhunderts vollendet: den heutigen Namen erhielt sie 1870 nach Karl IV.,
ihrem kaiserlichen Bauherrn.

Der gekrümmte Verlauf erklärt sich vermutlich aus dem Umstand, daß man
nach dem Einsturz (1342) der ersten Steinbrücke ('Judithbrücke', 1158
bis 1172 erbaut) neue Pfeiler neben die alten setzte, die ursprünglichen
Brückenköpfe jedoch wiederverwendete.

Karlsbrücke – Blick zum Altstädter Brückenturm

Brückenfiguren: Hl. Johannes von Nepomuk

Maria und Hl. Bernhard

Rundkapelle St. Longinus

Hinter der Stephanskirche befindet sich die Rundkapelle St. Longinus (Rotunda svatého Longina), ein romanischer Bau des 12. Jahrhunderts.

Ehemalige Kirche St. Katharina

Südlich von St. Stephan die ehemalige Kirche St. Katharina (bývalý kostel svaté Kateřiny, 1737–1741), heute als Ausstellungsraum genutzt.

Villa Amerika

Weiter östlich liegt die 1717–1720 von Kilian Ignaz Dientzenhofer als Sommerschloß für den Grafen Michna erbaute kleine, aber höchst anmutige Villa Amerika; darin befindet sich heute das Dvořák-Museum mit Erinnerungen an den tschechischen Komponisten Antonín (Anton) Dvořák (1841–1904).

Dvořák-Museum

✳✳Karlsbrücke · Karlův most

Prags älteste Moldaubrücke

Die Verbindung zwischen Altstadt und Kleinseite vermittelt die berühmte sechzehnbogige Karlsbrücke (Karlův most). Diese zwischen einst der Verteidigung dienenden mächtigen Tortürmen 520 m lange und 10 m breite Moldaubrücke ist die älteste in Prag.
Die Karlsbrücke ist heute allein Fußgängern vorbehalten, tagsüber von Touristen meist überlaufen, denen Straßenmusikanten aufspielen und fliegende Händler mehr oder weniger interessante Souvenirs anbieten.

✳✳**Altstädter Brückenturm**

Am östlichen Aufgang der Karlsbrücke steht an der Westseite des Kreuzherrenplatzes der stattliche gotische Altstädter Brückenturm (Staroměstská mostecká věž; im 14./15. Jh. nach Plänen von Peter Parler erbaut, 1874–1879 wiederhergestellt), wohl der schönste Turm der ganzen Stadt. Seine Ostseite schmücken die Wappen der Länder, die einst mit Böhmen verbunden waren; über dem Torbogen rechts und links neben dem Standbild des hl. Veit die Sitzbilder Karls IV. und Wenzels IV.; oben St. Sigismund und St. Adalbert.

✳✳**Brücken-figuren** (graphische Darstellung s. S. 368)

Die prächtige Ausblicke auf die vieltürmige Altstadt und den Hradschin bietende Brücke verdankt ihre malerische Wirkung vornehmlich dem reichen Skulpturenschmuck, an dem seit dem 17. Jh. verschiedene Künstler gearbeitet haben. Die meisten der 30 Statuengruppen entstanden zwischen 1706 und 1714, hauptsächlich geschaffen von Ferdinand Maximilian Brokoff, aber auch von Matthias Bernhard Braun, Johann Friedrich Kohl, Johann Friedrich Mayer, Matthäus Wenzel Jäckel u. a.; einige neuere, weniger bewegte Gruppen gestalteten vor allem Josef und Emanuel Max (1853–1861), die jüngste stammt von Karel Dvořák (1938); einige Statuen wurden durch Kopien ersetzt.
Besonders beachtenswert ist das 1629 von Johann Hilger geschaffene Bronzekruzifix (dritte Gruppe rechts). In der Mitte der Brücke rechts das nach Modellen von Matthias Rauchmüller und Johann Brokoff 1683 in Nürnberg gegossene Bronzestandbild des erst 1729 heiliggesprochenen Johann von Nepomuk (Wallfahrtstag 16. Mai). Eine kleine Marmortafel mit einem Kreuz rechts auf der Brückenmauer (zwischen dem sechsten und dem siebenten Pfeiler) bezeichnet die Stelle, wo der fromme Priester 1393 auf Befehl Wenzels IV. hinabgestürzt wurde, weil er sich in einem kirchenrechtlichen Streit gegen den König auf die Seite des Erzbischofs gestellt hatte (Grabmal des Heiligen im Chorumgang des Veitsdoms).

Kampa-Insel (Klein-Venedig)

Der westliche Teil der Karlsbrücke führt über die Kampa-Insel (Ostrov Kampa), die durch den schmalen Flußarm Čertovka ('Klein-Venedig'; Uferhäuser derzeit in Restaurierung) von der Kleinseite getrennt ist.
Auf der Insel steht dicht bei der Brücke links seit 1884 die Nachbildung einer spätgotischen Rolandsäule (tschechisch 'Bruncvík').

Bruncvík

Haus 'Zu den drei Straußen'

Am Westende der Karlsbrücke rechts unterhalb das Haus 'Zu den drei Straußen' (dům U tří pštrosů), ein Renaissancebau von 1585 mit sorgfältig restaurierter Fassadenmalerei (Hotel und Restaurant).

Am westlichen Brückenkopf mündet die Karlsbrücke in die Kleinseitner **Kleinseitner Brückentürme** (Malostranské mostecké věže), die durch einen Torbogen **Brückentürme** verbunden sind.
Der höhere Turm wurde 1464 auf Geheiß des Königs Georg von Podiebrad anstelle eines älteren romanischen Turmes erbaut; seine spätgotische Architektur ähnelt jener des Altstädter Brückenturmes, an dessen Bilderschmuck er anknüpft.
Der niedrigere Turm (vom letzten Viertel des 12. Jh.s) gehörte zur Befestigung der 1342 bei einem Moldauhochwasser eingestürzten Judithbrücke. Er erhielt 1591 die Renaissancegiebel und den Außenwandschmuck.

Kleinseite · Malá Strana

Vom Westende der Karlsbrücke führt die von schönen alten Häusern eingefaßte Brückengasse (Mostecká ulice), mit dem Palais Kaunitz (Kauniců **Brückengasse** palác, 1753–1755; Nr. 15) an der Südseite, westlich zum Kleinseitner Ring **✳Kleinseitner** (Malostranské náměstí), einem teilweise von Lauben sowie von reizvollen **Ring** Bürgerhäusern umgebenen Platz.

In der Mitte vom Kleinseitner Ring steht die Kirche St. Niklas auf der Klein **✳✳Kirche** seite (chrám svatého Mikuláše), die bedeutendste Prager Barockkirche, **St. Niklas** eine ehemalige Jesuitenkirche mit prachtvoller Kuppel und hohem Turm **auf der Kleinseite** (1756 von Anselmo Lurago beendet; nach einem Brand 1925 wiederhergestellt).

Nach der Grundsteinlegung 1673 entstand zunächst das Profeßhaus nach **Baugeschäfte** Plänen von Domenico Orsi, 1704 übernahm Christoph Dientzenhofer den Bau und konnte bis 1711 das Langhaus fertigstellen. Kuppel und Chor (1737–1759) sind das Werk seines berühmten Sohnes Kilian Ignaz Dientzenhofer.

Türmereiche Prager Kleinseite (links St. Niklas)

Kirche St. Niklas
auf der Kleinseite
(Fortsetzung)
Inneres

Das reich ausgestattete Innere bezieht seine überwältigende Gesamt-
wirkung besonders von den hervorragenden Fresken: Das Deckenbild
über dem Langhaus, 1760/1761 von Johann Lukas Kracker gemalt, zeigt
Szenen aus dem Leben des hl. Nikolaus; das Kuppelfresko stellt die
Verherrlichung des Heiligen sowie das Weltgericht dar und stammt von
Franz Xaver Balko (1752/1753), der zusammen mit Joseph Hager auch die
Wandmalereien im Chor ausführte. Die Plastiken im Langhaus und im Chor
sowie die Figur des hl. Nikolaus auf dem Hauptaltar stammen von Ignaz
Platzer d. Ä., die Kanzel von Richard und Peter Prachner (1765).

Dreifaltigkeitssäule

Bei der reich gegliederten Westfassade der Niklaskirche (Blick auf den
Veitsdom) eine Dreifaltigkeitssäule (Pestsäule) von Giovanni Battista Alliprandi (1715).

Palais
Liechtenstein
Kleinseitner
Rathaus

An der Westseite des Kleinseitner Ringes befindet sich das klassizistische
Palais Liechtenstein (1791), an der Ostseite das ehemalige Kleinseitner
Rathaus, ein schöner Spätrenaissancebau aus dem 17. Jahrhundert.

Kirche St. Thomas

Unweit östlich vom Kleinseitner Ring, an der Letenská ulice, die aus dem
14. Jahrhundert stammende, 1725 von Kilian Ignaz Dientzenhofer im
Barockstil umgestaltete Kirche St. Thomas (kostel svatého Tomáše) mit
Deckenfresken von Wenzel Lorenz Reiner.

Kirche St. Joseph

Südlich von hier die schöne barocke Kirche St. Joseph (kostel svatého
Josefa); die Fassade (1673–1691) und den Innenraum hat Jean Baptiste
Mathey gestaltet.

Waldsteinplatz
Palais Waldstein

Von der Nordostecke des Kleinseitner Ringes führt die Thomasgasse
(Tomášská ulice) zu dem am Waldsteinplatz (Valdštejnské náměstí) gelege-
nen Palais Waldstein (Valdštejnský palác).
Der 1623–1630 nach Plänen von Andrea Spezza und Giovanni Pieroni von
dem Mailänder Giovanni Battista Marini für Albrecht von Waldstein (Wal-
lenstein), Herzog von Friedland, errichtete Bau ist der erste Prager Barock-
palast; darin heute das Ministerium für Kultur sowie das Pädagogische
Jan-Ámos-Komenský-Museum mit Anschauungsmaterial über Leben und
Werk des besser unter dem Namen Comenius bekannten Pädagogen und
Philosophen (1592–1670). Im Erdgeschoß die hohe Schloßkapelle und der
Festsaal (auch Rittersaal; Konzerte).

Waldsteingarten

In dem von der Letenská ulice zugänglichen Waldsteingarten (zahrada
Valdštejnského paláce), mit schönem Blick auf Veitsdom und Burg,
Bronzestatuen von dem Niederländer Adriaen de Vries (hier Kopien von
1911–1913; die größtenteils um 1625 wohl ursprünglich für einen Brunnen
geschaffenen Originale im Schloß Drottningholm bei Stockholm).

*****Sala terrena**

An der Westseite befindet sich die sich in drei Bogenstellungen zum
Garten öffnende Sala terrena, eine Halle mit reichen Stukkaturen und
Fresken von Baccio del Bianco (im Sommer Theatervorstellungen und
Konzerte).

Palais Ledebour

Sala terrena

An der Nordseite des Waldsteinplatzes das Palais Ledebour (Ledeburský
palác); in dem von der Waldsteingasse zugänglichen Garten eine kleine
Sala terrena von 1716.

Palais an der
Waldsteingasse

In der an der Nordseite des Palais Waldstein am Berghang entlangziehenden Waldsteingasse (Valdštejnská ulice) links schöne Palais: zuerst (Nr. 14)
das Palais Pálffy, dann (Nr. 12) der Eingang zum Ledebour-Garten (Lede-
burská zahrada), der nach beiden Seiten in die hinter den übrigen Palais
der Waldsteingasse gelegenen schönen Gärten übergeht und von seinen
steilen, mit Loggien und einem Pavillon geschmückten Terrassen weite
Ausblicke über die Stadt gewährt.

Weiterhin an der Waldsteingasse (Nr. 10) das Palais Kolowrat (18. Jh.),
schließlich (Nr. 8) das 1743–1747 erbaute Palais Fürstenberg (Polnische
Botschaft; Garten nicht zugänglich).

Sala terrena im Waldsteingarten zu Füßen des Hradschin

Schräg gegenüber liegt auf der rechten Seite der Waldsteingasse die ehemalige Waldstein-Reitschule (Jízdárna Valdštejnského paláce), heute für wechselnde Ausstellungen genutzt.

Palais an der Waldsteingasse (Fortsetzung)

Unweit südlich der Brückengasse die aus dem 12. Jahrhundert stammende, seither wiederholt veränderte Malteserkirche St. Maria unter der Kette (kostel Panny Marie pod řetězem) mit gotischen Türmen und schöner Barockausstattung.

Kirche St. Maria unter der Kette

Südlich anstoßend, mit der Fassade zum Großprioratsplatz (Velkopřevorské náměstí), das Malteser-Großprioratspalais (palác maltézského velkopřevora), 1726–1731 von Bartholomäus Scotti erbaut und – zusammen mit dem alten Ordenskonventsgebäude (Lázeňská Nr. 4) – neuerdings wieder Residenz des Botschafters des souveränen Malteserordens.

Großprioratsplatz
Malteser-Großprioratspalais

Gegenüber (Großprioratsplatz Nr. 2) das Palais Buquoy (Buquoyský palác), 1628 wohl nach Plänen von Jean Baptiste Mathey erbaut, 1738 umgestaltet, heute Französische Botschaft.

Palais Buquoy

Weiter westlich der teilweise von hübschen Barockhäusern umgebene Malteserplatz (Maltézské náměstí), dessen Südseite der 1658–1660 errichtete, später mehrfach veränderte große Barockbau des Palais Nostitz (Nostický palác; Fassadenskulpturen von M. J. Brokoff, reizvoller Hof) einnimmt. Das Palais ist Sitz der Botschaft des Königreiches der Niederlande. In der Nostitzgalerie befinden sich Gemälde niederländischer Meister des 17. Jh.s sowie der Prager Musiksalon.

Malteserplatz

Palais Nostitz

Südlich vom Palais Nostitz steht das Tyrš-Haus (Tyršův dům; früher Zeughaus, dann Palais Michna), ein Palais des 17. Jahrhunderts; darin heute das Museum für Körpererziehung und Sport (Muzeum tělesné výchovy a sportu; Zugang über die Karmelitergasse).

Tyrš-Haus (Sportmuseum)

Karmelitergasse Kirche St. Maria de Victoria	Unweit westlich vom Malteserplatz steht an der Karmelitergasse (Karmelitská ulice) die Kirche St. Maria de Victoria ('Maria vom Siege'; kostel Panny Marie Vítězné), die an der Stelle einer Hussitenkirche nach der für die Kaiserlichen siegreichen Schlacht am Weißen Berge als Karmeliterklosterkirche 1611–1616 im frühen Barockstil errichtet wurde. In dem nach dem Muster der Jesuitenkirche 'Il Gesù' in Rom gestalteten Inneren an der rechten Seitenwand das "Prager Jesuskind", eine aus Spanien stammende, annähernd 1/2 m hohe Wachsfigur, die 1628 von der Fürstin Polyxena von Lobkowitz dem Kloster geschenkt wurde und bis heute viel Verehrung genießt. In den Katakomben unter der Kirche befinden sich die durch die Luftzirkulation gut erhaltenen, ausgetrockneten Leichname von Karmelitern und deren Wohltätern (unzugänglich).
Vrtba-Garten	Nahe dem Nordende der Karmelitergasse das Palais Vrtba (Vrtbovský dům; Nr. 25). Durch dieses erreicht man den sich am steilen, einst weinbestandenen Hang hinaufziehenden barocken Vrtba-Garten (Vrtbovská zahrada, in Restaurierung; zahlreiche Statuen des Barockkünstlers M. B. Braun), dessen oberster Teil einen prächtigen Blick u. a. auf die Niklaskirche bietet.
Palais Schönborn	Vom Nordende der Karmelitergasse nordwestlich über den Neumarkt (Tržiště) am Palais Schönborn (Schönbornský palác, 17./18. Jh., links; Botschaft der USA) vorbei, dann durch die Wälsche Gasse (Vlašská ulice)
Palais Lobkowitz (Deutsche Botschaft)	zu dem 1703–1707 nach Plänen von Giovanni Battista Alliprandi erbauten Palais Lobkowitz (Lobkovický palác; Deutsche Botschaft) mit fein gegliederter Gartenseite (Beton-Trabi "Quo vadis?", von Adam Černý).

Hradschin · Hradčany

Wege auf den **** Hradschin**	Auf den Hradschin führen vom Kleinseitner Ring zwei Wege: Der kürzere führt nordwärts durch die Schloßgasse (Zámecká ulice), dann links auf der Neuen Schloßstiege (Nové zámecké schody; 205 Stufen), zuletzt unterhalb vom Paradiesgarten (rechts).
* Nerudagasse	Der längere Weg führt westwärts durch die leicht ansteigende, altertümliche Nerudagasse (Nerudova ulice; früher Spornergasse; viele Hauszeichen) mit dem 1670 erbauten, 1713/1714 von Giovanni Santini-Aichel umgestalteten Palais Morzin (links, Nr. 5; die Atlanten an der Fassade von F. M. Brokoff, 1714; Rumänische Botschaft) und mit dem 1710–1720 ebenfalls von G. Santini-Aichel errichteten Palais Thun (rechts, Nr. 20; Barockportal mit zwei Adlern von M. B. Braun; Italienische Botschaft) sowie der anstoßenden barocken Kirche St. Kajetan (auch Theatinerkirche; kostel Panny Marie u Kajetánů; 1691–1717 von J. B. Mathey und G. Santini-Aichel), dann rechts die Auffahrt 'Ke Hradu' ('Zur Burg') unterhalb vom Palais Schwarzenberg (links) hinan.
* Hradschiner Platz	Den Mittelpunkt des Hradschin bildet der Hradschiner Platz (Hradčanské náměstí), ein längliches Viereck mit einer Mariensäule (Pestsäule) von Ferdinand Maximilian Brokoff (1725).
Erzbischöfliches Palais	An der Nordseite das ursprünglich 1675–1684 von J. B. Mathey errichtete, 1764/1765 umgebaute Erzbischöfliche Palais (Arcibiskupský palác).
* Palais Schwarzenberg	Südlich gegenüber das 1545–1563 aufgeführte Palais Schwarzenberg (Schwarzenberský palác), eines der frühesten Zeugnisse der Prager Renaissance, mit zwei Gebäudeteilen: links die Schweizer Botschaft; in dem Gebäude rechts, mit Sgraffitodekor (Imitation von Diamantquadern) an den Außenwänden, das Museum für Heeresgeschichte (Vojenské historické muzeum); im Hof alte Kanonen.
Palais Toskana	An der Westseite des Hradschiner Platzes das 1680 von Jean Baptiste Mathey erbaute Palais Toskana (Toskanský palác; Dienststellen, Büros von Ministerien u. a.); an der Südecke eine bewegte Barockplastik des Erzengels Michael mit dem Drachen, wohl von Ottavio Mosto (um 1700).

Hradschin aus der Vogelschau

An der Nordwestecke des Hradschiner Platzes das Palais Martinitz (Mar- **Palais Martinitz**
tinický palác), ein schöner Renaissancebau vom Ende des 16. Jahrhun-
derts, Anfang des 17. Jahrhunderts umgebaut, jetzt Sitz des Hauptarchi-
tekten der Stadt Prag, mit sorgfältig restauriertem figuralen Sgraffitoschmuck.

Nordwestwärts führt die Kanonikergasse (Kanovnická ulice) zur Kirche **Kirche**
St. Johannes von Nepomuk (kostel svatého Jana Nepomuckého), dem frü- **St. Johannes**
hesten (1720–1729) Sakralbau Kilian Ignaz Dientzenhofers, mit einem **von Nepomuk**
Deckenfresko von Wenzel Lorenz Reiner (1727).

Die gesamte Ostseite des Hradschiner Platzes beherrscht die Prager Burg ✳✳**Burg**
(s. S. 376).

Von der Westseite des Erzbischöflichen Palais führt eine kurze Gasse **Palais Sternberg**
hinab in den Hof des nordwestlich anstoßenden Palais Sternberg (Štern-
berský palác; um 1720 von G.B. Alliprandi vollendet), das wesentliche
Sammlungen der Nationalgalerie (Národní galerie) enthält.

Die früher im Haus der Künstler untergebrachte und nach dem Zweiten ✳✳**Gemälde-**
Weltkrieg durch wertvolle Neuerwerbungen erweiterte Gemäldegalerie ist **galerie**
die bedeutenste des Landes. Im Palais Sternberg befinden sich hervorragende Werke alter italienischer, niederländischer und deutscher sowie
neuerer französischer und anderer europäischer Maler, während die
berühmte Sammlung alter Kunst Böhmens (von der Gotik bis zum Barock)
jetzt ihren Platz in dem für diesen Zweck restaurierten ehemaligen
Georgskloster der Burg hat. Die Säle sind nicht numeriert, sondern
zunächst nach dem Herkunftsland der Maler und sodann chronologisch
geordnet).
Während der Ausführung sicherheitstechnischer Arbeiten bleibt die
Gemäldegalerie geschlossen.

Gemäldegalerie im
Palais Sternberg
(Fortsetzung)
Sammlung alter
europäischer
Kunst

Über die Treppe rechts vom Eingang erreicht man die Sammlung alter europäischer
Kunst (Sbírka starého evropského umění).
Im ersten Stock zunächst italienische Maler des 14.–15. Jahrhunderts, besonders aus
der Florentiner Schule, u. a. mit Werken von Orcagna, Giovanni d'Allemagna, Antonio
Vivarini, Piero della Francesca, Sebastiano del Piombo und Palma il Vecchio.
In dem schmalen, vom dritten Saal schräg nach links abzweigenden Trakt wertvolle
Ikonen.
Weiterhin niederländische Maler des 15.–16. Jahrhunderts mit Bildern u. a. von
Geertgen tot Sint Jans, Gerard David, Jan Gossaert gen. Mabuse ("Der hl. Lukas die
Madonna malend"), Cornelis Engelbrechtsz, Pieter Brueghel d. Ä. ("Heuernte") und
Pieter Brueghel d. J. ("Ankunft der Hl. Drei Könige"; "Winterlandschaft").
Im zweiten Stock zu Beginn italienische Maler des 16.–18. Jahrhunderts, darunter
Werke von Tintoretto ("David mit dem Haupte Goliaths"), Veronese, Palma il Giovane,
Bronzino, Tiepolo ("Bildnis eines venezianischen Patriziers") und Canaletto ("Ansicht
von London").
Es folgen die deutschen Maler des 14.–18. Jahrhunderts; hier am schönsten das 1506
von Albrecht Dürer für deutsche Kaufleute in Venedig geschaffene Bild "Das Rosen-
kranzfest": die Hl. Jungfrau mit dem Kinde, von Engeln gekrönt, mit Bildnissen des
Malers selbst (oben rechts), des Humanisten Peutinger, Ulrich Fuggers d. Ä., des
Kaisers Maximilian I., des Papstes Julius II. und mehrerer Venezianer; ferner u. a. Bilder
von anonymen Meistern des 15. Jahrhunderts, wie etwa dem Meister von Großgmain,
sowie Werke von Hans von Tübingen, Hans Holbein d. Ä., Hans Baldung Grien, Altdorfer, Lucas Cranach d. Ä. und Thomas Burgkmair.
Anschließend flämische und holländische Maler des 17. Jahrhunderts; hier besonders
beachtenswert Gemälde von Jacob Jordaens ("Apostel"), Peter Paul Rubens ("Kleo-
patra"; "Martyrium des hl. Thomas", "Der hl. Augustin am Meeresufer", beide
1637–1639), David Teniers d. J. ("Zechbrüder"), Anton van Dyck ("Abraham und
Isaak"), ferner von Frans Hals ("Bildnis des Jasper Schade van Westrum", 1645),
Rembrandt ("Alter Gelehrter", "Verkündigung"), Adriaen van Ostade, Gerard Dou
("Junge Dame auf dem Söller"), Metsu, Gerard Terborch (zwei Bildnisse) und Philips
Wouwerman.

Sammlung
französischer
Kunst des 19. und
20. Jahrhunderts

Vom Eingang geradeaus über den Hof erreicht man die im Erdgeschoß des Nord- und
Westflügels untergebrachte Sammlung französischer Kunst des 19. und 20. Jahrhun-
derts (Sbírka francouzského umění 19. a 20. století), die in der Reihenfolge des
Geburtsjahres der Maler Bilder impressionistischer Meister von der Romantik bis zum Kubis-
mus enthält; u. a. von Delacroix, Daumier, Rousseau, Courbet, Monet, Cézanne,
Renoir, Gauguin, van Gogh, Toulouse-Lautrec, Matisse, de Vlaminck, Utrillo, Picasso
(wichtige Werke aus der Frühzeit des Kubismus), Braque und Chagall.
Die Sammlung wird ergänzt durch Plastiken von Degas, Rodin, Bourdelle und Maillol.

Sammlung
Europäischer
Kunst des 19. und
20. Jahrhunderts

Im ersten Stock des Nord- und Westflügels die Sammlung europäischer Kunst des 19.
und 20. Jahrhunderts (Sbírka evropského umění 19. a 20. století), u. a. mit Werken
österreichischer (Ferdinand Georg Waldmüller, Gustav Klimt, Oskar Kokoschka), deutscher (Caspar David Friedrich, Die Brücke), russischer (Ilja Rjepin) und italienischer
(Renato Guttuso; Plastiken von Manzù) Künstler.

****Prager
Burg**

Die Ostseite des Hradschiner Platzes begrenzen die ausgedehnten
Gebäude der Prager Burg (Pražský hrad). Der älteste, 1303 durch Brand
verwüstete Bau wurde seit 1333 für den späteren Kaiser Karl IV. durch
Matthias von Arras aus Avignon († 1352) erneuert. Weitere Umbauten
erfolgten unter Vladislav II. (durch Benedikt Ried), unter Ludwig von
Ungarn und unter Ferdinand I., der nach dem Brande von 1541 die Wieder-
herstellung der Burg dem Bonifaz Wohlmut aus Konstanz übertrug. Der
Portalbau mit dem Matthiastor stammt von Giovanni Maria Philippi (1614).
Die letzte Vergrößerung der Burg, die seither über 700 Räume umfaßt,
erfolgte 1756–1774 unter Maria Theresia nach Plänen von Nikolaus
Pacassi durch Anselmo Lurago.

Erster und
Zweiter
Burghof

Vom Ersten Burghof (Ehrenhof) gelangt man geradeaus durch das Matthiastor, von dem rechts eine Treppe zu den ehemaligen kaiserlichen
Gemächern (jetzt Empfangsräume des Präsidenten der Republik) führt, in
den Zweiten Burghof mit einem großen Barockbrunnen (1686 von Francesco Torre; Plastiken von Hieronymus Kohl) und zwei kleineren Brunnen.
Links vom Matthiastor erstreckt sich der 1927–1931 durch Umbau älterer
Bauteile entstandene Plečnik-Saal, der zusammen mit dem sog. Treppen-
saal in eine Eingangshalle für den an der Nordwestseite des Zweiten Burghofes über der Burggalerie gelegenen Spanischen Saal (1602–1606 von

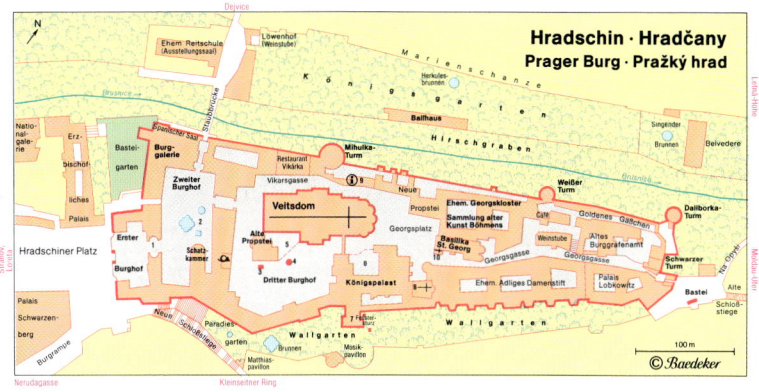

Hradschin · Hradčany
Prager Burg · Pražký hrad

1 Mathiastor   3 Obelisk   5 Romanische Reste   7 Ludwigstrakt   9 Alte Dechantei (Mladota-Haus)
2 Brunnen   4 St. Georg   6 Palasthof   8 Allerheiligenkapelle   10 Johannes-von-Nepomuk-Kapelle

G. M. Philippi; mehrfach erneuert) und die anschließende Rudolfsgalerie, ehemals die Kunstkammer Rudolfs II., umgewandelt wurde. Alle diese Räumlichkeiten sind Repräsentationszwecken vorbehalten und für das Publikum nur selten zugänglich.

Zweiter Burghof (Fortsetzung)

Rechts steht die Heiligkreuzkapelle (kaple svatého Kříže; nach 1753), ein kleiner Bau von Anselmo Lurago, jetzt Schatzkammer (Klenotnice; kostbare liturgische Geräte, Reliquiare, Monstranzen, Meßgewänder u. a.).

Heiligkreuz-kapelle (Schatzkammer)

An der Nordseite des Zweiten Burghofes befindet sich links der Eingang zur Burggalerie (obrazárna Pražského hradu).

*Burggalerie

Die Galerie enthält in sechs Sälen früher in der zuvor genannten Rudolfsgalerie untergebrachte Gemälde sowie die Bilder der hier vereinigten übrigen Kunstsammlungen der Burg. Unter den vertretenen Malern sind besonders zu nennen: Hans von Aachen ("Portrait des Kaisers Matthias", um 1612; Saal 1), Tizian ("Junge Frau bei der Toilette"), Tintoretto ("Jesus und die Ehebrecherin"), Veronese ("Die hl. Katharina mit dem Engel") und Rubens ("Die Versammlung der olympischen Götter", um 1602; Saal 4); ferner Plastiken u. a. von Adriaen de Vries (Stuckrelief "Anbetung der Könige").
Links anstoßend an den zweiten Saal der Saal 6 mit Großfotos von Bildern der über die ganze Welt verstreuten Rudolfinischen Sammlungen und der Darstellung von kunstgeschichtlichen Forschungsmethoden. Hinter einer Glaswand die nach dem Zweiten Weltkrieg teilweise ausgegrabenen Grundmauern der Marienkirche, der aus dem 9./10. Jahrhundert stammenden, mehrmals zerstörten und wiederaufgebauten ältesten Kirche im Burgbereich.

Vom Zweiten Burghof erreicht man durch einen Durchgang den Dritten Burghof mit dem Veitsdom.

Dritter Burghof

Bei dem rechts an die Domfassade anstoßenden Gebäude der Alten Propstei (Staré proboštství, 17. Jh.) – mit einer Statue des hl. Wenzel (von J. G. Bendl, 1662) an der Hausecke – vorn ein 1928 zum Gedenken an die Gefallenen des Ersten Weltkrieges errichteter 17 m hoher Obelisk; dahinter auf hohem Sockel die kleine Reiterstatue des hl. Georg (Kopie; Original im ehem. Georgskloster).

Alte Propstei

Weiterhin an der Südseite des Domes die überdachte Ausgrabungsstätte der 1920–1928 freigelegten Grundmauern einer romanischen Kapelle.

Ausgrabung

An der Ostseite des Dritten Burghofes befindet sich der Zugang zum Königspalast (Královský palác) mit mehreren Eingängen.

**Königspalast (Grundriß s. S. 378)

Durch den mittleren Eingang unter dem Balkon, rechts von einem Adlerbrunnen (von Francesco Torre, 1664), erreicht man über einen Vorraum links die Grüne Stube, seit der Zeit Karls IV. Gerichtsstube, mit der Kopie eines barocken Deckenfreskos ("Salomo-

Grüne Stube

Grundriß

Königspalast

Královský palác

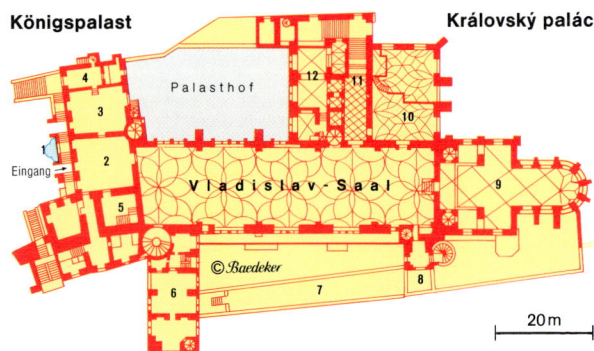

1 Adlerbrunnen
2 Vorsaal (Kleiner Saal)
3 Grüne Stube
4 Vladislav-Schlafstube

5 Romanischer Turm
6 Böhmische Kanzlei
7 Theresianischer Trakt
8 Aussichtsterrasse

9 Allerheiligenkapelle
10 Landtagssaal
11 Reitertreppe
12 Neues Appellationsgericht

Königspalast (Fortsetzung)	nisches Urteil"). Anschließend die sog. Vladislav-Schlafstube mit spätgotischem Gewölbe, und rechts ein kleinerer Raum, ehemals Aufbewahrungsort der Hoftafeln.
**Vladislav-Saal	Vom Vorraum geradeaus betritt man den Vladislav-Saal (auch Huldigungssaal; 62 m lang, 16 m breit, 13 m hoch), 1493–1502 unter Benutzung romanischer Teile von Benedikt Ried erbaut, mit seinem reichen spätgotischen Netzgewölbe der Glanzpunkt der Prager Burg, einst Schauplatz der Wahl der böhmischen Könige und anderer prunkvoller Zeremonien, seit 1934 würdiger Rahmen für die Wahl des Präsidenten der Republik und wichtige Staatsakte.
Allerheiligen-kapelle	An der östlichen Stirnwand führt eine kurze Treppe in die Ende des 14. Jahrhunderts von Peter Parler geschaffene, 1579–1580 nach dem Burgbrand von 1541 neu erbaute und mit dem Vladislav-Saal verbundene Allerheiligenkapelle, seit 1755 dem östlich anstoßenden ehemaligen Theresianischen Adligen Damenstift angegliedert, mit reicher Barockausstattung.
Landtagssaal Reitertreppe	Links vom Kapelleneingang die Tür zum Landtagssaal (auch Landrechtstube), um 1500 von Benedikt Ried errichtet, 1559–1563 nach Einsturz beim Burgbrand von Bonifaz Wohlmut neu eingewölbt, bis 1847 Sitz des böhmischen Landtages, mit einer Renaissancetribüne und königlichem Thron (17. Jh.); an den Wänden Porträts habsburgischer Herrscher. – Noch weiter links die Reitertreppe, über deren breite, schräg abfallende Stufen bei Turnieren Berittene den Saal erreichen konnten.
Palasthof	Am Fuße der Reitertreppe rechts der Ausgang zum Georgsplatz, links der Zugang zu dem etwas tiefer gelegenen, auf zwei Seiten von Arkaden (13. Jh.) umgebenen Palasthof und eine weitere Treppe zum Gotischen Palast.
Gotischer Palast	Hier folgen aufeinander der Raum der Alten Landtafel, mit von zwei niedrigen Pfeilern getragenem mächtigen Gewölbe, ein Arkadengang aus der Zeit des Přemysl Ottokar (Otakar) II. (1245–1278), der Karlssaal (mit Abgüssen der Triforiumsbüsten aus dem Veitsdom), die Alte Registratur (auch Palastküche) und der Säulensaal Wenzels IV. mit einem interessanten Gewölbe aus der Zeit um 1400.
Romanischer Fürstenpalast	Von den Westarkaden des Palasthofes führt eine lange Treppe hinab zu dem unterirdischen Romanischen Fürstenpalast (älteste Teile aus dem 9. Jh.).
Ludwigsflügel	Rechts vom mittleren, zum Vladislav-Saal führenden Eingang des Königspalastes der Zugang zum südlich vorspringenden Ludwigsflügel, der 1502–1509 von Benedikt Ried im Frührenaissancestil erbaut wurde.
Böhmische Kanzlei	Auf dem Niveau des Vladislav-Saales liegen hier die beiden Räume der Böhmischen Kanzlei (auch Statthalterei). Der zweite Raum war am 23. Mai 1618 Schauplatz des hitzigen Wortwechsels zwischen dem Grafen Thun an der Spitze der protestantischen Stände und den verhaßten kaiserlichen Statthaltern G. von Martinitz und W. Slawata, die nebst dem Sekretär Ph. Fabricius dabei aus dem Fenster gestürzt wurden (Zweiter Prager Fenstersturz; unten im Wallgraben zwei Obelisken), aber mit heiler Haut davonkamen. – Über eine Wendeltreppe erreicht man die darüberliegende ehemalige Kanzlei des Reichshofrates mit Einrichtung im Stile der Spätrenaissance; vom Fenster schöner Blick auf Prag.

Königspalast: Vladislav-Saal und …   *… Allerheiligenkapelle*

Der Dom St. Veit (chrám svatého Víta), die Metropolitankirche des Erzbistums Prag, steht an der Stelle eines um 925 von Herzog Wenzel (Václav) dem Heiligen begonnenen kleinen Rundbaus, der in der zweiten Hälfte des 11. Jahrhunderts durch eine dreischiffige Basilika ersetzt wurde.

⁎⁎Veitsdom (Grundriß s. S. 381)

Den östlichen Teil des jetzigen Baus begann 1344 Matthias von Arras in Anlehnung an die Kathedrale von Narbonne. Der bei seinem Tode 1352 erst in den unteren Teilen fertiggestellte, 74 m lange und 39 m hohe Chor wurde 1356–1385 von Peter Parler in reichen deutsch-gotischen Formen vollendet. Der Weiterbau (Langhaus seit 1392; ab 1399 unter den Söhnen Parlers) war seit dem Beginn der Hussitenkriege (1419) eingestellt. Nach dem Hradschinbrand von 1541 restaurierte Bonifaz Wohlmut aus Überlingen (Bodensee) den Chor und vollendete 1563 den Renaissancehelm des südlichen Hauptturms (103 m hoch; nicht zu besteigen). Erst 1862 wurde unter den Dombaumeistern Josef Kranner († 1871), Josef Mocker († 1899) und Kamil Hilbert der Ausbau der Kirche in Angriff genommen, der mit den beiden schlanken Westtürmen (vollendet 1892) und der Verlängerung der Kirche nach Westen (dabei Verlegung der alten Orgelempore in das nördliche Querschiff) erst 1929 von Kamil Hilbert beendet wurde.

Über dem Südportal (Goldene Pforte) ein Mosaik mit Darstellung des Jüngsten Gerichtes (1370/1371); darüber ein 1934 von Max Švabinský geschaffenes prächtiges Maßwerkfenster ("Das Jüngste Gericht") mit 40000 Einzelgläsern, das größte der Kirche. An der Westfassade eine 100 m² große Rose aus 27000 Gläsern ("Erschaffung der Welt", 1928).

Das 124 m lange, im Querschiff 60 m breite und im Mittelschiff 34 m hohe Innere des Domes ist mit seinen hochstrebenden Säulen und hohen gotischen Fenstern von großartiger Wirkung.

Dominneres

Im Chor oben auf der Triforiengalerie 21 Büsten von Hauptförderern des Dombaues aus dem 14. Jahrhundert, die frühesten Bildnisse mittelalterlicher Kunst in Mitteleuropa (nicht zugänglich; Abgüsse im Karlssaal des Gotischen Palastes und auf der Burg Karlstein).

⁎⁎Triforiengalerie

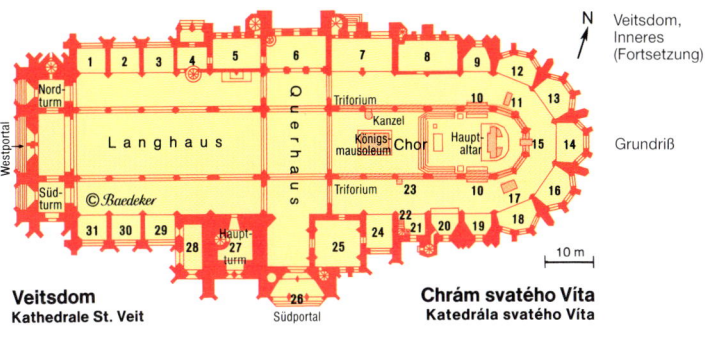

N

Veitsdom,
Inneres
(Fortsetzung)

Grundriß

Veitsdom
Kathedrale St. Veit
Südportal

Chrám svatého Víta
Katedrála svatého Víta

1 Bartoň-Dobenín-Kapelle
2 Schwarzenberg-Kapelle
3 Neue Erzbischöfliche Kapelle
  (Hora-Kapelle)
4 Alte Schatzkammer (Domschatz
  jetzt in der Heiligkreuzkapelle
  im Zweiten Burghof)
5 Neue Sakristei
6 Wohlmut-Chor (Orgelempore)
7 St.-Sigismund-Kapelle
  (Czernin-Kapelle)
8 Alte Sakristei
  (ehem. St.-Michael-Kapelle)
9 St.-Anna-Kapelle (Nostitz-Kapelle)
10 Holzreliefs (historische Motive)
11 Bronzefigur des Kardinals
   Friedrich v. Schwarzenberg
12 Alte Erzbischöfliche Kapelle
13 Kapelle Johannes' des Täufers
   (Pernstein-Kapelle)
14 Marienkapelle
   (Kapelle der Hl. Dreifaltigkeit/
   Kaiserkapelle)

15 Grab des hl. Veit
16 Reliquienkapelle
   (Sächsische Kapelle/
   Sternberg-Kapelle)
17 Grabmal des hl. Johannes von Nepomuk
18 Kapelle des hl. Johannes von Nepomuk
   (St.-Adalbert-Kapelle)
19 Waldstein-Kapelle
   (Maria-Magdalena-Kapelle)
20 Königliches Oratorium
   (Vladislav-Oratorium)
21 Kreuzkapelle (Kapelle des Hl. Kreuzes)
22 Zugang zur Königsgruft
23 Grabmal des Grafen Leopold Schlick
24 Martinitz-Kapelle (St.-Andreas-Kapelle)
25 Kapelle des hl. Wenzel
   (darüber: Kronkammer)
26 Goldene Pforte
27 Hasenburg-Kapelle
28 Kapitelbibliothek
29 Thun-Kapelle
30 Kapelle des Hl. Grabes
31 St.-Ludmilla-Kapelle (Taufkapelle)

In der Mitte des Chores das mit einem schönen Renaissancegitter von Jörg Schmidt- *Kaisergrabmal
hammer (1589) umgebene, große marmorne Kaisergrabmal ('Mausoleum') von Alexander Colin aus Mecheln, 1564–1589 in Innsbruck als Denkmal Ferdinands I.
(1556–1564) und seiner Gemahlin, der Königin Anna (†1547), begonnen, unter Kaiser
Rudolf II. 1585–1589 zugleich als Denkmal Maximilians II. (1564–1576) umgestaltet;
oben die liegenden Figuren der drei Fürstlichkeiten (in der Mitte Ferdinand I., links
Maximilian II., rechts Anna); an den Seiten Medaillonbildnisse von Herrschern und ihren
Gemahlinnen, die alle in der unter dem Grabmal befindlichen Gruft (Zugang von der   Gruft
Kreuzkapelle, Ausgang über die Treppe vor der Chorschranke) ruhen; vorn in der Mitte
Karl IV. (†1378), rechts Ladislav Postumus (†1457), links Georg von Podiebrad
(†1471), in der zweiten Reihe Wenzel IV. (†1419) mit seinem Bruder Johann von Görlitz
(†1396) und der gemeinsame Sarkophag der vier Gemahlinnen Karls IV., im Hinter-
grund die Empiresarg der Herzogin Maria Amalia, verw. Herzogin von Parma (†1804),
einer Tochter Maria Theresias, der Zinnsarg Rudolfs II. (†1612) und ein niedriger
Granitsarkophag mit den Überresten von Kindern Karls IV.
In den Gängen vor der Gruft Ausgrabungen aus romanischer Zeit (an der Wand der   Ausgrabungen
Grundriß der alten romanischen Kirche).

Von den Chorkapellen ist die schönste die beim Südportal gelegene Wenzelskapelle   *Wenzelskapelle
mit dem Reliquienschrein des im Jahre 929 in Alt-Bunzlau von seinem Bruder ermordeten Fürsten Wenzel (Václav), des Schutzpatrons Böhmens, der bei seiner Ermordung
den hier angebrachten Türring mit Löwenkopf umklammert hielt. Die 1362–1367 an der
Stelle des zuvor genannten romanischen Rundbaues von Peter Parler erbaute Kapelle
ist im unteren Viertel mit böhmischen Halbedelsteinen reich ausgelegt.
Von den Wandgemälden stammt die untere Reihe (Darstellungen aus der Leidensgeschichte Christi) von dem Prager Meister Oswald (1373), die obere (Legende des hl.

◄ *Hauptturm des Veitsdomes an der Südseite*

381

Parlergotik im Veitsdom   *Hochgrab des hl. Johannes von Nepomuk*

Veitsdom, Wenzelskapelle (Fortsetzung)	Wenzel) aus der Werkstatt des Meisters des Leitmeritzer Altars (um 1509). An der Ostwand unter dem Fenster ein polychromes Standbild des hl. Wenzel von Heinrich Parler (1373). In der linken Ecke ein 1532 von Hans Vischer aus Nürnberg gefertigter Bronzeleuchter mit einem Standbild des hl. Wenzel.
	In den Kronkammern (unzugänglich) über dem zuvor genannten Südportal seit 1625 die böhmischen Kroninsignien.
	Am ersten Pfeiler gegenüber der Wenzelskapelle das Barockgrabmal des Feldmarschalls Graf Schlick (†1723) von Matthias Bernhard Braun nach einem Entwurf von Joseph Emanuel Fischer von Erlach.
Martinitz-Kapelle	In der hinter der Wenzelskapelle folgenden St.-Andreas- oder Martinitz-Kapelle unter dem Fenster links der Grabstein des kaiserlichen Statthalters Jaroslaw von Martinitz (1649).
Kreuzkapelle	In der Kreuzkapelle (Gruftzugang) links ein Gemälde von 1369: "Das Schweißtuch der hl. Veronika" (auf dem Rahmen die sechs böhmischen Landesheiligen).
Vladislav-Oratorium	Weiterhin das Vladislav-Oratorium (Galerie zur Burg), ein reicher spätgotischer Einbau, neuerdings dem Frankfurter Hans Spieß zugeschrieben (1493), mit tief herabhängendem Schlußstein.
Waldstein-Kapelle Grabmal des hl. Johannes von Nepomuk	Jenseits der Maria-Magdalenen- oder Waldstein-Kapelle (mit der Waldsteinschen Familiengruft) links im Chorumgang das silberne Grabmal des hl. Johann von Nepomuk, 1736 in Wien nach Josef Emanuel Fischer von Erlachs Entwurf ausgeführt.
	Gegenüber auf dem Altar der St.-Adalbert- oder Johannes-von-Nepomuk-Kapelle rechts die silbernen Büsten der hll. Adalbert, Wenzel, Veit und Kyrill (1699).
Přemysliden-grabmäler	Die drei folgenden Kapellen enthalten die Grabmäler der Přemysliden: in der Reliquien- oder sächsischen Kapelle die gotischen Grabmäler der Könige Ottokar (Otakar) I. (1197–1230; rechts) und Ottokar (Otakar) II. (1253–1278; links) von Peter Parler.
	In der Marienkapelle rechts und links die Grabmäler der Fürsten Břetislav I. (†1055) und Spytihněv II. (†1061), ebenfalls aus der Werkstatt Peter Parlers.
Grab des hl. Veit	Gegenüber, an der Rückseite des Hochaltars, das Grab des hl. Veit mit Standbild von Josef Max (1840).
Kapelle Johannes' des Täufers	In der Kapelle Johannes' des Täufers links und rechts die Grabmäler der Fürsten Břetislav II. (†1100) und Bořivoj II. (†1124) sowie links ein Bronzeleuchter, dessen romanischer Fuß aus dem Anteil Vladislavs II. an der Mailänder Kriegsbeute Friedrich Barbarossas stammt (der obere Teil von 1641). Unter der Erzbischöflichen Kapelle die Gruft der Erzbischöfe von Prag. Gegenüber die Bronzestatue des knienden Kardinals Friedrich von Schwarzenberg (†1885) von Josef Václav Myslbek (1904).

Westliche Portalfassade der Georgsbasilika

Dahinter und gegenüber der St.-Anna-Kapelle eine Tafel von einem zweiteiligen Holz-relief, früher Georg Bendl, neuerdings Caspar Bechterle aus Niedersonthofen zuge-schrieben (um 1630) mit der Darstellung des Bildersturmes im Dom (1619); das Gegen-stück (im südlichen Chorumgang, gegenüber der Waldstein-Kapelle) zeigt die Flucht des Winterkönigs Friedrich von der Pfalz nach der Schlacht am Weißen Berge (1620; interessantes Panorama von Prag).

**Veitsdom,
Kapelle Johannes'
des Täufers
(Fortsetzung)**

In der Alten Sakristei (unzugänglich), die früher die Schatzkammer enthielt (jetzt in der Heiligkreuzkapelle im Zweiten Burghof), ein reiches Sterngewölbe.

Im nördlichen Querschiff die 1557–1561 ursprünglich an der provisorischen Westwand des Domes von Bonifaz Wohlmut errichtete zweigeschossige Orgelempore mit der 6500 Pfeifen aufweisenden Orgel von 1757.

Orgelempore

Entlang der Nordseite des Veitdomes verläuft die Vikarsgasse (Vikářská ulice). Links zunächst das Restaurant 'Vikárka', dahinter am Hang, durch einen Zwinger abgeteilt, der runde Turm 'Mihulka', eine einstige Artillerie-bastion vom Ende des 15. Jahrhunderts (über dem Eingangsraum eine neuzeitliche Turmuhr). Eine Rüstkammer ist erhalten; eine Ausstellung zeigt Kunsthandwerk aus der rudolfinischen Zeit.

Vikarsgasse

Mihulka

Weiterhin gelangt man zur Alten Dechantei (auch Mladota-Haus genannt), seit 1483 Sitz des Dekanates und der Kantorei des Domkapitels, 1590 und 1705 umgebaut. Im Erdgeschoß befindet sich die ehemalige Kapitelbiblio-thek mit sorgfältig restaurierten Deckengemälden von Jan Vodňanský (1726), jetzt Informationszentrum und Büro des Fremdenführerdienstes der Prager Burg.

**Alte Dechantei
(Mladota-Haus)**

Hinter dem Chorabschluß des Domes erhebt sich am Georgsplatz (Jiřské náměstí) die romanische Basilika St. Georg (Bazilika svatého Jiří), eine 912 gegründete, 1142–1150 nach einem Brand erneuerte, später mit einer Barockfassade (um 1670) versehene Klosterkirche, die jetzt als Konzert-saal dient. Bei den Renovierungen von 1897–1907 und 1959–1962 wurde

**⁑Basilika
St. Georg**
(Grundriß
s. S. 384)

Grundriß

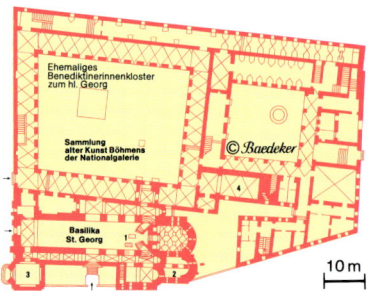

**Basilika und Kloster
St. Georg**

**Bazilika a klášter
svatého Jiří**

1 Grabmäler der
Přemyslidenfürsten

2 Kapelle der hl. Ludmilla

3 Kapelle des hl. Johannes
von Nepomuk

4 Kapelle der hl. Anna

Basilika St. Georg (Fortsetzung)	das romanische Baugepräge wiederhergestellt: außen helle schlanke Türme, innen Wechsel von Stützpfeilern und Säulen sowie dreibogige Emporen in den dicken Mauern über den Arkaden. Beachtenswert ist das Südportal im Frührenaissancestil (um 1500 aus der Werkstatt von Benedikt Ried) mit einem Relief des hl. Georg (Kopie). Im Inneren der Basilika im erhöhten Chor Reste romanischer Deckenmalerei ("Himmlisches Jerusalem", nach 1200). Vor dem Eingang der Krypta das von einem barocken schmiedeeisernen Gitter umgebene Grabmal Boleslavs II. (†999), rechts davon die bemalte Holztumba Vratislavs I. (†920). In der Ludmillakapelle (südlich vom Chor) aus um 1380 von der Parlerschen Bauhütte geschaffene Grabmal der hl. Ludmilla (†921).
Johannes-von-Nepomuk-Kapelle	In den Jahren 1718–1722 wurde an die Südmauer die Johannes-von-Nepomuk-Kapelle angebaut; an ihrer Fassade eine Statue des Heiligen von Ferdinand Maximilian Brokoff.
Ehemaliges Kloster St. Georg ***Sammlung alter Kunst Böhmens**	Nördlich anstoßend das 973 gegründete, nach Bränden 1142 und 1541 erneuerte und 1657–1680 barockisierte ehemalige Kloster St. Georg (bývalý Jiřský klášter). Die Räume des 1782 aufgehobenen, danach verschiedenen weltlichen Zwecken dienenden Benediktinerinnenklosters wurden 1963–1974 nach gründlicher archäologischer Untersuchung restauriert und durch museologisch geglückte, dem Kunstgefühl der Exponate geschickt angepaßte Umbauten für die Sammlung alter Kunst Böhmens der Nationalgalerie (sbírka starého českého umění Národní galerie) eingerichtet.
Gotik	Die chronologisch geordnete Sammlung beginnt im Untergeschoß mit der Kunst der Gotik. Hier finden sich die Glanzpunkte der Ausstellung, wobei besonders die durch das Mäzenatentum Karls IV. erblühte, aber über seine Regierungszeit hinaus wirksame 'Böhmische Malerschule' bzw. 'Prager Malerzeche' in einer Vollständigkeit vertreten ist wie nirgends sonst. Im Korridor zunächst Skulpturen und Architekturfragmente, darunter das Tympanum von der Mauerpforte der Kirche Maria Schnee (1346) und schöne frühgotische Madonnenfiguren.
***Zyklus des Meisters von Hohenfurt**	In einem besonderen Saal befindet sich der Zyklus des Meisters von Hohenfurth (Mistr vyšebrodského cyklu), ein um 1330–1350 geschaffenes, das Leben und Sterben Christi darstellendes neunteiliges Tafelwerk für den Altar des ehemaligen Zisterzienserstiftes von Hohenfurth (Vyšší Brod), höchst eindrucksvoll die Tafeln "Geburt Christi" und "Christus am Ölberg".
*Statue des hl. Georg	Im anschließenden Korridor ist besonders beachtenswert das Original der Statue des hl. Georg vom Dritten Prager Burghof, 1373 von Martin und Georg von Klausenburg in Bronze gegossen.
*Tafeln des Meisters Theoderich	Es folgt ein Saal mit sechs der 1357–1365 für die Kreuzkapelle der Burg Karlstein geschaffenen, Heilige und ein Papstbildnis darstellenden Tafeln des Meisters Theoderich (Mistr Theodorik). Weiterhin ein Votivbild des Erzbischofs Jan Očko von Vlašim (von einem böhmischen Meister um 1370) sowie eine Kreuzigung aus dem Prager Emaus-Kloster. Der lange zurückführende Korridor zeigt wertvolle Statuen aus dem späten 14. Jahrhundert.

Der erste Saal im Erdgeschoß enthält den unvollständigen Zyklus des Meisters von Wittingau (Mistr třeboňského oltáře), um 1380 für den Altar der Augustinerklosterkirche von Wittingau (Třeboň) geschaffen, mit den drei Tafeln "Gethsemane", "Auferstehung" und "Grablegung Christi"; auf der Rückseite des Zyklus Bilder aus der Werkstatt des Meisters (nur einzelne Köpfe von ihm selbst gemalt).

Sammlung alter Kunst Böhmens (Fortsetzung) ✴✴ Zyklus des Meisters von Wittingau

Einen eigenen Raum (zugänglich vom Nordkorridor) erhielt auch das Tympanum vom Nordportal der Teynkirche, 1402–1410 von Peter Parlers Bauhütte geschaffen, das drei Szenen aus der Leidensgeschichte Jesu zeigt.

Die im langen Korridor ausgestellten Bilder und Skulpturen veranschaulichen die Entwicklung der spätgotischen Kunst in Böhmen unter besonderer Berücksichtigung des 'schönen' oder 'weichen' Stils bis hin zur dramatischen "Kreuzigung" des Meisters von Raigern (Mistr rajhradského oltáře) vom Anfang des 15. Jahrhunderts.

Unter den Werken der Renaissance in Böhmen sind besonders hervorzuheben der Gnadenstuhl des Meisters von Leitmeritz (Mistr litoměřického oltáře) im Kreuzgang und der holzgeschnitzte Altarschrein des Meisters IP (Monogramista) im letzten Raum vor dem Aufgang zur Barockabteilung.

Renaissance

Im ersten Stock befinden sich Werke vom Ende des 16. bis zum Ende des 18. Jahrhunderts. Am Anfang dieser Abteilung stehen die Künstler des Manierismus am Hofe Rudolphs II., u.a. die Maler Bartholomäus Spranger, Hans von Aachen und Joseph Heinz sowie der Bildhauer Adriaen de Vries.

Manierismus

Unter den Malern des Barock sind am besten vertreten Karel Škréta, Michael Leopold Willmann, Peter Brandl, Johannes Kupetzky (eigene Kompartimente), Johann Christoph Lischka und Wenzel Lorenz Reiner, ergänzt durch ausgewählte Werke der hervorragendsten Bildhauer dieser Epoche, u.a. von Johann Georg Bendl, Matthias Bernhard Braun, Ferdinand Maximilian Brokoff und Ignaz Franz Platzer.

Barock

Der Übergang zum Rokoko wird u.a. durch Werke der Maler Anton Kern und Norbert Grund verdeutlicht.

Rokoko

Rechts von der ehemaligen Georgskirche gelangt man durch die Georgsgasse (Jiřská ulice) abwärts an dem unter Maria Theresia eingerichteten ehemaligen Adligen Damenstift (bývalý ústav šlechtičen) vorbei zum Palais Lobkowitz (Lobkovický palác; 16./17. Jh.).

Georgsgasse

Davor links führt eine Treppe in das malerische Goldene Gäßchen (Zlatá ulička; auch Goldmacher- oder Alchimistengäßchen), eine altertümliche

✴ **Goldenes Gäßchen**

Goldenes Gäßchen   *Wallfahrtsstätte Loreto (s. S. 386)*

385

Goldenes Gäßchen (Fortsetzung)	Sackgasse, in deren 16 Häuschen Burgschützen, Handwerker und arme Leute wohnten. Die Alchimisten Rudolfs II. hatten im Mihulka-Turm nördlich vom Veitsdom ihre Werkstätten. Im Hause Nr. 22 wohnte und arbeitete im Winter 1916/1917 der Schriftsteller Franz Kafka (Gedenktafel).
Altes Burggrafenamt	Am Ende der Georgsgasse liegt links das von schönen Renaissancegiebeln gezierte Alte Burggrafenamt (Staré purkrabství; in Restaurierung).
Schwarzer Turm Daliborka *Aussicht von der **Bastei** Alte Schloßstiege	Sodann gelangt man durch das Tor neben dem Schwarzen Turm (Černá věž) und der zurückstehenden 'Daliborka', einem im 15. Jh. errichteten Rundturm mit drei Verliesen übereinander (Zugang vom Goldenen Gäßchen), rechts auf die aussichtsreiche Bastei. Von hier führt die Alte Schloßstiege (Staré zámecké schody; 98 Stufen) hinab in die Bruskagasse ('Pod Bruskou').
Wallgarten Paradiesgarten	Von der Bastei erreicht man westwärts den an der Südseite der Burg entlangziehenden, schöne Aussichten bietenden Wallgarten (Zahrada na valech) mit den beiden an den Zweiten Prager Fenstersturz erinnernden Obelisken, und den westlich anschließenden, oberhalb der Neuen Schloßstiege gelegenen Paradiesgarten (Rajská zahrada) mit dem kleinen Matthiaspavillon (1617).
Staubbrücke (Hirschgraben) Reitschule Marienschanze Königsgarten Ballhaus *Schloß **Belvedere** Singender Brunnen	Vom Zweiten Burghof gelangt man nördlich auf der Staubbrücke (Prašný most) über den Hirschgraben (Jelení příkop) und durch die Staubbrückengasse ('U Prašného mostu'; links die ehem. Reitschule · Jízdárna, Ausstellungen), dann rechts durch die Marienschanze (Mariánské hradby) am ehemaligen Königsgarten (Královská zahrada; unzugänglich) mit dem einstigen Ballhaus (Míčovna; von Bonifaz Wohlmut, 1568) entlang zum Schloß Belvedere (Královský letohrádek), einem prächtigen Lusthaus, das Ferdinand I. für seine Gemahlin Anna 1538–1555 durch Paolo della Stella, einen Schüler von Jacopo Sansovino, im italienischen Renaissancestil erbauen ließ (das Obergeschoß von Bonifaz Wohlmut u. a. erst 1564 vollendet). An der Säulenhalle im Erdgeschoß ein Rankenfries und mythologische Reliefs; im großen Saal (zeitweise Ausstellungen) anstelle der alten Dekoration Fresken aus der böhmischen Geschichte von Christian Ruben († 1875). Vom Altan Aussicht auf den Hradschin und die Stadt. Westlich vor dem Schloß Belvedere steht der schöne Singende Brunnen, 1568 von Tomáš Jaroš in Bronze gegossen.
Chotek-Anlagen	Östlich hinter dem Belvedere erstrecken sich die Chotek-Anlagen (Chotkovy sady).
Loretoplatz **Palais Czernin**	Vom Hradschiner Platz führt die von schönen alten Häusern eingefaßte Loretogasse (Loretánská ulice) südwestlich zum Loretoplatz (Loretánské náměstí) mit dem 1669–1692 von Francesco Caratti erbauten mächtigen, 150 m langen Palais Czernin (Černínský palác; Außenministerium der Tschechischen Republik).
**Loreto Glockenspiel Kreuzgang Loretokapelle *Schatzkammer	Gegenüber dem Palais Czernin liegt an der tieferen Ostseite des Loretoplatzes der Marienwallfahrtsbezirk Loreto (Loreta). An der von Christoph und Kilian Ignaz Dientzenhofer nach 1721 geschaffenen Fassade reicher Figurenschmuck, meist von Johann Friedrich Kohl. Im Turm ein schönes Glockenspiel von 1694 (27 Glocken aus Amsterdam), das im Sommer jede volle Stunde Marienlieder spielt. In dem brunnengeschmückten Kreuzgang die nach dem Vorbild der Casa Santa im mittelitalienischen Loreto erbaute Loretokapelle (Loretánská kaple 'Svatá chýše') mit zahlreichen Reliefs an den Außenwänden. In der im oberen Umgang des Kreuzganges befindlichen Schatzkammer neben Meßgewändern wertvolle Monstranzen aus dem 17. und 18. Jahrhundert, darunter eine strahlenförmige mit 6222 Diamanten (Wiener Arbeit von 1699).

Hinter der Kapelle steht die Geburt-Christi-Kirche (kostel Narození Páně) von Maria-Loreto, 1717 von Christoph Dientzenhofer begonnen, von seinem Sohn Kilian Ignaz Dientzenhofer weitergeführt und 1735 von Georg Aichbauer vollendet. In dem überaus reich ausgestatteten theaterähnlichen Inneren hervorragende Deckengemälde von Wenzel Lorenz Reiner ("Darstellung im Tempel", 1735/1736) und Johann Adam Schöpf ("Anbetung der Hirten", "Anbetung der Hl. Drei Könige", 1742).

Loreto (Fortsetzung)
* Geburt-Christi-Kirche (Abb. s. S. 385)

An der Nordseite des Loretoplatzes befinden sich das ehemalige Kapuzinerkloster mit der Marienkirche (Kapucínský klášter s kostelem Panny Marie) aus dem 17. Jahrhundert.

Ehemaliges Kapuzinerkloster

Nordöstlich vom Loretoplatz verläuft das malerische Gäßchen 'Neue Welt' ('Nový Svět'). Die ursprünglich aus dem 16. Jahrhundert stammenden Häuschen der Armen haben heute das Aussehen des 18.–19. Jahrhunderts: Nr. 3 'Zur goldenen Birne' (Weinstube), Nr. 5 'Zur blauen Traube'; am Hause Nr. 1 ('Zum goldenen Horn') erinnert eine Gedenktafel an den Aufenthalt des Astronomen Johannes Kepler (um 1600).

* **Neue Welt**

Südwestlich an den Loretoplatz stößt die Brandstätte (Pohořelec), ein von schönen Barockhäusern eingefaßter langgestreckter Platz, mit einer Statue des hl. Johannes von Nepomuk.

Brandstätte

Gleich südlich liegt das 1148 gegründete Kloster Strahov (Strahovský klášter), ein einstiges Prämonstratenserstift, dessen heutige Bauten hauptsächlich aus dem 17. und 18. Jahrhundert stammen.

** **Kloster Strahov**

Kloster Strahov   Grundriß

Abteikirche Mariä Himmelfahrt

Biblio-thek   Konvent   Prälatur

© Baedeker

Strahovský klášter

In den Klosterhof gelangt man entweder direkt durch einen Hausdurchgang (Nr. 8; Treppe) an der Südseite der Brandstätte, oder lohnender auf einer am Westende des Platzes beginnenden kurzen Rampenstraße und links durch ein Barocktor von 1719. Im Hof gleich links die Kirche St. Rochus (kaple svatého Rocha; erbaut 1603–1611). Gerade voraus die Abteikirche Mariä Himmelfahrt (kostel Nanebevzetí Panny Marie; 17. Jh.) mit reich ausgestattetem barockem Inneren; in der Pappenheimer Kapelle des rechten Seitenschiffes ist der Reitergeneral Gottfried Heinrich zu Pappenheim (1594–1632, bei Lützen gefallen) beigesetzt.

Kirche St. Rochus

Abteikirche Mariä Himmelfahrt

Anstoßend an die Kirche die teilweise noch aus romanischer Zeit stammenden Klosterbauten, mit dem Bibliotheksbau und dem Kreuzgang 1953 bis 1992 'Gedenkstätte für nationale Literatur' (samt Museum der tschechischen Literatur).

Den Grundstock bildet die alte, nun wieder dem Prämonstratenserorden zurückgegebene Klosterbibliothek (vom Kreuzgang über eine Treppe in den ersten Stock) mit etwa 130 000 Bänden, darunter ca. 2500 Wiegendrucke, 3000 Handschriften und zahlreiche alte Landkarten, eine der kostbarsten Bibliotheken überhaupt; am ältesten ist das Strahover Evangelienbuch (9./10. Jh.; im Gang zwischen den nachstehend genannten Sälen). Von den Bibliothekssälen besonders beachtenswert sind der reich stukkierte, 1723–1727 von dem Strahover Mönch Siard Nosecký ausgemalte Theologische Bibliothekssaal sowie der in einem 1782–1784 von Ignaz Palliardi geschaffenen klassizistischen Anbau (Westflügel) untergebrachte Philosophische Bibliothekssaal, der in seinen Abmessungen (32 m lang,

** **Kloster-bibliothek**

Kloster Strahov – Theologischer und …   *… Philosophischer Bibliothekssaal*

Klosterbibliothek Strahov (Fortsetzung)

10 m breit, 14 m hoch) den aus dem Kloster Bruch in Südmähren stammenden reichgeschnitzten Bücherschränken angepaßt wurde und von einem gewaltigen Deckenfresko (1794) überwölbt ist, in dem der aus Langenargen am Bodensee stammende Franz Anton Maulbertsch im allegorischen Stile der Wiener Akademie Szenen aus der Geistesgeschichte der Menschheit schildert.

Im Kreuzgang und den anstoßenden Räumen tschechische Literatur aus vorhussitischer und besonders hussitischer Zeit, aber auch aus der Zeit der nationalen Wiedergeburt im 19. Jahrhundert.

Ferner reiche Bibliotheksbestände aus zahlreichen nach dem Zweiten Weltkrieg aufgelösten böhmischen Klöstern.

*Laurenziberg

Aussicht von der **Petřín-Warte

Links vom Museumseingang führt südostwärts ein idyllischer Panoramaweg auf den von Grünanlagen gezierten Laurenziberg (Petřín; 318 m ü. d. M.), einen östlichen Ausläufer des Weißen Berges, mit der 1891 nach dem Vorbild des Pariser Eiffelturms erbauten, früher auch als Fernmeldeturm dienenden, 60 m hohen Petřín-Warte (Petřínská rozhledna), deren obere Galerie (384 m ü. d. M.) eine weite Aussicht bietet.

Kirche St. Laurentius

Nahe dem Turm befinden sich die barocke Kirche St. Laurentius (kostel svatého Vavřince; 1735–1770) sowie ein Pavillon mit dem Panorama "Kampf der Prager Studenten mit den Schweden auf der Karlsbrücke im Jahre 1648" von Karl und Adolf Liebscher (1898) sowie einem Spiegellabyrinth (Bludiště).

Unweit südlich von St. Laurentius die Bergstation einer Standseilbahn zur Gasse 'Újezd' ('Hohlweg').

Volkssternwarte

Weiter südöstlich die Volkssternwarte (Lidová hvězdárna).

Stadion (des Fußballklubs 'Sparta')

Etwa ½ km südwestlich von der Petřín-Warte, jenseits der zur alten Stadtbefestigung gehörenden, 1360 unter Karl IV. erbauten Hungermauer (Hladová zeď), befinden sich diverse Sportanlagen, v. a. das beim Sokol-

Turnfest des Jahres 1926 in Benutzung genommene Stadion, welches später mehrmals vergrößert wurde und zu Zeiten des kommunistischen Regimes Schauplatz der sog. Spartakiaden war.

Rund $^1/_2$ km südlich von der Petřín-Warte erstreckt sich am Fuße des Laurenziberges im Stadtteil Smíchov der schöne Kinsky-Garten (Kinského zahrada; zugänglich).

Kinsky-Garten

An der Südwestecke des Kinsky-Gartens, in der ehemaligen Villa Kinsky, befindet sich das Ethnographische Museum, die volkskundliche Abteilung des Nationalmuseums mit Bauernhausmodellen, Bauernstuben, Keramik, Trachten, Stickereien u. v. a. (wegen Umbauarbeiten vorübergehend geschlossen).

**Ethno-
graphisches
Museum**

Etwa $^3/_4$ km weiter südwestlich liegt an der Mozartgasse (Mozartova ulice, Nr. 2) die Villa Bertramka, in der Wolfgang Amadeus Mozart 1787 als Gast der Musikerfamilie Dušek seine Oper "Don Giovanni" komponiert hat (jetzt Mozart-Museum).

**Villa Bertramka
(Mozart-Museum)**

Nördliche Stadtteile

Nordöstlich vom Hradschin erhebt sich über dem linken Moldau-Ufer die anlagengeschmückte Letná-Höhe (Sommerberg). Von der Svatopluk-Čech-Brücke führen Treppenrampen (insgesamt 256 Stufen) hinan zur Aussichtsplatte auf dem festungsartigen Sockel des 1962 abgetragenen Stalin-Denkmals (einst 30 m hoch; jetzt dort ein Riesenmetronom) mit umfassendem Blick auf Prag, den Laurenziberg und den Veitsdom.

Letná-Höhe

✳Aussicht

Im östlichen Teil der sich lang hinziehenden Letná-Anlagen (Letenské sady; früher Belvedere-Park) das Restaurant 'Praha', das zur tschechoslowakischen Abteilung der Brüsseler Weltausstellung von 1958 gehörte und danach hierher versetzt wurde. Von hier ebenfalls Aussicht auf Prag; der Hradschin ist jedoch verdeckt.

✳**Letná-Anlagen**
Restaurant Praha

Am Nordrand der Letná-Anlagen liegt im Stadtteil Holešovice, nahe dem Nordausgang des Straßentunnels unter der Letná-Höhe, Kostelní třída Nr. 42, das Technische Nationalmuseum (Národní technické muzeum). Dieses Museum vermittelt ein anschauliches Bild von der Entwicklung der Kinematographie in über 50 Ländern, der Rundfunk- und Fernsehtechnik, des Verkehrswesens (historische Kraftwagen und Motorräder) und des Bergbaus. In der großen Halle Flugzeuge, Lokomotiven sowie der Hofzug (zwei Wagen) Kaiser Franz Josephs, mit dem der österreichische Thronfolger Franz Ferdinand 1914 nach Sarajevo fuhr, wo er dann ermordet wurde. Im Hof rechts vom Museum einige Flugzeuge.

✳**Technisches
Nationalmuseum**

Nördlich von der Letná-Höhe erstreckt sich bis zur Moldau der ausgedehnte Baumgarten (Stromovka), ein prächtiger Park mit einem ursprünglich aus dem 15. Jahrhundert stammenden, im Jahre 1804 in neugotischem Stil umgebauten Jagdschloß (Místodržitelský letohrádek; jetzt Zeitungs- und Zeitschriftenabteilung des Nationalmuseums) an seiner Südwestseite.

Baumgarten

Ehemaliges
Jagdschloß

An der Ostseite des Baumgartens erstreckt sich das Prager Ausstellungsgelände (Výstaviště), das für die Jubiläumsausstellung von 1891 und die Ethnographische Ausstellung von 1895 angelegt worden ist. Seit 1918 fanden hier die Prager Mustermessen statt; Anfang der fünfziger Jahre des 20. Jahrhunderts wurde das Gelände zu einem Erholungspark ausgestaltet. Nach der jüngsten politischen Wende werden hier sog. Allgemeine Ausstellungen (Industrie, Landwirtschaft, Architektur, Kunst u. a.) ausgerichtet. Der große Kongreßpalast (Sjezdový palác) stammt aus dem Gründungsjahr 1891. Ferner gibt es hier eine Sporthalle, ein Schwimm-

**Ausstellungs-
gelände**

Kongreßpalast

Ausstellungs-gelände (Fortsetzung)	stadion und andere Sportanlagen, Ausstellungspavillons, das Lapidarium des Nationalmuseums und ein Planetarium; 1991 ist u.a. die abends beleuchtete Křižík-Fontäne mit einem Amphitheater hinzugekommen.
Messepalast	Unweit vom Ausstellungsgelände, an der Straße Dukelských hrdinů (Nr. 45), befindet sich der 1924–1928 von O. Tyl und J. Fuchs im Bauhausstil errichtete Messepalast (Veletržní palác; 1974 ausgebrannt), der nach Restaurierung ein Museum für zeitgenössische Kunst aufnehmen soll.
*Schloß Troja	Nördlich vom Baumgarten, jenseits der Moldau im Vorort Troja, liegt das schöne Barockschloß Troja (letohrádek Trója), 1679–1685 von Jean Baptiste Mathey erbaut, mit einer später hinzugefügten prächtigen Freitreppe, deren Figurenschmuck (eine Gigantomachie = Kampf der Götter mit den Titanen) von J.G. und P. Heermann aus Dresden sowie den Brüdern J.J. und F.M. Brokoff stammt. Im Inneren beachtenswert ist der sog. Kaisersaal mit Wand- und Deckengemälden (1691–1697) des Niederländers Abraham Godin. – Ständige Ausstellung "Europäische Fayencen".
Zoologischer Garten	Weiter westlich erstreckt sich der Prager Zoologische Garten (Zoologická zahrada), zu dessen Attraktionen eine Herde von Przewalski-Pferden (Urwildpferde) gehört.

Břevnov und Weißer Berg · Bílá hora

Břevnov	Bei der Ausfahrt auf der westwärts nach Karlsbad (Karlovy Vary) führenden Straße Nr. 6 erreicht man ca. 5 km von der Stadtmitte im Stadtteil Břevnov jenseits zweier kleiner Teiche rechts das 993 vom hl. Adalbert gegründete Benediktinerkloster (benediktinský klášter), das älteste Mönchskloster in Böhmen.
Benediktiner-kloster	Man betritt den Klosterhof durch ein schönes Portal (1740) von Kilian Ignaz Dientzenhofer, mit einer Statue des hl. Benedikt (von Karl Josef Hiernle). Die barocken Klosterbauten wurden 1708 von Paul Ignaz Bayer begonnen und bis etwa 1715 von Christoph Dientzenhofer vollendet. Im Inneren beachtenswert ist der Prälatensaal mit einem Deckenfresko (Pfauenwunder des hl. Günther) von Cosmas Damian Asam (1727).
Kirche St. Margarete	Mittelpunkt der Klosteranlage ist die Kirche St. Margarete (kostel svaté Markéty), bis etwa 1720 ebenfalls von Christoph Dientzenhofer erbaut, mit Deckenfresken von Johann Jakob Steinfels, Altarbildern von Peter Brandl und einer Statue der hl. Margarete (auf dem Hauptaltar) von Matthäus Wenzel Jäckel, der auch die Fassadenskulpturen geschaffen hat. Im Chorbereich ist kürzlich die Krypta der ursprünglich romanischen Klosterkirche freigelegt worden.
Weißer Berg	Nach weiteren 2 km auf der Straße Nr. 6 erhebt sich am westlichen Stadtrand der Weiße Berg (Bílá hora; 381 ü.d.M.), eine kahle Kalkhöhe, die am 8. November 1620 Schauplatz der tragischen Schlacht am Weißen Berge war: Die protestantischen Böhmen hatten sich hier unter ihrem 'Winterkönig' Friedrich V. von der Pfalz verschanzt, aber Maximilian von Bayern, das Haupt der katholischen Liga, griff mit seinen Bayern und den kaiserlichen Truppen so heftig an, daß in kaum einer Stunde der entscheidende Sieg erfochten war. Auf der Höhe befindet sich eine Wallfahrtskirche (mit Umgang) aus der ersten Hälfte des 18. Jahrhunderts.
Schloß Stern	Am nordwestlichen Abhang des Weißen Berges steht in dem ehemaligen Stern-Tiergarten (obora Hvězda) das Schloß Stern (letohrádek Hvězda), ursprünglich ein kaiserliches Lustschloß im italienischen Renaissancestil, 1555–1558 in Form eines sechsstrahligen Sternes vermutlich nach Plänen des Erzherzogs Ferdinand von Tirol für seine Geliebte, die Augsburger Patriziertochter Philippine Welser, erbaut, die er zwei Jahre darauf heiratete. Später war es Pulvermagazin; 1875 und 1890 wurde es erneuert. Von der alten Dekoration sind noch reizvolle Stuckreliefs bewahrt. Im Untergeschoß eine Ausstellung zur Schlacht am Weißen Berge (s. oben).

Zbraslav – Schloß Königsaal

Zbraslav · Königsaal

Rund 10 km südlich vom Prager Stadtzentrum liegt am linken Ufer der
Moldau (Vltava), unweit der Mündung der Beraun (Berounka), das 1974 zu
Prag eingemeindete, bis dahin selbständige Städtchen Zbraslav, deutsch
Königsaal (210 m ü.d.M.), mit dem gleichnamigen Schloß (Zbraslavský
zámek), einst ein reiches und bedeutendes Zisterzienserkloster.

Lage und
Allgemeines

In der zweiten Hälfte des 13. Jahrhunderts ließ König Ottokar (Otakar) II.
am Zusammenfluß von Moldau und Beraun einen Jagdhof mit Kapelle
errichten, der unter König Wenzel (Václav) II. zu einem Zisterzienserkloster
ausgebaut wurde.

Kloster

Anfang des 18. Jh.s erfolgte unter der Leitung von G. Santini-Aichl und
F. M. Kaňka der Neubau des 1420 während der Hussitenkriege zerstörten
Klosters, das 1784 aufgehoben wurde und zu Beginn des 20. Jahrhunderts
von D. Jurkovič zu einer dreiteiligen Schloßanlage umgestaltet worden ist.
Seit 1976 befindet sich hier und in den Parkanlagen die Sammlung tsche-
chischer Bildhauerkunst der Nationalgalerie.

Schloß

Die ausgestellten Skulpturen stammen von Künstlern des 19. und 20. Jahrhunderts und zeigen die Entwicklung der neueren tschechischen Plastik
vom Klassizismus (V. Prachner, V. Levý, A. B. Popp u. a.) über die Romantik
(v. a. J. V. Myslbek), den Impressionismus (J. Mařatka, B. Kafka) und den
Jugendstil (S. Sucharda, Spätwerk) bis zum Symbolismus (F. Bílek) und zu
neueren Strömungen.

Sammlung
tschechischer
Bildhauerkunst
des 19. und
20. Jahrhunderts

⁕⁕Burg Karlstein

→ Karlštejn

Příbor · Freiberg H 3

Region: Nordmähren
Kreis: Nový Jičín
Höhe: 297 m ü.d.M.
Einwohnerzahl: 13000

Lage und
Bedeutung

Die alte nordostmährische Stadt Příbor – deutsch Freiberg –, 30 km südwestlich von → Ostrava (Ostrau) gelegen, baut sich an einem Hügelhang über dem Flußtal der Lubina auf. Textilfabrikation und Automobilbau sind die wesentlichen Wirtschaftszweige.
Freiberg ist der Geburtsort des Arztes und Psychologen Sigmund Freud (1856–1939; → Berühmte Persönlichkeiten), des Begründers der wissenschaftlichen Psychoanalyse.

Sehenswertes in Příbor

Rathaus

An dem rechteckigen, von alten Laubenhäusern (vielfach aus der Zeit der Renaissance und des Barock) umgebenen Marktplatz steht das Rathaus, ein Barockbau aus dem 16. Jh. mit beachtenswertem Sgraffitoschmuck.

Dekanatskirche

Unweit südöstlich vom Marktplatz erhebt sich die große Dekanatskirche (Pfarrkirche Mariä Geburt), ein ursprünglich gotischer, einst befestigter Sakralbau (14. Jh.; bemerkenswerte Inneneinrichtung), der später erweitert worden ist.

Ehemaliges
Piaristenkloster

Die nordwestlich vom Marktplatz befindlichen Bauten des ehem. Piaristenklosters stammen samt der Kirche des hl. Valentin aus dem 18. Jahrhundert.

Sigmund-Freud-
Gedenkstätte

Im Kolleggebäude ist eine museale Gedenkstätte für Sigmund Freud eingerichtet; unweit südlich ein Denkmal für den berühmten Sohn der Stadt.

Stadtplan

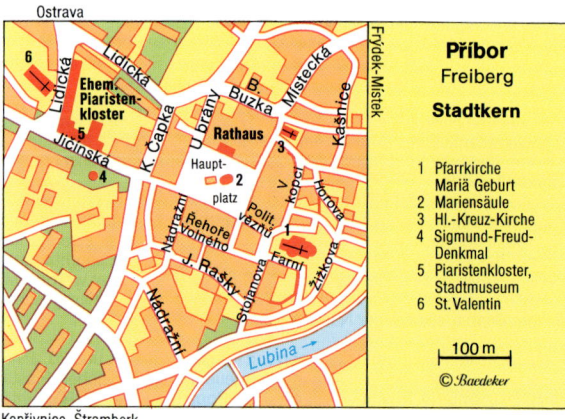

Příbor
Freiberg

Stadtkern

1 Pfarrkirche
   Mariä Geburt
2 Mariensäule
3 Hl.-Kreuz-Kirche
4 Sigmund-Freud-
   Denkmal
5 Piaristenkloster,
   Stadtmuseum
6 St. Valentin

100 m

© Baedeker

Kopřivnice, Štramberk

Umgebung von Příbor

Kopřivnice

Rund 10 km südlich (über Lubina) liegt die rege Industriestadt Kopřivnice (Nesselsdorf; 320 m ü.d.M., 24000 Einw.) mit den 'Tatra'-Automobilwerken (Lkw und Pkw), in denen Ferdinand Porsche (1875–1951;

⟶ Berühmte Persönlichkeiten) ein erstmals von einem luftgekühlten Motor angetriebenes Auto ('Tatraplan') konstruierte. Im Stadtmuseum wird u. a. über die Geschichte des hiesigen Kraftfahrzeugbaues berichtet (unter den Exponaten das erste Auto des Typs 'Tatra Präsident', von 1897). Ferner sind dort Wettkampftrophäen des 1922 in Kopřivnice geborenen Langstreckenrekordläufers Emil Zátopek (vulgo 'die tschechische Lokomotive') ausgestellt, der insgesamt vier olympische Goldmedaillen (1948 in London 10000 m; 1952 in Helsinki 5000 m, 10000 m und Marathonlauf) gewonnen sowie dreizehn Weltrekorde aufgestellt hat.

Příbor,
Kopřivnice
(Fortsetzung)

Nur 5 km südwestlich von Kopřivnice erreicht man das malerische alte Städtchen Štramberk (Stramberg; 418 m ü. d. M., 4500 Einw.) mit Holzhäusern und Resten der Stadtmauer. Der Ort wird überragt von einem 'Trúba' genannten Rundturm (restauriert; Aussicht), dem Überrest einer mittelalterlichen Burg (14. Jh.).
Unweit südlich von Štramberk (15 Min. zu Fuß) der Kalkhügel 'Kotouč' (532 m ü. d. M.) mit der petrefaktenreichen Šipka-Höhle, wo u. a. der Kiefer eines Steinzeitmenschen (Neandertaler, vor ca. 100000 Jahren) gefunden worden ist.

Štramberk

*Šipka-Höhle

Das im Gebiet der brauchtumsbewußten Lachen gelegene Dorf Hukvaldy (Hochwald; 350 m ü. d. M., 2000 Einw.), 8 km östlich von Příbor, ist der Geburtsort des tschechischen Komponisten Leoš Janáček (1854–1928; ⟶ Berühmte Persönlichkeiten). In seinem Geburtshaus, der einstigen Dorfschule, hat man eine Gedenkstätte eingerichtet; alljährlich im Mai werden die Lachischen Janáček-Musikfestspiele veranstaltet.
Hukvaldy ist aber auch bekannt wegen der dort befindlichen, etwa 300 m langen Ruine einer mittelalterlichen Burg (13. Jh.; 1792 ausgebrannt); in der Nähe ein ausgedehntes Gehege für Dam- und Muffelwild.

Hukvaldy

Pürglitz

⟶ Křivoklát

Reichenau an der Kněžna

⟶ Rychnov nad Kněžnou

Reichenberg

⟶ Liberec

Riesengebirge

⟶ Krkonoše

Rychnov nad Kněžnou · **Reichenau** an der Kněžna   **F 2**

Region: Ostböhmen
Kreis: Rychnov nad Kněžnou
Höhe: 321 m ü. d. M.
Einwohnerzahl: 11000

Lage und
Allgemeines

Die ostböhmische Kreisstadt Rychnov nad Kněžnou – deutsch Reichenau an der Kněžna – liegt landschaftlich reizvoll am Fuße des Adlergebirges (→ Orlické hory) und ist altbekannt für seine Tuchmacherei. Der touristische Hauptanziehungspunkt ist das am Ort befindliche große Schloß.

Sehenswertes in Rychnov nad Kněžnou

Schloß

Das ehemals gräflich Kolovratsche Schloß ist ein ausgedehnter Frühbarockbau aus den Jahren 1676–1690, der im 18. und im 19. Jh. umgestaltet wurde. Im Inneren befinden sich eine Gemäldegalerie mit Werken der böhmischen, niederländischen und italienischen Kunst und eine reichhaltige Bibliothek. Aufmerksamkeit verdienen auch die schönen Gobelins sowie die vielfältigen Schnitzereien.

Schloßkirche

Die bemerkenswerte Schloßkirche stammt ursprünglich aus den Jahren 1594–1602, wurde jedoch später barockisiert und 1843 abermals verändert.

Tuchmacher-
häuser

Unterhalb des Schlosses (V chaloupkách) stehen noch einige alte Tuchmacherhäuser.

Umgebung von Rychnov nad Kněžnou

Vamberk

5 km südlich liegt der Industrieort Vamberk (Wamberg; 320 m ü.d.M., 5700 Einw.), der für seine traditionelle Spitzenerzeugung bekannt ist. Im Ort gibt es ein Museum, in dem die Kunst der Spitzenklöppelei dargestellt wird.

Doudleby
nad Orlicí

6 km südlich von Rychnov nad Kněžnou liegt Doudleby nad Orlicí (Daudleb; 281 m ü.d.M., 2000 Einw.), ein Städtchen mit einem sgraffitogeschmückten Renaissanceschloß vom Ende des 16. Jh.s. (1953–1971 restauriert); darin eine ständige Ausstellung des Prager Kunstgewerbemuseums (Toilettentische, Spiegel u.ä. vom 16. bis 20. Jh.). Schloßpark.

Liberk

6 km nordöstlich von Rychnov nad Kněžnou ist in Liberk eine barocke Holzkirche von 1691 (Tafelbilder, Skulpturen) bemerkenswert.

Kostelec
nad Orlicí

8 km südwestlich von Rychnov nad Kněžnou gelangt man zu der Stadt Kostelec nad Orlicí (Adlerkosteletz; 272 m ü.d.M., 7000 Einw.) mit Leicht- und Lebensmittelindustrie sowie mit zwei Schlössern (17. bzw. 19. Jh.), einer Barockkirche (gotische Madonna, um 1500) und einem Schloßpark im englischen Stil (42 ha; Naturschutzgebiet.)

Častolovice

2 km westlich von Kostelec nad Orlicí liegt Častolovice (263 m ü.d.M.; 1500 Einw.) mit einem ursprünglich um 1600 im Renaissancestil erbauten Schloß, das später neugotisch verändert wurde (wertvolle historische Inneneinrichtung; Gemäldesammlung, Bibliothek); Schloßpark.

Potštejn

9 km südlich von Rychnov nad Kněžnou liegt an der Wilden Adler (Divoká Orlice) der als Sommerfrische beliebte Ort Potštejn (Pottenstein; 315 m ü.d.M.). Beachtenswert ist hier das Barockschloß von 1749; über dem Ort eine Burgruine (urspr. 13. Jh.; seit dem 17. Jh. verfallen).

Skalka

11 km nördlich von Rychnov nad Kněžnou erreicht man den Ort Skalka mit reizvollem Barockschloß (1736–1739; Rokokointerieur, große Kapelle; Museum).

Žamberk

15 km südöstlich von Rychnov nad Kněžnou liegt das Industriestädtchen Žamberk (Senftenberg; 418 m ü.d.M., 6300 Einw.). In der Barockkirche sind Gemälde von Peter Brandl beachtenswert. In Žamberk wurde Prokop Diviš († 1765), der Erfinder des Blitzableiters, geboren.

Saar

→ Žd'ár nad Sázavou

Saaz

→ Žatec

Sankt Joachimsthal

→ Jáchymov

Schlan

→ Slaný

Schüttenhofen

→ Sušice

Slaný · Schlan   D 2

Region: Mittelböhmen
Kreis: Kladno
Höhe: 290 m ü.d.M.
Einwohnerzahl: 17 000

Die alte Stadt Slaný – deutsch Schlan – liegt in Mittelböhmen an dem im   Lage und
Mittelalter bedeutenden Handelsweg zwischen Eger (→ Cheb) und Prag   Bedeutung
(→ Praha).
Heute ist die Industrie (Textilmaschinen, Akkumulatoren u.a.) von Bedeu-
tung; Steinkohleförderung erwogen.

Sehenswertes in Slaný

Bemerkenswert sind die gotische Kirche St. Gotthard (14. Jh.), die Drei-   Kirchen
faltigkeitskirche von 1655, die Heiliggrabkapelle sowie das ehem. Franziskanerkloster von 1651.

Das ehem. Piaristenkolleg (von 1655; schöne Marienkapelle) dient heute   Piaristenkolleg
als Museum und Bibliothek.

Das Rathaus von Slaný (Stadtrechte seit 1305) ist ein Bau (mit hohem   Rathaus
Turm) von 1751.

Von der gotischen Stadtbefestigung sind bedeutende Reste erhalten   Stadtmauerreste
(Basteien; Velvary-Tor).

Das Städtische Museum enthält stadtgeschichtliche, volkskundliche und   Städtisches
archäologische Sammlungen.   Museum

395

Umgebung von Slaný

1 km westlich liegt Mšecké Žehrovice (420 m ü. d. M.), eine Ortschaft mit Überresten einer frühgeschichtlichen Burgstätte ('Schwedenschanze' genannt); 1943 hat man hier einen steinernen keltischen Kopf aus der Zeit um 100 v. Chr. gefunden (heute im Prager Nationalmuseum).

Mšecké Žehrovice

Das 6 km nördlich von Slaný gelegene Zlonice (230 m ü. d. M., 2500 Einw.) besitzt eine große Barockkirche (Pläne von K. I. Dientzenhofer); in der barocken Pfarre eine Dvořák-Gedenkstätte.

Zlonice

7 km nordwestlich von Slaný liegt das Dorf Třebíz (330 m ü. d. M.) mit einem Freilichtmuseum, in dem Beispiele der ländlichen Steinbauweise mittelböhmischer Dörfer zu sehen sind.

Třebíz

Slavkov u Brna · Austerlitz   **F 3**

Region: Südmähren
Kreis: Vyškov
Höhe: 211 m ü. d. M.
Einwohnerzahl: 5600

Die Umgebung des gut 20 km östlich von der mährischen Hauptstadt Brünn (⟶ Brno) gelegenen Städtchens Slavkov u Brna – deutsch Austerlitz – erlangte europäische Bekanntheit durch die 'Dreikaiserschlacht' am 2. Dezember 1805, bei der die Franzosen unter Napoleon I. die verbündeten Heere der Russen unter Alexander I. und der Österreicher unter Franz I. vernichtend schlugen. Die unmittelbar nach der Schlacht im Austerlitzer Schloß begonnenen Waffenstillstandsverhandlungen führten zum Friedensschluß von Preßburg (s. Reiseziele von A bis Z in der Slowakischen Republik: ⟶ Bratislava).

Lage und geschichtliche Bedeutung

Schlacht bei Austerlitz (2. Dez. 1805)

Sehenswertes in Slavkov u Brna

In dem großen ehemals gräflich Kaunitzschen Barockschloß (1731–1752; nach schweren Schäden im Zweiten Weltkrieg ab 1952 wiederhergestellt) befinden sich sehenswerte Gemäldegalerien, eine Bibliothek und eine ständige Ausstellung über Napoleon und die Dreikaiserschlacht von 1805. Der Schloßgarten ist nach dem Vorbild eines englischen Parks angelegt.

Schloß (Museum)

Schloßgarten

Im Ort Slavkov u Brna (Spiritus- und Zuckerfabriken) sind einige Bürgerhäuser aus der Zeit der Spätgotik und Renaissance sowie das Renaissancerathaus vom dem Ende des 16. Jh.s bemerkenswert. Die einstige Synagoge dient heute als Konzertsaal.

Bauwerke im Ort

Schlachtfeld von Austerlitz (Übersichtskarte s. S. 398)

Zum Denkmal auf dem Friedenshügel (10 km; Wegweiser 'Mohyla míru') fährt man von Austerlitz westlich über das kleine Dorf Křenovice (Krenowitz, 4 km; einst Hauptquartier des russischen und des österreichischen Heeres) nach Prace (Pratze, 9 km; Heiligkreuzkirche) und von dort noch 1 km in nördlicher Richtung aufwärts zum Pratzeberg (Pratecký kopec, 324 m ü. d. M.; Parkplatz), der in der Schlacht am meisten umkämpften Höhe, die heute Friedenshügel (Mohyla míru) heißt. Hier steht ein 26 m hohes, 1910/1911 im Jugendstil errichtetes Ehrenmal in Form einer alt-

Auf den Friedenshügel

Prace

*Ehrenmal auf dem Friedenshügel

◀ *Mohyla míru – Ehrenmal für die Gefallenen der Schlacht bei Austerlitz*

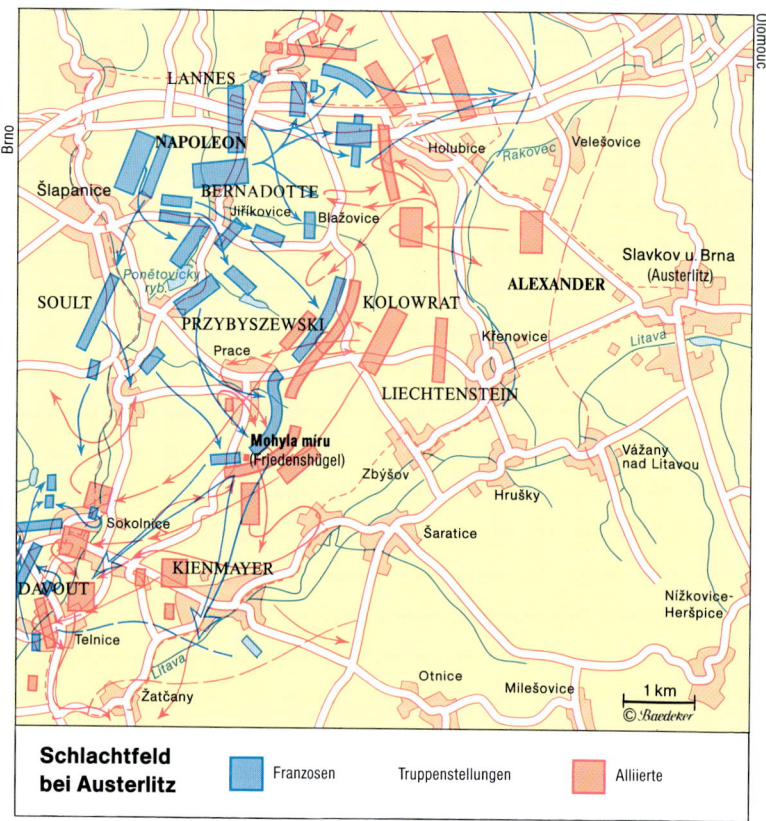

LANNES
NAPOLEON
Holubice   Velešovice
Rakovec
Šlapanice
BERNADOTTE
Jiříkovice   Blažovice
Slavkov u Brna
(Austerlitz)
ALEXANDER
SOULT
KOLOWRAT
Ponětovicky
ryb.
PRZYBYSZEWSKI
Prace   Křenovice   Litava
LIECHTENSTEIN
Mohyla míru
(Friedenshügel)
Vážany
nad Litavou
Zbýšov
Hrušky
Sokolnice
Šaratice
KIENMAYER
DAVOUT
Nížkovice-
Heršpice
Telnice
Litava
Otnice   Milešovice   1 km
Žatčany
© Baedeker
Brno
Olomouc

Schlachtfeld
bei Austerlitz   Franzosen   Truppenstellungen   Alliierte

Schlachtfeld von Austerlitz (Fortsetzung)	slawischen Grabstätte zur Erinnerung an die hier gefallenen Soldaten (etwa 7000 Franzosen sowie 27 000 verbündete Österreicher und Russen). In der Basis befindet sich eine Gedenkkapelle (Altar aus Carraramarmor; Ossarium; Flüstergewölbe).
*Aussicht	Vom Friedenshügel hat man eine weite Aussicht nach Norden über das Schlachtfeld.
Museen	Unweit unterhalb ein kleines Schlachtmuseum (Pläne, Bilder, Waffen, Uniformen u. a.; Souvenirverkauf), dabei ein Imbißstand. Ein weiteres Museum, das an die Schlacht erinnert, befindet sich 5 km nordwestlich in Šlapanice.
Weitere Gedenkstätten	In und bei den umliegenden Ortschaften – Újezd, Sivice, Telnice, Žatčany, Šlapanice, Sokolnice, Pozořice – befinden sich zahlreiche weitere Gedenkstätten.
Höhe Žuráň	Zu den wichtigsten gehört nördlich der Ortschaft Šlapanice die Höhe Žuráň (287 m ü.d.M.), der auch als 'Kaiserhügel' oder 'Napoleonstisch' bekannte Standort des Feldzeltes Kaiser Napoleons I. Ein 1935 an dieser Stelle errichteter, von den Emblemen Frankreichs gezierter Marmortisch trägt eine Metallreliefplatte mit der genauen Darstellung der Schlachtordnung am Morgen vor dem Kampf. Hier bietet sich ein guter Überblick über

den größten Teil des Schlachtfeldes; südlich im Hintergrund das Ehrenmal auf dem Friedenshügel (vgl. zuvor). In der Nähe wurden bereits 1850 Gräber aus der Zeit der Völkerwanderung entdeckt.

Bei dem Dorf Tvarožná steigt die bewaldete Höhe Santon (296 m ü.d.M., auch 'Napoleonshügel'; urspr. 'Padělek') an, von den Franzosen so benannt nach einem aus ihrem Ägyptenfeldzug von 1798 bekannten Hügel Santon, mit einer Marienkapelle, die 1832 an der Stelle einer bei den Kampfhandlungen von 1805 zerstörten Kapelle errichtet wurde. In der Umgebung (heute Naturschutzgebiet) sind noch Stellungsspuren zu erkennen.

Höhe Santon

Umgebung von Slavkov u Brna

12 km östlich liegt Bučovice (230 m ü.d.M., 4500 Einw.), eine Stadt (Möbel- und Nahrungsmittelindustrie) mit einem Renaissanceschloß von 1567–1582 (Museum mit volkskundlichen Sammlungen); im Erdgeschoß wertvolle Interieurs (Kaisersaal, Venussaal u.a.), außen schöner Arkadenhof und zeitgenössischer Garten.

Bučovice

18 km nordöstlich von Slavkov u Brna erreicht man die Kreisstadt Vyškov (Wischau; 254 m ü.d.M., 24 000 Einw.; Holz- und Maschinenindustrie), einst der Mittelpunkt einer deutschen Sprachinsel. Sehenswert sind das Barockschloß aus dem 17. Jh. (jetzt Heimatmuseum mit Sammlungen kunstgewerblicher Keramik des 17.–19. Jh.s) sowie das Renaissancerathaus (1569–1613) am Marktplatz.

Vyškov

30 km östlich gelangt man zu dem Städtchen Střílky (337 m ü.d.M.; 1000 Einw.) mit einem barocken, symmetrisch angelegten Friedhof (1730 bis 1743); am westlichen Ortsrand ein barockisiertes Renaissanceschloß.

Střílky

Slavonice · Zlabings   E 3/4

Region: Südböhmen
Kreis: Jindřichův Hradec
Höhe: 512 m ü.d.M.
Einwohnerzahl: 2500

Die kleine historische Stadt Slavonice – deutsch Zlabings – liegt in Südböhmen nahe der tschechisch-österreichischen Grenze. Der Ort wurde bereits 1277 gegründet, die größte Bautätigkeit entwickelte sich hier jedoch erst im 15. und 16. Jh., als Slavonice eine wichtige Station (Pferdewechsel) an der Fernstraße zwischen Wien und Prag (⟶ Praha) war.

Lage und Entwicklung

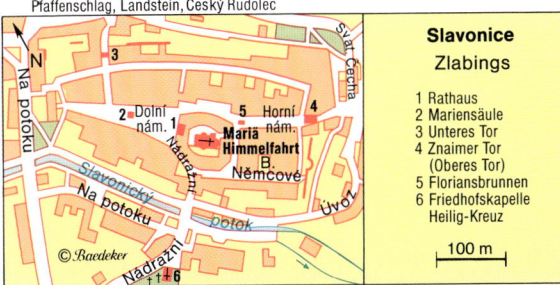

Ortsplan

Slavonice
Zlabings

1 Rathaus
2 Mariensäule
3 Unteres Tor
4 Znaimer Tor
  (Oberes Tor)
5 Floriansbrunnen
6 Friedhofskapelle
  Heilig-Kreuz

100 m

© Baedeker

Slavonice – schmuckreiche Giebelhäuser ...   ... in Zlabings

Sehenswertes in Slavonice

Bauwerke

Sowohl den Unteren Platz (Dolní náměstí) als auch den Oberen Platz (Horní náměstí) säumen zahlreiche wohlerhaltene spätgotische und vor allem Renaissancehäuser mit lombardischen und venezianischen Giebeln sowie reichem Sgraffitoschmuck; charakteristisch sind hier die großen, überwölbten Vorräume ('Maßhäuser').

*Sgraffitoschmuck

Des weiteren beachtenswert sind die gotische Kirche mit einem Renaissanceturm (1549) und das Rathaus (1599).

Reste der Renaissancebefestigungen (vor allem zwei Stadttore aus dem 16. Jh.) sind erhalten.

Umgebung von Slavonice

Pfaffenschlag

4 km nordwestlich liegt die archäologische Fundstätte Pfaffenschlag mit Ausgrabungen eines mittelalterlichen Dorfes.

Český Rudolec

7 km nordwestlich von Slavonice liegt die Ortschaft Český Rudolec (511 m ü.d.M.) mit einer spätgotischen, zweischiffigen Kirche (1480) und einem neugotischen Schloß von 1860.

Burgruine
Landstein

10 km nordwestlich von Slavonice erhebt sich die ausgedehnte Ruine der Burg Landštejn (Landstein; 649 m ü.d.M.), die am Anfang des 13. Jh.s gegründet (romanische Kapelle erhalten) und später erweitert wurde. Im Jahre 1771 fiel die Burg, die an der historischen Grenze von Böhmen, Mähren und Niederösterreich steht, einer Feuersbrunst zum Opfer und wurde verlassen (Restaurierung im Gange).

Soběslav · Sobieslau   **D 3**

Region: Südböhmen
Kreis: Tábor
Höhe: 405 m ü.d.M.
Einwohnerzahl: 6800

Das südböhmische Soběslav – deutsch Sobieslau – ist ein altes, 16 km   Lage und
südlich von → Tábor gelegenes Städtchen mit Textil- und Möbelfabriken.   Allgemeines

Bemerkenswertes in Soběslav

Am Hauptplatz stehen zwei spätgotische Kirchen aus dem 14.–15. Jh.,   Hauptplatz
eine mit 78 m hohem, weithin sichtbarem Turm, sowie Renaissancehäuser
des 16. und 17. Jh.s, das barocke Alte Rathaus sowie das Städtische
Museum (Trachten und Volkskunst).

Von der einstigen Burg (urspr. 13. Jh.) ist ein runder Wartturm aus dem   Burg
14. Jahrhundert erhalten.

Umgebung von Soběslav

Etwa 5–10 km südwestlich erstrecken sich zwischen Waldstücken aus-   **Moore**
gedehnte Moore (Blata) mit Torflagern und typischer Flora.

In den Randdörfern – Klečaty, Komárov, Zálší, Plástovice und insbeson-   Bauernbarock
dere Vlastiboř – findet man zahlreiche Beispiele für den sog. Bauernbarock. Die gemauerten Gutshäuser sind oft mit geschlossenen Höfen und
Barockelementen (v.a. an den Giebeln) versehen.

Strakonice · Strakonitz   **C 3**

Region: Südböhmen
Kreis: Strakonice
Höhe: 393 m ü.d.M.
Einwohnerzahl: 24000

Die in der ersten Hälfte des 13. Jh.s gegründete südböhmische Kreisstadt   Lage und
Strakonice – deutsch Strakonitz – liegt an der Mündung der Wolinka   Bedeutung
(Volyňka) in die Wottawa (Otava) zwischen den nördlichsten Ausläufern des
Böhmerwaldes (Šumavské podhůří) und besitzt einige wirtschaftliche
Bedeutung durch ihre Textilfabriken (Strickwaren; seit 1812 Filzherstel-
lung, bes. für Feze), Maschinenbau und Kraftfahrzeugindustrie (Motor-
räder).

Sehenswertes in Strakonice

Die große ursprünglich gotische Johanniterburg (13. Jh.) wurde im 15. Jh.   **Johanniterburg**
umgebaut und enthält heute ein Museum (Archäologie, Kunst, Goldwä-   (Museum)
scherei, Dudelsackpfeifen). Im Burghof finden alljährlich internationale
Festspiele der Dudelsackpfeifer statt. In der Burgkirche (Prokopkirche)
beachte man die Wandmalereien.

Bemerkenswert sind die im 16. Jh. im Renaissancestil errichtete und spä-   Kirchen
ter barock umgestaltete Kirche St. Margarethe sowie die Friedhofskirche
St. Wenzel (urspr. romanisch; im 18. Jh. verändert).

![Strakonice – Gebäude der Städtischen Sparkasse in Strakonitz]

Strakonice – Gebäude der Städtischen Sparkasse in Strakonitz

Bürgerhäuser   Am Marktplatz stehen noch einige alte Bürgerhäuser.

Umgebung von Strakonice

Bauernbarock   Südlich und südöstlich liegen mehrere Dörfer mit Beispielen für den Bauernbarock aus dem 19. Jh.: Miloňovice, Radošovice, Sousedovice, Strunkovice, Jiřetice, Zechovice.

Helfenburg   Die Helfenburg (683 m ü. d. M.), 13 km südöstlich von Strakonice, ist die auf einem Hügel gelegene Ruine einer gotischen Burg der Rosenberger (gegr. 1355; Ende des 16. Jh.s verlassen).

Volyně   Volyně (461 m ü. d. M.; 3000 Einw.), 10 km südlich von Strakonice gelegen, besitzt eine Feste vom Beginn des 14. Jh.s (Museum), ein Renaissancerathaus mit Sgraffiti und eine gotische, teilweise barock umgestaltete Kirche.

Strážnice · Straßnitz   G 4

Region: Südmähren
Kreis: Hodonín
Höhe: 177 m ü. d. M.
Einwohnerzahl: 6000

Lage und Allgemeines   Die bereits im Jahre 1302 urkundlich erwähnte Stadt Strážnice – deutsch Straßnitz – liegt in dem fruchtbaren südmährischen Weinbaugebiet, am Nordwestfuß der Weißen Karpaten und unweit der Grenze zur Slowakischen Republik (s. Umgebung).

Bemalte Ostereier aus dem brauchtumsbewußten Südmähren

Für die Region um Strážnice sind typisch weiße gemauerte Häuser mit bunt bemalten Vorbauten vor der Eingangstür (žudro).
Hier und in den nahen Ortschaften Vlčnov und Hluk findet alljährlich im Mai der volkstümliche 'Königsritt', verbunden mit einem großen Folklorefest, statt.

Brauchtum

*Königsritt

Sehenswertes in Strážnice

Das Renaissanceschloß wurde um die Mitte des 19. Jh.s umgebaut, erhalten blieben jedoch zwei Tore im Renaissancestil. Im Schloß sind eine Sammlung volkstümlicher Musikinstrumente und Folklorearbeiten (Volkskeramik) untergebracht.

Schloß
(Museum)

In dem ausgedehnten Park unterhalb des Schlosses befindet sich ein Freilichtmuseum der mährisch-slowakischen Volksarchitektur der Region Slovácko. Hier wird alljährlich Ende Juni ein beliebtes Volkstanz- und Volksliederfestival veranstaltet.

*Freilicht-
museum

Umgebung von Strážnice

10 km südlich liegt Bzenec (183 m ü. d. M., 4000 Einw.), eine südmährische Kleinstadt, die seit dem 14. Jh. durch ihren Weinbau bekannt ist (alljährlich im August volkstümliche Weinfeste). Beachtenswert ist das neugotische Schloß mit barockem Garten und englischem Park.

Bzenec

Das 12 km nordöstlich von Strážnice gelegene Dorf Blatnice ist für seine Volksfeste bekannt. Oberhalb der Ortschaft erhebt sich die bekannte Wallfahrtskirche des Anton von Padua aus dem 17. Jahrhundert.

Blatnice

12 km östlich von Strážnice liegt Kuželov (294 m ü. d. M.), ein Ortsteil von Hrubá Vrbka; oberhalb eine Windmühle des Holländertyps von 1824 (zugänglich).

Kuželov

12 km nordwestlich von Strážnice gelangt man nach Milotice (184 m ü. d. M.). Die dortige Pfarrkirche stammt vom Ende des 17. Jh.s; bemer-

Milotice

Strážnice,
Milotice (Forts.)   kenswert sind außerdem das Barockschloß (1720–1725; Sammlungen) und eine skulpturengezierte Brücke.

Hodonín   14 km südwestlich von Strážnice liegt die Kreisstadt Hodonín (Göding; 167 m ü.d.M., 25000 Einw.) mit Lebensmittelindustrie und großem Kraftwerk (auf der Basis einer bescheidenen lokalen Förderung von Erdöl, Erdgas und Lignit). Beachtung verdienen die spätbarocke Kirche (1780–1786) und am Marktplatz die Mariensäule (1716). Das hiesige mährisch-slowakische Museum besitzt wertvolle volkskundliche Sammlungen. Ferner bemerkenswert ist eine im Jugendstil gebaute Gemäldegalerie.

Die Stadt ist der Geburtsort des ersten tschechoslowakischen Präsidenten Tomáš Garrigue Masaryk (1850–1937; → Berühmte Persönlichkeiten). In der weingesegneten Umgebung findet man kleine, stilvolle Weinkeller, etwa in Čejkovice, Mutěnice, Petrov oder Prušánky.

Kyjov   16 km nordwestlich von Strážnice erreicht man die Industriestadt Kyjov (192 m ü.d.M., 12000 Einw.) mit einem kleinen Renaissanceschloß (1911 zuletzt umgebaut); darin ein Heimatmuseum. Beachtenswert ist das Renaissancerathaus von 1562 (1868 rekonstruiert).

Alljährlich finden in Kyjov folkloristische Festlichkeiten unter dem Motto "Das mährisch-slowakische Jahr" statt.

Umgebungsziele von Strážnice
in der benachbarten Slowakischen Republik

Skalica   8 km südwestlich von Strážnice liegt die Stadt Skalica (186 m ü.d.M., 15000 Einw.). Sehenswert sind hier die romanische Rotunde aus dem 12. Jh. (im 17. Jh. überbaut), die Reste gotischer Stadtmauern und die Renaissance-Pfarrkirche mit Grabkapelle und Beinhaus. Das slowakische Kulturhaus (1905) stammt von Dušan Jurkovič. Im Záhorie-Museum werden Habaner-Keramik und Holíč-Majolika gezeigt.

Holíč   16 km südwestlich von Strážnice erreicht man das Städtchen Holíč (185 m ü.d.M.; 8000 Einw.) mit einem großen barock-klassizistisches Schloß (1749–1754), in dem sich zu österreichischen Zeiten während der Sommermonate oft Familienmitglieder der Habsburger aufgehalten haben. Kaiserin Maria Theresias Gatte, Franz von Lothringen, hat hier eine Majolikamanufaktur gegründet.

Stříbro · Mies   B 3

    Region: Westböhmen
    Kreis: Tachov
    Höhe: 400 m ü.d.M.
    Einwohnerzahl: 4000

Lage und
Bedeutung   Das westböhmische Stříbro – deutsch Mies – ist ein bereits im Jahre 1240 gegründetes Bergstädtchen über der Mies (Mže), das seinen tschechischen Namen nach dem früher hier abgebauten Zink-, Blei- und Silbervorkommen ('stříbro' = Silber) trägt und einst königliche böhmische Privilegien besaß.

Bemerkenswertes in Stříbro

Bauwerke   Beachtenswert sind das Renaissancerathaus mit Sgraffiti von 1543 (1883 bis 1888 renoviert), eine Pestsäule (1725) und ein Brückentorturm (1555 bis 1560).

Stříbro – Stadtansicht von Mies

Das einstige Minoritenkloster (von Kaiser Josef II. aufgelöst) dient heute als Schule.

Bauwerke
(Fortsetzung)

Die spätgotischen Befestigungsanlagen sind teilweise gut erhalten.

Umgebung von Stříbro

Etwa 5–25 km nordöstlich breitet sich der gern als Freizeitgebiet besuchte Hracholusky-Stausee aus, in dem das Flußwasser der Mies (Mže) seit 1964 zurückgehalten wird; seine Fläche mißt 470 ha, seine Länge 20 km. Am östlichen See-Ende liegen nahe der Staumauer die Ruinen der gotischen Burg Buben.

Mies-Stausee

5 km südlich von Stříbro erreicht man Kladruby, einen Ort mit einer zu Anfang des 12. Jh.s gegründeten Benediktinerabtei. Die ursprünglich romanischen und gotischen Klosterbauten wurden im 17. und 18. Jh. umgestaltet. Bemerkenswert ist die schöne Klosterkirche. Das gesamte Areal gehört zu den hervorragendsten architektonischen Denkmälern in Böhmen.

Kladruby

*Klosterkirche

7 km nordwestlich von Stříbro liegt Svojšín (406 m ü. d. M.) mit einer romanischen Kirche vom Anfang des 13. Jh.s (später barockisiert; bemerkenswerter Turm).

Svojšín

30 km südwestlich von Stříbro, unweit des tschechisch-deutschen Grenzübergangs Rozvadov/Waidhaus, befinden sich die Überreste der Grenzfeste Přimda (Pfraumberg; 800 m ü. d. M.) an dem bewaldeten gleichnamigen Berg. Die erstmals 1121 urkundlich erwähnte romanische Burg ist die älteste erhaltene Adelsburg auf böhmischem Gebiet.

Přimda

Sušice · Schüttenhofen   C 3

Region: Westböhmen
Kreis: Klatovy
Höhe: 435 m ü.d.M.
Einwohnerzahl: 11 000

Lage und Bedeutung

Das alte westböhmische Städtchen Sušice – deutsch Schüttenhofen – liegt reizvoll in einer Talmulde der Wottawa (Otava) am Fuße des Berges Svatobor (845 m ü.d.M.; Aussichtsturm). Nachdem man hier in alten Zeiten Gold geschürft hat und 1707 ein verheerender Brand den Großteil des Ortes zerstörte, wurde später die Herstellung von Zündhölzern (seit 1839) bedeutsam. Sušice ist ein günstiger Ausgangspunkt für Touren in die reizvolle Umgebung des nordwestlichen Vorlandes des Böhmerwaldes.

Sehenswertes in Sušice

Wenzelskirche

Bemerkenswert ist die ursprünglich aus dem 14. Jh. stammende und später barock umgestaltete Wenzelskirche.

Böhmerwald-Museum

In dem spätgotischen Gebäude der Dechantei (mit Renaissance-Attika) am Marktplatz ist heute das Museum des Böhmerwaldes untergebracht, wo auch eine Ausstellung zum Thema Zündhölzer (u.a. Streichholz-schachteletiketten) gezeigt wird.

Bemerkenswerte Häuser

Im Hause Nr. 48 (Anfang 17. Jh.) befindet sich die Alte Apotheke.
Das frühbarocke, sgraffitogezierte Haus Nr. 49 ist heute das Hotel 'Fialka'.

Jüdischer Friedhof

Im Süden liegt der jüdische Friedhof (17. Jh.).

Sušice – Böhmerwald-Museum in Schüttenhofen

Von der barocken Schutzengelkapelle auf einer nahen Anhöhe bietet sich ein schöner Blick auf die Stadt.

Sušice (Forts.)
Stadtblick

Umgebung von Sušice

4 km südöstlich liegt das Dorf Albrechtice (715 m ü.d.M.) mit einer Kirche aus dem 12. Jh. (später umgebaut); das frühgotische Portal ist erhalten.

Albrechtice

6 km südlich von Sušice erreicht man den Urlaubsort Annín (530 m ü.d.M.; Campingplatz) mit bedeutender Glashütte.

Annín

7 km südwestlich von Sušice liegt das Dorf Petrovice (650 m ü.d.M.) mit einer beachtenswerten gotischen Festungskirche (romanischer Turm vom Anfang des 13. Jh.s).

Petrovice

10 km nordöstlich von Sušice erreicht man den Ort Rabí (478 m ü.d.M.) mit der Ruine der gleichnamigen Burg vom Beginn des 14. Jh.s, die später erheblich erweitert und stark befestigt worden ist (Restaurierung im Gange). Bei ihrer Belagerung (1421) verlor Jan Žižka (→ Berühmte Persönlichkeiten) sein zweites Auge.

Burgruine Rabí

Rejštejn (563 m ü.d.M.), 10 km südlich von Sušice, ist ein alter Bergbauort, in dem früher Gold geschürft wurde, und ein guter Ausgangspunkt für Touren in das Tal der Widra (Vydra; Naturschutzgebiet).

Rejštejn

10 km südöstlich von Sušice liegt Kašperské Hory (Bergreichenstein; 740 m ü.d.M., 2000 Einw.), ein ehem. Bergbaustädtchen. Von der Blütezeit der mittelalterlichen Goldförderung zeugen am Marktplatz ein Renaissancerathaus und eine gotische, später barock umgebaute Kirche; in der Friedhofskirche (um 1300) gotische Malereien. Böhmerwaldmuseum.
Kašperk (Reichenstein; 886 m ü.d.M.), nördlich von Kašperské Hory, heißt die weithin sichtbare Ruine einer von Karl IV. im 14. Jh. gegründeten Burg mit zwei Türmen und Resten des Palas.

Kašperské Hory

Burgruine
Reichenstein

20 km nordöstlich von Sušice gelangt man nach Horažďovice (427 m ü.d.M., 6500 Einw.), einer alten, vor 1279 gegründeten Stadt. Am Marktplatz stehen gotische und Barockhäuser, nördlich die dreischiffige St.-Peter-und-Paul-Kirche (13. Jh.; kostbare Inneneinrichtung); ferner beachtenswert ist die gotische, zum Barockschloß umgebaute Burg. Museum. In einem Flußarm der Wottawa (Otava) wurden bis Anfang des 20. Jh.s Perlmuscheln gezüchtet.

Horažďovice

Tábor · Tabor   **D 3**

Region: Südböhmen
Kreis: Tábor
Höhe: 437 m ü.d.M.
Einwohnerzahl: 34000

Die südböhmische Kreisstadt Tábor – deutsch Tabor – liegt etwa 90 km südlich von Prag (→ Praha) auf einer Anhöhe zwischen dem Jordanteich (Jordán; 1492 angelegt, ältester Stausee des Landes) im Norden und der teilweise tief eingeschnittenen Lainsitz oder Luschnitz (Lužnice) im Süden.

Lage

Die nach dem biblischen Berg Tabor benannte Stadt wurde 1420 an der Stelle einer unbedeutenden älteren Siedlung bei der Burg Kotnov von dem Hussitenführer Jan Žižka (→ Berühmte Persönlichkeiten) als Festung gegründet und zur Hochburg der Hussitenbewegung, besonders der radikalen Richtung der Taboriten, gemacht.

Hussitenfestung

✳Stadtbild

Die Altstadt im Westen bietet mit ihren zahlreichen altertümlichen Gassen und den teilweise erhaltenen Befestigungen das geschlossene Bild einer mittelalterlichen Kleinstadt, während die sich östlich davon ausdehnende weiträumige Neustadt mit dem wichtigen Bahnhof für fünf Eisenbahnlinien die vielseitigen Industriebetriebe beherbergt (Zündkerzen, Konfektion, Nahrungsmittel).

Sehenswertes in Tábor

Ringplatz
Žižka-Standbild

In der Mitte der Altstadt liegt der Ringplatz, offiziell Žižkaplatz (Žižkovo náměstí), mit einem Erzstandbild Žižkas (von Josef Strachovský, 1884) und einem hübschen Renaissancebrunnen. Unter dem Platz sowie unter der ganzen Altstadt ein Labyrinth von Gängen, die den Hussiten als Zufluchtsort dienten (vom Museumsgebäude zugänglich).

✳**Altes Rathaus**
(Museum)

An der Westseite des Žižkaplatzes steht das im Jahre 1440 begonnene, 1521 vollendete, später jedoch mehrfach umgebaute Alte Rathaus, dessen Inneres ein hauptsächlich der Hussitenbewegung gewidmetes Museum enthält. Besonders beachtenswert im ersten Stock der spätgotische Ratssaal (1515) mit reichem Gewölbe und einem Stadtwappen, dessen Rahmen Statuetten von Žižka, Prokop, Hus und Hieronymus sowie eine Adamitengruppe (hussitische Sekte) einschließt.
Vor dem Rathaus sowie vor dem Ctiborhaus (Žižkaplatz Nr. 6) Steintische, auf denen das hussitische Abendmahl ausgeteilt worden sein soll.

Dekanatskirche

In der Nordwestecke des Ringplatzes erhebt sich die gleichzeitig mit dem Rathaus begonnene, 1512 fertiggestellte Dekanatskirche oder Kirche der Verklärung Christi auf dem Berge Tabor (Chrám Proměnění Krista Pána na hoře Tábor) mit 77 m hohem Turm.

Stadtplan

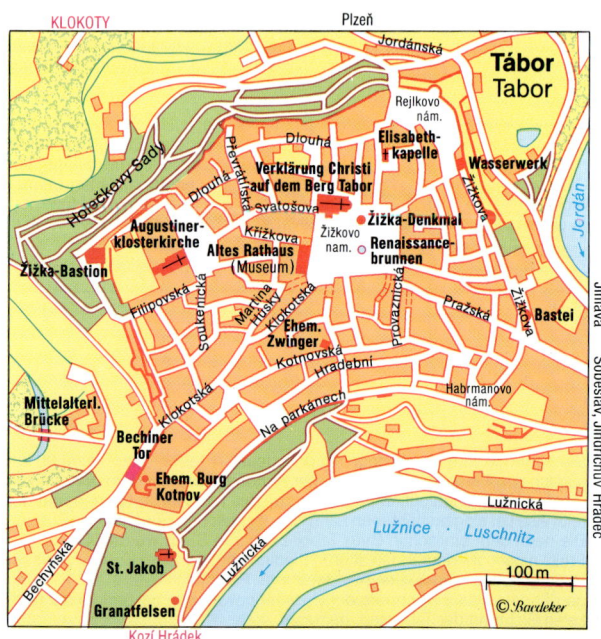

Altes Rathaus   *Dekanatskirche*

Bei der Südostecke des Ringplatzes beginnt die Prager Straße (Pražská   Bürgerhäuser
ulice), an der mehrere schöne Renaissancehäuser stehen.

Unweit westlich vom Rathaus steht am Klosterplatz (Kášterní náměstí;   **Augustiner-**
amtlich Náměstí Mikuláše z Husi) die 1662 im Barockstil vollendete ehem.   **klosterkirche**
Augustinerklosterkirche.

Von der Südwestecke des Ringplatzes führt die Straße Klokotská ulice zu   **Burg Kotnov**
der ehem. Burg Kotnov (14. Jh.), von der im wesentlichen nur noch ein
mächtiger Rundturm erhalten ist (im Inneren eine Abteilung des Museums;
vgl. zuvor).
Bei dem Turm ragt das Bechiner Tor (Bechyňská brána) auf.   Bechiner Tor

Besonders am nördlichen Rande der Altstadt sind noch Reste der alten   Stadtbefestigung
Stadtbefestigung mit fünfseitigen Bastionen erhalten.

Umgebung von Tábor

In dem nordwestlichen Vorort Klokoty, an der Straße nach Pilsen, befindet   Klokoty
sich ein barockes Wallfahrtskloster (1701–1730) mit mehreren kupfer-
gedeckten Kuppeltürmen.

5 km südöstlich von Tábor erhebt sich die inmitten schöner Wälder gele-   **Burgruine**
gene Ruine der Ziegenburg (Kozí Hrádek; 14. Jh., seit 1438 zerstört), wo   **Kozí Hrádek**
der böhmische Reformator Jan Hus (→ Berühmte Persönlichkeiten) von
1412 bis 1414 lebte und wirkte.

Gute Wassersportmöglichkeiten gibt es auf der flußabwärts reizvoll ge-   Luschnitz
wundenen Lainsitz oder Luschnitz (Lužnice → Třeboň).

Telč – Marktplatz in Teltsch

Taus

⟶ Domažlice

Telč · Teltsch   E 3

Region: Südmähren
Kreis: Jihlava
Höhe: 514 m ü. d. M.
Einwohnerzahl: 5000

Lage und
Bedeutung

Das sehenswerte altertümliche Städtchen Telč – deutsch Teltsch – liegt östlich der Talmulde der Mährischen Thaya in einer gewellten Landschaft des südlichen Teils der Böhmisch-Mährischen Höhe (Českomoravská vrchovina).

✳ Stadtarchitektur

Telč, das seine größte Blütezeit im 16. Jh. unter der Herrschaft der Herren von Hradec erlebte, gehört neben Krumau (⟶ Český Krumlov) zu den architektonisch wertvollsten Städten des ganzen Landes.

Sehenswertes in Telč

✳✳ **Marktplatz**

Besondere Beachtung verdient der langgestreckte, in seiner ursprünglichen Geschlossenheit einzigartige Marktplatz mit seinen malerischen Giebelhäusern und Laubengängen aus der Zeit der Renaissance und des Barock. Im östlichen Teil des Marktplatzes stehen eine Mariensäule (1716 bis 1717) und zwei barocke Brunnen.

Mariensäule

✳ **Schloß**

Den Marktplatz schließt im Nordwesten das Schloß (Zámek) ab, ein schöner Renaissancebau von 1553–1580 (urspr. 14. Jh.) mit reicher Innenaus-

stattung (Stukkaturen, Schnitzdecken), Sammlungen von Gemälden, Waffen und Jagddenken sowie gepflegtem Renaissanceschloßgarten.

Schloß
(Fortsetzung)

In unmittelbarer Nähe des Schlosses steht die Kirche St. Jakob aus der zweiten Hälfte des 14. Jh.s, die nach dem Jahre 1443 im spätgotischen Stil umgebaut worden ist; vom Turm schöner Ausblick.

Kirche St. Jakob

Beachtenswert ist auch die nahe Jesuitenkirche mit dem ehem. Kolleggebäude (Seminar; Ende 17. Jh.).

Jesuitenkirche

Stadtplan

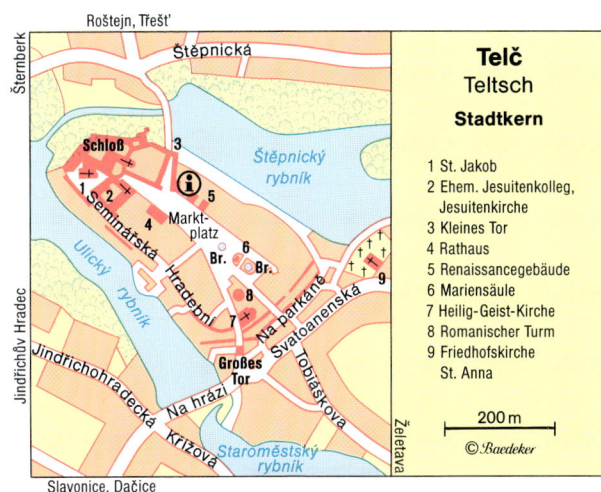

Telč
Teltsch
Stadtkern

1 St. Jakob
2 Ehem. Jesuitenkolleg, Jesuitenkirche
3 Kleines Tor
4 Rathaus
5 Renaissancegebäude
6 Mariensäule
7 Heilig-Geist-Kirche
8 Romanischer Turm
9 Friedhofskirche St. Anna

200 m

© Baedeker

Telč (Fortsetzung) **Teiche**	Die beiden den Stadtkern umgebenden Teiche – Štěpnický rybník und Ulický rybník – gehörten zu den spätgotischen Stadtbefestigungen. Die Stadt wurde deshalb 'Seerose' genannt.
Stadtmauerreste	Reste der Stadtmauern und zwei Stadttore (Großes und Kleines Tor) sind erhalten.
Hl.-Geist-Kirche	Zwischen den Stadtmauern und dem Marktplatz befindet sich das älteste Baudenkmal der Stadt, der romanische Turm der spätgotischen Hl.-Geist-Kirche vom Anfang des 13. Jahrhunderts.

Umgebung von Telč

Freizeitangebot	Badegelegenheiten bieten sich in den Teichen Roštejnský rybník (10 km nördlich) und Velký pařezitý rybník (9 km nordwestlich).
Mrákotín	6 km westlich von Telč erreicht man die Ortschaft Mrákotín mit Granitsteinbrüchen. Nordwestlich erhebt sich der höchste Berg der Böhmisch-Mährischen Höhe, Javořice (837 m ü. d. M.).
Šternberk	9 km nordwestlich von Telč liegt Šternberk (Štamberk), die Ruine einer gotischen Burg, die von Hussiten im Jahre 1423 zerstört wurde.
Roštejn	10 km nördlich von Telč erhebt sich die in jüngster Zeit rekonstruierte Burg Roštejn (erbaut Mitte 14. Jh.; nach 1570 im Renaissancestil umgestaltet). In mehreren Sälen sind schöne Wandmalereien zu sehen; vom Burgturm weite Aussicht.
Nová Říše	In Nová Říše (Neureich, 536 m ü. d. M., 1000 Einw.), 11 km südöstlich von Telč, verdient das ehem. Kloster Aufmerksamkeit; in der Klosterkirche beachtenswerte Fresken von Johann Lukas Kracker (1766).
Dačice	Dačice (Datschitz, 577 m ü. d. M., 4000 Einw.) ist eine 12 km südlich von Telč gelegene, altertümliche Stadt an der oberen Mährischen Thaya mit Zucker- und Spiritusfabrik sowie Holzindustrie. Das ursprünglich im Renaissancestil errichtete Neue Schloß wurde im 18. und 19. Jh. umgestaltet (wertvolle Einrichtung; Spiegelsaal, Bibliothek). Das sog. Alte Schloß, ein Renaissancepalast des 16. Jh.s, dient heute als Rathaus. In einem barocken ehem. Klostergebäude aus dem 17. Jh. ist ein ethnographisches Museum eingerichtet.
Želetava	In dem Städtchen Želetava (578 m ü. d. M.; 1000 Einw.), 16 km südöstlich von Telč, ist die ursprünglich gotische St.-Michael-Kirche (im 17. und 19. Jh. umgebaut) sehenswert. Unweit des Ortes liegen mehrere Teiche; der Teich 'Vidlák' bietet schöne Badegelegenheit.

Teplice · Teplitz   **C 2**

	Region: Nordböhmen Kreis: Teplice Höhe: 228 m ü. d. M. Einwohnerzahl: 53 000
Lage und Bedeutung	Die zwischen Erzgebirge (Krušné hory) und Böhmischem Mittelgebirge (České středohoří) in einer weiten hügeligen Talsenkung im nordböh-

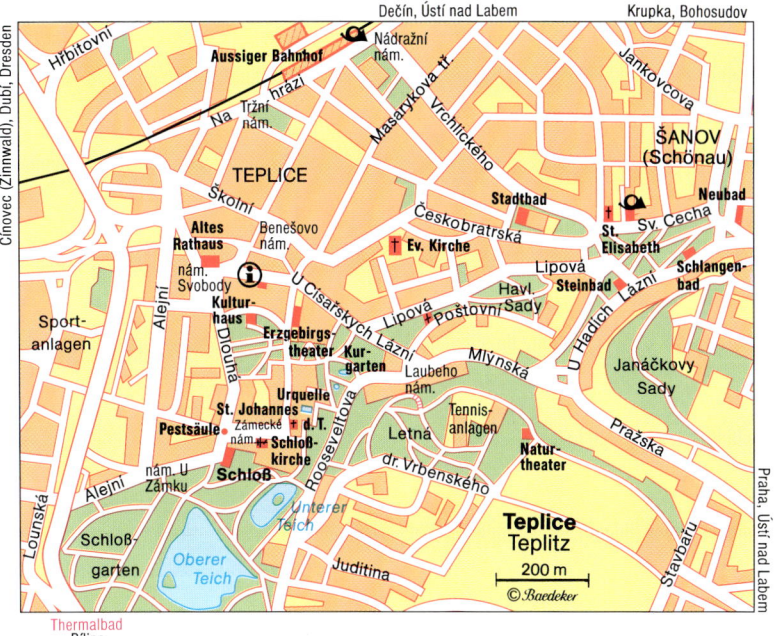

Cínovec (Zinnwald), Dubí, Dresden · Hřbitovní · Děčín, Ústí nad Labem · Krupka, Bohosudov · Nádražní nám. · Aussiger Bahnhof · Na hrázi · Tržní nám. · Masarykova tř. · Vrchlického · Jankovcova · **ŠANOV (Schönau)** · **TEPLICE** · Školní · Benešovo nám. · Českobratrská · **Stadtbad** · Sv. Cecha · **Neubad** · **Altes Rathaus** · nám. Svobody · **Ev. Kirche** · St. **Elisabeth** · Lipová · **Steinbad** · **Schlangen-bad** · Alejní · **Kultur-haus** · U Cisařských · Lipová · Havl. · Poštovní Sady · Sport-anlagen · Dlouhá · **Erzgebirgs-theater** · **Kur-garten** · Mlýnská · U Hadich Lázní · **Janáčkovy Sady** · Laubeho nám. · **Urquelle** · **St. Johannes** d.T. · Zámecké · Roosevelt · **Pestsäule** · nám. · **Schloß-kirche** · Letná · Tennis-anlagen · **Natur-theater** · Pražská · Alejní · nám. U Zámku · **Schloß** · dr. Vrbenského · Lounská · Unterer Teich · **Teplice** Teplitz · **Schloß-garten** · Oberer Teich · Juditina · 200 m · ©Baedeker · Staubau · Praha, Ústí nad Labem · Thermalbad · Bílina

Lage und Bedeutung (Fortsetzung)

mischen Braunkohlenbecken gelegene, bis 1945 Teplice-Šanov (Teplitz-Schönau) genannte Kreisstadt Teplice – deutsch Teplitz – ist das älteste der böhmischen Heilbäder. Daneben ist die Stadt heute ein wichtiges Industriezentrum (Textilien, Keramik, Chemie, Glas).

Die aus Porphyrspalten hervorbrechenden 28–46°C warmen, alkalisch-salinischen radioaktiven Quellen – die bekannteste Thermalquelle heißt 'Pravřídlo' (= Urquelle) – sind wirksam u. a. bei Gicht, Ischias, Rheumatismus, Lähmungen und Unfallfolgen.

Thermalquellen

Die zu Bade- und Trinkkuren verwendeten Teplitzer Quellen waren schon den Kelten bekannt. Der eigentliche Aufschwung als Heilbad begann Anfang des 18. Jahrhunderts. Am 9. September 1813 schlossen im Teplitzer Schloß die Monarchen von Preußen, Österreich und Rußland ein Bündnis gegen Napoleon.

Geschichte

Sehenswertes in Teplice

Mittelpunkt der Altstadt ist der Marktplatz, an dessen Nordseite das Rathaus (Radnice; 1545) steht.

Marktplatz
Rathaus

Vom Marktplatz gelangt man in südlicher Richtung durch die Lange Gasse (Dlouhá ulice) zum Schloßplatz (Zámecké náměstí), im ältesten Teil von Teplitz, mit einer barocken Dreifaltigkeitssäule von Matthias Bernhard Braun (Pestsäule; 1718).

Schloßplatz

Pestsäule

An der Ostseite des Platzes die aus dem 12. Jh. stammende, um 1700 im Barockstil erneuerte Dekanatskirche.

Dekanatskirche

413

Teplice-Šanov – Steinbad in Teplitz-Schönau

Schloß (Museum)	An der Südseite des Schloßplatzes steht das ursprünglich 1585–1634 erbaute, 1751 im Barockstil, Anfang des 18. Jh.s im Empirestil umgebaute Schloß (Zámek), 1666–1945 im Besitz der Grafen und Fürsten von Clary und Aldringen. In den Räumlichkeiten sind jetzt ein Heimatmuseum und eine Bibliothek untergebracht.
Schloßkirche	Nördlich anstoßend erhebt sich die Schloßkirche; nahebei freigelegte Reste eines 1156 gegründeten, in den Hussitenkriegen zerstörten Benediktinerinnenklosters.
*Schloßgarten	Südlich vom Schloß erstreckt sich der ausgedehnte Schloßgarten (Zámecká zahrada; Eingang u. a. durch das Hauptportal des Schlosses) mit alten Bäumen und großen Teichen sowie einem Thermal-Frei-schwimmbad.
Königshöhe *Höhenwarte	Südöstlich über dem Schloß die Königshöhe (Letná, 264 m ü. d. M; Aufstieg s. nachstehend) und die etwas zurückliegende Höhenwarte (vom Turm prächtige Rundsicht).
Stahlbad Urquelle	Nördlich von der zuvor genannten Dekanatskirche sprudelt die Urquelle im Stahlbad (Lázeňské ústavy, Pravřídlo), deren Wasser (42°C) durch ein Pumpwerk gehoben wird. Sie versorgt u. a. noch das Kurhaus, das Steinbad und das Schlangenbad (s. nachstehend).
Kurgarten Kurhaus	Nördlich vom Stahlbad erstreckt sich der Kurgarten (Lázeňský park), der Schwerpunkt des Badelebens. An seiner Ostseite steht das Kurhaus (Léčebný ústav).
Treppenweg zur Königshöhe	Von dem östlich hinter dem Kurhaus gelegenen Platz (früher Schillerplatz) führt südlich ein Treppenweg (230 Stufen, dann rechts in 5 Min. hinan) zur Königshöhe (s. zuvor).

In der Nordecke des Kurgartens befindet sich das 1924 nach einem Brand neu erbaute Erzgebirgstheater (Krušnohorské divadlo; auch für Oper, Ballett u. a.). | Teplice (Forts.) **Erzgebirgs-** **theater**

Vom Kurgarten gelangt man östlich durch die Lindenstraße (Lipová třída) in den seit 1894 mit Teplitz vereinigten Stadtteil Šanov (Schönau). | **Šanov**
Am Ende der Straße steht rechts das 1911 erbaute Steinbad (Kamenné lázně); davor ein hübscher Brunnen. | **Steinbad**

Südlich darüber erhebt sich die Stephanshöhe (Šanovský vrch, 255 m ü. d. M.; Aufstieg von Süden und Osten in je ¼ Std.), ein guter Aussichtspunkt an der Ostseite der Stadt. | **Stephanshöhe**

Östlich von dem zuvor genannten Steinbad steht im Park (früher Kaiserpark) der Trinkbrunnen (Radium-Quell-Emanatorium). | Trinkbrunnen

Östlich davon links befindet sich das Militär-Badehaus (Vojenský lázeňský ústav), rechts das Schlangenbad (Hadí lázně), geradeaus das 1839 errichtete, 1927 erneuerte Neubad (Nové lázně; mit eigener Quelle). | Militär-Badehaus **Schlangenbad** **Neubad**

Nordwestlich vom Militär-Badehaus steht an der am Park entlangziehenden Tschechowstraße (Čechovova třída) die Elisabethkirche (1877). | Elisabethkirche

Am Westende des Parkes liegt das Stadtbad (Městské lázně). | Stadtbad
Noch weiter westlich trifft man auf die Synagoge (1882) sowie die Evangelische Kirche. | Synagoge Ev. Kirche

Umgebung von Teplice

4 km nordwestlich liegt Dubí (389 m ü. d. M., 9000 Einw.), eine Industriestadt (Glas und Keramik), in deren nördlichem Teil (Horní Dubí) sich ein kleines Kurbad befindet. Die Kirche mit dem Glockenturm (1898–1906) ist eine Nachahmung der Basilika Santa Maria dell'Orto in Venedig. | **Dubí**

5 km nordöstlich von Teplice gelangt man nach Krupka (Graupen; 320 m ü. d. M., 13 000 Einw.), einer im 14. Jh. gegründete Bergstadt (Zinn- und Kupfergruben), die sich in einem Erzgebirgstal nördlich aufwärts zieht. Die spätgotische Stadtkirche stammt aus dem 15. Jahrhundert. | **Krupka**
An der Westseite des Ortes stehen die Reste der Rosenburg (Hrad Krupka, 375 m ü. d. M.) mit schöner Aussicht in das Teplitzer Becken.

7 km nordöstlich von Teplice liegt Bohosudov (Mariaschein; 262 m ü. d. M., 4000 Einw.), ein besuchter Wallfahrtsort. In der 1702–1708 erneuerten Kirche des ehem. Jesuiterklosters steht ein als wundertätig verehrtes Muttergottesbild aus Tonerde. | **Bohosudov**
Eine 2 km lange Sesselbahn führt nördlich zum Mückentürmchen (Komáří vížka, 809 m ü. d. M.; schöne Aussicht). | *Mückentürmchen

13 km nordwestlich von Teplice erreicht man Cínovec (Zinnwald; 790–875 m ü. d. M.), eine Ortschaft im heute weithin kahlen Erzgebirge mit dem Grenzübergang in den deutschen Freistaat Sachsen. | **Cínovec**

Teplicko-adršpašské skály · Wekelsdorfer und Adersbacher Felsen   F 2

Region: Ostböhmen
Kreis: Náchod
Höhe: bis 700 m ü. d. M.

Wekelsdorfer Felsen

Adersbacher Felsen

Teplicko-adršpašské skály

In der Mitte zwischen dem Riesengebirge (⟶ Krkonoše) und dem Adlergebirge (⟶ Orlické hory) im Nordostausläufer Böhmens befinden sich ausgedehnte Sandsteinkomplexe, 'Felsenstädte' genannt.

Die größte dieser Felsenstädte ist das 25 km lange und etwa 4 km breite Felsmassiv der Wekelsdorfer und Adersbacher Felsen (Teplicko-adršpašské skály), zwei höchst besuchenswerte Naturschutzgebiete, deren einst geschlossene Sandsteinmasse durch Verwitterung zerklüftet und in eine Unzahl von seltsam geformten, bis 40 m hohen Felstürmen und in ein Labyrinth von Schluchten aufgelöst ist.

Die weiter gegen Norden stehenden Adersbacher Felsen (270 Türme) werden von den Wekelsdorfer oder Teplitzer Felsen (110 Türme) durch die Wolfsschlucht (Vlčí rokle) voneinander getrennt.
Bei Adersbach sind die Formen der einzelnen Felsen, bei Wekelsdorf ihre Stellung zueinander beachtenswert.

Ziele in der Umgebung der Felsenstädte

Teplice nad Metují (Wekelsdorf; 464 m ü. d. M., 3000 Einw.) ist ein beliebter Erholungsort. Sehenswert sind hier das Renaissanceschloß (Oberes Schloß · Horní zámek; 1599), das Barockschloß (1664) und die Barockkirche (1723–1727).

Dolní Adršpach (Adersbach; 518 m ü. d. M.) ist ein Dorf 5 km nordwestlich von Teplice nad Metují (s. zuvor) und lohnt einen Besuch wegen seines Renaissanceschlosses (1577–1580).

Unweit südwestlich liegt Skály (646 m ü. d. M.) mit einem frühbarocken Schlößchen (1666). Auf einem nahen Hügel befinden sich die Reste der gotischen Felsenburg Katzenštejn (Bišofštejn · Bischofstein; Ende 14. Jh.).

Terezín · Theresienstadt   D 2

Region: Nordböhmen
Kreis: Litoměřice
Höhe: 155 m ü. d. M.
Einwohnerzahl: 4000

Die von ihrer Namensgeberin Kaiserin Maria Theresia bzw. Joseph II. erbaute Festungsstadt Terezín – deutsch Theresienstadt – liegt am Unterlauf der Eger (Ohře), die unweit unterhalb, gegenüber von ⟶ Litoměřice (Leitmeritz), in die Elbe (⟶ Labe) mündet. Innerhalb von nicht einmal zehn Jahren (1780–1787) entstand hier das böhmische Paradebeispiel für einen geplanten Stadtgrundriß des Empire und Klassizismus im ausgehenden 18. Jahrhundert. Die gewaltige, von General Pellegrini entworfene Festung wurde bereits 1887 wieder aufgegeben; Theresienstadt blieb lediglich Garnisonsstadt. Heute gibt es in Terezín u. a. Konservenfabriken und Betriebe der pharmazeutischen Industrie.
Die unweit östlich vor der Stadt gelegene Kleine Festung (Malá Pevnost) diente seit Mitte des 19. Jahrhunderts als österreichisch-ungarisches Staatsgefängnis; u. a. waren hier der griechische Freiheitskämpfer Alexander Graf Ypsilanti (†1828) und der Attentäter von Sarajevo, Gavrilo Princip (†1918), inhaftiert.

Im Zweiten Weltkrieg gelangte Theresienstadt zu schauriger Berühmtheit, als die Stadt von den nationalsozialistischen deutschen Machthabern nach Vertreibung der Bevölkerung in das 'Ghetto Theresienstadt' und die

Terezín · Theresienstadt   **Tschechische Republik**

Übersichtsplan

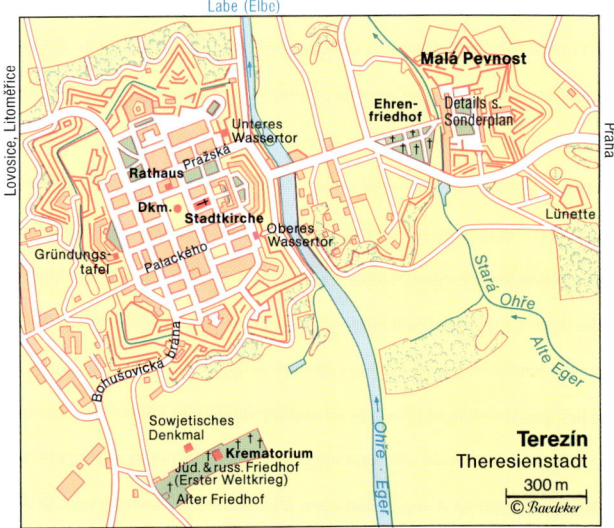

Malá Pevnost

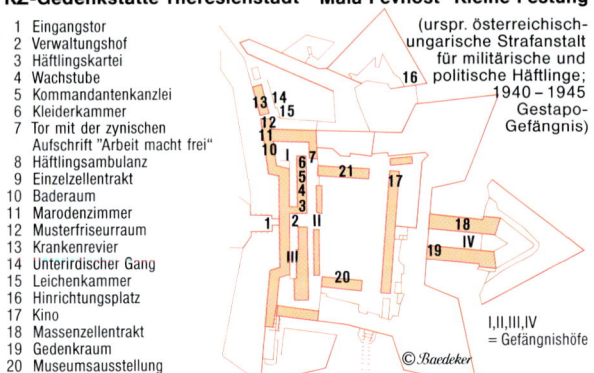

KZ-Gedenkstätte Theresienstadt   Malá Pevnost · Kleine Festung

1 Eingangstor
2 Verwaltungshof
3 Häftlingskartei
4 Wachstube
5 Kommandantenkanzlei
6 Kleiderkammer
7 Tor mit der zynischen
  Aufschrift "Arbeit macht frei"
8 Häftlingsambulanz
9 Einzelzellentrakt
10 Baderaum
11 Marodenzimmer
12 Musterfriseurraum
13 Krankenrevier
14 Unterirdischer Gang
15 Leichenkammer
16 Hinrichtungsplatz
17 Kino
18 Massenzellentrakt
19 Gedenkraum
20 Museumsausstellung
21 Herrenhaus

(urspr. österreichisch-
ungarische Strafanstalt
für militärische und
politische Häftlinge;
1940–1945
Gestapo-
Gefängnis)

I,II,III,IV
= Gefängnishöfe

© Baedeker

Ehemaliges
Ghetto und KZ
Theresienstadt
(Fortsetzung)

Kleine Festung in eines der berüchtigsten Konzentrationslager (zunächst Polizeigefängnis der Prager Gestapo) umgewandelt wurden. Ab 1940 deportierte man schätzungsweise über 150 000 Juden aus ganz Europa in dieses Konzentrationslager, und von hier gingen die Transporte in die grauenvollen Vernichtungslager, vorwiegend nach Auschwitz (Oświęcim, in Polen).

Gedenkstätte Theresienstadt · Památník Terezín

KZ-Museum

Seit dem Ende des Zweiten Weltkrieges ist die Kleine Festung (Malá Pevnost) eine antifaschistische Gedenkstätte (Památník) und kann als KZ-Museum besichtigt werden (Führungen auch in deutscher Sprache).

Vor dem Eingangstor zur Kleinen Festung erstreckt sich ein großer Ehren-friedhof mit rund 26000 Gräbern von Opfern des NS-Faschismus.

Am südlichen Stadtrand steht beim alten Stadtfriedhof das ehemalige Kre-matorium (Besichtigung möglich); dabei befinden sich ein jüdischer und ein russischer Friedhof aus dem Ersten Weltkrieg.

An der Stelle, wo 1944 die Asche von über 20000 verbrannten Juden aus-gestreut worden ist, erhebt sich ein weithin sichtbares Menora-Denkmal (siebenarmiger Leuchter der israelitischen Liturgie).

Tetschen

⟶ Děčín

Theresienstadt

⟶ Terezín

Trautenau

⟶ Trutnov

Třebíč · Trebitsch   E 3

Region: Südmähren
Kreis: Třebíč
Höhe: 406 m ü.d.M.
Einwohnerzahl: 37000

Die alte Stadt Třebíč im Südosten der Böhmisch-Mährischen Höhe (Čes-komoravská vrchovina) wurde im 12. Jahrhundert bei einem Benedik-tinerkloster gegründet. Heute ist Třebíč Kreisstadt in der Region Süd-mähren mit mehreren Fachschulen, Maschinen- und Schuhfabriken sowie Strumpfwirkereien.

Lage und
Bedeutung

Sehenswertes in Třebíč

Ursprünglich im 13. Jh. (ca. 1240–1260) erbaut wurde die Klosterkirche St. Prokop, eine dreischiffige romanisch-gotische Basilika, die man im 18. Jh. umgestaltet hat. Bemerkenswert ist die Krypta mit Gräbern der Klostergründer sowie am Nordeingang ein schönes romanisches Portal (Porta paradisii) aus dem 13. Jahrhundert.

Klosterkirche
(Abb. s. S. 421)

✳Porta paradisii

Das einstige Kloster wurde zum Renaissanceschloß umgebaut und im 17. Jh. erneuert. Heute ist hier das Westmährische Museum mit wertvollen Weihnachtskrippen, einer Pfeifensammlung und anderen Exponaten untergebracht.

**Westmährisches
Museum**

Die Pfarrkirche St. Martin, ursprünglich aus dem 13. Jh., wurde im 18. Jh. barockisiert.
Bei der Kirche ein prismatischer Turm mit einem Umgang und der größten Turmuhr des Landes (Durchmesser des Zifferblattes 7 m).

**Pfarrkirche
St. Martin**

Bürgerhäuser
Synagogen
Jüdischer Friedhof

In der Stadt sind mehrere gotische, barocke und Renaissancehäuser (vielfach mit Sgraffitoschmuck), zwei Synagogen und ein alter jüdischer Friedhof (ab 16. Jh.) bemerkenswert.

Umgebung von Třebíč

Kožichovice

3 km südöstlich liegt das Dorf Kožichovice (400 Einw.), der Geburtsort des Skipioniers Mathias Zdarsky (1856–1940).

Jaroměřice
nad Rokytnou
*Schloß Jarmeritz

12 km südlich von Třebíč gelangt man zu der Stadt Jaroměřice nad Rokytnou (Jarmeritz; 430 m ü.d.M., 3000 Einw.) mit großem, wohlerhaltenem ehemals gräflich Karolyischem Barockschloß, das in der ersten Hälfte des 18. Jh.s vielleicht nach Plänen J.L. von Hildebrandts errichtet wurde (wertvolle Inneneinrichtung, Gemälde).

Zum Schloß gehören die doppeltürmige Margaretenkirche mit großer Kuppel, eine Sala Terrena, ein kleines Theater, ein französischer Garten sowie ein Park mit Plastiken aus der antiken Sagenwelt.

Im Schloß finden taditionsreiche Sommerkonzerte statt, die an die Theater- und Musikkultur des 18. Jh.s anknüpfen.

Velké Meziříčí

16 km nordöstlich von Třebíč liegt Velké Meziříčí (Großmeseritsch; 425 m ü.d.M., 15000 Einw.), eine alte Stadt an der Oslawa (Oslava) mit Leichtindustrie und Maschinenbau. Das Schloß stammt aus dem 16. Jh. und wurde im 18. und 19. Jh. umgebaut. Heute dient es teilweise als Entbindungsheim, ein anderer Teil wurde zum Museum umgebaut und enthält u.a. Andenken an das Attentat von Sarajevo. Ferner bemerkenswert sind das Renaissancerathaus und Reste der Stadtbefestigung (drei Tore).

Moravské
Budějovice

17 km südlich von Třebíč lädt Moravské Budějovice (Mährisch-Budwitz; 390 m ü.d.M., 6000 Einw.) zum Besuch, eine altertümliche Stadt, die heute mit Holz- und Lebensmittelindustrie, Maschinenbau wirtschaftliche Bedeutung erlangt hat. Sehenswert ist das Renaissanceschloß (17. Jh.; Westmährisches Museum), die Kirche stammt aus dem 16. Jh. und wurde im 19. Jh. umgebaut (beachtenswertes Beinhaus). Reste der Stadtbefestigung sind noch sichtbar. In den einstigen Fleischläden wird eine Ausstellung über die Entwicklung des Handwerkswesens gezeigt.

Náměšť
nad Oslavou

18 km östlich von Třebíč liegt das alte Städtchen Náměšť nad Oslavou (Namiest an der Oslawa; 365 m ü.d.M., 4500 Einw.) mit einem großen, wohlerhaltenen Renaissanceschloß (1565–1578), umgeben von schönen Terrassengärten auf einem Vorsprung oberhalb des Flusses, über den eine von 20 Barockfiguren (1730–1740) gezierte Steinbrücke führt.

Sehenswert im Schloß sind eine Sammlung von 24 Gobelins aus dem 16. bis 19. Jh., die in den bedeutendsten europäischen Manufakturen entstanden sind, Deckenmalereien, die Waffenkammer und die Bibliothek.

Hier richtete im 16. Jh. die Gemeinde der Böhmischen Brüder eine (illegale) Druckerei ein, in der 1533 die erste tschechische Grammatik gedruckt wurde. Diese Druckerei verlegte man später in das 4 km östlich gelegene Städtchen Kralice nad Oslavou (Kralitz, 412 m), wo 1579–1593 die erste tschechische Bibelübersetzung entstand und gedruckt wurde (Bibelmuseum; über 3600 im Boden der Umgebung gefundene historische Lettern). Das Schloß war von 1752 bis 1945 im Besitz der gräflichen Familie von Haugwitz; eine Nachfahrin ist jetzt aus dem Wiener Exil heimgekehrt und

Třebíč – Klosterkirche St. Prokop in Trebitsch (s. S. 419)

will die hier früher gepflegte Musikkultur neu beleben; einst lebten und arbeiteten auf Schloß Namiest so bekannte Komponisten wie Gluck, Haydn, Salieri oder Johann Strauß.

Třebíč, Náměšť
nad Oslavou
(Fortsetzung)

24 km südöstlich von Třebíč befindet sich ein Kernkraftwerk.

Dukovany

Třeboň · Wittingau   D 3/4

Region: Südböhmen
Kreis: Jindřichův Hradec
Höhe: 434 m ü. d. M.
Einwohnerzahl: 9500

Die etwa 25 km östlich von Budweis (→ České Budějovice) inmitten eines großen Seengebietes (Wittingauer Becken mit der moorigen Niederung des Flusses Lužnice) zwischen dem Goldenen Kanal (Zlatá stoka) und dem Welt-Teich (rybník Svět) gelegene südböhmische Stadt Třeboň – deutsch Wittingau – gelangte unter dem seit 1366 hier regierenden kunstfreudigen Geschlecht der Rosenberger (Rožmberkové) zu großer Blüte und entwickelte sich zum Zentrum der böhmischen Teichwirtschaft, in jüngerer Zeit auch der Geflügelzucht.

Lage und Bedeutung

Neuerdings wird Třeboň auch als Moorkurort bei Erkrankungen des Bewegungsapparates aufgesucht.

Moorbad

Im 16. Jh. legten Štěpánek Netolický (†1523) und insbesondere sein Nachfolger Jakub Krčín von Jelčany (1535–1604) durch Sanierung großer Sumpfgebiete künstliche Fischteiche an, die auch heute noch alljährlich im Herbst große Erträge bringen (bes. Karpfen).

*Teichwirtschaft

Goldener Kanal

Aus dieser Zeit stammt auch der Goldene Kanal (Zlatá stoka; 1506–1520), der südlich von Chlum u Třeboně von der Lainsitz oder Luschnitz (Lužnice) abgeleitet wird, nach 48 km bei dem Teich Horusický rybník wieder in diese einmündet und viele Fischteiche miteinander verbindet.

Sehenswertes in Třeboň

Hauptplatz

In der Stadtmitte liegt der von reizvollen Renaissance- und Barockhäusern umgebene Hauptplatz mit einem Brunnen von 1569 und einer 1780 errichteten barocken Mariensäule.

Rathaus

An der Südseite des Hauptplatzes erhebt sich das 1566 erbaute, 1802 bis 1820 erneuerte Rathaus (Radnice) mit einem Turm von 1638.

Bürgerhäuser

Nördlich gegenüber vom Rathaus steht das 1544 errichtete schöne Renaissancehaus 'U Bílého koníčka' ('Zum Weißen Rössel'; jetzt Gasthof). An der Nordseite des Platzes (Nr. 89) das Haus des Štěpánek Netolický.

Neuhauser Tor

In der östlichen Verlängerung des Hauptplatzes steht das Neuhauser Tor (Hradecká brána). Gleich dahinter verläuft der Goldene Kanal (Zlatá stoka; vgl. zuvor).

Schloß

In der Südwestecke des Hauptplatzes befindet sich der Eingang zu dem an der Stelle einer gotischen Burg des 14. Jhs im 15./16. Jh. unter den Rosenbergern erbauten, im 17./18. Jh. unter den Fürsten Schwarzenberg (seit 1660) im Renaissancestil erneuerten Schloß mit mehreren Höfen und schönem Treppenhaus.

*Archiv

Das Innere enthält eines der größten und ältesten Archive der Tschechischen Republik mit wertvollen Urkunden und Handschriften vom 12. Jh. bis zur Gegenwart (im zugänglichen Wappensaal der Rosenberger Fotokopien der wichtigsten Urkunden) sowie einer Ausstellung über die hiesige Fischzucht. Ferner beachtenswert ist der Saal der Hofleute und ein 108 m langer Gang.

Schloßpark

Westlich vom Schloß erstreckt sich der hübsche Schloßpark (Zámecký park).

Stadtplan

Třeboň
Wittingau

Stadtkern

1 Marienbrunnen
2 Mariensäule
3 Rathaus
4 J.–K.–Tyl-Theater
5 Zum Weißen Rössl
6 Štěpánek-
  Netolický-Haus
7 Budweiser Tor
8 St.-Ägidius-Kirche
9 Ehemaliges
  Augustinerkloster
10 Schweinitzer Tor
11 Brauerei
  (ehem. Zeughaus)
12 Gratzener Tor

100 m

© Baedeker

Mariensäule und Rathaus   *Bastei der Stadtbefestigung*

Vom Hauptplatz gelangt man südlich nahe am Tyl-Theater (1835; links) vorbei zum Schweinitzer Tor (Svinenská brána). Dahinter links das Brauhaus (Pivovar), das 1379 als Zeughaus erbaut und 1699–1712 im Barockstil umgebaut wurde (Bier der Marke 'Regent').
Weiter südlich steht das Gratzener Tor (Novohradská brána).
Hinter dem Gratzener Tor rechts befindet sich ein Rest der alten Stadtbefestigung mit der Wasserbastei (Vodácká bašta). Insgesamt sind sieben Basteien und drei Tore erhalten geblieben.

Schweinitzer Tor

Gratzener Tor
Stadtbefestigung

Nach Süden erstreckt sich der 1571–1573 von Krčín von Jelčany angelegte, über 2 km lange Welt-Teich (210 ha) mit dem Hotel 'Svět' an der Nordseite; dabei ein Sanatorium, das die schwefel- und eisenhaltigen Torfe der Umgebung zur Heilung von Rheumatismus, Gelenk- und Nervenerkrankungen benutzt; an der Südseite des Teiches ein Freibad (Koupaliště 'Ostende').
Unweit südlich vom Welt-Teich steht die neugotische Schwarzenbergsche Gruftkirche (1875–1877), u. a. mit dem beachtenswerten Grabmal des Fürsten Johann Schwarzenberg (1793).

Welt-Teich

Schwarzen-
bergsche
Gruftkirche

Von der Westseite des Hauptplatzes (s. zuvor) führt die von Laubenhäusern des 16.–18. Jh.s eingefaßte Březan-Gasse (Březanova ulice) nördlich zur Hus-Straße (Husova třída). Hier, am Westende der Straße, steht das Budweiser Tor (Budějovická brána).

Budweiser Tor

An der Nordseite der Hus-Straße ragt die Augustinerklosterkirche St. Ägidius (Chrám sv. Jiljí) auf, die im 14. Jh. erbaute, 1871 nach einem Brand erneuerte zweischiffige Hauptkirche der Stadt, mit gotischen Wandmalereien und der Skulptur "Madonna von Wittingau" (1390) sowie schönen Barockaltären. Bis zur Barockisierung des Inneren enthielt die Kirche den Altar des Meisters von Wittingau, dessen berühmter Bilderzyklus danach auf umliegende Kirchen verteilt wurde (jetzt Prager Nationalgalerie).

Kirche St. Ägidius

Třeboň – Teichlandschaft bei Wittingau

Augustinerkloster   Westlich anstoßend an die Ägidiuskirche das 1367 gegründete ehem. Augustinerkloster mit freskengeschmücktem Kreuzgang von 1369 (u. a. Szenen aus dem Leben des hl. Sigmund; 14./15. Jh.).

Umgebung von Třeboň

＊Teiche   3 km nördlich erstreckt sich der größte Teich Böhmens, Rožmberský rybník (Rosenberger-Teich; 490 ha), dessen Damm 2,5 km lang ist. Den Teich hat Krčín z Jelčan 1584–1590 angelegt. Von den übrigen Teichen ist vor allem der Velký Tisý (320 ha), 6 km nördlich von Třeboň, von Bedeutung. Hier und am benachbarten Malý Tisý (26 ha) befindet sich ein geschütztes Vogelbrutgebiet (Baden deshalb verboten). Baden darf man hingegen an einem der beliebtesten und meistbesuchten Teiche, dem Staňkovský rybník (240 ha) bei Staňkov (470 m), 4 km nordöstlich von Chlum u Třeboně (teilweise auf österreichischem Gebiet).

Lomnice nad Lužnicí   11 km nordwestlich von Třeboň liegt der Ferienort Lomnice nad Lužnicí (424 m ü. d. M.; 2900 Einw.); 8 km weiter nördlich der Horusitzer Teich (Horusický rybník), mit einer Fläche von 415 ha der drittgrößte des Landes.

Chlum u Třeboně   Chlum u Třeboně (492 m ü. d. M.; 1800 Einw.), 12 km südöstlich, ist als Sommerfrische mit dem Teich Hejtman (80 ha) beliebt (gute Bademöglichkeiten). Sehenswert sind das Barockschloß von 1710 mit Park sowie eine Kristallglashütte (Böhmisches Kristallglas 'Český křišťal').

Suchdol nad Lužnicí   Suchdol nad Lužnicí (454 m ü. d. M., 3400 Einw.) liegt 14 km südöstlich von Třeboň. Beachtung verdient die gotische Kirche aus dem 14. Jh. mit Umbauten. Die Stadt ist Ausgangspunkt für die sehr beliebten und landschaftlich reizvollen Wasserwanderungen auf der Lužnice.

Troppau

→ Opava

Trutnov · Trautenau   E 2

Region: Ostböhmen
Kreis: Trutnov
Höhe: 414 m ü. d. M.
Einwohnerzahl: 31 000

Die am Südostfuß vom Riesengebirge (→ Krkonoše) gelegene Kreisstadt | Lage und
Trutnov – deutsch Trautenau – ist Eisenbahnknotenpunkt an der Aupa | Bedeutung
(Úpa) und das Zentrum der nordböhmischen Flachsgarnspinnerei; in der
Umgegend werden auch Kohle und Erz gefördert.

Während des preußisch-österreichischen Krieges wurde bei Trutnov am | Geschichte
27. Juni 1866 (sechs Tage vor der Schlacht bei Königgrätz) eine preußische
Heeresabteilung von den Österreichern zurückgeworfen (in der Umgebung mehrere Schlachtdenkmäler).
Trutnov ist der Geburtsort des deutschen Dichters Uffo Horn (1817–1860),
der auf dem hiesigen Friedhof begraben liegt.

Bemerkenswertes in Trutnov

Der früher 'Ring' genannte Marktplatz ist von historischen Laubenhäusern | **Marktplatz**
umgeben, die sich auch an den angrenzenden Gassen fortsetzen.

Trutnov – Dreifaltigkeitssäule auf dem Marktplatz von Trautenau

Trutnov (Forts.)   Auf dem Platz stehen eine 11 m hohe Dreifaltigkeitssäule (von 1704) und
Rübezahlbrunnen   ein Rübezahlbrunnen (von 1892).

Museum   Lohnend ist der Besuch des Volkskundlichen Museums.

Umgebung von Trutnov

Horní   5 km nördlich liegt das Gebirgsdorf Horní Staré Město (Oberaltstadt;
Staré Město   438 m ü.d.M.), in dem der Pionier des Flugzeugbaues Igo Etrich (1879 bis
                    1967; ⟶ Berühmte Persönlichkeiten) geboren wurde.

Žacléř   13 km nördlich von Trutnov gelangt man nach Žacléř (Schatzlar; 612 m
                    ü.d.M., 4000 Einw.). In dieser Bergbaustadt stehen schöne Holzlauben-
                    häuser am Markt; über der Stadt erhebt sich ein Schloß (im 18. und 19. Jh.
                    umgebaut). Von Žacléř ging 1628 der aus Böhmen vertriebene Jan Amos
                    Comenius (⟶ Berühmte Persönlichkeiten) in die Verbannung.

Rehorngebirge   Die Stadt ist Ausgangspunkt für Wanderungen auf den Kamm des Rehorn-
                    gebirges (Rýchory; 1033 m ü.d.M.), ein Naturschutzgebiet mit Resten
                    eines Buchenurwaldes.

Hostinné   18 km westlich von Trutnov liegt Hostinné (Arnau; 351 m ü.d.M., 5000
                    Einw.), ein Städtchen (Papierfabrik) mit schönen Laubenhäusern am
                    Markt. Ferner beachtenswert sind die ursprünglich gotische Kirche (wert-
                    volles Interieur), das Renaissancerathaus (1570–1600) mit zwei Riesen-
                    gestalten (Bäcker und Fleischer) sowie ein Museum der antiken Kunst.

Turnov · Turnau   E 2

                    Region: Ostböhmen
                    Kreis: Semily
                    Höhe: 260 m ü.d.M.
                    Einwohnerzahl: 14000

Lage und   Die ostböhmische Stadt Turnov – deutsch Turnau – liegt am Nordrand
Bedeutung   vom Böhmischen Paradies (⟶ Český ráj) an der Iser (Jizera) und ist
                    bekannt für ihre Halbedelsteinschleifereien (böhmische Granaten), Glas-
                    industrie (Similisteine, optisches Glas) und Textilerzeugung.

Bemerkenswertes in Turnov

Rathaus   Am Marktplatz stehen das Alte Rathaus und die Klosterkirche des
Kirchen   hl. Franziskus (urspr. von 1650; 1822–1842 erneuert); unweit davon die
                    1825–1853 erneuerte ursprünglich gotische Marienkirche.
                    Ferner beachtenswert ist die Stadtkirche St. Nikolaus (urspr.14. Jh.; 1722
                    barockisiert).

Museum des   Einen Besuch lohnt das Museum des Böhmischen Paradieses (u.a. ein
Böhmischen   Sammlung von Halbedelsteinen).
Paradieses

Umgebung von Turnov

Hrubý Rohozec   2 km nördlich erhebt sich auf einem schroffen Felsen das spätgotische
                    Schloß Hrubý Rohozec (Groß-Rohosetz) aus dem 16. Jh. (später im
                    Renaissancestil umgestaltet; Sammlungen); schöner Schloßpark.

Turnov – Blick auf Turnau

Achat im Museum des Böhmischen Paradieses

Turnov
(Fortsetzung)
Dolánky

3 km nordöstlich von Turnov liegt das Dorf Dolánky (264 m ü.d.M.) mit Beispielen schöner Volksarchitektur; besondere Erwähnung verdient Dlasks Gehöft (Dlaskův statek) von 1716, ein volkstümlicher Holzbau (der Inhaber war ein Dorfgelehrter).

Suché skály

5 km nordöstlich von Turnov gelangt man zu der Felsenstadt Suché skály (455 m ü.d.M.) mit zerklüfteten Sandsteinformationen am linken Iserufer, die als 'Dolomiten des Böhmischen Paradieses' apostrophiert werden.

Malá Skála

6 km nördlich von Turnov liegt Malá Skála (Kleinskal; 262 m ü.d.M.), eine Gemeinde im Isertal mit typischen Holzbauten.
In der Umgebung erheben sich mannigfaltige Felsformationen (gutes Kletterübungsgebiet), die zum Böhmischen Paradies (→ Český ráj) gehören; ferner gibt es dort etliche Burgruinen.

Sychrov
*Schloß

8 km nordwestlich von Turnov erreicht man Sychrov (Sichrow; 384 m ü.d.M.), ein Dorf mit großem ehemals fürstlich Rohanschem Schloß, das 1847–1862 an der Stelle eines früheren gräflich Waldsteinschen Schlosses im normannisch-neugotischen Stil errichtet worden ist (aufwendiges Inneres: schön geschnitzter Decken-, Wand- und Türschmuck). Die hier befindliche Sammlung französischer Bildnisse (des Geschlechtes Rohan) ist die bedeutendste Porträtsammlung außerhalb Frankreichs.
Hier lebte der Komponist Antonín Dvořák (1841–1904; → Berühmte Persönlichkeiten) einige Jahre während der Sommermonate; zu Ehren Dvořáks findet alljährlich ein Musikfestival statt.

Kozákov

8 km östlich von Turnov bietet sich vom vulkanischen Berg Kozákov (744 m ü.d.M.) eine gute Aussicht. In der Umgegend befinden sich bedeutende Fundstätten von Halbedelsteinen (Granat, Achat, Amethyst u.a.), die in der Umgebung geschliffen und verarbeitet werden.

Železný Brod

10 km nordöstlich von Turnov liegt Železný Brod (Eisenbrod; 287 m ü.d.M., 7000 Einw.), ein Industriestädtchen an der Iser (Jizera), das auch als Ferienort gern besucht wird. Bedeutend ist die Zierglasindustrie (Hüttenglas; gezogenes und geblasenes Glas; Schleifereien). Eine ständige Ausstellung bietet Einblicke in dieses kunstvolle Handwerk, in einer angeschlossenen Fachschule wird der Nachwuchs ausgebildet. Bis ins 17. Jh. wurde in der Umgebung viel Eisenerz gewonnen.
In der Stadt und ihrer Umgebung gibt es gute Beispiele der Volksarchitektur (Holzbauten).

Uherské Hradiště · Ungarisch-Hradisch   G 3

Region: Südmähren
Kreis: Uherské Hradiště
Höhe: 185 m ü.d.M.
Einwohnerzahl: 26000

Lage und
Bedeutung

Die Kreisstadt Uherské Hradiště – deutsch Ungarisch-Hradisch – ist eine alte Industriestadt in Südostmähren. Sie liegt am linken Ufer der March (→ Morava) und ist der Mittelpunkt der nördlichen Mährischen Slowakei (Moravské Slovácko) mit Konserven-, Möbel- und Maschinenfabriken sowie kunstgewerblichen Werkstätten. Im Ortsteil Kunovice gibt es ein Flugzeugwerk.

Sehenswertes in Uherské Hradiště

Kirchen

Bemerkenswert sind die Franziskanerkirche (urspr. 15. Jh.; barock umgestaltet) und die Jesuitenkirche (17. Jh.).

Am Marktplatz stehen das spätgotische Rathaus sowie eine alte Rokoko-apotheke mit Deckenmalerei von 1754.

Rathaus
Apotheke

Reste der gotischen Stadtbefestigung (14. Jh.) sind noch sichtbar.

Stadtmauerreste

In dem ehem. barocken Zeughaus (1721–1726) befindet sich heute die Galerie der bildenden Künste.

Zeughaus

Im Smetanapark lohnt das Museum der Mährischen Slowakei (Slovácké muzeum) einen Besuch; gezeigt werden insbesondere Volkskunst, archäologische Sammlungen sowie eine Gemäldegalerie.

**Museum der
Mährischen
Slowakei**

Im Ortsteil Mařatice liegt eine lange, zusammenhängende Reihe von Weinkellern.

Weinkeller

Umgebung von Uherské Hradiště

Staré Město u Uherského Hradiště (Altstadt), ist ein am rechten Ufer der March (⟶ Morava) gelegener alter Ort (Zuckerfabrik; chemische, Textil- und Maschinenindustrie). Zahlreiche wichtige archäologische Funde (Gräber; Metallschmuck; Kirchenfundamente) legen den Schluß nahe, daß sich im 9. Jh. hier das in den Annalen mit 'Veligrad' bezeichnete bedeutende Zentrum des Großmährischen Reiches befand, wo auch die Slawenapostel Kyrill und Method um 860 auf ihrer Missionsreise gewesen sein könnten.

Staré Město
u Uherského
Hradiště

Veligrad

2 km südöstlich von Ungarisch-Hradisch befinden sich bei der Ortschaft Sady (Dörfl) weitere bedeutende archäologische Grabungsstätten, mit Funden von der Vorgeschichte bis zum Großmährischen Reich.

Sady

Velehrad – Klosterkirche …   *… und Kirchenfenster (s. S. 431)*

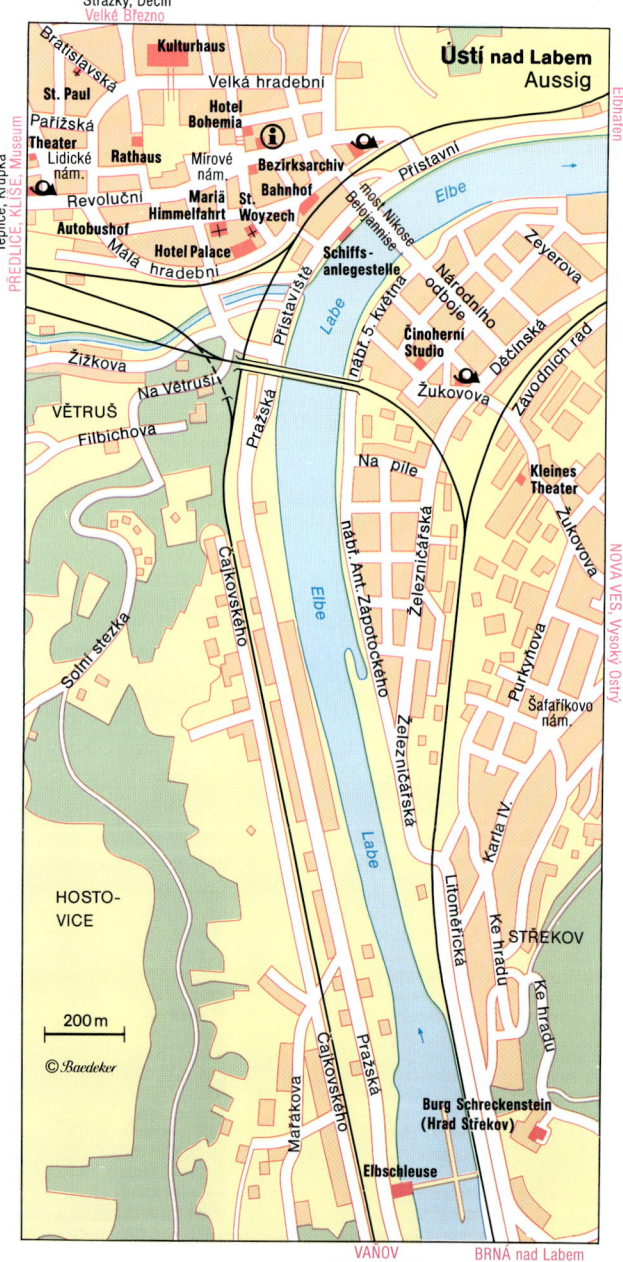

Strážky, Děčín
Velké Březno

Bratislavská

Kulturhaus

**Ústí nad Labem
Aussig**

Velká hradební

St. Paul

**Hotel
Bohemia**

Pařížská

Theater
Lidické
nám.

Rathaus

Mírové
nám.

Bezirksarchiv

Přístavní

Elbe

Revoluční

**Mariá
Himmelfahrt**

Bahnhof

**St.
Woyzech**

Teplice, Krupka

PŘEDLICE, KLÍŠE, Museum

Autobushof

Hotel Palace

Malá
hradební

**Schiffs-
anlegestelle**

most Nikose
Beloiannise

Přístaviště

Labe

nábř. 5. května

Národního
odboje

Zeyerova

**Činoherní
Studio**

Děčínská

Žukovova

Závodních rad

Žižkova

Na Větruši

VĚTRUŠ

Filbichova

Pražská

Na pile

**Kleines
Theater**

Žukovova

nábř. Ant. Zápotockého

Železničářská

Čajkovského

Solní stezka

Elbe

Železničářská

Purkyňova

Šafaříkovo
nám.

Karla IV.

Labe

**HOSTO-
VICE**

200 m

© Baedeker

Litoměřická

STŘEKOV

Ke hradu

Ke hradu

Pražská

Maříkova

Čajkovského

Labe

**Burg Schreckenstein
(Hrad Střekov)**

Elbschleuse

Děčín, Dresden

Elbhafen

Trebušín

NOVÁ VES, Vysoký Ostrý

VAŇOV
Lovosice, Praha

BRNÁ nad Labem
Sebuzín, Litoměřice

7 km nordwestlich von Uherské Hradiště liegt der Wallfahrtsort Velehrad (Welehrad; 219 m ü.d.M., 1000 Einw.). Die Barockgebäude des großen, Anfang des 13. Jh.s gegründeten ehem. Zisterzienserklosters stammen aus dem 18. Jahrhundert. Bemerkenswert ist die den Slawenaposteln Kyrill und Method geweihte zweitürmige Klosterkirche von 1684–1735, eine 86 m lange Basilika mit prachtvoller Innenausstattung (Stukkaturen des Italieners B. Fontana, 1719; Wand- und Deckenmalerei der Brünner J.J. Etgens und F.I. Eckstein, 1720–1730; schön geschnitztes Chorgestühl; feine Orgel). Teile des alten Klosters (Kapitelsaal u.a.) sowie romanische Krypten (Gräber) unter der Kirche sind freigelegt. Velehrad wurde früher fälschlich als Residenzstadt des Großmährischen Reiches und Ausgangspunkt der Slawenmission von Kyrill und Method angesehen; dennoch findet hier alljährlich am 5. Juli eine Wallfahrt statt, bei der die schöne Trachten getragen werden. Im Jahre 1990 besuchte Papst Johann Paul II. den Ort.

Uherské Hradiště (Fortsetzung)
Velehrad

*Klosterkirche
(Abb. s. S. 429)

1 km östlich von Velehrad wurden bei Modrá bereits im Jahre 1911 die Grundmauern einer kleinen Kirche aus der ersten Hälfte des 9. Jh.s entdeckt, die man erst 1953 freigelegt hat.

Modrá

8 km nordwestlich von Uherské Hradiště liegt das Städtchen Buchlovice (Buchlowitz, 2500 Einw.) mit einem baulich interessanten Barockschloß vom Anfang des 18. Jh.s und prächtigem Schloßpark (u.a. exotische Bäume).

Buchlovice

10 km nordwestlich von Uherské Hradiště erhebt sich die große ehemals gräflich Berchtoldsche Burg Buchlov (Buchlau; urspr. 13. Jh., im 15. und 16. Jh. erweitert) mit reichen Sammlungen (Waffen, Glas, Porzellan, Zinngeschirr) und einer Bibliothek. Von hier bietet sich ein schöner Rundblick auf dicht bewaldete Bergrücken; auf der nordöstlich nächsten Waldkuppe steht die Barbarakirche (1672–1673).

***Burg Buchlov**

Ústí nad Labem · Aussig   C/D 2

Region: Nordböhmen
Kreis: Ústí nad Labem
Höhe: 218 m ü.d.M.
Einwohnerzahl: 106000

Ústí nad Labem – deutsch Aussig – ist die größte Stadt Nordböhmens, Sitz zahlreicher Behörden, einer Pägagogischen Fakultät und eines Theaters, liegt verkehrsgünstig an der Mündung (tschechisch 'ústí') der Biela (Bílina), in die hier das Böhmische Mittelgebirge (České středohoří) durchbrechende Elbe (⟶ Labe) sowie am Ostrande des nordböhmischen Braunkohlereviers, für das sein Hafen (nach Hamburg der größte an der Elbe) der Umschlagplatz ist. Bedeutend und beherrschend ist die Industrie (große chemische Fabriken für Speisefett, Kosmetika, Arzneimittel u.a.; Maschinenbau, Glaserzeugung).

Lage und Bedeutung

Sehenswertes in Ústí nad Labem

Mittelpunkt der hauptsächlich auf dem linken Elbufer gelegenen Stadt ist der Marktplatz, offiziell Friedensplatz (Náměstí míru; Fußgängerbereich); an der Westseite das Geburtshaus des späteren Dresdner Hofmalers Raphael Mengs (1728–1779; Gedenktafel), an der Ostseite eine Antoniusstatue von 1708; nordwestlich oberhalb das modernistische Kulturhaus.

Friedensplatz

Kulturhaus

Von der Südwestecke des Marktplatzes gelangt man südlich zu der nahen Erzdekanatskirche Mariä Himmelfahrt, 1426 von den Hussiten zerstört, später mehrfach wiederhergestellt (Kanzel von 1574; schöner Flügelaltar).

Erzdekanatskirche Mariä Himmelfahrt

Erzdekanatskirche
(Fortsetzung)
Der Turm der Kirche weicht – als Folge eines Bombenangriffs im Jahre 1945 – um 198 cm von der senkrechten Achse ab.

Dominikaner-kirche
Unweit östlich von der Erzdekanatskriche steht die aus dem 13. Jh. stammende, im 18. Jh. im Barockstil erneuerte ehem. Dominikanerkirche (St. Adalbert); sie dient heute als Konzert- und Ausstellungssaal.

Ferdinandshöhe
Von der Erzdekanatskirche gelangt man südlich über die Eisenbahnlinie und über die Biela (Bílina) zur Elbbrücke und von dort rechts hinauf in einer Viertelstunde hinan zur Ferdinandshöhe (208 m ü.d.M.), von wo sich ein guter Blick auf die mit Industrie- und ausgedehnten Wohnanlagen weit über ihren alten Stadtkern hinausgewachsene Stadt bietet.

Umgebung von Ústí nad Labem

Střekov
Aus der Stadt gelangt man über die Elbe zu dem rechtsufrigen Stadtteil Střekov (Schreckenstein; 2 km); von dort sind es noch 20 Minuten zu Fuß hinauf zu der 85 m über dem Fluß auf einem Phonolitfelsen thronenden Ruine der Burg Schreckenstein (Střekov; 246 m ü.d.M.; von oben weite Aussicht ins Elbtal).

*Burgruine
Schreckenstein
Die um 1318 erbaute, im 18. Jh. verlassene Burg wurde besonders bekannt durch Ludwig Richters romantisches Bild "Überfahrt über die Elbe am Schreckenstein bei Aussig" (1837); Richard Wagner soll sich vom Schreckenstein für seine Oper "Tannhäuser" inspiriert haben lassen. Nach dem Bau der Elbstaustufe (mit Schleusen und Kraftwerk; 1928–1936) unterhalb der Ruine ist von der Idylle des 19. Jh.s wenig übrig geblieben.

**Hohe Wostrey
('Elbe-Rigi')
Von Střekov führt ein Fußweg südostwärts in etwa 1¹/₂ Stunden auf die Hohe Wostrey (Vysoký Ostrý; 585 m ü.d.M.) mit umfassender Fernsicht.

Ludwig Richter: "Überfahrt über die Elbe am Schreckenstein bei Aussig" (1837)

Der Vrkoč (Workosch; 250 m ü. d. M.), 4 km südlich von Ústí nad Labem, ist ein Felsrücken am linken Elbufer mit strahlenförmig gelagerten Basaltsäulen.

Ústí nad Labem (Fortsetzung)
Vrkoč

5 km westlich von Ústí nad Labem erhebt sich bei der Ortschaft Hrbovice der Běhání (207 m ü. d. M.), ein flacher Bergrücken, wo 1426 eine der größten Schlachten der Hussitenbewegung stattfand (Denkmal von 1926).

Běhání

7 km nordwestlich von Ústí nad Labem liegt Chlumec (Kulm; 235 m ü. d. M., 3000 Einw.), eine Ortschaft mit neoromanischer und neogotischer Kirche. Auf dem nahen Hügel Horka erinnert ein Denkmal an die Schlacht bei Přestanov und Chlumec, in der Napoleons Soldaten von den vereinigten österreichischen, preußischen und russischen Heeren geschlagen wurden (1813); 1 km südwestlich ein russisches Denkmal, 3 km nordöstlich (bei Varvažov) ein preußisches und ein österreichisches Denkmal.

Chlumec

Weitere 3 km nordöstlich gelangt man zu dem Dorf Nakléřov (Nollendorf) mit der aussichtsreichen Nollendorfer Höhe (701 m ü. d. M.).

*Nollendorfer Höhe

8 km östlich von Ústí nad Labem erreicht man Velké Březno (139 m ü. d. M.; 3000 Einw.), eine Ortschaft am rechten Elbufer mit dem sog. Neuen Schloß, Empirevilla von 1842 mit Chotek-Galerie.

Velké Březno

8 km südwestlich von Ústí nad Labem ist in Stadice das Denkmal (von 1841) Přemysl des Pflügers, des Begründers des böhmischen Herrschergeschlechtes der Přemysliden, bemerkenswert. Hier haben ihn der Überlieferung nach die Boten der Fürstin Libussa (Libuše) ausgesucht.

Stadice

12 km östlich von Ústí nad Labem lohnt das Dorf Zubrnice (260 m ü. d. M.) mit einem Freilichtmuseum der Volksarchitektur des Böhmischen Mittelgebirges den Besuch.

Zubrnice

12 km südöstlich von Ústí nad Labem gelangt man nach Kalich (Kelch) mit der Ruine einer Burg auf dem gleichnamigen Berg (538 m ü. d. M.), die der Hussitenheerführer Jan Žižka (→ Berühmte Persönlichkeiten) errichtet hat. Der Burgturm hatte die Form eines Kelches (von oben weite Aussicht).

Kalich

Valašské Meziříčí · Walachisch-Meseritsch   G 3

Region: Nordmähren
Kreis: Vsetín
Höhe: 305 m ü. d. M.
Einwohnerzahl: 28 000

Das nordmährische Valašské Meziříčí – deutsch Walachisch-Meseritsch – ist eine alte Stadt sowie Eisenbahn- und Straßenknotenpunkt am Zusammenfluß der Oberen Betschwa (Horní oder Vsetínská Bečva) und der Unteren Betschwa (Dolní oder Rožnovská Bečva). Wirtschaftliche Bedeutung hat die vielseitige Industrie (Chemie, Elektrotechnik, Glas, Holz), die Teppich- und Gobelinherstellung (Fachschule seit 1900) sowie die Hutmacherei.

Lage und Bedeutung

Die östliche und südöstliche Umgebung von Valašské Meziříčí nennt man Mährische Walachei (Valašsko), wo ein an die slowakische Sprache anklingender Dialekt gesprochen wird (Einfluß von Karpatenhirten).

Mährische Walachei

Sehenswertes in Valašské Meziříčí

Bemerkenswert in der eigentlichen, südlich der Unteren Betschwa (Bečva) gelegenen Stadt ist das aus dem 16. Jh. stammende Schloß.

Schloß

Valašské Meziříčí · Walachisch-Meseritsch Tschechische Republik

Rathaus   Das Rathaus stammt von 1677, wurde aber im Jahre 1865 verändert.

Alte Apotheke   Am Marktplatz lohnt die ehem. Apotheke 'Zum roten Adler' mit einer Rokokofassade die nähere Betrachtung.

Pfarrkirche   Die ursprünglich gotische Pfarrkirche vom Ende des 14. Jahrhunderts besitzt einen im Stil der Renaissance errichteten Turm (1532).

Dreifaltigkeitskirche   Beachtenswert ist ferner die mehrfach umgebaute hölzerne Dreifaltigkeitskirche.

Walachisches Volkskunstmuseum   Einen Besuch des Walachischen Volkskunstmuseums sollte man nicht versäumen.

Krásno nad Bečvou   Nördlich der Unteren Betschwa (Bečva) liegt der bis 1923 selbständige Stadtteil Krásno nad Bečvou mit einem Renaissancerathaus von 1580 und einem Empireschloß (16. Jh.). Im Schloßpark (nach englischer Manier) steht ein Denkmal für die in der Schlacht bei Austerlitz (⟶ Slavkov u Brna) gefallenen Soldaten.

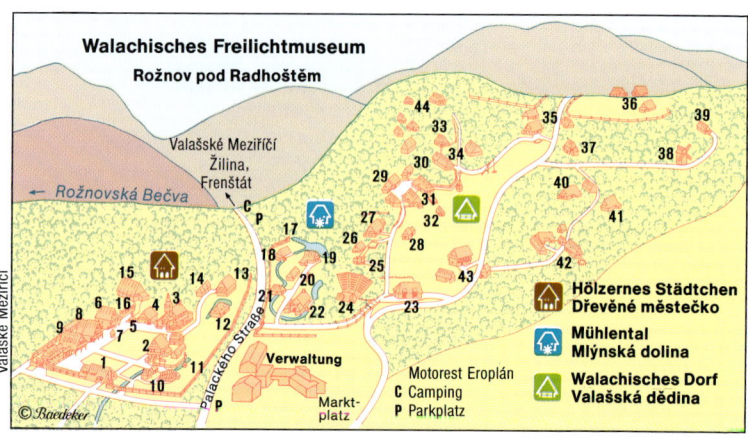

Walachisches Freilichtmuseum
Rožnov pod Radhoštěm

Hölzernes Städtchen Dřevěné městečko

1 Eingang (Kasse, Kiosk, Toiletten)
2 Vogtshaus aus Velke Kariovice
3 Kirche aus Větřkovice
4 Bills Haus
5 Glockenturm aus Dolní Bečva
6 Rathaus
7 Brunnen aus Horní Lideč
8 Vašeks Gaststätte
9 Gaststätte 'Zum letzten Groschen'
10 Kammerfreilichttheater
11 Glockentürmchen aus Horní Bečva
12 Herrenspeicher aus Prostřední Bečva
13 Herrenspeicher aus Heřmanice
14 Weberscheunen aus Štramberk
15 Jeníks Scheune
16 Bienenstöcke

Mühlental Mlýnská dolina

17 Eingang (Kasse, Toiletten)
18 Walke aus Velké Karlovice
19 Mühle aus Velké Karlovice
20 Sägewerk aus Velké Karlovice
21 Ölpresse aus Brumov
22 Hammerwerk

Walachisches Dorf Valašská dědina

23 Vogtscheune aus Hodslavice (Eingang, Kasse, Imbiß)
24 Freilichttheater am Berghang
25 Pajta aus der südlichen Walachei
26 Almhütte aus Černá Hora
27 Holzfällerhaus aus Velké Karlovice
28 Höferhaus aus Leskovec
29 Verschneiderhaus aus Studlov
30 Obstdarre aus Seninka
31 Anwesen aus Horní Bečva
32 Glockenturm aus Lužna
33 Obstkammer aus Seninka
34 Mališs Anwesen aus Lužná
35 Anwesen aus Velké Karlovice
36 Štúrals Holzhaueranwesen aus Velké Karlovice
37 Schmiede aus Lutonina
38 Windmühle
39 Haus aus Prlov
40 Anwesen aus Valašská Polanka
41 Haus aus Nový Hrozenkov
42 Matochas Haus aus Velké Karlovice
43 Vogtei aus Lidečko
44 Ständeplatz aus Rákošové

Hölzernes Städtchen Dřevené městečko
Mühlental Mlýnská dolina
Walachisches Dorf Valašská dědina

Motorest Eroplán
C Camping
P Parkplatz

Verwaltung
Marktplatz

Rožnovská Bečva
Valašské Meziříčí Žilina, Frenštát
Palackého Strasse
Valaške Meziříčí
© Baedeker

Umgebung von Valašské Meziříčí

8 km südöstlich liegt der auch zu Erholungszwecken aufgesuchte Stausee Bystřička. Unweit nördlich davon steht in dem Ort Velká Lhota (540 m ü. d. M.) eine turmlose evangelische Holzkirche von 1783. Im Ortsteil Malá Lhota ein hölzerner Glockenturm von 1687; er soll künftig in das Walachische Freilichtmuseum (s. nachstehend) einbezogen werden.

Stausee

Velká Lhota
Malá Lhota

9 km nordwestlich liegt Hustopeče nad Bečvou (Hustopetsch; 275 m ü. d. M., 2200 Einw.), ein Ort mit einem aus einer mittelalterlichen Burg entstandenen Renaissanceschloß (1580–1600). Den Schloßpark zieren alte Buchen und Linden.

Hustopeče
nad Bečvou

12 km östlich von Valašské Meziříčí gelangt man nach Rožnov pod Radhoštěm (Rožnau; 375 m ü. d. M., 17 000 Einw.), einem früher mehr als Heilbad und Ferienort besuchten Städtchen (heute elektrotechnische Industrie) an der Unteren Betschwa (Bečva).

**Rožnov
pod Radhoštěm**

Sehr besuchenswert ist das in einem Landschaftspark angelegte Walachische Freilichtmuseum (Valašské muzeum v přírodě) mit charakteristischen Beispielen der hiesigen Volksbauweise. Es zeigt insgesamt 90 Objekte aus der ganzen walachischen Region, u. a. eine kleine Holzkirche, das hölzerne Rathaus aus Rožnov, eine Gaststätte, eine Schmiede, eine Vogtei, Sennhütten und vieles andere mehr. In den Gebäuden sind u. v. a. volkstümliche Möbel, Werkzeug und Bekleidung ausgestellt.
Alljährlich im Juli und August finden hier volkskundliche und folkloristische Veranstaltungen statt.

****Walachisches
Freilichtmuseum**
(Abb. s. S. 436)

In östlicher Richtung öffnet sich das malerische, sehr frequentierte und besiedelte Tal der Unteren Betschwa. Hier liegen die bekannten Urlaubszentren Dolní Bečva (427 m ü. d. M., 3600 Einw.), Prostřední Bečva (470 m ü. d. M., 1500 Einw.) und Horní Bečva (504 m ü. d. M., 300 Einw.), alle an der Betschwa (Bečva).

Urlaubszentren

Rožnov pod Radhoštěm ist auch Ausgangspunkt für Ausflüge in das waldreiche Gebiet um den 7 km nordöstlich aufsteigenden Berg Radhošť (Radegast, 1129 m ü. d. M.; Auffahrt möglich). Man beachte die Abzweigung eines schmalen und später stark gewundenen Bergsträßchens in Prostřední Bečva, das nach 8 km die Pustevny (1018 m ü. d. M.) genannten Kammwiesen mit schönen Berghütten und Hotel erreicht, die sowohl zum Sommerurlaub als auch zum Wintersport besucht werden (Sesselbahn, Skilifte).
Von hier kann man eine lohnende Kammwanderung ostwärts vorbei an einer modernen Statue des heidnischen Gottes Radegast in einer Stunde zum Gipfel des sagenumwobenen Berges Radhošť (Radegast; Holzkapelle mit einer walachischen Madonna, Statuen der hll. Kyrill und Method) unternehmen. Das Bergsträßchen senkt sich dann in weiteren 11 km nach Frenštát pod Radhoštěm (s. nachstehend).

Ausflug zum
Radegast

15 km südlich von Valašské Meziříčí liegt die Kreisstadt Vsetín (342 m ü. d. M., 31 000 Einw.; Maschinenbau, Elektrotechnik). Am Oberen Platz (Horní náměstí) ein Renaissanceschloß (im Barock- und Empirestil umgestaltet) mit 55 m hohem Turm (Heimatmuseum). Beachtenswert sind des weiteren das Alte Rathaus von 1721 (heute Archiv), die frühbarocke Pfarrkirche, der Maštaliska (Pferdeställe) genannte Barockbau von 1710 und das Salzhaus. Es gibt hier zwei evangelische Kirchen, die an die einstigen Religionskämpfe erinnern: die sog. Untere Kirche für die Augsburgische Konfession und die sog. Obere Kirche für die Helvetische Konfession.

Vsetín

435

Im Walachischen Freilichtmuseum (s. S. 435)

Valašské Meziříčí (Fortsetzung)	Nordostwärts erstreckt sich das malerische Tal des Flusses Vsetínská Bečva. Hier gibt es noch viele holzgezimmerte Volksbauten, insbesondere in den Quertälern Leksové, Podťaté, Jezerné und Bzové; die schönsten
Velké Karlovice Raťkov	stehen in Velké Karlovice (510 m ü.d.M., 3000 Einw.), die meisten in Raťkov.
Frenštát pod Radhoštěm	Frenštát pod Radhoštěm (Frankstadt; 401 m ü.d.M., 11000 Einw.) ist eine 18 km nordöstlich von Valašské Meziříčí gelegene Industriestadt (Elektromotoren, Textilien). Beachtung verdient hier das Neorenaissancerathaus von 1890 mit Museum (u.a. Leinen- und Tuchweberei; walachische Volkskunde). Südwestlich befindet sich ein neues Kohlengrubengebiet (vier Schächte) im Aufbau.
Horečky	Unweit westlich liegt der Ferienort Horečky mit walachischer Gaststätte und Skigebiet (Kunststoffbelag für Sommerski vorhanden), ein guter Ausgangspunkt für Touren in das Radhošt-Gebiet (1129 m ü.d.M.), aber auch auf die Berge Velký Javorník (918 m ü.d.M.) und Ondřejník (Skalka 964 m ü.d.M.).

Velké Losiny · Groß-Ullersdorf   G 2

Region: Nordmähren
Kreis: Šumperk
Höhe: 406 m ü.d.M.
Einwohnerzahl: 2000

Lage und Bedeutung	Der nordmährische Luftkurort Velké Losiny – deutsch Groß-Ullersdorf – liegt am Südwestfuße des Altvatergebirges (Hrubý Jeseník; → Jeseníky)

unweit abseits des Flusses Teß (Desná) und wird als Heilbad (24 – 29 °C warme Schwefelquellen) von Rheuma- und Gichtkranken zur Schmerzlinderung aufgesucht.
Darüber hinaus hat die Herstellung von handgeschöpftem Papier Tradition und Bedeutung; die Papiermanufaktur ist bereits 1515 von den Žerotinern gegründet worden.

Velké Losiny, Lage und Bedeutung (Fortsetzung)

Bemerkenswertes in Velké Losiny

Das ehemals fürstlich Liechtensteinsche Schloß ist ein stattlicher Renaissancebau aus den Jahren 1580 – 1589 (Barockflügel vom Ende des 17. Jh.s) mit schönem Arkadenhof, Barockkapelle von 1742 und reicher Einrichtung (Möbel, Gemälde und andere). Es erlangte makabre Berühmtheit durch die im 17. Jh. hier abgehaltenen Hexenprozesse, denen viele unschuldige Menschen zum Opfer gefallen sind.

Schloß

In der traditionsreichen Papiermanufaktur befindet sich ein interessantes Papiermuseum.

Papiermuseum

Umgebung von Velké Losiny

2 km östlich liegt Maršíkov (Marschendorf; 434 m ü. d. M.) mit einer Holzkirche vom Anfang des 17. Jh.s sowie einigen Beispielen typischer Volksarchitektur (19. Jh.).

Maršíkov

4 km südwestlich von Velké Losiny liegt der Kurort Bludov (Blauda; 306 m ü. d. M., 2500 Einw.) mit Schwefelquellen und einem Rehabilitationsheim für Kinder (Herzkrankheiten, Rheumatismus). Das im Stil der Spätrenaissance erbaute Schloß wurde 1708 barockisiert. Ebenfalls barock umgebaut wurde die ursprünglich gotische Kirche; darin die Žerotín-Gruft (von 1838).

Bludov

8 km südwestlich von Velké Losiny erreicht man Šumperk (Mährisch-Schönberg; 315 m ü. d. M., 30000 Einw.), in der breiten Talaue der Teß (Desná) unweit oberhalb deren Mündung in die March (Morava) gelegene Kreisstadt mit Schwer- und Textilindustrie. Sehenswert sind hier die Reste der gotischen Stadtmauern vom Ende des 15. Jh.s. Die ursprünglich gotische Pfarrkirche wurde später barockisiert. Zum ehem. Dominikanerkloster gehörte die frühbarocke Kirche. Am Marktplatz steht eine barocke Pestsäule. Im ehem. Chiari-Schlößchen befindet sich das Heimatmuseum (Natur des Altvatergebirges). Šumperk ist der Geburtsort des Sängers Leo Slezak (1873 – 1946; ⟶ Berühmte Persönlichkeiten).

Šumperk

18 km östlich von Velké Losiny liegt Rýmařov (Römerstadt; 590 m ü. d. M., 7000 Einw.), eine Stadt mit bedeutender Seidenindustrie im Vorland vom Mährischen Gesenke (Nízký Jeseník; ⟶ Jeseníky). Am Marktplatz verdient das Rathaus aus dem 17. Jh. Beachtung. Die barocke Wallfahrtskirche 'In den Linden' ('V lipkách') enthält Fresken des mährischen Barockmalers Johann Handke (1694 – 1774). Das Pfarrhaus (Turm 16. Jh.) beherbergte ursprünglich eine Münze (Prägeanstalt).

Rýmařov

Vimperk · Winterberg   C 3

Region: Südböhmen
Kreis: Prachatice
Höhe: 696 m ü. d. M.
Einwohnerzahl: 7000

Vimperk – Schloß von Winterberg

Lage und Bedeutung	Die alte, am 'Goldenen Steg' (vgl. → Prachatice) entstandene, heute auch als Sommerfrische und zum Wintersport besuchte südböhmische Stadt Vimperk – deutsch Winterberg – liegt im bewaldeten Tal der Wolinka (Volyňka) am Südrand vom Böhmerwald (Šumava). Bedeutend ist die Holzindustrie. Tradition haben die Kristallglasfabrik (seit 1841) und eine der ältesten Buchdruckereien Böhmens (1484 gegr.; u.a. Druck von Kalendern und Miniaturkoranbüchern).

Sehenswertes in Vimperk

Schloß (Museum)	Sehenswert ist das aus einer gotischen Burg des 13. Jh.s entstandene ehemals fürstlich Schwarzenbergsche Schloß, das im 18. und 19. Jh. erneuert worden ist. Hier ist heute ein Museum mit Exponaten zur Geschichte des Böhmerwaldes, der Glasmacherei, der Zündholzherstellung und des Buchdrucks untergebracht.
Hauptkirche	Ursprünglich aus dem 14. Jh. stammt die frühgotische Hauptkirche (um 1500 umgebaut); daneben der Glockenturm.
Stadtmauerreste	Erhalten ist ein Rest der alten Stadtbefestigung.

Umgebung von Vimperk

Urwald	Vimperk ist Ausgangspunkt für Touren in das sich 7 km südlich der Stadt erstreckende Urwaldgebiet (48 ha) um den Berg Boubín (Kubany, 1362 m ü.d.M.). Möglich sind auch Fahrten zu der Bergortschaft Kubova Huť (960 m ü.d.M.) mit der höchstgelegenen Eisenbahnstation in Böhmen (995 m ü.d.M.) oder zu einem anderen, südlicher gelegenen Ausgangs-

punkt, Zátoň (815 m ü.d.M.). Der Urwald steht schon seit 1858 unter Naturschutz (Naturlehrpfad).

4 km nördlich von Vimperk liegt das Dorf Sudslavice (610 m ü.d.M.) mit einer uralten Linde, die mit ihrem Umfang von fast 12 m eine botanische Besonderheit darstellt.

5 km nordöstlich von Vimperk erhebt sich der Berg Mařský vrch (907 m ü.d.M.) mit einem Aussichtsturm.

In der nahen Ortschaft Maří verdient die gotische Kirche Beachtung.

18 km südlich von Vimperk befindet sich im Tal der Warmen Moldau (Teplá Vltava) die Ortschaft Lenora (Eleonorenhain; 765 m ü.d.M., 600 Einw.) mit einer kleinen Glashütte, gedeckter Holzbrücke über den Fluß und der sog. Saumbrücke (Soumarský most) am Goldenen Steg.

Vltava · Moldau   C/D 2−4

Hauptfluß Böhmens
Regionen: Südböhmen und Mittelböhmen
Länge: 440 km
Einzugsgebiet: ca. 30000 km^2

Flußbeschreibung

Die Moldau (Vltava), ein linker, insgesamt 440 km langer Nebenfluß der Elbe (⟶ Labe), entsteht im Böhmerwald (Šumava) aus der Warmen Moldau, die nördöstlich vom Lusen (1373 m ü.d.M.) entspringt, sowie der im Südosten davon auf bayerischem Gebiet quellenden Kalten Moldau und fließt zunächst in südöstliche Richtung, wendet sich jedoch bei ⟶ Vyšši Brod (Hohenfurth), durch die Enge der 'Teufelsmauer' fließend, nach Norden.

Die Moldau nimmt als Zuflüsse u.a. von rechts die Maltsch (Malše), die Lainsitz (Lužnice) und die Sázava (Sazawa oder Sazau) sowie von links die Wottawa (Otava) und die Beraun (Berounka) auf.

Nachdem die Moldau die Städte ⟶ Rožmberk nad Vltavou (Rosenberg; 527 m ü.d.M.), ⟶ Český Krumlov (Krumau; 509 m ü.d.M.), ⟶ České Budějovice (Budweis; 384 m ü.d.M.), Týn nad Vltavou (Moldauthein; 356 m ü.d.M.) berührt und die brückenreiche Moldaumetropole ⟶ Prag (Praha; 187 m ü.d.M.) durchflossen hat (nun für mittlere Frachtschiffe schiffbar), mündet sie (parallel ein Seitenkanal) gegenüber von ⟶ Mělník (Melnik) in die Elbe (Labe).

Der Oberlauf des Flusses ist mehrfach durch Dämme mit Kraftwerken aufgestaut; die größten Stauseen sind der von ⟶ Orlík sowie jene von Lipno und Slapy (beide s. nachstehend).

Der bedeutende tschechische Komponist Bedřich (Friedrich) Smetana (1824−1884; ⟶ Berühmte Persönlichkeiten) hat einen Teil seines Zyklus sinfonischer Dichtungen "Mein Vaterland" mit dem Titel "Vltava" ("Die Moldau") überschrieben.

Als 'Moldavite' bezeichnet man in der Geologie glasige Gesteinskörper (Tektite), die im Flußbereich der Moldau vorkommen und deren Herkunft aus dem riesigen Meteoritenkrater des Nördlinger Rieses wahrscheinlich ist.

Lipenská přehrada – Blick auf den Lippener Moldau-Stausee

✳Lippener Moldau-Stausee · Lipenská přehrada   **C/D 4**

Lage und Wissenswertes

Die im südlichen Böhmerwald (Šumava) gelegene, größte Moldau-Talsperre wurde im Jahre 1959 fertiggestellt. Sie staut den Fluß zu dem etwa 40 km langen, bis zu 16 km breiten und von Wäldern umrahmten, buchtenreichen Lippener Stausee (Lipenská přehrada; 4660 ha, 727 m ü.d.M.). Der Staudamm ist 250 m lang und etwa 25 m hoch. Das gestaute Wasser wird von hier in einem 3,5 km langen Druckstollen zu dem 170 m tiefer gelegenen, unterirdischen Elektrizitätswerk bei dem kleinen Ausgleichsbecken vor → Vyšší Brod geleitet, so daß die malerischen Flußschnellen bei der 'Teufelsmauer' (Čertova stěna) heute nur wenig Wasser führen.

Erholungsgebiet

Neben seiner Ausnutzung zur Erzeugung von elektrischer Energie dient der Stausee auch besonders als Erholungsgebiet (Hotels; Autocamps in Černá v Pošumaví, Frymburk, Horní Planá – U pláže und Horní Plána – Karlovy Dvory, Lipno; Bungalow-Siedlungen; Zeltplätze; Boote). Schiffsverkehr mit mehreren Uferortschaften bis nach Lipno (Lippen, 680 m ü.d.M., 400 Einw.), wo sich die Staumauer befindet.

Ziele im Bereich des Lippener Moldau-Stausees

Černá v Pošumaví

Černá v Pošumaví (Schwarzbach; 728 m ü.d.M., 500 Einw.), ist eine alte Ortschaft und heute Erholungszentrum am linken Ufer des Stausees. Die Kirche stammt vom Ende des 18. Jh.s. In der ehem. Bierbrauerei (gegr. 1568 von Jakub Krčín) wird heute Sodawasser hergestellt. In der Umgebung gibt es bedeutende Graphitlager.

Frymburk

Frymburk (Friedberg; 740 m ü.d.M., 1300 Einw.) ist ein im 13. Jh. von den Rosenbergern gegründetes Städtchen am unteren schmalen Südostteil des Lippener Stausees. Die gotische Pfarrkirche stammt aus dem Jahre 1277. ist jedoch im 16. Jh. spätgotisch umgestaltet worden. Der Brunnen wurde im Jahre 1676 angelegt, der Pranger um 1651 errichtet. Die Verbindung mit dem gegenüberliegenden Ufer stellt eine Autofähre her. Zwei Stunden südwestlich liegt die aus Adalbert Stifters "Hochwald" bekannte Ruine Wittinghausen (Vitkův hrádek, 1032 m ü. d. M.; gute Aussicht).

Frymburk
(Fortsetzung)

Horní Planá (Oberplan; 726 m ü. d. M., 2000 Einw.) ist ein altes Städtchen und der Geburtsort des Dichters Adalbert Stifter (1805–1868; → Berühmte Persönlichkeiten) mit einer Gedenkstätte in seinem Geburtshaus und Bronzestandbild im Park. Die ursprünglich gotische Ortskirche stammt aus dem 13. Jh. und wurde mehrfach erneuert (gotische Madonna aus dem 15. Jh.).

Horní Planá

Die kleine Ortschaft Hořice na Šumavě (Höritz; 674 m ü. d. M.), 14 km südwestlich von → Český Krumlov, besitzt eine gotische Kirche (13. Jh.; 1483–1513 spätgotisch umgebaut), einen Pranger von 1549 und sieben Steinbrunnen. Vor dem Zweiten Weltkrieg war die Ortschaft durch ihre Passionsspiele, nach dem Beispiel des bayerischen Oberammergau, gut bekannt; verfilmt wurden sie durch die französischen Gebrüder Lumières im Jahre 1897.

Hořice
na Šumavě

Das Gebirgsdorf Nová Pec (737 m ü. d. M.) liegt 7 km nordwestlich von Horní Planá (s. zuvor) und ist der einzige Erholungsort am rechten Ufer des Lippener Stausees. Wirtschaftlich interessant ist die Holzverarbeitung. Reste des Schwarzenberg-Kanals (1789–1822), der insgesamt 44 km lang war und als Holzrutsche nach Zwettelbach in Österreich diente, sind heute noch zu sehen.

Nová Pec

*Slapy-Stausee · Slapská přehrada (Abb. s. S. 442)   D 3

Der langgestreckte, buchtenreiche und von waldigen Höhen umrahmte Moldau-Stausee bei Slapy gehört zu den bevorzugten Erholungs- und Freizeitgebieten der Prager. Die rund 5 km östlich des Dorfes Slapy, 30 km südlich von Prag (→ Praha), in den Jahren 1949–1954 erbaute, knapp 70 m hohe und an der Krone 260 m lange Slapy-Talsperre (Slapská přehrada; 280 m ü. d. M.) liefert mit einer Wasseroberfläche von rund 1400 ha etwa 270 Mio. m³ Wasser zur Energiegewinnung.

*Lage und
Wissenswertes*

Der 44 km lange Stausee, den man im Sommer von Prag auch mit dem Schiff anfahren kann, bietet reichlich Gelegenheit für alle Wassersportarten, zum Angeln und für Rundfahrten mit einem der Moldauschiffe, die bei der Staumauer oder in Nová Rabyně anlegen. Der Ort gehört ebenso wie Živohošť zu den hiesigen Hauptzentren des Tourismus.
Günstige Badegelegenheiten bieten sich (von Norden nach Süden) am linken Ufer bei Žďáň, Živohošť und Cholín; am rechten Ufer bei Rabyně, Nová Živohošť und Měřín.
Freunden der Archäologie empfiehlt sich ein Besuch in Hrazany, wo ein keltisches Oppidum aus dem 1. Jh. v. Chr. erhalten ist.

Erholungsgebiet

Ziele im Bereich des Slapy-Stausees

35 km südlich von Prag liegt das Dorf Křečovice (365 m ü. d. M.), der Geburtsort des Komponisten Josef Suk (1874–1935) mit Gedenkstätte in seinem Geburtshaus (Alte Schule).

Křečovice

40 km südwestlich von Prag befindet sich die von schönen Wäldern umgebene Stadt Dobříš (371 m ü. d. M., 8500 Einw.; Handschuherzeugung) mit einem Rokokoschloß von 1745–1765 (Schriftstellertreffpunkt); dabei ein

Dobříš

Slapská přehrada – der Slapy-Stausee ist das bevorzugte Erholungsgebiet der Prager

Vltava,
Dobříš
(Fortsetzung)

französischer Garten und ein großes Wildgehege. 3 km südöstlich von Dobříš steht am Ufer des Strž-Teiches eine Villa, in der 1935–1938 der Schriftsteller Karel Čapek (⟶ Berühmte Persönlichkeiten) lebte; Gedenkstätte.

Příbram

55 km südwestlich von Prag erreicht man die Kreis- und Industriestadt Příbram (502 m; 37 000 Einw.), in deren Umgebung schon im 13. Jh. Silber gefördert wurde (heute Uranerze). Über der Stadt erhebt sich der Heilige Berg (Svatá Hora; 586 m ü.d.M.) mit einer vielbesuchten barocken Wallfahrtskirche (17. Jh.).
6 km südlich von Příbram liegt die Ortschaft Milín; unweit von dort, am Wege nach Slivice, gibt es eine Gedenkstätte, mit der an die letzten Schüsse des Zweiten Weltkrieges in Böhmen (am 11. Mai 1945) erinnert wird.

Volary · Wallern   C 4

Region: Südböhmen
Kreis: Prachatice
Höhe: 757 m ü.d.M.
Einwohnerzahl: 4000

Lage und
Bemerkenswertes

Das zum Sommerurlaub gern besuchte südböhmische Städtchen Volary – deutsch Wallern – liegt 16 km südwestlich von ⟶ Prachatice in einem freundlichen Wiesental des Böhmerwaldes (Šumava), früher Rastplatz am 'Goldenen Steg', dem alten Handelsweg zwischen Bayern (Passau) und Böhmen (Prachatice). Heute befindet sich hier ein großes Holzverarbeitungswerk. Der für diese Gegend ungewöhnliche alpine Bautypus von Holzhäusern (mit breiten Balkonen), deren Satteldächer mit Steinen

beschwert sind, wurde bereits im 15. Jh. von Siedlern aus den Alpen hierher gebracht.

Umgebung von Volary

10 km südlich befindet sich in dem Ort Jelení ein Tunnel des alten Schwarzenberg-Kanals; 2 km nördlich der Bärenstein, ein kleines Denkmal an der
Stelle, wo 1856 der letzte Bär des Böhmerwaldes erlegt wurde.
Von Jelení führt der sog. Bärenpfad (7 km; mehrere Aussichtsfelsen)
südostwärts bis zur Eisenbahnstation Ovesná.

Jelení

15 km südlich von Volary erhebt sich zwischen dem auf deutschem Gebiet
liegenden Bayrischen Plöckenstein (1362 m ü.d.M.) und dem Böhmischen
Plöckenstein (Plechý; 1378 m ü.d.M.) der höchste Berg des Böhmerwaldes, das Dreiländereck (Třístoličník; 1320 m ü.d.M.), wo seit 1765 die
Grenzen von Böhmen, Bayern und Österreich zusammentreffen (von
Jelení in 3 Std. zu Fuß).
Südöstlich unterhalb vom Böhmischen Plöckenstein liegt der Plöckensteinsee (Plešné jezero; 1090 m ü.d.M.), bekannt aus den Erzählungen
von Adalbert Stifter (1805–1868; → Berühmte Persönlichkeiten); am Ufer
ein Stifter-Denkmal.

Plöckensteine

Dreiländereck

Plöckensteinsee

Vrchlabí · Hohenelbe   E 2

Region: Ostböhmen
Kreis: Trutnov
Höhe: 477 m ü.d.M.
Einwohnerzahl: 13000

Das ostböhmische Ferienzentrum (für sommerliche Bergtouren und vor
allem zum Wintersport) Vrchlabí – deutsch Hohenelbe – zieht sich etwa
5 km lang zu beiden Seiten der aus dem Riesengebirge (→ Krkonoše)
herabkommenden jungen Elbe (→ Labe) hin. Das im 13. Jahrhundert
gegründete Dorf wurde 1533 zur königlichen Bergbaustadt erhoben, der
Bergbau allerdings im 18. Jh. eingestellt. Wirtschaftliche Bedeutung haben
heute die Kraftfahrzeug- und die Textilindustrie.

Lage und
Bedeutung

Vrchlabí ist sommers wie winters der Hauptausgangspunkt für den Besuch
des Riesengebirges (von Süden).

*Touristenzentrum

Sehenswertes in Vrchlabí

An der Hauptstraße beachtenswert sind das 1581 entstandene Rathaus
(1735 barockisiert), die neugotische Stadtkirche von 1888 sowie einige
alte Holzlaubenhäuser (17.–18. Jh.).

Rathaus
Stadtkirche
*Holzlauben-
häuser

In dem Barockgebäude (1705–1725) eines ehem. Klosters befindet sich
das Riesengebirgsmuseum mit reichhaltigen natur- und kulturgeschichtlichen Sammlungen.

**Riesengebirgs-
museum**

Südwestlich der Stadtkirche steht das viertürmige ehemals gräflich
Czernin-Morzinsche Schloß (1546–1614 erbaut; 1894 erneuert). Darin ist
heute die Verwaltung des Riesengebirgsnationalparks (KRNAP) untergebracht.

Schloß

Das Schloß umgibt ein englischer Park mit Arboretum, kleinem botanischen und zoologischen Garten (Bergflora und Gebirgsfauna).

Schloßpark

Vrchlabí – Häuserzeile in Hohenelbe (links das Riesengebirgsmuseum)

Umgebung von Vrchlabí

Ziele östlich von Hohenelbe

Černý Důl

Bei Černý Důl (Schwarzental; 684 m ü.d.M.) gibt es einen Kalkbruch.

Svoboda nad Úpou

Das Bergstädtchen Svoboda nad Úpou (Freiheit; 515 m ü.d.M., 2500 Einw.; Papierfabrik), besitzt einige schöne alte Holzhäuser und ist besonders als Wintersportplatz beliebt.

Rudník

In dem Dorf Rudník (Hermannsreifen, 411 m ü.d.M.) verdient die ursprünglich gotische Kirche Beachtung.

Janské Lázně

Janské Lázně (Johannisbad; 630 m ü.d.M., 800 Einw.) wird gern als Heilbad (1677 gegr.), Sommerfrische und Wintersportplatz besucht; das Städtchen liegt am Südfuß des Schwarzen Berges (Černá hora, 1299 m ü.d.M.; 3000 m lange Kabinenseilbahn; 80 m hoher Sendemast). Die 30 radioaktiven Thermalquellen sind bei Nerven-, Herz-, Blut- und Stoffwechselkrankheiten sowie besonders bei Kinderlähmung wirksam. Die Kurkolonnade im Jugendstil stammt aus dem Jahre 1893.

Ziele westlich von Hohenelbe

Jilemnice

Jilemnice (Starkenbach; 451 m ü.d.M., 4500 Einw.) ist ein Gebirgsstädtchen mit Textilindustrie und Sportartikelherstellung, Bedeutung hat es als Wintersportzentrum. Das ursprünglich im Renaissancestil erbaute und Ende des 19. Jh.s umgebaute Schloß beherbergt heute ein Museum des Riesengebirges (historische Skier, Weihnachtskrippen u.v.a.). Zahlreiche Blockhäuser an der Gasse 'Zvědavá ulička'.

Vítkovice (683 m ü.d.M.), ein Gebirgsort mit Weberei, gilt als beliebtes Erholungszentrum.

Vysoké nad Jizerou (692 m ü.d.M.; 1700 Einw.), wurde im 14. Jh. gegründet und besitzt ein interessantes Heimatmuseum.

Mehrere Blockhäuser sind in Jablonec nad Jizerou (Jablonetz; 450 m ü.d.M., 2200 Einw.), einer kleinen Gebirgsstadt im Isertal, erwähnenswert.

Vrchlabí
(Fortsetzung)
Vítkovice

Vysoké
nad Jizerou

Jablonec
nad Jizerou

Vyšší Brod · Hohenfurth   **D 4**

Region: Südböhmen
Kreis: Český Krumlov
Höhe: 571 m m ü.d.M.
Einwohnerzahl: 2800

Vyšší Brod – deutsch Hohenfurth – ist ein altes Städtchen an der jungen Moldau (⟶ Vltava) in Südböhmen, 30 km südlich von ⟶ Český Krumlov und nur 7 km nördlich der tschechisch-österreichischen Grenze gelegen, das hauptsächlich wegen seines ehem. Klosters den Besuch lohnt.

Lage und
Allgemeines

Sehenswertes in Vyšší Brod

Das mauerumgebene ehem. Zisterzienserkloster Hohenfurth wurde 1259 von Peter Vok von Rosenberg gegründet und birgt die Familiengruft derer von Rosenberg.
Der älteste Teil des Klosters ist der Ostflügel mit dem Kapitelsaal aus dem Jahre 1285; der Kreuzgang stammt aus dem 14. und 15. Jh., das Refek-

*Kloster

Vyšší Brod – Kloster Hohenfurth

Vyšší Brod – Hohenfurther Madonna

Kloster (Fortsetzung)

torium vom Ende des 14. Jahrhunderts. Besonders beachtenswert sind die Klosterkirche (13.–15. Jh.) mit schlankem Turm, der gotische Kreuzgang und die Klosterbibliothek mit ca. 70000 Bänden, eine Reihe von Handschriften und Erstdrucken. Die Gemäldegalerie umfaßt v.a. Werke holländischer Meister des 17.–18. Jh.s; der berühmte Tafelbilderzyklus des Meisters von Hohenfurth befindet sich heute in der Prager Nationalgalerie.

Postmuseum

Einen Besuch lohnt das interessante Postmuseum.

Umgebung von Vyšší Brod

Teufelswand

4 km nordwestlich liegt das Naturschutzgebiet 'Teufelswand' ('Čertova stěna') oberhalb des von mächtigen, vielfach zu 'Töpfen' ausgewasche-

nen Felsblöcken erfüllten, heute fast wasserlosen Flußbettes der Moldau (→ Vltava); die 'Teufelsschnellen' ('Čertovy proudy') werden nur noch für Wassersportwettbewe:be geflutet. Nach der Sage von der Entstehung dieser Felsgebilde hat Smetana eine Oper ("Teufelswand", 1882) komponiert.

*Teufelsschnellen im Moldaubett

In Loučovice (Kienberg; 663 m ü.d.M., 2200 Einw.), 6 km westlich von Vyšší Brod, besteht seit 1894 eine Papier- und Kartonagenfabrik.

Loučovice

Die alte südböhmische Ortschaft Rožmberk nad Vltavou (Rosenberg; 528 m ü.d.M., 300 Einw.) liegt 6 km nordöstlich von Vyšší Brod malerisch in einer Flußschlinge der oberen Moldau (→ Vltava) und wird von dem sich auf hohem Felssporn erhebenden ehemals Buquoyschen Schloß überragt, einem zweistöckigen Palast (mit prismatischem Turm), der sog. Unteren Burg (urspr. 14. Jh.), die im 16., 17. und 19. Jh. umgebaut bzw. erneuert worden ist. Im Inneren Waffen, Gemälde, Möbel, kunsthandwerkliche Gegenstände, Kassettendecken u.v.a.; in den Jahren 1840–1857 wurde das Schloß im pseudogotischen Stil umgebaut. Damals hat man auch das sog. Neue Schloß hinzugebaut. Von der im 16. Jh. durch Feuer zerstörten sog. Oberen Burg (urspr. 13. Jh.), dem Stammsitz des Adelsgeschlechtes derer von Rosenberg, ist nur ein schlanker Wehrturm ('Jakobínka') erhalten.

***Rožmberk** nad Vltavou

Bemerkenswert ist ferner die am linken Moldau-Ufer stehende Marienkirche. Der Vorgängerbau wurde im 13. Jh., die heutige Kirche im 15. Jh. errichtet. Das Innere birgt ein schönes Netzgewölbe.
Reste der Stadtbefestigungen sind erhalten.

Walachisch-Meseritsch

→ Valašské Meziříčí

Wallern

→ Volary

Wekelsdorfer Felsen

→ Teplicko-adršpašské skály

Winterberg

→ Vimperk

Wittingau

→ Třeboň

Worlik

→ Orlík

Žatec · Saaz   C 2

Region: Nordböhmen
Kreis: Louny
Höhe: 240 m. ü. d. M.
Einwohnerzahl: 22 000

Lage und
Bedeutung

Die nordböhmische Stadt Žatec – deutsch Saaz – liegt 20 km westsüd-
westlich von der Kreisstadt ⟶ Louny und etwa ebenso weit ostsüdöstlich
von ⟶ Kadaň inmitten des Saazer Beckens auf einem Hügelrücken am
rechten Ufer der Eger (Ohře) und ist Mittelpunkt des böhmischen Hopfen-

Saazer Hopfen

anbaugebietes ('Saazer Hopfen'; zahlreiche Hopfendarren in der Stadt).

Geschichte

Von 1378 bis 1411 lebte in Saaz als Stadtschreiber und Notar der unter
dem Namen Johannes von Saaz oder Johannes von Tepl (um 1350 bis
1414) bekannte mittelalterliche Dichter und Vordenker des Humanismus
(bedeutend sein Streitgespräch vom "Ackermann", 1411).

Im Jahre 1521 lebte in Saaz auch zeitweilig der deutsche Volksreformator
und Führer im Deutschen Bauernkrieg, Thomas Müntzer (1525 im thüringischen Mühlhausen hingerichtet).

Sehenswertes in Žatec

Marktplatz
Rathaus

An dem geschlossenen, von Laubenhäusern (reizvolle Giebel) umgebenen
Marktplatz steht das Rathaus von 1559; davor eine figurenreiche Dreifaltigkeitssäule.

Stadtplan

Žatec

Saaz

Stadtkern

GEBÄUDE
1 Rathaus
2 Dreifaltigkeits-
  säule
3 Florianssäule
4 Mariä Himmelfahrt
  (Pfarrkirche)
5 Brauerei
6 Wasserturm
7 Kněžka brána
  (Stadttor)
8 Libočanská brána
  (Stadttor)

PLÄTZE
A Marktplatz
B nám. M. Hošťálka
C Chelčického nám.

100m

© Baedeker

Žatec – Dreifaltigkeitssäule und …   *… Pfarrkirche in Saaz*

Nördlich vom Rathaus erhebt sich die große Pfarrkirche Mariä Himmelfahrt aus dem 14. Jahrhundert.

Pfarrkirche
Mariä Himmelfahrt

Am Nordende des Altstadtkerns liegt die alte Burg (Hrad), heute als Brauerei genutzt.

Burg
(Brauerei)

Erhalten sind große Teile der spätgotischen Stadtbefestigung mit zwei Stadttoren (Kněžská brána und Libočanska brána).

Stadtmauerreste

Umgebung von Žatec

15 km südwestlich liegt in einem ausgedehnten englischen Park das Barockschloß Krásný Dvůr, in dem sich einst u. a. Goethe aufgehalten hat.

Krásný Dvůr

Žďár nad Sázavou · **Saar**

E 3

Region: Südmähren
Kreis: Žďár nad Sázavou
Höhe: 580 m ü. d. M.
Einwohnerzahl: 27 000

Die südmährische Kreisstadt Žďár nad Sázavou – deutsch Saar – liegt am Südrande des Saarer Berglandes (Žďárské vrchy), zu dem die höchsten Erhebungen des zentralen Teils der Böhmisch-Mährischen Höhe (Českomoravská vrchovina) gehören.
Das Wirtschaftsleben der Stadt an der Sazau (Sázava) ist von Industrie (Maschinenbau, Gießereien) bestimmt.

Lage und
Allgemeines

Sehenswertes in Žďár nad Sázavou

❋**Kloster**

Für den Besucher ist das Interessanteste auf dem Gelände des 1252 gegründeten ehem. Zisterzienserklosters konzentriert. Wenngleich in der Zeit der Hussitenkriege zerstört, erlebte es eine neue, wenn nicht seine größte Blüte im 18. Jahrhundert.

Museen

In barocken Klostergebäuden aus dieser Zeit (von G. Santini) befindet sich heute das Museum des Buches mit Exponaten zur Entwicklung des Schrifttums und des Buchdrucks.
Beachtung verdienen auch die Kunstgalerie und das Kreismuseum.
In den renovierten Marställen ist heute eine dem Architekten Giovanni Santini (1677–1723) gewidmete Ausstellung eingerichtet.

Bauwerke von Giovanni Santini
❋Wallfahrtskirche auf dem Grünberg

Giovanni Santini hat noch verschiedene andere wertvolle Bauwerke in der Stadt und ihrer Umgebung hinterlassen: Klosterfriedhof mit Barockplastiken; Meierhof Lyra (am Stadtrand); Barockkirche mit fünfeckigem Grundriß auf dem Hügel Zelená hora (Grünberg), das wohl bedeutendste Bauwerk der sog. barocken Gotik im ganzen Land.
Kirchen in Obyčtov (10 km südöstlich) und Netín (20 km südlich); Gasthaus in Ostrov nad Oslavou (10 km südöstlich).

Umgebung von Žďár nad Sázavou

Velké Dářko

8 km nördlich erstreckt sich der Teich Velké Dářko (617 m ü.d.M, 200 ha; Bademöglichkeiten); in der Umgebung befindet sich das Quellgebiet der Sazau (Sázava).

Nové Město na Moravě

8 km östlich von Žďár nad Sázavou liegt die Stadt Nové Město na Moravě (594 m ü.d.M.; 12000 Einw.) unter dem Bergzug Žďárské vrchy. Sie hat

Žďár nad Sázavou – Barockbauten …   *… in Saar und Umgebung*

Bedeutung wegen ihrer Skiherstellung und gilt als Wiege des Fremdenverkehrs (bes. Wintersport) im Bereich der Böhmisch-Mährischen Höhe (Museum).

Žďár nad Sázavou
(Fortsetzung)

10 km nordöstlich von Žďár nad Sázavou befinden sich bei dem Urlaubsdorf Fryšava (708 m ü.d.M.) in schöner Lage die Teiche Medlov und Sýkovec; das Landschaftsbild beherrschen die Berge Devět skal (836 m ü.d.M.) und Žákova hora (810 m ü.d.M.).

Fryšava

22 km nördlich von Žďár nad Sázavou gelangt man nach Hlinsko (580 m ü.d.M.; 11000 Einw.), einer Industriestadt (Elektrogerätebau) am westlichen Rande des Bergzuges Žďárské hory. Sehenswert sind hier die Barockkirche (1730–1745) und das Rathaus (1792).

Hlinsko

8 km westlich befindet sich das neue Freilichtmuseum Veselý Kopec oder Vysočina mit Volksbauten der Region.

Freilichtmuseum

Železná Ruda · Markt Eisenstein   **C 3**

Region: Westböhmen
Kreis: Klatovy
Höhe: 754 m ü.d.M.
Einwohnerzahl: 1500

Železná Ruda – deutsch Markt Eisenstein – liegt reizvoll im Böhmerwald (Šumava) an der Vereinigung des Großen Regens (Řezné) und des Eisenbaches (Železný potok) unweit der tschechisch-deutschen Grenze (Grenzübergang Bayerisch Eisenstein). Der Ort wird gern zum Sommerurlaub und als Wintersportplatz (Skilifte) sowie als Ausgangspunkt für Touren im Böhmerwald besucht.

Lage und
Bedeutung

Železná Ruda – Pfarrkirche von Markt Eisenstein

Geschichte	Gegründet wurde Markt Eisenstein im 14. Jh. als Station an einem viel-benutzten Handelsweg über den Böhmerwald. Zunächst (16.–18. Jh.) hat man in der Gegend Eisenerz gefördert (Gruben heute verfallen), später kam die Glasmacherei (Fenster- und Spiegelglas) auf.
Bemerkenswertes	Markant ist die Pfarrkirche von 1732 mit ihrer großen achtkantigen Zwiebelkuppel.

Umgebung von Železná Ruda

Spitzbergsattel	3 km nördlich liegt der Spitzbergsattel (Špičácké sedlo; 1000 m ü. d. M.) auf der Wasserscheide zwischen Donau und Elbe. Vom Sattel kann man lohnende Wanderungen unternehmen:
Teufelssee	Nordwestwärts in $1/2$–1 Std. durch naturgeschützte, einsame Urwaldland-schaft zu dem düsteren Teufelssee (Čertovo jezero; 1030 m ü. d. M., 11 ha
Schwarzer See	Wasserfläche, bis 35 m tief) oder zum Schwarzen See (Černé jezero; 1008 m ü. d. M., 19 ha, bis 40 m tief), zwei Gletscherseen unterhalb der
Seewand	steil abfallenden Seewand (Jezerní stěna; 1343 m ü. d. M.).
Panzer	Vom Spitzbergsattel gelangt man nordwärts in 1 Std. (auch Sessellift) auf den Panzer (Pancíř; 1214 m ü. d. M.), wo sich eine Berghütte befindet.
✲✲Fernsicht	Vom Aussichtsturm auf dem Panzer bietet sich ein prächtiger Rundblick; bei günstiger Wetterlage sind von hier sogar die Alpen zu sehen.
Spitzberg	4 km nördlich von Železná Ruda erhebt sich der Spitzberg (Špičák; 1202 m ü. d. M.), ein sehr beliebtes Wintersportzentrum mit mehreren Skiliften und guten Abfahrtspisten.
Hojsova Stráž	11 km nördlich von Železná Ruda liegt das Dorf Hojsova Stráž (Eisenstraß; 890 m ü. d. M.), das sowohl im Sommer als auch zum Wintersport viel besucht wird; am Ort gibt es mehrere kleine Hotels.
Nýrsko	18 km nordöstlich von Železná Ruda erreicht man die Kleinstadt Nýrsko (452 m ü. d. M.; 5000 Einw.) am Fuße der nördlichen Ausläufer des Böh-merwaldes. Erwähnung verdienen hier die Barockkirche (urspr. gotisch) und das früh-barocke Rathaus (von 1684).
Zadov-Churáňov	20 km südöstlich von Železná Ruda liegt am Nordrand des Hochplateaus der beliebte Touristenplatz Zadov-Churáňov (1119 m ü. d. M.) mit mehre-ren Liftanlagen und guten Skisportmöglichkeiten, insbesondere Langlauf-loipen.
Hochmoore	Etwa 6 km südwestlich von Zadov gibt es in der Unmgebung der Ortschaf-ten Kvilida (Gfild) und Modrava (Mader; ca. 1000 m ü. d. M.) mehrere Hoch-moore mit seltener Flora.
Drei-Seen-Moor	Durch das Drei-Seen-Moor (Třijezerní slaď) führt ein markierter Wander-weg.
Vydra-Tal Křemelná-Tal	Westwärts führen von Zadov reizvolle Wanderungen in die Täler der Flüß-chen Vydra und Křemelná. In den Bachbetten liegen zahlreiche große Felsblöcke, die vielfach zu 'Rie-sentöpfen' ausgewaschen sind.

Zlabings

→ Slavonice

Zlín

Region: Südmähren
Kreis: Zlín
Höhe: 230 m ü. d. M.
Einwohnerzahl: 87 000

Die zur Region Südmähren gehörende Kreisstadt Zlín (1949–1989 nach dem kommunistischen Politiker Klement Gottwald, 1896–1953, 'Gottwaldov' genannt) erstreckt sich in dem schön bewaldeten Tal der Dřevnice, einem linken Zufluß der March (→ Morava), flußaufwärts.   *Lage und Bedeutung*

Zlín ist schon früh als 'Schuhstadt' bekannt geworden, nachdem der hier einheimische Tomáš Baťa (1876–1932; → Berühmte Persönlichkeiten) seit 1894 seine anfänglich kleine Schuhmacherwerkstatt unter Anwendung fortschrittlicher Rationalisierungsverfahren und mit Gewinnbeteiligung der Mitarbeiter zu einer der größten Schuhfabriken überhaupt aufgebaut hatte; Baťa-Schuhe sind zu einem weltweit bekannten Markenartikel geworden (Konzernzentrale heute in Kanada).   *Schuhstadt*

Zu der Schuh-, Leder- und Strumpfherstellung trat später auch die chemische Industrie (Reifenproduktion 'Barum', Kunststoffe u. ä.), ferner der Maschinen- und der Flugzeugbau, was eine erhebliche Ausdehnung der Stadt mit sich brachte (fortschrittliche Fabrikanlagen und ausgedehnte Wohnbezirke). Am Ausbau der modernen Stadt (Museen, Theater, Filmstudios; Flugplatz bei Holešov) waren u. a. so bekannte Architekten wie Le Corbusier und Josef Kotěra beteiligt.   *Moderne Industriestadt*

Sehenswertes in Zlín

Im Zentrum der Stadt liegen der Platz der Arbeit (náměstí Práce) und der Platz des Friedens (náměstí Míru).   *Zentrum*

In dem barock umgebauten Renaissanceschloß ist das Heimatmuseum Südostmährens untergebracht; dabei der Schloßpark im englischen Stil. Die Exponate der Galerie der böhmischen Malerei und der Bildhauerkunst des 20. Jh.s sind auf das Schloß und das Haus der Künste verteilt.   **Schloß** (Museum) **Kunstgalerie**

Im Werk 'Svit' lohnt ein Schuhmuseum den Besuch.   *Schuhmuseum*

3 km südlich vom Zentrum befinden sich im Stadtteil Kudlov die Ateliers der bekannten tschechischen Zeichentrick-, Puppen- und Kurzfilmproduktion.   *Trickfilmstudios*

Umgebung von Zlín

6 km nordöstlich erreicht man den Zlíner Ortsteil Štípa (267 m ü. d. M.) mit barocker Wallfahrtskirche (gotische Madonna). Auf einem nahen Hügel (20 Min. südöstlich) steht eine steinerne Windmühle (1860).   **Štípa**

7 km nordöstlich von Zlín liegt die kleine Ortschaft Lešná. in dem dortigen, zu Beginn des 19. Jh.s erbauten klassizistischen Schloß (Ende des 19. Jh.s im romantischen Stil umgebaut) wirkte 1812/1813 Franz Grillparzer als Erzieher; schöner Schloßpark. Zoologischer Garten.   **Lešná**

Zlín (Fortsetzung)
Lukov

10 km nordöstlich von Zlín erhebt sich die Ruine der Burg Lukov (13. Jh.); im Dorf beachte man die Jugendstilvilla 'Tusculum' der Familie Seiler.

Napajedla

12 km südwestlich von Zlín gelangt man zu der am linken Ufer der March (→ Morava) gelegenen Kleinstadt Napajedla (Napajedl; 200 m ü.d.M., 6000 Einw.; chemische Fabrik, Dieselmotorenbau) mit einem berühmten Gestüt. Sehenswert sind ferner das spätbarocke Schloß (1764–1769), der Schloßpark, die Stadtkirche von 1712 (Renaissanceportal) sowie das örtliche Museum (archäologische Sammlungen).

Znojmo · Znaim   F 4

Region: Südmähren
Kreis: Znojmo
Höhe: 289 m ü.d.M.
Einwohnerzahl: 39000

Lage und
❉Stadtbild

Die südmährische Kreisstadt Znojmo – deutsch Znaim – liegt reizvoll auf einer Anhöhe (75–95 m ü.d.M.) über der Thaya (Dyje) und hat ihr altes Stadtbild weitgehend bewahrt.

Znaimer Gurken

Die um 1266 gegründete Stadt ist das Zentrum eines bedeutenden Wein-, Obst-, und Gemüsebaulandes (Znaimer Gurken) mit Konserven-, Keramik-, Schuh- und Maschinenfabriken sowie Gerbereien.

Weinlesefest

Alljährlich im Herbst findet ein großes Weinlesefest mit Umzug statt.

Sehenswertes in Znojmo

Burg
Südmährisches
Museum

Eindrucksvoll ist die ehem. Burg der Markgrafen von Mähren (urspr. 11. Jh.), heute ein Barockschloß, das vom Südmährischen Museum genutzt wird.

Stadtplan

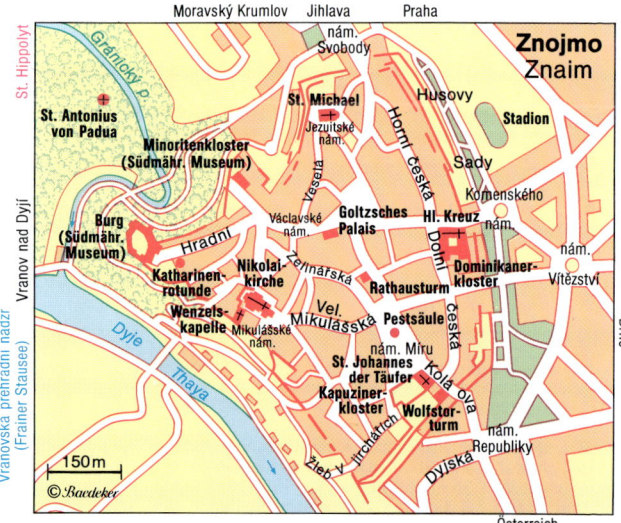

Vranov nad Dyjí – Schloß Frain (s. S. 456)

In der Burgkapelle, einer der hl. Katharina geweihten romanischen Rotunde (12. Jh.), befinden sich wertvolle Wandmalereien von 1134 (Zyklus der Přemyslidendynastie, mehrfach, zuletzt 1949 restauriert). ❋Romanische Rotunde

Bemerkenswert sind die große Pfarrkirche St. Nikolaus, ein gotischer Hallenbau von 1338–1440 (barocke Innenausstattung; Turm von 1848) und die dieser südlich gegenüberstehende Wenzelskapelle, eine Doppelkirche des 16. Jahrhunderts. Kirchen

Von dem 1945 zerstörten Rathaus steht noch der 80 m hohe gotische Turm (1448). Rathausturm

Erhalten sind beträchtliche Reste der Stadtbefestigung, insbesondere die spätgotischen Bastionen). Stadtbefestigung

Außerhalb der Stadt wurde 1190 am Ufer der Thaya (Dyje) das Prämonstratenserkloster 'Louka' ('Wiese') gegründet. Die spätromanische Klosterkirche ist zum Großteil erhalten geblieben. Kloster Wiese

Umgebung von Znojmo

2 km nördlich vom Stadtkern liegt Přímětice (324 m ü. d. M.), heute ein Ortsteil von Znojmo, mit großen Weinkellern. Prokop Diviš (1696–1765), hier 1746–1765 Pfarrer, hat 1754 den ersten Blitzableiter gebaut (Gedenkstätte in der Pfarrei). Přímětice

14 km südöstlich von Znojmo gelangt man nach Slup (191 m ü. d. M.), einer Ortschaft mit historisch wertvoller Wassermühle (erste Hälfte des 17. Jh.s; Museum). Slup

Bítov – Burg Vöttau

**Vranov
nad Dyjí
*Schloß Frain**
(Abb. s. S. 455)

18 km westlich von Znojmo liegt etwas abseits der als Sommerfrische gern besuchte Ort Vranov nad Dyjí (Frain; 312 m ü.d.M., 1000 Einw.) mit darüber auf hohem Felsen malerisch thronendem Barockschloß (urspr. 11. bis 13. Jh.; im 17. und 18. Jh. z.T. nach Plänen von J.B. Fischer v. Erlach erneuert und umgebaut). Bemerkenswert sind die Schloßkapelle mit zwei Türmen, der ovale Ahnensaal (Fresken) sowie eine Keramik- und Porzellansammlung.

**Frainer
Thaya-Stausee**

Gut 1 km nördlich von Vranov nad Dyjí staut eine Sperrmauer (E-Werk) den 1930–1933 angelegten, etwa 30 km langen, von schönen Wäldern gesäumten und fischreichen Frainer Thaya-Stausee (Vranovská přehradní nádrž, 350 m ü.d.M.; Badegelegenheiten, Campingplätze, Boote, Angelmöglichkeit), über den im Sommer eine Schiffsverbindung mit dem am nordwestlichen oberen Teil der Talsperre gelegenen Ort Bítov (Vöttau, 250 Einw.) besteht.

Burg Vöttau

In der Nähe erhebt sich die Burg Vöttau (Bítov; urspr. 11. Jh.); die heute sichtbaren Bauten stammen aus dem 15. und 16. Jh. und wurden im 19. Jh. gotisierend erneuert; im Inneren Waffen, Kunsthandwerk und naturkundliche Sammlungen.

**Burgruine
Zornstein**

Unweit von Bítov befindet sich auch die Burgruine Zornstein (Cornštejn; 14. Jh.).

**Moravský
Krumlov**

26 km nordöstlich von Znojmo liegt Moravský Krumlov (Mährisch-Krumau; 255 m ü.d.M., 7000 Einw.). In der Stadt steht ein ausgedehntes Renaissanceschloß von 1557–1562; in der Schloßkapelle ist der berühmte Gemäldezyklus "Slawische Epopöe" (1910–1928) des Jugendstilmalers Alfons Mucha (1860–1939) ausgestellt; 1537 weilte hier der bekannte Arzt Philippus Theophrastus Paracelsus (eigentlich Philipp Aureolus Theophrast Bombast von Hohenheim; 1493–1541).

Privatisierung und Restitution ...

... waren nach der politischen Wende schon im demokratischen Bundesstaat Tschechoslowakei und sind nun auch in den beiden Nachfolgestaaten d i e Schlagwörter, deren Sinngehalt allmählich Formen annimmt.

Im Bereich der Wirtschaft sind bei der 'kleinen' Privatisierung viele Kleinbetriebe zur Versteigerung gelangt, sei es durch den Erwerb von Anteilscheinen (Kupons) durch Inländer, sei es durch den Verkauf an ausländische Investoren. Im Rahmen der 'großen' Privatisierung werden vornehmlich Staatsbetriebe in private Aktiengesellschaften umgewandelt.

Bei der 'Restitution' handelt es sich um die Rückgabe von nach 1948 enteigneten Immobilien und verstaatlichtem Grundbesitz an die ursprünglichen Eigentümer, sofern sie Inländer sind. Dies wird besonders deutlich an den zahllosen Burgen, Schlössern und Herrschaftssitzen sowie Klöstern und anderem kirchlichen Besitztum samt den zugehörigen Latifundien (Wälder, Forsten, Äcker, Weiden, Brachland, Weinberge u. a. m.). So hat beispielsweise das altböhmische Fürstenhaus Lobkowitz (Lobkowicz) inzwischen 16 Schlösser und insgesamt etwa 15 000 ha Land vom Staat zurückerhalten.

N.B.: Aus den vielfach in den Beschreibungen der Reiseziele von A bis Z vorkommenden Formulierungen wie "... ehemals fürstlich Liechtensteinsches / Lobkowitzsches / Schwarzenbergsches Schloß ..." ist das Wort 'ehemals' gegebenenfalls zu streichen.

Beschreibung der
Reiseziele von A bis Z
in der Slowakischen Republik
auf den Seiten 458 bis 579

Reiseziele von A bis Z in der Slowakischen Republik

Um der spezifischen Sprachsituation in der Slowakei Rechnung zu tragen, werden in den Kapitelüberschriften im Regelfall zwei Namensformen angegeben:
An erster Stelle steht stets die vor Ort offizielle Bezeichnung in slowakischer Sprache, dahinter gegebenenfalls die deutsche Entsprechung.
Abweichend vom slowakischen Alphabet mit den ohne Kenntnisse dieser Sprache kaum verständlichen Sonderbuchstaben (s. Kapitel 'Praktische Informationen von A bis Z: Sprache') sind die Eigennamen der Einzelbeschreibungen ohne Berücksichtigung der diakritischen Buchstabenzeichen alphabetisiert.

Hinweise zu Eigennamen, Alphabetisierung, Verweisen, Konkordanzverzeichnissen und Register

Zur besseren Orientierung dienen die häufig angebrachten Querverweise – etwa Altsohl → Zvolen, Hohe Tatra → Vysoké Tatry oder Preßburg → Bratislava – sowie die vielfältigen Angaben von Namen in zwei oder mehr Sprachen in den beschreibenden Texten.
Eine weitere Hilfe bieten die Sonderverzeichnisse (Konkordanzen) von mehrsprachigen Ortsnamen in der ehemaligen Tschechoslowakei, und zwar zum einen nach tschechischen bzw. slowakischen Namensformen alphabetisiert mit den deutschen Entsprechungen (s. SS. 685–697) und zum anderen in umgekehrter Richtung, also nach den deutschen Namensformen alphabetisch geordnet mit den slawischen Entsprechungen (s. SS. 698–711).
Im übrigen ermöglicht das ausführliche Gesamtregister aller in diesem Reiseführer vorkommenden Namen in den verschiedenen Sprachen (s. SS. 712–726) ein problemloses Auffinden des Gesuchten.

Achtung! In der Slowakischen Republik steht eine Gebietsneugliederung bevor.

Privatisierung und Restitution s. S. 457

Altschmecks

→ Starý Smokovec

Altsohl

→ Zvolen

Arva

→ Orava

Banská Bystrica · Neusohl | 4

Region: Mittelslowakei
Kreis: Banská Bystrica
Höhe: 362 m ü. d. M.
Einwohnerzahl: 85 000

◀ *Herbst in der Hohen Tatra – Blick zur Lomnitzer Spitze (Lomnický štít; s. S. 558)*

Lage und
Bedeutung

Die mittelslowakische Kreisstadt Banská Bystrica – deutsch Neusohl,
ungarisch Beszterczbánya – liegt reizvoll am Zusammenfluß von Gran
(Hron) und Bystritz (Bystrica) zwischen der Niederen Tatra (⟶ Nízke Tatry)
und dem Slowakischen Erzgebirge (⟶ Slovenské rudohorie) im Osten
sowie der Hohen Tatra (Vysoké Tatry) und dem Kremnitzer Gebirge
(⟶ Kremnické pohorie) im Westen. Als kulturelles Regionalzentrum besitzt
sie Hochschulen, ein Theater und ein Sinfonieorchester. Für die Wirtschaft
sind Industriebetriebe der Bereiche Maschinenbau, Textil, Holz und Bau-
stoffe wichtig.

Geschichte

Die wegen ihrer zahlreichen mittelalterlichen Bauwerke sehenswerte Stadt
verdankt ihren Aufschwung (1255 freie königliche Bergstadt) dem seit dem
13. Jh. hier betriebenen Silber- und im 14.–16. Jh. auch Kupferbergbau
(Ortschaft Špania Dolina). Im 16. Jh. nahm sie unter dem Geschlecht der
Thurzo im europäischen Silber- und Kupferhandel eine führende Stellung
ein. Ende des 18. Jh.s und in der Mitte des 19. Jh.s war sie Zentrum der
slowakischen nationalen Bewegung (1850 ein slowakisches Gymnasium).
Am 29. August 1944 wurde in Banská Bystrica der Slowakische Nationalaufstand (SNP) ausgerufen.

Sehenswertes in Banská Bystrica

Marktplatz

Thurzo-Haus
(Mittel-
slowakisches
Museum)

In der Stadtmitte liegt der von schönen Bürgerhäusern der Renaissancezeit umgebene langgestreckte Marktplatz, offiziell Platz des Nationalaufstands (Námestie Slovenského národného povstania); am südwestlichen
Ende ein Gedenkobelisk. An der östlichen Platzseite das Thurzo-Haus, ein
Renaissancegebäude mit schöner Sgraffitofassade; Das Innere enthält
das Mittelslowakische Museum
(Stredoslovenské museum) mit
reichen stadtgeschichtlichen und
volkskundlichen Sammlungen.

Theater
Protestantische
Kirche

Uhrturm

Links neben dem Museum das
Theater. Weiterhin, Ecke Moyze-
sova, die klassizistische Protestantische Kirche (1807). Am
Nordostende des Marktes der ein-
zelnstehende Uhrturm (Hodinová
veža, 1552).

Burgbezirk

Burg
Matthiashaus

Nordöstlich anschließend an den
Marktplatz liegt der ebenfalls
langgestreckte Platz Námestie
Baníckeho povstania. An diesem
links der nach Norden leicht
ansteigende Burgbezirk.
Am Platz die von einem mächtigen
Turm überragte, aus gotischer Zeit
stammende eigentliche Burg aus
dem 15. Jh.; Matthiashaus, die
Residenz des ungarischen Königs
Matthias (Matejov dom), aus dem
Jahre 1479.

Banská Bystrica · Neusohl

Heiligkreuz-
kirche

Burgkirche

Bergfried

Altes
Burg-
haus

30m

**Historischer Lageplan der
Kirchenburg von Neusohl**

Altes Rathaus

Rechts davon das gotische Alte Rathaus, im Renaissancestil umgebaut
(1564/1565; sog. Prätorium), mit Renaissance-Arkaden im ersten Stock
(Gemäldegalerie). Östlich gegenüber die Hauptstraße.

Marienkirche
Kreuzkirche

Nördlich hinter der Burg die im 13. bis 15. Jh. erbaute Marienkirche, die
bischöfliche Hauptkirche; ferner die gotische Kreuzkirche, auch 'slowakische' Kirche genannt, eine Artilleriebastei und ein Tor mit Barbakane.

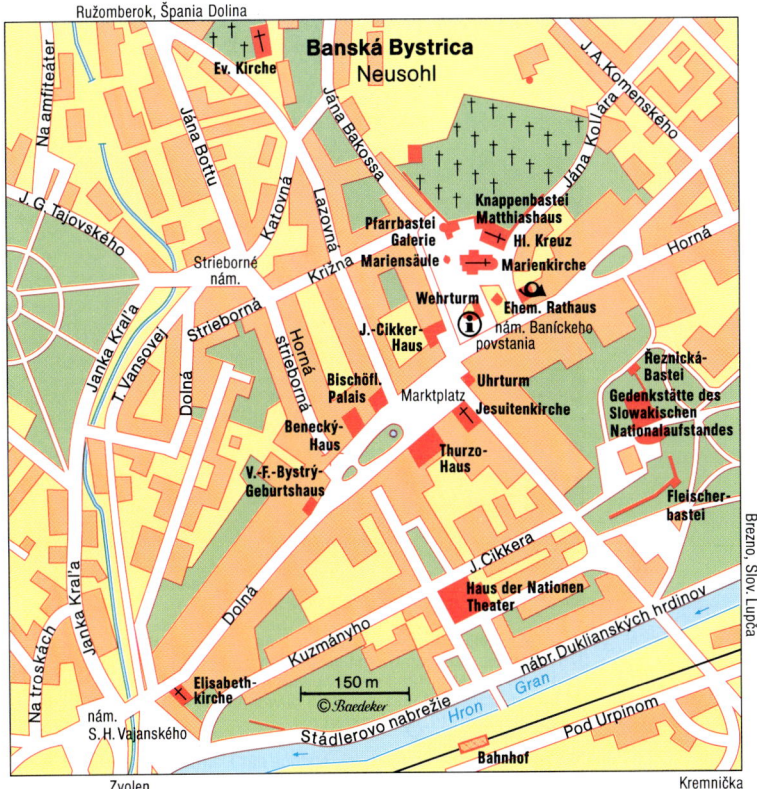

Beachtenswert sind auch die gotische Elisabethkirche (Schnitzaltar des 14. Jh.s) und der Barockbau des Bischöflichen Palais (18. Jh.).

Elisabethkirche

Die Stadt wird beherrscht von der modernen Gedenkstätte des Slowakischen Nationalaufstands mit Museum.
Unweit davon alte Basteien der Stadtbefestigung.

∗**SNP-Gedenkstätte**
(Abb. s. S. 462)

Umgebung von Banská Bystrica

Am Nordrand der Stadt steht in Sásová eine wertvolle gotische Kirche.

Sásová

6 km südlich von Banská Bystrica befindet sich bei Kremnička (337 m ü. d. M.) ein Denkmal am Massengrab der 747 Widerstandskämpfer.

Kremnička

6 km nördlich von Banská Bystrica erhebt sich der markante Berg Panský diel (1100 m ü. d. M.) mit schönem Rundblick.

Panský diel

10 km nördlich von Banská Bystrica liegt die Ortschaft Špania Dolina (728 m ü. d. M.) mit Zeugen der einstigen Bergbautätigkeit, alten Bergmannshäusern und einer überdachten Holzbrücke.

Špania Dolina

Banská Bystrica – SNP-Gedenkstätte in Neusohl

Banská Bystrica (Fortsetzung) **Slovenská Lupča**	10 km nordöstlich von Banská Bystrica der Ort Slovenská Lupča (Liptsch; 378 m ü.d.M., 3000 Einw.) mit einem Schloß, das erstmals als mittelalterliche Burg im Jahre 1250 erwähnt wurde. Es wurde in seiner Geschichte mehrmals umgebaut und war stets bewohnt. Die Hauptkirche des Ortes stammt aus dem 14. Jahrhundert.
Izbica-Tropfsteinhöhle	16 km nordwestlich von Banská Bystrica das Harmanec-Tal mit der Izbica-Tropfsteinhöhle (828 m ü.d.M.).

Banská Štiavnica · Schemnitz   **H 4**

Region: Mittelslowakei
Kreis: Žiar nad Hronom
Höhe: 550–800 m ü.d.M.
Einwohnerzahl: 9000

Lage und Bedeutung	Die alte Bergstadt Banská Štiavnica – deutsch Schemnitz, ungarisch Selmecbánya – steigt an den Hängen des Schemnitzer Gebirges (Štiavnické vrchy) terrassenförmig bergan. Die Stadt besitzt Holz- und Textilindustrie sowie Betriebe zur Tabakverarbeitung. Ferner prüft man die Möglichkeit der Wiederbelebung des Bergbaus durch die Gewinnung von Buntmetallen aus den in der Umgebung anstehenden Erzen. Der Stadtkern steht heute unter Denkmalschutz.
Geschichte	Die im 12. Jh. an einem erstmals 1075 urkundlich erwähnten Ort von deutschen Bergleuten gegründete Stadt erhielt 1244 einen königlichen Freibrief. Das Schemnitzer Bergrecht galt bereits seit 1217. Die Stadt erlebte ihre Blütezeit im 14.–16. Jh., als hier in großem Umfang Gold und Silber geschürft wurde (unter Ferdinand I. waren die Augsburger Fugger Gene-

Stadtplan

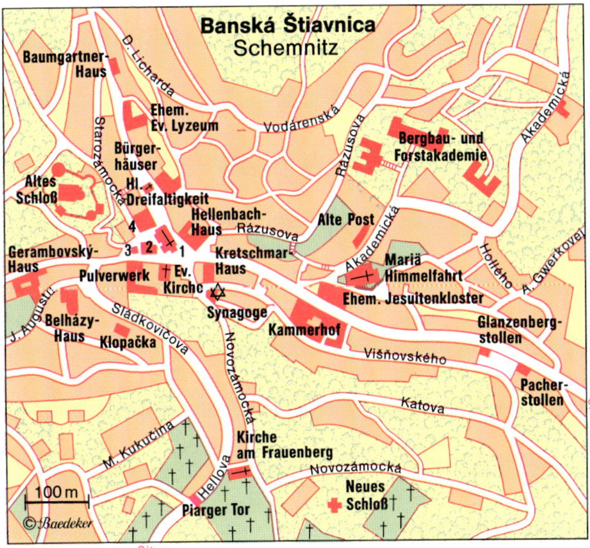

Banská Štiavnica
Schemnitz
Baumgartner-Haus
Ehem. Ev. Lyzeum
Bürgerhäuser
Hl. Dreifaltigkeit
Altes Schloß
Hellenbach-Haus
Alte Post
Bergbau- und Forstakademie
Gerambovský-Haus
Kretschmar-Haus
Pulverwerk
Ev. Kirche
Synagoge
Mariä Himmelfahrt
Ehem. Jesuitenkloster
Belházy-Haus
Klopačka
Kammerhof
Glanzenberg-stollen
Pacher-stollen
Kirche am Frauenberg
Neues Schloß
Piarger Tor
D. Licharda
Starozámocká
Vodárenská
Rázusova
Akademická
Hollého
A. Gwerkovej
J. Augustu
Sládkovičova
Novozámocká
Višňovského
Katova
M. Kukučína
Hellova
100 m
© Baedeker
Antol, Dicine, Krupina
Kalvarienberg, Arboretum
Sitno
Levice, Nová Baňa
1 2 3 4

1 Katharinenkirche 2 Rathaus 3 Mariensäule 4 Sember-Haus

Geschichte (Fortsetzung)

ralpächter der Minen). Hussitenkriege und Türkenanstürme brachten einen wirtschaftlichen Niedergang. 1735 wurde dennoch die erste Bergbauschule gegründet, die man 1763 zu einer Akademie für Bergbau und Hüttenwesen (später auch für Forstwirtschaft) erhob und die bis 1918 bestand.

Sehenswertes in Banská Štiavnica

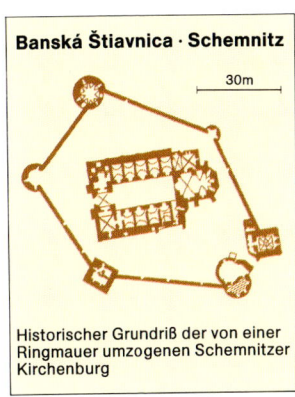

Banská Štiavnica · Schemnitz
30m

Historischer Grundriß der von einer Ringmauer umzogenen Schemnitzer Kirchenburg

*Altes Schloß

Am westlichen Ende erhebt sich das malerische Alte Schloß, im 13. Jh. als Kirche errichtet, im 16. Jh. zu einer Renaissancefestung gegen die Türken umgebaut.

Neues Schloß

Südlich vom Alten Schloß das 1564–1571 als Wachfestung gegen die Türken angelegte Neue Schloß (Nový, Panenský zámok).

Nikolauskirche
Katharinenkirche
Frauenbergkirche

Beachtenswert die ursprünglich als spätromanische Basilika erbaute Domkirche St. Nikolaus (klassizistisch verändert), die gotische Katharinenkirche (15. Jh.; wertvolles Inneres) und die spätgotische Kirche am Frauenberg (schöne Gewölbe).

Altes Rathaus

Das gotische Alte Rathaus stammt von 1488 (im 16. Jh. im Renaissancestil umgebaut).

Banská Štiavnica – Blick auf die Bergstadt Schemnitz

Marktplatz

Am Markt zahlreiche alte Bürgerhäuser des 16. und 17. Jh.s und eine barocke Pestsäule von 1764.

❋Bergbaumuseum

Im Herrenhaus Hellenbach (16. Jh.) das Dionýz-Štúr-Knappenmuseum mit interessanten Dokumenten zur Geschichte des Bergbaus. Teile des Slowakischen Bergbaumuseums sind ferner untergebracht im Alten (kunsthistorische Exposition) und Neuen Schloß (Kämpfe gegen die Türken) sowie in dem 'Klopačka' (Klapper) genannten barocken Turmbau (von 1681), von dem Schläge eines Eichenhammers auf eine hölzerne Tafel die Bergarbeiter zur Arbeit riefen.

Kalvarienberg

Der beste Überblick über die Umgebung bietet sich von der Kirche auf dem Kalvarienberg (Kalvária; 727 m ü. d. M.), 20 Min. östlich von der Stadt.

Arboretum

Noch weiter östlich ein Arboretum mit exotischen Hölzern.

Umgebung von Banská Štiavnica

Sitno

Ein lohnender Ausflug führt in 2 Std. südlich auf den Berg Sitno (1009 m ü. d. M.), die höchste Erhebung im Schemnitzer Gebirge. Westlich unterhalb der Gebirgssee Počúvadlianské jazero.

Antol

6 km südöstlich von Banská Štiavnica liegt das Dorf Antol (449 m ü. d. M., 1500 Einw.) mit ehemals herzoglich Coburgschem barock-klassizistischem Schloß; im Inneren ein Forstwirtschafts-, Holz- und Jagdmuseum.

Hontianske Nemce

20 km südlich von Banská Štiavnica in der Ortschaft Hontianske Nemce (224 m ü. d. M., 1000 Einw.) eine romanische Kirche und bemerkenswerte volkstümliche Architektur.

20 km südöstlich von Banská Štiavnica liegt Krupina (deutsch Karpfen, ungarisch Korpona; 280 m ü. d. M., 10 000 Einw.), eine alte, einst deutsche Bergstadt mit romanischer, spätbarock umgebauter Basilika. Erhalten sind Reste von Stadtmauern sowie der Wachturm Vartovka (1564) gegen die türkischen Angriffe.

Banská Štiavnica (Fortsetzung)
Krupina

20 km südwestlich von Banská Štiavnica gelangt man zu dem alten Bergstädtchen Nová Baňa (deutsch Königsberg, ungarisch Újbánya; 224 m ü. d. M., 7000 Einw.) mit gotischer Kirche des 14. Jh.s und Heimatmuseum. In Königsberg galt seit 1379 das Schemnitzer Bergrecht.

Nová Baňa

32 km südlich von Banská Štiavnica das Dorf und Bad Dicine (139 m ü. d. M.) mit modernen Kureinrichtungen (Nervenkrankheiten, Erkrankungen des Bewegungsapparates). Unter Naturschutz gestellt ist der in der Umgebung anstehende Travertin.

Dicine

34 km südwestlich von Banská Štiavnica erreicht man die Kreis- und Industriestadt Levice (deutsch Lewenz, ungarisch Léva; 163 m ü. d. M., 19 000 Einw.). Sie besitzt noch die Ruinen einer mittelalterlichen Burg, Renaissance- und Barockgebäude, die heute als Museum dienen sowie drei klassizistische Kirchen.

Levice

6 km östlich von Levice ein städtisches Naherholungsgebiet sowie der Kurort Margita-Ilona.

Margita-Ilona

Bardejov · Bartfeld   **L 3**

Region: Ostslowakei
Kreis: Bardejov
Höhe: 271 m ü. d. M.
Einwohnerzahl: 30 000

Die altertümliche Stadt Bardejov – deutsch Bartfeld, ungarisch Bártfa – liegt im Osten der Slowakei an der Topľa. Die von deutschen Siedlern, meist Webern, gegründete Stadt war im Mittelalter (seit dem Ende des 14. Jh.s königlich ungarische Freistadt) ein wichtiger Handelsplatz (besonders Leinwand, Monopol zum Weißen des Leinens und Wein) für den Verkehr zwischen Ungarn und Polen. Ferner war Bardejov ein bedeutendes Kulturzentrum der Oberen Scharosch (Šariš) mit Gymnasium und zwei Druckereien.

Lage und Bedeutung

Stadtplan

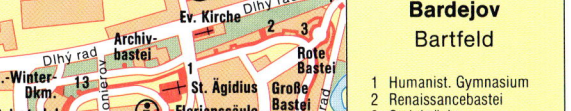
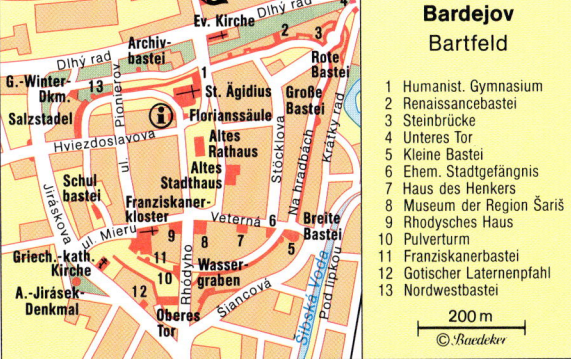

Bardejov
Bartfeld

1 Humanist. Gymnasium
2 Renaissancebastei
3 Steinbrücke
4 Unteres Tor
5 Kleine Bastei
6 Ehem. Stadtgefängnis
7 Haus des Henkers
8 Museum der Region Šariš
9 Rhodysches Haus
10 Pulverturm
11 Franziskanerbastei
12 Gotischer Laternenpfahl
13 Nordwestbastei

200 m

© Baedeker

Bardejov – Marktplatz von Bartfeld (links das Alte Rathaus)

Sehenswertes in Bardejov

❋Stadt-befestigung

Der heute am besten erhaltene mittelalterliche Stadtkern der Slowakei wird von Basteien, Mauern mit drei Toren (das Obere Tor mit Barbakane, der Pulverturm und das Untere Tor) und Gräben der Stadtbefestigung (14. bis 16. Jh.) umgrenzt.

Marktplatz

Ägidienkirche
❋Altäre

Am nördlichen unteren Ende des weiten, leicht abfallenden und rings von Bürgerhäusern gesäumten Marktplatzes ('Ring') die stattliche gotische Ägidienkirche, ein dreischiffiger Hallenbau des 15. Jh.s (Ende des 19. Jh.s wiederhergestellt); im Inneren elf spätgotische geschnitzte Flügelaltäre (1460–1510), schön gearbeitetes Chorgestühl (15. Jh.), ein Messingtaufbecken aus der ersten Hälfte des 16. Jh.s, eine vielleicht von Veith Stoß geschnitzte Kreuzigungsgruppe (über der Vierung) und ein hohes, reich geziertes gotisches Sakramentshäuschen von 1464 (1957 im unteren Teil erneuert).

❋Altes Rathaus
(Museum)

Südlich vor der Kirche das Alte Rathaus (jetzt Šariš-Heimatmuseum), ein spätgotischer Bau vom Anfang des 16. Jh.s, mit Renaissance-Treppenaufgang und -Erker (1505–1508) an der Ostseite sowie figurengeschmückten steilen Giebeln.

❋Ikonensammlung

Im Museum befindet sich die größte Ikonensammlung der Slowakei.

Bürgerhäuser

Die den Ring umgebenden, ursprünglich aus dem 16. Jh. stammenden Bürgerhäuser wurden nach einem Brand von 1878 meist neu errichtet. Erhalten blieb am Marktplatz u. a. das Haus Nr. 13 von 1566. Ferner erwähnenswert das wiederhergestellte Rhodysche Haus (urspr. von 1660) an der gleichnamigen Straße mit von vier Säulen getragenem Laubengang, das einen Teil des Heimatmuseums beherbergt. Weitere bemerkenswerte historische Häuser an den Straßen Veterná ulica und Stöcklova ulica.

Holzkirche im Freilichtmuseum von Svidník

Umgebung von Bardejov

In den südlich bis nordwestlich von Bardejov gelegenen Dörfern befinden sich historisch wertvolle orthodoxe Kirchen:

Kirche des 16. Jh.s mit Renaissanceglocke von 1697 und Altar von 1716.

Kirche von 1593–1596 mit bedeutenden Wandmalereien.

Kirche von 1826 mit wertvollen Ikonen.

Kirche von 1708 mit schönen Wandmalereien.

Kirche von 1739 mit umfangreicher Ikonensammlung.

6 km nördlich von Bardejov liegt in einem Waldtal der kleine Kurort Bardejovské Kúpele (Bad Bartfeld; 350 m ü. d. M.) mit starken Eisensäuerlingen und Moorbädern. Besuchenswert ein landes- und volkskundliches Freilichtmuseum mit 30 verschiedenen typischen Holzbauten aus der Oberen Scharosch (Šariš), darunter ein orthodoxes Holzkirchlein (18. Jh., Ikonensammlung) aus Zboj (ca. 10 km südlich vom slowakisch-polnisch-ukrainischen Dreiländereck) sowie ein zweites aus der nahen Gemeinde Mikulášová (18. Jh.).

10 km nördlich von Bardejov liegt die Ortschaft Zborov (ungarisch Zboró; 2000 Einw.) mit Renaissanceschloß. Unweit südlich erhebt sich auf einem bewaldeten Hügel (Naturschutzgebiet) die Ruine der gleichnamigen Burg (13. Jh., 1684 zerstört).

Am 19. September 1992 ist der erste deutsche Soldatenfriedhof auf slowakischem Boden eingeweiht worden; hier ruhen vorerst 1113 Gefallene des Zweiten Weltkrieges.

25 km nordöstlich von Bardejov erreicht man die Kreisstadt Svidník (220 m ü. d. M., 11 000 Einw.; Bekleidungsindustrie, Maschinenbau). Die am Zusammenfluß von Ondava und Ladomirka gelegene Stadt wurde 1944 bei

Orthodoxe Kirchen

Frička

Hervartov

Krivé

Lukov

Tročany

Bardejovské Kúpele

Zborov

Deutscher Soldatenfriedhof

Svidník

467

Svidník
(Fortsetzung)

den Kämpfen um den Dukla-Paß zerstört und später wiederaufgebaut. Sehenswert sind die spätbarocke, griechisch-katholische Kirche aus der zweiten Hälfte des 18. Jh.s, eine weitere, klassizistische Kirche von 1800, das Freilichtmuseum sowie das Ukrainische Regionalmuseum.
Alljährlich im Juni finden im Freilichttheater von Svidník Folklorefestspiele der Ukrainer statt.

Denkmal

An der von Svidník nordwestlich nach Zborov bzw. Bardejov führenden Landstraße rechts ein großes Ehrenmal für die am Dukla-Paß gefallenen Soldaten.

٭Holzkirchen

Von Svidník führt eine Straße in dem teilweise bewaldeten breiten Tal der Ladomirka nordöstlich aufwärts über die Dörfer Ladomirová (6 km), mit einer orthodoxen Holzkirche von 1742, und Potoky (8 km nordöstlich) sowie Hunkovce (10 km; deutscher Soldatenfriedhof geplant) ebenfalls mit einem Holzkirchlein (links oberhalb). 2 km nördlich von Potoky die Ortschaft Korejovce mit einer Holzkirche von 1761 (1947 erneuert).
Nach 13 km erreicht man bei Krajná Poľana rechts die Abzweigung zu den 2 bzw. 5 km südöstlich abseits gelegenen Dörfern Bodružal und Miroľa mit interessanten Holzkirchen von 1658 (zuletzt 1902 restauriert) bzw. 1770.

**Naturmuseum
am Dukla-Paß**

Weiterhin nördlich, jenseits Krajná Poľána, beginnt das Naturmuseum am Dukla-Paß (Prírodné múzeum na Dukle), in dem die Etappen der Kampfhandlungen zwischen deutschen und gemischt sowjetrussisch-tschechoslowakischen Einheiten nach dem Slowakischen Volksaufstand im Herbst 1944 dargestellt werden.
Man durchfährt zuerst ein Eingangstor und gelangt dann zu dem Dorf Nižný Komárnik (1¹⁄₂ km; 300 Einw.). Links ein sowjetisches Kampfflugzeug, Geschütze sowie eine Aussichtsplatte mit Panoramaskizze des Schlachtfeldes; rechts abseits eine Holzkirche. Weiterhin links und rechts Feldgeschütze. Nach 6 km erreicht man einen rechts unterhalb der Straße

Kriegerdenkmal am Dukla-Paß

gelegenen Parkplatz, bei dem ebenfalls rechts weiter abseits vor einem
Soldatenfriedhof stehenden mächtigen Denkmal für die in der Umgebung
Gefallenen des tschechoslowakischen Armeekorps. Die Sowjetarmee
verlor hier 80 000, das Erste Tschechoslowakische Armeekorps 6500
Soldaten.

Bardejov,
Naturmuseum
(Fortsetzung)

Wenige hundert Meter weiter nördlich befindet sich der Dukla-Paß (slowa-
kisch Dukelský priesmyk, polnisch Przełęcz Dukielska; 502 m ü. d. M.;
Grenzübergang), der niedrigste und als ein wichtiger bereits im Ersten
Weltkrieg wechselvoll zwischen Österreichern und Russen umkämpfter
Karpatenübergang an der slowakisch-polnischen Grenze (Achtung, altes
Minenfeld! Nicht von den markierten Wegen abweichen!).

Dukla-Paß

Belianské Tatry · Belaer Tatra   **K 3**

Region: Ostslowakei
Kreis: Poprad

Das Kalksteingebirge der Belaer Tatra (Belianské Tatry) schließt sich unmit-
telbar östlich an den Kamm der Hohen Tatra (⟶ Vysoké Tatry) an. Höchste
Erhebung ist der Havran (Rabe; 2152 m ü. d. M.). Die Kammpartien der
Belaer Tatra stehen unter strengstem Naturschutz (Tatra-Nationalpark).
Auch die Tatra-Magistrale führt nicht mehr durch dieses Gebiet.

Lage und
*Landschaftsbild

Ziele in der *Belaer Tatra

Die 'Straße der Freiheit' verbindet in südöstlich-nordwestlicher Richtung
die Dörfer und Kurorte am östlichen und nördlichen Fuß des Gebirges:

Straße der Freiheit

Belianské Tatry – Belaer Tatra

Belianské Tatry (Fortsetzung) Kežmarske Žlaby Tatranská Kotlina	Von Kežmarske Žlaby (Käsmarker Tränke; 902 m ü.d.M.) zunächst 6 km nordöstlich nach Tatranská Kotlina (Tatra-Höhlenhain; 760 m ü.d.M.); 20 Min. westlich abseits die Belaer Tropfsteinhöhle (Belianská Jaskyňa; Länge der zugänglichen Grottenräume 1000 m).
*Ždiar	Dann weiter (7 km) nach Ždiar (904 m ü.d.M.; 2000 Einw.), wo die hier ansässigen Goralen (Bergbewohner mit polnischem Einschlag) das Brauchtum noch besonders pflegen (Trachten; Wehrhöfe; bemalte schindelgedeckte Holzhäuser). Am ursprünglichsten erhalten sind das obere Ende des Dorfes sowie die Ansiedlungen um den Berg Antošovský vrch sowie in den Tälern Bachledová dolina und Blaščatská dolina. In einem der alten Bauernhöfe ist das ethnographische Museum der Ortschaft untergebracht. Ždiar ist zudem ein beliebter Wintersportplatz (2000 Privatbetten mit vorzüglichen Skimöglichkeiten für Anfänger).
Zipser Magura	Die schönsten Ausblicke auf die Kulisse der Kalksteinberge bieten sich vom leicht erreichbaren Kamm der Zipser Magura.
Javorina	Jenseits von Ždiar überwindet die Straße die Paßhöhe sedlo pod Prislobum (1081 m ü.d.M.) zwischen der Zipser Magura (nordöstlich) und der Belaer Tatra (südlich) und erreicht nach 11 km jenseits von Podspády (919 m ü.d.M.) den am Fuß des Muráň (1882 m ü.d.M.) gelegenen Ort Javorina (Uhrngarten, 1000 m ü.d.M.), mit ehemals fürstlich Hohenloheschem Jagdschloß. Von dort noch weiterhin 2 km bis zur slowakisch-polnischen Grenze bei Lysá Polana.
	Von dort sind es noch 20 km bis Zakopane (837 m ü.d.M.), dem polnischen Tor zur Tatra.

Bojnice · Weinitz   H 4

	Region: Mittelslowakei Kreis: Prievidza Höhe: 298 m ü.d.M. Einwohnerzahl: 4000
Lage und Allgemeines	Der mittelslowakische Kurort Bojnice – deutsch Weinitz – liegt von Wäldern umgeben am Oberlauf der Neutra (Nitra). Die bis zu 47 °C heißen Thermalquellen finden bei Rheumatismus und Nervenleiden Anwendung.
Sehenswertes *Burgschloß	Sehenswert ist in der Ortschaft die gleichnamige, im Stil der romantischen französischen Burgen 1888–1910 prunkvoll neu erbaute ehemals gräflich Pállfysche Burg (urspr. 13. Jh.), heute mit Museum und Galerie der bildenden Künste.
*Schloßpark	Im ausgedehnten Schloßpark, einem der schönsten der Slowakei, ein Zoo. Unterhalb des Schlosses die Tropfsteinhöhle Prepoštská jaskyňa.

Umgebung von Bojnice

Prievidza	5 km östlich liegt die moderne Kreis- und Industriestadt Prievidza (deutsch Priewitz, ungarisch Privigye; 280 m ü.d.M., 41 000 Einw.) mit Kohlenbergbau und Holzindustrie. Am Marktplatz Bürgerhäuser im Renaissance- und Barockstil; ferner sehenswert die spätromanische Friedhofskirche (1260) und die gotische Pfarrkirche (Ende 14. Jh.), beide später umgebaut.
Nitrianské Rudno	8 km westlich von Bojnice gelangt man zu dem einstigen Bergbaustädtchen Nitrianské Rudno (318 m ü.d.M.), heute Erholungszentrum am Staubecken Nitrica.

Bojnice – Burg Weinitz

10 km nördlich von Bojnice liegt das alte Bergbaustädtchen Nitrianské   Nitrianské Pravno
Pravno (Deutsch-Proben; 348 m ü. d. M.). Die gotische Kirche wurde 1915
im neugotischen Stil erweitert.

22 km nördlich von Bojnice erreicht man das besuchenswerte Dorf Cič-   *Cičmany
many (655 m ü. d. M.; 1000 Einw.) mit bemalten und von Schnitzornamen-
ten verzierten Holzhäusern. Die Bevölkerung trägt hier noch an Feiertagen
farbenfrohe und reich bestickte Trachten.

Beschreibung der
slowakischen Hauptstadt Bratislava
auf den Seiten 473 bis 499

Bratislava · Preßburg G 4

Hauptstadt der Slowakischen Republik
Region: Westslowakei
Verwaltungseinheit: Stadtregion Bratislava
Höhe: 127−514 m ü. d. M.
Fläche: 367,9 km²
Einwohnerzahl: 450 000

Allgemeines und Charakteristika

Die alte Grenz- und Brückenstadt Bratislava − deutsch Preßburg, unga- | Bedeutung
risch Pozsony −, die größte Stadt der Slowakei, ist das politische, wirtschaftliche und kulturelle Zentrum der Slowakischen Republik, Sitz des
Slowakischen Nationalrates (Parlament) und der Regierung, einer Universität und einer Technischen Universität, der Slowakischen Akademie der
Wissenschaften sowie von Hochschulen für Wirtschaftswissenschaften,
Pädagogik, bildende Künste, Musik (Konservatorium) und Theaterwissen-
schaft sowie mehrerer Fachschulen. Daneben sind das Slowakische Nationalmuseum und andere Museen, die Slowakische Nationalgalerie und
weitere Kunstgalerien, einige Bibliotheken, verschiedene Kulturinstitutio-
nen (u. a. Matica Slovenská; Institut Français, Goethe-Institut), Einrichtungen und Initiativen aus den Bereichen Film, Funk und Fernsehen, etliche
Verlage, eine rege Theater- und Konzerttätigkeit (Slowakisches Nationaltheater, Slowakische Philharmonie), zahlreiche und mannigfaltige Sportstätten sowie ein botanischer und ein zoologischer Garten bestimmende
Elemente des hauptstädtischen Kulturlebens. Auch als Festspiel- und
Messeplatz hat Bratislava überregionale Bedeutung.

Bratislava liegt auf 48° 10 ′ nördlicher Breite und 17° 10 ′ östlicher Länge am | Lage der
äußersten Südwestrand der Slowakei, unweit nordwestlich des Drei- | Donaustadt
länderecks, wo die Grenzen der Slowakei, Österreichs und Ungarns zusammentreffen, und breitet sich zum ganz überwiegenden Teil fächerför-
mig am linken Ufer der rasch strömenden Donau (Dunaj) aus, die hier aus
dem kurzen Engtal der Hainburger oder Ungarischen Pforte (Porta Hungarica; auch als Thebener Pforte · Devínská brána bezeichnet) zwischen den
Kleinen Karpaten (→ Malé Karpaty) und dem Leithagebirge in die Weite | Panoramabild
des Kleinen Ungarischen Tieflandes tritt. Der Donaustrom erreicht in Preß- | s. S. 474/475
burg eine Breite bis 300 m, hat eine mittlere Wasserführung von 2000 m³/s | Übersichtsplan
und wird von vier Brücken − einer kombinierten Autobahn- und Eisenbahn- | s. S. 484/485
brücke sowie drei Straßenbrücken − überspannt.

Das verwaltungstechnisch eine eigene Region bildende Gebiet der slo- | Ausdehnung
wakischen Hauptstadt erstreckt sich nach den letzten Eingemeindungen
des Jahres 1971 mit 17 Stadtteilen über eine Gesamtfläche von knapp
368 km².

Auch nach Errichtung der kühn vom südlichen Donau-Ufer in Richtung | Stadtbild
alter Stadtkern über den Strom gespannten Straßenhochbrücke ist das
mächtige viertürmige Burgschloß auf dem Burgberg das dominierende
Wahrzeichen von Bratislava geblieben. Die Brückenrampe der Stadtautobahn hat allerdings eine breite Verkehrsschneise geschlagen, die unmittelbar am Martinsdom, dem zweiten markanten Merkmal der Stadtsilhouette,
vorüberführt und der das alte Judenviertel zum Opfer gefallen ist. Das Bild
der Altstadt wird noch immer weitgehend vom spätbarocken Baustil der
Theresianischen Zeit geprägt.
Die weitläufigen neueren Stadtteile und Vorstädte sind mit ihren Wohn-
gebieten und bedeutenden Industrieanlagen vom Fuße der Kleinen Kar-

◀ *Blick von Südwesten über die SNP-Donaubrücke auf den Preßburger Stadtkern*

473

Panorama der slowakischen Hauptstadt

Stadtbild
(Fortsetzung)

paten bis zum Donauufer und nach Osten in die Ebene, in jüngerer Zeit mit gewaltigen Wohnblöcken auch in die rechtsdonauische Vorstadt Petržalka (Engerau) hinausgewachsen.

Wirtschaft

Die vielseitige Industrie (etwa ein Siebtel der gesamten slowakischen Kapazität) umfaßt vor allem die Petrochemie (seit 1962 Erdölpipeline aus der Ukraine), zudem Metallfabriken (Maschinenbau, Kfz-Teile u. a.), den Bau von elektrotechnischen Anlagen und elektronischen Geräten, die Fabrikation von Autoreifen, die Herstellung von Glas sowie Kosmetika, die Verarbeitung von Leder und Holz, Einrichtungen zur Fertigung von vorfabrizierten Bauteilen, graphische Betriebe, Möbel- und Textilfabriken sowie Verarbeitungsstätten des Nahrungs- und Genußmittelsektors (Konservenfabriken, Bäckereien, Molkereien, Schokoladen- und Süßwarenfabriken u. a.) sowie die Getränkeherstellung (Bierbrauereien, Weinkellereien). Im Umland wird intensiver Wein- und Gemüsebau betrieben. Zusammen mit dem Dienstleistungssektor (Bank- und Versicherungswesen, Handel, Tourismus) bilden die industrielle Produktion, das Baugewerbe und der Umschlag der Industrieerzeugnisse sowie der Agrargüter des Hinterlandes Grundlage und Schwerpunkt des Wirtschaftslebens der gesamten Slowakei.

Verkehr

Trotz der geographisch exzentrischen Lage treffen sich in Bratislava wichtige Fernverkehrswege (Eisenbahnknoten; Autobahnen über Brünn nach

Im Mittelgrund die Donau

Prag sowie ins mittlere Waagtal; E 58 nach Wien, 65 km westnordwestlich; E 75 nach Budapest, 195 km ostsüdöstlich; internationaler Flughafen Ivánka). Der Preßburger Donauhafen, der bislang schon für die Binnenschiffahrt auf der Mittleren und Unteren Donau zum bzw. vom Schwarzen Meer bedeutsam war, dürfte nach Vollendung des Main-Donau-Kanals und damit der Schaffung einer durchgehenden Binnenwasserstraße zwischen Nordsee und Schwarzem Meer (Rhein-Main-Donau-Großschiffahrtsweg) an Bedeutung gewinnen. Neben den auf der Donau verkehrenden Kreuzfahrtkabinenschiffen sowie lokalen Ausflugsschiffen legt auch das zwischen Wien und Budapest pendelnde Tragflügelboot "Raketa" in Bratislava an.

Verkehr
(Fortsetzung)

Wissenswertes aus der Stadtgeschichte

Archäologische Funde belegen die Besiedlung der Gegend des heutigen Bratislava bereits seit der jüngeren Steinzeit (Neolithikum); zahlreich sind die gegenständlichen Zeugnisse aus der Bronzezeit und der Eisenzeit (La-Tène-Zeit). Im ersten vorchristlichen Jahrhundert besteht eine Stadtsiedlung (Oppidum) der keltischen Bojer, und von der Zeitenwende bis zum 4. Jh. n. Chr. bildet die Donau hier die durch Militärstützpunkte verstärkte nördliche Grenze (Limes) des Römischen Reiches, über die in der Folgezeit Goten und Hunnen vordringen. Vermutlich seit dem 5. Jh. kommen Slawen

Frühe Besiedlung

Frühe Besiedlung (Fortsetzung)	in diese Region, die gegen Ende des 6. Jh.s unter die Herrschaft der Awaren geraten.
Regionalzentrum im Großmährischen Reich	Im 9. Jh. formiert sich das christlich geprägte Großmährische Reich, dem auch die Slowakei angegliedert wird. Auf dem Burghügel entsteht ein kulturelles und kirchliches Verwaltungszentrum, von dem die Fundamentreste einer Basilika bis heute Zeugnis ablegen. Die nahe, schon von den Römern befestigte Burg Theben oberhalb der Mündung der March (Morava) in die Donau (Dunaj) erscheint in den Fuldaer Annalen (864) als (starke) Grenzfeste 'Dowina'.
Namensvielfalt	Die erste schriftliche Erwähnung Preßburgs findet sich in den Salzburger Annalen des Jahres 907 unter der Bezeichnung 'Brezalauspurc' als dem Ort der schweren Niederlage des bayerischen Heeres unter Markgraf Luitpold (er fällt in der Schlacht) gegen die Magyaren, welche die Burg dann in das Grenzsicherungssystem ihres sich bildenden Reiches einbeziehen. Für das frühe Mittelalter sind verschiedene andere Ortsnamen belegt, so das latinisierte 'Bratslaburgum', die deutschen Formen 'Braslavespurc', 'Preslawespurch' und ähnliche Lautungen sowie 'Brezespurch' und 'Pressburch' (daraus dann Preßburg, früher slowakisch Prešpork, Prešporok oder Prešporek), zudem das slawische 'Bratslavov hrad' (wohl die Wurzel des heutigen slowakischen Namens Bratislava). Auf die spätlateinische Namensform 'Posonium' geht die ungarische Bezeichnung Pozsony zurück.
Ungarische Komitatshauptstadt	Um das Jahr 1000 macht der ungarische König Stephan I., der Heilige, den sich unterhalb der Burg entstandenen Marktort zur Komitatshauptstadt (auf Münzen als 'Breslava Civitas' bezeichnet) und siedelt hier bayerische Zuwanderer an.
Barbarossa	Im Jahre 1052 besetzt Kaiser Heinrich III. Stadt und Burg; 1189 versammelt Kaiser Friedrich I. Barbarossa in Preßburg sein Heer für den Dritten Kreuzzug, von dem er nicht mehr zurückkehrte; 1207 wird hier Elisabeth (Tochter des ungarischen Königs Andreas II. und seiner Gemahlin Gertrud von Kärnten) geboren, welche als Elisabeth von Thüringen (1221 auf der Wartburg mit Landgraf Ludwig verheiratet; † 1231) in die Geschichte eingeht und für ihre selbstlose Wohltätigkeit und Nächstenliebe 1235 heiliggesprochen wird.
Hl. Elisabeth	
Deutsches Stadtrecht	Im Jahre 1217 erhält Preßburg ein deutsches Stadtrecht. Im Winter 1241/1242 verwüsten die Tataren die Umgebung, können jedoch weder die befestigte Burg noch die in ihrem Schutz befindliche Stadt einnehmen. Der böhmische König Přemysl Ottokar (Otakar) II. – seit 1261 mit Kunigunde, einer Enkelin des Ungarnkönigs Bela IV., vermählt – erobert und verwüstet Preßburg wiederholt; zum Wiederaufbau beruft der ungarische König Stephan V. deutsche Kolonisten.
Frieden von Preßburg (1271)	Im Frieden von Preßburg, den die Könige Stephan V. von Ungarn und Přemysl Ottokar II. von Böhmen 1271 schließen, verzichtet der Ungar auf die Steiermark, Kärnten und Krain, der Böhme auf seine Eroberungen in Ungarn mit Ausnahme der westlichen Slowakei samt Preßburg.
Stadtprivilegien	Im Jahre 1291 verleiht der Ungarnkönig Andreas III. der Gemeinde unter der Burg weitreichende Privilegien (Selbstverwaltung, Rechtspflege, Handelsfreiheit u. a.), was sich auf die Weiterentwicklung der Stadt förderlich auswirkt. Im Zuge der Machtkämpfe um den ungarischen Thron besetzt der österreichische Herzog Rudolf 1302 die Stadt.
Zunftordnung	Der Preßburger Stadtrat erläßt 1376 eine erste Zunftordnung.
Königlich ungarische Freistadt	Unter den ungarischen Königen Ludwig I., dem Großen (1342–1382), Sigismund von Luxemburg (1387–1437) und insbesondere Matthias I. Corvinus (1458–1490) erlebt Preßburg eine Zeit des Aufschwungs: Unter Sigismund wird es 1405 zur königlich ungarischen Freistadt erklärt, widersteht 1428/1429 dem Ansturm eines Hussitenheeres, verstärkt seine

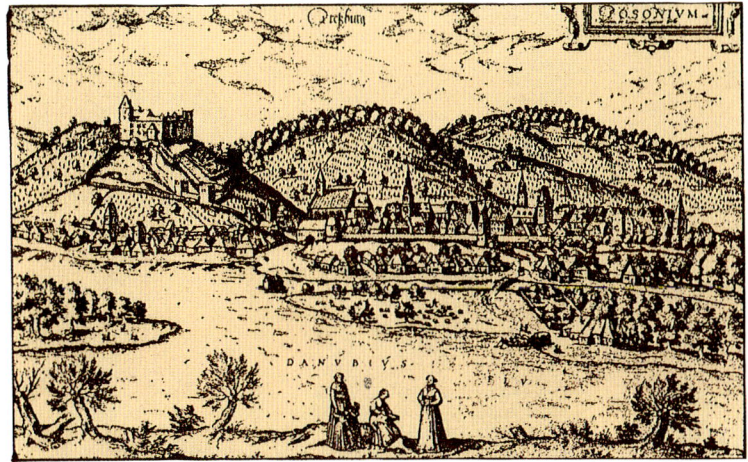

Posonium – Stadtansicht von Preßburg zu Beginn des 17. Jahrhunderts (Ausschnitt)

Stadtmauern und erhält 1430 das Münzrecht. Matthias Corvinus gründet hier 1465 mit der Academia Istropolitana (Donaustädtische Akademie) die erste ungarische Hochschule, welche 1467 ihren Lehrbetrieb aufnimmt und an der auch zahlreiche deutsche Humanisten lehren.

Academia Istropolitana

Im Frieden von Preßburg des Jahres 1491 sichert der Jagiellone Vladislav II. von Böhmen (seit 1471) und Ungarn (seit 1490) dem Hause Habsburg die Erbfolge in Böhmen und Ungarn zu.

Frieden von Preßburg (1491)

Die Türkenkriege prägen das 16. Jahrhundert. Nach der für die Ungarn verlorenen Entscheidungsschlacht des Jahres 1526, in der auch König Ludwig II. fällt, wählt das im Preßburger Franziskanerkloster tagende ungarische Ständeparlament den Habsburger Ferdinand zum Erbkönig von Ungarn.

16. Jahrhundert

Nachdem Buda (Ofen, ein Teil des späteren Budapest) in die Hände der Türken gefallen ist, wird die Hauptstadt des habsburgischen Ungarn in das damals stark befestigte Pozsony (Preßburg) verlegt. Die Stadt erfüllt diese Funktion von 1536 bis 1784 und bleibt bis 1830 Krönungsort der Könige von Ungarn aus dem Hause Habsburg (erste Königskrönung 1563: Maximilian II.). Die ungarischen Erzbischöfe von Esztergom (Gran), deren Domkapitel 1541 (bis 1820) nach Nagyszombat (Tyrnau; slowakisch Trnava) verlegt wird, unterhalten in Preßburg zwei Residenzen. Bis 1848 tagt in der Stadt der ungarische Landtag (Ständeparlament).
In den Preßburger Stadtannalen wird berichtet, daß der Weißbäcker Veit Bach, ein Vorfahre des großen Johann Sebastian Bach, einen Weinberg 'vor den Toren' (der Altstadt) erworben hat.

Hauptstadt des habsburgischen Ungarn

Um das Jahr 1600 zählt Preßburg etwa 5000 Einwohner.
In der ersten Hälfte des 17. Jh.s kommt es wiederholt zu Aufständen des protestantischen ungarischen Adels gegen die katholischen Habsburger: 1606 wird Preßburg von dem siebenbürgischen Fürsten Stephan Bocskay belagert, 1619–1621 hält der Fürst Gabriel Bethlen die Stadt besetzt; 1626 ruft Erzbischof Peter Pázmány zur Stärkung des katholischen Einflusses Jesuiten in die Stadt.
Der ungarische Reichsrat anerkennt 1687 in Preßburg die Erblichkeit im Mannesstamm des Königtums der Habsburger in Ungarn. Im Jahre 1698

17. Jahrhundert

17. Jahrhundert (Fortsetzung)	besucht der russische Zar Peter der Große die Stadt; 1699 wird die erste Preßburger Kaufmannsgilde gegründet.

18. Jahrhundert

Prinz Eugen von Savoyen bewahrt Preßburg 1704 vor den Truppen des gegen Leopold I. aufständischen ungarischen Magnaten Franz II. Rákóczi, der die Vorstädte verwüstet. Der Choleraepidemie von 1710/1711 fallen schätzungsweise 3860 Preßburger zum Opfer. Die erste Preßburger Zeitung erscheint 1721 ("Nova Posoniensia"). Der ungarische Reichsrat nimmt 1722 die Pragmatische Sanktion (Thronerbe in Österreich wird König in Ungarn) an; 1741 wird Maria Theresia im Preßburger Martinsdom zur Königin von Ungarn gekrönt.

Theresianische Zeit

Die Theresianische Zeit beschert der Stadt neben kultureller und gesellschaftlicher Aufwertung eine beträchtliche Bautätigkeit (Adelspalais, Patrizierhäuser; Niederlegung der Stadtmauern) und wirtschaftliche Entfaltung (Handwerk, Manufakturen); 1764 beginnt die deutschsprachige "Preßburger Zeitung" ihr Erscheinen, 1776 wird das städtische Ständetheater eröffnet.

Sammlungsort national-slowakischer Bewegungen

Während der Regierungszeit Kaiser Josefs II. (1780–1790) verliert Preßburg an politischer Bedeutung: 1783 wird die Hauptstadt des habsburgischen Ungarn nach Buda (Ofen) zurückverlegt. Andererseits finden die Ideen der Aufklärung zunehmende Verbreitung, und Prešporok (Preßburg) entwickelt sich nach und nach zu einem wichtigen Sammlungsort nationalslowakischer Bewegungen und zu einem Brennpunkt slowakischen Kulturlebens. So sind die ab 1783 publizierten "Presspúrske Nowiny" die erste Zeitung in slowakischer Sprache überhaupt. Die Rechtsakademie von Trnava (Tyrnau) wird 1784 nach Preßburg verlegt; ab 1787 bemühen sich die katholischen Seminaristen Anton Bernolák und Juraj Fándly darum, eine slowakische Schriftsprache zu schaffen.

19. Jahrhundert
Napoleonische
Kriege

Frieden von Preßburg (1805)

Das beginnende 19. Jahrhundert steht im Zeichen der napoleonischen Kriege; 1805 kommen französische Truppen bis nach Preßburg. Nach der Dreikaiserschlacht bei Austerlitz (Slavkov u Brna; Mähren) schließen Österreich (Franz II.) und Frankreich (Napoleon I.) am 26. Dezember 1805 im Spiegelsaal des Primatialpalais den Frieden von Preßburg; 1809 wird die Stadt erneut von Napoleon belagert und eingenommen, beim Abzug sprengen die Franzosen die Grenzburg Devín (Theben).
Im Jahre 1811 verwüstet eine verheerende Feuersbrunst das große Burgschloß. Nach dem kriegsbedingten Niedergang erholen sich Handel und Wirtschaft zusehends; es entstehen neue Fabriken (Textilien, Zucker, Spirituosen u.a.); 1818 legt erstmals ein Donaudampfschiff ("Caroline") in Preßburg an.
Die letzte Preßburger Königskrönung (Ferdinand) findet 1830 statt.
Ab 1840 verbindet eine Pferdeeisenbahn (ca. 15 km) Preßburg mit dem kleinkarpatischen Weinort Sankt Georgen (ungarisch Szentgyörgy; damals slowakisch Svätý Jur, heute Jur pri Bratislave).
Der slowakische katholische Geistliche Ľudovít Štúr beginnt 1843 mit der Kodifizierung der slowakischen Schriftsprache.
Die stürmische Sitzungsperiode 1847/1848 des ungarischen Ständeparlamentes ist die letzte in Pozsony (Preßburg) abgehaltene. Am 11. April 1848

Märzgesetze
(1848)

unterzeichnet Kaiser Ferdinand I. hier die sog. Märzgesetze, mit denen die Leibeigenschaft aufgehoben wird. Im selben Jahr kommt der erste von einer Dampflokomotive gezogene Eisenbahnzug nach Preßburg.
Von 1850 (man zählt ca. 23000 deutschsprachige, 9500 slowakische und 3000 ungarische Einwohner) bis zur Wirtschaftskrise von 1873 nimmt die Preßburger Industrie einen stürmischen Aufstieg, an dem auch ausländische Investoren beteiligt sind (Dynamit-Nobel-Sprengstoff, Stollwerck-Süßwaren u.a.).
Am 22. Juli 1866 enden die letzten Gefechte im Preußisch-Österreichischen Krieg beim Preßburger Vorort Blumenau (Lamač) und am Gemsenberg (Kamzík).

Nach dem Österreichisch-Ungarischen Ausgleich von 1867 (Umwandlung des österreichischen Kaisertums in die Österreichisch-Ungarische Monarchie) gewinnt der ungarische Bevölkerungsanteil in Pozsony (Preßburg) zunehmend an Bedeutung. Während der ungarische und österreichische Adel das gesellschaftliche Leben der Stadt u. a. durch die Entfaltung einer reichen Musikkultur bestimmen, ist die deutschsprachige Bürgerschaft (1880: 63%, 1907: 49%) in Handel und Wirtschaft tonangebend. Von dem nur etwa 65 km entfernten Wien wird Preßburg gern als karpatenweinfröhlicher Ausflugsort – sozusagen als 'Vorort jenseits der Donau' – besucht. Bis zum Zerfall des k. u. k. Reiches bleibt die austro-ungarisch geprägte Grenzstadt als Komitatshauptstadt zur Provinz Oberungarn gehörig. Einige interessante Merkdaten aus der Stadtgeschichte im ausgehenden 19. und beginnenden 20. Jh. sind die Einführung der elektrischen Straßenbeleuchtung (1884), die Eröffnung des neuen Stadttheaters (1886; heute Opernhaus des Slowakischen Nationaltheaters), der Bau der ersten Donaubrücke (1891) und die Inbetriebnahme der ersten elektrischen Straßenbahn (1895), ferner 1914 die Fertigstellung der elektrischen Lokalbahn zwischen Wien und dem am rechten Donauufer gelegenen Preßburger Vorort Audorf bzw. Engerau (Petržalka), die bis in die vierziger Jahre verkehrte und deren Geleise (bis auf ca. 6 km auf slowakischer Seite) noch immer vorhanden sind (Wiederinbetriebnahme neuerdings erwogen).

Austro-ungarische Grenzstadt

Von 1914 bis 1919 besteht in Pozsony (Preßburg) die ungarische Elisabeth-Universität, die sich als Nachfolgerin der 1465 von König Matthias Corvinus gestifteten Academia Istropolitana versteht.

Ungarische Universität

Gegen Ende des Ersten Weltkrieges (1914–1918) konstituiert sich am 10. Oktober 1918 der Slowakische Nationalrat für Bratislava und Umgebung. Entgegen der Absicht, diesem Gebiet einen exterritorialen Status zu verleihen, besetzen auf Weisung aus Prag am 31. Dezember 1918 tschechische Legionäre die Stadt, was nachträglich durch den Vertrag von Trianon (4. Juni 1920) sanktioniert wird, gemäß dem die oberungarischen Komitate – und damit auch Pozsony (Preßburg) – der am 28. Oktober 1918 proklamierten ersten Tschechoslowakischen Republik zugeschlagen werden. Bratislava betrachtet sich nun zwar de facto als slowakische Hauptstadt, bleibt aber de jure lediglich das regionale Verwaltungszentrum (Landamt) für die Slowakei im Rahmen des neugegründeten tschechoslowakischen Staates.

20. Jahrhundert
Erster Weltkrieg

Im Jahre 1919 erhält die Stadt (83200 Einw.) den offiziellen slowakischen Namen Bratislava, und es erfolgt die Gründung der slowakischen Comenius-Universität (zu Ehren des Pädagogen Jan Ámos Komenský, 1592 bis 1670).
In den zwanziger und dreißiger Jahren entwickelt sich Bratislava zum wirtschaftlichen und kulturellen Brennpunkt der Slowakei. Äußere Anzeichen hierfür sind u. a. die Entstehung des Slowakischen Nationaltheaters (1920), die Einrichtung eines ersten Rundfunkstudios (1926), eine verstärkte Bautätigkeit (Bankgebäude, Warenhäuser, Wohnbauten u. v. a.), der Ausbau des Donauhafens (1920–1932; ab 1927 auch eines Ölhafens), die Gründung der Tschechoslowakischen Dampfschiffahrtsgesellschaft (1922) sowie die regelmäßige Veranstaltung von Donaumessen. Im Jahre 1930 zählt die Stadt 123000, samt seinen Vororten 142500 (davon 39600 deutschsprachige) Einwohner.

Bratislava: Regionalzentrum in der ersten Tschechoslowakischen Republik

Angesichts der außenpolitischen Schwierigkeiten der Tschechoslowakischen Republik und der internen Spannungen zwischen zentralistisch orientierten Tschechen und nach Eigenständigkeit strebenden Slowaken (unter Führung des katholischen Geistlichen und Gründers der Slowakischen Volkspartei Andrej Hlinka) wird der Slowakei schließlich ein Autonomiestatus zuerkannt: Am 8. Oktober 1938 wird Bratislava Sitz der autonomen slowakischen Regierung mit dem katholischen Priester Jozef Tiso (Mitbegründer der Slowakischen Volkspartei) an ihrer Spitze.

Regierungssitz der autonomen Slowakei

Zweiter Weltkrieg
Hauptstadt des ersten slowakischen Staates

Am 14. März 1939, nur einen Tag vor dem Einmarsch der Deutschen Wehrmacht in Prag, wird die Slowakei zum unabhängigen 'Schutzstaat' von Hitlers Gnaden erklärt, Tiso zu seinem Präsidenten gewählt. Bis zum Ende des Zweiten Weltkrieges (1945) bleibt Bratislava Hauptstadt der ersten Slowakischen Republik. In dieser Zeit wird nach Verkündung des 'slowakischen Nationalsozialismus' (30. Juli 1940) etwa ein Drittel der Preßburger Juden (1938 ca. 20 000) nach Polen deportiert und dort in den nationalsozialistischen Vernichtungslagern ermordet.

Um den am 29. August 1944 im mittelslowakischen Banská Bystrica (Neusohl) ausgerufenen antifaschistischen Slowakischen Nationalaufstand niederzuwerfen, richtet die von der slowakischen Regierung zu Hilfe gerufene Deutsche Wehrmacht in Bratislava eine Befehlszentrale ein und errichtet einen Verteidigungswall um die Stadt. Nach dem Rückzug der Deutschen erreicht die sowjetische Rote Armee mit Truppenteilen der Zweiten Ukrainischen Heeresgruppe Bratislava als 'Befreier' am 4. April 1945.

Nachkriegszeit

Im Mai 1945 proklamiert der aus dem ostslowakischen Košice (Kaschau) nach Bratislava übergesiedelte Slowakische Nationalrat die 'Zusammengehörigkeit des slowakischen und des tschechischen Volkes'. Bald darauf wird die Slowakei an die wiedereingesetzte tschechoslowakische Regierung zurückgegeben, der in US-amerikanische Gefangenschaft geratene, bisherige slowakische Staatspräsident Jozef Tiso ausgeliefert, zum Tode verurteilt und am 18. April 1947 in Bratislava durch den Strang hingerichtet.

Mit Wirkung vom 1. April 1946 werden zu Bratislava die nahen Orte Rača (Ratzersdorf), Vajnory (Weinern), Prievor (Oberufer), Dúbravka (Kaltenbrunn) und Lamač (Blumenau) eingemeindet, wodurch die Einwohnerzahl auf über 191 350 ansteigt.

Unter der tschechoslowakischen Präsidentschaft des Volkssozialisten Edvard Beneš werden die Deutschen nicht nur aus dem einstigen Sudetenland sondern auch aus Preßburg vertrieben, darunter auch jene dort verbliebenen Juden, die sich bei der letzten Vorkriegsvolkszählung als Deutsche deklariert hatten; die meisten Magyaren werden nach Ungarn abgeschoben, viele Vertreter der slowakischen bürgerlichen Intelligenz ins Gefängnis gesteckt. Leerstehende Wohnungen werden von Slowaken besetzt, die aus ländlichen Gegenden in die Stadt strömen, so daß sich Bratislava nun erstmals als eine ganz überwiegend slowakische Stadt bezeichnen kann.

Slowakische Stadt in der ČSR

Die internen politischen Auseinandersetzungen der ersten Jahre nach dem Zweiten Weltkrieg gipfeln in Bratislava mit der Machtübernahme der Kommunistischen Partei der Slowakei (KPS) am 25. Februar 1948, die sich wenig später mit der KP der Tschechoslowakei (KPČ) zusammenschließen muß. Identische Interessen von Partei und Staat prägen die tschechoslowakische Verfassung, die am 9. Mai 1948 in Kraft tritt und einen 'volksdemokratischen' Einheitsstaat der beiden formal gleichberechtigten slawischen Völker der Tschechen und der Slowaken bestimmt (stalinistischer Kurs); Bratislava fungiert in der ČSR nurmehr als eine Bezirksstadt unter vielen.

Erwähnenswerte Ereignisse im Bratislava der fünfziger Jahren sind u. a. die Gründung der Slowakischen Akademie der Wissenschaften und die Aufnahme der Restaurierungsarbeiten des Burgschlosses (1953) sowie der Sendebeginn des Fernsehens (1956).

Bezirksstadt in der ČSSR

Die den Slowaken in einer Verfassungsänderung von 1956 gemachten Zugeständnisse werden bei der Umwandlung der Tschechoslowakischen Republik in die Tschechoslowakische Sozialistische Republik (ČSSR) nach sowjetischem Muster im Sommer 1960 zurückgenommen; Bratislava bleibt Bezirksstadt (1961: 241 796, davon ca. 1200 deutschstämmige Einwohner). Die sechziger und siebziger Jahre sind in Bratislava geprägt von einer ungezügelten Bauwut der sozialistischen Behörden: In den Außen-

bezirken entstehen neben Industriekomplexen gigantische Trabanten-wohnstädten aus Fertigbauteilen und zahlreiche Sportstätten, aber auch in Stadtkernnähe werden raumgreifende Verkehrsbauten ausgeführt, denen beispielsweise das gesamte alte Judenviertel zum Opfer fällt und die altehrwürdige Domkirche St. Martin unglücklich unmittelbar am Rande einer neuen Stadtautobahn stehen läßt. Viele alte, heruntergewohnte Stadthäuser fallen der Spitzhacke zum Opfer.
Ab 1962 wird das Petrolchemiekombinat 'Slovnaft' von einer sowjetischen Erdölpipeline aus der Ukraine gespeist.

Bezirksstadt
in der ČSSR
(Fortsetzung)

Nach parteiinternen Auseinandersetzungen zwischen 'Orthodoxen' und 'Reformern' (Befürwortern eines 'Sozialismus mit menschlichen Zügen') kommt es zum 'Prager (politischen) Frühling' des Jahres 1968 (Wortführer der Slowake Alexander Dubček), dem jedoch durch die Invasion von Truppen aus Staaten des Warschauer Vertrages (Sowjetunion, Polen, Bulgarien) in die Tschechoslowakei am 20. August 1968 ein gewaltsames Ende gesetzt wird.

Dubčeks
Reformpolitik
gescheitert

Am 30. Oktober 1968 findet in der Burg von Bratislava die Unterzeichnung des Gesetzes über die künftig föderative Struktur der Tschechoslowakei statt, und mit Wirkung vom 1. Januar 1969 ist Bratislava offiziell die Hauptstadt der Slowakischen Sozialistischen Republik (SSR).
Nach der 1971 erfolgten Eingemeindung der bis dahin selbständigen stadtnahen Gemeinden Čuňovo, Devínska Nová Ves, Jarovce, Podunajské Biskupice, Rusovce, Vrakuňa und Záhorská Bystrica zählt die slowakische Hauptstadt 302 119 Einwohner.
Am 26. August 1972 wird die zweite Preßburger Donaubrücke, eine futuristisch anmutende Straßenhochbrücke ('Brücke des Slowakischen Nationalaufstandes') dem Verkehr übergeben; 1973 zählt Bratislava rund 400 000 Einwohner; 1985 erhält die Stadt ihre dritte Donaubrücke, eine kombinierte Eisenbahn- und Autobahnbrücke (im Hafenbereich).

**Hauptstadt
der föderativen
Slowakischen
Sozialistischen
Republik**

Erste Anzeichen einer politischen Wende, die dann auf den gesamten damaligen Ostblock übergreift, zeigen sich öffentlich auch in Bratislava seit 1988, etwa in den Demonstrationen gegen die herrschende Religionspolitik (März), die freilich noch gewaltsam aufgelöst werden.
Im folgenden Jahr – Bratislava hat jetzt 435 700 Einwohner (davon ca. 800 Juden) – kommt es zunehmend zu offenen Bürgerprotesten, die am 27. November 1989 in einem Generalstreik zur Unterstützung der Bewegung 'Öffentlichkeit gegen Gewalt', des Bürgerforums und der Studenten gipfeln. Diese und die folgenden Massenversammlungen geben den letzten Anstoß zu jener 'samtenen' oder 'sanften' Revolution, die dann zum gewaltlosen Sturz der über vierzigjährigen Herrschaft der Kommunisten führt.
Erste Meilensteine auf dem Wege zu einer neuen, demokratischen Staatsordnung der Tschechoslowakei sind die Ernennung einer 'Regierung der nationalen Verständigung' und die Wahl des für die Menschenrechte engagierten Schriftstellers Václav Havel zum Präsidenten der Republik (29. Dezember 1989).
Der am 29. März 1990 eingeführte neue Staatsname 'Tschechoslowakische Föderative Republik' (ČSFR) wird wenig später auf Drängen der slowakischen Seite in die Bezeichnung 'Tschechische und Slowakische Föderative Republik' abgewandelt (Kürzel unverändert ČSFR). Bratislava ist nun Hauptstadt der föderativen Slowakischen Republik.
Aus den freien Parlamentswahlen des Jahres 1990 (8. Juni) gehen die Bürgerbewegungen in der Slowakischen und in der Tschechischen Republik als Sieger hervor. Aus diesen Gruppierungen wird auch der Kern der 'Regierung des nationalen Opfers' gebildet (27. Juni 1990). Hauptziele des neuen Regierungsprogramms sind die Einführung der freien Marktwirtschaft, die Privatisierung der Wirtschaftsträger, die Neustrukturierung der Industrie und die dringend anstehende Lösung der ökologischen Probleme.

Politische Wende

Samtene
Revolution

**Hauptstadt
der föderativen
Slowakischen
Republik**

Stadtgeschichte
(Fortsetzung)
Papstbesuch

Ein besonders für die Katholiken wichtiges Ereignis ist der erste Besuch eines Papstes in der Slowakei überhaupt: Bei seiner Ankunft in Bratislava am 22. April 1992 zelebriert Papst Johannes Paul II. auf dem Flugplatz Ivanka ein Pontifikalamt.
Bei den Parlamentswahlen des Jahres 1992 (7. Juni) können in der Slowakischen Republik die Bewegung für eine demokratische Slowakei (HZDS) und in der Tschechischen Republik die Demokratische Bürgerpartei (ODS) jeweils die Mehrheit der abgegebenen Stimmen auf sich vereinigen.
Am 17. Juli 1992 wird im slowakischen Parlament die Souveränität der Slowakischen Republik verkündet, was als ein erster offizieller Schritt auf dem Wege zu voller Unabhängigkeit der Slowakei vom Rest der bisherigen Tschechoslowakei verstanden werden soll.

Nach Auflösung
der ČSFR:
Bratislava
Hauptstadt der
selbständigen
Slowakischen
Republik

Nach der am 27. August 1992 von dem slowakischen Ministerpräsidenten Vladimír Mečiar (HZDS) und seinem tschechischen Amtskollegen Václav Klaus (ODS) in der mährischen Stadt Brno (Brünn) vereinbarten Auflösung der tschechoslowakischen Föderation in zwei eigenständige Staaten zum 1. Januar 1993 bleibt Bratislava Hauptstadt der Slowakischen Republik.
Am 1. September 1992 verabschiedet das slowakische Parlament eine neue, eigene Verfassung für die Slowakische Republik.

Stadtbesichtigung

Innere Stadt (Plan s. S. 488)

Platz des
Slowa-
kischen
National-
aufstands

Kalvinistische
Kirche

Kloster der
Barmherzigen
Brüder

Ein Verkehrsmittelpunkt ist der nordwestlich der älteren Donaubrücke unmittelbar außerhalb der ehem. Stadtmauer gelegene langgestreckte Platz des Slowakischen Nationalaufstands (Námestie Slovenského národného povstania, kurz SNP; früher Marktplatz), den verschiedene Gebäudekomplexe begrenzen: am nordwestlichen oberen Ende steht die neoromanische Kalvinistische Kirche (Kalvínský kostol) von 1913; östlich gegenüber die geschlossene Front der stattlichen Barockbauten des Klosters, der Kirche und des Krankenhauses der Barmherzigen Brüder (Kostol, kláštor a nemocnica Milosrdných bratov) aus dem 17. Jahrhundert.
An der Südseite des Platzes, wo sich der am Ende des 18. Jh.s zugeschüttete Stadtgraben befand, die Gebäude der Hauptpost (Nr. 39; 1912) und der ehem. Tatrabank (Nr. 33; 1923–1925), heute Fernsehstudio.

Manderla-
Turmhaus

Am südöstlichen unteren Platzende erhebt sich das nach seinem einstigen Besitzer benannte Manderla-Turmhaus, das erste 'Hochhaus' der Stadt (1935; 12 Stockwerke); unweit südlich davon die Staatsbank (Štátna banka).
Auf dem Platz eine beherrschende Statuengruppe, die anläßlich des 30. Jahrestages des Slowakischen Nationalaufstands 1974 enthüllt wurde.

Kirche der
Elisabe-
thinerinnen

An der vom Platz des Slowakischen Nationalaufstands nordöstlich in Richtung Trnava führenden Spitalgasse (Špitálska ulica) links die schöne Klosterkirche der Elisabethinerinnen (kostol alžbětínok), 1739–1743 von dem Wiener Baumeister F.A. Pilgram in reinem Barockstil erbaut, mit Deckenfresken von P. Troger und Altarbildern von F.X. Palko.

Palais Aspremont

Weiter stadtauswärts, an der rechten Straßenseite (Nr. 24), das ehem. Sommerpalais Aspremont (Aspremontov letný palác; 1770), heute Dekanat der medizinischen Fakultät der Comenius-Universität mit einem großen, einst im französischen Stil angelegten Garten. Die Spitalgasse mündet auf den anlagengezierten Amerika-Platz (Americké námestie).

Šafárik-Platz
Universität

Südostwärts vom Platz des Slowakischen Nationalaufstands führt die breite Štúr-Gasse (Štúrova ulica), die nach Ľudovít Štúr (1815–1856; → Berühmte Persönlichkeiten), einem der Begründer der slowakischen Schriftsprache, benannt ist, zum Šafárik-Platz (Šafárikovo námestie), nach dem slowakischen Literatur- und Altertumsforscher Pavol Jozef Šafárik

Slowakische Nationalgalerie (s. S. 486)

Šafárik-Platz
(Fortsetzung)

(1795–1861; → Berühmte Persönlichkeiten): rechts die wuchtige, 1936 fertiggestellte Bau der Comenius-Universität (Univerzita Komenského); die 1914 von Ungarn als Nachfolgerin der Academia Istropolitana wiedereingerichtete und seit 1919 slowakische Universität trägt ihren Namen zu Ehren des Predigers und Pädagogen Johann Amos Comenius (Jan Ámos Komenský, 1592–1670; Berühmte Persönlichkeiten).

Entenbrunnen

In der Parkanlage gegenüber dem Universitätsgebäude steht der reizvolle Entenbrunnen (Kačacia fontána) von R. Kühmayer (1914).

Kirche St. Elisabeth

Unweit nördlich vom Šafárik-Platz steht an der Bezruč-Gasse (Bezručova ulica; nach dem tschechischen Dichter Petr Bezruč, 1867–1958) die 'Blaues Kirchlein' ('Modrý kostolík') genannte Kirche St. Elisabeth (kostol sv. Alžběty), die 1910–1913 im Stil der Sezession (Wiener Jugendstil) von O. Lechner erbaut wurde.

ČA-Donaubrücke

Südlich von Šafárik-Platz führt die Wiener Straße (Viedenská cesta) gemeinsam mit der Eisenbahn auf die alte Donaubrücke (urspr. von 1891; vorher Brückenfähre), die nach der Kriegszerstörung 1945 unter Mithilfe von sowjetischem Militär in Eisengitterträgerbauweise auf sechs Steinpfeilern wiedererrichtet wurde, offiziell 'Brücke der Roten Armee' ('most Červenej armády'), über den hier etwa 300 m breiten Strom zur Vorstadt Petržalka (Audorf oder Engerau; ungarisch Ligetfalu).

Aupark

In dem in Petržalka bereits 1775 als öffentliche Grünanlage eingerichteten schönen Aupark (Petržalský park), heute Janko-Kráľ-Park (Sad Janka Kráľa; 21 ha), benannt nach dem revolutionären slowakischen Dichter Janko Kráľ (1822–1876), die hellen überlebensgroßen Standbilder für Janko Kráľ und den ungarischen Freiheitsdichter Sándor Petőfi (1823–1849) sowie die alte gotische Turmspitze 'Franziskare', der Kirche am Franziskanerplatz. Östlich, nahe der Donau, das Freischwimmbad 'Lido'.

Fortsetzung
s. S. 486

Brno, Praha

Brnianska

Stromova

Pražská

VINOHRA

Bohúnova

Prokopa

Chrast'ova

Kalvarien-
berg

Bohúnova

Velkého

Búdkova

Horský
Park

Hlboká cesta

Autobushof Hauptbahnho
Dimitrovovo
nám.

Pražská

Malinovské

Novosvetská

Havlíčkova

Slavín-
Denkmal

Štefán

Novosvetská

National-
versammlung

Stc

Mudroňova

Banskobystrická

Palais
Grassalkovich

Štefánikova

Mierové
nám.

Palisády

Panenská

Obchod

STARÉ

Kozia

Zochova

Hl. Dreifaltigkeit

nám.
SNP

MESTO

Svoradova

Mirbach-
Palais

Franziska

Zámocka

Jesuitenkirche

Erzbi
Palai

Most Mládeže, DEVÍN

Mudroňova

Zum
Guten
Hirten

Klarissinnen-
kloster

Altes
Rathaus

Burg

Kunsthandw.
Museum

Dom
St. Martin

Palais
Pálffy

Nat
the

nábr. arm. gen. Ludvíka Svobodu

Hviezdoslavovo
nám.

National-
galerie

Vaja

Dunaj

Rázusovo nábr.

Donau

Schiffsan
s

Most
SNP

Bratislava
Preßburg

Aussichts-
turm
(Pylon)

Sad Janka

Lu

300 m

© Baedeker

Ausstellungs-
gelände

Král'a

Bru

Wien

DVORY IV u.V

DVORY VI

Malé Karpaty (Kleine Karpaten)

Trnava, Nitra
Flughafen

Slovan-Stadion

Radstadion

Schwimm-Stadion

Pionierska

Račianska

Kukučínova

NOVÉ

Vajnorská

MESTO

Trnavske myto

Trnavska

cesta

Račianske myto

Malinovského

Miletičova

Radlinského

Blumentálska

Záhradnícka

Záhradnícka

Zahradnička

Daxnerovo nám.

Sovietske nám.

Odborárske nám.

Americké nám.

Medická Záhrada

NIVY

Dulovo nám.

Košická

Miletičova

RUŽINOV

Mlynské

nivy

Prievozská

Dunajská

horad

Mlynské nivy

Dostojevské

Martina Čulena

Košická

Pristavná

Pressezentrum

afárikovo nám.

niversität

Martanovičova

Hafen

al-
n

Most
CA

Dunaj

Donau

Komárno, Budapest
Industriezone

Klokočova

Lído

Most
Hrdinov
Dukly

Klokočova

ALKA, Pferderennbahn

Vajanský-Lände
Slowakisches Nationalmuseum

An der vom Šafárik-Platz westwärts ausgehenden Vajanský-Lände (Vajanského nábrežie, nach dem slowakischen Schriftsteller Svetozár Hurban-Vajanský, 1847–1916) steht links (Nr. 2) das 1924–1928 erbaute Slowakische Nationalmuseum (Slovenské národné múzeum), wo verschiedene naturwissenschaftliche Ausstellungen zu sehen sind; umfangreiche Sammlungen zur Naturgeschichte der gesamten Slowakei wurden in das Burgschloß verlegt.

Vor dem Nationalmuseum an der Donau die Anlegestelle der Passagierschiffe. Weiterhin erreicht man den Ľudovít-Štúr-Platz (námestie Ľudovíta Štúra), von dem rechts die Brückgasse (Mostová ulica) zum Hviezdoslav-Platz (Hviezdoslavovo námestie) führt.

Razus-Lände
***Slowakische Nationalgalerie**

Die westliche Fortsetzung der Vajanský-Lände bildet die Rázus-Lände (Rázusovo nábrežie; nach dem slowakischen Dichter Martin Rázus, 1888 bis 1937), an der rechts (Nr. 2) die Slowakische Nationalgalerie (Slovenská národná galéria) liegt. Sie ist in dem erhaltenen hinteren Teil der einst. Wasserkaserne untergebracht, einem dreistöckigen Barockbau von 1759 bis 1763 mit Rundbogenfenstern und seitlich offenen Arkadengängen (Rekonstruktion 1971–1977). Sie zeigt Werke der Malerei, Graphik und Plastik einheimischer und ausländischer Künstler des 19. und 20. Jh.s sowie wechselnde Ausstellungen.

An der Rázus-Lände folgt rechts das große Hotel 'Devín' (1954) mit Terrassencafé.

Kultur- und Erholungspark

Die schön angelegte Uferpromenade der Donaulände zieht von der Rázus-Lände unter der zweiten Donaubrücke (SNP-Brücke; s. nachstehend) hindurch am Fuße des Burgberges entlang und weiter stromaufwärts zu dem ausgedehnten Kultur- und Erholungspark (Park kultúry a oddychu) mit Gartenanlagen, Vergnügungspark, Sporthalle und Kulturhaus.

Rabbinergräber

Vor der Einfahrt in den unter dem Burgberg hindurchführenden Straßentunnel befinden sich an der Stelle des einstigen jüdischen Friedhofes (dort von 1660 bis zur Zerstörung wegen des Tunnelbaus 1942) in einer katakombenähnlichen Gruft die Gräber von etlichen bedeutenden Rabbinern der Preßburger jüdischen Gemeinde, darunter jenes des 'Wunderrabbis' Chatham Sofer (1762–1839), zu denen noch heute Wallfahrten unternommen werden.

Jüdische Friedhöfe

An der stadtauswärts oberhalb der Uferstraße weiterziehenden Žižka-Gasse rechts am freien Berghang der neologe und der orthodoxe jüdische Friedhof.

Städtische Redoute

Die rechte Seite der vom Ľudovít-Štúr-Platz stadteinwärts führenden kurzen Brückgasse (Mostová ulica) zeigt die stattliche, 1913–1919 im neobarocken Stil errichtete und mit Stuckornamenten reich verzierte Städtische Redoute (Mestská Reduta; Restaurant) ein mit dem Konzertsaal der Slowakischen Philharmonie.

Hviezdoslav-Platz

Die Brückgasse mündet auf den weitläufigen Hviezdoslav-Platz (Hviezdoslavovo námestie), benannt nach dem slowakischen Literaten Pavol Országh, genannt Hviezdoslav (1849–1921; → Berühmte Persönlichkeiten), dessen überlebensgroßes Denkmal seit 1937 am Anfang der den Platz zierenden Anlagen steht.

Slowakisches Nationaltheater

An der Nordseite des Hviezdoslav-Platzes befindet sich das Slowakische Nationaltheater (Slovenské národné divadlo), 1884–1886 nach Plänen der Wiener Architekten Fellner und Helmer an der Stelle des ehem. klassizistischen Ständetheaters erbaut (1969–1971 erneuert); es dient heute Oper und Ballett.

Ganymedbrunnen

Vor dem Theater steht der sog. Ganymedbrunnen (Ganymedova fontána) von V. Tilgner (1888).

Der im 19. Jh. über dem einstigen Stadtgraben angelegte Hviezdoslav-Platz erstreckt sich als baumbestandene Promenadenallee (Figuren-

Slowakisches Nationaltheater   *Michaelertor (s. S. 495)*

brunnen) in südöstlicher Richtung bis zum Fischplatz und wird zu beiden Seiten von einer Reihe ansehnlicher Bauten gesäumt; darunter links das Hotel 'Carlton' (Nr. 2; mit Restaurants und Cafés) und das Palais Csomo (Csomov palác; Nr. 6) von 1778 sowie rechts das Palais Pálffy (Pálffyho palác; Nr. 18) von 1885, heute Rektorat der Hochschule für bildende Künste.

Gegen Ende des Hviezdoslav-Platzes, bei der von links einmündenden Pauliny-Gasse (Paulinyho ulica; nach dem slowakischen Schriftsteller Víliam Pauliny-Tóth, 1826–1877), das Hummel-Denkmal mit einer Metallbüste des aus Preßburg gebürtigen Komponisten Johann Nepomuk Hummel (sein Geburtshaus Klobúčnická ulica Nr. 2) von Viktor Tilgner (1887). Ebendort links (Hviezdoslav-Platz Nr. 23) das 1769 im Rokokostil erbaute Palais Illésházy (Illésházyho palác).

Der nun folgende Fischplatz (Rybné námestie) dient heute, nach Abriß der Bebauung, als Zufahrt zur zweiten Donaubrücke (SNP-Brücke; s. nachstehend) am linken Ufer der Donau (Dunaj).
Als letzter Überrest des alten Platzes steht hier eine barocke Pestsäule von 1713.

Die markante Brücke des Slowakischen Nationalaufstands (most SNP), die zweite Preßburger Straßenbrücke über die Donau (Dunaj) und ein neues Wahrzeichen der Stadt, wurde in den Jahren 1967–1972 erbaut und ist 430 m lang sowie 21 m breit. Der 85 m hohe, durch Stahlseile gesicherte Brückenturm (am rechten Stromufer) trägt das Aussichtscafé 'Bystrica'. Der Bereich des stadtseitigen Brückenkopfes ist beim Bau dieses neuen Donauüberganges erheblich umgestaltet worden.

Nach der Sanierung eines Teiles der Judengasse (Židovská ulice) wurde die nordwärts zum Friedensplatz (Mierové námestie) führende Altstädter

Ganymedbrunnen
(Fortsetzung)
Palais Csomo
Palais Pálffy

**Hummel-
Denkmal**

**Palais
Illésházy**

Fischplatz

Pestsäule

*❋SNP-Brücke**

Altstädter Straße

Praha, Brno
Hauptbahnhof, Nationalversammlung

100 m
© Baedeker

Bratislava
Preßburg
Stadtkern

Slavín-Denkmal

Tolstého

Palisády

Palisády

Panenská

Konventná

Kozia

Pisztóriova

Staromestská

Hl. Dreifaltigkeit

Kapuziner-
kirche

Kapucínska

Klarissinnen-
kloster

Zidovská

Kapitulská

Farská

Palais de
Pauli

St. Nikolaus

Burg

Collegium
Emmericanum

Zum Guten Hirten
(Uhrenmuseum)

Kunsthandw.
Museum

Zámocké
schody

Staromestská

Dom
St. Martin

Jesuiten-
kollegium

Academia
Istropolitana

Palais
Erdödy

Rudnayovo
nám.

Palais Csáky

Salvator-
Apotheke

Štefánikova

Palais
Grassalkowich

Mierové
nám.

Suché mýto

Drevená

Obchodná

Poštová

Vysoká

Obchodná

Autobushof

Heydukova

Syn.

Kloster der
Barmh. Brüder

Kolárska

Hurbanovo
nám.

Roter Krebs
(Pharmazeut.
Museum)

Októbrové
nám.

Michaelertor

Hussenhaus

Baštová

Mirbach-
Palais

Katharinen-
kapelle

Univ.-
bibl.

Michalská

Františkánske
nám.

Franziskaner-
kloster

Ursulinen-
kloster

Nedbalova

Klobučnícka

Jesuitenkirche

Hummelhaus

Mariensäule
Palais
Kutscherfeld

Altes
Rathaus

Erzbischöfl.
Palais (Galerie)

Hlavné
nám.

Grünes
Haus

Zelená

Rolands-
br.

Palais Appónyi
(Weinbaumuseum)

Gorkého

Ventúrska

Palais
Esterházy

Palais
Balasso

Fronleichnams-
kapelle

Slowakisches
Nationaltheater

Jesenského

Palackého

Palais
Pálffy

Panská

Ganymed-
Brunnen

Notre-
Dame

Palackého

Redoute

Kúpelna

Fučíkova

Hviezdoslavovo
nám.

Mostová

Paulínyho

Riečna

Slowakische
Nationalgalerie

Vajanského nábr.

Schiffsanlege-
stelle

Rázusovo nábr.

Universität, Nationalmuseum

SNP-
Brücke

Wien, Budapest

Dunaj · Donau →

Straße (Staromestská ulica) zu einem wichtigen Verbindungsweg. Hier stehen noch ein Teil der Stadtbefestigungen mit der Neuen Bastei (Nová
bašta) sowie der St.-Martin-Dom und die Vogelbastei (Ptačí bašta) gegenüber der St.-Nikolaus-Kirche.

Altstädter Straße (Fortsetzung)

Eine großangelegte, durch den Bau der SNP-Brücke hervorgerufene
Umgestaltung des Uferbereiches veränderte auch das Gesicht der Žižka-
Gasse (Žižkova ulica), der wichtigsten Straße der 'Zuckermandel' genannten Vorburg (s. nachstehend).

Zuckermandel

Von der ursprünglichen Bebauung sind hier einige interessante Objekte
rings um die kleine Barockkirche der Hl. Dreifaltigkeit von 1738 erhalten
geblieben.

Dreifaltigkeitskirche

Reizvoll sind das Rokokohaus der Zunft der Fischer und Bootsleute (Dom
cechu rybárov a lodníkov; Nr. 1), das um 1760 erbaut und vor kurzem
restauriert worden ist (Gaststätte 'Rybársky cech') sowie zwei Renaissancehäuser: das Kampersche Haus aus der zweiten Hälfte des 16. Jh.s
(Nr. 4) und das Brämersche Haus vom Anfang des 17. Jh.s (Nr. 10).

Bemerkenswerte
alte Häuser

Der über die SNP-Brücke ins Stadtzentrum führenden Hauptzufahrtsstraße ist ein Großteil der allerdings bereits sehr baufälligen Vorburg zum
Opfer gefallen. Erhalten geblieben sind jedoch der Dom St. Martin (s. nachstehend) und der Rudnay-Platz (Rudnayovo námestie), an der Stelle
eines bis 1778 benutzten Friedhofes entstanden war und auf dem ein
Denkmal für Anton Bernolák (1762–1813) steht, einen Geistlichen, der Verdienste um die Kodifizierung der slowakischen Schriftsprache erworben
hat; dort eine Büsten von Georg Raffael Donner und des ungarischen
Komponisten und Pianisten Franz Liszt (1811–1886), der 1884 im Martinsdom seine 'Krönungsmesse' dirigierte.

Vorburg
Rudnay-Platz

Der Dom St. Martin (Dóm sv. Martina), eine im 14. und 15. Jh. an der Stelle
der ursprünglich romanischen Salvatorkirche erbaute gotische Hallenkirche war von 1563 bis 1830 Krönungskirche der Könige von Ungarn aus
dem Hause Habsburg. Auf dem 85 m hohen Turm, dessen Helm und Pyramidenspitze 1835–1847 erneuert wurden, befindet sich ein steinernes Kissen mit einer vergoldeten Krone (eine Kopie der Königskrone des hl. Stephan) als Symbol der Krönungsstätte.

*Martinsdom

Das dreischiffige Innere des Martinsdomes enthält neben wenigen erhaltenen gotischen Stücken (Taufbecken von 1403, Monstranz, Tafelbilder an
der Südwand des Presbyteriums) bedeutende Werke des Wiener Bildhauers Georg Raphael Donner (1693–1741), der 1728–1739 für den Erzbischof Emmerich Eszterházy, Primas von Ungarn, in Preßburg arbeitete.

Dominneres

In der rechten Ecke des südlichen Seitenschiffes Donners Reiterbild des
hl. Martin in ungarischer Tracht (1735), das Mittelstück einer Bleifigurengruppe vom einstigen Hauptaltar.

*Reiterbild
des hl. Martin

Anschließend an das nördliche Seitenschiff die von Donner im Barockstil
ausgeschmückte Johannes-Elemosinarius-Kapelle (1734) mit der knienden Marmorfigur ihres Stifters, des Erzbischofs Eszterházy.

Johannes-
Elemosinarius-
Kapelle

An das nördliche Seitenschiff angebaut ist die Annakapelle mit einem feinen Türbogenrelief (hl. Dreifaltigkeit; Anfang 14. Jh.) und dem Nischengrab
des Probstes Georg von Schomberg, des Vizekanzlers der Academia
Istropolitana (1470).

Annakapelle

Gegenüber vom Nordportal des Martinsdomes sieht man Reste der alten
Stadtbefestigung (Schanzwerke).

Reste der
Stadtbefestigung

An der Ecke zur Kapitelgasse (Kapitulská ulica) das unter dem Erzbischof
Peter Pázmány (1628–1635) von dem römischen Baumeister Jacopo
Rava errichtete frühbarocke Jesuitenkolleg (Jezuitské kolégium), später
Rechtsakademie, 1658–1833 Apotheke, heute römisch-katholische theologische Fakultät der hll. Kyrill und Method.

Jesuitenkolleg

Haus zum guten Hirten

Rolandbrunnen (s. S. 493)

Innere Stadt
(Fortsetzung)
Propsthof

Gegenüber vom Jesuitenkolleg liegt der Propsthof (Prepoštsky palác) von 1632. Im Vorgarten ein Steindenkmal der hl. Elisabeth von Thüringen (von 1907), die 1207 als Tochter des Ungarnkönigs Andreas II. in Bratislava geboren und hier bereits 1211 mit dem Markgrafen Ludwig von Thüringen verlobt wurde.

Palais Eszterházy

An der Kapitelstraße (Kapitulská ulica), deren Form und Verlauf aus dem 13. Jh. stammt, liegt der im Renaissancestil erbaute Eszterházy-Palast, in dem Josef Haydn als Kapellmeister wirkte. Derzeit wird das Palais für das städtische Archiv restauriert.
Unweit südlich, am Wege zur SNP-Brücke, rechts Reste der alten Stadtmauern.

*Haus zum guten Hirten

Am Anfang der Beblavý-Gasse (Beblavého ulica) bzw. der Judengasse (Židovská ulica) steht das anmutige Rokokohaus zum guten Hirten (Dom U dobrého pastiera; um 1760) mit reichen Stuckverzierungen und kunstvoll geschwungenem Fenstergitter. Heute beherbergt es eine kleine historische Uhrensammlung.
In dem gegenüberliegenden spätbarocken Adelssitz (Ende 18. Jh.) eine Ausstellung des Kunsthandwerks.

Nikolauskirche

Unweit oberhalb befindet sich links der Nikolausgasse die kleine barocke russisch-orthodoxe Kirche St. Nikolaus (Pravoslavný kostol sv. Mikuláša) von 1661 bis 1664.

*Burgareal

Aufgang von Südosten

Ein altes Treppengäßchen, an dem einst die Burgbediensteten wohnten, steigt von Südosten zum Burgberg hinan; am Wege liegen zwei kleine Weinstuben.

Durch das gotische Sigismundtor (Žigmundova brána) gelangt man auf die östliche Aussichtsterrasse des weiten Burgareales.

Sigismundtor

Mit dem Auto kann man von Norden bzw. Westen durch die Straßen Zámocká cesta bzw. Modroňova ulica bis zum Parkplatz südwestlich unterhalb des Burgschlosses gelangen.

Auffahrt von Nordwesten

Vom Parkplatz erreicht man durch das klassizistische Wiener Tor (Viedenská brána; 1712) das Burgplateau (74 m über der Donau).

Wiener Tor

Die Burganlage mit dem mächtigen viertürmigen Burgschloß (212 m ü. d. M.) entstand als Grenzfestung des Großmährischen Reiches vermutlich im 9. Jh. (erste urkundliche Erwähnung 907) an der Stelle einer ursprünglich slawischen Burg, die später von den Ungarn ausgebaut wurde. Kaiser Sigismund von Luxemburg ließ die Anlage um 1430 vergrößern, die bis zum 16. Jh. eine wichtige, als uneinnehmbar geltende Festung blieb. Mit der Eingliederung Ungarns in das habsburgische Reich wurde die Burg wichtig für die Abwehr der drohenden Türkenangriffe. Man gestaltete sie mehrfach um; ihr markantes Aussehen (im Volksmund 'das umgedrehte Bett') erhielt sie nach einem Umbau in den Jahren 1635 bis 1649. In dem ursprünglich aus dem 11. Jh. stammenden südwestlichen Burgturm, dem sog. Kronturm (Korunná veža), wurden von 1572 bis 1784 die ungarischen Kronjuwelen aufbewahrt.

Baugeschichte der Burganlage

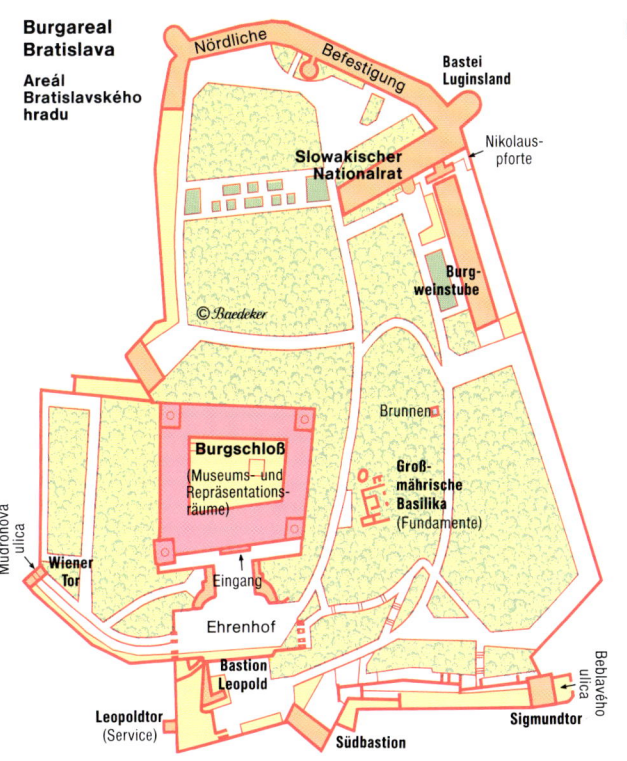

Burgareal Bratislava

Areál Bratislavského hradu

Lageplan

Burgschloß

Baugeschichte der Burganlage (Fortsetzung)

Die strategische Bedeutung der Festung trat nach der erfolgreichen Abwehr der Türkenangriffe mehr und mehr in den Hintergrund. Kaiserin Maria Theresia, die häufig hier wohnte, ließ das Schloß nach 1761 zu einer prunkvollen königlichen Residenz ausbauen; um das eigentliche Schloß entstanden neue Gebäude sowie Gartenanlagen und an der Ostseite das sog. Theresianum, ein Palais für den Schwiegersohn der Kaiserin, Herzog Albert von Sachsen-Teschen, den damaligen ungarischen Statthalter. Er richtete in den Schloßräumen eine reichhaltige Gemäldesammlung ein, die den Grundstock der heute in Wien befindlichen 'Albertina' bildete. In der Folgezeit diente das Schloß zunächst als Priesterseminar, später als Kaserne, bis es 1811 einem verheerenden Brand zum Opfer fiel, der nahezu die gesamte Anlage zerstörte. Über 140 Jahre ließ man die Ruinen verfallen. Erst 1953 wurden umfangreiche Wiederherstellungsarbeiten aufgenommen, die mit der Rekonstruktion der vier Ecktürme 1968 einen gewissen Abschluß gefunden haben. Bei dem Wiederaufbau wurde besonderer Wert auf die Restaurierung der erhaltenen Architekturelemente gelegt.

*Burgschloß

Vom Ehrenhof unterhalb der Südfront des Burgschlosses erreicht man über den von zwei ehem. Wachgebäuden flankierten Aufgang das dreiteilige Hauptportal des Burgschlosses (Hrad).

Innenhof

Im Pflaster vom linken Teil des annähernd quadratischen Innenhofes sind die Grundrisse eines Wohnturmes von 1245 und eines Palas aus dem 13. Jh. angedeutet; hier auch der Eingang zu dem unterirdischen Teil der Anlage mit einem 82 m tiefen Brunnen (von 1436).

Gebäudeinneres

Das Innere des Burgschlosses dient heute teilweise repräsentativen Zwecken und enthält naturhistorische Sammlungen des Slowakischen Nationalmuseums.

Burggelände

Nördlich hinter dem Burgschloß ist eine gotische Burgmauer erhalten. Das Gelände des einstigen französischen Schloßgartens harrt noch der Neu-

gestaltung. Die Nordseite des weiten Burgareales mit der Luginsland-Bastei begrenzt eine Reihe von Barockgebäuden, die vom Brand des Jahres 1811 verschont geblieben sind; ein Teil wird vom Slowakischen Nationalrat genutzt. In dem rechts anschließenden Gebäudetrakt befindet sich die Burgweinstube.
In dem begrünten Bereich vor der Ostseite des Burgschlosses sind die Grundmauern einer Kirche aus der Zeit des Großmährischen Reiches (9. Jh.) zu sehen.

Burggelände
(Fortsetzung)

Von der Terrasse unterhalb der Burghöhe bietet sich eine prächtige Aussicht über weite Teile der slowakischen Hauptstadt mit der modernen Donaubrücke; östlich erstreckt sich die türmereiche Altstadt.

**Aussicht

Altstadt (Plan s. S. 488)

Die Altstadt (Staré město), deren Gebäude heute großenteils unter Denkmalschutz stehen und vielfach restauriert werden, ist für den Kraftfahrzeugverkehr teilweise gesperrt. Es empfiehlt sich daher ein Rundgang zu Fuß durch die meist engen Gassen, bei dem man auch auf die zahlreichen Hausdurchgänge und Innenhöfe mit ihren Pawlatschen (Balkonumgänge) achte.

Rundgang

Den Kernpunkt der Altstadt bildet der Hauptplatz (Hlavné námestie), wo früher Märkte abgehalten wurden.
In der Platzmitte steht der die Stadtrechte symbolisierende Rolandbrunnen (Rolandova fontána), von Andreas Luttringer 1572 ursprünglich als Löschwasserbrunnen in Sandstein aufgeführt.

Hauptplatz

*Rolandbrunnen

Die Ostseite des Hauptplatzes beherrscht das Alte Rathaus (Stará radnica), ein gotisches Gebäude des 14. Jh.s (im 15.–16. Jh. ergänzt) mit einem barocken Turm von 1734 (im Sommer Fanfarenkonzerte klassischer Musik). Durch eine gotische Toreinfahrt von 1457 gelangt man in einen Innenhof mit Renaissancearkaden (an der Nordseite von 1581, die übrigen 1912 erneuert).
Zusammen mit dem südlich anstoßenden Palais Appónyi (Appónyiho palác; 1761/1762) beherbergt das Alte Rathaus das Städtische Museum (Mestké múzeum; Stadtgeschichte, Rechtsgeschichte, Weinbau).

Altes Rathaus

Palais Appónyi

Stadtmuseum

Nördlich gegenüber vom Rathauskomplex steht die turmlose Salvatorkirche oder Jesuitenkirche (Kostol jezuitov), 1636–1638 im Stil der Spätrenaissance ursprünglich als Kirche der deutschen Protestanten errichtet und nach der Übernahme durch die Jesuiten (1672) im 18. Jh. innen mit reichem Barockschmuck versehen.
Vor der Kirche eine Mariensäule von 1675.

Jesuitenkirche

Mariensäule

Östlich hinter dem Alten Rathaus liegt der Primatialplatz (Primaciálne námestie).
An Nordseite des Primatialplatzes steht das 1949–1952 errichtete Neue Rathaus.
An der westlichen Platzseite die Rückfront des Alten Rathauses.

Primatialplatz

Neues Rathaus

Gegenüber vom Neuen Rathaus befindet sich das klassizistische Primatialpalais (Primaciálny palác), 1778–1781 von Melchior Hefele erbaut als Winterresidenz des Erzbischofs von Esztergom (Gran), der als höchster kirchlicher Würdenträger Ungarns den Titel eines Fürstprimas führte. Die allegorischen Figuren am oberen Fassadenabschluß (Attika) stammen von J. Kögler und F. Prokop, die dekorativen Vasen von J.A. Messerschmidt. Heute dient das repräsentative Gebäude als Ausstellungsort der Städtischen Galerie (Mestká galéria).
Im Inneren des Primatialpalais führt ein schönes Treppenhaus zu einer Vorhalle im ersten Stock: Nach links der sog. Spiegelsaal, in dem am

*Primatialpalais
(Städtische Galerie)

Spiegelsaal

Primatialpalais,
Spiegelsaal
(Fortsetzung)

26. Dezember 1805 nach der Schlacht bei Austerlitz der Preßburger Friede zwischen Österreich (Franz II.) und Frankreich (Napoleon I.) unterzeichnet wurde; heute sind hier Werke der Gotik und des Barocks einheimischer Künstler ausgestellt.

Nach rechts die ehemals erzbischöflichen Repräsentationsräume, in denen jetzt Skulpturen und Gemälde u. a. italienischer, spanischer und flä-

✳Gobelins

mischer Meister sowie ein Zyklus von sechs Gobelins ("Hero und Leander"; um 1630) gezeigt werden. Die Wandteppiche (280–310 × 250–420 cm) wurden nach Vorlagen des aus Rostock gebürtigen Malers Francis Cleyn in der königlich englischen Weberei von Mortlake bei London für den französischen Kardinal Mazarin angefertigt und später von dem Graner Erzbischof Batthyányi erworben; in den Napoleonischen Kriegen zu Beginn des 19. Jh.s verbarg man sie hinter Tapeten und entdeckte sie erst Anfang des 20. Jh.s bei Restaurationsarbeiten wieder, nachdem das Palais in den Besitz der Stadt übergegangen war.

**Hummel-
Gedenkstätte**

In der vom Primatialplatz ostwärts zum Platz des Slowakischen Nationalaufstands führenden Huterergasse (Klobučnícka ulica) steht im Hof des Hauses Nr. 2 (Gedenktafel) ein Gartenhaus, in dem 1778 der Komponist und Pianist Johann Nepomuk Hummel (✝ 1837 in Weimar) geboren wurde (Museum).

Ursulinenkirche

Unweit nördlich vom Primatialpalais steht bei der Einmündung der Nedbal-Gasse (Nedbalova ulica; früher Hummel-Gasse) in die Ursulinergasse (Uršulínska ulica) die Ursulinenkirche (kostol uršulíniek), 1659 ursprünglich als Kirche der slowakischen und ungarischen Protestanten erbaut und im Inneren im 18. Jh. neu ausgestattet; 1675 wurde sie dem Orden der Ursulinerinnen übergeben. Die dazugehörenden Klostergebäude stammen aus den Jahren 1677–1687.

**Franzis-
kanerplatz**
✳**Franziskaner-
kirche**

Nördlich an den Hauptplatz grenzt der baumbestandene Franziskanerplatz (Františkánské námestie).

Am oberen Ende des Franziskanerplatzes rechts die ursprünglich frühgotische, teilweise barockisierte Franziskanerkirche (Kostol františkánov), 1280–1297 erbaut, das älteste erhaltene Bauwerk im historischen Stadtkern. An der Nordseite die hochgotische Begräbniskapelle des hl. Johannes des Evangelisten von 1361, eine der schönsten gotischen Bauwerke der Slowakei (Zugang vom Querschiff links). Der heutige Kirchturm wurde erst im 19. Jh. aufgesetzt; die alte gotische Turmspitze ist im Janko-Kráľ-Park aufgestellt.

Reste vom
Franziskaner-
kloster

Von dem im 14./15. Jh. an die Kirche angebauten Kloster sind nur der Kreuzgang (Zugang vom Kircheneingang rechts) mit Barockplastiken und Epitaphen sowie die Kapelle der hl. Rosalia (Zugang durch den Kreuzgang) erhalten.

Palais Mirbach
(Kunstgalerie)

Gegenüber der Franziskanerkirche steht am Franziskanerplatz (Nr. 11) das Palais Mirbach (Mirbachov palác), ein schöner Rokokobau von 1768 bis 1770, heute Städtische Kunstgalerie u. a. mit Gemälden und Plastiken des 17.–19. Jh.s sowie slowakischer Kunst des 20. Jh.s.

Weinstube

Im benachbarten Haus Nr. 10 die bekannte Weinstube 'Veľkí františkáni', die schon 1347 urkundlich erwähnt ist.

Venturgasse

Von der Westecke des Hauptplatzes gelangt man entweder durch die Grünstüblgasse (Zelená ulica) oder durch die Sattlergasse (Sedlárska ulica, links Nr. 1 das Preßburger Auskunftsbüro BIPS) zu dem Straßenzug von Venturgasse (Ventúrska ulica) und Michaelergasse (Michalská ulica).

**Marschall-
Pálffy-Palais**

Die kurze Grünstüblgasse stößt annähernd rechtwinklig auf die von etlichen ehem. Adelspalais gesäumte Venturgasse: bei der Einmündung links (Nr. 10) das barocke Marschall-Pálffy-Palais (Palác maršála Pálffyho) aus der ersten Hälfte des 18. Jh.s mit schönem Portal.

Schräg gegenüber (Nr. 3) das Gebäude der von dem ungarischen König Matthias Corvinus 1465 gegründeten Academia Istropolitana (wörtlich 'donaustädtische Hochschule'; griechisch 'Istros' = Donau), der ersten Preßburger Universität, die jedoch im Jahre 1490 wieder geschlossen wurde.

Academia Istropolitana

Der Venturgasse von der Einmündung der Grünstüblgasse nach rechts folgend links (Nr. 11) das Palais Leopold de Pauli (Palác Leopolda de Pauliho) an der Stelle eines ehemals königlichen Herrenhauses erbaut, in dem 1734 der vielseitige ungarische Gelehrte Farkaš Wolfgang von Kempelen († 1804; Erfinder des seinerzeit weltberühmten Schachautomaten und einer Sprechmaschine) geboren wurde. Hier trat als Kind auch Franz Liszt auf. Heute ist hier ein Teil der Universitätsbibliothek untergebracht. Bei dem Hause Nr. 17 links ein überwölbter Durchgang (Ulica Podjazd) zur ehem. Klarissenkirche (s. nachstehend).

Palais Leopold de Pauli

Bei der Einmündung der rechts vom Hauptplatz kommenden Sattlergasse (vgl. zuvor) beginnt die die Venturgasse nördlich fortsetzende belebte Michaelergasse (Michalská ulica).

Michaeler-gasse

Gleich links (Nr. 1) das ehem. Landhaus, ein 1753–1756 nach Plänen von G. B. Martinelli für die königliche Kammer errichtetes großes Barockpalais (1772 erweitert), in dem 1802–1848 der ungarische Ständerat tagte (Palác Uhorskej královskej komory). Es diente dann vorübergehend dem Obersten Gerichtshof und beherbergt heute die Universitätsbibliothek (Univerzitná knižnica; ca. 900 000 Bände).

Ehemaliges Landhaus (Universitäts-bibliothek)

Weiterhin rechts (Nr. 8) die schlichte gotische Katharinenkapelle (Kaplnka sv. Kataríny; urspr. von 1311) mit klassizistischer Fassade von 1840.

Katharinen-kapelle

Auf der Gegenseite (Nr. 7) das sog. Segnerhaus (Segnerova kúria), 1648 im Stil der nordischen Renaissance mit zwei doppelstöckigen Erkern für den wohlhabenden Bürger Andreas Segner erbaut und Geburtshaus des Physikers und Mathematikers Johann Segner (1704–1777), des Erfinders des nach ihm benannten Reaktionswasserrades.
Gleich daneben befindet sich das schmalste Haus von Bratislava (Nr. 10).

Segnerhaus

Schmalstes Haus der Stadt

Die Michaelergasse führt zum Michaelertor (Michalská brána), dem einzigen erhaltenen Altstadttor. Es wurde im 14. Jh. errichtet und 1445 mit einem zusätzlichen Befestigungsbau (Barbakane) nach außen gesichert. Die sauber gearbeiteten Eckquader an dem gotischen Torturm (Veža) lassen erkennen, daß dieser ursprünglich niedriger war als der heutige. Sein oberer achteckiger Teil wurde nachträglich (1511–1513) und das kupferne Barockdach mit der Figur des hl. Michael erst 1758 aufgesetzt. In den vier oberen Stockwerken des Turmaufganges befindet sich eine ständige Ausstellung zur Entwicklungsgeschichte der Preßburger Befestigungsbauten (Pläne, Dokumente; Waffen); von der Galerie des obersten Geschosses schöne Rundsicht über die Stadt.

＊Michaelertor (Abb. s. S. 487)

Links vom Michaelertor gelangt man durch die enge Basteigasse (Baštová ulica) in die Klarissengasse (Klariská ulica; Durchgang von der zuvor genannten Venturgasse), die ihren Namen nach dem dort befindlichen ehem. Kloster der Klarissinnen (Nr. 5; im 12./13. Jh. von Zisterzienserinnen gegründet, 1637–1640 umgestaltet) trägt.

Klarissengasse

Die gotische ehem. Klarissenkirche (Kostol klarisiek) wurde im 14. Jh. errichtet, jedoch später mehrmals umgebaut. Der Turm (neugotischer Turmhelm von 1900) ist ohne eigenes Fundament auf die Kirchenmauern aufgesetzt.

Heute befindet sich in den Klosterräumen die Slowakische Pädagogische Bibliothek (ca. 120 000 Bände).

495

Apotheke zum Roten Krebs, heute Pharmazeutisches Museum

*Apotheke zum Roten Krebs (Pharmazeutisches Museum)

Durch das Michaelertor verläßt man nordwärts die Altstadt. Hinter dem eigentlichen Tor rechts (Michalská ulica Nr. 28) im Bereich der Barbakane die alte Apotheke zum Roten Krebs (Lekáreň U červeného raka), in der ein Pharmazeutisches Museum (Farmaceutické múzeum) eingerichtet ist.

Stadtgraben

Dann in einem Rechtsbogen durch das Tor der Barbakane und auf einer von den Statuetten des hl. Johannes von Nepomuk (rechts) und des Erzengels Michael (links) flankierten Brücke über den hier noch sichtbaren Stadtgraben (rechts unten Reste der Stadtbefestigung) auf den Hurban-Platz (Hurbanovo námestie).

Hurban-Platz

Der Hurban-Platz, benannt nach dem slowakischen Kulturpolitiker Jozef Miloslav Hurban (1817–1888), bildet die nordwestliche Fortsetzung des Platzes des Slowakischen Nationalaufstands (s. zuvor).

Trinitarierkirche

An der Westecke des Hurban-Platzes steht an der Stelle der 1528 in Erwartung eines Türkenansturms niedergerissenen St. Michaeliskirche die 1721–1725 erbaute Ordenskirche der Trinitarier (Kostol trinitárov), ein Barockbau mit elliptischem Grundriß und zwei stumpfen Türmen; in der Kuppel ein perspektivisches Gemälde von Antonio Galli da Bibbiena (1700–1774).

Oktoberplatz
Komitatshaus

Südwestlich neben der Trinitarierkirche steht das ursprünglich als Klostergebäude im 18. Jh. errichtete und 1844 umgestaltete ehem. Komitatshaus oder Gespanatsgebäude (Župný dom; heute staatliche Ämter), dessen Fassade die nördliche Längsseite des Oktoberplatzes (Októbrové námestie; früher Komitatsplatz) beherrscht.

Pestsäule
Kapuzinerkirche

In der Mitte des Oktoberplatzes steht eine Pestsäule von 1723.
In der Südwestecke des Platzes der Barockbau der Kapuzinerkirche (Kostol kapucínov) von 1717 (Fassade von 1861). Hier beginnt die in Richtung Martinsdom bzw. Burg führende Kapuzinergasse (Kapucínska ulica).

Im Norden der Altstadt

Vom Hurban-Platz gelangt man nordwestwärts in die Konventgasse (Konventná ulica) zu den Gebäuden des ehemaligen Evangelischen Gymnasiums (Evanjelické lýceum; heute Institut für slowakische Literatur der Slowakischen Akademie der Wissenschaften; Nr. 15 von 1783, Nr. 13 von 1854/1855).

Ehemaliges
Evangelisches
Gymnasium

Hinter dem alten Gymnasium steht die turmlose Große Protestantische Kirche (Veľký evanjelický kostol; Zugang durch Nr. 15), die 1776 mit besonderer Genehmigung der Kaiserin Maria Theresia auf rechteckigem Grundriß für die evangelischen Bürger deutscher Sprache erbaut wurde.
In unmittelbarer Nähe, im Winkel zwischen Lyzeumsgasse (Lycejná ulica) und Nonnengang (oder Nonnenbahn; Panenská ulica), die Kleine Protestantische Kirche (Malý evanjelický kostol; von 1776) für die slowakischen und ungarischen Protestanten.

Protestantische Kirchen

Die nördlich vom Hurban-Platz ausgehende Dürre Maut (Suché mýto) führt zum Friedensplatz (Mierové námestie; früher Grassalkowich-Platz), dessen gesamte Nordseite das breite Palais Grassalkowich (Grassalkovičov palác) einnimmt. Der Rokokobau (Zierbrunnen; fein geschmiedete Gartentore und Gitter) wurde um 1760 für den Fürsten Anton Grassalkowich erbaut und entwickelte sich später zum Sammelplatz der ungarischen Aristokratie. Im Inneren des Palais führt ein prächtiges dreiflügeliges, von allegorischen Figuren geziertes Treppenhaus zu den mit feinen Stukkaturen ausgeschmückten Sälen.
Hinter dem Palais Grassalkowich erstreckt sich ein Park (Zugang von der Štefánikova ulica), der einst im französischen Stil angelegt worden war; darin ein Denkmal für den Komponisten Johann Nepomuk Hummel.

Friedensplatz

*Palais Grassalkowich

Nordöstlich vom Friedensplatz sind in jüngerer Zeit an dem weiten rechteckigen, mit Grünanlagen versehenen Platz der Freiheit (Námestie Slobody; früher Eszterházy-Platz) umfangreiche Bauvorhaben verwirklicht worden: an der Süd- und Ostseite Verwaltungs- und Institutsgebäude der Slowakischen Technischen Hochschule (Slovenská vysoká škola technická); an der Nordseite der zehnstöckige Bau der Postverwaltung.

Freiheitsplatz

Technische Hochschule

Postverwaltung

Die Westseite des Freiheitsplatzes schließt das gedrungene, breit ausladende ehem. Erzbischöfliche Sommerpalais (Letný palác primasov) ab, das ursprünglich im 17. Jh. erbaut, 1761–1765 im Rokokostil umgestaltet und 1940–1942 renoviert wurde. Heute wird es von der slowakischen Regierung genutzt.

Erzbischöfliches Sommerpalais

Im Nordosten der Stadt erstreckt sich in der Ziegelau (Tehelné pole) und auf den sog. Weiden (Pasienky) zwischen der stadtauswärts führenden Weinerner Straße (Vajnorská cesta) und der Tyrnauer Straße (Trnavská cesta) das ausgedehnte Sportgelände der Stadt mit dem Slovan-Stadion (55000 Zuschauerplätze), Tennisplätzen, Radrennbahn, Freibad, Kegelhalle und einer eigenwillig gestalteten Sporthalle sowie dem Winterstadion (Kunsteisbahn).

Sportareal

Vom Friedensplatz führt die Stefaniestraße (Štefánikova ulica) nach Norden (rechts der Park des Palais Grassalkowich). Das in der zweiten Hälfte des 19. Jh.s erbaute ehem. Palais Pistorius (links, Nr. 21a) besitzt eine schmuckreiche Fassade.

Palais Pistorius

Am nördlichen Innenstadtrand liegt der Hauptbahnhof (Hlavná stanica oder Hlavné nadražie).

Hauptbahnhof

Nordwestlich oberhalb der inneren Stadt erhebt sich auf einem Ausläufer der Kleinen Karpaten der sog. Slavín ('Ruhmeshalle'; 252 m ü.d.M.; günstige Auffahrt vom Friedensplatz westlich durch die Straßen Palisády,

Slavín

Bratislava · Preßburg **Slowakische Republik**

Devín – Burgruine Theben (im Hintergrund die March)

Im Norden der Altstadt, Slavín (Fortsetzung)	Šulekova, Timravina und Mišíkova), eine 1960 errichtete Gedenkstätte für die am Ende des Zweiten Weltkrieges bei den Kämpfen um Bratislava gefallenen sowjetischen Soldaten. Die monumentale Anlage gliedert sich in drei Teile: Treppenaufgang, Ehrenfriedhof und Ehrenmal mit zwei Bronzeplastiken.
❊❊Rundsicht	Von der weiten Terrasse um das Ehrenmal bietet sich eine prächtige Rundsicht: westlich und nördlich die weinbestandenen Hänge und waldreichen Höhen der auslaufenden Kleinen Karpaten (Gemsenberg · Kamzík mit Fernmeldeturm), östlich unterhalb der Anhöhe die Baugruppen um den Freiheitsplatz und weiter außerhalb die sich weit in die Donauniederung hinausziehenden neuen Wohn- und Industriegebiete, südlich die Altstadt mit Martinsdom, SNP-Brücke und dem wuchtigen Burgkomplex.

Umgebung von Bratislava

Zlaté piesky	Am Nordostrand der Stadt befindet sich an der Straße nach Senec der See Zlaté piesky (50 ha) mit guten Badegelegenheiten.
Botanischer Garten	Am Westrand von Bratislava, unweit der neuesten Donaubrücke, liegt der von der Comenius-Universität betreute Botanische Garten (Botanická zahrada).
Železna Studienka	Am Nordwestrand von Bratislava gelangt man zu dem im Vydrica-Tal gelegenen ehem. Mineralbad Železna Studienka (Eisenbrünnl; 220 m ü.d.M.). Von hier führt ein Sessellift auf den Gemsenberg (Kamzík, 440 m ü.d.M; Fernmeldeturm). Von oben bietet sich ein schöner Ausblick auf Bratislava und die rebenbestandenen Hänge der Kleinen Karpaten (→ Malé Karpaty).

Von Železna Studienka führt ein Wanderweg zur Koliba (Strohhütte) mit Filmateliers.

8 km westlich von Bratislava befindet sich im Ortsteil Devín (deutsch Theben, ungarisch Dévény; 212 m ü.d.M.) die Ruine einer Grenzburg an der Einmündung der March (Morava) in die Donau (Dunaj). Sie spielte bereits als römische Festung eine wichtige Rolle und ist 864 als großmährischer Fürstensitz erwähnt. Im Jahre 1809 wurde die Burg von den napoleonischen Truppen gesprengt. Nach erfolgreichen archäologischen Grabungen wird die Anlage nun konserviert und teilweise rekonstruiert (Freilichttheater); von oben schöne Aussicht.

*Devín

36 km nordwestlich von Bratislava liegt Malacky (ungarisch Malaczka; 160 m ü.d.M., 15 000 Einw.), ein regionales Wirtschaftszentrum im slowakischen Hinterland (Záhorie). Die Stadt besitzt ein befestigtes ehem. Franziskanerkloster (erbaut 1653) und ein Schloß von 1624 (1808 klassizistisch umgebaut).

Malacky

41 km nordwestlich erreicht man den Ort Veľké Leváre (Großschützen; 170 m ü.d.M., 5000 Einw.) mit einem Schloß aus dem 17. Jh., zweitürmiger Barockkirche und alten Häusern der Habaner (ehemals hier ansässige Angehörige der deutschen Sekte der Wiedertäufer), die zumeist Töpfer waren. Beachtenswert sind v.a. der 'Habaner Hof', eine gut erhaltene Siedlung mit 35 Häusern aus gestampftem Lehm (unter Denkmalschutz).

Veľké Leváre

Deutschendorf

⟶ Poprad

Eperies

⟶ Prešov

Großmichel

⟶ Michalovce

Hohe Tatra

⟶ Vysoké Tatry

Humenné · Homenau   L 4

Region: Ostslowakei
Kreis: Humenné
Höhe: 156 m ü.d.M.
Einwohnerzahl: 30 000

Die in der ostslowakischen Landschaft des Oberen Zemplín gelegene Kreisstadt Humenné – deutsch Homenau – ist bereits im Jahre 1322 erstmals urkundlich erwähnt. Heute ist die Stadt Sitz einer regen Industrie (Chemie, Polyamidfasern).

Lage und
Bedeutung

Sehenswertes in Humenné

Wasserburg
(Museum)

Die ursprünglich gotische Wasserburg wurde 1610 in ein Renaissance-schloß umgebaut. Nach zweimaliger Zerstörung durch Brand (im 18. Jh. und 1946) dient sie heute als Heimatmuseum.

Kirchen

Beachtenswert sind die gotische Kirche aus dem 14. Jh. (später mehrfach umgebaut; Ende des 19. Jh.s regotisiert) sowie die griechisch-katholische Kirche (von 1777) in barockem und klassizistischem Stil.

***Freilicht-
museum**

Im nahen Park befindet sich ein Freilichtmuseum mit Volksbauten aus dem Karpatengebiet, darunter auch eine hölzerne Kirche (1754), die von Nová Sedlica hierher versetzt worden ist.

Umgebung von Humenné

Domaša-Stausee

16 km nordwestlich von Humenné ist der Fluß Ondava zu dem 14 km lan-gen Domaša-See aufgestaut (14 km²); am Südufer erstreckt sich ein Erho-lungsgebiet.

**Naturschutz-
gebiet
Ostkarpaten**

Nordöstlich von Humenné erstreckt sich das Naturschutzgebiet Ostkar-paten (668 km²) mit ursprünglichen Urwaldbeständen. In diesem abge-schiedenen Gebiet leben u. a. noch Bären, Luchse, Wildkatzen, Wölfe und Steinadler.

*Holzkirchen

In etlichen Dörfern der ferneren Umgebung von Humenné befinden sich interessante orthodoxe Holzkirchen:

Kalná Roztoka   26 km östlich Holzkirche vom Ende des 18. Jh.s.
Hrabová Roztoka   27 km östlich Holzkirche aus der Mitte des 18. Jh.s.
Ruská Bystrá   29 km östlich Holzkirche von 1730.
Inovce   34 km südöstlich Holzkirche von 1836.
Topoľa   34 km nordöstlich Holzkirche aus der zweiten Hälfte des 17. Jh.s.
Ruský Potok   36 km nordöstlich Holzkirche von 1740.
Uličské Krivé   38 km nordöstlich Holzkirche von 1718.

Medzilaborce
**(Andy-Warhol-
Kunstmuseum)**

Gut 40 km nördlich von Humenné liegt nahe der slowakisch-polnischen Grenze der Karpatenort Medzilaborce, wo man ein Museum für moderne Kunst (Múzeum moderného umenia) eingerichtet hat, das dem weltbe-kannten US-amerikanischen Popkünstler und Filmregisseur Andy Warhol (eigentlich Andrej Varchola bzw. Andrew Warhola; 1928–1987) gewidmet ist, dessen Eltern (der Vater war Bergmann) nach dem Ersten Weltkrieg von ihrem ruthenischen Heimatdorf Mikova (15 km nordwestlich von Medzila-borce) in die USA ausgewandert waren.

Kaschau

→ Košice

Kežmarok · Käsmark   K 3

Region: Ostslowakei
Kreis: Poprad
Höhe: 626 m ü. d. M.
Einwohnerzahl: 20 000

**Lage und
Bedeutung**

Das alte nordostslowakische Städtchen Kežmarok – deutsch Käsmark, ungarisch Késmárk – liegt reizvoll am Popper (Poprad). Der wie Deut-schendorf (→ Poprad) von 'Zipser Sachsen' gegründete Hauptort der

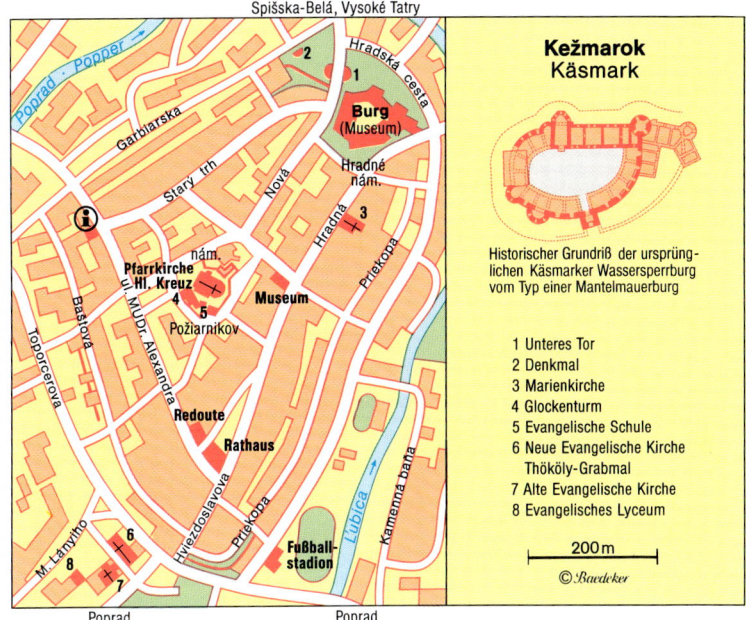

Spišska-Belá, Vysoké Tatry

Kežmarok
Käsmark

Historischer Grundriß der ursprünglichen Käsmarker Wassersperrburg
vom Typ einer Mantelmauerburg

1 Unteres Tor
2 Denkmal
3 Marienkirche
4 Glockenturm
5 Evangelische Schule
6 Neue Evangelische Kirche
  Thököly-Grabmal
7 Alte Evangelische Kirche
8 Evangelisches Lyceum

200 m

© Baedeker

Oberzips (→ Spiš) war im 16. und 17. Jh. stark befestigt und besaß bis 1944 ein Drittel deutschsprachige Einwohner. Heute ist Kežmarok Sitz von Textil- und Holzindustrie.

Bedeutung (Fortsetzung)

Sehenswertes in Kežmarok

Beachtenswert in der unter Denkmalschutz stehenden Altstadt ist die katholische Pfarrkirche zum Heiligen Kreuz, eine gotische Hallenkirche des 15. Jh.s (treffliche Altarschnitzereien, Plastiken des Meisters Paul von Leutschau), mit freistehendem Renaissanceglockenturm von 1586–1591.

*Altstadt
Heiligkreuzkirche
(Abb. s. S. 502)

Im südlichen Teil der Stadt befinden sich die ehem. Alte Evangelische Kirche, ein ausschließlich aus Holz gefertigter Bau vom Beginn des 18. Jh.s (heute Museum), die Neue Evangelische Kirche von 1892 im neobyzantinischen Stil mit dem Grabmal des Grafen Imre Thököly († 1705) und das Alte Rathaus (urspr. von 1461; 1799 im klassizistischen Stil umgebaut).

Evangelische Kirchen
Altes Rathaus

Sehenswert sind ferner die klassizistische Redoute von 1818 sowie das ehem. evangelische Lyzeum von 1775 (heute ein Teil des Stadtmuseums).

Redoute
Lyzeum

An der Burggasse (Hradná ulica) stehen etliche charakteristische Holzhäuser mit Schindeldächern und Bogeneinfahrten.

Holzhäuser

Am nördlichen Stadtrand erhebt sich die ursprünglich spätgotische Burg (15. Jh.), 1628 im Renaissancestil zum gräflich Thökölyschen Schloß umgebaut. In den Jahren 1741 und 1787 brannte sie aus und verkam im 19. Jahrhundert. Nach dem Wiederaufbau im 20. Jh. dient sie seit den sechziger Jahren als Stadtmuseum.

*Burg
(Stadtmuseum)

Stadtmauerreste   Beträchtliche Teile der alten Stadtmauer sind erhalten.

Lubica   Im südöstlichen Ortsteil Lubica steht eine frühgotische Kirche mit Renaissanceglockenturm.

Umgebung von Kežmarok

Strážky   5 km nordöstlich erreicht man die alte Gemeinde Strážky (Nehre; 635 m
ü.d.M.) mit gotischer Kirche (Glockenturm von 1629) und in jüngster Zeit
restauriertem Renaissanceschloß (von 1570) an der Mündung des
Schwarzwassers (Čierna voda) in den Popper (Poprad). In dem von einem
alten Park umgebenen Burgschloß sind heute interessante Sammlungen
der Slowakischen Nationalgalerie untergebracht (Gaststätte).

Spišská Belá   8 km nördlich von Kežmarok liegt das alte Städtchen Spišská Belá
(deutsch Bela, ungarisch Szepesbéla; 631 m ü.d.M., 5000 Einw., Ziga-
rettenfabrik) mit einer ursprünglich frühgotischen katholischen Kirche des
13. Jh.s (im 15. Jh. umgebaut; Glockenturm aus dem frühen 17. Jh.).
Spišská Belá ist Geburtsort des Erfinders der fotografischen Bildlinse
Josef Max Petzval (1807–1891); in seinem Geburtshaus ein Museum der
fotografischen Optik.

Vyšné Ružbachy   22 km nordöstlich von Kežmarok gelangt man zu der Ortschaft Vyšné Ružbachy (615 m ü.d.M.; 1000 Einw.) mit einer Travertinkraterquelle (Traver-
tinsee mit 20 m Durchmesser und 3 m Tiefe). Im Travertinsteinbruch befindet sich seit 1964 eine ständige Naturgalerie von Skulpturen.
Am westlichen Ortsrand, inmitten eines Waldparkes, ein vielbesuchter
Kurort mit neun warmen, kohlensäurehaltigen Mineralquellen (Anwendung
bei Nervenleiden und Depressionen; öffentliches Mineralbad).

Kežmarok – Renaissanceturm und ...   *... Heiligkreuzkirche in Käsmark*

Schloß Nehre   **Kaštiel' Strážky**

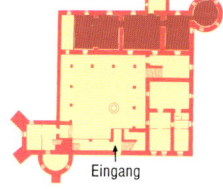 

© *Baedeker*   Eingang

UNTERGESCHOSS   ERDGESCHOSS   ERSTES OBERGESCHOSS

▨ Restaurant   ■ Historische Porträts   ▨ Kunsthandwerk
                             aus der Slowakei   (17.–19. Jh.: Möbel, Interieur-
                             (17.–19. Jh.)   teile, Porzellan
                                                         15.–19. Jh.: Liturgisches Gerät
                                                         aus der Zips)

                                                       ▨ Humanistische Bibliothek
                                                         (16.–20. Jh.)

Sammlungen und   ▨ Ausstellung "Ladislav
Ausstellungen der   Mednyánszky (1852–1919)
Slowakischen Nationalgalerie   und seine Zeit"
Slovenská národná galéria

34 km nordöstlich von Kežmarok liegt im romantischen Poppertal die   Kežmarok
Kreisstadt Stará Lubovňa (545 m ü. d. M.; 8000 Einw.). Am Marktplatz eine   (Fortsetzung)
frühgotische Kirche (um 1280; später barockisiert) mit wertvollem Inneren   **Stará Lubovňa**
(Madonna um 1300, spätgotisches Taufbecken u. a.) sowie mehrere histo-
rische Bürgerhäuser (mit offenen Arkaden).
Oberhalb der Stadt erhebt sich die Ruine der gleichnamigen Burg (648 m   Burgruine
ü. d. M.) aus dem 13. Jh. Das untere Wohngebäude und die Kapelle wurden
restauriert und beherbergen heute das Heimatmuseum.
Unter der Burg befindet sich ein Freilichtmuseum nordostslowakischer   Freilichtmuseum
Volksarchitektur.

Kleine Fatra

→ Malá Fatra

Kleine Karpaten

→ Malé Karpaty

Komárno · Komorn   H 5

Region: Westslowakei
Kreis: Komárno
Höhe: 112 m ü. d. M.
Einwohnerzahl: 38000

Die Kreisstadt Komárno – deutsch Komorn, ungarisch Komárom – liegt an   Lage und
der slowakisch-ungarischen Grenze bei der Einmündung der Waag   Allgemeines
(→ Váh) in die Donau (Dunaj). Sie ist ein wichtiger Verkehrsknotenpunkt
mit traditionsreichem Donauhafen (Schiffswerften), dem bedeutendsten
der Slowakei. In Komárno leben überwiegend Bürger der unga-

Komárno (Fortsetzung)	rischen Minderheit (Ungarisches Regionaltheater). Am südlichen Donau-Ufer (Straßenbrücke) liegt die ungarische Stadt Komárom.
Geschichte	Die auf der Ostspitze der von Donauarmen gebildeten Insel Große Schütt (Žitný ostrov) angelegte einstige Festungsstadt erlebte ihre Blütezeit im 15. und 16. Jh. und widerstand den Türkenangriffen. Im Jahre 1763 wurde sie durch ein Erdbeben zerstört.
	Komárno ist Geburtsort des bekannten Operettenkomponisten Franz (Ferenc) Lehár (1870–1948; Gedenktafel am Geburtshaus) und des Schriftstellers Móric Jókai (1825–1904).

Sehenswertes in Komárno

Festung	Aus früherer Zeit sind nur Teile der ursprünglich aus dem Mittelalter stammenden unterirdischen Festung und der Stadtmauern erhalten (im 19. Jh. erneuert).
Kirchen Dreifaltigkeitssäule	Bemerkenswert sind die 1754–1770 im Barockstil erbaute orthodoxe Kirche (wertvolles Inneres), die katholische Kirche von 1756 sowie eine Dreifaltigkeitssäule von 1715.
Donauland-Museum	Im Donauland-Museum (Podunajské múzeum) befinden sich beachtenswerte Sammlungen, insbesondere Grabungsfunde aus dem ca. 5 km östlich der Stadt bei Iža gelegenen römischen Legionslager und der römischen Siedlung Celemantia.

Umgebung von Komárno

Hurbanovo	14 km nördlich von Komárno liegt die Stadt Hurbanovo (früher slowakisch Stará Ďala, ungarisch Ógyalla; 115 m ü.d.M., 7000 Einw.) mit einem im Jahre 1863 eingerichteten astrophysikalischen und meteorologischen Observatorium.
Nové Zámky	28 km nördlich von Komárno gelangt man zu der Kreisstadt Nové Zámky (deutsch Neuhäusel, ungarisch Érsekújvár; 120 m ü.d.M., 33000 Einw., elektrotechnische Industrie), die 1571 als Festung gegen die Türkeneinfälle gegründet worden ist. In Nové Zámky befindet sich das Grab des slowakischen Sprachreformers Anton Bernolák (1762–1813).

Košice · Kaschau   L 4

	Region: Ostslowakei
	Kreis: Košice
	Höhe: 205 m ü.d.M.
	Einwohnerzahl: 232000
Lage und Bedeutung	Die in der südlichen Ostslowakei am Ostrand des Slowakischen Erzgebirges (→ Slovenské rudohorie) sowie am rechten Ufer des Kundert (Hornád) und an einem Seitenkanal gelegene Regionalhauptstadt Košice – deutsch Kaschau, ungarisch Kassa – ist nach → Bratislava die zweitgrößte Stadt der Slowakischen Republik.
	Als kultureller Mittelpunkt der östlichen Slowakei ist sie Sitz einer Universität, einer Technischen Hochschule und weiterer Fachhochschulen sowie eines katholischen Bischofs; ferner bestehen hier ein Theater mit drei Ensembles und ein philharmonisches Orchester.
	Das Wirtschaftsleben ist geprägt von Industriebetrieben des Hüttenwesens, des Maschinenbaus und der Nahrungsmittelerzeugung.

Košice wurde 1347 zur freien königlichen Stadt erhoben. Ende des 15. Jh.s stieg es zur drittgrößten Stadt Ungarns auf. Besonders im 14. und 15. Jh., aber auch in den folgenden Jahrhunderten war ein Großteil der Bevölkerung deutsch. Nur etwa 25 km von der ungarischen Grenze entfernt, gehörte Košice bis 1918, dann wieder zwischen 1938 und 1945 als Hauptort eines überwiegend von Magyaren bewohnten Grenzstreifens zu Ungarn.

Am 5. April 1945 wurde in Košice, kurz nachdem es Sitz einer provisorischen Regierung geworden war, das 'Kaschauer Programm' ('Košický program') der Nationalen Front der Tschechen und Slowaken als Grundlage für eine neue tschechoslowakische Verfassung verkündet.

Geschichte

Sehenswertes in Košice (Stadtplan s. S. 506/507)

Den Mittelpunkt der Stadt bildet der anlagengezierte Hauptplatz (Hlavné námestie), der östlich und westlich von der die ganze Innenstadt von Norden nach Süden durchziehenden Hauptstraße (Hlavná ulica) begrenzt wird.

Hauptplatz

An der Nordseite des Hauptplatzes steht das 1898 im Neorenaissancestil erbaute Staatstheater (Štátne divadlo; auch Oper).

Staatstheater

An der Südseite des Hauptplatzes erhebt sich der gotische Dom St. Elisabeth (Dom sv. Alžbety), die größte Kirche der Slowakei, mit zwei Westtürmen (der nördliche 59 m hoch, der südliche unvollendet); im Bogenfeld des Nordportales eine Darstellung des Jüngsten Gerichts.

⁂Dom
St. Elisabeth
(Abb. s. S. 508)

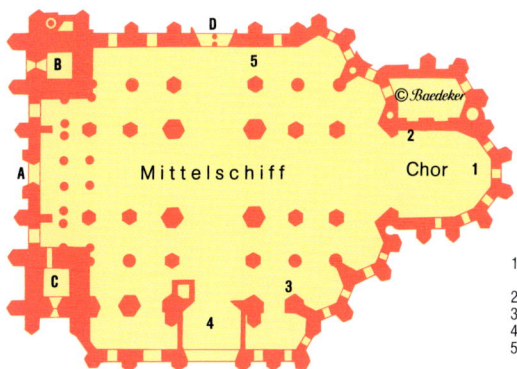

Dom St. Elisabeth
Dóm sv. Alžbety

A Westportal
B Nördlicher Westturm (vollendet)
C Südlicher Westturm (unvollendet)
D Nordportal (Porta Aurea, 1460)

1 Hochaltar (1474–1477; Legende der hl. Elisabeth)
2 Tabernakel (1462–1477)
3 Bronzetaufbecken (14. Jh.)
4 Schatzkammer
5 Krypta (19./20. Jh.; Grabstätte für Franz II. Rákóczy, 1676–1735)

Das harmonische Dominnere enthält neben einer reichen Sammlung liturgischer Geräte (u. a. eine 1 m hohe Monstranz) einen schön geschnitzten spätgotischen Hochaltar (11 m hoch) mit vier Flügeln und 48 Bildern auf Goldgrund (1474–1477; Legende der hl. Elisabeth); an der linken Chorwand ein prachtvolles, 16 m hohes Tabernakel in reichster durchbrochener Arbeit (1462–1477). Ferner beachtenswert sind die Stephanskapelle (links neben der Sakristei) und rechts hinten die Johanneskapelle.

Dominneres

Nördlich vor dem Dom der freistehende Urbanturm (1628; 1909 wiederhergestellt) mit schönen Arkaden an der Basis.

Urbanturm

Südlich neben dem Dom an dem baumbestandenen Freiheitsplatz (Námestie Slobody) die 1260 erbaute Michaelskapelle, die zwischen den beiden Weltkriegen der deutschen katholischen Gemeinde diente.

Freiheitsplatz
Michaelskapelle

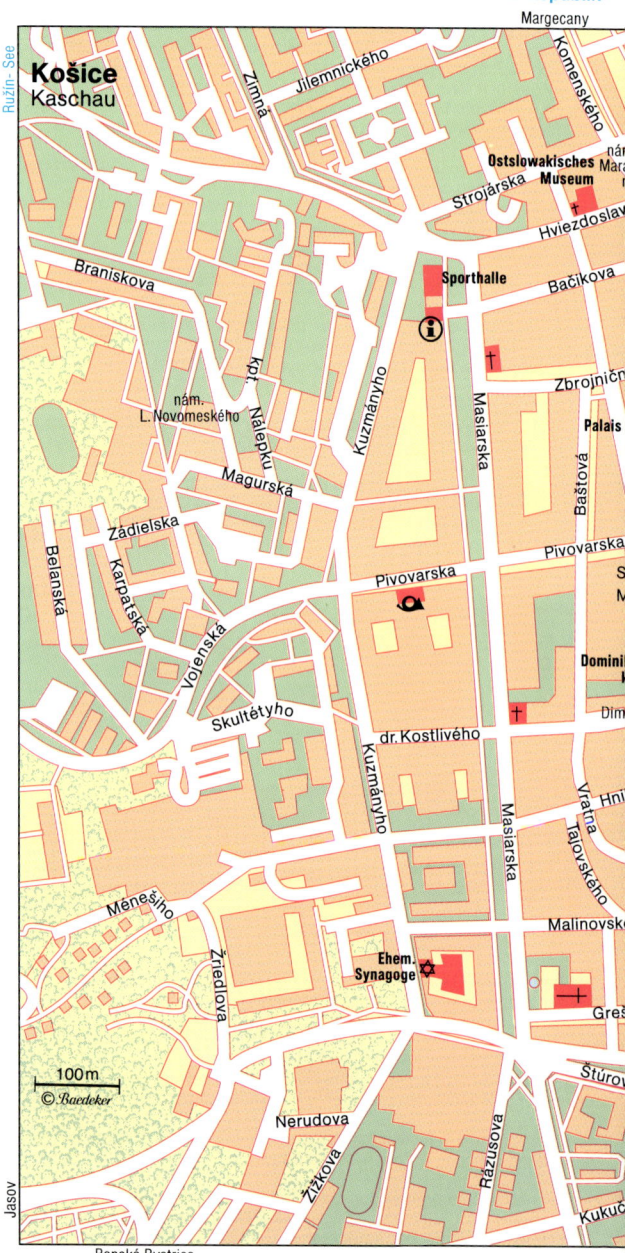

Margecany

Košice
Kaschau

Ružín - See

Zimná

Jilemnického

Komenského

nár.
Ostslowakisches Mara
Museum n

Strojárska

Hviezdoslav

Braniskova

Sporthalle

Bačikova

nám.
L. Novomeského

Kpt. Nálepku

Kuzmányho

Maslarska

Zbrojnič

Palais

Baštová

Magurská

Zádielska

Pivovarska

Pivovarska

S
M

Belanská

Karpatská

Vojenská

Domini

Skultétyho

dr. Kostlivého

Kuzmányho

Maslarska

Dim

Vrátna

Tajovského

Hni

Méneśího

Žriedlova

Malinovsk

**Ehem.
Synagoge**

Gre

100 m
© *Baedeker*

Nerudova

Rázusova

Štúrov

Jasov

Žižkova

Kukuč

Banská Bystrica

Plan der
inneren Stadt

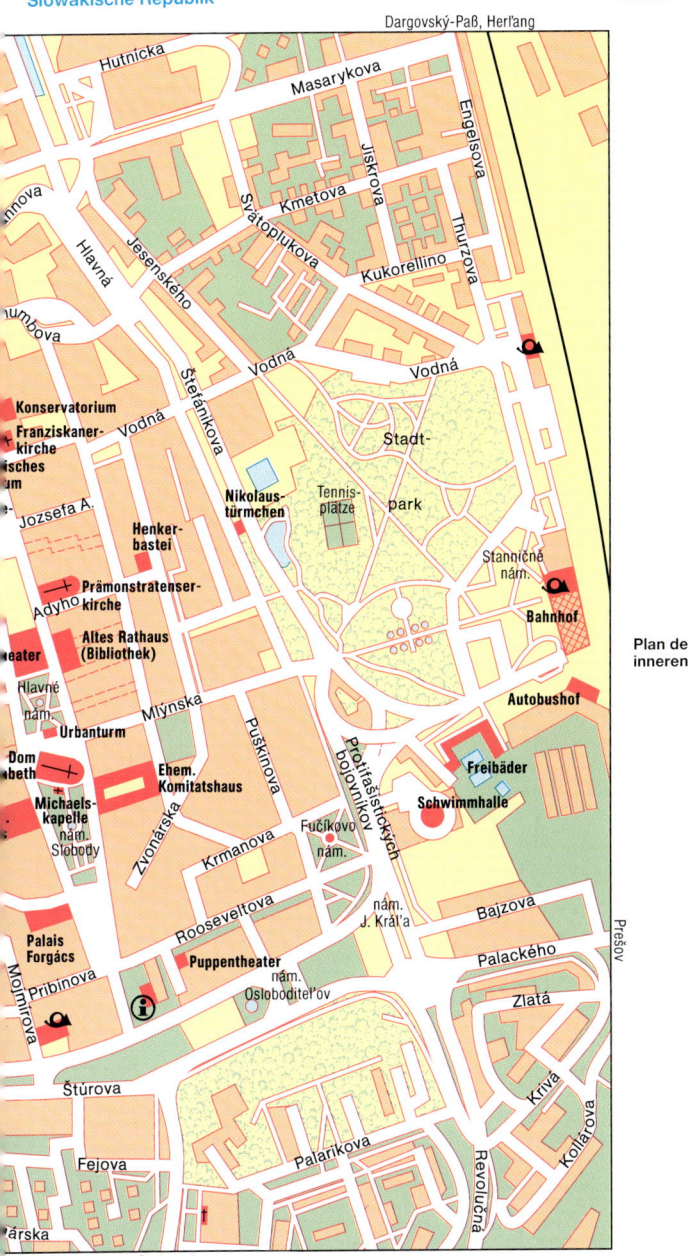

Plan der
inneren Stadt

507

Westlich gegenüber das Bischöfliche Palais (18. Jh.), östlich gegenüber das ehem. Neue Komitatshaus (Nový župný dom; 1779) mit hübscher Fassade. **Bischofspalais Komitatshaus**

Unweit westlich vom Freiheitsplatz steht am Dominikanerplatz (Dominikánske námestie) die ursprünglich gotische, um 1700 im Barockstil veränderte Dominikanerkirche. **Dominikaner-kirche**

Östlich gegenüber vom Staatstheater das 1782 im klassizistischen Stil erbaute Rathaus (Radnica), wo 1945 das neue Regierungsprogramm verkündet wurde (vgl. Geschichte). **Rathaus**

Auf dem Platz nördlich vom Staatstheater steht eine schöne Mariensäule, an der östlichen Platzseite erhebt sich die Prämonstratenserkirche aus dem 17. Jahrhundert. **Mariensäule Prämonstra-tenserkirche**

Unweit östlich von der Prämonstratenserkirche gelangt man zur Henkerbastei (Katova bašta, 13. Jh.; Museum). Dabei handelt es sich um einen Rest der alten Stadtbefestigung. **Henkerbastei**

Noch weiter östlich steht das Nikolaus-Türmchen (Miklušova veznica), einst ein Kerker mit Folterkammern. **Nikolaus-Türmchen**

Etwa 1/2 km östlich vom Nikolaus-Türmchen liegt jenseits eines Kanals am Ostrand des Stadtgartens der Bahnhof (Stanica). **Bahnhof**

An der Hauptstraße befindet sich westlich gegenüber der zuvor genannten Prämonstratenserkirche in einem alten Palais mit schönem Arkadenhof die Ostslowakische Galerie (Východoslovenská galéria), eine Abteilung des Ostslowakischen Museums. **Ostslowakische Galerie**

Weiter nördlich, an der nun schmaler werdenden Hauptstraße links, ist in dem 1654 errichteten Gebäude des früheren Stadtkommandanten das reichhaltige Technische Museum (Technické múzeum) eingerichtet. ***Technisches Museum**

Östlich gegenüber ragt die aus dem 15. Jh. stammende Franziskanerkirche auf. **Franziskaner-kirche**

Die Hauptstraße mündet im Norden auf den Platz des Friedensmarathonlaufs (Námestie Maratónu mieru), dessen Name an die alljährlich in Košice abgehaltene sportliche Veranstaltung erinnert und auf dem die Figur eines Marathonläufers steht. **Platz des Friedens-marathon-laufes**

An der Westseite des Platzes des Friedensmarathonlaufes befindet sich das Ostslowakische Museum (Východoslovenské Múzeum). Es verfügt über sehenswerte volkskundliche und kunstgewerbliche Sammlungen. ***Ostslowaki-sches Museum**

Vom Platz des Friedensmarathonlaufes führt die Comenius-Straße (Ulica J. A. Komenského) nordwärts durch einen größtenteils nach dem Zweiten Weltkrieg großzügig angelegten neuen Stadtteil, an dessen Nordwestrand der hübsche Botanische Garten (Botanická záhrada) liegt. **Botanischer Garten**

Etwa 1 km westlich vom Platz des Friedensmarathonlaufes erhebt sich der Kalvarienberg (Kalvária). Von hier genießt man einen prächtigen Überblick über die Stadt. ***Stadtblick vom Kalvarienberg**

Südwestlich vom Kalvarienberg gelangt man an einem großen Freilichttheater (Amfiteáter; rechts) vorbei in die Šafárik-Straße (Šafarikova trieda) und auf dieser zu der 1 km weiter südlich gelegenen Neustadt (Nové mésto), die wie der nördliche Stadtteil recht großzügig angelegt ist. **Freilicht-theater** **Neustadt**

◀ *Dom St. Elisabeth (s. S. 505)*

Urbanturm

Wasserspiel auf dem Hauptplatz

Umgebung von Košice

Dargovský-Paß

20 km östlich liegt der Paß Dargovský priesmyk (Drahanské sedlo, 473 m ü. d. M.), ein wichtiger Verbindungspaß, der das waldreiche Eperieser oder Sóvárer Gebirge (Slanské vrchy; bis 1092 m ü. d. M) überwindet. Der Paß war im Winter 1944/1945 Schauplatz erbitterter Kämpfe zwischen der Deutschen Wehrmacht und der sowjetischen Roten Armee, die hier ca. 22 000 Soldaten verlor; zum Gedenken wurde ein 'Rosengarten des Dankes' angelegt.

Herľany
*Geysir

25 km nordöstlich von Košice schleudert in Herľany (Herlein; 365 m ü. d. M.) ein kalter Geysir (artesischer Brunnen) in Abständen von 32–34 Stunden einen 30–40 m hohen Wasserstrahl empor.

Jasov

25 km westlich von Košice liegt Jasov (Jassau; 280 m ü. d. M., 2500 Einw., Freizeitsee) mit einem wahrscheinlich schon am Ende des 12. Jh.s gegründeten Prämonstratenserkloster und Kirche. Nach der Zerstörung durch die Tataren wurden beide 1750–1766 auf den alten Fundamenten im Barockstil neu erbaut. Im Inneren wertvolle Fresken (J. L. Kracker) und Altarbilder sowie eine reiche Bibliothek.
Hinter dem Kloster dehnt sich ein im französischen Stil angelegter Barockgarten aus. Das Gewächshaus präsentiert sich im Übergangsstil vom Rokoko zum Klassizismus.

Jasovská jaskyňa

Südlich von Jasov befindet sich die Höhle Jasovská jaskyňa. Auf dem Felsen oberhalb der Höhle sind noch Ruinen der Burg Jasov (350 m ü. d. M.; 14. Jh.) erhalten.

Ružín-See

25–40 km nordwestlich von Košice erstreckt sich der Stausee Ružín (310 m ü. d. M.; 600 ha) mit zahlreichen Freizeiteinrichtungen.

Kremnica · Kremnitz   H 4

Region: Mittelslowakei
Kreis: Žiar nad Hronom
Höhe: 550 m ü. d. M.
Einwohnerzahl: 6500

Das von wohlerhaltenen Verteidigungsmauern umgebene mittelslowakische Bergstädtchen Kremnica – deutsch Kremnitz, ungarisch Körmöc-
bánya – ist die Münzstadt in einer ehemals deutschen Sprachinsel. Ge-
werbezweige sind die Herstellung von Keramik und Spitzen sowie die
Gerberei.

Lage und
Bedeutung

Kremnitz wurde im 12. Jh. von schlesischen und thüringischen Siedlern
gegründet und erhielt 1328 die königlichen Privilegien einer freien Stadt.
Einst reiche Gold- und Silbervorkommen brachten Kremnitz im Mittelalter
großen Wohlstand. Seit 1335 wurden in der heute noch als einzige Geld-
münzen- und Medaillenprägeanstalt des Landes bestehenden Münze
Golddukaten und Silbergroschen geprägt.

Geschichte

Sehenswertes in Kremnica

Die in einer tiefen Talsenke stufenförmig angelegte Stadt wird von dem
erhöht gelegenen Komplex der Alten Burg beherrscht, von deren Höhe
sich eine schöne Aussicht über die Stadt bietet.
Von der Burg führt ein unterirdischer Gang in die Stadt.

Alte Burg

Die Schloßkirche St. Katharinen ist aus dem einstigen Hauptwehrturm der
Burg hervorgegangen, wurde 1468–1485 spätgotisch umgebaut und
1886 restauriert (Freskenreste des 15. Jh.s).
Die Andreaskapelle, ein romanischer Rundbau, stammt aus dem 13. Jahrhundert.

*Schloßkirche
St. Katharinen

Martin

Alte
Burg
St. Katherinen

Horná
Kattárova

Münzamt

Rathaus

N a m e s t i e

Rudnica

Zvolen

Kremnica
Kremnitz
Stadtkern

1 Eingangsturm
  (der alten Burg)
  mit Karner
2 Knappenbastei
3 Einstiges Rathaus
4 Kleiner 'Uhrturm'
5 Südbastei
6 Schloßstiege
7 Dreifaltigkeitssäule
  (Pestsäule)
8 Kloster und Kirche
  der Franziskaner
9 Numismatisches
  Museum (Münzen
  und Medaillen)
10 Unteres Tor
  mit Barbakane

100 m

© Baedeker

Stadtplan

Kremnica – Kirche St. Katharinen, Dominante der Bergstadt Kremnitz

*Stadtmauer

An die bis 12 m hohen doppelten, durch einen Wassergraben getrennten Burgmauern schließen ringförmig die Stadtmauern (15. Jh.) an; erhalten sind vier Wehrtürme und das sog. Untere Tor.

Hauptplatz
Stadtmuseum
Rathaus
Dreifaltigkeitssäule

Am Hauptplatz stehen neben zahlreichen bemerkenswerten gotischen Patrizierhäusern (15.–16. Jh.) das Rathaus (Nr. 1) und das Stadtmuseum sowie eine figurengeschmückte Dreifaltigkeitssäule (1765–1772).

Elisabethkirche

Ferner erwähnenswert ist die Elisabethkirche (ehem. Spitalkirche), ein gotischer Bau aus dem ausgehenden 14. Jahrhundert.

**Münz-
prägeanstalt**

Eine Besichtigung der staatlichen Münzprägeanstalt an der Bergstraße (Horná ulica) ist auf Anfrage möglich.

Umgebung von Kremnica

**Kremnitzer
Gebirge**

Lohnende Ausflüge führen in das Kremnitzer Gebirge (Kremnické pohorie), wo auch gute Gelegenheiten zum Wintersport gegeben sind.

**Žiar
nad Hronom**

13 km südlich von Kremnice liegt die Kreisstadt Žiar nad Hronom (deutsch Heiligenkreuz, ungarisch Garamszentkeresz; 226 m ü. d. M., 18 000 Einw.) mit Aluminiumwerk (rötliche Abraumhalden). Beachtenswert sind das Renaissanceschloß (urspr. 16. Jh.; 1678 erneuert) und die Barockkirche.

Handlová

44 km nordwestlich von Kremnica liegt die alte Bergbaustadt Handlová (deutsch Krickerhäu, ungarisch Nyitrabánya; 416 m ü. d. M., 15 000 Einw.), in deren Umgebung heute Braunkohle gefördert wird. Die ursprünglich gotische Kirche (von 1360) wurde nach schwerer Beschädigung im Zweiten Weltkrieg 1958 wiederhergestellt.

Levoča · Leutschau

Region: Ostslowakei
Kreis: Spišská Nová Ves
Höhe: 573 m ü. d. M.
Einwohnerzahl: 13 000

Die ostslowakische Stadt Levoča – deutsch Leutschau, ungarisch Lösce –
liegt 26 km östlich von Deutschendorf (→ Poprad) am Südfuß des Leutschauer Gebirges (Levočské vrchy).
Im 17. Jahrhundert war die Stadt ein wichtiges kulturelles Zentrum der slowakischen Reformation (Druckerei von 1624), im 19. Jahrhundert der nationalen Wiedererweckungsbewegung mit Ľudovít Štúr (1815–1856;
→ Berühmte Persönlichkeiten) als Promotor.
Wichtiger Erwerbszweig der Stadt ist heute die Textilindustrie.

*Lage und
Bedeutung*

Leutschau wurde 1721 Hauptort des 'Bundes der 24 freien Städte der
Zips' (→ Spiš) und gilt mit ihrer größtenteils erhaltenen Stadtmauer aus
dem 14. und 15. Jh., ihren rund 250 Renaissance-Bürgerhäusern und vor
allem dem prächtigen Renaissancerathaus sowie der einen einzigartigen
spätgotischen Schnitzaltar enthaltenden Kirche St. Jakob als besterhal-
tene mittelalterliche Stadt der Slowakei.

*Geschichte und
**Stadtbild*

Sehenswertes in Levoča

Den Mittelpunkt der Stadt bildet der von zahlreichen schönen Renaissancehäusern umgebene große Ringplatz.

*Ringplatz

Etwa in der Mitte des Ringplatzes steht das ursprünglich gotische, nach
einem Brand (1550) bis 1615 im Renaissancestil erneuerte Rathaus mit
Lauben und Arkaden sowie einem Glockenturm.

**Rathaus
(Abb. s. S. 514)*

Mariánska hora

Levoča
Leutschau
Stadtkern

1 Rathaus
2 Glockenturm
3 Pranger
4 Druckerei Breuer
5 Ehem. Waffenkammer
6 Haus von Meister Paul
7 Stadtwaage
8 Stadtwirtshaus
9 Ľudovít Štúr
10 Thurzo-Haus
11 Neues Minoritenkloster
12 Kaschauer Tor
13 Menhardt-Tor
14 Altes Minoritenkloster
15 Mariensäule
16 Gymnasium
17 Polnisches Tor
18 Zipser Museum
19 Mariássy-Haus
20 Krupek-Haus
21 Spillenberg-Haus
22 Alte Pulvermühle, Bastei

200 m

© Baedeker

Stadtplan

Poprad, Nová Ves

Levoča – Rathaus in Leutschau

Evangelische Kirche

Im Inneren des Rathauses befindet sich ein schöner Sitzungssaal sowie das sehenswerte Zipser Museum (Spišské múzeum), hauptsächlich mit Urkunden zur Geschichte der Stadt und der Zips (meist mit deutscher Beschriftung). Rathaus (Fortsetzung) Zipser Museum

Südlich vor dem Rathaus ein eiserner Pranger ('Klietka hanby' = 'Käfig der Schande') aus der Renaissancezeit.
Daneben ein sowjetisches Kriegerdenkmal. *Pranger*

Westlich vom Rathaus ragt die 1825 im Empirestil erbaute Evangelische Kirche auf. **Evangelische Kirche**

Östlich vom Rathaus erhebt sich die aus dem 14. Jh. stammende, im 15. Jh. erneuerte gotische Kirche St. Jakob (Chrám sv. Jakuba). *Kirche St. Jakob (Abb. s. S. 105)*

Kirche St. Jakob
Chrám sv. Jakuba

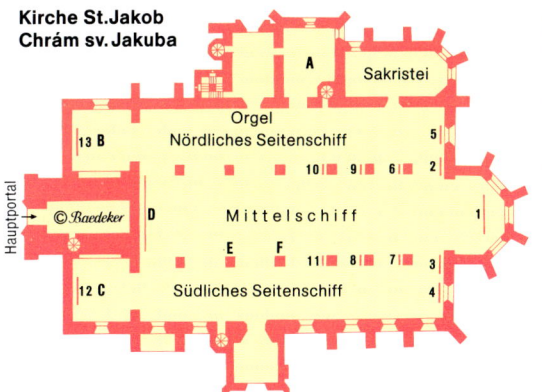

A Kapelle des hl. Georg
B Kapelle der Geburt Christi
C Taufkapelle (got. Bronzetaufe; Grabmäler der Familie Thurzo)
D Senatorenbank
E Renaissancekanzel
F Epitaph Alexis' II. Thurzo

ALTÄRE
1 Hauptaltar des hl. Jakob
2 Altar der vier hll. Johannes
3 Altar der hll. Peter und Paul
4 Altar des Vir dolorum
5 Altar der Maria im Schnee
6 Altar des hl. Nikolaus
7 Altar der hl. Anna
8 Altar der hl. Katharina
9 Altar der Vierzehn Nothelfer
10 Altar des Guten Hirten
11 Altar des Erzengels Michael
12 Altar der hl. Elisabeth
13 Altar der Geburt Christi

In dem reich ausgestatteten Inneren ein 1508–1517 von dem Meister Paul von Leutschau, wahrscheinlich einem Schüler von Veit Stoß, geschaffener spätgotischer Hochaltar, mit 18 m Höhe und 6 m Breite einer der größten gotischen Schnitzaltäre überhaupt, mit reichem Skulpturenschmuck (bes. eindrucksvoll auch an der Predella). Links vom Hochaltar ein zierliches spätgotisches Sakramentshäuschen. *Kircheninneres*

**Hauptaltar

Im linken Seitenschiff und im Chor Wandgemälde aus dem 14. und 15. Jh. mit noch sichtbaren deutschen Inschriften.
Ferner beachtenswert sind der Altar der hl. Katharina (um 1460) und der Korvin-Altar (um 1485), die Kanzel, das Taufbecken, die Orgel (16. Jh.) sowie Grabsteine der Familie Thurzo (einige der Thurzos waren Erzbischöfe von Breslau).

An der Nordseite des Ringplatzes einige beachtenswerte alte Bürgerhäuser, z. T. mit schönen Renaissancehöfen, wie das Haus Nr. 55 und das Spillenberghaus (Spillenbergov dom; Nr. 45) sowie das Máriássyho dom (Nr. 43) mit schönem Renaissanceportal und Hof. **Bürgerhäuser*
An der Westseite des Ringplatzes steht das Thurzo-Haus (Turzov dom; Nr. 7), ein schöner Renaissancebau, der 1824 im klassizistischen Stil verändert und nach 1900 mit einer Sgraffito-Fassade versehen wurde.

Südwestlich vom Ringplatz steht innerhalb der Stadtmauer beim Polnischen Tor (Polská brana) die 1310–1320 erbaute gotische Gymnasiumskirche, die alte Klosterkirche der Minoriten, mit ehem. Kloster und gotischem Kreuzgang. **Gymnasiumskirche**

Spišský hrad – Zipser Burg

Minoritenkirche   An der Nordostseite der Stadtmauer befindet sich bei dem schlichten Kaschauer Tor (Košická brana) die barocke Neue Minoritenkirche mit reicher Innenausstattung.

Umgebung von Levoča

Dravce   7 km westlich ist in Dravce (648 m ü. d. M.; 500 Einw.) eine gotische Kirche des 13. Jh.s mit Fresken aus dem 13. und 15. Jh. bemerkenswert.

*Spišská Kapitula   8 km östlich von Levoča liegt Spišská Kapitula (Zipser Kapitel), der alte geistliche Mittelpunkt der Zips (→ Spiš) und heute ein Teil von Spišské Podhradie (s. nachstehend).

In der sehenswerten zweitürmigen Domkirche St. Martin (1245 im romanischen Stil begonnen; Ende des 15. Jh.s spätgotisch als dreischiffige Hallenkirche umgebaut) über dem nördlichen Portal ein Wandgemälde von 1317; die gotische Grabkapelle der Familie Zápolya (Zápoľský) wurde

Ortsplan

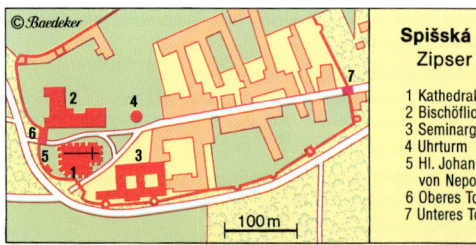

© Baedeker

Spišská Kapitula
Zipser Kapitel

1 Kathedrale St. Martin
2 Bischöfliches Palais
3 Seminargebäude
4 Uhrturm
5 Hl. Johannes
   von Nepomuk
6 Oberes Tor
7 Unteres Tor

100 m

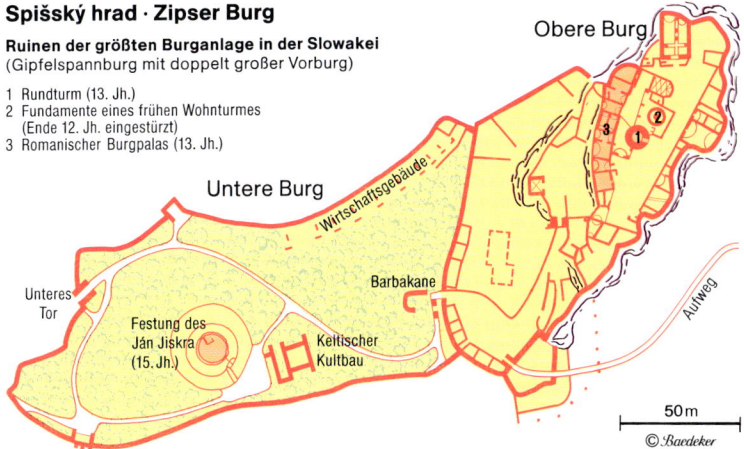

Spišský hrad · Zipser Burg

Ruinen der größten Burganlage in der Slowakei
(Gipfelspannburg mit doppelt großer Vorburg)

1 Rundturm (13. Jh.)
2 Fundamente eines frühen Wohnturmes
  (Ende 12. Jh. eingestürzt)
3 Romanischer Burgpalas (13. Jh.)

Obere Burg

Untere Burg

Wirtschaftsgebäude

Unteres Tor

Festung des Ján Jiskra (15. Jh.)

Barbakane

Keltischer Kultbau

Aufweg

50 m

© Baedeker

1493 angebaut. Die an den Dom anschließenden zehn Kanonikerhäuser stammen aus der Barockzeit. Ferner beachtenswert sind die beiden Stadttore.

Spišská Kapitula (Fortsetzung)

9 km östlich von Levoča gelangt man zu dem altertümlichen Städtchen Spišské Podhradie (deutsch Kirchdrauf, ungarisch Szepesváralja; 435 m ü.d.M., 3500 Einw.) mit einer ursprünglich spätromanischen Kirche (13. Jh.; im 19. Jh. renoviert).

Spišské Podhradie

10 km östlich von Levoča thronen auf einer kahlen, zur Gemeinde Žehra gehörenden Travertinkuppe die stattlichen, gut erhaltenen Reste der Zipser Burg (Spišský hrad; 634 m ü.d.M.).

⁂Zipser Burg

Die im 12. Jh. gegründete, im 13.–16. Jh. erweiterte und 1780 ausgebrannte Burg, heute die größte Burgruine in der Slowakei, gab der Landschaft Zips (⟶ Spiš) ihren Namen. Seit 1970 ist die Anlage restauriert und seit 1983 schrittweise der Öffentlichkeit zugänglich gemacht worden. Von der Burghöhe schöne Aussicht bis zur Hohen Tatra.

3 km südlich von der Zipser Burg sind in der Ortschaft Žehra (442 m ü.d.M.) 1954 in der Heilig-Geist-Kirche (von 1275) gotische Wandmalereien entdeckt worden.

Žehra

9 km südwestlich von Levoča erreicht man das alte Zipser Städtchen Spišský Štvrtok (deutsch Donnersmarkt, ungarisch Csütötörkhely; 570 m ü.d.M., 1500 Einw.) mit einer gotischen Kirche des frühen 14. Jh.s (romanischer Kern), an die 1473 die schöne Zápolsky-Kapelle im Stil der französischen Palastkapellen angebaut worden ist. In den Jahren 1693 und 1747 wurde die Kirche im Barockstil umgebaut.

Spišský Štvrtok

18 km südöstlich von Levoča steht in Betlanovce (Betelsdorf; 546 m ü.d.M., 1000 Einw.) ein 1564–1568 entstandenes Renaissanceschloß, das 1955–1960 restauriert worden ist.

Betlanovce

20 km nordöstlich von Levoča liegt die Ortschaft Bijacovce (ungarisch Mindszent; 562 m ü.d.M.) mit einem 1780–1785 erbauten ehemals gräflich Czakyschen Barockschloß, einer gotischen Kirche des 14. Jh.s und einem romanischen Karner aus dem 13. Jahrhundert.

Bijacovce

Levoča
(Fortsetzung)
Branisko

22 km östlich von Levoča erhebt sich der bewaldete Höhenrücken Branisko (bis 1200 m ü.d.M.), der sich in Nord-Süd-Richtung zwischen den Oberläufen der Torysa (nördlich) und des Kundert (Hornád; südlich) ausdehnt. Von der höchsten Stelle bietet sich eine prächtige Aussicht westwärts auf die das Tal beherrschende Zipser Burg (s. zuvor) und bei klarem Wetter in der Ferne die Hohe Tatra (⟶ Vysoké Tatry).

Fričovce

30 km östlich von Levoča befindet sich in Fričovce (462 m ü.d.M.; 1200 Einw.) ein 1623–1630 erbautes Renaissanceschloß mit Attikaschildern und figuralem Sgraffitoschmuck (vorübergehend wegen Restaurierung geschlossen).

Liptovský Mikuláš · Liptau-Sankt-Nikolaus   I 3

Region: Mittelslowakei
Kreis: Liptovský Mikuláš
Höhe: 576 m ü.d.M.
Einwohnerzahl: 29000

Lage und
Bedeutung

Die mittelslowakische Kreisstadt Liptovský Mikuláš (früher Liptovský Svätý Mikuláš) – deutsch Liptau-Sankt-Nikolaus, ungarisch Liptószentmiklós – liegt am rechten Ufer der Waag (⟶ Váh) und ist ein günstiger Ausgangspunkt für Besucher der Niederen Tatra (⟶ Nizke Tatry) und der Westlichen Tatra (Západné Tatry). Am Ort gibt es Gerbereien sowie Holz-, Textil- und Nahrungsmittelindustrie.

Geschichte

Seit der zweiten Hälfte des 13. Jahrhunderts besitzt Liptovský Mikuláš Stadtrechte. Im 19. Jahrhundert entwickelte sich die Stadt zu einem wichtigen Zentrum des slowakischen nationalen und politischen Lebens in der

Liptovský Mikulás – Gymnasium und ...   *... Nikolauskirche in Liptau-Sankt-Nikolaus*

Liptau (Liptov); 1713 ist der 1688 in Terchová (⟶ Malá Fatra) geborene slowakische Volksheld Juraj Jánošík in Liptau-Sankt-Nikolaus zum Tode verurteilt und hingerichtet worden. Am 10. Mai 1848 ist hier das erste revolutionäre Programm der Slowaken formuliert, am 1. Mai 1918 die Schaffung eines gemeinsamen Staates der Tschechen und Slowaken gefordert worden.

Geschichte (Fortsetzung)

Sehenswertes in Liptovský Mikuláš

Beachtenswert ist die gotische Pfarrkirche St. Nikolaus aus dem 13. Jh. (1943–1946 renoviert) mit drei wertvollen spätgotischen Altären.

Kirche St. Nikolaus

In einem ehem. Kloster (Školská ulica Nr. 4) befindet sich das Museum des Slowakischen Karstes (Múzeum Slovenského krasu) mit bodenkundlichen und speläologischen Sammlungen; besonders Erklärungen zu den Höhlen im Demänova-Tal (⟶ Nízke Tatry).

Museum des Slowakischen Karstes

Ferner erwähnenswert sind das nach dem hier gebürtigen slowakischen Freiheitsdichter Janko Kráľ (1822–1876) benannte Literaturmuseum im sog. Selig-Haus (Renaissancebau von 1713) sowie die den Namen des slowakischen Malers Peter Bohúň (1821–1879) tragende Gemäldegalerie, beide mit Werken einheimischer Künstler.

Literaturmuseum Gemäldegalerie

Im Stadtteil Okoličné ein ehem. Kloster und Kirche des 15. Jh.s sowie ein kleines Renaissanceschloß (17. Jh.).

Okoličné

Umgebung von Liptovský Mikuláš

3 km westlich erstreckt sich der Stausee Liptovská Mara (21,6 km^2; Wasserkraftwerk); am Nordufer die Erholungszentren Liptovský Trnovec und Bobrovník.

Stausee Liptovská Mara

8 km südöstlich von Liptovský Mikuláš erreicht man das Thermalbad Liptovský Ján (634 m ü.d.M.; 1000 Einw.) mit gips-, schwefel- und kohlensäurehaltigen, bis 26,6°C warmen Quellen (Thermalschwimmbad); in der Umgebung zahlreiche Kastelle und Kuriengebäude.

Liptovský Ján

Liptovský Ján ist Ausgangspunkt für die Besteigung des Ďumbier (2043 m ü.d.M.) sowie für Ausflüge in das Tal Jánská dolina.

10 km südöstlich von Liptovský Mikuláš liegt die Industriestadt Liptovský Hrádok (ungarisch Liptóújvár; 8000 Einw., Holzindustrie, Maschinenfabrik, Bootswerft), ein günstiger Ausgangspunkt für Touren in die Westliche Tatra, die Niedere Tatra (⟶ Nízke Tatry) und Hohe Tatra (⟶ Vysoké Tatry). Am nördlichen Stadtrand die Ruine einer ursprünglich gotischen Wasserburg (14. Jh.); in dem nahegelegenen befestigten Renaissanceschloß (1600–1603) ein Volkskundemuseum der Liptau (Liptov). Als technische Denkmäler sind ferner erhalten ein Waaghaus und ein Glockenturm bei einem ehem. Eisenerzhochofen (1792).

Liptovský Hrádok

20 km südwestlich von Liptovský Mikuláš liegt das Dorf Lazisko mit einer der größten mitteleuropäischen Holzkirchen (1774), die ursprünglich in einem der überfluteten Dörfer im Raum des Stausees Liptovská Mara (s. zuvor) stand.

Lazisko

Die Westliche Tatra (Západné Tatry), das zweithöchste Gebirge der Slowakei (Bystrá 2248 m ü.d.M.), zieht sich im Norden von Liptovský Mikuláš auf 40 km Länge in südwestlich-nordöstlichem Bogen. Markanteste Erhebungen sind das Massiv des Roháče (2084 m ü.d.M.) sowie die Gipfel des

Westliche Tatra

Liptovský Mikuláš, Westliche Tatra (Fortsetzung)	Ostrý Roháč (2084 m ü.d.M.), des Baníkov (2178 m ü.d.M.) und der Tri kopy. Besonders reizvoll ist das Tal Roháčská dolina mit mehreren Morä- nen und Gebirgsseen. Die gesamte Region bietet vorzügliche Bedingun- gen für Hochgebirgstouren und zum Wintersport. Günstigste Ausgangspunkte für den Besuch der Westlichen Tatra sind von Westen die Ortschaft Zuberec, von Süden Liptovský Mikuláš und durch das Tal Žiarská dolina.
Demänova-Tal	Wenige Kilometer südlich von Liptovský Mikuláš erreicht man das Demä- nova-Tal (⟶ Nízke Tatry).
✳**Prosiecka-Tal**	20 km nordwestlich von Liptovský Mikuláš erstreckt sich das höchst reiz- volle karstig trockene Tal Prosiecka dolina (Naturschutzgebiet; zugänglich nur mit Spezialausrüstung).
Kvačianska dolina	Den ca. 5 km langen, romantischen Cañon Kvačianska dolina begleitet neuerdings ein Fahrweg am Osthang.
Pribylina	20 km nordöstlich von Liptovský Mikuláš gelangt man zu der Gemeinde Pribylina (765 m ü.d.M.; 1500 Einw.) mit dem besuchenswerten Freilicht- museum des Liptauer Dorfes.
Važec	26 km östlich von Liptovský Mikuláš erstreckt sich im Oberen Liptauer Becken (Liptovská kotlina) die Gemeinde Važec (792 m ü.d.M.; 4000 Einw.), deren Bebauung 1931 einer Feuersbrunst zum Opfer gefallen ist. Sehenswert das ethnographische Museum 'Važecká izba'.
Tropfsteinhöhle	Am südwestlichen Ortsrand eine 400 m lange Tropfsteinhöhle (230 m zugänglich).
Východná	29 km östlich von Liptovský Mikuláš liegt das als Ferienort viel besuchte Dorf Východná (775 m ü.d.M.; 3000 Einw., Schnitzerei, Strickerei, Trach- ten) mit schönen typischen Holzhäusern. Alljährlich Anfang Juli folkloristi- sche Festspiele im Freilichttheater.
Štrba	32 km östlich von Liptovský Mikuláš erreicht man die Ortschaft Štrba (deutsch Tschirm, ungarisch Csorba; 829 m ü.d.M., 2500 Einw.), Aus- gangspunkt für Ausflüge zum Tschirmer See (⟶ Štrbské pleso, 1345 m ü.d.M.; auch elektrische Zahnradbahn). In Štrba gibt es schöne Beispiele volkstümlicher Architektur.

Lučenec · Losontz   I 4

	Region: Mittelslowakei Kreis: Lučenec Höhe: 189 m ü.d.M. Einwohnerzahl: 25000
Lage und Bedeutung	Die mittelslowakische Kreisstadt Lučenec – deutsch Losontz, ungarisch Losonc – liegt in einer moorigen Niederung unweit abseits der Eipel (Ipeľ), nur ca. 10 km nördlich der slowakisch-ungarischen Grenze. Die Stadt ist ein bedeutender Eisenbahnknotenpunkt und besitzt Maschinenbau- und Textilindustrie.
Geschichte	Im 16. Jh. nahm die Stadt eine wichtige Stellung bei den hussitischen Glaubenskämpfen ein. Im Jahre 1719 gingen etwa 60% der Bevölkerung an einer Pestepidemie zugrunde.
Bemerkenswertes	Beachtenswert sind die gotische kalvinistische Kirche (1849 erneuert), das Rathaus (von 1892) und mehrere Bürgerhäuser im Jugendstil.

Umgebung von Lučenec

Im Westen der Stadt erstreckt sich das Naherholungsgebiet Lúčenský kúpel (Bad Losontz).

Nordwestlich liegt der kleine Ladovo-Stausee.

7 km westnordwestlich von Lučenec erreicht man den Ort Halič (ungarisch Gács; 274 m ü. d. M.) mit einem aus dem 17. Jh. stammenden Schloß, das im 18. Jh. barock umgestaltet wurde. Einige der Räumlichkeiten sind zugänglich.

15 km südöstlich von Lučenec gelangt man zu der alten Stadt Fiľákovo (ungarisch Fülek; 198 m ü. d. M., 7000 Einw., Maschinenbau, eisensaure Mineralquellen). Das Heimatmuseum ist in einem ehem. Kloster untergebracht; Burgruine (13. Jh.) auf Basaltfelsen.

20 km nordwestlich von Lučenec liegt die Ortschaft Divín (ungarisch Divény; 265 m ü. d. M., 2500 Einw.) mit der hochgelegenen gleichnamigen Burgruine (13. Jh.; 1683 zerstört) und einem ehemals gräflich Zichyschen Renaissanceschloß (von 1670) am Fuße des Burghügels. Sehenswert sind ferner die Barockkirche (von 1657; Renaissancebefestigung). Südöstlich das Wasserreservoir Ružiná (200 ha) mit guten Bademöglichkeiten.

25 km nordöstlich von Lučenec gelangt man zu der an der Rimava gelegenen Kreisstadt Rimavská Sobota (deutsch Großsteffelsdorf, ungarisch Rimaszobat; 208 m ü. d. M., 20000 Einw., Konservenfabriken). Die Stadt wurde im 13. Jh. gegründet, erhielt 1334 königliche Privilegien und wurde in der Nachfolge von Plešivec (Pleischnitz) Hauptort der Landschaft Gemer (ungarisch Gömör). Beachtenswert sind die klassizistische Pfarrkirche (1774–1790) und das Rathaus (von 1801), ferner an der Südseite des Hauptplatzes das ehem. Komitatshaus (von 1798; jetzt Sitz der Kreisverwaltung). In den Seitengassen sind einige kleine Holzhäuser aus dem 15.–18. Jh. erhalten. Interessantes Museum des Gemer-Gebietes (1852 gegründet).

30 km südwestlich von Lučenec liegt die Kreisstadt Veľký Krtíš (193 m ü. d. M., 7000 Einw.; Braunkohlenbergbau). In der schön ausgestatteten klassizistischen Kirche sind barocke Architekturteile verbaut. Die Festung aus dem 17. Jh. wurde zweimal umgebaut.

4 km nördlich von Veľký Kríš erhebt sich über der Ortschaft Modrý Kameň (308 m ü. d. M.; 2000 Einw.) die Ruine der gleichnamigen gotischen Burg. Im unteren Ortsteil kann eine Barockfestung aus dem Jahre 1730 besichtigt werden.

35 km nordöstlich von Lučenec befindet sich in Veľký Blh (ungarisch Vamosbalog; 216 m ü. d. M., 2000 Einw.) ein ursprünglich im Rokokostil erbautes, um 1817–1822 im Empirestil verändertes Schloß mit ausgedehntem englischem Park. Am nördlichen Ortsrand sind die Überreste einer Burg aus dem 14. Jh. erhalten.

50 km nordöstlich von Lučenec liegt die Industriestadt Šafárikovo (früher Tornaľa, ungarisch Tornalja; 183 m ü. d. M., 7000 Einw., Maschinenbau, Textilindustrie), benannt nach dem slowakischen Literatur- und Altertumsforscher Pavol Jozef Šafárik (1795–1861; → Berühmte Persönlichkeiten). In der ursprünglich gotischen Kirche (15. Jh.) beeindruckt eine hölzerne Kassettendecke (von 1768). Erholung verspricht ein Besuch des Mineralbads (19°C).

Malá Fatra · Kleine Fatra   H/I 3

Region: Mittelslowakei
Kreise: Žilina und Martin

**Lage und
✳Landschaftsbild**

Das sich im Nordwesten der Slowakei erstreckende Mittelgebirgsland der
Kleinen Fatra (Malá Fatra) ist ein beliebtes Ziel für Bergwanderer und
Wintersportler. Das vorwiegend aus Granit, Sandstein und Dolomit auf-
gebaute Gebirge mit Höhen zwischen 1500 und 1700 m ü.d.M. (höchste
Erhebung der Veľký Fatranský Kriváň, 1709 m ü.d.M), besitzt eine arten-
reiche Flora (gemäßigte bis subalpine Zone) und Fauna. Die stark geglie-
derte Landschaft bezaubert mit ihren bizarren Felsenstädten, Schluchten
und Dolinen. Von den Höhen bieten sich vielfach prächtige Ausblicke.
Etwa in der Mitte des Gebirgszuges durchbricht die Waag (→ Váh) seinen
Hauptkamm in einem engen Tal (→ Žilina, Strečno).

**✳Nationalpark
Kleine Fatra**

Der Nordostteil der Gebirgslandschaft steht auf einer Fläche von 200 km²
als 'Nationalpark Kleine Fatra' unter Naturschutz. Schwerpunkt des Fremdenverkehrs ist hier das Vrátna-Tal. Kernstück im Martinské hole genannten südlichen Teil sind die Senke Turčianská kotlina (im Osten → Martin)
und das Rajčanka-Tal (im Westen → Žilina, Rajecké Teplice). Höchste
Erhebung ist der aussichtsreiche Berg Veľká lúka (1476 m ü.d.M.).

Ziele in der ✳Kleinen Fatra

**Ausgangspunkt
Terchová**

Das Sommerurlaubs- und Wintersportzentrum Terchová (514 m ü.d.M.) im
Norden der Kleinen Fatra ist der Geburtsort des legendären Räuberhaupt-
manns und slowakischen Volkshelden Juray Jánošik (1688–1713; hingerichtet in → Liptovský Mikuláš).

Malá Fatra – Rozsutec in der Kleinen Fatra

5 km südöstlich von Terchová erhebt sich der Veľký Rozsutec (1610 m ü. d. M., Aussicht), ein vielfältig gegliederter Dolomitkegel, mit Felsenstädten, ausgewaschenen Klammlöchern und einer artenreichen Pflanzenwelt.

Malá Fatra
(Fortsetzung)
Veľký Rozsutec

5 km südlich von Terchová erreicht man das reizvolle Vrátna-Tal (Vrátna dolina), einen ca. 36 km^2 großen Talkessel, in dem sowohl zu sommerlichen Bergtouren als auch zum Wintersport gern besuchten Kerngebiet der nordöstlichen Kleinen Fatra. Man gelangt dorthin durch die Felsenschlucht Tiesňavy. Am Talende befindet sich die Talstation (750 m ü. d. M.) einer Sesselbahn auf das Kammjoch Snilovské sedlo (1520 m ü. d. M.) zwischen den Gipfeln des Veľký Fatranský Kriváň (1709 m ü. d. M) und des Chleb (1646 m ü. d. M.).
Alljährlich findet im Vrátna-Tal das Folklorefest 'Jánošík-Tage' statt.

*Vrátna-Tal

10 km nordöstlich von Terchová dehnt sich die aus elf Siedlungen bestehende Gemeinde Zázrivá (600 m ü. d. M.) aus. Zázrivá ist ein bedeutendes Zentrum der Weidewirtschaft mit bemerkenswerten Beispielen traditioneller Volksarchitektur sowie beliebtes Erholungsgebiet und Ausgangspunkt für Touren in die Kleine Fatra.

Zázrivá

Malé Karpaty · Kleine Karpaten　　　　　　　　G 4

Region: Westslowakei
Kreise: Bratislava und Trnava

Die Kleinen Karpaten (Malé Karpaty) ziehen sich auf annähernd 90 km Länge, 10 km Breite und mit einer Höhe bis zu 768 m ü. . M. zwischen den breiten Flußtälern von March (→ Morava) und Waag (→ Váh) von Preßburg (→ Bratislava) in nordöstlicher Richtung und bilden den westlichsten Ausläufer des großen südosteuropäischen Karpatenbogens. Das von ausgedehnten Wäldern bedeckte Bergland ist auf einer Fläche von 655 km^2 unter Naturschutz gestellt. An den Südosthängen und in dem anschließenden Vorland gedeiht vorzüglicher Wein verschiedener Rebsorten. Der mittlere Teil der Kleinen Karpaten ist besonders wildreich.

Lage und
Landschaftsbild

Ziele in den *Kleinen Karpaten

13 km nordöstlich von der slowakischen Hauptstadt → Bratislava liegt das langgestreckte altertümliche Weinbaustädtchen Jur pri Bratislave (deutsch Sankt Georgen, ungarisch Szentgyörgy; 180 m ü. d. M., 5000 Einw.) mit charakteristischen Winzerhäusern des 17. Jh.s und teilweise erhaltener Stadtbefestigung. Das Renaissanceschloß (mit Arkadenhof) wurde ursprünglich 1609 errichtet und ist 1746 teilweise umgestaltet worden. Die frühgotische katholische Kirche ('Obere Kirche') stammt aus dem 13. Jh. (im 14. Jh. verändert; freistehender, hölzerner Glockenturm); das ehem. Piaristenkloster von 1654.

Jur
pri Bratislave

Nordwestlich abseits (1 Std.) die Ruine der Burg Bielý kameň (Weißenstein; 13. Jh.) sowie in der Nähe die slawische Burgstätte Neštich (9. Jh.).

Ruine Weißenstein
Burgstätte Neštich

21 km nordöstlich von Bratislava gelangt man zu der teilweise noch von Mauern umgebenen, einst königlich ungarischen Freistadt Pezinok (deutsch Bösing, ungarisch Bazin; 152 m ü. d. M., 19000 Einw.) mit traditionsreichem Weinbau und Keramikgewerbe. Beachtenswert sind die katholische Stadtkirche aus dem 14. Jh. (im 15. Jh. umgebaut; schönes Gewölbe), die ehemals evangelische Kirche ('Untere Kirche'; heute auch katholisch), ein Renaissancebau von 1659 (später barockisiert) und die Kapuzinerkirche von 1718 sowie das Rathaus (um 1600), ferner typische

Pezinok

Modra – Keramik aus Modern

Pezinok (Fortsetzung)	Winzerhäuser des 17. Jh.s und Teile der alten Stadtbefestigung. In einem Park das aus einer mittelalterlichen Wasserburg entstandene Schloß (17. Jh.; Weinkellerei, Weinstube). Besuchenswert ist das Winzermuseum (Vinohradnícke múzeum). Alle zwei Jahre findet abwechselnd mit Modra im September das Weinlesefest statt. Pezinok ist Geburtsort des Porträtmalers Ján Kupecký (1667–1740); in seinem Geburtshaus (Kupeckého ulica Nr. 39) eine Gedenkausstellung. Pezinok gilt auch als günstiger Ausgangspunkt für Ausflüge auf den Kamm der Kleinen Karpaten (13 km zur Berghütte 'Na Babe').
Modra	29 km nordöstlich von Bratislava erreicht man die alte Stadt Modra (deutsch Modern, ungarisch Modor; 160 m ü. d. M., 8000 Einw.), 1158 erstmals urkundlich erwähnt und 1607 zur königlich ungarischen Freistadt erhoben. Modra ist die größte Weinbaugemeinde der Slowakei (alle zwei Jahre im September mit Pezinok wechselndes Weinlesefest) mit Keramikherstellung und Kunstgewerbe. Die Stadt umgibt eine größtenteils erhaltene Stadtmauer (1610–1640; mehrere Basteien, drei Tore). Bemerkenswert sind die gotische Friedhofskirche (mit Renaissanceglockenturm) und einige Renaissancehäuser. In der ehem. Synagoge eine Ausstellung kunstgewerblicher Keramik und Majolikaerzeugnisse ('Slovenská ĺudová majolika'). In Modra lebte und starb der bedeutende slowakische Schriftsteller, Kulturpolitiker und Sprachreformer Ľudovít Štúr (1815–1856; → Berühmte Persönlichkeiten); sein Denkmal auf dem Marktplatz, ein Gedenkzimmer im Hause Štúrova ulica Nr. 80 und sein Grab auf dem Ortsfriedhof. Von Modra führt eine Seitenstraße zur Berghütte 'Zochova chata'.
Častá	34 km nordöstlich von Bratislava liegt der einstige Bergmannsort Častá (deutsch Schattmannsdorf, ungarisch Ceszie) mit katholischer Kirche des 15. Jh.s (Wandmalereien) und jüdischem Friedhof (Grabsteine des 17. und 18. Jh.s).

2 km südwestlich oberhalb von Častá die Gemeinde Červený Kameň (Biberburg, 248 m ü.d.M.) mit einer wohlerhaltenen, ursprünglich mittelalterlichen Grenzburg des 13. Jh.s, die 1523–1537 zu einer Festung mit vier runden Eckbastionen ausgebaut worden ist (innen 1670–1680 frühbarock ausgestaltet). Beachtenswert die Sala terrena mit reichem Stuckgewölbe, Fresken und einer künstlichen Höhle sowie ein Tiefbrunnen, den die Fugger anlegen ließen. Die Burg ist heute als Museum zugänglich (Stilmöbel, Majoliken, Bilder, Teppiche, Waffen; Folterkammer). Im Park stehen Mammutbäume (Sequoia).

Malé Karpaty (Fortsetzung)
*Biberburg (Museum)

52 km nordöstlich von Bratislava gelangt man zu der Ortschaft Smolenice (ungarisch Szomolány; 242 m ü.d.M., 2000 Einw.) mit einer 1622–1624 im Renaissancestil erbauten Kirche und einem Pranger des 17. Jahrhunderts. Nördlich oberhalb das an der Stelle einer mittelalterlichen Burg (1390 erstmals urkundlich erwähnt) erst 1880–1890 erbaute Schloß (äußere Befestigung mit Geschützbastei aus dem 14. Jh.), dessen Räume heute von der Slowakischen Akademie der Wissenschaften genutzt werden. Von dem zugänglichen Schloßturm weite Aussicht in die Waag-Niederung.
Eine halbe Stunde südwestlich die Tropfsteinhöhle Driny (400 m ü.d.M.; zugänglich).

Smolenice

Driny-Tropfsteinhöhle

Martin · Sankt Martin   H 3

Region: Mittelslowakei
Kreis: Martin
Höhe: 394 m ü.d.M.
Einwohnerzahl: 65000

Die alte mittelslowakische Kreisstadt Martin – früher Turčiansky Svätý Martin, deutsch Sankt Martin, ungarisch Turóczszentmárton – liegt in einem breiten Talkessel zwischen den Gebirgszügen der Kleinen Fatra (→ Malá Fatra) und der Großen Fatra (Veľká Fatra); sie hat sich in jüngster Zeit zu einem bedeutenden Industriestandort entwickelt mit Betrieben des Maschinenbaus und der Papiererzeugung, Druckereien, einer großen Eisenbahnwerkstätte und vor allem einer bedeutenden Panzerschmiede.

Lage und Bedeutung

Seit 1340 mit Stadtrecht ausgestattet, gewann Sankt Martin durch die Gründung des Kulturvereins 'Matica slovenská' (1853) und der Slowakischen Museumsgesellschaft (1893) an kultureller und politischer Bedeutung zunehmend. Am 30. Oktober 1918 beschlossen hier die slowakischen Volksvertreter in der sog. Deklaration von Martin, die Bindungen zu Ungarn aufzugeben und zusammen mit den Tschechen einen neuen einheitlichen Staat zu bilden. Im August 1944 war Martin ein Zentrum der slowakischen Volkserhebung (SNP).

Geschichte

Bemerkenswertes in Martin

Beachtenswert sind die gotische Hauptkirche St. Martin (1270–1280; im 16. Jh. erweitert, im 19. und 20. Jh. verändert) sowie die Evangelische Kirche von 1784.

Hauptkirche St. Martin
Evang. Kirche

Erwähnung verdienen das Gebäude des ehem. slowakischen Gymnasiums (1865), das ehem. Haus der Slowakischen Nation (1888; jetzt Theater), das Slowakische Nationalmuseum (Slovenské národné múzeum) mit reichen Sammlungen zur Volkskunde (altes Gebäude von 1906–1908, neues Gebäude von 1932) und die Slowakische Nationalbibliothek (Slovenská národná knihovna; über 1 Mio. Bände) sowie die Bauten des Vereins 'Matica slovenská' (altes Gebäude von 1869–1875, neues Gebäude von 1925).

*Nationale slowakische Einrichtungen

Stadtplan

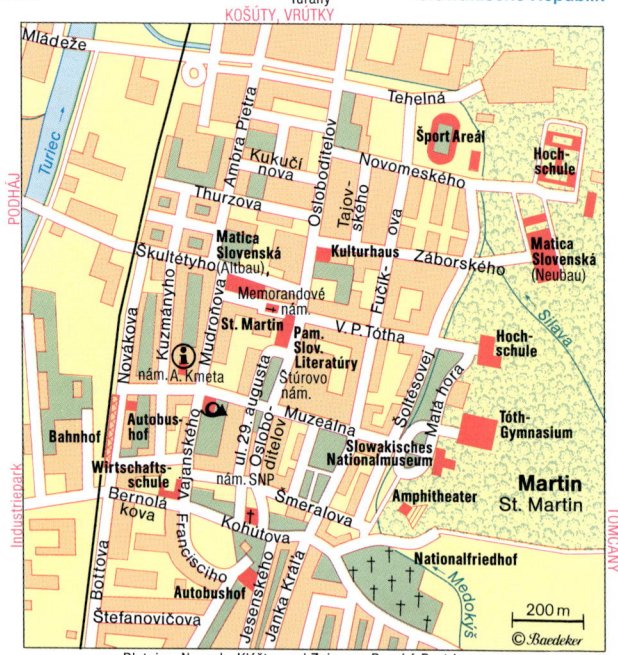

Blatnica, Necpaly, Kláštor pod Zniovom, Banská-Bystrica

Denkmäler
Allenthalben in der Stadt trifft man auf Denkmäler und Gedenktafeln für verdiente Slowaken.

*Nationalfriedhof
Auf dem Nationalfriedhof von Martin liegen mehr als sechzig bekannte slowakische Persönlichkeiten begraben, darunter die Dichter Svetozár Hurban-Vajanský (1847–1916) und Janko Jesenský (1874–1945) sowie der Kulturpolitiker Víliam Pauliny-Tóth (1826–1877).

Umgebung von Martin

Turany
12 km nordwestlich liegt das Städtchen Turany (406 m ü. d. M.; 5000 Einw.) mit einer frühgotischen Kirche (später umgebaut). Turany ist der Geburtsort des bedeutenden Physikers und Philosophen Ernst Mach (1838–1916; ⟶ Berühmte Persönlichkeiten).

Necpaly
12 km südöstlich gelangt man nach Necpaly (515 m ü. d. M.; 100 Einw.) am Ausgang des gleichnamigen Fatra-Tales. Es besitzt vier Landschlösser (17. und 18. Jh.) sowie eine gotische Kirche (12. Jh.; wertvolle Fresken).

Kláštor
pod Zniovom
16 km südlich von Martin erreicht man den Ort Kláštor pod Zniovom (ungarisch Znióváralja; 480 m ü. d. M., 1500 Einw.), die 1113 erstmals urkundlich erwähnt ist. Im Jahre 1521 entstand hier ein Prämonstratenserkloster, 1869 eines der drei ersten slowakischen Gymnasien. Erwähnenswert sind eine frühgotische sowie eine spätere, 1728 barockisierte Kirche. Der Ort wird beherrscht von der Ruine einer Burg aus dem 13. Jahrhundert. Im Ortsteil Lazany gibt es einige Beispiele volkstümlicher Architektur.

17 km südlich von Martin liegt malerisch unweit der Täler Gäderská dolina und Blatnická dolina (Große Fatra) die Gemeinde Blatnica (500 m ü. d. M.); im Ort ein Kastell aus der ersten Hälfte des 18. Jh.s (Ausstellung des Fotografen Karel Plicka). Nordöstlich oberhalb die Ruine einer mittelalterlichen Burg (13. Jh.).

Martin
(Fortsetzung)
Blatnica

22 km südlich von Martin gelangt man zu dem Kurort Turčianske Teplice (520 m ü. d. M.; 6000 Einw.), einem der ältesten Heilbäder der Slowakei, mit 42°C warmen Mineralquellen (gegen Krankheiten des Bewegungsapparates) und einem ausgedehnten Kurpark.

Turčianske Teplice

Im Ortsteil Diviaky ein Renaissancekastell (zweite Hälfte 17. Jh.); darin das Archiv des Kulturvereins 'Matica slovenská'.

Diviaky

Michalovce · Großmichel   L/M 4

Region: Ostslowakei
Kreis: Michalovce
Höhe: 115 m ü. d. M.
Einwohnerzahl: 35 000

Die an dem Fluß Laborec gelegene ostslowakische Kreisstadt Michalovce – deutsch Großmichel, ungarisch Nagymihály – ist der kulturelle und wirtschaftliche Mittelpunkt der Landschaft Unteres Zemplín. Am Ort gibt es Textil-, Keramik- und Nahrungsmittelindustrie.

Lage und Bedeutung

In Michalovce findet alljährlich ein traditionsreiches Folklorefestival statt.

Folklorefestival

Bemerkenswertes in Michalovce

Beachtenswert ist das im 17. Jh. auf den Fundamenten einer mittelalterlichen Wasserburg erbaute ehemals gräflich Szatáraysche Schloß (jetzt Heimatmuseum).

Schloß
(Museum)

Die ursprünglich gotische Hauptkirche wurde im 18. Jh. barock umgestaltet. Ferner gibt es eine frühklassizistische Kirche von 1772 sowie eine orthodoxe Kirche im neobyzantinischen Stil.

Kirchen

Umgebung von Michalovce

4 km südwestlich liegt das Dorf Pozdišovce (123 m ü. d. M.; 1500 Einw.) mit einem ursprünglich im Renaissancestil erbauten Schloß (im 19. Jh. regotisiert). Der Ort besitzt eine ins 15. Jh. zurückreichende kunstgewerbliche Keramik- und Töpfereitradition.

Pozdišovce

6 km nordöstlich von Michalovce erstreckt sich zwischen der Stadt und dem Vihorlat-Gebirge der See Zemplínska šírava (früher Vihorlat-Talsperre, oder Vinna-See), ein 33,5 km^2 großer Stausee mit Freizeiteinrichtungen und Bademöglichkeiten.

Zemplínska šírava

8 km nordöstlich von Michalovce erhebt sich auf einem markanten Bergkegel die Ruine der Burg Viniansky hrad aus dem 14. Jh. (Aussicht). Nahebei befindet sich der See Vinianské jazero (8 ha; Bademöglichkeit).

Viniansky hrad

Rund 16–26 km nordöstlich von Michalovce dehnt sich das vulkanische, waldreiche Gebirge Vihorlat (bis 1076 m ü. d. M.) mit urwaldähnlichen Buchenbeständen (Naturschutzgebiet) aus.

Vihorlat-Gebirge

Michalovce
(Fortsetzung)
*Beskiden-
Meerauge

Unterhalb des Snina-Steines (Sninský kameň; 1005 m ü.d.M.) gelangt
man in 2 Std. durch Wälder zum Morské oko (Beskiden-Meerauge; 618 m
ü.d.M.), einem reizvollen Gebirgssee (14 ha Wasserfläche; bis 74 m tief).

Nitra · Neutra　　　　　　　　　　　　　　　　　　　　G/H 4

Region: Westslowakei
Kreis: Nitra
Höhe: 190 m ü.d.M.
Einwohnerzahl: 89000

Lage und
Bedeutung

Die westslowakische Kreisstadt Nitra – deutsch Neutra, ungarisch Nyitra –
liegt zu beiden Seiten des gleichnamigen Flusses am Südfuß des Höhenzuges Tribeč. Als regionales Zentrum (katholisches Bistum) besitzt sie eine
landwirtschaftliche und eine pädagogische Hochschule sowie ein Theater.
Das Wirtschaftsleben bestimmt die Chemie- und Nahrungsmittelindustrie.

*Stadtbild

Das reizvolle Bild der Stadt, deren mittelalterlicher, teilweise unter Denkmalschutz stehender Kern bruchlos mit den neueren Vierteln (z.T. Wohn-
hochhäuser) verschmilzt, wird von der Burg beherrscht.

Stadtplan

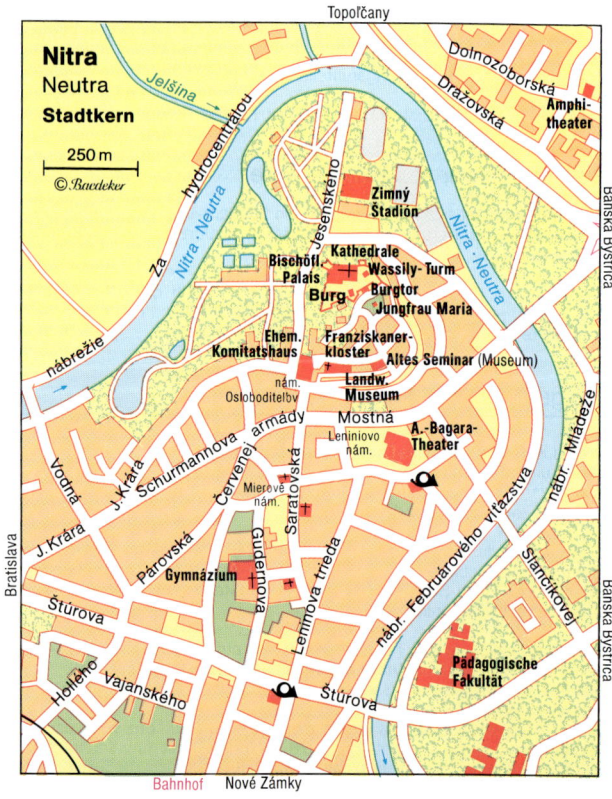

Nitra – Burg Neutra   *Herkulesfigur*

Zahlreiche archäologische Funde zeugen von frühester Besiedlung dieser Gegend. Zur Zeit des Großmährischen Reiches (9. Jh.) war Nitra ein Schwerpunkt der Slawenmission; bereits im Jahre 830 wurde hier unter dem Fürsten Pribina eine erste Kirche geweiht und 880 das bis heute bestehende Bistum gegründet.

Geschichte

Alljährlich im August finden in Nitra ein Erntefest und die landwirtschaftliche Fachausstellung 'Agrokomplex' statt.

Veranstaltungen

Sehenswertes in Nitra

Auf einer Anhöhe über dem rechten Ufer der Nitra thront die mittelalterliche Burg, an deren Fertigstellung seit ihrer Gründung im 11. Jh. bis ins 17. Jh. gearbeitet worden ist. Hier ist derzeit das Archäologische Institut der Slowakischen Akademie der Wissenschaften untergebracht.

Burg

Vor dem Burgtor steht eine Pestsäule von 1750.

Pestsäule

Innerhalb der erhaltenen, im 17. Jh. gegen die Türkenanstürme angelegten Festungsmauern steht die gotische Kathedrale (urspr. 13.–14. Jh.; im 17. Jh. barock umgestaltet und erweitert).

Kathedrale

In unmittelbarer Nähe der Kathedrale befinden sich das ursprünglich gotische, später barock umgebaute Erzbischöfliche Palais, dessen Fußboden aus dem geglätteten Burgfelsen herausgearbeitet ist, sowie Wirtschaftsgebäude.

Erzbischöfliches Palais

In der Altstadt bemerkenswert sind die hochgelegene Piaristenkirche von 1701 (wertvolles Inneres), die ehem. Franziskanerkirche von 1630 (jetzt landwirtschaftliches Museum) sowie zahlreiche Renaissancehäuser.

Altstadt

Nitra (Fortsetzung)　　Im Vorort Párovce ist die kleine romanische Kirche St. Stefan (11./12. Jh.;
Párovce　　　　　　　Freskenreste) beachtenswert.

Umgebung von Nitra

Zobor　　　　　　　6 km nördlich erhebt sich der Berg Zobor (588 m ü.d.M.; Seilbahn; Aus-
*Aussicht　　　　　sicht bis in die Donau-Ebene). Mit seinen wein- und waldbestandenen
　　　　　　　　　　Hängen bildet er den südlichsten Ausläufer des Höhenzuges Tribeč. Prähi-
　　　　　　　　　　storische Funde weisen das Gebiet als alten Siedlungsraum aus.

Arboretum　　　　　16 km östlich von Nitra erstreckt sich das Arboretum Mlyňany, ein ca.
Mlyňany　　　　　　60 ha großer Forschungspark mit etwa 1500 Arten exotischer Sträucher
　　　　　　　　　　und Bäume.

Jelenec　　　　　　16 km nordöstlich von Nitra gelangt man zu dem als Sommerfrische
　　　　　　　　　　besuchten Ort Jelenec (192 m ü.d.M.) mit der Ruine der mittelalterlichen
　　　　　　　　　　Burg Gýmeš (13. Jh.; Aussicht).

Kostoľany　　　　　18 km nordöstlich von Nitra befindet sich in Kostoľany pod Tribečom
pod Tríbečom　　　(245 m ü.d.M.) eine frühromanische Kirche (im 13. Jh. umgebaut) mit
　　　　　　　　　　romanischen Fresken und romanischem steinernen Taufbecken.

Zlaté Moravce　　　24 km nordöstlich von Nitra liegt an der oberen Žitava das Städtchen Zlaté
　　　　　　　　　　Moravce (ungarisch Aranyosmarót; 196 m ü.d.M., 15 000 Einw., Maschi-
　　　　　　　　　　nenbau) mit Renaissanceschloß und Renaissancehäusern. Auf dem Fried-
　　　　　　　　　　hof das Grab des slowakischen Dichters Janko Kráľ (1822–1876).

*Schloß　　　　　　Bei dem Städtchen Topoľčianky (220 m ü.d.M.; 5000 Einw.), 28 km nord-
Topoľčianky　　　östlich von Nitra, liegt inmitten eines englischen Parkes und ausgedehnten
　　　　　　　　　　Wildgeheges (ca. 12 000 ha; Bisons, Rot-, Schwarz- und Muffelwild;
　　　　　　　　　　Gestüt) das schöne, ehemals habsburgische Schloß Topoľčianky (urspr.
　　　　　　　　　　von 1660; Frontflügel im klassizistischen Stil angebaut), das in der ersten
　　　　　　　　　　tschechoslowakischen Republik dem Präsidenten als Sommersitz diente.

Topoľčany　　　　35 km nördlich von Nitra erreicht man die im Tal der Neutra (Nitra) gelegene
　　　　　　　　　　Kreisstadt Topoľčany (174 m ü.d.M.; 35 000 Einw.) mit einer Barockkirche
　　　　　　　　　　von 1740.

Burgruine　　　　　18 km nordwestlich von Topoľčany (bei Závada) die gleichnamige Burg-
　　　　　　　　　　ruine (Aussicht).

Hronský Beňadik　35 km östlich von Nitra liegt an der Gran (Hron) der Ort Hronský Beňadik
　　　　　　　　　　(früher Svätý Beňadik, ungarisch Garamszentbenedek; 192 m ü.d.M.) mit
　　　　　　　　　　einem hochgelegenen ehem. Benediktinerkloster (im 11. Jh. gegründet; in
　　　　　　　　　　der Renaissancezeit umgestaltet) und Klosterkirche (14./15. Jh.; u.a. meh-
　　　　　　　　　　rere gotische Plastiken).

Nízke Tatry · Niedere Tatra　　　　　　　　　I/K 3/4

　　　　　　　　　　Regionen: Mittelslowakei und Ostslowakei
　　　　　　　　　　Kreise: Banská Bystrica, Liptovský Mikuláš und Poprad

Lage und　　　　　Die Niedere Tatra (Nízke Tatry) erhebt sich im Herzen der Slowakei zwi-
*Landschaftsbild　schen dem Tal der Gran (Hron) im Süden sowie dem Tal der Waag (→ Váh)
　　　　　　　　　　im Norden. Der rund 80 km lange Hauptkamm besitzt in seinen höchsten
　　　　　　　　　　Partien ausgesprochenen Hochgebirgscharakter und bietet dem Besu-
　　　　　　　　　　cher neben großer Naturschönheit auch anspruchsvolle alpinistische
　　　　　　　　　　Betätigung. Die langen, vom Hauptkamm abzweigenden Nebenkämme
　　　　　　　　　　haben Mittelgebirgscharakter und sind vielfach kahl.

Nízke Tatry – Höhle im Demänova-Tal

Das Hauptmassiv der Niederen Tatra ist aus Granit und Schiefer aufgebaut, während einige Nebenkämme und ihre Täler aus Kalkstein und Dolomit bestehen und eine Reihe schöner Grotten und Felsformationen aufweisen. Zu ihnen zählen v. a. das sog. Felsenfenster auf dem Berg Ohništĕ
(1539 m ü. d. M.) oder der Gebirgssee Vrbické pleso (7 ha; 1113 m ü. d. M.)
im Demänova-Tal. Die Erscheinungen sind die Folge von eiszeitlicher Glet-
schertätigkeit.

Morphologie

Ein etwa 800 km² großer Teil des Gebirges steht heute als 'Nationalpark
Niedere Tatra' unter strengem Natur- und Landschaftsschutz.

✳**Nationalpark
Niedere Tatra**

Als Verbindung zwischen den Tälern von Gran (Hron) und Waag (→ Váh)
überquert eine über den Sattel Čertovica (1238 m ü. d. M.) führende Bergstraße den Hauptkamm.

Paßstraße

Ziele in der ✳✳Niederen Tatra

Hauptkamm von Norden

Unweit von → Liptovský Mikuláš führt eine Seitenstraße in das wildromantische Demänova-Tal (Demänovská dolina; Naturschutzgebiet). Nach 9 km
der Fahrt links der Zugang zur Demänova-Eishöhle (Demänovská ľadová
jaskyňa) oder Drachen-Eishöhle (Dračia ľadová jaskyňa; 815 m ü. d. M.),
einer bereits im 13. Jh. bekannten Karstgrotte mit reichen Eisbildungen, in
der Knochen des urzeitlichen Höhlenbären gefunden worden sind (nur von
Mai bis September zugänglich; Führungen).
2 km talaufwärts ebenfalls links (vom Parkplatz noch wenige Minuten zu
Fuß) die Demänova-Freiheitshöhle (Demänovská jaskyňa Slobody), ein
in mehreren Ebenen gelagertes Kalkhöhlensystem mit großen Sälen,

✳**Höhlen im
✳Demänova-Tal**

Höhlenplan

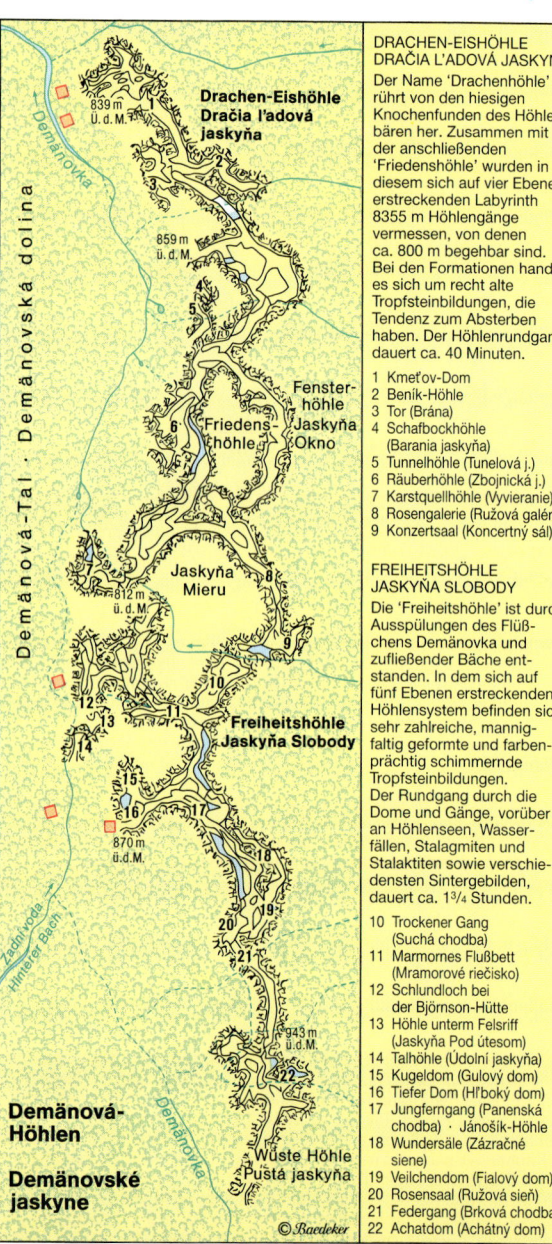

Drachen-Eishöhle
Dračia ľadová
jaskyňa

839 m
ü. d. M.

859 m
ü.d. M.

Fenster-
höhle

Friedens-   **Jaskyňa**
höhle   **Okno**

Jaskyňa
Mieru
812 m
ü.d. M.

Freiheitshöhle
Jaskyňa Slobody

870 m
ü.d.M.

943 m
ü.d.M.

Demänová-
Höhlen

Demänovské
jaskyne

Wüste Höhle
Pústá jaskyňa

© Baedeker

DRACHEN-EISHÖHLE
DRAČIA ĽADOVÁ JASKYŇA
Der Name 'Drachenhöhle'
rührt von den hiesigen
Knochenfunden des Höhlen-
bären her. Zusammen mit
der anschließenden
'Friedenshöhle' wurden in
diesem sich auf vier Ebenen
erstreckenden Labyrinth
8355 m Höhlengänge
vermessen, von denen
ca. 800 m begehbar sind.
Bei den Formationen handelt
es sich um recht alte
Tropfsteinbildungen, die
Tendenz zum Absterben
haben. Der Höhlenrundgang
dauert ca. 40 Minuten.

1 Kmeťov-Dom
2 Beník-Höhle
3 Tor (Brána)
4 Schafbockhöhle
  (Barania jaskyňa)
5 Tunnelhöhle (Tunelová j.)
6 Räuberhöhle (Zbojnická j.)
7 Karstquellhöhle (Vyvieranie)
8 Rosengalerie (Ružová galéria)
9 Konzertsaal (Koncertný sál)

FREIHEITSHÖHLE
JASKYŇA SLOBODY
Die 'Freiheitshöhle' ist durch
Ausspülungen des Flüß-
chens Demänovka und
zufließender Bäche ent-
standen. In dem sich auf
fünf Ebenen erstreckenden
Höhlensystem befinden sich
sehr zahlreiche, mannig-
faltig geformte und farben-
prächtig schimmernde
Tropfsteinbildungen.
Der Rundgang durch die
Dome und Gänge, vorüber
an Höhlenseen, Wasser-
fällen, Stalagmiten und
Stalaktiten sowie verschiedensten Sintergebilden,
dauert ca. 1³/₄ Stunden.

10 Trockener Gang
   (Suchá chodba)
11 Marmornes Flußbett
   (Mramorové riečisko)
12 Schlundloch bei
   der Björnson-Hütte
13 Höhle unterm Felsriff
   (Jaskyňa Pod útesom)
14 Talhöhle (Udolní jaskyňa)
15 Kugeldom (Gulový dom)
16 Tiefer Dom (Hľboký dom)
17 Jungferngang (Panenská
   chodba) · Jánošík-Höhle
18 Wundersäle (Zázračné
   siene)
19 Veilchendom (Fialový dom)
20 Rosensaal (Ružová sieň)
21 Federgang (Brková chodba)
22 Achatdom (Achátný dom)

Der Berg Chopok ist ein beliebtes Wintersportgebiet (s. S. 534)

Domen, Galerien u. a. sowie farbenprächtigen Tropfsteinbildungen (ganzjährig zugänglich; Führungen).

Demänova-Tal
(Fortsetzung)

Die Bergstraße zieht südlich weiter bergan in den Jasná-Tal (Jasná dolina;
1236 m ü. d. M.) genannten, freundlichen Talschlußkessel (Sommerfrische,
Wintersportgebiet). Sie endet nach 5 km unweit vom Hotel 'Družba'
(1200 m ü. d. M.) unterhalb der Talstation einer Sesselbahn, die über die
Mittelstation 'Luková' auf den Berg Chopok (2024 m ü. d. M.; s. nachstehend) führt. Vom Chopok lohnender Kammweg in 1¹/₂ St. auf den Ďumbier (2043 m ü. d. M.; s. nachstehend).
Die Sesselbahn führt südwärts weiter ins Bystrá-Tal (s. nachstehend).

✳**Jasná-Tal**

Hauptkamm der Niederen Tatra von Süden

Von Süden erreicht man den Hauptkamm der Niederen Tatra auf der das
Gebirge querenden Verbindungsstraße entweder von Podbrezová oder
von Brezno aus. Nach etwa 10 km erreicht man das Dorf Bystrá (kleine
Karsthöhle), heute ein Teil der Gemeinde Mýto pod Ďumbierom, wo sich
nach Norden das reizvolle Bystrá-Tal (Bystrá dolina) öffnet; hier führt eine
schmale Straße an dem Bergbach Bystrianka entlang bis unter den Hauptkamm.

✳**Bystrá-Tal**

An der zuvor genannten Verbindungsstraße über die Niedere Tatra erscheint 3¹/₂ km hinter Bystrá links das auf einer ausgedehnten Gebirgs-
matte angelegte Ferienzentrum Tále (750 m ü. d. M.; Skilift).
Die Straße endet nach weiteren 7¹/₂ km bei dem Berghotel 'Srdiečko'
('Herzchen') nahe der Talstation (1242 m ü. d. M.) einer Sesselbahn, die
über die Mittelstation 'Juh' (1600 m ü. d. M.; Berghotel 'Kosodrevina') auf
den Berg Chopok (2024 m ü. d. M.) führt.
Die Sesselbahn geht nordwärts weiter ins Jasná-Tal (s. zuvor).

Tále

Höchste Gipfel der Niederen Tatra (Nízke Tatry – Fortsetzung)

＊Ďumbier
Der Ďumbier (2043 m ü. d. M.), der höchste Berg der Niederen Tatra, fällt gegen Norden in einer 500 m hohen Wand mit Gletscherkaren steil ab. Vom Gipfel bietet sich bei gutem Wetter eine prächtige Aussicht, besonders auf die Hohe Tatra (⟶ Vysoké Tatry); südöstlich vom Gipfel befindet sich die Berghütte des Slowakischen Nationalaufstandes (Chata hrdinů SNP; 1740 m ü. d. M.).

＊Chopok
(Abb. s. S. 533)
Der Chopok (2024 m ü. d. M.) ist der zweithöchste Berg der Niederen Tatra und wird als vortrefflicher Aussichtspunkt viel besucht. Im Bereich des Chopok, besonders aber an seinen Nordhängen bieten sich hervorragende Skimöglichkeiten.

Králova Hoľa
Der Berg Králova hoľa (1948 m ü. d. M.) ist die höchste Erhebung im Ostteil der Niederen Tatra; auf dem Gipfel befindet sich ein Fernmeldeturm. Nordwestlich liegt das interessante Bergdorf Liptovská Teplička (900 m ü. d. M.).

Touristenorte im Bereich der Niederen Tatra

Brezno
Die Industriestadt Brezno (deutsch Bries, ungarisch Brzenobánya; 498 m ü. d. M., 14 000 Einw.), im Süden der Niederen Tatra, ist der wirtschaftliche Mittelpunkt der Region Horehronie (Gran-Tal) mit einem interessanten Regionalmuseum.
In der Umgebung liegen die Dörfer Polomka, Heľpa, Pohorelá und Šumiac mit volkstümlicher Architektur und altem Brauchtum.

Boca, Nižná, Vyšná
Die einstigen Bergmannssiedlungen Boca, Nižná (850 m ü. d. M.) und Vyšná (1000 m ü. d. M.) sind heute Sommererholungs- und Wintersportorte (Skilifte); sie besitzen noch schöne Beispiele volkstümlicher Architektur. Unweit nördlich erreicht man den Sattel Čertovica, der den Hauptkamm der Niederen Tatra überschreitet.

Nemecká
20 km nordöstlich von ⟶ Banská Bystrica liegt die große Gemeinde Nemecká (440 m ü. d. M.). Im Januar 1945 wurden in der Nähe etwa 900 aufständische Slowaken und Juden ermordet (Gedenkstätte und kleines Museum).

Záhradky
Am Fuße des Chopok (s. zuvor) und am Ende des Demänova-Tales (s. zuvor) liegt das beliebte Skizentrum Záhradky.

Orava · Arva   **I 3**

Region: Mittelslowakei
Kreis: Dolný Kubín

Definition, Lage und ＊Landschaftsbild
Das Orava-Gebiet, benannt nach dem Fluß Arva (Orava), einem rechten Zufluß der Waag (⟶ Váh), erstreckt sich zwischen der Kleinen Fatra (⟶ Malá Fatra) im Westen sowie der slowakisch-polnischen Grenze im Norden und Osten. Es umfaßt im wesentlichen die Mittleren Beskiden (Stredné Beskydy) oder Slowakischen Beskiden (Slovenské Beskydy; bis 1725 m ü. d. M.) im nördlichen Bereich, und die Arvaer Magura (Oravská Magura; höchste Erhebung Kubínska hoľa, 1346 m ü. d. M., Skiterrain) als südliches Pendant, an deren Südostfuß das reizvolle Flußtal der Arva (Orava) verläuft. Der in seinem Oberlauf zu dem großen Arvasee (Oravská priehradná nádrž) aufgestaute Fluß gehört zu den landschaftlich reizvollsten der Slowakei und bietet in seinem Unterlauf gute Wassersportmöglichkeiten.

Das Arva-Gebiet ist eine noch ursprüngliche, früher recht arme Region der Slowakei, die sich bis zur Mitte des 20. Jh.s ihren besonderen Charakter bewahrt hat. In den nördlichen Dörfern stehen noch zahlreiche typische Blockhäuser und Holzkirchlein (Oravská Lesná, Párnica, Podbiel, Rabča, Zábřež, Zázrivá, Zubrohlava) mit stroh- und schindelgedeckten Dächern, v. a. aber in dem Freilichtmuseum in Zuberec-Brestová an der Straße zur Berggruppe Roháče.

Ländliche
Architektur

Freilichtmuseum
Zuberec-Brestová

Ziele im ✳Orava-Gebiet

Die an der unteren Arva (Orava) gelegene Kreisstadt Dolný Kubín (468 m ü. d. M.; 20 000 Einw., elektronische Industrie) ist das regionale Zentrum des Orava-Gebietes. Erwähnenswert sind die katholische und die evangelische Kirche (neugotisch) und das ehem. Komitatshaus (Župný dom; von 1868), in dem heute eine Kunstgalerie untergebracht ist.

Dolný Kubín

4 km südlich von Dolný Kubín liegt die Ortschaft Vyšný Kubín (626 m ü. d. M.), der Geburtsort des slowakischen Dichters Pavol Országh, genannt Hviezdoslav (1849 – 1921; → Berühmte Persönlichkeiten).
Von hier kann man der ins Waagtal nach Rosenberg (→ Ružomberok) führenden Straße folgen, die das Choč-Gebirge (Chočské pohorie; Veľký Choč, 1611 m ü. d. M.; markierte Wanderwege, seltene Kalksteinflora) überquert.

Vyšný Kubín

Choč-Gebirge

5 km westlich von Dolný Kubín gelangt man nach Veličná (462 m ü. d. M.; 1000 Einw.), der ältesten Gemeinde im Arvatal (Volksarchitektur), Geburtsort des slowakischen Malers Peter Bohúň (1822 – 1879).
Am anderen Arva-Ufer die Ortschaft Zábřež, deren wertvolles Dorfkirchlein aus dem 16. Jh. heute im Freilichtmuseum von Zuberec-Brestová (s. zuvor) steht.

Veličná

Historischer Grundriß der Felsenburg über der Arva

✳**Burg Orava**
(Abb. s. S. 536)

10 km nordöstlich von Dolný Kubín ragt bei der Ortschaft Oravský Podzámok (ungarisch Árvaváralja; 511 m ü. d. M., 700 Einw.; klassizistische Häuser nach 1792, Alte Post aus dem 19. Jh.) auf einem schlanken, 112 m hohen Kalkfelssporn mitten im Arvatal die Burg Arva oder Orava (Oravský hrad; 623 m ü. d. M.) malerisch auf. Sie ist erstmals 1267 als 'Castrum Arva' urkundlich erwähnt, wurde im 15. und 16. Jh. vergrößert, später mehrfach wiederhergerichtet. Die Bauteile wurden etappenweise auf drei Terrassen mit drei Befestigungsanlagen errichtet; zum größten und ältesten Teil führen fast 900 Treppen hinan. Unter der Burg wurden bei den archäologischen Forschungen Spuren einer frühgeschichtlichen Siedlung (bis 1100 Jahre vor der Zeitenwende) entdeckt.
Das in der Burg eingerichtete Museum enthält Sammlungen zur Geschichte des gesamten Orava-Gebietes; von der Aussichtswarte prächtiger Blick auf die umgebenden Berge.

Museum des
Orava-Gebietes

30 km nordöstlich von Dolný Kubín erreicht man den 1948 – 1963 angelegten Arva-Stausee (Oravská priehradná nadrž; 603 m ü. d. M.), der das Wasser der in der Arvaer Magura (Oravská Magura) entspringenden Weißen Arva (Biela Orava) und der aus Polen kommenden Schwarzen Arva (Czarna Orawa) zur Energiegewinnung speichert (Turbinenkraftwerk unterhalb der

✳**Arva-Stausee**

535

Staumauer). Der Stausee erstreckt sich über eine Fläche von 35 km² und ragt nach Norden auf polnisches Gebiet.
Der bis 38 m tiefe, fischreiche See und seine Umgebung bilden ein großes Erholungsgebiet. An den von kleinen Waldstücken gesäumten südlichen und südöstlichen Ufern befinden sich mehrere Hotels, Autocamps, Campingplätze, Bungalowdörfer und Herbergen. Seerundfahrt in Aussichtsbooten von dem kleinen Hafen Ústie nad priehradou.
Im Arva-Stausee liegt die Insel Slanický ostrov umenia (Slanica-Insel der Kunst; Bootsverbindung von Slanická osada) mit einer Barockkirche (Volkskunstsammlungen), dem Überrest der im Wasser versunkenen Ortschaft Slanica.

*Orava,
Arva-Stausee
(Fortsetzung)*

*Slanica-Insel
der Kunst*

Südöstlich vom Staudamm des Arva-Stausees liegt reizvoll die einstige Holzhauersiedlung Oravice (790 m ü. d. M.), heute ein beliebter Touristenplatz und Erholungsort.
Von Oravice erreicht man in ca. 1 Std. das Tal Juráňova dolina, eines der schönsten der Slowakei; 2 km langer Kalksteincañon, durch dessen Engpässe ein in den Felsen gehauener Pfad führt.

Oravice

*Juráňova-Tal

24 km nordöstlich von Dolný Kubín und unweit südlich vom Arva-Stausee liegt Tvrdošín (570 m ü. d. M.; 5000 Einw.), ein Städtchen im Arvatal mit einer spätgotischen Holzkirche aus der zweiten Hälfte des 15. Jh.s (volkstümliche Malereien).

Tvrdošín

6 km nordöstlich von Tvrdošín gelangt man nach Trstená (607 m ü. d. M.; 4000 Einw.), einem 1371 von deutschen Siedlern gegründeten Städtchen.

Trstená

Die Slowakischen Beskiden (Slovenské Beskydy) oder Mittleren Beskiden (Stredné Beskydy), ein rund 100 km langer Bergriegel mit Höhen zwischen 1000 m und 1700 m Meereshöhe, erstrecken sich entlang der slowakisch-polnischen Grenze in den slowakischen Kreisen Žilina und Dolný Kubín.
Der westliche Teil, das Bergland der Kysuca-Beskiden, erreicht 1236 m ü. d. M. (Veľká Rača) und bietet im Winter gute Bedingungen für den Skisport. Im östlichen Teil hat man von der Berggruppe Babia hora (1725 m ü. d. M.), nördlich vom Arva-Stausee (s. zuvor), einen schönen Rundblick.

**Slowakische
Beskiden**

Die weiten Waldflächen (v. a. Fichten) der Babia hora und des Berges Pilsko (Urwaldreste), der Raum des Arva-Stausees sowie mehrere Torfmoore gehören zum Naturschutzgebiet Horná Orava (Oberes Arva-Gebiet; 700 km²).

Naturschutzgebiet
Horná Orava

Pieniny · Pieninen   **K 3**

Region: Ostslowakei
Kreise: Poprad und Stará Ľubovňa

Das kleine Kalksteinmassiv der Pieninen (Pieniny) liegt nordöstlich der Hohen Tatra (⟶ Vysoké Tatry) im Grenzgebiet zwischen Slowakei und Polen; es steigt in den Vysoké skalky bis 1050 m Meereshöhe an.

Lage und
Allgemeines

Der Pieninen-Nationalpark (Pieninský národný park; 21 km²) umfaßt jenen Teil des Gebirgsstockes, zu dem der attraktive Cañon des Grenzflusses Dunajec gehört. Die Felswände des stellenweise nur ca. 100 m breiten Taleinschnittes sind hier bis zu 300 m hoch.

**Pieninen-
Nationalpark**
*Dunajec-Cañon

Der Dunajec, dessen Flußufer ein markierter Wanderweg bgleitet, kann in einer Länge von 9 km mit Holzflößen befahren werden. Die Floßfahrten beginnen in Červený Kláštor und enden unterhalb von Lesnica.

Floßfahrten
auf dem Dunajec

◀ *Orava – Felsenburg über der Arva (s. S. 535)*

Sehenswertes im Bereich der Pieninen (Pieniny – Fortsetzung)

Červený Kláštor   In der Ortschaft Červeny Kláštor (Rotes Kloster; 465 m ü.d.M.) ist ein 1315 von Kartäusern angelegtes und Ende des 18. Jh.s. aufgelassenes Kloster sehenswert. Es ist 1956–1966 restauriert worden und beherbergt heute ein Museum mit historischen, ethnographischen und pharmazeutischen Sammlungen.

Lesnica   Das am Nordrand des Pieninen-Nationalparkes gelegene Dorf Lesnica (485 m ü.d.M.) besitzt etliche Beispiele hölzerner Volksarchitektur; solchen begegnet man auch in den südlich davon befindlichen Dörfern Haligovce und Veľká Lesná.

Haligovské skaly   Der Felsenkomplex Haligovské skaly liegt am Südrande des Pieninen-Nationalparkes. Die Kalksteinformationen sind stark gegliedert und weisen neben Geröllkegeln auch Grotten (Aksanitka) auf.

Piešťany · Pistyan   G 4

Region: Westslowakei
Kreis: Trnava
Höhe: 162 m ü.d.M.
Einwohnerzahl: 33000

Lage und
✳Bedeutung

Die auch jenseits der Landesgrenzen bekannte westslowakische Kurstadt Piešťany – deutsch Pistyan, ungarisch Pöstyén – liegt zwischen den Kleinen Karpaten (⟶ Malé Karpaty) im Westen und dem gleich östlich aufsteigenden Inovec-Gebirge im wesentlichen am rechten Ufer der Waag (⟶ Váh), die sich am südlichen Stadtrand zu dem 6 km langen und 1¹/₂ km breiten Slňava-Stausee (Wassersport) erweitert.
Piešťany besitzt zwar einen Flugplatz (im Norden), ausländische Fluggäste werden jedoch im Regelfall per Zubringerbus von bzw. nach ⟶ Bratislava (Preßburg; ca. 80 km Autobahn) befördert.

Schwefelthermen

Fango

Grundlage der Heilbehandlung sind die auf einer Waaginsel entspringenden radioaktiven Schwefelthermen (69°C; täglich ca. 4 Mio. l) sowie der in einem toten Waagarm gewonnene Schwefelschlamm (bedeutender Fango-Versand), womit besonders bei Rheumatismus (v.a. Gelenkrheuma), Gicht und Ischias sowie neuerdings auch bei organischen Nervenleiden und der Nachbehandlung von Unfallschäden gute Erfolge erzielt werden.

Sehenswertes in Piešťany

Kurpark   Mittelpunkt des Kurlebens ist der weite Kurpark (Stadtpark).
Kurhaus 'Slovan'   In seinem südlichen Teil steht das Kurhaus 'Slovan'; nördlich gegenüber
Städtisches   befindet sich das Städtische Museum (Mestské múzeum) u.a. mit einer
Museum   Abteilung von heute noch um Piešťany getragenen farbenprächtigen Trachten sowie einer Sammlung von Krücken Genesener.

Theater   Östlich vom Museum liegen das Theater (Divadlo) sowie ein Freilicht-
Freilichttheater   Amphitheater, das auch Veranstaltungen anläßlich des 'Pistyaner Musiksommers' dient.
Evang. Kirche   Am Westrand des Kurparkes erhebt sich die Evangelische Kirche.

Kolonnaden-   Vom Kurhaus 'Slovan' gelangt man südwärts an der Katholischen Kapelle
brücke   vorbei zur Kolonnadenbrücke (Kolonádný most; Ladengeschäfte), an deren Anfang die Figur eines seine Krücken zerbrechenden Mannes steht – das Symbol der Kurstadt.

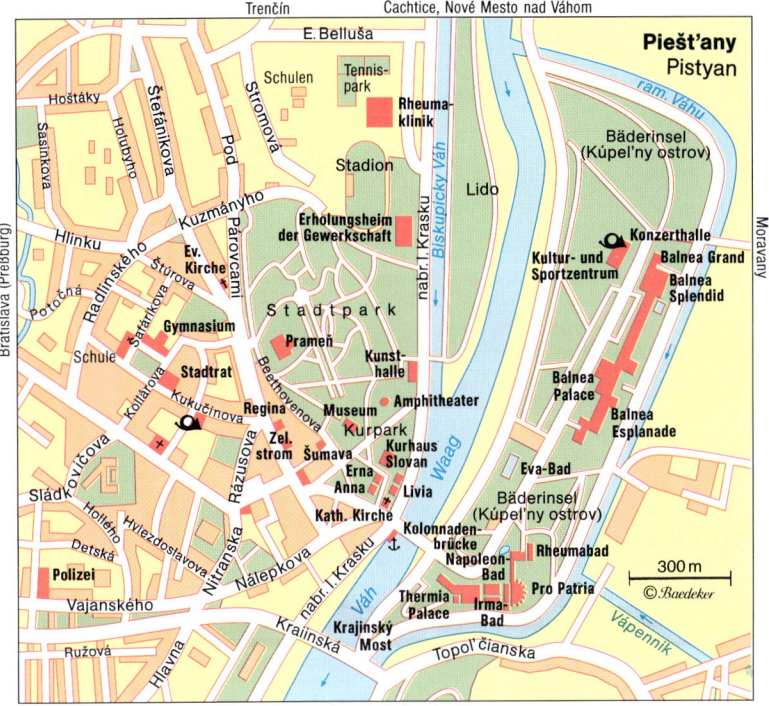

Trenčín · Čachtice, Nové Mesto nad Váhom

Piešťany
Pistyan

Slňava-Stausee · Roter Turm, Bacchus-Villa
Trnava

Die Kolonnadenbrücke führt über den Hauptarm der Waag zur Bäderinsel (Kúpelný ostrov), auf der die größten und modernsten Kurhäuser liegen ('Balnea Palace' mit Wintergarten, 'Balnea Splendid', 'Balnea Grand', 'Balnea Esplanade'), südlich das Kurhaus 'Thermia Palace' mit schönem Park und dem mit dem Kurhaus verbundenen 'Irmabad', östlich das Kurhaus 'Pro Patria', nördlich das Kurhaus 'Napoleon' ('Napoleonské kúpele') oder 'Franzensbad' (nach dem alten Namen 'Franz-Joseph-Bad').
Noch weiter nördlich liegt das Thermal-Freischwimmbad 'Eva' mit anstoßender gedeckter Schwimmhalle.
Auf der Bäderinsel ferner ein Golfplatz und eine Pferderennbahn.

Südlich von der Kolonnadenbrücke überspannt die Krajinský-Brücke den Haupt- und Nebenarm der Waag. Vom östlichen Brückenende führt ein Fußweg in wenigen Minuten hinan zum Roten Turm (Červená veža), der eine hübsche Aussicht auf den Kurort bietet.
Etwa ¼ Stunde weiter südlich liegt inmitten von Weingärten die Bacchus-Villa, die u. a. von Beethoven mehrmals besucht worden ist.

Bäderinsel
Kurhäuser

Thermal-
Badeanstalten
Golfplatz
Pferderennbahn

Krajinský-Brücke

Roter Turm
Bacchus-Villa

Umgebung von Piešťany

Südlich außerhalb der Kurstadt erstreckt sich der annähernd 500 ha große Slňava-Stausee, ein Erholungsgebiet mit Badestrand und zwei Thermalwasserbassins.

Slňava-Stausee

539

Piešťany – Blick auf das am Ufer der Waag gelegene Pistyan

Brunovce

12 km nördlich befindet sich das von einem Park im englischen Stil umgebene, viertürmige Renaissanceschloß Brunovce (1695–1697; in Restaurierung).

Čachtice

14 km nördlich von Piešťany liegt der Ort Čachtice (ungarisch Csejte; 180 m ü.d.M., 4000 Einw.) mit einer spätgotischen Wehrkirche (15. Jh.) und einem Renaissanceschloß (17. Jh.). Unweit oberhalb des Ortes die weithin sichtbaren Trümmer der sagenumwobenen, gleichnamigen Burg (375 m ü.d.M.; 13.–17. Jh.; 1708 ausgebrannt), einst Sitz von Elisabeth Báthory, die angeblich viele Jungfrauen töten ließ, um sich in deren Blut zu verjüngen; 1611 wurde sie deshalb zu lebenslänglichem Kerker verurteilt.
In der karstigen Umgebung findet man einige Tropfsteinhöhlen und Quellen.

Tematín

14 km nordöstlich von Piešťany erreicht man den Ort Tematín (ungarisch Temetvény; 525 m ü.d.M.) mit einer Burgruine aus dem 13. Jh.; in den Kalksteinhängen ein Naturschutzgebiet.

Nové Mesto
nad Váhom

20 km nördlich von Piešťany gelangt man nach Nové Mesto nad Váhom (deutsch Waagneustadtl, ungarisch Vágújhely; 195 m ü.d.M., 19000 Einw., Nahrungsmittelindustrie, Maschinenbau), einem altertümlichen Städtchen mit Waagwasserkraftwerk sowie einer hochgelegenen, an der Stelle einer ursprünglich romanischen Kirche (Turm erhalten) 1414–1423 auf achteckigem Grundriß im gotischen Stil errichteten Pfarrkirche (1667 barock ausgestaltet) und besuchenswertem Heimatmuseum. Unweit östlich ein Naherholungsgebiet am See Zelená voda (300 ha).

Bradlo

24 km nordwestlich von Piešťany erhebt sich der Hügel Bradlo mit dem Denkmal für den General Milan Rastislav Štefánik (Mitarbeiter von T. G. Masaryk), der hier 1918 bei einem Flugzeugabsturz ums Leben gekommen ist.

Poprad · Deutschendorf   **K 3**

Region: Ostslowakei
Kreis: Poprad
Höhe: 675 m ü.d.M.
Einwohnerzahl: 51 000

Die am Popper (Poprad) gelegene ostslowakische Kreisstadt Poprad – deutsch Deutschendorf, ungarisch Poprád – ist ein wichtiger Straßen- und Eisenbahnknotenpunkt mit Flughafen und wird gern als das 'Tor zur Tatra' bezeichnet. Für das Wirtschaftsleben sind Maschinenfabriken (Waggonbau), Holz- und Nahrungsmittelindustrie von Bedeutung.

Lage und Bedeutung

Deutschendorf ist eine der ursprünglich vierundzwanzig freien Zipser Städte, die im 12. und 13. Jahrhundert von eingewanderten mitteldeutschen Siedlern ('Zipser Sachsen'; → Spiš) gegründet worden sind.

Geschichte

Sehenswertes in Poprad

An dem langgestreckten Marktplatz steht die ursprünglich frühgotische Kirche St. Aegidius (13. Jh.; im 15. und 18. Jh. umgebaut). Sie birgt im Innern gotische Fresken. Der freistehende Renaissanceglockenturm stammt von 1658.

Kirche St. Ägidius

Einen Besuch lohnt das 1886 als Karpatenmuseum errichtete Tatra-Museum (Podtatranské Múzeum) mit einer ethnographischen Sammlung und Tatra-Kunstgalerie.

Tatra-Museum

Poprad verfügt über ein Winterstadion mit Kunsteisbahn.

Winterstadion

2 km nordöstlich liegt der nach 1945 zu Poprad eingemeindete und unter Denkmalschutz stehende Ort Spišská Sobota (Georgenberg; 638 m ü.d.M.), der im 13. Jh. als 'Forum Sabathi' urkundlich erwähnt ist und bis heute seinen Charakter eines mittelalterlichen Handwerkerstädtchens bewahrt hat. Hübsch präsentiert sich der Marktplatz mit seinen Renaissance- bzw. Barockbürgerhäusern.

*Spišská Sobota

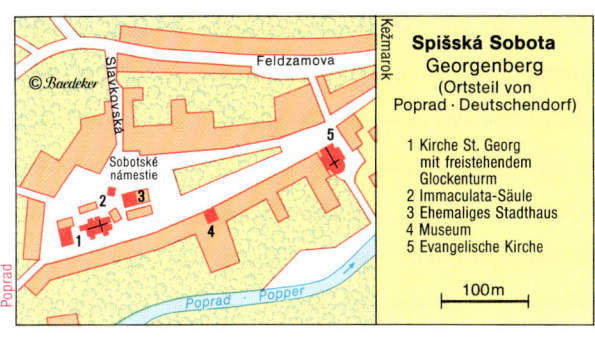

Spišská Sobota
Georgenberg
(Ortsteil von
Poprad · Deutschendorf)

1 Kirche St. Georg
  mit freistehendem
  Glockenturm
2 Immaculata-Säule
3 Ehemaliges Stadthaus
4 Museum
5 Evangelische Kirche

100m

Ortsplan

Eine Sehenswürdigkeit in der ursprünglich romanischen Kirche (im 15. Jh. gotisch und später im Barockstil umgestaltet) ist der Hauptaltar, ein Werk des Meisters von Leutschau (Pavol z Levoče; von 1516) ist. Ferner beachte man den Renaissanceglockenturm von 1598, der 1728 im Barockstil umgestaltet worden ist.

541

Umgebung von Poprad

Gánovce

5 km südöstlich liegt die Ortschaft Gánovce (Gehansdorf; 650 m ü. d. M., 500 Einw.) mit einer Thermalquelle (Schwimmbecken nur im Sommer geöffnet).

In einem nahen Travertinbruch ist der Schädelabdruck eines schätzungsweise 120 000 Jahre alten Urzeitmenschen vom Typ Neandertaler gefunden worden.

Svit

Flughafen 'Tatry'

7 km westlich von Poprad gelangt man nach Svit (763 m ü. d. M.; 10 000 Einw.), einer jungen Industriestadt (Erzeugung von Kunstfasern und Strickwaren) mit dem Poprader Flughafen 'Tatry', der regelmäßig von Linienmaschinen angeflogen wird.

Prešov · Preschau   L 3/4

Region: Ostslowakei
Kreis: Prešov
Höhe: 250 m ü. d. M.
Einwohnerzahl: 87 000

Lage und
Bedeutung

Zentrum
der Landschaft
Scharosch

Die ostslowakische Kreisstadt Prešov – deutsch Preschau bzw. Eperies, ungarisch Eperjes – liegt an der Torysa, einem Zufluß des Kundert (Hornád), und ist der politische, kulturelle und kirchliche Mittelpunkt der Landschaft Scharosch (slowakisch Šariš, ungarisch Sáros) sowie der im äußersten Osten und Nordosten der Slowakei lebenden karpato-ukrainischen Minderheit (ca. 70 000 Ruthenen). Die Stadt ist Sitz eines katholischen und eines uniert-ruthenischen Bischofs sowie einer Philosophischen und einer Pädagogischen Hochschule (Fakultäten der Universität ⟶ Košice). Neben einer ständigen slowakischen Bühne besteht das Ukrainische Nationaltheater.

Stadtplan

Prešov
Preschau

Stadtkern

1 Pfarrkirche
  St. Nikolaus
2 Rákóczi-Haus (Museum)
3 Evangelische Kirche
4 Evangelisches
  Kollegium
5 Statue der
  Unbefleckten
  Empfängnis
6 Jonáš-Záborský-Theater
7 St.-Rochus-Statue
8 Franziskanerkloster
9 Franziskanerbastei
10 Griech.-kath. Kirche
11 Bischöfliches
  Ordinariat
12 Stadion

200 m

© Baedeker

Prešov – Nikolauskirche in Preschau

Nach dem Zweiten Weltkrieg hat sich Prešov zu einem regionalen Industriezentrum entwickelt (Maschinenbau, Bekleidung, graphische Betriebe,
Nahrungsmittel), dessen von neuzeitlichen Bauten umgebener alter Stadtkern unter Denkmalschutz steht.

Bedeutung
(Fortsetzung)

Der zu Anfang des 13. Jh.s von deutschen Siedlern an einer wichtigen
Handelsstraße zwischen dem Schwarzen Meer und der Ostsee gegründete Marktflecken wurde im 14. Jh. königlich ungarische Freistadt. Der
kaiserliche General Antonio Caraffa hielt hier 1687 das sog. Eperieser Blut-
gericht über die Protestanten ab. Am 16. Juni 1919 wurde in Prešov die
Slowakische Räterepublik ausgerufen. Durch den Vertrag von Trianon
(1920) kam Prešov von Ungarn an die neugegründete (erste) Tschechoslowakische Republik. Im Jahre 1921 zählte die Stadt 17 580 slowakische,
ungarische, deutsche und jüdische Einwohner (Synagoge von 1888 mit
Dekorationen von A. Martinelli) und war damals auch Sitz eines evangelischen Bischofs; zum Gewerbebereich gehörten Maschinen- und Ofen-
fabriken, Schnapsbrennereien, Mühlen, Getreide- und Viehhandlungen.

Geschichte

Sehenswertes in Prešov

Die Hauptachse der Innenstadt bildet die platzartig verbreiterte und mit
Anlagen geschmückte Straße der Slowakischen Räterepublik (Ulica Slo-
venskej republiky rád).

**Straße der
Slowakischen
Räterepublik**

Von den in gotisch beeinflußtem Renaissancestil errichteten und oft mit
reichem Fassadenschmuck verzierten Bürgerhäusern ist das schöne
Rákóczi-Haus hervorzuheben, in dem sich heute ein Museum befindet.

Bürgerhäuser

Ferner beachtenswert sind eine Mariensäule (von 1687) und ein Neptunsbrunnen (19. Jh.) sowie ein Gedenkobelisk für die sowjetische Rote Armee.

Mariensäule
Neptunsbrunnen

543

*Kirchen	Bemerkenswerte Gotteshäuser sind die katholische Pfarrkirche St. Nikolaus (Sv. Mikuláš, 1330–1505; später mehrfach, zuletzt im 18. Jh. verändert), die 1637–1642 im Barockstil erbaute Evangelische Kirche, die ursprünglich aus dem 15. Jh. stammende spätgotische Orthodoxe Kirche der Unierten Orientalen (im 18. Jh. umgebaut) und die Franziskanerkirche (urspr. 14. Jh.; 1709 erneuert).
Stadtbefestigung Caraffa-Kerker	Teilweise erhalten sind Basteien und Gräben der einstigen Stadtbefestigung, darunter der 'Caraffa-Kerker' (16. Jh.), benannt nach dem kaiserlichen General Antonio Caraffa († 1693), der hier 1687 das berüchtigte 'Eperieser Blutgericht' über die Protestanten abhielt.
Sportstätten	Von den Sportstätten der Stadt sind besonders das Hallenschwimmbad, das Freibad und das Eisstadion zu nennen.
Nižná Šebastová	Im Stadtteil Nižná Šebastová, 4 km nordöstlich vom Zentrum, befindet sich ein mit Ecktürmen versehenes Renaissanceschloß.
Solivar	Im Stadtteil Solivar (einst Bad Sovar), 3 km östlich, befindet sich der Gebäudekomplex einer Salinenanlage aus dem ausgehenden 16. bis zum beginnenden 19. Jahrhundert, die heute als Freilichtmuseum besichtigt werden kann.
Haniska	Im Stadtteil Haniska steht ein Denkmal auf dem Hügel Furča (305 m ü.d.M.). Es soll an einen der letzten Bauernaufstände im Jahre 1831 erinnern.
Erholungsgebiete	Reizvoll gelegene Erholungszentren findet man 4 km nördlich in Dúbrava (Waldpark), 4 km südlich in Borkút und 4 km westlich in Cemjata (einst ein Kurbad).

Umgebung von Prešov

Veľký Šariš	6 km nordwestlich liegt der Ort Veľký Šariš (Scharosch; 269 m ü.d.M., 5000 Einw.) mit einer frühgotischen Kirche des 13. Jh.s (im 17./18. Jh. verändert) und einer barocken Friedhofskapelle (17. Jh.). Von dem Renaissanceschloß, in dem Franz (Ferenc) II. Rákoczi (1676–1735) zu Anfang des

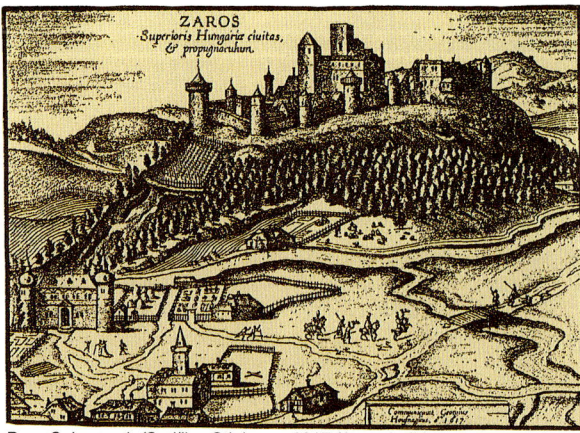

Burg Scharosch (Sariš) – Stich von 1617 (Ausschnitt)

18. Jh.s den letzten großen Aufstand des ungarischen Adels gegen das Haus Habsburg vorbereitete und das später durch einen Brand vernichtet wurde, ist nur die gotische Schloßkapelle erhalten (urspr. 14. Jh.).

Prešov,
Veľký Šariš
(Fortsetzung)

Veľký Šariš wird im Nordwesten überragt von der auf einem 572 m ü.d.M. hohen Bergkegel (Naturschutzgebiet) gelegenen Ruine der mittelalterlichen Burg Šariš (Scharosch; 13. Jh., 1687 ausgebrannt), die der Landschaft ihren Namen gab.

**Burgruine
Scharosch (Šariš)**

10 km westlich von Prešov liegt Brežany, eine Gemeinde mit einer Holzkirche, die 1727 nach dem Vorbild der Kirche von Hervartov erbaut worden ist.

Brežany

15 km nordwestlich von Prešov verdienen in Sabinov (324 m ü.d.M.; 6000 Einw.) die Reste der Stadtbefestigung am Südrand (15. und 16. Jh.) Erwähnung. Die gotische Kirche aus dem 14. Jh. besitzt eine wertvolle Inneneinrichtung. Am Marktplatz steht ein Glockenturm von 1657. Heimatmuseum.

Sabinov

23 km nordöstlich von Prešov gelangt man nach Hanušovce nad Topľou (190 m ü.d.M.; 2500 Einw.), ein Städtchen am rechten Flußufer der Topľa. Sehenswert ist hier ein Barockschloß vom Anfang des 18. Jh.s (Heimatmuseum).

Hanušovce
nad Topľou

25 km südwestlich von Prešov liegt Krompachy (Krompach; 380 m ü.d.M., 6000 Einw.), eine alte Bergstadt (Anfang des 20. Jh.s Errichtung einer Stahlhütte mit mehreren Hochöfen und eines Elektrizitätswerkes). Erhalten sind etliche Bürgerhäuser sowie das Rathaus und das Herrenhaus (beide im barock-klassizistischen Stil).

Krompachy

Preßburg

→ Bratislava

Rožňava · Rosenau   K 4

Region: Ostslowakei
Kreis: Rožňava
Höhe: 314 m ü.d.M.
Einwohnerzahl: 22000

Die ostslowakische Kreisstadt Rožňava – deutsch Rosenau, ungarisch Rozsnyó – liegt in einem Talkessel an der Slaná zwischen dem Slowakischen Erzgebirge (→ Slovenské rudohorie) im Norden und dem Slowakischen Karst (→ Slovenský kras) im Süden. Die im 13. Jh. von deutschen Siedlern gegründete Bergstadt (heute mit hohem ungarischen Bevölkerungsanteil; katholisches Bistum) besitzt ein Hüttenwerk, in dem das in der Umgebung geförderte Erz (v.a. Eisen; nur noch wenig Buntmetalle) aufbereitet wird.

Lage, Geschichte
und Bedeutung

Sehenswertes in Rožňava

Beachtenswert sind die gotische Bischofskirche (urspr. 13.–14. Jh.; im 15. und 16. Jh. umgebaut) am Marktplatz, die ehem. Prämonstratenserkirche (Mitte 17. Jh.) und die Franziskanerkirche (18. Jh.).

Kirchen

Auf dem Hauptplatz erhebt sich ein Turm aus der Zeit der Spätrenaissance (1643–1657); von oben weite Aussicht.

Turm

Bischofsresidenz   Erwähnung verdienen die Bischöfliche Residenz, ein Empirebau vom Ende
Alte Münze   des 18. Jh.s., die Alte Münze aus dem 17. Jh. sowie das informative Berg-
Bergbaumuseum   baumuseum.

Umgebung von Rožňava

Brzotín   5 km nördlich liegt der alte Bergort Brzotín (ungarisch Berzéte; 267 m
                   ü.d.M., 1500 Einw.), heute ein Ortsteil von Rožňava; hier wurde im Mittel-
                   alter Gold gefördert. Erwähnenswert sind zwei Kirchen, ein Schloß und
                   eine Burgruine.

                   Südlich erheben sich die Brzotín-Felsen mit steilen Hängen zur Silická-
                   Ebene.

Betliar   5 km nordwestlich von Rožňava gelangt man zu der Ortschaft Betliar
                   (ungarisch Betlér; 320 m ü.d.M., 1500 Einw.) mit einem ehemals gräflich
                   Andrássyschen Jagdschloß (16. Jh.), das 1880 nach französischem Vor-
                   bild umgebaut worden ist; heute dient es als Museum der Wohnkultur
                   (Mobiliar, Porzellan, Keramik, Jagdtrophäen, Uhren, Gemäldesammlung,
                   Bibliothek; Exotika). Das Anwesen umgibt ein reizvoller, im englischen Stil
                   angelegter Schloßpark.

**Burgschloß   5 km östlich von Rožňava erhebt sich über der Ortschaft Krasnohorské
Krásna Hôrka   Podhradie (350 m ü.d.M.; 2000 Einw.; Pfarrkirche von 1460, 1590–1620
                   umgebaut) die wohlerhaltene Burg Krásna Hôrka (500 m ü.d.M.), ur-
                   sprünglich aus dem 13. Jh., 1578–1583 zu einer Renaissancefestung
                   gegen die Türkeneinfälle ausgebaut, nach 1676 in einen repräsentativen
                   Herrensitz umgestaltet und nach Restaurierung (1905) das Familien-
                   museum der Grafen Andrássy (heute Abteilung des Museums von Betliar,
                   s. zuvor).

*Andrássy-   In einem kleinen Park an der Straße nach Košice befindet sich das beach-
Mausoleum   tenswerte Jugendstilmausoleum, das Graf Dionysius Andrássy für seine
                   (bürgerliche) Gemahlin Franziska († 1902) errichten ließ. Das pantheon-
                   ähnliche Innere des von Künstlern aus München und Italien gestalteten
                   Sandsteinbaues ist mit farbigem Marmor aus vielen Ländern der Erde
                   sowie bunten Mosaiksteinen reich verziert (heute Abteilung des Museums
                   von Betliar, s. zuvor).

Štítnik   14 km westlich von Rožňava liegt das einstige Bergbaustädtchen Štítnik
                   (286 m ü.d.M.; 1500 Einw.), bei dem seit dem 12. Jh. Eisenerz gefördert
                   wurde. Die wertvolle gotische Kirche aus dem 14./15. Jh. besitzt einen
                   mächtigen Turm; im Kircheninneren befinden sich gotische Fresken (14.
                   bis 16. Jh.) und die älteste Orgel in der Slowakei (1792). Ferner beachtens-
                   wert ist die Ruine einer Wasserburg, die im 19. Jh. teilweise zu einem
                   Kuriengebäude umgestaltet worden ist. Im Ort finden sich mehrere Bei-
                   spiele slowakischer Volksarchitektur.

Plešivec   15 km südwestlich von Rožňava erreicht man Plešivec (deutsch Pleißnitz
                   oder Pleischnitz, ungarisch Pelsőc; 218 m ü.d.M., 2500 Einw.), einst der
                   Hauptort des Bezirkes Gemer, in dessen Umgebung früher nach Blei und
                   Zinn gegraben wurde. Die Hauptkirche mit Resten gotischer Wandmale-
                   reien stammt aus dem 14. Jahrhundert. Der Turm wurde erst im 19. Jh.
                   angefügt. Beachtenswert ist auch die Ruine einer Wasserburg aus dem 13.
                   Jahrhundert.

Jelšava   22 km südwestlich von Rožňava liegt Jelšava (258 m ü.d.M.; 3500 Einw.),
                   ein altes Bergbaustädtchen, das an Sehenswürdigkeiten ein ehem. Roko-
                   korathaus (1781) und ein Empireschloß (1796–1801) am Marktplatz auf-
                   weisen kann.

Ružomberok · Rosenberg   I 3

Region: Mittelslowakei
Kreis: Liptovský Mikuláš
Höhe: 486 m ü. d. M.
Einwohnerzahl: 29 000

Die alte Liptauer Bergstadt Ružomberok – deutsch Rosenberg, ungarisch   Lage und
Rózsahegy – liegt am linken Ufer der Waag (⟶ Váh) und zu beiden Seiten   Bedeutung
der hier in diese mündenden Revúca. Nach Südwesten erstreckt sich das
Bergland der Großen Fatra (Veľká Fatra), im Nordosten steigt das Choč-
Gebirge auf.
Die wichtigsten Wirtschaftsbereiche sind heute die Holz-, Zellulose- und
Papier- sowie die Textilindustrie.

Sehenswertes in Ružomberok

Am Stadtplatz steht die Hauptkirche St. Andreas (urspr. 14. Jh.; später   **Kirche**
mehrfach umgestaltet); im Inneren befindet sich ein gotisches Taufbecken   **St. Andreas**
vom Anfang des 16. Jahrhunderts.

In der Nähe ein Gedenkobelisk für die Opfer der slowakischen Volkserhe-   SNP-Obelisk
bung von 1944 (SNP).

Beachtung verdienen das neobarocke Rathaus sowie einige Handwerker-   **Rathaus**
häuser aus dem 18. Jahrhundert.

Das Liptauer Museum enthält umfangreiche Sammlungen zu Bergbau und   **Liptauer Museum**
Volkskunde der Umgebung sowie eine Bildergalerie des slowakischen
Malers Ľudovít Fulla (1902–1980).

Bemerkenswert ist das spätbarocke Piaristenkloster (Ende 18. Jh.) mit   **Piaristenkloster**
Empirekirche vom Anfang des 19. Jahrhunderts.

Unweit vom Bahnhof befindet sich ein ursprünglich gotisches Kastell vom   **Kastell**
Ende des 14. Jh.s (später mehrfach verändert).

Gute Beispiele der slowakischen Volksarchitektur zeigt das Freilicht-   **Freilichtmuseum**
museum im Stadtteil Vlkolínec.   in Vlkolínec

Umgebung von Ružomberok

4 km nördlich erhebt sich die Burgruine Likava (14.–17. Jh.).   Burgruine Likava

12 km nordöstlich von Ružomberok liegt Lúčky-lázně (616 m ü. d. M.), ein   **Lúčky-lázně**
bereits 1761 gegründeter Kurort, der zur Heilung v. a. von Frauenkrank-
heiten aufgesucht wird; zwischen Kurhaus und Ortschaft beachtliche Tra-
vertinvorkommen.

12 km südöstlich von Ružomberok steigt der isoliert stehende Bergstock   **Salatín**
Salatín (1630 m ü. d. M.) auf. Die Besteigung (von Ludrová) lohnt nicht nur
wegen der interessanten Kalksteinflora am Wege, sondern besonders
wegen des prächtigen Rundblicks vom Gipfel auf fast alle Gebirge der Slo-   **Rundblick
wakei.

12 km westlich von Ružomberok gelangt man nach Ľubochňa (ungarisch   **Ľubochňa**
Fenyőháza; 445 m ü. d. M.), einem klimatischen Kurort mit Wasserheil-
anstalt (endokrine und metabolische Leiden).

Ružomberok – Schmuckfassade (19. Jh.) in Rosenberg

Ľubochňa
(Fortsetzung)

Das Tal Ľubochnianská dolina mit sieben Naturschutzgebieten (darunter der Dolomitberg Čierný Kameň) erstreckt sich 25 km nach Süden in die Große Fatra (Veľká Fatra; Schmalspurbahn).

Magurka

18 km südöstlich von Ružomberok erreicht man Magurka (1036 m ü. d. M.), eine Bergmannssiedlung aus dem 13. Jh. (einst Gewinnung von Gold und Silber; einige verlassene Stollen erhalten).
Heute ist Magurka ein ruhiger Ferienort, von dem man eine Bergwanderung über die westliche Kammpartie der Niederen Tatra (→ Nízke Tatry) unternehmen kann; z. B. in ca. 3½ Std. auf den Aussichtsberg Chabenec (1955 m ü. d. M.), einen der mit dem Slowakischen Nationalaufstand (SNP) verbundenen Berge.
3 km nordwestlich von Magurka liegt Železnô, eine kleine Sommerfrische mit Kindererholungsheim.

Donovaly

25 km südlich von Ružomberok befindet sich das besonders im Winter gern besuchte Touristenzentrum Donovaly (960 m ü. d. M.; Seilbahn auf den Berg Zvolen, 1402 m ü. d. M.; Skilifte).

Korytnica-kúpele

Unweit nordöstlich von Donovaly liegt der Kurort Korytnica-kúpele (847 m ü. d. M.), dessen Mineralquellen schon im 16. Jh. bekannt waren und heute bei Magen- und Darmleiden Anwendung finden.

Kalište

Im Jahre 1944 war die südlich von Donovaly gelegene Gemeinde Kalište (900 m ü. d. M.) ein Zentrum der slowakischen Aufstandsbewegung (SNP). Das Dorf wurde von den Deutschen niedergebrannt, die Bewohner ermordet; an diese grauenvolle Begebenheit erinnert das Denkmal 'Die Opfer warnen'.

Große Fatra

Das Mittelgebirgsland der Großen Fatra (Veľka Fatra) erstreckt sich mit Höhen bis 1592 m ü. d. M. (Ostredok) und einer Gesamtfläche von ca. 1200 km² etwa zwischen den Städten → Ružomberok, → Banská Bystrica und → Martin. Es handelt sich durchaus um eine landschaftlich attraktive Bergregion, die allerdings noch über wenig touristische Infrastruktur verfügt. Der größte Teil des Hauptkammes (mit Ausnahme des nördlichen Abschnittes) ist unbewaldet; dennoch sind ca. 90 % des Berglandes von Buchen- und Fichtenwäldern bestanden; auch Eiben kommen hier zahlreich vor.

Von Westen führen in das Gebirge reizvolle wildromantische Täler mit Karstbildungen (z. B. Gäderská dolina). Von Norden wird der Zugang durch eine Kabinenseilbahn von Ružomberok (Hrabovo – Máliné, 1209 m ü. d. M.) erleichtert, von Süden durch eine weitere, die im Norden von Banská Bystrica von Turecká ausgeht; bequemer Fußweg von Harmanec durch das Tal Bystrická dolina zum Hotel unter dem Berg Kráľova studňa (1384 m ü. d. M.).

Ružomberok,
Große Fatra
(Fortsetzung)

Sankt Martin

→ Martin

Schemnitz

→ Banská Štiavnica

Sillein

→ Žilina

Slovenské rudohorie · Slowakisches Erzgebirge   I–L 4

Region: Ostslowakei
Kreise: Banská Bystrica, Rožňava und Košice-vidiek

Das Slowakische Erzgebirge (Slovenské rudohorie), früher Zipser oder Ungarisches Erzgebirge genannt, ist ein etwa 145 km langer Gebirgszug, der sich von Kaschau (→ Košice) im wesentlichen in ostwestlicher Richtung erstreckt.

Das schon im Mittelalter von deutschen Siedlern wegen seiner reichen Bodenschätze (Edelmetalle, Eisen) erschlossene Gebirge ist zum großen Teil bewaldet. Infolge der abgeschiedenen Lage ist die Natur hier noch vergleichsweise wenig in Mitleidenschaft gezogen und das Touristenaufkommen eher bescheiden.

Lage und
Allgemeines

Ziele im Bereich des Slowakischen Erzgebirges

Der östlichste Teil des Slowakischen Erzgebirges mit den Gipfeln Volovec (1284 m ü. d. M.) und Kojšovská hoľa (1246 m ü. d. M.) ist am meisten besucht und bietet gute Voraussetzungen sowohl für den Sommerurlaub als auch zum Wintersport.

**Volovec
Kojšovská hoľa**

Weiter nach Westen breitet sich die Hochfläche Muránska planina (Kľak, 1409 m ü. d. M.) aus. Hier gibt es mehr als hundert Karstgrotten.

Muránska planina

Am Südostfuß der Hochfläche liegt der Ort Muráň (ungarisch Murányalja; 394 m ü. d. M., 1500 Einw.) mit der stattlichen Ruine einer mittelalterlichen Burg (938 m ü. d. M.; urspr. 13. Jh., im 16. Jh. umgebaut).

Muráň

Slovenské rudohorie – Holzbauernhaus im Slowakischen Erzgebirge

Slovenské rudoho-
rie (Forts.), Stolica

20 km östlich von Muráň erhebt sich der höchste Berg des Slowakischen Erzgebirges: Stolica (1476 m ü. d. M.).

Poľana

Čierny Balog

Im Westen des Slowakischen Erzgebirges schließt das Bergmassiv der Poľana (1458 m ü. d. M.) an. Am Südostfuß erstreckt sich die Gemeinde Čierny Balog (ungarisch Feketebalog; 550 m ü. d. M., 6000 Einw.), deren Bewohner noch vielfach Trachten tragen; in der Umgebung zahlreiche Hirten- und Holzfällersiedlungen. Südlich von Čierny Balog liegen naturgeschützte Urwaldgebiete (Dobročský prales). – Waldeisenbahn (von 1909) Hronec – Čierny Balog – Vydrovská dolina (11,5 km Schmalspur).

Slovenský kras · Slowakischer Karst   K 4

Region: Ostslowakei
Kreise: Rožňava und Košice-vidiek

Lage und
Landschaftsbild

Der Slowakische Karst (Slovenský kras), das größte Karstgebiet der Slowakei, erstreckt sich südwestlich bis südöstlich der Kreisstadt —→ Rožňava, in der Nähe der slowakisch-ungarischen Grenze.
Was in dieser Karstregion die Bezeichnung 'Ebene' (planina) bedeutet, erkennt der Besucher an den Beispielen der Plešivská-Ebene südwestlich von Rožňava und der Silická-Ebene südlich von Rožňava, die den Hauptteil des Slowakischen Karstes ausmachen und typische Karsterscheinungen wie Berg- und Eishöhlen, Schluchten, Klammen, Stichtäler und merkwürdige Felsbildungen aufweisen. In die 300 – 500 m mächtigen Kalksteinschichten haben die Wasserläufe tiefe Cañons eingeschnitten.
In gewisser Weise gilt dies auch für den östlichen Ausläufer des Karstes, welchen die Hügelkette Turnianská planina (mit der Ruine einer mittelalterlichen Burg) bildet.

Slovenský kras – Aragonithöhle im Slowakischen Karst

Naturerscheinungen im ✲✲ Slowakischen Karst

Die Brázda-Schlucht, 10 km südlich von Rožňava, gehört mit einer Tiefe von 180 m zu den tiefsten des Landes.

Brázda-Schlucht

Bei dem Dorf Silica (ungarisch Szilicze), 10 km südwestlich von Rožňava, befindet sich die eindrucksvolle, 85 m tiefe Eisschlucht Silická ľadnica, u.a. mit einem 12 m hohen Eiswasserfall.

Silická-Eisschlucht

In der Tropfsteinhöhle Gombasecká jaskyňa bei der Ortschaft Gombasek (ungarisch Gombaszög; 249 m ü.d.M.), 11 km südwestlich von Rožňava, gibt es bis 3 m lange, dünne Stalaktiten und rötliche Wandwasserfälle; der sog. Marmorsaal wird zur Linderung von Asthma und allergischen Leiden genutzt.

Gombasek-Tropfsteinhöhle

18 km westlich von Rožňava liegt am Westrand des Slowakischen Karstes die Ochtina-Aragonithöhle (660 m ü.d.M.), in der sich ungewöhnlich feingliedrige Kristallbildungen (v.a. Blüten) finden.

Ochtina-Aragonithöhle

Die Domica-Höhle (jaskyňa Domica), 26 km südlich von Rožňava, ist eine ausgedehnte Kalksteinhöhle mit mannigfaltigen Sälen, Domen, Kuppeln, Säulen und farbenprächtigen Tropfsteinbildungen, in der auch prähistorische Funde gemacht worden sind.

✲Domica-Höhle

Das unterirdische Flüßchen 'Styx' verbindet diese Grotte mit der noch größeren, auf ungarischem Gebiet befindlichen Aggteleker Höhle (ungarisch Baradla, d.h. 'dampfender Ort'; Juni bis Oktober Bootsverbindung).

✲Aggteleker Höhle

Das gesamte Höhlensystem mißt mit den Verzweigungen 21 km, wovon 7 km auf die Domica-Höhle entfallen. Die Besichtigung der Grotten (einschließlich Bootsfahrten) erfordert etwa 1½–2 Stunden Zeit.

Slovenský kras
(Fortsetzung)
Zádiel-Cañon

Bei dem Dorf Zádiel (ungarisch Szádelő; 236 m ü. d. M.), 22 km östlich von Rožňava, beginnt das von dem Bach Blatnica durchflossene Tal Zádielska dolina mit mannigfaltigen Kalksteinbildungen und etlichen Wasserfällen. Der Cañon ist etwa 3 km lang und an manchen Stellen nur 10 m breit; die Talwände steigen bis 400 m senkrecht in die Höhe.

Slovenský raj · Slowakisches Paradies   K 3/4

Region: Ostslowakei
Kreise: Spišská Nová Ves, Rožňava und Poprad

Lage und
*Landschaftsbild

***Nationalpark
Slowakisches
Paradies**

Das sog. Slowakische Paradies (Slovenský raj) liegt im nördlichen Slowakischen Erzgebirge (⟶ Slovenské rudohorie) und steht mit einer Fläche von 140 km^2 als Nationalpark unter strengem Natur- und Landschaftsschutz. Dieses durch Erosion zernagte Kalksteinplateau weist neben charakteristischen Karsterscheinungen (Erdfälle, Höhlen) zahlreiche, sehr tiefe und enge Cañons, Schluchten und Wasserfälle sowie eine artenreiche Fauna und Flora auf.
Größere Ausgangspunkte für den Besuch sind Dobšiná im Süden und Spišská Nová Ves im Osten. Für Wassersportler ist der Durchbruch des Flusses Kundert (Hornád) interessant.

Ziele im Bereich vom **Slowakischen Paradies

Dobšiná

Das im Süden des Slowakischen Paradieses reizvoll gelegene Bergstädtchen Dobšiná (Dobschau; 468 m ü. d. M., 4500 Einw.) wurde in der ersten Hälfte des 14. Jh.s gegründet (alter Eisen- und Kupferbau).

Dedinky

Dedinky (790 m ü. d. M.), 13 km nördlich von Dobšiná, ist eine im 14. Jh. gegründete Ortschaft unterhalb der Steilwände der Gačovská skala (1106 m ü. d. M.), die seit der Aufstauung der Göllnitz (Hnilec) zu dem See Palcmanská Maša (1956) an touristischer Bedeutung gewonnen hat. Die Ortschaft ist ein guter Ausgangspunkt für Touren zu dem Karstplateau Geravy (Seilbahn; Hotel).

Stratená

Stratená (860 m ü. d. M.; 500 Einw.), 11 km nordwestlich von Dobšiná (Paßstraße), ursprünglich ein Bergmannsdorf, ist heute ein guter Ausgangspunkt für Touren durch das Tal Stratenská dolina und auf einen der bedeutendsten Aussichtsberge des Slowakischen Paradieses, Havrania skala (1157 m ü. d. M.); unterhalb des Südoststeilhanges die unregelmäßig aktive Quelle Občasný prameň (920 m ü. d. M.).

***Dobschauer
Eishöhle**

17 km nordwestlich von Dobšiná erreicht man einen Parkplatz, von dem man auf hübschem Waldweg aufwärts in 1/2 Stunde zum Eingang der Dobschauer Eishöhle (Dobšinská ľadová jaskyňa; 969 m ü. d. M.) gelangt.
Die Gesamtausdehnung der 1870 entdeckten Eishöhle beträgt rund 8800 m^2 (davon ca. 7000 m^2 Eisfläche), die Gesamtlänge etwa 1400 m (davon 475 m begehbar). Die teilweise sehr merkwürdigen Gebilde bestehen aus reinstem Kristalleis. Im unteren Höhlenteil, der nur im Sommer zugänglich ist, fällt die Temperatur bis − 7 °C (warme Kleidung und festes Schuhwerk angeraten). Die Besichtigung der Eishöhle erfordert etwa eine Stunde Zeit.

Mlynky

Mlynky (739 m ü. d. M.) ist eine alte Bergmannsgemeinde im Tal der Göllnitz (Hnilec) am Südostrand des Slowakischen Paradieses und gilt heute als das bedeutendste Wintersportzentrum in der Region.

Vernár

Das Bergdorf Vernár (778 m ü. d. M.) liegt am Westrand des Slowakischen Paradieses und besitzt einige Beispiele typischer Volksarchitektur.

Spišska Nová Ves – Rathaus von Zipser Neudorf

Švermovo (früher Telgárt; 881 m ü.d.M., 2500 Einw.) ist die höchstgelegene Gemeinde im oberen Tal der Gran (Hron; kohlensäurehaltige Quellen). Während der Kampfhandlungen des Jahres 1944 wurde sie völlig zerstört und in den Nachkriegsjahren wiederaufgebaut.

Švermovo

Spišská Nová Ves (deutsch Zipser Neudorf, ungarisch Igló; 458 m ü.d.M.,
37000 Einw.) ist eine bedeutende Kreisstadt mit Holzindustrie und Erzbergbau im Tal des Flusses Kundert (Hornád). Im Jahre 1407 erhielt sie
Stadtrechte, war 1412–1772 an Polen verpfändet und löste dann Leutschau (⟶ Levoča) als Verwaltungshauptsitz der historischen Zipser
Städte (⟶ Spiš) ab.

**Spišská
Nová Ves**

Am Marktplatz beachte man das klassizistische Rathaus von 1780 bis
1820 und die Redoute im Sezessionsstil (1900–1905). Beachtenswert sind
ferner die gotische Hauptkirche aus der zweiten Hälfte des 14. Jh.s (der
neugotische Turm ist 86 m hoch; im Kircheninneren u.a. das Bild "Kalvarienberg" des Meisters Paul von Leutschau) sowie mehrere Bürgerhäuser
im Stil der Renaissance und des Klassizismus.

Am rechten Kundertufer liegt der Stadtteil Šestnáctka (šestnáct = 16) mit
den Häusern der Abgesandten der sechzehn (ursprünglich 24) freien Zipser Städte.

Čingov (420 m ü.d.M.) ist ein bedeutendes Erholungszentrum am Nordostrand des Nationalparkes Slowakisches Paradies und ein guter Ausgangspunkt für den Besuch des Kundert-Durchbruches sowie der Felsen-
terrasse Tamášovský výhlad (Aussichtspunkt).

Čingov

Kláštorisko (744 m ü.d.M.) liegt als einziger Touristenort im Kernbereich
des Slowakischen Paradieses und ist nur zu Fuß zu erreichen; auch von
hier kann man günstig zum Durchbruch des Kundert (Hornád) gelangen.

Kláštorisko

Slovenský raj
(Fortsetzung)
Podlesok

Der Urlaubsort Podlesok (550 m ü.d.M.) befindet sich am Nordwestrand des Nationalparkes und ist ein empfohlener Ausgangspunkt für den Besuch des Cañons Suchá Belá.

Markušovce

6 km südöstlich von Spišská Nová Ves liegt am linken Ufer des Kundert (Hornád) das Städtchen Markušovce (Marksdorf; 445 m ü.d.M., 3000 Einw.) mit einem Renaissanceschloß von 1643 (später im Rokokostil adaptiert; Museum historischer Möbel). Im Lustschloß Dardanely ein Museum historischer Tasteninstrumente. Ferner erwähnenswert ist die Ruine einer Burg vom Ende des 13. Jahrhunderts.

Slowakischer Karst

⟶ Slovenský kras

Slowakisches Erzgebirge

⟶ Slovenské rudohorie

Slowakisches Paradies

⟶ Slovenský raj

Spiš · Zips   K 3/4

Historische Landschaft
Region: Ostslowakei

Gebiet

Die Zips – slowakisch Spiš, ungarisch Szepes – ist eine historische Landschaft am Südostfuß der Hohen Tatra (⟶ Vysoké Tatry; Zipser Oberland), in den Flußgebieten des oberen Popper (Poprad) und des oberen Kundert (Hernád; Zipser Becken) sowie im Bergbaugebiet des Slowakischen Erzgebirges (⟶ Slovenské rudohorie) um Gelnica (Göllnitz; Zipser Unterland oder die 'Gründe'). Kultureller Mittelpunkt war die Stadt ⟶ Kežmarok (Käsmark).

Geschichte der
Zipser Sachsen

Die ungarischen Könige siedelten im 12. Jahrhundert deutsche Bauern aus Mitteldeutschland und Schlesien in der Oberzips (Zipser Oberland), im 13. Jahrhundert deutsche Bergleute und Handwerker in sieben Städten der 'Gründe' (Unterzips) des östlichen Slowakischen Erzgebirges an: die Zipser Sachsen. Im Jahre 1370 erhielten 24 Zipser 'Städte' der Oberzips Selbstverwaltung unter eigenen Grafen mit eigenständigem Rechtswesen ('Zipser Willkür'). Die beiden größten Städte, Käsmark (Kežmarok) und Leutschau (Levoča) waren königlich ungarische Freistädte. Kaiser Sigismund verpfändete 1412 dreizehn von den 24 Städten sowie drei weitere 'Kronstädte' an Polen; 1769 wurden die verpfändeten 16 Städte mit Ungarn vereinigt (Komitat Szepes), 1876 die Selbstverwaltung aufgehoben. Im 19. Jahrhundert bedrohten Auswanderung, das Nachrücken von Slowaken in die Städte und die erklärte Magyarisierung den Bestand der Zipser Sachsen, bis mit der Eingliederung der Zips in die (erste) Tschechoslowakische Republik (1918/1919; noch 37 000 Deutsche) die Wiederbelebung eines deutschen Schulwesens möglich wurde. Nach dem Zweiten Weltkrieg sind in den nun gänzlich slowakisierten Orten nur wenige deutschsprachige Zipser verblieben.

Ziele in der Zips

⟶ Poprad	Deutschendorf
Spišsky Štvrtok ⟶ Levoča (Leutschau), Umgebung	Donnersmarkt
Spišská Sobota bei ⟶ Poprad (Deutschendorf)	Georgenberg
⟶ Kežmarok	Käsmark
Spišské Podhradie ⟶ Levoča (Leutschau), Umgebung	Kirchdrauf
⟶ Levoča	Leutschau
Spišská Belá ⟶ Kežmarok (Käsmark), Umgebung	Zipser Bela
Spišský hrad ⟶ Levoča (Leutschau), Umgebung	Zipser Burg
Spišské Kapitula ⟶ Levoča (Leutschau), Umgebung	Zipser Kapitel
Spišská Nová Ves ⟶ Slovenský raj (Slowakisches Paradies)	Zipser Neudorf
Päť Spišských plies ⟶ Starý Smokovec (Altschmecks), Bergtouren	Zipser Seen

Starý Smokovec · Altschmecks   **K 3**

Region: Ostslowakei
Kreis: Poprad
Höhe: 1017 m ü. d. M.
Einwohnerzahl: 1000

Starý Smokovec – deutsch Altschmecks, ungarisch Tátrafüred – ist der   *Lage und
slowakische Fremdenverkehrsschwerpunkt unter der Hohen Tatra (⟶ Vy-   *Bedeutung
soké Tatry). Der Ort liegt, gegen Norden geschützt, inmitten von Nadelwald
am Fuße der Schlagendorfer Spitze (Slavkovský štít, 2452 m ü. d. M.; Aufstieg in ca. 5 Std.) und wird zum Sommerurlaub (Festveranstaltungen),
besonders aber zum Wintersport (gutes Skigelände; Rodelbahn) gern und
viel besucht. Das kulturelle Angebot wird durch Ausstellungen der Tatra-
Kunstgalerie bereichert.

Starý Smokovec – Grandhotel in Altschmecks

Starý Smokovec (Fortsetzung) Verkehrs- anbindung	Starý Smokovec liegt nur 12 km nördlich von der Kreisstadt ⟶ Poprad (Flugplatz 'Tatry') und ist mit dieser durch eine elektrische Schmalspur- bahn verbunden, die westwärts nach Tschirmer See (⟶ Štrbské pleso) und ostwärts nach Tatra-Lomnitz (⟶ Tatranská Lomica) weiterführt.

Umgebung von Starý Smokovec

Standseilbahn zum Kämmchen	Unweit nördlich oberhalb vom Grand Hotel befindet sich die Talstation 'Smokovecký výstup' (1025 m ü.d.M.) einer 2 km langen Standseilbahn (Pozemná lanovká), die in elf Minuten auf den Moränenwall 'Kämmchen' ('Hrebienok', 1280 m ü.d.M.; Skilift) führt.
Bergtouren	Vom 'Kämmchen' kann man lohnende Bergtouren (unschwer) unterneh- men, zunächst nordwestlich durch schöne Wald- und Felslandschaft an zwei Wasserfällen des Kohlbaches (Studený potok) vorüber, dann ent- weder nordwestlich weiter in das 7 km lange Große Kohlbachtal (Veľká Studená dolina) oder nördlich steil hinauf durch das terrassenförmige
*Fünf Zipser Seen	Kleine Kohlbachtal (Malá Studená dolina) in etwa drei Stunden zu den Fünf Zipser Seen (Päť Spišských plies) im obersten Talkessel (Schutzhaus; 2015 m ü.d.M.) einer großartigen Felslandschaft, umrahmt von den Wän- den der Lomnitzer Spitze (Lomnický štít; 2632 m ü.d.M.) und der Eistaler Spitze (Ľadový štít; 2628 m ü.d.M.).
Straße der Freiheit Nový Smokovec	An der sog. Straße der Freiheit ('Cesta slobody'; von Starý Smokovec bis Štrbské pleso früher 'Klotildenweg') folgt unmittelbar westlich von Starý Smokovec der Luftkurort Nový Smokovec (deutsch Neuschmecks, unga- risch Uj-Tátrafüred; 992 m ü.d.M., 1200 Einw.) mit mehreren Sanatorien und Erholungsheimen.
Tatranská Polianka	Weiter westwärts gelangt man über Tatranské Sruby (100 Einw.) nach Tatranská Polianka (deutsch Tatra-Weszterheim, ungarisch Tátra-Széplak; 1003 m ü.d.M.), einem im Walde gelegenen Höhenkurort.
Schlesierhaus am Felker See	Zwei Stunden nördlich von Tatranská Polianka steht das Schlesierhaus (Slezský dům; 1663 m ü.d.M.) am Südende des kleinen Felker Sees (Velické pleso).
**Gerlsdorfer Spitze	Man kann von hier durch das alpenflorareiche Felker Tal (Velická dolina) in weiteren fünf Stunden (nur mit Führer, zuletzt ist der Weg beschwerlich) auf die Gerlsdorfer Spitze (Gerlachovský štít; 2655 m ü.d.M.), die höchste Erhebung der Hohen Tatra, steigen. Vom Gipfel bietet sich eine großartige Rundsicht.
Vyšné Hágy	Auf der 'Straße der Freiheit' erreicht man 6 km hinter Tatranská Polianka den reizvoll gelegenen Luftkurort Vyšné Hágy (Hoch-Hágy; 1072 m ü.d.M.).

St. Martin

⟶ Martin

Štrbské pleso · Tschirmer See K 3

Region: Ostslowakei
Kreis: Poprad
Höhe: 1350 m ü.d.M.
Einwohnerzahl: 400

Štrbské pleso – Tschirmer See am Fuße der Hohen Tatra

Štrbské pleso – deutsch Tschirmer See, ungarisch Szentiványi-Csorbató – liegt am slowakischen Südfuß der Hohen Tatra (⟶ Vysoké Tatry), ist die höchstgelegene Gemeinde der Slowakei und genießt als Luftkurort, Sommerfrische (Freibad, Boote) und bedeutender Wintersportplatz inmitten ausgedehnter Waldungen am Ufer des etwa 20 ha großen gleichnamigen Sees auf der Wasserscheide zwischen Waag (⟶ Váh) und Popper (Poprad) einen ausgezeichneten Ruf. %%%*Lage und %%%*Bedeutung

Vom See hat man eine prächtige Aussicht nördlich auf die Tatragipfel vom Kriváň bis zur Schlagendorfer Spitze (Slavkovský štít), von der Bahnhofseite südlich auf die Täler der Waag (Váh), des Popper (Poprad) und des Kundert (Hornád) sowie die dahinter aufziehende Gebirgskette der Niederen Tatra (⟶ Nízke Tatry). %%%**Aussicht

Štrbské pleso liegt 23 km nordwestlich von der ostslowakischen Kreisstadt ⟶ Poprad (Flughafen 'Tatry') und ist mit dieser durch eine elektrische Schmalspurbahn (über ⟶ Starý Smokovec) verbunden. %%%Verkehrsanbindung

Umgebung von Štrbské pleso

An der Mündung des Tales Mlynická dolina liegt ein großes Skiareal (zwei Sprungschanzen, Langlaufloipen; Sessellift auf den Berg Solisko, 1830 m ü. d. M.; Skilifte). %%%**Skigebiet**

Ein lohnender Fußweg führt von Štrbské pleso nordwärts in 1$\frac{1}{2}$ Stunden durch das reizvolle Mengsdorfer Tal (Mengusovská dolina) zu dem von prächtiger Bergwelt umrahmten Poppersee (Popradské pleso; 1513 m ü. d. M.; 7 ha); unweit südlich befindet sich ein Bergsteiger-Gedenkfriedhof mit Kapelle. %%%Mengsdorfer Tal %%%*Poppersee

557

Štrbské pleso
(Fortsetzung)
Ostrva
✳✳Meeraugspitze

Vom Poppersee sind es noch 1¹/₂ Stunden ostwärts auf die aussichtsreiche Ostrva (1984 m ü.d.M.) und drei Stunden nordwärts zum Gipfel der
auf der slowakisch-polnischen Grenze gelegenen Meeraugspitze (Rysy,
2499 m ü.d.M.; Schutzhütte), einem der lohnendsten Aussichtsberge der
gesamten Tatra.

✳Kriváň

Die Besteigung des westlich außerhalb des Hauptkammes der Hohen
Tatra aufragenden Kriváň erfordert von Štrbské pleso fünf bis sechs Stunden Zeit und ist nicht sonderlich schwierig.

Tatranská Lomnica · Tatra-Lomnitz   K 3

Region: Ostlowakei
Kreis: Poprad
Höhe: 849 m ü.d.M.
Einwohnerzahl: 1500

✳Lage und
✳Bedeutung

Tatranská Lomnica – deutsch Tatra-Lomnitz, ungarisch Tatra-Lomnic – ist
ein prächtig gelegener und aussichtsreicher, sowohl im Sommer als auch
zum Wintersport vielbesuchter Ferienort mit ausgedehnten Parkanlagen.
Neben ⟶ Starý Smokovec und ⟶ Štrbské pleso gilt er als das bedeutendste Fremdenverkehrszentrum der slowakischen Hohen Tatra (⟶ Vysoké Tatry).

TANAP

In Tatranská Lomnica befindet sich die Verwaltung des Tatra-Nationalpar-
kes (Tatranský národný park / TANAP) sowie die Zentrale des Bergführer-
und Bergrettungsdienstes. Besuchenswert ist das TANAP-Museum mit
Sammlungen zur Pflanzen- und Tierwelt, zur Geschichte und zum Brauchtum im Gebiet der Hohen Tatra sowie einer ständigen Verkaufsausstellung
heimischen Kunstgewerbes.

Verkehrs-
anbindung

Tatranská Lomnica liegt 18 km nördlich von der ostslowakischen Kreis-
stadt⟶ Poprad (Flughafen 'Tatry') und ist mit dieser durch eine elektrische
Schmalspurbahn (über ⟶ Starý Smokovec) verbunden.

Autocamp

An der Straße Poprad – Veľká Lomnica – Tatranská Lomnica befindet sich
das gut ausgestattete Autocamp 'Eurocamp FICC', das größte des
Landes.

Umgebung von Tatranská Lomnica

Luftseilbahn
auf die
✳✳**Lomnitzer
Spitze**

Bei dem nördlich oberhalb gelegenen Grand Hotel 'Praha' befindet sich
die Talstation (989 m ü.d.M.) einer insgesamt 5847 m langen Luftseilbahn
('Visutá lanovka', in der Hochsaison nur mit vorbestellten Platzkarten zu
benutzen) über die Mittelstation 'Štart' (1150 m ü.d.M.) in 23 Minuten zum
Berghotel 'Encián' beim Observatorium am Steinbachsee (Skalnaté pleso;
1750 m ü.d.M., gutes Skigelände, Schutzhaus; Sesselbahn auf den Lomnitzer Kamm · Lomnický hrebeň, 2200 m ü.d.M.). Vom Steinbachsee nach
Kabinenwechsel weiter in elf Minuten auf die Lomnitzer Spitze (Lomnický
štít; 2632 m ü.d.M.), den zweithöchsten Gipfel der Hohen Tatra mit prächtiger Nah- und Fernsicht.

Bergwanderung
zum
✳**Grünen See**

Vom Ortsteil Tatranské Matliare (Matlarenau; 896 m ü.d.M.) geht es 3 km
nordöstlich im Tal des Weißwassers (Biela voda) aufwärts und an dem
hohen Moränenhang vom 'Stößchen' ('Stežky', rechts; 1530 m ü.d.M.)
vorbei zur Salbeiquelle (Šalviový pramen, 1200 m ü.d.M.; 45 Minuten). Von
hier gelangt man über eine Brücke auf das rechte Bachufer und in 90 Minuten zum Grünen See (Zelené pleso, 1545 m ü.d.M.; Schutzhaus) in dem

Tatranská Lomnica – Herbst in Tatra-Lomnitz

großartigen Talabschluß zwischen den Steilwänden des Ratzenbergs (Veľká Svišťovka; 2037 m ü.d.M.), der Käsmarker Spitze (Kežmarský štit; 2558 m ü.d.M.), des Schwalbenturms (Lastovičia veža; 2625 m ü.d.M.), der Grünseespitze (Vyššia Barania strážnica; 2526 m ü.d.M.), der Rotseespitze (Kolový štit; 2418 m ü.d.M.) und des sagenumwobenen zuckerhutförmigen Karfunkelturms (Jastrabia veža; 2137 m ü.d.M.). Für erfahrene Skiläufer ist diese Bergtour auch im Winter lohnend.

Tatranská Lomnica, Bergwanderung (Fortsetzung)

Trebišov · Trebischau   L 4

Region: Ostslowakei
Kreis: Trebišov
Höhe: 109 m ü.d.M.
Einwohnerzahl: 15000

Die rund 50 km ostsüdöstlich von Kaschau (⟶ Košice), jenseits des Eperieser Gebirges (Slanské vrchy) gelegene Kreisstadt Trebišov – deutsch Trebischau, ungarisch Tőketerebes – ist das Zentrum der Region Zemplín in der Ostslowakischen Tiefebene (Východoslovenská nížina) unweit der slowakisch-ungarischen Grenze.

Lage und Bedeutung

Bemerkenswertes in Trebišov

Im Schloß, einem Barockbau von 1786, ist heute das Heimatmuseum untergebracht.

Schloß

Im dem nach englischem Muster angelegten Park befindet sich das neugotische Mausoleum (von 1893) der ungarischen Adelsfamilie Andrássy.

Andrássy-Mausoleum

559

Trebišov (Forts.)   Im Bereich der Ruine der Burg Pavič (1254) werden archäologische Gra-
Burgruine Pavič   bungen durchgeführt.

Kirche und Kloster   Beachtung verdienen die ursprünglich spätgotische, zur Zeit des Barock
                     umgebaute Kirche und das Gebäude des 1520 gegründeten Klosters.

Umgebung von Trebišov

Kráľovský   30 km südöstlich und nur gut 10 km westlich vom Dreiländereck, wo die
Chlmec   Grenzen von Slowakei, Ungarn und Ukraine zusammentreffen, liegt das
                    Städtchen Kráľovský Chlmec (130 m ü. d. M.). Erwähnenswert sind hier die
                    größte altslawische Grabstätte im Osten des Landes, die Reste einer mit-
                    telalterlichen Burg sowie eine gotische, später barockisierte Kirche.

Trenčín · Trentschin   H 4

                    Region: Westslowakei
                    Kreis: Trenčín
                    Höhe: 211 m ü. d. M.
                    Einwohnerzahl: 57 000

Lage und   Die westslowakische Kreisstadt Trenčín – deutsch Trentschin, ungarisch
Bedeutung   Trencsén – liegt am linken Ufer der Waag (⟶ Váh) und am Südostrand der
                    Weißen Karpaten (Bíle Karpaty), auf deren Kamm die alte ungarisch-
                    mährische, heute die slowakisch-tschechische Grenze verläuft. Die Stadt
                    ist ein wichtiger Straßen- und Eisenbahnknotenpunkt; ihr Wirtschaftsleben
                    wird von Betrieben des Maschinenbaues, Textilfabriken und Nahrungs-
                    mittelindustrie bestimmt.

Sehenswertes in Trenčín

＊**Burg**

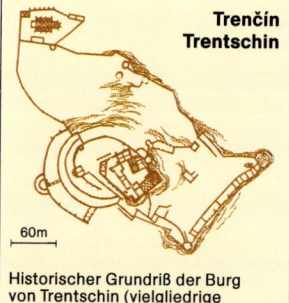

**Trenčín
Trentschin**

60m

Historischer Grundriß der Burg
von Trentschin (vielgliedrige
Gipfelburg mit weiten Außenwerken
und anschließender, befestigter
Burgkirche)

Über der Stadt thront auf mächtigem Felsen die ansehnliche Ruine
einer Burg, die bereits im 11. Jh.
gegründet, im 13. Jh. zur Verteidigung des mittleren Waagtales
ausgebaut (der 33 m hohe Haupt-
turm aus dieser Zeit ist erhalten)
sowie im 15. und 16. Jh. erheblich
vergrößert wurde; 1790 brannte
die Burg aus und wurde verlassen.
Erst seit 1954 wird die Anlage
schrittweise   wiederhergestellt;
Teile des Kreismuseums sind dort
bereits untergebracht.
Im Burghof steht der nach einer
Legende im 15. Jh. von einem türkischen Bittsteller als Lösegeld für
seine vom Burgherrn gefangen-
gehaltene Braut in den Felsen ge-
hauene 'Brunnen der Liebenden'.
Eine lateinische Inschrift von 179 n.Chr. am Burgfelsen (vermutlich das
älteste schriftliche Zeugnis auf dem Boden der Slowakei) besagt, daß die
in dem hiesigen Heerlager Laugaricio stationierte römische Legion den
germanischen Stamm der Quaden besiegt habe.

Aussicht   Von der Burghöhe bietet sich eine weite Aussicht ins Waagtal.

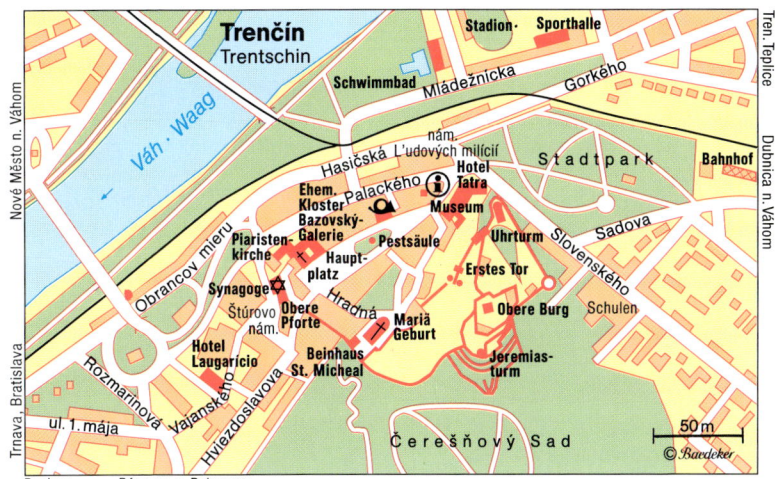

Beachtenswert ist die an den Burgfelsen gebaute gotische ehem. Stadt-
pfarrkirche Mariä Geburt (14. Jh.; 1528 umgebaut) mit einem prächtigen
Alabasteraltar (evtl. von G. R. Donner) in der angebauten Illéshazy-Kapelle.
An dem langgestreckten Hauptplatz steht die doppeltürmige barocke
Piaristenkirche vom Anfang des 18. Jahrhunderts.

Pfarrkirche

Piaristenkirche

Trenčín – Burg Trentschin

Burgruine Beckov

Bürgerhäuser
Stadtmauerreste
Pestsäule
Synagoge

Ferner bemerkenswert sind in der Stadt mehrere Renaissance- und Barockhäuser, einige gut erhaltene Reste der alten Stadtmauern (v. a. ein Stadttor aus dem 16. Jh.), eine Pestsäule von 1712 sowie eine große Synagoge (Abb. s. S. 107).

Umgebung von Trenčín

Trenčianské
Teplice

12 km nordöstlich liegt der Kurort Trenčianské Teplice (deutsch Trentschinteplitz, ungarisch Tencsénteplice; 268 m ü. d. M., 4000 Einw.). In dem in waldreicher Gebirgsgegend malerisch an der Teplička gelegenen Heilbad entspringen mehrere bis 40°C warme Schwefelkalkquellen, die besonders bei Rheumatismus, Gicht und Nervenleiden angewendet werden. Bemerkenswert ist das ganz in maurischem Stil ausgestaltete Kurhaus 'Sina'. Zu den Kureinrichtungen gehört auch das Thermalschwimmbad 'Zelená žába' ('Grüner Frosch'). Alljährlich wird ein 'Musiksommer' veranstaltet.

Dubnica
nad Váhom

13 km nordöstlich von Trenčín gelangt man zu der Industriestadt Dubnica nad Váhom (ungarisch Máriatölgyes; 242 m ü. d. M., 19000 Einw., Maschinenfabriken) mit einem Schloß aus dem 16. und 17. Jh. und Schloßpark; Pranger von 1728.

Beckov
*Burgruine

15 km südwestlich von Trenčín erreicht man das Städtchen Beckov (ungarisch Beczkó; 2000 Einw.), malerisch überragt von der auf hohem Felsen gelegenen mächtigen Ruine der gleichnamigen Burg (13. – 15. Jh.; 1729 ausgebrannt).
Im Ort beachtenswert sind die barocken Gebäude eines ehem. Franziskanerklosters (Kirche vom Ende des 17. Jh.s), eine gotische Kirche vom Ausgang des 14. Jh.s, fünf Kuriengebäude und Reste der Stadtbefestigung.

18 km nordöstlich von Trenčín befindet sich Ilava (deutsch Illau oder Ilau, ungarisch Illava; 255 m ü.d.M., 5000 Einw.) mit einer ehem. Festung (im 17. Jh. Kloster; später Gefängnis).

Am gegenüberliegenden Ufer der Waag (Wasserkraftwerk; Fluß- und Kanalbrücke) liegt Pruské (Pruskau) mit einem ehem. Franziskanerkloster (18. Jh.) und ehemals gräflich Königseggschem Renaissanceschloß.

7 km nordwestlich von Ilava erhebt sich auf einem steilen Felskegel die Ruine der Burg Vršatec (deutsch Löwenstein, ungarisch Oroszlánkó) aus dem 13. Jh.; in der Nähe bizarre Felswände.

Trenčín
(Fortsetzung)
Ilava

Pruské

Burgruine
Löwenstein

Trnava · Tyrnau   G 4

Region: Westslowakei
Kreis: Trnava
Höhe: 146 m ü.d.M.
Einwohnerzahl: 72000

Die traditionsreiche Stadt Trnava – deutsch Tyrnau, ungarisch Nagyszombat – ist ein regionales Zentrum in der südwestlichen Slowakei. Die heutige Kreisstadt, 55 km nordöstlich von der slowakischen Hauptstadt → Brati-

Lage und
Bedeutung

Stadtplan

slava (Preßburg; Autobahnverbindung), liegt an dem aus den Kleinen Karpaten (⟶ Malé Karpaty) herabkommenden Fluß Trnávka, bildet einen wichtigen Straßen- und Eisenbahnknotenpunkt und hat Betriebe des Maschinenbaues und der Nahrungsmittelindustrie. Im Kulturleben sind die Pädagogische Fakultät und das Theater von Bedeutung.

Lage und Bedeutung (Fortsetzung)

Im Jahre 1238 wurde Trnava die erste königlich ungarische Stadt in der Slowakei. Von 1541 bis 1820 war sie Sitz des Domkapitels von Esztergom (Gran), zeitweilig Residenz des Primas von Ungarn sowie 1635–1777 Standort einer dann nach Budapest verlegten Universität.
Wegen der Vielzahl seiner Kirchen wurde Trnava auch als 'slowakisches Rom' apostrophiert.

Geschichte

Slowakisches Rom

Sehenswertes in Trnava

Die 1389 gegründete gotische Domkirche St. Nikolaus (1906 innen renoviert) besitzt zwei schwerfällige Türme aus dem 18. Jahrhundert.

*Domkirche
St. Nikolaus

Die barocke Jesuitenkirche (innen reiche Stukkaturen), einst Universitätskirche, stammt aus dem Jahre 1637.

Jesuitenkirche

Die ursprünglich gotische Klosterkirche der Franziskaner ist im 14. Jh. entstanden und im 17. Jh. barock umgestaltet worden.

Franziskaner-Klosterkirche

Von den Profanbauten der Stadt sind bemerkenswert am Universitätsplatz (Univerziné námestie) die barocken Gebäude der ehem. Universität (17. und 18. Jh.), das ehem. Erzbischöfliche Palais von 1562, der 1574 im Renaissancestil errichtete Stadtturm (später barockisiert) an dem langgestreckten Hauptplatz, sowie zahlreiche alte Bürgerhäuser und bedeutende Reste der Stadtbefestigung des 13./14. Jahrhunderts.

Profanbauten

Aufschluß über die Geschichte von Stadt und Umgebung vermittelt das Heimatmuseum.
An der Seminargasse (Seminárská ulica) steht das als Museum eingerichtete Geburtshaus des slowakischen Komponisten Mikuláš Schneider-Trnavský (1881–1958).

Heimatmuseum

M.-Schneider-Trnavský-Museum

Umgebung von Trnava

11 km nördlich liegt der kleine Ort Dolná Krupá (ungarisch Alsókorompa; 192 m ü. d. M., 2500 Einw.) mit einem Ende des 18. Jh.s erbauten klassizistischen Schloß (Musikmuseum) und schönem Park (exotische Bäume). In dem sog. Beethoven-Pavillon wohnte der Komponist während seiner Besuche in den Jahren 1803–1809.

Dolná Krupá

12 km nordöstlich von Trnava befindet sich am rechten Ufer der Waag (⟶ Váh) die 1665–1669 zur Verteidigung gegen die Türken sternfömig angelegte Festung Leopoldstadt (deutsch Leopoldstadt, ungarisch Lipótvár; 146 m ü. d. M.), seit 1854 Strafanstalt.

Festung Leopoldov

16 km nordöstlich von Trnava erreicht man das am linken Ufer der Waag (⟶ Váh) gelegene Städtchen Hlohovec (deutsch Freistadtl, ungarisch Galgóc; 156 m ü. d. M., 17 000 Einw.; Möbel-, Textil- und Arzneimittelindustrie, Drahtzieherei). Das hochgelegene ehemals gräflich Erdödysche Barockschloß stammt aus dem 18. Jh. (im Park ein Empiretheater von 1802), die ursprünglich gotische Pfarrkirche aus dem 15. Jh. (später mehrfach verändert). Ferner erwähnenswert sind das Bürgerspital mit einer Kirche aus der

Hlohovec

◀ *Trnava – Domkirche St. Nikolaus in Tyrnau*

Trnava, Hlohovec (Fortsetzung)	Mitte des 14. Jh.s (Ende des 18. Jh.s klassizistisch umgestaltet) sowie die Klosterkirche der Franziskaner (von 1465; im 16. Jh. im Renaissancestil erneuert).
Sereď	16 km südöstlich von Trnava gelangt man nach Sereď (ungarisch Szered; 130 m ü.d.M., 16000 Einw.), ein Industriestädtchen (Nickelhütte) mit einem ursprünglich im Barockstil erbauten, ehemals fürstlich Eszterházyschen Empireschloß (1840; in Restaurierung). Der Ort ist bekannt für seine kunstgewerbliche Korbflechterei.
Galanta	32 km südöstlich von Trnava liegt die kleine Kreisstadt Galanta (ungarisch Galánta; 122 m ü.d.M., 5000 Einw.) mit dem an der Stelle eines älteren Renaissancebaues im Tudorstil errichteten ehemals fürstlich Eszterházyschen Stammschloß (Heimatmuseum) und einer barocken Pfarrkirche (1805; wertvolle Innenausstattung).

Tschirmer See

→ Štrbské pleso

Tyrnau

→ Trnava

Váh · Waag   G–I 3–5

Hauptfluß der Slowakei
Regionen: Ostslowakei, Mittelslowakei und Westslowakei
Länge: 395 km

Quellen in der Tatra	Die Waag (slowakisch Váh, ungarisch Vág), ein linker Nebenfluß der Donau (Dunaj) entsteht in der Tatra aus der Weißen Waag (Biely Váh; am Fuße der Hohen Tatra → Vysoké Tatry) und der Schwarzen Waag (Čierny Váh; in der Niederen Tatra → Nízke Tatry), die sich in der Liptau (Liptov) vereinigen.
Flußverlauf	Die Waag fließt zunächst westwärts, ist westlich von → Liptovský Mikuláš (Liptau-Sankt-Nikolaus) zu einem großen See aufgestaut, durchbricht dann bei → Ružomberok (Rosenberg) den Tatrariegel, tritt in das Becken von Turany und nach Überwindung der Kleinen Fatra (→ Malá Fatra) in das Becken von → Žilina (Sillein) ein. Danach wendet sie sich allmählich in südliche Richtung und fließt über Bytča (Bittse) und Považská Bystrica (Waagbistritz) nach → Trenčín (Trentschin) sowie weiter nach Nové Mesto nad Váhom (Waagneustadtl), wo sie das slowakische Tiefland erreicht und nun über das Rheumaheilbad → Piešťany (Pistyan) nach Sereď weiterzieht.
Vereinigung mit der Kleinen Donau	Jenseits von Sereď ist die Waag abermals zu einem großen See aufgestaut und fließt nun südostwärts über Šaľa nach Kolárovo, wo sie dem slowakischen Kleinen Donau (Malý Dunaj; früher auch Waag-Donau genannt) zufließt, die sich ihrerseits nach Aufnahme der Nitra (Neutra) bei der südslowakischen Hafenstadt → Komárno (Komorn) mit dem Hauptstrom der Donau (Dunaj) vereinigt.
Zuflüsse	Bedeutendere linke Zuflüsse der früher streckenweise starkes Gefälle aufweisenden, heute mehrfach durch Talsperren aufgestauten Waag sind Revúca und Turiec, rechte Arva (Orava) und Kysica.

Vysoké Tatry – Hohe Tatra im Sommer

Vysoké Tatry · Hohe Tatra   I/K 3

Region: Ostslowakei
Kreis: Poprad

Die Hohe Tatra (Vysoké Tatry) ist das einzige Hochgebirge der Slowakei. Die zu den Westkarpaten gehörende Gebirgsgruppe erstreckt sich im slowakisch-polnischen Grenzgebiet und wird im wesentlichen von vier Flüssen begrenzt: im Norden vom polnischen Dunajec, im Westen von der Arva (→ Orava), im Süden von der Waag (→ Váh) und im Osten vom Popper (Poprad).

Lage des Hochgebirges

Besondere touristische Bedeutung hat die Hohe Tatra von jeher für den Wintersport, zu dessen Ausübung hier beste Gelegenheiten und Einrichtungen bestehen. So bewirbt sich die Slowakei um die Ausrichtung der Olympischen Winterspiele des Jahres 2002 im Bereich der Hohen Tatra.

∗∗ Wintersportgebiet

Gebirgsgliederung

Die etwa 75 km lange und 15–35 km breite Gebirgskette der Hohen Tatra zerfällt in drei geologisch und morphologisch unterschiedene Teile:

Ausmaße

Im Westen erhebt sich die aus Granit und kristallinen Schiefern bestehende Westliche Tatra (slowakisch Západne Tatry, polnisch Tatry Zachodnie) oder Liptauer Tatra (Liptovské Tatry), die in der Bystra (2250 m ü.d.M.) gipfelt und großenteils gerundete Formen aufweist.

Westliche Tatra

Den mittleren Bereich erfüllt die zur Gänze aus Granitgestein aufgebaute Hohe Tatra (slowakisch Vysoké Tatry, polnisch Tatry Wysokie). Diese steigt

Hohe Tatra

567

Hohe Tatra
(Fortsetzung)

zwischen dem Lilienpaß (L'aliové sedlo; 1947 m ü.d.M.) im Westen und dem Kopa-Paß (Kopské sedlo; 1756 m ü.d.M.) im Osten bis zu 2655 m ü.d.M. an.

Weiße Tatra

Jenseits vom Kopa-Paß erstreckt sich die quer zur Hohen Tatra gelagerte, aus jurassischen Dolomiten und Kalken gebildete Weiße Tatra oder Belaer Tatra (→ Belianské Tatry; Havran, 2154 m ü.d.M.), die als Kalkgebirge eine von der übrigen Tatra deutlich unterschiedene, besonders reiche Flora besitzt.

Charakteristika

✳✳Hohe Tatra

Der großartigste und wildeste Teil der gesamten Tatragruppe ist die an der slowakisch-polnischen Grenze aufsteigende Hohe Tatra, deren höchster Berg, die Gerlsdorfer Spitze (Gerlachovský štit; 2655 m ü.d.M.), nicht nur die höchste Erhebung der Slowakei, sondern auch des ganzen 1200 km langen Karpatenbogens ist.

Kleinstes
Hochgebirge
der Erde

Unvermittelt, gleich einer Riesenmauer aus dem Zipser Becken (Spišská kotlina) im Süden und dem Neumarkter Becken (Podhale) im Norden emporsteigend, erscheint dieses mit einer Fläche von nur 260 km² kleinste

**Übersichtskarte
der Hohen Tatra**

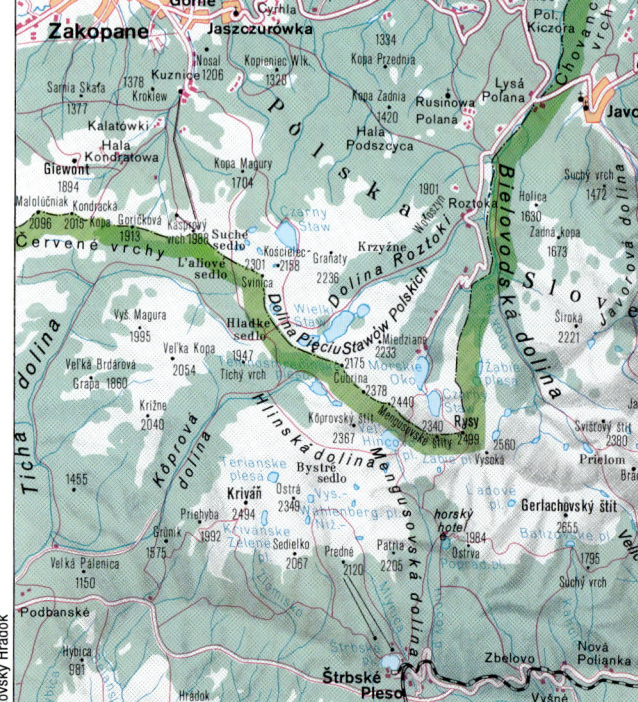

Hochgebirge der Erde (26 km Kammlänge, bis 17 km breit) als ein formen-
reiches Gebirgsmassiv von außerordentlicher Wildheit, dem heute aber
Gletscher fehlen.

Kleinstes
Hochgebirge
(Fortsetzung)

Zeugen einer starken eiszeitlichen Vergletscherung sind die charakteristischen, oft von einsamen Seen ausgefüllten Kare, über denen zerrissene
und äußerst schmale Grate sowie in steilen Wänden jäh abstürzende Gipfel aufragen. Die öden oberen Talkessel sind von riesigen Trümmermassen
erfüllt.

Kare

Die weiter unterhalb in den bewaldeten Tälern gelegenen größeren Seen
verdanken ihre Entstehung der Aufstauung durch mächtige diluviale Morä-
nenwälle. Besonders die im polnischen Teil gelegenen Seen werden als
'Meeraugen' bezeichnet, da man in früheren Jahrhunderten an eine unterirdische Verbindung mit dem offenen Meer glaubte.

Seen

Insgesamt gibt es in der Hohen Tatra über hundert Seen (slowakisch
'pleso', polnisch 'staw'), deren größter mit fast 35 ha der 'Wielki staw'
('Großer See') und deren tiefster der bei dem berühmten 'Morskie oko'
('Meerauge') gelegene 'Czarny staw' ('Schwarzer See') sind. Als größte
slowakische Seen gelten der Hinzensee (Velké Hincovo pleso; 20 ha) und
der Tschirmer See (Štrbské pleso; 20 ha).

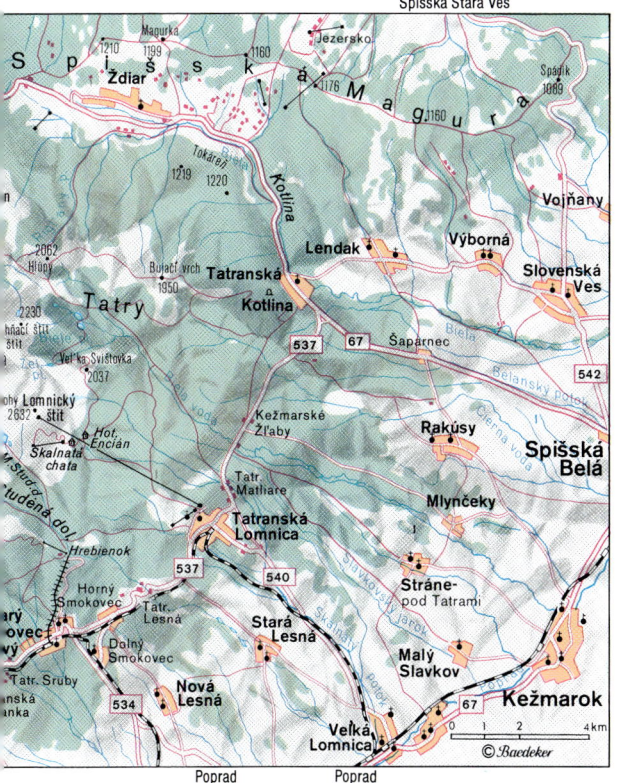

Übersichtskarte
der Hohen Tatra

569

Winterpanorama

Höchste Gipfel

Die bedeutendsten Gipfel sind außer der zuvor genannten Gerlsdorfer Spitze – von Westen nach Osten – auf einem südwestlichen Seitenkamm der sagenumwobene, vielbesungene Kriváň (2494 m ü.d.M.), die Meeraugspitze (Rysy; mit 2499 m ü.d.M. auch der höchste Punkt Polens), die Tatraspitze (Vysoká; 2560 m ü.d.M.), die nordwestlich über → Starý Smokovec auf einem Nebenkamm aufragende Schlagendorfer Spitze (Slavkovský štít; 2432 m ü.d.M.), die Eistalspitze (Ľadový štít; 2628 m) und die mit einer Luftseilbahn erreichbare Lomnitzer Spitze (Lomnický štít; 2632 m ü.d.M.).

Grotten und Wasserfälle

In der Tatra gibt es auch eine Reihe von eindrucksvollen Grotten (z.B. Belianská jaskyňa) und Wasserfällen (Skok, Obrovský vodopád, Kmeťov vodopád u.a.).

Pflanzen und Tiere in der Hohen Tatra

Vegetationsstufen

Die für die Hohe Tatra charakteristischen Vegetationsstufen, deren obere Grenzen wegen der nördlicheren Lage und des kontinentalen Klimas jeweils etwa um 500 m niedriger als in den Urgesteinsalpen liegen, beginnen mit den vom Gebirgsfuß bis auf etwa 1550 m Meereshöhe reichenden Fichtenwäldern, die teilweise auch Lärchen und besonders im östlichen Teil zahlreiche Laubbäume enthalten. An der oberen Baumgrenze stehen oft malerische Gruppen von Zirbelkiefern und Karpatenbirken. Dann folgt bis etwa 1800 m ü.d.M. die Krummholzzone (Latschen), darüber bis 2300 m ü.d.M. der Bereich der im Frühjahr und Frühsommer blumenreichen alpinen Matten.
Die höchste Stufe bildet die subnivale Zone mit vereinzelten Grasflächen und Farnen sowie unscheinbaren Moosen und Flechten. In der Felsregion wachsen auch Edelweiß (nur in der Belaer Tatra) und andere streng geschützte Hochgebirgspflanzen.

Winterpanorama

Der Tierbestand in der Hohen Tatra ist relativ gering. Es gibt nur schät- Fauna
zungsweise 700 Hirsche, 400 Rehe, 500 Gemsen (plus 150 auf der polnischen Seite), 1000 Murmeltiere, 90 Wildschweine, 25 Luchse und
15 Bären. Nur die dem Wild gefährlichen Wölfe dürfen bejagt werden.

Zum Schutz der Pflanzen und Tiere wurde 1949 das Kerngebiet der Hohen *Nationalpark
Tatra auf slowakischer Seite auf einer Fläche 51 125 ha zum Nationalpark Hohe Tatra
erklärt, wovon 1000 ha nur mit besonderer Genehmigung der in Tatranská (TANAP)
Lomnica befindlichen Nationalparkverwaltung TANAP betreten werden
dürfen; 1955 wurde auch auf polnischer Seite ein 21 546 ha großer Nationalpark geschaffen (Verwaltungssitz in Zakopane). Im Jahre 1987 wurde
das Gebiet, zu dem auch die Belaer Tatra gehört, um einen weiteren Teil
der Westlichen Tatra vergrößert.

Die TANAP-Verwaltung unterhält ein gut ausgebautes Netz von markierten
Wanderwegen und Gebirgssteigen zu den Berghütten und Gipfeln, darunter die 'Magistrala', ein am Südhang des Gebirges verlaufender prächtiger
Touristenweg, der von Podbánské über den Tschirmer See, den Poppersee, das Kämmchen, den Steinbachsee bis zur ehemaligen Käsmarkhütte
führt.

Das beträchtliche Anwachsen des Fremdenverkehrs hat in jüngster Zeit Einschränkungen
gewisse Beschränkungen notwendig werden lassen: So sind die Kamm- für Touristen
partien der Belaer Tatra für Besucher gänzlich gesperrt. Darüber hinaus
besteht das Gebot, sich ausschließlich auf markierten Wegen zu bewegen;
im Winter dürfen oberhalb der Baumgrenze nur die Pisten zu den offiziellen
Berghütten benutzt werden.

Auch der Kraftfahrzeugverkehr auf der Gebirgsrandstraße ('Cesta slobody' = 'Straße der Freiheit') war in den letzten Jahren vielfach erheblich
eingeschränkt.

Touristenzentren am Fuße der Hohen Tatra (Vysoké Tatry – Fortsetzung)

Luftkurorte
Wintersportplätze
Touristen-
stützpunkte

Die wichtigsten Luftkurorte und Wintersportplätze sowie die günstigsten Tourenstützpunkte sind auf der slowakischen Seite der Hohen Tatra im Osten die Orte → Tatranská Lomnica und → Starý Smokovec sowie im Westen → Štrbské Pleso. Neben Hotels aller Kategorien (in der Hauptreisezeit frühzeitige Vorbestellung ratsam) gibt es zahlreiche Erholungsheime und außerhalb der zuvor genannten Hauptorte große Sanatorien, in jüngster Zeit auch viele Privatquartiere.

Verkehrs-
verbindungen

Alle Orte am Süd- und Ostfuß der Hohen Tatra verbindet zwischen Štrbské pleso und Lysa Pol'ana die 'Straße der Freiheit' ('Cesta slobody').
Elektrische Schmalspurbahn: Poprad – Starý Smokovec und Tatranská Lomnicá – Starý Smokovec – Štrbské Pleso.
Zahnradbahn: Štrba – Štrbské Pleso und Starý Smokovec – Hrebienok.
Bergbahnen s. bei den Beschreibungen der Hauptorte.

Waag

→ Váh

Weinitz

→ Bojnice

Žilina · Sillein   H 3

Region: Mittelslowakei
Kreis: Žilina
Höhe: 344 m ü. d. M.
Einwohnerzahl: 96 000

Lage und
Bedeutung

Die Kreisstadt Žilina – deutsch Sillein, ungarisch Zsolna – liegt in der nordwestlichen Slowakei nahe den Mündungen der Kysuca und der Rajčianka

Stadtplan

Žilina
Sillein
Stadtkern

1 Unbefleckte
  Empfängnis
  (Statuengruppe)
2 Jesuitenkirche
  St. Paul
3 Považská-Galerie
  (ehem. Kloster)
4 Hl. Dreifaltigkeit
  (Pfarrkirche)
5 Balustrade
6 Stadttheater
7 Franziskanerkirche

100 m

© Baedeker

Renaissancegebäude   *Pfarrkirche*

in die Waag (⟶ Váh) und wird von den Höhen des Javorníky-Gebirges im
Nordwesten, des Kysuca-Berglandes im Norden, der Kleinen Fatra
(⟶ Malá Fatra) im Südosten und der Strazóvská hornatina im Südwesten
umschlossen. Sie ist Sitz einer Hochschule für Verkehrswesen und zahlreicher Fachschulen sowie ein wichtiger Straßen- und Eisenbahnknotenpunkt mit etlichen Industriebetrieben (Holz, Zellulose, Maschinenbau, chemische Produkte u. a.).

Lage und
Bedeutung
(Fortsetzung)

Die im 13. Jh. am Schnittpunkt verschiedener Handelswege gegründete
und an der Wende zum 14. Jh. von deutschen Siedlern aufgebaute Stadt
hat sich ihren mittelalterlichen Kern erhalten und bewahrt das wertvolle
sog. Silleiner Buch (Žilinská kniha) von 1378, eine Zusammenstellung juri-
stischer Richtlinien (seit Mitte des 15. Jh.s auch in slowakischer Sprache).
Die Entwicklung zur Industriestadt begann erst mit dem Bau der Eisenbahnlinie Bohumín – Košice (1871).

Geschichte

Sehenswertes in Žilina

An der Südwestecke des von alten Laubenhäusern umgebenen Marktplatzes (Dukla-Platz) liegt ein ehem. Jesuitenkloster mit Kirche von 1743.

Marktplatz

Unweit nordöstlich vom Marktplatz erhebt sich die stattliche, ursprünglich
romanische Pfarrkirche (um 1400 frühgotisch erneuert) mit einem zweiten,
1540 im Renaissancestil errichteten freistehenden Turm.

Pfarrkirche

Südöstlich gegenüber der Pfarrkirche steht das Stadttheater.

Stadttheater

An den von der Nord- bzw. Südostecke des Marktplatzes ausgehenden
Gassen Holdžova ulica und Radničná ulica mehrere Bürgerhäuser der
Renaissancezeit.

Bürgerhäuser

Franziskanerkirche	Beachtenswert ist am nördlichen Altstadtrand die Franziskanerkirche (1723–1730).
Stadtmauerreste	Reste der alten Stadtbefestigung sind erhalten.
Wehrkirche in Závodie	Erwähnung verdient im nordwestlichen Vorort Závodie (ca. 1 km vom Marktplatz) die kleine spätromanische Wehrkirche St. Stefan (13. Jh.) mit schönen Fresken im Inneren.
Trnové	Im Stadtteil Trnové (südöstlich vom Stadtzentrum) gibt es eine Holzkirche aus dem 16. Jh. und Beispiele slowakischer Volksarchitektur.
Sportstätten	Große Sportstätten (Stadion, Eishalle, Schwimmbad u.a.) befinden sich nordöstlich am linken Waagufer; südlich außerhalb der Stadt ein Hallenschwimmbad.

Umgebung von Žilina

Burgschloß Budatín	Etwa 2 km nördlich von der Altstadt steht im Mündungsdreieck von Kysuca und Waag (→ Váh) das aus einer mittelalterlichen Zollfestung Mitte des 12. Jh.s entstandene, im 15. und 16. Jh. erweiterte und zuletzt 1922/1923 restaurierte Burgschloß Budatín (Turm aus dem 13. Jh.), das heute das Waagtal-Museum (Považské múzeum; u.a. Drahtbinderei und Schnitzerei) sowie eine Waffen- und Gemäldesammlung enthält.
Strečno	9 km östlich von Žilina liegt Strečno (360 m ü.d.M.), ein Ort, bei dem ein im Zweiten Weltkrieg heftig umkämpfter Engpaß beginnt; hier durchbricht die Waag den Gebirgskamm der Kleinen Fatra (→ Malá Fatra). Oberhalb des Ortes (Richtung Žilina) erhebt sich der Hügel Zvonica mit einem Denkmal für die hier bei den Partisanenkämpfen gefallenen Franzosen.
Burgruine Strečno	In Richtung Martin liegt auf einem schroffen Felsen die Ruine der Burg Strečno aus der Mitte des 14. Jahrhunderts. Die Burg ist seit 1698 zerstört (Umfassungsmauern und ein Turm erhalten) und befindet sich nun in Rekonstruktion; von oben schöne Aussicht.
Burgruine Starhrad	Von Strečno ostwärts folgt die Straße einer engen Flußschlinge, welche die Eisenbahn in einem Tunnel abschneidet. Im Scheitelpunkt links, am anderen Ufer, erhebt sich die Ruine der Burg Starhrad (475 m ü.d.M.; urspr. 13. Jh., seit dem 18. Jh. verlassen).
Rajecké Teplice	14 km südlich von Žilina gelangt man zu dem Kurort Rajecké Teplice (415 m ü.d.M.; 1000 Einw.). Auf der Fahrt dorthin kommt man zunächst (6 km) nach Lietavská Lúčka mit der weiter westlich auf hohem Felsen thronenden großen Burgruine Lietava (13. Jh.).
Burgruine Lietava	An der Talstraße folgt nach weiteren 8 km der malerisch gelegene Badeort Rajecké Teplice mit alaunhaltigen Thermalquellen (bis 39°C), die bei Rheuma und Nervenleiden angewendet werden.
	7 km südöstlich befindet sich in dem waldreichen Tal der Bystrička das ursprünglich aus dem 16. Jh. stammende Jagdschloß Kunerád (1910 erneuert; 1944 ausgebrannt), im Zweiten Weltkrieg zeitweilig Stabsquartier einer slowakischen Partisanenbrigade, heute ein Sanatorium.
Rajec	Im Rajčanka-Tal liegt dann nach 6 km das altertümliche Städtchen Rajec (4000 Einw.; Möbel- und Textilindustrie), wo die Eisenbahnlinie von Žilina endet; die kleine Kirche St. Ladislaus ist im Kern romanisch (13. Jh.), später aber mehrfach verändert worden. In den umliegenden Dörfern (Bauerntrachten) gibt es reivolle Holzhäuser.
Bytča	14 km westlich von Žilina liegt im Waagtal die Stadt Bytča (Bittse; 308 m ü.d.M., 12000 Einw.; Maschinen- und Sportgerätebau) mit einem 1571 bis 1574 an der Stelle einer mittelalterlichen Wasserburg (einst Sitz der Familie Thurzo) erbauten, turmbestückten Renaissanceschloß (heute Staats-

Burgruine Strečno

archiv); sgraffitogeschmücktes Hochzeitspalais (1601–1606); in den Innenhofarkaden bemerkenswerte Wandmalereien.

Bytča
(Fortsetzung)

31 km südwestlich von Žilina gelangt man zu der Kreisstadt Považská Bystrica (deutsch Waagbistritz, ungarisch Vágbeszterce; 282 m ü.d.M., 31 000 Einw.), einem Industriestandort (Schwermaschinenbau) mit einer ursprünglich gotischen Kirche (14. Jh., mehrfach umgebaut).
Im Stadtteil Považské Podhradie (am gegenüberliegenden Waagufer) ein Spätrenaissanceschloß (sog. Burg) von 1631 und ein Barockschloß (1750–1775) sowie die stattliche Burgruine Považský hrad (14. Jh.; von oben schöne Aussicht).
Im Stadtteil Orlové ein Barockkastell (1773) mit Heimatmuseum.
Bei Považská Bystrica beginnt die Talsperre der Jugend (Priehrada mládeže).
Die Maninklamm (Manínská úžina) ist ein Kalksteincañon (zwischen hohen Felswänden eingeschnitten und z.T. nur wenige Meter breit).

Považská
Bystrica

Kysuce ist ein 654 km² großes Naturschutzgebiet in der Nordwestslowakei. Hierzu gehören Teile des Javorníky-Gebirges und der Slowakischen Beskiden. Das ursprüngliche charakteristische Landschaftsbild mit weit verstreuter Rodeackerbesiedlung (kopaniny) ist erhalten. Bis zum Zweiten Weltkrieg gehörte Kysuce zu den ärmsten Gegenden der Slowakei.
Der Talkessel des Flusses Kysuca ist heute ein beliebtes Touristengebiet.

Kysuce

Industrielles Zentrum des Kysuce-Gebietes ist die 31 km nördlich von Žilina gelegene Kreisstadt Čadca (420 m ü.d.M., 20 000 Einw.; Tatra-Automobilwerke, Holz- und Textilindustrie); Regionalmuseum an der Straße Palárikova ulica.

Čadca

24 km südöstlich von Čadca, in Vychylovka, ein Freilichtmuseum der Volksarchitektur.

Zips

Spiš

Zvolen · Altsohl

I 4

Region: Mittelslowakei
Kreis: Zvolen
Höhe: 292 m ü.d.M.
Einwohnerzahl: 42000

Lage und
Bedeutung

Die mittelslowakische Stadt Zvolen – deutsch Altsohl, ungarisch Zólyom –
liegt am Zusammenfluß von Gran (Hron) und Slatina, umgeben vom Kremnitzer Gebirge (Kremnické pohorie) im Nordwesten, der Poľana (⟶ Slovenské rudohorie) im Nordosten, dem Javorie-Gebirge im Südosten und
dem Schemnitzer Gebirge (Šťiavnické pohorie) im Südwesten.
Der einstige ungarische Komitatshauptort ist heute Kreisstadt und Sitz
einer Hochschule für Forstwesen und Holzwirtschaft; wichtige Gewerbe-

Stadtplan

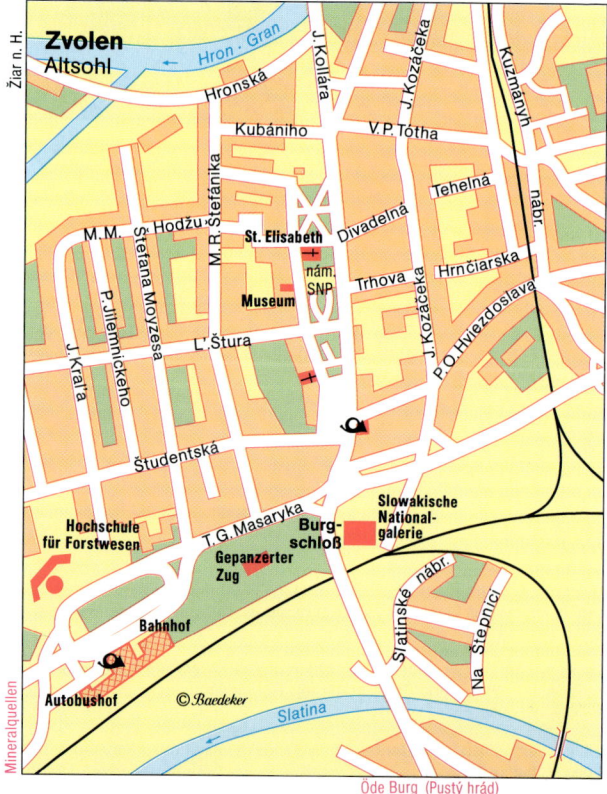

zweige sind eine bedeutende Holz- und Lebensmittelindustrie sowie eine Großziegelei.

Die Geschichte von Altsohl war stets eng verknüpft mit jener der in der zweiten Hälfte des 14. Jh.s von Ludwig I. (d. Gr.) als königliche Residenz erbauten Burg, die später auch bevorzugter Aufenthalt des ungarischen Königs Matthias Corvinus war.

Sehenswertes in Zvolen

Über dem Ufer der Slatina erhebt sich die mächtige Burg (urspr. 1360 bis 1382), die im 16. Jh. zu einem Renaissanceschloß umgebaut worden ist. Nach mehrfachen Renovierungen (zuletzt 1967) beherbergt das Burgschloß heute Sammlungen der Slowakischen Nationalgalerie (mittelalterliche und moderne Kunst, slowakische Gotik).
Im Königssaal finden von Zeit zu Zeit Konzerte und Sommerfestspiele statt.

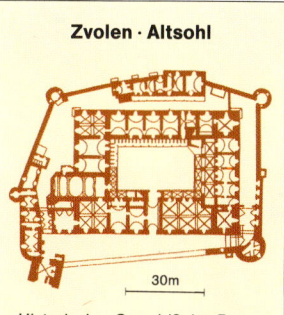

Zvolen · Altsohl

30m

Historischer Grundriß des Burgschlosses von Altsohl (Kernburg in fünfeckiger Zwingermauer)

An dem langgestreckten Stadtplatz steht die gotische Hauptkirche St. Elisabeth von 1390.

Das Theater befindet sich an der Blažovského ulica.

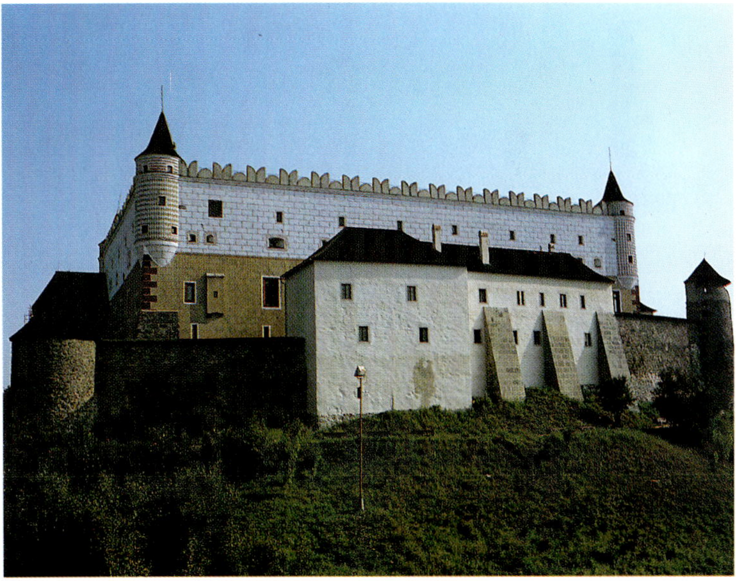

Zvolen – Burgschloß von Altsohl

Bürgerhäuser	Erwähnung verdienen etliche Bürgerhäuser aus den Epochen der Gotik, der Renaissance und des Barock.
Soldatenfriedhöfe	Am nordwestlichen Stadtrand liegen ein russischer und rumänischer Soldatenfriedhof.
Burgruinen	3 km südwestlich von der Stadtmitte befinden sich auf einer bewaldeten Anhöhe (500 m ü.d.M.) die Ruinen von Burgbauten des 13. Jh.s ('Pustý hrad' = 'Öde Burg').
Mineralquellen	Nordwestlich unterhalb der Burgruinen entspringen im Mündungsdreieck von Slatina und Gran (Hron) mehrere kohlensäurehaltige Mineralquellen.

Umgebung von Zvolen

Kováčová	5 km nordwestlich liegt der kleine Kurort Kováčová (320 m ü.d.M.), dessen 44,7–49°C warme Heilquellen bei Gelenk-, Stoffwechsel- und Frauenkrankheiten angewendet werden.
Sliač	5 km nördlich von Zvolen liegt Sliač (350 m ü.d.M., 3000 Einw.), eine aus den Orten Hájniky, Rybáre und Sliač-kúpele gebildete Großgemeinde. In Hájniky, am rechten Granufer, befinden sich eine ursprünglich romanische, später gotisierte Kirche des 14. Jh.s (Glocke von 1313) und ein Renaissanceschloß.
Sliač-kúpele	2 km östlich gelangt man zu dem um 1245 erstmals urkundlich erwähnten, im 16. Jh. unter dem Namen 'Teplicae' bekannten Kurort Sliač-kúpele (deutsch Bad Sliač, ungarisch Szliács fürdö) in schöner Lage auf einer bewaldeten Anhöhe oberhalb des Grantales. Die fünf auf 373 m Meereshöhe aus Erdrissen entspringenden gips-, eisen- und kohlensäurehaltigen Quellen (12,5–33°C) finden vornehmlich bei Herzleiden und Kreislaufstörungen Anwendung. Das Kurhaus ist von einem gepflegten Park um-

Im Kurpark von Bad Sliač   *Auf dem Friedhof von Detva*

geben. Es gibt ein Thermalfreischwimmbad; zum kulturellen Angebot gehört der regelmäßig mit internationaler Beteiligung veranstaltete 'Kultursommer'.

10 km nördlich von Zvolen befindet sich das Dorf Hronsek (312 m ü. d. M.) mit einer reizvollen Holzkirche von 1726.

Hronsek

12 km östlich von Zvolen liegt die Ortschaft Víglaš (ungarisch Végles; 345 m ü. d. M.; 1500 Einw.), überragt von dem ehem. Jagdschloß des ungarischen Königs Matthias Corvinus (15. Jh.; im Zweiten Weltkrieg niedergebrannt).

Víglaš

20 km östlich von Zvolen gelangt man zu der Bergstadt Detva (400 m ü. d. M.; 15 000 Einw.; Metallindustrie) mit alten Teilen, wo das slowakische Brauchtum besonders gepflegt wird (Holzschnitzerei, Trachten, Volkstänze und Volkslieder); hier findet man schön geschnitzte Giebel und Torbögen an den Häusern sowie verzierte Grabkreuze auf dem Friedhof.

Detva

☀Brauchtum

Praktische Informationen von A bis Z
auf den Seiten 581 bis 684

Praktische Informationen von A bis Z

Infolge der zu Beginn des Jahres 1993 eingetretenen Auflösung der Tsche- **Wichtiger**
choslowakei in die Tschechische Republik und die Slowakische Republik **Hinweis**
ist nun zwangsläufig mit Neuerungen und Veränderungen in den beiden
neuen Staaten zu rechnen.

Andenken

⟶ Einkäufe, Souvenirs

Angeln

⟶ Sport

Anreise

Mit dem Auto

Internationale Grenzübergänge

Die Grenzübergänge sind in der Regel durchgehend geöffnet.   Abfertigungszeiten
Ausnahmen bilden der Grenzübergang von Grametten an der österreichi-
schen Grenze nach Nová Bystřice Di.– Fr. 6.00 – 22.00 Uhr sowie von Sa.
6.00 bis Mo. 22.00 Uhr, ferner der Grenzübergang Mähring – Broumov
täglich nur von 9.00 bis 21.00 Uhr.

Görlitz oder Bautzen – Česká Lípa – Mělník – Praha (Straße Nr. 9):   **Deutschland /**
Grenzübergang Seifhennersdorf – Varnsdorf.   **Tschechische**
                                                                         Republik

Dresden – Děčín – Ústí nad Labem – Litoměřice – Praha (E 442, E 55
bzw. Straße Nr. 8):
Grenzübergang Schmilka – Hřensko.

Dresden – Ústí nad Labem – Litoměřice – Praha (E 55 bzw. Straße Nr. 8):
Grenzübergang Bahratal – Petrovice.

Berlin – Dresden – Teplice – Terezín – Praha (E 55 bzw. Straße Nr. 8):
Grenzübergang Zinnwald – Cínovec (starker Lkw-Verkehr)

Leipzig – Chomutov – Louny – Praha (Straße Nr. 7):
Grenzübergang Reitzenhain – Hora Svatého Šebestiána.

Leipzig – Chemnitz – Karlovy Vary – Praha (Straßen Nr. 25 und 13 sowie
E 48 bzw. Straße Nr. 6):
Grenzübergang Oberwiesenthal – Boží Dar.

Plauen – Cheb – Westböhmische Bäder – Praha (E 49):
Grenzübergang Bad Brambach – Vojtanov.

◀ *Hotel Forum in der slowakischen Hauptstadt Bratislava (Preßburg)*

Grenzübergänge Deutschland / Tschechische Republik (Fortsetzung)

Bayreuth – Cheb – Karlovy Vary oder Plzeň – Praha (E 49, E 48 oder Straße Nr. 21 und E 50):
Grenzübergang Selb – Aš.

Bayreuth – Cheb – Karlovy Vary – Praha (E 49, E 48 bzw. Straße Nr. 6): Grenzübergänge (stark belastet) Schirnding – Pomezí nad Ohří oder Waldsassen – Svatý Kříž.

Bayreuth – Mariánské Lázně – Plzeň – Praha (Straße Nr. 21 und E 50): Grenzübergänge Mähring – Broumov oder Bärnau – Tachov.

Nürnberg – Stříbro – Plzeň – Praha (Straße Nr. 5 bzw. E 50): Grenzübergang Waidhaus – Rozvadov (stark befahren).

Regensburg oder München – Domažlice – Plzeň – Praha (erst Straße Nr. 26, dann E 50):
Grenzübergänge Waldmünchen – Lísková, Furth im Wald – Folmava, Eschlkamm – Všeruby oder Bayerisch Eisenstein – Železná Ruda.

München oder Salzburg – Klatovy – Plzeň – Praha (Str. 27, dann E 50): Grenzübergang Bayerisch Eisenstein – Železná Ruda.

Passau – Strakonice – Dobříš – Praha (Straße Nr. 4):
Grenzübergänge Philippsreuth – Strážný oder Haidmühle – Stožec.

Österreich / Tschechische Republik

Salzburg / Linz – České Budějovice – Tábor – Praha (Str. 3 bzw. E 55): Grenzübergänge Weigetschlag – Studánka oder Wullowitz – Dolní Dvořiště.

Wien – Třeboň – Tábor – Praha (E 49, dann E 55):
Grenzübergänge Gmünd – České Velenice oder Neu-Nagelberg – Halámky.

Wien – Jindřichův Hradec – Soběslav – Tábor – Praha (Nr. 23 und E 55): Grenzübergänge Grametten – Nová Bystrica oder Fratres – Slavonice.

Wien – Znojmo – Jihlava – Praha (E 59 und Autobahn D 1) oder
Wien – Znojmo – Brno (Straßen Nr. 54 und 52):
Grenzübergänge Klein-Haugsdorf – Hatě, Mitter-Retzbach – Hnanice oder Laa an der Thaya – Hevlín.

Wien – Brno (E 461):
Grenzübergang Drasenhofen – Mikulov.

Wien – Břeclav – Brno (Straße Nr. 7 und Autobahn D 2):
Grenzübergang Reinthal – Poštorná.

Mopedfahrer, Radfahrer und Fußgänger können beim oberösterreichischen Guglwald (Mühlviertler Gemeinde Schönegg) über die Grenze in die Tschechische Republik gelangen:
Der Grenzübergang ist geöffnet von Mitte März bis Ende Oktober zwischen 8.00 und 20.00 Uhr.

Österreich / Slowakische Republik

Wien – Bratislava (E 58):
Grenzübergang Berg – Petržalka

Mit dem Autobus

Touring-Busse

Touringbusse der Deutschen Touring Gesellschaft verkehren von Frankfurt am Main über Würzburg und Nürnberg nach Pilsen und Prag. Auskunft,

Fahrpläne und Platzreservierung: Deutsche Touring Gesellschaft
Am Römerhof 17, D-60486 Frankfurt am Main
Tel. (069) 7 90 30 und 7 90 32 69
Reservierung u. a. auch bei Čedok (⟶ Auskunft) möglich.
Reservierungsstelle für Abfahrten aus Prag:
CK-Pragovia, Kralodvorská 5, CZ-Praha 1; Tel. (02) 2 32 87 50

Touring-Busse
(Fortsetzung)

Informationen über Autobuslinienverkehr von Deutschland jeden Sa. ab
München über Pilsen nach Prag (mit Anschlußverbindungen nach Brno,
Karlovy Vary, Liberec und Hradec Králové) sowie Weiterfahrt nach Bratis-
lava (Preßburg) erteilt in Deutschland das Reisebüro
Autobus Oberbayern
Arnulfstraße 8, D-80335 München; Tel. (089) 59 15 04

Autobus
Oberbayern

Mit der Eisenbahn

Strecken und Grenzbahnhöfe

Von Zittau über Hrádek nad Nisou nach Liberec:
Grenzbahnhöfe Zittau und Hrádec nad Nisou

**Deutschland /
Tschechische
Republik**

Von Berlin-Lichtenberg über Dresden nach Prag oder von Berlin-Lichtenberg über Leipzig und Dresden nach Prag:
Grenzbahnhöfe Bad Schandau und Děčín

Von Berlin über Leipzig nach Karlovy Vary (Karlsbad):
Grenzbahnhöfe Bad Brambach und Vojtanov

Von Zittau nach Varnsdorf:
Grenzbahnhof Zittau

Von Dresden nach Prag:
Grenzbahnhöfe: Bad Schandau und Děčín

Von Frankfurt am Main und Stuttgart über Nürnberg und Schirnding u. a.
nach Cheb (Eger) mit Anschlüssen in verschiedene Orte der Tschechischen Republik:
Grenzbahnhöfe Schirnding und Cheb

Von München und Nürnberg nach Schwandorf und Furth im Wald sowie
weiter nach Plzeň (Pilsen) und Prag:
Grenzbahnhöfe Furth im Wald und Domažlice

Von Plattling über Bayerisch Eisenstein nach Plzeň (Pilsen):
Grenzbahnhöfe Bayerisch Eisenstein und Železná Ruda

Gelegentlich werden gemeinsam von der Deutschen Bundesbahn · Deutschen Reichsbahn und den tschechischen Staatsbahnen Eisenbahnfahr-
ten zwischen dem Bayerischen Wald und dem Böhmerwald organisiert.
Auskunft: Verkehrsamt, D-94252 Bayerisch Eisenstein
Tel. (0 99 25) 3 27

Böhmerwaldkurier

Von Berlin-Lichtenberg über Leipzig und Dresden nach Bratislava:
Grenzbahnhöfe Bad Schandau und Děčín.
Von Dresden über Prag in die Hohe Tatra nach Poprad oder nach Košice
(Kaschau):
Grenzbahnhöfe Bad Schandau und Děčín

**Deutschland /
Slowakische
Republik**

Von Wien nach Prag:
Grenzbahnhöfe Gmünd und České Velenice

**Österreich /
Tschechische
Republik**

Eisenbahn Österreich / Tschechische Republik (Fortsetzung)	Von Wien nach Ostrava (Ostrau) und weiter nach Warszawa (Warschau): Grenzbahnhöfe Hohenau und Břeclav
	Von Linz nach České Budějovice (Budweis): Grenzbahnhöfe Summerau und Horní Dvořiště
Österreich / Slowakische Republik	Von Wien nach Bratislava (Preßburg): Grenzbahnhöfe Marchegg und Devínská Nová Ves
Bahninformationen	→ Eisenbahn

Anreise mit dem Flugzeug

Linienflüge

Deutschland / Tschechische Republik	Tägliche Direktverbindungen existieren zwischen Deutschland und der Tschechischen Republik von Berlin, Düsseldorf, Frankfurt am Main und München nach Prag.
	Die deutsche Tochtergesellschaft von British Airways, Deutsche BA Luftfahrtunternehmen GmbH (DBA), bietet ebenfalls mehrmals wöchentlich Non-Stop-Flugverbindungen an, und zwar von Stuttgart nach Prag. Auskunft bei British Airways in Stuttgart, Tel. (0711) 299471.
Deutschland / Slowakische Republik	Mehrmals wöchentlich wird von Berlin nach Bratislava geflogen. Außerdem existieren mehrmals wöchentlich Flüge von Frankfurt am Main und Hamburg nach Bratislava (Preßburg).
	Flüge mit Tatra Air ab München und Frankfurt am Main (sowie ab Zürich) nach Bratislava s. nachstehend.
Schweiz / Tschechische Republik	Es bestehen täglich Flugverbindungen von Zürich-Kloten sowie von Genève-Cointrin (außer So.) nach Prag; außerdem mehrmals wöchentlich von Zürich nach Brno (Brünn). Über Flugverbindungen der Tatra Air ab Zürich nach Brno informiert jedes Reisebüro; ferner Tatra Air, Flughafen Bratislava-Ivanka, Tel. (00427) 292306.
Schweiz / Slowakische Republik	Mehrmals wöchentliche Flugverbindungen existieren ab den Schweizer Flughäfen Zürich-Kloten, Genève-Cointrin sowie Lugano-Agno nach Bratislava (Preßburg). Über Flüge der Tatra Air ab Zürich nach Bratislava informiert jedes Reisebüro; ferner Tatra Air, Flughafen Bratislava-Ivanka, Tel. (00427) 292306.
Österreich / Tschechische Republik	Aus Österreich in die Tschechische Republik wird zweimal täglich ab Wien-Schwechat nach Prag geflogen. Ab Innsbruck existiert mehrmals wöchentlich eine Flugverbindung nach Prag.
Informationen	Weitere Auskünfte (z.B. Informationen über Super-flieg-&-spar-Tarif, Jugend- oder Seniorentarife u.a.) erhält man bei den Fluggesellschaften (→ Flugverkehr, Fluggesellschaften) oder einem Reisebüro.

Charterflüge

Tagesflüge Kurzurlaub	Charterflüge (Tagesflüge mit Programm; Kurzurlaub) bietet u.a. der Reiseveranstalter Fischer Reisen Berliner Allee 56, D-40212 Düsseldorf; Tel. (0211) 370529 Ballindamm 11, D-20095 Hamburg; Tel. (040) 3090 7200

Auf einen besonderen Service (u. a. Arrangements mit Flug, Übernachtung und Programm; auch Kartenservice) für den anspruchsvollen Reisenden, der vornehmlich Festival-, Musik- (z. B. Prager Frühling, Prager Winter u. a.) oder Theaterreisen nach Prag plant, hat sich außer den Čedok-Büros (⟶ Auskunft) u. a. das folgende Reisebüro spezialisiert:

Anreise, Charterflüge (Fortsetzung) Festival-, Musik-, Theaterreisen

IfB-Institut für Bildungsreisen · Exquisit
Zur Torkel 12, D-78464 Konstanz, Tel. (07531) 58020
Adressen in Prag: IfB – Europabüro Prag, Box 534, CZ-11121 Praha 1 und
IfB – Bohemia AS, Václavské náměstí 25, CZ-11121 Praha 1.

Anreise mit dem Schiff, mit dem Fahrrad und zu Fuß

Gelegentlich werden Schiffsreisen in die Tschechische Republik angeboten; beispielsweise konnten im Jahre 1992 mit der MS "Königstein" Reisen auf neu erschlossenen Wasserwegen von Potsdam über Magdeburg, Wittenberg, Torgau, Meißen, Dresden und Mělník nach Prag gebucht werden. Auskunft in spezialisierten Reisebüros (z. B. Hapag-Lloyd).

Schiffsreisen

Das Verkehrsamt von Waldsassen in der Oberpfalz organisiert von Zeit zu Zeit für Natur- und Kulturfreunde u. a. Radtouren zur Kaiserpfalz Barbarossas im böhmischen Cheb (Eger).
Auskunft:
Verkehrsamt, D-95652 Waldsassen; Tel. (09632) 8828

Radtouren

Der ostbayerische Ferienort Furth im Wald arbeitet gelegentlich Wandertouren aus, die über die deutsch-tschechische Grenze beispielsweise zur 1039 m hohen Schwarzkoppe (Čerchov), der höchsten Erhebung des Český les (böhmischer Teil des Oberpfälzer Waldes) oder nach Domažlice (Taus) im Chodenland führen.
Auskunft ('Böhmen entdecken'):
Tourist-Information, D-93437 Furth im Wald; Tel. (09973) 3813

Wanderungen

Antiquitäten

Da bei der Ausfuhr von Antiquitäten entweder mit Verbot oder mit hohen Zollgebühren zu rechnen ist, wird empfohlen, sich bei dem Außenhandelsunternehmen TUZEX (⟶ Einkäufe und Souvenirs), das allenthalben im Lande Verkaufsstellen und Vertragspartner hat, zu informieren.

Hinweis

Apotheken

In den Apotheken (tschechisch 'lékárna', slowakisch 'lekáreň') werden außer einheimischen Arzneimitteln auch ausländische Medikamente (u. U. kostenpflichtig; evtl. Rechnungen für heimische Krankenkasse aufbewahren) geführt.

Allgemeines

Im Regelfall Mo.– Fr. 8.00–18.00 sowie Sa. 8.00–12.00 Uhr.

Öffnungszeiten

In bzw. an jeder Apotheke findet sich ein Aushang mit der Anschrift der nächstgelegenen Apotheke, die Bereitschaftsdienst leistet. In großen Städten, wie Prag und Bratislava, gibt es Apotheken mit Bereitschaftsdienst rund um die Uhr.

Bereitschaftsdienst

⟶ Ärztliche Hilfe
⟶ Notdienste

Weitere Informationen

Ärztliche Hilfe

Ratschlag

Im Falle einer Erkrankung empfiehlt es sich, die Hotelrezeption oder die Reiseleitung zu informieren.

Notarzt

Tel. 155 (landesweit in Tschechien und in der Slowakei)

Krankenhaus

In schwereren Fällen wird der erkrankte ausländische Tourist in einer Ambulanz, in einem Krankenhaus (tschechisch 'nemocnice', slowakisch 'nemocnica') oder in einer Spezialklinik medizinisch versorgt.

Versicherungen

In den meisten Fällen – beispielsweise für Krankenrückholdienste (Luftrettungsdienste ⟶ Notdienste), die unter Umständen sehr teuer werden können – ist der gesonderte Abschluß einer Kurzzeit-Zusatz- und Unfallversicherung (⟶ Sicherheit) ratsam.

Anschriften deutsch sprechender Ärzte

Anschriften von Ärzten, die die deutsche Sprache beherrschen, können u. a. beim Telefonarzt des ADAC-Ambulanzdienstes in München in Erfahrung gebracht werden:

Tel. aus der Tschechischen Republik und aus der Slowakischen Republik: 0049 / 89 / 767676 (täglich 7.00 – 23.00 Uhr).

Auskunft

Čedok in Deutschland

Zentrale in Frankfurt am Main

Čedok Reisen GmbH
(Spezialbüro für Reisen in die
Tschechische Republik und in die Slowakische Republik)
Kaiserstraße 54, D-60329 Frankfurt am Main
Tel. (069) 274017-0; ferner
Tel. (069) 234528 und 27401711 (Gruppenreisen)

Niederlassung Berlin

Strausberger Platz 8/9
D-10243 Berlin (Friedrichshain)
Tel. (030) 4294113

Niederlassung Augsburg

Für Gruppenreisen:
Telefax: (0821) 593286

Deutsch-Tschechoslowakische Gesellschaft

Allgemeine Informationen über die Tschechische Republik und die Slowakische Republik erteilt u. a. auch die (bisherige)
Deutsch-Tschechoslowakische Gesellschaft
Barbarossaplatz 2, D-50674 Köln; Tel. (0221) 239801.

Čedok in Europa

Belgien

19, rue d'Assaut, B-1000 Bruxelles; Tel. (02) 5116870

Dänemark

Vester Farimagsgade 6, DK-1606 København; Tel. 33120121

Frankreich

32, avenue de l'Opéra, F-75002 Paris 2; Tel. (1) 47427487

Großbritannien

17/18 Old Bond Street, GB-London W1X4RB; Tel. (071) 4912666

Italien

Via Piemonte 32, INT. 2, I-00187 Roma; Tel. (06) 483406 und 6799793

Praktische Informationen   **Auskunft**

Leidsestraat 4, NL-1017 PA Amsterdam; Tel. (020) 220101 und 224888   Niederlande

Parkring 12, A-1010 Wien; Tel. (01) 5132609, 5120199 und 5125916   Österreich

Sveavägen 9–11, S-11157 Stockholm; Tel. (08) 207290 und 210790   Schweden

Uraniastrasse 34/2, CH-8025 Zürich; Tel. (01) 2114245 und 2114942   Schweiz

Strahinjića bana 51/III, YU-11000 Beograd; Tel. (011) 629543   Serbien

Kossuth Lajos tér 18, H-1055 Budapest; Tel. (01) 119855 und 1128233   Ungarn

Čedok in der Tschechischen Republik

Čedok-Filialen befinden sich in allen größeren Städten in der Tschechischen Republik.   Allgemeines

Čedok-Zentrale: In Prag
Na příkopě 18, CZ-11135 Praha 1 (Nové Město)
Tel. (02) 2127111
für Anfragen aller Art sowie Reservierungen von Bahnfahrkarten, Bus- und Flugtickets, auch Wechselstube u.a.

Čedok-Filiale für Auskünfte und Zimmervermittlung nach Ankunft in Prag:
Panská 5, CZ-11000 Praha 1 (Nové Město)
Tel. (02) 2127552–57

Čedok-Filiale für Platzreservierungen (Stadtrundfahrten, Ausflüge und Eintrittskarten für kulturelle Veranstaltungen; u.a. auch eine der Abfahrtsstellen für Stadtrundfahrten in Prag und Ausflüge in die Umgebung):
Bílkova 6 (gegenüber dem Hotel Inter·Continental)
CZ-11000 Praha 1 (Staré Město),
Tel. (02) 2318855 und 2316619

Čedok-Filiale am Wenzelsplatz
(u.a. ebenfalls Abfahrtsstelle für die am Vormittag stattfindende Stadtrundfahrt 'Historisches Prag', für Tagesausflüge sowie Treffpunkt für geführte Stadtspaziergänge):
Václavské náměstí 24, CZ-11000 Praha 1 (Nové Město)
Tel. (02) 2356356

Reisebüro Čedok-Intertravel
Incoming Product Department
Na příkopě 18, CZ-11135 Praha 1 (Nové Město)
Tel. (02) 2127-284, -682, -564

Čedok in der Slowakischen Republik (ab 1994: Slowakisches Reisebüro SCK)

Čedok-Filialen befinden sich in allen größeren Städten in der Slowakischen Republik (Veränderungen sind zu erwarten).   Allgemeines

Štúrova 13, SQ-81000 Bratislava 1   In Bratislava
Tel. (07) 52002 und 52834 (Unterkunft)

Jesenského ulica 5, SQ-81000 Bratislava 1
Tel. (07) 52645 und 52723 (Fahrkarten für Auslandsreisen)

Zweigstelle für Inlandstouristik:
Námestie SNP 14, SQ-81000 Bratislava 1
Tel. (07) 50168 und 54007

Weitere Informations- und Servicedienste

In der Tschechischen Republik

CKM
(Jugendreisebüro)

CKM (Cestovná kancelária mládeže;
Jugendreisebüro für Hotelzimmer- und Jugendherbergsvermittlung, Ausflüge, Arbeitscamps, Aufenthalte bei Familien, Sportlehrgänge, Eisen-
bahn- und Flugtickets u.v.a.)
Žitná 12, CZ-12105 Praha 2, Tel. (02) 299941-5

ČSA Airtours
(Reisebüro)

ČSA Airtours (Reisebüro für Flugtickets u.v.a.)
Národní třída 27, CZ-11000 Praha 1,
Tel. (02) 2358341, 2358322 und 2352671

Fundbüro (in Prag)

P 1, Bolzanova 5; Tel. (02) 2368887

Goethe-Institut

Masarykovo nabřezí 32, CZ-11000 Praha 1; Tel. (02) 299551−54

**Ministerium
für Handel und
Reiseverkehr
Handelskammer**

Ministerium für Handel und Reiseverkehr
der Tschechischen Republik
Staroměstské náměstí 6, CZ-11000 Praha 1; Tel. (02) 2317900
ČSOPK, Argentinská 38, CZ-17005 Praha 7; Tel. (02) 8724896

PIS
(Prager
Informations-
dienst)

Pražská informační služba (PIS)
Na příkopě 20, CZ-11135 Praha 1 (Nové Město); Tel. (02) 544444
Staroměstské náměstí 22, CZ-11000 Praha 1; Tel. (02) 224452 / 3
Letenská 1; Tel. (02) 534255; Panská 4; Tel. (02) 223411

Pragotur
(Reisebüro;
Wechselstube)

Reisebüro mit div. touristischen Dienstleistungen (u.a. Zimmervermittlung,
Besorgung und Verkauf von Eintrittskarten für Veranstaltungen, Organisa-
tion von Stadtrundfahrten, Schiffsausflügen; Verkauf von böhmischem
Glas; Wechselstube)
U Obecního domu 2, CZ-11000 Praha 1
Tel. (02) 2327281, 2312498 und 2322205

In der Slowakischen Republik

BIPS
(Informations- und
Werbedienst der
Stadt Bratislava

Bratislavská informačná a propagačná služba (BIPS;
(Informations- und Werbedienst der Stadt Bratislava)
Laurinská ulica 1, SQ-81000 Bratislava 1
Tel. (07) 333715, 334325 und 334370
Stadtführungen: ulica Červenej armády 7; Tel. (07) 59764
Kartenvorverkauf für Filme: Nedbalova ulica; Tel. (07) 334059
Verkauf der Zeitschrift "Wohin in Bratislava" ("Kam v Bratislave")
u.a. im BIPS-eigenen Geschäft an der e ulica (Nr.9).

CKM
(Jugendreisebüro)

CKM (Cestovná kancelária mládeže;
Jugendreisebüro für Hotelzimmer- und Jugendherbergsvermittlung, Aus-
flüge, Arbeitscamps, Aufenthalte bei Familien, Sportlehrgänge, Bahn- und
Flugtickets u.v.a.)
Hviezdoslavovo námestie 16, SQ-81000 Bratislava 1
Tel. (07) 331607 (Auslandsreisen) und Tel. (07) 332474 (Inlandsreisen)

DCK
Tatratour

Inlands- und Auslandsreisen, Kur und Erholung:
Dibrovovo námestie 7, SQ-81000 Bratislava 1; Tel. (07) 335536
Geldwechsel:
Námestie 4. apríla 2, SQ-81000 Bratislava 1; Tel. (07) 333878

**Dolmetscher
Übersetzungen**

Tlmočnícka a prekladateľská služba
Laurinská ulica 1, SQ-81000 Bratislava 1; Tel. (07) 334415

Sprievodcovská služba vo všetkých svetových
jazykoch po historických pamiatkach Bratislavy
(Fremdenführerservice in allen Weltsprachen
zu den historischen Sehenswürdigkeiten von Bratislava)
Červenej armády 7, SQ-81000 Bratislava 1; Tel. (07) 59764

Auskunft
(Fortsetzung)
Fremdenführungen

Jesenského ulica 7, SQ-81484 Bratislava
Tel. (07) 490206, 499208 und 56652

Goethe-Institut

Ministerium für Handel und Reiseverkehr
der Slowakischen Republik
Urxova 1, SQ-82623 Bratislava; Tel. (07) 239582
ČSOPK, Gorkého 9, SQ-81603 Bratislava; Tel. (07) 54596 + 333646

Ministerium
für Handel und
Reiseverkehr
Handelskammer

Volgogradská ulica 1, SQ-81615 Bratislava
Tel. (07) 335078

Reisebüro
Slovakoturist

Ausweispapiere

⟶ Reisedokumente

Autobus

Ein dichtes Netz von Autobuslinien überzieht sowohl die Tschechische Republik als auch die Slowakische Republik. Praktisch jede Ortschaft ist per Autobus zu erreichen.

Dichtes Liniennetz

Zuständig für den öffentlichen Personentransport mit Autobussen war bisher das staatliche Verkehrsunternehmen ČSAD (Československá státní automobilová doprava); eine Neuorganisierung ist im Gange.

Informationsdienst in Prag: Pod výtopnou 10, CZ-18000 Praha 8
Tel. (02) 228642 – 9
Informationsdienst in Bratislava: Tel. (07) 63213 und 212222

Alljährlich aktualisiert erschienen bisher mehrere verschiedene Omnibus-kursbücher: zehn Bände für die einzelnen Gebiete der ehem. Tschechoslowakei; der elfte Band enthielt die Langstrecken- und internationalen Verbindungen.

Kursbücher

Fahrscheine sind entweder an Automaten, in Zeitungs- und Tabakläden oder in anderen speziell gekennzeichneten Verkaufsstellen erhältlich. Wer außerhalb der Geschäftszeiten eine Autobustour plant, sollte sich seinen Fahrschein im Vorverkauf besorgen.

Fahrscheine

Bushaltestellen (zastávka) befinden sich in der Regel in nächster Nähe von Bahnhöfen; in größeren Städten gibt es spezielle Autobushöfe.

Haltestellen
Autobushöfe

Organisierte Ausflüge mit dem Autobus (u.U. auch kombiniert mit einer Dampferfahrt auf der Moldau in der Tschechischen Republik bzw. auf der Donau in der Slowakischen Republik ⟶ Schiffsverkehr) veranstalten u.a. sowohl die Niederlassungen von Čedok (⟶ Auskunft) als auch das Reisebüro ČSA Airtours (⟶ Flugverkehr).

Organisierte
Bustouren

Während der Sommersaison sind auch Autobusse im internationalen Reiseverkehr eingesetzt; Auskünfte erteilt u.a. das Reisebüro Bohemiatours, Zlatnická 7, CZ-11000 Praha 1, Tel. (02) 2312589 Weitere Informationen ⟶ Anreise mit dem Autobus

Internationaler
Autobusverkehr

Autohilfe

Automobilklub (ADAC-Partner)	Ústřední automotoklub (UAMK) Mánesova 20, CZ-12000 Prag 2; Tel. (02) 747400
Telefon an Autobahnen	Entlang den Autobahnen in der Tschechischen Republik und in der Slowakischen Republik existiert ein dichtes Netz an Telefonzellen, so daß gegebenenfalls Hilfe telefonisch herbeigerufen werden kann.
Kosten für Pannenhilfe	Die Pannenhilfe ist kostenpflichtig; mit dem ADAC-Euro-Schutzbrief oder ADAC-Auslandsschutzbrief werden Kosten für Pannen- und Unfallhilfe bis 200 DM erstattet.
Abschlepp-geschwindigkeit	Ist es erforderlich, ein Kraftfahrzeug abzuschleppen, so darf dies nur mit höchstens 60 km/h geschehen.

Autohilfe in der Tschechischen Republik

ADAC-Notrufdienst	Während der Hauptreisezeit, ab Anfang Juni bis Ende September, unterhält der ADAC einen deutschsprachigen Notrufdienst in Prag: Tel. (02) 2368882.
Polizeinotruf	Tel. 158
Notarzt	Tel. 155
Feuerwehr	Tel. 150
Straßenwacht (Silniční Služba)	Die Straßenwacht (Silniční Služba; 'Gelbe Engel') arbeitet von diversen Stützpunkten aus, die über das Gebiet der Tschechischen Republik verteilt sind; an der Grenze sollte man sich vorsichtshalter das Telefonnummernverzeichnis der Silniční Služba geben lassen.
Zentrale der Straßenwacht in Prag	Silniční Služba Opletalova 21, CZ-11000 Praha 1 Tel. (02) 224906 und 228607
Notfalltelefon	in Prag: Tel. (02) 123 (0.00–24.00 Uhr)
Abschleppdienst	in Prag: Tel. (02) 773455 oder 154

Autohilfe in der Slowakischen Republik

Straßenwacht (Silniční Služba)	Die Straßenwacht (Silniční Služba; 'Gelbe Engel') arbeitet von diversen Stützpunkten aus, die über das Gebiet der Slowakischen Republik verteilt sind; an der Grenze sollte man sich vorsichtshalter das Telefonnummernverzeichnis der Silniční Služba geben lassen.
Polizeinotruf	Tel. 158
Notarzt	Tel. 155
Feuerwehr	Tel. 150
Unfalldienst	in Bratislava: Tel. (07) 563000
Abschleppdienste (Bratislava)	Autoturist, Halašova 3; Tel. (07) 215459 und 244013 Drudop, Bajkalská 31; Tel. (07) 221474 Kommunaler Abschleppdienst, Viedenská cesta; Tel. (07) 563000

Reparaturwerkstätten

Reparatur- und Reifenwerkstätten sind in nahezu allen Städten vorhanden. | Allgemeines

Während der Hochsaison arbeiten die Betriebe z. T. auch sonnabends und sonntags; Auskünfte erteilen die Tankwarte. | Arbeitszeit

Verhalten bei einem Unfall

Bei Unfällen ist unverzüglich die Polizei zu informieren, wobei am Unfallort nichts verändert werden darf. | Polizei benachrichtigen!

Im Falle eines Unfalles ist bei sichtbarem Karosserieschaden eine polizeiliche Schadensbestätigung (in doppelter Ausfertigung, da ein Exemplar bei der Ausreise an der Grenze vorzulegen ist) zu verlangen, die an der Unfallstelle ausgestellt wird. Bei der Einreise mit einem beschädigten Kfz ist im übrigen ebenfalls eine entsprechende Schadensbestätigung erforderlich; diese wird an der Grenze ausgestellt. | Schadensbestätigung von der Polizei

Alle Schäden, die bei einem Unfall festgestellt werden, sind außerdem zu melden an die
Tschechische Versicherungsanstalt
Spálená 14–16, CZ-110 00 Praha, Tel. (02) 2 14 81 11
oder an die dem Unfallort am nächsten gelegene Filiale. | Schadensmeldung

Täglich 0.00–24.00 Uhr besetzt:
Tel. aus der Tschechischen Republik und aus der Slowakischen Republik:
00 49 / 89 / 22 22 22 | ADAC-Notruf München

⟶ Notdienste
⟶ Sicherheit | Andere Notrufe Versicherung

Autovermietung

⟶ Mietwagen

Bäder

⟶ Kur und Erholung

Banken

⟶ Geld

Behindertenhilfe

Es finden sich derzeit nur einige wenige Unterkünfte, die speziell für Ferienaufenthalte von Körperbehinderten geeignet wären, so z. B. in der Tschechischen Republik, im Clubhotel Prag-Průhonice, an der Autobahn D 1 Praha–Brno, 12 km vom Prager Stadtzentrums. | **BSK-Reisehelferbörse:** Altkrautheimer Straße 17, D-74238 Krautheim (Jagst); Tel. (0 62 94) 6 81 12

Detaillierte Informationen erbitte man in den unter ⟶ Auskunft erwähnten Čedok-Büros.

Bier

Nationalgetränk

Das Nationalgetränk der Tschechen sowie der Slowaken ist das Bier, das zu den besten der Welt zu zählen ist. Nur Deutsche und Belgier übertreffen sie im Pro-Kopf-Bierverbrauch. Mehr als 100 Brauereien – deutlich mehr in der Tschechischen Republik als in der Slowakischen Republik – brauen helle ('světlé') und dunkle ('tmavé'), fast ausschließlich untergärige Biere. Seinen Weltruf verdankt das Bier dem glücklichen Umstand, daß alle echt Grundstoffe des Bieres in bester Qualität vor Ort zu finden sind. An erster Stelle ist der Hopfen zu nennen, von dessen Anbau in Böhmen schon Chroniken aus dem 9. Jh. berichten und der vom 12. Jh. an über die Flüsse Moldau (Vltava) und Elbe (Labe) nach Hamburg exportiert wurde. Die Ausfuhr von Hopfensetzlingen war jahrhundertelang bei Todesstrafe verboten. Heute wird der 'Saazer Rote' oder 'Böhmische Hopfen' in Nordböhmen um Saaz (Žatec), Raudnitz (Roudnice), Auscha (Úštěk) und Dauba (Dubá) angebaut und in alle Welt exportiert.
Hinzu kommen ein überaus weiches Brauwasser, wie es andere Brauorte nicht vorweisen können, und ein hochwertiges Braumalz, das nur aus mittelböhmischer Gerste gewonnen wird.

Geschichte

Die erste urkundliche Erwähnung des Brauens in Böhmen findet sich in der Gründungsurkunde der Prager Kapitelkirche St. Peter und Paul auf dem Vyšehrad aus dem 11. Jh., doch kann man sicher sein, daß schon lange zuvor das Bierbrauen eine weitgeübte Kunst war. Die Könige von Böhmen gestanden jedem das Braurecht zu. Aufgrund dieses Rechtes besaßen Pilsen (Plzeň), Budweis (České Budějovice) und Prag (Praha) – noch heute die berühmtesten Brauorte des Landes – schon im 13. Jh. eigene Braustätten. Viele der Hopfen- und Kornbauern verzichteten jedoch im Laufe der Zeit auf ihr Braurecht und lieferten ihre Ernte in den Brauereien ab. Dafür erhielten sie ein Kontingent Bier, das sie selbst verbrauchten oder in ihren Schenken verkauften. Um die Mitte des 16. Jh.s wurde das böhmische Bier – nicht nur mit Hopfen, sondern auch mit Wacholder, Lorbeeren oder Muskat gewürzt und überwiegend unter Verwendung eines Teiles Weizenmalz obergärig gebraut – in ganz Europa gerühmt und fand sich als edles Getränk auf den Tischen der Mächtigen. Bis in die ersten Jahrzehnte des 19. Jh.s behielt man die traditionelle Brauweise bei. Der Braumeister František Poupě führte die untergärige Brauart in Böhmen ein, und 1842 stellte die Brauerei von Pilsen (Plzeň) nach dieser Methode erstmals ein klares, goldfarbenes und länger zu lagerndes Bier her, den Urtyp des heutigen 'Pils'. Das neue Bier stieg zum Modegetränk in ganz Europa auf. Da man jedoch übersehen hatte, den Namen rechtlich schützen zu lassen, wurden bald überall Biere nach 'Pilsener Art' gebraut.

Bierarten

Sprache des Etiketts

Die auf Etiketten, Bierdeckeln und Schildern angebrachten Gradangaben beziehen sich nicht auf den Alkoholgehalt des Bieres. Angegeben wird die Dichte, also die Menge des zur Bierherstellung benutzten vergärbaren Rohstoffes in 'Grad Plato' (ähnlich der Stammwürze des deutschen Bieren). Der Alkoholgehalt nach Gewicht beträgt ungefähr ein Drittel der Gradangabe. Danach lassen sich die Biere unterscheiden in

Schankbiere
Lagerbiere
Spezialbiere

Schankbiere mit höchstens 10° (3 – 4 Vol.-% Alkohol),
Lagerbiere mit höchstens 12° (ca. 5 Vol.-% Alkohol) und
Spezialbiere mit 13° Dichte oder mehr.

Schankbiere
Gambrinus
Staropramen
Pražanka
Starovar
Dalila

Die leichten, überwiegend hellen Schankbiere zwischen 7° und 10° Dichte werden gern als alkoholarme Durstlöscher getrunken.
Am bekanntesten sind das zehngrädige Gambrinus aus Pilsen (Plzeň), das siebengrädige Staropramen aus Prag-Smichov (Praha-Smíchov) und das zehngrädige 'Pražanka' aus der Prager Holešovice-Brauerei.

592

Aus Saaz (Žatec) kommt das 'Starovar' (10°), und als eines der besten gilt das 'Dalila' (10°) aus Budweis (České Budějovice).

Schankbiere (Fortsetzung)

Die meist goldfarbenen Lagerbiere (11–12°) zeichnen sich durch einen satten Geschmack und eine fast schon sahnige Schaumhaube aus.

Lagerbiere

Das berühmteste aller böhmischen Biere ist natürlich das 'Pilsner Urquell' ('Plzeňský Prazdroj'), das in seinem Ursprungsland noch besser schmeckt als in der Exportversion. Das hopfenbittere Bukett und der volle Geschmack kommen von Saazer Hopfen und den alten Eichenholzfässern, in denen das Bräu mehrere Monate heranreift.

Pilsner

Etwas in seinem Schatten steht das Budweiser Bier ('Budvar') aus Südböhmen, weicher und leicht süßlicher im Geschmack als das Pilsener.

Budweiser

Auch 'Staropramen' in Prag, die größte Brauerei des Landes, stellt ein zwölfgrädiges Lagerbier her.

Staropramen

Aus derselben Stadt kommt das 'Braniker', als zwölfgrädiges Lagerbier hell und dunkel zu haben.

Braniker (hell und dunkel)

Weitere beliebte Biere dieses Typs sind das 'Velkopopovický kozel' aus dem mittelböhmischen Großpopowitz (Velké Popovice), sehr hell, fein gehopft und mit besonders festem Schaum, das dunkle Altbrünner Bier ('Starobrno'), das 'Radhost' der nordmährischen Nosovice-Brauerei und das slowakische 'Tatran' aus der Poprad-Brauerei am Fuße der Hohen Tatra.

Velkopopovický kozel

Starobrno
Radhost
Tatran

Die Palette der Spezialbiere reicht vom süffigen vierzehngrädigen Hellen wie dem 'Krakonoš' aus Brünn (Brno) bis zum schweren 'Martinský Porter' aus Martin in der Slowakischen Republik (20°).

Spezialbiere
Krakonoš
Martinský
Porter

Dazwischen gibt es Spezialitäten wie das Dunkle aus der Brauerei 'U Fleků', der einzigen noch existierenden Prager Hausbrauerei, das ebenfalls dunkle Großpopowitzer und das helle Braniker, allesamt mit 14° Dichte.

U Fleků

Großpopowitzer
Braniker (hell)

Stärker sind z.B. das 'Ondraš' aus Ostrau (Ostrava; 16°), die dunkle Version des 'Tatran' (16°) oder das 'Diplomat' (18°) aus der Pilsener Gambrinus-Brauerei.

Ondraš
Tatran (dunkel)
Diplomat

Burgen und Schlösser

In der Tschechischen Republik und in der Slowakischen Republik gibt es insgesamt rund 3000 Burgen und Schlösser, die z.T. kostbare Sammlungen bzw. Spezialmuseen enthalten und von prächtigen Gärten oder Parkanlagen umgeben sind.

Allgemeines

Čedok (→ Auskunft) organisiert zwischen April und Oktober für Gruppen z.B. mehrtägige Reisen zur Besichtigung von Burgen und Schlössern in Böhmen und Mähren oder Tagesausflüge zu Burgen und Schlössern ab Prag (div. Abfahrtsstellen); ein gesonderter Prospekt mit Tourenbeschreibungen, Terminen, Abfahrtsdaten u.a. ist erhältlich.

Organisierte
Besichtigungen

→ Geschäftszeiten

Öffnungszeiten

Eine Verlängerung der derzeit 320 km langen, durch Süddeutschland (ab Mannheim über Heidelberg, Heilbronn, Rothenburg o.d.T. nach Nürnberg) führenden 'Burgenstraße' bis nach Prag in der Tschechischen Republik soll nach Plänen im Jahre 1954 gegründeten Arbeitsgemeinschaft gleichen Namens in absehbarer Zeit realisiert werden.

Projekt
'Burgenstraße'
bis Prag

Informationen erteilt die Arbeitsgemeinschaft 'Die Burgenstraße' Rathaus, D-74072 Heilbronn, Tel. (07131) 562271

Camping und Caravaning

Allgemeines	Einige hundert Campingplätze (z.T. auch mit einfachen Hütten, Häuschen oder Bungalows, die vermietet werden) findet man über die Gebiete der Tschechischen Republik und der Slowakischen Republik verstreut. Die in der Regel während der Wintermonate geschlossenen Campingplätze sind mit dem Hinweis 'Autocamp' beschildert.
Voranmeldung	Während der Hauptreisezeit ist Voranmeldung auf einem Campingplatz in jedem Falle ratsam.
Carnet Camping International (CCI)	Der Besitz eines Internationalen Campingausweises (Carnet Camping International; CCI), der ein Jahr lang Gültigkeit hat, erleichtert die auf den Campingplätzen erforderlichen Anmeldeformalitäten (Antragsformulare bei Automobilklubs). Es gibt Campingplatzinhaber, die lediglich Inhaber eines solchen Ausweises aufnehmen oder Gebührenermäßigungen gewähren.
Klassifizierung	Die Campingplätze sind in zwei Kategorien, nämlich A und B, eingeteilt.
Wildes Camping	'Wildes Camping', d.h. Kampieren außerhalb des offiziellen Campinggeländes, war einst verboten; heute wird es z.T. toleriert. In jedem Falle wird empfohlen, den Besitzer des Geländes um Erlaubnis zu bitten.
Campingführer	Ein Faltblatt "Camping" (u.a. mit Anschriften und Telefonnummern, Kategorien und Öffnungszeiten der Plätze) kann bei Čedok (→ Auskunft) angefordert werden. Alljährlich aktualisiert erscheinen der ADAC-Campingführer (Band 2: "Deutschland · Nordeuropa") und der DDC-Campingführer "Europa".
Auskunft in Deutschland	ADAC – Allgemeiner Deutscher Automobil-Club Am Westpark 8, D-81373 München; Tel. (089) 7676-0 Deutscher Camping-Club · Caravan- und Zeltsportverband Mandlstraße 28, D-80802 München; Tel. (089) 380142-0
Auskunft in Österreich	Camping- und Caravaning-Club Austria Mariahilfer Straße 180, A-1015 Wien; Tel. (01) 89121-0
Auskunft in der Schweiz	Schweizerischer Camping- und Caravaning-Verband (SCCV) Habsburgerstrasse 35, CH-6000 Luzern 4; Tel. (041) 234822

Diplomatische und konsularische Vertretungen

Hinweis	Die Botschaften und Konsulate der ehemaligen Tschechoslowakei sollen bis auf weiteres als gemeinsame Vertretungen der Tschechischen Republik und der Slowakischen Republik bestehen bleiben, fungieren aber teilweise schon getrennt.

Vertretungen der Tschechischen Republik und der Slowakischen Republik

In Deutschland	Botschaften: Ferdinandstraße 27, D-53127 Bonn Tel. (0228) 91970 (Tschech. Republik) bzw. 91976 (Slowak. Republik)
In Österreich	Botschaft der Tschechischen Republik: Penzinger Straße 11–13, A-1140 Wien; Tel. (01) 8943741 Botschaft der Slowakischen Republik: Armbrustergasse 24, A-1190 Wien; Tel. (01) 311309

Botschaften: Muristrasse 53, CH-3000 Bern 16
Tel. (031) 445678 (Tschechische Republik)
Tel. (031) 443646 (Slowakische Republik)

Vertretungen in der Tschechischen Republik und in der Slowakischen Republik

Botschaft in der Tschechischen Republik:
Vlašská 19 (Palais Lobkowitz)
CZ-12560 Praha 1 (Malá Strana)
Tel. (02) 532351–56

Generalkonsulat in der Slowakischen Republik:
Palisády 47
SQ-81303 Bratislava
Tel. (07) 315300

Botschaft in der Tschechischen Republik:
Ulice Viktora Huga 10
CZ-12543 Praha 5 (Smíchov)
Tel. (02) 546557–59

Generalkonsulat in der Slowakischen Republik:
Holubyho 11
SQ-81103 Bratislava
Tel. (07) 311103 und 311720

Botschaft in der Tschechischen Republik:
Pevnostní 7
CZ-16200 Praha 6 (Dejvice)
Tel. (02) 328319 und 320406

Einkäufe und Souvenirs

Neben Büchern (u. a. viele Buchantiquariate) und Tonträgern, Bijouterie (Schmuck, Juwelen), Spielsachen, Sportartikeln sowie den typischen Getränken (→ Bier; Bitterlikör 'Becherovka', Pflaumengeist 'Slivovice', Wachholderbranntwein 'Borovička') oder spezifischen Lebensmitteln, wie Karlsbader Oblaten, Pfefferkuchen aus Pardubitz, Wurstwaren, Prager Schinken oder Znaimer Delikateßgurken (→ Essen und Trinken), gehören die nachfolgend erwähnten Artikel zu den bevorzugten Souvenirs.

Allgemeines

Beliebte Erzeugnisse

Weltweit berühmt und beliebt ist böhmisches Glas, z.T. mit kunstvollem Schliff versehen und in prächtigen Farben erhältlich.
Ebenfalls weltbekannt sind Gablonzer Lüster, die oftmals vergleichsweise preiswert angeboten werden.

Böhmisches Glas

Auch böhmischer Granatschmuck und böhmisches Porzellan erfreuen sich großer Beliebtheit.
Čedok (→ Auskunft) organisiert u. a. für Gruppen Exkursionen nach Harrachov im Riesengebirge zur Besichtigung einer der ältesten Glashütten der Welt, zum Gablonzer Glas- und Bijouterie-Museum sowie zum Glasmuseum und zur Lüsterfabrik in Kamenický Šenov (Glassouvenirs erhältlich).

Granatschmuck
Porzellan

Die Holzschnitzerei hat besonders in der Slowakei eine lange Tradition; vor allem sehr verbreitet war die Kunst des Holzschnitzens unter den Hirten,

Holzarbeiten

Tschechische Republik

Holzarbeiten (Fortsetzung)	die ihre Arbeitsgeräte, wie u. a. metallbeschlagene Holzbeile, Milchkrüge, Käseformen, Kellen, Salzfässer und Butterdosen, selber schufen. Holzschnitzarbeiten aller Art gehören auch heute noch zu den beliebten Mitbringseln.
Keramik	Keramik, v. a. Figuren aus Modra und Stupava (im Westen der Slowakischen Republik), aber auch Krüge, Vasen oder Teller sind bekannte Erzeugnisse (manches aus dem südböhmischen Chodenland).
Kristallwaren	Kristallwaren, wie Vasen, Gebäck- und Obstschalen, Karaffen, Saftgläser u. v. a. m., sind vielfach kunstvoll geschliffen.
Leder Pelzwerk	Leder- und Pelzwesten aus Schaffell (z.T. mit Stickereien verziert), Gürtel, Stiefel oder beschlagene Ledertaschen gehören ebenfalls zu den bekannten Souvenirs.
Schmuck	Aus Zinn hergestellter Schmuck (auch Knöpfe, Spangen, Gürtelschnallen) mit ideenreichen Ornamenten versehen, paßt sowohl zu Trachtenkleidern als auch zu moderner Kleidung.

Eisenbahninformationen
s. S. 598

Streckennetz der Eisenbahn

Hauptstrecken

Nebenstrecken

Schmalspurstrecken

Artikel aus geklöppelter Spitze (Decken, Tücher, Kragen u.a.) mit interessanten Mustern sind ebenfalls erhältlich.

Spitzen

Decken, Tücher, Tischläufer, Trachten u. a. sind z. T. mit prächtiger Stickerei versehen.

Stickereien

Zahlreich sind auch die Erzeugnisse aus Gewobenem: Kissen, Tischläufer, Teppiche.
Eine Besonderheit sind die Tischdecken, die nach traditioneller Methode im Blaudruckverfahren bedruckt werden.

Webstoffe

Holzmöbel, Korbwaren, Spielzeug aus verschiedenen Materialien, Weihnachtskrippen, Ziergebäck (z. B. als Weihnachtsschmuck) und kunstvoll bemalte Ostereier gehören in den Bereich des Kunstgewerbes und der Volkskunst. Diese Erzeugnisse werden in besonderen Verkaufsstellen, den Úluv-Läden (Volkskunstgeschäfte) in den größeren Städten und Fremdenverkehrszentren angeboten.

Diverses

Einkäufe und Souvenirs (Fortsetzung): TUZEX-Geschäfte

Verkaufsstellen

In den eigenen Verkaufsstellen oder in jenen der Vertragspartner des Außenhandelsunternehmens TUZEX (Filialen in der Tschechischen Republik und in der Slowakischen Republik) können gegen frei konvertierbare Währung zahlreiche Exportartikel, die für ausländische Touristen zollfrei sind (Kassenzettel als Beleg aufbewahren!), erworben werden. TUZEX-Zentrale in Prag: Rytířská 13, CZ-113 43 Praha 1.

Weitere Informationen bei Čedok (→ Auskunft).

Eisenbahn

Allgemeines

Betreiberin des Eisenbahnnetzes in der Tschechischen Republik sowie in der Slowakischen Republik sind vorerst die Staatsbahnen der ehemaligen Tschechoslowakei (Československé státní dráhy, kurz 'ČSD'), die im Jahre 1989 ihr 150jähriges Bestehen feierten.

Streckennetz
s. Übersichtskarte
S. 596/597

Die Betriebslänge der Eisenbahnstrecken beläuft sich auf über 13 000 km; mehr als ein Viertel ist elektrifiziert. In der Regel herrscht Normalspurweite; es gibt aber auch noch einige wenige Strecken mit Schmalspur- und solche mit Breitspurweite.

ČSD-Auskunft
in Deutschland

ČSD-Generalvertretung Deutschland
Kaiserstraße 60, D-60329 Frankfurt am Main; Tel. (069) 23 45 67

Kursbücher

Das Eisenbahnkursbuch für die Tschechische Republik und die Slowakische Republik erscheint jeweils in einer tschechischen und einer slowakischen Version; außerdem gibt es diverse Regionalfahrpläne.

Fahrkarten und Platzreservierung

Zwei Klassen

Für Fahrten in Personenzügen werden nur Karten 2. Klasse (druhá) ausgegeben; in den übrigen Zügen gibt es auch Fahrkarten der 1. Klasse (prvná bzw. prvá).

Terminals für
Fahrkarten und
Platzreservierung

Der Fahrkartenverkauf und die Platzkartenreservierung sind seit 1987 automatisiert. Terminals befinden sich in Bahnhöfen und Reisebüros. Erforderliche Platzreservierung (tschechisch 'místenka', slowakisch 'miestenka'; spezielle Schalter) für einen Zug wird im Fahrplan durch ein R in einem Quadrat, empfohlene Platzreservierung durch ein R ohne Quadrat gekennzeichnet.

Eisenbahnfahrkarten und Auskünfte über Fahrpreisermäßigungen (z. B. 'Euro-Domino') sind auch bei Čedok (→ Auskunft) erhältlich.

Eisenbahninformation

ČSD-Auskunft

in Prag: Tel. (02) 24 44 41 – 9 oder 26 49 30
in Bratislava: Tel. (07) 4 69 45 oder 4 82 75

ČSD-Reisebüro

Agentur in der Passage Sevastopol
CZ-11000 Praha 1; Tel. (02) 2 36 53 32 und 21 61 70 84 / 85

DB · DR

Generalvertretung der Deutschen Bundesbahn (DB)
und der Deutschen Reichsbahn (DR)
Areal der Bundesrepublik Deutschland · Skuteckého, Block C 3/16
CZ-163 00 Praha 6; Tel. (02) 3 01 17 32

Über Museumseisenbahnen und nostalgische Dampfzugfahrten informie- **Museums-**
ren in Deutschland die Arbeitsgruppe 'Lok-Report' im "Reiseführer für **eisenbahnen**
Eisenbahnfreunde" (Postf. 1280 · D-48001 Münster/Westf.) sowie in Prag
NADAS · Nakladatelství dopravy a spojů (Hybernská 5, CZ-11578 Praha 1).

Elektrizität

Die Netzspannung beträgt im Regelfall 220 Volt, in älteren Stadtvierteln   Stromspannung
und ländlichen Gegenden gelegentlich nur 120 Volt Wechselstrom.
Zweipolige Euronorm-Universalstecker an gängigen Reiseelektrogeräten   Gerätestecker
(Rasierapparat, Föhn u. ä.) passen zumindest in den größeren Hotels in die
Steckdosen. Es empfiehlt sich jedoch, ein Reise-Adapterset mit sich zu
führen.

Entfernungen

Die Straßenentfernungen (in km) zwischen ausgewählten Städten in der
Tschechischen Republik und in der Slowakischen Republik sind aus der
Entfernungstabelle auf Seite 600 ersichtlich.

Essen und Trinken

Speisen

Böhmen und Mähren

Die böhmische Küche zeichnet sich durch ihre deftigen, schmackhaften   **Böhmische**
Gerichte aus, bei denen Fleisch und Mehlspeisen überwiegen.   **Küche**

Zu den bekannten Suppen zählen beispielsweise die Böhmerwald-Kartof-   Suppen
felsuppe oder die Sauersuppe (Kyselo) aus dem Riesengebirge.

Bei feierlichen Anlässen ersetzt den Schweinebraten eine knusprig gebra-   Fleischspeisen
tene Gans oder Ente.
Vorzüglich sind die Wildgerichte, sei es nun Rehkeule oder ein gespickter
Hase (zuweilen in Rahmsoße).
Zu den wichtigsten Spezialitäten gehören ferner gedünstetes Rindfleisch,
Wellfleisch, Lungenbraten und die diversen Würstchensorten.
Vielerorts sind Bratwurststände geöffnet, an denen Speckwürstchen, die
feinen Prager Würstchen, Selchwürste und stark gewürzte Knackwürste
angeboten werden.
Weltbekannt ist der gekochte Prager Saftschinken.
In Nordböhmen steht häufig die Liberecer Roulade aus Schweinefleisch
mit Zwiebeln, Speck und Würstchen auf dem Tisch.

Fisch steht zwar seltener auf dem Speisezettel; aber an Weihnachten ver-   Fischgerichte
zichtet kaum eine Familie auf den traditionellen Karpfen; er wird meist
paniert, aber auch gebraten, gekocht oder in Aspik serviert.
Neben dem Karpfen gehören der Hecht aus den südböhmischen Teichen
sowie Bachforellen zu den häufigsten Speisefischen.

Eine wichtige Grundlage der Hauptmahlzeiten bilden neben Nockerln   Knödel
(Klößchen) und Nudeln die Knödel: Sehr beliebt sind Kartoffel- oder
Semmelknödel mit Schweinebraten oder Selchfleisch wie auch Speck-
knödel mit Kraut, Spinat oder gerösteten Zwiebeln.

Straßenentfernungen (in km) zwischen ausgewählten Städten in der Tschechischen Republik und der Slowakischen Republik

Žilina	Ústí nad Labem	Teplice	Tábor	Špindlerův Mlýn	Strážnice	Prešov	Praha	Poprad	Plzeň	Piešťany	Pardubice	Ostrava	Opava	Olomouc	Nitra	Mariánské Lázně	Luhačovice	Liberec	Košice	Karlovy Vary	Jihlava	Jeseník	Hradec Králové	Zlín	Domažlice	České Budějovice	Brno	Bratislava	Banská Bystrica	Stadt
117	586	589	434	498	216	499	424	565	179	417	251	216	120	259	630	191	514	191	360	625	214	413	331	206	587	463	273	205	•	Banská Bystrica
202	451	454	299	370	118	364	329	430	82	146	277	213	85	176	85	164	386	285	490	225	309	490	309	170	314	225	138	•		Bratislava
212	313	316	161	232	82	226	205	292	144	168	77	176	104	248	263	116	257	147	352	87	117	338	147	98	142	190	•			Brno
402	235	238	60	283	283	629	148	629	137	341	358	341	366	391	406	159	217	214	288	117	227	406	159	412	190	•				České Budějovice
533	199	182	153	284	380	760	145	760	57	460	482	465	490	490	455	23	412	214	378	136	378	559	214	217	•					Domažlice
109	401	408	352	342	52	57	380	57	391	267	214	63	153	23	240	227	246	214	405	227	117	240	217	•						Zlín
296	184	191	154	101	259	439	109	439	153	323	22	242	154	323	559	114	214	147	455	227	117	490	•							Hradec Králové
214	348	351	286	235	309	235	351	235	349	182	192	189	477	387	214	173	338	214	288	173	309	•								Jeseník
299	226	229	74	163	96	205	126	205	139	263	192	263	265	189	708	136	227	159	412	136	117	•									Jihlava
522	122	105	126	210	434	498	118	498	708	383	434	380	660	821	456	213	660	101	796	475	•										Karlovy Vary
263	746	749	636	749	132	36	749	79	57	821	405	821	47	341	461	191	240	185	708	•											Košice
397	99	197	265	154	624	624	109	659	747	255	397	255	424	397	263	260	214	101	•												Liberec
121	417	420	178	325	103	348	420	197	237	470	132	470	96	164	309	191	163	•													Luhačovice
558	169	196	337	301	503	785	162	785	237	47	528	309	263	320	424	260	•														Mariánské Lázně
164	489	489	124	433	49	468	408	124	469	320	320	164	96	99	424	•															Nitra
142	341	344	239	239	99	342	213	342	285	86	154	80	74	99	•																Olomouc
134	395	395	312	181	88	361	277	361	151	124	211	115	74	•																	Opava
99	426	433	329	333	89	343	264	343	152	132	237	115	•																		Ostrava
293	190	193	140	103	237	520	101	540	119	205	237	•																			Pardubice
120	459	462	307	378	75	372	428	139	290	290	•																				Piešťany
484	142	125	131	313	368	711	84	711	438	•																					Plzeň
143	626	626	516	178	84	84	539	539	•																						Poprad
396	87	88	86	139	382	623	88	•																							Praha
227	710	713	600	302	382	623	•																								Prešov
155	389	392	237	223	382	•																									Strážnice
381	182	190	190	223	•																										Špindlerův Mlýn
373	175	178	190	•																											Tábor
486	17	178	•																												Teplice
483	17	•																													Ústí nad Labem
•																														Žilina

Eine besondere Spezialität stellen jedoch die aus Hefeteig bereiteten und mit Pflaumen, Aprikosen, Äpfeln, Kirschen oder Heidelbeeren gefüllten Obstknödel dar. Man überstreut die Knödel gelegentlich mit geriebenem hartem Quark oder mit Mohn und übergießt sie mit zerlassener Butter. Sie werden noch heiß gegessen.

Knödel
(Fortsetzung)

Als traditionelles Weihnachtsessen wird im Riesengebirge Graupenbrei mit Pilzen (Houbový kuba) serviert.

Graupengericht

Den Soßen kommt ein großer Stellenwert zu. Manchmal ist es ein würziger Bratensaft, der mitunter zu einer Rahmsoße verfeinert wird. Sowohl zu Fleisch als auch zu Gemüse reicht man häufig eine weiße Soße, der Majoran und Kümmel ihren besonderen Geschmack verleihen.

Soßen

Auf Gemüse und Salate wird vergleichsweise wenig Wert gelegt. Pilzgerichte zählen zu den Spezialitäten des Böhmerwaldes.

Gemüse, Salat
Pilzgerichte

Homolský sýr ist ein Sauermilchkäse, Oštěpek ein haltbarer Schafkäse, Parecina ein etwas säuerlicher Schafkäse.

Käse

Breit ist die Palette weiterer Mehlspeisen: Wirken schon der Apfelstrudel, die diversen kleinen Kuchen und Krapfen ausgesprochen verführerisch, der Palatschinken übertrifft sie alle; diese mit Quark, Marmelade oder Schokolade gefüllten Eierpfannkuchen sind nicht so dünn wie Crêpes, aber bestimmt ebenso lecker.

Dessert

Nicht unerwähnt bleiben sollten aber auch die in manchem Lied besungenen Pflaumenmustäschchen (Powidltaschen), Buchteln (eine Mehlspeise mit Marmeladenfüllung) sowie die hauchzarten 'Karlsbader Oblaten'.

Hervorragende Geflügel- und Wildgerichte sowie Schweinebraten gehören zu den bevorzugten Speisen der mährischen Küche.

Mährische Küche
Allgemeines

An Gemüsebeilagen werden je nach Saison zarte südmährische Spargel und Znaimer Delikateßgurken gereicht.

Gemüse

Olmützer Quargel haben ein ausgeprägtes Aroma und sind mit deutschem Handkäse oder Harzer Käse vergleichbar.

Käse

In der Slowakischen Republik

Die slowakische Küche ist weitgehend von der ungarischen beeinflußt und bevorzugt schärfer gewürzte Gerichte als die tschechische Küche.

Allgemeines

Auf der Speisekarte stehen vorwiegend Gulasch, Hammelfleisch und verschiedene Spießbraten.

Fleischspeisen

Zu den Fleischspeisen werden Kartoffeln oder Hefeknödel und Paprikaschoten gereicht.

Beilagen

Im Gebiet der Niederen Tatra erzeugen die Sennereien wohlschmeckenden Käse. Der bekannte 'Liptauer' (Liptovská bryndza) ist ein mit rotem Paprika angemachter Schafkäse (mit Kuhmilchanteil); Schafkäse wird gern in Scheiben aufgebraten.

Käse

Begriffe aus der Gastronomie

Als Verständigungshilfe nachfolgend einige Begriffe aus der Gastronomie (neben den tschechischen, falls abweichend, die slowakischen Wörter).

Allgemeines

Essen und Trinken

Praktische Informationen

Begriffe aus der Gastronomie

deutsch	tschechisch	slowakisch (sofern abweichend)
Restaurant	restaurace	reštaurácia
Café	kavárna	kaviareň
Frühstück	snídaně	raňajky
Mittagessen	obed	
Abendessen	večeře	večera
essen	jísti	jesť
trinken	píti	piť
viel	mnoho	
wenig	málo	
Messer	nůž	nôz
Gabel	vidlička	
Löffel	lžíce	lyžica
Teller	talíř	tanier
Tasse	šálek	šálka
Glas	sklenice	pohár
Serviette	ubrousek	servítka
Korkenzieher	vývrtka	
Rechnung	účet	
Trinkgeld	spropitné	prepitné
Kellner	vrchní	čašník
bezahlen	platiti	platiť
sofort	hned	hneď
Speisekarte	jidelní listek	jedalny listok
Suppe	polévka	polievka
Knödel	knedlík	knedľa
Fleisch	maso	mäso
Braten	pečeně	pečienka
Bratwurst	klobása	
Gulasch	guláš	
Hammelfleisch	skopové	škopovo
Kalbfleisch	telecí	teľací
Rindfleisch	hovězí	hovädzí
Rostbraten	roštěnka	
Schnitzel	řízek	rezeň
Schweinefleisch	vepřová	bravčové
Selchfleisch	uzené	údeniny
Wellfleisch	ovar	obar
Geflügel	drůbež	hydina
Ente	kachna	kačica
Fasan	bažant	
Gans	husa	hus
Hähnchen	kohoutek	kohútik
Huhn	kuře	kurča
Wild	zvěřina	divina
Hase	zajík	zajac
Hirsch	jelen	jeleň
Reh	srnec	
Wurst	sálam	saláma
Schinken	šunka	
Zunge	jazyk	

deutsch	tschechisch	slowakisch (sofern abweichend)	Begriffe aus der Gastronomie
Fisch	ryba		
Forelle	pstruh		
Hecht	štika	šťuka	
Karpfen	kapr	kapor	
Gemüse	zelenia		
Blumenkohl	karfiol		
Gurke	okurka	uhorka	
Kartoffeln	brambora	zemiak	
Kopfsalat	hlávkový salát	hlávkový šalát	
Pilze	houby	huby	
Rotkohl	červené zelí	červena kapusta	
Sauerkraut	kyselé zelí	kyslá zelina	
Spargel	špargl	špargľa	
Spinat	špenát		
Tomate	rajske jablíčko	paradajka	
Zwiebel	cibule	cibuľa	
Eis	zmrzlina		
Käse	sýr	syr	
Schafkäse	brynza	bryndza	
Kompott	kompot	kompót	
Mehlspeisen	moučníky	múčniky	
Eierkuchen (Palatschinken)	palačinka	palacinka	
Obst	ovoce	ovocie	
Apfel	jablko		
Apfelsine	pomeranče	pomaranč	
Aprikose	meruňka	marhuľa	
Birne	hruška		
Heidelbeere	borůvka	čučoríedka	
Kirsche	třešně	čerešňa	
Pfirsich	broskev	broskyňa	
Pflaume	slíva, švestka	slivka	
Weintraube	hrozen	hrozno	
Zitrone	citrón		
Getränke	nápoje		
Bier	pivo		
Branntwein	pálenka		
Korn	režná kořolka		
Marillenschnaps	meruňkovice		
Pflaumenschnaps	slivovice	slivovica	
Wacholderschnaps	borovička		
Kaffee	káva		
Milch	mléko	mlieko	
Mineralwasser	minerálka		
Limonade	limonáda		
Tee	čaj		
Wasser	voda		

Begriffe aus der Gastronomie	**deutsch**	**tschechisch**	**slowakisch** (sofern abweichend)
	Wein	víno	
	Weißwein	bílé víno	
	Rotwein	červené víno	
	Brot	chléb	chlieb
	Gebäck	pečivo	
	Brötchen	chlebíček	
	Buchtel	buchta	
	Hörnchen (Kipfel)	rohlík	rožok
	Kuchen	koláč	
	Oblate	oplatka	
	Butter	máslo	maslo
	Marmelade	marmeláda	
	Honig	med	
	Eier	vejce	vajce
	hart	vejce na tvrdo	vajce na tvrdo
	weich	vejce na měkko	vajce na měkko
	Eierkuchen	omeleta	
	Spiegeleier	sázená vejce	volské oko (Ez.)
	Nudeln	nudle	rezance
	Reis	rýža	
	Salz	sůl	soľ
	Zucker	cukr	cukor
	Essig	ocet	ocot
	Öl (Speiseöl)	olej	

Getränke

Bier	→ dort
Bierlokale	→ Restaurants
Wein	→ dort
Weinstuben	→ Restaurants

Spirituosen — Zu den bekanntesten Spirituosen zählen der Slivovice (Pflaumenbranntwein) aus der Mährischen Slowakei, der Hannaker Korn, der Meruňkovice (Marillengeist), Žitná oder Režná (Korn) und Jalovcová bzw. Borovička (Wacholderschnaps). Nach einem üppigen Essen schwören viele auf die Karlsbader Becherovka, einen ausgezeichneten Bitterlikör.
In der Slowakei ist ferner ein Heißgetränk aus Honig und verschiedenen Fruchtdestillaten beliebt.

Kaffee — Kaffee wird meist nach türkischer Art zubereitet, wobei man das Kaffeemehl mitkocht. Auch Espresso-Kaffee nach italienischer Art wird auf Verlangen serviert. Wiener Kaffee mit reichlich Schlagsahne kann ebenfalls bestellt werden.

Cafés — → Restaurants

Mineralwasser, Tee, Milch, Fruchtsäfte — Zur Erfrischung werden einheimische Mineralwasser angeboten.
Tee, Milch, Orangensaft oder Pampelmusensaft ('juice') werden ebenfalls serviert.

Fahrvorschriften

→ Straßenverkehr

Feiertage

1. Januar (Neujahr)
Ostermontag
1. Mai (Tag der Arbeit)
8. Mai (Tag der Befreiung von den Nazionalsozialisten im Jahre 1945)
5. Juli (Tag der Slawenapostel Kyrill und Method)
28. Oktober: Tag der Republik (Nationalfeiertag; Jahrestag der Gründung
    der ersten Tschechoslowakischen Republik 1918–1938)
24. Dezember (Heiligabend)
25. und 26. Dezember (Weihnachten)

In der Tschechischen Republik:
6. Juli (Todestag von Jan Hus: Feuertod auf dem Scheiterhaufen in Kon-
    stanz, 1415)
In der Slowakischen Republik:
1. November (Tag der Versöhnung)

Ferienwohnungen

Eine große Anzahl an Ferienwohnungen bzw. Ferienhäusern werden in der   Allgemeines
Tschechischen Republik und in der Slowakischen Republik zur Vermietung
angeboten.

Eine in deutscher Sprache abgefaßte Broschüre mit detaillierten Angaben   Auskunft
(u. a. Anschrift und Bild des Objektes, Verkehrsanbindung, Ausstattung) ist
bei Čedok (→ Auskunft) erhältlich.

Alle in der o. a. Broschüre enthaltenen Ferienwohnungen sind über Čedok   Buchungen
buchbar.

Auch der deutsche Reiseveranstalter Touristik Union International (TUI)
bietet Aufenthalt in einigen Ferienwohnungen an, so u. a. Urlaub in einer
Jugendstilvilla oder in einem Schlößchen; gebucht werden kann in allen
Reisebüros.

Fernsehen

→ Rundfunk und Fernsehen

Festivals

→ Veranstaltungen

Fischen

→ Sport

Flugverkehr

Flughäfen

Internationale
Flüge

Die Tschechische Republik und die Slowakische Republik werden von dem Luftfahrtunternehmen ČSA, die Slowakische Republik außerdem von der in Bratislava (Preßburg) beheimateten Tatra Air sowie auch von zahlreichen ausländischen Fluggesellschaften angeflogen.
Die Tschechische Republik ist über den Prager Flughafen Praha-Ruzyně sowie den Brünner Flughafen Brno-Tuřany an das internationale Flugnetz angeschlossen.
Die Slowakische Republik hat den Preßburger Flughafen Bratislava-Ivanka als internationalen Zielflughafen.

Tschechische
Republik

In der Tschechischen Republik bestehen mehr oder weniger regelmäßige Flugverbindungen zwischen den Städten Praha (Prag), Brno (Brünn), Karlovy Vary (Karlsbad), Ostrava (Ostrau) und Zlín.

Slowakische
Republik

In der Slowakischen Republik gibt es bei folgenden Städten Flughäfen: Bratislava (Preßburg), Banská Bystrica (Neusohl; Sliač), Košice (Kaschau), Piešťany (Pistyan), Prešov (Preschau · Eperies) und Poprad (Deutschendorf; Tatry).

Flugverbindungen

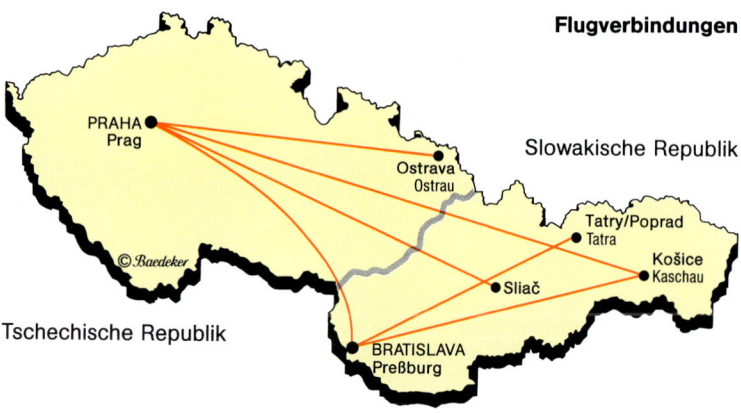

Fluggesellschaften

ČSA

Am bekanntesten ist die Fluggesellschaft ČSA (Československé Aerolinie; seit 1992 mit Beteiligung der Air France), die sowohl das Streckennetz innerhalb der Tschechischen Republik und der Slowakischen Republik bedient als auch viele Strecken in Europa und Übersee befliegt.

ČSA Airtours

Im Jahre 1989 wurde u. a. von ČSA das Reisebüro 'ČSA Airtours' gegründet. Hier sind sowohl für Einzel- als auch für Gruppenreisende z. B. Flugtickets erhältlich; angeboten werden u. a. Reisen nach Prag, kombinierte Rundreisen, spezielle Kultur- oder Sportprogramme und vieles andere mehr.
Buchungen der Programme und Unterkünfte sind bei allen ČSA-Vertretungen und den Zweigstellen von ČSA Airtours möglich.

ČSA im Ausland

Deutschland
Berlin

Kurfürstendamm 200
D-10719 Berlin
Tel.: (030) 887 55 und 881011

Karl-Marx-Allee 96
D-10243 Berlin
Tel.: (030) 5893323 und 5894828

Frankfurt am Main

Baseler Straße 46
D-60329 Frankfurt am Main
Tel.: (069) 253559 und 236743

Österreich
Wien

Parkring 12
A-1010 Wien
Tel.: (01) 513805 und 5129886

Schweiz
Genève (Genf)

Office 334
Postfach 219
CH-1215 Genève 15 (Flughafen Cointrin)
Tel.: (022) 7983330

Zürich

Sumatrastrasse 25
CH-8006 Zürich
Tel.: (01) 3638000 und 3638009

ČSA in der Tschechischen Republik

Prager Stadtbüro

Generaldirektion, Verwaltung und Flugtickets:
Revoluční 1
CZ-11000 Praha 1 (Nové Město)
Tel.: (02) 2146
Auskunft über in- und ausländische Flüge: Tel. (02) 2317395

Flughafen Ruzyně

Zentralbüro der ČSA am Prager Flughafen Ruzyně: Tel. (02) 3342000

Brno

Cejl 4
Tel.: (05) 671249 und 671229

Karlovy Vary

I. P. Pavlova 11 – Thermal
Tel.: (017) 25760 und 27855

Ostrava

Nádražní 7
Tel.: (069) 233164 und 233765
Tel. der ČSA am Flughafen Mošnov: (069) 50274

Zlín

Dlouhá 4228; Tel.: (067) 24391

Ausländische Fluggesellschaften in der Tschechischen Republik

Austrian Airlines

Pařížská 1
CZ-11000 Praha 1 (Staré Město)
Tel.: (02) 2322795 und (02) 2326469;
Tel. am Flughafen Ruzyně: (02) 367818 und 334-4519

Lufthansa

Pařížská 28
CZ-11000 Praha 1 (Staré Město)
Tel.: (02) 2317551
Tel. am Flughafen Ruzyně: (02) 367827

Swissair	Pařížská 11, CZ-11000 Praha 1 (Staré Město); Tel.: (02) 232 47 07
	Tel. am Flughafen Ruzyňe: (02) 367 809 und 367 818

ČSA in der Slowakischen Republik

Banská Bystrica	Partyzánská cesta 4
	Tel.: (088) 4 1975
Bratislava	Dom Gorkého 5
	Tel.: (07) 33 07 88 und 33 07 90
	Inter. Reduta, Mostova 3
	Tel.: (07) 31 12 17
Košice	Pribinova 4
	Tel.: (095) 2 25 78 und 2 25 77
Piešťany	Nalepkova 1825 / 2
	Tel.: 2 61 84 und 2 29 50
Prešov	Hlavná ulica 26
	Tel.: 3 32 35
Poprad	Hviezdoslavova 1
	Inlandsflüge: Tel. (092) 2 41 90; Auslandsflüge: Tel. (092) 2 38 28
Austrian Airlines in Bratislava	Rybné námestie 1 (im Hotel Danube)
	Tel.: (07) 5 53 55

Tatra Air

Neugründung	Das Mitte 1990 gegründete Luftfahrtunternehmen 'Tatra Air' hat seinen Sitz in Bratislava (Preßburg).
Bratislava	Stadtbüro: Tel. (07) 29 23 18
	Reservierungen: Tel. (07) 29 23 06
Poprad	Flughafen Tatry: Tel. (92) 2 38 28
Vertretungen im Ausland	Frankfurt am Main: Tel. (06 14) 55 28 89
	München: Tel. (089) 2 36 33
	Stuttgart: Tel. (07 11) 9 48 47 67
	Zürich: Tel. (01) 2 58 34 34
	Praha (Prag): Tel. (02) 32 77 94
	Brno (Brünn): Tel. (05) 53 01 41

Luftrettungsdienste

→ Notdienste

Formalitäten

→ Geld   → Reisedokumente
→ Straßenverkehr   → Zollbestimmungen

Fotografieren und Filmen

→ Umgangsregeln

Freilichtmuseen

Auf dem Gebiet der Tschechischen Republik sowie der Slowakischen Republik befinden sich u. a. zahlreiche gut erhaltene Bauwerke der Volksarchitektur, die einen Einblick in das Leben früherer Generationen geben.

Allgemeines

Die Volksarchitektur eines bestimmten Gebietes ist insbesondere in den zahlreichen Freilichtmuseen, den sog. 'Skansen', zusammengetragen und zu besichtigen.

Skansen

Gelegentlich sind die Skansen im Sommerhalbjahr auch bewohnt (z. B. in der Tschechischen Republik in Veselý Kopec, Ortsteil von Vysočina im Kreis Chrudim, s. auch nachstehend): Die Einwohner pflegen die alten Bräuche, sie verrichten das Tagewerk (Korbflechten, Schnitzen, Bemalen von Gegenständen u. a.) in traditioneller Arbeitskleidung und auf herkömmliche Weise; an Festtagen tragen sie spezielle Trachten.

Bewohnte Skansen

Auch das Walachische Freilichtmuseum von Rožnov pod Radhoštěm (siehe nachstehend) ist bewohnt. Es finden interessante Vorführungen statt, und auf den Besucher warten viele Überraschungen.

Walachisches Freilichtmuseum

In der Tschechischen Republik

In Třebíz (unweit nordwestlich von Prag):
Freilichtmuseum im barocken Bauernhof (Nr. 1; gen. 'Cífkův statek'), mit Gegenständen aus dem 16. Jahrhundert.
In Přerov nad Labem (nördlich der Strecke Praha – Poděbrady) findet sich Volksarchitektur der Elbniederung; Museum um das Haus Nr. 19 seit 1967.
In Kouřim (östlich von Prag, bzw. südlich der Strecke Praha – Kolín – Kutná Hora): Aufbau eines Skansen (s. zuvor) seit 1972; Bauten auch außerhalb Mittelböhmens, am Bach Ždánický potok.

Gemauerte Architektur mittelböhmischer Dörfer

Diese Architektur ist insbesondere am Mittellauf des Berounka-Flusses (nordwestlich der Autobahn Plzeň – Praha) erhalten:
so u. a. in Skryje (Nr. 4, 7, 13), in Zbečno, in Týřovice, in Kublov, in Hudlice (Geburtshaus des Sprachforschers und Dichters Josef Jungmann) oder in Žloukovice;
ferner in Bošín (im Kreis Nymburk, östlich von Prag): Nr. 2, 4, 10 und 16.

Gezimmerte Architektur mittelböhmischer Dörfer

Größere Ensembles aus dem 'Bauernbarock' (überwiegend geschlossene Höfe mit Barockelementen sowohl an den Giebeln der Wohnhäuser als auch an den Wirtschaftsgebäuden) finden sich in den Dörfern Holašovice und Plástovice (westlich und nordwestlich von České Budějovice), in Komárov bei Soběslav, in Vlastiboř und in Záluží; außerdem u. a. bei Volyně (im Vorland des Böhmerwaldes): in Zechovice, in Předslavice, in Jiřetice.

Gemauerte südböhmische Bauerngüter ('Bauernbarock')

Nur noch wenige gezimmerte Holzhäuser im alpenländischen Stil finden sich in Volary (im Böhmerwald).

Gezimmerte Holzhäuser im Böhmerwald

In West- und Nordböhmen, von Cheb über das Erzgebirge, das Böhmische Mittelgebirge und das Böhmische Paradies bis ins Riesengebirgsvorland, finden sich überwiegend von Deutschen erbaute, im Regelfall einstöckige Häuser in Fachwerkbauweise.

Fachwerk in West- und Nordböhmen

Sehenswert in diesem Gebiet ist u. a. auch der Skansen in Zubrnice (bei Ústí nad Labem): Nr. 15, 27, 61, 74, 82 u. a.

Im Skansen Veselý Kopec (Ortsteil von Vysočina; Kreis Chrudim), westlich von Hlinsko, stehen die am besten erhaltenen, außerordentlich sehenswerten Exemplare von Bauwerken der gezimmerten Architektur der Böhmisch-Mährischen Höhe; in diesem Freilichtmuseum werden auch Handwerke und Volksbräuche gepflegt.

Gezimmerte Architektur der Böhmisch-Mährischen Höhe

Freilichtmuseen (Fortsetzung) Häuser in Südmähren	Typisch für die südmährische Region ist das aus ungebrannten Ziegeln erbaute, mit einem bemalten, blumenumrankten Eingang (žudro) versehene Haus; mehrere Häuser u. a. im Dorfmuseum von Strážnice (Südostmähren; z. T. auch Winzerhütten). Ähnliche Gebäude stehen östlich im Donautiefland.
Gezimmerte Häuser in Nordmähren	Im Walachischen Freilichtmuseum (verschiedene Vorführungen; s. auch Text zu Beginn dieses Kapitels) in Rožnov pod Radhošťem, dem ältesten tschechischen Skansen, steht ein Komplex blockhüttenartiger Holzhäuser, darunter auch das gezimmerte Rathaus von Rožnov (1779). Schöne Beispiele dieser Architektur gibt es u. a. auch in Štramberk (Kreis Jičín), in Hodslavice (unweit von Rožnov; Geburtshaus des tschechischen Historikers František Palacký) und im Bečva-Tal; hier auch mehrere Holzkirchlein, so u. a. in Hodslavice (1551), in Guty (1563), Sedlište (1624) und Nýdek (1576).

In der Slowakischen Republik

Gezimmerte Häuser	Weitere Beispiele gezimmerter Häuser finden sich ferner in der Slowakischen Republik, und zwar im Museum der Kysuca-Region im Ort Nová Bystrica-Vychylovka (südöstlich von Čadca); außerdem im Museum des Dorfes der Orava-Region in Zuberec-Brestová (unweit des Orava-Staudammes). Am Südostrand der Stadt Martin erstreckt sich das die ganze Slowakische Republik betreffende Museum des slowakischen Dorfes, ebenfalls mit gezimmerten Häusern. Gezimmerte Volksarchitektur findet sich außerdem u. a. in der Kleinen Fatra, in Terchová (30 Objekte), in Podbiel (Region Orava; 74 Objekte), in Vlkolínec (Kreis Ružomberok; 40 Objekte) und Čičmany (Kreis Žilina; 140).
Gezimmerte Volksarchitektur im Nordosten der Slowakei	Viele Beispiele gut erhaltener, gezimmerter Volksarchitektur finden sich im Nordosten der Slowakischen Republik; sie sind im ältesten slowakischen Museum der Volksarchitektur von Bardejovské kúpele und im Skansen (im Aufbau) unter der Burg Stará Ľubovňa zu bewundern; ferner in der Gemeinde Ždiar (östl. Hohe Tatra) und in Jezersko (Zamagurie-Region).
Holzkirchlein in der Ostslowakei	Als eine Besonderheit erhaltener Volksarchitektur im Osten der Slowakischen Republik gelten 27, aus dem 16. bis 18. Jh. stammende, z. T. mit reichen Wandmalereien versehene Holzkirchlein, die vornehmlich in den Kreisen Bardejov, Humenné, Michalovce, Stará Ľubovňa, Prešov und Svidník stehen.

Gastronomie

→ Essen und Trinken
→ Restaurants

Geld

Währungstrennung	Nach Auflösung der ehemaligen Tschechoslowakei haben die Nachfolgestaaten eigene separate Währungen eingeführt. Gesetzliche Zahlungsmittel sind in der Tschechischen Republik die **Tschechische Krone** (koruna česká = kč) und in der Slowakischen Republik die **Slowakische Krone** (koruna slovenská = ks).
Übergangszeit bis Ende 1993	Für eine Übergangszeit in Umlauf sind noch Münzen und verschiedenste Geldscheine – sowohl solche aus der sozialistischen Vergangenheit als auch besonders jene, die seit Febuar 1993 provisorisch von den beiden

Staaten mit spezifizierenden Aufklebern oder Stempelaufdrucken versehen worden sind, ferner in zunehmendem Maße neue Banknoten, die ab 1994 allein gültig sein werden. Bis Ende 1993 besteht die Möglichkeit, ältere Zahlungsmittel bei den Banken in neue umzutauschen.

Ab 1994 werden sowohl in der Tschechischen Republik als auch in der Slowakischen Republik Münzen im Werte von 1, 2, 5 und 10 Kronen sowie Banknoten im Werte von 20, 50, 100, 200 und 1000 Kronen ausschließliche Gültigkeit haben. – Heller-Scheidemünzen verschwinden ersatzlos.

Die in der Tschechischen Republik und in der Slowakischen Republik neu eingeführten Währungen gelten grundsätzlich nur auf dem jeweiligen Staatsgebiet. In Anbetracht des etwas höheren Kurswertes der Tschechischen Krone achte man darauf, in den tschechischen Ländern slowakisches Wechselgeld herauszubekommen. Andererseits wird in der Slowakei tschechisches Geld gern angenommen.

Die Ein- und Ausfuhr tschechischen oder slowakischen Geldes ist verboten! Frei konvertierbare Währungen unterliegen keinen Beschränkungen.

100 Kronen	=	5,75 DM	1 DM	=	17,50 Kronen
100 Kronen	=	39,00 öS	1 öS	=	2,60 Kronen
100 Kronen	=	5,00 sfr	1 sfr	=	20,00 Kronen

Der Kurswert der Tschechischen Krone liegt etwas höher als jener der Slowakischen Krone.

Der früher herrschende Pflichtumtausch ist aufgehoben. Geldwechsel nehme man grundsätzlich nur in autorisierten Wechselstuben (Banken, Hotels, Reisebüros) vor, von denen es immer mehr gibt.
Es sei ausdrücklich darauf hingewiesen, daß der auf der Straße oder in Lokalen vielfach praktizierte 'schwarze' Geldumtausch strafbar ist!

Die Mitnahme von Eurocheques (ec; auch für Postgirokunden) ist empfehlenswert. Eurocheques können nur bei den Staatsbanken (s. unten) in Kronen bis zu einem Gegenwert von 400 DM eingelöst werden.

Wichtigste Bank (mit Filialen in jeder Bezirksstadt) ist die
Státní banka česká (SBČ · Tschechische Staatsbank)
Na příkopě 28, CZ-11000 Praha 1 (Nové Město)
Die Zentrale im Prager Stadtzentrum schließt Mo.–Fr. später als die übrigen Banken und ist auch am Samstagvormittag geöffnet.

Štátna banka slovenská (SBS · Slowakische Staatsbank) in Bratislava (Preßburg): Dunajská 24 und Gorkého 14

Die führende Handelsbank mit internationaler Abteilung ist die
Komerční banka (KB; auch Geldwechsel möglich)
Na příkopě 33, CZ-11003 Praha 1
Tel.: (02) 422 2122-1111

Ausländische Banken in Prag (Praha 1):
Deutsche Bank (Národní třída 10)
Dresdner Bank (Panská 12; im Hotel Palace)
Girozentrale und Bank der österreichischen Sparkassen (Ovocný trh 15)
Financière Crédit Suisse · First Boston, Zug (V jámě 1)

Die Wechselstuben in den größeren Städten oder in den Hotels sind meist den ganzen Tag über geöffnet.

Derzeit werden akzeptiert: Access, American Express, Carte Blanche, Diners Club, Eurocard/Mastercard, Bank Americards/VISA und JCB.

Übersichtskarte

Höhlen

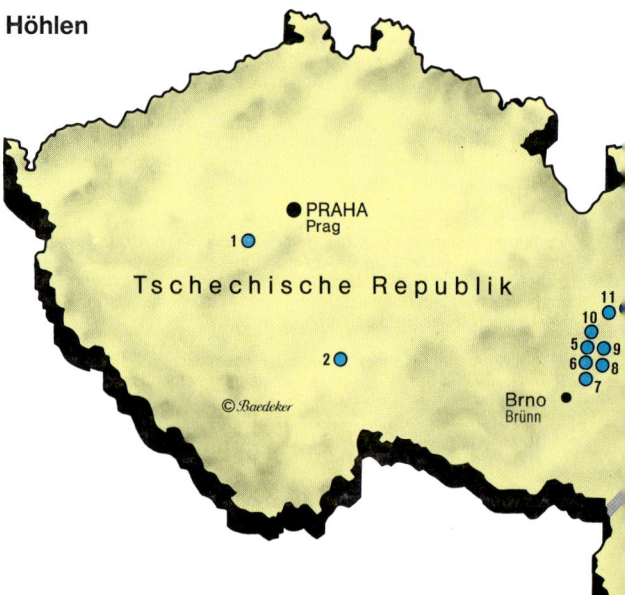

1 Koněpruské jeskyně (Böhmischer Karst)
2 Chýnovská jeskyně
3 Na Pomezí (Altvatergebirge)
4 Na Špičáku (Altvatergebirge)
5 Macocha (Mährischer Karst)
6 Punkevní jeskyně (Mährischer Karst)
7 Kateřinská jeskyně (Mährischer Karst)

8 Balcarka (Mährischer Karst)
9 Ostrovské jeskyně (Mährischer Karst)
10 Sloupsko-šošůvské jeskyně
11 Javoříčské jeskyně
12 Mladečské jeskyně
13 Zbašovské aragonitové jeskyně
14 Šipka

Geld
(Fortsetzung)
Verlust-
meldungen

Bei Verlust von Eurocheques (ec) und/oder Scheckkarten alarmiere man zur sofortigen Sperrung unverzüglich den rund um die Uhr erreichbaren Zentralen Annahmedienst für Verlustmeldungen von Eurocheque-Karten in Frankfurt am Main; Telefon aus der Tschechischen Republik sowie aus der Slowakischen Republik:
00/49/69/740987.

Bargeldlos
telefonieren

⟶ Notdienste: Notfall-Telefon nach Deutschland

Geschäftszeiten

Apotheken

⟶ dort

Banken

⟶ Geld

Burgen,
Schlösser,
Museen,
Kunstgalerien

Im Regelfall geöffnet: Di.–So. 10.00–17.00 Uhr.
Geschlossen: Mo. und an Tagen, die auf gesetzliche ⟶ Feiertage folgen. Einige Museen haben montags geöffnet und dafür samstags geschlossen; man erkundige sich in jedem Falle nochmals vor Ort nach den aktuellen Öffnungszeiten.
Burgen und Schlösser sind außerdem während der staatlichen ⟶ Feiertage sowie üblicherweise von November bis März geschlossen.

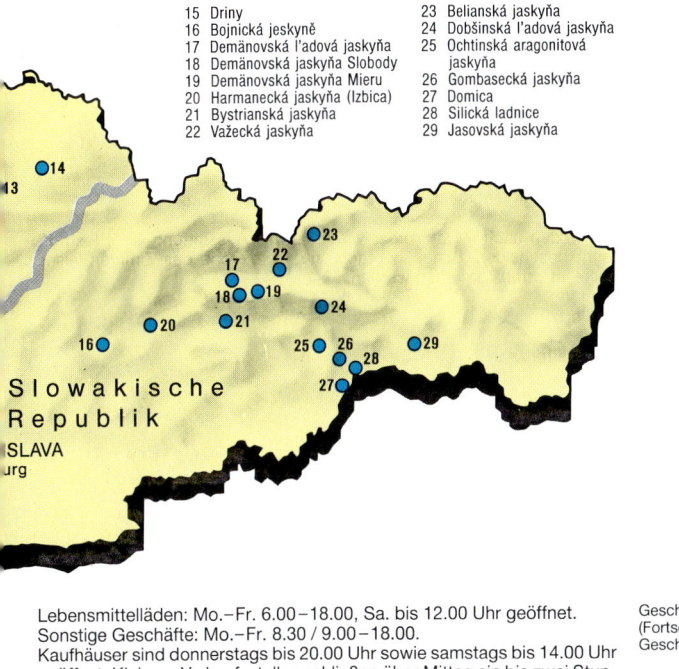

15 Driny
16 Bojnická jeskyně
17 Demänovská ľadová jaskyňa
18 Demänovská jaskyňa Slobody
19 Demänovská jaskyňa Mieru
20 Harmanecká jaskyňa (Izbica)
21 Bystrianská jaskyňa
22 Važecká jaskyňa

23 Belianská jaskyňa
24 Dobšinská ľadová jaskyňa
25 Ochtinská aragonitová jaskyňa
26 Gombasecká jaskyňa
27 Domica
28 Silická ladnice
29 Jasovská jaskyňa

Slowakische
Republik

SLAVA
urg

Lebensmittelläden: Mo.–Fr. 6.00–18.00, Sa. bis 12.00 Uhr geöffnet.
Sonstige Geschäfte: Mo.–Fr. 8.30 / 9.00–18.00.
Kaufhäuser sind donnerstags bis 20.00 Uhr sowie samstags bis 14.00 Uhr geöffnet. Kleinere Verkaufsstellen schließen über Mittag ein bis zwei Stunden zwischen 12.00 und 15.00 Uhr, sowie samstags ab 12.00 Uhr.

Geschäftszeiten
(Fortsetzung)
Geschäfte

Konditoreien und Souvenirläden sind auch sonntags, wenn alle anderen Geschäfte geschlossen bleiben, bis 18.00 Uhr oder länger geöffnet.

Konditoreien,
Souvenirläden

Saison und Betriebszeiten in den Kuranstalten ⟶ Kur und Erholung

Kuranstalten

⟶ dort bzw. ⟶ Burgen und Schlösser

Museen

Höhlen

In der Tschechischen Republik und in der Slowakischen Republik gibt es ausgedehnte Höhlensysteme, die erkundet bzw. kartographisch erfaßt und deren touristisch wichtigste Abschnitte in den Hauptteilen 'Reiseziele von A bis Z' dieses Reiseführers ausführlich beschrieben sind.
Zu den bekanntesten zählen jene Schauhöhlen (meist mit Tropfstein-, aber auch seltenen Aragonitbildungen), deren Lage aus der obenstehenden Übersichtskarte ersichtlich wird.

Allgemeines

Hotels

Kategorien	Neben den amtlichen Kategorien A* de Luxe, A*, B* (im Regelfall noch sehr gut), B (gut) und C (einfach) – vor allem noch bei älteren Objekten gültig – setzt sich immer mehr die neue Klassifikation durch: Die Skala reicht von fünf Sternen (***** = Luxushotel) bis zu einem Stern (* = Hotel für bescheidene Ansprüche).
Vorbestellung	Vorbestellung von Hotelunterkünften (z. B. direkt oder über Čedok-Reisebüros ⟶ Auskunft) wird insbesondere für einen geplanten Aufenthalt in Prag, Bratislava (Preßburg) und Brno (Brünn), in den Kurorten (⟶ Kur und Erholung) sowie in den großen Erholungszentren der Gebirge empfohlen.
Einfache Unterkünfte	Weitere Übernachtungsmöglichkeiten finden sich auch in Motels (Raststätten 'Motorest' ⟶ Restaurants); bescheidene Unterkünfte stehen in Gaststätten mit Hotelbetrieb, Touristenherbergen und Gebirgsbauden oder auf Campingplätzen (⟶ Camping) zur Verfügung.
Privatunterkünfte	Es werden auch Privatzimmer vermietet (die Ausstattung ist jedoch oft recht bescheiden). Eine Absprache über die Höhe des Zimmerpreises sollte im voraus getroffen werden.
Ferienwohnungen	⟶ dort
Abkürzung	B. = Bettenzahl

Hotels in der Tschechischen Republik

Abertamy	Plečivec, C, 93 B.	**Bílina**	Praha, C, 19 B.
			Vyhlídka, C, 26 B.
Aš	Lev, B, 74 B.		
		Blansko	Dukla, B, 144 B.
Babylon	Čerchov, B, 85 B.		Macocha, B, 52 B.
	Praha, B, 217 B.		Panoráma***, Češkovice
Bavorov	Šumava, C, 35 B.	**Blatná**	Beránek, C, 29 B.
Bechyně	Lužnice, C, 40 B.	**Blovice**	Panský dům, C, 16 B.
Bělá pod Bezdězem	U radnice, C, 21 B.	**Bohumín**	Grand, B, 50 B.
			Národní dům, C, 32 B.
Benátky nad Jizerou	Karbo, B, 72 B.		
		Bojkovice	Hvězda, C, 14 B.
Benecko	Žalý***		Schloß Nový Světlov, C
	Hančova bouda, B und C, 45 B.; Súva, C, 50 B.	**Bor**	Národní dům, C, 22 B.
Benešov	Motel Konopiště***, 80 B.	**Boskovice**	Velen, B, 81 B.
			Slavia, C, 26 B.
	Pošta, B, 72 B.		
	Zimní stadión, C, 49 B.	**Bouzov**	Bouzov, B, 34 B.
Benešov nad Černou	Černá, C, 39 B.	**Boží Dar**	Praha, C, 66 B.
			Zelený dům, C, 42 B.
Benešov nad Ploučnicí	Jelen, B, 50 B.		
		Brandýs nad Orlicí	Jiříčka, B, 25 B.
Beroun	Český dvůr, C, 36 B.		
	Litava**, 137 B.	**Břeclav**	Grand, B, 49 B.
			Slávie, B, 58 B.
Bílá (Frýdek-Místek)	Ebeka, B, 72 B.		Zimní stadión, B, 72 B.

Březnice	Městský pívovar, B, 31 B. Vlčava, C, 24 B.
Brná nad Labem	Racek, C, 33 B. Srdíčko, C, 18 B.
Brno · Brünn	Continental****, Kounicová 20, 564 B. Slavia****, Solniční 15–17, 157 B. Grand Hotel, Benešova 18–20, A*, 184 B. International, Husova 16, A*, 435 B. Voroněž I, Křížkovského 47, A*, 947 B. Voroněž, II, Křížkovského 49, B*, 322 B. Avion, Česká 20, B*, 62 B. Slovan, Lidická 23, B*, 207 B. U Jakuba, Jakubské náměstí 6, B*, 65 B. Metropol**, Dornych 5, 120 B. Morava**, Novobranská 3, 160 B. Evropa, náměstí Svobody 13, B, 98 B. Korzo, Kopečná 10, B, 55 B. Merkur, Rostislavovo náměstí, B, 49 B. Společenský dům, Horova 30, 40 B.
Broumov	Městský, B, 68 B. Praha, C, 43 B.
Brumov-Bylnice	U nádraží, Bylnice, C, 27 B.
Bruntál	Společenský dům, B, 10 B.
Brusno (Banská Bystrica)	Brusno, B, 32 B.
Bučovice	Hvězda, C, 23 B.
Bystřice pod Hostýnem	Podhoran, C, 86 B. In Chavalšov: Říha, C, 29 B.
Bystřička (Vsetín)	Klenov, B, 41 B.
Bzenec	Lidový dům, C, 48 B.
Čáslav	Bílý kůň, B, 51 B. Grand, C, 28 B.

Černá hora (Janské Lázně)	Horský, B, 88 B. Sokolská bouda, B, 103 B.
Černá v Pošumaví	Racek, B, 63 B.
Červenohorské sedlo	Červenohorské sedlo, C, 42 B. Dlohé stráně, C, 40 B.
Červený Kostelec	Hvězda, C, 30 B.
Česká Kamenice	Slávie, C, 85 B.
Česká Lípa	Merkur, B, 94 B. Kahan, C, 223 B. U nádraží, C, 30 B.
Česká Skalice	Na Rozkoši, C, 95 B.
Česká Třebová	Moskva, C, 56 B.
České Budějovice	Gomel****, 469 B. Zvon, A* und B, 104 B. Vltava***, 140 B. Malše, B, 83 B. Slunce, B, 64 B.
České Velenice	Konzul**, 39 B.
Český Brod	Slavoj***, 112 B. Sport, C, 24 B.
Český Dub	Koruna, C, 22 B.
Český Krumlov	Krumlov, B*, 53 B. Růže, B*, 44 B. Vyšehrad, B*, 128 B.
Český Šternberk	Pod Hradem, C, 23 B.
Český Těšín	Slezský dům, B*, 52 B. Piast, B, 100 B.
Chabařovice	Slávie, B, 18 B.
Cheb	Hvězda, B*, 88 B. Hradní dvůr, B, 46 B. Slávie, B, 66 B. Chebský dvůr, C, 35 B.
Chlum u Třeboně	Společenský dům, B. Panská, C, 43 B.
Chlumec nad Cidlinou	Astra, C, 58 B.
Chocerady	Ostende, C, 33 B.
Chomutov	Horský, B, 32 B. Royal, B, 90 B. Třetí mlýn, B, 60 B. Zimní stadión, C, 41 B.

Hotels in der Tschechischen Republik

Chotěboř	Vysočina, B, 63 B.
Choustník	Družstevní dům, C, 122 B.
Chropyně	Ječmínek, C, 43 B.
Chrudim	Družba, B, 100 B.
Churáňov (Böhmerwald)	Churáňov, B, 156 B. Sporthotel Olympia, B, 127 B.
Cínovec	Pomezí, B, 55 B.
Čkyně	Jednota, B, 33 B.
Cvikov	Sever, C, 23 B.
Dačice	Dyje, B, 35 B. Stadión**, 37 B.
Davle	Pivovar, B, 41 B. U Topolů, C, 70 B.
Děčín	Grand, B*, 144 B. Radnice, C, 29 B. Sever, Ce, 49 B. Sport, C, 39 B.
Desná	Chata U můstku, C, 39 B.
Deštné v Orlických horách	Národní dům, B*, 49 B. Orlice, B, 40 B. Květa, C, 42 B.
Devět křížů	Motel, an der Autobahn Praha – Brno, B, 40 B.
Dobronice	Pohostinství, B, 40 B.
Dobříš	Heinz, C, 32 B.
Doksy	Grand, B, 106 B. Bezděz, C, 17 B. Pasáž, C, 46 B. Sport, C, 29 B.
Dolní Dvůr	Morava, C, 45 B.
Domažlice	Družba, B, 120 B. Chodský, B, 32 B. Koruna, B, 25 B. Slavia, C, 32 B.
Dubá	Slavia, C, 55 B.
Dubenec	Motel Halda, B, 45 B.
Dubí	Sport, C, 47 B.

Praktische Informationen

Duchcov	Městský hotel, C, 22 B.
Dvořačky (Riesengebirge)	Dvořačky, C, 38 B.
Dvůr Králové nad Labem	Central, C, 44 B. Květen, C, 30 B.
Františkovy Lázně	Monti (Kursanatorium), A, 67 B. Bajkal, B, 108 B. Slovan, B, 42 B. Ztiší, B und C, 87 B. Tatran, C, 72 B.
Frenštát pod Radhoštěm	Vlčina, B*, 64 B. Radhošť, B, 38 B. Sport, B, 34 B. Berghotels: Tanečnica, Pustevny, B, 120 B. Radhošť, Skalíkova louka, B, 37 B.
Frýdek-Místek	Beskyd, B, 83 B. Centrum***
Frýdlant	Valdštýn, C, 22 B.
Frýdlant nad Ostravicí	Motel Panoráma, B, 123 B. Berghotel Solárka, C, 60 B.
Frymburk	Vltava, B, 55 B.
Fulnek	Zlatý kříž, C, 23 B.
Gruň (Beskiden)	Berghotel Charbulák, C, 66 B.
Harrachov	Hubertus, B*, 48 B. Hubertka, B, 22 B. Juniorhotel Fit & Fun***, 354 B. Sporthotel Ski-centrum*** Chata Diana, C, 14 B. Krakonoš, C, 40 B. Ryžoviště, C, 189 B. Berghotel Vosecká bouda, C, 51 B.
Havířov	Merkur, B*, 233 B.
Havlíčkův Brod	Slunce***, 102 B. Černý orel, C, 49 B.
Hejnice	Perun, B, 108 B.
Herálec	Žákova hora, C, 33 B.
Hěřmanův Městec	Hěřman, B, 56 B. Obora, C, 10 B.

Praktische Informationen

Hluboká
nad Vltavou — Parkhotel, B, 100 B.

Hodonín — Grand, B, 56 B.
Sportklub, B, 42 B.
Central, C, 44 B.

Hojná Voda — Hojná Voda, C, 28 B.

Hojsova Stráž
(Böhmerwald) — Bílá Strž, C, 78 B.
Na Stráži, C, 35 B.
Vyhlídka, C, 38 B.

Holešov — Slavia, C, 27 B.
Sokolský dům, C, 23 B.

Holice — U Krále Jiřího, C, 43 B.

Holoubkov — Plzeň, C, 38 B.

Horažďovice — Modrá hvězda, C, 46 B.
Zlatý jelen, C, 37 B.

Hořice — Beránek, C, 50 B.

Horní Bečva — Valaška, C, 50 B.

Horní Blatná — Modrá hvězda, C,
45 B.

Horní Mísečky
(Riesengebirge) — Cáchovna, Hořec, Kleč,
C, 220 B.

Horní Planá — Smrčina, B, 35 B.

Hořovice — Zelený strom, B*, 50 B.

Horšovský Týn — Dělnický dům, C, 39 B.

Hostinné — Městský hotel, B, 46 B.

Hostivice — Chmelový keř, C, 48 B.

Hošťka — Tichý, C, 24 B.

Hradec Králové — Černigov, A*, 592 B.
Alessandria, B*, 203 B.
Bystrica, B*, 171 B.
Zimní stadión, B*, 92 B.
Paříž, B, 44 B.

Hradec
nad Moravicí — Zámecký, B und C, 58 B.
und 35 B.

Hranice — Sokolovna, B, 30 B.
Brno, C, 25 B.

Hrazany
(Slapy-Talsperre) — Hrazany, B, 56 B.

Hřensko — Hukvaldy, B, 80 B.
Labe, C, 46 B.

Hronov — Radnice, C, 68 B.

Hotels in der Tschechischen Republik

Hulín — Central, C, 40 B.

Humpolec — Orlík, B, 24 B.
Rekrea, B, 48 B.

Husinec — Na knížecí, C, 29 B.

Hustopeče — Hotel, B, 49 B.

Hvězdonice — Praha, B, 34 B.

Ivančice — Černý lev, B, 16 B.
Besední dům, C, 17 B.

Jablonec
nad Nisou — Merkur***
Zlatý jelen, B**, 208 B.
Corso, B*, 73 B.
Praha, B, 62 B.
Zlatý lev, B und C, 43 B.

Jablonné
nad Orlicí — U černého mědvěda, B,
37 B.

Jablonné
v Podještědí — Hvězda, C, 29 B.

Jablunkov — Jablunkov, C, 19 B.

Jáchymov — Klínovec, C, 149 B.
Slavia, C, 57 B.

Janské Lázně — Praha, B, 55 B.
Lesná dům, C, 53 B.
Berghotel Horský**

Jaroměř — Praha, C, 21 B.

Jaroměřice
(Svitavy) — Hotelový dům, B, 103 B.

Jaroměřice
nad Rokytnou — Opera, B, 60 B.

Jedovnice — Terasa, B, 35 B.

Jeseník — Mír*** (Kurhotel)
Priessnitz*** (Kurhotel)
Morava, B, 57 B.
Slovan, B, 70 B.
Mýtinka**
Jeseník, C, 51 B.
Slunný dvůr, C, 47 B.
Staříč, C, 40 B.
Zlatý Chlum, C, 58 B.

Ještěd
(Liberec) — Berghotel Ještěd, A,
24 B.

Jevany — Jevany, B, 50 B.

Jevíčko — Morava, C, 21 B.

Jičín — Astra, B, 46 B.
Start, B, 123 B.
Praha, C, 32 B.

Hotels in der Tschechischen Republik

Praktische Informationen

Jihlava
Grand****, 65 B.
Jihlava***, 172 B.
Zlatá hvězda***, 60 B.

Jilemnice
Cedron**, 30 B.
Česká bouda, C, 46 B.
Grand, C, 35 B.

Jince
Kratochvíl, B, 32 B.

Jindřichův Hradec
Grand, B, 55 B.
Vajgar, B, 68 B.

Jiřetín pod Jedlovou
Slovan, C, 80 B.

Jiříkov
Beseda, C, 35 B.

Karlovy Vary (Fortsetzung)
Imperial (Kurhotel), A*, 367 B.
Parkhotel, A*, 295 B.
Dvořák**** (76 Z. und drei Suiten)
Ohře, B*, 26 B.
Adria, B, 66 B.
Atlantik, B, 88 B.
Central***, 114 B.
Jizera, B, 65 B.
Juniorhotel Alice, B, 189 B.
Národní dům, B, 230 B.
Otava, B, 155 B.
Slavia, B, 120 B.
Turist, B, 42 B.

Karlovy Vary Karlsbad

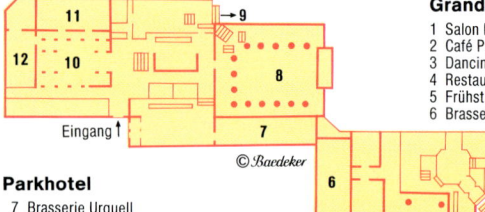

→9

8

Eingang↑

7

© Baedeker

Grandhotel Pupp
1 Salon Bohemia
2 Café Pupp
3 Dancing
4 Restaurant
5 Frühstücksraum
6 Brasserie Urquell

6

5   3

1

Haupteingang

4   2

Parkhotel
7 Brasserie Urquell
8 Festsaal
9 Slowakischer Weinkeller
10 Café Parkhotel
11 Salon La Belle Epoque
12 Salon Tschaikowsky

Jirkov
Praha, C, 37 B.

Josefův Důl
Pošta, C, 30 B.

Kadaň
Zelený strom, B*, 200 B.
Svoboda, B, 40 B.
Bílý beránek, C, 23 B.

Kamenice nad Lipou
Lípa, B, 45 B.

Kandlův Mlýn (Prachatice)
Kandlův Mlýn, C, 46 B.

Kaplice
Sport, C, 29 B.
Zlatý kříž, C, 24 B.

Kařez (Rokycany)
Bouchalka, B, 40 B.

Karlova Studánka
Džbán, B, 28 B.
Opava, C, 40 B.
Berghotels: Barborka, C, 131 B.
Kurzovní chata, C, 180 B.

Karlovy Vary
Bristol, A*, 58 B.
Grandhotel Pupp (Plan s. oben), A*, 337 B., und Villa Margareta, 16 B.

Karlovy Vary (Fortsetzung)
Beseda, C, 46 B.
Brix, C, 52 B.
Motel Gejzír-Park, C, 51 B.

Karviná
Jelen, B*, 56 B.
Darkov, C, 24 B.
Sport, C, 46 B.

Kašperské Hory
Bílá růže, B, 52 B.
Kašperk, C, 65 B.

Kdyně
Bílý lev, B, 39 B.

Kladno
Kladno, B*, 254 B.
Lidový dům, B, 43 B.
Sport, C, 55 B.

Klášterec nad Ohří
Slavia, B, 23 B.

Klášterec nad Orlicí
U mostu, C, 19 B.

Klatovy
Beránek, B, 51 B.
Bíla růže, B, 58 B.
Central, B, 115 B.

Klenčí pod Čerchovem
Výhledy, B, 68 B.
Haltrava, C, 44 B.

Klínovec (Erzgebirge)	Horský, C, 95 B.
Kojetín	Pivovar, C, 15 B.
Kokořín	Dolina, B, 44 B. U Grobiána, C, 54 B.
Kolín	Savoy, B, 73 B. Zimní stadión, B und C, 29 und 27 B.
Koloděje nad Lužnicí	Lužnice, C, 25 B.
Komárov	Krumphanzl, C, 28 B.
Komorní Lhotka	Godula, C, 26 B.
Konopiště	Myslivna, B, 93 B. Zámecký, C, 72 B.
Konstantinovy Lázně	Jitřenka, B, 46 B. Tvorba, C, 31 B.
Kopřivnice	Stadion, B, 49 B. Tatra***, 162 B.
Kořenov	Sport, C, 30 B.
Kost	Podkost, C, 42 B.
Kostelec (Jihlava)	Horal, B, 52 B.
Kostelec nad Černými lesy	Závist, C, 26 B. Zelený dům, C, 35 B.
Kovářská (Erzgebirge)	Central, C, 65 B.
Králíky	Beseda, C, 19 B. Městský dvůr, C, 47 B. Zlatá labuť, C, 20 B.
Kralovice (Plzeň)	Prusík, C, 14 B.
Kralupy nad Vltavou	Praha, B, 26 B. Sport, B, 100 B.
Kraslice	Praha, B, 66 B.
Krásná (Frýdek-Místek)	Berghotel Visalaje, B, 136 B.
Krásná Lípa	Beseda, C, 55 B.
Křemešník	Křemešník, C, 46 B.
Křivoklát	Křivoklát, C, 46 B.
Krnov	Morava, B*, 32 B. Slezský domov, B, 71 B.
Kroměříž	Haná, B, 139 B. Straka, C, 35 B.

Krupka (Teplice)	Komáří Vížka, C, 36 B.
Kunštát	Rudka, B, 61 B.
Kupařovice	Zámek, B, 92 B.
Kutná Hora	Mědínek, B*, 164 B.
Kyjov	Slavia, C, 51 B.
Kynšperk nad Ohří	Bílá labuť, C, 54 B.
Lanškroun	Společenský dům, B, 54 B. Slavia, C, 60 B.
Lázně Bělohrad	Bohumilka, C, 32 B.
Lázně Kynžvart	Kynžvartský dvůr, B, 28 B.
Lázně Libverda	Park, C, 48 B.
Ledeč nad Sázavou	Sázava, C, 15 B. Stadión, C, 14 B.
Lednice	Zámecký, B, 28 B.
Letohrad	Orlice, C, 14 B.
Letovice	Koupaliště, C, 140 B. Svitavice (Larinov), C, 50 B.
Liberec	Imperial, B*, 150 B. Zlatý lev, B*, 114 B. Praha***, beim Rathaus, 60 B. U jezírka, B, 57 B. Česká beseda, C, 66 B.
Libochovice	Černý orel, C, 28 B.
Lipník nad Bečvou	Lípa, B, 42 B.
Lipno nad Vltavou	Lipno, C, 102 B.
Lipová-lázně	Lípa, C, 17 B.
Litoměřice	Hotelový dům, B*, 60 B. Labuť, B und C, 39 B.
Litomyšl	Dalibor, B, 140 B. Slezák, C, 32 B. Zlatá hvězda, C, 25 B.
Litoval	Záložna, C, 38 B.
Litvínov	Radniční sklípek, B, 17 B.
Loket	Bílý kůň, B, 159 B.

Hotels in der Tschechischen Republik

Praktische Informationen

Lomnice nad Popelkou	Praha, C, 13 B.
Loučeň	Otomanský, C, 17 B.
Loučovice	Lesní krčma, B, 37 B.
Louny	Union, B*, 85 B. Podniková ubytovna, C, 144 B.
Lovosice	Lev, B, 36 B.
Luby	Nový hotel, C, 28 B.
Luhačovice	Alexandra, B*, 73 B. Litovel, C, 115 B. Miramare, C, 41 B.
Lukov (Zlín)	Na pivovaře, C, 32 B.
Lysá nad Labem	Polabí, B, 44 B.
Lysice	Lidový dům, C, 37 B.
Malá Morávka	Na Rychtě, C, 46 B. Praděd, Karlov, C, 15 B.
Malá Škála	Jizera, C, 70 B. U nádraží, C, 38 B.
Malá Úpa	Devětsil, C, 31 B. Honzíček** Rusalka, C, 47 B.
Manětín	Manětín, B, 47 B.
Mariánské Lázně	Golf, A* de Luxe, 52 B. Palace Praha, A*, 95 B. Royal (Sanatorium), B*, 47 B. (inkl. drei Apartm.) Excelsior, B*, 173 B. Atlantic, B, 108 B. Corso, B, 67 B. Cristal, B, 192 B. Esplanade***, 267 B. Juniorhotel Krakonoš, B, 228 B. Kamzík, B, 36 B. Parkhotel, B, 53 B. Sporthotel Slunce, B, 63 B. Hana, C, 20 B.
Měděnec	Praha, C, 52 B.
Mělník	Ludmila, B, 203 B. U nádraží, C, 30 B. Zlatý Beránek, C, 18 B.
Mezná (Děčín)	Mezní louka, B, 73 B.
Mikulášovice	Střelnice, C, 24 B.

Mikulčin vrch (Uherské Hradiště)	Mikulčin vrch, C, 40 B.
Mikulov	U nádraží, C, 25 B. Zámecký, C, 29 B.
Milevsko	Modrá hvězda, B, 72 B. Stadión**, 108 B.
Miličín	Česká Sibiř, C, 45 B.
Mladá Boleslav	Auto Škoda, B, 148 B. Věnec, B, 76 B. Hvězda, C, 45 B.
Mladá Vožice	Záložna, B, 50 B.
Mnichovo Hradiště	U hroznu, B, 42 B. U nádraží, C, 25 B.
Modrava	Zlatá stezka, C, 24 B.
Mohelnice (Šumperk)	Slavia, C, 42 B.
Moldava (Erzgebirge)	Hranice, C, 56 B.
Morávka (Frýdek-Místek)	Morávka, C, 31 B. Partyzán, C, 25 B. Berghotel Visalaje, B, 136 B.
Moravská Třebová	Slavia, B, 50 B. Morava, C, 33 B.
Moravské Budějovice	Komják, C, 69 B.
Moravský Beroun	Národní dům, C, 35 B.
Moravský Krumlov	Jednota, B, 53 B.
Most	Murom***, 490 B.
Mosty u Jablunkova	Beskyd, C, 20 B.
Mšeno	Zlatý lev, C, 12 B.
Náchod	Beránek, B, 67 B. Zimní stadión*** Hron, C, 45 B. Itálie, C, 47 B. Vyhlídka, C, 33 B. Zámecká restaurace, C, 45 B.
Náměšť nad Oslavou	Fontana, C, 16 B. Schilicksbier (Wiedereröffnung geplant).
Nejdek	Krásná vyhlídka, B, 18 B. Pošta, C, 42 B.
Nepomuk	U nádraží, C, 25 B.

Neratovice	Srdíčko, C, 17 B.
Neznašov	Na soutoku, C, 28 B.
Nižbor	Praha, C, 40 B.
Nová Paka	Centrál, B*, 57 B.
Nova Pec (Prachatice)	U nádraží, B, 57 B.
Nová Ves (Mladá Boleslav)	U jezera, B, 60 B.
Nové Hrady (Č. Budějovice)	Maj, C, 43 B.
Nové Město na Moravě	Ski, B, 126 B. Skalský dvůr, Lísek, B, 100 B.
Nové Město nad Metují	Metuje, C, 59 B.
Nové Město pod Smrkem	Dělnický dům, C
Nové Strašecí	Sport, C, 47 B.
Nový Bor	Grand, B, 98 B.
Nový Bydžov	Lev, B, 59 B.
Nový Jičín	Kalač, B*, 143 B. Praha, B*, 70 B. Krytý bazén, B, 14 B. Salaš, B, 31 B. U nádraží, C, 41 B.
Nymburk	Praha, B, 54 B. Záložna, C, 21 B. Zimní stadión, C, 46 B.
Nýrsko	Radnice, B, 30 B. Koruna, C, 20 B.
Olomouc	Flora, B*, 340 B. Národní dům, B*, 102 B. Praha, B*, 80 B. Hotelový dům Sigma***, 191 B. Morava, B, 102 B. Haná, C, 42 B.
Opava	Koruna***, 220 B. Orient, B, 102 B. Zimní stadión, B, 40 B. Parkhotel**, 80 B.
Opočno	Zámecký, B, 55 B. Holub, C, 44 B.
Osečná	Slunce, C, 52 B.
Oslavany	Horník, C, 21 B.
Ostrava	Atom, A*, 350 B.

Ostrava (Fortsetzung)	Imperial, A*, 140 B. Palace, B*, 309 B. Beseda, B, 47 B. Chemik***, 60 B. Moravia, B, 78 B. Odra, B, 114 B.
Ostravice	Na mýtě, C, 53 B. Ostravice, C, 46 B. Smrk, C, 24 B.
Ostrov (Karlovy Vary)	Krušnohor, B, 67 B.
Otrokovice	Společenský dům, B, 180 B.
Pacov	Na panské, C, 14 B.
Pardubice	Nádraží****, 67 B. Grand, B, 81 B. Zimní stadión, B, 40 B. Zlatá štika, B, 77 B.
Pecka	Koruna, C, 50 B. Pecka, C, 44 B.
Pečky (Nymburk)	U Karla IV., B, 28 B.
Pec pod Sněžkou	Horizont, B*, 354 B. Hořec, B, 44 B. Děčín, C, 87 B. Große Berghotels: Luční bouda und Výrovka
Pelhřimov	Vysočina, B*, 130 B. Grand, B, 20 B. Slavie, B, 41 B. Sportovní hala, C, 46 B. U nádraží, C, 10 B.
Pernink	Perninský dvůr, C, 44 B. Zelené údolí, C, 32 B.
Perštejn (Chomutov)	Meran, C, 28 B. Potočná, C, 58 B.
Písek	Otava, B*, 94 B. Bílá růže, B, 58 B. Sport, B, 40 B. U tří korun, B, 33 B. Zimní stadión, C, 144 B.
Planá nad Lužnicí	Motorest, B, 43 B. Hejtman, C, 30 B.
Plešivec (Erzgebirge)	Plešivec, C, 23 B.
Plzeň	Continental, A*, 83 B. Central, B*, 133 B. Škoda, B*, 154 B. Plzeň, B, 90 B. Slovan, B, 210 B.

Hotels in der Tschechischen Republik

Poběžovice
(Domažlice)

Lidový dům, C, 56 B.

Počátky

Modrá hvězda, C, 18 B.

Podbořany

Slunce, B, 35 B.
Národní dům, C, 12 B.
Růže, C, 14 B.

Poděbrady

Hubert, B*, 60 B.
Praha, B*, 32 B.

Podhradí nad Dyjí
(Znojmo)

Zátiší, C, 32 B.

Pohořelice

Morava, B*, 148 B.

Polička

Opus, B, 42 B.
Poličan, C, 23 B.
U pošty, C, 10 B.

Potštejn

Praha, C, 25 B.

Prachatice

VTS, B*
Národní dům, B, 30 B.
Zlatá stezka, B, 26 B.
Kandlův Mlýn, C, 28 B.

Prachov

Skalní město, B, 62 B.

Praha · Prag
*****-Hotels

Alcron, Štěpánská 40,
CZ-11000 Praha 1,
194 B. (in Renovierung)
Esplanade, Washing-
tonova 19, CZ-11000
Praha 1, 98 B.
Inter·Continental,
Náměstí Curieových,
CZ-11000 Praha 1,
732 B.
Jalta, Václavské náměstí
45, CZ-11000 Praha 1,
127 B.
Palace, Panská 12, CZ-
11000 Praha 1, 147 B.

****-Hotels

Ambassador, Václavské
náměstí 5, CZ-11000
Praha 1, 212 B.
Atlantik, Na poříčí 9,
CZ-11000 Praha 1,
131 B.
Atrium, Pobřežní 1–3,
CZ-18000 Praha 8,
780 Z.
Diplomat, Evropská 15,
CZ-16000 Praha 6,
860 B.
Evropa, Václavské
náměstí 25, CZ-11000
Praha 1, 184 B.
Forum, Kongresová 1,
CZ-14000 Praha 4,
1093 B.

Praha · Prag
****-Hotels
(Fortsetzung)

International, náměstí
Družby 35, CZ-16000
Praha 6, 483 B.
Olympik I, Invalidovna,
CZ-18000 Praha 8,
515 B.
Panorama, Milevská 7,
CZ-14000 Praha 4,
864 B.
Paříž, U Obecního do-
mu 1, CZ-11000 Praha 1,
162 B.
Parkhotel, Veletržní 20,
CZ-17000 Praha 7,
391 B.
President, Nám. Curie-
ových 100, CZ-11000
Praha 1, 194 B.
Villa Voyta (stilvoll, ruhig),
K Novému dvoru 124/54
U Páva (klein; Aussicht!),
U lužického semináře 36
Beim Schloß Průhonice
(12 km außerhalb, Auto-
bahn D 1): Club Hotel
Průhonice (Sporthotel in
schöner Lage mit div.
Freizeiteinrichtungen;
Shuttle-Bus-Service
zwischen dem Hotel und
Prager Metrostation),
CZ-25243 Průhonice,
190 B.

***-Hotels

Flora, Vinohradská 121,
CZ-13000 Praha 3,
361 B.
Globus, CZ-14000 Praha
4/Horní Roztyly, 300 B.
Karl-Inn (200 m von der
Metrostation 'Křižíkova'),
CZ-18000 Praha 8,
168 Z.
Olympik II (garni), Invali-
dovna, CZ-18000 Praha
8, 426 B.
Splendid, Ovenecká 33,
CZ-17000 Praha 7, 79 B.

Garnihotel

Apollo, Kubišova 23, CZ-
18000 Praha 8, 65 B.

Botels

Ordentliche Unterkünfte
finden sich auch in
Hotelschiffen, sog.
Botels am Moldau-Ufer:
Admiral, Hořejší nábřeží,
CZ-15000 Praha 5,
180 B.
Albatros, nábřeží Ludvíka
Svobody, CZ-11000
Praha 1, 166 B.

Praha · Prag
(Fortsetzung)
Nechánice

Im Kreis Praha-Východ:
René**, CZ-25001
Nechánice,
Tel. (02) 99 26 91, 20 B.

Pražmo
(Frýdek-Místek)

Travný, C, 55 B.

Přelouč

Sport, B, 25 B.

Přerov

Grand, B, 83 B.
Přerov, B, 118 B.

Přeštice

Lidový dům, C, 16 B.
Zemědělský dům, C,
10 B.

Příbor

Letka, B, 100 B.
U nádraží, B, 27 B.

Příbram

Kulturní dům, B*, 110 B.
Plavecký bazén, B, 14 B.
Zimní stadión, B, 36 B.
Horymír, C, 40 B.

Přibyslav

Dělnický dům, C, 21 B.
Mladý požárník, C, 92 B.

Příchovice

Motorest Beseda, B,
50 B.

Příhrazy

Příhrazy, B, 66 B.

Proseč

Hornička, C, 24 B.

Prostějov

Avion, B, 28 B.
Grand, B, 73 B.
Hlavní nádraží, B, 24 B.
Tří králů, B, 62 B.

Protivín

U Chudých, C, 20 B.

Průhonice

Club-Hotel Průhonice
siehe Prag
Tulipán, B, 28 B.

Rabí

Motorest, C, 13 B.

Rabyně
(Slapy-Stausee)

Parkhotel, B, 250 B.

Račín
(Žďár
nad Sázavou)

Račín, C, 31 B.

Radnice

Horník, B, 32 B.

Rajnochovice
(Kroměříž)

Jednota, C, 32 B.

Rakovník

Družba****, 174 B.
Řeka, C, 47 B.

Řeka
Řevnice

Berounka, C, 39 B.

Říčany

Morava, C, 37 B.

Rokycany

Český dvůr, B, 22 B.

Rokytnice
nad Jizerou

Krakonoš, B, 99 B.
Národní dům, C, 15 B.

Rokytnice
v Orlických horach

Orličan, C, 43 B.
Společenský dům, C,
34 B.

Roudnice
nad Labem

Koruna, B, 65 B.
Sporthotel Pod lipou, B
und C, 120 B.

Rovensko
pod Troskami

Český ráj, C, 15 B.

Roztoky
(bei Prag)

Maximiliánka, C, 48 B.

Rožmberk
nad Vltavou

U mostu, C, 14 B.

Rožmitál
pod Třemšínem

Odborový dům, C, 18 B.
Slávie, C, 17 B.

Rožnov
pod Radhoštěm

Tesla, B*, 124 B.
Koruna, C, 24 B.
Rožnov, C, 40 B.

Rumburk

Lužan, B*, 90 B.

Rychnov
nad Kněžnou

Labuť, C, 26 B.
Panoráma, C, 33 B.

Rýmařov

Mír, C, 47 B.
Praděd, C, 24 B.

Sadská

Modrá hvězda, B, 14 B.

Sedlčany

Vltavan, B, 80 B.

Sedlec-Prčice

Český Merán, C, 27 B.

Semily

Okresní dům, C, 39 B.

Senohraby

Hrušov, B, 54 B.

Šerlich
(Adlergebirge)

Šerlišský mlýn, B, 65 B.
Berghotel Šerlich, C,
16 B.

Škrdlovice

Pensión, C, 36 B.

Slaný

Grand, B, 82 B.
Sportovní hala, B, 64 B.

Slavkov u Brna

U nádraží, C, 36 B.

Slavonice

Alfa, B, 39 B.

Slušovice

Všemina, B, 120 B.

Smržovka

Parkhotel, C, 41 B.

Sněžné

Sněžné, B, 48 B.

Hotels in der Tschechischen Republik

Praktische Informationen

Soběslav	Slunce, C, 42 B.
Sobotka	Pošta, C, 24 B.
Sokolov	Ohře, B*, 154 B.
Špičák (Železná Ruda)	Hrnčíř, B, 37 B. Sirotek, B, 43 B.
Špindlerův Mlýn	Montana, A*, 180 B. Alpský, B, 58 B. Praha, B, 45 B. Sněžka, B, 52 B. Westend, B, 63 B. Astoria, C, 35 B. Hvězda, C, 41 B. Berghotels: Freud**** Arnika*** Horal***, 315 B. Savoy***, 104 B. Labská bouda, B, 150 B. Martinova bouda, C, 38 B. Moravská bouda, C, 51 B. Central*
Srní (Böhmerwald)	Šumava, B*, 99 B.
Stachy	Modrá hvězda, C, 26 B.
Stará Boleslav	Houšťka, B, 21 B. Praha, C, 26 B.
Stará Ves (Bruntál)	Anenská huť, B, 68 B.
Staré Hamry (Beskiden)	Ostravačka, C, 23 B. Berghotel Charbulák, C, 66 B.
Staré Město pod Sněžníkem	Národní dům, C, 45 B.
Štěchovice	Peškov, C, 28 B.
Šternberk	Šternberský dvůr, B.
Štětí (Litoměřice)	Hotelový dům, B, 57 B.
Stochov	Slovanka, B, 48 B.
Strakonice	Švanda dudák, B, 63 B. Bílý vlk, C, 40 B.
Štramberk	Šipka, C, 25 B.
Strašice	Kulturní dům, B, 46 B.
Strážnice	Černý orel, B*, 77 B. Strážnice***, 92 B.
Stříbro	Evropa, B, 45 B.

Strmilov	Komorník, B, 50 B.
Stropkov	Ondava, B, 35 B. Tokajík, B, 42 B.
Studená (Jindřichův Hradec)	Javořice, C, 40 B.
Suchdol nad Lužnicí	Lužnice, C, 26 B.
Suchý vrch (Altvatergebirge)	Turistická chata, C, 31 B.
Šumperk	Grand, B, 95 B. Moravan, B, 72 B. Sport, B, 18 B. Praha, C, 33 B.
Sušice	Fialka, B, 54 B. Berghotel Svatobor, C, 51 B.
Světlá nad Sázavou	Česká koruna, C, 19 B. U nádraží, C, 15 B.
Svitavy	Městský dům, C, 32 B. Národní dům, C, 28 B. Slavia, C, 53 B.
Svratka	Mánes, C, 52 B.
Tábor	Palcát***, 184 B. Slávie, B*, 103 B. Jordán, B, 132 B. Slovan, B, 61 B. Sportovní hala, C, 31 B.
Tachov	Lidový dům, B, 42 B.
Tanvald	Koruna, B, 43 B.
Telč	Černý orel, B*, 50 B.
Telnice	Družba, C, 45 B. Jiskra, C, 48 B.
Teplá (Karlovy Vary)	Flóra, B, 35 B.
Teplice (Nordböhmen)	De Saxe, B*, 156 B. Thermia, B*, 209 B. Radnice, B, 151 B. Stadión, B, 48 B. Varšava, C, 47 B.
Teplice nad Metují	Orlík, C, 39 B. Sokol, C, 26 B.
Terezín	Parkhotel, C, 45 B.
Tišnov	Květnice, B, 53 B.
Toužim	Praha, C, 23 B.
Třebíč	Alfa, B, 26 B.

Třebíč (Fortsetzung)	Slavia, B, 107 B. Zlatý kříž, B, 52 B. Sportovní hala, C, 40 B. U nádraží, C, 39 B.
Třeboň	Bílý koníček, B, 26 B. Svět, B, 116 B.
Třešť	Společenský dům, C
Trhové Sviny	U dvou čápů, B, 40 B.
Třinec	Slovan, B, 51 B.
Tři Studně	Tři Studně, C, 40 B.
Trojanovice (Beskiden)	Beskyd, B*, 82 B. Ráztoka, C, 44 B.
Trutnov	Horník**, 216 B. Varšava, C, 38 B.
Turnov	Sport, B, 23 B.
Týnec nad Labem	Racek, B, 40 B.
Týn nad Vltavou	Zlatá loď, B*, 39 B. Vltava, C, 54 B.
Týniště nad Orlicí	Orlice, C, 35 B.
Uherské Hradiště	Grand, B, 56 B. Morava, B, 128 B.
Uherský Brod	Javořina, B, 100 B.
Uničov	Národní dům, C, 43 B.
Úpice (Trutnov)	Pod lány, C, 30 B.
Ústí nad Labem	Bohemia, A*, 359 B. Máj*** Vladimír*** Palace, B, 150 B.
Ústí nad Orlicí	Poprad***, 72 B. Praha, C, 22 B.
Úvaly	Sport, C, 51 B.
Valašské Klobouky	Ploština, B, 81 B.
Valašské Meziříčí	Apollo, B*, 90 B. Panáček, C, 25 B.
Valtice	Hubertus, B*, 72 B.
Varnsdorf	Panorama, B, 51 B. Praha, C, 50 B. Sport, C, 48 B.
Vejprty	Praha, C, 60 B.
Velichovky	Jednota, C, 20 B.
Velká Bíteš	Družba, C, 25 B.
Velké Karlovice	Razula, B*, 96 B. Javorník, C, 65 B. Potocký, C, 40 B. U Kratochvílů, C, 12 B.
Velké Losiny	Praděd, C, 44 B.
Velké Meziříčí	Horácko, C, 33 B. Sport, C, 30 B. Zlatý lev, C, 34 B.
Veselí nad Lužnicí	Zvon, C, 25 B.
Veselí nad Moravou (Hodonín)	Rozkvět, B, 72 B.
Vimperk	Vltava, B, 54 B. Zlatá hvězda, B, 69 B.
Vítkov (Opava)	Růže**, 28 B.
Vizovice	Lidový dům, C, 32 B.
Vlašim	Vorlina, B, 34 B.
Vodňany	Blanice, B, 33 B.
Volary	Bobík, B*, 57 B. Turistická chata, B, 36 B.
Volyně	Na nové, C, 21 B.
Votice	Modrá hvězda, C, 32 B.
Vranov (Znojmo)	Dyje, C, 96 B. Klatovka, C, 70 B. Zámecký, C, 128 B.
Vrbno pod Pradědem	Morava, B, 49 B.
Vrchlabí	Labuť, B, 44 B.
Vsetín	Vsacan, B*, 137 B.
Vysoké Mýto	Karossa, B, 80 B. Slávia, C, 46 B.
Vysoké nad Jizerou	Morava, C, 41 B. Větrov*** (Villa)
Vyškov	Dukla, B*, 210 B. Šumavan, C, 46 B.
Vyšši Brod	Bzlet, B, 46 B. Šumavan, C, 46 B.
Vyžlovka (Kolín)	Praha, C, 39 B.
Zábřeh	Beseda, C, 53 B.

Hotels in der Tschechischen Republik

Zádov
(Prachatice)
Chr ňov, B, 156 B.
Sporthotel Olympia, B, 127 B.

Zahrádky
(Česká Lípa)
Pošta, C, 21 B.

Žamberk
Společenský dům, C, 38 B.

Žďár
nad Sázavou
Bílý lev, B*, 100 B.
Fit, B, 56 B.
Tálský mlýn, B, 45 B.
Na Smíchově, C, 31 B.

Žatec
Družba, B, 42 B.
Zlatý lev, B, 62 B.
Zlatý anděl, C, 45 B.

Zbraslav
Vltava, C, 39 B.

Zdíkov
Šumava, B*, 71 B.

Železná Ruda
Javor, B*, 108 B.
Slávie, B, 48 B.
Berghotel Pancíř, C, 36 B.

Železný Brod
Crystal, B*, 80 B.
Dům stavbařů, C, 150 B.

Želiv
Kocanda, C, 36 B.

Židlochovice
Národní dům, B, 51 B.

Žirovnice
Perla, B, 18 B.

Živohošť
Sporthotel, B, 66 B.

Zlín
Moskva, A*, 418 B.
Družba, B*, 146 B.

Žlutice
Beseda, C, 19 B.

Znojmo
Družba, B*, 128 B.
Dukla***, 300 B.
Znojmo, B, 50 B.
Černý medvěd, C, 46 B.

Zruč
nad Sázavou
Společenský dům, B*, 101 B.

Zvíkovské Podhradí
Zvíkov, B, 103 B.
Pensión, C, 24 B.

Hotels in der Slowakischen Republik

Baba (Brati-slava-vidiek)
Berghotel Baba, B, 93 B.

Bánovce
nad Bebravou
Bebrava, C, 27 B.
Spartak Club, C, 47 B.

Banská Bystrica
Lux, B*, 179 B.
Národný dom, B*, 48 B.
Juniorhotel, B, 112 B.
Urpín, B, 99 B.

Banská Štiavnica
Grand, B, 40 B.
Sitno, B, 30 B.

Bardejov
Dukla, B, 51 B.
Lesná reštaurácie, B, 90 B.
Topla, C, 43 B.

Bardejovské kúpele
Minerál, B*, 165 B.

Batizovce
Guía, C, 46 B.

Belušské Slatiny
(Banská Bystrica)
Marianum, B, 48 B.

Bojníce
Regia, B*, 118 B.

Bratislava · Preßburg
Devín*****, Riečna 4, SQ-81102 Bratislava, 102 B.
Forum****, Mierove námestie 2, SQ-81625 Bratislava, 452 B.

Bratislava · Preßburg
(Fortsetzung)
Kyjev****, Rajská 2, SQ-81448 Bratislava
Bratislava***, Urxova 9, SQ-82663 Bratislava
Carlton***, Hviezdo-slavovo námestie 2, SQ-81609 Bratislava, 434 B.
Club-Hotel***, Ulica Odbojárov 3, SQ-83104 Bratislava, 60 B.
Dukla***, Dulovo námestie 1, SQ-82108 Bratislava, 116 B.
Florá***, Zlaté Piesky, SQ-82104 Bratislava
Juniorhotel Sputnik***, Dríeňová ulica 14, SQ-82663 Bratislava, 241 B.
Krym***, Šafárikovo námestie 7, SQ-81102 Bratislava, 90 B.
Športhotel Rapid***, Telocvičná ulica 11, SQ-82105 Bratislava, 90 B.
Tatra***, Námestie 1. mája 7, SQ-81106 Bratislava, 190 B.
Spoločenský dom Vlčie hrdlo**, 40 B.
Palace, Poštová 1, SQ-89404 Bratislava, 128 B.
Športhotel TJ Trnávka, B

Praktische Informationen

Hotels in der Slowakischen Republik

Brezno	Ďumbier, B, 40 B.
	Sokolovňa, B, 33 B.
	Hron, C, 24 B.
Brusno	Brusno, B, 32 B.
(Banská Bystrica)	
Bumbálka	Bumbálka, C, 54 B.
(Čadca)	
Bytča	Bytča, C, 23 B.
	Zámok, C, 20 B.
Bzenec	Lidový dům, C, 48 B.
Čadca	Lipa B, 59 B.
	Tatra, C, 18 B.
	Husárik, B, 70 B.
Čaňa	Pláž, C, 56 B.
(Košice-vidiek)	
Certovica	Na Čertovici, C, 74 B.
	Športhotel, C, 44 B.
Čičmany	Kaštiel, B, 20 B.
	Unimo, C, 80 B.
Čierna nad Tisou	Úsvit, B, 50 B.
Čingov	Flóra, B, 62 B.
	Tatran, C, 32 B.
Dedinky	Priehrada, B, 50 B.
Demänovská	Družba***, 30 B.
Dolina	Juniorhotel Jasna***
	Liptov***, 153 B.
	Bystrina**, 76 B.
	Studničky, B.
Detva	Detva, B*
	Jánošík, C, 75 B.
Diakovce	Jasná, C, 90 B.
(Galanta)	
Dobšiná	Dobšinská ľadová
	jaskyňa, B, 108 B.
	Jas, B
	Ruffinya, B
Dolní Kubín	Motel Orava***, 63 B.
	Severan, B, 95 B.
Donovaly	Športhotel, B, 52 B.
Drienica	Lysanka, B, 50 B.
(Prešov)	
Drienovce	Zlatý páv, B, 56 B.
(Košice-vidiek)	
Dubnica	Filagor, B
nad Váhom	TJ Spartak, Stadión, B
Dudince	Smaragd*** (Kurhaus)
	Minerál, B

Dunajská Streda	Dunaj, B*, 76 B.
	Bihari, B
Filakovo	Sputnik, B
	Kúpalisko, C, 17 B.
Galanta	Družba, B, 49 B.
Ganovec	Mier, C, 45 B.
(Poprad)	
Gelnica	Baní, C, 19 B.
Handlová	Baník, C, 86 B.
Heľpa	Heľpa, C, 54 B.
Herľany	Gejzír, B*, 60 B.
Hlohovec	Jeleň, B, 30 B.
	Športhotel, C, 40 B.
Hnilčík	Mraznica, B, 103 B.
(Spišská Nová Ves)	
Hnúšťa	Robotnícky dom, C
(Rimavská Sobota)	
Holčíkovce	Zlatý klas, C, 25 B.
Holíč	Kriváň, C, 47 B.
Hôrká	Merkur, B*
(Michalovce)	
Humenné	Karpatia, B*, 83 B.
	Podskalka, B
	Vihorlat, C
Hurbanovo	Centrál, B, 25 B.
Ilava	Vršatec, B, 16 B.
	Park, B*
Jablonica	Záhoran, B, 55 B.
(Senica)	
Jankov Vršok	Partizán, B, 70 B.
(Topolčany)	
Jasná	Liptov, B*
	Družba, B*, 30 B.
	Mikulášská chata, C
Jelšava	Kúpele, B, 28 B.
Kalinovo	TJ Baník, C, 40 B.
Kamenný Mlyn	Kamenný Mlyn, B, 82 B.
Kežmarok	Lipa, B*, 132 B.
	Štart Lesopark, B, 64 B.
	Šport, C, 21 B.
	Tatra, C, 15 B.
Kokošovce	Sigord, B, 33 B.
(Prešov)	
Kolárovo	Váh, B, 26 B.

Komárno	Európa, B✱, 100 B. Spoločenský dom, B, 80 B. Centrál, C, 65 B.	**Lisková** (Liptovský Mikuláš)	Družstevný klub, B Športklub, B
		Lubeník (Rožňava)	Magnezit, B, 20 B.
Košice	Slovan, A✱, 300 B. Hutník, B✱, 406 B. Imperiál, B✱, 68 B. Club, B, 69 B. Európa, B, 90 B. Metál, Šaca, B, 72 B. Športhotel, C, 56 B. Štadión TJ Lokomotiva, B, 47 B. Tatra, C, 40 B.	**Ľubochňa**	Fatra, B, 82 B.
		Lučenec	Novohrad, B✱ Pelikán, B✱ Slovan, B, 38 B. Tatran, B, 40 B.
		Lučivná	Kriváň, C, 52 B.
		Makov	Poľana, C, 36 B.
Košické Hámré	Ružín, B Sivec, B	**Malacky**	Záhoran, B✱, 140 B. Tatra, C, 19 B.
Kováčov (Nové Zámky)	Modrá ryba, C	**Mâliné**	Malina, C
Kováčová	Jednota, C, 41 B.	**Martin**	Turiec, B✱, 183 B. Slovan, B, 94 B. Podstráne, C, 66 B. Strojár, C, 25 B.
Králová Studňa	Berghotel, C, 119 B.		
Královský Chlumec	Lipa, B, 18 B.	**Medzilaborce**	Laborec, B✱, 107 B.
Kremnica	Veterník, B, 36 B.	**Michalovce**	Jalta, B✱, 64 B. Družba, B Park, B, 32 B. Zemplín, C, 26 B.
Krompachy	Európa, B, 22 B.		
Krupina	Minerál, B Slovan, C, 32 B.	**Mlynky**	Slalom, B, 57 B. Geravy, B, 40 B.
Kysucké Nové Mesto	Kysuce, B✱ Závodný klub, B, 75 B. Mýto, C, 24 B.	**Modra**	Modra, B, 30 B. Zlaté hrozno, B, 41 B.
Lednické Rovné (Považská Bystrica)	Krištáľ, B, 21 B.	**Modrý Kameň**	Hrad, B
Levice	Onyx, B✱ Rozkvet, B✱, 120 B. Atóm, B Lev, C, 48 B.	**Moldava** nad Bodvou	Spoločenský dom, B✱, 62 B.
		Myjava	Spoločenský dom, C
Levoča	Družba, B, 37 B. Biela pani, C, 29 B.	**Námestovo**	Magma, C, 30 B.
Lipany (Prešov)	Lipa, B, 26 B.	**Nitra**	Nitra, B✱, 270 B. Olympia, B Tatra, B, 17 B. Zobor, B, 102 B. Slovan, C, 65 B. Šport, C
Liptovský Hrádok	Smrek, 81 B.		
Liptovský Jan	Poludnica, C, 38 B.		
Liptovský Mikuláš	Jánošík, B✱, 128 B. Bocian, B, 78 B. Europa, B, 50 B. Športhotel, B Tri Studničky, B Dynamoklub, C, 50 B. Kriváň, C, 46 B. Lodenica, C, 46 B.	**Nitrianske Pravno**	Vyšehrad, B, 46 B.
		Nizná (Dolný Kubín)	Radar, B, 30 B.
		Nizná Šebastová (Prešov)	Išla, B
		Nová Baňa (Žiar nad Hronom)	Hron, C

Nová Dubnica	Luník, B*, 28 B.
Nové Město nad Váhom	Javorina, B, 102 B.
Nové Zámky	Korzo, B, 259 B. Partizán, B, 62 B. Športhotel, C Tatra, C, 36 B.
Nový Smokovec	Park, B*, 144 B. Tokajík, B*, 28 B. MS 70, B, 65 B. Bystrina, C, 92 B.
Orava (Stausee)	Motel Slanica, A, 90 B. Goral, B, 58 B. Šport, C, 58 B.
Oravský Podzámok	Odboj, C, 27 B.
Palúdzka (Liptovský Mikuláš)	Bocian, B, 70 B.
Partizánske	Spoločenský dom, B, 67 B.
Patince (Komárno)	Prameň, B, 70 B.
Pezinok	Grand, B*, 140 B.
Piešťany	Magnólia, A*, 198 B. Eden, B*, 64 B. Lipa, B, 62 B. Slňava***, 490 B. Victória Regia, B, 60 B. Kominár, C, 18 B. Športhotel, C, 421 B.
Plešivec	Planina, C, 54 B.
Podbanské	Kriváň, B*, 105 B.
Podbrezová	Podbrezovan, C, 58 B.
Poprad	Európa, B*, 96 B. Gerlach, B*, 197 B. Zimný štadión, B, 30 B.
Portáš	Berghotel
Považská Bystrica	Grand, B*, 195 B. Spoločenský dom, B, 41 B. Štadión, B, 36 B. Motel FIM, B, 58 B.
Prešov	Dukla, B*, 195 B. Šariš, B*, 150 B. Išla, B, 16 B. Savoy, B, 44 B. Verchovina, B, 30 B. Motel Stop, Haniska, B, 30 B.

Pribylina	Esperanto, B, 60 B.
Prievidza	Magura, B, 54 B. Hviezda, C, 56 B. Šport-Motel, B, 112 B.
Púchov	Šport, B*, 120 B. Štadión, B, 24 B. Javorník, C, 30 B.
Rájec	Kľak, C, 27 B.
Rajecké Teplica	Veľká Fatra, B, 145 B. Encián, C, 12 B.
Revúca	Jednota, B, 96 B.
Rimavská Sobota	Slovan, B*, 82 B. Tatra, B, 62 B. Astra, C
Rožňava	Kras, B*, 82 B. Šport, B*, 74 B. Gemer, B, 46 B. Kúpele, B, 80 B.
Ružomberok	Hrabovo, B*, 62 B. Kultúrny dom, B, 61 B. Liptov, B, 31 B. Malina, C, 84 B. Papiernik, C, 100 B.
Šafárikovo	siehe Tornaľa
Šahy	Blankyt, B, 32 B. Ipeľ, B, 15 B.
Šala	Centrál, B, 47 B.
Šamorín	Kormorán, B
Šantovka (Levica)	Prameň, B, 34 B.
Sečovce (Trebišov)	Gambrinus, B
Senec	Amur, B, 92 B. Lúč, B, 40 B.
Senica	Slovan, B, 85 B. Branč, C, 34 B.
Sereď	Hutník, B, 59 B.
Sigord (Prešov)	Sigord, B*
Skalica (Senica)	Tatran, C, 21 B.
Sliač	Hron, C, 98 B.
Snina	Družba, B, 27 B.
Sobrance (Michalovce)	Morské oko, B, 62 B.

Hotels in der Slowakischen Republik

Spišská Belá	Belan, C
Spišská Nova Ves	Metropol, B*, 152 B. Športhotel, B, 56 B.
Spišské Podhradie	Spiš, C, 50 B.
Srdiečko (Banská Bystrica)	Srdiečko, B, 64 B.
Stakčín Humenné)	Park, C, 21 B.
Stará Ľubovňa	Vrchovina, B*
Stará Turá	Lipa, B, 39 B.
Starý Smokovec	Grandhotel, A*, 156 B. Úderník, B, 70 B.
Štrbské pleso	Patria, A*, 156 B. Panoráma, B*, 160 B. FIS, B*, 118 B.
Stropkov	Ondava, B, 35 B. Tokajík, B, 42 B.
Stupava	Park, B*
Štúrovo	Dunaj, C, 25 B. Športhotel, C
Sučany	Športový dom, C, 111 B.
Súľov	Jednota, B
Šurany	Luník, B, 28 B.
Švermovo	Telgárt, B, 60 B.
Svidník	Dukla, B*, 62 B. Pobeda, B
Svit	Spoločenský dom, B*
Talé	Partizán, B*, 181 B.
Tatranská Lomnica	Grandhotel Praha, A* und B*, 162 B. Slovan, B*, 149 B. Horec, B, 60 B. Lomnica, B, 32 B. Mier, C, 52 B.
Tatranská Štrba	Sokolovo, C, 43 B.
Terchová	Grúň, C, 30 B. Jánošík, C, 146 B.
Tisovec	Centrál, C, 49 B.
Topoľčany	Tríbeč, B*, 54 B. Zimný štadión, B*, 32 B. Club, B, 29 B.

Praktische Informationen

Topoľčianky	Národný dom, C, 24 B. Tatran, C
Tornaľa	Spoločenský dom, B Centrál, C, 21 B.
Trebišov	Tokaj, B, 50 B. Zemplín, B Športhotel, C
Trenčianske Teplice	Jalta, B*, 164 B. Dea, C, 32 B. Miramare-Corfu, C, 100 B. Salvator, C, 40 B. TJ Slovan, C
Trenčín	Laugarício, B*, 144 B. Tatra, B, 124 B. Trenčan, C, 23 B.
Trnava	Karpaty, B, 124 B. Koliba Kamenný Mlyn, C, 36 B. Park, C, 29 B.
Trstená	Oravica, B, 42 B. Roháč, B, 51 B.
Turčianské Teplice	Vyšehrad, C, 46 B.
Turzovka	Centrum, B, 18 B.
Tvrdošín	Limba, B*, 92 B.
Valaská	Perla, C, 56 B.
Važec	Kriváň, B Važec, C, 78 B.
Veľká Domaša	Dobrá, C Nová Kelča, C Poľana, C Šport, Valkov, C
Veľká Lomnica	Agroclub, B. Tatran, C, 50 B.
Veľká Rača	Rača, C
Veľké Kapušany	Družba, B, 40 B.
Veľký Krtíš	Dolina, B, 53 B.
Veľký Meder	Termal, C
Veľký Slavkov	Slavkov, B
Vráble (Nitra)	Žitavan, B, 33 B.
Vranov nad Topľou	Rozkvet, B Tatra, C, 44 B.

Vrátna	Boboty B*, 120 B.	**Žilina**	Polom, B*, 120 B.
			Slovakia, B*,
Vrbov	Flipper, B, 60 B.		340 B.
(Kežmarok)			Grand, B, 52 B.
Vyšná Boca	Baník, C, 32 B.		Metropol, B, 95 B.
	Športhotel, C		Slovan, B, 29 B.
			Športhotel, B, 65 B.
Vyšné Ružbachy	Kráter, C, 57 B.		Dukla, C, 70 B.
	Magura, C, 60 B.		
		Zlaté Moravce	Inovec, C, 32 B.
Žarnovica	Motel Partizán, B, 24 B.		
(Žiar nad Hronom)		**Zochova chata**	Hotel, B*, 75 B.
Zemplínska	Merkúr, Medvedia hora,	(Bratislava)	
šírava	B*, 66 B.	**Zvolen**	Poľana, B*, 121 B.
			Grand, B, 53 B.
Žiar nad Hronom	Luna, B*, 85 B.		Rates, B

Information

→ Auskunft

Jugendunterkünfte

Preisgünstige Übernachtungsmöglichkeiten für Jugendliche finden sich in den Jugendherbergen (z. B. CKM-Juniorhotels), in Studentenwohnheimen bzw. -zimmern, in Berghütten (bouda oder chata; z. B. im Riesengebirge in der Tschechischen Republik und in der Hohen Tatra in der Slowakischen Republik; Informationen bei Čedok bzw. bei Slovakoturist in Nový Smokovec), in Touristenherberge (turistická ubytovna; sehr einfache Unterkunft mit Etagenbett und Kaltwasser; Informationen bei Čedok) und auf Campingplätzen (→ Camping und Caravaning).
Allgemeine Informationen, z. B. für Schülerfahrten, sind in den Čedok-Büros (→ Auskunft) erhältlich; weitere Informationsstellen siehe nachstehenden Text. *Allgemeines*

Eine frühzeitige Anmeldung für Gruppen und Individualtouristen ist in jedem Falle erforderlich. *Anmeldung*

Die Jugendherbergen sind im Regelfall zwischen 6.00 und 22.00 Uhr geöffnet; die Schlafräume werden im allgemeinen von 9.00 bis 17.00 Uhr geschlossen (dies gilt jedoch nicht für Herbergen ohne Tagesraum bzw. bei schlechtem Wetter). *Öffnungszeiten*

Während der Monate Juli und August stellen Studenten in den großen Universitätsstädten ihre Zimmer für ausländische Studenten (aber auch für Nichtstudenten) als preiswerte Unterkunftsmöglichkeiten zur Verfügung. *Unterkünfte in Studentenwohnheimen*

Informationsstellen im Ausland

Deutsches Jugendherbergswerk (DJH)
Hauptverband für Jugendwandern und Jugendherbergen
Bismarckstraße 8, D-32756 Detmold
Tel.: (05231) 7401-0 *Deutschland*

"The Guide to Budget Accommodation, Handbook, Vol. 1: Europe and the Mediterranean" (mit einem Kapitel über die ehemalige Tschechoslowakei), herausgegeben von der International Youth Hostel Federation, kann bei der zuvor genannten Anschrift bestellt werden. *Jugendherbergsverzeichnis*

Jugendunterkünfte (Fortsetzung) Österreich	Österreichischer Jugendherbergsverband Gonzagagasse 22, A-1010 Wien; Tel. (01) 53 53 53 Österreichisches Jugendherbergswerk (ÖJHW) Helferstorfer Straße 4, A-1010 Wien; Tel. (01) 53 31 83 3/4
Schweiz	Schweizerischer Bund für Jugendherbergen (SBJ) Postfach, CH-3001 Bern; Tel. (031) 24 55 03

CKM-Auskunftsstellen

Allgemeines	Neben Unterkünften in Jugendherbergen (und Hotels) vermitteln die CKM-Büros u. a. folgende Unternehmungen: Aufenthalte bei Familien, Arbeitscamps, Sportlehrgänge; ferner Reservierung von Eisenbahn- und Flugzeugtickets, Sightseeing Tours mit Reiseleitung, Autobustransport bzw. -transfer in der Tschechischen Republik und in der Slowakischen Republik, Auskünfte über kulturelle Veranstaltungen und Fremdenführerdienste.
Prag	Cestovní kancelář mládeže (CKM-Jugendreisebüro) Žitná 12, CZ-121 05 Praha 2; Tel. (02) 29 99 41–5 Geöffnet: Mo.–Fr. 8.00–16.30 Uhr
Brno	CKM, Ceská 11, CZ-65704 Brno; Tel. (05) 2 36 41
Bratislava	Cestovná kancelária mládeže (CKM-Jugendreisebüro) Hviezdoslavovo námĕsti 16, SQ-81416 Bratislava; Tel. (07) 33 16 07

Karten (Land-, Straßen- und Reisekarten)

Ratschlag	Neben der zu diesem Reiseführer gehörenden großen Reisekarte ist es empfehlenswert, zusätzliches Kartenmaterial mitzuführen (Erwerb u. a. auch in Čedok-Büros möglich). – Auswahl:
1 : 1 000 000	ADAC-Reisekarte Tschechoslowakei (ADAC-TourSet) Hallwag-Straßenkarte Ungarn · Tschechoslowakei · Polen K+F-Straßenkarte Ostdeutschland · Polen · Tschechoslowakei
1 : 800 000	RV-Euro-Länderkarte Tschechische Republik und Slowakische Republik
1 : 750 000	Die Große Shell Autokarte Tschechoslowakei Kompass-Autokarte ČSFR
1 : 700 000	K+G · Hildebrands Urlaubskarte ČSFR
1 : 600 000	Ravenstein-Straßenkarte Tschechoslowakei (mit Campingplätzen)
1 : 500 000	f & b-Straßenkarte Tschechoslowakei
1 : 440 000	Fremdenverkehrsverband Ostbayern: Straßenkarte Ostbayern und Böhmen · Das grüne Dach Europas
1 : 300 000	ADAC-Karten Tschechische Republik (Böhmen und Westmähren) sowie Slowakische Republik (Ostmähren und Slowakei) RV-Euro-Länderkarte ČSFR 1: Böhmen und Mähren (mit Stadtplänen von Prag, Pilsen und Brünn) RV-Euro-Länderkarte ČSFR 2: Slowakei (mit Stadtplänen von Preßburg, Ostrau und Kaschau)
1 : 200 000	GKP-Straßenkartenwerk (17 Blätter): Automapa Tschechoslowakei
1 : 100 000	SK-Touristenkarte Beskydy · Beskiden SK-Touristenkarte: Bielé Karpaty · Weiße Karpaten SK-Touristenkarte: Malé Karpaty · Kleine Karpaten GKP-Touristenkarte: Jeseníky · Altvatergebirge · Gesenke

GKP-Touristenkarte Jizerské Hory · Isergebirge
GKP-Touristenkarte Krušné hory · Erzgebirge
SK-Touristenkarten (zwei Blätter)
   Malá Fatra · Kleine Fatra und Veľká Fatra · Große Fatra
SK-Touristenkarte Nízke Tatry · Niedere Tatra
GKP-Touristenkarte Orlické hory · Adlergebirge
GKP-Touristenkarte Pavlovské Vrchy · Pollauer Berge
SK-Touristenkarten (drei Blätter)
   Slovenské Rudohorie · Slowakisches Erzgebirge
SK-Touristenkarte Slovenský kras · Slowakischer Karst
SK-Touristenkarte Spišská Magura · Zipser Magura
SK-Touristenkarte Štiavnicke vrchy · Schemnitzer Gebirge
GKP-Touristenkarten (2 Blätter)
   Šumava · Böhmerwald (nördlicher und südlicher Teil)
GKP-Touristenkarte Žďárské Vrchy · Saarer Bergland

GKP-Touristenkarte Krkonoše · Riesengebirge
SK-Touristenkarte Vysoké Tatry · Hohe Tatra

> Karten
> 1 : 100 000
> (Fortsetzung)

> 1 : 50 000

Empfehlenswert wegen ihrer reichhaltigen Straßenkarten und diversen Stadtpläne sind ferner "Der Neue Große Shell Atlas" (verschiedene Maßstäbe) und der "Shell Euro Atlas" (1 : 750 000), beide erschienen in Mairs Geographischem Verlag, Ostfildern.

> Der Neue
> Große Shell Atlas
>
> Shell Euro Atlas

Informationsquellen für Wanderer und Wassersportler

Wandern in Europa: Tschechoslowakei

> Deutscher
> Wanderverlag

Band 5: Südosteuropa (mit Flußbeschreibungen und Hinweisen auf Befahrbarkeit, Schleusen, Schwierigkeitsgrade; 430 S.) von K. Schoderer

> DKV-
> Auslandsführer

Konsulate

⟶ Diplomatische und konsularische Vertretungen

Kraftstoff

⟶ Straßenverkehr

Krankheitsfall

⟶ Apotheken   ⟶ Kur und Erholung
⟶ Ärztliche Hilfe   ⟶ Notdienste

Kreditkarten

⟶ Geld

Küche

⟶ Essen und Trinken

Lázně Libverda

Teplice

Lázně Kundratice

Janské Lázně

Jáchymov

Bílina

Železnice

Běloves

Mšené -lázně

Lázně Bělohrad

Frantíškovy Lázně

Kyselka

Li...

Karlovy Vary

Velichovky

Lázně Kynžvart

Sadská

Poděbrady

Velké Losiny

Konstantinovy Lázně

PRAHA Prag

Bohdaneč

Mariánské Lázně

Bludov...

© Baedeker

Bechyně

Brno Brünn

Třeboň

Ostrožská No...

Sm...

Tschechische Republik

Kur und Erholung

Allgemeines	Die Tschechische Republik und die Slowakische Republik sind reich an heilkräftigen Quellen, deren Wasser vielerorts zu Trink- oder Badekuren angewendet bzw. als Tafelwasser abgefüllt wird. Außerdem werden zahlreiche Moor- und Fangovorkommen zu Heilzwecken genutzt. Nach Informationen aus der ehemaligen Tschechoslowakei sollen die meisten der staatlichen Kurbetriebe privatisiert werden. In Karlovy Vary (Karlsbad) haben bereits mehrere Kureinrichtungen Aktiengesellschaften gegründet.
Lage	Die Lage der verschiedenen Kurorte ist aus der obenstehenden Übersichtskarte ersichtlich.
Ratschlag	Empfehlenswert ist ein mindestens dreiwöchiger Kuraufenthalt; Arztbefunde sollten mitgebracht werden.
Verständigung	Die Ärzte und das Fachpersonal in den Sanatorien und Kurhäusern sind meist der deutschen Sprache mächtig.
Betriebszeiten	Die Kuranstalten sind ganzjährig – mit Ausnahme der Tage zwischen Weihnachten und Neujahr – geöffnet. Hochsaison: Anfang Mai bis Ende September. Vor- bzw. Nachsaison: Anfang März bis Ende April bzw. Anfang Oktober bis Mitte November. Wintersaison: ab Mitte November bis Ende Februar (geschlossen zwischen Weihnachten und Neujahr; spezielle Silvesterprogramm in den Kurorten bei Čedok ⟶ Auskunft buchbar).

Heilbäder und Kurorte Übersichtskarte

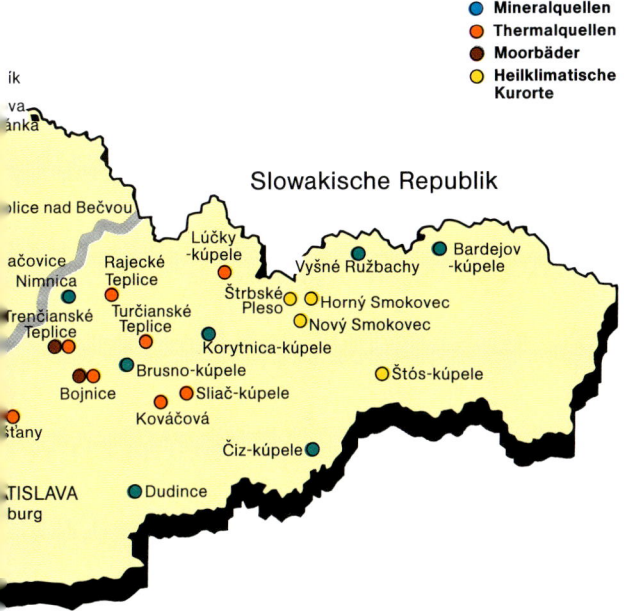

Mineralquellen
Thermalquellen
Moorbäder
Heilklimatische Kurorte

Slowakische Republik

ík
va
ánkà

olice nad Bečvou

ačovice
Nimnica

Rajecké
Teplice

Lúčky
-kúpele

Vyšné Ružbachy

Bardejov
-kúpele

renčianske
Teplice

Turčianske
Teplice

Štrbské
Pleso

Horný Smokovec

Nový Smokovec

Korytnica-kúpele

Brusno-kúpele

Štós-kúpele

Bojnice

Sliač-kúpele

Kováčová

tany

Čiz-kúpele

TISLAVA
burg

Dudince

Informationen und eine in deutscher Sprache abgefaßte Broschüre sind u.a. bei Čedok (→ Auskunft) erhältlich; weitere Auskunftsstellen s. im nachfolgenden Text.

Auskünfte

Ausgewählte Kurorte in der Tschechischen Republik

Spezielle Informationen über Aufenthalte in Kurorten und Heilbädern auf dem Gebiet der Tschechischen Republik erteilt:
BALNEA, Pařížská 11, CZ-11001 Praha 1; Tel. (02) 2 32 37 67

BALNEA

Bedeutendster Badeort in der Tschechischen Republik
Lage: 380 m ü.d.M.; Westböhmen
Heilanzeigen: Krankheiten des Verdauungstraktes und Stoffwechselstörungen; plastische Chirurgie.
Kureinrichtungen: Kursanatorium (abends Konzerte und Tanzabende) und Thermalschwimmbad, diverse Kurhäuser (z.T. Akupunktur und Sauerstoff-Mehrschritt-Therapie), Kurhotel; ferner u.a. Golf und Minigolf, Reiten, Tennis; Wanderungen, Ausflüge. Kasino → Spielkasinos. Filmfestivals → Veranstaltungen.

Karlovy Vary
(Karlsbad)

Zweitgrößtes Heilbad in der Tschechischen Republik
Lage: 628 m ü.d.M; Westböhmen
Heilanzeigen: Erkrankungen der Atemwege, der Nieren und der Harnwege, des Stütz- und Bewegungsapparates; Stoffwechselstörungen (Gicht; Dia-

Mariánské Lázně
(Marienbad)

Mariánské Lázně (Fortsetzung)	betes); Antistreßkuren für Manager und Rehabilitations- und Trainings-aufenthalte für Sportler. Kureinrichtungen: diverse Kurhäuser und Sanatorien; Golf, Tennis, Promenaden. Kurkonzerte, Tanz, Kino; Chopin-Festspiele → Veranstaltungen.
Jáchymov (St. Joachimstal)	Erstes Radiumheilbad der Welt Lage: 650 m ü.d.M.; Westböhmen Heilanzeigen: Erkrankungen des Bewegungsapparates, Nervenleiden, Stoffwechselstörungen. Kureinrichtungen: diverse Kurhäuser, Kurpark mit Denkmal des Ehepaares Curie; Tanzabende und kulturelle → Veranstaltungen, Ausflüge; Sport, auch Wintersport.
Františkovy **Lázne** (Franzensbad)	Lage: 580 m ü.d.M.; Westböhmen Heilanzeigen: Frauenleiden, Erkrankungen des Bewegungsapparates. Kureinrichtungen: diverse Kurhäuser (Gesellschaftsräume), Kurpark mit Musikpavillon; zahlreiche Wanderwege.
Teplice v Čechách (Teplitz)	Ältestes Heilbad in der Tschechischen Republik Lage: 220 m ü.d.M.; Nordböhmen Heilanzeigen: Erkrankungen des Stütz- und Bewegungsapparates, Gefäßerkrankungen. Kureinrichtungen: Kurzentrum und diverse Kurhäuser; Kasino → Spielkasinos. Schloßpark mit schönen Wanderwegen; Sportgelände, Freibad; zahlreiche gesellschaftliche und kulturelle → Veranstaltungen.
Janské Lázně (Johannisbad)	Lage: 615 m ü.d.M.; Nordböhmen Heilanzeigen: Kinderlähmung; Erkrankungen der Atemwege bei Kindern; Nervenleiden; Folgeerscheinungen von Krankheiten des Bewegungsapparats nach Unfällen. Kureinrichtungen: Kindersanatorien mit eigenem Badebetrieb; Heilanstalt für Erwachsene.
Poděbrady (Podiebrad)	Lage: 188 m ü.d.M.; Mittelböhmen Heilanzeigen: Herzleiden und Kreislaufstörungen. Kureinrichtungen: Kurviertel inmitten schöner Parkanlagen, Poliklinik; Freischwimmbad, Tennis, Golf, Reiten.
Třeboň (Wittingau)	Biologisches Reservat seit 1978 Lage: 430 m ü.d.M.; Südböhmen Heilanzeigen: Erkrankungen des Stütz- und Bewegungsapparates; Rehabilitations- und Trainingsaufenthalte für Ruderer. Kureinrichtungen: diverse Sanatorien, Kurhaus mit Bibliothek und Klubräumen; Tanz- und Konzertabende sowie Kultursommer → Veranstaltungen; Kutschfahrten.
Luhačovice (Luhatschowitz)	Größtes mährisches Heilbad Lage: 250 m ü.d.M.; Mähren Heilanzeigen: Erkrankungen der Atemwege, Stoffwechsel- und Verdauungsstörungen, Diabetes. Kureinrichtungen: Sanatorium, Kurhaus, Kurpark, schöne Wanderpfade; Schwimmbad beim Stausee; Tennisplätze. Janaček-Festival → Veranstaltungen.
Jeseník (Gräfenberg)	Lage: 650 m ü.d.M.; Böhmen Heilanzeigen: Nervenleiden und Erkrankungen der Atemwege; Antistreßkuren für Manager. Kureinrichtungen: mehrere Sanatorien, schöne Wanderpfade; Freischwimmbad, Rodelbahn nahebei.
Lipová-lázné (Bad Lindewiese)	Zum Bäderkomplex Jeseník gehört auch das Heilbad Lipová, wo u.a. Diabetes und Fettsucht behandelt werden.

Kleiner Kurort umgeben von Wäldern am malerischen Fluß Betschwa.
Lage: 262 m ü.d.M.; Nordmähren
Heilanzeigen: Herzleiden und Kreislauferkrankungen.
Kureinrichtungen: Sanatorium, Kurpark; Freischwimmbad am Ort.

Teplice
nad Bečvou
(Teplitz
an der Betschwa)

Ausgewählte Kurorte in der Slowakischen Republik

Detaillierte Auskünfte über Kurorte und Heilbäder auf dem Gebiet der Slowakischen Republik sind erhältlich von:
Slovakotherma
Radlinského 13, SQ-812 89 Bratislava; Tel. (07) 58180

Slovakotherma

Bedeutendstes slowakisches Heilbad für die Behandlung des Bewegungsapparates.
Lage: 162 m ü.d.M.; Südwestslowakei
Heilanzeigen: Erkrankungen des Stütz- und Bewegungsapparates, Arthritis, Arthrosen, Rheumatismus, Gicht, Unfallfolgen, Nervenleiden.
Kureinrichtungen: Kurzentrum mit Kursanatorien und Kurpark, Thermalfreischwimmbad; Cafés mit Musik, Klub- und Gesellschaftsräume.

Piešťany
(Pistyan)

Lage: 272 m ü.d.M.; Westslowakei
Heilanzeigen: Erkrankungen des Stütz- und Bewegungsapparates, Rheumatismus, Gicht und Nervenleiden.
Kureinrichtungen: diverse Kurhäuser, Kurpark, Promenadenkonzerte, kulturelle und gesellschaftliche Veranstaltungen, u.a. alljährliches Festival 'Musiksommer'; diverse Möglichkeiten für sportliche Aktivitäten, auch viele Spazier- und Wanderwege.

Trenčianské Teplice
(Trentschin-teplitz)

Luftkurort im Westteil der Hohen Tatra.
Lage: 1351 m ü.d.M.; Nordslowakei
Heilanzeigen: Brochialasthma.
Kureinrichtungen: Diverse Kurhäuser, u.a. auch Sanatorium für Kinder; Freibad, Boote, schöner See; verschiedene Sportstätten in der Umgebung.

Štrbské pleso
(Tschirmer See)

Lage: 373 m ü.d.M.; Zentralslowakei
Heilanzeigen: Herzleiden und Kreislauferkrankungen.
Kureinrichtungen: Kurhaus mit Park; Thermalfreischwimmbad.

Sliač-kúpele
(Bad Sliač)

Lage: 140 m ü.d.M.; Südslowakei
Heilanzeigen: Kreislaufstörungen, Erkrankungen des Bewegungsapparates, Unfallfolgen, Nervenleiden.
Kureinrichtungen: diverse Kurhäuser.

Dudince

Luftkurort im mittleren Teil der Hohen Tatra
Lage: 1010 m ü.d.M.; Nordostslowakei
Heilanzeigen: Erkrankungen der Atemwege, Lungenentzündungen, Folgen nach Lungenoperationen und Stoffwechselstörungen
Kureinrichtung: Kurhaus.

Nový Smokovec
(Neuschmecks)

Lage: 325 m ü.d.M.; Nordostslowakei
Heilanzeigen: Stoffwechsel- und Verdauungsstörungen; nichtspezifische Erkrankungen der Atemorgane.
Kureinrichtungen: Kuranstalt und diverse Sanatorien; zwei Strandbäder, ein See; Tennis- und Volleyballplätze.

Bardejovské kúpele
(Bad Bartfeld)

Ländernetzkennzahlen

→ Post, Telegraf, Telefon

Landkarten

→ Karten

Luftrettungsdienste

→ Notdienste

Luftverkehr

→ Flugverkehr

Mietwagen

Allgemeines

Büros bzw. Schalter von Mietwagenfirmen finden sich in den Zentren der größeren Städte und an Flughäfen.

Preise

Die Preise richten sich nach Wagentyp und Mietdauer.
Hinzu kommt ein bestimmter Kilometerpreis. In der Regel wird eine Kaution verlangt. Bei einigen Rechnungen ist die Versicherungsprämie inklusive des Mietwagenpreises; andere Firmen berechnen die Versicherung gesondert.
Man sollte in jedem Fall um den günstigsten Tarif bitten; denn erst dann werden oftmals die besten Sonderangebote (z.B. Wochenendtarif) genannt. Vorausreservierung ist vorteilhaft. Wer das Auto außerhalb der Hochsaison für mindestens eine Woche oder mehrere Wochen lang mietet, bezahlt u.U. einen günstigeren als den üblichen Tarif.

Führerschein

Es genügt der Besitz des nationalen Führerscheines.
Weitere Informationen erteilen die nachfolgend erwähnten Firmen bzw. die unter → Auskunft aufgeführten Čedok-Büros, die im übrigen mit Sixt / Budget Rent-a-car (s. S. 639) zusammenarbeiten.

Transfer in Luxuslimousinen

Einzelreisende können über Čedok (→ Auskunft) auch Luxus-Limousinen (mit fremdsprachigen Fahrern) mieten, so z.B. für den Transfer aus der tschechischen Hauptstadt Prag in die slowakische Hauptstadt Bratislava (oder in umgekehrter Richtung).

Autovermietungen

AVIS
Reservierung in Deutschland zum Nulltarif: (01 30) 77 33

Zentrale in Deutschland:
AVIS Autovermietung
Zimmersmühlenweg 21, D-61440 Oberursel (Taunus)
Internationales Reservierungsbüro: Tel. (0 61 71) 68-0

Reservierung in der Tschechischen Republik

Zentrale in Prag:
Pragocar
Lidových Milicí 52, CZ-12000 Praha 2
Tel. (02) 29 80 20
ferner Filialen am Prager Flughafen Ruzyně: Tel. (02) 3 34-4270
Hotel Forum: Tel. (02) 41 03 13
Hotel Inter·Continental: Tel. (02) 2 31 95 95
Weitere Filialen befinden sich in verschiedenen Städten in der Tschechischen Republik

Reservierung in der Slowakischen Republik, Bratislava:
Interhotel Forum, Mierove námestie 3, Tel. (07) 348154

Zentrale in Deutschland:
Europcar
Tangstedter Landstraße 81
D-22415 Hamburg
Tel. (040) 52018-0

In Prag:
Pářižská náměstí 26,
Tel. (02) 2328904;
ferner Filiale in der nordböhmischen Stadt Ústí nad Labem.

Zentrale in Deutschland:
Hertz Autovermietung
Schwalbacher Straße 47–49
D-60326 Frankfurt am Main
Tel. (069) 7585-0
(auch Transitbusse für Familien und Gruppen im Angebot)

In Prag:
Štěpánská 42, Tel. (02) 248485
am Flughafen Ruzyně, Tel. (02) 367807
Hotel Inter·Continental, Tel. (02) 2319-595
Interhotel Forum, Tel. (02) 410213
Weitere Filialen befinden sich in verschiedenen Städten in der Tschechischen Republik.

Am Flughafen Bratislava-Ivanka:
Tel. (07) 292661; Filialen auch in einigen anderen Städten.

Zentrale in Deutschland:
Sixt / Budget Rent-a-car
Dr.-Carl-von-Linde-Straße 2
D-82049 Pullach im Isartal
Tel. (089) 79107-1
(Buchung eines Mietwagens für den Zielflughafen mit Hilfe einer Sixt-Kundenkarte per 'Rent-o-mat' möglich).

In Prag:
Tel. (02) 2322916; ferner
in der Ankunftshalle am Flughafen Ruzyně:
Tel. (02) 3343253 sowie
im Hotel Inter·Continental:
Tel. (02) 2800111

Bei einigen der genannten Firmen (z.B. Europcar) können auch Reisemobile, Wohnmobile oder Motorcaravans gemietet werden; Auskünfte erteilen auch die örtlichen ADAC-Geschäftsstellen und die Reisebüros.

Mietwagen (Forts.)
AVIS

Europcar
Reservierung
in Deutschland
zum Nulltarif:
(0130) 2211+3151

Reservierung
in der
Tschechischen
Republik

Hertz
Reservierung
in Deutschland
zum Nulltarif:
(0130) 2121

Reservierung
in der
Tschechischen
Republik

In der
Slowakischen
Republik

Sixt / Budget
Reservierung
in Deutschland)
zum Nulltarif:
(0130) 3366

Reservierung
in der
Tschechischen
Republik

Reisemobile
Wohnmobile
Motorcaravans

Museen

Die wichtigsten Museen des Landes sind ausführlich in den Hauptteilen 'Reiseziele von A bis Z' dieses Reiseführers beschrieben.
Neben den Kunstmuseen in den größeren Städten des Landes und den
→ Freilichtmuseen (Volksarchitektur) sind u.a. auch zahlreiche interessante Spezialmuseen zu finden.

→ Geschäftszeiten

Allgemeines

Öffnungszeiten

Übersichtskarte

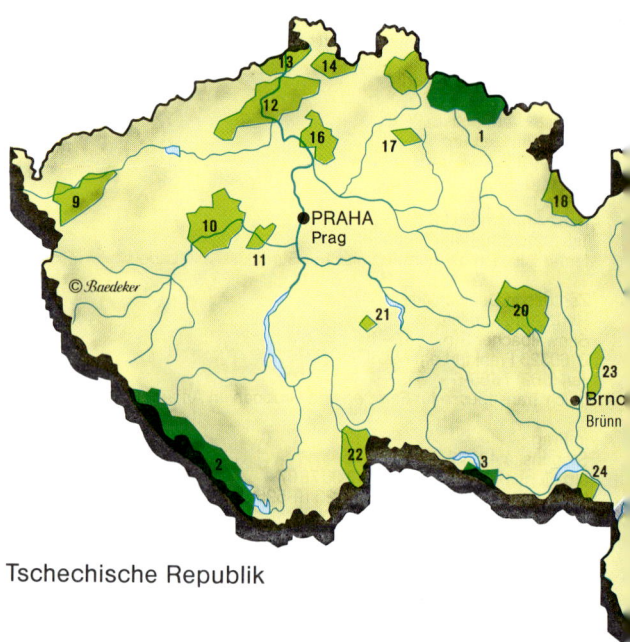

Tschechische Republik

Museumseisenbahnen

→ Eisenbahn

Nationalparks und Naturschutzgebiete

Allgemeines	In der Tschechischen Republik und in der Slowakischen Republik wurden eine Reihe von Nationalparks und zahlreiche Naturschutzgebiete mit dem Ziel eingerichtet, die heimischen Pflanzen und Tiere zu erhalten.
Naturlehrpfade	In einigen Nationalparks und Naturschutzgebieten wurden Naturlehrpfade angelegt; diese Pfade sind markiert durch ein weißes Quadrat mit grünem Querstreifen und in gewissen Abständen mit Informationstafeln ausgeschildert.
Lage	Die obenstehende Übersichtskarte zeigt die Lage der Nationalparks und Naturschutzgebiete in den tschechischen Ländern und in der Slowakei.

Nationalparks

Tschechische Republik

1 Krkonoše · Riesengebirge
2 Šumava · Böhmerwald
3 Podyjí · Thaya-Niederung

Nationalparks   Übersichtskarte

und

Naturschutzgebiete

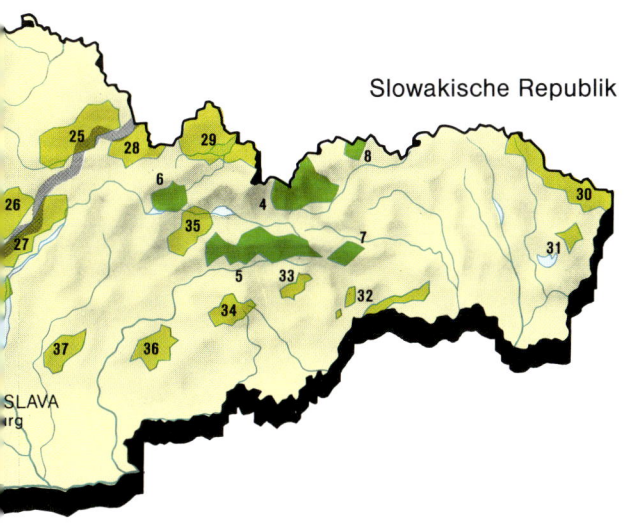

Slowakische Republik

SLAVA
rg

4 Tatranský národní park · Tatra   **Slowakische**
5 Nízké Tatry · Niedere Tatra   **Republik**
6 Malá Fatra · Kleine Fatra
7 Slovenský ráj · Slowakisches Paradies
8 Pieninský národný park · Pieninen

Naturschutzgebiete

 9 Slavkovský les · Kaiserwald   **Tschechische**
10 Křivoklátsko · Gebiet um Pürglitz   **Republik**
11 Český kras · Böhmischer Karst
12 České středohoří · Böhmisches Mittelgebirge
13 Labské pískovce · Elbsandsteingebirge
14 Lužické hory · Lausitzer Berge
15 Jizerské hory · Isergebirge
16 Kokořínsko · Gebiet um Kokorschin
17 Český ráj · Böhmisches Paradies
18 Orlické hory · Adlergebirge
19 Jeseníky · Altvatergebirge / Mährisches Gesenke
20 Žďárské vrchy (Böhmisch-Mährische Höhe)
21 Blaník
22 Třeboň · Teichlandschaft um Wittingau   Fortsetzung
23 Moravský kras · Mährischer Karst   s. S. 642

Nationalparks und Naturschutzgebiete (Forts.)	24 Pálava · Pallauer Berge
	25 Moravskoslezské Beskydy · Mährisch-Schlesische Beskiden
	26 Bílé Karpaty · Weiße Karpaten (in Mähren)
Slowakische Republik	27 Bielé Karpaty · Weiße Karpaten (in der Slowakei)
	28 Kysuce
	29 Horná Orava · Oberes Arva-Gebiet
	30 Ostkarpaten
	31 Vihorlat-Gebirge
	32 Slovenský kras · Slowakischer Karst
	33 Muránská planina
	34 Poľana
	35 Veľká Fatra · Große Fatra
	36 Štiavnické vrchy · Schemnitzer Gebirge
	37 Ponitrie (mit dem Bergland Tribeč)
	38 Malé Karpaty · Kleine Karpaten

N.B.:
Die laufenden Zahlen
beziehen sich auf die
Übersichtskarte S. 640/641.

Notdienste

Notrufe

Überall in der Tschech. und der Slowak. Republik
Polizei: Tel. 158
Notarzt: Tel. 155
Feuerwehr: Tel. 150

Notrufsäulen
Notrufsäulen, über die man bei Unfällen (oder Pannen) Hilfe anfordern kann, stehen an allen Autobahnen.

ADAC-Notrufdienst
Während der Hauptreisezeit (ab Anfang Juni bis Ende September) unterhält der ADAC einen deutschsprachigen Notrufdienst in Prag:
Tel. (02) 2368882

Notfall-Telefon nach Deutschland: **0042004949**
Bargeldloses Telefonieren aus der Tschechischen Republik und aus der Slowakischen Republik (z. B. bei Diebstahl des Portemonnaies o. a.) mit einem Gesprächspartner in Deutschland ist möglich über den 'Deutschland-Direkt-Dienst', einer Vermittlungsstelle der Deutschen Bundespost Telekom in Frankfurt am Main, rund um die Uhr erreichbar unter Tel. 0042004949; diese Stelle leitet den Anruf an den gewünschten Empfänger weiter. Kommt ein Gespräch zustande, werden die Fernsprechgebühren (und die recht hohen Vermittlungsgebühren) dem Empfänger – nach dessen Einverständnis – in Rechnung gestellt.

ACE-Notrufzentrale Stuttgart
Tel. aus der Tschechischen Republik und aus der Slowakischen Republik:
0049/711/5303111

ADAC-Notruf München
täglich rund um die Uhr besetzt; Tel. aus der Tschechischen Republik und aus der Slowakischen Republik: 0049/89/222222

ADAC-Notdienste München/ Telefonarzt
täglich 8.00–20.00 Uhr; Tel. aus der Tschechischen Republik und aus der Slowakischen Republik: 0049/89/76762244
(in der Hauptreisezeit bereits ab 7.00 Uhr bis 23.00 Uhr)
Der Telefonarzt gibt Medikamentenempfehlungen bei leichteren Beschwerden und kann in ernsten Fällen den Rücktransport in ein Krankenhaus des Heimatortes veranlassen; ferner ist bei ihm eine Liste mit Adressen deutschsprechender Ärzte erhältlich.

ADAC-Reiseruf
In dringenden Notfällen vermittelt der ADAC (München) kostenlose Suchmeldungen in Rundfunk und Tageszeitungen.
Tel. aus der Tschechischen Republik und aus der Slowakischen Republik:
0049/89/76762653

Luftrettungsdienste

Allgemeiner Deutscher Automobil-Club
Am Westpark 8, D-81373 München
Tel. aus der Tschechischen Republik und aus der Slowakischen Republik:
0049/89/767676

ADAC
(München)

Flughafen Düsseldorf-Lohausen, Halle 3
D-40474 Düsseldorf
Tel. aus der Tschechischen Republik und aus der Slowakischen Republik:
0049/211/450651–3 bzw.
Notruf: Tel. 0049/211/431717

Deutsche
Flugambulanz
(Düsseldorf)

Flughafen Stuttgart-Echterdingen
Postfach 230127, D-70624 Stuttgart
Tel. aus der Tschechischen Republik und aus der Slowakischen Republik:
0049/711/70070
Alarmzentrale: Tel. 0049/711/701070

Deutsche
Rettungs-
flugwacht
(DRF;
Stuttgart)

Deutsches Rotes Kreuz
Friedrich-Ebert-Allee 71, D-53113 Bonn
Tel. aus der Tschechischen Republik und aus der Slowakischen Republik:
0049/228/5411 und 0049/228/230023

DRK-Flugdienst
(Bonn)

Tel. aus der Tschechischen Republik und aus der Slowakischen Republik
0043/1/9821304 (ÖAMTC-Euronotruf)

ÖAMTC-Notruf-
zentrale (Wien)

Tel. aus der Tschechischen Republik und aus der Slowakischen Republik:
0041/1/3831111

Schweizerische
Rettungsflug-
wacht (Zürich)

Öffnungszeiten

→ Geschäftszeiten

Pannenhilfe

→ Autohilfe, → Notdienste

Post, Telegraf, Telefon

Post (pošta)

Ministère des postes et télécommunications
Division internationale
Olšanská 5
CZ-12502 Praha 3

Auskunft

Hauptpostamt in Prag:
Jindřišská 14
CZ-11000 Praha 1 (Nové Město)
Tel. (02) 264841 und 265301
Geöffnet: Tag- und Nachtdienst rund um die Uhr

Öffnungszeiten

Die übrigen Postämter sind in der Regel geöffnet:
Mo.–Fr. 8.00–18.00, Sa. 8.00–12.00 Uhr.
Kleinere Poststellen öffnen z.T. nur Mo.–Fr. 8.00–13.00 Uhr.

Briefmarken	Briefmarken (známky) sind in Postämtern und Tabakläden erhältlich.
Postporti (unverbindlich)	Porto innerhalb der Tschechischen Republik und der Slowakischen Republik:

Postkarten (pohlednice) 2 Kronen
Standardbriefe (dopisy; bis 20 g) 3 Kronen
Porto für Auslandssendungen in alle europäischen Länder:
Postkarten 5 Kronen, Standardbriefe (bis 20 g) 8 Kronen
(die Zustellfrist für Postsendungen aus der Tschechischen Republik und aus der Slowakischen Republik nach Deutschland, Österreich und in die Schweiz dauert etwa eine Woche).
Zuschläge werden erhoben für Einschreiben (doporučeně) und Eilzustellungen (exprès)

Expreßdienst

Die Deutsche Bundespost hat im übrigen mit der Tschechischen Republik und mit der Slowakischen Republik einen eigenen Express Mail Service (EMS / Datapostdienst) aufgenommen: Eilige Dokumente und Warensendungen können über diesen Kurierdienst der Post z. B. in die Tschechische Republik nach Prag oder in die Slowakische Republik nach Bratislava versandt werden.

Telegramme

Telegramme kann man an den Hotelrezeptionen oder in den Postämtern aufgeben. Telegrammaufgabe per Telefon s. unten.

Telefon

Allgemeines

Ferngespräche aus der Tschechischen Republik und aus der Slowakischen Republik ins Ausland können vom Postamt, vom Hotel oder von entsprechend gekennzeichneten öffentlichen Münzapparaten für den internationalen Fernsprechverkehr (graue Telefonapparate; gelbe und blaue Telefonapparate für Ortsgespräche) geführt werden.

Telefon-ländernetz-kennzahlen

Vorwahl in die Tschechische Republik und in die Slowakische Republik von Deutschland,
vom Fürstentum Liechtenstein und von der Schweiz sowie
von Österreich: 0042

aus der Tschechischen Republik und aus der Slowakischen Republik
nach Deutschland: 0049
in das Fürstentum Liechtenstein und die Schweiz: 0041
nach Österreich: 0043

Die Null der nachfolgenden Ortsnetzkennzahl entfällt.

Telefonnummern in der Tschech. und der Slowak. Republik

Auskunft über Telefonnummern in Prag und Bratislava: Tel. 1 20
Auskunft über Telefonnummern in der Tschechischen Republik
und in der Slowakischen Republik: Tel. 1 21

Telegrammaufgabe per Telefon in beiden Republiken: Tel. 1 27

Telefongebühren (unverbindlich)

Ein dreiminütiges Telefonat aus der Tschechischen Republik oder aus der Slowakischen Republik kostet
nach Deutschland, in die Schweiz und nach Liechtenstein ca. 100 Kronen,
nach Österreich min. 60 Kronen.

Bargeldlos telefonieren

⟶ Notdienste: Notfall-Telefon nach Deutschland

Radfahren

⟶ Sport, Wandern: Radwandern

Radio

⟶ Rundfunk und Fernsehen

Reisedokumente

Personalpapiere

Zur Einreise in die Tschechische Republik und in die Slowakische Republik
benötigen deutsche Staatsangehörige bei einem Aufenthalt bis zu drei
Monaten einen gültigen Reisepaß oder Personalausweis; für Kinder unter
16 Jahren ist ein Kinderausweis oder Eintrag im Elternpaß erforderlich.

Reisepaß oder
Personalausweis

Kinderausweis

Ein Visum im Reisepaß ist für Besucher aus nahezu allen europäischen
Ländern nicht mehr erforderlich.

Die noch vor kurzem gültige Meldepflicht für ausländische Touristen sowie
Pflichtumtausch (weitere Informationen ⟶ Geld) an der Grenze sind aufgehoben.

Fahrzeugpapiere

Nationaler Führerschein und Kraftfahrzeugschein (max. Aufenthaltsdauer
ein Jahr) werden anerkannt und sind mitzuführen.

Führerschein
und Kfz-Schein

Die Mitnahme der Internationalen Grünen Versicherungskarte wird unbedingt empfohlen, da sie bei Schadensfällen verlangt wird.

Grüne Versiche-
rungskarte

Einen besonderen Kraftfahrzeugschein 'für den fremden Staatsbürger' erhalten die Motortouristen an der Grenze; dieser ist dort auszufüllen und auf
Verlangen mit anderen Kraftfahrzeugpapieren vorzulegen.

Ist der Pkw-Fahrer nicht der Halter des Fahrzeugs, so muß er eine schriftliche Ermächtigung des Fahrzeughalters vorweisen können.

Weder für Sportboote (ob mit oder ohne Motor) noch für Campingwagen
und Anhänger werden Zolldokumente verlangt.

Ein Fundbüro für verlorengegangene Dokumente befindet sich u. a. in
Prag: Olšanská 2, Praha 3.

Fundbüro für
Dokumente

Haustiere

Wer Haustiere (Hunde, Katzen, Vögel o. a.) in die Tschechische Republik
oder in die Slowakische Republik mitnehmen will (es ist zu berücksichti-
gen, daß die Tiere eventuell nicht in allen Hotels, Restaurants o. a. zugelassen sind; vorher unbedingt Auskunft einholen; gelegentlich wird in den
Hotels für die Unterbringung eines Hundes der Preis für ein Zustellbett in
Rechnung gestellt), muß ein tierärztliches Gesundheitszeugnis (nicht älter
als zwei Tage) und eine Tollwutimpfbescheinigung (aus der hervorgeht,
daß das Tier aus einem Gebiet kommt, wo während der letzten 90 Tage vor
der Einreise im Umkreis von 40 km keine Tollwut herrschte) vorlegen.

Tierärztliches
Gesundheits-
zeugnis

Tollwutimpf-
bescheinigung

Zollbestimmungen

⟶ dort

Reisekarten

→ Karten

Reisezeit

Allgemeines

Während die zahlreichen sehenswerten Städte mit ihren prächtigen Kirchen, reichhaltigen Museen und Kunstgalerien zu jeder Jahreszeit einen Besuch lohnen, empfehlen sich für eine Fahrt in die Landschaften der Tschechischen Republik und der Slowakische Republik insbesondere die Monate Mai bis September.

Ab Anfang April bis Ende Oktober sind in der Regel auch die meisten der Burgen und Schlösser geöffnet (→ Geschäftszeiten).

Saison in den Heilbädern → Kur und Erholung.

Frühling

In den obstreichen Gebieten, z.B. in der Tschechischen Republik im Bereich des Böhmischen Mittelgebirges sowie im Moldautal um Prag, ist der Frühling etwa ab Mitte April wegen der prächtigen Blüte der an den Hängen der Flußtäler stehenden Obstbäume von besonderem Reiz.

'Prager Frühling' und 'Prager Juni' (Musikfestspiele; → Veranstaltungen)

Sommer

Während der Hochsaison ist mit überfüllten → Hotels und Campingplätzen (→ Camping und Caravaning) sowie mit erhöhten Preisen zu rechnen; rechtzeitige Voranmeldung wird empfohlen.
Zahlreiche → Veranstaltungen lohnen jetzt einen Besuch.

In höchsten Lagen des Slowakischen Erzgebirges kann bis Juli Wintersport betrieben werden; ausgesprochene Skihochtouren sind während der Sommermonate, von Juli bis September, allerdings lediglich in der Hohen Tatra möglich.
Während des Hochsommers ist vielfach mit Gewittern zu rechnen.

Herbst

Auch im Herbst mit seinen leuchtenden Farben und den oft lang anhaltenden Schönwetterperioden werden bis Ende Oktober Fahrten in die großenteils von Laubwäldern bedeckten Mittelgebirge oder längs der malerischen Flußtäler, über denen zahlreiche alte Burgen thronen, zu einem Erlebnis.

Winter

Hervorragende Möglichkeiten für den → Wintersport bieten im Winter in der Tschechischen Republik die Böhmen im Norden und Westen umgebenden Mittelgebirge, in Mähren das Altvatergebirge, etwa von Januar bis Ende März; in der Slowakischen Republik die Westbeskiden, die Hohe Tatra und die Niedere Tatra, die Große Fatra und Kleine Fatra sowie das Slowakische Erzgebirge von Dezember an (bis in den Mai, in höchsten Lagen bis in den Juli hinein).

Witterung

→ Zahlen und Fakten: Klima

Wettervorhersage

Wettervorhersagen in deutscher Sprache können täglich von 'Interprogramm Radio Praha' auf Mittelwelle, 1071 kHz, empfangen werden.

Reiten

→ Sport

Restaurants

Je nach Qualität, Ausstattung und Preis sind Restaurants und Gasthäuser derzeit in die Kategorien I (beste) bis IV (niedrigste) eingeteilt. Die entsprechende Kategorie ist in den Lokalen auf der Speisekarte vermerkt.
Außer den Hotelrestaurants (⟶ Hotels), den üblichen Restaurants, Weinstuben und Bierlokalen (sowie Stehimbissen und Buffets mit Sitzgelegenheit) gibt es an den wichtigsten Europastraßen in der Tschechischen Republik und in der Slowakischen Republik Raststätten ('Motorest'; s. nachstehend), in denen man ebenfalls recht gut essen kann.

Allgemeines

In den 'Monaten der Spezialitäten' stehen u. a. Wild, Fisch Gänseleber und Fondues auf den Speisezetteln.
Speisen und Getränke ⟶ Essen und Trinken.

Spezialitätenwochen

Restaurants in Prag

In Prag existieren derzeit mehr als 2000 Restaurants, Weinstuben, Bierschwemmen und Kellerlokale sowie Cafés. Nachfolgend eine Auswahl an Gaststätten mit spezifischer Küche.

Allgemeines

Pampa, Praha 6, Karlovarská 1/4 (im Areal des Gasthauses auf dem Weißen Berg); Tel. (02) 30 17 31

Argentinische Küche

Asia, Praha 7, Letohradská 50; Tel. (02) 37 02 15
Čínská restaurace (Chinesisches Restaurant), Praha 1, Vodičkova 19; Tel. (02) 26 26 97
Peking (chinesische Küche), Praha 2, Legerova 64; Tel. (02) 29 35 31
Thang Long (vietnames. Küche), Praha 7, Šimáčkova 21; Tel. (02) 80 65 41

Asiatische Küche

Sofia, Praha 1, Václavské náměstí 33; Tel. (02) 26 49 86

Balkanküche

Bohemia, Praha 1, Václavské náměstí 29; Tel. (02) 22 45 79
Černý kůň (Schwarzes Roß), Praha 1, Vodičkova 36; Tel. (02) 26 26 97
*Myslivna (Forsthaus; u. a. Wildgerichte), Praha 3, Jagellonská 21; Tel. (02) 27 62 09
Na Orechovce, Praha 6, Vychodní 7; Tel. (02) 31 23 594
Rostov, Praha 1, Václavské náměstí 21; Tel. (02) 26 24 69
U černého slunce (Zur Schwarzen Sonne; historischer Keller), Praha 1, Kamziková 9; Tel. (02) 23 65 769
U Lorety (Loreto), Praha 1, Loretánské náměstí 8; Tel. (02) 53 13 95
U Prince (Zum Prinzen), Praha 1, Staroměstské náměstí 29; Tel. (02) 22 54 62
U Sixtů (Zum Sixtus; histor. Keller), Praha 1, Celetná 2; Tel. (02) 23 67 980
U Šumavy (Zum Böhmerwald), Praha 2, Štěpánská 3; Tel. (02) 29 85 97
*U tří pštrosů (Zu den drei Straußen), Praha 1, Dražického náměstí 12; Tel. (02) 53 60 07
*U zlaté studně (Zum goldenen Brunnen), Praha 1, Karlova 3; Tel. (02) 26 33 02
*Valdštejnská hospoda (Waldstein-Gasthaus · Lobkowitz-Weinstube; altböhmische und internationale Küche), Praha 1, Tomášská 16; Tel. (02) 53 61 95
Vikárka (Vikarshaus), Praha 1, Vikářská 6, Tel. (02) 53 64 97 (unter tschechischen Künstlern beliebter Treffpunkt auf der Prager Burg)

Böhmische Küche

Alex, Praha 1, Revoluční 1; Tel. (02) 23 14 489
Nürnberger Stub'n (bayerische Küche), Praha 2; Vinohradská 6

Deutsche Küche

Obecní dům (Gemeindehaus), Praha 1, náměstí Republiky 5; Tel. (02) 23 19 754

Französische Küche

Indische Küche	*Mayur, Praha 1, Štěpánská 61; Tel. (02) 2 36 99 22

Internationale Küche	Divadelní restaurace (Theaterrestaurant), Praha 1, Národní třída 6
	Hanavský pavilon (Hanauer Pavillon; auch Terrasse), Praha 7,
	  Letenské sady 173; Tel. (02) 32 57 92
	Pelikan, Praha 1, Na příkopě 7; Tel. (02) 22 07 82
	*Praha Expo 58 (Blick über Prag; Terrassenlokal im Sommer), Praha 7,
	  Letenské sady 1500; Tel. (02) 37 45 46/7
	Rybárna (Fischspezialitäten), Praha 1, Václavské náměstí 43;
	  Tel. (02) 22 78 23
	U zlatého rožně (Zum goldenen Rost), Praha 6, Českoslov. armády 22;
	  Tel. (02) 3 12 10 32

Italienische Küche	Peklo (im Strahover Klosterkeller), Praha 1, Strahovské nádvoří 1/130; Tel. (02) 53 32 77 Trattoria Viola, Praha 1, Národní třída 7; Tel. (02) 26 67 32
Karibische Küche	Habana, Praha 1, V jámě 8; Tel. (02) 26 01 64
Russische Küche	Berjozka (Birke), Praha 1, Železná 24; Tel. (02) 22 38 22 Gruzia, Praha 1, Na příkopě 29; Tel. (02) 26 27 74
Garten- und Terrassen- restaurants	Adria, Praha 1, Národní třída 40; Tel. (02) 26 26 37 Barrandov-Terrassen, Praha 5, Barrandovská 171; Tel. (02) 54 53 09 Lví dvůr (Löwenhof), Praha 1, U prašného mostu 51; Tel. (02) 53 53 89 Praha-Expo siehe Restaurants mit internationaler Küche (zuvor) Slovanský dům, Praha 1, Na příkopě 10; Tel. (02) 22 48 51 U Fleků siehe Bierlokale (nachstehend) U tří grácií (Zu den 3 Grazien), Praha 1, Novotného lávka; Tel. (02) 26 54 57

Weinstuben (Weinrestaurants)	In den Weinstuben werden nicht nur Weine kredenzt, sondern meist auch
	  gute Speisen serviert.
	Blatnice, Praha 1, Michalská 8; Tel. (02) 22 47 51
	Klášterní vinárna (Klosterweinstube), Praha 1, Národní třída 8;
	  Tel. (02) 29 05 96
	*Lobkovická vinárna (Lobkowitz-Weinstube), Praha 1, Vlašská 17;
	  Tel. (02) 53 01 85
	Nebozízek (*Blick auf Prag; Tischbestellung erforderlich),
	  Praha 5, Petřínské sady 411; Tel. (02) 53 79 05
	*Opera Grill, Praha 1, Karoliny Světlé 35; Tel. (02) 26 55 08
	*Parnas (Blick auf den Hradschin), Praha 1, Smetanovo nábřeží 2;
	  Tel. (02) 26 50 17
	*Rôtisserie, Praha 1, Mikulandská 6; Tel. (02) 20 39 31 und 20 68 26
	Svatá Klára (Hl. Klara), Praha 7, U trojského zámku 9; Tel. (02) 84 12 13
	*U červeného kola (Zum roten Rad), Praha 1, Anežská 2; Tel. (02) 23 18 94
	U Kolovrata (Zum Kolowrat), Praha 1, Valdštejnská 18; Tel. (02) 53 69 90
	U labutí (Zu den Schwänen), Praha 1, Hradčanské náměstí 11;
	  Tel. (02) 53 94 76 und 53 16 84
	*U malířů (Bei den Malern; seit 1543!), Praha 1, Maltézské náměstí 11;
	  Tel. (02) 53 18 83
	*U markýze (Zum Marquis), Praha 1, Nekázanka 8; Tel. (02) 22 42 89
	*U mecenáše (Zum Mäzen; Vorbestellung erforderlich),
	  Praha 1, Malostranské náměstí 10; Tel. (02) 53 38 81
	U pantáty (Zum Gevatter; Art-Nouveau-Interieur), Praha 10,
	  Francouzská 76; Tel. (02) 25 41 66
	U patrona (Zum Patron), Praha 1, Dražického náměstí 4; Tel. (02) 53 16 61
	*U pavouka (Zur Spinne), Praha 1, Celetná 17; Tel. (02) 2 32 10 37
	U sedmi andělů (Zu den 7 Engeln), Praha 1, Jilská 20; Tel. (02) 26 63 55
	U zelené žáby (Zum grünen Frosch), Praha 1, U radnice 8;
	  Tel. (02) 26 28 15
	*U zlatého jelena (Zum goldenen Hirsch), Praha 1; Celetná 11,
	  Tel. (02) 26 85 95

*U zlaté hrušky (Zur gold. Birne), Praha 1, Nový svět 3; Tel. (02) 53 11 33
U zlaté konvice (Zur goldenen Kanne), Praha 1, Melantrichova 20;
  Tel. 26 01 28
*Valdštejnská hospoda (Lobkowitz-Weinstube) s. Restaurants mit böhmi-
  scher Küche (zuvor)
Znojemská vinárna (Znaimer Weinstube), Václavské náměstí 7;
  Tel. (02) 2 14 36 19

Weinstuben
(Fortsetzung)

In der Weinstube Račianska vináreň des Hotels International (Praha 6, náměstí Družby 1; Tel. 02 / 3 31 98 55), werden während des Sommerhalbjah-
res Weinabende (Weinverkostung, Folklore, Spezialitäten, Wettbewerbe)
veranstaltet (Bierabende s. nachstehend).

Weinabende

U dvou koček (Zu den zwei Katzen), Praha 1, Uhelný trh 10;
  Tel. (02) 26 77 29
*U Fleků (Fleksche Brauerei), Praha 1, Křemencova 11; Tel. (02) 29 32 46
*U kalicha (Zum Kelch), Praha 2, Na bojišti 12 – 14; Tel. (02) 29 19 45
U kocoura (Zum Kater), Praha 1, Nerudova 2; Tel. (02) 53 89 62
U Medvídků (Zu den Bären), Praha 1, Na Perštýně 7; Tel. (02) 2 35 89 04
U Pinkasů (Beim Pinkas), Praha 1, Jungmannovo náměstí 15;
  Tel. (02) 26 18 04
U Schnellů (Beim Schnell), Praha 1, Tomášská 2;
  Tel. (02) 53 20 04 und 53 32 18
U supa (Zum Geier), Praha 1, Celetná 22; Tel. (02) 22 30 42
U svatého Tomáše (Zum heiligen Thomas), Praha 1, Letenská 12;
  Tel. (02) 53 00 64 und 53 34 92
*U zlatého tygra (Zum goldenen Tiger), Praha 1, Husova 17;
  Tel. (02) 26 52 19

Bierlokale

Das Hotel International veranstaltet im Großen Saal u. a. auch abends an
den Wochenenden von Mitte Mai bis Ende November Bierabende (böhmische Blasmusik, Folklore, Spezialitäten, Wettbewerbe; unbegrenzter
Konsum von Pilsener Bier).

Bierabende

City, Praha 1, Vodičkova 38
Columbia, Praha 1, Mostecká 3
*Evropa (Jugendstil-Interieur), Praha 1, Václavské náměstí 29
Jalta, Praha 1, Václavské náměstí 45
Obecní dům (Gemeindehaus), Praha 1, náměstí Republiky 5
Savarin, Praha 1, Na příkopě 10
*Slávia (Künstlertreff), Praha 1, Narodní třída 1
U Týna (Bei der Teynkirche), Praha 1, Staroměstské náměstí
*U zlatého hada (Zur goldenen Schlange), Praha 1, Karlova 18
Velryba (Walfisch; Künstlercafé), Praha 1, Opatovická

Cafés
(Kaffeehäuser)

Restaurants in Bratislava

Alžbetka, Kollárovo námestie 11; Tel. (07) 5 32 03
Ázia, Riečna 4; Tel. (07) 33 08 51
Bajkal, Bajkalská; Tel. (07) 63 46 64
Bratislava, Súmračná 3; Tel. (07) 22 47 03
Centrál, Steinerova 64; Tel. (07) 6 42 42
Devín (Ausflugslokal); Slovanské nábrežie, Tel. (07) 33 08 51
Dukla, Dulovo námestie 1; Tel. (07) 63 41 5
Florá, Senecká cesta; Tel. (07) 21 40 00
Jadran, Nevádzová 6; Tel. (07) 23 08 09
Kamzík, auf dem Gemsenberg; Tel. (07) 4 20 74
*Maďarská reštaurácia (ungarische Küche), Hviezdoslavovo námestie 20;
  Tel. (07) 33 48 83
Panoráma, Borská 1; Tel. (07) 32 02 11
Pivovarská reštaurácia (Bierhaus), Steinerova 26; Tel. (07) 6 52 46

Restaurants in Bratislava (Fortsetzung)	Perugia, Zelená 3; Tel. (07) 331555 Pod Machnáčom, nábrežie arm. gen. L. Svobodu; Tel. (07) 314580 Pólo, Trnavská 42; Tel. (07) 69652 Poľovnícka reštaurácia, Duklianska 4; Tel. (07) 52415 Reduta, Mostová; Tel. (07) 330806 ✳Rybársky cech (Fischspezialitäten), Žižkova 1; Tel. (07) 313049 Terno, Dom odievania, námestie SNP; Tel. (07) 334792 ✳Slovenská reštaurácia, Štúrova 15; Tel. (07) 52881 Smíchovský dvor, Heydukova 33; Tel. (07) 59590 Snežienka (Ausflugs- und Aussichtslokal), Železná studnička; Tel. (07) 373902 Štadión, Vajnorská 44; Tel. (07) 21122 Stará sladovňa, Cintorínska 32; Tel. (07) 56279 U zlatého kapra, Prepoštská 6; Tel. (07) 331612 Zelený dom, Zelená 5; Tel. (07) 331795 Železná studnička, Cesta mládeže; Tel. (07) 373070 Zlatá Lipa, Talichova 2; Tel. (07) 361440
Weinstuben	Bulharská vináreň, Zámočnícka 3; Tel. (07) 333828 ✳Hradná vináreň (Burgweinkeller), Burgareal; Tel. (07) 311684 Kláštorná vináreň, Pugačevova 1; Tel. (07) 330430 Malí Františkáni, Laurinská 19; Tel. (07) 54974 Puszta, Hviezdoslavovo námestie 20; Tel. (07) 334883 Tramín, Kadnárova 65; Tel. (07) 282169 U modrej hviezdy, Beblavého 14; Tel. (07) 332747 U Zbrojnoša, Zámočnícka 3; Tel. (07) 333828 ✳Veľkí Františkáni, Dibrovovo námestie 10; Tel. (07) 333073 Vínny restaurant, Dunajská 18; Tel. (07) 50080 Vysoká 44, Vysoká 16; Tel. (07) 57167 Wolkrova, Wolkrova 5; Tel. (07) 332844 Zlatá Lipa, Talichova 1; Tel. (07) 361440
Cafés	Bystrica (✳Aussicht), im Pylon der SNP-Donaubrücke) Danubius, Fajnorovo nábrežie 16 Lýra, Jiráskova 2 Dukla, Dulovo námestie 1 Grand, námestie SNP Horský park, Prokopa Hollého 1 Iskra, Steinerova 7 Korzo, Hviezdoslavovo námestie 11 Luxor, Štúrova 15 Malý Muk, Obchodná 17 ✳Roland, beliebter Treffpunkt beim Rolandbrunnen

Raststätten ('Motorest') an den Fernstraßen
in der Tschechischen Republik bzw. in der Slowakischen Republik

Hinweis	Ortsbezeichnung in der Marginalie; Name der Raststätte mit eventuell näher bezeichneter Lage sowie Kategorie im Textblock.

E 55: Teplice – Praha – České Budějovice

Cínovec	Espreso (200 m vom Zoll), II
Dubí	Hotel Sport, II
Teplice	Motel V lipách, II
Velemín	Motorest U krkonošského medvěda, III
Lovosice	Rychlé občerstvení (Schnellimbiß), Pod Lovošem, IV
Straškov	Restaurace, an der Kreuzung nach Račiněves, III
Benešov u Prahy	Motel Konopiště, I; Restaurant Stodola, II; Restaurant Snack, III

E 48: Karlovy Vary – Praha

Hotel Myslivna; Vertragspreise	2 km vom Zoll
Motorest, II	Lubenec
Motorest Na plůtku, III	Družec-Doksy
Restaurace, Vertragspreise	Hostivice

E 50 / D1, D2: Rozvadov – Plzeň – Praha – Brno
– Uherské Hradiště – Trenčín – Žilina – Prešov
– Užhorod (Ukraine)

Restaurace U Kadrnožky, II	Bor
Motorest Benešovice, Vertragspreise	Stříbro
Motorest, III	Kařez
Hotel Bouchalka, II	
Bistro und Restaurant, Vertragspreise	Drahelčice
Club Hotel, Vertragspreise, I, II	Průhonice
Motorest Naháč, Vertragspreise, III	Chocerady
Motorest Pávov, III	Richtung Brno
Motel Jestřabec, 700 m von der Ausfahrt entfernt, III	Velké Meziříčí
Restaurace U Raušů, 1 km von der Ausfahrt, III	Velká Bíteš
Motorest 9 křížů, III	Domašov
Restaurace U Nedbálků, III	Ostrovačice
Motorest Na Podluží, II und III	Lanžhot
Motorest Stop, Vertragspreise	Sekule
Motorest Kamenný Mlyn, nur Richtung Bratislava, III	Plavecký Štvrtok

E 65: Praha – Liberec (Harrachov)

Motorest Učtyř kamenů, II	Hlavenec
Motorest Beseda, II und III	Příchovice

E 67: Praha – Hradec Králové – Náchod

Seľská jizba, III	Obědovice
Motorest, II	Kratonohy
Motorest Na Rozkoši, II und III	Česká Skalice

E 442 (35): Hradec Králové – Žilina

Koliba Hoděšovice, Vertragspreise	Býšť
Motorest, Vertragspreise	Studená Loučka
Motorest Zlatá křepelka, III	Skrbeň
Restaurace U Matesa, III	Dalskabát
Motorest Moravanka, III	D.Újezd/Staměřice
Restaurace Eroplán, III	Rožnov p. R.
Motorest Zavadilka, III	Prostřední Bečva
Hotel Bumbálka, III	Bílá
Horský hotel Pančava, III	Makov

E 59: Znojmo – Jihlava

Motorest Mlýn, Vertragspreise	Vílanec
Motorest Na formanské poště, III	Grešlové Mýto

E 461: Brno – Mikulov

Pasohlávky	Restaurace U jezera, III
Mikulov (Zoll)	Espreso Celnice, II

Brno – Uherské Hradiště – Trenčín

Tvarožná	Motorest Rohlenka, II und III
Brankovice	Motorest Litavan, III
Střílky	Motorest Samota, III

E 75: Bratislava – Žilina

Trenčianské Bohuslavice	Motorest Ranč, III
Trenčín-Opatova	Motorest Maják, III

E 50: Žilina – Prešov (Košice)

Žilina	Motel Šibenice, III
Turmany	Motorest Fatra, III
Lipt. Mikuláš	Motorest Dechtársky salaš, III
Východná	Koliba, III
Levoča-Dravce	Autokemp Starý Mlyn, III
Široké	Motorest Branisko, III
	Salaš Patria, III.

E 571, E 77: Bratislava – Nitra – Zvolen – Banská Bystrica – Ružomberok

Volkovce-Olichov	Motorest Zubor, III
Banská Bystrica	Hotel Turist, II – III
	Motel Uľanka, II – III
St.Hory/Motyčky	Hotel Pod Šturcom, II
Donovaly	Šport Hotel, II
Liptovská Osada	Jánošíkova koliba, III

Rundfunk und Fernsehen

Rundfunk

Radiosendungen in deutscher Sprache	Mit der Ankündigung "Hier spricht Radio Prag international" werden auf Kurzwelle (6055 kHz, 7345 kHz und 9505 kHz) Sendungen in deutscher Sprache allstündlich zwischen 7.00 und 12.00 Uhr (während der Sommerzeit Beginn jeweils 1 Std. früher) ausgestrahlt. Das Programm beinhaltet Musik, Nachrichten, Notizen und Kommentare. Ferner werden täglich zwischen 13.00 und 14.00 Uhr u. a. für die deutschsprachigen Minderheiten Programme in deutscher Sprache auf Kurzwelle (1071, 1287 und 1035 kHz) sowie auf Mittelwelle (88,60; 90,60; 90,90; 91,10; 93,30; 95,10; 95,40; 98,00; 98,20; 100,90; 101,40; 101,90; 102,00; 102,30; 102,40; 102,70; 102,80; 103,40; 103,90 MHz) gesendet.
Deutsche Welle	Auf Wunsch ist von der Deutschen Welle kostenlos das jeweils aktuelle Programm mit Sendezeiten und Frequenzangaben erhältlich. – Anschrift: Deutsche Welle, Hörerpost, D-50588 Köln

Kostenlos ist ebenfalls das jeweils aktuelle Programm von Radio Österreich International (internationales Radio des ORF) mit Sendezeiten und
Frequenzangaben erhältlich, das auf Kurzwelle rund um die Welt, also
auch in der Tschechischen Republik und in der Slowakischen Republik,
und rund um die Uhr sendet (Nachrichten im Regelfall täglich zu jeder vollen Stunde):
Radio Österreich International
Österreichischer Rundfunk · ORF-Auslandsdienst
A-1136 Wien; Tel. (01) 8 78 78-3636

Rundfunk
(Fortsetzung)
Radio Österreich
International

Fernsehen

Seit Anfang April 1992 sendet die Deutsche Welle (aus Berlin) zwischen
16.00 und 22.00 Uhr ein Fernsehprogramm in deutscher Sprache, das mit
Parabolspiegelantennen (Durchmesser 80–100 cm) auch in der Tschechischen Republik und in der Slowakischen Republik zu empfangen ist,
die auf den Satelliten EUTELSAT II-F1 (13° Ost; Frequenz 7,02 MHz) eingestellt sind; das Programm umfaßt u. a. ein Nachrichtenjournal und eine
Magazinsendung.

Im Rundfunkkanal des privaten Fernsehprogrammanbieters RTL plus
sendet die Deutsche Welle über ASTRA 1A (Frequenz 7,38 MHz) rund um
die Uhr u. a. Nachrichten in deutscher Sprache zu jeder vollen Stunde.

Fernseh-
programme
in deutscher
Sprache

Schiffsverkehr

Über die Elbe (Labe; Schiffsreisen s. S. 585) hat die Tschechische Republik
Verbindung mit der Nordsee.
Über die Donau (Dunáj) hat die Slowakische Republik Zugang zum
Schwarzen Meer.

Allgemeines

Auf den zuvor genannten Strömen, den größeren Flüssen und auf einigen
Stauseen sind im Sommerhalbjahr Ausflugsschiffe im Einsatz.

Ausflugsschiffe

In der Tschechischen Republik

In Prag befindet sich die Anlegestelle für Moldaupersonenschiffe bei der
Palacký-Brücke (Palackého most).

Anlegestelle
in Prag

Ab hier werden in den Sommermonaten regelmäßig Schiffsrundfahrten
angeboten, bei denen sich der Besucher einen guten Überblick über Prag
vom Wasser her verschaffen kann.

Schiffs-
rundfahrten

Von Juli bis September legt mehrmals wöchentlich der historische Rad-
dampfer "Vyšehrad" zu Abendfahrten (Tanz- und Unterhaltungsmusik;
Verpflegung an Bord) auf der Moldau ab.

Abendfahrten

Für Gruppenreisende bietet Čedok (→ Auskunft) beispielsweise kombinierte Ausflüge ab Prag mit dem Bus mit anschließender reizvoller Schiffs-
fahrt auf dem Orlík-Stausee; ferner Bootsfahrten auf dem Slapy-Stausee
(mit Picknick am Ufer).

Kombinierte
Ausflüge

In der Slowakischen Republik

Die Anlegestelle der Personenschiffe (Osobný prístav) der Stadt Bratislava
(Preßburg) für Ausflugsfahrten auf der Donau befindet sich am Uferkai
Fajnorovo nábrežie (Nr. 2).

Anlegestelle
in Bratislava

Schiffsverkehr (Fortsetzung) Information	Auskünfte über den Schiffsverkehr erteilt in Bratislava: ČSPD (bisher), Tel. (07) 5 95 27, 5 95 18 und 5 95 16.
Wien – Bratislava – Budapest	Zwischen Mai und September verkehren Schiffe (auch Tragflügelboot) der Ersten Donau-Dampfschiffahrts-Gesellschaft ab Wien nach Bratislava und Budapest bzw. in umgekehrter Richtung. Nähere Auskünfte erteilt die Erste Donau-Dampfschiffahrts-Gesellschaft, Handelskai 265, A-1021 Wien; Tel. (01) 2 17 50 - 0; ferner u. a. ČSPD in Bratislava (s. oben).
Bratislava – Gabčíkovo – Bratislava	Die slowakische Schiffahrtsgesellschaft 'Blue Danube Travel' veranstaltet im Sommerhalbjahr an den Wochenenden fünf- bis neunstündige Bootsausflüge von Bratislava (Preßburg) auf der Donau stromabwärts und durch den neuen Ableitungskanal zu dem ökologisch höchst umstrittenen Flußgroßkraftwerk bei Gabčíkovo sowie zurück.

Sportschiffahrt

→ Sport

Schlösser

→ Burgen und Schlösser

Segeln

→ Sport

Sicherheit

Zu Ihrer Sicherheit am Steuer

Gurte	Gurten Sie sich immer richtig an und achten Sie darauf, daß Ihre Mitfahrer es – sowohl auf dem Vordersitz als auch auf den Rücksitzen – ebenfalls tun. Die Bänder sollen straff und nicht verdreht am Körper anliegen. Wer seinen Gurt nur lose umhängt, um in einer Kontrolle die Strafe zu sparen, gefährdet sich: Bei einem Unfall kann der Gurt dann sogar zusätzliche Verletzungen verursachen. Zusammen mit richtig eingestellten Kopfstützen am Autositz erfüllen Gurte optimal ihren Zweck. Die Oberkante der Kopfstützen muß in Augen- und Ohrenhöhe oder darüber liegen. Nur dann schützen sie die Halswirbelsäule.
Kindersitze	Kleinkinder müssen in speziellen Kindersitzen angegurtet sein.
Vorgeschriebenes Zubehör	Gesetzlich vorgeschriebenes Zubehör sind Verbandkasten (Vollständigkeit prüfen), Warndreieck, Nationalitätskennzeichen ('D-, A-, CH-Schild'; auf Auslandsreisen), bei zugepacktem Heckfenster und für Caravanfahrer ein zweiter Außenspiegel. Verhindern Sie durch sichere Unterbringung, daß Verbandkasten oder Warndreieck beim Bremsen als gefährliche Geschosse durch das Fahrzeuginnere fliegen. Einzelne Reiseländer schreiben eventuell zusätzliches Zubehör vor; bitte erkundigen Sie sich danach.
Sinnvolle Ergänzungen	Dabeihaben sollten Sie außerdem: Abschleppseil, Reserveglühlampen, Reservesicherungen, Reservekeilriemen, Werkzeug, Starthilfekabel, Wolldecke, Handschuhe, Taschenlampe.

Feuerlöscher mit mind.s 2 kg Inhalt zur Bekämpfung kleinerer Brände. Feuerlöscher
Übrigens bleibt bei Fahrzeugbränden meist genug Zeit zur Rettung von Insassen und Gepäck; bei Versuchen vergingen zwischen einem Brandbeginn am Vergaser und dem Übergreifen des Feuers auf den Innenraum fünf bis zehn Minuten. Größte Vorsicht jedoch bei Tankbeschädigungen und auslaufendem Benzin! Dann kann ein Brand blitzschnell das ganze Fahrzeug erfassen.

Kamera mit Blitzlicht, um nach kleineren Unfällen Spuren zu sichern. Nicht Kamera
die Beschädigungen der Fahrzeuge sind wichtig, sondern die Gesamtsituation am Unfallort (auf jeden Fall je ein Foto genau in Fahrtrichtung der Unfallbeteiligten aus größerem Abstand).

Verbundglas-Frontscheibe als Zusatzaustattung ab Werk oder nach Verbundglas-
scheibe
einem Glasbruch. Die zwei Glasschichten, die mittels einer zähen, elastischen Kunststoffolie verbunden sind, bekommen bei Steinschlag nur an der Aufschlagseite einen Bruch; man kann noch hindurchschauen, und die Splitter bleiben an der Folie hängen, so daß sie niemanden verletzen.

Reservekanister mit Kraftstoff (Achtung: Einfuhr in die Tschechische Republik und in die Slowakische Republik erlaubt; Ausfuhr von Benzin- oder Dieselkraftstoff im Reservekanister aus der Tschechischen Republik und aus der Slowakischen Republik jedoch verboten!). Energie sparen Sie Reservekanister
übrigens, wenn Sie auf der Autobahn nur bis höchstens zwei Zentimenter vor der Vollgasstellung aufs Gaspedal drücken. Mit dem 'Gasfuß' in Sparstellung sinkt die Reisegeschwindigkeit kaum, während sich der Kraftstoffverbrauch erheblich verringert.

Die Bremsflüssigkeit sollte spätestens alle zwei Jahre erneuert werden. Bremsen
Durch Kondenswasser, Staub und chemische Zersetzung verliert sie im Laufe der Zeit ihre Wirksamkeit. Gerade vor Reisen empfiehlt sich eine gründliche Überholung des gesamten Bremssystems. Im Urlaub müssen die Bremsen besonders viel leisten, wenn das Auto voll beladen ist und die Reise über Bergstrecken führt.

Reifen brauchen mindestens 2 mm Profiltiefe, um griffig zu sein und den Reifen
Wagen auch bei Nässe auf der Straße zu halten. Bei sportlich breiten Reifen sind wegen der längeren Wasserwege sogar 3 mm zu empfehlen, für Winterreifen wenigstens 4 mm. Richtiger Luftdruck verbessert die Straßenlage des Wagens und hilft Kraftstoff sparen. Der Luftdruck wird am kalten Reifen reguliert, nicht am heißgefahrenen. Laut Vorschrift müssen alle Reifen am Auto die gleiche Bauart aufweisen, also nur Gürtel- oder nur Diagonalreifen sein. Noch sicherer fahren Sie, wenn alle Reifen das gleiche Profil haben. Wer zwischen Sommer- und Winterreifen abwechselt, sollte die nicht benötigten Reifen auf den Felgen lagern. Das verlängert die Lebensdauer der Räder und spart beim Montieren Zeit und Geld.

Lampen und Scheinwerfer sollten Sie regelmäßig prüfen. Wenn die Be- Scheinwerfer
leuchtung in Ordnung ist, sehen Sie nicht nur besser, Sie werden auch besser gesehen.

Rückleuchten und Bremslichter kontrollieren Sie leicht selbst, wenn Sie an Leuchtenkontrolle
einer Ampel vor einem Bus oder Lieferwagen halten. Die große Frontfläche reflektiert wie ein Spiegel das Licht. In Ihrer Garage oder beim Parken vor einer Schaufensterscheibe erkennen Sie abends, ob Scheinwerfer und vordere Blinkleuchten einwandfrei funktionieren.

Bei Nachtfahrten und auf nassen Straßen immer wieder Scheinwerfer Bessere
Lichtausbeute
und Rückleuchten reinigen: Bereits eine hauchdünne Schmutzschicht auf den Scheinwerfergläsern vermindert die Lichtausbeute um die Hälfte. Bei stärkerer Verschmutzung können sogar bis zu 90 Prozent Licht verlorengehen.

Wenn die Lampen altern, nimmt ihre Leistungsfähigkeit deutlich ab, weil Alterung der
Glühlampen
sich Wolfram von der Glühwendel im Glaskolben niederschlägt. Dunkel gewordene und defekte Glühlampen sollten Sie paarweise austauschen, damit sie auf beiden Seiten gleich hell sind.

Sicht für
Brillenträger

Übrigens fahren Brillenträger nachts sicherer mit spezialentspiegelten Gläsern. Von einer getönten Brille bei Dämmerung oder Dunkelheit muß abgeraten werden. Weil jede Glasscheibe einen Teil des hindurchfallenden Lichtes reflektiert, erreichen selbst durch eine klare Windschutzscheibe nur 90 Prozent des Lichtes die Augen des Autofahrers. Brillenträgern entsteht ein zusätzlicher Verlust von 10 Prozent.

Durch getönte Scheiben und getönte Brillengläser gelangt nur noch etwa die Hälfte der Lichtmenge bis ans Auge; sicheres Fahres ist dann nicht mehr möglich.

Nebelbeleuchtung

Der beste Platz für Nebellampen ist auf der vorderen Stoßstange. Das ergibt eine besonders günstige Reichweite ohne Blendwirkung. Die Leuchten dürfen nur paarweise symmetrisch und auf gleicher Höhe montiert sein, aber nicht höher als das Abblendlicht. Wenn weder Nebel noch Regen oder Schneefall die Sicht erheblich beeinträchtigen, kann die Benutzung der Nebelscheinwerfer Strafe kosten. Bis zu zwei Nebelschlußleuchten dürfen am Heck des Wagens montiert sein, mindestens 10 cm vom Bremslicht entfernt und nicht höher als 100 cm über der Fahrbahn. Benutzen darf man die Nebelschlußleuchte(n) nur bei Nebel und bei einer Sichtweite unter 50 m inner- und außerorts.

Nebelfahrten

Bei Nebelfahrten beachten Sie bitte:
Rücksichtsvolles Abblenden gilt nicht nur für Fernscheinwerfer, sondern auch für Nebelschlußleuchten. Schalten Sie sie aus, wenn Sie in Ihrem Rückspiegel die Konturen eines nachfolgenden Fahrzeugs vollständig erkennen. Rechnen Sie am Tag mit Nebel, wenn Ihnen Fahrzeuge mit eingeschalteter Beleuchtung entgegenkommen, und schalten Sie selbst Ihre Scheinwerfer ein.
Passen Sie Ihre Geschwindigkeit der geringen Sichtweite an.
Achten Sie auf ausreichenden Abstand zum vorausfahrenden Fahrzeug; überholen Sie nicht. Betätigen Sie die Scheibenwischer; starker Nebel schlägt sich als Wasserfilm auf der Windschutzscheibe nieder.

Reise-Organisation

Vorbereitungen

Gute Organisation ist schon vor der Reise wichtig. Die Gewißheit, daß zu Hause alles in Ordnung ist und daß man nichts vergessen hat, trägt zur Gelassenheit am Steuer bei.
Ein erprobtes Hilfsmittel bei den Vorbereitungen sind Checklisten, auf denen Sie notieren, an was Sie noch denken müssen, und auf denen Sie abhaken, was Sie erledigt haben.
Klären Sie rechtzeitig, wer Ihre Blumen gießt, Haustiere versorgt und den Briefkasten vor verdächtigem Überquellen bewahrt. Hinterlassen Sie Wertsachen, Fotokopien Ihrer Papiere und Ihre Urlaubsanschrift bei einer Vertrauensperson oder Ihrer Bank.

Wichtige
Unterlagen

Gültiger Personalausweis bzw. Reisepaß (ggf. mit Visa-Unterlagen)
Führerschein und Fahrzeugschein (ggf. internationale Papiere)
Grüne Versicherungskarte
Auto-Schutzbrief
Allianz AutoCard, Allianz EuroCard
Automobilclub-Ausweis
Reise-Versicherungen
Auslandskrankenschein
Benzingutscheine
Fahrkarten, Schiffs- oder Flugtickets, Buchungsbestätigungen
Impfzeugnisse (auch für Tiere)
Fotokopien aller wichtigen Papiere (im Gepäck)
Reiseschecks, Kreditkarten, Geld
Straßenkarten
Reiseführer

Ihre Reiseapotheke sollte neben den notwendigen Dingen gegen leichte Verletzungen und Unpäßlichkeiten auch einen Vorrat jener Medikamente enthalten, die Sie regelmäßig einnehmen. Beachten Sie bitte, daß Medikamente die Reaktionsfähigkeit und damit die Fahrtüchtigkeit beeinträchtigen können.

Reiseapotheke

Ersatzbrille nicht vergessen!

Allianz Service

Alle Autofahrer, die Kunden der Allianz Autoversicherung sind, können ihre Fahrzeuge kostenlos im Allianz Zentrum für Technik in Ismaning bei München nach Voranmeldung (mindestens sechs Wochen vorher, Telefon 089 / 9601-276) überprüfen lassen. Der Test dauert knapp eineinhalb Stunden und betrifft Bremsen, Bremsflüssigkeit, Unterbodengruppe und Rahmen, Radaufhängung, Stoßdämpfer, Reifen, Scheinwerfer und Beleuchtung, Achseinstelldaten und Motor (Einstellung, Funktion, Leistung, Abgas).

Fahrzeugtest

Jeder Allianz Fachmann hält für seine Kunden kostenlos bereit: "Mit dem Auto ins Ausland" – Broschüre mit zahlreichen Tips, Adressen und Ratschlägen für den Schadenfall in 24 europäischen und außereuropäischen Ländern.
"Service-Tasche für Ihr Auto" – Parkscheibe sowie wichtige Unterlagen und Formulare für den Fahrzeugwechsel oder einen Schadenfall.

Hilfe vom Fachmann

Zentralruf der Autoversicherer

Wenden Sie sich an den Zentralruf der Autoversicherer, wenn Sie in einem deutschen Bundesland einen Unfall hatten, und wenn zwischen den Beteiligten die versicherungstechnischen Einzelheiten nicht an Ort und Stelle zu klären sind. Dann wird die Schadenregulierung über den Zentralruf eingeleitet.

Bei Unklarheiten

Alle Zentralrufstationen haben die einheitliche Telefonnummer 1 92 13, die Sie mit entsprechender Vorwahl anrufen können, und zwar in Aachen (02 41), Berlin (030), Dortmund (02 31), Essen (02 01), Frankfurt am Main (069), Hamburg (040), Hannover (05 11), Köln (02 21), Mannheim (06 21), München (089), Nürnberg (0911), Saarbrücken (06 81) und Stuttgart (07 11).

Einheitliche Rufnummer in Deutschland: **1 92 13**

Sichere Reise

Die Versicherungen, die zur üblichen 'Grundausstattung' gehören, bieten während einer Reise weitgehenden Schutz: Lebensversicherung, Unfallversicherung und Privat-Haftpflichtversicherung gelten in der ganzen Welt, die Rechtsschutzversicherung in Europa und in den außereuropäischen Mittelmeerstaaten.

Weitgehender Schutz durch Grundvorsorge

Gerade auf Reisen gibt es immer wieder ungewohnte Situationen. In der fremden Umgebung genügt eine Sekunde Unaufmerksamkeit, zum Beispiel beim Überqueren der Straße: Sie zwingen einen Wagen zum Ausweichen, und schon ist es passiert. Da brauchen Sie eine gute Rückendeckung; eine Haftpflichtversicherung zahlt nicht nur berechtigte Ansprüchen, sondern wehrt unberechtigte Forderungen ab.

Haftpflicht-versicherung

Haben hingegen Sie Schadenersatzansprüche durchzusetzen, bezahlt die Rechtsschutzversicherung Ihren Anwalt. Sie kommt auch für die Verteidigungskosten in einem Strafverfahren auf.

Rechtsschutz-versicherung

Unfallversicherung

Wenn Sie bisher keine Unfallversicherung haben, wäre Ihr Urlaub ein guter Anlaß, eine solche abzuschließen. Sie gilt rund um die Uhr, im Beruf, im Haushalt, auf Reisen und in der Freizeit. Sie läßt sich in Leistungen und Beitrag der allgemeinen Einkommensentwicklung anpassen; bei einer Sonderform erhalten Sie sogar alle Beiträge mit Gewinnbeteiligung zurück.

Reise-Kranken-versicherung

Für eine Auslandsreise sollten Sie an eine Reise-Krankenversicherung denken. Die kostet nicht viel und ergänzt die Leistungen Ihrer Kranken-kasse.

Reise-Rücktrittskosten-Versicherung

Für den Fall, daß Sie vor Reiseantritt krank werden, oder daß andere gewichtige Gründe Sie von der Reise abhalten, ist eine Reise-Rücktritts-kosten-Versicherung nützlich. Sie kommt für Schadenersatzforderungen von Reisebüros, Hotels und Fluggesellschaften auf.

Reisegepäck-versicherung

Folgen von Verlusten oder Schäden beim Gepäck mildert eine Reise-gepäckversicherung, die übrigens während des ganzen Jahres für alle Reisen und Ausflüge gilt.

Hausrat-versicherung

Während Ihrer Abwesenheit bewahrt Sie zwar die Hausratversicherung nicht vor Brand, Blitzschlag, Explosion, Einbruchdiebstahl, ausströmen-dem Leitungswasser, Sturm oder Hagel, wohl aber vor den finanziellen Folgen solcher Schäden. Wenn Ihre Wohnung allerdings länger als 60 Tage unbewohnt bleibt und auch nicht beaufsichtigt wird, müssen Sie das Ihrer Versicherung mitteilen.

Kraftfahrtversicherungen

Ratschlag

Wer mit dem Auto reist, sollte rechtzeitig seine Kraftfahrtversicherungen überprüfen.

Kfz-Haftpflicht-versicherung

Für jedes Auto ist eine Kfz-Haftpflichtversicherung gesetzlich vorgeschrie-ben. Dies soll Sie davor bewahren, aus der eigenen Tasche für Schäden bezahlen zu müssen, die Sie einem anderen mit Ihrem Fahrzeug zufügen. Wer schuldhaft einen Schaden verursacht, haftet in unbegrenzter Höhe. Auch mit seinem Einkommen und seinem Besitz, wenn die vereinbarte Ver-sicherungssumme nicht genügt. Die gesetzlich vorgeschriebenen Min-destdeckungssummen reichen nicht in jedem Fall aus. Die Allianz emp-fiehlt daher die Kfz-Haftpflichtversicherung mit unbegrenzter Deckung. Bei Sach- und Vermögensschäden haben Sie damit Versicherungsschutz in unbegrenzter Höhe; bei Personenschäden zahlen wir bis zu 7,5 Mio. DM je Geschädigten. Dies gilt bei Allianz Versicherungen auch für Schäden im Ausland.

Kasko-versicherung

Kasko ist der Versicherungsschutz für Ihr eigenes Auto.
Die Teilkaskoversicherung ermöglicht nach einem Diebstahl den Kauf eines gleichwertigen Wagens.
Auch der Diebstahl von Fahrzeugteilen und die Beschädigung des Fahr-zeugs durch einen Dieb sind versichert.
Schäden durch Brand, Explosion, Sturm, Hagel, Blitzschlag und Über-schwemmung werden ebenso ersetzt wie Bruchschäden an der Vergla-sung, Kabelschäden durch Kurzschluß und Fahrzeugschäden durch Unfälle mit Haarwild.
Die Vollkaskoversicherung bietet den gleichen Schutz wie Teilkasko. Zusätzlich ersetzt sie Unfallschäden am eigenen Fahrzeug (auch bei Eigenverschulden) und Schäden durch böswillige Handlungen fremder Personen am eigenen Fahrzeug.

Insassen-Unfallversicherung

Durch die Insassen-Unfallversicherung sind Sie selbst und Ihre Mitfahrer bei Unfällen versichert: während der Fahrt, beim Ein- und Aussteigen, beim Einladen und Ausladen. Vorsorge ist angebracht, denn ein Unfall kann nicht nur Sie, sondern auch das Leben und die Gesundheit Ihrer Mitfahrer gefährden. Und nicht immer können Sie vom Schädiger Schadenersatz verlangen. Die Insassen-Unfallversicherung zahlt unabhängig von der Schuldfrage.

Zusätzlichen Schutz auf Autofahrten im In- und Ausland bietet der Allianz Auto-Schutzbrief mit einem ganzen Paket von Leistungen. Die Allianz ersetzt Kosten für Pannenhilfe, für Bergen und Abschleppen Ihres Fahrzeugs, für Übernachtungen, Bahnfahrt oder Mietwagen, für Krankenrücktransport, Heimholen von Kindern und Fahrzeugrückholung, im Ausland auch für Ersatzteilversand, Fahrzeugrücktransport, Verzollung oder Verschrottung nach Totalschaden. Sie brauchen nicht Mitglied eines Automobilclubs zu sein, um einen Allianz Auto-Schutzbrief zu erwerben.

Millionen von Straf- und Bußgeldverfahren jährlich beweisen, wie notwendig eine Verkehrs-Rechtsschutzversicherung ist. Damit können Sie ohne finanzielles Risiko dem Anwalt Ihrer Wahl die Verteidigung in einem Strafverfahren übertragen.
Bei einem Verfahren im Ausland nennt Ihnen Ihr Rechtsschutzversicherer auch einheimische Rechtsanwälte, die deutsch sprechen und deren Bezahlung dann von der Versicherung geregelt wird.
Die Rechtsschutzversicherung hilft Ihnen auch, wenn Sie nach einem Verkehrsunfall Ihre Ansprüche durchsetzen wollen, und wenn Sie Ärger bei Kauf, Verkauf oder Reparatur Ihres Autos haben.

In diesen und allen anderen Versicherungsfragen berät Sie jeder Allianz Fachmann gern.

Verkehrsunfall in der Tschechischen Republik bzw. in der Slowakischen Republik: Was tun?

Sie können am Steuer noch so vorsichtig sein – es kann trotzdem einmal etwas passieren. Auch wenn der Ärger groß ist: Bitte bewahren Sie Ruhe und bleiben Sie höflich. Behalten Sie einen klaren Kopf und treffen Sie nacheinander folgende Maßnahmen:

1. Sichern Sie die Unfallstelle ab. Das heißt: Warnblinkanlage einschalten, Warndreieck und – sofern vorhanden – Blinklampe in ausreichendem Abstand aufstellen.

2. Kümmern Sie sich um Verletzte. Hinweise für Erste Hilfe finden Sie in der Broschüre "Sofortmaßnahmen am Unfallort" in Ihrer Autoapotheke. Sorgen Sie nötigenfalls für einen Krankenwagen.

3. In der Tschechischen Republik und in der Slowakischen Republik muß jeder Unfall von der Polizei aufgenommen werden.

4. Notieren Sie Namen und Anschriften anderer Unfallbeteiligter, außerdem Kennzeichen und Fabrikat der anderen Fahrzeuge sowie Namen und Nummern der Haftpflichtversicherungen.
Wichtig sind auch Zeit und Ort des Unfalles sowie die Anschrift der eingeschalteten Polizei-Dienststelle.

5. Sichern Sie Beweismittel: Schreiben Sie Namen und Adressen von – wenn es geht, unbeteiligten – Zeugen auf; machen Sie Skizzen von der Situation am Unfallort. Besser noch, Sie haben eine kleine Kamera im Handschuhfach, für mehrere Fotos aus verschiedenen Richtungen.

6. Bitte verwenden Sie möglichst den (bei Ihrem Versicherungsfachmann erhältlichen) Europäischen Unfallbericht und lassen Sie ihn vom Unfallgegner gegenzeichnen.

Europäischer
Unfallbericht
(Fortsetzung)

Unterschreiben Sie kein Schuldanerkenntnis und vor allem kein Schrift-
stück, dessen Sprache Sie nicht verstehen!

Schadenersatz

Nach einem Unfall soll die Schadenbearbeitung möglichst reibungslos
klappen. Beachten Sie deshalb folgende Hinweise:

Ansprüche an Sie

1. Wenn an Sie Ansprüche gestellt werden, melden Sie den Schaden Ihrer
eigenen Kraftfahrzeug-Haftpflichtversicherung.

Außerdem können Sie sich an die Versicherungsgesellschaften in der
Tschechischen Republik oder in der Slowakischen Republik wenden. Die
Anschriften sind in Ihrer Grünen Versicherungskarte angegeben.

Eigene
Ersatzansprüche

2. Machen Sie bitte Ihre eigenen Ersatzansprüche gegen den Schaden-
stifter und gegen seine Haftpflichtversicherung selbst geltend: Die Grüne
Karte hilft hier nicht!

Deutscher
Unfallgegner

3. Wurden Sie durch ein in Deutschland zugelassenes Fahrzeug in einen
Unfall verwickelt, so können Sie sich direkt an die deutsche Versicherung
des Schadenstifters wenden.

Strafverhandlung

4. Wenn Sie zu einer Strafverhandlung geladen werden, informieren Sie
bitte unverzüglich Ihre eigene Kraftfahrzeug-Haftpflichtversicherung.

Rechtsanwalt

5. Benötigen Sie einen Rechtsanwalt, um Ihre Ansprüche auf Schadenersatz geltend zu machen, oder um sich in einem Strafverfahren verteidigen zu lassen? Ihre Rechtsschutzversicherung nennt Ihnen auf Wunsch
einheimische Anwälte, die deutsch sprechen und deren Bezahlung dann
von der Versicherung geregelt wird.

Allianz Versicherte finden alle notwendigen Angaben und Adressen in ihrer
Broschüre "Mit dem Auto ins Ausland".

Ersatzansprüche

6. In der Tschechischen Republik und in der Slowakischen Republik werden Nutzungsausfall und Mietwagenkosten nicht entschädigt; Wertminde-
rung nur, wenn das Fahrzeug nicht vollwertig zu reparieren ist. Bei werter-
höhenden Reparaturen gibt es einen Abzug 'neu für alt'. Die Verjährungs-
frist für Ansprüche beträgt zwei Jahre ab Unfalldatum.
Bei einem Totalschaden muß auch die zuständige Zollbehörde benachrichtigt werden.

Allianz
Auto-Schutzbrief

7. Mit einem Auto-Schutzbrief der Allianz Gesellschaften sind Sie gegen
eine Reihe von Kosten versichert, die Ihnen durch einen Unfall entstehen
können, z. B. für Bergen und Abschleppen Ihres Fahrzeugs, für Übernachtungen, Bahnfahrt oder Mietwagen, für Krankenrücktransport, Heimholen
von Kindern, Fahrzeugrückholung oder -transport, ggf. für Verschrottung
und Verzollung.

Rasche Meldung

Ihre schnelle Schadenmeldung beschleunigt die Regulierung.

Souvenirs

→ Einkäufe und Souvenirs

Speisen

→ Essen und Trinken
→ Restaurants

Spielkasinos

Die meisten Spielkasinos wurden erst in jüngster Zeit in verschiedenen Städten in der Tschechischen Republik sowie in Bratislava in der Slowakischen Republik eröffnet; sie befinden sich in der Regel in den größeren → Hotels mit internationalem Publikum.   Allgemeines

Es werden Roulette und Black Jack gespielt.   Spiele

Den Spielkasinos ist in der Regel ein Restaurant oder ein Nachtklub angegliedert.   Weitere Einrichtungen

Spielbanken

Spielkasinos gibt es in den Prager Hotels Forum, Palace, Ambassador sowie im Parkhotel; ferner: Casino Admiral, im Palast der Kultur, Praha 4, ulice 5. května 65
Casino de France, im Hotel Atrium, Praha 8, Pobřežní 3
Casino im Diplomatischen Club, Praha 1, Karlova 21
Casino im Palais Savarin,
Stará celnice, Praha 1, náměstí Republiky   Mittelböhmen

Auch in Karlovy Vary (Karlsbad) existieren Spielkasinos:
Casino 777 im Bad I.; Casino im Grandhotel Pupp
Spielkasino in Plžen (Pilsen): im Hotel Continental   Westböhmen

Spielkasinos finden sich u. a.
in Hradec Králové (Königgrätz): im Hotel Černigov
in Pardubice (Pardubitz): im Hotel Labe   Ostböhmen

In jüngster Zeit ist im Kurort Teplice eine Spielbank eingerichtet worden. Ein weiteres Spielkasino existiert in
Ústí nad Labem (Aussig): im Hotel Bohemia.   Nordböhmen

Spielkasino in České Budějovice (Budweis), náměstí Otokara II.   Südböhmen

Ein Spielkasino befindet sich in Ostrava (Ostrau): im Hotel Palace.   Nordmähren

Spielkasinos existieren u. a. in Brno (Brünn): im Grandhotel und im Hotel International; ferner in Zlín: im Hotel Moskva.   Südmähren

Sport

Neben Tennis zählen u. a. auch das Eiskunstlaufen und der Motorsport sowie alle Arten von Wasser- und → Wintersport zu den populären Sportarten. Dementsprechend stehen auch für Touristen spezielle Sportareale (u. a. Tenniscamps, Sporthotels; Sportstätten zum Ausüben verschiedenster Sportarten), für sportliche Aktivitäten zur Verfügung.   Allgemeines

Sport- und Fitneßaufenthalte können beispielsweise über die Čedok-Büros (→ Auskunft) gebucht werden, die auch Karten für Sportveranstaltungen (→ Veranstaltungen) besorgen.
Sportlehrgänge für Jugendliche vermittelt u. a. auch CKM (→ Auskunft).   Buchungen von Sport- und Fitneßferien

In Roudnice nad Labem (Raudnitz an der Elbe; Tschech. Republik), 38 km nördlich von Prag bzw. 45 Min. vom Prager Flughafen Ruzyně entfernt, erstreckt sich ein Sportareal mit ganz hervorragenden Einrichtungen (in dieser Sportstätte wurde u. a. auch die bisherige tschechoslowakische   Sportareal Roudnice nad Labem

Sportareal
Roudnice
nad Labem
(Fortsetzung)

Nationalmannschaft in vielen Sportarten trainiert und auf internationale Wettkämpfe vorbereitet:
Eine Mehrzweckhalle (600 Zuschauerplätze) eignet sich für Basketball, Handball, Volleyball und Tischtennis sowie Gymnastik. Es gibt Tennis- und Fußballplätze (auch Flutlichtanlage) sowie ein Feld für Rasenhockey. Außer einem Fitneßzentrum mit diversen Geräten für Konditionsübungen stehen u. a. eine Schwimmhalle mit einer 25-Meter-Bahn und ein Freischwimmbecken mit einer 50-Meter-Bahn zur Verfügung. Auf dem nahegelegenen Elbekanal von Račice werden Ruderwettbewerbe ausgetragen (1993 Weltmeisterschaft); aber auch für Kanuten und Segler bietet der Kanal ein geeignetes Revier.
Des weiteren befinden sich auf dem Sportareal u. a. auch spezielle Unterrichtsräume, die mit audiovisueller Technik ausgestattet sind; ferner ein Restaurant (mit Bar und Weinstube) sowie ein Dreisternehotel.

Informationen und Buchungen für einen Aufenthalt im Sportareal von Roudnice nad Labem u. a. bei:
ČSA airtours, Národní třída 27 / O·I·B, 518, CZ-11121 Praha 1
Tel. (02) 2358341 und 2351773

Sport-
begegnungen

Čedok-Büros (⟶ Auskunft) übernehmen auf Wunsch von Gruppen auch die Organisation für Sportbegegnungen (Freundschaftsspiele und Wettbewerbe im Eishockey, Fußball, Hand- oder Volleyball, Tischtennis; Trainingslager im Bereich Motorsport).

Ausgewählte Sportarten

Angeln,
Sportfischerei

Anglern und Fischern bieten sich unzählige Möglichkeiten zum Ausüben ihrer Sportart. Forellen, Welse, Hechte, Karpfen, Aale und Zander zählen zu den bedeutendsten Fischarten.
Auskünfte über besondere Bestimmungen, wie Art der Angel, Angelscheine und -bewilligungen (auch Verkauf), Fischarten und Mindestmaße, Schonzeiten und Gewässer, erteilen u.a. die Čedok-Büros (⟶ Auskunft). Bei Čedok ist u. a. auch eine deutschsprachige Broschüre über Sportangeln erhältlich.
Informationen u. a. auch beim Anglerverband:
Český rybářský svaz, Žitná 13, CZ-11000 Praha 1 (Nové Město)

Bergsteigen
Klettern

Von Frühjahr bis Herbst bieten sich in den verschiedenen Gebirgsregionen ideale Bedingungen für Bergwanderungen, zum Bergsteigen und Klettern. Einzelheiten bei den Čedok-Büros (⟶ Auskunft).

Eishockey

Eishockey zählt in der Tschechischen Republik sowie in der Slowakischen Republik zu den beliebtesten Mannschaftssportarten. Eishockeystadien befinden sich z. B. in Bratislava (Slowakische Republik) und in Prag (Tschechische Republik), wo u. a. im Jahre 1992 von Ende April bis Mitte Mai die Eishockey-Weltmeisterschaft stattfand; eine Eissporthalle steht Sportlern u. a. auch in Mariánské Lázné (Marienbad; Tschechische Republik) zur Verfügung.

Eiskunstlauf

Im März 1993 fand die Weltmeisterschaft im Eiskunstlaufen in Prag (Tschechische Republik) statt.

Wintersport ⟶ dort

Fahrradfahren

s. Wandern, Radwandern (nachstehend)

Fischen

s. Angeln, Sportfischerei (zuvor)

Flugsport

Von verschiedenen Flugplätzen werden Panoramaflüge über Schlösser oder über Prag, der Hauptstadt der Tschechischen Republik (auch Heißluftballonfahrten), gestartet. Informationen in Čedok-Büros (⟶ Auskunft) erhältlich.

s. Sportschiffahrt (nachstehend)

Bekannte Fußballstadien befinden sich in der Tschechischen Republik u. a. in Prag:
Stadion Dukla Praha, Praha 6 (Dejvice), Na Julisce 28
Sparta Praha, Praha 7, Letná, Milady Horákoré
Die Eintrittspreise sind relativ günstig; gespielt wird v. a. sonntagnachmittags.

Freunde des Golfsports können sehr preisgünstig Ihrem Hobby frönen. Möglichkeiten finden sich vor allem in der Tschechischen Republik: In den westböhmischen Kurorten Karlovy Vary und Mariánské Lázně (⟶ Kur und Erholung) stehen ganzjährig geöffnete Golfplätze mit 18 Löchern zur Verfügung; hier werden u. a. auch nationale Meisterschaften ausgetragen.
Ein weiterer Golfplatz mit acht Löchern erstreckt sich im 53 km östlich von Prag gelegenen Kurort Poděbrady (⟶ Kur und Erholung). In Prag-Motol (Praha 5) befindet sich ebenfalls ein Golfplatz. Nähere Details (u. a. auch über Golfunterricht und Golfschlägerverleih) vermitteln die Čedok-Büros (⟶ Auskunft).

s. Sportbegegnungen zu Beginn dieses Kapitels.

In der Tschechischen Republik und in der Slowakischen Republik sind zahlreiche Wildarten beheimatet, darunter v. a. Hasen, Hirsche, Mufflons, Rehe, Schwarzwild sowie Fasane und Wildenten; in der Slowakischen Republik gelegentlich auch Bären.
Außer einer deutschsprachigen Broschüre über das Jagdwesen in der Tschechischen Republik sind in den unter ⟶ Auskunft erwähnten Čedok-Büros detaillierte Informationen über Jagdreisen (u. a. auch über eine Haftpflichtversicherungsbestätigung sowie über die Einfuhr von Jagdwaffen und Munition in die Republiken) vorhanden; bei Čedok und an jedem Grenzübergang sind Jagdscheine erhältlich.
In der Regel finden sich in der Slowakischen Republik günstigere Bedingungen für eine anspruchsvollere Jagd als in der Tschechischen Republik (Böhmen und Mähren).
Die Teilnahme an Veranstaltungen für Jagdhornblasen ist möglich.
Für Liebhaber von Jagdtrophäen dürfte u. a. die im Schloß Konopiště (Tschechische Republik) ausgestellte Jagdtrophäensammlung von großem Interesse sein.

s. Wassersport (nachstehend)

Kegelbahnen stehen in der Tschechischen Republik u. a. im ⟶ Hotel Forum in Prag sowie im Club-Hotel Průhonice, etwa 12 km südöstlich außerhalb vom Prager Stadtzentrum, ferner in den Kurorten Karlovy Vary (Karlsbad), Jáchymov (St. Joachimsthal) und Poděbrady zur Verfügung.

s. Bergsteigen, Klettern (zuvor)

Minigolfanlagen befinden sich beispielsweise in der Tschechischen Republik in den Kurorten Jáchymov (St. Joachimsthal) und Jeseník sowie in Trenčianske Teplice in der Slowakischen Republik.

Von internationaler Bedeutung ist der alljährlich im August in der Tschechischen Republik stattfindende Grand Prix (internat. Motorrad-Straßenrennen) auf dem Masaryk-Ring bei Brno). Informationen, Buchungen und Eintrittskarten in Čedok-Büros (⟶ Auskunft). Das internationale Motorrad-Speedway-Rennen um den 'Goldenen Helm von Pardubice' findet in Pardubitz in der Tschechischen Republik im September statt.

Flugsport (Fortsetzung) · Flußwandern · Fußball · Golf · Handball · Jagen · Kajak, Kanu · Kegeln · Klettern · Minigolf · Motorsport

Motorsport
(Fortsetzung)

Über diese und andere Motorsportveranstaltungen, z. B. auf der Rennstrecke bei Most (Brüx), erteilen in Deutschland die Autombilclubs Auskunft.

Radfahren

s. Wandern, Radwandern (nachstehend)

Reiten,
Pferderennen

Reiten ist u. a. möglich in der Tschechischen Republik: in den Kurorten
Karlovy Vary (Karlsbad), Luhačovice (Slušovice), in Poděbrady (auch Reit-
schule) und in Třeboň (Wittingau).
Während der Hochsaison können im Club-Hotel in Průhonice, etwa 12 km
südöstlich vom Prager Stadtzentrum, Reitpferde gemietet werden.
In Pardubice findet seit 1874 ein Hindernispferderennen statt: die Große
Pardubitzer Steeplechase (7 km; 39 schwerste Hindernisse), welches all-
jährlich im Oktober ausgetragen wird.
Eine Pferderennbahn existiert u. a. auch in Prag.

Rudern

s. Sportschiffahrt (nachstehend)

Schwimmen

s. Wassersport (nachstehend)

Segeln

s. Sportschiffahrt (nachstehend)

Squash

Squash ist in der Tschechischen Republik und in der Slowakischen Republik derzeit noch nicht so verbreitet wie in anderen Ländern; Gelegenheit
zum Ausüben dieser Sportart bietet sich jedoch beispielsweise in der
Tschechischen Republik im Club-Hotel in Průhonice, etwa 12 km südöstlich vom Prager Stadtzentrum.

Tanzen

Tanzveranstaltungen können u. a. in den Kurbädern (⟶ Kur und Erholung)
sowie in Prag, der Hauptstadt der Tschechischen Republik, besucht werden; insbesondere an Sylvester veranstalten auch diverse Hotels Gala-
diners mit anschließendem Tanz.
In der Prager Staatsoper (Smetana-Theater), dem größten und schönsten
Opernhaus der Tschechischen Republik, fand im Februar 1992 nach fast
60 Jahren erstmals wieder ein Opernball statt, der sich vermutlich wieder
als ständige Veranstaltung etablieren wird.

Tennis

Mehrere der v. a. neu erstellten, größeren Hotels in der Tschechischen
Republik und in der Slowakischen Republik verfügen über eigene Tennis-
plätze im Freien und / oder in der Halle.

Von Tennisspielern besonders geschätzt werden u. a. das (östlich von Prag
gelegene) Pavel-Složil-Tenniscamp in Svítkov bei Pardubice in der Tschechischen Republik (u. a. Sandplätze, Tennishalle, Tennisunterricht, Fitneß-
Center; Schloßhotel) oder das Club-Hotel (Hotel Tennis Club; u. a. mit Tennisplätzen in der Halle und im Freien, Videoanlage und Tennisunterricht
sowie weiteren ausgedehnten Freizeitbereichen) in Průhonice, etwa 12 km
südöstlich vom Prager Stadtzentrum.

Tennis wird ferner u. a. im Tennisareal auf der Insel Štvanice (in Prag-Hole-
šovice) sowie in den Kurorten (⟶ Kur und Erholung) in der Tschechischen Republik, z. B.: Františkovy Lázně (Franzensbad), Jáchymov (St.
Joachimsthal), Jeseník, Luhačovice, Karlovy Vary (Karlsbad), Mariánské
Lázné (Marienbad), Poděbrady, Teplice nad Bečvou und Teplice v Če-
chách und Třeboň gespielt; in der Slowakischen Republik u. a. im Kurort
Bardejovské Kupelé. Informationen erteilen u. a. die unter ⟶ Auskunft erwähnten Čedok-Büros.

Tischtennis

Auch Tischtennis gehört zu den beliebten Sportarten. Gelegentlich sind in
Hotels, z. B. in den Kurorten, spezielle Spielräume eingerichtet, wo u. a.
Tischtennisspielen möglich ist. Auch im Club-Hotel Průhonice, etwa 12 km
südöstlich vom Prager Stadtzentrum, sind Tischtennisplatten vorhanden.

Wandern, Radwandern

Wandern

Im Jahre 1888 wurde in Prag der Tschechische Touristenklub (Klub čes-   Allgemeines
kých turistů) gegründet. Heutzutage kümmert sich der Wandersportver-
band u. a. um die Markierung und Pflege der mehr als 48 000 km Wanderwege und das Anpflanzen neuer Bäume; außerdem stehen das ganze Jahr
über zahlreiche (auch internationale) Wandersportveranstaltungen auf
dem Programm des Verbandes.

Es gibt viele schöne Wanderpfade (und Joggingmöglichkeiten). Erholsam   Gelegenheiten
sind z. B. auch Wanderungen auf Spazierwegen in den Kurorten (⟶ Kur
und Erholung) oder durch die verschiedenen ⟶ Nationalparks (Achtung:
Gewisse Routen darf man nur mit einem Fremdenführer begehen; Abfall
vermeiden bzw. nicht wegwerfen! Insbesondere im Nationalpark Hohe
Tatra können Wölfe, Luchse, Adler und gelegentlich Bären den Spuren der
Essensreste der Wanderer folgen; im übrigen wird im Nationalpark Hohe
Tatra eine geringe Eintrittsgebühr verlangt) und Naturschutzgebiete.
Ein beliebter Ausgangspunkt für Wanderungen durch eine prächtige Land-
schaft in der Slowakei ist u. a. Jasná pod Chopkom (1500 m ü. d. M.) in der
Niederen Tatra mit einer Vielzahl von markierten Wanderwegen.
Recht preisgünstige Unterkünfte findet der Wanderer beispielsweise in
den mährischen Beskiden (Tschechische Republik).

Wanderführer und ⟶ Karten sind im Buchhandel und in Fachabteilungen   Literatur
großer Warenhäuser erhältlich, so ist beispielsweise im Deutschen Wan-
derverlag Dr. Mair & Schnabel & Co. (Ostfildern-Kemnat bei Stuttgart)
"Wandern in Europa: Tschechoslowakei" erschienen.

Radwandern

In manchen Sport- bzw. Juniorhotels (⟶ Hotels) besteht die Möglichkeit,   Fahrradverleih
sich ein Fahrrad auszuleihen. Fahrradverleih während der Hochsaison u. a.
auch in der Tschechischen Republik im Club-Hotel in Průhonice, 12 km
südöstlich außerhalb des Prager Stadtzentrums.

Mountainbikes (Geländefahrräder) sind beispielsweise in einigen Sport-   Mountainbikes
bzw. Juniorhotels der Gebirgsregionen zu mieten.

Wassersport

Geeignete Wassersportreviere zum Baden und Surfen finden sich auf Tei-   Allgemeines
chen, Stauseen und Flüssen in der Tschechischen Republik und in der Slowakischen Republik.
Informationen über das Ausüben der verschiedensten Wassersportarten
erteilen die unter ⟶ Auskunft erwähnten Čedok-Büros.

In vielen Fremdenverkehrsorten sind Schwimmbäder (Hallen- und/oder   Schwimmbäder
Freibäder) vorhanden; ferner verfügen zahlreiche Hotels über eigene
Schwimmbäder.

Wassersportreviere bzw. Badestrände finden sich in der Tschechischen   Wassersport-
reviere und
Badestrände
Republik in Böhmen u. a. am Máchovo jezero (Macha-See), an den Mol-
dau-Stauseen Slapy und Orlík (unweit von Prag) sowie am Stausee Lipno
(im Böhmerwald) und am Stausee Vranov (Erholungsgebiet in Südmähren).
Beliebt ist auch ein Aufenthalt am Strand des Luhačovicer Stausees in
Mähren, beim Heilbad Luhačovice (⟶ Kur und Erholung).

Wassersport-
reviere und
Badestrände
(Fortsetzung)

Besonders gute Wassersportmöglichkeiten finden sich z. B. bei Tábor (rund 60 km südlich von Prag) auf der flußabwärts reizvoll gewundenen Lainsitz oder Luschnitz (Lužnice).

Vielbesuchte Badestrände in der Slowakischen Republik liegen u. a. am Orava-Stausee, an den künstlich angelegten Seen (Sandstrand) Slnečná jazerá (Sonnenseen) in Senec, 26 km östlich von Bratislava, am Stausee Slňava beim Heilbad Piešťany (→ Kur und Erholung) und am See Zemplínska šírava ('Slowakisches Meer').

Surfen

Zu den besonders geschätzten Windsurfingrevieren zählt u. a. der in der östlichen Slowakei (im Bezirk von Vranov nad Topľou) gelegene Domaša-See; Windsurfingschule in Holčíkovce. Zahlreiche Windsurfer findet man auch an den Sonnenseen in Senec, unweit östlich von Bratislava (s. zuvor).

Sportschiffahrt

Segeln
Rudern
Kanu- und
Kajakfahren

Gesegelt wird beispielsweise auf der Donau, bei der südslowakischen Stadt Komárno (u.a. alter Donauhafen; Schiffswerften).

Auf den meisten der zuvor erwähnten Wassersportreviere sind Segel- und Ruderboote zugelassen; ein Freizeitparadies für Segler, Bootsfahrer, Kanuten und Kajakfahrer ist der in der Westslowakei beim Heilbad Piešťany (→ Kur und Erholung) sich ausdehnende Stausee Slňava (auch Wasserskilauf möglich).

Revier für Segler, Ruderer und Kanuten auf dem Elbekanal von Račice im Einzugsbereichs des Sportareals Roudnice nad Labem siehe zu Beginn des Kapitels 'Sport'.

Rehabilitationsaufenthalte mit Trainingsmöglichkeiten für Ruderer sind u. a. in der Tschechischen Republik im südböhmischen Kurort Třeboň (→ Kur und Erholung), auf dem See Svět, möglich.

Nähere Informationen erteilen die Čedok-Büros (→ Auskunft).

Wintersport

→ dort

Sprache

Amtssprachen

Offizielle Amtssprachen sind seit dem Ende des Zweiten Weltkrieges das Tschechische und das Slowakische; beide gehören der westslawischen Sprachengruppe an.

Tschechisch, Slowakisch und andere Sprachen

Tschechen
Slowaken
Ungarn
Polen
Ukrainer
Rusíni

Gemäß der im Jahre 1991 durchgeführten Volkszählung leben in der bisherigen Tschechoslowakei außer 9,8 Mio. Tschechen und 4,8 Mio. Slowaken 600000 Ungarn längs der ungarischen Grenze und 60000 Polen im Teschener Gebiet; ferner in der Ostslowakei 20000 Ukrainer und 20000 Karpato-Russen (Rusíni).

Die Sprachen der Minderheiten spielen lediglich im jeweiligen Siedlungsgebiet (hier größtenteils zweisprachige Aufschriften; u. a. ein ungarisches und ein ukrainisches Nationaltheater) eine gewisse Rolle.

Aufgrund der offiziellen Statistik wurden außerdem 120 000 Roma erfaßt; es wird aber vermutet, daß in Wirklichkeit rund 200 000 in der Tschechischen Republik und etwa 300 000 in der Slowakischen Republik leben.

Während bis zum Jahre 1945 über 3,5 Mio. Deutsche in der bisherigen Tschechoslowakei lebten, wurden im Jahre 1991 nur noch rund 53 000 Deutsche gezählt, die z. T. in das Innere Böhmens umgesiedelt wurden; zahlreiche Deutsche leben in der Tschechischen Republik im Raum zwischen Karlovy Vary (Karlsbad), Sokolov (Falkenau) und Cheb (Eger) sowie um Liberec (Reichenberg) und Trutnov (Trautenau); in der Slowakischen Republik bei Bratislava (Preßburg) und in der Zips (Spiš).

Während die jüngeren Menschen vorzugsweise die englische Sprache erlernen, ist noch ein großer Teil der älteren Bevölkerung in den beiden Republiken der deutschen Sprache mächtig, so daß es kaum zu Verständigungsschwierigkeiten kommen dürfte.

Ausspracheregeln im Tschechischen und im Slowakischen

Der Hauptton liegt im Tschechischen immer, im Slowakischen hauptsächlich auf der ersten Silbe, wobei auch l und r als Halbvokale den Ton tragen, selbst wenn Vokale folgen (z. B. Vltava, Moldau; Brno, Brünn). R trägt auch bei vokalosen Wörtern den Ton (z. B. prst, Finger).

Beide Sprachen unterscheiden scharf zwischen langen und kurzen Vokalen. Die langen haben einen Akzent (á, é, í, ý, im Slowakischen auch ú, ó und ô) oder einen kleinen Ring (nur bei tschechischem ů). Y wird stets wie i gesprochen. Betonungsakzente gibt es nicht (vgl. zuvor). Ein Haken auf dem tschechischen ě (slowakisch) erfordert die Aussprache je.
Das Slowakische kennt ferner ein ä (Aussprache wie kurzes e in Fett).

Bei Diphthongen (aj, áj, ej usw. bzw. au, ou) werden die zweiten Bestandteile als Halbvokale deutlich gesprochen, mit dem Ton auf dem ersten Bestandteil (z. B. kraj, Land; auto, Auto; Olomouc, Olmütz).

Etwa die gleiche Aussprache wie im Deutschen haben b, c (immer wie z in Zahl), ch (nur wie in Bach), f, g, h (auch vor Konsonant und am Wortende hörbar, z. B. kruh, Kreis), j (in Diphthongen wie flüchtiges i; vgl. oben), k, l, m, n, p, q, r (nur als Zungen-r), s (immer scharf wie in Messer), t, x, wobei k, p, t ohne den deutschen Hauchlaut gesprochen werden. W kommt nicht vor. Eine andere Aussprache wie im Deutschen haben v (immer wie w in Wort bzw. in Fremdwörtern wie in Villa) und z (immer wie stimmhaftes s). Charakteristisch sind für das Tschechische und Slowakische die auch größtenteils im Kroatischen üblichen, von Johannes Hus eingeführten diakritischen Zeichen, die das Wortbild für Deutsche besonders fremdartig machen, aber eine große Vereinfachung gegenüber den vorher üblichen umständlichen Buchstabengruppen darstellen. Folgende Buchstaben haben diakritische Zeichen: č (Aussprache tsch), š (wie sch), ž (wie g in Gelee), ř (wie r + ž; vgl. Dvořák; fehlt im Slowakischen; dafür hier zusätzlich ein gerolltes Zungen-r), ď (wie dj), ť (wie tch); im Slowakischen ferner ľ (wie lj).

In den nachstehenden Listen werden neben den tschechischen Wörtern bei Abweichungen auch die slowakischen Entsprechungen genannt.

Ziffer, Zahl	tschechisch	slowakisch	
1	jeden, jedna, jedno	jeden, jedna, jedno	
2	dva, dvě, dvě	dva, dve, dvaja	
3	tři	tri, traja	
4	čtyři	štyri	

	Ziffer, Zahl	tschechisch	slowakisch
Grundzahlen (Fortsetzung)	5	pět	päť
	6	šest	šesť
	7	sedm	sedem
	8	osm	osem
	9	devět	deväť
	10	deset	desať
	11	jedenáct	jedenásť
	12	dvanáct	dvanásť
	13	třináct	trinásť
	14	čtrnáct	štrnásť
	15	patnáct	päťnásť
	16	šestnáct	šestnásť
	17	sedmnáct	sedemnásť
	18	osmnáct	osemnásť
	19	devatenáct	devätnásť
	20	dvacet	dvadsať
	30	třicet	tridsať
	40	čtyřicet	štyridsať
	50	padesát	päťdesiat
	60	šedesát	šesťdesiat
	70	sedmdesát	sedemdesiat
	80	osmdesát	osemdesiat
	90	devadesát	deväťdesiat
	100	sto	sto
	1 000	tisíc	tisíc
	1 Mio.	milión	milión
Ordnungszahlen	1.	první	prvý
	2.	druhý	druhý
	3.	třetí	tretí
Bruchzahlen	1/2	půl	pol
	1/3	třetina	tretina
	1/4	čtvrtina	štvrtina

	deutsch	tschechisch	slowakisch (sofern abweichend)
Wörter und Redewendungen	deutsch	německý	nemecký
	Deutscher	Němec	Nemec
	Deutsche (weiblich)	Němka	Nemka
	Deutschland	Německo	Nemecko
	Österreich	Rakousko	Rakúsko
	Schweiz	Švýcarsko	Švajčiarsko
	Tschechien	České země	
	tschechisch	český	
	slowakisch	slovenský	
	Slowakei	Slovensko	
	Sprechen Sie ...?	mluvíte ...?	rozprávate ...?
	... deutsch?	... německy?	... po nemecky?
	... englisch?	... anglicky?	... po anglicky?
	... französisch?	... francouzsky?	... po francúzsky?
	Ich verstehe nicht	nerozumím	nerozumiem
	Ja, jawohl	ano	áno, hej
	Nein	ne	nie
	Bitte!	prosím!	
	Danke!	děkuji!	ďakujem!
	Entschuldigen Sie!	promiňte!	
	Verzeihung!	prepáčte!	

deutsch	**tschechisch**	**slowakisch** (sofern abweichend)	Wörter und Redewendungen (Fortsetzung)
Guten Morgen!	dobré jitro!	dobré ráno!	
Guten Tag!	dobrý den!	dobrý deň!	
Guten Abend!	dobrý večer!		
Gute Nacht!	dobrou noc!	dobrú noc!	
Auf Wiedersehen!	na shledanou!	do videnia!	
Herr	pán		
Frau	paní		
Fräulein	slečna		
Wo ist?	kde je?		
die ... Straße	třída ...	ulica ...	
die ... Gasse	ulice ...	ulica ...	
die Straße nach ...	cesta do ...		
der ... Platz	náměstí ...	námestie ...	
ein Reisebüro	cestovní kancelář	cestovná kancelária	
eine Bank	banka		
die Wechselstube	směnárna	zmenáreň	
der Bahnhof	nádraží	nádražie, stanica	
die Kirche	kostel	kostol	
der Dom	chrám	dóm	
das Museum	muzeum	múzeum	
wann?	kdy?	kedy?	
geöffnet	otevřeno	otvoreno	
geschlossen	zavřeno	zavreto	
das Schloß	zámek	zámok	
Hotel	hotel		
Ich möchte	chtěl bych	chcel bych	
(weibliche Form)	chtěla bych	chcela bych	
Zimmer	pokoj	izba	
Einbettzimmer	jednolůžkový pokoj	jednoposteľová izba	
Zweibettzimmer	dvoulůžkový pokoj	dvoijposteľová izba	
Schlüssel	klíč	kľúč	
Toilette	záchod	toaleta	
Bad	koupelna	kúpeľ	
Gasthaus	hostinec		
Arzt	lékař	lekár	
Apotheke	lékárna	lekáreň	
rechts	napravo, vpravo		
links	nalevo, vlevo	naľavo	
geradeaus	přímo	priamo	
oben	nahoře	hore	
unten	dole	dolu	
alt	starý		
neu	nový		
Was kostet?	Co stojí?	Čo stojí?	
zu teuer!	příliš drahé!	príliš drahé!	
Ist dieser Platz frei?	Je toto místo volné?	Je toto miesto voľné?	
Wecken Sie mich ...	Vzbuďte mě ...	Zobuďte ma ...	
... um sechs!	... v šest hodin!	... o šestej hodine!	
Wieviel Uhr ist es?	Kolik je hodin?	Koľko je hodín?	
Wie heißt diese Kirche?	Jak se jmenuje tento kostel?	Ako sa povie tento kostol?	

inklusive Speisekarte
→ Essen und Trinken

Gastronomische
Ausdrücke

Verkehrs-aufschriften und Warnungen	**deutsch**	**tschechisch**	**slowakisch** (sofern abweichend)
	Durchfahrt verboten!	průjezd zakázán!	
	Einbahnstraße	jednosměrný provoz	
	Umleitung	objížďka	
	Vorsicht!	pozor!	

Autotechnische Ausdrücke	**deutsch**	**tschechisch**	**slowakisch** (sofern abweichend)
	Abschleppen	vzíti do vleku	
	Achse	osa	os
	Anlasser	startér	
	Aufpumpen	napumpovat	
	Auspuff	výfuk	
	Auto	auto	
	Autobus	autobus	
	Autokarte	mapa	
	Batterie	baterie	
	Batterie aufladen	nabíjet baterii	
	Benzin	benzín	
	Benzintank	nádrž na benzín	
	Bremse	brzda	
	Bremse prüfen	přezkoušet brzdy	
	Chauffeur	šofér	
	Dichtung	ucpávka	
	Ersatzteil	náhradní díl	náhradný diel
	Fahrer	řidič	vodič
	Fahrrad	kolo	bicykel
	Feder	pero	
	Führerschein	řidičský průkaz	vodičský preukaz
	Fußbremse	nožní brzda	
	Gang (1.–5.)	rychlost (jednička, dvojka, trojka, čtyřka, pětka)	
	Garage	garáž	
	Gaspedal	pedál plynu	
	Geschwindigkeit	rychlost	
	Höchst-geschwindigkeit	nejvyší rychlost	
	Hupe	houkačka	
	Hupen	houkati	
	Kennzeichen	číslo	značka
	Kolben	píst	
	Kolbenring	pístní kroužek	
	Kotflügel	blatník	
	Krankenhaus	nemocnice	nemocnica
	Kühler	chladič	
	Kupplung	spojka	
	Lampe	lampa	
	Lenkrad	volant	
	Liter	litr	
	Luft	vzduch	
	Luftpumpe	pumpa	
	Magnet	magnet	
	Motor	motor	
	Motorhaube	kapota	
	Motorrad	motocykl	
	Motorroller	skútr	
	Nummer	číslo	
	Öl	olej	
	– wechseln	vyměnit	
	Panne	porucha	

deutsch	tschechisch	slowakisch (sofern abweichend)	Autotechnische Ausdrücke (Fortsetzung)
Parken	parkovati		
Parkplatz	parkoviště	parkovisko	
PS	koňská síla		
Rad	kolo	koleso	
– wechseln	vyměnit		
Reifen	pneumatika		
– flicken	spravit pneumatiku		
Reifendruck	tlak		
– prüfen	přezkoušet		
Reifenpanne	defekt pneumatiky		
Reparatur	správka	oprava	
Reparaturwerkstätte	dílna, správkárna	dielňa, opravovňa	
Reparieren	spraviti	opraviť	
Rücklicht	odrazové sklíčko	zadné svetlo	
Rückspiegel	zpětné zrcátko		
Rückwärtsgang	zpáteční chod		
Schaltung	řazení rychlostí	zapojenie	
Scheibe	sklo		
– waschen	vyčistit		
Scheibenwischer	utěrák		
Scheinwerfer	reflektor		
Schlauch	duše		
Schlüssel	klíč	kľúč	
Schmieren	vazati		
Schmieröl	mazací olej		
Schraube	šroub	skrutka	
Schraubenmutter	matice		
Schraubenschlüssel	klíč na šrouby	skrutkový kľúč	
Schraubenzieher	šroubovák	skrutkovač	
Schwimmer	plovák		
Sicherung	pojistka	poistka	
Speiche	paprsek		
Stoßdämpfer	tlumič		
Tachometer	tachometr		
Tankstelle	benzínová stanice		
Ventil	ventil		
Vergaser	karburator		
– einstellen	seřídit		
Versicherung	pojištění	poistenie	
Wagenheber	zdvihák		
Waschen	umýt	myť	
Welle	hřídel	hriadeľ	
Werkstatt	dílna	dielňa	
Werkzeug	nářadí		
Windschutzscheibe	čelní sklo		
Winker	směrník	ukazovateľ smeru	
Zahnrad	ozubené kolo		
Zündkerze	svíčka		
– reinigen	očistit svíčky		
Zündschlüssel	klíč		
Zündung	zapalování		
Zylinder	válec	cylinder	
Januar	leden	január	Monate
Februar	únor	február	
März	březen	marec	
April	duben	apríl	
Mai	květen	máj	
Juni	červen	jún	
Juli	červenec	júl	

Sprache, Monate (Fortsetzung)	**deutsch**	**tschechisch**	**slowakisch** (sofern abweichend)
	August	srpen	august
	September	září	september
	Oktober	říjen	október
	November	listopad	november
	Dezember	prosinec	december
Wochentage	Montag	pondělí	pondelok
	Dienstag	úterý	utorok
	Mittwoch	středa	streda
	Donnerstag	čtvrtek	štvrtok
	Freitag	pátek	piatok
	Samstag	sobota	
	Sonntag	neděle	nedeľa
	Feiertag	svátek	sviatok
Festtage	Neujahr	Nový rok	
	Ostern	Velikonoce	Veľká noc
	Pfingsten	Svatodušní svátky	
	Weihnachten	Vánoce	Vianoce
Auf der Post	Postamt	pošta	
	Briefmarken	známky	
	Brief	dopis	list
	Postkarte	dopisnice	karta
	Einschreiben (Brief)	doporučený dopis	doporučený list
	Luftpost (Brief)	dopis letadlem	list leteckou poštou
	postlagernd	poste restante	
	Briefumschläge	obálky	

Empfehlung	Zur weiteren Beschäftigung mit der tschechischen bzw. der slowakischen Sprache sei auf die Wörterbücher und Sprachführer aus dem Verlagshause Langenscheidt KG hingewiesen.

Straßenkarten

→ Karten

Straßenverkehr

Zur Beachtung vor der Einreise	Die in Deutschland zulässigen Zusatzbremsleuchten sind abzudecken bzw. außer Betrieb zu setzen. Am Fahrzeug bereits vorhandene Karosserieschäden sollte man sich unbedingt bei der Einreise an der Grenze bestätigen lassen, da das Fahrzeug nur mit einer polizeilichen Schadensbestätigung – auch im Falle eines Unfalles in der Tschechischen Republik oder in der Slowakischen Republik – die Republiken wieder verlassen kann.
	Spikesreifen sind verboten.
Warndreieck	Ein Warndreieck ist mitzuführen (da im Falle einer Panne das Kraftfahrzeug auf einem Randstreifen abgestellt und durch ein Warndreieck gesichert werden muß).
Siehe auch → Sicherheit: Vorgeschriebenes Zubehör.

Straßennetz

Das Straßennetz der ehemaligen Tschechoslowakei umfaßt insgesamt knapp 75000 km.

Länge

Durchgehende Autobahnstrecken verbinden die Städte Prag und Brno in der Tschechischen Republik mit Bratislava in der Slowakischen Republik. Daneben gibt es derzeit einige kürzere Autobahnteilstrecken, die in der Tschechischen Republik von Prag ostwärts in Richtung Poděbrady, südwestlich in Richtung Plzeň (etwa die Hälfte der Strecke Prag – Plzeň ist fertiggestellt) und von Brno nordöstlich in Richtung Vyškov führen, in der Slowakischen Republik von Bratislava nordöstlich über Piešťany bis kurz vor Trenčín führen.
Halten bzw. Parken auf Autobahnen ist nur auf den Autobahnparkplätzen erlaubt.

Autobahnen

Straßenentfernungen (in km) zwischen ausgewählten Städten in der Tschechischen Republik und der Slowakischen Republik sind der Tabelle auf der Seite 600 dieses Reiseführers zu entnehmen.

Entfernungen

Fahrvorschriften

Die Fahrvorschriften in den beiden Republiken entsprechen jenen der meisten anderen europäischen Länder.
Kinder bzw. Jugendliche unter zwölf Jahre sind auf den Rücksitzen zu befördern.

Allgemeines

Es herrscht wie im übrigen kontinentalen Europa Rechtsfahrordnung, wobei links überholt wird.

Rechtsverkehr

Die Verkehrszeichen sind nach den internationalen Vorbildern ausgerichtet und bis auf die erklärenden Zusätze in tschechischer oder slowakischer Sprache (die wichtigsten ⟶ Sprache) eindeutig und leicht verständlich.

Verkehrszeichen

Die Nichtbeachtung der geltenden Fahrvorschriften wird mit hohen Geldstrafen geahndet!

Hohe Geldbußen

Es herrscht für den Fahrer eines Kraftfahrzeuges absolutes Alkoholverbot!

Alkoholverbot

Das Anlegen der Sicherheitsgurte ist während der Fahrt obligatorisch.

Gurtanlegepflicht

Helmpflicht und Rauchverbot bestehen sowohl für Motorradfahrer(in) als auch für Sozius (Sozia).

Helmpflicht
Rauchverbot

Bei schlechten Sichtverhältnissen bzw. Nebel sind Abblendlicht bzw. Nebelleuchten einzuschalten.

Licht

Innerorts: für Pkw, Motorräder und Autobusse 60 km/h
Auf Landstraßen: für Pkws 90 km/h (mit Anhänger 80 km/h), für Motorräder 80 km/h, für Autobusse 70 km/h
Auf Autobahnen: für Pkw und Busse 110 km/h, für Motorräder 80 km/h
Bei Geschwindigkeitsüberschreitungen drohen empfindliche Geldbußen!

Höchstgeschwindigkeiten

Tempolimit 30 m vor bzw. nach Bahnübergängen: 30 km/h.
Park- und Halteverbot auf Brücken und bis zu 15 m vor und nach Bahnübergängen, Tunnels und Unterführungen.
Parkverbot bei gelben durchgehenden oder unterbrochenen Linien am Fahrbahnrand.
Vorfahrtsrecht für abbiegende Straßenbahnen und für aus Haltestellen auf die Fahrbahn einscherende Autobusse. Zwischen parkendem Kfz und Straßenbahn ist ein Abstand von 3,50 m einzuhalten.

Weitere
abweichende
Verkehrsbestimmungen

Straßenverkehr, Abweichende Verkehrs- bestimmungen (Fortsetzung)	Beim Abschleppen eines defekten Fahrzeugs sind höchstens 60 km/h erlaubt.
	Halten und Parken sind verboten in (bzw. in der Nähe von) unübersicht- lichen Kurven, vor, auf und nach Straßensteigungen, auf bzw. jeweils 5 m vor und nach Zebrastreifen sowie Straßenkreuzungen. In Prag (Tschechische Republik) empfiehlt es sich, entweder die größeren Stellplätze auf dem Náměstí Gorkého, beim Hauptbahnhof oder vor- zugsweise Parkplätze (mit linearer Gebühr) außerhalb des Zentrums aufzu- suchen, da v. a. der Wenzelsplatz und seine angrenzenden Straßen – aus- genommen Autobusse und Personenwagen von Gästen der um den Platz gelegenen Hotels sowie Lieferverkehr – gesperrt ist.

Kraftstoff

Freier Markt	Kraftstoff und Schmiermittel werden an den Tankstellen nicht mehr wie frü- her an Touristen nur gegen Gutscheine, sondern nun auch auf üblichem Wege gegen Bezahlung in den Landeswährungen abgegeben.
Tankstellen	Einige Tankstellen in den Kreisstädten, an Hauptstraßen sowie an den Autobahnen sind durchgehend geöffnet, während sie an weniger frequen- tierten Stellen samstags und sonntags geschlossen sind. Reifen, Schläuche oder andere Kfz-Ersatzteile sind in Tankstellen nicht erhältlich.
Bleifreies Benzin	'Natural' (bleifreies Benzin; 95 Oktan) ist an den größeren Tankstellen erhältlich.
Verbleites Benzin Dieselkraftstoff	Es werden bleihaltiges Spezialbenzin (Spezial) mit 91 Oktan, bleihaltiges Superbenzin (Super) mit 96 Oktan sowie Dieselkraftstoff angeboten.
Kraftstoff im Kanister	Kraftstoff im Reservekanister ist bis zu einer Menge von 10 Litern bei der Einreise abgabenfrei; die Ausfuhr von Kraftstoff im Reservekanister ist jedoch verboten!

Strom

→ Elektrizität

Taxi

Allgemeines	In allen größeren Städten der Tschechischen Republik und der Slowaki- schen Republik sind Taxis vorhanden, die an speziellen Standplätzen gemietet oder auch telefonisch bestellt werden können.
Fahrpreis	Empfehlenswert ist es, sich vor Antritt der Fahrt nach dem Preis zu erkun- digen; ferner sollte darauf geachtet werden, daß das Taxameter einge- schaltet wird.
Sonderzuschlag	Für Nachtfahrten im Taxi wird im allgemeinen ein Sonderzuschlag erho- ben.

Telefon

→ Post, Telegramm, Telefon

Tiere

⟶ Reisedokumente

Touristische Auskunft

⟶ Auskunft

Trinkgeld

Das Bedienungsgeld ist in allen Preisen inbegriffen (Inklusivpreise). Aufmerksame Serviceleistungen können mit einem Trinkgeld von 5–10% vom Rechnungsbetrag honoriert werden.

Uhrzeit

⟶ Zeit

Umgangsregeln

Untersagt ist das Fotografieren militärisch wichtiger Anlagen (Brücken, Häfen, Bahnanlagen, Flugplätze, militärisch bewachte Gebäude, Grenzposten u.ä.).
Fotografieren und Filmen

Sowohl bei der Anrede in Anschreiben als auch bei der Vorstellung von Personen wird Wert auf die genaue Nennung der Titel gelegt.
Anschreiben Vorstellen

Da die Tschechen und die Slowaken sowohl zu den besten Sportnationen (Tennis, Eishockey, Eiskunstlauf u.a.) auf der Erde zählen als auch viele von ihnen äußerst musikliebend bzw. kulturbeflissen sind, bietet sich hervorragender Gesprächsstoff über Sport und Musik bzw. Kultur im allgemeinen.
Konversation

Termine sollten rechtzeitig im voraus verabredet und pünktlich eingehalten werden.
Termine

Kleine Geschenke, wie Blumen, Getränke, Süßigkeiten o.ä., erhalten die Freundschaft und werden auch bei Einladungen gern gesehen.
Geschenke

⟶ Straßenverkehr
Alkoholverbot

Der auf der Straße praktizierte 'schwarze' Geldumtausch ist strafbar.
Geldwechsel

⟶ dort
Trinkgeld

Unterkunft

⟶ Camping
⟶ Ferienwohnungen
⟶ Hotels
⟶ Jugendunterkünfte

Veranstaltungen und Feste

Veranstaltungs-kalender	Detaillierte Informationen über die Veranstaltungen sind u. a. in den Čedok-Büros (⟶ Auskunft) erhältlich.
Feiertage	⟶ dort

Ausgewählte Veranstaltungen in Böhmen, Mähren und der Slowakei

Prag	Während des Winterhalbjahres herrscht v. a. in Prag reges kulturelles Leben mit Konzert- und Theateraufführungen.
Bratislava	Zahlreiche kulturelle Veranstaltungen finden auch in Bratislava statt. Weitberühmt sind Konzerte der Slowakischen Philharmonie sowie Opern- und Ballettaufführungen des Slowakischen Nationaltheaters. Beliebt sind u. a. auch Vorstellungen im Staatlichen Puppentheater.

Januar
Brno — Go (alljährlich veranstaltete Touristikmesse)

6. Januar
Vielerorts — Vor allem auf dem Lande endet die Weihnachtszeit mit dem Dreikönigsumzug.

Ende Januar
Liberec — Isergebirge-Skimarathon (50 km)

Februar
Prag — Opernball in der Staatsoper (Smetana-Theater)
Reiseverkehrsmesse Holiday World (Ausstellungsgelände)

Februar
Brno — Nahrungsmittelmesse 'Salima'
Janáček-Festspiele
Prag — Matthias-Kirmes (Ausstellungsgelände)

Februar / März
Vielerorts — Karnevalstreiben (v. a. Maskenumzüge am letzten Faschingssonntag; die schönsten Masken und Umzüge in Südböhmen, auf der Böhmisch-Mährischen Höhe im Gebiet von Hlinsko sowie in mehreren Dörfen in der Mährischen Slowakei, ferner im südmährischen Uherský Brod)
Hinaustragen der Todesgöttin Morena, des Symbols des Winters

März
Karlovy Vary — Jazzfestival

März / April
Vielerorts — Ostergertenschlagen
Vor Ostern werden einjährige geflochtene Weiden-, in der Walachei auch Wacholderzweige verkauft; junge Mädchen und Frauen sollen durch das Schlagen mit den sog. Ostergerten symbolisch verjüngt und verschönt werden.

März / Mai
Luhačovice — Luhatschowitzer Musikfrühling

April
Prag — Medizinische Fachausstellung 'Pragomedica'
Internationale Ausstellung der Audiovisualtechnik 'Intercamera'

Praktische Informationen	Veranstaltungen und Feste
	Mitte April
Internationale Konsumgütermesse	Brno
Aufrichten des Maibaumes in vielen Ortschaften	**Mai**
Internationales Musikfestival	Mariánské Lázně
Internationale Buchmesse (Kulturpalast)	Prag
Traditioneller Königsritt am letzten Maisonntag bzw. an Pfingsten	**Letzter Sonntag im Mai**
Ein Knabe reitet in Mädchenkleidung auf einem weißen, reich geschmückten Pferd; er ist unbewaffnet, hält lediglich eine weiße Rose im Mund und darf während des mehrstündigen Rittes kein Wort sprechen; neben ihm reiten zwei mit Säbeln bewaffnete Adjutanten sowie Herolde, die des Königs Ankunft melden und einen Geldbetrag fordern.	Vlčnov u. a. (Südmähren)
'Prager Frühling' (Musikfestival; Opern- und Ballettaufführungen sowie Konzerte mit weltberühmten Orechestern, Dirigenten und Solisten)	**Mai / Juni** Prag
Internationaler Musiksommer	**Mai – August** Luhačovice
In Karlovy Vary: Karlsbader Kolonnadenkonzerte (Di.–So.)	**Mitte Mai – Mitte September**
Kirchweihfeste in vielen Orten	**Mai – Oktober**
Chemiemesse 'Incheba'	**Juni** Bratislava
Verkehrsmittelausstellung	Brno
Sängerwettbewerb zu Ehren von Antonín Dvořák	Karlovy Vary
Kmoch's Festival der Blaskapellen	Kolín
Internationales Festival der Blasmusik	Poděbrady
Internationales Fernsehfestival 'Goldenes Prag'	Prag
Internationales Musikfest 'Prager Juni'	
Schostakowitsch-Festival	Teplice
'Concertino': Konzerte junger Nachwuchstalente	Třeboň
Janáček-Festival	**Juni / Juli** Luhačovice
Musik im Schloß	**Juni – September** Teplice
Marionettenfestival	**Juli** Chrudim
Internationales Filmfestival (alle zwei Jahre: 1994, 1996 usw.)	Karlovy Vary
Internationales Musikfestival	Mariánské Lázně
Walachische Festlichkeiten	Rožnov pod Radhoštěm
Internationales Folklorefestival	Strážnice
'Prager Kultursommer' (u. a. Konzert- und Theateraufführungen; Folkloredarbietungen; Ausstellungen und viele andere kulturelle Veranstaltungen)	**Juli / August** Prag
Wittingauer Kultursommer.	Třeboň
Autorennen 'Rings um Brünn'	**August** Brno
Chodenfeiern	Domažlice
Karlsbader Konzertzyklus 'Junges Podium'	Karlovy Vary
Chopin-Festspiele	Mariánské Lázně
Tennisturnier 'Čedok Open Grand Prix'	Prag
Musik- und Kulturfestspiele im Schloß Feldsberg	Valtice

Veranstaltungen und Feste (Forts.)	August / September in České Budějovice (Budweis): Landwirtschafts-ausstellung 'Ernährerin Erde'

September

Brno	Internationale Maschinenbaumesse
Karlovy Vary	Antonín-Dvořák-Herbstfestspiele
Litoměřice	Obst-, Gemüse- und Blumenausstellung 'Garten Böhmens'
Pardubice	Motorrad-Speedway-Rennen um den 'Goldenen Helm'
Strakonice	Dudelsackpfeiferfestival (alle zwei Jahre: 1994, 1996 usw.)

Sept. / Oktober

Bratislava	Musikfestspiele
Vielerorts auf dem Lande	Erntedankfeste, Hopfen- und Weinlesefeste (oft mit lustigen Theaterauf-führungen), Kirchweihfeste
	Besonders beliebt ist das Erntedankfest von Žatec (Saaz), einer nordböh-mischen Stadt inmitten des bekannten Hopfenanbaugebietes.
Teplice	Beethoven-Festival

Oktober

Brno	Internationale Brünner Musiktage
Jáchymov	St. Joachimsthaler Musikfestival
Pardubice	Große Pardubitzer Steeplechase (seit 1874), eines der schwierigsten Par-force-Pferderennen (7 km; 39, teilweise mörderische Hindernisse) in Eu-ropa
Prag	Internationales Jazzfestival

November

Prag	Čedok-Musikfestspiele

Dezember

Ostmähren	Am 5. Dezember Nikolausumzüge mit 'Teufeln'
Vielerorts	'Weihnachtsbetteln' von Haus zu Haus am 6. Dezember
	Beleuchtete und geschmückte Weihnachtsbäume auf großen Plätzen in den Städten; Weihnachtsmärkte; Weihnachtskrippen in den Kirchen

Silvester

Vielerorts	Feiern mit Galamenüs und Showprogrammen u. a. in vielen Hotels

Verkehrsmittel

Autobus	→ dort
Eisenbahn	→ dort
Flugzeug	→ Flugverkehr
Schiff	→ Schiffsverkehr
Taxi	→ dort

Wein

Böhmen	In den Prager Weinstuben werden außer den international bekannten Markenweinen vor allem die einheimischen Weine ausgeschenkt. Dazu gehören der berühmte 'Ludmila'-Tropfen (roter Burgunder) von den Elb-hängen bei Mělník sowie die Sorten Žernosecky und Primatorské.
Mähren	Qualitätvoll sind die südmährischen Weine aus den Gebieten von Znojmo (Znaim), Mikulov (Nikolsburg) und Valtice (Feldsberg).
Slowakei	Die slowakischen Weine von den Hängen der Kleinen Karpaten und aus der Ostslowakei sind gepflegt und aromatisch.

Ausgewählte Weine

Name	Charakter	schmeckt zu ...	
			Weißwein
Bzenecká lipka (Lindenblütler; Südmähren)	feines Bukett, mit Riesling-charakter	gegrillten Fleisch-speisen	
Pálavské (Pallauer; Südmähren)	voll und harmonisch	Ente und Fasan	
Rulandské (Ruländer)	vollmundig und aromatisch	warmen Vorspeisen, Kalbfleisch und Geflügel	
Rulandské šedé (grauer Burgunder)	feines Aroma	kalten Gerichten	
Ryzlink rýnský (Rheinriesling)	voll und harmonisch eleganter Wein	kalten Vorspeisen und Fisch	
Ryzlink vlašský (Welschriesling)	frisch und harmonisch	kalten Gerichte	
Sylvanské zelené (grüner Sylvaner)	vollmundig	Gänseleber und Geflügel	
Veltlínské zelené (grüner Veltliner)	würzig bis feurig	kalten Gerichten	
Zlatý hrozen (Goldene Rebe)	leicht würzig	kalten Gerichten und Fisch	
Name	**Charakter**	**schmeckt zu ...**	**Rotwein**
Frankovka (Blaufränkischer)	feinfruchtig	Ente, Gegrilltem und Rinderbraten	
Rulandské (Ruländer)	vollmundig	Gegrilltem, Wild und Fasan	
Vavřinecké (Sankt Lorenz)	rassig und samtig	Wild und Gegrilltem	

⟶ Restaurants   Weinstuben

Wetter

⟶ Reisezeit
⟶ Zahlen und Fakten, Klima

Wintersport

Wintersporturlaub kann u. a. in den unter ⟶ Auskunft erwähnten Čedok-Büros gebucht werden.   Auskünfte Buchungen

Andrang	Mit Warteschlangen an den Seilbahnen und Skiliftanlagen ist während der Wintersportsaison zu rechnen.
Hinweis	Nachstehend die für Abfahrten und Langlauf geeigneten Wintersport-gebiete (in Klammern: 1. Höhenlage des Wintersportzentrums ü.d.M.; 2. Höhenlagen möglicher Abfahrten; ferner km-Längen der Loipen).

Ausgewählte Wintersportgebiete in der Slowakischen Republik

Allgemeines	Bedeutende Wintersportorte liegen in der Slowakischen Republik, nämlich in der Hohen Tatra (Vysoké Tatry) und in der Niederen Tatra (Nízké Tatry), ferner in der Kleinen Fatra (Malá Fatra) und auch in der Großen Fatra (Veľká Fatra).
Vysoké Tatry (Hohe Tatra)	Das höchste Bergmassiv in der Slowakischen Republik bildet die zu den Westkarpaten gehörende und im slowakisch-polnischen Grenzgebiet gelegene Tatra; am schönsten und ursprünglichsten ist die Hohe Tatra, höchste Erhebung der Gebirgsgruppe die Gerlsdorfer Spitze (Gerla-chovský štít; 2655 m ü.d.M.).
	Wichtigste Wintersportzentren:
	Tatranská Lomnica (850 m ü.d.M.), Starý Smokovec (1020 m ü.d.M.), Nový Smokovec (1000 m ü.d.M.) und Štrbské pleso (1355 m ü.d.M.; im Jahre 1970 Austragungsort der Skiweltmeisterschaften in den nordischen Disziplinen).
	Wichtigste Einrichtungen:
	Preiswerte Skipässe, Skischulen (auch für Kinder) sowie Skiverleih; zahl-reiche Skilifte und Abfahrtsstrecken, Seilschwebebahn von Tatranská Lomnica zum See Skalnaté pleso und weiter zum Gipfel vom Lomnický štít (2634 m ü.d.M.; zweithöchster Berg der Slowakischen Republik).
	Eine elektrische Schmalspurbahn verbindet Štrbské Pleso (Skistadion und viele andere Sportstätten) mit Starý Smokovec und Tatranská Lomnica.
Nizké Tatry (Niedere Tatra)	Höchste Erhebung der Niederen Tatra: Ďumbier (2043 m ü.d.M.). Das derzeit größte Wintersportzentrum befindet sich in Jasná (950 m ü.d.M.) im Demänova-Tal, am Nordhang des Berges Chopok (2024 m ü.d.M.).
	Wichtigste Einrichtungen: Skipisten für Anfänger und Fortgeschrittene, viele Loipen, zahlreiche Skilifte und Seilbahnen; Skischaukel.

Abfahrten und Loipen

Vysoké Tatry (Hohe Tatra) Abfahrten	Štrbské pleso (1350 m ü.d.M.; 1915–1350 m) Smokovec (850 m ü.d.M.; 1480–800 m) Tatranská Lomnica (850 m ü.d.M.; 2180–860 m) Ždiar (800 m ü.d.M.; 1180–800 m)
Langlauf	Štrbské pleso (2 × 5, 7 und 10 km)
Nizké Tatry (Niedere Tatra) Abfahrten	Jasná, Chopok-Nord (950 m ü.d.M.; 2005–950 m) Srdiečko, Chopok-Süd (600 m ü.d.M.; 2005–600 m) Čertovica und Boca-Tal (850 m ü.d.M.; 1450–850 m)
Langlauf	Jasná (5, 10 und 15 km)

Vrátna (620 m ü.d.M.; 1500–620 m)
Martinské hole (1200 m ü.d.M.; 1440–650 m)

Máliné (550 m ü.d.M.; 1350–550 m)
Turecká (580 m ü.d.M.; 1610–580 m)
Donovaly (860 m ü.d.M.; 1360–780 m)

Donovaly (3, 5 und 10 km)

Ausgewählte Wintersportgebiete in der Tschechischen Republik

Erwähnung verdienen darüber hinaus die vier bekannten und während der Wintermonate vielbesuchten böhmischen Skiregionen in der Tschechischen Republik: Dies sind: das Riesengebirge (Krkonoše), das Isergebirge (Jizerské hory), das Erzgebirge (Krušné hory) sowie der Böhmerwald (Šumava).

Das Riesengebirge ist das höchste Gebirge im Nordosten Böhmens, an der tschechisch-polnischen Grenze, und zugleich das beliebteste böhmische Wintersportziel. Höchste Erhebung ist die Schneekoppe (Sněžka; 1602 m ü.d.M.).

Wichtigste Wintersportorte:
Špindlerův Mlýn (700 m ü.d.M.), Pec pod Sněžkou (700 m ü.d.M.), Harrachov (660–720 m ü.d.M.), Rokytnice nad Jizerou (520–850 m ü.d.M.) und Janské Lázně (Johannisbad; 615 m ü.d.M.).

Wichtigste Einrichtungen:
Abfahrtsstrecken, Langlaufloipen und Langlaufrundkurse; zahlreiche Seilbahnen, Sessellifte sowie Schlepplifte, Riesensprungschanze in Harrachov; Skischulen.

Der Kamm des Isergebirges im Norden Böhmens bildet die Grenze zu Polen. Höchste Erhebungen auf tschechischem Gebiet sind Smrk (1124 m ü.d.M.) und Jizera (1112 m ü.d.M.). Da die Südabdachung sanft abfällt, sind die Hänge auch für weniger geübte Skiläufer und für Kinder geeignet (v.a. in Severák-Loučky).

Wichtigste Skisportzentren:
Bedřichov (600 m ü.d.M.), Severák-Loučky (600 m ü.d.M.) unterhalb des Severák-Berges (804 m ü.d.M.).

Wichtigste Einrichtungen:
Ski- und Schlepplifte, Skischule, Sprungschanzen, Loipen, Rodelbahn; Rennpisten auf den Hängen des Špičák (724 m ü.d.M.) bei Tanvald. Oberhalb von Liberec einer der schönsten Aussichtspunkte Böhmens: mit der Gondelbahn von Liberec in 4 Min. erreichbar ist der Ještěd (Jeschken; u.a. Hotel, Restaurant).

Höchste Erhebung auf tschechischer Seite: Klínovec (Keilberg; 1244 m ü.d.M.).

Wichtigste Skisportregion:
Die größte und bekannteste Skisportregion im böhmischen Erzgebirge ist Jáchymov – Klínovec – Boží Dar (672–1244 m ü.d.M.), unweit nördlich von Karlovy Vary (Karlsbad).

Wichtigste Einrichtungen:
Abfahrtsstrecken, Langlaufloipen; viele Sessel- und Skilifte, Sprungschanzen. Das Gelände um Boží Dar eignet sich auch für Anfänger.

Ausgewählte
Gebiete in der
Tschechischen
Republik
(Fortsetzung)
Šumava
(Böhmerwald)

Entlang der Westgrenze Böhmens, auf einer Länge von 125 km, ziehen sich die Kämme und die Plateaus des Böhmerwaldes hin. Höchste Erhebung auf tschechischem Gebiet ist Plechý (1378 m ü.d.M.).

Wichtigste Skisportzentren:
Das höchstgelegene Skisportzentrum ist die Stadt Železná Ruda (754 m ü.d.M.), bekannt aber auch das Wintersportzentrum Zadov-Churáňov (800–1100 m ü.d.M.) mit Langlaufloipen, die zu den besten in der Tschechischen Republik zählen.

Wichtigste Einrichtungen:
Abfahrtsstrecken, Loipen bzw. Langlaufrundkurse; Schlepp- und Skilifte, Seilbahn.

Abfahrten und Loipen

Krkonoše
(Riesengebirge)
Abfahrten

Pec pod Sněžkou (700 m ü.d.M.; 1300–700 m)
Rokytnice nad Jizerou (520 m ü.d.M.; 1300–1650 m)
Špindlerův Mlýn (700 m ü.d.M.; 1300–700 m)

Langlauf

Horní Mísečky (1, 2, 3, 4, 5, 7, 10 und 15 km)
Benecko (1, 2, 3, 4, 5, 7 und 10 km)

Šumava
(Böhmerwald)
Abfahrten

Železná Ruda-Špičák (750 m ü.d.M.; 1210–780 m)

Langlauf

Zadov-Churáňov (1, 2, 3, 4, 5, 7, 10 und 15 km)

Krušné hory
(Erzgebirge)
Abfahrten

Klínovec und Boží Dar (1244 m ü.d.M.; 1244–710 m)

Langlauf

Nové Město (1, 2, 4, 5, 7 und 10 km)

Jízerské hory
(Isergebirge)
Abfahrten

Bedřichov, Severák (600 m ü.d.M.; 810–700 m)
Špičák (808 m ü.d.M.; 808–530 m)
Ještěd (1012 m ü.d.M.; 1012–660 m)

Langlauf

Bedřichov mit der Isermagistrale

**Böhmisch-
Mährische Höhe**
Langlauf

Nové Město na Moravě (3, 5, 10 und 15 km)

Orlické hory
(Adlergebirge)
Abfahrten

Deštně (650 m ü.d.M.; 850–650 m)

Jeseníky
(Altvatergebirge)
Abfahrten

Karlov pod Pradědem (650 m ü.d.M.; 936–700 m)
Ramzová (759 m ü.d.M.; 1300–730 m)

Langlauf

Ovčárna (1, 2, 3 und 5 km)
Nová Ves u Rýmařova (1, 2, 3, 5 und 10 km)

Beskydy
(Beskiden)
Abfahrten

Portáš (960 m ü.d.M.; 955–690 m)
Pustevny-Radhošť (1018 m ü.d.M.; 1100–700 m)

Langlauf

Pustevny (1, 2, 3, 5, 7 und 10 km)

Zeit

In der Tschechischen Republik und in der Slowakischen Republik gilt im Winterhalbjahr die Mitteleuropäische Zeit (MEZ), während der Zeit von Ende März bis Ende September die Sommerzeit (MEZ + 1 Std.). Die exakten Termine werden rechtzeitig in den Medien (⟶ Rundfunk und Fernsehen; ⟶ Zeitungen und Zeitschriften) veröffentlicht.

MEZ

Sommerzeit

Zeitungen und Zeitschriften

Die führenden westeuropäischen bzw. deutschen Tageszeitungen, Zeitschriften und Magazine sind im Regelfall an den Kiosken in den Zentren der größeren Städte und v.a. in den großen Hotels mit internationalem Publikum erhältlich.

Ausländische Zeitungen, Zeitschriften, Magazine

In der Tschechischen Republik

In der Moldaumetropole Prag erscheinen derzeit mehrere deutschsprachige Gazetten, darunter die allwöchentlich (seit Oktober 1991) erhältliche "Prager Zeitung" mit Berichten u.a. über Politik und Wirtschaft sowie Beiträgen über kulturelle Veranstaltungen und Tourismus.
Herausgeber ist die Bernard-Bolzano-Stiftung, benannt nach dem Wissenschaftler Bernard Bolzano (1781–1845), der sich seinerzeit engagiert für die Verständigung zwischen Tschechen und Deutschen eingesetzt hat.

Deutschsprachige Veröffentlichungen

Prager Zeitung

Prager Zeitung
Na Florenci 19
CZ-11286 Praha 1

Im westböhmisch-oberfränkischen Grenzraum erscheint die zweisprachige Grenzzeitung "Český-Böhmen-Expres".

Grenzzeitung

Globetrotter · reise journal
Letenská 2/1
CZ-11000 Praha 1
Tel. (02) 53 66 20

Revue für Fremdenverkehr

Lidé a země (Menschen und Länder)
Reise- und Geomagazin
c/o Mlada Fronta
Radlická 61, CZ-15002 Praha 5
Tel. (02) 54 49 41

Reise- und Geomagazin

Touristik-Newsletter
Informationsdienst für Reiseveranstalter
Radhošťská 14, CZ-13031 Praha 3, Tel. (02) 27 66 66

Fachblatt für Reiseveranstalter

In der Slowakischen Republik

Die mehrmals im Jahr erscheinende Zeitschrift "Panorama der Slowakei" informiert über Tourismus, Kunst und Kultur.

Zeitschrift

Die für Touristen interessante Informationsschrift "Wohin in Bratislava" ("Kam v Bratislave") ist erhältlich in den Verkaufsstellen des Informations- und Werbedienstes der Stadt Bratislava (Preßburg):
Bratislavská informačná a propagačná služba (BIPS),
Laurinská ulica 9, Beblavého ulica 10 und Na Slavíne 1.

Informationsschrift

Zollbestimmungen

Wichtige Hinweise

Die Tschechische Republik und die Slowakische Republik bleiben voraussichtlich zunächst in einer Zollunion verbunden. Zwischen den beiden neuen Staaten soll eine Freihandelszone für Waren, Kapital, Dienstleistungen und Arbeitsvermittlung eingerichtet werden.

Verboten ist die Einfuhr (in die Tschechische Republik bzw. in die Slowakische Republik) und die Ausfuhr (aus der Tschechischen Republik bzw. aus der Slowakischen Republik) von tschechischem oder slowakischem Geld. Ferner dürfen zwar Benzin oder Dieselkraftstoff in Kanistern in die Tschechische Republik und in die Slowakische Republik eingeführt, aber aus beiden Staaten nicht ausgeführt werden.

Es ist ratsam, sich bei wichtigen Fragen vorab an die Botschaften oder Konsulate (→ Diplomatische und konsularische Vertretungen) oder bei der Einreise an das Grenzzollamt zu wenden. Die Zollbehörden geben auf Verlangen auch Listen aus, auf denen solche Gegenstände vermerkt sind, deren Ausfuhr verboten oder nur mit Ausfuhrgenehmigung und gegen Entrichtung einer bestimmten Gebühr möglich ist.

Einreise

Zollfrei eingeführt werden dürfen Gegenstände des persönlichen Bedarfes; ferner pro Person 250 Zigaretten oder 250 g andere Tabakwaren, an alkoholischen Getränken 2 l Wein und 1 l Spirituosen sowie Geschenke bis zum Wert von 3000 Kronen [Angabe ohne Gewähr!].

Besondere Wertgegenstände (Foto- und Videokameras, kostbare Uhren und echter Schmuck, elektronische Geräte aller Art u.ä.) sowie Gegenstände, die zum persönlichen Reisegepäck gehören, sind bei der Einreise zu deklarieren (und müssen wieder ausgeführt werden). Der Verlust (z.B. durch Raub oder Diebstahl) dieser Gegenstände ist unverzüglich bei der Polizei und anschließend auch bei der zuständigen Zollbehörde anzuzeigen.

Auskünfte über die Einfuhr von Jagdwaffen und Munition erteilen die Čedok-Büros (→ Auskunft). Hinsichtlich der Mitnahme von Funkgeräten und Autotelefonen erkundige man sich beim ADAC.

Ausreise

Bei der Ausreise sind pro Person Reiseandenken bis zu einem Wert von 1000 Kronen [Angabe ohne Gewähr!] sowie Reisebedarf in angemessener Menge zollfrei; es dürfen jedoch höchstens 2 l Wein und 1 l Spirituosen sowie 250 Zigaretten oder eine entsprechende Menge anderer Tabakwaren ausgeführt werden.

Besonderen Ausfuhrbestimmungen unterliegen u.a. Bleikristall, Kinderartikel und → Antiquitäten. Alle Waren, die nachweislich (Kaufbeleg aufbewahren!) in den offiziellen Tuzex- oder Artia-Verkaufsstellen gegen ausländische Währung erworben worden sind, bleiben zollfrei. Tuzex-Läden (→ Einkäufe, Souvenirs) übernehmen im übrigen alle Formalitäten und den Versand der gekauften Waren ins Heimatland.

Wiedereinreise nach Deutschland

Bei der Wiedereinreise (aus der Tschechischen Republik bzw. aus der Slowakischen Republik) nach Deutschland sind pro Person Geschenke und Lebensmittel bis zu einem Gegenwert von 115 DM zollfrei; ferner an Tabakwaren 200 Zigaretten oder 50 Zigarren oder 100 Zigarillos oder 250 g Tabak, an alkoholischen Getränken 1 l Spirituosen mit über 22 Vol.-% Alkoholgehalt oder 2 l Spirituosen mit bis zu 22 Vol.-% Alkoholgehalt, 2 l Schaum- oder Dessertwein sowie 2 l Wein; darüber hinaus dürfen 500 g Kaffee oder 200 g Pulverkaffee, 100 g Tee oder 40 g Tee-Extrakt, 50 g Parfüm, 0,25 l Toilettenwasser und 10 l Kraftstoff im Reservekanister zollfrei eingeführt werden (Tabak und alkoholische Getränke nur bei Personen über 17 Jahre, Kaffee und Tee nur bei Personen ab 15 Jahre).

Wiedereinreise nach Österreich bzw. in die Schweiz

Auskünfte über die für die Wiedereinreise nach Österreich bzw. in die Schweiz geltenden Freimengengrenzen erteilen die österreichischen bzw. die schweizerischen Zollbehörden.

Ortsnamenkonkordanz slawisch – deutsch

Abertamy .... Abertham
Adolfovice .... Adelsdorf
Albeř .... Albern
Albrechtice v .... Albrechtsdorf
  Jizerských horách   (Isergebirge)
Andělská Hora .... Engelhaus
  (Karlovy Vary)   (Karlsbad)
Andělská Hora .... Engelsberg
  (Hrubý Jeseník)   (Altvatergebirge)
Arnoltice .... Arnsdorf
Aš .... Asch

Babice .... Babitz
Babylon .... Babilon
Banská Belá .... Dilln
Banská Bystrica .... Neusohl
Banská Štiavnica .... Schemnitz
Banský Studenec .... Kohlbach
Bardejov .... Bartfeld
Bartošovice .... Partschendorf
Bartošovice v .... Batzdorf
  Orlických horách   (Adlergebirge)
Batizovce .... Botzdorf
Bátovce .... Frauenmarkt
Bechyně .... Bechin
Bečov .... Hochpetsch
Bečov nad Teplou .... Petschau
Bedřichov .... Friedrichsdorf
Bělá nad Radbozou .... Weißensulz
Bělá nad Svitavou ...... Deutsch-Bielau
Bělá pod Bezdězem .... Weißwasser
Bělotín .... Bölten
Benecko .... Benetzko
Benešov .... Beneschau
Benešovice .... Beneschau
Benešov nad Černou . Deutsch-Beneschau
Bernartice .... Barnsdorf
  (Nový Jičín)   (Neutitschein)
Bernartice .... Barzdorf
  (Javorník)   (Jauernig)
Bernartice .... Bernsdorf
  (Trutnov)   (Trautenau)
Bernolákovo .... Lan(d)schütz
Beroun .... Beraun
Betlanovce .... Betelsdorf
Bezděz .... Bösig
Bezdružice .... Weseritz
Bezvérov .... Bernklau
Bílá Voda .... Weißwasser
Bílina .... Bilin
Bílovec .... Wagstadt
Bílý Kostel nad Nisou ..... Weißkirchen
Bílý Potok .... Weißbach
  (Jizerské hory)   (Isergebirge)
Bílý Potok .... Weißbach
  (Javorník)   (Jauernig)
Bítov .... Vöttau

Blatce .... Blatzen
Blatnice .... Blatnitz
Blatno .... Pladen
  (Lubec)   (Lubenz)
Blatno .... Platten
  (Chomutov)   (Komotau)
Blažejov .... Blauenschlag
Blažim .... Ploscha
Blížejov .... Blisowa
Bliževedly .... Bleiswedel
Blšany .... Flöhau
Bludov .... Blauda
Bochov .... Buchau
Bohdíkov .... Böhmisch-Märzdorf
Bohosudov .... Mariaschein
Bohumín .... Oderberg
Bohuslavice .... Buslawitz
Bohušov .... Füllstein
Bojníce .... Weinitz
Bolatice .... Bolatiz
Boleráz .... Frauendorf
Boletice .... Polletitz
Boletice nad Labem .... Politz an der Elbe
Boňetice .... Wonetitz
Bor .... Haid
Borová Lada .... Ferchenhaid
Borovnice .... Borowitz
Boskovice .... Boskowitz
Božanov .... Barzdorf
Božičany .... Poschetzau
Božíce .... Possitz
Boží Dar .... Gottesgab
Brandov .... Brandau
Brandýs nad Labem .. Brandeis an der Elbe
  – Stará Boleslav   – Altbunzlau
Brandýs nad Orlicí .. Brandeis an der Adler
Branišovice .... Frainspitz
Branná .... Goldenstein
Brantice .... Bransdorf
Bratislava .... Preßburg
Bratrušov .... Brattersdorf
Břeclav .... Lundenburg
Březiny .... Birkigt
Brezno (Slovenské .... Bries
  rudohorie)   (Slowakisches Erzgebirge)
Březno (Chomutov) ... Priesen (Komotau)
Březová (Broumov) ..... Birkigt (Braunau)
Březová (Sokolov) ..... Prösau (Falkenau)
Březová nad Svitavou .... Brüsau
Březovice .... Kleinbösig
Břidličná .... Friedland an der Mohra
Brieštie .... Bries
Brloh .... Berlau
Brná nad Labem .... Birnai
Brníčko .... Brünnles
Brniště .... Brims
Brno .... Brünn

Ortsnamenkonkordanz slawisch – deutsch

Tschechisch . . . . Deutsch
bzw. slowakisch

Broumov . . . . Braunau
Brtníky . . . . Zeidler
Brumovice . . . . Braunsdorf
Bruntál . . . . Freudenthal
Břvany . . . . Weberschan
Bublava . . . . Schwaderbach
Budišov nad Budišovkou . . . . Bautsch
Bukovany . . . . Buckwa
Bukovec . . . . Mogolzen
Bulhary . . . . Pulgram
Bulovka . . . . Bärnsdorf
Bušín . . . . Buschin
Buškovice . . . . Puschwitz
Bylany . . . . Püllna
Bynovec . . . . Binsdorf
Bystrany . . . . Eulenbach
Bystřice . . . . Wistritz
Bystřice . . . . Bistritz
   nad Úhlavě   an der Angel
Bystřice pod Hostýnem . . . . Bistritz
Bzenec . . . . Bisenz

Čadca . . . . Tschadsa
Čáslav . . . . Tschaslau
Častá . . . . Schattmannsdorf
Částkov . . . . Schossenreith
Čeradice . . . . Tscheraditz
Čermany . . . . Tscherman
Čermna . . . . Tschamerns
Černá v Pošumaví . . . . Schwarzbach
Černá Voda . . . . Schwarzwasser
Černé Údolí . . . . Schwarzthal
Černice . . . . Tschernitz
Černošín . . . . Tschernoschin
Černousy . . . . Tschernhausen
Čeřňovice (Plzeň) . . . . Scherlowitz
                                     (Pilsen)
Černovice (Chomutov) . . . . . . Tschernowitz
                                     (Komotau)
Červená Voda . . . . . Mährisch-Rothwasser
Červený Kláštor . . . . Unterschwaben
Červený Kostelec . . . . Roth-Kosteletz
Česká Kamenice . . . . . Böhmisch-Kamnitz
Česká Kubice . . . . . Böhmisch-Kubitzen
Česká Lípa . . . . Böhmisch-Leipa
Česká Třebova . . . . Böhmisch-Trübau
Česká Ves . . . . Böhmischdorf
České Budějovice . . . . Budweis
České Libchavy . . . . . . Böhmisch-Lichwe
České Velenice . . . . Böhmzeil
České Žleby . . . . Böhmisch-Röhren
Český Brod . . . . Böhmisch-Brod
Český Dub . . . . Böhmisch-Aicha
Český Jiřetín . . . . Georgendorf
Český Krumlov . . . . Krumau
Český Rudolec . . . . . Böhmisch-Rudoletz
Český Šternberk . . . Böhmisch-Sternberg
Český Těšín . . . . Teschen
Chabařovice . . . . Karbitz

Chlumec . . . . Kulm
Chlum u Třeboně . . . . Chlumetz
Chmeľnica . . . . Hobgarten
Chodov (Karlovy Vary) . . . . Chodau
                                     (Karlsbad)
Chodov (Domažlice) . . . . Meigelsdorf
                                     (Taus)
Chodová Planá . . . . Kuttenplan
Chodský Újezd . . . . Heiligenkreuz
Chomutov . . . . Komotau
Chornice . . . . Kornitz
Chotěšov . . . . Chotieschau
Chotěvice . . . . Kottwitz
Chotíkov . . . . Kottiken
Chotyně . . . . Ketten
Choustníkovo Hradiště . . . . Gradlitz
Chrastava . . . . Kratzau
Chřibská . . . . Kreibitz
Chroboly . . . . Chrobold
Chromeč . . . . Krumpisch
Chtelnica . . . . Wittenz
Chuchelná . . . . Kuchelna
Chuderov . . . . Großkaudern
Chvaleč . . . . Qualisch
Chvalovice . . . . Kallendorf
Chvalšiny . . . . Kalsching
Chvojnica . . . . Fundstollen
Chyše . . . . Chiesch
Čiměř . . . . Schamers
Cínovec . . . . Zinnwald
Čitice . . . . Zieditz
Citonice . . . . Edmitz
Čížkovice . . . . Tschischkowitz
Čížov . . . . Zaisa
Člunek . . . . Hosterschlag
Cotkytle . . . . Zottkittl
Čunovo . . . . Sarndorf
Cvikov . . . . Zwickau

Dačice . . . . Datschitz
Dalovice . . . . Dallwitz
Damníkov . . . . Thormigsdorf
Děbolín . . . . Diebling
Dechtice . . . . Dechtitz
Děčín . . . . Tetschen
Děhylov . . . . Dielhau
Děpoltice . . . . Depoldowitz
Děpoltovice . . . . Tüppelsgrün
Dešenice . . . . Deschenitz
Desná (Tanvald) . . . . Dessendorf
                                     (Tannwald)
Dešná (Jemnice) . . . . . Döschen (Jamnitz)
Deštné v Orlických horách . . . . . Deschney
Dětřichov . . . . Dittersbach
Dětřichov nad Bystřicí . . . . Dittersdorf
Devín . . . . Theben
Devínska Nová Ves . . . . . . Thebenneudorf
Dlouhá Loučka . . . . Langenlutsch
   (Moravská Trebová)   (Mährisch-Trübau)

Tschechisch	Deutsch
bzw. slowakisch	

Dlouhá Loučka . . . . Unterlangendorf
(Uničov) (Mährisch-Neustadt)
Dlouhá Ves . . . . Langendorf
Dlouhý Most . . . . Langenbruck
Dobkovice . . . . Topkowitz
Dobrá Voda . . . . Brünnl
Dobranov . . . . Dobern
Dobřany . . . . Dobrzan
Dobšiná . . . . Dobschau
Doksy . . . . Hirschberg
Dolenice . . . . Tullnitz
Dolná Štubňa . . . . Unterstuben
Dolní Adršpach . . . . Niederadersbach
Dolní Benešov . . . . Beneschau
Dolní Bolíkov . . . . Wölking
Dolní Bořikovice . . . . Niederullersdorf
Dolní Branná . . . . Hennersdorf
Dolní Dunajovice . . . . Untertannowitz
Dolní Dvořiště . . . . Unterhaid
Dolní Habartice . . . . Niederebersdorf
Dolní Jamné . . . . Unterjamny
Dolní Kounice . . . . Kanitz
Dolní Krupá . . . . Niederkrupai
Dolní Lhota . . . . Unterellgoth
Dolní Libchavy . . . . Niederlichwe
Dolní Libina . . . . Böhmisch-Liebau
Dolní Morava . . . . Niedermohrau
Dolní Morávice . . . . Niedermohrau
Dolní Nivy . . . . Dotterwies
Dolní Olešnice . . . . Niederöls
Dolní Podluží . . . . Niedergrund
Dolní Poustevna . . . . Niedereinsiedel
Dolní Řasnice . . . . Rückersdorf
Dolní Štěpanice . . . . Niederstepanitz
Dolní Studénky . . . . Schönbrunn
Dolní Údolí . . . . Endersdorf
Dolní Zálezly . . . . Salesel
Dolní Žandov . . . . Untersandau
Dolní Životice . . . . Schönstein
Dolný Kubín . . . . Unterkubin
Dolný Turček . . . . Unterturz
Domašov . . . . Thomasdorf
Domašov nad Bystřicí . . . . Domeschau
Domažlice . . . . Taus
Doubí (Karlovy Vary) . . . . Aich
(Karlsbad)
Doubí (Liberec) . . . . Dörfl
(Reichenberg)
Draženov . . . . Trasenau
Drmoul . . . . Dürrmaul
Drnholec . . . . Dürnholz
Dub . . . . Daub
Dubá . . . . Dauba
Dubí . . . . Eichwald
Dubice . . . . Dubitz
Dubicko . . . . Dubitzko
Dubnica nad Váhom . . . . Dubnitz
an der Waag
Dubnice . . . . Hennersdorf

Dúbrava . . . . Eichendorf
Duchcov . . . . Dux
Dunajská Lužná . . . . Mischdorf
Dvorce . . . . Hof
Dvůr Králové . . . . Königinhof
nad Labem an der Elbe
Dyjákovice . . . . Großtajax

Erpužice . . . . Welperschitz

Fláje . . . . Fleyh
Františkovy Lázně . . . . Franzensbad
Frenštát pod Radhoštěm . . . . . . Frankstadt
Fričovce . . . . Fritsch
Frýdek-Místek . . . . Friedek-Mistek
Frýdlant nad Ostravicí . . . . Friedland
Frymburk . . . . Friedberg

Gajary . . . . Gairing
Gelnica . . . . Göllnitz
Gerlachov . . . . Gerlsdorf

Habartov . . . . Habersbirk
Háj u Duchcova . . . . Haan
Háj ve Slezsku . . . . Freiheitsau
Haligovce . . . . Helbingsau
Halže . . . . Hals
Hamry . . . . Hammern
Hamuliakovo . . . . Schildern
Handlová . . . . Krickerhau
Hanov . . . . Honau
Hanušovice . . . . Hannsdorf
Harichovce . . . . Palmsdorf
Harrachov . . . . Harrachsdorf
Hartmanice . . . . Hartmanitz
Hať . . . . Haatsch
Hatín . . . . Hatzken
Havlíčkův Brod . . . . Deutsch-Brod
Havlovice . . . . Hawlowitz
Havraň . . . . Hawran
Hazlov . . . . Haslau
Hejnice . . . . Haindorf
Hejtmánkovice . . . . Hauptmannsdorf
Helcmanovce . . . . Hannsdorf
Heřmanice . . . . Hermsdorf
Heřmánkovice . . . . Hermsdorf
Heřmanov . . . . Hermersdorf
Heřmanova Huť . . . . Hermannshütte
Heřmanovice . . . . Hermannstadt
Hevlín . . . . Höflein
Hladké Životice . . . . Seitendorf
Hlavnice . . . . Glomnitz
Hlohovec . . . . Freistadtl
Hlubočec . . . . Tiefengrund
Hlubočky . . . . Hombok
Hluboká nad Vltavou . . . . Frauenberg
Hlučín . . . . Hultschin
Hnanice . . . . Gnadlersdorf
Hněvošice . . . . Schreibersdorf

Ortsnamenkonkordanz slawisch – deutsch

Tschechisch bzw. slowakisch	Deutsch
Hniezdne	Kniesen
Hodkovice nad Mohelkou	Liebenau
Hodňov	Honetschlag
Hodonín	Göding
Hojná Voda	Göding
Hojsova Stráž	Eisenstraß
Holany	Hohlen
Holasovice	Kreuzendorf
Holedeč	Holletitz
Holešov	Holleschau
Holíč	Holitsch
Holice	Holitz
Holostřevy	Hollezrieb
Holubeč	Holuschen
Holumnica	Hollomnitz
Holýšov	Holleischen
Homole	Hummel
Hora Svaté Kateřiny	Katharinaberg
Hora Svatého Šebastiána	Sebastiansberg
Hořesedly	Horosedl
Hořice na Šumavě	Höritz
Horná Štubňa	Oberstuben
Horná Ves	Windischdorf
Horné Orešany	Obernußdorf
Horní Adršpach	Oberadersbach
Horní Benešov	Benisch
Horní Blatná	Bergstadt Platten
Horní Břečkov	Oberfröschau
Horní Brusnice	Oberprausnitz
Horní Dvořiště	Oberhaid
Horní Heřmanice	Oberhermanitz
Horní Jiřetín	Obergeorgenthal
Horní Kozolupy	Gosolup
Horní Libchava	Oberliebich
Horní Loděnice	Deutsch-Lodenitz
Horní Malá Úpa	Oberkleinaupa
Horní Maršov	Marschendorf
Horní Město	Bergstadt
Horní Pěna	Oberbaumgarten
Horní Planá	Oberplan
Horní Police	Oberpolitz
Horní Slavkov	Schlaggenwald
Horní Staré Město	Oberaltstadt
Horní Stropnice	Strobnitz
Horní Vernéřovice	Oberwernersdorf
Horní Vítkov	Oberwittig
Horní Vltavice	Obermoldau
Hořovičky	Deutsch-Horschowitz
Horská Kvilda	Innergefild
Horšovský Týn	Bischofteinitz
Hošťálkovy	Gotschdorf
Hoštejn	Hochstein
Hostěradice	Hosterlitz
Hostinné	Arnau
Hošťka (Litoměřice)	Gastorf (bei Leitmeritz)
Hošťka (Tachov)	Hesselsdorf (Tachau)

Tschechisch bzw. slowakisch	Deutsch
Hostomice	Hostomitz
Hostouň	Hostau
Houska	Hauska
Hrabenov	Rabenau
Hrabětice	Grafendorf
Hrabišín	Rabenseifen
Hrabová	Raabe
Hrabyně	Hrabin
Hradec	Gröditz
Hradec	Hradzen
Hradec Králové	Königgrätz
Hradec nad Moravicí	Grätz
Hrádek	Erdberg
Hrádek nad Nisou	Grottau
Hranice (Olomouc)	Mährisch-Weißkirchen (Olmütz)
Hranice (Aš)	Roßbach (Asch)
Hřensko	Herrnskretschen
Hrob	Klostergrab
Hrobčice	Hrobschitz
Hronov	Hronow
Hronský Beňadik	Sankt Benedikt
Hroznětín	Lichtenstadt
Hrubá Voda	Großwasser
Hrušovany nad Jevišovkou	Grußbach
Hulín	Hullein
Humenné	Homenau
Humpolec	Humpoletz
Huncovce	Hunsdorf
Huntířov	Güntersdorf
Hustopeče	Auspitz
Huzová	Deutsch-Hause
Hynčice	Heinzendorf
Ihľany	Hodermark
Ivančice	Eibenschitz
Jablonec nad Jizerou	Jablonetz a. d. Iser
Jablonec nad Nisou	Gablonz
Jablonné nad Orlicí	Jablonau
Jablonné v Podještědí	Deutsch-Gabel
Jablonov	Apfelsdorf
Jablonové	Apfelsbach
Jablunkov	Jablunkau
Jáchymov	Sankt Joachimsthal
Jaklovce	Jakelsdorf
Jakubany	Jakobsau
Jakubčovice/Odry	Jogsdorf
Jakubčovice/Opava	Jakubschowitz
Janov (Svitavy)	Jansdorf (Zwittau)
Janov (Zlaté Hory)	Johannesthal (bei Zuckmantel)
Janova Lehota	Drexlerhau
Janské Lázně	Johannisbad
Jarabina	Girm
Jaroměř	Jarmirn
Jaroslavice	Joslowitz
Jarovce	Kroatisch-Jahrndorf
Jasenovo	Käserhau

Tschechisch . . . . **Deutsch**
bzw. slowakisch

Javorná . . . . Gabhorn
Javorná . . . . Seewiesen
Javorník . . . . Jauernig
Jedlí . . . . Jeedl
Jedlová . . . . Schönbrunn
Jehličná . . . . Grasseth
Jemnice . . . . Jamnitz
Jesenice (Cheb) . . . . Gaßnitz (Eger)
Jesenice . . . . Jechnitz
(Kralovice) (Kralowitz)
Jeseník . . . . Freiwaldau
Jeseník nad Odrou . . . . . . Deutsch-Jaßnik
Jestřebí . . . . Habstein
Jetřichovice . . . . Dittersbach
Jičín . . . . Jitschin
Jihlava . . . . Iglau
Jilové . . . . Eulen
Jindřichov . . . . Heinrichsdorf
(Šumperk) (Mährisch-Schönberg)
Jindřichov . . . . Heinrichswald
(Odry) (Odrau)
Jindřichov . . . . Hennersdorf
(Zlaté Hory) (Zuckmantel)
Jindřichovice . . . . Heinrichsgrün
Jindřichovice . . . . Heinersdorf
pod Smrkem an der Tafelfichte
Jindřichův Hradec . . . . Neuhaus
Jiřetín pod Jedlovou . . Sankt Georgenthal
Jiřice u Miroslavi . . . . Irritz
Jiříkov . . . . Georgswalde
Jirkov . . . . Görkau
Jistebník . . . . Stiebnig
Jívová . . . . Giebau
Jizerka . . . . Klein Iser
Josefův Důl . . . . Josefsthal

Kaceřov . . . . Katzengrün
Kadaň . . . . Kaaden
Kadaňský Rohozec . . . . . . Böhmisch-Rust
Kájov . . . . Gojou
Kalek . . . . Kallich
Kamenický Šenov . . . . Steinschönau
Kaplice . . . . Kaplitz
Karle (Svitavy) . . . . . . Karlsbrunn (Zwittau)
Karlova Studánka . . . . Karlsbrunn
(Hrubý Jeseník) (Altvatergebirge)
Karlovice . . . . Karlsthal
Karlovy Vary . . . . Karlsbad
Karlštejn . . . . Karlstein
Karviná . . . . Karwin
Kašperské Hory . . . . Bergreichenstein
Kaštice . . . . Kaschitz
Kdyně . . . . Neugedein
Kežmarok . . . . Käsmark
Kľačno . . . . Geidel
Kladruby . . . . Kladrau
Klášterec nad Ohří . . Klösterle an der Eger
Klatovy . . . . Klattau
Klenčí pod Čerchovem . . . . Klentsch

Klení . . . . Gollnetschlag
Klenová . . . . Leinbaum
Klikov . . . . Klikau
Klimkovice . . . . Königsberg
Klíny . . . . Göhren
Klokočov . . . . Klogsdorf
Kluknava . . . . Klickenau
Kobeřice . . . . Köberwitz
Koblov . . . . Koblau
Kocbeře . . . . Neurettendorf
Koclířov . . . . Ketzelsdorf
Kojetín . . . . Kojetein
Kokašice . . . . Kokaschitz
Kolešov . . . . Golleschau
Kolešovice . . . . Kolleschowitz
Kolín . . . . Kolin
Komárno . . . . Komorn
Komárov . . . . Komorau
Komořany . . . . Kommern
Konojedy . . . . Konojed
Konopiště . . . . Konopischt
Konstantinovy Lázně . . . . . Konstantinsbad
Kopaniny . . . . Neuberg
Kopernica . . . . Deutschlitta
Kopřivná . . . . Geppersdorf
Kopřivnice . . . . Nesselsdorf
Kořenov . . . . Grünthal
Korkusova Huť . . . . Korkushütten
Korozluky . . . . Kolosoruk
Korunní . . . . Krondorf
Koš . . . . Andreasdorf
Košice . . . . Kaschau
Košťany . . . . Kosten
Kostelec . . . . Kostelzen
Kostelec nad Orlicí . . . . Adlerkosteletz
Kostelní Bříza . . . . Kirchenbirk
Kostomlaty pod Milešovkou . . Kostenblatt
Kout na Šumavě . . . . Kauth
Kouty nad Desnou . . . . Winkelsdorf
Kovářská . . . . Schmiedeberg
Kozmice . . . . Kosmütz
Kozolupy . . . . Kosolup
Krabonoš . . . . Erdweis
Krajková . . . . Gossengrün
Králíky . . . . Grulich
Králová . . . . Königslosen
Královec . . . . Königshan
Králova Pole . . . . Königsdorf
Královské Poříčí . . . . Königswerth
Království . . . . Königswalde
Kralupy nad Vltavou . Kralup an der Moldau
Kraslice . . . . Graslitz
Krásná . . . . Schönbach bei Asch
Krásná Lípa . . . . Schönlinde
Krásná Studánka . . . . Schönborn
Krásné Loučky . . . . Kohlbach
Krásné Pole . . . . Schönfeld
Krásno . . . . Schönfeld
Krásný Dvůr . . . . Schönhof

Ortsnamenkonkordanz slawisch – deutsch

Tschechisch bzw. slowakisch	Deutsch
Krásný Les (Teplice)	Schönwald (Teplitz)
Krásný Les (Frýdlant)	Schönwald (Friedland)
Krasov	Kronsdorf
Kravaře (Opava)	Deutsch-Krawarn (Troppau)
Kravaře (Česká Lipa)	Graber (Böhmisch-Leipa)
Krchleby	Chirles
Kremnica	Kremnitz
Kremnické Bane	Johannesberg
Krěmže	Krems
Křenov	Krönau
Křepkovice	Schrikowitz
Křešice	Kržeschitz
Křimov	Krima
Křišťanov	Christelschlag
Křivoklát	Pürglitz
Křižany	Kriesdorf
Křižovatka	Klinghart
Krnov	Jägerndorf
Kroměříž	Kremsier
Krompach	Krombach
Krompachy	Krompach
Krsy	Girsch
Krupina	Karpfen
Krupka	Graupen
Kružberk	Kreuzberg
Kryry	Kriegern
Ktiš	Tisch
Kubova Huť	Kubohütten
Kuchyňa	Kuchl
Kujavy	Klantendorf
Kuks	Kukus
Kunčina	Kunzendorf
Kunín	Kunenwald
Kunovice	Kunowitz
Kunratice u Cvikova	Kunnersdorf
Kuřim	Gurein
Kutná Hora	Kuttenberg
Květná	Blumenau
Kvilda	Außergefild
Kyjov	Gaya
Kyjovice	Kiowitz
Kynšperk nad Ohří	Königsberg an der Eger
Kyselka	Gießhübl Sauerbrunn
Kytlice	Kittlitz
Labská	Krausebauden
Labuť	Labant
Lampertice	Lampersdorf
Lančov	Landschau
Lánov	Langenau
Lanškroun	Landskron
Lanžhot	Landshut
Lásenice	Lasenitz
Lázně Kundratice	Bad Kunnersdorf
Lázně Kynžvart	Bad Königswarth

Tschechisch bzw. slowakisch	Deutsch
Lázně Libverda	Bad Liebwerda
Lechovice	Lechwitz
Lednice	Eisgrub
Ledvice	Ladowitz
Lendak	Landeck
Leonora	Eleonorenhain
Leopoldov	Leopoldau
Leskovec nad Moravicí	Spachendorf
Lesná (Znojmo)	Liliendorf (Znaim)
Lesná (Tachov)	Schönwald (Tachau)
Lesnice	Lesnitz
Leština	Lesche
Lestkov	Leskau
Letanovce	Lettensdorf
Levice	Lewenz
Levoča	Leutschau
Lhota	Elgoth
Libá	Liebenstein
Libčeves	Liebshausen
Liběchov	Liboch
Liberec	Reichenberg
Liběšice	Liebeschitz
Libhošť	Liebisch
Libina	Deutsch-Liebau
Libkovice	Liquitz
Libočany	Liebotschon
Libochovany	Libochowann
Libořice	Lieboritz
Libouchec	Königswald
Lichkov	Lichtenau
Lichnov (Frenštát pod Radhoštěm)	Lichnau (Frankstadt)
Lichnov (Bruntál)	Lichten (Freudenthal)
Lindava	Lindenau
Linhartice	Ranigsdorf
Linhartovy	Geppersdorf
Lipany	Siebenlinden
Lipník nad Bečvou	Leipnik
Lipno nad Vltavou	Lippen
Lipolec	Lipolz
Lipová (Mikulášovice)	Hainspach (Nixdorf)
Lipová (Cheb)	Lindenhau (Eger)
Lipová-lázně	Lindewiese
Liptaň	Liebenthal
Liptovský Mikuláš	Liptau-Sankt-Nikolaus
Líšťany	Lichtenstein
Litobratřice	Leipertitz
Litoměřice	Leitmeritz
Litomyšl	Leitomischl
Lítov	Littengrün
Litovel	Littau
Litultovice	Leitersdorf
Litvínov	Oberleutensdorf
Lobendava	Lobenstein
Loděnice	Lodenitz
Lodhéřov	Riegerschlag
Loket	Elbogen

Tschechisch .... Deutsch bzw. slowakisch

Lom .... Bruch
Lomnice .... Lanz
Lomnice .... Lobnig
Lomnice nad Lužnicí .... Lomnitz
Lomnice nad Popelkou ... Lomnitz a. d. P.
Lomy .... Tieberschlag
Loučka .... Ehrenberg
Loučná .... Böhmisch-Wiesenthal
Loučná nad Desnou .... Wiesenberg
Loučovice .... Poschlag
Louny .... Laun
Lovečkovice .... Loschowitz
Lovosice .... Lobosit
Lubenec .... Lubenz
Ľubica .... Leibitz
Ľubietová .... Libethen
Luby .... Schönbach
Lučany nad Nisou .... Wiesenthal
Lučenec .... Losontz
Lučina .... Frauenreith
Lučivna .... Lautschburg
Ludgeřovice .... Ludgersthal
Ludvíkovice .... Loosdorf
Luhačovice .... Luhatschowitz
Luka .... Luck
Lukov .... Luggau
Luková .... Lukau
Lutová .... Luttau
Lysá nad Dunajcom ...... Oberschwaben
Lysá nad Labem .... Lissa

Machnín .... Machendorf
Malá Morava .... Kleinmohrau
  (Hranušovice)   (Hannsdorf)
Malá Morávka .... Kleinmohrau
  (Hrubý Jeseník)   (Altvatergebirge)
Malá Štáhle .... Kleinstohl
Malacky .... Malatzka
Malé Heraltice .... Kleinherrlitz
Malé Svatoňovice ..... Kleinschwadowitz
Maletín .... Altmoletein
Malinová .... Zech
Málkov .... Malkau
Malonty .... Meinetschlag
Malšovice .... Malschwitz
Manětín .... Manetin
Mankovice .... Mankendorf
Margecany .... Margarethen
Marianka .... Marienthal
Mariánské Lázně .... Marienbad
Mamíž .... Maires
Markušovce .... Marksdorf
Markvartice .... Markersdorf
Martin .... Sankt Martin
Martínkovice .... Märzdorf
Mašťov .... Maschau
Matejovce .... Matzdorf
Matějovec .... Modes
Maxičky .... Maxdorf

Měcholupy .... Micholup
Meclov .... Metzling
Měděnec .... Kupferberg
Medlov .... Meedl
  (Uničov)   (Mährisch-Neustadt)
Medlov (Brno) .... Mödlau (Brünn)
Medzev .... Metzenseifen
Melč .... Meltsch
Mělník .... Melnik
Merklín .... Merkelsgrün
Měrunice .... Meronitz
Město Albrechtice .... Olbersdorf
Město Libavá .... Stadt Liebau
Město Touškov .... Tuschkau Stadt
Meziměstí .... Halbstadt
Michalovce .... Großmichl
Michalovy Hory .... Michelsberg
Mikulášovice .... Nixdorf
Mikuleč .... Nikl
Mikulov .... Niklasberg
Mikulov (Morava) .... Nikolsburg (Mähren)
Mikulovice .... Niklasdorf
Milešov .... Milleschau
Milevsko .... Mühlhausen
Milhostov .... Mühlessen
Milotice nad Opavou ...... Milkendorf
Mimoň .... Niemes
Mířkov .... Mirkowitz
  (Horšovský Týn)   (Bischofteinitz)
Mírkovice .... Mirkowitz
  (Český Krumlov)   (Krumau)
Miroslav .... Mißlitz
Mírov .... Mürau
Misto .... Platz
Mladá Boleslav .... Jungbunzlau
Mladé Buky .... Jungbuchau
Mladějov .... Blosdorf
Mladějovice .... Bladowitz
Mladkov .... Wichstadtl
Mnichov .... Einsiedl
  (Hrubý Jeseník)   (Altvatergebirge)
Mnichov .... Einsiedl
  (Mariánské Lázné)   (Marienbad)
Mnichovo Hradiště .... Münchengrätz
Mníšek .... Einsiedl
Mníšek .... Einsiedl
  nad Hnilcom   an der Göllnitz
Močidlec .... Modschiedl
Modlany .... Modlan
Modra .... Modern
Modrá .... Riegersdorf
Modrava .... Mader
Modřice .... Mödritz
Mohelnice .... Müglitz
Mokrá .... Mugrau
Mokřiny .... Nassengrub
Moldava .... Moldau
Moldava nad Bodvou .... Moldau
Moravice .... Morawitz

Ortsnamenkonkordanz slawisch – deutsch

Tschechisch bzw. slowakisch	Deutsch
Moravská Chrastová	Mährisch-Chrostau
Moravská Třebová	Mährisch-Trübau
Moravské Budějovice	Mährisch-Budwitz
Moravský Beroun	Bärn
Moravský Krumlov	Mährisch-Krumau
Moravský Lačnov	Mährisch-Lotschnau
Mošnov	Engelswald
Most	Brüx
Mostek	Mastig
Most pri Bratislave	Bruck
Mrázov	Prosau
Mšeno nad Nisou	Marxdorf
Mutěnín	Muttersdorf
Mýtina	Altalbenreuth
Načeratice	Naschetitz
Načetín	Natschung
Náchod	Nachod
Nálepkovo	Wagendrüssel
Nebanice	Nebanitz
Nečemice	Netschenitz
Nechranice	Negranitz
Nečtiny	Netschetin
Nejdek	Neudeck
Nemanice	Wassersuppen
Neplachovice	Neplachowitz
Nepomyšl	Pomeisl
Neratovice	Neratowitz
Neštěmice	Nestomitz
Nitra	Neutra
Nitrianske Pravno	Deutschproben
Nizné Ružbachy	Unterrauschenbach
Nová Baňa	Königsberg
Nová Bystřice	Neubistritz
Nová Hůrka	Neuhurkenthal
Nová Lehota	Neuhau
Nová Paka	Neupaka
Nova Pec	Neuofen
Nová Role	Neu-Rohlau
Nová Ves	Lohsen
Nové Hamry	Trinksaifen
Nové Heřminovy	Neuerbersdorf
Nové Hrady	Gratzen
Nové Losiny	Neu-Ullersdorf
Nové Město	Neustadt
Nové Město na Moravě	Neustadt in Mähren
Nové Město nad Metují	Neustadt an der Mettau
Nové Město nad Váhom	Neustadt an der Waag
Nové Město pod Smrkem	Neustadt an der Tafelfichte
Nové Sedlo	Neusattl
Nové Valteřice	Neuwaltersdorf
Nové Zámky	Neuhäusel
Noviny pod Ralskem	Neuland
Novosedly	Neusiedl
Nový Bor	Haida
Nový Jičín	Neutitschein
Nový Kostel	Neukirchen
Nový Kramolín	Neugramatin
Nový Petřín	Neupetrein
Nový Přerov	Neuprerau
Nový Smokovec	Neuschmecks
Nový Svět	Neugebäu
Nymburk	Nimburg
Nýřany	Nürschan
Nýrsko	Neuern
Obrnice	Obernitz
Očihov	Großotschehau
Odorín	Dim
Odrava	Mostau
Odry	Odrau
Ohníč	Wohontsch
Okna	Woken
Okrouhlé Hradiště	Scheibenradisch
Olbramkostel	Wolframitzkirchen
Olbramovice	Wolframitz
Oldřichov v Hájích	Buschullersdorf
Oldřišov	Odersch
Olešnice v Orlických horách	Gießhübel
Olomouc	Olmütz
Oloví	Bleistadt
Olšany	Olleschau
Opatov	Abtsdorf
Opava	Troppau
Oráčov	Woratschen
Orava	Arva
Orlík	Worlik
Osečná	Oschitz
Osek	Ossegg
Ošelín	Oschelin
Oskava	Oskau
Osoblaha	Hotzenplotz
Ostrava	Ostrau (Mährisch-Ostrau)
Ostrov (Česká Třebova)	Michelsdorf (Böhmisch-Trübau)
Ostrov (Karlovy Vary)	Schlackenwerth (Karlsbad)
Ostrov (Český Krumlov)	Wörles (Krumau)
Ostrov u Bezdružic	Ostrau
Ostrov u Stříbra	Ostrau
Ostružná	Spornhau
Otice	Ottendorf
Otovice (Broumov)	Ottendorf (Braunau)
Otovice (Karlovy Vary)	Ottowitz (Karlsbad)
Otročín	Landek
Otvice (Chomutov)	Udwitz (Komotau)
Ovesné Kladruby	Habakladrau
Pardubice	Pardubitz
Partizánska Łupča	Deutschlipsch
Paseka	Passek

692

Tschechisch bzw. slowakisch	Deutsch
Pasohlávky	Weißstätten
Pavlov	Pollau
Pec pod Sněžkou	Petzer
Pěkov	Pickau
Pelhřimov	Pilgram
Perná	Berger
Pernarec	Pernharz
Pernink	Bärringen
Pernštejn	Pernstein
Perštejn	Pürstein
Pertoltice pod Ralskem	Barzdorf am Rollberge
Pětipsy	Fünfhundem
Petřkovice	Petershofen
Petrohrad	Petersburg
Petrovice (Teplice)	Peterswald (Teplitz)
Petrov nad Desnou	Petersdorf
Petřvald (Ostrava)	Peterswald (Ostrava)
Petržalka	Engerau
Pezinok	Bösing
Piešťany	Pistyan
Píla	Paulisch
Pilníkov	Pilnikau
Písařov	Schreibendorf
Písečná	Sandhübel
Písečné	Piesling
Písek	Pisek
Píšť	Sandau
Planá	Plan
Plešivec	Pleißnitz (Pleischnitz)
Plesná	Fleißen
Ploskovice	Ploschkowitz
Plzeň	Pilsen
Pňovany	Piwana
Poběžovice	Ronsperg
Počerady	Potscherad
Podbořanský Rohozec	Teutschenrust
Podbořany	Podersam
Poděbrady	Podiebrad
Podhrad	Pograth
Podivín	Kostel
Podlesí	Grumberg
Podmyče	Pomitsch
Podolínec	Pudlein
Podunajské Biskupice	Bischdorf
Pohledy	Pohler
Pohořelice	Pohrlitz
Pohoří na Šumavě	Buchers
Poláky	Pohlig
Polepy	Polepp
Polubný	Polaun
Pomezí nad Ohří	Mühlbach
Poniklá	Ponikla
Popice (Hustopeče)	Poppitz (Auspitz)
Popice (Znojmo)	Poppitz (Znaim)
Poprad	Deutschendorf
Poruba pod Vihorlatem	Nickelsdorf

Tschechisch bzw. slowakisch	Deutsch
Postoloprty	Postelberg
Poštorná	Unterthemenau
Postřekov	Pussigkau
Postřelmov	Heilendorf
Potštát	Bodenstadt
Potůčky	Breitenbach
Pouzdřany	Pausram
Považská Bystrica	Waagbistritz
Povrly	Pömmerle
Prachatice	Prachatitz
Prácheň	Parchen
Prachomety	Prochomuth
Praha	Prag
Prakovce	Prackendorf
Prameny	Sangerberg
Pravice	Probitz
Pravlov	Prahlitz
Přebuz	Frühbuß
Přední Výtoň	Vorderheuraffl
Přerov	Prerau
Prešov	Preschau
Příbor	Freiberg
Přídolí	Priethal
Prievidza	Priewitz
Přimda	Pfraumberg
Prochot	Prochetshau
Proseč nad Nisou	Proschwitz
Proseč pod Ještědem	Proschwitz
Posečně	Proschwitz
Prosiměřice	Proßmeritz
Prostějov	Proßnitz
Prostiboř	Prostibor
Prunéřov	Brunnersdorf
Prysk	Preschkau
Pšov / Žatec	Schaab
Pšov / Žlutice	Schaub
Pšovlky	Pschoblik
Pukanec	Pukanz
Pustá Polom	Wüstpohlom
Pusté Žibřidovice	Wüstseibersdorf
Rabštejn nad Střelou	Rabenstein
Radeč	Radetz
Radiměř	Böhmisch-Rothmühl
Radkov	Ratkau
Radonice	Radonitz
Radouň	Radaun
Radovesice	Radowesitz
Raduň	Radun
Radvanice	Radowenz
Rájec	Großrasel
Rakovník	Rakonitz
Rakšice	Rakschitz
Rakúsy	Roks
Rančířov	Ranzern
Rapotín	Reitendorf
Rapšach	Rottenschachen
Raspenava	Raspenau
Razová	Raase

Ortsnamenkonkordanz slawisch – deutsch

Tschechisch bzw. slowakisch	Deutsch
Řehlovice	Großtschochau
Rejštejn	Unterreichenstein
Řetenice	Settenz
Revúca	Großrauschenbach
Říčky	Ritschka
Rimavská Sobota	Großsteffelsdorf
Rohožník	Rohrbach
Rokycany	Rokytzan
Rokytnice nad Jizerou	Rochlitz an der Iser
Rokytnice v Orlických horach	Rokinitz
Rotava	Rothau
Roudnice nad Labem	Raudnitz
Roudno	Rautenberg
Rovinka	Waltersdorf
Rožmberk nad Vltavou	Rosenberg
Rožmitál na Šumavé	Rosenthal im Böhmerwalde
Rožňava	Rosenau
Rozstání	Rosenthal
Roztoky	Rostok
Rozvadov	Roßhaupt
Rtyně nad Bílinou	Hertine
Ruda nad Moravou	Eisenberg a. d. March
Rudná	Rauden
Rudňany	Kotterbach
Rudoltice	Rudolsdorf
Rumburk	Rumburg
Ruprechtice	Ruppersdorf
Rusovce	Karlburg
Ružomberok	Rosenberg
Růžová	Rosendorf
Rybí	Reimlich
Rybník (Česká Třebová)	Riebnig (Böhmisch-Trübau)
Rybník (Český les)	Waier (Böhmerwald)
Rybniště	Teichstatt
Rychnov	Reichenau
Rychnov nad Kněžnou (Orlické hory)	Reichenau an der Kněžna (Adlergebirge)
Rychnov nad Malší	Reichenau an der Maltsch
Rychnov u Jablonce nad Nisou	Reichenau (Gablonz)
Rychnov u Nových Hradů	Deutsch-Reichenau
Rychvald	Reichwaldau
Rýmařov	Römerstadt
Rynoltice	Ringelshain
Rýžoviště	Braunseifen
Sabinov	Zeben
Sadov	Sodau
Šafov	Schaffa
Šakvice	Schakwitz
Šamorín	Sommerein
Šaštín-Stráže	Schoßberg
Šatov	Schattau
Sebechleby	Siebenbrot
Sebuzín	Sebusein
Sedlec	Voitelsbrunn
Sedlnice	Sedlnitz
Sedloňov	Sattel
Semanín	Schirmdorf
Semily	Semil
Semněvice	Hochsemlowitz
Senec	Wartberg
Senica	Senitz
Sezimovo Ústí	Alttabor
Šilheřovice	Schillersdorf
Šindelová	Schönlind
Široka Niva	Breitenau
Skalica	Skalitz
Skalice	Langenau
Skalná	Wildstein
Skály	Skalka
Sklené	Glaserhau
Skrbovice	Kunau
Skřipov	Skřipp
Skyřice	Skyritz
Sládkovičovo	Kleinnußdorf
Slaný	Schlan
Slapany	Schönlind
Slatina	Schlatten
Slavkov	Schlattau
Slavkov u Brna	Austerlitz
Slavonice	Zlabings
Slezské Rudoltice	Roßwald
Sloup	Bürgstein
Slovenská Ves	Windischendorf
Šlovice	Schlowitz
Šluknov	Schluckenau
Slup	Zulb
Služetín	Lusading
Smědeč	Großzmietsch
Smižany	Schmögen
Smolenice	Smolenitz
Smolnícka Huta	Schmöllnitz Hütte
Smolník	Schmöllnitz
Smolov	Schmolau
Smržovka	Morchenstern
Soběnov	Oemau
Soběslav	Sobieslau
Sobotín	Zöptau
Sokolov	Falkenau
Solivar	Deutschsalzburg
Sološnica	Breitenbrunn
Šonov	Schönau
Sovinec	Eulenberg
Spálov	Sponau
Špania Dolina	Herrengrund
Špičák	Spitzberg
Špindlerův Mlýn	Spindlermühle
Spišská Belá	Zipser Belá
Spišská Nová Ves	Zipser Neudorf
Spišská Sobota	Georgenberg
Spiška Stará Ves	Altendorf

Tschechisch bzw. slowakisch	Deutsch
Spišské Hanušovce	Hanusdorf
Spišské Podhradie	Kirchdrauf
Spišské Vlachy	Wallendorf
Spišský Hrhov	Gorg
Spišský Štvrtok	Donnersmark
Spořice	Sporitz
Srbská Kamenice	Windisch-Kamnitz
Srby	Sirb
Srní	Rehberg
Stachy	Stachau
Stálky	Stallek
Stará Břeclav	Altenmarkt
Stará Červená Voda	Altrothwasser
Stará Lesná	Altwalddorf
Stará Libavá	Altliebe
Stara Ľubovňa	Altlublau
Stará Role	Alt-Rohlau
Stará Ves (Rýmařov)	Altendorf (Römerstadt)
Stará Ves (Bílovec)	Altstadt (Wagstadt)
Stará Voda (Mariánské Lázně)	Altwasser (Marienbad)
Stará Voda (Spišská Nová Ves)	Altwasser (Zipser Neudorf)
Staré Buky	Altenbuch
Staré Heřminovy	Alterbersdorf
Staré Hobzí	Althart
Staré Hory	Altgebirge
Staré Křečany	Altherrenwalde
Staré Město (Bruntál)	Altstadt (Freudenthal)
Staré Město (Moravská Třebová)	Altstadt (Mährisch-Trübau)
Staré Město (Uherské Hradiště)	Altstadt (Ungarisch-Hradisch)
Staré Město (Hanušovice)	Mährisch-Altstadt (Hannsdorf)
Staré Město pod Landštejnem	Altstadt
Staré Sedliště	Altzedlisch
Staré Sedlo	Altsattel
Staré Splavy	Thammühl
Staré Těchanovice	Altzechsdorf
Stárkov	Starkstadt
Starý Jičín	Alttitschein
Starý Plzenec	Alt-Pilsenetz
Starý Smokovec	Altschmecks
Starý Tekov	Altbarsch
Stěbořice	Stiebrowitz
Štědrá	Stiedra
Šternberk	Sternberg
Štětí	Wegstädtl
Štipoklasy	Stipokl
Štítary	Schiltern (Moravské Budějovice) (Mährisch-Budwitz)
Štítary (Bělá nad Radbozou)	Schüttarschen (Weißensulz)
Štítina	Stettin
Štítnik	Schitnich
Stod	Staab
Štós	Stoß
Stožec	Tusset
Strachotice	Rausenbruck
Strachotín	Tracht
Strakonice	Strakonitz
Štramberk	Stramberg
Stránské	Zechitz
Stráž (Bor)	Neustadtl (Haid)
Stráž nad Nisou (Liberec)	Althabendorf (Reichenberg)
Stráž nad Ohří	Warta an der Eger
Stráž pod Ralskem	Wartenberg
Strážky	Nehre
Strážne	Pommerndorf
Strážnice	Straßnitz
Strážný	Kuschwarda
Štrbské pleso	Tschirmer See
Stříbřec	Silberlos
Stříbrná	Silberbach
Stříbrnice	Stubenseifen
Stříbro	Mies
Střítež	Tritesch
Střítež nad Ludinou	Ohrensdorf
Strupčice	Trupschitz
Stružná	Solmus
Studánka	Thonbrunn
Studánky	Kaltenbrunn
Studená Loučka	Kaltenlautsch
Studénka	Stauding
Stupava	Stampfen
Stvolínky	Drum
Stvolny	Zwolln
Suchá nad Parnou	Dürnbach
Suchdol	Suchenthal (Wullowitz)
Suchdol nad Lužnicí (Třeboň)	Suchenthal (Wittingau)
Suchdol nad Odrou (Odry)	Zauchtel (Odrau)
Suché Lazce	Sucholasetz
Suchý Důl	Dürrengrund
Sudice	Zauditz
Sudkov	Zautke
Sukorady	Sukorad
Šumburk nad Desnou	Schumburg an der Desse
Šumperk	Mährisch-Schönberg
Šumvald	Schönwald
Supíkovice	Saubsdorf
Sušice	Schüttenhofen
Svádov	Schwaden
Svatá Kateřina	Sankt Katharina
Svatava	Zwodau
Svätý Jur	Sankt Georgen
Svébohov	Schwibogen
Švedlár	Schwedler
Světec	Schwaz
Světlá Hora	Lichtenwerden
Světlá pod Ještědem	Swetla

Ortsnamenkonkordanz slawisch – deutsch

Tschechisch bzw. slowakisch	Deutsch
Světlík	Kirchschlag
Svitavy	Zwittau
Svoboda nad Úpou	Freiheit
Svobodné Heřmanice	Freihermersdorf
Svojšín	Schweißing
Svor	Röhrsdorf
Tábor	Tabor
Tachov	Tachau
Tanvald	Tannwald
Tasovice	Taßwitz
Tatenice	Tattenitz
Tatranská Lomnica	Tatra-Lomnitz
Těchlovice (Stříbro)	Techlowitz (Mies)
Těchlovice (Ústí nad Labem)	Tichlowitz (Aussig)
Těchonín	Linsdorf
Telč	Teltsch
Telnice	Tellnitz
Teplá	Tepl
Teplice	Teplitz
Teplice nad Metují	Wekelsdorf
Terezín	Theresienstadt
Těšetice	Töstitz
Těšíkov	Tscheschdorf
Tichá	Oppolz
Tisá	Tyssa
Tísek	Zeiske
Tišnov	Tischnowitz
Tisová	Theußau
Tlumačov	Tilmitschau
Topoľčany	Topoltschan
Toporec	Topportz
Toužim	Theusing
Travná	Waldek
Třebařov	Triebendorf
Třebeň	Trebendorf
Třebíč	Trebitsch
Trebišov	Trebischau
Třeboň	Wittingau
Třebovice	Triebitz
Třebušín	Triebsch
Třemešná	Röwersdorf
Třemešné	Zemschen
Trenčín	Trentschin
Třešť	Triesch
Trhanov	Chodenschloß
Tři Sekery	Königswarter Dreihacken
Trnava	Tyrnau
Troskotovice	Treskowitz
Troubelice	Treublitz
Trpísty	Trpist
Trutnov	Trautenau
Tuchořice	Tuchorschitz
Tuhaň	Tuhan
Turnov	Turnau
Tužina	Schmiedshau
Tvarožna	Durlsdorf
Údlice	Eidlitz
Uhelná	Sörgsdorf
Uherčice (Hustopeče)	Auerschitz (Auspitz)
Uherčice (Jemnice)	Ungarschitz (Jamnitz)
Uherské Hradiště	Ungarisch-Hradisch
Uherský Brod	Ungarisch-Brod
Uhřínov	Großaurim
Újezd	Storzendorf
Újezd nad Mží	Aujezd ob der Mies
Úlice	Ullitz
Úněšov	Anischau
Uničov	Mährisch-Neustadt
Úpice	Eipel
Úsov	Mährisch-Aussee
Úštěk	Auscha
Ústí nad Labem	Aussig
Ústí nad Orlicí	Wildenschwert
Úterý	Neumarkt
Útvina	Uittwa
Úvalno	Lobenstein
Václavice	Wetzwalde
Václovov u Bruntálu	Wildgrub
Valašské Meziříčí	Walachisch-Meseritsch
Valeč	Waltsch
Valkeřice	Algersdorf
Valšov	Kriegsdorf
Valteřice	Waltersdorf
Vamberk	Wamberg
Vaňov	Wannow
Vápenná	Setzdorf
Varnsdorf	Warnsdorf
Varvažov	Arbesau
Vávrovice	Wawrowitz
Vědlice	Wedlitz
Vejprty	Weipert
Velemín	Wellemin
Velemyšleves	Welmschloß
Velichov	Welchau
Velká Černoc	Großtschernitz
Velká Hleďsebe	Großsichdichfür
Velká Kraš	Großkrosse
Veľká Lomnica	Großlomnitz
Velká Polom	Großpohlom
Velká Úpa	Großaupa
Velké Březno	Großpriesen
Velke Chvojno	Böhmischkahn
Velké Heraltice	Großherrlitz
Velké Hoštice	Hoschütz
Velké Kunětice	Großkunzendorf
Veľká Leváre	Großschützen
Velké Losiny	Groß-Ullersdorf
Velké Meziříčí	Großmeseritsch
Velké Pole	Hochwies
Velké Svatoňovice	Großschwadowitz
Velké Vrbno	Großwürben
Velké Žernoseky	Großczernosek

Tschechisch bzw. slowakisch	Deutsch
Veľký Grob	Deutscheisgrub
Velký Krtíš	Großkritsch
Velký Malahov	Großmallowa
Velký Šenov	Großschönau
Veľký Slavkov	Großschlagendorf
Vendolí	Stangendorf
Vernár	Wernar
Verneřice	Wernstadt
Verniřovice	Wermsdorf
Ves Touškov	Tuschkau Dorf
Větřkovice	Dittersdorf
Větřní	Wettern
Vichová nad Jizerou	Wichau
Vidim	Oberwidim
Vidnava	Weidenau
Vikantice	Weigelsdorf
Vikýřovice	Weikersdorf
Vilémov	Willomitz
Vilsnice	Wilsdorf
Vimperk	Winterberg
Vintiřov	Münchhof
Višňová	Weigsdorf
Vítkov	Wigstadtl
Vitkovice	Witkowitz
Vlasatice	Wostitz
Vlašim	Wlaschim
Vlaštovičky	Wlastowitz
Vlčice (Javorník)	Wildschütz (Jauernig)
Vlčice (Trutnov)	Wildschütz (Trautenau)
Vodňany	Wodnian
Vojkovice	Wickwitz
Vojtanov	Voitersreuth
Volary	Wallern
Voletiny	Wolta
Volfartice	Wolfersdorf
Vrakuňa	Fragendorf
Vranov	Frain
Vranov nad Topľou	Frönel an der Töpl
Vranovská Ves	Frainersdorf
Vratěnín	Fratting
Vratimov	Rattimau
Vratislavice nad Nisou	Maffersdorf
Vražné	Großpetersdorf
Vrbno pod Pradědem	Würbenthal
Vrbov	Menhardsdorf
Vrchlabí	Hohenelbe
Vřesina	Wrzessin
Vrícko	Münichwies
Vrkoslavice	Seidenschwanz
Vroutek	Rudig
Vrskmaň	Wurzmes
Všelibice	Schelwitz
Všeruby (Kdyně)	Neumark (Neugedein)
Všeruby (Plzeň)	Wscherau (Pilsen)
Výprachtice	Weipersdorf
Vyškov	Wischau

Tschechisch bzw. slowakisch	Deutsch
Vyšné	Winau
Vyšné Ružbachy	Oberrauschenbach
Vysočany	Wisokein
Vysoká (Banská Štiavnica)	Hochberg (Schemnitz)
Vysoká (Zlaté Hory)	Waißak (Zuckmantel)
Vysoká Libyně	Hochlibin
Vysoká pri Morave	Hochstädten
Vysoké Mýto	Hohenmauth
Vyšší Brod	Hohenfurth
Záblatí	Sablat
Zábřeh	Hohenstadt
Žacléř	Schatzlar
Zadní Chodov	Hinterkotten
Zádub	Hohendorf
Záhorská Bystrica	Bisternitz
Záhorská Ves	Ungeraiden
Zahrádka	Zahradka
Zahrádky	Neugarten
Zaječi	Saitz
Zaječice	Saidschitz
Žakarovce	Sockelsdorf
Zákupy	Reichstadt
Žalany	Schallan
Žalhostice	Czalositz
Žamberk	Senftenberg
Žandov	Sandau
Žár	Sohors
Žatec	Saaz
Zátoň	Ottau
Zátor	Wiese
Zbyslavice	Baislawitz
Zbytiny	Oberhaid
Žďár	Schaar
Žďár nad Sázavou	Saar
Zdobnice	Großstiebitz
Zdoňov	Merkelsdorf
Zelená Lhota	Grün
Železná Ruda	Markt Eisenstein
Želízy	Schelesen
Želnava	Salnau
Ženklava	Senftleben
Zhoř	Weshorsch
Žiar nad Hronom	Heiligenkreuz a. d. Gran
Žichlínek	Sichelsdorf
Žihle	Scheles
Žilina (Slovensko)	Sillein (Slowakei)
Žilina (Nový Jičín)	Söhle (Neutitschein)
Žimrovice	Zimrowitz
Žitenice	Schüttenitz
Žiželice	Schießelitz
Zlatá Koruna	Goldenkron
Zlaté Hory	Zuckmantel
Žlutice	Luditz
Znojmo	Znaim
Zvolen	Altsohl

Ortsnamenkonkordanz deutsch – slawisch

Deutsch . . . . Tschechisch
bzw. slowakisch

Abertham . . . . Abertamy
Abtsdorf . . . . Opatov
Adelsdorf . . . . Adolfovice
Adlerkosteletz . . . . . . Kostelec nad Orlicí
Aich (Karlsbad) . . . . . . Doubí (Karlovy Vary)
Albern . . . . Albeř
Albrechtsdorf . . . . Albrechtice v Jizerských
horách
Algersdorf . . . . Valkeřice
Altalbenreuth . . . . Mýtina
Altbarsch . . . . Starý Tekov
Altenbuch . . . . Staré Buky
Altendorf . . . . Spišska Stará Ves
(Zipser Altendorf)
Altendorf . . . . Stará Ves
(Römerstadt)   (Rýmařov)
Altenmarkt . . . . Stará Břeclav
Alterbersdorf . . . . Staré Heřminovy
Altgebirge . . . . Staré Hory
Althabendorf . . . . Stráz
(Reichenberg)   (Liberec)
Althart . . . . Staré Hobzí
Altherrenwalde . . . . Staré Křečany
Altliebe . . . . Stará Libavá
Altlublau . . . . Stara L'ubovňa
Altmoletein . . . . Maletín
Alt-Pilsenetz . . . . Starý Plzenec
Alt-Rohlau . . . . Stará Role
Altrothwasser . . . . Stará Červená Voda
Altsattel . . . . Staré Sedlo
Altschmecks . . . . Starý Smokovec
Altstadt . . . . Staré Město
(Freudenthal)   (Bruntál)
Altstadt . . . . Staré Město
(Mährisch-Trübau)   (Moravská Třebová)
Altstadt . . . . Staré Město
(Ungarisch-Hradisch)   (Uherské Hradišté)
Altstadt . . . . Stará Ves
(Wagstadt)   (Bílovec)
Altstadt . . . Staré Město pod Landštejnem
(Zlabings)   (Slavonice)
Altsohl . . . . Zvolen
Alttabor . . . . Sezimovo Ústí
Alttitschein . . . . Starý Jičín
Altwalddorf . . . . Stará Lesná
Altwasser . . . . Stará Voda
(Marienbad)   (Mariánské Lázně)
Altwasser . . . . Stará Voda
(Zipser Neudorf)   (Spišská Nová Ves)
Altzechsdorf . . . . Staré Těchanovice
Altzedlisch . . . . Staré Sedlišté
Andreasdorf . . . . Koš
Anischau . . . . Úněšov
Apfelsbach . . . . Jablonové
Apfelsdorf . . . . Jablonov
Arbesau . . . . Varvažov
Arnau . . . . Hostinné

Deutsch . . . . Tschechisch
bzw. slowakisch

Arnsdorf . . . . Arnoltice
Arva . . . . Orava
Asch . . . . Aš
Auerschitz . . . . Uherčice
(Auspitz)   (Hustopeče)
Aujezd ob der Mies . . . . Újezd nad Mží
Auscha . . . . Úštěk
Auspitz . . . . Hustopece
Außergefild . . . . Kvilda
Aussig . . . . Ústí nad Labem
Austerlitz . . . . Slavkov u Brna

Babilon . . . . Babylon
Babitz . . . . Babice
Bad Königswarth . . . . Lázně Kynžvart
Bad Kunnersdorf . . . . . . Lázně Kundratice
Bad Liebwerda . . . . Lázně Libverda
Baislawitz . . . . Zbyslavice
Bärn . . . . Moravský Beroun
Barndorf . . . . Božanov
Barnsdorf . . . . Bernartice
(Neutitschein)   (Nový Jičín)
Bärnsdorf . . . . Bulovka
Bärringen . . . . Pernink
Bartfeld . . . . Bardejov
Barzdorf . . . . Bernartice
(Javorník)   (Janský Vrch)
Barzdorf . . . . Pertoltice
am Rollberge   pod Ralskem
Batzdorf . . Bartošovice v Orlických horách
Bautsch . . . . Budišov nad Budišovkou
Bechin . . . . Bechyně
Beneschau . . . . Benešov
Beneschau . . . . Benešovice
Beneschau . . . . Dolní Benešov
Benetzko . . . . Benecko
Benisch . . . . Horní Benešov
Bensen . . . . Benešov nad Ploučnici
Beraun . . . . Beroun
Bergen . . . . Perná
Bergreichenstein . . . . Kašperské Hory
Bergstadt . . . . Horní Město
Bergstadt Platten . . . . Horni Blatná
Berlau . . . . Brloh
Bernklau . . . . Bezvěrov
Bernsdorf . . . . Bernartice
(Trautenau)   (Trutnov)
Betelsdorf . . . . Betlanovce
Bilin . . . . Bílina
Binsdorf . . . . Bynovec
Birkigt . . . . Březiny
Birkigt . . . . Březová
Birnai . . . . Brná nad Labem
Bischdorf . . . . Podunajské Biskupice
Bischofteinitz . . . . Horšovský Týn
Bisenz . . . . Bzenec
Bisternitz . . . . Záhorská Bystrica

Deutsch . . . . Tschechisch bzw. slowakisch	Deutsch . . . . Tschechisch bzw. slowakisch
Bistritz . . . . Bystřice pod Hostýnem	Brunnersdorf . . . . Prunéřov
Bistritz an der Angel . Bystřice nad Úhlavě	Brünnl . . . . Dobrá Voda
Bladowitz . . . . Mladějovice	Brünnles . . . . Brničko
Blatnitz . . . . Blatnice	Brüsau . . . . Březová nad Svitavou
Blatzen . . . . Blatce	Brüx . . . . Most
Blauda . . . . Bludov	Buchau . . . . Bochov
Blauenschlag . . . . Blažejov	Buchers . . . . Pohořína Šumavě
Bleistadt . . . . Oloví	Buckwa . . . . Bukovany
Bleiswedel . . . . Blíževedly	Budweis . . . . České Budějovice
Blisowa . . . . Blížejov	Bürgstein . . . . Sloup
Blosdorf . . . . Mladějov	Buschin . . . . Bušín
Blumenau . . . . Květná	Buschullersdorf . . . . . . Oldřichov v Hájích
Bodenstadt . . . . Potštát	Buslawitz . . . . Bohuslavice
Böhmisch-Aicha . . . . Český Dub	
Böhmisch-Brod . . . . Český Brod	Chiesch . . . . Chyše
Böhmisch-Kamnitz . . . . . Česká Kamenice	Chirles . . . . Krchleby
Böhmisch-Kubitzen . . . . Česká Kubice	Chlumetz . . . . Chlum u Třeboně
Böhmisch-Leipa . . . . Česká Lípa	Chodau . . . . Chodov
Böhmisch-Lichwe . . . . . . České Libchavy	(Karlsbad) (Karlovy Vary)
Böhmisch-Liebau . . . . Dolní Libina	Chodenschloß . . . . Trhanov
Böhmisch-Märzdorf . . . . Bohdikov	Chotieschau . . . . Chotěšov
Böhmisch-Röhren . . . . České Žleby	Christelschlag . . . . Křišťanov
Böhmisch-Rothmühl . . . . Radiměř	Chrobold . . . . Chroboly
Böhmisch-Rudoletz . . . . . . Český Rudoletz	Czalositz . . . . Žalhostice
Böhmisch-Rust . . . . . . Kadaňský Rohozec	
Böhmisch-Sternberg . . . . Český Šternberk	Dallwitz . . . . Dalovice
Böhmisch-Trübau . . . . Česká Třebova	Daub . . . . Dub
Böhmisch-Wiesenthal . . . . Loučná	Dauba . . . . Dubá
Böhmischdorf . . . . Česká Ves	Datschitz . . . . Dačice
Böhmischkahn . . . . Velke Chvojno	Dechtitz . . . . Dechtice
Böhmzeil . . . . České Velenice	Depoldowitz . . . . Děpoltice
Bolatitz . . . . Bolatice	Deschenitz . . . . Dešenice
Bölten . . . . Bělotín	Deschney . . . . . Deštné v Orlických horách
Borowitz . . . . Borovnice	Dessendorf . . . . Desná
Bösig . . . . Bezděz	(Tannwald) (Tanvald)
Bösing . . . . Pezinok	Deutsch-Beneschau . . . . Benešov
Boskowitz . . . . Boskovice	nad Černou
Botzdorf . . . . Batizovce	Deutsch-Bielau . . . Bělá nad Svitavou
Brandau . . . . Brandov	Deutsch-Brod . . . . Havlíčkův Brod
Brandeis . . . . Brandýs	Deutsch-Gabel . . . . Jablonné v Podještědí
an der Adler nad Orlický	Deutsch-Hause . . . . Huzová
Brandeis an der Elbe . Brandýs nad Labem	Deutsch-Horschowitz . . . . Hořovičky
– Altbunzlau – Stará Boleslav	Deutsch-Jaßnik . . . . . . Jeseník nad Odrou
Bransdorf . . . . Brantice	Deutsch-Krawarn . . . . Kravaře
Brattersdorf . . . . Bratrušov	(Troppau) (Opava)
Braunau . . . . Broumov	Deutsch-Liebau . . . . Libina
Braunsdorf . . . . Brumovice	Deutsch-Lodenitz . . . . Horní Loděnice
Braunseifen . . . . Rýžoviště	Deutsch-Reichenau . . . . Rychnov
Breitenau . . . . Široka Niva	u Nových Hradů
Breitenbach . . . . Potůčky	Deutscheisgrub . . . . Veľký Grob
Breitenbrunn . . . . Sološnica	Deutschendorf . . . . Poprad
Bries . . . . Brezno	Deutschlipsch . . . . . . Partizánska Ľupča
(Niedere Tatra) (Nízke Tatry)	Deutschlitta . . . . Kopernica
Bries . . . . Brieštie	Deutschproben . . . . Nitrianske Pravno
(Priewitz) (Prievidza)	Deutschsalzburg . . . . Solivar
Brims . . . . Brniště	Diebling . . . . Děbolín
Bruch . . . . Lom	Dielhau . . . . Děhylov
Bruck . . . . Most pri Bratislave	Dilln . . . . Banská Belá
Brünn . . . . Brno	Dim . . . . Odorín

699

Ortsnamenkonkordanz deutsch – slawisch

Deutsch . . . . Tschechisch
bzw. slowakisch

Dittersbach . . . . Dětřichov
(Friedland) (Frýdlant)
Dittersbach . . . . Jetřichovice
(Böhmisch-Kamnitz) (Český Kamenice)
Dittersdorf . . . . Dětřichov nad Bystřicí
(Bärn)
Dittersdorf . . . . Větřkovice
(Troppau) (Opava)
Dobern . . . . Dobranov
Dobrzan . . . . Dobřany
Dobschau . . . . Dobšina
Domeschau . . . . . . Domašov nad Bystřicí
Donnersmark . . . . Spišský Štvrtok
Dörfl (Reichenberg) . . . . . Doubí (Liberec)
Döschen (Jamnitz) . . . . . . Dešná (Jemnice)
Dotterwies . . . . Dolní Nivy
Drexlerhau . . . . Janova Lehota
Drum . . . . Stvolínky
Dubitz . . . . Dubice
Dubitzko . . . . Dubicko
Dubnitz an der Waag . Dubnica nad Váhom
Durlsdorf . . . . Tvarožna
Dürnbach . . . . Suchá nad Parnou
Dürnholz . . . . Drnholec
Dürrengrund . . . . Suchý Důl
Dürrmaul . . . . Drmoul
Dux . . . . Duchcov

Edmitz . . . . Citonice
Eger . . . . Cheb
Ehrenberg . . . . Loučka
Eibenschitz . . . . Ivančice
Eichendorf . . . . Dúbrava
Eichwald . . . . Dubí
Eidlitz . . . . Údlice
Einsiedel . . . . Mnichov
(Altvatergebirge) (Hrubý Jeseník)
Einsiedel . . . . Mníšek
an der Göllnitz nad Hnilcom
Einsiedl . . . . Mnichov
(Marienbad) (Mariánské Lázně)
Einsiedl . . . . Mníšek
(Oberleutensdorf) (Litvínov)
Eipel . . . . Úpice
Eisenberg . . . . Ruda nad Moravou
an der March
Eisenstein . . . . Železná Ruda
(Markt Eisenstein)
Eisenstraß . . . . Hojsova Stráž
Eisgrub . . . . Lednice
Elbogen . . . . Loket
Eleonorenhain . . . . Leonora
Ellgoth . . . . Lhota
Endersdorf . . . . Dolní Údolí
Engelhaus . . . . Andělská Hora
(Karlsbad) (Karlovy Vary)
Engelsberg . . . . Andělská Hora
(Altvatergebirge) (Hrubý Jeseník)
Engelswald . . . . Mošnov

Deutsch . . . . Tschechisch
bzw. slowakisch

Engerau . . . . Petržalka
Erdberg . . . . Hrádek
Erdweis . . . . Krabonoš
Eulen . . . . Jilové
Eulenbach . . . . Bystrany
Eulenberg . . . . Sovinec

Falkenau . . . . Sokolov
Ferchenhaid . . . . Borová Lada
Fleißen . . . . Plesná
Fleyh . . . . Fláje
Flöhau . . . . Blšany
Fragendorf . . . . Vrakuna
Frain . . . . Vranov
Frainersdorf . . . . Vranovská Ves
Frainspitz . . . . Branišovice
Frankstadt . . . . . Frenštát pod Radhoštěm
Franzensbad . . . . Františkovy Lázně
Fratting . . . . Vratěnín
Frauenberg . . . . Hluboká nad Vltavou
Frauendorf . . . . Boleráz
Frauenmarkt . . . . Bátovce
Frauenreith . . . . Lučina
Freiberg . . . . Příbor
Freiheit . . . . Svoboda nad Úpou
Freiheitsau . . . . Háj ve Slezsku
Freihermersdorf . . . . Svobodné Heřmanice
Freiwaldau . . . . Jeseník
Freudenthal . . . . Bruntál
Freystadtl . . . . Hlohovec
Friedberg . . . . Frymburk
Friedeberg . . . . Žulová
Friedek-Mistek . . . . Frýdek-Mistek
Friedland . . . . Frýdlant nad Ostravicí
Friedland an der Mohra . . . . Břidličná
Friedrichsdorf . . . . Bedřichov
Fritsch . . . . Fričovce
Frönel an der Töpl . . . Vranov nad Topľou
Frühbuß . . . . Přebuz
Füllstein . . . . Bohušov
Fundstollen . . . . Chvojnica
Fünfhunden . . . . Pětipsy

Gabhorn . . . . Javorná
Gablonz . . . . Jablonec nad Nisou
Gairing . . . . Gajary
Gaßnitz (Eger) . . . . Jesenice (Cheb)
Gastorf . . . . Hoštka
Gaya . . . . Kyjov
Geidel . . . . Kľačno
Georgenberg . . . . Spišská Sobota
Georgendorf . . . . Český Jiřetín
Georgswalde . . . . Jiříkov
Geppersdorf . . . . Kopřivná
Geppersdorf . . . . Linhartovy
Gerlsdorf . . . . Gerlachov
Giebau . . . . Jívova
Gießhübel . . . Olešnice v Orlických horách
Gießhübl Sauerbrunn . . . . Kyselka

Deutsch . . . . Tschechisch
bzw. slowakisch

Girm . . . . Jarabina
Girsch . . . . Krsy
Glaserhau . . . . Sklené
Glomnitz . . . . Hlavnice
Gnadlersdorf . . . . Hnanice
Göding . . . . Hodonin
Göhren . . . . Klíny
Gojau . . . . Kájov
Goldenkron . . . . Zlatá Koruna
Goldenstein . . . . Branná
Golleschau . . . . Kolešov
Gollnetschlag . . . . Klení
Göllnitz . . . . Gelnica
Gorg . . . . Spišsky Hrhov
Görkan . . . . Jirkov
Gosolup . . . . Horní Kozolupy
Gossengrün . . . . Krajková
Gotschdorf . . . . Hošťálkovy
Gottesgab . . . . Boží Dar
Graber . . . . Kravaře
  (Böhmisch-Leipa)   (Česká Lípa)
Gradlitz . . . . Choustníkovo Hradiště
Grafendorf . . . . Hrabětice
Graslitz . . . . Kraslice
Grasseth . . . . Jehličná
Grätz . . . . Hradec nad Moravicí
Gratzen . . . . Nové Hrady
Graupen . . . . Krupka
Gröditz . . . . Hradec
Großaupa . . . . Velká Úpa
Großauřim . . . . Uhřínov
Großczernosek . . . . Velké Žernoseky
Großherrlitz . . . . Velké Heraltice
Großkaudern . . . . Chuderov
Großkritsch . . . . Velký Krtíš
Großkrosse . . . . Velká Kraš
Großkunzendorf . . . . Velké Kunětice
Großlomnitz . . . . Veľká Lomnica
Großmallowa . . . . Velký Malahov
Großmeseritsch . . . . Velké Meziříčí
Großmichl . . . . Michalovce
Großotschehau . . . . Očihov
Großpetersdorf . . . . Vražné
Großpohlom . . . . Velká Polom
Großpriesen . . . . Velké Březno
Großrasel . . . . Rájec
Großrauschenbach . . . . Revúca
Großschlagendorf . . . . Veľký Slavkov
Großschönau . . . . Velký Šenov
Großschützen . . . . Veľké Leváre
Großschwadowitz . . . . Velké Svatoňovice
Großsichdichfür . . . . Velká Hled'sebe
Großsteffelsdorf . . . . Rimavská Sobota
Großstiebnitz . . . . Zdobnice
Großtajax . . . . Dyjákovice
Großtschernitz . . . . Velká Černoc
Großtschochau . . . . Řehlovice
Groß-Ullersdorf . . . . Velké Losiny
Großwasser . . . . Hrubá Voda

Deutsch . . . . Tschechisch
bzw. slowakisch

Großwürden . . . . Velké Vrbno
Großzmietsch . . . . Smědeč
Grottau . . . . Hrádek nad Nisou
Grulich . . . . Králíky
Grumberg . . . . Podlesí
Grün . . . . Zelená Lhota
Grünthal . . . . Kořenov
Grusbach . . . . . Hrušovany nad Jevišovkou
Güntersdorf . . . . Huntířov
Gurein . . . . Kuřim

Haan . . . . Háj u Duchcova
Haatsch . . . . Hať
Habakladrau . . . . Ovesné Kladruby
Habersbirk . . . . Habartov
Habstein . . . . Jestřebí
Haid . . . . Bor
Haida . . . . Nový Bor
Haindorf . . . . Hejnice
Hainspach . . . . Lipová
  (Nixdorf)   (Mikulášovice)
Halbstad . . . . Meziměstí
Hals . . . . Halže
Hammern . . . . Hamry
Hannsdorf . . . . Hanušovice
  (Altvatergebirge)   (Hrubý Jeseník)
Hannsdorf . . . . Helcmanovce
Hanusdorf . . . . Spišské Hanušovce
Harrachsdorf . . . . Harrachov
Hartmanitz . . . . Hartmanice
Haslau . . . . Hazlov
Hatzken . . . . Hatín
Hauptmannsdorf . . . . Hejtmánkovice
Hauska . . . . Houska
Hawlowitz . . . . Havlovice
Hawran . . . . Havraň
Helbingsau . . . . Haligovce
Heilbrunn . . . . Hojná Voda
Heilendorf . . . . Postřelmov
Heiligenkreuz . . . . Chodský Újezd
Heiligenkreuz . . . . Žiar nad Hronom
  an der Gran
Heinersdorf . . . . Jindřichovice
  an der Tafelfichte   pod Smrkem
Heinrichsdorf . . . . Jindřichov
  (Mährisch-Schönberg)   (Šumperk)
Heinrichsgrün . . . . Jindřichovice
Heinrichswald . . . . Jindřichov
  (Odrau)   (Odry)
Heinzendorf . . . . Hynčice
Hennersdorf . . . . Dolní Branná
  (Hohenelbe)   (Vrchlabý)
Hennersdorf . . . . Dubnice
  (Lausitzer Gebirge)   (Lužické hory)
Hennersdorf . . . . Jindřichov
  (Zuckmantel)   (Zlaté Hory)
Hermannshütte . . . . Heřmanova Huť
Hermannstadt . . . . Heřmanovice
Hermersdorf . . . . Heřmanov

Ortsnamenkonkordanz deutsch – slawisch

Deutsch	Tschechisch bzw. slowakisch
Hermsdorf (Lausitzer Gebirge)	Heřmanice (Lužické hory)
Hermsdorf (Braunau)	Heřmánkovice (Broumov)
Herrengrund	Špania Dolina
Herrnskretschen	Hřensko
Hertine	Rtyně nad Bílinou
Hesselsdorf (Tachau)	Hošťka (Tachov)
Hinterkotten	Zadní Chodov
Hirschberg	Doksy
Hobgarten	Chmeľnica
Hochberg (Schemnitz)	Vysoká (Banská Štiavnica)
Hochlibin	Vysoká Libyně
Hochpetsch	Bečov
Hochsemlowitz	Semněvice
Hochstädten	Vysoká pri Morave
Hochstein	Hoštejn
Hochwies	Velké Pole
Hodermark	Ihľany
Hof	Dvorce
Höflein	Hevlín
Hohendorf	Zádub
Hohenelbe	Vrchlabí
Hohenfurth	Vyšší Brod
Hohenmauth	Vysoké Mýto
Hohenstadt	Zábřeh
Hohlen	Holany
Holitsch	Holíč
Holitz	Holice
Holleischen	Holýšov
Holleschau	Holešov
Holletitz	Holedeč
Hollezrieb	Holostřevy
Hollomnitz	Holumnica
Holuschen	Holubeč
Hombok	Hlubočky
Homenau	Humenné
Honau	Hanov
Honetschlag	Hodňov
Höritz (Böhmerwald)	Hořice na Šumavě
Horosedl	Hořesedly
Horschütz	Velké Hoštice
Hostau	Hostouň
Hosterlitz	Hostěradice
Hosterschlag	Člunek
Hostomitz	Hostomice
Hotzenplotz	Osoblaha
Hrabin	Hrabyně
Hradzen	Hradec
Hrobschitz	Hrobčice
Hronow	Hronov
Hullein	Hulín
Hultschin	Hlučín
Hummel	Homole
Humpoletz	Humpolec
Hunsdorf	Huncovce
Iglau	Jihlava
Innergefild	Horská Kvilda
Irritz	Jiřice u Miroslavi
Jablonau	Jablonné nad Orlicí
Jablonetz an der Iser	Jablonec nad Jizerou
Jablunkau	Jablunkov
Jägerndorf	Krnov
Jakelsdorf	Jaklovce
Jakobsau	Jakubany
Jakubschowitz	Jakubčovice/Opava
Jamnitz	Jemnice
Jansdorf (Zwittau)	Janov (Svitavy)
Jarmirn	Jaroměř
Jauernig	Javorník
Jechnitz (Kralowitz)	Jesenice (Kralovice)
Jeedl	Jedlí
Jitschin	Jičín
Jogsdorf	Jakubčovice/Odry
Johannesberg	Kremnické Banne
Johannesthal (Zuckmantel)	Janov (Zlaté Hory)
Johannisbad	Janské Lázně
Josefsthal	Josefův Důl
Joslowitz	Jaroslavice
Jungbuch	Mladé Buky
Jungbunzlau	Mladá Boleslav
Kaaden	Kadaň
Kallendorf	Chvalovice
Kallich	Kalek
Kalsching	Chvalšiny
Kaltenbrunn	Studánky
Kaltenlautsch	Studená Loučka
Kanitz	Dolní Kounice
Kaplitz	Kaplice
Karbitz	Chabařovice
Karlburg	Rusovce
Karlsbad	Karlovy Vary
Karlsbrunn (Zwittau)	Karle (Svitavy)
Karlsbrunn (Altvatergebirge)	Karlova Studánka (Hrubý Jeseník)
Karlstein	Karlštejn
Karlsthal	Karlovice
Karpfen	Krupina
Karwin	Karviná
Kaschau	Košice
Kaschitz	Kaštice
Käserhau	Jasenovo
Käsmark	Kežmarok
Katharinaberg	Hora Svaté Kateřiny
Katzengrün	Kaceřov
Kauth	Kout na Šumavě
Ketten	Chotyně
Ketzelsdorf	Koclířov
Kirchdrauf	Spišské Podhradie
Kirchenbirk	Kostelní Bříza

Deutsch . . . . Tschechisch
bzw. slowakisch

Kirchschlag . . . . Světlík
Kiowitz . . . . Kyjovice
Kittlitz . . . . Kytlice
Kladrau . . . . Kladruby
Klantendorf . . . . Kujavy
Klattau . . . . Klatovy
Kleinbösig . . . . Březovice
Kleinherrlitz . . . . Malé Heraltice
Klein-Iser . . . . Jizerka
Kleinmohrau . . . . Malá Morava
   (Hannsdorf)   (Hranušovice)
Kleinmohrau . . . . Malá Morávka
   (Altvatergebirge)   (Hrubý Jeseník)
Kleinnußdorf . . . . Sládkovičovo
Kleinschwadowitz . . . . . Malé Svatoňovice
Kleinstohl . . . . Malá Šťáhle
Klentsch . . . . Klenčí pod Čerchovem
Klikau . . . . Klikov
Klinghart . . . . Křižovatka
Klogsdorf . . . . Klokočov
Klostergrab . . . . Hrob
Klösterle an der Eger . . Kláštěrec nad Ohří
Kluckenau . . . . Kluknava
Kniesen . . . . Hniezdne
Koblau . . . . Koblov
Köberwitz . . . . Kobeřice
Kohlbach . . . . Banský Studenec
   (Schemnitz)   (Banská Štiavnica)
Kohlbach . . . . Krásné Loučky
   (Jägerndorf)   (Krnov)
Kojetein . . . . Kojetín
Kokaschitz . . . . Kokášice
Kolin . . . . Kolín
Kolleschowitz . . . . Kolešovice
Kolosoruk . . . . Korozluky
Kommern . . . . Komořany
Komorau . . . . Komárov
Komorn . . . . Komárno
Komotau . . . . Chomutov
Königgrätz . . . . Hradec Králové
Königinhof . . . . Dvůr Králové
   an der Elbe   nad Labem
Königsberg . . . . Klimkovice
Königsberg . . . . Nová Baňa
Königsberg . . . . Kynšperk
   an der Eger   nad Ohří
Königsdorf . . . . Králové Pole
Königshan . . . . Královec
Königslosen . . . . Králová
Königswald . . . . Libouchec
Königswalde . . . . Království
Königswarter Dreihacken . . . . . Tři Sekery
Königswerth . . . . Králoské Poříčí
Konojed . . . . Konojedy
Konopischt . . . . Konopiště
Konstantinsbad . . . . Konstantinovy Lázně
Korkushütten . . . . Korkusova Huť
Kornitz . . . . Chornice
Kosmütz . . . . Kozmice

Deutsch . . . . Tschechisch
bzw. slowakisch

Kosolup . . . . Kozolupy
Kostel . . . . Podivín
Kostelzen . . . . Kostelez
Kosten . . . . Košťany
Kostenblatt . . Kostomlaty pod Milešovkou
Kotterbach . . . . Rudňany
Kottiken . . . . Chotíkov
Kottwitz . . . . Chotěvice
Kralup an der Moldau . Kralupy nad Vltavou
Kratzau . . . . Chrastava
Krausebauden . . . . Labská
Kreibitz . . . . Chřibská
Kremnitz . . . . Kremnica
Krems . . . . Křemže
Kremsier . . . . Kroměříž
Kreuzberg . . . . Kružberk
Kreuzendorf . . . . Holasovice
Krickerhau . . . . Handlová
Kriegern . . . . Kryry
Kriegsdorf . . . . Valšov
Kriesdorf . . . . Křižany
Krima . . . . Křimov
Kroatisch Jahrndorf . . . . Jarovce
Krombach . . . . Krompach
Krompach . . . . Krompachy
Krönau . . . . Křenov
Krondorf . . . . Korunní
Kronsdorf . . . . Krasov
Krumau . . . . Český Krumlov
Krumpisch . . . . Chromeč
Kržeschitz . . . . Křešice
Kubohütten . . . . Kubova Huť
Kuchelna . . . . Chuchelná
Kuchl . . . . Kuchyňa
Kukus . . . . Kuks
Kulm . . . . Chlumec
Kunau . . . . Skrbovice
Kunewald . . . . Kunín
Kunnersdorf . . . . Kunratice u Cvikova
Kunowitz . . . . Kunovice
Kunzendorf . . . . Kunčina
Kupferberg . . . . Měděnec
Kuschwarda . . . . Strážný
Kuttenberg . . . . Kutná Hora
Kuttenplan . . . . Chodová Planá

Labant . . . . Labuť
Ladowitz . . . . Ledvice
Lampersdorf . . . . Lampertice
Landek . . . . Otročín
Landeck . . . . Lendak
Landschau . . . . Lančov
Lan(d)schütz . . . . Bernolákovo
Landshut . . . . Lanžhot
Landskron . . . . Lanškroun
Langenau . . . . Lánov
   (Hohenelbe)   (Vrchlabí)
Langenau (Haida) . . . . . Skalice (Nový Bor)
Langenbruck . . . . Dlouhý Most

Ortsnamenkonkordanz deutsch – slawisch

Deutsch . . . . **Tschechisch**
bzw. slowakisch

Langendorf . . . . Dlouhá Ves
Langenlutsch . . . . Dlouhá Loučka
(Mährisch-Trübau)   (Moravská Třebová)
Lanz . . . . Lomnice
Lasenitz . . . . Lásenice
Laun . . . . Louny
Lautschburg . . . . Lučivna
Lechwitz . . . . Lechovice
Leibitz . . . . Ľubica
Leinbaum . . . . Klenová
Leipertitz . . . . Litobratřice
Leipnik . . . . Lipník nad Bečvou
Leitersdorf . . . . Litultovice
Leitmeritz . . . . Litoměřice
Leitomischl . . . . Litomyšl
Leopoldau . . . . Leopoldov
Lesche . . . . Leština
Leskau . . . . Lestkov
Lesnitz . . . . Lesnice
Lettensdorf . . . . Letanovce
Leutschau . . . . Levoča
Lewenz . . . . Levice
Libethen . . . . Ľubietová
Liboch . . . . Liběchov
Libochowann . . . . Libochovany
Lichnau . . . . Lichnov
(Frankstadt)   (Frenštát pod Radhoštěm)
Lichten . . . . Lichnov
(Freudenthal)   (Bruntál)
Lichtenau . . . . Lichkov
Lichtenstadt . . . . Hroznětín
Lichtenstein . . . . Líšťany
Lichtenwerden . . . . Světlá Hora
Liebenau . . . . . . Hodkovice nad Mohelkou
Liebenstein . . . . Libá
Liebenthal . . . . Liptaň
Liebeschitz . . . . Liběšice
Liebisch . . . . Libhošť
Lieboritz . . . . Libořice
Liebotschan . . . . Libočany
Liebshausen . . . . Libčeves
Liliendorf (Znaim) . . . . Lesná (Znojmo)
Lindenau . . . . Lindava
Lindenhau (bei Eger) . . . . . . Lipová (Cheb)
Lindenwiese . . . . Lipová-lázně
Linsdorf . . . . Těchonín
Lipolz . . . . Lipolec
Lippen . . . . Lipno nad Vltavou
Liptau-Sankt-Nikolaus . . Liptovský Mikuláš
Liquitz . . . . Libkovice
Lissa . . . . Lysá nad Labem
Littau . . . . Litovel
Littengrün . . . . Lítov
Lobenstein . . . . Lobendava
(Nixdorf)   (Mihulášovice)
Lobenstein . . . . Úvalno
(Jägerndorf)   (Krnov)
Lobnig . . . . Lomnice
Lobositz . . . . Lovosice

Deutsch . . . . **Tschechisch**
bzw. slowakisch

Lodenitz . . . . Loděnice
Lohsen . . . . Nová Ves
Lomnitz . . . . Lomnice nad Lužnicí
Lomnitz . . . . Lomnice
an der Popelka   nad Popelkou
Loosdorf . . . . Ludvíkovice
Loschowitz . . . . Lovečkovice
Losontz . . . . Lučenec
Lubenz . . . . Lubenec
Luck . . . . Luka
Ludgersthal . . . . Ludgeřovice
Luditz . . . . Žlutice
Luggau . . . . Lukov
Luhatschowitz . . . . Luhačovice
Lukau . . . . Lukova
Lundenburg . . . . Břeclav
Lusading . . . . Služetín
Luttau . . . . Lutová

Machendorf . . . . Machnín
Mader . . . . Modrava
Maffersdorf . . . . . . Vratislavice nad Nisou
Mährisch-Altstadt . . . . Staré Město
Mährisch-Aussee . . . . Úsov
Mährisch-Budwitz . . Moravské Budějovice
Mährisch-Chrostau . . Moravská Chrastová
Mährisch-Krumau . . . Moravský Krumlov
Mährisch-Lotschnau . . . Moravský Lačnov
Mährisch-Neustadt . . . . Uničov
Mährisch-Ostrau . . . . Ostrava
Mährisch-Rothwasser . . . . . Červená Voda
Mährisch-Schönberg . . . . Šumperk
Mährisch-Trübau . . . . . Moravská Třebová
Mährisch-Weißkirchen . . . . Hranice
(Olmütz)   (Olomouc)
Maires . . . . Maříž
Malatzka . . . . Malacky
Malkau . . . . Málkov
Malschwitz . . . . Malšovice
Manetin . . . . Manětín
Mankendorf . . . . Mankovice
Margarethen . . . . Margecany
Mariaschein . . . . Bohosudov
Marienbad . . . . Mariánské Lázně
Marienthal . . . . Marianka
Markersdorf . . . . Markvartice
Marksdorf . . . . Markušovce
Markt Eisenstein . . . . Železná Ruda
Marschendorf . . . . Horní Maršov
Marxdorf . . . . Mšeno nad Nisou
Märzdorf . . . . Martínkovice
Maschau . . . . Mašťov
Mastig . . . . Mostek
Maxdorf . . . . Matejovce
Meedl . . . . Medlov
(Mährisch-Neustadt)   (Uničov)
Meigelsdorf . . . . Chodov
(Taus)   (Domažlice)
Meinetschlag . . . . Malonty

Deutsch . . . . Tschechisch
bzw. slowakisch

Melnik . . . . Mělník
Meltsch . . . . Melč
Menhardsdorf . . . . Vrbov
Merkelsdorf . . . . Zdoňov
Merkelsgrün . . . . Merklín
Meronitz . . . . Měrunice
Metzenseifen . . . . Medzev
Metzling . . . . Meclov
Michelsberg . . . . Michalovy Hory
Michelsdorf . . . . Ostrov
(Böhmisch-Trübau) (Česká Třebová)
Miecholup . . . . Měcholupy
Mies . . . . Stříbro
Milkendorf . . . . Milotice nad Opavou
Milleschau . . . . Milešov
Mirkowitz . . . . Mířkov
(Bischofteinitz) (Horšovský Týn)
Mirkowitz . . . . Mírkovice
(Krumau) (Český Krumlov)
Mischdorf . . . . Dunajská Lužná
Mißlitz . . . . Miroslav
Modern . . . . Modra
Modes . . . . Matějovec
Modlan . . . . Modlany
Mödlau (Brünn) . . . . Medlov (Brno)
Mödritz . . . . Modřice
Modschiedl . . . . Močidlec
Mogolzen . . . . Bukovec
Moldau . . . . Moldava
Moldau . . . . Moldava nad Bodvou
Morawitz . . . . Moravice
Morchenstern . . . . Smržovka
Mostau . . . . Odrava
Müglitz . . . . Mohelnice
Mugrau . . . . Mokrá
Mühlbach . . . . Pomezí nad Ohří
Mühlessen . . . . Milhostov
Mühlhausen . . . . Milevsko
Münchengrätz . . . . Mnichovo Hradiště
Münchhof . . . . Vintířov
Münichwies . . . . Vrícko
Mürau . . . . Mírov
Muttersdorf . . . . Mutěnín

Nachod . . . . Náchod
Naschetitz . . . . Načeratice
Nassengrub . . . . Mokřiny
Natschung . . . . Načetín
Nebanitz . . . . Nebanice
Negranitz . . . . Nechranice
Nehre . . . . Strážky
Neplachowitz . . . . Neplachovice
Neratowitz . . . . Neratovice
Nesselsdorf . . . . Kopřivnice
Nestomitz . . . . Neštěmice
Netschenitz . . . . Nečemice
Netschetin . . . . Nečtiny
Neuberg . . . . Kopaniny
Neubistritz . . . . Nová Bystřice

Deutsch . . . . Tschechisch
bzw. slowakisch

Neudeck . . . . Nejdek
Neuerbersdorf . . . . Nové Heřminovy
Neuern . . . . Nýrsko
Neugarten . . . . Zahrádky
Neugebäu . . . . Nový Svět
Neugedein . . . . Kdyně
Neugramatin . . . . Nový Kramolín
Neuhau . . . . Nová Lehota
Neuhaus . . . . Jindřichův Hradec
Neuhäusel . . . . Nové Zámký
Neuhurkenthal . . . . Nová Hůrka
Neukirchen . . . . Nový Kostel
Neuland . . . . Noviny pod Ralskem
Neumark . . . . Všeruby
(Neugedein) (Kdyně)
Neumarkt . . . . Úterý
Neuofen . . . . Nova Pec
Neupaka . . . . Nová Paka
Neupetrein . . . . Nový Petřín
Neuprerau . . . . Nový Přerov
Neurettendorf . . . . Kocbeře
Neu-Rohlau . . . . Nová Role
Neusattl . . . . Nové Sedlo
Neuschmecks . . . . Nový Smokovec
Neusiedl . . . . Novosedly
Neusohl . . . . Banská Bystrica
Neustadt . . . . Nové Město
Neustadt . . . . Nové Město
an der Mettau nad Metují
Neustadt . . . . Nové Město
an der Tafelfichte pod Smrkem
Neustadt . . . . Nové Město
an der Waag nad Váhom
Neustadt (Mähren) . Nové Město na Moravě
Neustadtl (Haid) . . . . Stráž (Bor)
Neutitschein . . . . Nový Jičín
Neutra . . . . Nitra
Neu-Ullersdorf . . . . Nové Losiny
Neuwaltersdorf . . . . Nové Valteřice
Nickelsdorf . . . . . . Poruba pod Vihorlatem
Niederadersbach . . . . Dolní Adršpach
Niederebersdorf . . . . Dolní Habartice
Niedereinsiedel . . . . Dolní Poustevna
Niedergrund . . . . Dolní Podluží
Niederkrupai . . . . Dolní Krupá
Niederlichwe . . . . Dolní Libchavy
Niedermohrau . . . . Dolní Morava
Niedermohrau . . . . Dolní Morávice
Niederöls . . . . Dolní Olešnice
Niederstepanitz . . . . Dolní Štěpanice
Niederullersdorf . . . . Dolní Bořikovice
Niemes . . . . Mimoň
Niklasberg . . . . Mikulov
Niklasdorf . . . . Mikulovice
Nikl . . . . Mikuleč
Nikolsburg (Mähren) . . . Mikulov (Morava)
Nimburg . . . . Nymburk
Nixdorf . . . . Mikulášovice
Nürschan . . . . Nýřany

Ortsnamenkonkordanz deutsch – slawisch

Deutsch	Tschechisch bzw. slowakisch
Oberadersbach	Horní Adršpach
Oberaltstadt	Horní Staré Město
Oberbaumgarten	Horní Pěna
Oberfröschau	Horní Břečkov
Obergeorgenthal	Horní Jiřetín
Oberhaid	Horní Dvořiště
Oberhaid	Zbytiny
Oberhermanitz	Horní Heřmanice
Oberkleinaupa	Horní Mala Úpa
Oberleutensdorf	Litvínov
Oberliebich	Horní Libchava
Obermoldau	Horní Vltavice
Obernitz	Obrnice
Obernußdorf	Horné Orešany
Oberplan	Horní Planá
Oberpolitz	Horní Police
Oberprausnitz	Horní Brusnice
Oberrauschenbach	Vyšné Ružbachy
Oberschwaben	Lysá nad Dunajcom
Oberstuben	Horná Štubňa
Oberwernersdorf	Horní Verněřovice
Oberwidim	Vidim
Oberwittig	Horní Vitkov
Oderberg	Bohumín
Odersch	Oldřišov
Odrau	Odry
Oemau	Soběnov
Ohrensdorf	Střitež nad Ludinou
Olbersdorf	Město Albrechtice
Olleschau	Olšany
Olmütz	Olomouc
Oppolz	Tichá
Oskau	Oskava
Oschelin	Ošelín
Oschitz	Osečná
Ossegg	Osek
Ostrau (Mährisch-Ostrau)	Ostrava
Ostrau	Ostrov u Bezdružic
Ostrau (Mies)	Ostrov u Stříbra
Ottau	Zátoň
Ottendorf	Otice
Ottendorf (Braunau)	Otovice (Broumov)
Ottowitz (Karlsbad)	Otovice (Karlovy Vary)
Palmsdorf	Harichovce
Pardubitz	Pardubice
Parchen	Prácheň
Partschendorf	Bartošovice
Passek	Paseka
Paulisch	Píla
Pausram	Pouzdřany
Pernharz	Pernarec
Pernstein	Pernštejn
Petersburg	Petrohrad
Petersdorf	Petrov nad Desnou

Deutsch	Tschechisch bzw. slowakisch
Petershofen	Petřkovice
Peterswald (Teplitz)	Petrovice (Teplice)
Peterswald (Ostrau)	Petřvald (Ostrava)
Petschau	Bečov nad Teplou
Petzer	Pec pod Sněžkou
Pfraumberg	Přimda
Pickau	Pěkov
Piesling	Písečné
Pilgram	Pelhřimov
Pilnikau	Pilníkov
Pilsen	Plzeň
Pikeh	Písch
Pistyan	Piešťany
Piwana	Pňovany
Pladen (Lubenz)	Blatno (Lubec)
Plan	Planá
Platten (Bergstadt)	Horní Blatná
Platten (Komotau)	Blatno (Chomutov)
Platz	Místo
Pleißnitz (Pleischnitz)	Plešivec
Ploscha	Blažim
Ploschkowitz	Ploskovice
Podersam	Podbořany
Podiebrad	Poděbrady
Pograth	Podhrad
Pohler	Pohledy
Pohlig	Poláky
Pohrlitz	Pohořelice
Polaun	Polubný
Polepp	Polepy
Politz an der Elbe	Boletice nad Labem
Pollau	Pavlov
Polletitz	Boletice
Pomeisl	Nepomyšl
Pomitsch	Podmyče
Pömmerle	Povrly
Pommerndorf	Strážne
Ponikla	Poniklá
Poppitz (Auspitz)	Popice (Hustopeče)
Poppitz (Znaim)	Popice (Znojmo)
Poschetzau	Božičany
Poschlag	Loučovice
Possitz	Božice
Postelberg	Postoloprty
Potscherad	Počerady
Prachatitz	Prachatice
Prackendorf	Prakovce
Prag	Praha
Prahlitz	Pravlov
Prerau	Přerov
Preschau	Prešov
Preschkau	Prysk
Preßburg	Bratislava
Priesen	Březno
Priethal	Přídolí
Priewitz	Prievidza
Probitz	Pravice

**Deutsch . . . . Tschechisch
bzw. slowakisch**

Prochetshau . . . . Prochot
Prochomuth . . . . Prachomety
Prösau . . . . Březová
Prosau . . . . Mrázov
Proschwitz . . . . Proseč nad Nisou
(Gablonz)　　　　　(Jablonec nad Nisou)
Proschwitz . . . . Proseč pod Ještědem
(Gablonz)　　　　　(Jablonec nad Nisou)
Proschwitz . . . . Prosečně
(Hohenelbe)　　　　　　　　　(Vrchlabý)
Proßmeritz . . . . Prosiměřice
Proßnitz . . . . Prostějov
Prostibor . . . . Prostiboř
Pschoblik . . . . Pšovlky
Pudlein . . . . Podolínec
Pukanz . . . . Pukanec
Pulgram . . . . Bulhary
Püllna . . . . Bylany
Pürglitz . . . . Křivoklát
Pürstein . . . . Perštejn
Puschwitz . . . . Buskovice
Pussigkau . . . . Postřekov

Qualisch . . . . Chvaleč

Raabe . . . . Hrabová
Raase . . . . Razová
Rabenau . . . . Hrabenov
Rabenseifen . . . . Hrabišín
Rabenstein . . . . Rabštejn nad Střelou
Radaun . . . . Radouň
Radetz . . . . Radeč
Radolnitz . . . . Radonice
Radowenz . . . . Radvanice
Radowesitz . . . . Radovesice
Radun . . . . Raduň
Rakonitz . . . . Rakovník
Rakschitz . . . . Rakšice
Ranigsdorf . . . . Linhartice
Ranzern . . . . Rančířov
Raspenau . . . . Raspenava
Ratkau . . . . Radkov
Rattimau . . . . Vratimov
Rauden . . . . Rudná
Raudnitz . . . . Roudnice nad Labem
Rausenbruck . . . . Strachotice
Rautenberg . . . . Roudno
Rehberg . . . . Srní
Reichenau . . . . Rychnov
(Landskron)　　　　　　　　　(Lanškroun)
Reichenau . . . . Rychnov u Jablonce
(Gablonz)　　　　　　　　　　nad Nisou
Reichenau . . . . Rychnov
an der Kněžna　　　　　　　nad Kněžnou
(Adlergebirge)　　　　　　　(Orlické hory)
Reichenau . . . . Rychnov
an der Maltsch　　　　　　　　nad Malší
Reichenberg . . . . Liberec
Reichstadt . . . . Zákupy

**Deutsch . . . . Tschechisch
bzw. slowakisch**

Reichwaldau . . . . Rychvald
Reimlich . . . . Rybí
Reitendorf . . . . Rapotín
Riebnig . . . . Rybník
(Böhmisch-Trübau)　　　(Česká Třebová)
Riegerschlag . . . . Lodhéřov
Riegersdorf . . . . Modrá
Ringelshain . . . . Rynoltice
Ritschka . . . . Říčky
Rochlitz an der Iser . Rokytnice nad Jizerou
Rohrbach . . . . Rohožník
Röhrsdorf . . . . Svor
Rokinitz . . . . Rokytnice v Orlických horach
Roks . . . . Rakúsy
Rokytzan . . . . Rokycany
Römerstadt . . . . Rýmařov
Ronsperg . . . . Poběžovice
Rosenau . . . . Rožňava
Rosenberg . . . . Rožmberk nad Vltavou
(Wullowitz)
Rosenberg . . . . Ružomberok
(Große Fatra)　　　　　　　　(Veľká Fatra)
Rosendorf . . . . Růžová
Rosenthal . . . . Rozstání
(Reichenberg)　　　　　　　　　(Liberec)
Rosenthal . . . . Rožmitál na Šumavé
im Böhmerwalde
Roßbach (Asch) . . . . Hranice (Aš)
Roßhaupt . . . . Rozvadov
Roßwald . . . . Slezské Rudoltice
Rostok . . . . Roztaky
Rothau . . . . Rotava
Roth-Kosteletz . . . . Červený Kostelec
Rottenschachen . . . . Rapšach
Röwersdorf . . . . Třemešná
Rückersdorf . . . . Dolní Řasnice
Rudelsdorf . . . . Rudoltice
Rudig . . . . Vroutek
Rumburg . . . . Rumburk
Ruppersdorf . . . . Ruprechtice

Saar . . . . Žďár nad Sázavou
Saaz . . . . Žatec
Sablat . . . . Záblatí
Saidschitz . . . . Zaječice
Salesel . . . . Dolní Zálezly
Salnau . . . . Želnava
Sandau . . . . Píšť
Sandau . . . . Žandov
Sandhübel . . . . Písečná
Sangerberg . . . . Prameny
Sankt Benedikt . . . . Hronský Beňadik
Sankt Georgen . . . . Svätý Jur
Sankt Georgenthal . . . Jiřetín pod Jedlovou
Sankt Joachimsthal . . . . Jáchymov
Sankt Katharina . . . . Svatá Kateřina
Sankt Martin . . . . Martin
Sankt Nikolaus . . . . Liptovský Mikuláš
(Liptau-Sankt-Nikolaus)

Ortsnamenkonkordanz deutsch – slawisch

Deutsch	Tschechisch bzw. slowakisch
Sarndorf	Čunovo
Sattel	Sedloňov
Saubsdorf	Supíkovice
Schaab	Pšov / Žatec
Schaar	Žďár
Schaffa	Šafov
Schakwitz	Šakvice
Schallan	Žalany
Schamers	Čiměř
Schattau	Šatov
Schattmannsdorf	Častá
Schatzlar	Žacléř
Schaub	Pšov / Žlutice
Scheibenradisch	Okrouhlé Hradiště
Scheles	Žihle
Schelesen	Želízy
Schelwitz	Všelibice
Schemnitz	Banská Štiavnica
Scherlowitz (Pilsen)	Čerňovice (Plzeň)
Schießelitz	Žiželice
Schildern	Hamuliakovo
Schillersdorf	Šilheřovice
Schiltern (Mährisch-Budwitz)	Štítary (Moravské Budějovice)
Schirmdorf	Semanín
Schitnich	Štítnik
Schlackenwerth (Karlsbad)	Ostrov (Karlovy Vary)
Schlaggenwald	Horní Slavkov
Schlan	Slaný
Schlattau	Slavkov
Schlatten	Slatina
Schlowitz	Šlovice
Schluckenau	Šluknov
Schmiedeberg	Kovářská
Schmiedshau	Tužina
Schmögen	Smižany
Schmolau	Smolov
Schmole	Zvole
Schmöllnitz	Smolník
Schmöllnitz Hütte	Smolnícka Huta
Schönau	Šonov
Schönbach	Luby
Schönbach (Asch)	Krásná
Schönborn	Krásná Studánka
Schönbrunn (Zwittau)	Jedlová (Svitavy)
Schönbrunn (Mährisch-Schönberg)	Dolní Studénky (Šumperk)
Schönfeld (Kaiserwald)	Krásno (Slavkovský les)
Schönfeld (Ostrau)	Krásné Pole (Ostrava)
Schönhof	Krásný Dvůr
Schönlind (Erzgebirge)	Šindelová (Krušné hory)
Schönlind (Eger)	Slapany (Cheb)
Schönlinde	Krásná Lípa

Deutsch	Tschechisch bzw. slowakisch
Schönstein	Dolní Životice
Schönwald (Teplitz)	Krásny Les (Teplice)
Schönwald (Friedland)	Krásny Les (Frýdlant)
Schönwald (Tachau)	Lesná (Tachov)
Schönwald (Mährisch-Neustadt)	Šumvald (Uničov)
Schoßberg	Šaštín-Stráže
Schossenreith	Častkov
Schreibendorf	Písařov
Schreibersdorf	Hněvošice
Schrikowitz	Křepkovice
Schumburg an der Desse	Šumburk nad Desnou
Schüttarschen (bei Weißensulz)	Štítary (Bělá nad Radbozou)
Schüttenhofen	Sušice
Schüttenitz	Žitenice
Schwaden	Svádov
Schwaderbach	Bublava
Schwarzbach	Černá v Pošumaví
Schwarzthal	Černé Údolí
Schwarzwasser	Černá Voda
Schwaz	Světec
Schwedler	Švedlár
Schweißing	Svojšín
Schwilbogen	Svébohov
Sebastiansberg	Hora Svatého Šebestiána
Sebusein	Sebuzín
Sedlnitz	Sedlnice
Seewiesen	Javorná
Seidenschwanz	Vrkoslavice
Seitendorf	Hladké Životice
Semil	Semily
Senftenberg	Žamberk
Senftleben	Ženklava
Senitz	Senica
Settenz	Řetenice
Setzdorf	Vápenná
Sichelsdorf	Žichlínek
Siebenbrot	Sebechleby
Siebenlinden	Lipany
Silberbach	Stříbrná
Silberlos	Stříbřec
Sillein	Žilina
Sirb	Srby
Skalitz	Skalica
Skalka	Skály
Skyritz	Skyřice
Smolenitz	Smolenice
Sobislau	Soběslav
Sockelsdorf	Žakarovce
Sodau	Sadov
Söhle (Neutitschein)	Žilina (Nový Jičín)

Deutsch	Tschechisch bzw. slowakisch
Sohors	Žár
Solmus	Stružná
Sommerein	Šamorín
Sörgsdorf	Uhelná
Spachendorf	Leskovec nad Moravicí
Spindelmühle (Spindlermühle)	Špindlerův Mlýn
Spitzberg	Špičák
Sponau	Spálov
Sporitz	Spořice
Spornhau	Ostružná
Staab	Stod
Stachau	Stachy
Stadt Liebau	Město Libavá
Stallek	Stálky
Stampfen	Stupava
Stangendorf	Vendolí
Starkstadt	Stárkov
Stauding	Studénka
Steinschönau	Kamenický Šenov
Sternberg	Šternberk
Stettin	Štítina
Stiebnig	Jistebník
Stiebrowitz	Stěbořice
Stiedra	Štědrá
Stipokl	Štipoklasy
Storzendorf	Újezd
Stoß	Štós
Strakonitz	Strakonice
Stramberg	Štramberk
Straßnitz (Göding)	Strážnice (Hodonín)
Strobnitz	Horní Stroppnice
Stubenseifen	Stříbrnice
Suchenthal (Wullowitz)	Suchdol
Suchenthal (Wittingau)	Suchdol nad Lužnicí (Třeboň)
Sucholasetz	Suché Lazce
Sukorad	Sukorady
Swetla	Světlá pod Ještědem
Tabor	Tábor
Tachau	Tachov
Tannwald	Tanvald
Taßwitz	Tasovice
Tatra-Lomnitz	Tatranská Lomnica
Tattenitz	Tatenice
Taus	Domažlice
Techlowitz (Mies)	Těchlovice (Štříbro)
Teichstatt	Rybniště
Tellnitz	Telnice
Teltsch	Telč
Tepl	Teplá
Teplitz	Teplice
Teschen	Český Těšín
Tetschen	Děčín
Teutschenrust	Podbořanský Rohozec
Thammühl	Staré Splavy
Theben	Devín
Thebenneudorf	Devínska Nová Ves
Theresienstadt	Terezín
Theußau	Tisová
Theusing	Toužim
Thomasdorf	Domašov
Thonbrunn	Studánka
Thormigsdorf	Damníkov
Tichlowitz	Těchlovice
Tieberschlag	Lomy
Tiefengrund	Hlubočec
Tilmitschau	Tlumačov
Tisch	Ktiš
Tischnowitz	Tišnov
Topkowitz	Dobkovice
Topoltschan	Topoľčany
Topportz	Toporec
Töstitz	Těšetice
Tracht	Strachotin
Trasenau	Draženov
Trautenau	Trutnov
Trebendorf	Třebeň
Trebischau	Trebišov
Trebitsch	Třebíč
Trentschin	Trenčín
Treskowitz	Troskotovice
Treublitz	Troubelice
Triebendorf	Třebařov
Triebitz	Třebovice
Triebsch	Třebušín
Triesch	Třešť
Trinksaifen	Nové Hamry
Třitesch	Střítež
Troppau	Opava
Trpist	Trpísty
Trupschitz	Strupčice
Tschadsa	Čadca
Tschaslau	Čáslav
Tscheraditz	Čeradice
Tscherman	Čermany
Tschermna	Čermna
Tschernhausen	Černousy
Tschernitz	Černice
Tschernoschin	Černošín
Tschernowitz (Komotau)	Černovice (Chomutov)
Tscheschdorf	Těšíkov
Tschirmer See	Štrbské pleso
Tschischkowitz	Čížkovice
Tuchorschitz	Tuchořice
Tuhan	Tuhaň
Tullnitz	Dolenice
Tüppelsgrün	Děpoltovice
Turnau	Turnov
Tuschkau Dorf	Ves Touškov
Tuschkau Stadt	Město Touškov
Tusset	Stožec
Tyrnau	Trnava
Tyssa	Tisá

Ortsnamenkonkordanz deutsch – slawisch

Deutsch	Tschechisch bzw. slowakisch
Udwitz	Otvice
Uittwa	Útvina
Ullitz	Úlice
Ungarisch-Brod	Uherský Brod
Ungarisch-Hradisch	Uherské Hradiště
Ungarschitz	Uherčice
(Jamnitz)	(Jemnice)
Ungeraiden	Záhorská Ves
Unterellgoth	Dolní Lhota
Unterhaid	Dolní Dvořiště
Unterjamny	Dolní Jamné
Unterkubin	Dolní Kubín
Unterlangendorf	Dlouhá Loučka
(Mährisch-Neustadt)	(Uničov)
Unterrauschenbach	Nižné Ružbachy
Unterreichenstein	Rejštejn
Untersandau	Dolní Žandov
Unterschwaben	Červený Kláštor
Unterstuben	Dolná Štubňa
Untertannowitz	Dolní Dunajovice
Unterthemenau	Poštorná
Unterturz	Dolný Turček
Voitelsbrunn	Sedlec
Voitersreuth	Vojtanov
Vorderheuraffl	Přední Výtoň
Vöttau	Bítov
Waagbistritz	Považská Bystrica
Wagendrüssel	Nálepkovo
Wagstadt	Bílovec
Waier	Rybník
(Böhmerwald)	(Český les)
Waißak	Vysoká
(Zuckmantel)	(Zlaté Hory)
Wallachisch-Meseritsch	Valašské Meziříčí
Wallek	Travná
Wallendorf	Spišské Vlachy
Wallern	Volary
Waltersdorf	Rovinka
(Preßburg)	(Bratislava)
Waltersdorf	Valteřice
(Hohenelbe)	(Vrchlabý)
Waltsch	Valeč
Wamberg	Vamberk
Wannow	Vaňov
Warnsdorf	Varnsdorf
Warta	Stráž
an der Eger	nad Ohří
Wartberg	Senec
Wartenberg	Stráž pod Ralskem
Wassersuppen	Nemanice
Wawrowitz	Vávrovice
Weberschan	Břvany
Wedlitz	Vědlice
Wegstädtl	Štětí
Weidenau	Vidnava
Weigelsdorf	Vikantice

Deutsch	Tschechisch bzw. slowakisch
Weigsdorf	Višňová
Weikersdorf	Vikýřovice
Weinitz	Bojnice
Weipersdorf	Výprachtice
Weipert	Vejprty
Weißbach	Bílý Potok
(Isergebirge)	(Jízerské hory)
Weißbach	Bílý Potok
(Jauernig)	(Javorník)
Weißensulz	Bělá nad Radbuzou
Weißkirchen	Bílý Kostel nad Nisou
Weißstätten	Pasohlávky
Weißwasser	Bělá pod Bezdězem
(Jungbunzlau)	(Mladá Boleslav)
Weißwasser	Bílá Voda
(Jauernig)	(Javorník)
Wekelsdorf	Teplice nad Metují
Welchau	Velichov
Wellemin	Velemín
Welmschloß	Velemyšleves
Welperschitz	Erpužice
Wermsdorf	Vernířovice
Wernar	Vernár
Wernstadt	Verneřice
Weseritz	Bezdružice
Weshorsch	Zhoř
Wettern	Větřní
Wetzwalde	Václavice
Wichau	Vichová nad Jizerou
Wichstadtl	Mladkov
Wickwitz	Vojkovice
Wiese	Zátor
Wiesenberg	Loučná nad Desnou
Wiesenthal	Lučany nad Nisou
Wigstadtl	Vítkov
Wildenschwert	Ústí nad Orlic
Wildgrub	Václovov u Bruntálu
Wildschütz	Vlčice
(Jauernig)	(Javorník)
Wildschütz	Vlčice
(Trautenau)	(Trutnov)
Wildstein	Skalná
Willomitz	Vilémov
Wilsdorf	Vilsnice
Winau	Vyšné
Windischdorf	Horná Ves
Windischendorf	Slovenská Ves
Windisch-Kamnitz	Srbská Kamenice
Winkelsdorf	Kouty nad Desnou
Winterberg	Vimperk
Wischau	Vyškov
Wisokein	Vysočany
Wistritz	Bystřice
Witkowitz	Vítkovice
Wittenz	Chtelnica
Wittingau	Třeboň
Wlaschim	Vlašim
Wlastowitz	Vlaštovičky
Wodnian	Vodňany

**Deutsch . . . . Tschechisch
bzw. slowakisch**

Deutsch	Tschechisch bzw. slowakisch
Wohontsch	Ohníc
Woken	Okna
Wolfersdorf	Volfartice
Wolframitz	Olbramovice
Wolframitzkirchen	Olbramkostel
Wölking	Dolní Bolíkov
Wolta	Voletiny
Wonetitz	Boňetice
Woratschen	Oráčov
Wörles	Ostrov
(Krumau)	(Český Krumlov)
Worlik	Orlík
Wostitz	Vlasatice
Wrzessin	Vřesina
Wscherau (Pilsen)	Všeruby (Plzeň)
Würbenthal	Vrbno pod Pradědem
Wurzmes	Vrskmaň
Wüstpohlom	Pustá Polom
Wüstseibersdorf	Pusté Žibřidovice
Zaisa	Čížov
Zauchtel	Suchdol nad Odrou
(Odrau)	(Odry)
Zauditz	Sudice

**Deutsch . . . . Tschechisch
bzw. slowakisch**

Deutsch	Tschechisch bzw. slowakisch
Zautke	Sudkov
Zeben	Sabinov
Zebus	Chcebuz
Zech	Malinová
Zechitz	Stránské
Zeidler	Brtníky
Zeiske	Tísek
Zemschen	Třemešné
Zieditz	Cítice
Zimrowitz	Žimrovice
Zinnwald	Cínovec
Zipser Belá	Spišská Belá
Zipser Neudorf	Spišská Nová Ves
Zlabings	Slavonice
Znaim	Znojmo
Zottkith	Cotkytle
Zöptau	Sobotín
Zuckmantel	Zlaté Hory
Zulb	Slup
Zwickau	Cvikov
Zwittau	Svitavy
Zwodau	Svatava
Zwolln	Stvolny
Zwug	Zbůch

Namen- und Sachregister
auf den Seiten
712 bis 726

Register

Abertamy 188
Adamov 277
Adersbach 18, 417
Adersbacher und Wekelsdorfer
 Felsen 11, 18, 126, 415
Adler 237
Adlergebirge 18, 125, 298
Adlerkosteletz (Ort) 394
Adlerkosteletz, Schloß 125
Adolfsthal 277
Adršpach 18
Aggteleker Höhle 131, 551
Agnetendorf 125
Albeř 199
Albrechtice (bei Sušice) 407
Albrechtice nad Vltavou (bei
 Písek) 315
Alexander I. 397
Alföld 31
Alsókorompa 565
Altbunzlau 98, 135 (s. Brandeis
 an der Elbe)
Alt-Hrosinkau 259
Altschmecks 29, 38, 129, 555
Altsohl 31, 38, 106, 131, 576
Altstadt 97, 127, 273, 429
Alttitschein 287
Altvater 19, 189, 191
Altvatergebirge 127, 188
Amerika-See 173
Andělská Hora 208
Angel 122, 214, 323
Annín 407
Anreise 518
Antiquitäten 585
Antol 464
Apotheken 585
Arbesau 120
Arboretum Mlyňany 530
Arnau 18, 237, 426
Arpaden 62
Arva, Burg 26
Arva (Fluß) 26, 29, 129, 534,
 566
Arvasee 534
Arva-Stausee 26, 129, 535
Ärztliche Hilfe 586
Aš 173
Asch 173
Aunjetitzer Kultur 97
Aupa 17, 125, 231, 237
Auskunft 586
Auspitz 24, 270
Außergefild 122
Aussig 16, 51, 120, 238, 431
Austerlitz 24, 124, 397
Austerlitz, Schlacht bei 67
Austerlitz, Schlachtfeld 397
Autobus 582, 589
Autohilfe 590
Autovermietungen 638

Baar, Jindřich Šimon 168
Babia hora 26, 537
Babylon 168
Bachlecká dolina 470
Bad Bartfeld 467
Bad Bochdanetsch 309
Bad Königswart 264
Bad Liebwerda 177

Bad Losontz 521
Bad Pistyan 57
Bad Sliač 131
Bad Sovar 544
Balcar-Höhle 278
Baníkov 520
Banská Bystrica 31, 106, 130,
 459
Banská Štiavnica 31, 105, 131,
 462
Baradla 551
Barau 325
Bardejov 106, 465
Bardejovské kúpele 467
Bärenpfad 443
Bartfeld 106, 465
Baťa, Tomáš 73, 453
Baumgarten 389
Bavorov 325
Bazin 523
Bechin 122, 134
Bechyně 122, 134
Beckov 562
Bečov nad Teplou 265
Bečva 24, 127, 228, 273, 275,
 435
Beczkó 562
Bedřichov 200
Behindertenhilfe 591
Bela 502
Belaer Tatra 29, 129, 469, 568
Belaer Tropfsteinhöhle 129, 470
Bělá pod Bezdězem 148
Belianská jaskyňa 129, 470,
 570
Belianské Tatry 29, 129, 469
Běloves 283
Beluša 128
Benatek 136
Benátky nad Jizerou 136
Benatzky, Ralph 73
Benecko 34, 226
Beneschau (bei Prag) 121, 217
Beneš, Edvard 73
Benešov nad Plouzčnici 166
Benešov u Prahy 121, 217
Beneš z Loun 99
Benetzko 34, 226
Bensen 166
Beraun (Fluß) 15, 21, 118, 391,
 439
Beraun (Ort) 21, 118, 211
Berghütte s. Eigenname
Bergreichenstein 122, 407
Bernarditz 134
Bernartice 134
Bernolákovo 106, 128
Beroun (Fluß) 118
Berounka (Fluß) 15, 22, 118,
 211, 391, 439
Beroun (Ort) 21, 211
Berzéte 546
Běšiny 122
Beskiden 24, 26, 534
Beskiden, Mährisch-schlesi-
 sche 25, 127, 275
Beskiden-Meerauge 528
Beskiden, Mittlere 534, 537
Beskiden, Niedere 26
Beskiden, Slowak. 26, 534, 537

Beskydy 534
Beskydy, Moravskoslezské 275
Beskydy, Nízke 26
Beskydy, Slovenské 26, 534,
 537
Beskydy, Stredné 534, 537
Betelsdorf 517
Bethlehem 229
Betlanovce 517
Betlém 229
Betlér 546
Betliar 546
Betschwa 24, 127, 228, 273,
 275, 435
Bevölkerung 42
Bezděkov 214
Bezděz 16, 98, 148
Bezdrev 180
Biberburg 525
Biela 15, 169, 238
Biela voda 558
Biele 19
Bielý kameň 523
Biely Váh (Fluß) 566
Bier 592
Bijacovce 106, 517
Bílá 19
Bílá hora 390
Bílá Lhota 275
Bílá louka 237
Bílé Karpaty 11, 25, 128, 259
Bílé Labe 223, 237
Bilin 169
Bílina 15, 169, 238
Bílinka 117
Bílka 117
Bilsener Becken 121
Bílý kříž 275
Bíňa 104
Bischofteinitz 98, 181
Bítov, Burg 123
Bittse 127, 566, 574
Blanice 315
Blaník 158
Blanitz 315
Blansegge 278
Blansek, Burg 278
Blansko 50, 124, 277
Blanský les 123, 153
Blaščatská dolina 470
Blatna 122, 302
Blatná 122, 302
Blatnice 403
Blatnická dolina 527
Blauda 437
Bludov 437
Bober-Katzbach-Gebirge 125
Bobrovník 519
Boca 534
Bochdanetsch, Bad 309
Bodenbach 239
Bodenstadt 249
Bodrog 31
Bodružal 108
Böhmen 12, 33, 59
Böhmerwald 11, 118, 121
Böhmerwald, Hoher 12
Böhmerwald, Niederer 15
Böhmisch-Brod 216
Böhmische Brüder 126

Böhmische Pforte 238
Böhmischer Karst 119
Böhmischer Plöckenstein 122, 443
Böhmisches Becken 237
Böhmische Schweiz 11, 117, 120, 239
Böhmische Silurmulde 21
Böhmische Mittelgebirge 11, 16, 117, 119, 238
Böhmisches Paradies 11, 20, 125, 154, 428
Böhmisches Riesengebirge 126
Böhmisch-Kamnitz 120, 242
Böhmisch-Kubitzen 121, 168
Böhmisch-Leipa 16, 147
Böhmisch-Mährische Höhe 11, 21, 121, 123, 412
Böhmisch-Skalitz 125
Böhmisch-Sternberg 157
Böhmisch-Trübau 254
Bohosudov 415
Bohumín 24, 306
Bojnice 470
Boletice nad Labem 239
Boreč 252
Bor (Haida) 16
Bořitov 280
Bösig 16, 98
Bösing 523
Boskovice 313
Boskowitz 313
Boskowitzer Furche 21
Boubín 438
Bouzov, Burg 127
Bouzov (Ort) 275
Boží Dar 14, 118, 188
Bradlec, Burgruine 193
Bradlo 540
Braha, Tyho 74
Brána Nebes 312
Brandeis an der Adler 126, 254
Brandeis an der Elbe 135
Brandýs nad Labem 135
Brandýs nad Orlicí 126, 254
Branisko 130
Bratislava 27, 31, 35, 52, 56, 104, 124, 128, 130, 473
Braunau 18, 126, 146
Braunauer Bergland 126, 146
Brázda-Schlucht 551
Brdo 24
Brdy 15, 21, 121
Břeclav 24, 97, 124, 243
Břevnov 390
Brežany 545
Březnice 302
Brezno 131, 534
Bries 131, 534
Brno 22, 35, 50, 56, 123, 136
Brod, Max 74
Broumov 18, 126, 146
Broumovská vrchovina 126, 146
Broumovské stěny 126, 146
Brtnice 196
Brünn 22, 35, 50, 56, 123, 136
Brünner Syenitmasse 21, 23
Brunovce, Schloß 540
Bruntál 298
Brüx 15, 49, 118, 280
Brzenobánya 534

Brzotín 546
Buchlau, Burg 124, 431
Buchlov, Burg 124, 431
Buchlovice 431
Buchlowitz 431
Bučovice 100, 399
Budatín, Burgschloß 574
Budeč 212
Budějovická pánev 122
Budweis 21, 34, 51, 98, 121, 148
Budweiser Becken 122
Budwitz 420
Bukovec 200
Burgen s. Eigennamen; ferner 593
Bürgstein 260
Busau, Burg 127
Busau (Ort) 275
Butschowitz 100
Bystrá 29
Bystra (Berg) 567
Bystrá dolina 131, 533
Bystrá-Tal 131, 533
Bystrická dolina 549
Bystřička, Stausee 275
Bytča 106, 127, 566, 574
Bzenec 403

Čachtice 128, 540
Čadca 575
Camping 594
Čapek, Josef 74
Čapek, Karel 75, 442
Caravaning 594
Casanova, Giacomo Girolamo 75
Čáslav 20, 124, 235
Částá 524
Častolovice (Ort) 394
Častolovice, Schloß 125
Čechy 59
Čedok 586
Čeklís 106
Čelákovice 238
Čerchov 12, 121, 168
Černá hora 444
Černá Studnice 126, 200
Černá v Pošumaví 123, 440
Černé jezero 122, 452
Černý Důl 444
Černý potok 298
Čertova stěna 446
Čertovica 534
Čertovo jezero 122, 452
Čertův kámen 199
Červená Lhota 199
Červenohorské sedlo 189
Červený Kameň 525
Červeny Kláštor 538
Červený Kostelec 284
Česká Kamenice 120, 242
Česká Kubice 121, 168
Česká Lípa 16, 147
Česká Skalice 125, 283
Česká Třebová 254
České Budějovice 21, 34, 51, 98, 121, 148
České středohoří 11, 16, 117, 119, 238
České Švýcarsko 11, 117, 120, 239

České země 59
Českomoravská vrchovina 11, 21, 121, 123
Český Brod 216
Český kras 119
Český Krumlov 12, 121, 151
Český les 11, 118, 121
Český los 15
Český ráj 11, 20, 125, 154, 428
Český Rudolec 400
Český silur 21
Český Šternberk 157
Český Těšín 127, 175
Cesta slobody 556, 571
Ceszie 524
Charterflüge 584
Cheb (Ort) 14, 118, 158
Cheb, Reichsburg 98
Chebsko 14, 118
Chelčice 325
Chelčický, Petr 75
Chlumec 120, 433
Chlumec nad Cidlinou 185
Chlum u Třeboně 424
Choč 29
Choceň 255
Choč-Gebirge 128, 535
Chočské pohorie 128, 535
Chodenland 121
Chodenschloß 168
Chodsko 121
Chojnik, Ruine 125
Choltice 298
Chomutov 15, 49, 119, 163
Chomutovsko-teplická pánev 15
Chopok 129, 131, 533
Chorvátsky Grob 128
Chotěboř 179
Chotzen 255
Chrasť nad Hornádom 104
Chřiby 24, 229
Chrudim 20, 127, 309
Chrudimka 237, 309
Chudenice 214
Chvaletice 237
Chvojen 218
Chwaletitz 237
Číčmany 129, 471
Cidlina 238
Čierny Balog 131, 550
Čingov 553
Cínovec 117, 415
Císařská chodba 156
Císařský les 14
Čistá 126
Cítoliby 258
CKM 632
Comenius, Johann Amos 76
Cornštejn, Burgruine 456
ČSA 606
ČSAD 589
Csáky 108
Csejte 540
Csorba 520
Csutötörkhely 517
Cvíkov 260
Cvilín 298
Czarny staw 569

Dačice 123, 412
Danišovce 105

Register

Dargovský-Paß 510
Dargovský priesmyk 510
Darkau 306
Darkov 306
Datschitz 123, 412
Daubaer Schweiz 16
Daudleb (Ort) 394
Daudleb, Schloß 125
Dechtice 104
Děčín 16, 120, 164, 239
Děčínská výšina 166
Děčínský Sněžník 16, 120, 241
Dedinky 552
Demänova-Eishöhle 531
Demänova-Freiheitshöhle 531
Demänova-Tal 129, 520, 531
Demänovská dolina 129, 531
Demänovská jaskyňa Slobody 531
Demänovská ľadová jaskyňa 531
Deschna 199
Deschneyer Großkoppe 298
Desná 24, 437
Dessewffy 107
Deštná 199
Deštné 300
Detva 131, 579
Deutsch-Brod 123, 177
Deutschendorf 29, 106, 128, 541
Deutsch-Gabel 260
Deutsch-Proben 471
Dévény 499
Devět skal 451
Devín 104, 273, 499
Diakovce 104
Dicine 465
Diensdorf 105
Dientzenhofer, Christoph 76, 101
Dientzenhofer, Kilian Ignaz 75, 102
Diplomatische Vertretungen 594
Dittersbach 120, 241
Dívčí hrady, Burgruine 270
Dívčí Kámen 154
Diviaky 527
Divoká Orlice 394
Divoká soutěska 120, 241
Dobrá Niva 104
Dobříš 441
Dobřív 323
Dobročský prales 550
Dobronice, Burg 134
Dobrošov 126, 283
Dobruschow 126
Dobruška 125, 286
Dobschau 552
Dobschauer Eishöhle 30, 131
Dobšiná 552
Dobšinská ľadová jaskyňa 30, 131
Dohlenstein, Ruine 260
Doksany 252
Doksy 147
Dolánky 428
Dolejší Krušec 122
Dolná Krupá 128, 565
Dolná Mičiná 106
Dolní Adršpach 417

Dolní Bečva 435
Dolní Dvořiště 121
Dolní soutěska 120, 241
Dolní Věstonice 24, 271
Dolní Žandov 119
Dolný Kubin 535
Dolomiten des Böhmischen Paradieses 428
Domaša-See 500
Domažlice 109, 122, 166
Domica-Höhle 131, 551
Domica jaskyňa 131, 551
Donau 11, 56
Donauinsel Große Schütt 31, 50, 131
Donau, Kleine 566
Donnersberg 16, 117
Donnersmark 105
Donnersmarkt 517
Donovaly 548
Dörfl 124, 429
Doubravník 312
Doudleby nad Orlicí (Ort) 394
Doudleby nad Orlicí, Schloß 125
Doupovské hory 11, 14, 118
Drábské světničky 156
Drachen-Eishöhle 531
Dračia ľadová jaskyňa 531
Drahaner Bergland 276, 294
Drahanská vrchovina 23, 276, 294
Drahanské sedlo 510
Dravce 516
Draženov 121, 168
Dražovce 104
Dreikreuzberg 208, 238
Dreiländereck 443
Dřevnice 25
Driny-Tropfsteinhöhle 525
Dubá 16
Dubček, Alexander 481
Dubí 415
Dubnica 52
Dubnica nad Váhom 562
Duchcov 16, 49, 119, 168
Dudince 12
Dukelský priesmyk 469
Dukla-Paß 26, 468
Dukliansky priesmyk 26
Dukovany 50
Ďumbier 30, 519, 534
Dunaj 11, 56
Dunajec 12, 537
Dunajec-Cañon 537
Dunaj, Malý 566
Duppauer Gebirge 11, 14, 118
Dürres Tal 277, 279
Dux 16, 49, 119, 168
Dvořák, Antonín 76, 118
Dvorníky 131
Dvůr Králové nad Labem 229, 237
Dyje 24, 123, 273
Džbán 19

Edmundsklamm 120, 241
Eger (Fluß) 14, 117, 119, 238
Egerland 14, 118
Eger (Ort) 14, 118, 158
Eger, Reichsburg 98
Eichhorn, Burg 145

Einkäufe 595
Einsiedl 265
Eipel 12, 31
Eisenbahn 582, 598
Eisenbrod 428
Eisenbrünnl 498
Eisengebirge 309
Eisenstadt 193
Eisenstraß 452
Eisgrub 24, 124, 242
Eishöhle, Dobschauer 131
Eistalspitze 570
Elbbrunnen 126, 223
Elbe 10, 16, 19, 56, 117, 120, 123, 127, 235
Elbebach 237
Elbe, Kleine 237
Elbequelle 223
Elbeseifen 237
Elbe, Weiße 237
Elbfall 126, 223, 237
Elbgrund 237
Elbklemme 237
Elbniederung 237
Elbogen 255
Elbquelle 237
Elbsandsteingebirge 16, 120, 239
Elbwarte 166
Elbwiese 237
Elektrizität 599
Elisabeth, Hl. 476
Engelsberg 208
Engpaß von Strečno 128
Entfernungen 599
Entfernungstabelle 599
Eperieser Gebirge 31, 130, 510
Erholung 634
Érsekújvár 504
Erzgebirge 14, 50, 57, 117
Erzgebirge, Slowakisches 30, 49, 130, 549
Essen 599
Etrich, Ignaz 77
Eulau 120
Eulenberg 295
Eulenburg 127

Fahrvorschriften 673
Fahrzeugpapiere 645
Falkenau 14, 49, 118, 256
Falkengebirge 126, 146
Falknov 14
Fango 538
Fatra, Große 30, 548
Fatra, Kleine 29, 522
Fatra, Malá 29, 522
Fatra, Veľká 30, 548
Fauna 39
Feiertage 605
Felker See 556
Felker Tal 130
Felsberg 124, 243
Felsen, Adersbacher und Wekelsdorfer 11, 18, 126
Felsenstädte 417
Felsenstadt, Weckersdorfer 126
Fenyőháza 547
Ferdinandshöhe 432
Ferienwohnungen 605
Fernsehen 652
Feste 676

Fiľakovo 131, 521
Fisch 599
Fluggesellschaften 606
Flughäfen 606
Flugverkehr 606
Flugzeug 584
Frainer Thaya-Stausee 123, 456
Frain (Ort) 22, 456
Frain, Schloß 123, 456
Franisko 518
Frankstadt 436
Františkovy Lázně 14, 56, 118, 171
Franzensbad 14, 56, 118, 171
Franz I. 397
Frauenberg (Ort) 179
Frauenberg, Schloß 122, 179
Freiberg 127, 392
Freiheit 444
Freiheit, Straße der 556, 571
Freilichtmuseen 609
Freilichtmuseum Vlkolínec 547
Freilichtmuseum, Walachisches 435
Freilichtmuseum Zuberec-Brestová 535
Freistadtl 128, 565
Freiwaldau 19, 127, 191
Frenštát pod Radhoštěm 436
Freudenthal 298
Freud, Sigmund 77, 392
Fričovce 106, 518
Friedberg 440
Friedek-Mistek 25, 174
Friedenshügel 397
Frieden von Preßburg 476
Friedland an der Ostrawitza 175
Friedland (an der Wittig) 125, 176
Friedländer Ländchen 16
Friedrichswald 200
Fritsch 106
Frýdek-Místek 25, 174
Frýdlant 125, 176
Frýdlant (Friedländer Ländchen) 16
Frýdlant nad Ostravicí 175
Frymburk 440
Fryšava 451
Frývaldov 19, 191
Fülek 131, 521
Fulnek 306
Fünf Zipser Seen 129, 556

Gabčíkovo 31, 50, 131
Gablonz an der Neiße 17, 50, 126, 248
Gács 521
Gäderská dolina 527, 549
Galanta 566
Galánta 566
Galgóc 565
Gánovce 542
Garamszentbenedek 530
Garamszentkeresz 512
Gaßnitzer Stausee 162
Gebirgsbaude 226
Gedenkstätte Theresienstadt 418
Gehansdorf 542

Geiergucke 223
Geiersberg 126
Geld 610
Gelnice 105
Gemer 521
Gemsenberg 498
Georgsberg 19, 238, 267
Geravy 552
Gerlachovský štít 11, 29, 130, 556, 568
Gerlsdorfer Spitze 11, 29, 130, 556, 568
Geschäftszeiten 612
Geschichte 59
Getränke 604
Ghetto Theresienstadt 417
Glaatzer Schneeberg 191
Glas 595
Glatzer Kessel 18
Glatzer Schneeberg 273
Gleis 260
Göding 24, 273, 404
Goethewarte 208
Goethova Rozhledna 208
Gojan 154
Goldenkron 123, 153
Goldhöhe 126, 223, 226
Göllnitz 105, 130, 552
Gombasecká jaskyňa, Tropf-steinhöhle 131, 551
Gombasek-Tropfsteinhöhle 131, 551
Gombaszög 551
Gömör 521
Goralen 470
Gottesgab 14, 118
Gottwaldov 25
Grabstein, Burg 260
Grabštejn 260
Gräfenberg 19, 191
Gran 12, 31, 129, 131, 530
Granatschmuck 595
Graslitz 118, 257
Grätz 127, 297
Graupen 415
Grenzbauden 225
Grenzübergänge 581
Groß-Czernosek 238
Große Aupa 223
Große Fatra 30, 548
Großer Schneeberg 191, 273
Große Schütt, Donauinsel 31, 50, 131
Großes Kohlbachtal 129
Großes Ungarisches Tiefland 31
Groß-Lomnitz 105
Großmährisches Reich 429
Großmeseritsch 420
Großmichel 31, 527
Großpawlowitz 270
Groß-Rohosetz, Schloß 426
Großschützen 499
Großseelowitz 145
Groß-Skal 154
Großsteffelsdorf 521
Groß-Ullersdorf 436
Grulich 18
Grulicher Schneeberg 11
Grünberg (Ort) 102
Grünberg, Schloß 323
Grüner See 129, 558

Grünseespitze 559
Guty 175

Haida 260
Hainberg 173
Haindorf 177
Háj 173
Hájniky 578
Halič (Ort) 521
Halič, Schloß 131
Haligovské skaly 538
Halsträger 223
Hamr 49
Haná 23, 109, 127
Hanán 294
Handlová 31, 131, 512
Hanna 127
Hanna-Ebene 109, 294
Hanna-Hochland 21, 23
Hans-Heiling-Felsen 208
Hanušovce nad Topľou 545
Harrachov 225
Harrachsdorf 225
Hašek, Jaroslav 78
Hasenburg, Ruine 258
Hasištejn, Burgruine 202
Haustiere 645
Havířov 49, 306
Havlíčkův Brod 123, 177
Havran 469, 568
Havrania skala 552
Házmburk 258
Heiligenberg 294
Heiligenkreuz 512
Hejnice 177
Helfenburg, Ruine 402
Helfenstein, Burgruine 127, 249
Helfštýn, Burgruine 127, 249
Heľpa 534
Herľany 510
Herlein 510
Hermannsreifen 444
Hermsdorf 125
Hermskretschen 120
Hernád 12, 29, 31
Herrenhausfelsen 260
Herrnskretschen 239
Hervatov 108
Himmelspforte (ehem. Abtei) 312
Hinterzinnwald 117
Hinzensee 569
Hirschberg 147
Hirschensprung 208
Hlavnice 298
Hl. Elisabeth 476
Hlinsko 451
Hl. Johannes von Nepomuk 382
Hl. Ludmila 84
Hlohovec 128, 565
Hluboká nad Vltavou (Ort) 179
Hluboká nad Vltavou, Schloß 122, 179
Hl. Václav 93
Hl. Wenzel 93
Hnilec 130, 552
Hochfläche von Krupina 31
Hoch-Hágy 556
Hochwald 127, 393
Hodonín 24, 273, 404
Hodslavice 288

Register

Hohe Heide 19
Hohenelbe 18, 126, 237, 443
Hohenfurth 98, 121, 445
Hohenmauth 255
Hohenstadt 275
Hohenstadter Bergland 127
Hoher Böhmerwald 12
Hoher Schneeberg 16, 120, 241
Hohe Tatra 11, 29, 128, 567
Hohe Tatra, Nationalpark 571
Hohe Wostrey 120, 432
Höhlen s. Eigennamen; ferner 510
Hojsova Stráž 452
Holešov 229
Holíč 106
Holice 310
Holleschau 229
Holstein 278
Holsteiner Tal 278
Holštejn 278
Holzkirchen 500, 535
Homád 552
Homenau 499
Hontianske Nemce 464
Horažďovice 122, 407
Horečky 435
Hořice 231
Hořice na Šumavě 122, 441
Höritz 122, 441
Hořitz 231
Hornád 12, 29, 31, 130, 504
Hornád (Fluß) 504
Horná Orava 537
Horní Bečva (Ort) 435
Horní Bečva, Stausee 275
Horní Bříza 49
Horní Hanychov 247
Horní Mísečky 226
Horní Planá 441
Horní Police 147
Horní Staré Město 426
Horní Vltavice 122
Horn, Uffo 425
Hořovice 211
Horšov 182
Horšovský Týn 98, 181
Horusický rybník 424
Horusitzer Teich 424
Hostein 228
Hosteiner Berge 228
Hostinné 18, 237, 426
Hostýn 228
Hostýnské vrchy 228
Hotels 614
Hotzendorf 288
Hrabačov 126
Hrabová Roztoka 500
Hracholusky-Stausee 405
Hradec Králove 20, 124, 182
Hradec nad Moravici 127, 297
Hrádek nad Nisou 260
Hrádek u Nechanic 185
Hrad Krupka, Ruine 415
Hranice 17, 249
Hrazany 441
Hrbovice 433
Hřebečsko 124, 127
Hrebienok 130, 556
Hřensko 120, 239
Hrochlův Týnec 310

Hrochowteinitz 310
Hron 12, 31, 129, 131, 530
Hronsek 108, 579
Hronský Beňadik 104, 131, 530
Hrubá Skála 154
Hrubá Vrbka 403
Hruboskalské skalní město 154
Hrubý Jeseník 19, 127, 188
Hrubý Rohozec, Schloß 426
Hukvaldy 127, 393
Hulín 127, 228
Hullein 127, 228
Humenné 499
Humpolec 179
Hurbanovo 504
Husinec 325
Hus, Jan 78, 409
Husserl, Edmund 79
Hussitenkriege 64
Hustopeče (Auspitz) 24, 270
Hustopeče nad Bečvou 435
Hustopetsch 435
Hvězda 146
Hvězda, letohrádek 390
Hviezdoslav 80, 535
Hvozd 260

Igel 123
Iglau 22, 98, 121, 123, 194
Iglawa 24
Igló 553
Ilau 563
Ilja 104
Illau 563
Illava 563
Inovce 500
Inovec-Gebirge 29, 128
Ipeľ 12, 31
Iser 17, 19, 124, 126, 238
Isergebirge 16, 125, 200
Ivančice 145
Izbica-Tropfsteinhöhle 462

Jabkenice 125, 271
Jablečno 220
Jablonec nad Jizerou 445
Jablonec nad Nisou 17, 50, 126, 248
Jablonetz 445
Jablonné nad Orlicí 298
Jablonné v Podještědí 260
Jablunka-Paß 25, 129, 175
Jablunkau 175
Jablunkov 175
Jablunkovský průsmyk 25, 129, 175
Jáchymov 14, 49, 118, 187
Jägerndorf 19, 127
Jagniatków 125
Jakobstaler Paß 125
Janáček, Leoš 80
Jánošík, Juraj 522
Janošovce 104
Janov 126
Janovice nad Úhlava 214
Jánská dolina 519
Janské Lázně 12, 17, 126, 444
Jarmeritz 123, 420
Jaroměř 125, 231, 237
Jaroměřice nad Rokytnou 123, 420
Jaskyňa Domica 131, 551

Jaslovské Bohunice 50
Jasná dolina 129, 533
Jasná-Tal 129, 533
Jasov 107, 510
Jasovská jaskyňa 510
Jassau 510
Jastrabia veža 559
Javořice 22, 412
Javoříčko 127, 275
Javorina 470
Javorina-Rießdorf 105
Javorina-Ruskinovce 105
Javornik-Gebirge 11, 127
Javorník (Ort) 191
Javorníky 11, 25, 127, 275
Jedlová 260
Jedovnice 280
Jelenec 530
Jelení 443
Jelení skok 208
Jelšava 49, 546
Jemniště (Ort) 218
Jemniště, Schloß 121
Jeschken 16, 247
Jeschkengebirge 120
Jesenická přehradní nádrž 162
Jeseník 19, 127, 191
Jeseníky 19, 188
Jeskyně Balcarka 278
Ještěd 16, 247
Ještědské pohoří 120
Jestřebí 147
Jetřichovice 120, 241
Jezerní stěna 12
Jezero Amerika 173
Jičín 20, 125, 192
Jičíněves 193
Jičínská pahorkatina 125, 273
Jihlava (Fluß) 24
Jihlava (Ort) 22, 98, 121, 123, 194
Jilemnice 444
Jílové 120
Jindřichův Hradec 100, 123, 197
Jinolice 156
Jirásek, Alois 80
Jitschin 20, 125, 192
Jitschiner Bergland 125, 273
Jizera 17, 19, 124, 126, 238
Jizerka 200
Jizerské hory 16, 125, 200
Joachimsthal, St. 14, 49, 118, 187
Johannesberg 126
Johannisbad 12, 17, 126, 444
Johannisberg 191
Jugendunterkünfte 631
Jungbuch 126
Jungbunzlau 20, 125, 271
Juráňova dolina 537
Juránova-Tal 537
Jurkovič, Dušan 404
Jur pri Bratislave 523

Kaaden 119, 201
Kačina, Schloß 124, 234
Kadaň 119, 201
Kafka, Franz 81
Kaiserhügel 398
Kaiserschlucht 156
Kaiserwald 14, 118

Kájov 154
Kalich 433
Kalište 548
Kalná Roztoka 500
Kámen 312
Kamenice 120, 126, 239
Kamenice nad Lipou 311
Kamenický Šenov 16
Kamenitz an der Linde 311
Kämmchen 130, 556
Kammerbühl 173
Kamnitz 120, 126
Kamnitzbach 239
Kamzík 498
Kandlův Mlýn 325
Kare 569
Karfunkelturm 559
Karl IV. 81
Karlova Studánka 191
Karlovy Vary 12, 14, 49, 56, 102, 118, 203
Karlsbad 12, 14, 49, 56, 102, 118, 203
Karlsbrunn 191
Karlskrone, Schloß 185
Karlstein, Burg 21, 119
Karlstein (Ort) 209
Karlštejn, Burg 21, 119
Karlštejn (Ort) 209
Karpatenbogen 568
Karpaten, Kleine 11, 27, 128, 131, 523
Karpaten, Weiße 11, 25, 128, 259
Karpaty, Bílé 11, 25, 128, 259
Karpaty, Malé 11, 27, 128, 131, 523
Karten 632
Karviná 25, 49, 306
Karwin 25, 306
Kaschau 31, 38, 51, 105, 130, 504
Käsmark 29, 105, 129, 500
Käsmarker Spitze 559
Kašperk, Burgruine 407
Kašperské Hory 122, 407
Kassa 504
Kateřinská jeskyně 279
Katharinenhöhle 279
Kauřim 215
Kaznějov 49
Kegelberge 16
Kdyně 168
Keilbaude 223
Keilberg 14, 118
Kelch 433
Kelčský Javorník 228
Kepler, Johannes 82
Kesselkoppe 126, 225
Kestřany 315
Kežmarok 29, 105, 129, 500
Kežmarský štít 559
Kienberg 447
Kirchdrau 130, 517
Kirchen, orthodoxe 467
Kisch, Egon Erwin 83
Kladno 19, 49, 51, 211
Kladrau 102, 119
Kladrub an der Elbe 237
Kladruby (Fluß) 405
Kladruby nad Labem 237
Kladruby (Ort) 102, 119
Kladská kotlina 18

Kľak 549
Klášterec nad Ohří 202
Kláštorisko 553
Kláštor pod Znievom 526
Klatovy 12, 122, 213
Klattau 12, 122, 213
Kleine Donau 566
Kleine Elbe 237
Kleine Fatra 29, 128, 522
Kleine Karpaten 11, 27, 128, 131, 523
Kleines Kohlbachtal 129
Kleinskal 428
Kleis 260
Klenčí pod Čerchovem 121, 168
Klenová 214
Klentsch 121, 168
Kleť 123, 153
Klíč 260
Klima 32
Klingenberg, Burgschloß 98, 121, 301
Klinovec 14, 118
Klokoty 409
Klösterle 202
Kloster s. Eigenname
Klotildenweg 556
Kmeťov vodopád 570
Koči 310
Kohlbachtal, Großes 129
Kohlbachtal, Kleines 129
Köhlerberg 298
Kojšovská hoľa 549
Kokořín, Burg 268
Kokořínsko, Naturschutzgebiet 268
Kokořínský důl 268
Kokořín-Tal 268
Kokorschin, Burg 268
Kokrháč 223
Kolárovo 566
Kolin 20, 98, 215
Kolín 20, 98 215
Kolový štít 559
Komáří hůrka 117
Komárno 31, 104, 131, 503
Komorn 31, 104, 503
Komorní hůrka 173
Komotau 15, 49, 119, 163
Komotau-Teplitzer Becken 15
Kompach 545
Koněprusy, Tropfsteinhöhlen von 119, 211
Königgrätz 20, 124, 182
Königgrätz, Schlacht bei 68
Königgrätz, Schlachtfeld bei 185
Königinhof an der Elbe 229, 237
Königsaal (Ort) 391
Königsberg (Slowak. Republik) 465
Königshof 21, 211
Königssaal 98, 102
Königswald 120
Königswart, Bad 119, 264
Konopischt, Schloß 121, 217
Konopiště 217
Konopiště, Schloß 121, 217
Konsulate 594
Kopa-Paß 568

Kopřivnice 25, 127
Kopské sedlo 568
Koráb 168
Korkonosch 223
Korpona 465
Korytnica-kúpele 548
Košice 31, 38, 51, 105, 130, 504
Košice-Bankov 49
Kosmanos 271
Kosmonosy 271
Koštálov, Burg 252
Kost, Burg 155
Kostelec nad Labem 238
Kostelec nad Orlicí (Ort) 394
Kostelec nad Orlicí, Schloß 125
Kostoľany pod Tríbečom 530
Kostomlatek 238
Kostomlátky 238
Kotel 126, 223
Kouřim 98, 124, 215
Kováčová 578
Kozákov 428
Kozel, Jagdschloß 122, 321
Kožichovice 420
Kozí Hrádek, Ruine 409
Kozí vrch 120
Kraftstoff 674
Krajná Poľana 468
Krakovec 220
Kralice 123
Králický Sněžník 11, 18, 191, 273
Kralitz 123
Králova hoľa 534
Kralovice 100
Králův Dvůr 21, 211
Krankenhaus 586
Kráľova 106
Kraľovany 129
Kráľova studňa 549
Kráľovský Chlmec 560
Kraslice 118, 257
Krásna Hôrka, Burg 106, 546
Krasnohorské Podhradie 546
Krásný Dvůr 449
Kratochvíle, Schloß 122, 325
Kraus, Karl 83
Kravaře 297
Kravřsko 306
Křečhoř 215
Křečovice 441
Kremenec 26
Křemešník 311
Kremnica 31, 106, 131, 511
Kremnička 461
Kremnické pohorie 131, 512
Kremnické vrchy 30
Kremnitz 31, 106, 131, 511
Kremnitzer Bergland 30
Kremnitzer Gebirge 131, 512
Kremsier 127, 226
Křenovice 397
Krenowitz 397
Krickerhäu 31, 131, 512
Křinice 146
Křišťanovický rybník 325
Kristallwaren 596
Kristiánov 201
Kriváň (Berg) 558, 570
Kriváň (Ort) 131
Krivánska Fatra 129

Register

Křivoklát, Burg 119, 219
Křivoklát (Ort) 119, 219
Křivoklátsko, Naturschutzgebiet 219
Krkonoš 223
Krkonoše 11, 17, 125, 221
Krkonošské podhůří 125
Krnov 19, 127
Kroměříž 127, 226
Krompachy 545
Křtiny 280
Krugwald 19
Krumau 12, 121, 151
Krupina 104, 465
Krupina-Hochfläche 31
Krupinská vrchovina 31
Krupka 415
Krušné hory 14, 118
Kubany 438
Kubinská hoľa 534
Küche 599
Kuhländchen 24, 306
Kuks 125, 229
Kukus 125, 229
Kulm 120, 433
Kumburk, Burgruine 193
Kunčice pod Ondřejníkem 175
Kundert 130, 504, 552
Kunětická hora 237, 309
Kunetitzer Berg 237
Kunietitzer Berg 309
Kunstadt 312
Kunštát 312
Kupecký, Jan 524
Kur 634
Kurorte 635
Kutná Hora 21, 98, 124, 231
Kuttenberg 21, 98, 124, 231
Kuželov 403
Kvačianska dolina 520
Kvilda 122
Kyjov 404
Kynast, Ruine 125
Kynžvart 119
Kyrill 61, 97
Kyselka 208
Kysica 566
Kysuca 25
Kysuce 575
KZ Theresienstadt 417

Labe 10, 16, 19, 56, 117, 120, 123, 127, 235
Labe, Bíle 237
Labe, Malé 237
Labe, Pramen 237
Labská louka 237
Labská soutěska 237
Labská studánka 126, 223
Labská vyhlídka 166
Labské pískovce 120, 239
Labský důl 237
Labský vodopád 237
Ladomirka 467
Ladovo-Stausee 521
Ľadový štít 570
Lainsitz 121, 409, 439
Ľaliové sedlo 568
Lämberg, Burgschloß 260
Landeck 105
Landeskunde 10
Lan(d)schütz 106

Landschütz 128
Landshut 245
Landskron 255
Landstein, Burgruine 400
Landštejn, Burgruine 400
Lanškroun 255
Lány 219
Lanžhot 245
Lastovičia veža 559
Laudahöhe 252
Laun 257
Laurenziberg 388
Lausche 16
Lausitzer Bergland 16, 120
Lausitzer Gebirge 16, 120, 260
Lausitzer Neiße 120
Lauterwasser 126
Lazisko 519
Lázně Bělohrad 231
Lázně Bohdaneč 309
Lázně Jeseník 19, 191
Lázně Kynžvart 264
Lázně Libverda 177
Ledeč nad Sázavou 179
Lednice 24, 124, 242
Leibitz 105
Leipnik 127, 248
Leitmeritz 16, 54, 118, 120, 250
Leitomischl 253
Lemberk, Burgschloß 260
Lendak 105
Lenora 439
Leopoldhöhe 166
Leopoldov 565
Leopoldstadt 565
Lešná 453
Lesnica 538
Letná-Höhe 389
Letohrad 126
Letohrádek Hvězda 390
Leutensdorf 169
Leutschau 29, 105, 130, 513
Leutschauer Gebirge 130
Levice 31, 465
Levoča 29, 105, 130, 513
Levočské pohorie 130
Lewenz 465
Lhota pod Račem 220
Libavské sedlo 17
Liběchov 238, 267
Liberec 17, 120, 125, 245
Liberecká pánev 17
Liberk 394
Libín 325
Liboch 238, 267
Libochovice 258
Libosad 193
Libouchec 120
Libuň 156
Libuše, Fürstin 433
Libussa, Fürstin 433
Lidice 212
Liebauer Sattel 17
Lietava, Burgruine 106, 574
Lilienpaß 568
Linienflüge 584
Lipan 216
Lipany 216
Lipenská přehrada 440
Lipenská přehradní nádrž 12, 121
Lipnice 230

Lipnice nad Sázavou 123, 178
Lipník nad Bečvou 127, 248
Lipnitz an der Sazau (bei Deutsch-Brod) 123, 178
Lipnitz (bei Königinhof) 230
Lipno-Stausee 12, 121
Lipótvár 565
Lipová Lázně 191
Lippener Moldau-Stausee 12, 121, 440
Liptauer Alpen 29
Liptauer Becken 29, 520
Liptauer Tatra 567
Liptau (Fluß) 566
Liptau-Sankt-Nikolaus 518
Liptau (Talschaft) 128
Liptoújvár 519
Liptov (Fluß) 566
Liptovská kotlina 520
Liptovská Mara 519
Liptovská March, Stausee 129
Liptovské Tatry 567
Liptovský Hrádok 519
Liptovský Mikuláš 29, 129, 518
Liptovský Trnovec 519
Liptov (Talschaft) 128
Liptsch 462
Lipůvka 124
Lissa an der Elbe 136, 238
Litenčické vrchy 229
Litoměřice 16, 54, 118, 120, 250
Litomyšl 253
Litovel 294
Littau 294
Litvínov 16, 119, 169
Lnáře 302
Lobosch 117, 252
Lobosice 238
Lobositz 117, 120, 238, 252
Lodhéřov 199
Loipen 680
Loket 255
Lomnice 302
Lomnice nad Lužnicí 424
Lomnický hřeben 558
Lomnický štít 38, 129, 558, 570
Lomnitz 302
Lomnitzer Kamm 558
Lomnitzer Spitze 38, 129, 459, 558, 570
Loschitz 127
Losiná 122
Losontz 131, 520
Loštice 127
Loučná 237
Loučovice 447
Louka, Bílá 237
Louny 257
Lovoš 117, 252
Lovosice 117, 120, 252
Löwenberg, Burgschloß 260
Löwenstein, Burgruine 563
Lubica 105
Ľubochňa 547
Ľubochnianska dolin 548
Luby 257
Lúčanska Fatra 129
Lučenec 31, 131, 520
Lúčenský kúpel 521
Lúčky 129
Lúčky-lázně 547

Ludmilla, Heilige 84
Luftrettungsdienste 643
Luhačovice 25, 124, 258
Luhatschowitz 25, 128, 258
Lukov, Burg 454
Lundenburg 24, 97, 124, 244
Luschnitz 21, 409
Lusen 439
Luž 16
Lužensky 107
Lužická Nisa 120
Lužická pahorkatina 120
Lužické hory 16, 120, 260
Lužnice 21, 121, 424, 439
Lysá hora 25, 225, 275
Lysá nad Labem 136, 238
Lysice 280
Lyský průsmyk 25

Mácha-See 147
Mach, Ernst 84, 526
Máchovo jezero 147
Macocha 23
Macocha-Abgrund 278
Mädelsteg 223
Maffersdorf 247
Magurka 548
Mahler, Gustav 84
Mähren 21, 35, 59
Mährisch-Aussee 127, 275
Mährisch-Budwitz 123, 420
Mährische Pforte 24, 127, 249
Mährischer Karst 21, 23 124, 276
Mährisches Gesenke 127, 188
Mährische Slowakei 109, 124, 127
Mährische Walachei 109, 127, 433
Mährisch Schlesien 11, 21, 35
Mährisch-schlesische Beskiden 25, 127, 275
Mährisch-Schönberg 437
Mährisch-Trübau 274
Mährisch-Weißkirchen 127, 249
Maidlstein 154
Malá Bíňa 104
Malacky 499
Malaczka 499
Malá Fatra 29, 128, 522
Malá Morávka 191
Malá Skála 428
Malá studená dolina 129
Malé Karpaty 11, 27, 128, 131, 523
Malé Labe 237
Malé Svatoňovice 284
Malin 124
Malín 124
Malše 21, 121, 439
Maltsch 21, 121, 439
Malý Dunaj 566
Manětín 323
Manin-Klamm 128
Manínska úžina 128
March 11, 23, 127, 228, 259, 273
Marchfeld 124
Margita-Ilona 12, 465
Maří 439
Mariánské Lázně 14, 56, 118, 261

Mariaschein 415
Maria Stern 146
Máriatölgyes 562
Marienbad 14, 56, 118, 261
Marksdorf 106, 130, 554
Markt Eisenstein 122, 451
Markušovce 106, 130, 554
Marschendorf 437
Marsgebirge 24, 229
Maršíkov 437
Martin (Ort) 29, 52, 129, 525
Masaryk, Jan 85
Masaryk-Ring 145
Masaryk, Tomáš Garrigue 85
Masarykův okruh 145
Mašký vrch 439
Matica slovenská 525
Matlarenau 129, 558
Medvědín 223
Medzilaborce 500
Meerauge 569
Meeraugspitze 130, 558, 570
Melnik 20, 54, 238, 266
Mělník 20, 54, 238, 266
Mělník (Wärmekraftwerk) 56
Mendel, Gregor 86
Mengsdorfer Tal 130, 557
Mengusovská dolina 130, 557
Menhardsdorf 105
Method 61, 97
Mettau 18, 125, 231, 237, 285
Metuje 18, 125, 231, 237, 285
Michalovce 31, 527
Mies (Fluß) 118, 405
Mies (Ort) 119, 404
Mies-Stausee 405
Mietwagen 638
Mikova 500
Mikulčice 97, 124, 245
Mikulov 24, 59, 124, 269
Mikultschitz 97, 124
Milešovka 16, 117
Milevsko 98, 301
Milín 442
Milleschauer 16, 117
Milotice 403
Milštejn 260
Mindszent 517
Miroľa 108
Mirotice 301
Mirovice 301
Mittelböhmisches Bergland 121
Mittelböhmisches Waldgebirge 15
Mittelgebirge, Böhmisches 117, 119, 238
Mittlere Beskiden 534, 537
Mladá Boleslav 20, 125, 271
Mladé Buky 126
Mladeč 275
Mlyňany, Arboretum 530
Mlynická dolina 557
Mlynky 592
Mnichov 265
Mnichovo Hradiště 98, 125, 271
Mochovce 50
Modern 524
Modor 524
Modrá 431
Modra 524
Modrý Kameň 521

Mohelnice 127, 275
Mohelnice nad Jizerou 273
Mohra 19
Mohyla míru 397
Moldau 12, 19, 50, 56, 122, 238, 439
Moldaustädte 439
Moldau-Stausee, Lippener 121, 440
Moldau-Talsperre, Worliker 121
Moldautein 315
Moldau, Warme 439
Moldavite 439
Morava 11, 23, 59, 127, 228, 259, 273
Moravice 19, 191
Morávka (Ort) 175
Morávka, Stausee 275
Moravská brána 24, 127, 249
Moravská Třebová 274
Moravské Budějovice 123, 420
Moravské Slovácko 109, 124, 127
Moravské Valašsko 109
Moravskoslezské Beskydy 127, 275
Moravský kras 23, 124, 276
Moravský Krumlov 456
Morské oko 31, 528
Morskie oko 569
Most 15, 49, 99, 118, 280
Motorest 650
Mrákotín 412
Mšecké Žehrovice 397
Mückentürmchen 117
Müglitz 127, 275
Mühlhausen (Milevsko) 98, 301
Mühlhausen (Nelahozeves) 118, 268
Mühlstein, Burg 260
Mummeltal 226
Münchengrätz 98, 125, 271
Muráň (Berg) 470
Muráň (Ort) 549
Muránska planina 549
Murányalja 549
Museen 639
Musky 125, 156, 273
Mužský 125, 156, 273
Myjava 25
Myjava-Paß 26
Mže 118, 405

Nachod 125, 282
Náchod 125, 282
Nakléřov 433
Nakléřovský průsmyk 16
Námešt' nad Oslavou 123, 420
Náměšt' na Hané 294
Namiescht 294
Namiest an der Oslawa 123, 420
Napajedl 454
Napajedla 24, 454
Napoleon I. 397
Napoleonshügel 399
Napoleonstisch 398
Nasobůrky 127
Nationalpark Hohe Tatra 571
Nationalpark Niedere Tatra 531
Nationalparks 640
Naturschutzgebiete 640

Register

Naturschutzgebiet Kokořínsko 268
Naturschutzgebiet Křivoklátsko 219
Naturschutzgebiet Rejvíz 189
Naturschutzgebiet Soos 174
Nehre 106, 502
Neiße 126
Nejdek 118
Nelahozeves 118, 268
Nemecká 534
Nepomuk 122, 323
Nepomuk, Hl. Johannes von 80, 382
Neratovice 238
Neratowitz 238
Nesselsdorf 25, 127
Neštědice 120
Nestersitz 120
Neštich 523
Neudek 118
Neue Welt 387
Neugedein 168
Neuhaus 100, 123, 197
Neuhäusel 31, 131, 504
Neumarkt 26
Neumarkter Becken 568
Neureich 412
Neusohl 31, 106, 130, 459
Neustadt an der Mettau 125, 285
Neutitschein 24, 127, 286
Neutra 29, 104, 107, 131, 528
Niedere Beskiden 26
Niederer Böhmerwald 15
Niederes Gesenke 19
Niedere Tatra 30, 128, 131, 530
Niedere Tatra, Nationalpark 531
Nikolsburg 24, 59, 124, 269
Nimburg an der Elbe 20, 238, 324
Nisa 126
Nitra 29, 104, 107, 131, 528
Nitrianské Pravno 471
Nitrianské Rudno 470
Nitrica 470
Nízke Beskydy 26
Nízke Tatry 30, 128, 131, 530
Nízký Jeseník 19, 127, 188
Nižná 534
Nižný Komárnik 468
Nollendorf 433
Nollendorfer Höhe 120, 433
Nollendorfer Paß 16
Notarzt 586
Notdienste 642
Nová Baňa 465
Nová Louka 201
Nová Mlýny 271
Nová Paka 230
Nová Pec 441
Nová Říše 412
Nové Hrady (bei České Budějovice) 151
Nové Hrady, Schloß (bei Litomyšl) 254
Nové Město nad Metují 125, 285
Nové Mesto nad Váhom 128, 540, 566
Nové Město na Moravě 450
Nové Zámky 31, 131, 504

Novosvětské sedlo 17
Nový Bor 260
Nový Bydžov 185
Nový Dvůr 298
Nový Herštejn, Burg 168
Nový Jičín 24, 127, 286
Nový Smokovec 556
Nový Svět 387
Nowy Targ 26
Nyitrabánya 512
Nymburk 20, 238, 324
Nýrsko 452

Občasný prameň 552
Oberaltstadt 426
Oberer Zemplin 499
Oberhanichen 247
Oberleutensdorf 16
Obermoldau 122
Oberpfälzer Wald 11, 121
Oberplan 441
Oberpolitz 147
Oberrauschenbach 12
Oborský rybník 156
Obříství 238
Obrovský vodopád 570
Ochoz u Brna 277
Ochtina-Aragonithöhle 551
Oder 10, 19, 24, 127
Oderberg 24, 306
Odergebirge 127
Oderské vrchy 127
Ödes Tal 278
Odra 10, 19, 24, 127
Odrava 163
Ógyalla 504
Oheb, Burg 310
Ohniště 531
Ohrada, Schloß 122, 180
Ohře 14, 117, 119, 238, 238
Okoličné 105
Ökologie 39
Okoř 212
Olešná, Stausee 275
Olešná-Talsperre 175
Olmütz 24, 56, 109, 127, 288
Olmützer Becken 21, 23
Olomouc 24, 56, 109, 127, 288
Olsa 25, 129
Olše 25, 129
Ondava 12, 467, 500
Ondřejník 436
Opařany 102, 122
Opava (Fluß) 19
Opava (Ort) 19, 127, 295
Opočno 125, 286
Oppa 19
Orava 26, 29, 129, 534, 566
Oravice 537
Oravská Lesná 535
Oravská priehrada (Arva-Stausee) 26
Oravská priehradná nádrž 26, 129, 534
Oravský hrad 26, 535
Orlau 26, 306
Orlice 237
Orlická přehradní nádrž 121
Orlické hory 18, 125, 298
Orlík 300
Orlík (Berg) 19
Orlík, Schloß 121, 300

Orlová 25, 49, 306
Országh, Pavol 80, 535
Orthodoxe Kirchen 467
Ortsnamenkonkordanz 685
Osek 119, 170
Oslavany 145
Ossegg, Kloster 119, 170
Ostaš 146
Ostkarpaten 500
Ostrau 24, 35, 49, 56, 127, 302
Ostrava 24, 35, 49, 56, 127, 302
Ostravice (Fluß) 25, 275
Ostravice (Ort) 25, 175
Ostravice, Stausee 275
Ostrawitza 25, 275
Ostredok 30, 548
Ostrov 119, 188
Ostrovec 220
Ostrov u Macochy 278
Ostrva 130
Ostrý Roháč 520
Otakar I. 86
Otakar II. 86
Otava 21, 122, 301, 407, 439
Otrokovice-Kvítkovice 127
Otrokowitz-Kwitkowitz 127
Ottokar I. 86
Ottokar II. 86
Ovčárna 191

Padělek 399
Palacký, František 87
Pálava 24
Paludza 108
Památník Terezín 418
Pancíř 452
Panská skála 117, 260
Panský diel, Berg 461
Panzer 452
Pardubice 20, 127, 237, 307
Pardubitz 20, 127, 237, 307
Pařez, Burgruine 157
Párnica 535
Partizánske 52
Paštik 301
Pastviny 300
Pastýrská stěna 166, 239
Päť Spišských plies 129
Pavič, Burg 559
Pavlovské vrchy 24, 124, 270
Pec 17
Pecka 230
Pec pod Sněžka 126, 223
Pelhřimov 121, 310
Pernstein, Burg 124, 312
Pernštejn, Burg 124, 312
Personalpapiere 645
Peruc 258
Peterhöhe 208
Petřín 388
Petrova Výšina 208
Petrovice 407
Petrovy kameny 191
Petschau 265
Petzer 17, 126, 223
Pezinok 523
Pfaffenschlag 400
Pforte, Böhmische 238
Pforte, Mährische 127, 249
Pforte, Ungarische 273
Pfraumberg 405

Pieninen 537
Pieninen-Nationalpark 537
Pieninský národný park 537
Pieniny 537
Piešťany 12, 29, 57, 128, 538
Pilá Opava 191
Pilgram 121, 310
Pilkau 117
Pilsen 15, 51, 118, 121, 315
Pilsener Becken 15
Pilsko 537
Pirkštejn, Burg 158
Pirnitz 196
Písečná 312
Pisek 21, 98, 122, 313
Písek 21, 98, 122, 313
Pistyan, Bad 12, 29, 57, 128, 538
Pláň 223
Plan 265
Planá 265
Plansker Wald 123, 153
Planur 223
Plaß 323
Plástovice 180
Plasy 323
Plateau von Drahan 23
Platz 200
Plechý 122
Pleischnitz 521
Pleißnitz 546
Plešivec 119, 521, 546
Plešivská-Ebene 550
Pleßberg 119
Plöckenstein, Böhm. 122, 443
Ploskovice 252
Ploučnice 16, 239
Plumenau, Schloß 100
Plumlov, Schloß 100, 294
Plzeň 15, 51, 118, 121, 315
Plzeňská pánev 15, 121
Poběžovice 182
Podbiel 535
Podbrezová 52
Poděbrady 20, 323
Podhale 568
Podiebrad 20, 323
Podlesok 554
Podmokly 239
Podspády 470
Pohansko, Jagdschloß 245
Pohansko (Ort) 97, 124
Pohorelá 534
Polabi 237
Poľana 31, 131. 550
Polaun 17, 125
Police nad Metují 146
Politz an der Elbe 239
Politz an der Mettau 146
Pollauer Berge 24, 124, 270
Polná 197
Polomka 534
Polubný 17, 125
Polzen 239
Polzenland 16
Pomezný boudy 225
Pominovce 104
Popper 12, 26, 29, 128, 130, 557
Poppersee 130, 557
Poprad (Fluß) 12, 26, 29, 128, 130, 557

Poprad (Ort) 106, 128, 541
Popradské pleso 130, 557
Poříčí nad Sázavou 218
Porsche, Ferdinand 87
Porta Bohemica 238
Porta Coeli 124, 312
Porta Hungarica 273
Porzellan 595
Post 643
Postelberg 15
Postoloprty 15
Potštát 249
Potštejn 394
Pottenstein 394
Považská Bystrica 26, 52, 128, 566, 575
Považská Teplá 128
Považský Inovec 128
Pozdišovce 527
Prachatice 12, 122, 324
Prachatitz 12, 122, 324
Prachov 156
Prachovské skály 156
Prachower Felsen 156
Praděd 19, 189, 191
Prag 21, 34, 51, 56, 97, 100, 102, 106, 117, 120, 123, 127, 238, 327
Prager Fenstersturz 65
Prager Frühling 71
Praha 21, 34, 51, 56, 97, 100, 102, 106, 117, 120, 123, 127, 238, 327
Pramen Labe, 237
Pravčická brána 120, 241
Prebischtor 120, 241
Predmier 128
Předmostí 59, 228
Přelouč 237
Přemysl 433
Přemysliden 61, 97
Přemyslidengrabmäler 382
Přemysl Otakar I. 86
Přemysl Otakar II. 86
Přemysl Ottokar I. 86
Přemysl Ottokar II. 86
Prerau 24, 59, 228
Přerov 24, 59, 228
Přerov nad Labem 136, 238, 324
Preschau 26, 107, 130, 542
Preschau-Solivar 105
Prešov 26, 107, 130, 542
Prešov-Solivar 105
Preßburg 27, 31, 35, 52, 56, 104, 124, 128, 130, 473
Preßburg, Frieden von 476
Přeštice 323
Příbor 127, 392
Příbram 21, 49, 442
Pribylina 520
Přibyslav 179
Priedvidza 29
Prießnitz, Vinzenz 87
Prievidza 131, 470
Priewitz 470
Příhrazy 156, 273
Příkazy 294
Přimda 405
Přímětice 455
Privigye 470
Priwitz 29, 131

Prosiecka dolina 520
Proßnitz 24, 294
Prostějov 24, 294
Prostřední Bečva 435
Protivín 315
Proxensattel 17
Pruskau 563
Pruské 563
Przelaucz 237
Przelęcz Dukielska 469
Pschelautsch 237
Púchov 26, 52
Punkevní jeskyně 278
Punkevní údolí 277
Punkva 23, 277
Punkva-Höhlen 278
Punkva-Tal 277
Punkwa 23, 277
Pürglitz, Burg 119, 219
Pustevny 127, 435
Pustý žleb 278
Putim 315

Quaderberg 165
Quelle der Elbe 223

Rabča 535
Rabe 469
Rabí (Ort) 407
Raby, Burg 122
Radbusa 121
Radbuza 121
Radegast 435
Radhošť 25, 127, 275, 435
Radina 321
Raduň 297
Radwandern 665
Raigern 145
Raitz 279
Rájec 279
Rajec 574
Rajecké Teplice 574
Rajhrad 145
Rájov 123
Rakonitz 19, 219
Rakovník 19, 219
Ralsko 16, 147
Ramsauer Sattel 19
Ramzovské, Sattel 189
Ramzovské sedlo 19
Raststätten 650
Rataje nad Sázavou 158
Ratibořice, Schloß 125, 284
Ratzenberg 559
Raudnitz an der Elbe 19, 238, 268
Rdyně 321
Rehorngebirge 426
Reichenau an der Kněžna 125, 393
Reichenberg 17, 120, 125, 245
Reichenberger Becken 17
Reichenstein, Burgruine 407
Reichensteiner Gebirge 19
Reichstadt 147
Reinerzer Sattel 18
Reisedokumente 645
Reisezeit 646
Rejštejn 407
Rejvíz, Naturschutzgebiet 189
Restaurants 647
Revolution, samtene 481

Register

Revúca (Fluß) 566
Richaltitz 127
Richter, Ludwig 432
Říčky 300
Riegerschlag 199
Riesenburg 170
Riesengebirge 11, 17, 49, 57, 125, 221
Riesengebirge, Böhmisches 126
Riesengebirgsvorland 125
Rimaszobat 521
Rimavská Sobota 521
Říp 118
Říp 19, 238, 267
Rochlitz 126, 225
Rockstein 197
Roháče 519, 535
Roháčská dolina 520
Röhrsdorf 120
Rokitnitz 125, 300
Rokštejn 197
Rokycany 321
Rokytnice 125
Rokytnice nad Jizerou 126, 226
Rokytnice v Orlických horách 300
Roll 16, 147
Römerstadt 191, 437
Rosenau 30, 130, 545
Rosenberg 29, 128, 447, 547
Rosenberger Teich 12
Rosenburg, Ruine 415
Rosice 100
Rossitz 100
Roštejn, Burg 412
Roštejnský rybník 412
Rotenbergpaß 189
Rotes Kloster 538
Rothkosteletz 284
Rotseespitze 559
Roudnice nad Labem 19, 238, 268
Routenvorschläge 117
Rovensko pod Troskami 154
Rozkoš, Stausee 283
Rožmberk nad Vltavou 447
Rožmberský rybník 12
Rožnau 435
Rožňava 30, 130, 545, 551
Rožnov pod Radhoštěm 109, 127, 435
Rtyně v Podkrkonoší 284
Rudník 444
Rudohorie, Slovenské 30, 549
Rumburg 16, 120, 260
Rumburk 16, 120, 260
Rundfunk 652
Ruská Bystrá 500
Ruský Potok 500
Ružín, Stausee 510
Ružomberok 29, 128, 547
Rybáre 578
Rybník Svět 12
Rychaltice 127
Rychlebské hory 19
Rychnov nad Kněžnou 125, 393
Rýchory 426
Rýmařov 191, 437

Rysy 130, 558, 570
Rýzmburk, Burg 170

Saar 123, 449
Saaz 15, 54, 118, 448
Saazer Becken 15
Sabinov 545
Sachsenstein, Ruine 131
Sady 124, 429
Šafárikovo 521
Šafárik, Pavol Jozef 88, 521
Sajo 30
Šaľa 566
Salatín 547
Salbeiquelle 558
Šalviový pramen 558
Samtene Revolution 481
Sankt Georgen 523
Sankt Martin 129, 525
Santon 399
Šariš 130, 542
Šarišská vrchovina 130
Sáros 542
Sásová 461
Šášov, Ruine 131
Sattel Ramzovské 189
Sattel Skřítek 191
Säule 278
Šaunštejn, Felsenburg (Ruine) 241
Sazau 21, 123, 158, 439, 450
Sázava 21, 123, 158, 439, 450
Sazawa (Fluß) 439
Schäferei 191
Schäferwand 166, 239
Scharosch 130, 542, 544
Schattmannsdorf 524
Schatzlar 18, 426
Schellenburg, Ruine 298
Schemnitz 31, 105, 131, 462
Schemnitzer Andesitgebirge 31
Schemnitzer Gebirge 131
Schiff 585
Schiffsverkehr 653
Schigra 105
Schlacht bei Austerlitz 67
Schlacht bei Königgrätz 68
Schlachtfeld Austerlitz 397
Schlachtfeld bei Königgrätz 185
Schlackenwerth 119, 188
Schlagendorfer Spitze 557, 570
Schlan 19, 395
Schlesien, mährisches 59
Schlesierhaus 556
Schloßberg 242
Schlösser s. Eigennamen; ferner 593
Schlüsselburg 302
Schmöllnitz 130
Schneegebirge 18
Schneekoppe 11, 17, 34, 126, 223
Schneider-Trnavský, Mikuláš 565
Schönbach 257
Schönberg 19, 24
Schönhengst (Berg) 22
Schönhengstgau 124, 127
Schöninger 122, 153
Schreckenstein 120, 238, 432
Schroth, Johann 88

Schüttenhofen 12, 122, 406
Schwalbenturm 559
Schwarzawa 23, 312
Schwarzbach 123, 298, 440
Schwarzbrunnwarte 126, 200
Schwarze Berge 444
Schwarzenberg-Kanal 443
Schwarzental 444
Schwarzer See 122, 452, 569
Schwarze Waag (Fluß) 566
Schwarzkoppe 12, 121, 168
Schweiz, Böhmische 11, 117, 120, 239
Schweiz, Daubaer 16
Schwihau 214
Seč, Stausee 310
Sedlec 98, 102, 234
Sedletz 98, 102, 234
Sedliště 175
Sedlnice 287
Sedmidolí 223, 237
Sedmihorky 154
Seifert, Jaroslav 88
Senftenberg 298, 394
Šerák 189
Sered' 566
Šerlich 300
Sesselkoppe 223
Sicherheit 654
Sichrow 125, 428
Sieben Gründe 223, 237
Silica-Eisschlucht 131, 551
Silická-Ebene 546, 550
Silická ľadnica 131, 551
Sillein 26, 52, 107, 128, 572
Šimonka 31
Šipka-Höhle 127, 393
Sirotčí hrádek 270
Sitno 31, 131, 464
Skalica 104, 404
Skalice 302
Skalka 394, 436
Skalka přehradní nádrž 162
Skalná 174
Skalnaté pleso 558
Skály 417
Škoda, Emil Ritter von 88
Skok 570
Skřítek, Sattel 191
Slaná 30, 130
Slanské pohorie 130
Slanské vrchy 31, 510
Slaný 19, 395
Šlapanice 398
Slapská přehrada 441
Slapy (Ort) 56
Slapy-Stausee 441
Slatinan 127, 310
Slatiňany 127, 310
Slavkovský les 118
Slavkovský štít 557, 570
Slavkov u Brna 24, 124, 397
Slavonice 123, 399
Slavoňov 285
Slezak, Leo 89, 437
Slezský dům 556
Sliač, Bad 12, 131, 578
Sliač-kúpele 131, 578
Sĺňava-Stausee 539
Sloup 260, 278
Slouper Bach 278
Sloup-Höhle 278

Sloupsko-šošůvské jeskyně 278
Slovenská Lupča 462
Slovenské Beskydy 26, 534, 537
Slovenské rudohorie 30, 130, 549
Slovensko 59
Slovenský kras 30, 130, 550
Slovenský raj 130, 552
Slowakei 35, 59
Slowakei, Mährische 124, 127
Slowakische Beskiden 26, 534, 537
Slowakische Republik 459
Slowakischer Karst 30, 130, 550
Slowakisches Bergland 26
Slowakisches Erzgebirge 30, 49, 130, 549
Slowakisches Paradies 130, 552
Slowakisches Rom 565
Slowakisches Tiefland 31
Slup 455
Slvoňov 125
Smečno 212
Smědava, Bergsattel 201
Smetana, Bedřich (Friedrich) 89, 125
Smiřice 185, 231
Smolenice 525
Smolník 130
Smrk 17, 25, 275
Sněžka 11, 17, 34, 126, 223, Snilovské sedlo 129
SNP 525
Soběslav 121, 401
Sobieslau 121, 401
Sobieszów 125
Sobotka 156
Sokolov 14, 49, 118, 256
Solisko 557
Solivar 544
Sommerberg 389
Soos, Naturschutzgebiet 174
Šošůvka-Höhle 278
Sóvárer Gebirge 130, 510
Sovinec, Burg 127
Sovinec (Ort) 295
Špania Dolina 461
Speisen 599
Špičácké sedlo 452
Špičák 122, 452
Spielkasinos 661
Špillar, Josef 168
Spindelmühle 17
Spindlermühle 17, 57, 126, 223, 237
Špindlerovka 126, 223
Spindlerpaß 126, 223
Špindlerův Mlýn 17, 57, 126, 223, 237
Spirituosen 604
Spiš 29, 105, 110, 128, 554
Spišská Belá 502
Spišská Kapitula 105, 130, 516, 568
Spišská kotlina 568
Spišská Nová Ves 29, 105, 130, 553
Spišská Sobota 105

Spišské Podhradie 130, 517
Spišské Vlachy 105
Spišský hrad 106, 130, 517
Spišský Štvrtok 105, 517
Spitzberg bei Tannwald 201
Spitzberg (bei Železná Ruda) 452
Spitzbergsattel 452
Spitzberg (Špičák) 122
Spitzen 597
Sport 661
Sportschiffahrt 666
Sprache 666
Staat 44
Stadice 433
Štamberk, Ruine (bei Telč) 412
Stampfen 104
Stankauer Teich 12
Staňkovský rybník 12
Stannern 197
Stanovice 229
Stará Boleslav 98, 135 (s. Brandýs nad Labem)
Stará Ďala 504
Staré Město 273
Staré Město u Uherského Hradiště 97, 127, 429
Staré Splavy 147
Starhrad, Burgruine 574
Starkenbach 444
Starý Hrozenkov 259
Starý Jičín 287
Starý Smokovec 29, 38, 129, 555
Steinbachsee 558
Steiner Egerstausee 162
Steinitzer Wald 24
Steinschönau 16
Sternberg, Burg 157
Sternberg (Ort) 127, 294
Šternberk (Ort) 127, 294
Šternberk, Ruine (bei Telč) 412
Stern, Schloß 390
Štětí 238
Stežky 558
Štiavnické pohorie 131
Štiavnické vrchy 31
Stifter, Adalbert 90, 441
Štípa 453
Štítník 546
St. Joachimsthal 14, 49, 118, 187
Stolica 30, 550
Stoličná hora 165
Stonařov 197
Stößchen 558
St. Peter 223
Strahov, Kloster 387
Strakonice 122, 401
Strakonitz 122, 401
Stramberg 127, 393
Štramberk 127, 393
Strašškov 118
Straße der Freiheit 556, 571
Straßenverkehr 672
Straßenwacht 590
Straßnitz 402
Stratená 552
Strážky 502
Stráž nad Nežárkou 200
Strážnice 402
Strážover Bergland 29

Strážovská hornatina 128
Strážovské vrchy 29
Štrba 520
Štrbské pleso 29, 129, 556, 569
Strečno, Burgruine 106, 574
Strečno, Engpaß von 128
Strečno (Ort) 574
Stredné Beskydy 534, 537
Středočeská vrchovina 121
Štrekov, Burgruine 120, 238, 432
Stříbro 119, 404
Střílky 399
Stromovka 389
Str žky 106
Studénka 306
Stuhlberg 165
Stupava 104
Štúr, L'udovít Velislav 90, 524
Styx 551
Suchdol nad Lužnicí 424
Suché skály 428
Suchý vrch 300
Suchý žleb 277, 279
Sudeten 11, 16
Sudety 11, 16
Südmährisches Hügelland 24
Sudoměř 315
Sudslavice 439
Suk, Josef 441
Súl'ovské skaly 128
Šumava 11, 121
Šumavské podhůří 122
Šumiac 534
Šumperk 19, 24, 437
Sušice 12, 122, 406
Svatá Hora 102
Svatošské skály 208
Svätý Beňadik 530
Svatý Kopeček 102, 294
Svatý Petr 223
Švermovo 553
Světlá nad Sázavou 178
Svidník 467
Švihov 214
Svit 542
Svitava 23, 277
Svitavy 125, 127, 255
Svoboda, Ludvík 91
Svoboda nad Úpou 444
Svojšín 405
Svor 120
Svratka 23, 312
Švýcárna 189
Sychrov 428
Synchrov 125
Szádelő 552
Szentgyörgy 523
Szepesbéla 502
Szepesváralja 517
Szered 566
Szilicze 551
Szklarska 125
Szomolány 525

Tábor 121, 407
Tabor 407
Tachau 12, 265
Tachov 12, 265
Tafelfichte 17
Tále 131, 533
TANAP 558, 571

Register

Tannwald 17, 126
Tanvald 17, 126
Tanvaldský Špičák 201
Tatra, Belaer 29, 129, 469, 568
Tatra, Hohe 29, 128, 567
Tatra-Höhlenhain 470
Tatra, Liptauer 567
Tatra-Lomnitz 129, 558
Tatra-Nationalpark 558
Tatra, Nationalpark Hohe 571
Tatra, Nationalpark Niedere 531
Tatra, Niedere 30, 128, 131, 530
Tatranská Kotlina 470
Tatranská Lomnice 29, 129, 558
Tatranská Polianka 130, 556
Tatranské Matliare 129, 558
Tatranské Sruby 556
Tatranský národný park 558
Tatraspitze 570
Tatra, Weiße 568
Tatra, Westliche 29, 128, 519, 567
Tatra-Weszterheim 130, 556
Tatry, Belianské 29, 129, 469
Tatry, Liptovské 567
Tatry, Nízke 30, 128, 131, 530
Tatry, Vysoké 29, 128, 567
Tatry Wysokie 567
Tatry Zachodnie 567
Tatry, Západné 29, 128, 519, 567
Taus 109, 122, 166
Tauschim 238
Taxi 674
Telč 123, 410
Telefon 643
Telegraf 643
Telgárt 553
Teltsch 123, 410
Tematín 540
Temelín 50, 315
Tencsénteplice 562
Tepelská plošina 14, 119
Teplá (Fluß) 14, 119
Teplá (Ort) 98, 102, 265
Teplá Vltava 439
Tepler Hochland 14, 119
Tepl (Fluß) 14, 119
Teplice 12, 16, 18, 57, 117, 119, 412
Teplice nad Bečvou 127, 249
Teplice nad Metují 417
Teplické a Adršpašské skály 11
Teplicko-adršpašské skály 126, 415
Teplitz 12, 16, 18, 57, 117, 119, 412
Teplitz an der Betschwa 249
Tepl (Ort) 98, 102, 265
Terchová 522
Terčino údolí 151
Terezín 118, 417
Teschen 25, 127, 175
Teschener Land 129
Těšín 25
Těšínské Slezsko 129
Teß 23, 437
Tetín 211
Tetschen 16, 120, 164, 239
Teufelsburgen 230

Teufelssee 122, 452
Teufelsstein 199
Teufelswand 446
Thaya 24, 123, 273
Thaya-Stausee, Frainer 123, 456
Theben 104, 499
Theben, Burgruine 273
Theiß 12
Theresienstadt 118, 417
Theresienstadt, Gedenkstätte 418
Theresiental 151
Tiefland, Großes Ungarisches 31
Tiefland, Slowakisches 31
Tisa 12
Tischnowitz 98, 124, 312
Tiské stěny 120, 240
Tismice 216
Tismitz 216
Tišnov 98, 124, 312
Tobitschau 273
Točník, Burgruine 211
Tok 21
Tolštejn 260
Tomášovský výhlad 553
Topoľa 500
Topoľčany 29, 530
Topoľčianky (Ort) 530
Topoľčianky, Schloß 131, 530
Torysa 130
Toušeň 238
Tovačov 228, 273
Trasenau 121, 168
Trautenau 18, 49, 126, 425
Třebechovice pod Orebem 185
Třebenice 252
Třebíč 98, 123, 419
Trebischau 559
Trebišov 559
Trebitsch 98, 123, 419
Třebíz 397
Třeboň 21, 121, 123, 421
Třeboňská pánev 123
Trenčianská Teplá 128
Trenčianské Teplice 12, 26, 128, 562
Trenčín 26, 52, 106, 124, 131, 560
Trentschin 26, 52, 106, 124, 131, 560
Trentschinteplitz 12, 128, 562
Třešť 197
Trhanov 168
Trhové Sviny 151
Tribeč 29, 530
Triesch 197
Třinec 25, 175
Trinken 599
Trinkgeld 675
Třístoličník 443
Trnava 31, 107, 128, 563
Trnové 108
Tročany 108
Troja, Schloß 390
Tropfsteinhöhle, Belaer 129, 470
Tropfsteinhöhle Driny 525
Tropfsteinhöhlen von Koně-prusy 211

Troppau 19, 127, 295
Trosky, Burgruine 156
Trstená 537
Trutnov 18, 49, 126, 425
Trzynietz 175
Tschaslau 20, 124, 235
Tschechische Länder 59
Tschirm 520
Tschirmer See 29, 129, 520, 556, 569
Turany 526
Turčianska kotlina 131
Turčianske Teplice 527
Turčiansky Svätý Martin 525
Turiec-Becken 131
Turiec (Fluß) 29, 566
Turnau 20, 125, 426
Turnianska planina 550
Turnov 20, 125, 426
Turócszentmárton 525
TUZEX 598
Tvarožná 399
Tvrdošín 108, 537
Tyl, Josef Kajetán 91
Týnec nad Sázavou 218
Týn nad Bečvou 249
Týn nad Vltavou 315
Tyrnau 31, 107, 128, 563
Týřov, Burgruine 220
Tyssaer Wände 120, 240

U Dívčí lávky 223
Údolí Mumlavy 226
Uherské Hradiště 124, 428
Uherský Brod 259
Úhlava 122, 214, 323
Uhlířský vrch 298
Uhrngarten 470
Újbányja 465
Új-Tátrfüred 556
Uličské Krivé 500
Umgangsregeln 675
Ungarisch-Brod 259
Ungarische Pforte 273
Ungarisches Tiefland, Großes 31
Ungarisch-Hradisch 124, 428
Uničov 294
Unterhaid 121
Unterkörnsalz 122
Untersandau 119
Unter-Westonitz 271
Unter-Wisternitz 24
Úpa 17, 125, 231, 237
Urlich 19
Urzidil, Johannes 91
Úsov 127, 275
Úštěk 252
Ústín 294
Ústí nad Labem 51, 51, 120, 238, 431
Ústí nad Orlicí 125, 254
Úterý 266
U Tří Křížů 208

Václav (Heiliger) 93
Vaclav I. (König) 62, 93
Václav II. (König) 94
Václav III. (König) 94
Vágbeszterce 575
Vágújhely 540
Váh 12, 25, 29, 50, 127, 131, 259, 566

724

Váh, Biely 566
Valašské muzeum 435
Valašské Meziříčí 25, 109, 275, 433
Valašsko 127, 433
Valdštejn, Burg 154
Valečov, Burgruine 125, 156, 273
Valtice 124, 243
Vamberk 394
Vamosbalog 521
Vamperk 125
Vančura, Vladislav 92
Varnsdorf 16
Varvažov 120
Važec 520
Vegetation 39
Végles 579
Velehrad 124
Velemín 117
Velhartice, Burgruine 122, 214
Velická dolina 130
Velické pleso 556
Veličná 535
Veligrad 429
Velká Deštná 298
Veľká Fatra 30, 548
Veľká Javorina 259
Velká Lhota 435
Veľka Lomnica 105
Veľká lúka 29
Veľká Rača 537
Veľká studená dolina 129
Veľká Svišťovka 559
Velká Úpa 223
Velké Březno 433
Velké Dářko 450
Velké Hincovo pleso 569
Veľké Leváre 499
Velké Losiny 436
Velké Meziříčí 420
Velké Pavlovice 270
Velké Žernoseky 238, 252
Veľký Blh 521
Veľky Choč 129, 535
Velký Javorník 275, 436
Velký Kriváň 29
Veľký Krtíš 521
Velký pařezitý rybník 412
Veľký Rozsutec 523
Veľký Šariš 544
Veltrusy 118, 268
Venušina sopka 298
Venus von Westonitz 97
Venusvulkan 298
Veranstaltungen 676
Vernár 552
Vernéřov 119
Versicherungen 586
Verwaltung 44
Ves 130
Veselí nad Lužnicí 121
Veselý Kopec, Freilichtmuseum 451
Věstonice 59
Větřní 154
Veveří, Burg 145
Vidnava 191
Víglaš 535
Vihorlat-Gebirge 31, 527
Vihorlatské vrchy 31
Vihorlat-Talsperre 527

Vimperk 12, 122, 437
Viniansky hrad, Burg 527
Vinna-See 527
Vítkovice 50, 445
Vítochov 312
Vizovice 127
Vlašim 158
Vlatav 238
Vlčí rokle 126
Vlkolínec, Freilichtmuseum 547
Vlkolínec (Ortsteil) 547
Vltava 12, 19, 50, 56, 122, 439
Vltava, Teplá 439
Vodňany 122, 325
Vodopád Labe 126, 273
Volary 122, 442
Volovec 549
Volyně 402
Vöttau, Burg 123, 456
Vranov nad Dyjí 22, 456
Vranov (Ort) 280
Vranov, Schloß 123
Vranovská přehradní nádrž 456
Vratimov 306
Vratislavice nad Nisou 247
Vrátna dolina 129, 523
Vrátna-Tal 129, 523
Vrbatova chata 226
Vrblcké pleso 531
Vrbov 199
Vrchlabí 18, 126, 237, 443
Vřesová studánka 189
Vrkoč 433
Vršatec, Burgruine 563
Vrútky 29
Vsetín 435
Vsetínské vrchy 275
Vtáčnik 31
Východná 520
Vychylovka 575
Vydra 407
Výhledy 121, 452
Výšina Petra Velikého 208
Vyskeř 156
Vyškov 24, 399
Vyšná 534
Vyšné Hágy 556
Vyšné Ružbachy 12, 502
Vyšný Kubin 535
Vysočina, Freilichtmuseum 451
Vysoká 570
Vysoká Hole 19, 191
Vysoké Mýto 255
Vysoké nad Jizerou 445
Vysoké Tatry 11, 29, 128, 567
Vysoký Ostrý 100, 432
Vyššia Barania strážnica 559
Vyšší Brod 98, 121, 445

Waag 12, 25, 29, 50, 127, 131, 259, 566
Waagbistritz 128, 566, 575
Waag-Donau 566
Waagneustadl 128, 540, 566
Waag, Schwarze (Fluß) 566
Waag, Weiße (Fluß) 566
Währung 610
Walachei, Mährische 127, 433
Walachisches Freilichtmuseum 435
Walachisch-Meseritsch 25, 109, 433

Waldstein, Albrecht Eusebius Wenzel von 92
Waldstein, Burg 154
Wallendorf 105
Wallenstein 92
Wallern 122, 422
Wamberg 125, 394
Wandern 665
Warhol, Andy 500
Warme Moldau 439
Warnsdorf 16
Wassersport 665
Wechselkurse 611
Weckersdorf 146
Weckersdorfer Felsenstadt 126
Wegstädtl 238
Weichsel 12
Wein 678
Weinitz 470
Weiße Elbe 237
Weiße Karpaten 11, 25, 128, 259
Weißenstein 523
Weiße Oppa 191
Weißer Berg 390
Weiße Tatra 568
Weiße Waag (Fluß) 566
Weiße Wiese 237
Weißwasser (Bělá pod Bezdežem) 148
Weißwasser (Biela voda) 558
Weißwasser (Bíle Labe) 223, 237
Wekelsdorf 18, 417
Wekelsdorfer und Adersbacher Felsen 11, 18, 126, 415
Welhartitz, Burgruine 122, 214
Wellemin 117
Weltrus 118, 268
Welt-Teich 12
Wenzel, Heiliger 93
Wenzel I. (König) 62, 93
Wenzel II (König) 94
Wenzel III. (König) 94
Wenzelskrone 62
Werfel, Franz 94
Wernsdorf 119
Westkarpaten 11
Westliche Tatra 29, 128, 519, 567
Westonitz 59
Westonitz, Venus von 97
Widra 407
Wielki staw 569
Wiesenbaude 223
Wiese, Weiße 237
Wilde Klamm 120, 241
Wildenschwert 125, 254
Wilder Adler 394
Wildstein 174
Winterberg 12, 122, 437
Wintersport 679
Wirtschaft 48
Wischau 24, 399
Wisowitz 127
Wittighaus, Bergsattel 201
Wittingau 21, 121, 123, 421
Wittingauer Becken 123
Wolfsschlucht 126
Wondreb 163
Workosch 433
Worlik 300

Register · Bildnachweis

Worliker Moldau-Talsperre 121
Worlik, Schloß 121, 300
Wostrey, Hohe 432
Wottava 21, 122, 301, 407, 439

Zábřeh 275
Zábřež 535
Zábřežská vrchovina 127
Zacken 125
Žacléř 18, 426
Zádiel 552
Zádielská dolina 131, 552
Zadní hory 275
Zadov-Churáňov 452, 682
Záhradky 534
Zakletý 300
Zakopane 470
Zákupy 147
Žamberg 298
Žambark 394
Zámecký vrch 242
Západné Tatry 29, 128, 519, 567
Žárské hory 451
Žatec 15, 54, 118, 448
Žatecká pánev 15
Zázrivá 523, 535
Zbiroh 220
Zboj 108
Zboró 467
Zborov 467
Zbraslav 98, 102, 391
Žďánický les 24
Žďár nad Sázavou 21, 123, 449
Žďárské vrchy 450
Ždiar 110, 129, 470

Zdislavice 229
Zdobnice 300
Zebín 193
Žebrák, Burgruine 211
Žehra 105, 130, 517
Žehušice, Schloß 124, 235
Zeit 683
Zeitschriften 683
Zeitungen 683
Zelená Hora 102
Zelená Hora, Schloß 323
Zelené pleso 129, 558
Želetava 412
Železná Ruda 122, 451
Železné hory 309
Železnice 193
Železnô 548
Železný Brod 428
Želiezna Studienka 498
Zemplinská šírava 31, 527
Žermanice, Stausee 275
Žermanice-Talsperre 175
Žiar nad Hronom 512
Židlochovice 145
Židova strouha 134
Ziegenberg 120
Ziegenbock, Schloß 321
Ziegenburg, Ruine 409
Žilina 26, 52, 107, 128, 572
Zinnwald 415
Zips 29, 105, 110, 128, 554
Zipser Becken 568
Zipser Burg 106, 130, 517
Zipser Kapitel 105, 106, 130, 516
Zipser Magura 470

Zipser Neudorf 29, 105, 130, 553
Zipser Sachsen 554
Zipser Seen, Fünf 556
Zitate 111
Žitný ostrov, Donauinsel 31, 50, 131
Žižka z Trocnova, Jan 95, 407
Zlabings 123, 399
Zlatá Koruna 123, 153
Zlaté Moravce 131, 530
Zlaté návrší 126, 223
Žleby, Burgschloß 124, 235
Zlín 25, 127, 453
Zlonice 397
Znaim 22, 98, 123, 454
Zniováralja 526
Znojmo 22, 98, 123, 454
Zobor 131, 530
Zollbestimmungen 684
Zólyom 576
Zornstein, Burgruine 456
Zuberec-Brestová 535
Zubrnice 433
Zubrohlava 535
Žumberk 151
Žuráň 398
Zvičina 230
Zvíkov, Burgschloß 98, 121, 301
Zvolen 31, 38, 106, 131, 576
Zvolen (Berg) 548
Zwickau 260
Zwinger 180
Zwittau 125, 127, 255
Zwittawa 23, 277

Bildnachweis

Verzeichnis der Karten, Pläne und graphischen Darstellungen im Reiseführer

Einleitung
Seite

Lage in Europa 9
Übersicht der Regionen 10
Gebirge und Gewässer 22/23
Ausgewählte Klimadaten 36/37
Bevölkerungsanteile 43
Einstiger Bundesstaat Tschechoslowakei · Seit 1. Januar 1993 zwei souveräne Staaten 46/47
Musiknoten der tschechischen und der slowakischen Nationalhymnen 114

Tschechische Republik

Brno · Brünn: Stadtplan 138/139
    Plan des Messegeländes 143
    Plan der Rennstrecke 'Masaryk-Ring' 145
České Budějovice · Budweis: Stadtplan 150
Český Krumlov · Krumau: Stadtplan 152
Český ráj · Böhmisches Paradies: Grundriß der Burg Kost 155
    Grundriß der Burg Trosky 156
Cheb · Eger: Stadtplan und historischer Grundriß der Kaiserpfalz (samt Burgkapelle) 160
Děčín · Tetschen: Stadtplan 165
Domažlice · Taus: Stadtkernplan 166
Duchcov · Dux (Umgebung): Grundriß des Klosters Ossegg (Osek) 170
Františkovy Lázně · Ortsplan 171
Hluboká nad Vltavou: Grundriß des Schlosses Frauenberg 179
Horšovský Týn · Bischofteinitz: Ortskernplan 181
Hradec Králové · Königgrätz: Stadtplan 184
    Schlachtfeld bei Königgrätz (Übersichtskarte mit Truppenstellungen) 186
Jičín · Jitischin: Stadtkernplan 192
Jihlava · Iglau: Stadtplan 194
Jindřichův Hradec · Neuhaus: Stadtkernplan 197
Kadaň · Kaaden: Stadtkernplan 201
Karlovy Vary · Karlsbad: Übersichtsplan 204
    Grundriß der Maria-Magdalenenkirche 205
Karlštejn: Plan der Burg Karlstein 209
Klatovy · Klattau (Umgebung): Historischer Gesamtgrundriß der Burg Velhartice 214
Kolín · Kolin: Grundriß der Kirche St. Bartholomäus 215
Konopiště: Grundriß des Schlosses Konopischt 217
Křivoklát: Historischer Grundriß der Burg Pürglitz 219
Krkonoše · Riesengebirge: Bedeutendstes Urlaubsgebiet 221
Kroměříž · Kremsier: Stadtkernplan 226
Kuks · Kukus: Orientierungsplan mit Erklärung der Barockstatuen 230
Kutná Hora · Kuttenberg: Stadtkernplan 232
    Grundriß der Barbarakirche 234
Lednice: Grundriß des Schlosses Eisgrub 242
Liberec · Reichenberg: Stadtplan 246
Litoměřice · Leitmeritz: Stadtkernplan 250
Litomyšl · Leitomischl: Stadtkernplan 253
Loket · Elbogen: Historischer Grundriß der Burg Elbogen 255
    Ortskernplan 256
Mariánské Lázně · Marienbad: Übersichtsplan 262
Mělník · Melnik: Stadtplan 266
    (Umgebung): Plan der Burg Kokořín 268
Mikulov · Nikolsburg: Ortskernplan 269
Mnichovo Hradiště · Münchengrätz: Situationsplan des Schloßparkes 272
Moravská Třebová · Mährisch-Trübau: Stadtkernplan 274
Moravský kras · Mährischer Karst: Orientierungskarte 276
    Situationsplan von Macocha-Abgrund und Punkva-Höhlen 279
Náchod: Grundriß des Schlosses Nachod 282
Nové Město nad Metují · Neustadt an der Mettau: Stadtkernplan 285
Nový Jičín · Neutitschein: Stadtkernplan 286
Olomouc · Olmütz: Plan der inneren Stadt 292
    Grundriß der Domkirche St. Wenzel 293
Opava · Troppau: Stadtkernplan 296
Ostrava · Ostrau: Stadtplan 304/305
Pardubice · Pardubitz: Plan der Inneren Stadt 307
Pelhřimov · Pilgram: Stadtplan 310
Plzeň · Pilsen: Plan der inneren Stadt 316/317
    Grundriß der Bartholomäuskirche 318
Prachatice · Prachatitz: Stadtkernplan 324

Kartenverzeichnis

Tschechische Republik (Fortsetzung)   Seite
PRAHA · PRAG: Übersichtsplan der Kernstadt 346/347
  Streckenplan der Metro 350
  Grundriß der Teynkirche 350
  Detailplan der Altstadt 354/355
  Geschoßgrundrisse des ehem. Agnesklosters 359
  Nationalmuseum: Grundriß und Denkmäler im Pantheon 361
  Lageplan des Vyšehrad 364
  Figurenschmuck der Karlsbrücke 368
  Übersichtsplan des Hradschin 377
  Grundriß des Königspalastes 378
  Grundriß des Veitsdomes 381
  Grundriß von Basilika und Kloster St. Georg 384
  Grundriß des Klosters Strahov 387
Příbor · Freiberg: Stadtkernplan 392
Slavkov u Brna: Schlachtfeld bei Austerlitz (Übersichtskarte mit Truppenstellungen) 398
Slavonice · Zlabings: Ortsplan 399
Tábor · Tabor: Stadtkernplan 408
Telč · Teltsch: Stadtkernplan 411
Teplice · Teplitz: Stadtplan 413
Terezín · Theresienstadt: Übersichtsplan und KZ-Gedenkstätte Kleine Festung 418
Třebíč · Trebitsch (Umgebung): Grundriß von Schloß Jarmeritz (Jaroměřice nad Rokytnou) 420
Třeboň · Wittingau: Stadtkernplan 422
Ústí nad Labem · Aussig: Übersichtsplan 430
Valašské Meziříčí · Walachisch-Meseritsch (Umgebung):
  Plan des Walachischen Freilichtmuseums bei Rožnov pod Radhoštěm 434
Žatec · Saaz: Stadtkernplan 448
Znojmo · Znaim: Stadtkernplan 454

Slowakische Republik

Banská Bystrica · Neusohl: Historischer Grundriß der Kirchenburg 460
  Stadtplan 461
Banská Štiavnica · Schemnitz: Stadtplan und historischer Grundriß der Kirchenburg 463
Bardejov · Bartfeld: Stadtkernplan 465
BRATISLAVA · PRESSBURG: Übersichtsplan 484/485
  Innenstadtplan 488
  Plan des Burgareales 491
Kežmarok · Käsmark: Stadtkernplan und historischer Grundriß der Burg 501
  (Umgebung): Geschoßgrundrisse des Schlosses Nehre (Strážky) 503
Košice · Kaschau: Grundriß des Domes St. Elisabeth 505
  Plan der inneren Stadt 506/507
Kremnica · Kremnitz: Stadtkernplan 511
Levoča · Leutschau: Stadtkernplan 513
  Grundriß der Kirche St. Jakob 515
  (Umgebung): Detailplan vom Zipser Kapitel (Spišská Kapitula) 516
  (Umgebung): Grundriß der Zipser Burg (Spišský hrad) 517
Martin · Sankt Martin: Stadtkernplan 526
Nitra · Neutra: Stadtkernplan 528
Nízke Tatry · Niedere Tatra: Plan der Demänova-Höhlen 532
Orava: Historischer Grundriß der Burg Arva 535
Piešťany · Pistyan: Stadtplan 539
Poprad · Deutschendorf: Ortsplan von Georgenberg (Spišská Sobota) 541
Prešov · Preschau: Stadtkernplan 542
Trenčín · Trentschin: Historischer Grundriß der Burg 560
  Stadtplan 561
Trnava · Tyrnau: Stadtkernplan 563
Vysoké Tatry · Hohe Tatra: Übersichtskarte 568/569
  Gebirgspanorama 570/571
Žilina · Sillein: Stadtkernplan 572
Zvolen · Altsohl: Stadtplan 576
  Historischer Grundriß der Burg 577

Praktische Informationen

Auskunft: Čedok-Signet 586
Eisenbahn: Streckennetz 596/597
Entfernungstabelle 600
Flugverkehr: Luftlinienverbindungen 606
Höhlen (Übersichtskarte) 613
Hotels: Grundriß des Karlsbader Hotels Pupp 618
Kur und Erholung: Heilbäder und Kurorte (Übersichtskarte) 634/635
Nationalparks und Naturschutzgebiete (Übersichtskarte) 640/641